Dipl.-Kfm. Gerhard Kühn
Oberstudienrat

Dipl.-Hdl. Helmut Schlick
Oberstudienrat

DAS KOMPENDIUM

Industriekaufleute

Allgemeine und Spezielle Wirtschaftslehre

Lernfelder 1, 2, 5, 6, 7, 9, 10, 11, 12

3. Auflage

Bestellnummer 00603

.™Bildungsverlag EINS
a Wolters Kluwer business

Abbildungen: Deutscher Instituts-Verlag, Köln; Globus Infografik, Hamburg; imu Infografik, Essen; Erich Schmidt Verlag, Berlin

Zeichnungen: Digital Grafik, Bad Homburg vor der Höhe; Elisabeth Galas, Köln

Leider konnten wir nicht zu allen Abbildungen die Inhaber der Rechte ermitteln. Sollte jemand betroffen sein, so bitten wir ihn sich zu melden.

www.bildungsverlag1.de

Unter dem Dach des Bildungsverlages EINS sind die Verlage Gehlen, Kieser, Stam, Dähmlow, Dümmler, Wolf, Dürr + Kessler, Konkordia und Fortis zusammengeführt.

Bildungsverlag EINS
Sieglarer Straße 2, 53842 Troisdorf

ISBN 3-441-**00603**-8

Vorwort

Das vorliegende Buch umfasst in kompakter Darstellung die Inhalte

der **Lehrpläne der Bundesländer** und des **Rahmenlehrplans** für die Ausbildung der **Industriekaufleute** vom 1. August 2002.

Es enthält die Lernfelder 1, 2, 5, 6, 7, 9, 10, 11, 12 des Rahmenlehrplans.

Lernfeld 1: Sich in Ausbildung und Beruf orientieren
Lernfeld 2: Marktorientierte Geschäftsprozesse eines Industriebetriebs erfassen
Lernfeld 5: Leistungserstellungsprozesse planen, steuern und kontrollieren
Lernfeld 6: Beschaffungsprozesse planen, steuern und kontrollieren
Lernfeld 7: Personalbedarf feststellen, Personal beschaffen, führen und fördern
Lernfeld 9: Das Unternehmen in den regionalen Wirtschaftszusammenhang einordnen
Lernfeld 10: Absatzprozesse planen, steuern und kontrollieren
Lernfeld 11: Investitions- und Finanzierungsprozesse planen
Lernfeld 12: Wirtschaftspolitische Steuerungsmöglichkeiten aufzeigen

Diese Lernfelder beinhalten Themen aus der **Allgemeinen und Speziellen Wirtschaftslehre**. Die Lernfelder 3, 4, 8 finden Sie im Kompendium **Rechnungswesen und Controlling** für Industriekaufleute, das ebenfalls zu dieser Reihe gehört. Ein **Lernsituationenbuch** enthält weitergehende Arbeitsaufträge.

Als *Lehr- und Arbeitsbuch* kann dieses Werk innerhalb von Einzel- oder Teamarbeitsphasen im Unterricht und anhand des **Aufgabenteils im Anhang** zur Lernzielsicherung eingesetzt werden. Auch als *Nachschlagewerk* für den handlungsorientierten Unterricht ist dieses Buch geeignet. Zahlreiche Schlagworte und Verweise auf Gesetzestexte sowie auf Inhalte des Kompendiums Rechnungswesen und Controlling unterstützen den Lernprozess. Strukturbilder am Anfang jedes Lernfeldes geben Ihnen einen ersten Überblick.

Aus genannten Gründen ist dieses Buch methodenneutral angelegt. Es soll Lernende und Lehrende bei der methodengerechten unterrichtsindividuellen Stofferarbeitung, Stoffvermittlung und Erfolgssicherung helfen.

Nachschlagewerk und Lernsituationen setzen damit die **Orientierungspunkte der Lehrpläne** um: Bezug auf Situationen, die für die Berufsausübung bedeutsam sind (Lernen im Handeln); selbst ausgeführte oder gedanklich nachvollzogene Handlungen als Ausgangspunkt für das Lernen (Lernen durch Handeln); selbstständige Planung, Durchführung und Kontrolle des Handelns durch den Lernenden (einschließlich der Bewertung dieses Handelns); ganzheitliche Erfassung der beruflichen Wirklichkeit durch Einbezug technischer, ökonomischer, rechtlicher, ökologischer und sozialer Gesichtspunkte; Bezugnahme auf Erfahrung der Lernenden; Reflexion der Handlungen im Bezug auf ihre gesellschaftlichen Auswirkungen und auf ihren Beitrag zur Konfliktbewältigung; Lernen durch Kommunikation und Kooperation im Team unter Nutzung technischer, informationstechnischer und organisatorischer Mittel und Medien.

Auf den Seiten 12 f. finden Sie ein ausführliches **Abkürzungsverzeichnis**.

Das Werk befindet sich auf dem Stand der *Gesetzgebung zum 01.01.2006* und schließt mit einem ausführlichen **Sachwortverzeichnis**.

Verlag und Autoren sind für jede Anregung und Kritik dankbar.

Die Verfasser

Inhaltsverzeichnis – Rahmenlehrplan

Lernfeld 1: Sich in Ausbildung und Beruf orientieren

Lernfeld 2: Marktorientierte Geschäftsprozesse eines Industriebetriebs erfassen

Lernfeld 5: Leistungserstellungsprozesse planen, steuern und kontrollieren

Lernfeld 7: Personalbedarf feststellen, Personal beschaffen, führen und fördern

Lernfeld 9: Das Unternehmen in den regionalen Wirtschaftszusammenhang einordnen

Lernfeld 10: Absatzprozesse planen, steuern und kontrollieren

Abkürzungsverzeichnis

ABM	Arbeitsbeschaffungsmaßnahmen
AG	Aktiengesellschaft
AGB	Allgemeine Geschäftsbedingungen
AktG	Aktiengesetz
AO	Abgabenordnung
ArbGG	Arbeitsgerichtsgesetz
ArbplSchG	Arbeitsplatzschutzgesetz
ArbSchG	Arbeitsschutzgesetz
ArbStättV	Arbeitsstättenverordnung
ArbZG	Arbeitszeitgesetz
BAG	Bundesarbeitsgericht
BBankG	Bundesbankgesetz
BBiG	Berufsbildungsgesetz
BDE	Betriebsdatenerfassung
BDSG	Bundesdatenschutzgesetz
BErzGG	Bundeserziehungsgeldgesetz
BetrVG	Betriebsverfassungsgesetz
BGB	Bürgerliches Gesetzbuch
BGH	Bundesgerichtshof
BildschArbV	Bildschirmarbeitsverordnung
BIP	Bruttoinlandsprodukt
BKT	Betriebskalendertag
BSI	Beschäftigung schaffende Infrastrukturmaßnahme
BUrlG	Bundesurlaubsgesetz
BVerfGE	Bundesverfassungsgerichtsentscheidung
CAD	Computer Aided Design
CBT	Computer Based Training
CI	Corporate Identity
CIM	Computer Integrated Manufacturing
CRM	Customer Relationship Management
DDR	Deutsche Demokratische Republik
DIN	Deutsche Industrienorm
e. K.	eingetragene/r Kauffrau/Kaufmann
E-FKVO	EU-Fusionskontrollverordnung
EDV	Elektronische Datenverarbeitung
EGV	Vertrag zur Gründung der Europäischen Gemeinschaften
EN	Europäische Norm
EntgFG	Entgeltfortzahlungsgesetz
ERP	Enterprise Ressource Planning
EStG	Einkommensteuergesetz
ESZB	Europäisches System der Zentralbanken
EU	Europäische Union
EuGVÜ	
EZB	Europäische Zentralbank
FuE	Forschung und Entwicklung
GE	Geldeinheiten
GG	Grundgesetz
ggf.	gegebenenfalls
GmbH	Gesellschaft mit beschränkter Haftung
GmbHG	GmbH-Gesetz
GVO	Gruppenfreistellungsverordnung
GWB	Gesetz gegen Wettbewerbsbeschränkungen
HGB	Handelsgesetzbuch
i. d. R.	in der Regel
i.V.m.	in Verbindung mit
ISO	International Organization for Standardization
JArbSchG	Jugendarbeitsschutzgesetz
KapSt	Kapitalertragsteuer
KG	Kommanditgesellschaft
KGaA	Kommanditgesellschaft auf Aktien
KMU	kleine und mittelständische Unternehmen
KrW-/AbfG	Kreislaufwirtschafts- und Abfallgesetz
KSchG	Kündigungsschutzgesetz
KVP	Kontinuierlicher Verbesserungsprozess
KWG	Kreditwesengesetz
LUG	Lagerumschlagsgeschwindigkeit
MDE	Maschinendatenerfassung
MitbestG	Mitbestimmungsgesetz
MontanMG	Montanmitbestimmungsgesetz
MPM	Metra Potential Method
MuSchG	Mutterschutzgesetz
NachwG	Nachweisgesetz
NZB	Nationale Zentralbank
PAngV	Preisangabenverordnung
PC	Personalcomputer
PPS	Produktionsplanungs- und -steuerungssystem
PR	Publicrelations
QM	Qualitätsmanagement
REFA	Verband für Arbeitsstudien und Betriebsorganisation
SAM	Strukturanpassungsmaßnahme
SchwbG	Schwerbehindertengesetz

SCM	Supply Chain Management	**UN/UNO**	United Nations Organization
SGB	Sozialgesetzbuch	**USD**	US-Dollar
SolZ	Solidaritätszuschlag	**u. U.**	unter Umständen
SprAuG	Sprecherausschussgesetz	**UWG**	Gesetz gegen den unlauteren
StWG	Stabilitäts- und Wachstumsgesetz		Wettbewerb
TQM	Total Quality Management	**VGR**	Volkswirtschaftliche
TVG	Tarifvertragsgesetz		Gesamtrechnung
TzBfG	Teilzeit- und Befristungsgesetz	**WBT**	Web Based Training
u. Ä.	und Ähnliches	**ZPO**	Zivilprozessordnung
UmweltHG	Umwelthaftungsgesetz	**ZVG**	Zwangsversteigerungsgesetz

Lernfeld 1 Sich in Ausbildung und Beruf orientieren

STRUKTURÜBERSICHT

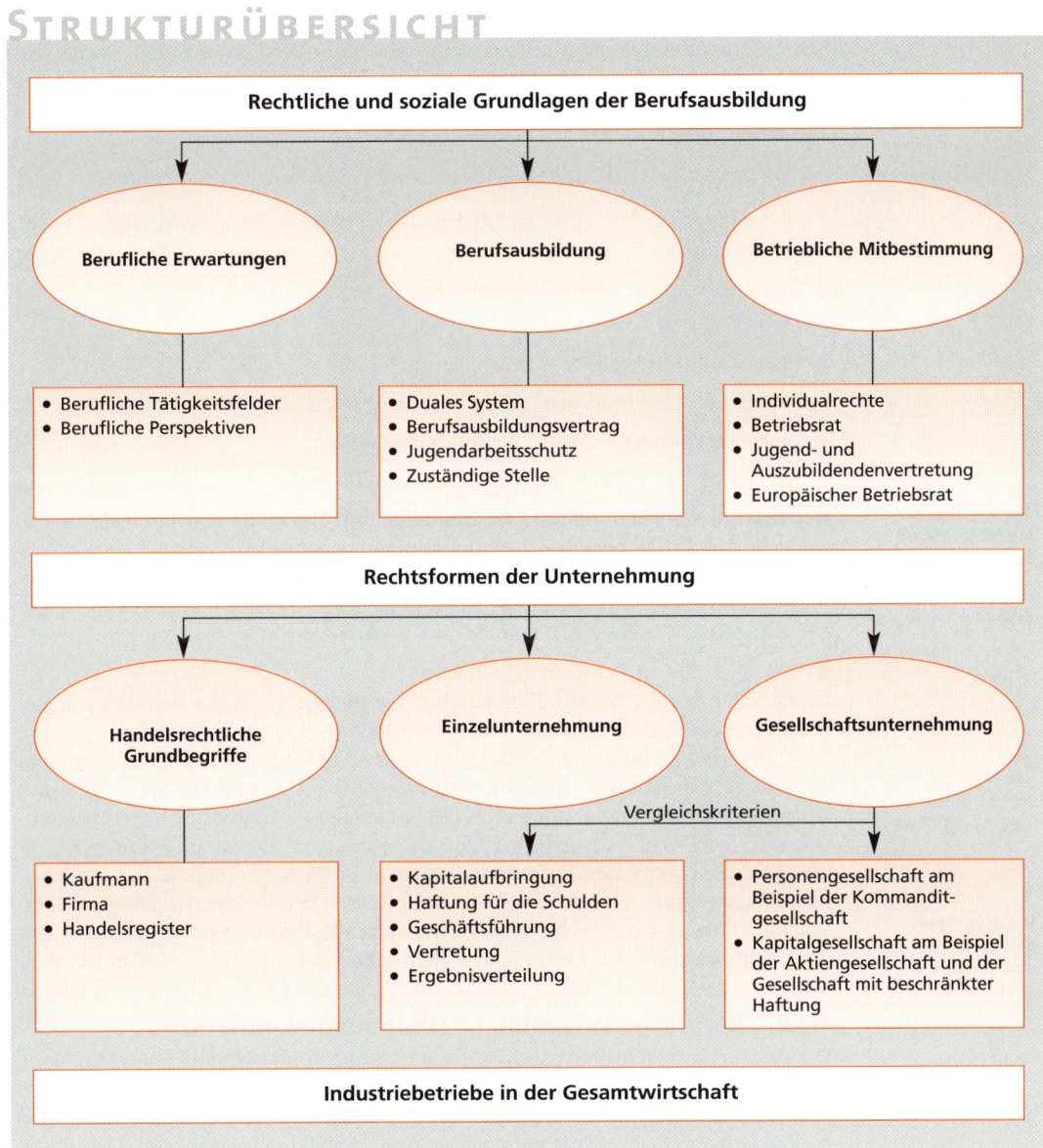

1 Rechtliche und soziale Grundlagen der Berufsausbildung

1.1 Berufliche Tätigkeitsfelder und Perspektiven

1.1.1 Berufliche Tätigkeitsfelder der Industriekaufleute

Nach abgeschlossener Berufsausbildung können Industriekaufleute in den verschiedensten Industriezweigen Arbeit finden. Ihre Aufgaben fallen im Wesentlichen in den Bereich des Marketings, der Material-, Produktions- und Absatzwirtschaft sowie des Personal-, Finanz- und Rechnungswesens. Je nach Größe des Unternehmens spezialisieren sie sich auf ein Aufgabengebiet oder übernehmen eine Kombination mehrerer Funktionsbereiche.

Tätigkeitsfelder

Zu den wesentlichen **Tätigkeitsfeldern** von Industriekaufleuten gehören

- Erledigen anfallender Arbeiten in der Materialwirtschaft,
- Warenannahme und Warenlagerung,
- Erstellen von Dienst- und Organisationsplänen,
- Steuerung und Überwachung der Produktion,
- Planen und Ermitteln des Personaleinsatzes und -bedarfs,
- Planen und Durchführen von Werbe- und Verkaufsförderungsmaßnahmen,
- Erarbeiten von Kalkulationen oder Preislisten,
- Abwickeln der Finanz- und Geschäftsbuchführung.

Verhandeln, Aushandeln und Beraten

Der Bereich des **Verhandelns, Aushandelns und Beratens** gewinnt mehr an Gewicht in den Tätigkeiten von Industriekaufleuten. Industriekaufleute sind zunehmend als „Makler" und „Logistiker" gefordert. Sie müssen in der Lage sein, Probleme fachgerecht zu erfassen und auf der Nahtstelle zwischen internen und externen Kunden und Lieferanten kunden- sowie **prozessorientiert** Lösungen zu realisieren.

Industriekaufleute setzen im Rahmen ihrer fachlichen Aufgaben mehr denn je moderne Informations- und Kommunikationssysteme – kurz **I+K-Systeme** – ein. Vor allem die Entwicklung und der betriebliche bzw. überbetriebliche Einsatz computergestützter Beschaffungs- und Logistiksysteme im Zusammenhang mit neuen Unternehmenskonzepten, aber auch die Anwendung integrierter Unternehmenssoftware (ERP-Systeme, ERP = Enterprise Ressource Planning) gehören zunehmend zu den klassischen Aufgabenfeldern von Industriekaufleuten. Die gegenseitige Abhängigkeit einzelner am Arbeitsprozess beteiligter Abteilungen führt schließlich dazu, dass die **funktionsübergreifende Planung und Steuerung der Arbeitsabläufe** für die Leistungsfähigkeit eines Betriebs immer wichtiger werden.

funktionsübergreifende Planung und Steuerung der Arbeitsabläufe

1.1.2 Berufliche Perspektiven für Industriekaufleute

Die Zeiten, da man nach Abschluss der schulischen und betrieblichen Ausbildung ausgelernt hatte, sind endgültig vorbei. Lernen ist ein lebenslanger Prozess, und die Anforderungen an die Qualifikation nehmen auf allen betrieblichen Ebenen zu. Zukunftsorientierte Unternehmen planen ihre Entwicklung auf der Basis des in eigenen Betrieben ausgebildeten Nachwuchses. Mit praxisorientierten internen und externen Weiterbildungs- und Personalentwicklungsangeboten entsprechen immer mehr Unternehmen diesem Anspruch.

Außerbetriebliche Weiterbildungsmöglichkeiten im kaufmännischen Bereich

Art der Weiterbildung	Zulassungs- voraussetzung	Weiterbildungsdauer
Fachkaufmann/ Fachkauffrau	Berufsausbildung + drei Jahre Berufserfahrung oder ohne Berufsausbildung + sechs Jahre Berufspraxis	Vollzeit-, Teilzeit- oder Fernunterricht von unterschiedlicher Dauer (etwa zwei Jahre)
Fachwirt/in (Industrie, Handel, Bank usw.)	siehe oben	siehe oben
Betriebswirt/in (VWA)[1]	Mittlere Reife + Berufsausbildung + ein Jahr Berufserfahrung oder ohne Berufsausbildung + fünf Jahre Berufspraxis	Studium neben dem Beruf sechs Semester (drei Jahre) an zwei bis vier Wochentagen (Abendschule)
Staatlich geprüfter Betriebswirt (FB)[2]	Mittlere Reife + Berufsausbildung + zwei Jahre Berufserfahrung oder ohne Berufsausbildung + sieben Jahre Berufspraxis	Vollzeitschule: zwei Jahre, Teilzeitschule: drei Jahre, zum Teil Fernunterricht möglich
Diplom-Betriebswirt (FH)[3], Diplom-Wirtschaftsingenieur (FH)	Fachhochschulreife (kann an einjährigen Fachoberschulen erworben werden)	je nach Studiengang sechs bis acht Semester (drei bis vier Jahre)

1.2 Berufsausbildung im dualen System

1.2.1 Duales Ausbildungssystem – Betrieb und Schule

Die **Berufsausbildung** hat die für die Ausübung einer qualifizierten beruflichen Tätigkeit notwendigen Fertigkeiten, Kenntnisse und Fähigkeiten (berufliche Handlungsfähigkeit) in einem geordneten Ausbildungsgang zu vermitteln und den Erwerb der erforderlichen Berufserfahrung zu ermöglichen.

Berufsausbildung
→ BBiG §1 (3)

Um dieses anspruchsvolle Ziel zu erreichen, arbeiten die beiden rechtlich voneinander unabhängigen Lernorte Ausbildungsbetrieb und Berufsschule im dualen Ausbildungssystem zusammen. Dabei legt der **Lernort Betrieb** seinen Schwerpunkt auf die Vermittlung fachtheoretischer Inhalte in Verbindung mit der fachpraktischen Anwendung am Arbeitsplatz. In der **Berufsschule** steht die fachtheoretische unternehmens- und branchenübergreifende Unterrichtung des Auszubildenden im Vordergrund. So kann der Auszubildende sowohl die notwendige Berufserfahrung als auch eine breit angelegte Grundbildung erwerben.

[1] VWA = Verwaltungs- und Wirtschafts-Akademie; diese arbeitet mit Universitäten und Fachhochschulen zusammen. Getragen werden die VWA'n in der Regel von Kommunen, Verbänden der Wirtschaft sowie Industrie- und Handelskammern.
[2] FB = Fachschule für Betriebswirtschaft
[3] FH = Fachhochschule

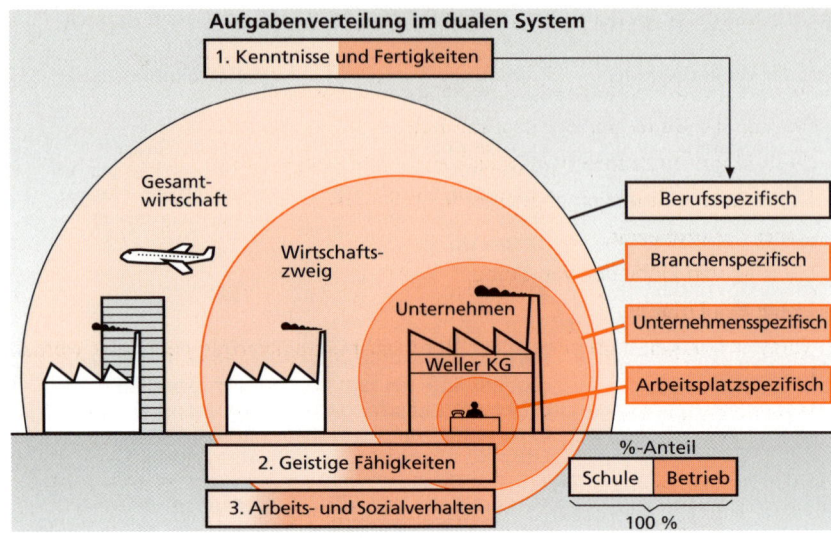

Aufgabenverteilung im dualen System

1. Kenntnisse und Fertigkeiten

Gesamt-
wirtschaft

Wirtschafts-
zweig

Unternehmen

Weller KG

Berufsspezifisch

Branchenspezifisch

Unternehmensspezifisch

Arbeitsplatzspezifisch

2. Geistige Fähigkeiten

3. Arbeits- und Sozialverhalten

%-Anteil

Schule Betrieb

100 %

Die Ausbildung darf nur in einem der rund 400 staatlich anerkannten Ausbildungs-
berufe erfolgen, zu denen das jeweils fachlich zuständige Bundesministerium im
Einvernehmen mit dem Bundesministerium für Bildung und Forschung eine verbindliche Ausbildungsordnung erlassen hat. Die **Ausbildungsordnung** beinhaltet
vor allem die Bezeichnung des Ausbildungsberufes, die Ausbildungsdauer, die zu
vermittelnden Fertigkeiten und Kenntnisse (Ausbildungsberufsbild), eine Anlei-
tung zur sachlichen und zeitlichen Gliederung der Fertigkeiten und Kenntnisse
(Ausbildungsrahmenplan) und die Prüfungsanforderungen.

Ausbildungs-
ordnung
➔ BBiG §§ 4, 5

Lehrpläne

Für die Berufsschulen erlassen die Kultusminister der Länder **Lehrpläne**, die mit
der Ausbildungsordnung des Ausbildungsberufs und dem von der Kultusminister-
konferenz (KMK) empfohlenen Rahmenlehrplan inhaltlich abgestimmt sind.
Rechtlich gehört die Berufsschule in die Zuständigkeit der Bundesländer, deren
Schulpflichtvorschriften von allen Jugendlichen bis zum Alter von 18 Jahren den
Schulbesuch verlangen.

Die Überwachung der Berufsausbildung, soweit sie die anerkannten Ausbildungs-
berufe betrifft, ist Sache der **„zuständigen Stellen"**. Das sind vor allem die Indus-
trie- und Handels-, Handwerks-, Steuerberater-, Ärzte- und Rechtsanwaltskam-
mern. Dort sind mit Arbeitgebern und Arbeitnehmern besetzte Berufsbildungsaus-
schüsse eingerichtet, die sich mit allen Fragen der Ausbildung im jeweiligen Wirtschaftszweig befassen.

Zuständige
Stellen

1.2.2 Berufsausbildungsvertrag – Niederschrift erforderlich

■ *Form und Mindestinhalte*

Berufsausbildungs-
vertrag
➔ BBiG § 10

Wer einen anderen zur Berufsausbildung einstellt (Ausbildender), hat mit dem
Auszubildenden einen **Berufsausbildungsvertrag** zu schließen.

Der Ausbildende hat unverzüglich nach Abschluss des Berufsausbildungsvertra-
ges, spätestens vor Beginn der Berufsausbildung, den wesentlichen Inhalt des Vertrages schriftlich niederzulegen. Die Niederschrift ist von dem Ausbildenden, dem
Auszubildenden und ggf. dessen gesetzlichen Vertreter zu unterzeichnen.

➔ BBiG § 11

Die Niederschrift muss folgende **Mindestangaben** enthalten:

Mindestangaben

1. Art, sachliche und zeitliche Gliederung sowie Ziel der Berufsausbildung, insbesondere die Berufstätigkeit, für die ausgebildet werden soll,

2. Beginn und Dauer der Berufsausbildung,

3. Ausbildungsmaßnahmen außerhalb der Ausbildungsstätte,

4. Dauer der regelmäßigen täglichen Ausbildungszeit,

5. Dauer der Probezeit,

6. Zahlung und Höhe der Vergütung,

7. Dauer des Urlaubs,

8. Voraussetzungen, unter denen der Berufsausbildungsvertrag gekündigt werden kann,

9. Hinweis auf die Tarifverträge, Betriebs- oder Dienstvereinbarungen, die auf das Berufsbildungsverhältnis anzuwenden sind.

Vereinbarungen in einem Berufsausbildungsvertrag, die zuungunsten des Auszubildenden von den Vorschriften des BBiG abweichen, sind nichtig.

Unabdingbarkeit
→ BBiG § 25

■ *Rechte und Pflichten*

Im Berufsausbildungsvertrag sind alle wesentlichen Rechte und Pflichten des Auszubildenden und des Ausbildenden festgehalten. Die Rechte des Ausbildenden sind zugleich die Pflichten des Auszubildenden und umgekehrt.

Rechte des
Auszubildenden

Rechte	Der Ausbildende hat	
Berufs-ausbildung	• dafür zu sorgen, dass dem Auszubildenden die Fertigkeiten und Kenntnisse vermittelt werden, die zum Erreichen des Ausbildungszieles erforderlich sind, um das Ausbildungsziel in der vorgesehenen Ausbildungszeit zu erreichen. • selbst auszubilden oder einen Ausbilder ausdrücklich zu beauftragen. • dem Auszubildenden kostenlos die Ausbildungsmittel, insbesondere Werkzeuge und Werkstoffe zur Verfügung zu stellen, die zur Berufsausbildung und zum Ablegen von Zwischen- und Abschlussprüfungen erforderlich sind. • den Auszubildenden zum Besuch der Berufsschule sowie zum Führen von Berichtsheften bzw. Ausbildungsnachweisen anzuhalten, soweit solche im Rahmen der Berufsausbildung verlangt werden, und diese durchzusehen.	→ BBiG § 14
Fürsorge	• dafür zu sorgen, dass der Auszubildende charakterlich gefördert sowie sittlich und körperlich nicht gefährdet wird. • dem Auszubildenden nur Verrichtungen zu übertragen, die dem Ausbildungszweck dienen und seinen körperliche Kräften angemessen sind.	→ BBiG § 14
Freistellung	• den Auszubildenden für die Teilnahme am Berufsschulunterricht und an Prüfungen freizustellen. Das gleiche gilt, wenn Ausbildungsmaßnahmen außerhalb der Ausbildungsstätte durchzuführen sind.	→ BBiG § 15
Zeugnis	• dem Auszubildenden bei Beendigung des Berufsausbildungsverhältnisses ein Zeugnis auszustellen. Dieses muss Angaben enthalten über Art, Dauer und Ziel der Berufsausbildung sowie über die erworbenen Fertigkeiten und Kenntnisse des Auszubildenden. Auf Verlangen des Auszubildenden sind auch Angaben über Führung, Leistung und besondere fachliche Fähigkeiten aufzunehmen.	→ BBiG § 16

Vergütung	•	dem Auszubildenden eine angemessene Vergütung zu gewähren. Diese ist nach dem Lebensalter des Auszubildenden so zu bemessen, dass sie mit fortschreitender Berufsausbildung, mindestens jährlich, ansteigt.
	•	Eine über die vereinbarte regelmäßige tägliche Ausbildungszeit hinausgehende Beschäftigung ist besonders zu vergüten oder durch entsprechende Freizeit zu vergüten.
	•	dem Auszubildenden die Vergütung auch für die Zeit der Freistellung zu zahlen.
Urlaub	•	den nach dem Bundesurlaubsgesetz bzw. dem Jugendarbeitsschutzgesetz zustehenden Urlaub zu gewähren. Am 1. Januar noch nicht 16 Jahre: 30 Werktage Am 1. Januar noch nicht 17 Jahre: 27 Werktage Am 1. Januar noch nicht 18 Jahre: 25 Werktage Am 1. Januar über 18 Jahre: 24 Werktage
Pflichten		Der Auszubildende hat
Bemühung	•	sich zu bemühen, die Fertigkeiten und Kenntnisse zu erwerben, die erforderlich sind, um das Ausbildungsziel zu erreichen. Er ist insbesondere verpflichtet, die ihm im Rahmen seiner Berufsausbildung aufgetragenen Verrichtungen sorgfältig auszuführen.
Berufsschulbesuch	•	an Ausbildungsmaßnahmen teilzunehmen, für die er nach § 15 BBiG freigestellt wird.
Weisungsbefolgung	•	den Weisungen zu folgen, die ihm im Rahmen der Berufsausbildung vom Ausbildenden, vom Ausbilder oder von anderen weisungsberechtigten Personen erteilt werden.
Betriebsordnung	•	die für die Ausbildungsstätte geltende Ordnung zu beachten.
Sorgfalt	•	Werkzeuge, Maschinen und sonstige Einrichtungen pfleglich zu behandeln.
Stillschweigen	•	über Betriebs- und Geschäftsgeheimnisse Stillschweigen zu wahren.

Margin notes: → BBiG § 17 · → JArbSchG § 19 · → BUrlG §§ 5, 7 · Pflichten des Auszubildenden → BBiG § 13 · Aufgaben der Ausbilder → BBiG § 27

■ *Aufgaben des Ausbilders und des Ausbildungsleiters*

Ausbilder sind die bei der Ausbildungsstätte hauptberuflich beschäftigten Personen, die innerhalb einer Organisationseinheit für die Ausbildung verantwortlich sind. Eine Organisationseinheit in diesem Sinne umfasst in der Regel mehrere Sachgebiete. Ausbilder sind für den betrieblichen Teil der Berufsausbildung unter Beachtung der rechtlichen, pädagogischen, psychologischen Grundlagen und der fachlichen Erfordernisse zuständig und haben folgende Aufgaben:

- bei der Erstellung des Gesamtausbildungsplans (zeitliche und sachliche Gliederung, Ausbildungsinhalt) mitzuwirken,
- bei der Auswahl der am Arbeitsplatz ausbildenden Fachkräfte mitzuwirken und die am Arbeitsplatz ausbildenden Fachkräfte fachpädagogisch anzuleiten,
- ausbildungsbegleitende Unterweisung der Auszubildenden,
- Ausbildung, Ausbildungsnachweise und Ausbildungserfolge innerhalb der Organisationseinheit zu überwachen und mit dem Ausbildungsleiter Kontakt zu halten,
- ständigen Kontakt mit den Auszubildenden zu halten,

- Auszubildende vor Beendigung der Ausbildung innerhalb der Organisationseinheit in Zusammenarbeit mit den ausbildenden Fachkräften abschließend zu beurteilen und die Beurteilung mit dem Auszubildenden zu besprechen.

Der **Ausbildungsleiter** ist verantwortlich für die Ausbildung aller Auszubildenden innerhalb der Ausbildungsstätte. Der Ausbildungsleiter sollte mehrere Jahre als Ausbilder tätig gewesen sein. Ihm obliegen u. a. folgende Aufgaben:

Aufgaben des Ausbildungsleiters

- bei der Auswahl der Auszubildenden mitwirken und Ausbildungsverträge mit den neuen Auszubildenden im Namen des Ausbildungsbetriebs abschließen bzw. bei deren Abschluss mitwirken,
- betriebliche Ausbildungs- und Versetzungspläne in Anlehnung an die sachliche und zeitliche Gliederung in Ausbildungsordnungen unter Beachtung des Mitbestimmungsrechts des Betriebsrates (sofern vorhanden) gemäß Betriebsverfassungsgesetz in Zusammenarbeit mit den Ausbildern erstellen und deren Einhaltung durch Auszubildende und Abteilungen überwachen,
- bei der Auswahl der Ausbilder und deren Bestellung sowie der am Arbeitsplatz ausbildenden Fachkräfte mitwirken,
- das regelmäßige Führen der Ausbildungsnachweise (Berichtsheft) durch Auszubildende inhaltlich und formal kontrollieren,
- die Anwesenheitspflicht und die korrekte Wissensvermittlung durch die Ausbildungsbeauftragten in den Fachabteilungen überwachen,
- die Förderung der Zusammenarbeit zwischen Auszubildenden und den sonstigen Mitarbeitern der Ausbildungsstätte und Mitwirkung in der betrieblichen (Unterweisungen) und überbetrieblichen Berufsausbildung in Theorie und Praxis,
- Leistungen und Lernfortschritte der Auszubildenden bewerten,
- Kontakt zu den Auszubildenden und ihren Vertretungen (Betriebsrat und Jugend- und Auszubildendenvertretung) halten,
- Kontakt mit der Berufsschule halten, regelmäßigen Berufsschulbesuch der Auszubildenden überwachen,
- Auszubildende zu Lehrgängen, zur Zwischenprüfung (wenn sie ungefähr die Hälfte der Ausbildungszeit absolviert haben) und zum Abschluss der Ausbildung zur Abschlussprüfung vor der zuständigen Stelle (Industrie- und Handelskammer bzw. Handwerkskammer) melden,
- die von den Ausbildern erstellten Beurteilungen auswerten und eine abschließende Beurteilung am Ende der Ausbildungszeit erstellen und Ausbildungszeugnisse am Ende der Ausbildung verfassen oder bei ihrer Erstellung mitwirken,
- ggf. im Prüfungsausschuss oder Berufsbildungsausschuss einer Industrie- und Handelskammer oder einer Handwerkskammer mitwirken,
- Geschäfts- oder Betriebsleitung nach Abschluss der Ausbildung in Fragen der Übernahme von Auszubildenden beraten.

■ Beginn und Ende des Berufsausbildungsverhältnisses

Das Berufsausbildungsverhältnis beginnt mit der **Probezeit**. Diese muss mindestens einen Monat und darf höchstens vier Monate betragen. Während der Probezeit kann das Berufsausbildungsverhältnis jederzeit ohne Einhalten einer Kündigungsfrist schriftlich gekündigt werden.

→ **BBiG § 20** **Probezeit**

Nach der Probezeit kann das Berufsausbildungsverhältnis mit folgenden Kündigungsgründen und -fristen gekündigt werden.

→ **BBiG § 22**

- **Aus einem wichtigen Grund** ohne Einhalten einer Kündigungsfrist, wenn die Fortsetzung des Ausbildungsverhältnisses nicht zugemutet werden kann. Die Kündigung muss innerhalb von zwei Wochen nach Bekanntwerden des wichtigen Grundes erfolgen.

- Vom Auszubildenden mit einer Kündigungsfrist von vier Wochen, wenn er die **Berufsausbildung aufgeben** oder sich für **eine andere Berufstätigkeit** ausbilden lassen will.

→ BBiG § 23

Die Kündigung muss **schriftlich** und bei Kündigung nach der Probezeit unter Angabe der Kündigungsgründe erfolgen. Wird das Berufsausbildungsverhältnis nach der Probezeit vorzeitig gelöst, so kann der Ausbildende oder der Auszubildende **Ersatz des Schadens** verlangen, wenn der andere den Grund für die Auflösung zu vertreten hat. Dies gilt nicht bei Aufgabe oder Wechsel der Berufsausbildung. Der Schadenersatzanspruch kann nur innerhalb von drei Monaten nach Beendigung des Berufsausbildungsverhältnisses geltend gemacht werden.

→ BBiG § 21

Das Berufsausbildungsverhältnis endet mit dem **Ablauf der Ausbildungszeit.** Besteht der Auszubildende vor Ablauf der Ausbildungszeit die Abschlussprüfung, so endet das Berufsausbildungsverhältnis mit **Bestehen der Abschlussprüfung.** Bei Nichtbestehen verlängert sich das Berufsausbildungsverhältnis auf Verlangen des Auszubildenden bis zur nächstmöglichen Wiederholungsprüfung, höchstens um ein Jahr. Wird der Auszubildende im Anschluss an das Berufsausbildungsverhältnis **weiterbeschäftigt,** ohne dass hierüber ausdrücklich etwas vereinbart worden ist, so wird ein Arbeitsverhältnis auf unbestimmte Zeit begründet.

Weiterarbeit
→ BBiG § 24

BEISPIEL

Im Berufsausbildungsvertrag wurde für das Ende der Ausbildungszeit der 31. Juli vereinbart. Der letzte Prüfungstag (in der Regel die fachpraktische Prüfung) ist der 10. Juni.

Wird die Prüfung bestanden, so endet das Ausbildungsverhältnis am 10. Juni. Wird der Auszubildende weiterbeschäftigt, dann wird ab dem 11. Juni ein Arbeitsverhältnis auf unbestimmte Zeit begründet. Bei Nichtbestehen der Prüfung endet sein Ausbildungsverhältnis am 31. Juli; es sei denn, der Auszubildende beantragt eine Verlängerung des Ausbildungsverhältnisses bis zum nächsten Prüfungstermin.

Bei nicht bestandener Abschlussprüfung verlängert sich das Berufsausbildungsverhältnis nur auf Verlangen des Auszubildenden bis zur nächstmöglichen Wiederholungsprüfung, höchstens jedoch um ein Jahr. Eine nicht bestandene Abschlussprüfung kann (auch ohne Verlängerung des Berufsausbildungsverhältnisses) zweimal wiederholt werden.

Im Prüfungszeugnis ist als Tag des Bestehens der Abschlussprüfung der Tag der Feststellung des Prüfungsergebnisses einzutragen und nicht der Tag der letzten Prüfungsleistung (i. d. R. die mündliche Prüfung, BAG 5 AZR 251/93).

Jugendarbeits-
schutzgesetz

1.2.3   Jugendarbeitsschutzgesetz

■ *Geltungsbereich*

→ JArbSchG § 2

Jugendliche, die in einer Berufsausbildung stehen oder als Arbeitnehmer beschäftigt sind, werden durch das Jugendarbeitsschutzgesetz vor Überforderung, Überbeanspruchung und Gefährdung am Arbeitsplatz geschützt. **Jugendlicher** ist, wer 15 Jahre aber noch nicht 18 Jahre alt ist. Als Mindestalter für die Beschäftigung Jugendlicher legt das Gesetz das 15. Lebensjahr fest. Die Beschäftigung von **Kindern** (= Personen unter 15 Jahren) ist grundsätzlich verboten. Für Jugendliche, die noch der Vollzeitschulpflicht unterliegen, gelten die gleichen Schutzvorschriften wie für Kinder.

■ *Wesentliche Schutzvorschriften*

Arbeitszeit	• Jugendliche dürfen nur an fünf Tagen in der Woche beschäftigt werden (in Ausnahmefällen auch an einem Samstag, Sonntag oder Feiertag). • Für Jugendliche gilt grundsätzlich eine Arbeitszeit von höchstens acht Stunden täglich und 40 Stunden wöchentlich. **Arbeitszeit** ist die Zeit vom Beginn bis zum Ende der Beschäftigung ohne Ruhepausen. Kurzpausen unter 15 Minuten gelten als Arbeitszeit. • Die **Schichtzeit** (Arbeitszeit einschließlich Ruhepausen) darf 10 Stunden nicht überschreiten. • Wenn an einzelnen Werktagen die Arbeitszeit unter 8 Stunden beträgt, dann können Jugendliche an den übrigen Werktagen derselben Woche bis zu 8,5 Stunden beschäftigt werden. • Der Arbeitstag eines Jugendlichen beginnt frühestens um 6 Uhr morgens und endet spätestens um 20 Uhr abends. Ausnahmen gelten für Jugendliche über 16 Jahren, die im Gaststätten- oder Schaustellergewerbe, in mehrschichtigen Betrieben, in der Landwirtschaft oder in Bäckereien arbeiten.	→ JArbSchG § 8, 12 14, 15 Arbeitszeit Schichtzeit
Freistellung	Der Arbeitgeber hat den Jugendlichen für die Teilnahme am Berufsschulunterricht bzw. an Prüfungen und außerbetrieblichen Ausbildungsmaßnahmen freizustellen. Darüber hinaus sind Jugendliche an dem Arbeitstag, der der schriftlichen Abschlussprüfung unmittelbar vorausgeht, freizustellen.	→ JArbSchG § 9 Freistellung
Berufs-schulzeit	Auf die Arbeitszeit werden Berufsschultage mit mehr als 5 Unterrichtsstunden mit 8 Stunden bzw. Berufsschulwochen mit mindestens 25 Stunden Unterricht mit 40 Stunden angerechnet. Der Arbeitgeber darf den Jugendlichen nicht beschäftigen • vor einem vor 9 Uhr beginnenden Unterricht (dies gilt auch für volljährige Auszubildende) • an einem Berufsschultag mit mehr als 5 Unterrichtsstunden von je 45 Minuten, einmal in der Woche • in Berufsschulwochen mit einem Blockunterricht von mindestens 25 Stunden an mindestens 5 Tagen.	→ JArbSchG § 9
Ruhe-pausen	Als **Ruhepause** gilt eine Arbeitsunterbrechung von mindestens 15 Minuten. Bei einer Arbeitszeit von mehr als 4,5 Stunden (bzw. 6 Stunden) müssen die Ruhepausen mindestens 30 Minuten (bzw. 60 Minuten) betragen.	→ JArbSchG § 11 Ruhepause
Freizeit	Nach Beendigung der täglichen Arbeitszeit dürfen Jugendliche nicht vor Ablauf einer ununterbrochenen Freizeit von mindestens 12 Stunden beschäftigt werden.	→ JArbSchG § 13
Urlaub	Der Arbeitgeber hat Jugendlichen jährlich einen bezahlten Erholungsurlaub zu gewähren. Wenn der Jugendliche am 1. Januar des Jahres noch nicht 16 Jahre (bzw. 17 Jahre, bzw. 18 Jahre) alt ist, erhält er mindestens 30 Werktage Urlaub (bzw. 27 Werktage, bzw. 25 Werktage). Der Urlaub soll in der Zeit der Berufsschulferien gegeben werden. Für jeden Urlaubstag, an dem die Berufsschule besucht wird, ist ein weiterer Urlaubstag zu gewähren.	→ JArbSchG § 19
Beschäfti-gungsver-bote und -beschrän-kungen	Kinder dürfen grundsätzlich nicht beschäftigt werden. Jugendlichen darf keine Arbeit übertragen werden, die ihre Leistungsfähigkeit übersteigt oder die besondere Unfallgefahren und gesundheitliche oder sittliche Gefahren in sich birgt. Akkordarbeit und andere tempoabhängige Arbeitsformen sowie Arbeiten unter Tage sind verboten.	→ JArbSchG § 22, 23
Gesund-heitsschutz	Jugendliche dürfen vom Arbeitgeber nicht körperlich gezüchtigt werden. Kein Jugendlicher darf ohne ärztliches Gesundheitszeugnis (Erstuntersuchung) beschäftigt werden. Ein Jahr nach Arbeitsbeginn muss eine Nachuntersuchung stattfinden. Nach Ablauf jedes weiteren Jahres kann sich der Jugendliche erneut nachuntersuchen lassen.	→ JArbSchG § 31, 32, 33

1.3   Betriebliche Mitbestimmung

1.3.1   Ebenen der Mitbestimmung

Der Interessengegensatz zwischen Kapital und Arbeit bzw. Arbeitgeber und Arbeitnehmer wird durch die Teilnahme der Arbeitnehmer am Willensbildungsprozess ihres Unternehmens gemildert. Es werden drei Ebenen der Mitbestimmung unterschieden.

Ebenen der Mitbestimmung

Arbeitsplatzebene	Betriebsebene	Unternehmensebene
Unmittelbare Arbeitsumgebung des Arbeitnehmers; hier übt der einzelne Arbeitnehmer seine Arbeitstätigkeit aus.	Produktiver Bereich des Unternehmens; hier werden die Sachziele (z. B. Produktion und Lagerung von Gütern) verwirklicht.	Rechtlicher Rahmen des wirtschaftlichen Tuns. Hier werden die Betriebe gelenkt und Formalziele (z. B. Gewinnmaximierung) verfolgt.
Mitbestimmung durch **Individualrechte** des Arbeitnehmers, z. B. aufgrund ● seines Arbeitsvertrags, ● der §§ 81 bis 84 BetrVG, ● von Arbeitsschutzvorschriften	Mitbestimmung des Arbeitnehmers durch **Kollektivrechte** des **Betriebsrats** aufgrund ● von Tarifverträgen, ● der §§ 87 bis 112 BetrVG	Mitbestimmung des Arbeitnehmers durch die Arbeitnehmervertreter im **Aufsichtsrat** aufgrund ● des Drittelbeteiligungsgesetzes, ● Mitbestimmungsgesetzes, ● Montan-Mitbestimmungsgesetzes

1.3.2   Mitwirkungsrechte des einzelnen Arbeitnehmers

Unterrichtungsrecht
→ **BetrVG § 81**

■ *Recht auf Unterrichtung*

Der Arbeitgeber hat den Arbeitnehmer

● über dessen Aufgabe und Verantwortung sowie über die Art seiner Tätigkeit und ihre Einordnung in den Arbeitsablauf des Betriebs zu unterrichten;

● vor Beginn der Beschäftigung über die Unfall- und Gesundheitsgefahren, denen dieser bei der Beschäftigung ausgesetzt ist, sowie über die Maßnahmen und Einrichtungen zur Abwendung dieser Gefahren zu belehren;

● über Veränderungen in seinem Arbeitsbereich rechtzeitig zu unterrichten;

● über die aufgrund einer Planung von technischen Anlagen, von Arbeitsverfahren und Arbeitsabläufen oder der Arbeitsplätze vorgesehenen Maßnahmen und ihre Auswirkungen auf seinen Arbeitsplatz, die Arbeitsumgebung sowie auf Inhalt und Art seiner Tätigkeit zu unterrichten.

Sobald feststeht, dass sich die Tätigkeit des Arbeitnehmers ändern wird und seine beruflichen Kenntnisse und Fähigkeiten zur Erfüllung seiner Aufgaben nicht ausreichen, hat der Arbeitgeber mit dem Arbeitnehmer zu erörtern, wie dessen berufliche Kenntnisse und Fähigkeiten im Rahmen der betrieblichen Möglichkeiten den künftigen Anforderungen angepasst werden können.

■ Anhörungs- und Erörterungsrecht

Der Arbeitnehmer hat das Recht, in betrieblichen Angelegenheiten, die seine Person betreffen, von den nach Maßgabe des organisatorischen Aufbaus des Betriebs hierfür zuständigen Personen gehört zu werden. Er ist berechtigt, zu Maßnahmen des Arbeitgebers, die ihn betreffen, Stellung zu nehmen sowie Vorschläge für die Gestaltung des Arbeitsplatzes und des Arbeitsablaufs zu machen.

Der Arbeitnehmer kann verlangen, dass ihm die Berechnung und Zusammensetzung seines Arbeitsentgelts erläutert und dass mit ihm die Beurteilung seiner Leistungen sowie die Möglichkeiten seiner beruflichen Entwicklung im Betrieb erörtert werden.

Anhörungs- und Erörterungsrecht
➔ BetrVG § 82

■ Einsicht in die Personalakte

Der Arbeitnehmer hat das Recht, in die über ihn geführten Personalakten Einsicht zu nehmen. Erklärungen des Arbeitnehmers zum Inhalt sind der Personalakte auf sein Verlangen beizufügen.

Einsicht in die Personalakte
➔ BetrVG § 83

■ Beschwerderecht

Jeder Arbeitnehmer hat das Recht, sich bei den zuständigen Stellen des Betriebs zu beschweren, wenn er sich vom Arbeitgeber oder von Arbeitnehmern des Betriebs benachteiligt oder ungerecht behandelt oder in sonstiger Weise beeinträchtigt fühlt. Er kann ein Mitglied des Betriebsrats zur Unterstützung oder Vermittlung hinzuziehen. Der Arbeitgeber hat den Arbeitnehmer über die Behandlung der Beschwerde zu bescheiden und, soweit er die Beschwerde für berechtigt erachtet, ihr abzuhelfen.

Beschwerderecht

➔ **BetrVG § 84**

1.3.3 Betriebsrat – Interessenvertretung der Arbeitnehmer

■ Betriebliche Mitbestimmung

Um ihre betrieblichen Interessen zu wahren, können die Arbeitnehmer einen Betriebsrat wählen, der sie gegenüber der Betriebsleitung vertritt. Besteht ein Unternehmen aus mehreren Einzelbetrieben, dann errichten die Betriebsräte der Einzelbetriebe einen Gesamtbetriebsrat.

■ Wahl des Betriebsrats – geheim und unmittelbar

Betriebsräte können in Betrieben mit regelmäßig mindestens fünf ständigen wahlberechtigten Arbeitnehmern, von denen drei wählbar sind, in geheimer und unmittelbarer Wahl gewählt werden. Wahlberechtigt sind alle Arbeitnehmer, die das 18. Lebensjahr vollendet haben. Wählbar sind alle Wahlberechtigten, die sechs Monate dem Betrieb angehören. Niemand darf die Wahl des Betriebsrats behindern (Wahlschutz). Der Arbeitgeber trägt die Kosten der Wahl. Die Amtszeit des Betriebsrats beträgt vier Jahre. Die Zahl der Betriebsratsmitglieder nimmt mit der Zahl der wahlberechtigten Arbeitnehmer zu. Bei 5 bis 20 Arbeitnehmern besteht er aus einer Person, dem Betriebsobmann, bis 50 Arbeitnehmern aus 3 Mitgliedern usw.

Arbeitnehmer im Sinne des BetrVG sind Arbeiter und Angestellte einschließlich der zu ihrer Berufsausbildung Beschäftigten. Leitende Angestellte gehören nicht zu den Arbeitnehmern, ihre Mitwirkungsrechte sind im Sprecherausschussgesetz (SprAuG) geregelt. **Leitender Angestellter** ist, wer zur selbstständigen Einstellung und Entlassung von Arbeitnehmern berechtigt ist oder Generalvollmacht oder Prokura hat.

Betriebsrat

➔ **BetrVG §§ 1, 7, 8, 10, 20, 21**

➔ **BetrVG § 9**

Arbeitnehmer
➔ BetrVG § 5

Leitender Angestellter
➔ SprAuG §§ 1, 2

■ Aufgaben des Betriebsrats

→ BetrVG §80

Arbeitgeber und Betriebsrat sollen zum Wohl aller Betriebsratsangehörigen, des Betriebs und zum Gemeinwohl **vertrauensvoll zusammenarbeiten.** Im Einzelnen hat der Betriebsrat

- darüber zu wachen, dass die zu Gunsten der Arbeitnehmer geltenden Gesetze, Verordnungen, Unfallverhütungsvorschriften, Tarifverträge und Betriebsvereinbarungen durchgeführt werden;
- Maßnahmen, die dem Betrieb und der Belegschaft dienen, beim Arbeitgeber zu beantragen;
- die Durchsetzung der tatsächlichen Gleichberechtigung von Frauen und Männern, insbesondere bei der Einstellung, Beschäftigung, Aus-, Fort- und Weiterbildung und dem beruflichen Aufstieg, zu fördern;

→ Abschnitt 1.3.4

- Anregungen von Arbeitnehmern und der Jugend- und Auszubildendenvertretung entgegenzunehmen und, falls sie berechtigt erscheinen, durch Verhandlungen mit dem Arbeitgeber auf eine Erledigung hinzuwirken; er hat die betreffenden Arbeitnehmer über den Stand und das Ergebnis der Verhandlungen zu unterrichten;
- die Eingliederung Schwerbehinderter und sonstiger besonders schutzbedürftiger Personen zu fördern;
- die Wahl einer Jugend- und Auszubildendenvertretung vorzubereiten und durchzuführen und mit dieser zur Förderung der Belange der in §60 BetrVG genannten Arbeitnehmer eng zusammenzuarbeiten; er kann von der Jugend- und Auszubildendenvertretung Vorschläge und Stellungnahmen anfordern;
- die Beschäftigung älterer Arbeitnehmer im Betrieb zu fördern;
- die Eingliederung ausländischer Arbeitnehmer im Betrieb und das Verständnis zwischen ihnen und den deutschen Arbeitnehmern zu fördern.

■ Besondere Organe der betrieblichen Mitbestimmung

Überblick über die besonderen Organe der betrieblichen Mitbestimmung

Betriebsver-sammlung → BetrVG §§42 f.	**Betriebsver-sammlung**	Auf der Betriebsversammlung berichtet der Betriebsrat über seine Tätigkeit. Sie besteht aus allen Arbeitnehmern des Betriebes, wird vom Betriebsratsvorsitzenden geleitet und muss einmal in jedem Kalendervierteljahr vom Betriebsrat einberufen werden. Der Arbeitgeber ist einzuladen, denn er muss einmal im Kalenderjahr über die wirtschaftliche Lage und Entwicklung des Betriebes berichten und über das Personal- und Sozialwesen unterrichten.
Betriebs-ausschuss → BetrVG §27	**Betriebs-ausschuss**	Der Betriebsausschuss führt die laufenden Geschäfte des Betriebsrats und wird gebildet, wenn der Betriebsrat mindestens neun Mitglieder hat.
Wirtschafts-ausschuss → BetrVG §§106 ff.	**Wirtschafts-ausschuss**	Er hat wirtschaftliche Angelegenheiten mit dem Unternehmer zu beraten und den Betriebsrat zu unterrichten und ist in Unternehmungen mit mehr als 100 beschäftigten Arbeitnehmern zu bilden. Er soll einmal im Monat zusammentreten. Er besteht aus mindestens 3 und höchstens 7 Betriebsangehörigen (davon ist mindestens ein Mitglied des Betriebsrats), die vom Betriebsrat bestimmt werden.
Einigungsstelle → BetrVG §§76 f.	**Einigungs-stelle**	Sie ist bei Bedarf zu bilden, um Meinungsverschiedenheiten zwischen Arbeitgeber und Betriebsrat beizulegen. Sie besteht aus Beisitzern, die je zur Hälfte vom Betriebsrat und Arbeitgeber bestellt werden und einem unparteiischen Vorsitzenden, auf den sich beide Seiten einigen müssen. Letzteres gilt auch für die Zahl der Beisitzer. Den Spruch der Einigungsstelle hat der Arbeitgeber durchzuführen.

■ *Mitwirkungs- und Mitbestimmungsrechte des Betriebsrats*

Die Befugnisse des Betriebsrats sind in sozialen und personellen Angelegenheiten am wirksamsten, dagegen hat er in wirtschaftlichen Angelegenheiten nur Informations- und Beratungsrechte. **Soziale Angelegenheiten** betreffen eine größere Gruppe von Mitarbeitern (z. B. Gleitzeitvereinbarung). Von **personellen Angelegenheiten** spricht man, wenn nur einzelne Arbeitnehmer von einer bestimmten Maßnahme betroffen sind (z. B. Kündigung eines einzelnen Arbeitnehmers). **Wirtschaftliche Angelegenheiten** betreffen Entscheidungen des Unternehmens mit wirtschaftlichen Folgen (z. B. Umgestaltung von Arbeitsabläufen, Planung neuer Abläufe und Verfahren).

soziale, personelle Angelegentheiten

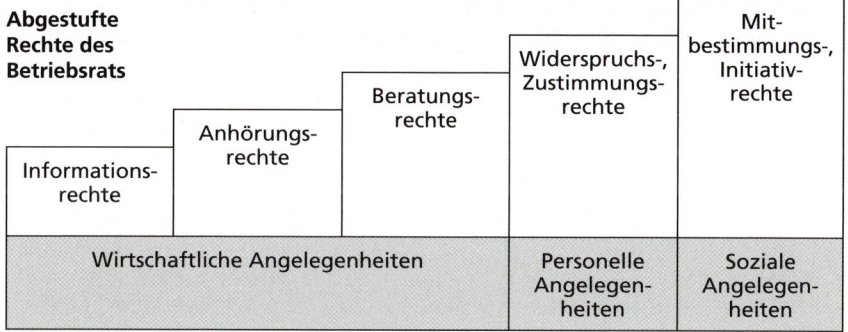

Beteiligungsrechte des Betriebsrats

Mitbestimmung	Erzwingbare Mitbestimmung BetrVG §§ 87, 91 95, 98, 104, 112	Ohne eine Einigung mit dem Betriebsrat darf der Arbeitgeber eine Maßnahme nicht durchführen; dies schließt das Initiativrecht des Betriebsrats ein, der von sich aus aktiv werden kann, um bestimmte Angelegenheiten (anders) zu regeln. Bei Nichteinigung mit dem Arbeitgeber entscheidet die Einigungsstelle.	● Fragen der Ordnung des Betriebs ● Beginn und Ende der täglichen Arbeitszeit ● vorübergehende Verlängerung/Verkürzung der betrieblichen Arbeitszeit ● Fragen der Leistungs-/Verhaltenskontrolle der Arbeitnehmer mittels technischer Einrichtungen ● Ausschreibung von Arbeitsplätzen ● Aufstellung und Ausgestaltung eines Sozialplans
Mitwirkung	Widerspruchs-/ Zustimmungsrechte BetrVG §§ 87, 94, 95, 98, 99, 102, 103	Über den Bereich der erzwingbaren Mitbestimmung hinaus ist der Arbeitgeber bei einer Reihe von Maßnahmen auf die Zustimmung des Betriebsrats angewiesen. Erhält er diese nicht, so entscheidet entweder die Einigungsstelle, oder der Arbeitgeber kann die nicht erfolgte Zustimmung des Betriebsrats durch das Arbeitsgericht ersetzen lassen. Widerspruchs-/Zustimmungsrechte fallen folglich nur teilweise unter den Bereich echter Mitbestimmung.	● eingeschränkte Widerspruchsmöglichkeit des Betriebsrats bei arbeitgeberseitigen Kündigungen ● Zustimmungserfordernis bei personellen Einzelmaßnahmen wie Einstellung, Ein-/Umgruppierung und Versetzung ● Maßnahmen im Bereich der Berufsausbildung ● Personalfragebogen

Soziale Angelegenheiten

Personelle Angelegenheiten

Wirtschaftliche
Angelegenheiten

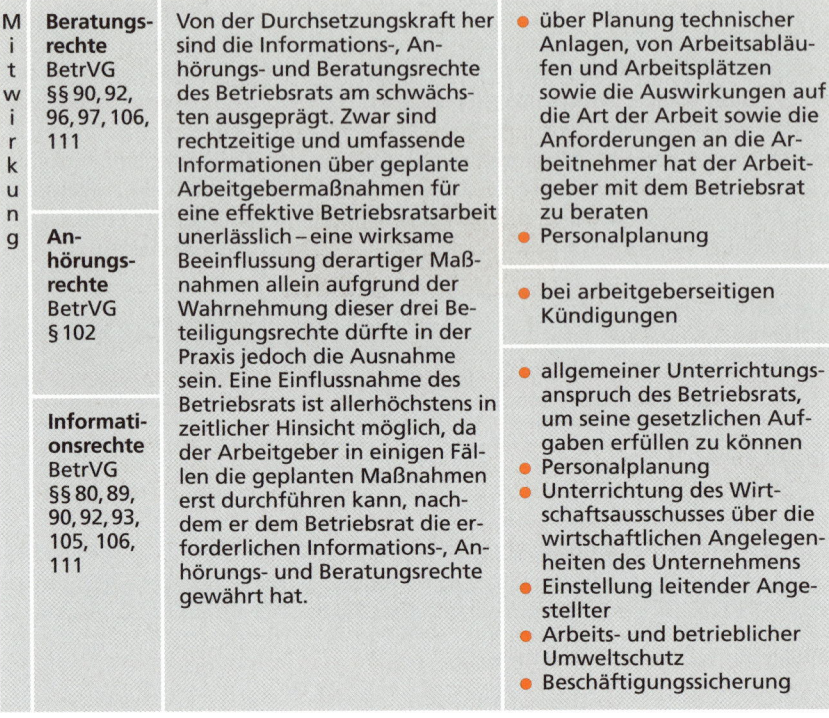

M i t w i r k u n g	**Beratungs-rechte** BetrVG §§ 90, 92, 96, 97, 106, 111	Von der Durchsetzungskraft her sind die Informations-, An-hörungs- und Beratungsrechte des Betriebsrats am schwächs-ten ausgeprägt. Zwar sind rechtzeitige und umfassende Informationen über geplante Arbeitgebermaßnahmen für eine effektive Betriebsratsarbeit unerlässlich – eine wirksame Beeinflussung derartiger Maß-nahmen allein aufgrund der Wahrnehmung dieser drei Be-teiligungsrechte dürfte in der Praxis jedoch die Ausnahme sein. Eine Einflussnahme des Betriebsrats ist allerhöchstens in zeitlicher Hinsicht möglich, da der Arbeitgeber in einigen Fäl-len die geplanten Maßnahmen erst durchführen kann, nach-dem er dem Betriebsrat die er-forderlichen Informations-, An-hörungs- und Beratungsrechte gewährt hat.	● über Planung technischer Anlagen, von Arbeitsabläu-fen und Arbeitsplätzen sowie die Auswirkungen auf die Art der Arbeit sowie die Anforderungen an die Ar-beitnehmer hat der Arbeit-geber mit dem Betriebsrat zu beraten ● Personalplanung
	An-hörungs-rechte BetrVG § 102		● bei arbeitgeberseitigen Kündigungen
	Informati-onsrechte BetrVG §§ 80, 89, 90, 92, 93, 105, 106, 111		● allgemeiner Unterrichtungs-anspruch des Betriebsrats, um seine gesetzlichen Auf-gaben erfüllen zu können ● Personalplanung ● Unterrichtung des Wirt-schaftsausschusses über die wirtschaftlichen Angelegen-heiten des Unternehmens ● Einstellung leitender Ange-stellter ● Arbeits- und betrieblicher Umweltschutz ● Beschäftigungssicherung

1.3.4   Jugend- und Auszubildendenvertretung

Jugend- und Auszubildenden-vertretung

→ **BetrVG §§ 60 ff.**

Wo ein Betriebsrat besteht und mindestens fünf jugendliche Arbeitnehmer oder Auszubildende beschäftigt sind, kann eine **Jugend- und Auszubildendenvertre-tung** gewählt werden.

Die Jugend- und Auszubildendenvertretung ist folglich kein selbstständiges Organ der Betriebsverfassung, sondern bleibt **dem Betriebsrat nachgeordnet**; nur durch dessen Vermittlung kann sie auf den Arbeitgeber einwirken. Damit sie ihre Aufga-ben erfüllen kann, muss der Betriebsrat sie rechtzeitig und umfassend informieren und ihr die erforderlichen Unterlagen zur Verfügung stellen. Zu jeder Betriebs-ratssitzung kann sie einen Vertreter oder eine Vertreterin entsenden; stehen Jugend- und Ausbildungsfragen auf der Tagesordnung, ist sie mit allen Mitgliedern teilnah-meberechtigt. Darüber hinaus haben die Jugend- und Auszubildendenvertreter auch Stimmrecht, wenn im Betriebsrat ein Beschluss gefasst werden soll, der die jugendlichen Arbeitnehmer oder die Auszubildenden betrifft.

Vor oder nach jeder Betriebsversammlung kann im Einvernehmen mit dem Betriebsrat eine betriebliche **Jugend- und Auszubildendenversammlung** abgehalten werden; soll sie zu einem anderen Zeitpunkt stattfinden, muss auch der Arbeitgeber zustimmen.

Jugend- und Auszubildendenvertretungen werden in den Betrieben jeweils im Okt-ober oder November für eine **Amtszeit von zwei Jahren** gewählt. Wahlberechtigt sind alle jugendlichen Arbeitnehmer(innen) unter 18 Jahren und alle Auszubildenden unter 25 Jahren. Wählbar sind die Arbeitnehmerinnen und Arbeitnehmer des Betriebs bis zur Altersgrenze von 25 Jahren; sie dürfen nicht gleichzeitig dem Betriebsrat angehören.

Die Größe der Jugendvertretung (1 bis 13 Mitglieder) richtet sich nach der Zahl der Jugendlichen und Auszubildenden im Betrieb. Bestehen in einem Unternehmen mehrere Jugend- und Auszubildendenvertretungen, ist eine Gesamt-Jugend- und Auszubildendenvertretung zu errichten.

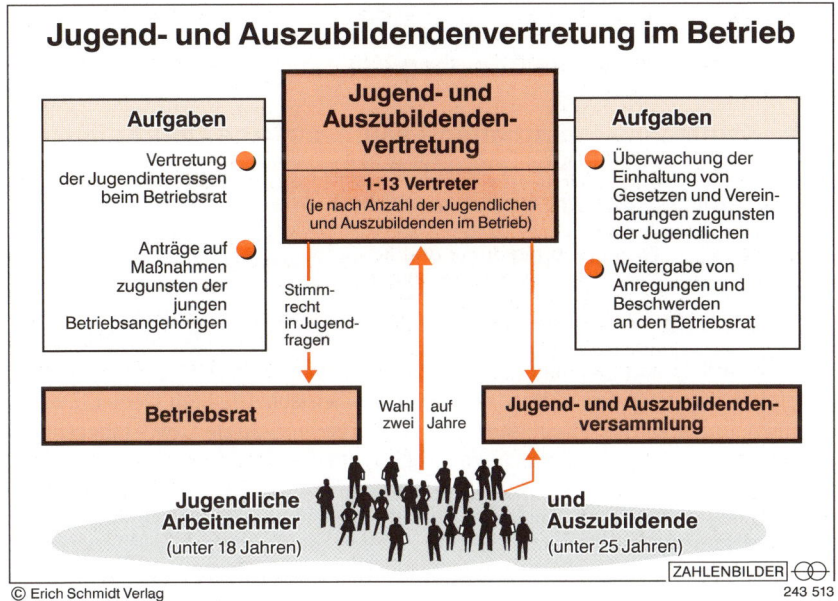

Jugend- und Auszubildendenvertretung im Betrieb

Aufgaben		Aufgaben
Vertretung der Jugendinteressen beim Betriebsrat	**Jugend- und Auszubildenden- vertretung**	Überwachung der Einhaltung von Gesetzen und Verein- barungen zugunsten der Jugendlichen
Anträge auf Maßnahmen zugunsten der jungen Betriebsangehörigen	**1-13 Vertreter** (je nach Anzahl der Jugendlichen und Auszubildenden im Betrieb)	Weitergabe von Anregungen und Beschwerden an den Betriebsrat

Stimm- recht in Jugend- fragen

| Betriebsrat | Wahl auf zwei Jahre | Jugend- und Auszubildenden- versammlung |

Jugendliche Arbeitnehmer (unter 18 Jahren)   **und Auszubildende** (unter 25 Jahren)

ZAHLENBILDER

© Erich Schmidt Verlag   243 513

Die Mitglieder des Betriebsrats bzw. der Jugend- und Auszubildendenvertretung dürfen in der Ausübung ihrer Tätigkeit nicht gestört oder behindert werden. Sie dürfen wegen ihrer Tätigkeit nicht benachteiligt oder begünstigt werden; dies gilt auch für ihre berufliche Entwicklung. Beabsichtigt der Arbeitgeber, einen Auszubil- denden, der Mitglied der Jugend- und Auszubildendenvertretung bzw. des Betriebs- rats ist, nach Beendigung des Berufsausbildungsverhältnisses nicht in ein Arbeits- verhältnis auf unbestimmte Zeit zu übernehmen, so hat er dies drei Monate vor Be- endigung des Berufsausbildungsverhältnisses dem Auszubildenden mitzuteilen.

→ **BetrVG § 78a**

1.3.5   Betriebsvereinbarung – Arbeitgeber mit Betriebsrat

In Betriebsvereinbarungen werden vom Betriebsrat und dem einzelnen Arbeitgeber für das jeweilige Unternehmen **betriebsinterne Regelungen** beschlossen.

Betriebsverein- barung

Solche betriebsinternen Bestimmungen betreffen z. B. Arbeitszeitregelung, Rauch- verbot, Meldung von Unfällen, soziale Maßnahmen, Maßnahmen zur Unfallverhü- tung.

→ **BetrVG § 77**

Tarifvertragliche Regelungen dürfen grundsätzlich nicht Gegenstand einer Be- triebsvereinbarung sein, es sei denn, der Tarifvertrag enthält eine Öffnungsklausel. In Betriebsordnungen und Dienstordnungen, welche den Betriebsangehörigen z. B. durch Aushang zugänglich sein müssen, sind solche Betriebsvereinbarungen fest- gelegt.

1.3.6   Europäischer Betriebsrat (EBR)

Europäischer Betriebsrat

In europaweit tätigen Unternehmen sind Europäische Betriebsräte oder andere Ver- fahren zur grenzübergreifenden Unterrichtung und Anhörung der Arbeitnehmer einzurichten.

Rechtsformen

2 Vergleich der Rechtsformen der Unternehmung

2.1 Handelsrechtliche Grundbegriffe

Kaufmannseigen-
schaften

2.1.1 Kaufmannseigenschaften – kaufmännische Einrichtung?

Istkaufleute

■ Istkaufleute – auf die kaufmännische Einrichtung kommt es an

Kaufmann ist, wer ein Handelsgewerbe betreibt. Handelsgewerbe ist *jeder Gewerbebetrieb*, es sei denn, dass das Unternehmen nach Art und Umfang einen *in kaufmännischer Weise eingerichteten Geschäftsbetrieb* nicht erfordert.

→ HGB § 1

Gewerbe

Gewerbe ist jede berufsmäßige und von der *Absicht dauernder Gewinnerzielung* beherrschte *selbstständige Geschäftstätigkeit* auf wirtschaftlichem Gebiet. Die so genannten freien Berufe (Rechtsanwälte, Steuerberater, Ärzte usw.) fallen nicht darunter. Für sie gilt das *Partnerschaftsgesellschaftsgesetz*.

Ein Gewerbetreibender, der sich der Strenge des Handelsrechts entziehen will, muss darlegen und beweisen, dass er keinen kaufmännisch eingerichteten Geschäftsbetrieb benötigt. Gelingt ihm dies nicht, dann ist er Kaufmann, unabhängig davon, ob er im Handelsregister eingetragen ist oder nicht (**Kaufmann kraft Gewerbebetrieb, Istkaufmann**). Ob ein solcher in kaufmännischer Weise eingerichteter Geschäftsbetrieb erforderlich ist, hängt im Einzelfall von der Gesamtbetrachtung verschiedener Merkmale wie Höhe des Umsatzes und des Kapitals, Anzahl der Kunden und Mitarbeiter, Angebotspalette von Waren und Leistungen, Anzahl der Betriebsstätten, Vorhandensein einer kaufmännischen Buchführung oder von Auslandsgeschäften ab. Liegt eine solche kaufmännische Einrichtung vor, dann ist der Gewerbetreibende Kaufmann und zur Eintragung ins Handelsregister verpflichtet.

■ Kannkaufleute – Kleingewerbetreibende ohne kaufmännische Einrichtung

Gewerbetreibende, deren Unternehmen nach Art und Umfang *keinen in kaufmännischer Weise eingerichteten Geschäftsbetrieb* erfordert, so genannte **Kleingewerbetreibende**, können die Kaufmannseigenschaft durch *freiwillige Eintragung* ins Handelsregister erwerben (**Kannkaufleute**). Im Gegensatz zu den Istkaufleuten

Kannkaufleute
→ HGB § 2

können Kleingewerbetreibende auf Antrag die Eintragung ins Handelsregister wieder rückgängig machen und wieder den Status eines Nichtkaufmanns erlangen, da sie keine kaufmännische Einrichtung haben.

■ Kannkaufleute – Land- und Forstwirte mit kaufmännischer Einrichtung

Land- und forstwirtschaftliche Unternehmen *mit einem in kaufmännischer Weise eingerichteten Geschäftsbetrieb* können die Kaufmannseigenschaft durch freiwillige Eintragung ins Handelsregister erwerben. Man nennt sie daher **Kannkaufleute**.

Kannkaufleute
→ HGB § 3

Im Gegensatz zu den Kleingewerbetreibenden können Kannkaufleute ihre Eintragung in das Handelsregister nicht mehr rückgängig machen.

■ Formkaufleute – die Rechtsform ist entscheidend

Auch juristische Personen (z. B. Handelsgesellschaften) können Kaufleute sein. Ihnen kann die Kaufmannseigenschaft durch ein Gesetz beigelegt werden, und zwar unabhängig vom Gegenstand des Unternehmens. Sie werden also Kaufleute aufgrund ihrer Rechtsform (**Formkaufleute**). Dies gilt vor allem für Kapitalgesellschaften wie die Aktiengesellschaft (AG) oder die Gesellschaft mit beschränkter Haftung (GmbH).

Formkaufleute
→ HGB § 6

BEISPIEL

§ 3 AktG: Die Aktiengesellschaft gilt als Handelsgesellschaft, auch wenn der Gegenstand des Unternehmens nicht im Betrieb eines Handelsgewerbes besteht.
§ 7 GmbHG: Die Gesellschaft ist bei dem Gericht, in dessen Bezirk sie ihren Sitz hat, zur Eintragung in das Handelsregister anzumelden.

■ Sonderfälle

Sonderfälle

Als Sonderfälle gelten *Handelsvertreter, Handelsmakler, Kommissionäre, Spediteure, Lagerhalter und Frachtführer.* Die sie betreffenden Vorschriften des Handelsrechts gelten unabhängig davon, ob deren Unternehmen kaufmännisches Niveau hat oder im Handelsregister eingetragen ist. Sie sind daher keine Kaufleute, sondern werden allgemein als Gewerbetreibende bezeichnet.

2.1.2   Firma – Geschäftsname eines Kaufmanns

Die **Firma** ist der Geschäftsname eines Kaufmanns, unter dem er seine Handelsgeschäfte betreibt und seine Unterschriften abgibt. Die Firma muss zur Kennzeichnung des Kaufmanns geeignet sein und Unterscheidungskraft besitzen.

Firma
→ HGB § 17

Arten der Firma

Firmenarten

Personenfirma	Namen eines Gesellschafters bzw. mehrerer Gesellschafter; z. B. „Konrad Müller KG"; „Lisa Meinrad GmbH"
Sachfirma	Unternehmenszweck ist sichtbar, z. B. „Maschinenbau AG"
Fantasiefirma	Z. B. „42 Plus KG"; „BayWatchers AG"; „Bingo GmbH"
Mischfirma	Z. B. „Müller Mobilfunk e. K."; „42 Plus Software KG"

Personenfirma

Sachfirma

Fantasiefirma

Mischfirma

■ Firmengrundsätze

Firmengrundsätze

Eine Firma darf nicht unbefugt benützt werden. Dies ergibt sich u. a. aus den Grundsätzen über die Firma im HGB und BGB, aber auch aus dem Gesetz gegen den unlauteren Wettbewerb und dem Markengesetz. Die im HGB aufgestellten Grundsätze des Firmenrechts sind:

- **Rechtsformzusatz.** In jedem Fall muss die Firma einen Zusatz enthalten, der die Rechtsform angibt, z. B. Müller e. K. („eingetragener Kaufmann" bei Einzelunternehmen), Bingo AG, Software KG, Ina Maier GmbH.

Rechtsformen
siehe S. 33ff.
→ HGB § 19

- **Firmenwahrheit, Firmenklarheit.** Der Außenstehende soll erkennen, wer Firmeninhaber ist und welche Unternehmensart vorliegt. Es dürfen keine unrichtigen Angaben über Art und Umfang der Unternehmung enthalten sein. Ein kleines Einzelhandelsgeschäft darf sich z. B. nicht Großmarkt nennen.

KOMPENDIUM

→ HGB § 30

- **Firmenausschließlichkeit.** Jede Firma muss sich von allen an demselben Orte bereits bestehenden und schon in das Handelsregister eingetragenen Firmen unterscheiden.

Der neue Unternehmer muss seiner Firma ggf. einen Zusatz beifügen, durch den sie sich von der einer anderen unterscheidet. Sehr häufig wird in solchen Fällen ein weiterer Vorname hinzugefügt. Für Unternehmen überörtlicher Bedeutung ist diese Bestimmung nicht immer ausreichend. Falls die Gefahr einer Verwechslung besteht, können sich daher die älteren Unternehmen auf das Wettbewerbsrecht berufen.

Firmenbeständig-
→ HGB § 23
→ HGB § 24

- **Firmenbeständigkeit.** Die Firma kann nicht ohne das Handelsgeschäft, für das sie geführt wird, veräußert werden. Dadurch sollen Irreführungen vermieden werden.

Stimmen die bisherigen Geschäftsinhaber oder deren Erben **ausdrücklich** dem Verkauf eines Unternehmens zu, so darf der Erwerber die bisherige Firma fortführen. Es steht ihm frei, das Nachfolgeverhältnis durch einen Zusatz (Nachf.) anzudeuten. Dadurch kann der Firmenwert (Goodwill) erhalten bleiben.

Firmenöffent-
→ HGB § 29
→ HGB § 37a
→ GewO § 15

- **Firmenöffentlichkeit.** Jeder Kaufmann muss seine Firma in das zuständige Handelsregister eintragen lassen. Auf allen **Geschäftsbriefen des Kaufmanns,** die an einen bestimmten Empfänger gerichtet sind, müssen seine Firma, der Rechtsformzusatz, der Ort seiner Handelsniederlassung, das Registergericht und die Nummer, unter der die Firma in das Handelsregister eingetragen ist, angegeben werden. Laden- und Gaststätteninhaber müssen ihren Familiennamen mit mindestens einem ausgeschriebenen Vornamen an der Außenseite oder am Eingang des Geschäfts deutlich sichtbar anbringen.

Handelsregister
→ HGB §§ 8 bis 16

2.1.3 Handelsregister – öffentlicher Glaube

Das Handelsregister ist ein beim Amtsgericht geführtes, **öffentliches Verzeichnis aller Kaufleute** des Registergerichtsbezirks (HGB §§ 8–16).

Begriff	Öffentliches Verzeichnis aller Kaufleute eines Amtsgerichtsbezirks (öffentlich heißt, dass es jedermann einsehen kann). Jeder Kaufmann hat die **Pflicht,** seine Firma und den Ort seiner Handelsniederlassung bei dem Gericht, in dessen Bezirk sich die Niederlassung befindet, zur Eintragung in das Handelsregister anzumelden.
Abteilungen	**Abteilung A (HRA):** Einzelunternehmen und Personengesellschaften **Abteilung B (HRB):** Kapitalgesellschaften (GmbH, AG)
Inhalt	Firma, Inhaber, Geschäftssitz, Unternehmenszweck, alle wichtigen Rechtsverhältnisse (z.B. Prokura)
Wirkung der Eintragung	**Deklaratorische** (rechtsbezeugende) Wirkung: Tatsachen sind auch ohne Eintragung rechtsgültig (z.B. Prokura). **Konstitutive** (rechtserzeugende) Wirkung: Tatsachen werden erst durch die Eintragung rechtswirksam (z.B. GmbH, AG)
Bedeutung	Eingetragene Tatsachen muss jeder gegen sich gelten lassen, da das Handelsregister **öffentlichen Glauben** genießt. Eintragungen werden im Bundesanzeiger und einer örtlichen Tageszeitung veröffentlicht. Löschungen sind rot unterstrichen. Das Handelsregister dient der Rechtssicherheit im Geschäftsverkehr.

Eingetragene Tatsachen können jedermann gegenüber geltend gemacht werden, da das Handelsregister **öffentlichen Glauben** genießt. Ist z.B. jemand ins Handelsregister eingetragen, so gilt er als Kaufmann, auch wenn die Voraussetzungen dafür nicht vorliegen (dem Umfang seines Betriebes nach wäre der Eingetragene z.B. Kleingewerbetreibender). Das Handelsregister dient somit der Rechtssicherheit im Geschäftsverkehr, insbesondere dem Schutz der Gläubiger.

öffentlicher Glaube

BEISPIEL:

Auszug aus dem Handelsregister – Abt. A:

Nummer der Eintragung	a) Firma b) Sitz c) Gegenstand des Unternehmens (bei juristischen Personen)	Geschäftsinhaber Persönlich haftende Gesellschafter Geschäftsführer Abwickler	Prokura	Rechtsverhältnisse	a) Tag der Eintragung und Unterschrift b) Bemerkungen
1	2	3	4	5	6
1	a) Weller KG b) Ulm	Kurt Weller, Kaufmann, Ulm	Einzelprokura: Gerda Marten, Ulm Gesamtprokura: Uwe Reben	Kommanditgesellschaft Beginn: 1. Juni 1961 Kommanditisten Ute Menzel, Ulm Einlage: 50 000 Euro Kurt Flaig, Neu-Ulm Einlage: 50 000 Euro	a) 1. Juni 1961 b) Anmeldung Bl. 1/2 SB

2.2 Rechtsformen der Unternehmung

2.2.1 Kriterien für die Wahl der Rechtsform

Unsere Rechtsordnung eröffnet den Unternehmen eine Vielzahl von Rechtsformen und überlässt die Entscheidung grundsätzlich den Eigentümern oder Gründern. Nach der Zahl der Gesellschafter und der Rechtsfähigkeit unterscheidet man vor allem zwischen

Einzelunternehmung, Personengesellschaft, Kapitalgesellschaft

	Einzelunternehmung	Personengesellschaften	Kapitalgesellschaften
Gesellschafterzahl	eine/r	eher gering	eher groß
Unternehmen ist	keine juristische Person[1]	keine juristische Person	eine juristische Person
Existenz ist vom	Gesellschafterbestand abhängig		unabhängig
Beispiele:	Einzelunternehmung	offene Handelsgesellschaft (OHG), Kommanditgesellschaft (KG)	Gesellschaft mit beschränkter Haftung (GmbH), Aktiengesellschaft (AG)

Bei *Personengesellschaften* stehen die **persönliche Mitarbeit** und Haftung der Eigentümer im Vordergrund, bei *Kapitalgesellschaften* ist die **Kapitalaufbringung** ausschlaggebend für die Wahl der Rechtsform. Bei der Genossenschaft steht die gegenseitige Unterstützung der Mitglieder im Vordergrund.

---

[1] Juristische Personen haben im Rechtsverkehr nahezu die gleichen Rechte wie Menschen (= natürliche Personen).

Es gibt keine Rechtsform, die auf Dauer in allen Situationen für ein Unternehmen und seine Gesellschafter die vorteilhafteste ist. Die Frage der Rechtsform stellt sich nicht nur bei der Gründung, sondern bei jeder Änderung wichtiger Entscheidungsgrundlagen (persönliche, wirtschaftliche, rechtliche und steuerliche).

Bestimmungs-
faktoren für die
Rechtsformwahl

Folgende Bestimmungsfaktoren sind für die Wahl der Rechtsform besonders wichtig:

- **Kapitalaufbringung und Gründungsvoraussetzungen**
- **Haftung für eingegangene Schulden**
- **Geschäftsführung**
- **Vertretung**
- **Ergebnisverteilung**
- **Mitbestimmung**

Die **unternehmensbezogene** Mitbestimmung (über den Aufsichtsrat) ist nur bei Kapitalgesellschaften vorgeschrieben, die mehr als 500 Arbeitnehmer beschäftigen. Die **betriebliche** Mitbestimmung (über den Betriebsrat) ist sowohl bei Kapital- als auch Personengesellschaften möglich.

2.2.2   Einzelunternehmung – allein schalten und walten

Einzelunter-
nehmung

Einen Gewerbebetrieb, dessen Eigenkapital von einer Person aufgebracht wird, die das Risiko alleine trägt, bezeichnet man rechtlich als **Einzelunternehmung**.

■ *Kapitalaufbringung und Gründungsvoraussetzungen*

Der Unternehmer bringt das Eigenkapital bei der Gründung allein auf, indem er Vermögenswerte (Sach- und Barmittel, Rechte) aus seinem privaten Bereich in die Unternehmung einbringt. Sachmittel können Grundstücke, Fahrzeuge oder Einrichtungsgegenstände sein. Bei den Rechtswerten handelt es sich z.B. um Patente oder Wertpapiere.

Die Erhöhung des Eigenkapitals ist bei der Einzelunternehmung durch das Vermögen des Einzelunternehmers begrenzt. Eine Eigenfinanzierung erfolgt in erster Linie im Wege der Selbstfinanzierung, d.h. der *Thesaurierung* (Wiederanlage) erzielter Gewinne.

Die Gewährung langfristiger Kredite wird häufig davon abhängig gemacht, inwieweit dem Kreditgeber gewisse Mitsprache- und Kontrollrechte eingeräumt werden.

Firma

Die **Firma der Einzelunternehmung** kann eine Sach-, Personen-, Fantasie- oder Mischfirma sein. Sie muss den **Zusatz „eingetragener Kaufmann", „eingetragene Kauffrau"** oder eine verständliche Abkürzung dieser Bezeichnung enthalten, z.B. „e.K.", „e.Kfr.".

→ HGB § 19 (1)

BEISPIELE
Karl Wenz e.K., Großhandel für Genussmittel und Bürobedarf Wenz e.Kfm., GeBü e.K.

Haftung

■ *Haftung für die Schulden der Unternehmung*

Der Einzelunternehmer haftet für die Verbindlichkeiten seiner Unternehmung grundsätzlich **allein, persönlich** und **unbeschränkt**.

Persönliche
Haftung

Persönliche Haftung bedeutet, dass der Einzelunternehmer auch dann noch haftet, wenn er selbst nichts mehr mit der Unternehmung zu tun hat und ausgeschieden ist. Die Ansprüche der Gläubiger gegen den früheren Inhaber verjähren erst nach fünf Jahren, falls nicht nach den allgemeinen Vorschriften die Verjährung schon früher eintritt.

Unbeschränkte Haftung heißt, dass der Einzelunternehmer nicht nur mit dem Teil seines Vermögens haftet, den er in den Betrieb eingebracht hat, sondern auch mit seinem gesamten Privatvermögen.

Die persönliche und unbeschränkte Haftung verleihen dem Einzelunternehmer eine gewisse materielle und persönliche Kreditwürdigkeit.

■ Geschäftsführung und Vertretung

Der Einzelunternehmer ist alleiniger Eigentümer seines Unternehmens und hat daher auch die alleinige Entscheidungsgewalt. Sie umfasst einerseits die **Geschäftsführung**, also das Recht und die Pflicht, das Unternehmen *im Inneren* zu führen, andererseits die **Vertretung** des Unternehmens *nach außen*, also Dritten (Kunden, Lieferanten usw.) gegenüber Willenserklärungen abzugeben. Die Geschicke des Betriebs sind damit unlösbar mit dem persönlichen Schicksal des Unternehmers verbunden.

■ Ergebnisverteilung

Dem Einzelunternehmer steht der Gewinn allein zu. Er hat aber auch den Verlust allein zu tragen. Für Chancen und Risiken ist er allein verantwortlich.

Der Gewinn muss jedoch versteuert werden. **Einkommensteuerpflichtig** ist nicht die Einzelunternehmung, sondern die Person des Einzelunternehmers. Sein Gewinn gehört zu den Einkünften aus Gewerbebetrieb und wird nach Abzug der Sonderausgaben, der außergewöhnlichen Belastungen und Freibeträge (z. B. Kinderfreibetrag) versteuert.

Der Einzelunternehmer stellt seinen Gewinn im Rahmen seines Jahresabschlusses (Bilanz mit Gewinn- und Verlustrechnung) fest. Eine Vergütung für die Mitarbeit in seinem Betrieb (**Unternehmerlohn**) ist ebenso nicht als Betriebsausgabe abzugsfähig wie die Bildung einer Pensionsrückstellung für seine eigene Altersversorgung. Da die Einzelunternehmung nicht rechtsfähig ist, können entstandene Verluste mit anderen positiven Einkünften (z. B. aus Kapitalvermögen oder Vermietung und Verpachtung) verrechnet werden.

Randnotizen

→ HGB § 26

unbeschränkte Haftung

Geschäftsführung

Vertretung

Ergebnisverteilung

Unternehmerlohn

■ *Vor- und Nachteile der Einzelunternehmung*

Vorteile	Nachteile
• Freie Entfaltungsmöglichkeiten • Alleinige Entscheidungsbefugnis • Schnelle Entscheidungen • Keine Aufteilung des Gewinns	• Begrenzte Kapitalbasis • Gefahr von Fehlentscheidungen wegen mangelndem Fachwissen • Alleiniges Verlustrisiko • Schicksal des Unternehmens ist unlösbar mit der Person des Eigentümers verbunden • Unbeschränkte Haftung

2.2.3 Personengesellschaft am Beispiel der KG

Kommanditgesellschaft

Wird das Eigenkapital einer Unternehmung von zwei oder mehreren Personen aufgebracht, von denen mindestens eine Person unbeschränkt und eine Person nur mit ihrer Einlage haftet, dann liegt eine **Kommanditgesellschaft** (KG) vor.

■ *Kapitalaufbringung und Firma*

Das Eigenkapital wird durch Einlagen der Gesellschafter aufgebracht. Alle Teilhaber sind **Miteigentümer** der Unternehmung und damit am tatsächlichen Betriebsvermögen beteiligt. Ein Mindestkapital ist gesetzlich nicht festgelegt.

Die weitere Kapitalzufuhr ist geregelt wie bei der Einzelunternehmung: Einbehalten erzielter Gewinne, Kapitalerhöhung durch Erhöhung vorhandener Einlagen oder Aufnahme neuer Gesellschafter oder durch Aufnahme von Fremdkapital. Die Rechtsform der Kommanditgesellschaft wird häufig deshalb gewählt, weil das Eigenkapital durch Einlagen erhöht werden kann, ohne dass den Kapitalgebern ein erhebliches Mitspracherecht eingeräumt werden muss.

Firma
→ HGB § 19 (1) Nr. 3

Die **Firma der KG** kann eine Sach-, Personen-, Fantasie- oder Mischfirma sein. Sie muss den **Zusatz „Kommanditgesellschaft"** oder eine verständliche Abkürzung dieser Bezeichnung enthalten, z.B. „KG".

BEISPIEL
Weller KG, Karl Wenz KG, Gebü KG

■ *Haftung für die Schulden der Unternehmung*

Komplementär, Kommanditist

Für die Verbindlichkeiten haften die Gesellschafter in unterschiedlichem Umfang. **Komplementäre** (Vollhafter) haften unbeschränkt, die **Kommanditisten** (Teilhafter) haften nur mit ihrer **Kommanditeinlage**. Die Höhe der Kommanditeinlage wird im Handelsregister (beim Amtsgericht) eingetragen. Solange der Kommanditist seine eingetragene Einlage nicht voll geleistet hat, haftet auch er mit seinem Privatvermögen für den ausstehenden Betrag. Die ausstehende Einlage des Kommanditisten ist in der Bilanz zu aktivieren, da im Eigenkapital das gesamte einzubringende Kommanditkapital auszuweisen ist.

→ HGB § 176

→ HGB § 128
Gesamtschuldnerische Haftung

Jeder Komplementär haftet **unbeschränkt, gesamtschuldnerisch** (solidarisch) und **unmittelbar** (direkt). *Gesamtschuldnerisch* heißt, dass ein Gläubiger sich mit dem gesamten zu zahlenden Betrag an ihn wenden kann; der Komplementär kann nicht einwenden, dass er nur z.B. zur Hälfte an der KG beteiligt ist und daher auch nur für die Hälfte der Schulden einzustehen habe.

Solidarische, unmittelbare Haftung

Jeder Vollhafter muss für die gesamten Schulden der Unternehmung geradestehen und kann vom Gläubiger nicht verlangen, auch die anderen Gesellschafter zu verklagen, wenn er selbst verklagt wird (*solidarische Haftung*). *Unmittelbare Haftung* bedeutet, dass der Komplementär einen Gläubiger nicht an seine Mitgesellschafter verweisen darf. Auch die Kommanditisten haften bis zur Höhe ihrer Einlage unmittelbar, wenn sie ihre Einlage noch nicht voll geleistet haben oder diese noch nicht im Handelsregister eingetragen ist.

Ausscheidende Gesellschafter haften noch fünf Jahre für die Verbindlichkeiten, die bei ihrem Ausscheiden vorhanden waren (bei Teilhafter auf die Einlage begrenzt).

solidarische Haftung, unmittelbare Haftung

→ **HGB § 171**
→ **HGB § 160**

■ Geschäftsführung und Vertretung

Zur Geschäftsführung sind nur die Komplementäre berechtigt und verpflichtet, und zwar jeder allein (**Einzelgeschäftsführung**). Die Befugnisse erstrecken sich auf alle Handlungen, die der *gewöhnliche Betrieb* des Handelsgewerbes der Gesellschaft mit sich bringt. *Außergewöhnliche Handlungen* (z. B. Bestellung eines Prokuristen, Auflösung der Unternehmung, Aufnahme eines neuen Gesellschafters) bedürfen der Zustimmung aller Vollhafter (Gesellschafterbeschluss). Die Kommanditisten sind von der Geschäftsführung ausgeschlossen. Sie können nur bei außergewöhnlichen Handlungen der Vollhafter widersprechen.

→ **HGB § 116**

→ **HGB § 164**
Einzelvertretung

Nach außen wird die KG durch ihre Komplementäre vertreten. Jeder Vollhafter hat **Einzelvertretungsmacht** für alle gerichtlichen und außergerichtlichen Geschäfte. Eine Beschränkung der Vertretungsmacht ist Dritten gegenüber unwirksam. Die Kommanditisten haben keine Vertretungsmacht.

→ **HGB §§ 125, 126, 170**

■ Ergebnisverteilung

Ist im Gesellschaftsvertrag nichts anderes vereinbart, erhalten alle Gesellschafter zunächst eine Verzinsung von 4 % auf ihren tatsächlich erbrachten Kapitalanteil. Übersteigt der Gewinn diesen Betrag, dann ist der Rest in einem **angemessenen** Verhältnis zu verteilen.

→ **HGB § 168**
→ **HGB § 167**

Verluste sind auf die Gesellschafter in einem angemessenen Verhältnis zu verteilen. An einem Verlust ist der Kommanditist nur bis zum Betrag seines Kapitalanteils und seiner noch ausstehenden Einlage beteiligt.

Eine Tätigkeitsvergütung (Unternehmerlohn) für die Vollhafter kann nicht als Betriebsausgabe gewinnmindernd abgesetzt werden. Einkommensteuer wird von der KG nicht abgeführt, da sie nicht rechtsfähig ist. Die Gesellschafter müssen ihre Gewinnanteile selbst bei ihrer persönlichen Einkommensteuererklärung als Einkünfte aus Gewerbebetrieb angeben (siehe Einzelunternehmung).

■ Gründe für die Errichtung einer KG

aus der Sicht der Komplementäre	aus der Sicht der Kommanditisten
● Erweiterung der Kapitalbasis ● keine Zins- und Tilgungsverpflichtung ● keine Einschränkung der Rechte der Geschäftsführung und Vertretung	● beschränkte Haftung ● persönliches Interesse (Förderung des Familienbetriebs usw.) ● ggf. höhere Rendite als bei Bankguthaben

2.2.4 Kapitalgesellschaft am Beispiel der GmbH

GmbH

Wird das Eigenkapital einer Unternehmung durch einen oder mehrere Gesellschafter aufgebracht, von denen keiner persönlich haftet, und hat die Gesellschaft eine eigene Rechtspersönlichkeit, dann liegt eine **Gesellschaft mit beschränkter Haftung** (GmbH) vor.

Gesellschaft mit beschränkter Haftung

■ *Kapitalaufbringung und Gründungsvoraussetzungen*

Stammeinlage

Geschäftsanteil

Das Eigenkapital der GmbH wird dadurch aufgebracht, dass die Gesellschafter ihre im notariellen Gesellschaftsvertrag vereinbarten **Stammeinlagen** einbringen. Jeder Gesellschafter kann bei der Gründung nur eine Stammeinlage übernehmen, diese bestimmt seinen **Geschäftsanteil**. Die Stammeinlage jedes Gesellschafters muss mindestens 100 Euro betragen und kann bei den Gesellschaftern unterschiedlich hoch sein. Sie muss durch 50 teilbar sein. Bei der Einpersonen-GmbH wird das **Stammkapital (gezeichnetes Kapital)** *von mindestens 25 000,00 EUR* nur von einer Person eingebracht. In der Bilanz wird das **Stammkapital** als *„Gezeichnetes Kapital"* ausgewiesen. Es stellt die Summe aller Geschäftsanteile dar.

**➔ GmbHG § 5
Stammkapital**

➔ GmbHG § 26

Der Geschäftsanteil ist veräußerlich. Zur Abtretung bedarf es jedoch eines in notarieller Form geschlossenen Vertrags. Der Gesellschaftsvertrag in notarieller Form (**Satzung**) kann bestimmen, dass die Gesellschafter im Bedarfsfall (z.B. Verlustsituation) über ihre Stammeinlage hinaus noch weitere Einzahlungen (Nachschüsse) zu leisten haben.

➔ GmbHG § 4

Die **Firma der GmbH** kann eine Sach-, Personen-, Fantasie- oder Mischfirma sein. Sie muss den **Zusatz „Gesellschaft mit beschränkter Haftung"** oder eine verständliche Abkürzung dieser Bezeichnung enthalten, z.B. „GmbH", „mbH".

BEISPIELE

Karl Wenz GmbH, Großhandel für Genussmittel und Bürobedarf Wenz GmbH, GeBü GmbH

■ *Haftung für die Schulden der Unternehmung*

➔ GmbHG § 11

Sind *vor der Eintragung* ins Handelsregister Geschäfte im Namen der GmbH vorgenommen worden, dann haften die Handelnden persönlich und solidarisch. *Nach der Eintragung* gibt es **keine Durchgriffshaftung** mehr, die den Zugriff der Gläubiger auf das Vermögen der Gesellschafter ermöglichen würde.

➔ GmbHG § 13

Für Verbindlichkeiten der GmbH haftet den Gläubigern der Gesellschaft nur das **Gesellschaftsvermögen**. Die GmbH als juristische Person wird strikt getrennt vom Vermögen ihrer Gesellschafter, die nur mit ihrer Einlage haften *(Trennungsprinzip)*.

■ *Geschäftsführung und Vertretung*

Im Gegensatz zu einer natürlichen Person ist die GmbH als juristische Person nicht in der Lage, selbst zu handeln. Sie kann nur über ihre gesetzlich dafür vorgesehenen **Gesellschaftsorgane** handeln. Dazu gehören die Gesellschafterversammlung, der bzw. die Geschäftsführer und ggf. der Aufsichtsrat.

Gesellschafterversammlung

➔ GmbHG § 47
➔ GmbHG § 46

Anders als bei Personengesellschaften arbeiten die Gesellschafter einer Kapitalgesellschaft nicht selbst im Unternehmen mit. Ihre Aufgabe ist die Einzahlung ihrer Stammeinlage und die Mitwirkung an Beschlüssen der Gesellschafterversammlung. Beschlüsse werden in der Gesellschafterversammlung *mit der Mehrheit der abgegebenen Stimmen* gefasst. Dabei gewähren jede 50 Euro eines Geschäftsanteils eine Stimme. Im Einzelnen beschließt die **Gesellschafterversammlung** über folgende Sachverhalte:

- Feststellung des Jahresabschlusses und Beschluss über die Gewinnverwendung,
- Einforderung von Einzahlungen auf die Stammeinlagen,
- Rückzahlung von Nachschüssen (diese sind im Verlustfall von den Gesellschaftern zu leisten),
- Teilung sowie Einziehung von Geschäftsanteilen,
- Bestellung von Prokuristen und Gesamtbevollmächtigten,
- Bestellung, Überwachung und Abberufung der Geschäftsführer sowie deren Entlastung,

- Geltendmachung von Ersatzansprüchen gegen Geschäftsführer oder Gesellschafter sowie Vertretung der Gesellschaft in Prozessen gegen die Geschäftsführer.

Die **Geschäftsführer** (Sie müssen nicht Gesellschafter sein) führen die Geschäfte nach innen und vertreten die Gesellschaft gerichtlich und außergerichtlich nach außen. Jede Willenserklärung und Zeichnung muss durch sämtliche Geschäftsführer erfolgen (**Gesamtgeschäftsführung und Gesamtvertretung**). Aus der Erfordernis der einheitlichen Willensbildung ergibt sich eine solidarische Verantwortlichkeit jedes einzelnen Geschäftsführers für die Geschäftsführung im Ganzen; auch wenn wegen der Größe des Geschäftsbetriebes die Geschäfte unter den Geschäftsführern aufgeteilt werden. Im Innenverhältnis kann die Geschäftsführungs- und Vertretungsmacht durch Gesellschafterbeschluss auf gewisse Arten von Geschäften oder zeitlich beschränkt werden. Gegen dritte Personen, also im Außenverhältnis, haben solche Beschränkungen keine rechtliche Wirkung. Die Bestellung des Geschäftsführers kann durch Gesellschafterbeschluss jederzeit widerrufen werden, es sei denn, der Gesellschaftsvertrag schreibt bestimmte Widerrufsgründe vor.

Geschäftsführer

→ GmbHG § 35

→ GmbHG § 37

→ GmbHG § 38

In Gesellschaften mit regelmäßig über 500 Arbeitnehmern muss ein **Aufsichtsrat** vorhanden sein. Bei Gesellschaften mit über 500 bis 20 000 Arbeitnehmern ist ein Drittel der Aufsichtsratsmitglieder von der Belegschaft zu wählen. Bei Gesellschaften mit regelmäßig mehr als 2 000 Arbeitnehmern ist er paritätisch, d. h. je zur Hälfte, von Anteilseignern und Arbeitnehmervertretern zu besetzen. Der Aufsichtsrat bestimmt über alle wichtigen Geschäfte mit.

Aufsichtsrat
→ GmbHG § 52

Organe der GmbH

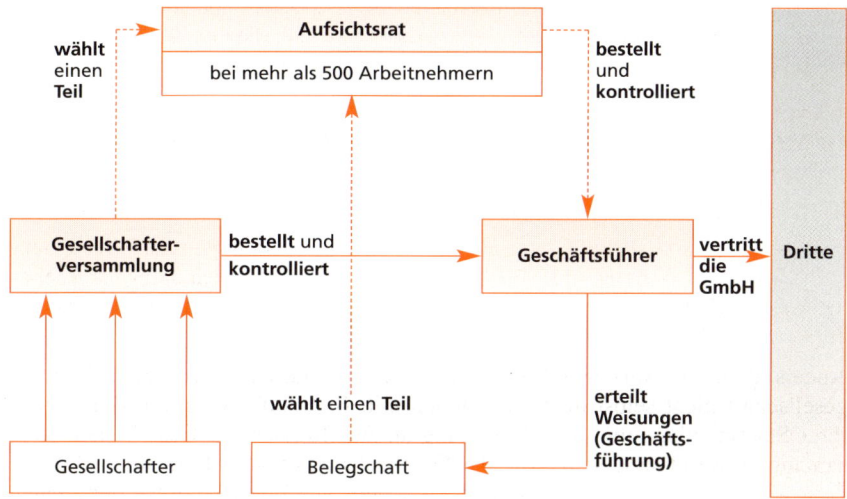

■ *Ergebnisverteilung*

Die Gesellschafter haben Anspruch auf den Jahresüberschuss (Gewinn vor der Verteilung) im **Verhältnis ihrer Geschäftsanteile.** In der Satzung kann ein anderer Maßstab festgelegt werden. Die Verlustbeteiligung ist analog geregelt. Die Entscheidung über die Gewinnverwendung (Ausschüttung oder Einbehaltung) obliegt der Gesellschafterversammlung.

Die **Vergütung** der Geschäftsführer mindert als Betriebsausgaben den steuerpflichtigen Gewinn der GmbH. Allerdings sind unangemessen hohe Vergütungen als verdeckte Gewinnausschüttung steuerpflichtig.

Ergebnis-
verteilung

→ GmbHG § 29
(3)

FALLBEISPIEL

Der Jahresüberschuss der Krüger GmbH beträgt 200 000,00 EUR. Davon werden 50 000,00 EUR einbehalten; der Rest nach §29 GmbHG unter den drei Gesellschaftern verteilt.

Gesellschafter	Kapitalanteil	Schlüssel	Gewinn
Krüger	200 000,00 EUR	4	100 000,00 EUR ◄─── · 4
Wenzel	50 000,00 EUR	1	25 000,00 EUR ◄─── · 1
Manz	50 000,00 EUR	1	25 000,00 EUR ◄─── · 1
Summen	300 000,00 EUR	6 △	150 000,00 EUR
		1 △	25 000,00 EUR

GmbH & Co. KG

● **GmbH & Co. KG – die Unternehmensform des Mittelstands**

Die GmbH & Co. KG ist eine **Personengesellschaft** in der Rechtsform der KG, deren einzige persönlich haftende Gesellschafterin eine GmbH (Kapitalgesellschaft) ist. Die Gesellschafter der GmbH und die Kommanditisten der KG können dieselben Personen sein (**typische GmbH & Co. KG**). Bei der **atypischen GmbH & Co. KG** sind die Kommanditisten und die GmbH-Gesellschafter nicht identisch.

typische GmbH & Co. KG, atypische GmbH & Co. KG

Die GmbH & Co. KG entsteht durch einen formlosen Gesellschaftsvertrag zwischen einer **bereits bestehenden** (und im Handelsregister eingetragenen) **GmbH** und den Kommanditisten.

BEISPIEL

Entstehung einer typischen GmbH & Co. KG:

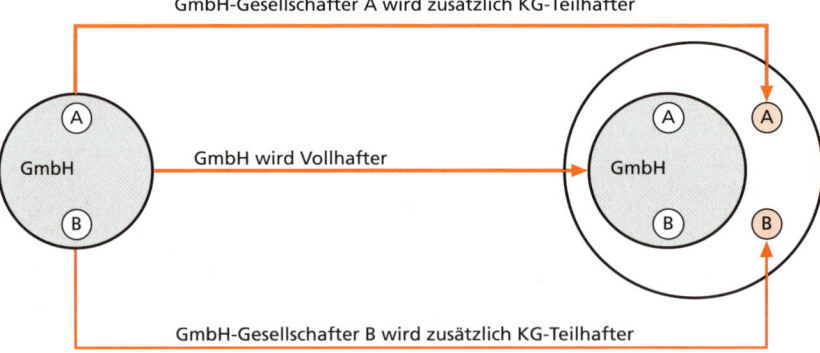

Die Geschäftsführung und Vertretung der GmbH & Co. KG wird regelmäßig der Komplementär-GmbH übertragen, die ihrerseits durch ihre Geschäftsführer handelt.

Diese Konstruktion ist mit folgenden **Vorteilen** verbunden:

● Haftungsbeschränkung auf Kapitaleinlagen
● Unternehmen wird losgelöst vom Schicksal des Unternehmers (die Vollhafter-GmbH ist „unsterblich"), eine Einpersonen-GmbH & Co. KG ist möglich
● Lösung von Nachfolgeproblemen durch fremdes Management
● Großer Spielraum für finanzielle Umschichtungen (Privateinlagen/-entnahmen)

2.2.5 Kapitalgesellschaft am Beispiel der AG

Wird das Eigenkapital durch eine meist sehr große Zahl von Gesellschaftern aufgebracht, von denen keiner persönlich haftet, und sind die Gesellschaftsanteile leicht übertragbar, dann handelt es sich um eine **Aktiengesellschaft (AG).**

Aktiengesellschaft

■ *Kapitalaufbringung*

Das Eigenkapital der AG wird dadurch aufgebracht, dass ein oder mehrere Gründer die im notariellen Gesellschaftsvertrag (Satzung) vereinbarten **Anteile (Aktien)** übernehmen und in entsprechender Höhe Bar-, Sacheinlagen oder Rechte einbringen. Jeder Gesellschafter kann bei der Gründung mehrere Aktien übernehmen. Die Aktien können entweder als **Nennbetragsaktien** oder als **Stückaktien** ausgegeben werden. *Stückaktien* lauten auf keinen Nennbetrag und müssen am Grundkapital in gleichem Umfang beteiligt sein. Der auf eine einzelne Aktie entfallende Bruchteil darf den Mindestnennwert nicht unterschreiten. *Nennbetragsaktien* müssen auf mindestens **1,00 EUR** lauten.

Aktien

→ AktG § 2

→ AktG § 8

→ AktG § 9

BEISPIEL

Grundkapital: 50 000,00 EUR. Nennbetrag einer Aktie sei 5,00 EUR. Aktienzahl: 10 000 Stück
Anteil einer Nennbetragsaktie am Grundkapital 5/50 000 = 1/10 000
Anteil einer *Stückaktie* am Grundkapital: 1/10 000 (der Bruchteil darf in diesem Fall 1/50 000 nicht unterschreiten, sonst läge der Anteil unter dem „geringsten Ausgabebetrag")

Höhere Nennbeträge müssen auf volle Euro lauten. Das *Grundkapital* (gezeichnetes Kapital) muss mindestens **50 000,00 EUR** betragen. Der Anteil am Grundkapital bestimmt sich bei Nennbetragsaktien nach dem Verhältnis ihres Nennbetrags zum Grundkapital, bei Stückaktien nach der Zahl der Aktien.

Grundkapital

→ AktG § 7

Aktienarten		
nach der Übertragungsweise	nach den mit den Aktien verbundenen Rechten	nach dem Ausgabezeitpunkt

● **Inhaberaktien**
Der Inhaber weist sich damit als Eigentümer aus und kann sie durch einfache Übergabe weitergeben

● **Namensaktien**
Der Inhaber ist namentlich im Aktienbuch der AG eingetragen. Die Übertragung erfolgt durch Umschreibung im Aktienbuch.

● **Vinkulierte Namensaktien**
Der Inhaber ist namentlich im Aktienbuch der AG eingetragen und kann diese nur mit Zustimmung der AG auf jemand anderen übertragen.

● **Stammaktien**
Gewähren die normalen Aktionärsrechte, wie Teilnahme und Stimmrecht in der Hauptversammlung, Anspruch auf Gewinnanteil (Dividende), Recht auf Bezug junger Aktien bei Kapitalerhöhungen, Anspruch auf Anteil am Liquidationserlös bei Auflösung (Beendigung) der AG, Anspruch auf Auskunft durch den Vorstand.

● **Vorzugsaktien**
Gewähren besondere Rechte, wie z.B. erhöhte Dividende. Dabei wird das Stimmrecht häufig ausgeschlossen.

● **Alte Aktien**
Vor einer Kapitalerhöhung bereits vorhandene Aktien. Mit der alten Aktie ist ein Bezugsrecht auf die neuen Aktien verbunden, damit der Altaktionär sein Anteilsverhältnis wahren kann.

● **Neue Aktien**
Werden bei Kapitalerhöhungen neu ausgegeben (junge Aktien).

Die **Aktie** ist ein Wertpapier, das normalerweise als Inhaberpapier auf dem Kapitalmarkt (Börse) unter bestimmten Voraussetzungen frei handelbar ist. Nicht alle Aktiengesellschaften erfüllen die Zulassungsvoraussetzungen für den Börsenhandel.

Kapitalerhöhung

Soll neues Eigenkapital zugeführt werden, dann muss das gezeichnete Kapital erhöht werden. Dies geschieht durch Ausgabe neuer (junger) Aktien. Voraussetzung einer **Kapitalerhöhung** ist eine Dreiviertelmehrheit der Gesellschafter, da hierfür die Satzung geändert werden muss (neues Grundkapital).

Gewinnrücklagen

Einbehaltene Gewinne fließen in die **Gewinnrücklagen**; denn das gezeichnete Kapital (Grundkapital) darf nicht verändert werden. Gewinn- und Kapitalrücklagen müssen zusammen den zehnten oder den in der Satzung bestimmten höheren Teil des Grundkapitals erreichen (gesetzliche Rücklage, AktG §150).

■ *Firma der Aktiengesellschaft*

Firma

→ AktG § 4

Die **Firma** der Aktiengesellschaft kann eine Sach-, Personen-, Fantasie- oder Mischfirma sein. Sie muss den **Zusatz „Aktiengesellschaft"** oder eine verständliche Abkürzung dieser Bezeichnung enthalten z.B. „AktG".

BEISPIEL

Kurt Weller AG, Büromöbelfabrik Weller AG, BüMöAG.

■ *Haftung für die Schulden der Unternehmung*

Haftung

→ AktG § 1

Für Verbindlichkeiten der AG haftet nur das **Gesellschaftsvermögen**. Die Eigentümer der AG, die Aktionäre, haften lediglich mit ihrem Kapitalanteil.

Haben Aktionäre jedoch ihre Einlage noch nicht in voller Höhe geleistet, dann haften sie mit dem ausstehenden Teil persönlich, also auch mit ihrem Privatvermögen. Das Gleiche gilt für alle Verbindlichkeiten, die vor der Eintragung der AG ins Handelsregister von den Gründer-Aktionären eingegangen wurden.

■ *Geschäftsführung und Vertretung*

Vorstand
→ AktG §§ 77,78

Die Aktiengesellschaft wird durch ihren **Vorstand** geführt und vertreten. Besteht er aus mehreren Mitgliedern, so haben diese lediglich **Gesamt-Geschäftsführungsbefugnis** und **Gesamtvertretungsmacht** (Kollegialprinzip). Abweichende Regelungen in der Satzung müssen im Handelsregister eingetragen werden.

Vorstandsmitglieder sind im Regelfall nicht gleichzeitig Aktionäre, sondern Angestellte des Unternehmens (Manager). Die Gesellschafter (Aktionäre) selbst sind lediglich an einer Kapitalanlage interessiert. Sie wollen ihr Kapital in einem Unternehmen arbeiten lassen, ohne sich weiter um den Betrieb kümmern zu müssen. Die Aktionäre sind so zahlreich (oft 1 000 und mehr), dass sie sich gegenseitig nicht persönlich kennen (Publikumsgesellschaft, anonyme Gesellschaft – franz. „Société Anonyme" = S. A.).

Hauptver-
sammlung
→ AktG § 119

Einmal jährlich treffen sich die Aktionäre der AG oder deren Vertreter (viele Aktionäre lassen sich durch ihre Banken vertreten – Depotstimmrecht) auf der **Hauptversammlung** (HV). Sie wird durch den Vorstand einberufen und beschließt über:

● die Bestellung der Mitglieder des Aufsichtsrats, soweit sie nicht in den Aufsichtsrat zu entsenden oder als Aufsichtsratsmitglieder der Arbeitnehmer nach dem Mitbestimmungsgesetz oder dem Betriebsverfassungsgesetz zu wählen sind;

- die Bestellung des Abschlussprüfers;
- Satzungsänderungen; Maßnahmen der Kapitalbeschaffung und der Kapital-herabsetzung;
- die Bestellung von Prüfern zur Prüfung von Vorgängen bei der Gründung oder der Geschäftsführung; die Auflösung der Gesellschaft.

Über Fragen der Geschäftsführung kann die HV nur entscheiden, wenn der Vorstand es verlangt [AktG §119 (2)]. Die Vorstandsmitglieder werden vom **Aufsichtsrat** auf höchstens fünf Jahre bestellt und abberufen. Die/der Vorstandsvorsitzende wird ebenfalls vom Aufsichtsrat ernannt. Der Aufsichtsrat hat die Geschäftsführung der AG zu überwachen. Aufgaben der Geschäftsführung können ihm jedoch nicht übertragen werden.

Die Zusammensetzung des Aufsichtsrats richtet sich nach den Bestimmungen des Betriebsverfassungs- (501 bis 2000 Arbeitnehmer) und Mitbestimmungsgesetzes (über 2000 Arbeitnehmer). Er muss mindestens drei Mitglieder haben.

Aufsichtsrat
→ **AktG § 111**
s. Seite 51 f.

Organe der Aktiengesellschaft

AG mit bis zu 500 Arbeitnehmern, die nach dem 10. August 1994 ins Handelsregister eingetragen wurden, müssen keine Arbeitnehmervertreter in den Aufsichtsrat entsenden (AktG §96 i.V.m. Drittelbeteiligungsgesetz)

Mitbestimmung auf Unternehmensebene

Regelungen nach dem Drittelbeteiligungsgesetz

Hauptversammlung = beschlussfassendes Organ	Gesamtheit der Arbeitnehmer (ohne leitende Angestellte)
wählt auf	wählt auf

vier Jahre

$^2/_3$	$^1/_3$
Aufsichtsrat = überwachendes Organ	

bestellt auf fünf Jahre und überwacht

Vorstand = leitendes/ausführendes Organ

Regelungen nach dem Mitbestimmungsgesetz

Hauptversammlung	Arbeitnehmer
wählt auf	wählen auf Vorschlag

- Arbeiter und Angestellte (4 bis 6)
- leitende Angestellte (1)
- Gewerkschaften (1 bis 3) auf

vier Jahre

$^1/_2$ (6 bis 10)	$^1/_2$ (6 bis 10)
Aufsichtsrat = überwachendes Organ	

bestellt auf fünf Jahre und überwacht

Vorstand = leitendes/ausführendes Organ

■ *Ergebnisverteilung*

Die Hauptversammlung beschließt über die Verwendung des Bilanzgewinns. Die Aktiengesellschaft muss solange jährlich 5% des Jahresüberschusses in die gesetzliche Rücklage einstellen, bis ihre gesetzliche Rücklage 10% des Grundkapitals erreicht hat.

Der **Anteil eines Aktionärs am Bilanzgewinn** (Dividende) bestimmt sich nach der Zahl seiner Aktien, d.h. nach seinem Anteil am Grundkapital.

Ergebnisverteilung

→ **AktG § 174**

→ **AktG § 150**

→ **AktG § 60**

3   Industriebetriebe in der Gesamtwirtschaft

3.1   Einzel-, Betriebs- und Volkswirtschaft

Einzelwirtschaft

Unter **Einzelwirtschaft** ist ein einzelner Betrieb oder ein einzelner Haushalt zu verstehen. Es können *öffentliche Betriebe* (z. B. ein öffentlicher Nahverkehrsbetrieb, ein Wasserwerk) und *private Betriebe* (z. B. ein Handwerksbetrieb, ein Einzelhandelsgeschäft) unterschieden werden. Ebenso gibt es *öffentliche Haushalte* (z. B. eine Gemeinde, ein Bundesland) und *private Haushalte* (z. B. ein Einpersonen-Haushalt, eine eheliche Lebensgemeinschaft). Jeder einzelne Haushalt und jeder einzelne Betrieb erstellt bewusst oder unbewusst einen Wirtschaftsplan, in dem er seine Einnahmen und Ausgaben festhält und nach dem er handelt.

Betriebswirtschaft

Die **Betriebswirtschaft** beschäftigt sich mit den wirtschaftlichen Vorgängen innerhalb eines Unternehmens (Einzelwirtschaft), z. B. Erfassung von Aufwendungen und Erträgen, Organisation von Abläufen, Personalfragen, Probleme der Beschaffung, Finanzierung, Produktion, Lagerung und des Absatzes von Waren und Diensten.

Volkswirtschaft

Aus der Gesamtzahl aller Einzelwirtschaften und deren Beziehungsgeflecht ergibt sich die **Volkswirtschaft** (Gesamtwirtschaft, Nationalökonomie). Um bessere Aussagen über die Ursachen von Veränderungen der Gesamtwirtschaft machen zu können, werden die Gesamtwirtschaft in Wirtschaftszweige und diese wiederum in Branchen aufgegliedert. Der Wirtschaftszweig „produzierendes Gewerbe" setzt sich z. B. aus mehreren Branchen zusammen (z. B. Elektro-, Auto-, Chemiebranche). Der Wert aller von den Betrieben innerhalb eines Kalenderjahres produzierten Waren und geleisteten Dienste ergibt die wirtschaftliche Gesamtleistung eines Volkes.

Wirtschaftssubjekte

Alle **Wirtschaftssubjekte** einer Volkswirtschaft, das sind Unternehmen, private Haushalte und Staat (öffentliche Betriebe und öffentliche Haushalte), richten ihr wirtschaftliches Handeln an einer gemeinsamen Rechts-, Wirtschafts- und Währungsordnung aus.

Weltwirtschaft

Die Volkswirtschaft eines Landes ist wiederum mit den Volkswirtschaften anderer Länder verflochten. Über mehr oder weniger geregelte Wirtschaftsbeziehungen werden Waren, Dienstleistungen und Finanzen über die Grenzen einzelner Volkswirtschaften hinweg ausgetauscht. Die Volkswirtschaften einzelner Länder sind inzwischen zu einer **Weltwirtschaft** zusammengewachsen.

3.2   Industriebetriebe als Teil der Volkswirtschaft

Nur wenige Güter verbraucht man so, wie sie in der Natur vorkommen. Meist müssen vorher Veränderungen an ihnen vorgenommen werden. Diese Aufgabe übernehmen die Wirtschaftsbetriebe (Unternehmungen).

Der einzelne Betrieb hat in der modernen arbeitsteiligen Wirtschaft bei der Herstellung eines Gutes nur einen mehr oder weniger großen Anteil am gesamten Produktionsprozess.

vertikale, horizontale Arbeitsteilung

Die Gütererstellung (Produktionsprozess) erfolgt stufenweise in verschiedenen Wirtschaftssektoren. Sie beginnt mit der Urerzeugung und geht über die Weiterverarbeitung bis hin zur Verteilung. Diese Wirtschaftsstufen ergeben die **vertikale volkswirtschaftliche Arbeitsteilung**. Jede Wirtschaftsstufe umfasst wiederum eine Vielzahl von Betrieben. Daraus ergibt sich eine **horizontale volkswirtschaftliche Arbeitsteilung**.

Verteilungs- und Dienstleistungsbetriebe stehen zwar am Ende der Kette, doch sind sie auch für alle anderen **Wirtschaftsstufen** tätig. Transportleistungen und Finanzierungen sind auch für Urerzeugungs- und Weiterverarbeitungsbetriebe notwendig.

Wirtschaftsstufen

Vertikale und horizontale Arbeitsteilung in der Volkswirtschaft

Vertikale Arbeitsteilung (Wirtschaftsstufen) = Produktionsprozess	Horizontale Arbeitsteilung	Beispiel: Weg einer Jeanshose
Urerzeugungsbetriebe (**Primärer** Wirtschaftssektor)	Land-/Forst-/Viehwirtschaft Rohstoffgewinnungsbetriebe	Baumwollplantage
Weiterverarbeitungsbetriebe (**Sekundärer** Wirtschaftssektor)	Handwerks-/**Industriebetriebe** (Stahl-, Maschinenbau-, Automobil-, Textilindustrie)	Textilindustrie Bekleidungsindustrie
Verteilungsbetriebe und Dienstleistungsbetriebe (**tertiärer** Wirtschaftssektor)	Groß-, Einzel-, Außenhandelsbetriebe	Textilgroß- und einzelhandel
	Banken, Versicherungen, Transportbetriebe	
fertiges Produkt	Verbraucher	Jeanshose

Überblick über die Wirtschaftsbereiche

Groß- und Außenhandel

Einzelhandel

Wertvolle Gebrauchs- und Verbrauchsgüter für die Verbraucher

Weiterverarbeitung Halb-, Fertigwaren

Urerzeugung Rohstoffe

3. Güterverteilung

4. Güterverbrauch

2. Weiterverarbeitung

1. Urerzeugung

3. überall Dienstleistungsbetriebe

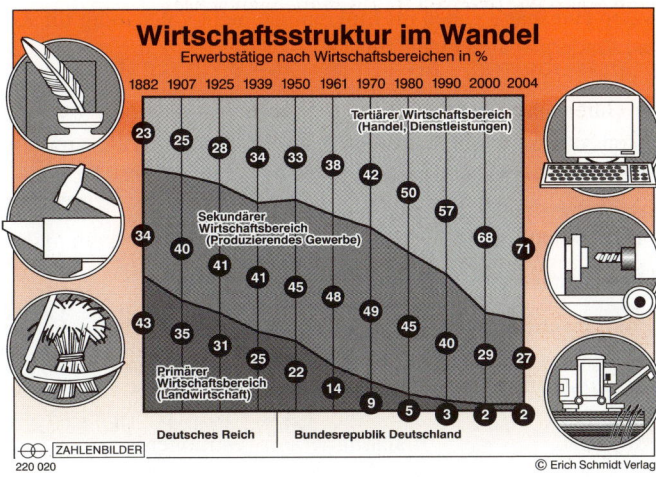

Wirtschaftsstruktur im Wandel
Erwerbstätige nach Wirtschaftsbereichen in %

1882 1907 1925 1939 1950 1961 1970 1980 1990 2000 2004

Tertiärer Wirtschaftsbereich (Handel, Dienstleistungen)

23 25 28 34 33 38 42 50 57 68 71

Sekundärer Wirtschaftsbereich (Produzierendes Gewerbe)

34 40 41 41 45 48 49 45 40 29 27

Primärer Wirtschaftsbereich (Landwirtschaft)

43 35 31 25 22 14 9 5 3 2 2

Deutsches Reich   Bundesrepublik Deutschland

ZAHLENBILDER
220 020

© Erich Schmidt Verlag

Einfacher
Wirtschafts-
kreislauf

3.3 Einfacher Wirtschaftskreislauf mit Banken

Beim einfachen Wirtschaftskreislauf werden folgende Bedingungen vorausgesetzt:

- Als *Wirtschaftssubjekte* gibt es **private Haushalte, Unternehmen** und **Banken.**

- Die privaten Haushalte sind sowohl *Arbeitnehmer-* als auch *Unternehmerhaushalte*. Sie verfügen ausschließlich über die Produktionsfaktoren Arbeit, Boden und Kapital.

- Zwischen den Haushalten bzw. zwischen den Unternehmungen gibt es keinen Austausch von Faktorleistungen (Lohn, Zins, Güter).

- ein Teil der Güter wird zur Vergrößerung und Verbesserung des volkswirtschaftlichen Produktionsapparates verwendet. Dieser Vorgang heißt **Investieren.** Auf der anderen Seite wird nur ein Teil des Einkommens verbraucht, den Rest sparen die Haushalte. **Sparen** heißt Konsumverzicht.

Investieren

Sparen

einfacher Wirt-
schaftskreislauf
mit Banken-
system

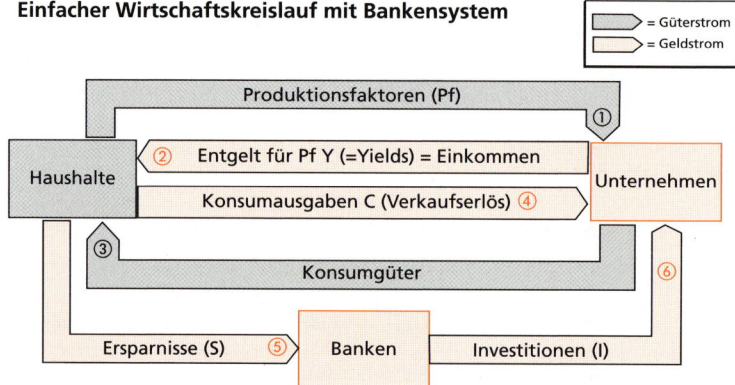

① und ② Die privaten Haushalte stellen den Unternehmen Produktionsfaktoren zur Verfügung und erhalten dafür ein Entgelt.

BEISPIEL
Den Haushalten fließen 20 Geldeinheiten zu (Y = 20).

③ und ④ Die Unternehmen erstellen mithilfe der Produktionsfaktoren Konsumgüter und erhalten dafür Verkaufserlöse (C = 15).

⑤ Die privaten Haushalte geben ihr Einkommen nicht vollständig für Konsumgüter aus, sondern sparen einen Teil.

BEISPIEL
Sparen = S = 5 Geldeinheiten

⑥ Das Bankensystem gibt die Ersparnisse den Unternehmen als Kredit weiter. Diese beschaffen dafür neue Maschinen, d.h., sie investieren.

BEISPIEL
I = 5 Geldeinheiten

Ergebnis: Es entstehen die Gleichungen:

Einkommensver-
wendung und
-entstehung

Einkommensverwendung	Einkommen = Konsumausgaben + Ersparnisse
	Y = C + S (Beispiel:) Y = 15 + 5
Einkommensentstehung	Einkommen = Verkaufserlöse + Investitionen
	Y = C + I (Beispiel:) Y = 15 + 5
daraus ergibt sich	Ersparnisse = Investitionen
	S = I (Beispiel:) 5 = 5

Lernfeld 2 Marktorientierte Geschäftsprozesse eines Industriebetriebs erfassen

STRUKTURÜBERSICHT

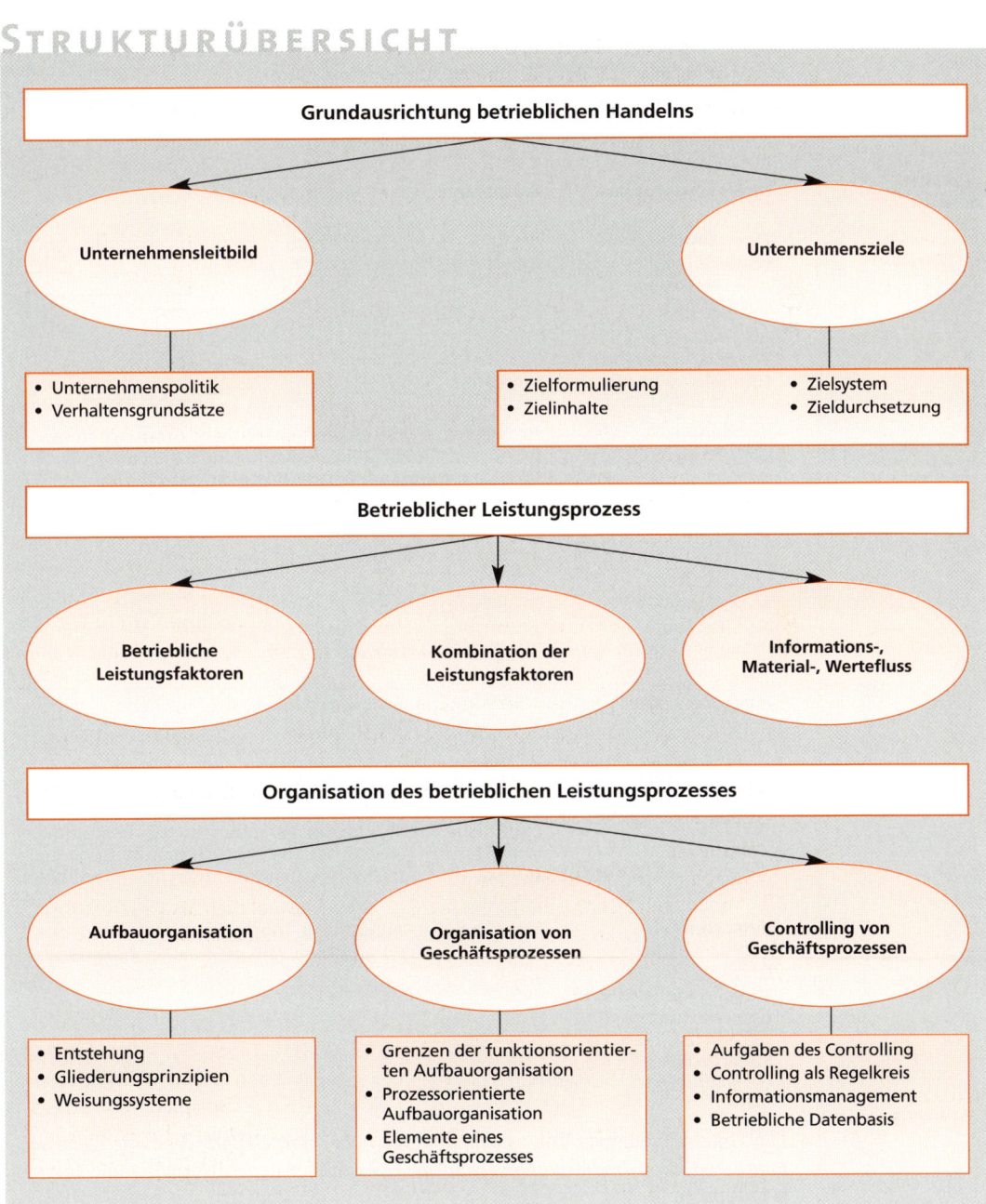

1   Grundausrichtung betrieblichen Handelns

Die Grundausrichtung betrieblichen Handelns wird durch die Unternehmungspolitik (Unternehmungsstrategie, -philosophie) festgelegt. Die Unternehmungspolitik wird in einem Leitbild schriftlich fixiert und dient als verbindliche Grundlage für die nachgelagerten strategischen und operativen Ziele.

1.1   Unternehmungsleitbild – Anspruch und Verpflichtung

Unternehmungs-politik

Die **Unternehmungspolitik** beschreibt das Verhältnis zwischen der Unternehmung und den Interessengruppen ihrer Umwelt (z. B. Mitarbeiter, Staat, Gesellschaft).

Verschiedene Interessengruppen und ihre Ansprüche

Interessen-gruppen

Interessengruppe	Ansprüche
Eigenkapitalgeber (Eigentümer) = Shareholder (Aktionäre)	Sicherung und Zuwachs des Vermögens, möglichst hohe Rendite des eingesetzten Kapitals
Fremdkapitalgeber (Gläubiger)	Sichere Rückzahlung des gegebenen Kapitals mit marktgerechten Zinsen
Kunden	Gesundheits- und umweltverträgliche Produkte in gewünschter Qualität; umfassende Serviceleistungen; lange Zahlungsziele; gutes Preis-Leistungsverhältnis
Lieferanten	Enge Zusammenarbeit; faires Preis-Leistungsverhältnis, kurze Zahlungsziele
Mitarbeiter = Stakeholder	Arbeitsplatzsicherheit, gerechte Entlohnung, humane Arbeitsorganisation und -bedingungen; gutes Betriebsklima, Aufstiegschancen, Mitbestimmungsmöglichkeiten
Führungskräfte	Anerkennung, Sozialprestige, „faires Verhalten", gute Kooperation, Erfolgsbeteiligung
Konkurrenten	Faires Wettbewerbsverhalten
Staat	Pünktliche Bezahlung der Abgaben, Investitionstätigkeit und Schaffung von Arbeitsplätzen, Unterstützung der Wirtschafts-, Sozial-, Infrastruktur- und Umweltpolitik
Verschiedene gesellschaftliche Gruppen (Arbeitgeberverbände, Gewerkschaften, Kirchen, Parteien, Nachbarschaft, Gemeinde usw.)	Finanzielle Unterstützung, gesellschaftliche Verantwortung (z. B. soziale und ökologische Ziele)

Die Unternehmungspolitik macht Aussagen über den *Grundzweck der Unternehmung und über die Verhaltensgrundsätze* gegenüber den Anspruchs- und Interessengruppen.

Der **Grundzweck der Unternehmung** (Mission der Unternehmung) kommt durch ihre wettbewerbsbezogene Produkt-Markt-Konzeption zum Ausdruck. Diese enthält Aussagen über die

- Art der zu erstellenden Güter und zu erbringenden Dienstleistungen (Kernkompetenz),
- besonderen Eigenschaften dieser Leistungen (z. B. Qualität, Image),
- anzusprechenden Zielgruppen (Kunden),
- räumliche Abgrenzung des Marktes (z. B. Region, Inland, Ausland).

Verhaltensgrundsätze stellen oberste Verhaltensrichtlinien gegenüber den Anspruchsgruppen dar. Dazu gehört das Verhalten gegenüber

- den Führungskräften und Mitarbeitern (z. B. Führungsstil, Einstellungs-, Beförderungs-, Entwicklungs-, Entgeltpolitik, Sozialleistungen, Mitbestimmung, Arbeitsschutz),
- den Marktpartnern wie Kunden und Lieferanten (z. B. Qualitäts-, Preis-, Kundendienstpolitik),
- den Kapitaleignern (z. B. Informations-, Dividendenpolitik, Mitbestimmung),
- dem Staat und der Öffentlichkeit (z. B. Kontaktpflege, Umweltschutz).

Grundzweck und Verhaltensgrundsätze werden in einem **Unternehmensleitbild** schriftlich festgehalten. Damit sind die obersten Unternehmensziele dokumentiert.

BEISPIEL
Unternehmungsleitbild der Büromöbelfabrik Kurt Weller KG

> **Wir bei Weller tun, was wir sagen …**
> - Die Idee humaner Arbeitsplatzgestaltung bestimmt unser unternehmerisches Selbstverständnis.
> - Wir wollen mit unserem umfassenden, vielseitigen und differenzierten Produktangebot weltweit zu den führenden Herstellern von hochwertigen und anspruchsvollen Büroeinrichtungen zählen.
> - Wir, Führung und Mitarbeiter, wollen unternehmerischen Erfolg; unternehmerischer Erfolg beginnt beim Menschen.
> - Wir wollen ein weltweit tätiges Unternehmen gestalten, das für die Menschen, seine Marktpartner und seine Mitwelt Nutzen schafft.
> - Wir wollen unseren Kunden Chancen eröffnen. Dazu konzentrieren wir uns auf die Geschäftsfelder, in denen wir durch exzellente Qualität unserer Produkte, Leistungen und Systeme Wettbewerbsvorteile erreichen. Unser Ziel ist die dauerhafte Geschäftsbeziehung, nicht nur der kurzfristige Erfolg.
> - Auf dieser Grundlage handeln wir als selbstständiges Unternehmen ertragsorientiert. Wir fordern Leistung voneinander und honorieren diese entsprechend. Den Eigentümern sichern wir eine angemessene Verzinsung des Kapitals.
> - In allen Ländern, in denen wir tätig sind, achten wir die kulturellen Besonderheiten und nationalen Interessen. Wir streben nach Anerkennung unseres Unternehmens in der Gesellschaft. Die Verantwortung für Sicherheit hat für Weller einen hohen Stellenwert. Dem schonenden Umgang mit der Umwelt sind wir verpflichtet.
> - Wir wollen ehrlich und konstruktiv miteinander umgehen. Offene Kommunikation nach innen und außen sehen wir als Voraussetzung, um ein gemeinsames Zielverständnis zu erreichen und eine sinnerfüllte Tätigkeit zu ermöglichen. Bereichs- und Ländergrenzen sind keine Hindernisse. Alle Mitarbeiter – Frauen wie Männer – erhalten gleiche Chancen für ihre berufliche Entwicklung.
> - Wir alle leisten durch unser Mitdenken, Mitgestalten und Mitverantworten einen persönlichen Beitrag zum unternehmerischen Erfolg.
> **… und daran lassen wir uns messen.**

Grundzweck der Unternehmung

Verhaltensgrundsätze

Unternehmensleitbild

Unternehmens-
ziele

1.2   Unternehmungsziele – Zielsystem

Unternehmensziele beschreiben Vorstellungen über einen zukünftigen Zustand der Unternehmung, der durch Maßnahmen (Pläne und Aktivitäten) hergestellt werden soll.

Wenn sich Ziele für Steuerungszwecke (Sollgrößen) eignen sollen, dann müssen sie präzise formuliert, d. h. operationalisiert, werden. Nur so kann ihr Erfüllungsgrad gemessen und eine Erfolgskontrolle durchgeführt werden.

BEISPIEL
für eine Zieloperationalisierung

Zieloperationali-
sierung

Zielinhalt	**Was** soll erreicht werden?	Erhöhung des Umsatzes
Zielerreichungsgrad	**Wie viel** soll erreicht werden?	5 %
Zeitpunkt, -raum	**Wann** soll es erreicht werden?	in diesem Jahr
Verantwortliche/r	**Wer** soll es erreichen?	Handelsreisender Müller
Räumlicher Bezug	**Wo** soll es erreicht werden?	Verkaufsbezirk Süd

1.2.1   Zielinhalte – ökonomische, soziale, ökologische Ziele

■ *Ziele als Ergebnis von Verhandlungen*

Angesichts der gegenwärtigen sozialen (z. B. hohe Arbeitslosigkeit), ethischen (Bekämpfung der Kinderarbeit, fairer Handel, Korruption), ökonomischen (weltweite Märkte, individuelle Kundenwünsche), politischen (Deregulierung, Öffnung von Märkten in China und Osteuropa) und ökologischen Herausforderungen (nachhaltiges Wirtschaften) kann der grundlegende Zielinhalt eines rational wirtschaftenden Unternehmens nicht mehr die alleinige **Gewinnmaximierung** sein.

anspruchsgrup-
penorientierte
Ziele

Klassische ertragswirtschaftliche Zielgrößen wie Gewinn und Rendite (Gewinn in % des eingesetzten Kapitals) verlieren zunehmend ihre Vorherrschaft. **Anspruchsgruppenorientierte Ziele** (z. B. Umweltschutz, soziale Verantwortung) treten mit wachsender Umweltbezogenheit der Unternehmensführung in den Vordergrund.

Wertvorstellun-
gen

In demokratisch geführten Unternehmen bringen Eigentümer und Management ihre **Wertvorstellungen** mit denen aller Interessengruppen (z. B. Mitarbeiter, Kunden, Lieferanten, Gläubiger, Staat) in Übereinstimmung. In einem Verhandlungsprozess werden konsensfähige Ziele vereinbart. Mehr oder weniger starke **Machtpositionen** der Interessengruppen beeinflussen dabei das Verhandlungsergebnis.

■ *Existenzsicherung als Oberziel*

Sicherung der
langfristigen
Überlebensfähig-
keit

Es herrscht weitgehende Übereinstimmung darüber, dass das oberste Ziel die **Sicherung der langfristigen Überlebensfähigkeit** der Unternehmung sein muss (Existenzsicherungsziel). Zur Erzielung eines langfristigen Erfolgs gilt es, Erfolgspotenziale zu schaffen, zu sichern und auszunutzen. Solche Erfolgspotenziale können durch eine Reihe von inner- und außerbetrieblichen Erfolgsfaktoren näher beschrieben werden. Sie sind damit Zielinhalte, die es zu verbessern gilt.

Überblick über interne und externe Erfolgspotenziale und Erfolgsfaktoren

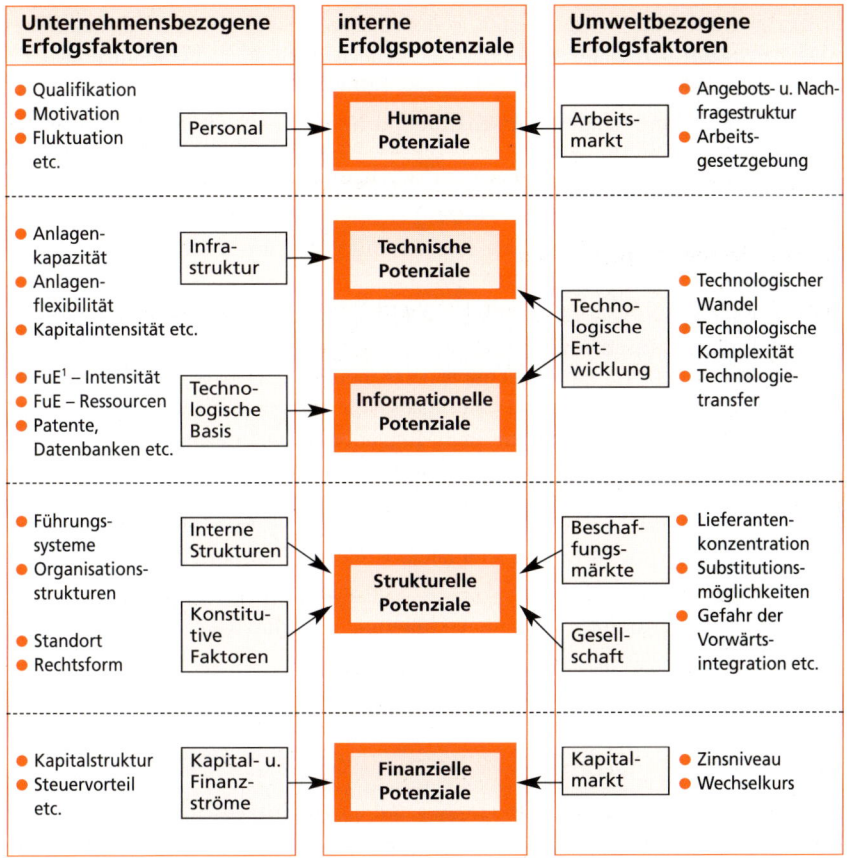

(Quelle: Welge, Martin, Al-Laham, Andreas; Strategisches Management, Gabler Verlag, Wiesbaden 2001, Seite 125)

[1] FuE: Forschung und Entwicklung

■ Ökonomische Ziele – ohne Gewinn ist alles nichts

**erwerbswirt-
schaftliche Unter-
nehmen
Gewinn**

In marktwirtschaftlich organisierten Volkswirtschaften herrschen so genannte **erwerbswirtschaftliche Unternehmen** vor, die nach einem höchstmöglichen Gewinn streben. **Gewinn** ist dabei der Überschuss der Erträge über die Aufwendungen.

Eine Unternehmung handelt wirtschaftlich, d. h. nach dem **ökonomischen Prinzip**, wenn es

Maximalprinzip

- mit seinen vorhandenen Mitteln (z. B. Personal, Maschinen und Rohstoffe) den größtmöglichen Gewinn (bzw. Nutzen) erzielen möchte (**Maximalprinzip**);

Minimalprinzip

- einen bestimmten Gewinn (bzw. Nutzen) mit geringstmöglichem Mitteleinsatz erreichen möchte (**Minimalprinzip).**

Mit dem Gewinn wird der persönliche Einsatz und das Risiko des Unternehmers vergütet und sein Lebensunterhalt gesichert. Damit wird deutlich, dass der Gewinn nur „Mittel zum Zweck" ist, um damit ein anderes, höheres Ziel (z. B. die Sicherung des Lebensunterhalts, ein hohes gesellschaftliches Ansehen) zu erreichen.

Der Gewinn ist nicht nur Stimulans und Motivation für unternehmerisches Handeln und damit auch Leistungsmaßstab und Steuerungsmittel, er ist auch eine wichtige Quelle der Finanzierung von Investitionen und damit der Zukunftssicherung des Unternehmens und seiner Arbeitsplätze. Darüber hinaus werden Unternehmen und Arbeitsplätze im Umfeld (z. B. Lieferanten, Kunden, Transportunternehmen, Banken) gesichert.

Das Ziel einer langfristigen Gewinnmaximierung wird durch weitere ökonomische Zielsetzungen unterstützt.

■ Ökonomische Formal- und Sachziele

Formalziele	
Formalziele sie geben an, was erreicht werden soll	● **Wachstumsziele** wie Steigerung des Umsatzes, der Mitarbeiterzahl, des Betriebsvermögens, des Eigenkapitals, der Bilanzsumme, des Marktanteils, der Kapazitäten usw. ● **Kostenziele** wie Senkung der Personal-, Material-, Produktions-, Vertriebs-, Verwaltungskosten usw. ● **Leistungsziele,** z. B. anzustrebende Umsatz-, Gewinnhöhe, zu erreichende Produktions- und Absatzmengen, Arbeits-, Maschinen-, Raum-, Personalproduktivität (Produktivität ist das Verhältnis zwischen Output und Input, z. B. Umsatz pro Mitarbeiter, Umsatz pro m²) usw. ● **Finanzziele** wie Umsatzrentabilität (Gewinn in % des Umsatzes), Kapitalrentabilität (Gewinn in % des eingesetzten Kapitals), Sicherung der Liquidität (Zahlungsbereitschaft) usw.
Sachziele sie dienen der Erreichung der Formalziele durch konkrete Maßnahmen	● Erhöhung der **Kundenzufriedenheit** durch bessere Produkt- und Dienstleistungsqualität, schnellere Auftragsbearbeitung, flexiblere und schnellere Erfüllung von Kundenwünschen, verbesserte Serviceleistungen ● Durchsetzung von **Beschaffungsvorteilen** (bessere Lieferkonditionen für Material und Anlagegüter, kürzere Lieferzeiten ● Senkung der **Durchlaufzeiten** (von Informationen, Werkstücken), durch Senkung der Lagerbestände und -dauer, Erhöhung des Lagerumschlags und Optimierung von Prozessen (Abläufen) ● bessere **Ausnutzung** der Werkstoffe durch bessere Fertigungsverfahren und Werkstoffqualität, der vorhandenen Maschinen-, Raum- und Personalkapazitäten durch höhere Betriebsnutzungs- bzw. Arbeitszeiten ● usw.

Left margin labels:
Formalziele
Sachziele

■ *Soziale Ziele – im Sinne der Mitarbeiter und Mitglieder*

Eine kompromisslose Verwirklichung des ökonomischen Prinzips ist aus gesellschaftlicher Sicht nicht erwünscht. Wenn zum Beispiel ein Unternehmen einen bestimmten Umsatz mit minimalen Kosten anstrebt, dann wird es teure Umweltschutz- oder Arbeitsschutzmaßnahmen so lange unterlassen, bis es gesetzlich gezwungen wird, solche Maßnahmen zu ergreifen. Ein solches Verhalten würde gegen die Vernunft und gegen die gesellschaftliche Verantwortung verstoßen. Die so genannten **defensiven Ausgaben** (externe Kosten), die dazu dienen, produktionsbedingte Verschlechterungen der Lebens-, Arbeits- und Umweltqualität zu vermindern, auszugleichen oder zu vermeiden, würden dann allein der Gesellschaft bzw. dem Staat aufgebürdet.

defensive Aufgaben

Während die ökonomischen Ziele mehr die Interessen der Anteilseigner (Shareholder) berücksichtigen, rücken mit den sozialen Zielen die Interessen der Mitarbeiter (Stakeholder = Inhaber von Arbeitsplätzen) der Unternehmung in den Vordergrund. Zu den wichtigsten **sozialen Zielen** gehören

soziale Ziele

- die Schaffung neuer und die Sicherung der vorhandenen **Arbeitsplätze**,
- die menschenwürdige Gestaltung der **Arbeitsbedingungen**, z.B. Arbeits- und Gesundheitsschutz, flexible Arbeitszeiten, die den persönlichen Bedürfnissen der Mitarbeiter entgegenkommen (z.B. Gleitzeit, Jobsharing, Telearbeit),
- freiwillige **Sozialleistungen** (soziales Netz der Unternehmung), die über die gesetzlich und tariflich vorgeschriebenen Sozialleistungen hinausgehen, z.B. zusätzliches Urlaubs- und Weihnachtsgeld, betriebliche Beiträge für die Altersversorgung (Betriebsrente), überdurchschnittliche vermögenswirksame Leistungen, Betriebswohnungen für die Mitarbeiter, Betriebskantine mit Essenszuschüssen usw.,
- Angebote zur **Vereinbarung von Familie und Beruf**, z.B. Finanzierung von Kinderkrippen und Kindergärten für die Mitarbeiter, Beurlaubung zur Kinderbetreuung, Beschäftigungsunterbrechungen mit Wiedereinstellungsgarantie (länger als die gesetzlich geregelten drei Erziehungsjahre), Beurlaubung zur Pflege kranker Angehöriger, Weiterbildung während der Familienpause, Frauenförderpläne, Förderung der Elternselbsthilfe,
- leistungs- und sozialgerechte **Personalpolitik**, z.B. Entlohnungspolitik, Personalbeförderungs- und -entwicklungspolitik (kostenlose Fort- und Weiterbildungsangebote), demokratischer Führungsstil,
- Unterstützung der **Mitbestimmungsorgane** der Unternehmung (z.B. Betriebsrat, Jugend- und Auszubildendenvertretung),
- **Sozial- und Kultursponsoring**, z.B. Unterstützung sozialer Einrichtungen wie Schulen, Bibliotheken, öffentlicher Kindergärten und -krippen, Jugend- und Frauenhäuser,
- usw.

Unternehmen können auf Dauer nicht überleben, wenn sie mit ihrer Personalpolitik den Interessen ihrer Mitarbeiter und ihrer Familien nicht entgegenkommen. Für die Unternehmen gilt es ein Konzept zu entwickeln, das es jungen Paaren ermöglicht, ein Familienleben mit Kindern und eine engagierte Berufstätigkeit miteinander zu verbinden. Nur so können Unternehmen dem Wettbewerb dauerhaft standhalten. Durch Berücksichtigung der Mitarbeiterinteressen werden qualifizierte Mitarbeiter an die Unternehmung gebunden bzw. leichter angeworben. Zufriedene und motivierte Mitarbeiter haben weniger Fehlzeiten und bringen bessere Leistungen.

■ *Ökologische Ziele – natürliche Lebensgrundlagen schützen*

Das **Vorsorgeprinzip** verpflichtet die Unternehmen zu einer Wirtschaftsweise, die auch den zukünftigen Generationen eine lebenswerte Umwelt und natürliche Lebensgrundlagen garantiert. Durch Formulierung von **Umweltleitlinien** übertragen immer mehr Unternehmen ein Stück Verantwortung für den Erhalt einer lebenswerten Umwelt auf ihre Mitarbeiter.

BEISPIEL

Wir bei Weller
- streben weltweit einen vorbildlichen Standard im Umweltschutz an,
- sorgen dafür, dass unsere Produkte über alle Stufen der Produktion bis hin zur Entsorgung umweltverträglich sind,
- bieten unseren Kunden eine umweltorientierte Beratung,
- informieren uns und die Öffentlichkeit umfassend über Umweltschutz.

Aufgrund der strengen Umweltgesetzgebung ist das Auftreten eines Umweltschadens ist nicht nur ein ökologisches Risiko, sondern zugleich ein ökonomisches Risiko für die einzelne Unternehmung. Das ökologische Unternehmensrisiko schließt somit auch ein ökonomisches Risiko mit ein, da wirtschaftliche Sanktionen drohen (z. B. Ordnungsgelder, Stilllegung), wenn ein Umweltschaden auftritt.

Marktverluste durch			Kosten-erhöhung durch	Rechtliche Risiken durch		
Beschädigung des Firmen-images infolge eines Umwelt-skandals	um-welt-belas-tende Pro-dukte	umwelt-verträgli-che Inno-vationen der Kon-kurrenz	Altlasten-sanierung, Umwelt-schutzmaß-nahmen, Abgaben	Buß-gelder nach Verwal-tungs-recht	Stra-fen nach Straf-recht	Scha-den-ersatz nach Zivil-recht

Vermeidung				Über-wäl-zung	Öko-Controlling			Selbst-tragung
Optimie-rung von Produk-tionsver-fahren	Um-welt-schutz-aus-gaben	Orga-nisa-tion	Öffent-lich-keits-arbeit, Schu-lung	Versi-che-rung	Rech-nungs-legung nach Handels-recht	Um-welt be-richt	Öko-bi-lanz	Bildung von Rück-lagen und Rück-stellun-gen

Das **Umweltmanagement** muss bei jeder Entscheidung folgende Faktoren berücksichtigen:
- umweltbezogene Auflagen und nachträgliche Anordnungen von Behörden,
- umweltbezogene Eigenschaften von Produkten, Einsatzstoffen und Energieträgern,
- Haftungsrisiken bei umweltgefährdender Produktion oder Produkten,
- Druck der Öffentlichkeit und der Nachbarschaft,
- zunehmend umweltbewusstes Nachfrageverhalten der Konsumenten.

Viele Unternehmen unterziehen sich einer freiwilligen Umweltbetriebsprüfung (**Öko-Audit**) und verschaffen sich dadurch Wettbewerbsvorteile auf dem Weltmarkt. Grundlage ist die EU-Ökoaudit-Verordnung Nr. 1836/93, die in Deutschland im Ökoaudit-Gesetz umgesetzt wurde und sich an ISO 14000 ff. orientiert.

Öko-Audit

ISO 14000 ff.

Schritte auf dem Weg zum Öko-Audit

1. Klare **Festlegung der unternehmerischen Umweltpolitik.** Hier geht es um eine verbindliche Selbstverpflichtung zur Einhaltung aller einschlägigen Umweltvorschriften sowie um die Umsetzung der umweltbezogenen Gesamtziele und Handlungsgrundsätze eines Unternehmens.

2. **Bestandsaufnahm**e zur Erfassung des Ist-Zustands.

3. Schaffung eines **Umweltprogramms** und eines Managementsystems. Erstellung eines konkreten Maßnahmenkatalogs zur Optimierung des betrieblichen Umweltschutzes inklusive Zeitplan sowie Schaffung der zur Umsetzung der Maßnahmen geeigneten Organisationsstrukturen.

4. Nachvollziehbare **Dokumentation und Bewertung** zur Erfüllung der Umweltpolitik und des Umweltprogramms des Unternehmens sowie der Bewährung des Umweltmanagementsystems in der Praxis.

5. Festlegung konkreter **Umweltziele** und Anpassung des Umweltprogramms.

6. Formulierung einer öffentlichen **Umwelterklärung.**

1.2.2 Zieldreieck einer nachhaltigen Entwicklung – Zielsystem

Zieldreieck einer nachhaltigen Entwicklung

Zielsystem der Unternehmung

Ziel einer **nachhaltigen Entwicklung** (engl. **sustainable development**) ist der sparsame und effiziente Umgang mit den natürlichen Lebensgrundlagen (Ressourcen). Das Wirtschaften soll die Befriedigung der Bedürfnisse der heutigen

nachhaltige Entwicklung

Generation auf der ganzen Erde ermöglichen, ohne die Möglichkeiten künftiger Generationen zu gefährden. Dabei darf der Wohlstand der industrialisierten Länder nicht zulasten der natürlichen Lebensgrundlagen und auf Kosten der Bevölkerung der Dritten Welt erwirtschaftet werden.

Eine nachhaltige Entwicklung verlangt, dass soziale, ökonomische und ökologische Ziele gleichrangig verfolgt werden. Ökologisch begründete Forderungen müssen eventuell zu erwartende ökonomische und soziale Auswirkungen berücksichtigen. Ebenso müssen sich ökonomische Ziele an ihrer ökologischen und sozialen Verträglichkeit messen lassen.

BEISPIELE
für das Nachhaltigkeitsziel

Fairer Handel mit TransFair

„Wir möchten ein Stück Nachdenklichkeit in das Konsumverhalten bringen", beschreibt Dieter Overath das bescheiden-anspruchsvolle Ziel der deutschen **TransFair** – Verein zur Förderung des fairen Handels mit der „Dritten Welt" e.V. TransFair hat es sich zur Aufgabe gemacht, „die benachteiligten Produzenten in Afrika, Asien und Lateinamerika zu fördern und ihre Lebens- und Arbeitsbedingungen zu verbessern".

TransFair akzeptiert die Regeln der Rohstoff- und Konsumgütermärkte, aber nicht unbedingt deren Ergebnisse. Overath will dem Konsumenten kein schlechtes Gewissen einreden. Der TransFair-Slogan verspricht „Genuss mit fairer Nebenwirkung". Aber das TransFair-Team will das Gespür der Verbraucher dafür schärfen, dass die Hilfe zur Selbsthilfe ihren Auf-Preis hat. „Wir versuchen den Produkten wieder eine Wertschätzung zu geben", erklärt Overath, Produktaufklärung sei daher notwendig.

TransFair sei ein Sozialsiegel und kein Bio- oder Öko-Label, präzisiert er. Dennoch dürften soziales und ökologisches Anliegen auf der Seite der Produzenten wie der Konsumenten längerfristig zusammenwachsen. Denn der von TransFair garantierte Mindestpreis schaffe den Bauern oft erst einmal die wirtschaftliche Basis für den Übergang in den Öko-Anbau, der erhebliche Umstellungskosten erfordere. Immerhin stammen schon 21 % des TransFair-Kaffees aus biologischem Anbau.

Unter den kaufkräftigen deutschen Verbrauchern vermutet Overath eine „größere Schnittmenge" an Konsumenten, die ethisch und auch ökologisch motiviert sind. Sie wollen wissen, woher ein Produkt kommt, unter welchen Bedingungen es hergestellt wird und sind bereit, dafür einen Preisaufschlag zu zahlen. Eckpunkte sind weiterhin Direkteinkauf, Mindestpreis und fester Aufschlag. Fair gehandelter Kaffee muss unter Ausschaltung der lokalen Zwischenhändler direkt bei den Kleinbauern-Kooperativen eingekauft werden.

Nach Kaffee und Tee gibt es jetzt auch Schokolade- und Kakaoprodukte mit dem TransFair-Siegel. Auch Blumen aus der Dritten Welt (überwiegend Rosen) tragen inzwischen ein Gütesiegel („Flower Label"), wenn sie „fair" produziert werden. Das bedeutet: weniger Pestizideinsätze, Kündigungsschutz und „ungiftige" Arbeitsplätze für Schwangere, bezahlter Mutterschaftsurlaub, kürzere Arbeitszeiten.

Aufsehen erregte die gepa, als sie zur letzten Fußballweltmeisterschaft „Fair play"-Fußbälle auf den Markt brachte. Kaum jemand hierzulande hatte geahnt, dass acht von zehn weltweit verkauften Lederbällen in Pakistan per Hand zusammengenäht werden – in der Regel von Kindern. Mittlerweile bietet die gepa eine ganze Palette, vom Profi-Leder für den Volleyballverein bis zum Kinderball.

Adressen:
TransFair (mit Rugmark):　　　　Flower Label Office
www.transfair.org　　　　　　　www.bgi.blumenworldwide.com

Gepa Gewerbepark Wagner:　　　Team-Versand
www.gepa3.de　　　　　　　　　www.teamversand.de

(Quellen: u.a. Handelsblatt vom 25. Juni 1996)

1.2.3 Zielsystem – Hierarchie, Harmonie, Konflikt

Mithilfe der Zielanalyse werden die Einzelziele aufgrund ihrer Beziehungen zueinander geordnet. Ordnungskriterien für solche **Zielsysteme** können Rang, Prioritäten, Wirksamkeit, Fristigkeit und Zuordnungsbereich sein.

Zielsysteme

Rang	Durch die Ordnung nach dem Rang entsteht eine **Zielhierarchie**. Es lassen sich Ober- und Unterziele, Formal- und Sachziele, Haupt- und Nebenziele unterscheiden. Dabei sind untergeordnete Ziele immer gleichzeitig Mittel zur Erreichung der nächsthöheren Ziele **(Zweck-Mittel-Beziehung)**. Dem Formalziel „Kosten reduzieren" dient als Sachziel „Mitarbeiter entlassen".
Priorität	Nach ihrer Wichtigkeit können die Ziele nach ihrer Priorität geordnet werden. Je größer der Beitrag eines Ziels zur Erreichung des Unternehmenszwecks ist, desto höher ist seine Priorität. **Strategische Ziele** (z. B. Marktpotenziale ausschöpfen, Auslandsmärkte erobern) haben generell eine höhere Priorität als operative Ziele für die ausführenden Mitarbeiter. **Operative Ziele** (z. B. Produktdesign und Produktqualität verbessern, Lieferzeiten verkürzen, Fremdsprache für den Auslandseinsatz lernen) sind Mittel zur Erreichung der strategischen Ziele.
Wirksamkeit	Nach ihrer Wirksamkeit werden neutrale, komplementäre (harmonische) und konkurrierende Ziele (sie erzeugen Zielkonflikte) unterschieden. Wenn sich Ziele gegenseitig unterstützen, dann besteht zwischen ihnen eine so genannte **Zielharmonie** (z. B. das Formalziel „Umsatz steigern" unterstützt das Formalziel „Gewinn steigern"). Wenn sich Ziele gegenseitig ausschließen, dann besteht zwischen ihnen ein **Zielkonflikt** (z. B. das Ziel „Umsatz steigern" steht im Widerspruch zu dem Ziel „Werbekosten senken").

Zielhierarchie

strategische Ziele
operative Ziele

Zielharmonie

Zielkonflikt

BEISPIEL
für den Zielzusammenhang

Zielzusammen-hang

Zielhierarchie, Zielharmonien und Zielkonflikte

Oberziel	langfristige Gewinnmaximierung
1. Unterziel	Marktanteil um 10 % ausweiten — Zielharmonie
2. Unterziel	Umsatz um 20 % steigern — Zielharmonie
3. Unterziel	Werbeausgaben um 50 % erhöhen — Zielkonflikt
4. Unterziel	Personal um 10 % aufstocken — Zielkonflikt
5. Unterziel	Produktion um 20 % steigern — Zielharmonie / Zielkonflikt
6. Unterziel	Emissionen um 20 % senken (Umweltziel) — Zielkonflikt

1.2.4 Zieldurchsetzung

Die Unternehmungsziele werden in **Unternehmungsplänen** konkretisiert, in denen die Handlungsalternativen aller Aufgabenbereiche (Funktionen) der Unternehmung vom Einkauf über die Produktion und den Absatz bis zur Finanzierung aus der sachlichen und zeitlichen Sichtweise beschrieben werden.

Unternehmungs-pläne

Ziel- und Plancontrolling

Veränderte Unternehmens- und Umweltbedingungen machen eine fortlaufende Überprüfung und Anpassung der Ziele und Zielsysteme und damit auch der Pläne notwendig (**Ziel- und Plancontrolling**).

Planungsprozess

Zusammenhang der betrieblichen Planungsprozesse

Hierarchie-Ebene	Art der Planung	Planinhalte, Plandaten	Detaillierungsgrad
Politisches System = oberste Führungsebene	Strategisch (langfristige) Planung ca. 5-20 Jahre	Wahl des Produkt-Markt-Konzeptes (Produkt-Markt-Ziel) **Daten:** Umweltentwicklung Ressourcen (Stärken/Schwächen) Wertsystem (Leitbild)	äußerst schwach strukturiert; Unsicherheit hoch
Setzt Daten für			
administratives System = mittlere Führungsebene	mittel- und kurzfristige (taktische) Planung ca. 1-5 Jahre	Wahl aus Programmalternativen (Produktprogramm, Absatzwege etc.) **Daten:** Strategische Entscheidungen; mittel- und kurzfristig konstante Faktoren (etwa Kapazitäten)	mit Verkürzung des Planungszeitraumes Tendenz zu stark strukturierten Entscheidungsproblemen; Unsicherheit sinkend
Setzt Daten für			
operatives System = Ausführungsebene (z.B. Team, Mitarbeiter)	kurzfristige (operative) Planung: monatlich, wöchentlich, täglich bis zur Realtime-Steuerung	Termin- und Ablaufplanung, Dispositionen bei kurzfristigen Datenänderungen **Daten:** mittel- und kurzfristige Planungen (etwa: Produktionsprogramm)	hochstrukturiert; Datenrückkopplung (etwa: Steuerung von Walzstraßen)

Beschaffungsmärkte

Absatzmärkte

Leistungserstellung- und -verwertungsprozess

Beschaffung   Produktion   Absatz

= Rückkopplungen / Anpassungen

Der Prozess der strategischen Planung

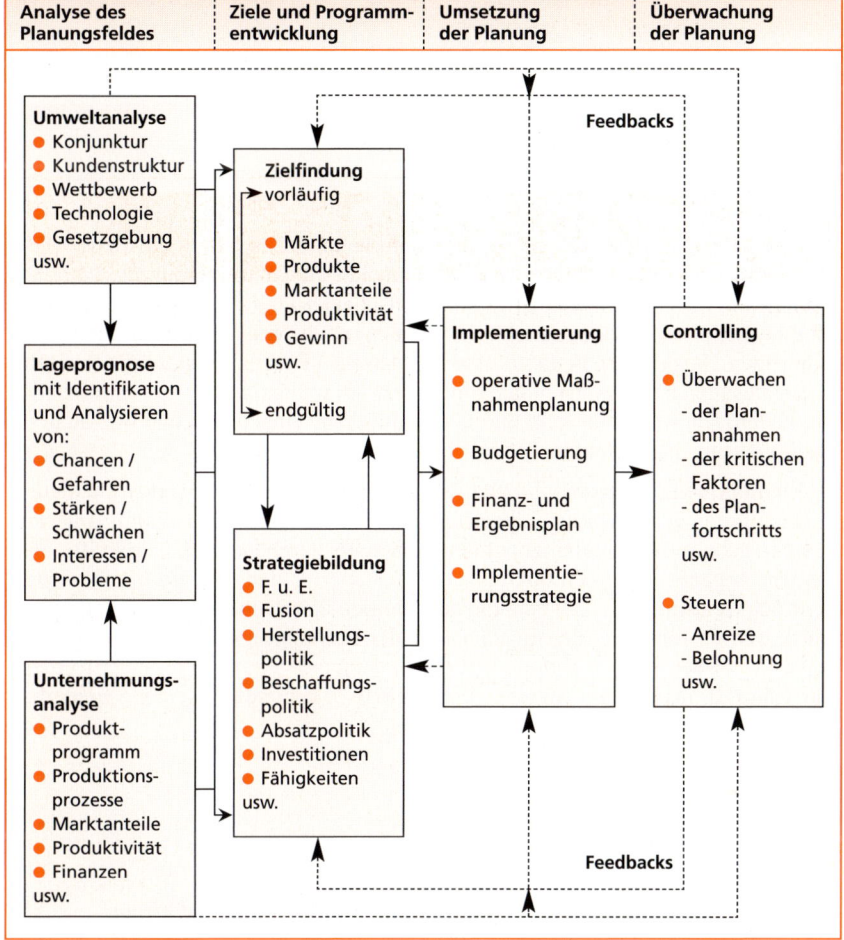

Analyse des Planungsfeldes	Ziele und Programm-entwicklung	Umsetzung der Planung	Überwachung der Planung

Umweltanalyse
- Konjunktur
- Kundenstruktur
- Wettbewerb
- Technologie
- Gesetzgebung
usw.

Zielfindung
→ vorläufig
- Märkte
- Produkte
- Marktanteile
- Produktivität
- Gewinn
usw.
→ endgültig

Feedbacks

Lageprognose
mit Identifikation und Analysieren von:
- Chancen / Gefahren
- Stärken / Schwächen
- Interessen / Probleme

Implementierung
- operative Maß-nahmenplanung
- Budgetierung
- Finanz- und Ergebnisplan
- Implementie-rungsstrategie

Controlling
- Überwachen
  - der Plan-annahmen
  - der kritischen Faktoren
  - des Plan-fortschritts
  usw.
- Steuern
  - Anreize
  - Belohnung
  usw.

Strategiebildung
- F. u. E.
- Fusion
- Herstellungs-politik
- Beschaffungs-politik
- Absatzpolitik
- Investitionen
- Fähigkeiten
usw.

Unternehmungs-analyse
- Produkt-programm
- Produktions-prozesse
- Marktanteile
- Produktivität
- Finanzen
usw.

Feedbacks

2 Betrieblicher Leistungsprozess – alles im Fluss

Aus der *Sicht der Gesellschaft* ist der Hauptzweck eines Industriebetriebs die Herstellung (Produktion) von Gütern. Die **Investitionsgüterindustrie** produziert Güter, die wiederum bei anderen Unternehmen als Produktionsmittel eingesetzt werden (z. B. Werkzeugmaschinen, Industrieroboter, Gabelstapler, Lastkraftwagen). Die **Konsumgüterindustrie** produziert Güter, die für den Endverbraucher bestimmt sind, z. B. Haushaltsgeräte, Kosmetikartikel, Lebensmittel.

2.1 Betriebliche Leistungsfaktoren

Zur Leistungserstellung (z. B. Herstellung von Gütern) benötigt der Betrieb Einsatzmittel (betriebliche Leistungs- bzw. Produktionsfaktoren), die mithilfe von Informationen miteinander kombiniert werden. Zu den betriebswirtschaftlichen Produktionsfaktoren zählen der dispositive Faktor, die Elementarfaktoren und der monetäre Faktor.

betriebswirt-schaftliche Leistungs-faktoren	**Dispositiver Faktor**	Dispositive Arbeit (Leitung, Planung, Organisation, Kontrolle)
	Elementarfaktoren	Ausführende Arbeit, Betriebsmittel (Gebäude, Maschinen, Werkzeuge), Werkstoffe (Rohstoffe, Hilfsstoffe, Betriebsstoffe)
	Monetärer Faktor	Zahlungsmittel

dispositiver Faktor

Der **dispositive Faktor** wird im Wesentlichen von der Geschäfts- und Betriebsleitung, dem Management, verkörpert und beinhaltet die Faktoren Leitung, Planung, Organisation und Kontrolle. Die Leitung entscheidet über den Einsatz der Mittel und gibt Anweisungen. Gegenstand der Planung ist die geistige Vorwegnahme des zukünftigen Handelns (z.B. Erstellung des Absatz-, Beschaffungsplans). Aufgabe der Organisation ist die Aufstellung von Regeln zur reibungslosen Abwicklung aller Tätigkeiten. Die Kontrolle sorgt dafür, dass die Pläne eingehalten und ggf. an neue Situationen angepasst werden.

Elementarfaktoren

Die **Elementarfaktoren** ausführende Arbeit, Betriebsmittel und Werkstoffe dienen zur Ausführung der Anweisungen des dispositiven Faktors. Zum Faktor *ausführende Arbeit* zählen alle Mitarbeiter auf der Sachbearbeiterebene, z.B. Bürokräfte, Referenten, Arbeiter in der Produktion und im Lager. Unter *Betriebsmittel* werden alle Produktionsmittel verstanden, die dem Betrieb über längere Zeit zur Verfügung stehen. Betriebsmittel verbleiben auch nach der Leistungserstellung im Betrieb, im Gegensatz zu den *Werkstoffen*, die bei der Leistungserstellung verbraucht werden, indem sie z.B. ins Produkt eingehen und deshalb in kürzeren Abständen wiederbeschafft werden müssen.

Werkstoffe

Werkstoffe	**Rohstoffe**	Hauptbestandteil des Produkts	Holz für Möbel, Blech für Autos, Papier für Bücher,
	Hilfsstoffe	Nebenbestandteile des Produkts	Leim für Möbel, Schrauben für Autos, Faden für Bücher
	Fremdbau-teile	fertig bezogene Einbauteile des Produkts	Beschläge für Möbel, Reifen für Autos, Farbe für Bücher
	Betriebs-stoffe	gehen nicht ins Produkt ein, sondern dienen der Aufrechterhaltung des Produktionsprozesses und der Energieerzeugung	Treibstoff bzw. Strom für Maschinen, Sauerstoff beim Schweißen, Schmierstoffe für Maschinen, Reparatur-, Büromaterial, Putzmittel

Handelswaren

Neben den Werkstoffen bezieht der Industriebetrieb Handelswaren. **Handelswaren** sind Artikel, die von fremden Unternehmen bezogen und *ohne* weitere wesentliche *Veränderung* weiterverkauft werden. Sie ergänzen das Sortiment und durchlaufen den Fertigungsprozess nicht, z.B. Büromöbelhersteller bietet Aktenvernichter an, ein Autohersteller bietet Fahrräder an.

2.2   Kombination der betrieblichen Leistungsfaktoren

Im Produktionsablauf werden durch den **kombinierten Einsatz** der betrieblichen Leistungsfaktoren die Sach- und Dienstleistungen der Industriebetriebe erstellt.

Betrieblicher Leistungsprozess als Input-Output-System

Zur Erbringung des Outputs werden die betrieblichen Leistungsfaktoren unter Beachtung des ökonomischen Prinzips miteinander kombiniert. Zum Beispiel muss für den Bau eines Hauses (gewünschter Output) eine Grube ausgehoben werden. Dazu werden als Input die Leistungsfaktoren Betriebsmittel (Bagger), Arbeit (Baggerfahrer) und Werkstoff (Betriebsstoff) benötigt. Dabei ist zu beachten, dass die Leistungsfaktoren immer in einem bestimmten Verhältnis zum Einsatz kommen (z. B. 1 Bagger und 1 Baggerfahrer, oder 1 Flugzeug und 3 Piloten).

BEISPIEL
Ein Betrieb sucht die **Minimalkostenkombination** bei folgender Ausgangssituation:
Kosten des Leistungsfaktors Arbeit: 20,00 EUR pro Arbeitsstunde
Kosten des Leistungsfaktors Betriebsmittel: 50,00 EUR pro Maschinenstunde

Kombinationsmöglichkeiten	Leistungsfaktor Arbeit		Leistungsfaktor Betriebsmittel		Gesamtkosten der Faktorkombination
	Arbeitsstunden	Lohnkosten	Maschinenstd.	Maschinenkosten	
Verfahren 1	20	20 · 20 = 400 EUR	1	1 · 50 = 50 EUR	450 EUR
Verfahren 2	10	10 · 20 = 200 EUR	2	2 · 50 = 100 EUR	300 EUR
Verfahren 3	5	5 · 20 = 100 EUR	3	3 · 50 = 150 EUR	250 EUR
Verfahren 4	1	1 · 20 = 20 EUR	5	5 · 50 = 250 EUR	270 EUR

Lösung:
Das Verfahren 3 ist die Minimalkostenkombination

2.3 Betrieblicher Informations-, Material- und Wertefluss

Im Regelfall wird der betriebliche Leistungsprozess durch einen Kundenauftrag ausgelöst. Ein Kundenauftrag wird entweder durch den Vertrieb (z. B. unverlangtes Angebot an den Kunden) oder auf Initiative des Kunden (z. B. Anfrage des Kunden) und anschließender Erstellung eines verlangten Angebots gewonnen. Im Folgenden werden die vom Kundenauftrag ausgelösten betrieblichen Informations-, Material- und Werteflüsse stark vereinfacht dargestellt.

2.3.1 Betrieblicher Informationsfluss – ein Kreislauf

Der Eingang eines Kundenauftrags löst zunächst einen innerbetrieblichen Informationsfluss aus. Aufgabe der **Auftragsbearbeitung** ist es, zunächst den Eingang des Kundenauftrags zu erfassen (Kunden- und Auftragsdaten). Danach muss im Fertigwarenlager nachgefragt werden, ob der verfügbare Lagerbestand ausreicht, um das gewünschte Produkt direkt auszuliefern.

Reicht der Fertigwarenbestand nicht aus, dann ist die **Fertigungsdisposition** einzuschalten. Diese stellt zunächst fest, welche Betriebsmittel, Arbeitskräfte und Werkstoffe zur Fertigung des Auftrags notwendig sind. Dabei fasst sie ggf. aus Kostengründen mehrere Kundenaufträge zu einem internen Fertigungsauftrag zusammen. Dann wird der Einkauf darüber informiert, welche Werkstoffe in welcher Qualität zu welchem Zeitpunkt bereitgestellt werden müssen.

Die **Materialdisposition** überprüft zunächst, ob die vorhandenen Bestände am Werkstofflager ausreichen, um den internen Fertigungsauftrag herzustellen. Falls die Bestände nicht reichen, werden die kostenoptimalen Bestellmengen und Bezugsquellen ermittelt. Danach muss der Einkauf Kontakt zu den ausgewählten Lieferanten aufnehmen und deren Preise, Qualitäten und Lieferungsbedingungen vergleichen. Beim besten Lieferanten wird bestellt.

Der Informationsfluss schließt sich wieder, wenn der Einkauf der Produktion den Eingang der bereitzustellenden Werkstoffe meldet und diese für den Kundenauftrag reserviert, die Produktion dem Verkauf die Fertigstellung des Kundenauftrags meldet und der Verkauf Versandpapiere und Ausgangsrechnung ausstellt und dem Kunden übermittelt (**Informationskreislauf**).

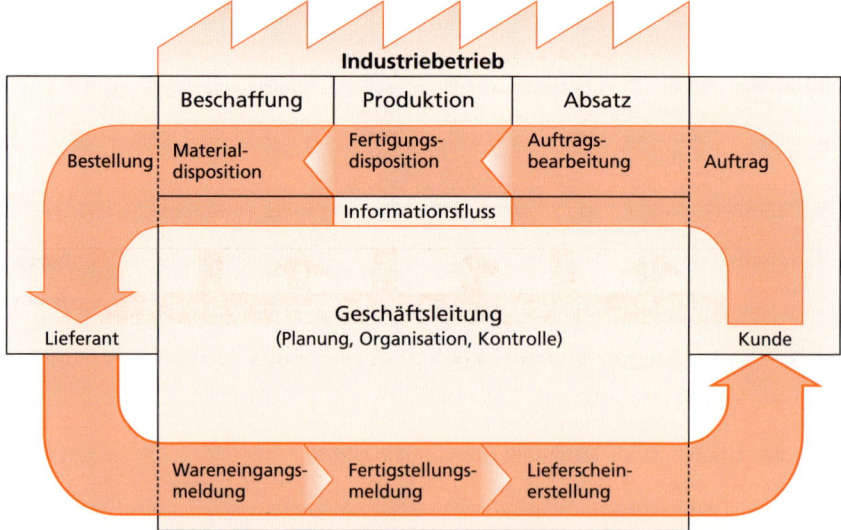

2.3.2 Betrieblicher Materialfluss – Aufgabe der Logistik

Der Materialfluss beginnt mit der Anlieferung der Werkstoffe. Die Organisation des Transports vom Lieferanten zum Betrieb und der innerbetriebliche Transport innerhalb des Einkaufsbereichs ist Aufgabe der *Beschaffungslogistik*. Die Werkstoffe gelangen zunächst zum **Wareneingang** und werden dort geprüft (Begleitpapiere, Qualität). Das mangelfreie Material wird ins **Werkstofflager** gebracht. Bei wertvollen Fremdbauteilen (diese werden von Systemlieferanten hergestellt) ist die so genannte *Just-in-time-Anlieferung* üblich. Dabei werden die Bauteile direkt in die Produktion gegeben, ohne die Wareneingangsprüfung und das Werkstofflager zu durchlaufen.

Bei der mehrstufigen (synthetischen) Fertigung wird das Material zunächst in der **Teilefertigung** (z. B. Gießerei, Stanzerei, Dreherei) weiterverarbeitet, d. h. zu Einzelteilen und Baugruppen umgeformt. Letztere werden in der **Montage** zu Fertigprodukten zusammengefügt. Die Organisation des innerbetrieblichen Transports zu den entsprechenden Lagerorten, Arbeits- und Maschinenplätzen ist Aufgabe der *Produktionslogistik*.

Das Fertigprodukt wird im **Fertigwarenlager** bis zum Auslieferungstermin vorrätig gehalten und für den **Versand** zusammengestellt (kommissioniert). Es gelangt dann über inner- oder außerbetriebliche Verkehrsträger zum Kunden. Die Organisation des inner- und außerbetrieblichen Transports zum Kunden ist Aufgabe der *Distributionslogistik*.

Die Rückführung (**Recycling**) verwertbarer stofflicher Rückstände (so genannte Sekundärrohstoffe) in den Leistungsprozess, die Verwertung der Rückstände als Energieträger und die Entsorgung nicht verwertbarer Rückstände (Abfälle) gehören zu den Aufgaben der *Entsorgungslogistik*. Oberstes Ziel ist dabei eine Kreislaufwirtschaft mit Mehrweg- und Rücknahmesystemen. Dabei wird der Materialfluss als inner- bzw. überbetrieblicher **Materialkreislauf** organisiert.

Betrieblicher Materialfluss als Kreislauf

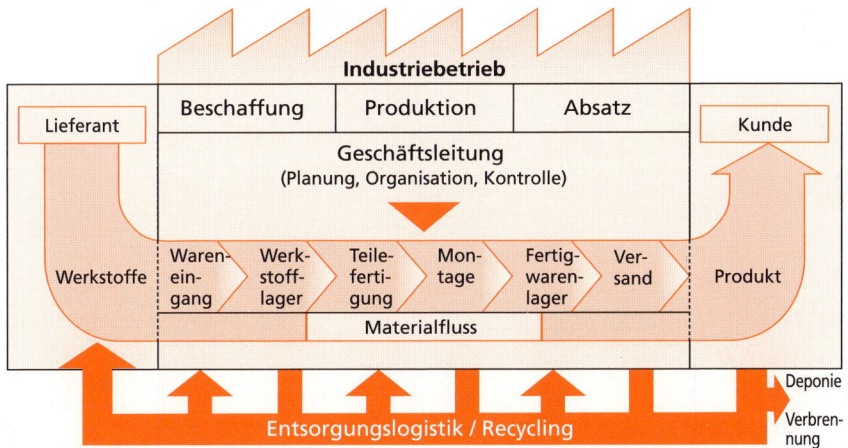

2.3.3 Betrieblicher Wertefluss – Aufgabe des Rechnungswesens

Die betriebliche Leistungserstellung führt zu einem Wertefluss, der mit der Beschaffung der betrieblichen Leistungsfaktoren Arbeitskräfte, Betriebsmittel und Werkstoffe beginnt. Dadurch entsteht ein **Ausgabenstrom** für die Bezahlung der Arbeitskräfte (z.B. Löhne), Betriebsmittel (Investitionen) und Werkstoffe (Materialausgaben). Im Produktionsprozess selbst entsteht ein Werteverzehr aufgrund des Betriebsmittelverschleißes (Abschreibungen) und in Form des Ausschusses. Weiter entstehen z.B. Energie-, Versicherungskosten. Diesen Auszahlungen stehen nach Erreichen des Produktionsziels **Einnahmen** aus dem Erlös der Erzeugnisse gegenüber. Der Wertefluss in Form von Ausgaben und Einnahmen wird vom Rechnungswesen gesteuert.

Marginalien:
Wareneingang
Werkstofflager

Teilefertigung
Montage

Fertigwarenlager
Versand

Recycling

Materialkreislauf

betrieblicher
Wertefluss

Ausgabenstrom

Einnahmen

Betrieblicher Wertefluss

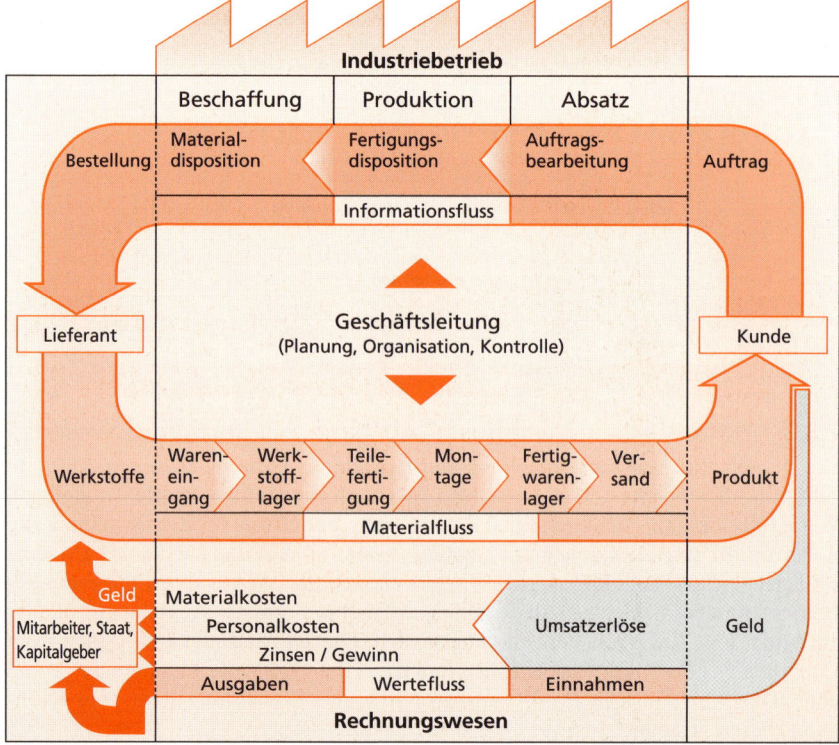

Der Wertefluss schließt sich teilweise wieder, wenn es gelingt, die aus dem Umsatz zufließenden Geldmittel (Rückflüsse, Gewinn) wieder für betriebliche Investitionen (z. B. Kauf neuer Maschinen) zu verwenden (**Wertekreislauf**).

Wertekreislauf

2.3.4 Zusammenwirken von Informations-, Material- und Wertefluss

Der betriebliche Informationsfluss stößt den betrieblichen Materialfluss, dieser wieder den betrieblichen Wertefluss an.

Zusammenwirken von Informations-, Material- und Wertefluss

3 Organisation des betrieblichen Leistungsprozesses

3.1 Betriebliche Aufbauorganisation

Unter **Organisation** versteht man den Zusammenschluss mehrerer Personen, die ein gemeinsames Ziel erreichen solle, wobei die einzelnen Tätigkeiten systematisch und *dauerhaft geregelt* sind.

Die **Aufbauorganisation** geht von der Zielsetzung der Unternehmung aus und
- gliedert die Unternehmung in funktionsfähige **Teileinheiten,**
- regelt die dauerhaften **Beziehungen** dieser Teileinheiten und
- schafft ein System von Weisungsbefugnissen und **Kommunikationswegen.**

3.1.1 Entstehung der Aufbauorganisation

Wenn eine Aufgabe so umfangreich ist, dass sie von einer Person allein nicht mehr zu bewältigen ist, dann muss diese Aufgabe auf weitere Personen verteilt werden (Arbeitsteilung). Dazu ist eine **Aufgabenanalyse** notwendig, in der die Gesamtaufgabe in Teilaufgaben aufgegliedert wird.

Danach schließt sich die **Aufgabensynthese** an, in der sachlogisch verwandte Teilaufgaben zu Stellen zusammengefasst werden (**Stellenbildung**). Die **Stelle** ist die kleinste Einheit der Organisation und umfasst das Aufgabengebiet einer Arbeitsperson (**Stellenbesetzung**). Mehrere sachlogisch verwandte Stellen werden zu einer Abteilung zusammengefasst (**Abteilungsbildung**).

> **BEISPIEL**
> Aufgabenanalyse und -synthese

Bildung der Abteilung Auftragsbearbeitung

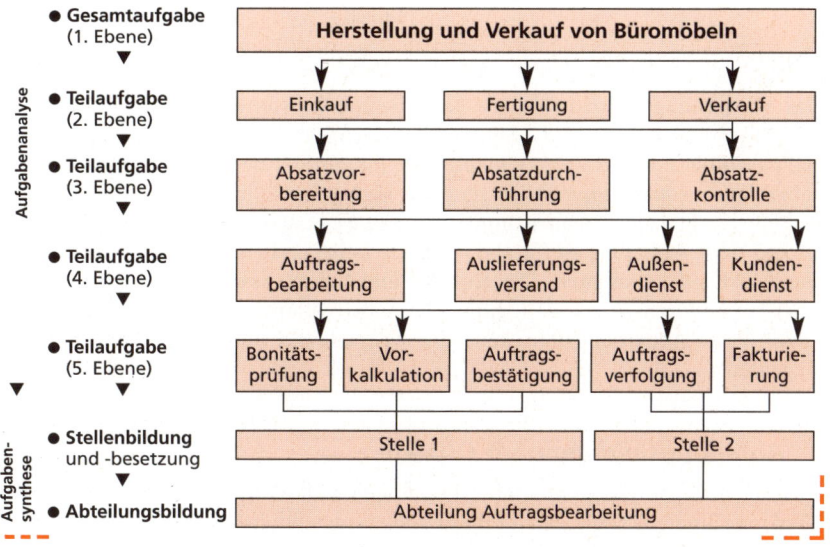

Randspalte:
Aufbau-organisation
Organisation

Aufgaben der Aufbau-organisation

Aufgaben-analyse

Aufgabensynthese
Stelle

Abteilungs-bildung

Aufgabenanalyse -synthese

3.1.2   Gliederungsprinzipien – Funktionen oder Objekte

Zur Aufgabenerfüllung müssen bestimmte Verrichtungen (Tätigkeiten) an bestimmten Objekten vorgenommen werden. So geschieht z. B. die Erstellung eines Werbeplans (Verrichtung) für ein bestimmtes Produkt (Objekt). Entsprechend kann das Unternehmen nach **Verrichtungen oder Objekten** gegliedert werden.

■ *Abteilungsbildung nach Verrichtungen (Funktionen)*

Werden die Abteilungen nach den Verrichtungen (beziehungsweise Aufgaben, Funktionen) gebildet, dann ergibt sich eine Aufbauorganisation nach dem **Verrichtungsprinzip**. Auf diese Weise entsteht eine **funktionsorientierte Gliederung** des Unternehmens.

Verrichtungs-prinzip

BEISPIEL
Aufbauorganisation nach dem Verrichtungsprinzip

Das Verrichtungsprinzip führt zu Kosten- und Leistungsvorteilen aufgrund der *Aufgabenspezialisierung* der Stelleninhaber (Spezialisten) und Sachmittel (Spezialmaschinen). Dafür werden mangelnde Flexibilität bei sich verändernden Aufgaben, *mangelnde Kundennähe* (nur die Verkaufsabteilung hat Kundenkontakt), verlängerte Transport- und Kommunikationswege sowie *erschwerte Kontrollierbarkeit* (jede Abteilung ist für alle Produkte tätig) und erhöhter Koordinationsaufwand in Kauf genommen. Die Kosten- und Leistungsvorteile setzen eine hohe Auslastung voraus, sonst verkehren sich diese Vorteile aufgrund der mangelnden Flexibilität (Anpassungsfähigkeit) der Spezialisten und Spezialmaschinen ins Gegenteil.

■ *Abteilungsbildung nach Objekten*

Objektprinzip

Beim **Objektprinzip** werden die Abteilungen nach den Leistungen oder Arbeitsobjekten (Sparten) gebildet. Auf diese Weise entsteht eine **objektorientierte Gliederung** des Unternehmens.

Beim Objektprinzip werden die Abteilungen nach den Arbeitsobjekten, z.B. den Produkten, gegliedert.

BEISPIEL
Aufbauorganisation nach dem Objektprinzip

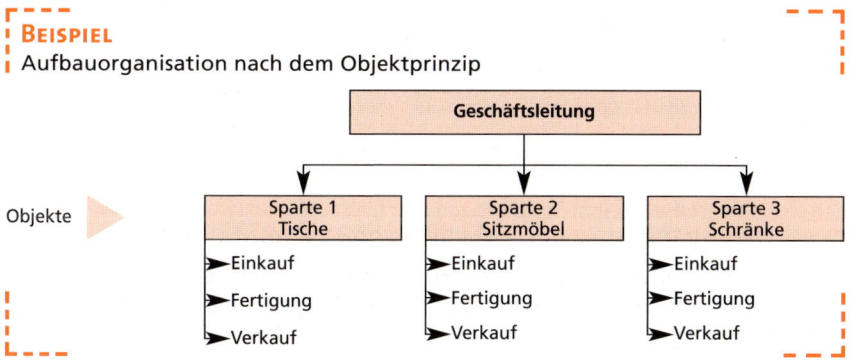

Die Hauptvorteile des Objektprinzips sind die *große Kundennähe* (alle Abteilungen haben Kundenkontakt), die *leichte Kontrollierbarkeit* der Stelleninhaber (jede Abteilung ist für ein bestimmtes Produkt verantwortlich) und die *kurzen Transport- und Kommunikationswege.* Dafür werden erschwerte Aufgabenspezialisierung, höhere Kosten durch *Doppel- und Mehrfacharbeit* in Kauf genommen, da jede Abteilung alle Aufgaben erledigt. Außerdem konkurrieren die Objektverantwortlichen stärker um die knappen Mittel (z.B. Budgets, Arbeitsplatzausstattung) der Unternehmung, da sie am Erfolg gemessen werden, vernachlässigen die Zusammenarbeit und stellen ihre Eigeninteressen über das Gesamtinteresse des Unternehmens.
In der Praxis ist eine Kombination aus Verrichtungsprinzip und Objektprinzip verbreitet.

BEISPIEL
Aufbauorganisation (Mischung aus Verrichtungs- und Objektprinzip)

Organigramm der Weller KG, Büromöbelfabrik

	Geschäftsleitung
	Herr Weller jun.

Hauptaufgaben (Hauptabteilungen)	Kaufmännische Leitung	Technische Leitung	Personal- leitung
	Herr Reber	Herr Boss	Herr Reber

Teilaufgaben (Abteilungen)	Rechnungs- wesen	Produktion	Personal- verwaltung
	Frau Bleicher	Herr Kortus	Herr Birke

Verrichtungs- prinzip	Organisation	Qualitäts- sicherung	Aus-/ Weiterbildung
	Herr Block	Frau Vollmar	Frau Berger

	Verkauf	Materialwirtschaft	Sozialwesen
	Herr Röhr	Frau Spahn	Frau Stolpe

Arbeitsobjekte (Produkte) **Objektprinzip**	Produktbereich Tische	Produktbereich Stühle	Produktbereich Schränke
	Herr Schick	Frau Reglitz	Herr Findus

Organisations-struktur

Das Ergebnis der Aufbauorganisation ist eine horizontale (gleichgeordnete Abteilungen) und vertikale (über- und untergeordnete Abteilungen) **Gliederung** der Unternehmung, die **Organisationsstruktur**. Diese wird in Organisationsplänen und -schaubildern (**Organigrammen**) schriftlich festgehalten.

3.1.3   Weisungssysteme – Über-, Unter-, Gleichordnung

Weisungssystem

Instanzen

Die Beziehungen zwischen Vorgesetzten und Untergebenen werden im **Weisungssystem** geregelt. Stellen, die anderen Stellen Weisungen erteilen dürfen, werden als **Instanzen** bezeichnet. Aufgrund dieses Instanzenaufbaus wissen alle Mitarbeiter/innen, von wem sie Anweisungen bekommen können und alle Vorgesetzten, wem sie Anweisungen erteilen dürfen. Jeder Betrieb schafft sich ein Weisungssystem, das seiner Größe und seinen Aufgaben am besten gerecht wird. So entsteht die **Hierarchie** der Unternehmung.

■ *Einliniensystem*

Einliniensystem

Bekommt jede Stelle nur von einer einzigen direkt übergeordneten Stelle (Instanz) Anweisungen und ist nur dieser Stelle verantwortlich, dann spricht man von einem **Einliniensystem**. Dieses entspricht dem **Grundsatz der einheitlichen Auftragserteilung.**

Verfolgt man alle Stellen von der Führungsebene bis zur Ausführungsebene, so erhält man jeweils eine Linie. Sie beschreibt den **Instanzenweg** (Dienstweg). Dieser legt den **Befehlsweg** (dieser ist bindend) nach unten und den **Meldeweg** (dieser ist nur informativ) nach oben fest.

Die vertikale Linie ist der einzig zulässige **Kommunikationsweg** (Befehls- und Meldeweg). Horizontale Verbindungen sind nicht vorgesehen, gleichrangige Stellen können nur über die gemeinsame Vorgesetztenstelle kommunizieren. Es ist nicht zulässig, Instanzen zu überspringen.

Bᴇɪsᴘɪᴇʟ
Einliniensystem

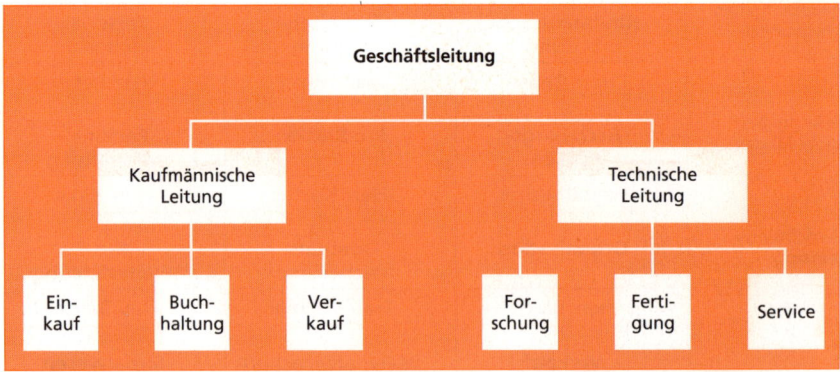

Vorteile	Nachteile
• eindeutige Anordnungsbefugnis • keine Kompetenzstreitigkeiten • erleichterte Kontrolle	• Überlastung der Führungsspitze • Gefahr von Fehlentscheidungen, da der Führung Detailkenntnisse fehlen • Informationsverluste aufgrund langer Dienstwege (Schwerfälligkeit)

■ *Mehrliniensystem (Funktionalsystem)*

Bekommt eine Stelle von mehreren direkt übergeordneten Stellen Anweisungen, so spricht man vom **Mehrliniensystem** oder **Funktionalsystem**. Jede Abteilung kann entsprechend ihrer Funktion (Aufgabe), auf die sie spezialisiert ist, jeder anderen nachgeordneten Abteilung Weisungen erteilen und Meldungen entgegennehmen. Beim Mehrliniensystem wird der Grundsatz der einheitlichen Auftragserteilung aufgegeben und durch den **Grundsatz der Arbeitsteilung** (Spezialisierung) ersetzt. Gegenüber dem Einliniensystem sind die Vorgesetzten jetzt fachlich nicht mehr überfordert. Die Mitarbeiter/innen haben aber mehrere Vorgesetzte und wissen nicht, wen sie zuerst „bedienen" sollen.

Die Personalabteilung ist allen Belegschaftsmitgliedern gegenüber weisungsbefugt, wenn es um Fragen der Gleitzeitabrechnung, der Überstundenanordnung oder der Urlaubseinteilung geht.

BEISPIEL
Mehrliniensystem

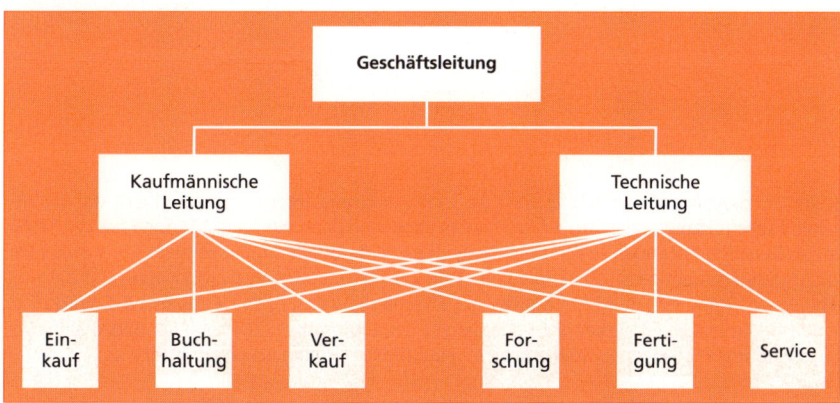

Vorteile	Nachteile
• Weisungserteilung nur durch Experten (Spezialisten) • kurze Kommunikationswege • Entlastung der Führungsspitze	• zu viele Weisungsquellen (Mitarbeiter wissen nicht, wen sie zuerst „bedienen" sollen) – Verzögerungen entstehen • Kompetenzüberschneidungen führen zu Konflikten

■ *Stabliniensystem – Stäbe unterstützen Instanzen*

Aus dem Bestreben, die Vorteile des Einlinien- **und** Mehrliniensystems miteinander zu verbinden, hat sich das **Stabliniensystem** entwickelt. Die fachliche Kompe-

Einliniensystem
Vor-, Nachteile

Mehrliniensystem
oder Funktional-
system

Mehrliniensystem
Vor-, Nachteile

Stabliniensystem

Stäbe

tenz der Geschäftsleitung und einzelner Hauptabteilungen wird verbessert, indem ihr bzw. ihnen Spezialisten (z. B. Juristen, Organisatoren, EDV-Fachleute usw.) als Berater, so genannte **Stäbe**, zur Seite gestellt werden. Die Entscheidungen werden dadurch verbessert, ohne dass die Instanz zusätzlich belastet wird. Die systematische Entscheidungsvorbereitung obliegt den Stabsstellen, die Entscheidung selbst und damit die letzte Verantwortung trägt die Linienstelle. Die Stäbe haben *keine Weisungsbefugnisse*. Somit ist sowohl der Grundsatz der einheitlichen Auftragserteilung erfüllt als auch der Grundsatz der Arbeitsteilung.

BEISPIEL
Stabliniensystem

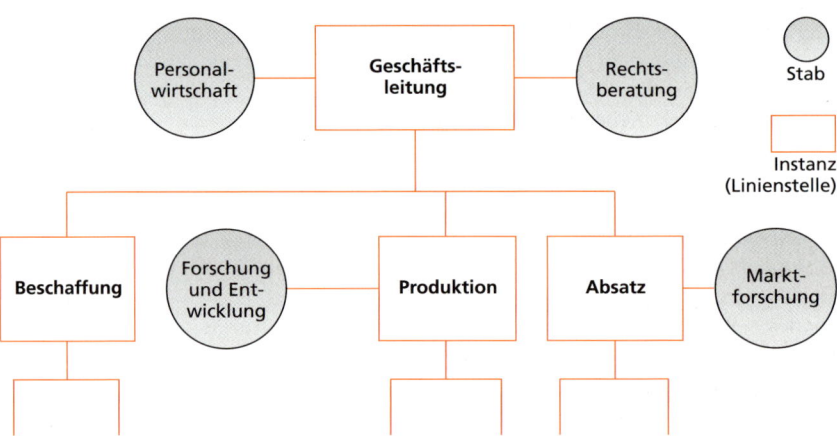

In der Praxis entsteht die Gefahr, dass die Stäbe aufgrund ihrer **Expertenmacht** die eigentlichen Entscheidungsträger sind. Die Linienstellen sind dann nur noch Marionetten der Stäbe und treffen allenfalls noch Ja-/Nein-Entscheidungen, da sie die immer schwieriger werdenden Entscheidungssituationen nicht mehr überblicken. Es kann auch dazu kommen, dass Vorschläge der Stäbe von den Linienmanagern abgeblockt werden, da sie als **praxisfremd** (Experten sind meist Akademiker ohne genügend Linienerfahrung) oder auch als Bedrohung und **Einmischung** angesehen werden, da sie eingefahrene Verhaltensweisen infrage stellen.

Stabliniensystem Vor-, Nachteile

Vorteile	Nachteile
● Eindeutige Weisungsbefugnisse ● keine Kompetenzüberschneidung ● gut vorbereitete Entscheidungen ● Entlastung der Führungsspitze	● Konflikt zwischen Stab und Linie (Stäbe haben die eigentliche Macht) ● Verantwortung und Entscheidungsvorbereitung sind getrennt (Stäbe müssen Fehler nicht selbst „ausbaden")

■ *Matrixorganisation*

Um sowohl Vorteile des Objekt- als auch des Verrichtungsprinzips zu nutzen, entstand die Matrixorganisation.

BEISPIEL
Matrixorganisation

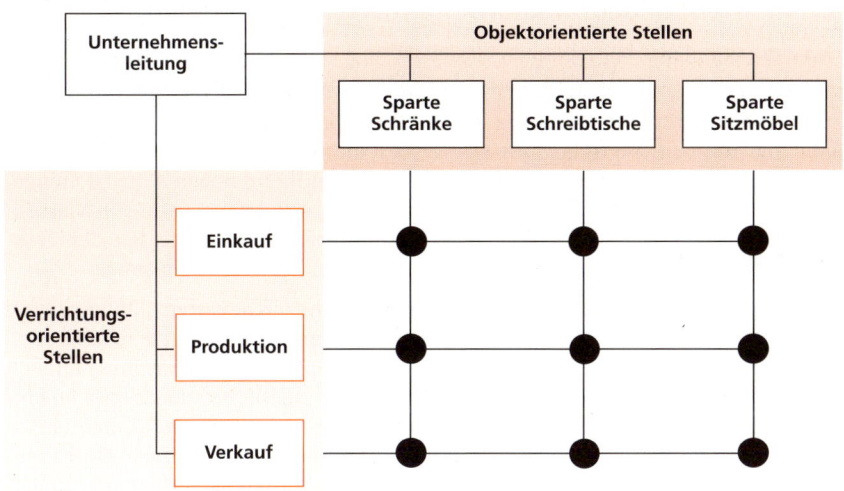

Der Spartenleiter „Sitzmöbel" ist verantwortlich für den Erfolg seiner Sparte (Objektprinzip). Er ist für diesen Bereich weisungsbefugt gegenüber dem Einkauf, der Produktion und dem Verkauf. Der Einkaufsleiter ist wiederum verantwortlich für den Einkauf über alle Sparten hinweg (Verrichtungsprinzip) und in Einkaufsfragen weisungsbefugt gegenüber den Spartenleitern.

Die Kompetenzkreuzung institutionalisiert den Konflikt, der bei der Einlinienorganisation bewusst ausgeschlossen wird. Der Konflikt fördert die Kreativität und zwingt die beteiligten Führungskräfte zur Problemlösung. Sie sind zur Zusammenarbeit mit ihren entsprechenden Partnern gezwungen und müssen ihre Entscheidungen mit diesen abstimmen; eine gegenseitige Abschottung der Abteilungen („Abteilungsegoismus") ist ausgeschlossen; Teamarbeit zwischen den Abteilungen ist notwendig.

Vorteile	Nachteile
● sachgerechte Teamentscheidungen ● übersichtliche, klare Aufgabenkoordination ● institutionalisierter Konflikt fördert die Kreativität und den Zwang zur Problemlösung	● Kompetenzkreuzungen müssen eindeutig geregelt sein (z. B. wer hat Vortritt?) ● großer Abstimmungsbedarf verzögert notwendige Entscheidungen ● Entscheidungen sind kaum nachvollziehbar und bestehen vorwiegend aus Kompromissen ● Niemand trägt die letzte Entscheidungsverantwortung

In der praktischen Verwirklichung der Matrix-Organisation müssen Abstriche vom Prinzip der Gleichberechtigung der beteiligten Instanzen gemacht werden. Dies geschieht durch kompetenzmäßige Vortrittsregelungen oder durch einen Matrix-Leiter, der nichtgelöste Konflikte zum Ausgleich bringt.

3.2   Organisation von Geschäftsprozessen

3.2.1   Grenzen der funktionsorientierten Organisation

Das Hauptziel jeder betrieblichen Organisation ist eine möglichst unterbrechungsfreie Verkettung aller Tätigkeiten zur Erstellung einer marktfähigen Leistung.

Solange die marktfähige Leistung in der Massenproduktion von Erzeugnissen für anonyme Kunden (Fertigung auf Lager) bestand, führte die nach Verrichtungen (Funktionen) zentralisierte Betriebsorganisation mit ihrem hohen Arbeitsteilungs und Spezialisierungsgrad zu Wettbewerbsvorteilen. Auf den von wenigen Massenproduzenten beherrschten Märkten (Verkäufermärkte) waren die Kunden froh, wenn sie ein Produkt bekamen, das annähernd ihren Wünschen entsprach.

Käufermärkte

Mit zunehmender ausländischer (vor allem asiatischer) Konkurrenz, die qualitativ gleichwertige Produkte zu sehr günstigen Preisen anbot, wandelten sich die Verkäufermärkte immer mehr zu **Käufermärkten.** Die Unternehmen mussten sich immer schneller und flexibler auf wachsende individuelle Kundenansprüche einstellen. Hinzu kommt, dass die Fortschritte der Informations- und Kommunikationstechniken (z. B. Computernetzwerke) die Weltmärkte immer mehr zusammenwachsen lassen. **Globalisierung** bedeutet wachsender Welthandel, zunehmende internationale Investitionen und Kapitalverflechtungen und weltweit vernetzte Informations- und Transportsysteme. Der Wettbewerb verlagert sich immer mehr weg vom Preis- und Qualitätswettbewerb hin zu einem **Zeitwettbewerb:** Nicht der Billigere gewinnt, sondern der Schnellere.

Globalisierung

Zeitwettbewerb

Angesichts dieser Marktentwicklungen erweist sich die funktionsorientierte Organisation mit ihren langen hierarchischen Melde- und Befehlswegen als zu unflexibel. Die mangelhafte Koordination der Abteilungen führt zu Datenredundanzen (z. B. Mehrfacherfassung derselben Daten), Insellösungen aufgrund des mangelhaften Überblicks und Medienbrüchen aufgrund fehlender Datenintegration. Abstimmungsprobleme (Schnittstellenprobleme) zwischen den Abteilungen führen zu Engpässen an den Schnittstellen und Abteilungsegoismen. Indem die Abteilungen versuchen, ihre Einzelziele zu erreichen, verhalten sie sich in der Gesamtheit **kontraproduktiv** zum Gesamtziel.

BEISPIELE
Gegensätzliche Einzelziele der Funktionsbereiche

Funktionsbereich	Ziele	Mittel	Folgen
Materialwirtschaft • Beschaffung	Günstige Konditionen, niedrige Transportkosten	Große Bestellmengen	Hohe Lagerkosten hohe Kapitalbindung
• Lagerhaltung	Niedrige Lagerkosten	Niedrige Lagerbestände	Geringe Versorgungssicherheit, lange Lieferzeiten
Produktionswirtschaft	Hohe und gleichmäßige Kapazitätsauslastung, niedrige Durchlaufzeiten	Große Losgrößen und Pufferbestände	Hohe Kapitalbindung und Lagerkosten

Funktionsbereich	Ziele	Mittel	Folgen
Absatzwirtschaft	Hohe Lieferbereit-schaft, kurze Lie-ferzeiten	Hohe Lager-bestände	Hohe Lagerkosten und Kapitalbin-dung
Finanzwirtschaft	Hohe Liquidität durch niedrige Kapitalbindung	Niedrige Lagerbe-stände, Bestell-mengen und Los-größen	Geringe Versor-gungssicherheit, lange Liefer- und Durchlaufzeiten

3.2.2 Merkmale der prozessorientierten Organisation

Zeitgemäße Organisationsformen nehmen die Arbeitsteilung wieder zurück und machen die Abläufe wieder sichtbar. Den betrieblichen Teilprozessen werden **pro-zessverantwortliche Teams** zugeordnet, die in der Lage sind, einen Vorgang (Teil-prozess) **ganzheitlich** (d.h. planen, durchführen und kontrollieren) und **funk-tionsübergreifend** abzuwickeln.

In einer solchen **prozessorientierten Teamorganisation** haben die Prozessverant-wortlichen direkten Kontakt zu den inner- und außerbetrieblichen Kunden im Sinne einer Kunden-Lieferanten-Beziehung.

prozessverant-wortliche Teams

BEISPIEL
Prozessorientierte Teamorganisation

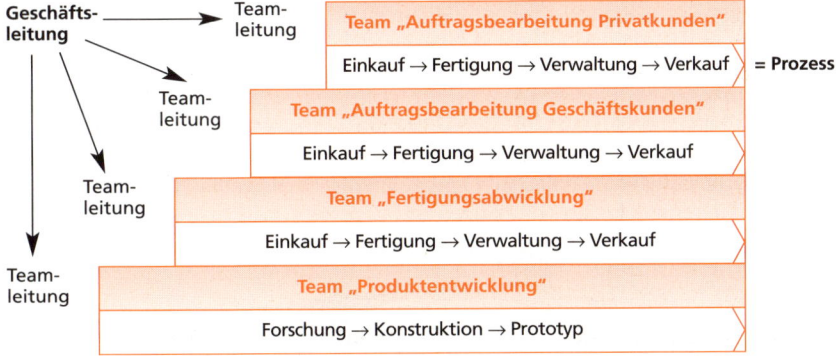

Die Vorteile der prozessorientierten Organisation bestehen in der

- **Mitarbeiterorientierung:** Ganzheitliche Aufgabenbereiche erhöhen die Ar-beitszufriedenheit der Mitarbeiter und die Motivation;
- **Marktorientierung:** Teams ermöglichen eine flexible Auftragsabwicklung und eine hohe Reaktionsgeschwindigkeit auf Kundenwünsche und Veränderungen des Marktes; Verbesserungen sind noch im laufenden Prozess möglich;
- **Kommunikationsorientierung:** Durch die Orientierung an den Geschäftsab-läufen werden Schnittstellenprobleme (z.B. Informationsverzögerungen und -verluste) vermieden und die Kommunikation optimiert.
- ausgeprägten **Kosten-Nutzen-Denkweise** wegen größerer Mitverantwortung und Ausrichtung der Leistungsprozesse am Kundennutzen.

Gegenüberstellung von funktionaler und prozessorientierter Organisation

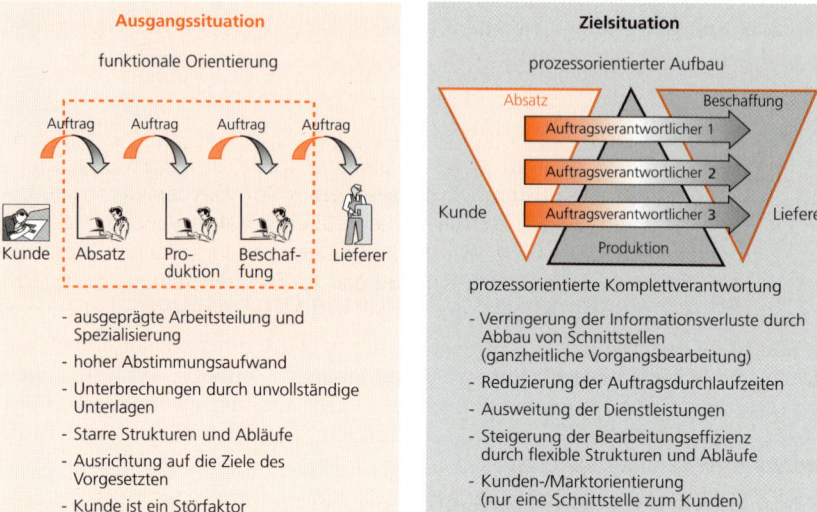

Ausgangssituation	Zielsituation
funktionale Orientierung	prozessorientierter Aufbau
Kunde → Absatz → Produktion → Beschaffung → Lieferer	Absatz / Beschaffung Auftragsverantwortlicher 1 Auftragsverantwortlicher 2 Kunde / Auftragsverantwortlicher 3 / Lieferer Produktion prozessorientierte Komplettverantwortung

- ausgeprägte Arbeitsteilung und Spezialisierung
- hoher Abstimmungsaufwand
- Unterbrechungen durch unvollständige Unterlagen
- Starre Strukturen und Abläufe
- Ausrichtung auf die Ziele des Vorgesetzten
- Kunde ist ein Störfaktor

- Verringerung der Informationsverluste durch Abbau von Schnittstellen (ganzheitliche Vorgangsbearbeitung)
- Reduzierung der Auftragsdurchlaufzeiten
- Ausweitung der Dienstleistungen
- Steigerung der Bearbeitungseffizienz durch flexible Strukturen und Abläufe
- Kunden-/Marktorientierung (nur eine Schnittstelle zum Kunden)
- Schlanke Organisation durch Abbau von Hierarchiestufen („Lean Production")

Die betriebsinterne Grundausrichtung zielt ausschließlich auf den Kunden und nicht auf die Vorgesetzten. Die gemeinsame Ausrichtung am Kunden verbindet die Mitarbeiter miteinander. Der Erfolg wird durch den Kunden selbst gemessen und nicht durch betriebsinterne Kontrolleure und Vorgesetzte. Hierarchische Strukturen haben hier keinen Platz mehr, da die Befugnisse zunehmend in niedrigere Hierarchieebenen verlagert werden müssen.

3.2.3 Elemente eines Geschäftsprozesses

Geschäftsprozess

■ *Merkmale eines Geschäftsprozesses*

Ein **Geschäftsprozess** (Wertschöpfungsprozess) beschreibt alle Tätigkeiten, die mithilfe der Erfolgspotenziale der Unternehmung ein Ergebnis erzielen, das für interne und externe Kunden von Nutzen ist.

Die Unternehmung als prozessorientiertes System

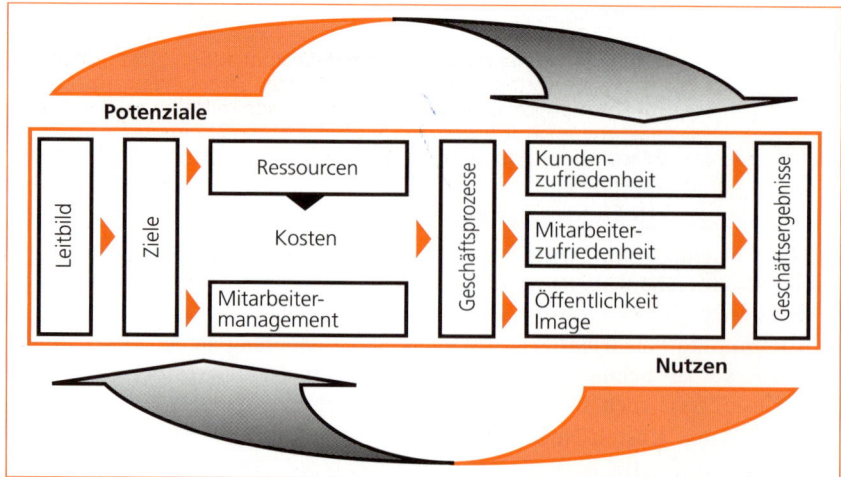

Potenziale

| Leitbild | Ziele | Ressourcen
Kosten
Mitarbeiter-management | Geschäftsprozesse | Kunden-zufriedenheit
Mitarbeiter-zufriedenheit
Öffentlichkeit Image | Geschäftsergebnisse |

Nutzen

Ein Geschäftsprozess sollte

- sich am Unternehmensleitbild und an den *Unternehmenszielen* orientieren,
- ein Ergebnis (Mehrwert), das einen *Kundennutzen* (Wertschöpfung) hat,
- einen definierten *Anfang* und ein eindeutiges Ende haben,
- aus einer *Kette von Aktivitäten* (Teilprozesse) bestehen.

Geschäftsprozesse werden zunächst unabhängig vom Auftraggeber und von den Ressourcen (Leistungsfaktoren) geplant. Ausgangspunkt für die Prozessplanung kann ein **Referenzprozess (Standardprozess)** eines Softwareanbieters sein. Erst im zweiten Schritt wird der Prozess an die betrieblichen Rahmenbedingungen und an die Wünsche der Prozessverantwortlichen angepasst (so genanntes **Customizing**). Inner- und außerbetriebliche Kunden und Lieferanten sollten bei der Prozessplanung eingebunden werden, um Schnittstellenprobleme von vornherein zu lösen.

Referenzprozess (Standardprozess)

Customizing

■ *Arten von Geschäftsprozessen*

Wettbewerbsvorteile erwachsen dem Unternehmen aus den einzelnen Wert stiftenden Aktivitätsbereichen.

Die fünf **primären Aktivitäten** befassen sich mit der physischen Erstellung der Leistung; hierzu zählen *Einkauf* (Eingang und Lagerung der Werkstoffe), *Produktion* (Umwandlung der Leistungsfaktoren in das Endprodukt), *Absatz* (z. B. Werbung, Außendienst), *Versand* (Lagerung und Versand des Endprodukts) und *Kundendienst* (Tätigkeiten zur Werterhaltung des Produkts, z. B. Installation, Reparatur, Händlerschulung, Ersatzteilservice).

Die vier **unterstüzenden Aktivitäten** dienen den primären Aktivitäten; hierzu zählen *Beschaffung* (z. B. Herstellung der Lieferkontakte, Materialversorgung, Anlagenwirtschaft), *Technologieentwicklung* (z. B. Informations-, Fertigungs-, Materialflusstechniken), *Personalwirtschaft* (z. B. Personalauswahl, -einsatz, -entlohnung, -entwicklung) und die *Infrastruktur* (z. B. Geschäftsleitung, Rechnungswesen, Finanzen, Hausverwaltung).

Geschäftsprozesse werden nach ihrem **Beitrag zur Wertschöpfung** unterschieden.

Kernprozesse	Sie haben eine *direkte Schnittstelle* zum außerbetrieblichen Kunden und leisten damit einen unmittelbaren Beitrag zur Wertschöpfung.
Unterstützungsprozesse	Sie haben *keine direkte Schnittstelle* zum außerbetrieblichen Kunden, erbringen jedoch einen Nutzen (Wertschöpfung) für die Kernprozesse und leisten damit einen mittelbaren Beitrag zur Wertschöpfung. Man spricht auch von *Service- oder Supportprozessen* (z. B. „Maschinen instand halten", „Personal fortbilden", „Personal beschaffen", „Transport organisieren"). Je nach Sichtweise werden manchmal auch *Teilprozesse* innerhalb eines Kernprozesses (z. B. Prozess „Material beschaffen" innerhalb des Kernprozesses „Auftrag bearbeiten") als Unterstützungsprozesse bezeichnet.

Kernprozesse

Unterstützungsprozesse

BEISPIEL

Kernprozess „Auftrag bearbeiten" mit Teil- und Unterstützungsprozessen

Kernprozess:

Unterstützungsprozess zum Teilprozess „Anfrage bearbeiten":

Unterstützungsprozess zum Teilprozess „Angebot erstellen":

Unterstützungsprozess zum Teilprozess „Angebot annehmen":

■ *Sichtweisen eines Geschäftsprozesses*

Ein Geschäftsprozess kann unter verschiedenen Blickwinkeln (Sichtweisen) betrachtet werden. Dabei sind vier **Sichtweisen** verbreitet: Funktionssicht, Organisationssicht, Datensicht (Informationssicht), Ablaufsicht (Prozesssteuerung).

Sichtweisen

Funktionssicht	Sie beschreibt die Aufgaben des Prozesses, also das, was gemacht werden soll, z. B. beim Wareneingang muss die Ware angenommen, geprüft und eingelagert werden.
Organisations-sicht	Hier werden die Mitarbeiter bzw. Prozessverantwortlichen (z. B. Teams, Abteilungen) bestimmt. Deren Verantwortung umfasst den gesamten Prozess, ist also abteilungsübergreifend.
Datensicht	Sie bezieht sich auf die Zustände der am Prozess beteiligten Informationsobjekte, z. B. die Höhe des Lagerbestands in der Lagerdatei. In der Informationssicht werden den Prozessen bestimmte Daten (z. B. Lager-, Kundendaten), Datenbanken (z. B. Lager-, Kundendatei) und Anwendungssysteme (z. B. Textverarbeitungs-, Finanzbuchhaltungsprogramm) zugeordnet
Ablaufsicht	Sie betrachtet das Zusammenspiel zwischen Funktionen und Ereignissen, also die Steuerung des Prozesses. Funktionen können durch Ereignisse angestoßen werden, z. B. das Ereignis „Ware ist eingetroffen" löst die Funktion „Ware annehmen" aus. Umgekehrt erzeugen Funktionen wieder Ereignisse, z. B. die Funktion „Ware prüfen" löst die Ereignisse „Ware ist freigegeben", „Ware ist gesperrt" oder „Ware ist abgelehnt" aus.

Funktionen lassen sich in Unterfunktionen bzw. Unterabläufe aufteilen oder zu übergeordneten Funktionen bzw. Abläufen zusammenfügen. Man spricht in diesem Zusammenhang von **Schichten**. Die Darstellung aller Schichten eines Prozesses wird als **Prozesslandschaft** bezeichnet. Bei der professionellen Prozessplanung wird für jede der genannten vier Sichten ein Fach- und ein Datenverarbeitungskonzept entwickelt.

Schichten
Prozesslandschaft

BEISPIEL
Funktions- und Datensicht des Prozesses „Angebot erstellen"

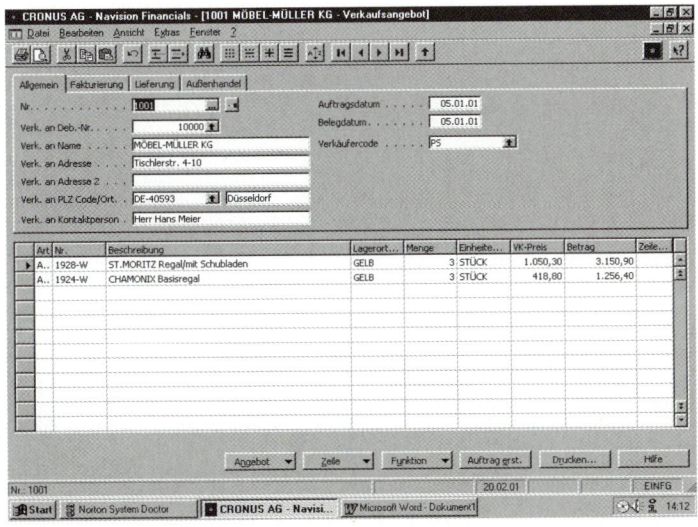

■ Grafische Darstellung eines Geschäftsprozesses

ereignisgesteuerte Prozesskette (EPK)

Zur Darstellung des Fachkonzeptes eignet sich die **ereignisgesteuerte Prozesskette (EPK)**. Dabei werden grafische Elemente (Knoten, Datenträger und Verbindungslinien) verwendet.

Knoten

Ereignis

Ein **Ereignis** beschreibt das Eintreten eines Zustandes, der eine Handlung (Funktion) auslöst oder das Ergebnis einer Funktion sein kann. Jede Funktion beginnt mit einem Anfangs- und endet mit einem Endereignis.

Funktion

Die **Funktion** beschreibt, was nach einem auslösenden Ereignis gemacht werden soll. Funktionen werden von Organisationseinheiten ausgeführt und verbrauchen Zeit und Ressourcen.

Organisationseinheit

Die **Organisationseinheit** gibt an, welche Person bzw. Gruppe die Funktion ausführt. Organisationseinheiten können nur mit Funktionen verbunden werden. Diese Zuordnung geschieht mit einer gepunkteten Linie.

Logische Operatoren

Logische **Verknüpfungsoperatoren** bzw. Konnektoren ermöglichen Verzweigungen zwischen Ereignissen und Funktionen.

∧ UND — UND, auf jeden Fall alle

∨ OR — (inklusives) ODER, entweder eins oder alle

⊻ XOR — Exklusives ODER, entweder das eine oder das andere

Prozesswegweiser

Prozesswegweiser verbindet einzelne Geschäftsprozesse miteinander. Sie ermöglichen die Darstellung verschiedener Schichten von Funktionen (Unterprozesse).

Datenträger

Informationsobjekt

Informationsobjekte enthalten die für die Durchführung der Funktion eines Geschäftsprozesses notwendigen Daten. Sie sind Bestandteil des Informationssystems und können nur mit Funktionen verbunden werden.

Dokument

Schriftliche **Dokumente**, die als Datenträger dienen, jedoch nicht Bestandteil des Informationssystems sind. Sie begleiten den Geschäftsprozess und werden auf dem herkömmlichen Weg empfangen und versandt.

Verbindungslinien

Der **Kontrollfluss** legt die logische und zeitliche Reihenfolge zwischen Ereignissen, Funktionen und Prozesswegweisern fest. Er kann nur von oben nach unten verlaufen.

Der **Informationsfluss** zeigt den Datenfluss zwischen Informationsobjekt und Funktion auf.

Die **Zuordnung** verbindet Organisationseinheit und Funktion.

BEISPIEL

Bearbeitung eines Kundenauftrags (Kunde bestellt eine Handelsware)

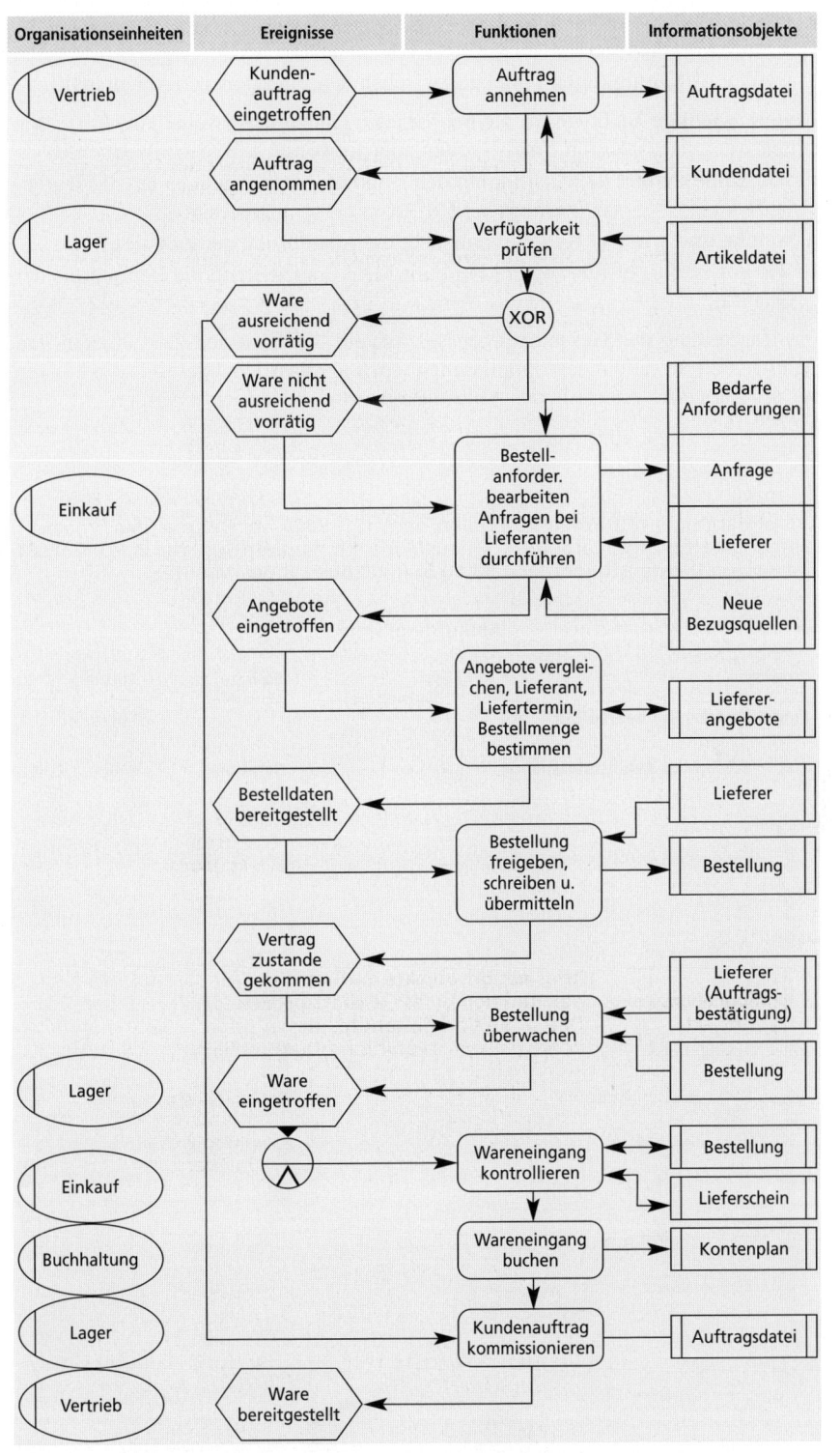

Ereignisgesteuerte Prozessketten stellen lediglich folgende Prozesselemente dar:

- **was** wird ausgeführt? (Funktionssicht);
- **wer** führt die Funktion aus? (Organisationssicht);
- **womit** wird die Funktion ausgeführt? (Datensicht);
- **welche Abhängigkeiten** bestehen zwischen den Funktionen? (Ablaufsicht).

Weitere wichtige Sichtweisen bleiben bei der Darstellungsweise von Prozessen mittels ereignisgesteuerter Prozessketten unbeantwortet, z. B.

- **wie lange dauert** die Ausführung der Funktion? Dabei geht es um die Durchlaufzeit.
- **welche und wie viel Kosten** verursacht die Ausführung der Funktion?
- **wie gut** ist die Ausführung der Funktion? Die Frage betrifft die Beurteilung der Qualität.

Ablaufdiagramm

Die Beurteilung des Geschäftsprozesses anhand der Kriterien Zeit, Kosten und Qualität sind für die Prozessoptimierung jedoch unerlässlich. Diese Fragen können mit der Darstellungstechnik des **Ablaufdiagramms** beantwortet werden.

BEISPIEL

Ablaufdiagramm mit *Prozesssymbolen nach ISO 9000* am Beispiel des Prozesses „Eingangsrechnung bearbeiten" (Istzustand) mit Auswertung der Durchlaufzeit und Kosten (Kostenstundensatz: 30,00 EUR = 0,50 EUR pro Minute)

Ablaufdiagramm

Prozess: Eingangsrechnung bearbeiten		Ist- Aufnahme: X	Soll- Vorschlag:	Datum: Abteilung:	
Lfd. Nr.	**Stufen des Arbeitsablaufs**		**Symbole**	**Weg m**	**Zeit Min.**
1	Eintrag ins Posteingangsbuch		●⇨|□|D|△		5
2	Im Ausgangskorb		○⇨|□|D|△		30
3	Zur Buchhaltung (Kreditoren)		○◄|□|D|△	100	5
4	Im Eingangskorb		○⇨|□|D|△		30
5	Sachliche Kontrolle		●⇨|□|D|△		5
6	Rechnerische Kontrolle		●⇨|□|D|△		5
7	Buchen der ER		●⇨|□|D|△		5
8	Zahlungsträger ausstellen		●⇨|□|D|△		5
9	Im Ausgangskorb		○⇨|□|D|△		30
10	Zur Zentralregistratur		○◄|□|D|△	100	5
11	Im Eingangskorb		○⇨|□|D|△		30
12	Ablage		○⇨|□|D|▲		5

Symbole:	Bearbeitung ○	Transport ⇨	Kontrolle ☐	Verzögerung D	Ablage △

Verrichtungsart	Bearbeitung	Transport	Kontrolle	Warten	Ablage	Σ
Zeit in Minuten	25	10	–	120	5	160
Prozentanteile	16 %	6 %	–	75 %	3 %	100 %
Prozesskosten (EUR)	12,50	5,00	–	60,00	2,50	80,00

3.3 Controlling von Geschäftsprozessen

Controlling

3.3.1 Allgemeine Aufgaben des Controllings

Hauptaufgabe des Controllings ist die Planung, Steuerung und Kontrolle aller Betriebsbereiche (engl. to control = steuern). Controlling soll das Schiff „Unternehmen" auf Kurs halten, Abweichungen vom Kurs möglichst frühzeitig aufdecken und das Schiff wieder auf den richtigen Kurs bringen. Durch Controlling soll ein möglichst durchgängiges Verhalten aller Funktions- und Entscheidungsträger im Sinne des Unternehmensleitbilds und der Unternehmensziele erreicht werden.

Entsprechend den strategischen und operativen Unternehmenszielen wird strategisches und operatives Controlling unterschieden. **Strategisches Controlling** ist langfristig ausgerichtet und soll durch ständige Kontrolle der Einhaltung der strategischen Planziele, aber auch durch die Beachtung der Marktentwicklung die Zukunft des Unternehmens sichern (Frühwarnung). **Operatives Controlling** ist kurzfristig orientiert, soll die Einhaltung der taktischen und operativen Planziele sichern und überwacht, ob die Kostenverantwortlichen ihre Kostenvorgaben einhalten (Budgetkontrolle). Durch die Schaffung von abgegrenzten Kostenverantwortungsbereichen **(Kostenstellen)** können die Kostenstelleninhaber (meist Abteilungsleiter) für Abweichungen der von ihnen beeinflussbaren und verursachten Kosten zur Rechenschaft gezogen werden.

strategisches Controlling

operatives Controlling

Kostenstellen

Allgemeine Aufgaben des Controllings im Überblick

Controlling	
sammelt Informationen aus allen betrieblichen Bereichen	Controlling als Planungs-, Steuerungs- und Entscheidungsinstrument basiert auf den verzweigten Daten aus den unterschiedlichen Bereichen und Abteilungen des Unternehms, z. B. Beschaffung, Lagerung, Absatz, Investition, Finanzierung, Finanzbuchhaltung, Kosten- und Leistungsrechnung.
wirkt bei der Formulierung von Unternehmenszielen mit und erstellt Prognosen	Controlling prognostiziert z. B. Umsatz, Kosten, Gewinn, Liquidität auf der Grundlage kurz- und langfristiger Pläne, formuliert Sollzustände und arbeitet Vorlagen für Entscheidungen aus. Sollwerte werden den Abteilungen als Budgets vorgegeben.
erstellt Soll-Ist-Vergleiche	Controlling stellt die aus der Finanzbuchhaltung und der Kostenrechnung stammenden Ist- und Planwerte fest und ermittelt Abweichungen.

analysiert Abweichungen	Controlling wertet Ist-/Planabweichungen aus, indem es nach den Ursachen forscht.
führt Berichte und informiert die Geschäftsleitung	Controlling interpretiert die Abweichungen, informiert die verantwortlichen Stellen und präsentiert die Ergebnisse.
macht Vorschläge zur Steuerung und Korrektur von Vorgaben	Controlling entwickelt Vorschläge zur Gegensteuerung bei Abweichungen, um die Ist-Lage wieder auf Plan-Lage zu bringen.

3.3.2　Controlling als Regelkreis

Regelkreis

Aus den Aufgaben des Controllings ist zu erkennen, dass zum Verständnis des Controllings das Denken in Regelkreisen notwendig ist. **Regelkreise** (so genannte kybernetische Systeme) zeichnen sich dadurch aus, dass sie nach Störungen, die ihr Gleichgewicht beeinträchtigen, durch Korrekturmaßnahmen wieder in ihren Gleichgewichtszustand zurückkehren.

Controlling als Regelkreis

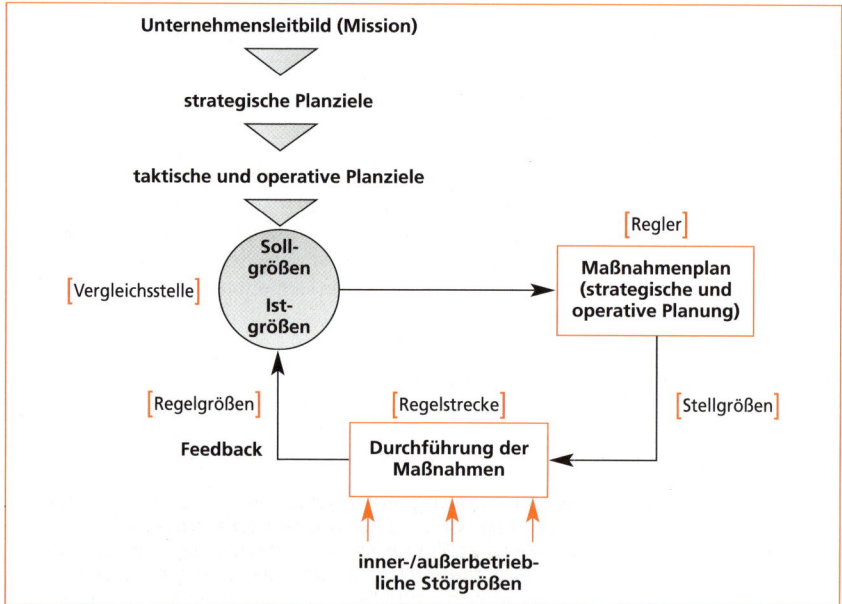

Die von der Unternehmensführung vorgegebenen Ziele (z. B. 12 % Umsatzsteigerung für das Berichtsjahr) werden den Reglern (z. B. Prozessverantwortliche, Abteilungsleiter) als Sollwerte, meist in Form von kürzerfristig erreichbaren Zwischenzielen vorgegeben (z. B. 1 % monatliche Umsatzsteigerung). Die Regler sorgen dafür, dass die notwendigen Maßnahmen zur Zielerreichung ergriffen werden (z. B. Werbemaßnahmen). Die erreichten Istgrößen (z. B. 0,5 % Umsatzsteigerung im Monat Januar) werden mit den Sollgrößen verglichen, die Abweichungen werden analysiert und deren Ursachen durch Anpassungsmaßnahmen (z. B. verbesserte Werbemaßnahmen) abgestellt. Die neue Stellgröße führt wieder zu einer neuen Regelgröße usw.

Bei nicht beeinflussbaren, meist extern verursachten Abweichungen (z. B. Konjunktureinbruch, neue Gesetzeslage) und bei sehr starken Soll-Ist-Abweichungen müssen ggf. die Planziele angepasst werden. Als äußerste Maßnahme ist die Änderung des Unternehmensleitbilds (Vision bzw. Mission) erforderlich. So verwandelte sich beispielsweise das Unternehmen Preussag vom Stahlkonzern in ein Touristikunternehmen.

Controlling ist ein Denk- und Handlungsprozess, der nie zum Stillstand kommt. Es wird laufend – parallel zur Durchführung – kontrolliert, analysiert und gegengesteuert – nicht erst, wenn der betrachtete Vorgang abgeschlossen ist. Controlling steht für einen ständigen Lernprozess für alle Unternehmensbereiche.

3.3.3 Aufgaben der Prozesskontrolle

Da der Wettbewerb heute maßgeblich ein Zeitwettbewerb ist, kommt der optimalen Planung und Organisation der betrieblichen und unternehmensübergreifenden Kern- und Unterstützungsprozesse eine zentrale Bedeutung zu. Schneller als die Konkurrenz zu sein, begründet aufgrund der damit möglichen *Kosten- und Zeitvorteile* (kürzere Durchlaufzeiten) eine dauerhafte Kundenbindung durch *Kundenzufriedenheit*. Der Kunde fordert häufig eine umgehende Bearbeitung seiner Anfrage oder erwartet die Auslieferung innerhalb kürzester Zeit.

Die Prozesskontrolle dient der Prozessoptimierung durch **ständige Verbesserung** der Kern- und Unterstützungsprozesse und damit der Erlangung von Wettbewerbsvorteilen.

Aufgaben der Prozesskontrolle im Überblick

Prozessoptimierung	Beschleunigung von Prozessen bzw. Teilprozessen, Erhöhung der Prozessqualität durch Analyse und Beseitigung von Soll-Ist-Abweichungen, Reduzierung der Prozesskosten. Einbindung der Prozesskette des Lieferanten (Supply Chain Management SCM) und des Kunden (Customer Relationship Management CRM).
Prozesseliminierung	Entfernung von Prozessen bzw. Teilprozessen, die keinen oder einen ungenügenden Beitrag zur Wertschöpfung leisten, da ihre Ergebnisse von inner- bzw. außerbetrieblichen Kunden nicht oder kaum nachgefragt werden.
Prozesszusammenfassung	Zusammenfassung mehrerer sachlich zusammenhängender Teilprozesse zu einem kostenstellenübergreifenden Hauptprozess; Zusammenlegung von Teilprozessen, die von verschiedenen Bearbeitern gleichartig oder gleichzeitig durchgeführt werden, z. B. Erstellung einer Ausgangsrechnung.
Prozessauslagerung	Die Auslagerung (Outsourcing) bezieht sich meist auf Unterstützungsprozesse, die außerbetriebliche Spezialisten schneller und kostengünstiger erbringen können, z. B. Versandabwicklung, Rechtsberatung, Lohn- und Gehaltsbuchhaltung.
Prozessautomation	Wenn Prozesse genau strukturiert werden können und sich häufig wiederholen, können sie computergestützt mithilfe von Standard- oder Individualsoftware (z. B. Finanz-, Lohnbuchhaltungs-, Fakturierungsprogramme) abgewickelt werden.

Prozesskontrolle

ständige Verbesserung

Supply Chain Management SCM

Customer Relationship Management CRM

Outsourcing

3.3.4 Leitfaden zur Prozessoptimierung

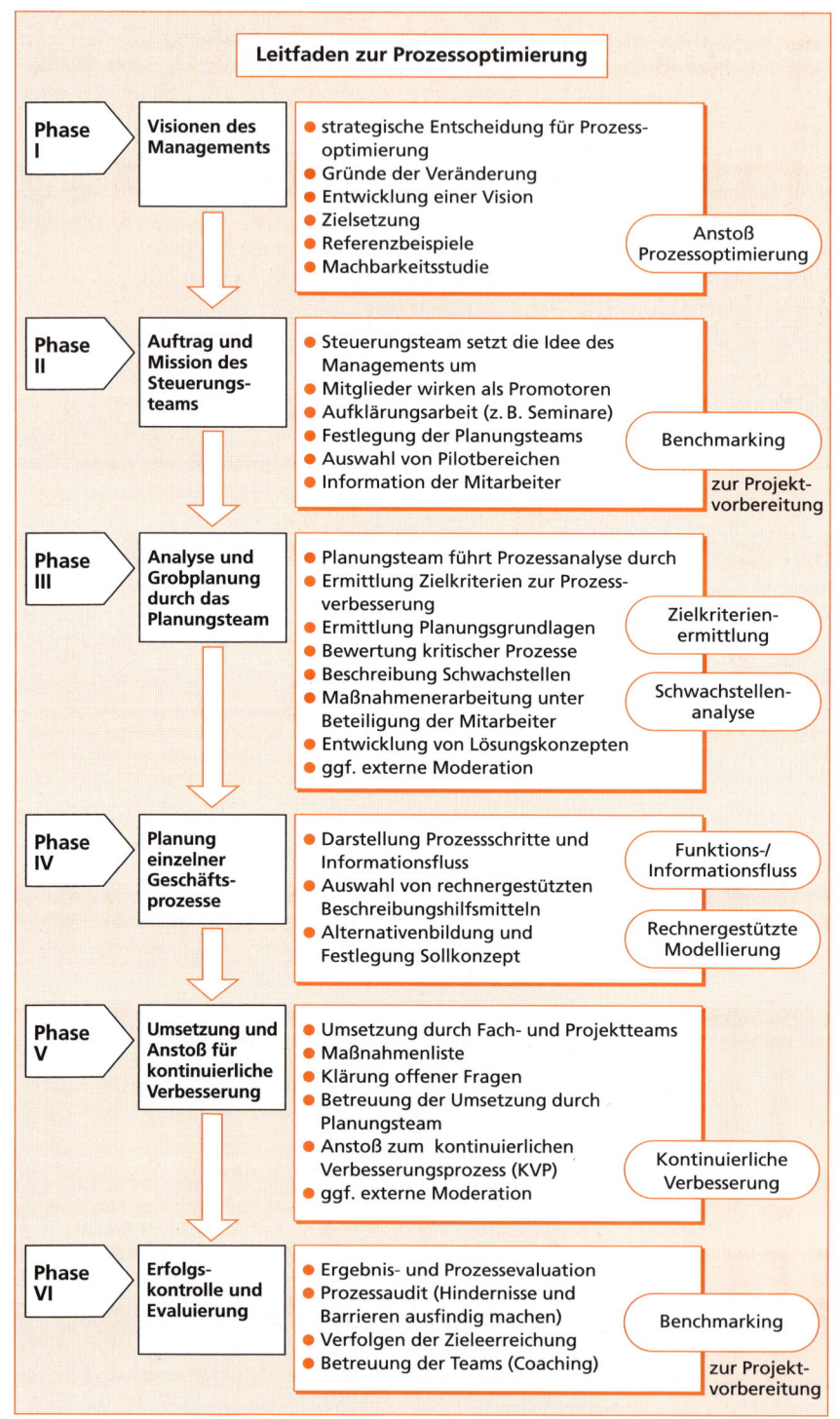

Leitfaden zur Prozessoptimierung

Phase I — **Visionen des Managements**
- strategische Entscheidung für Prozessoptimierung
- Gründe der Veränderung
- Entwicklung einer Vision
- Zielsetzung
- Referenzbeispiele
- Machbarkeitsstudie

Anstoß Prozessoptimierung

Phase II — **Auftrag und Mission des Steuerungsteams**
- Steuerungsteam setzt die Idee des Managements um
- Mitglieder wirken als Promotoren
- Aufklärungsarbeit (z. B. Seminare)
- Festlegung der Planungsteams
- Auswahl von Pilotbereichen
- Information der Mitarbeiter

Benchmarking

zur Projektvorbereitung

Phase III — **Analyse und Grobplanung durch das Planungsteam**
- Planungsteam führt Prozessanalyse durch
- Ermittlung Zielkriterien zur Prozessverbesserung
- Ermittlung Planungsgrundlagen
- Bewertung kritischer Prozesse
- Beschreibung Schwachstellen
- Maßnahmenerarbeitung unter Beteiligung der Mitarbeiter
- Entwicklung von Lösungskonzepten
- ggf. externe Moderation

Zielkriterienermittlung

Schwachstellenanalyse

Phase IV — **Planung einzelner Geschäftsprozesse**
- Darstellung Prozessschritte und Informationsfluss
- Auswahl von rechnergestützten Beschreibungshilfsmitteln
- Alternativenbildung und Festlegung Sollkonzept

Funktions-/Informationsfluss

Rechnergestützte Modellierung

Phase V — **Umsetzung und Anstoß für kontinuierliche Verbesserung**
- Umsetzung durch Fach- und Projektteams
- Maßnahmenliste
- Klärung offener Fragen
- Betreuung der Umsetzung durch Planungsteam
- Anstoß zum kontinuierlichen Verbesserungsprozess (KVP)
- ggf. externe Moderation

Kontinuierliche Verbesserung

Phase VI — **Erfolgskontrolle und Evaluierung**
- Ergebnis- und Prozessevaluation
- Prozessaudit (Hindernisse und Barrieren ausfindig machen)
- Verfolgen der Zieleerreichung
- Betreuung der Teams (Coaching)

Benchmarking

zur Projektvorbereitung

(Quelle: Thaler, K.: Supply Chain Management. Fortis FH-Verlag Köln, Wien, Arau, Bern, 1999, S. 197)

3.4   Informationsmanagement

Informationsmanagement wird allgemein als der Zugriff auf Wissen und als Nutzung von Wissen beschrieben, das zur richtigen Zeit am richtigen Ort und in der richtigen Form vorliegen muss, um die Unternehmensziele zu erreichen.

Unter **Wissen** ist nicht nur das zu verstehen, was strukturiert vorliegt (z. B. Datenbanken, Tabellen, Dokumente), sondern auch das, was unstrukturiert, z. B. in den Köpfen der einzelnen Mitarbeiter, vorliegt.

Informations-
management

Wissen

3.4.1   Bedeutung des Erfolgsfaktors Information

Durch Wissen und den richtigen Umgang mit Wissen entstehen dem Unternehmen erhebliche Wettbewerbsvorteile in allen Unternehmensbereichen.

Bedeutung des Erfolgsfaktors Information für die Unternehmensbereiche.

- **Strategie**
  Die Ressource Information bringt bei ihrem frühzeitigen Einsatz strategische Vorteile. Bedürfnisse und Entwicklungen in den bearbeiteten Märkten werden schneller erkannt und das Unternehmen kann entsprechend darauf ausgerichtet werden.

- **Einkauf und Verkauf**
  Informationen über die Lieferanten bzw. Kunden sowie über die Lieferanten der Lieferanten bzw. Kunden der Kunden sind schneller und kostengünstiger zu ermitteln. Die momentane Wettbewerbssituation kann besser reflektiert werden (z. B. Konkurrenten und deren Aktivitäten, Zusammenschlüsse, Kooperationen).

- **Innovation**
  Eine schnellere Neu- und Weiterentwicklung von Produkten und Dienstleistungen wird möglich. Bisher nicht bekannte Zulieferer mit neuen Werkstoffen, Produkten oder fortschrittlichen Verfahren können gefunden werden.

- **Unternehmensführung**
  Entscheidungen können durch das vorherige Beschaffen relevanter Informationen fundierter und neutraler als bisher getroffen werden. Entscheidungen „aus dem Bauch heraus" werden somit seltener.

- **Organisation**
  Bisherige Tätigkeiten können durch den Einsatz von gezielten Informationen leichter, schneller und kostengünstiger durchgeführt werden. Informationen sind für alle Organisationseinheiten gleichzeitig im Zugriff.

- **Kostenreduzierung**
  Durch aktuelle Informationen können in allen Bereichen Kosten gespart werden. Beispiele: Neue preisgünstige Lieferanten können gefunden, andere kostengünstige Angebote von Versicherungen oder Steuer- und Rechtstipps genutzt werden.

3.4.2   Informationsmanagement als Kreislauf

Für Unternehmen kommt es immer mehr darauf an, benötigte Informationen schnell zu finden, sie sinnvoll aufzubereiten, sie an die relevanten Stellen zu bringen und sie dort in Wissen umzusetzen.

Informations-
kreislauf

Die Stationen des Informationskreislaufs

Informations-recherche	Interne und externe Datenquellen sind zu finden und entsprechend den Erfordernissen der Aufgabe zu erschließen („anzuzapfen").
Informations-speicherung	Die gewonnenen Informationen sind hinsichtlich ihres Nutzens bzw. ihres Beitrags zur Problemlösung zu bewerten (evaluieren). Geeignete Informationen sind zu sichern bzw. zu speichern. Dabei sind Medien zu wählen, die einen möglichst organisationsweiten Zugriff auf das Wissen ermöglichen.
Informations-aufbereitung	Die gesicherten Informationen sind aufgabengerecht zu strukturieren und zu verwalten, so dass sie von den Informationsnachfragern verstanden werden.
Informations-verteilung	Die aufbereiteten Informationen sind freizugeben und an die Bedarfsstellen (das sind die Mitarbeiter, Teams, Abteilungen) weiterzuleiten bzw. in eine zentrale Wissensdatenbank einzustellen. Damit wird dem Phänomen der Informationsinseln entgegen gewirkt.
Informations-umsetzung	Die nun jedem zugänglichen Informationen müssen genutzt werden, d.h. jeder Mitarbeiter muss darauf problemlos zurückgreifen können. Nur so können Informationen in einen Wissensvorsprung und dieser in einen Marktvorsprung umgesetzt werden.
Informations-controlling	Es geht darum herauszufinden, welche Informationen bzw. Datenquellen sich bewährt haben, welche Wissens- und Lernbarrieren vorhanden sind und in welchem Maße die Wissensbestände genutzt werden, das Wissen also umgesetzt wird. Bei festgestellten Mängeln muss eine Rückkopplung auf die vorgelagerten Phasen erfolgen und dort nach Verbesserungsmöglichkeiten gesucht werden.

Das größte Problem bei der Einführung von Wissensnetzwerken ist, dass nicht alle Menschen ihr Wissen teilen wollen, denn viele Mitarbeiter sorgen sich um den Verlust ihrer betrieblichen Machtposition („Wissen ist Macht"). Sie befürchten den „Zitroneneffekt", einmal ausgepresst, werden sie weggeworfen. Erst wenn Mitarbeiter von den persönlichen Vorteilen eines **Wissensmanagementsystems** überzeugt sind, sind sie bereit, regelmäßig neues Wissen ins System einzuspeisen. „Der wahre Egoist teilt sein Wissen", erklärte der Vorstand einer Unternehmensberatungsgesellschaft. Wer leicht an wichtige Informationen kommt, dem geht die Arbeit leichter von der Hand. **Informationsmanagementsysteme** bauen Datenbanken auf, machen das Wissen innerhalb des Unternehmens schneller verfügbar und eröffnen neue Formen der innerbetrieblichen Kommunikation (z. B. Diskussionsforen, Mailings). Sie sind Basis einer virtuellen Teamarbeit und helfen die Zusammenarbeit mit Kunden und Lieferanten zu verbessern.

Informations-
management-
systeme

BEISPIEL

Bei der Henkel KGaA, die weltweit Produkte wie Klebstoffe und Reinigungsmittel produziert, können die 61 000 Mitarbeiter auf über 6 000 Dokumente zugreifen. Das reicht von der Gestaltung eines Messeauftritts bis hin zu Produktbeschreibungen. Für jedes Thema gibt es eine Expertengruppe, die so genannten Themenverantwortlichen. Diese sorgen dafür, dass alle Informationen korrekt und immer auf dem aktuellen Stand sind. Es ist sichergestellt, dass alle Informationen jederzeit abrufbar sind. Wenn es sich um Fragen handelt, die viele Kollegen interessieren, werden Mitarbeiterbeiträge direkt ins System gestellt und mit einem Schlagwort oder mit Links versehen. Alle Mitarbeiter sind aufgerufen, sich an der Informationsgewinnung zu beteiligen.

3.4.3 Aufbau und informationstechnische Struktur der betrieblichen Datenbasis

■ *Aufbau der betrieblichen Datenbasis – Datenhierarchie*

Im Mittelpunkt des betrieblichen Informationssystems steht die **Datenbank**. Die Datenbank ist ein System von Dateien, die über Primärschlüssel (gleiche Datenfelder) miteinander verknüpfbar sind.

Datenbank

BEISPIEL

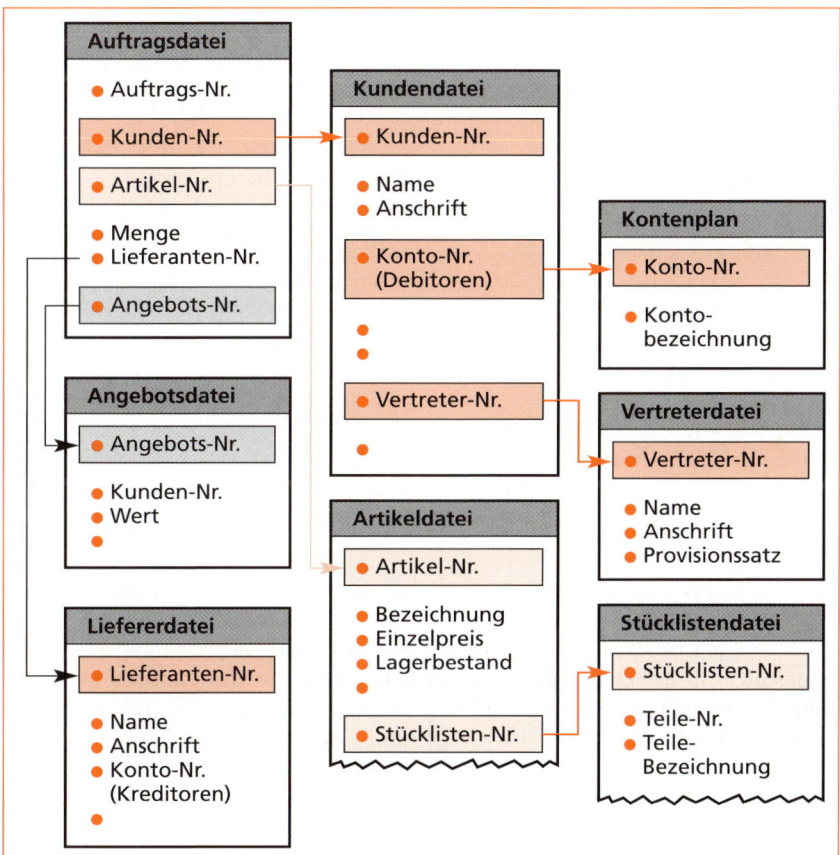

Eine Datenbank ist ein Verbundsystem mehrerer Dateien. Jede **Datei** stellt eine geordnete Sammlung von **Datensätzen** (Informationen über ein bestimmtes Sachgebiet) dar. Die Datei ist vergleichbar mit einem Karteikasten (z. B. Kundenkartei), der wiederum viele Karteikarten (Datensätze, z. B. Kunde 1; Kunde 2) enthält. Die Datensätze (Karteikarten) sind gleich aufgebaut und enthalten mehrere **Datenfelder** (z. B. Nummer, Name, Adresse des Kunden). Das einzelne Datenfeld besteht aus **Zeichen** (Ziffern, Buchstaben, Sonderzeichen).

Datei
Datensätze

Datenfelder

Zeichen

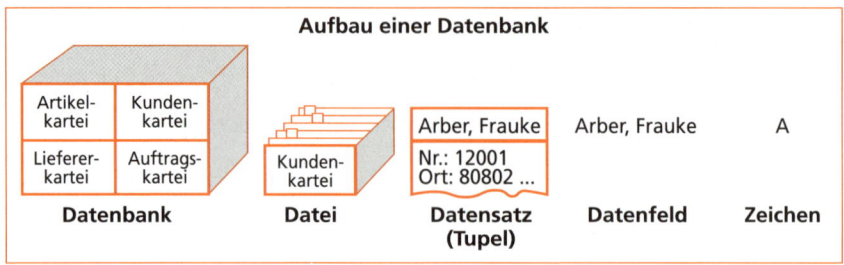

Aufbau einer Datenbank

Datenbank	**Datei**	**Datensatz (Tupel)**	**Datenfeld**	**Zeichen**

Arber, Frauke — Arber, Frauke — A

Nr.: 12001
Ort: 80802 ...

BEISPIEL
Auszug aus der Kundenliste der Kurt Weller KG

Dateiattribute (Merkmale)

Kunden-nummer	Name	Strasse	PLZ	Ort	Letzter Auftrag	Gesamt-umsatz
12001	Arber, Frauke e. Kfr. Bueroeinrichtungen	Wagnerstrasse 34	80802	Muenchen	..-02-12	25 678,80
12002	Armbrust, Maria e. Kfr. Buerobedarf	Breite Gasse 85	99084	Erfurt	..-01-10	13 987,00
12003	Banzhaf & Co KG Computercenter	Ackerstrasse 23	79115	Freiburg	..-02-15	22 876,98
12004	Bauer & Sohn OHG Schreibwaren	Am Bahnhof 10	66540	Neun-kirchen	..-02-02	5 689,00

Datenfeld = eine Zelle der Tabelle
Datensatz = komplette Zeile der Tabelle (Tupel)

Welche und wie viele Datenfelder in einem Datensatz aufgenommen werden, richtet sich nach den Anforderungen, die an das Informationssystem gestellt werden. Je mehr Datenfelder, desto vielfältiger sind die Auswertungsmöglichkeiten, desto aufwendiger ist jedoch auch die Datenerfassung und Datenpflege (z. B. die Aktualisierung).

Daten

Die **Daten** lassen sich entsprechend ihrer Aufgabe in verschiedene Gruppen einteilen:

Einteilung	Datenarten	Erläuterung	Beispiele
● **nach der Veränderlichkeit**	Stammdaten	bleiben über einen längeren Zeitraum unver-ändert	Kundennummer, -adresse Artikelnummer, -Be-zeichnung, Einzelpreis
	Bewegungsdaten	verändern sich ständig (bei jeder Verarbeitung)	*In einer Kundendatei:* letztes Bestelldatum, aufgelaufener Umsatz, Debitorensaldo
● **nach der Verwendung**	Ordnungsdaten	dienen dem Sortieren und Ordnen	Kunden-, Artikel-, Auf-tragsnummer; Adressen; Auftragswerte
	Rechendaten (Mengendaten)	werden für Re-chenvorgänge benötigt	Mengenangaben, Einzelpreise, Einzelwerte

Stammdaten

Bewegungsdaten

Ordnungsdaten

Rechendaten

Einteilung	Datenarten	Erläuterung	Beispiele
• nach der Stellung bei der Verarbeitung	Eingabedaten	sind Voraussetzung für die Verarbeitung	Kundennamen zum Auffinden der Kundennummer und Adresse; Menge und Einzelpreis zum Berechnen des Auftragswerts
	Ausgabedaten	sind das Ergebniss der Verarbeitung	*Belege:* Lieferschein, Auftragsbestätigung, Ausgangsrechnung; *Listen:* Auftragseingangsbuch, Rechnungsausgangsbuch, Kunden- bzw. Lieferanten-Hitliste

Eingabedaten

Ausgabedaten

■ *Informationssystem als Datenbanksystem*

Moderne Informationssysteme stellen integrierte Komplettlösungen bereit, die sämtliche Unternehmensbereiche von der Verwaltung (z. B. Lager-, Anlagen-, Personalwirtschaft) über den Einkauf und die Produktion bis hin zum Verkauf abdecken. Solche integrierten Datenbanksysteme werden als ERP-Software bezeichnet **(ERP = Enterprise Ressource Planning)**, da sie alle wichtigen betrieblichen Leistungsfaktoren (= Ressourcen) Arbeitskräfte, Betriebsmittel und Werkstoffe verwalten.

ERP = Enterprise Ressource Planning

Neben der Aufgabe, alle Geschäftsvorfälle zu erfassen und aufzuzeichnen (Dokumentationsfunktion), erfüllen ERP-Systeme noch zahlreiche weitere Aufgaben wie Informationen aufbereiten und für Planungs- und Steuerungszwecke bereitstellen (z. B. Bestellvorschläge erstellen, Kundenaufträge zu Fertigungsaufträgen umwandeln, Kennzahlen berechnen). Sie sind prozessorientiert ausgelegt und unterstützen zusammenhängende Geschäftsprozesse.

BEISPIEL
Hauptmenü einer bekannten ERP-Software

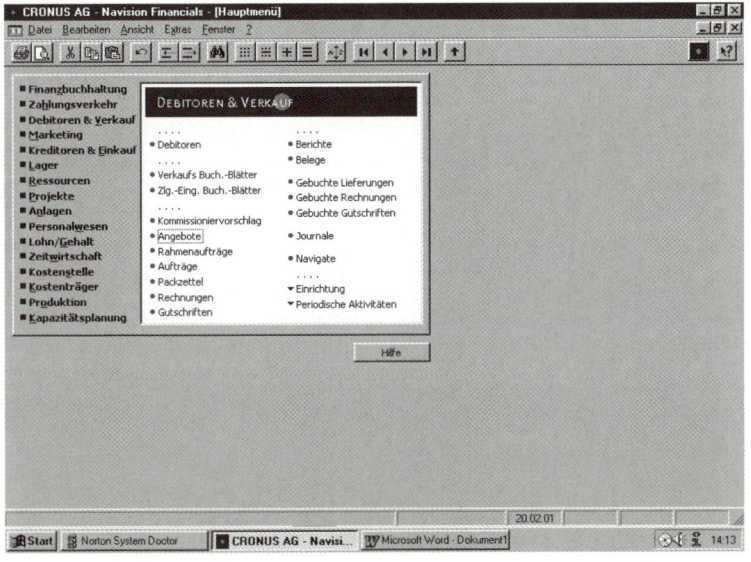

Innerhalb eines *bausteinartig* aufgebauten Informationssystems kann der Sachbearbeiter jederzeit auf bereits vorhandene Datenbestände zurückgreifen. So erleichtert das Programm die Auftragserfassung durch den *menügesteuerten Zugriff* auf die notwendigen Basisdaten. Die Kundenadresse kann aus der Kundendatei, die genaue Artikelbezeichnung kann aus der Artikeldatei entnommen werden; beides ohne jeglichen Eingabeaufwand. Wenn dem Kundenauftrag ein Angebot vorausging, dann können die Daten des Angebots komplett aus der Angebotsdatei automatisch eingelesen werden; es muss lediglich überprüft werden, ob die Termin- und Mengenangaben noch stimmen. Aus diesen Daten wird wieder eine neue Datei, die Auftragsdatei, erstellt, die wiederum von verschiedenen Sachbearbeitern genutzt werden kann.

Zentrale Ablage von Daten- beständen

In einem Warenwirtschaftssystem sind die vorhandenen Datenbestände allen Abteilungen des Unternehmens zugänglich, da sie **zentral** abgelegt werden. So kann der Einkäufer die Artikeldatei nutzen, um Bestellungen zu bearbeiten, der Verkaufsleiter analysiert die Aufträge anhand der Auftragseingangs- und Auftragsbestandslisten, um Daten für die Umsatzplanung zu erhalten; der Lohnbuchhalter greift auf die Auftragsdatei zurück, um die Provisionen der Vertreter zu berechnen. Eine mehrfache Speicherung derselben Daten durch verschiedene Abteilungen entfällt, der Pflege- und Änderungsaufwand wird auf ein Minimum begrenzt.

Datenbanksystem

Wenn unterschiedliche Anwender mit jedem Programm auf dieselben Datenbestände zugreifen können, dann spricht man von einem **Datenbanksystem**. Dabei übernimmt ein Datenbankverwaltungsprogramm die Steuerung des Zugriffs, die Abspeicherung und die Datenpflege. Eine Änderung bei den Anwendungsprogrammen wirkt sich nicht auf die Datenbestände der Datenbank aus.

BEISPIEL

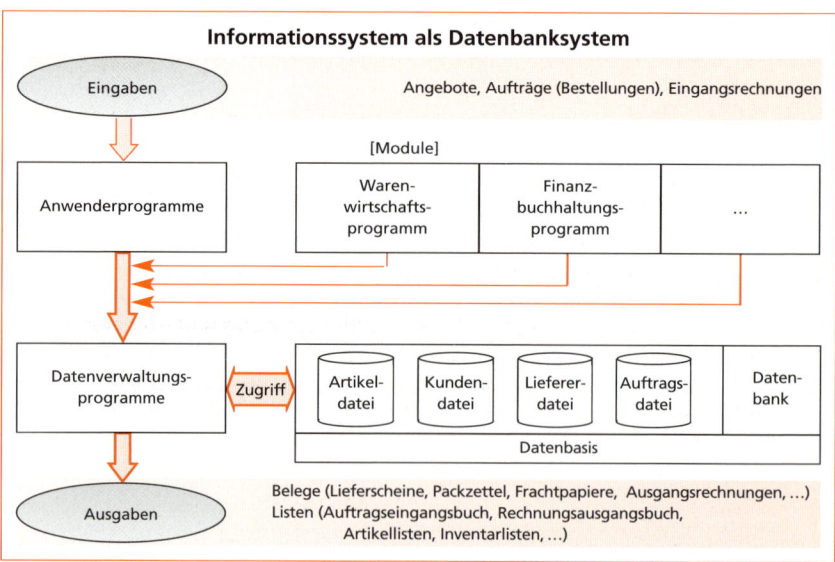

Informationssystem als Datenbanksystem

Lernfeld 5 Leistungserstellungsprozesse planen, steuern und kontrollieren

STRUKTURÜBERSICHT

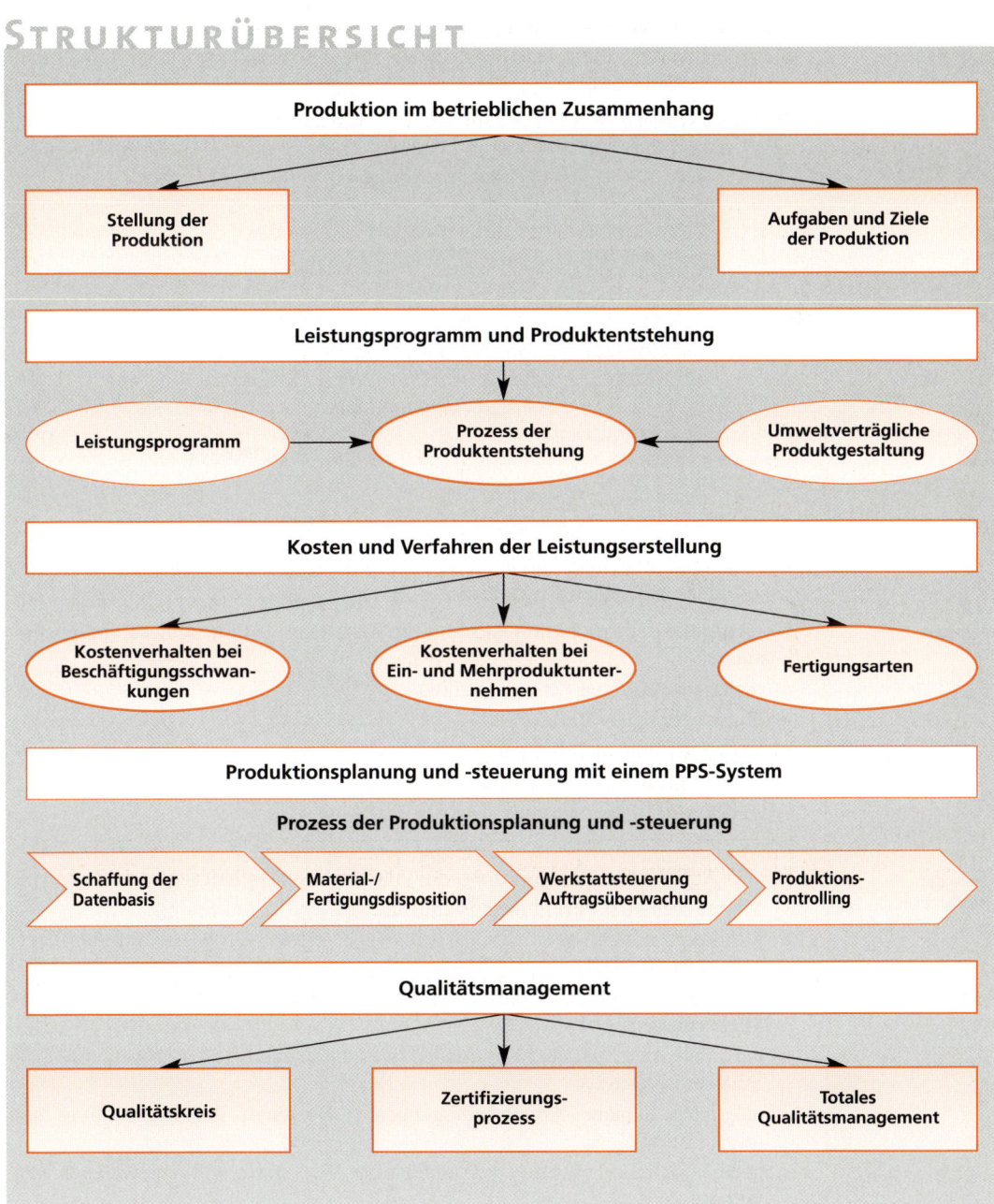

1 Produktion im betrieblichen Zusammenhang

1.1 Stellung der Produktion im betrieblichen Leistungsprozess

Die Produktion innerhalb des betrieblichen Leistungsprozesses

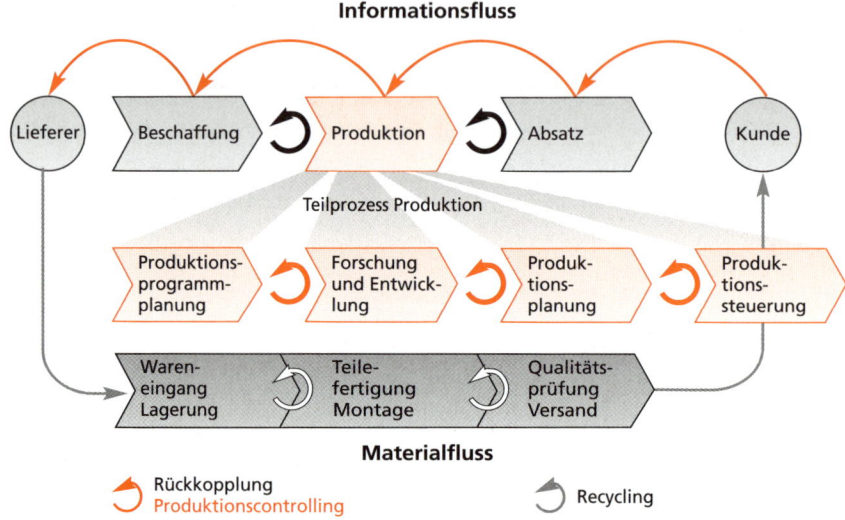

Produktion

1.2 Aufgaben und Ziele der Produktion

Die Planung, Steuerung und Kontrolle der Leistungserstellungsprozesse sind Aufgaben der betrieblichen **Produktion**.

Aufgabe

Die **Aufgabe** der Produktion ist somit die Erstellung von Sachgütern und Dienstleistungen

- in der gewünschten Art und Qualität,
- in der verlangten Menge,
- zu den verlangten Terminen,
- mit den geeigneten Verfahren,
- zu den günstigsten Kosten.

Ziele der Produktion

Bei der Aufgabenerfüllung verfolgt die Produktionswirtschaft folgende **Ziele**:

- Minimierung der Fertigungskosten (Material- und Lohnkosten),
- Minimierung der Lagerhaltungskosten (z.B. Zinsen für das in Halbfabrikaten gebundene Kapital),
- Minimierung der Durchlaufzeiten der Aufträge (z.B. durch Anwendung des Fließprinzips),
- maximale Auslastung der Kapazitäten (z.B. durch optimale Losgrößen, minimale Stillstandszeiten),
- möglichst humane Arbeitsbedingungen (z.B. durch Arbeitsgestaltung und -organisation),
- höchstmögliche Umweltverträglichkeit der Werkstoffe und angewandten Verfahren.

Die Ziele stehen zum Teil zueinander in Konkurrenz. Die auftretenden **Zielkonflikte** versucht die Produktionswirtschaft durch Umwandlung der Kundenaufträge in mengenmäßig optimale Fertigungsaufträge *(optimale Losgrößen)* zu bewältigen.

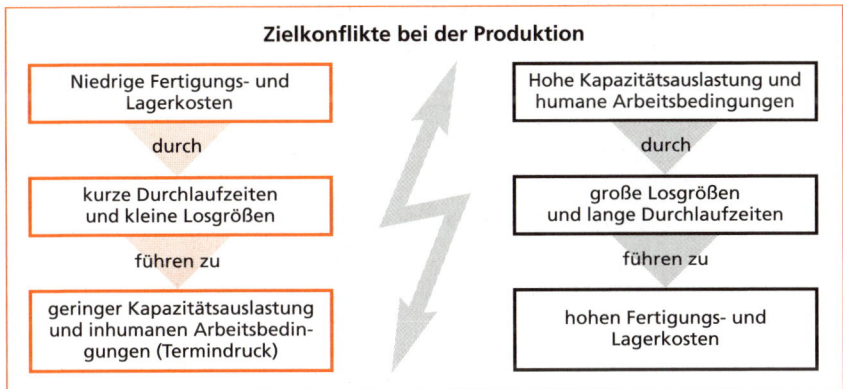

Zielkonflikte bei der Produktion

Niedrige Fertigungs- und Lagerkosten	Hohe Kapazitätsauslastung und humane Arbeitsbedingungen
durch	durch
kurze Durchlaufzeiten und kleine Losgrößen	große Losgrößen und lange Durchlaufzeiten
führen zu	führen zu
geringer Kapazitätsauslastung und inhumanen Arbeitsbedingungen (Termindruck)	hohen Fertigungs- und Lagerkosten

Zielkonflikte der Produktion

Da ein Betrieb nur begrenzte Ressourcen (Arbeitskräfte, Betriebsmittel, Werkstoffe) besitzt, findet ein ständiger Wettbewerb der Aufträge um die knappen Kapazitäten statt. Aus **Kundensicht** sollten die Aufträge in möglichst kurzer Zeit durch die Unternehmung fließen. Gleichzeitig sollten die vereinbarten Termine eingehalten werden (Liefertreue). Der **Betrieb** wünscht dagegen eine hohe und gleichmäßige Auslastung der Kapazitäten, um Stillstandskosten zu vermeiden. Außerdem sollten die Bestände an Rohstoffen, Halb- und Fertigerzeugnissen möglichst gering sein, um die Kapitalkosten für das Umlaufvermögen und den logistischen Aufwand für Lagerung, Transport und Handhabung gering zu halten.

Kundensicht

Betrieb

Betriebsziele und Marktziele

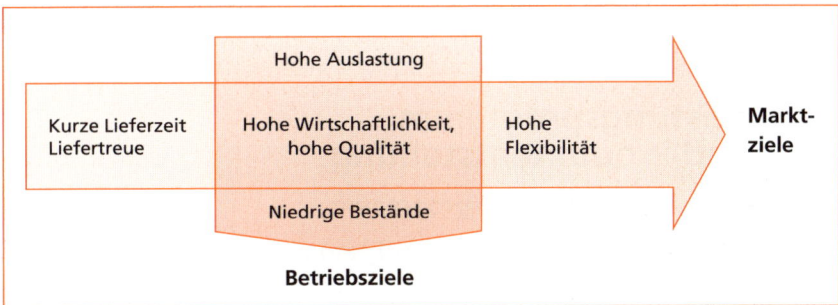

Hohe Auslastung

Kurze Lieferzeit Liefertreue — Hohe Wirtschaftlichkeit, hohe Qualität — Hohe Flexibilität — **Markt-ziele**

Niedrige Bestände

Betriebsziele

Aus den unterschiedlichen Interessen der Kunden und des Betriebs ergeben sich **Zielkonflikte.** Mit dem Wandel vom Verkäufer- zum Käufermarkt treten die Betriebsziele zunehmend hinter den Marktzielen zurück; denn Liefertreue und Lieferzeit sind zu wesentlichen Wettbewerbsfaktoren geworden. Im Mittelpunkt steht die Kundenzufriedenheit. Die Kernaufgaben bzw. Kernprozesse werden so angelegt, dass sie eine *möglichst hohe Reaktionsfähigkeit auf Kundenwünsche* ermöglichen. Das zentrale Ziel der Produktion muss die pünktliche Kundenbelieferung bei gleichzeitig niedrigen Beständen sein. Das setzt voraus, dass auch die unterstützenden Prozesse reaktionsschnell sind. Das Ziel einer hohen Auslastung tritt dabei zwangsläufig hinter der Termintreue und niedrigen Durchlaufzeiten zurück.

Zielkonflikte zwischen Kunden und Betrieb

CIM

PPS

Das Konzept der computerintegrierten Fertigung (**CIM** = Computer-Integrated Manufacturing) will alle Phasen der Auftragsabwicklung vom Auftragseingang bis zur Auslieferung der Produkte in einem Gesamtsystem miteinander vernetzen. Im Mittelpunkt steht dabei eine zentrale Datenbank, in der alle Informationen zusammenlaufen. Das Produktionsplanungs- und -steuerungssystem (**PPS**) ist der planerische Kern der computerintegrierten Produktion und dient der Verzahnung zwischen Aufträgen, Material, Kapazitäten und Terminen. Mit einem solchen Kommunikationsnetz lassen sich zugleich Qualitäts-, Kosten-, Flexibilitäts- und Zeitziele erreichen.

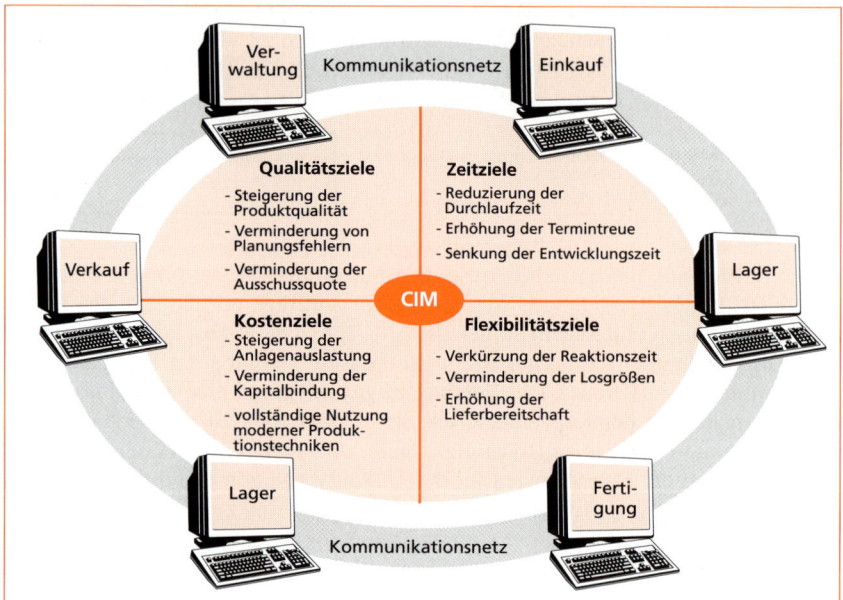

2   Leistungsprogramm und Produktentstehung

2.1   Planung des Leistungsprogramms

2.1.1   Produkt- und Produktionsprogramm

Die Begriffe Produktprogramm und Produktionsprogramm meinen nicht dasselbe. Das **Produktprogramm** beinhaltet alle Produkte, die ein Unternehmen aufgrund seiner Ausstattung und seines Know-hows herstellen kann und will. Bei der Auftragsfertigung liegt dieses Produktprogramm nur in Umrissen fest.

Produktprogramm

Das Produktprogramm steckt das Produktfeld ab, in dem ein Unternehmen tätig werden will (z.B. Herstellung von Autos, Werkzeugmaschinen, Uhren). Es wird maßgeblich von der Verwandtschaft der Werkstoffe (Beschaffungsmarkt), der Kundenwünsche und -kreise (Absatzmarkt) und der Fertigungstechnik eingegrenzt. In letzter Zeit tritt verstärkt der Bestimmungsfaktor Umweltverträglichkeit der Produkte und Verfahren hinzu, der dazu führt, dass das Produktprogramm erweitert bzw. bereinigt werden muss. Im **Absatzprogramm** wird festgelegt, welche Produkte aus dem Produktprogramm, in welchen Planperioden in welchen Mengen *angeboten* werden sollen.

Absatzprogramm

Das **Produktions- oder Leistungsprogramm** legt auf der Basis des Absatzprogramms fest,

- welche Produkte bzw. Leistungen,
- wann (d.h. in welcher Planungsperiode),
- in welchen Mengen produziert werden sollen.

Produktions-
oder Leistungs-
programm

Über eine kürzere Planungsperiode (z.B. Monat, Jahr) weichen Produkt- und Produktionsprogramm inhaltlich voneinander ab; über einen sehr langen Zeitraum gesehen, sind Produkt- und Produktionsprogramm identisch.

Das Produktionsprogramm kann über das Absatzprogramm hinausgehen, wenn Erzeugnisse für den Eigenbedarf hergestellt werden, so genannte innerbetriebliche Leistungen (z.B. Werkzeugbau für die Fertigung). Das Absatzprogramm kann aber auch über das Produktionsprogramm hinausgehen, wenn es Handelswaren enthält. Diese werden nicht selbst produziert, sondern zugekauft und unverändert weiterverkauft (z.B. mobiler Kindersitz bei einem Autohersteller, Schreibtischlampe bei einem Möbelhersteller).

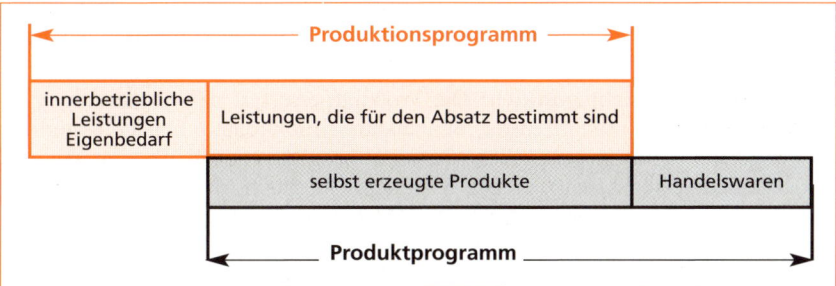

2.1.2 Bestimmungsfaktoren des Leistungsprogramms

Kurzfristig wird das Produktionsprogramm durch die **Absatzmöglichkeiten** innerhalb einer Planperiode und die vorhandene **Produktionskapazität** (Personal, Betriebsmittel) begrenzt. Durch Schichtarbeit, Überstunden und Prioritätsregeln können Personal und Betriebsmittel bis zur Kapazitätsgrenze eingesetzt bzw. genutzt werden. *Langfristig* kann die Kapazität durch bauliche, maschinelle und personelle Investitionen erweitert werden. Dann setzen **Beschaffungsengpässe** im Personalbereich (wenn nicht genügend Arbeitskräfte mit der geforderten Qualifikation beschafft bzw. ausgebildet werden können), im Materialbereich (wenn nicht genügend Material in der geforderten Qualität beschafft werden kann oder die Rohstoffpreise stark steigen) oder im Finanzbereich (wenn wegen begrenzter Kreditlinien nicht genügend Finanzmittel zur Verfügung stehen) die Grenzen. Verstärkt bestimmen auch **Umweltauflagen** der Behörden, eigene **Umweltziele** oder **Entsorgungsprobleme** die Produktionsmöglichkeiten.

Produktions-
kapazität

Die tatsächliche oder voraussichtliche **Markt- und Konjunkturlage** können zur Bereinigung oder Erweiterung des Produktionsprogramms führen. Maßnahmen zur Erreichung der übergreifenden Ziele **Kostenminimierung** (durch Festlegung einer kostenoptimalen Losgröße bzw. Kapazitätsauslastung, Entscheidung über Eigenfertigung oder Fremdbezug) und **Gewinnmaximierung** (Erzeugnisse mit geringen Gewinnanteilen oder schlechten Gewinnaussichten werden „zurückgefahren", Erzeugnisse mit guten Gewinnaussichten werden „hochgefahren") können die Herstellungsmenge und die Zusammensetzung des Produktionsprogramms beeinflussen.

2.1.3   Umfang des Leistungsprogramms

Programmbreite
→ **LF 10**
   Abschnitt 1.4

Der Umfang des Produktionsprogramms wird durch die Programmbreite und -tiefe bestimmt. Werden viele unterschiedliche Produkte (Produktlinien) während einer Planperiode gefertigt, dann spricht man von einem **breiten Produktionsprogramm.** Die geringste Programmbreite wäre die Produktion eines einzigen Erzeugnisses (Produktlinie). Die Zahl der verschiedenen Abwandlungen (Varianten) eines Erzeugnisses innerhalb einer Produktlinie bestimmt die **Programmtiefe**. Dabei kann die Grundform eines Produkts nach Form, Maßen, Leistung, Farbe, Qualität, Verpackung, Ausstattung usw. variieren.

Programmtiefe

Durch Veränderungen der Programmbreite und -tiefe lassen sich, je nach Situation, Kosten senken bzw. Gewinne steigern.

Ein breites Programm mit verschiedenen Varianten bei den einzelnen Produkten kommt den Kundenwünschen am ehesten entgegen und senkt auch das Absatzrisiko. Die Programmbreite kann bestimmt werden von

**Komplementär-
güter**

- **Komplementärgesichtspunkten:** Die Produkte ergänzen sich gegenseitig, z.B. Hosen – Mäntel – Schuhe, Tische – Stühle – Schränke. Hier ist jedoch zu beachten, dass sich ein Absatzeinbruch durch den Komplementärzusammenhang vervielfacht.

**Substitutions-
güter**

- **Substitutionsgesichtspunkten:** Die Produkte ersetzen sich gegenseitig, z.B. Holzfenster – Kunststofffenster, Benzinauto – Elektroauto. Für die Unternehmung kann es ratsam sein, solche Substitutionsgüter ins Sortiment zu nehmen, da sie dann einen Absatzeinbruch bei einem Gut durch Absatzsteigerungen bei anderen Gütern ausgleichen kann. Das Unternehmen steht nicht nur auf „einem Bein".

Serviceleistungen

Mit zunehmender Vervollkommnung der Produkttechnik werden die Produktfunktionen immer komplizierter und unverständlicher. Nur die wenigsten Besitzer von Elektrogeräten (z. B. DVD-Player, Digitalkameras, PC) beherrschen alle Bedienungsfunktionen ihrer Geräte. Deshalb muss heute mehr Gewicht auf die mit dem Produkt verbundenen **Serviceleistungen** (z. B. verständliche und anschauliche Bedienungsanleitung, Zustellservice, kostenlose Hotline, Wartung, Reparatur, Beratung, Kundenschulungen, Garantieleistungen) gelegt werden. Nach einer Umfrage wechselten 68 % aller Kunden den Hersteller, weil sie mit dessen Serviceangebot unzufrieden waren; nur 14 % begründeten den Herstellerwechsel mit Produktmängeln. Das macht deutlich, dass das Produktionsprogramm durch ein passendes Serviceangebot ergänzt werden muss *(Servicedesign)*, und das umso mehr je komplizierter das Produkt selbst ist.

2.1.4   Fertigungstiefe – flexibel durch geringere Tiefe

Fertigungstiefe

Die **Fertigungstiefe** bestimmt sich nach der *Anzahl der Fertigungsstufen*, die ein Werkstück bzw. Erzeugnis oder Auftrag durchläuft, bis es seinen Endzustand erreicht. Je mehr Be- und Verarbeitungsstufen ein Betrieb am Erzeugnis durchführt, desto größer ist seine Fertigungstiefe.

**Outsourcing
Single Sourcing**

Im derzeitigen Strukturwandel (Stichwort: schlankere Produktion), den die meisten Industriebetriebe durchlaufen, geht der **Trend zur Verringerung** der Fertigungstiefe. Gleichzeitig wird die Zahl der Lieferanten reduziert (Auslagerung bzw. **Outsourcing**). Mit wenigen Schlüssel- bzw. Systemlieferanten (**Single Sourcing**) wird eine enge Logistik und Entwicklungspartnerschaft gepflegt. Ergebnis dieser Entwicklung sind Just-in-Time-Konzepte und eine höchstmögliche Anpassungsfähigkeit an sich ständig ändernde Kundenwünsche.

2.2 Prozess der Produktentstehung

Die begrenzte Lebensdauer der Erzeugnisse macht es notwendig, immer neue Produkte zu entwickeln. Nur so kann die Unternehmung ihre Zukunft sichern.

2.2.1 Teilprozesse der Produktentstehung

Bereiche	Aufgaben		Beispiel
Forschung	Suchen, Formulieren und Lösen von Grundproblemen mit wissenschaftlichen Methoden		Untersuchung der Fliehkraft
	Grundlagenforschung	● spätere praktische Verwertbarkeit ist nicht von vornherein vorgesehen	Alltagsbeobachtung der Fliehkraft
	Angewandte Forschung	● Zielt auf die praktische Anwendbarkeit	Erklärung von Ursache und Wirkung der Fliehkraft
Entwicklung	Überführen der Forschungsergebnisse in die Produktionsreife unter Beachtung wissenschaftlicher Erkenntnisse und vorhandener Techniken		Klärung der Anwendungsmöglichkeiten der Fliehkraft zur Kraftübertragung
	Neuentwicklung Weiterentwicklung	● neues bzw. verbessertes Produkt, Material oder Verfahren	
	Erprobung	● konzipiertes Produkt überprüfen und mit dem Entwicklungsziel vergleichen	Baumuster einer Fliehkraftkupplung überprüfen (Modellierung eines Prototyps)
Konstruktion	Vorbereiten des Produktkonzepts auf die Fertigung		
	Entwurf (Design)	● Entwickeltes Produkt nach den Merkmalen Technik, Wirtschaftlichkeit, Umweltverträglichkeit, Sicherheit gestalten	anwendungsreife Fliehkraftkupplung sicherheitstechnisch und wirtschaftlich gestalten
	Ausarbeitung	● Ausarbeitung von Fertigungsunterlagen, Montage-, Transport-, Prüfvorschriften	Zeichnungen, Stücklisten usw. für eine Fliehkraftkupplung erstellen
Produktion			

Produktentstehung

Forschung

Entwicklung

Konstruktion

Zur Verkürzung der Time-to-Market-Phase neuer Produkte integrieren immer mehr Unternehmen alle am Produktentstehungsprozess Beteiligten – von den internen Abteilungen über die Kunden bis hin zu Lieferanten, Dienstleistern und Entwicklungspartnern. Das Internet entwickelt sich mehr und mehr zu einem virtuellen Arbeitsraum, in dem digitale Konstruktionsdaten effizient ausgetauscht und verteilt werden können. So stellen Hersteller von Normteilen den Konstrukteuren die Daten ihrer Einbauteile über das Internet zur Verfügung. Die Daten können aus diesen Internetkatalogen geladen und in die Zeichnung integriert werden.

2.2.2   Anforderungen der Forschung und Entwicklung

Um finanzielle und technische Schwierigkeiten zu begrenzen, müssen die Produktkonzepte bereits in der Entwicklungsphase auf folgende *Anforderungen* hin überprüft werden:

- fertigungsgerecht (automatisierungsgerecht, für Fertigung in Arbeitsgruppen geeignet),
- vertriebsgerecht (viele Varianten möglich, funktionell),
- lager- und transportgerecht (notwendige Materialien leicht beschaffbar, Transport in vorhandenen Transportsystemen und Lagerung in vorhandenen Lagereinheiten möglich),
- qualitätsgerecht (leichte Qualitätssicherung in der Produktion),
- servicegerecht (hohe Lebensdauer, leicht zu warten, diagnose- und reparaturfreundlich).
- umweltgerecht (umweltschonende Herstellung, Verwendung und Entsorgungsmöglichkeit)

Im Verlauf der Produktentwicklung werden wesentliche Teile der späteren Kosten und Investitionen festgelegt.

2.2.3   Wertanalyse und ABC-Analyse

Wertanalyse

■ *Merkmale der Wertanalyse*

Jeder Käufer eines Produkts verspricht sich einen bestimmten Nutzen von diesem Produkt. Der Nutzen ergibt sich aus den **Funktionen des Produkts.** Dabei muss beachtet werden, dass jede unnötige Funktion Kosten verursacht und damit den Preis eines Produkts erhöht. Ziel der Wertanalyse ist es, solche *unnötigen Funktionen* eines Produkts aufzuspüren.

Produktfunktionen

DIN 69910 erklärt **Wertanalyse** als das systematische und analytische Durchdringen von Funktionsstrukturen mit dem Ziel, deren Elemente (Kosten, Nutzen) in Richtung einer Wertsteigerung zu beeinflussen.

Wesentliche **Merkmale** der Wertanalyse sind die

- Funktionsorientierung: die vom Kunden gewünschten Funktionen werden herausgearbeitet,
- Kostenorientierung: das Kostenbewusstsein soll stärker ausgeprägt werden,
- Teamorientierung: Verbesserungsmöglichkeiten sollen in Teamarbeit gefunden und verwirklicht werden,
- Systematische Vorgehensweise: die Problemlösung geschieht in genau beschriebenen Schritten.

Funktionsstrukturen

Funktionsstrukturen

Gebrauchsnutzen

Zusatznutzen

Klebetechnik macht Autos leichter und sicherer

Autohersteller setzen auf High-Tech-Klebstoffe als Ersatz für Schrauben und Nieten

Autohersteller schweißen und nieten ihre Fahrzeuge, sie stanzen, schrauben – und sie kleben. Neue High-Tech-Klebstoffe machen Karosserien leichter und sicherer. Über Jahrzehnte hatten Klebstoffe in der Automobilproduktion allenfalls untergeordnete Bedeutung. Sie befestigten etwa den Bodenteppich und fügten Dekor-Innenteile zusammen. „Der wesentliche Durchbruch für den Werkstoff kam mit dem Einkleben der Scheiben", sagt Christoph Tobler, Leiter des Bereiches Industrie beim Klebstoffhersteller Sika. „Es ist damals gelungen, mit Glas und Metall zwei völlig unterschiedliche Materialien zu verbinden und gleichzeitig eine deutliche Steigerung der Steifigkeit in der Karosseriestruktur zu erreichen." Heute ist das Scheiben-Kleben der normale Stand der Technik. „Die Klebetechnik ist aus dem Karosseriebau bei Daimler-Chrysler nicht mehr wegzudenken", sagt Edith Meissner, eine Sprecherin des Automobilkonzerns. „Das Fügeverfahren ist für den Karosseriebau so interessant, da etwa Aluminium-Stahl-Vebindungen so erst möglich werden." Klebstoffe liefern zudem eine überdurchschnittliche Crash-Performance und eine hohe Verbindungsfestigkeit. Sie erhöhen laut Daimler-Chrysler die Steifigkeit der Fahrzeugstruktur und sind sogar beständiger als geschweißte Verbindungen. Bisher konnte man eine erhöhte Steifigkeit nur über zusätzliche Blechverstärkungen oder Versteifungsteile erreichen, was mit erheblichem Mehrgewicht verbunden ist. Und Kleber senken die Produktionskosten. Das Kleben sei im Vergleich zum Schweißen oder Löten relativ wärmearm, so dass die Teile nicht unzulässig verändert würden. Und auch eine Verletzung der empfindlichen Teile wie beim Nieten oder Schrauben finde nicht statt. „Von allen Fügetechniken lässt das Kleben die bei weitem umfangreichste Integration zusätzlicher Funktionen zu", sagt Tobler. Dicht- und Korrosionsschutz, Schwingungsdämpfung, die Leitung von Strom, Licht und Wärme – das alles können spezielle Klebstoffe bereits.

(Quelle: Alexander Freisberg, in: Handelsblatt vom 5. September 2003, S. 21)

FALLBEISPIEL

Vor der Wertanalyse	Nach der Wertanalyse

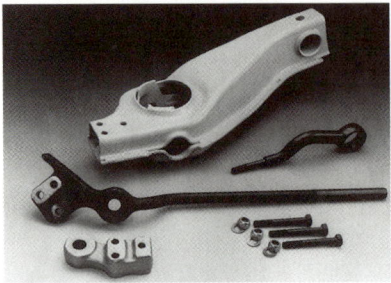
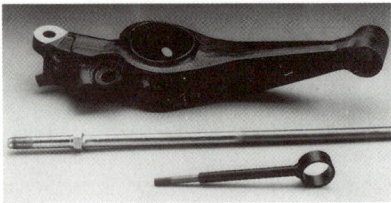

Vorderachs-Radaufhängung für einen Leicht-Lkw (VW-Transporter). Frühere Konstruktion mit einem aus Stahlblech geschweißten Querlenker sowie weiteren Funktionselementen.

Neue Gusskonstruktion mit einem aus GGG-40 einteilig gegossenen Querlenker (L = 550 mm, 7,4 kg), in den weitere Funktionen integriert sind. Dadurch ergeben sich erhöhte Sicherheit, eine verringerte Masse und niedrigere Herstellkosten.

Value engineering
Value analysis

Die Wertanalyse kann bereits in der **Planungs- und Entwicklungsphase** des Produkts *(„value engineering")* oder erst **am fertigen Erzeugnis** *(„value analysis")* durchgeführt werden.

Aufgrund der wertanalytischen Untersuchungen werden nicht oder nicht unbedingt notwendige Funktionen bzw. Teile und Materialien eliminiert und für die verbleibenden Funktionen kostengünstigere Lösungen gesucht. Dabei muss die Funktionstüchtigkeit des Produkts erhalten bleiben.

■ Auswahl der Untersuchungsobjekte – ABC-Analyse

Die Wertanalyse ist nur bei Erzeugnissen wirtschaftlich, die einen hohen Materialwert aufweisen und deren Bedarf bzw. Absatz noch über eine gewisse Zeit gesichert ist. Die Auswahl der zu untersuchenden Erzeugnisse bzw. Teile kann mithilfe der **ABC-Analyse** vorgenommen werden.

ABC-Analyse

Mittels ABC-Analyse werden die Lager- bzw. Beschaffungsgüter in drei Gruppen eingeteilt:

Güteart	Anteil am Gesamtwert*	Anteil an der Gesamtmenge
● A-Güter	etwa 75% des Gesamtwerts	etwa 15% der Gesamtmenge
● B-Güter	etwa 20% des Gesamtwerts	etwa 35% der Gesamtmenge
● C-Güter	etwa 5% des Gesamtwerts	etwa 50% der Gesamtmenge

*Grundlage für die Wertermittlung können Einstandspreise oder Verkaufspreise sein.

BEISPIEL

Die Einkaufsleiterin der Weller KG, Büromöbelfabrik, hat für alle Materialgruppen den jährlichen Verbrauch (mengen- und wertmäßig) ermittelt und nach dem Wert geordnet:

Grundtabelle				Ordnung nach dem Wert					Anzahl der Materialarten		
Mate-rial Nr.	Menge	Einzel-preis	Wert	Mate-rial Nr.	Wert	%-Anteil	Kumu-liert	Güter eintei-lung	Zahl	%-Anteil	Kumu-liert
W 1	300	800	240000	W 9	1400000	46,7	46,7	A	1	10	10
W 2	1000	16	16000	W 3	600000	20,0	66,7	A	1	10	20
W 3	200	3000	600000	W 7	400000	13,9	80,0	B	1	10	30
W 4	300	500	150000	W 1	240000	8,0	88,0	B	1	10	40
W 5	400	150	60000	W 4	150000	5,0	93,0	B	1	10	50
W 6	600	30	18000	W 5	60000	2,0	95,0	C	1	10	60
W 7	250	1600	400000	W 10	60000	2,0	97,0	C	1	10	70
W 8	1400	40	56000	W 8	56000	1,9	98,9	C	1	10	80
W 9	50	28000	1400000	W 6	18000	0,6	99,5	C	1	10	90
W 10	500	120	60000	W 2	16000	0,5	100,0	C	1	10	100
	5000		3000000		3000000	100,0			10	100	

Die Auswertung zeigt, dass eine geringe Zahl von Artikeln einen sehr großen Anteil am Gesamtwert hat. Abschließend fasst die Einkaufsleiterin die Artikel so zusammen, dass drei Gruppen (A-, B- und C-Teile) entstehen, die sich hinsichtlich ihres Mengen-Wert-Anteils deutlich unterscheiden.

Teile-Art	Material-Nr.	Wertanteil (%)	Mengenanteil (%)
A-Teile	9, 3	66,7	20
B-Teile	7, 1, 4	26,3	30
C-Teile	5, 10, 8, 6, 2	7,0	50
		100	100

Beispiel für die Gruppenbildung im Rahmen der ABC-Analyse

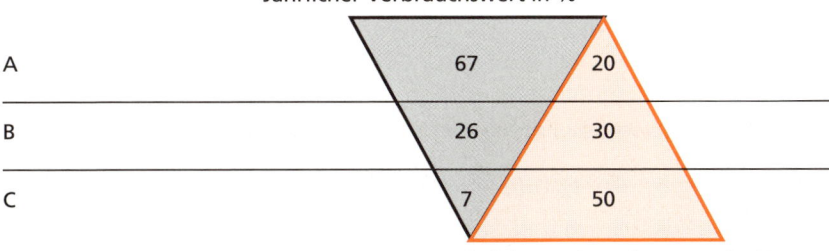

Jährlicher Verbrauchswert in %

A	67	20
B	26	30
C	7	50

Jährliche Verbrauchsmenge in %

Bei der Einteilung der Güter muss beachtet werden, dass nicht ein hoher Einzelpreis ein Gut zu einem A-Gut macht, sondern dass die Verbrauchsmenge erst den Ausschlag gibt. Selten benötigte teure Beschaffungsgüter können auch C-Güter sein, während billigere, aber in großer Stückzahl benötigte Güter zur Gruppe der A-Güter gehören können.

A-Güter beeinflussen mit ihrem hohen Wertanteil die Wirtschaftlichkeit der Beschaffung maßgeblich. Bei ihnen wirken sich Verbesserungen daher am stärksten aus. Nur in besonderen Fällen sollten B-Güter einer Wertanalyse unterzogen werden. Für C-Güter sind angesichts ihres geringen Wertanteils Wertanalysen unwirtschaftlich.

Unterschiedliche Behandlung der A-, B- und C-Güter

Vergleichsmerkmale	A-Teile	B-Teile	C-Teile
Anteil am gesamten Lagerwert	75 %	20 %	5 %
Mengenmäßiger Anteil	15 %	35 %	50 %
Bestellhäufigkeit	hoch	mittel	niedrig
Höhe des Lagerbestands	niedrig	mittel	hoch
Durchschnittliche Lagerdauer	kurz	mittel	lang
Just-in-Time-Beschaffung	ja	nein	nein
Genaue Bedarfsermittlung	ja	ja	nein
Ausgabe nur gegen Materialentnahmeschein	ja	ja	nein
Angebotsvergleich vor jeder Beschaffung	ja	ja	nein
Wertanalyse empfehlenswert	ja	nein	nein

■ *Ablauf der Wertanalyse*

Das Wertanalyse-Team sollte sich aus Fachleuten der betreffenden Bereiche (z. B. Materialwirtschaft, Entwicklung, Fertigung, Absatz) und ggf. Lieferanten und externen Beratern zusammensetzen. Das Team sollte von einem Moderator koordiniert und geleitet werden. Die Zeitplanung stellt sicher, dass der finanzielle Aufwand durch den Einsatz hoch qualifizierter Fachleute in einem angemessenen Verhältnis zum erwarteten wirtschaftlichen Erfolg steht.

Ablaufschritte	Erläuterungen
● **Aufnahme des Ist-zustands**	Beschreibung des Erzeugnisses und der Funktionen (Haupt- und Nebenfunktionen); Ermittlung der Funktionskosten
● **Prüfung des Istzustands**	Prüfung der Funktionserfüllung und -kosten
● **Ermittlung von Lösun-gen** (Ideengewinnung)	Einsatz von Kreativitätstechniken wie Brainstorming (den Ideen wird „freier Lauf" gelassen, Kritikverbot), Methode 6-3-5 (sechs Mitglieder notieren jeweils drei Ideen, die an die übrigen fünf Mitglieder weitergereicht werden)
● **Prüfung der Lösungs-vorschläge** (Bewertung der Ideen)	Wirtschaftlichkeit und technische Durchführbarkeit der Ideen werden geprüft
● **Auswahl der günstigs-ten Lösung**	Vorschlag an die Unternehmensleitung

2.2.4 Ergebnisse der Forschung und Entwicklung

■ *Zeichnungen, Rezepturen, Verkaufsbeilagen*

Zeichnungen

In technischen Zeichnungen wird das Erzeugnis nach DIN-Zeichnungsnormen unter Angaben von Maßen, Toleranzen, Oberflächengüte, Werkstoffen sowie Werkstoffbehandlung (z. B. Härten) grafisch dargestellt. Zur Darstellung der Größenverhältnisse, der Lage und des Zusammenwirkens der Teile wird eine *Zusammenstellungszeichnung* erstellt. Baugruppen und Einzelteile werden in *Gruppen- und Einzelteilzeichnungen* dargestellt.

Rezepturen

In der chemischen Industrie schlägt sich das Entwicklungsergebnis in einer Verfahrensbeschreibung (Rezeptur) nieder. Diese enthält Angaben über die chemischen Reaktionen, Einsatzstoffe und -mengen usw. Sie enthält zusätzlich Sicherheits-, Analyse- und technische Vorschriften.

Verkaufsbeilagen

Verkaufsbeilagen werden im Anschluss an die Fertigungsfreigabe erstellt. Dazu gehören Gebrauchsanleitungen, Bedienungs-, Pflege- und Entsorgungsvorschriften, Ersatzteilbestelllisten, Reparatur-, Montageanleitungen usw.

FALLBEISPIEL

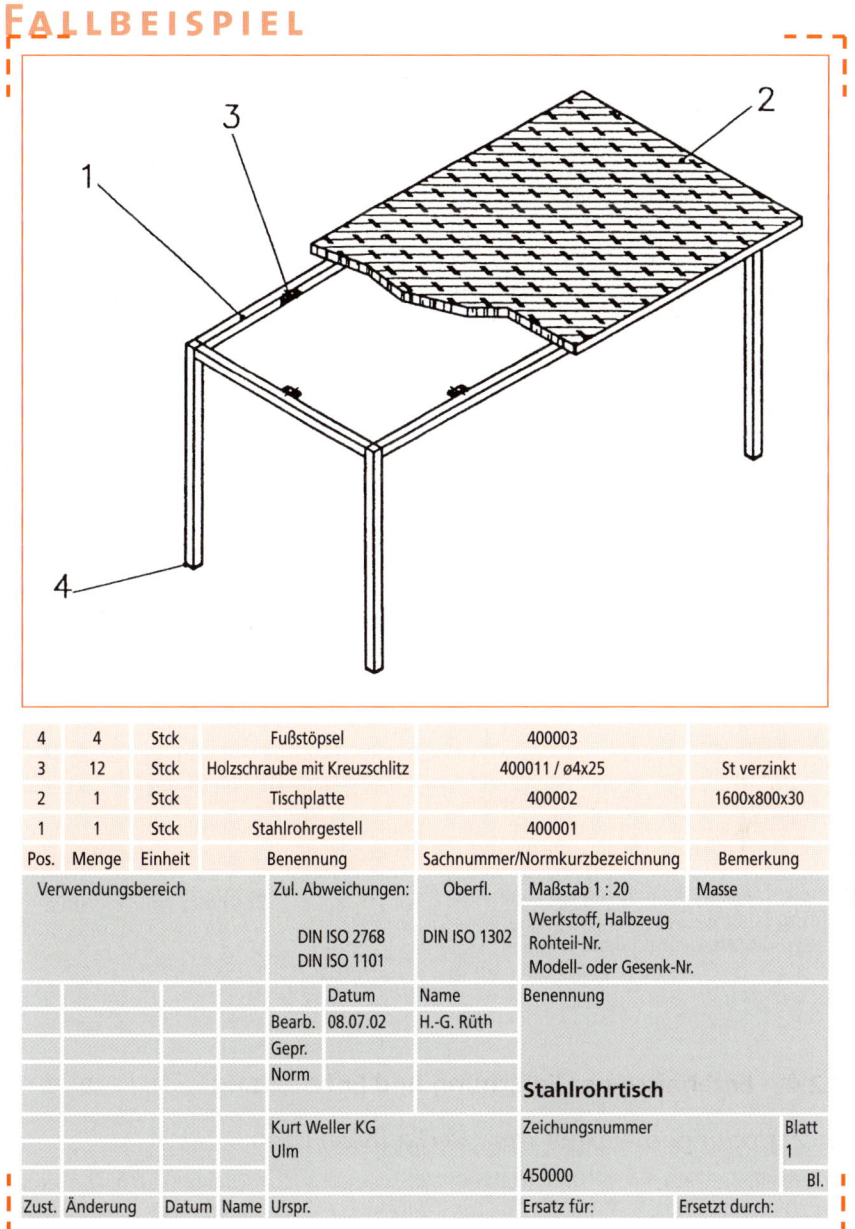

4	4	Stck	Fußstöpsel	400003	
3	12	Stck	Holzschraube mit Kreuzschlitz	400011 / ø4x25	St verzinkt
2	1	Stck	Tischplatte	400002	1600x800x30
1	1	Stck	Stahlrohrgestell	400001	
Pos.	Menge	Einheit	Benennung	Sachnummer/Normkurzbezeichnung	Bemerkung

Verwendungsbereich		Zul. Abweichungen:		Oberfl.	Maßstab 1 : 20	Masse
		DIN ISO 2768 DIN ISO 1101		DIN ISO 1302	Werkstoff, Halbzeug Rohteil-Nr. Modell- oder Gesenk-Nr.	
			Datum	Name	Benennung	
		Bearb.	08.07.02	H.-G. Rüth		
		Gepr.				
		Norm			**Stahlrohrtisch**	
		Kurt Weller KG Ulm			Zeichungsnummer	Blatt 1
					450000	Bl.
Zust.	Änderung	Datum	Name	Urspr.	Ersatz für:	Ersetzt durch:

■ Stücklisten

Die technische Zeichnung wird durch Stücklisten ergänzt. Die *Urstückliste* (Konstruktions- oder Gesamtstückliste) gibt in tabellarischer Form einen vollständigen Überblick über alle Einzelteile und Baugruppen eines Erzeugnisses unter Angabe der Zeichnungs- und DIN-Nummern, der Werkstoffe, der Häufigkeit des Vorkommens im Erzeugnis usw. Abwandlungen der Urstückliste sind

● die *Fertigungsstückliste* für die Teilefertigung und Montage,

● die *Einkaufs- bzw. Materialstückliste* für die Ermittlung des Materialbedarfs.

Stücklisten

Die Anforderungen der verschiedenen Anwendungsbereiche werden durch drei **Standardformen** von Stücklisten abgedeckt: Baukastenstückliste, Mengenübersichtsstückliste, Strukturstückliste.

Von Datenbankprogrammen wird immer nur der Baukasten gespeichert und verwaltet. Der Erzeugnisaufbau ergibt sich dann aus den Verknüpfungen zwischen den Baukästen. Auf diese Weise wird vermieden, dass Bauteile mehrfach gespeichert werden. Dies erleichtert den Änderungsdienst.

BEISPIEL
Die Unterschiede sollen an einem einfachen Beispiel für das Enderzeugnis „A" gezeigt werden:
Enderzeugnis: A; Baugruppen: B, C, D; Einzelteile: 1, 2, 4, 11, 12
Zur Vereinfachung sei angenommen, dasss jedes Teil bzw. jede Baugruppe nur mit der Menge 1 in die übergeordnete Baugruppe eingeht.

Erzeugnisstruktur

Die **Erzeugnisstruktur** des Enderzeugnisses „A"

Fertigungsstufe 0

Fertigungsstufe 1

Fertigungsstufe 2

Fertigungsstufe 3

Fertigungsstufe 4

```
                                    A
                         B                    C   1
                    C   1   2             D   2   4
                D   2   4             1   11  12
            1   11  12
```

Baukasten-Stückliste

● **Baukastenstückliste**

Baukastenstücklisten **enthalten nur eine Fertigungsstufe.** Die Mengen beziehen sich stets auf die jeweilige Gruppe und nicht auf das Enderzeugnis. Die Gesamtstruktur ist nur schwer erkennbar. Auch wenn Baugruppen öfters vorkommen (z.B. „C"), wird die Baugruppe nur *ein einziges Mal* gespeichert.

Baukasten-Stückliste		
Baugruppen-Nr	Beschreibung	
C		
Teile	Beschreibung	Menge
D		1
2		1
4		1

Mengen-übersichts-stückliste

● **Mengenübersichtstückliste**

Hier ist der Aufbau des Erzeugnisses nicht erkennbar. Die Mengenstückliste enthält nur eine Aufzählung **aller im Erzeugnis enthaltenen Baugruppen und Einzelteile** und die Menge, in der sie im Erzeugnis (bzw. der übergeordneten Baugruppe) vorkommen.

Mengenübersichtstücklisten benötigt der *Einkauf* bei der Bedarfsermittlung.

Mengenübersichts-Stückliste		
Stücklisten-Nr.	Bezeichnung	
A		
Teile-Nr	Gesamtmenge	Text
B	1	
C	2	
D	2	
2	3	
4	2	
1	4	
11	2	
12	2	

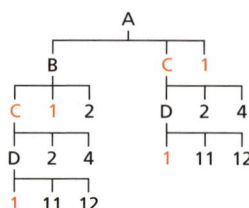

● **Strukturstückliste**

Sie sind für die Bereiche *Konstruktion und Montage* unerlässlich, da sie alle Baugruppen und Teile enthalten und somit die Gesamtstruktur des Erzeugnisses erkennbar ist. Zudem wird **für jede Baugruppe die Fertigungsstufe ausgewiesen**. Die Mengenangaben beziehen sich auf die nächst höhere Baugruppe bzw. Fertigungsstufe. Baugruppen und Einzelteile sind *mehrfach* enthalten.

Strukturstückliste		
Stücklisten-Nr.	Bezeichnung	
A		
Teile-Nr	Menge	Text
B	1	
. C	1	
. . D	1	
. . . 1	1	
. . . 11	1	
. . . 12	1	
. . 2	1	
. . 4	1	
. 1	1	
. 2	1	
C	1	
. D	1	
. . 1	1	
. . 11	1	
. . 12	1	
. 2	1	
. 4	1	
1	1	

2.2.5 Produktgestaltung durch Standardisierung

Durch die Vereinfachung und **Vereinheitlichung (Standardisierung)** von Werkstoffen, Einzelteilen, ganzen Produkten und Verfahren entstehen für fast alle Unternehmensbereiche Vorteile, die zu Kostensenkungen führen:

● einmaliger Entwicklungs- und Konstruktionsaufwand,
● verbesserte Qualität und Sicherheit,
● Nutzung des Massenproduktionseffektes und Beschaffungsvorteile durch größere Mengen,
● verkürzte Informationsgewinnung durch höhere Markttransparenz,
● Vereinfachung der Beschaffung, Lagerung und Distribution.

Formen der Standardisierung bei Erzeugnissen

Standardisierungs-form nach dem Grad der Vereinheitlichung	Begriff	Ziel	Vorteile
Teilefamilien-bildung	Teile mit ähnlichen Maßen und Fertigungsverfahren werden als gemeinsames Los gefertigt (Schein- bzw. Additivserien)	Vereinfachung der Produktions-programm-planung und Konstruktion	Nutzung von Massenproduktionsvorteilen (niedrige Loswechselkosten)
Wiederholteile-verwendung	Nicht genormtes Bauteil wird in verschiedenen Erzeugnissen verwendet	Reduzierung der Teilevielfalt	Mehrfachentwicklung entfällt

Normung			
Normung Werks-, Verbands-normen, nationale (DIN), internationale Normen (EN, ISO)	Vereinheitlichung von Einzelteilen eines Produkts in Bezug auf Abmessungen, Materialeigenschaften	Reduzierung der Vielfalt bei Kleinteilen (z. B. Schrauben, Papiergrößen), leichtere Verständigung (Identifikation)	Rationelle Konstruktion, Beschaffung und Fertigung. Konstante Qualität der Produkte hebt Absatzchancen
Baukastenprinzip	Verwendung gleicher Bauelemente in unterschiedlichen Kombinationen in verschiedenen Erzeugnissen	Reduzierung des Fertigungsprogramms bei gleichzeitiger Verringerung der Lagerbestände	Geringere Lagerbestände durch reduziertes Fertigungsprogramm, Erzeugnisse unterscheiden sich durch unterschiedlich kombinierte Baukastenelemente
Typung	Vereinheitlichung des Produktganzen	Beschränkung des Fertigungsprogramms auf wenige einheitliche Produkte, um Massenproduktionseffekte zu nutzen	Übersichtliche Produktpalette, einfachere Lagerhaltung, Nutzung von Massenproduktionsvorteilen (niedrige Loswechselkosten)

(Marginalien: Normung; Baukasten-prinzip; Typung)

EXKURS

DIN
EN
CEN
ISO

DIN = Deutsche Industrienorm; sie wird vom Deutschen Normenausschuss (DNA) des Deutschen Instituts für Normung in Berlin festgelegt. EN = Europäische Norm; sie wird vom Europäischen Komitee für Normung (CEN – Comité Européen de Normalisation) bzw. für Elektrotechnische Normung (CENELEC) festgelegt. ISO = International Organization for Standardization mit Sitz in Genf. Sowohl beim CEN/CENELEC und der ISO ist der Deutsche Normenausschuss vertreten.

Klassifizierung
Ähnlich-keitskatalog

Ein Problem der Teilefamilien und Wiederholteileverwendung ist die Erkennung und Erfassung der Wiederholteile. Hierfür ist eine aufwändige **Klassifizierung** der Teile und die Erfassung in einem **Ähnlichkeitskatalog** notwendig. Individuelle Kundenwünsche können bei Verwendung standardisierter Bauteile und ganzer Produkte nur beschränkt erfüllt werden. Ein gewichtiger Nachteil (vor allem der überbetrieblichen Typung) ist die Beschränkung des Wettbewerbs und die Hemmung des technischen Fortschritts durch „uniformierte Produkte".

BEISPIELE FÜR NORMEN NACH DIN-EN

Grundnormen

Grundnormen:		
EN 20225	DIN EN 20225	Mechanische Verbindungselemente; Schrauben und Muttern; Bemaßung
EN 20273	DIN EN 20273	Mechanische Verbindungselemente; Durchgangslöcher für Schrauben
EN 27721	DIN EN 27721	Senkschrauben; Gestaltung und Prüfung von Senkköpfen

Produktnormen

Produktnormen für Schrauben und Muttern:		
EN 24014	DIN EN 24014	Sechskantschrauben mit Schaft; Produktklassen A und B

EN 24016	DIN EN 24016	Sechskantschrauben mit Schaft; Produktklasse C
EN 24017	DIN EN 24017	Sechskantschrauben mit Gewinde bis Kopf; Produktklassen A und B

2.2.6 Umweltverträgliche Produktgestaltung – Life-Cycle-Engineering

Die Umweltverträglichkeit schließt *alle Lebensphasen des Produkts* ein, von der Entwicklung und Fertigung über die Nutzung bis zur Verwertung und Entsorgung. Ein solches **Life-Cycle-Engineering** stellt sicher, dass Produkte, Verfahren und Dienstleistungen zukunftssicher gestaltet werden.

Life-Cycle-Engineering

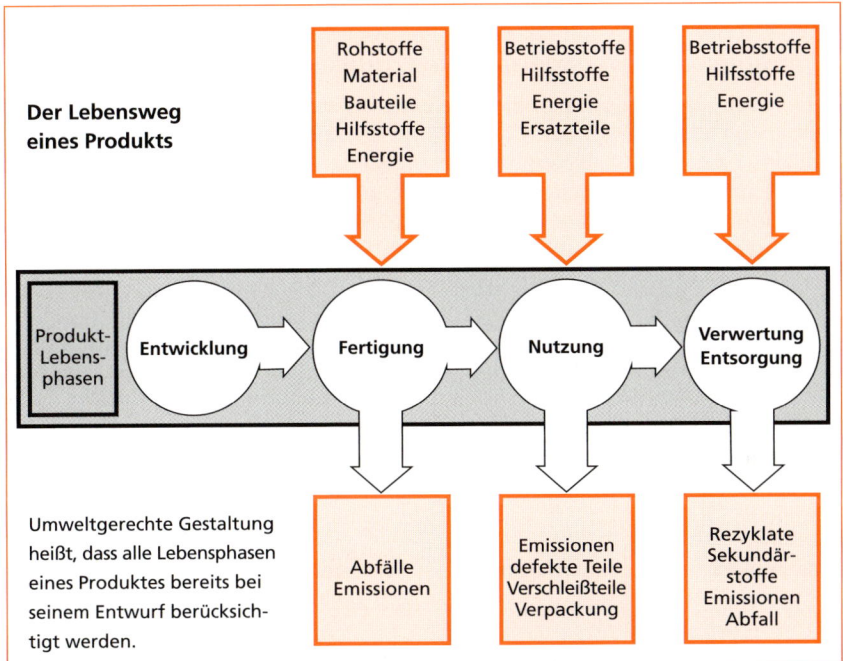

Schon 1952 hieß es im Programm der „Hochschule für Gestaltung" in Ulm: Ziel des Produktdesigns ist es, dauerhafte Güter zu entwerfen, deren Gebrauchswert zu erhöhen und die Verschwendung zu reduzieren. Heute werden Produkte, Verfahren und Dienstleistungen als **ökoeffizient** eingestuft, wenn sie bei optimaler Erfüllung des gewünschten Nutzens eine minimale Menge an Stoffen und Energie benötigen, bei gleichzeitiger Minimierung des Schadstoffausstoßes und der Abfälle – und das über den gesamten Lebensweg hinweg. Kurz: „Viel Nutzen für wenig Umwelt".

ökoeffiziente Produkte

Will die Forschung und Entwicklung diese Strategien umsetzen, dann muss sie bei der Produktgestaltung auf folgende fünf Gesichtspunkte achten:

- **Umweltgerechte Materialauswahl:** Welche Stoffe sind umweltgerecht und leicht zu recyceln?
- **Ressourcen- und Energieschonung:** Wie können bei der Fertigung und Nutzung des Produkts Rohstoffverbrauch und Energiebedarf minimiert werden?
- **Abfall- und Emissionsvermeidung:** Wie lassen sich bei der Herstellung und beim Gebrauch des Produkts Abfall und Emissionen vermeiden bzw. verringern?
- **Dematerialisierung:** Wie lassen sich der Material- und Energiefluss verringern und dadurch die Abfallmengen und Schadstoffe?
- **Demontagefreundlichkeit:** Wie leicht lässt sich das Produkt am Ende seiner Nutzungsdauer in seine einzelnen Bauteile zerlegen?

■ *Beispiele für die ökoeffiziente Produktgestaltung*

Bereits bei der Entwicklung eines Produkts bzw. einer Dienstleistung muss berücksichtigt werden, welcher Material- und Energieeinsatz bei der Fertigung des Produkts bzw. beim Anbieten der Dienstleistung verursacht wird. Dabei ist besonders auf die **„ökologischen Rucksäcke"** zu achten, die die eingesetzten Materialien mitbringen. Damit ist gemeint, dass zur Gewinnung von einem Kilogramm des eingesetzten Materials bereits bestimmte Mengen (Kilogramm) von Material, Wasser oder Luft verbraucht worden sind.

ökologische Rucksäcke

BEISPIEL 1

Ein Stuhl könnte aus den Materialien Holz, Stahl oder Kunststoff gefertigt werden. Diese Materialien haben ein unterschiedliches Gewicht: Ein Holzstuhl benötigt 5 kg Holz, ein Stahlstuhl 7 kg Stahl und ein Kunststoffstuhl 3 kg Polyethylen.

Die Materialintensitäten („ökologische Rucksäcke") für diese Materialien verhalten sich nach Berechnungen des Wuppertaler Instituts für Klima, Umwelt und Energie wie folgt:

Materialart	Materialeinsatz	Wassereinsatz	Lufteinsatz
Holz	1,12 kg pro kg	0,1 kg pro kg	0,05 kg pro kg
Stahl	7,00 kg pro kg	48 kg pro kg	6 kg pro kg
Kunststoff	5,00 kg pro kg	63 kg pro kg	46 kg pro kg

Für die Fertigung eines Stuhls aus diesen Materialien ergeben sich folgende Werte:

Materialart	Materialeinsatz	Wassereinsatz	Lufteinsatz
Holzstuhl	5 kg · 1,12 = 5,6 kg	5 kg · 0,1 = 0,5 kg	5 kg · 0,05 = 0,25 kg
Stahlstuhl	7 kg · 7,00 = 49 kg	7 kg · 48 = 336 kg	7 kg · 6 = 42 kg
Plastikstuhl	3 kg · 5,00 = 15 kg	3 kg · 63 = 189 kg	3 kg · 46 = 138 kg

Die Ressourcen- und Energieproduktivität ist bei dem Holzstuhl bei gleicher Nutzenschaffung am höchsten, wenn man davon ausgeht, dass alle drei Gestaltungsvarianten dieselbe Lebensdauer haben und die gleiche Dienstleistung (z. B. Sitzqualität, Bequemlichkeit) bereitstellen. Bei diesem Beispiel wurde der Material- und Energieinput durch das angewandte technische Herstellungsverfahren noch nicht berücksichtigt.

BEISPIEL 2
Dematerialisierung am Beispiel Klebefilm-Abroller

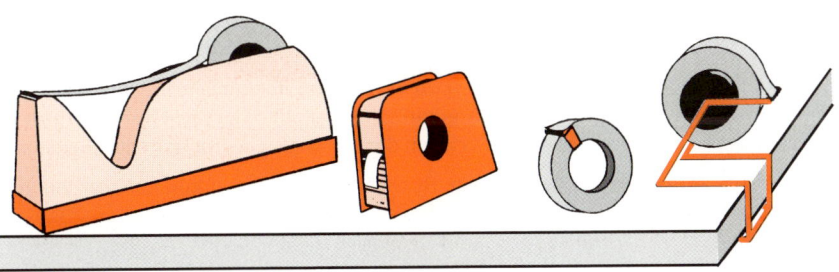

Diese vier dargestellten Varianten erfüllen ähnliche Dienstleistungen: Sie sollen das Abreißen eines Streifens Klebefilm bequem ermöglichen. Allerdings gibt es Unterschiede in der Handhabung: Während die Produkte links und rechts außen mit nur einer Hand bedient werden können, braucht man für die beiden mittleren zwei Hände. Die Materialmenge, die die Produkte zur Erfüllung dieser Dienstleistung benötigen, ist aber extrem unterschiedlich. Während die beiden linken Varianten aus zwei verschiedenen Kunststoffen und Metall bestehen, sind die beiden rechten intelligente Einstoffprodukte mit geringem Materialeinsatz.

BEISPIEL 3
Verwendung nachwachsender Rohstoffe

Nachwachsende Rohstoffe sind pflanzliche oder tierische Produkte, die sich im Gegensatz zu mineralischen und fossilen Rohstoffen, z. B. Mineralien, Erze, Erdöl, Kohle usw., permanent regenerieren. Typische Beispiele sind Holz, Nutzpflanzen, Schafwolle usw.

Naturstoffe: Anwendungen im Fahrzeugbau

Naturstoffe	Beispiele	Anwendungen
Naturfasern	Jute, Sisal, Flachs, Hanf, Kokos, Baumwolle, Holzmehl (Grün-)Flachs, Ramie, Banane, Ananas	Füllstoff für Verkleidungen und Polsterungen Verstärkungsfaser hochwertiger Kunststoffteile
Naturöle und -alkohole	Rapsöl (RME), Zuckerrohr (Äthanol) Rizinus, Raps, Sonnenblumen, Leinsamen	Treibstoff, Schmierstoffe Gewinnung von Kunst- und Klebstoffen, Ölen, Lacken
Natürliche Bindemittel	Baumharze, -wachse, Stärke, Lignin, Zellulose	biologisch abbaubare Matrix für Fasern, Kunststoffersatz
Naturfarben	Indigo, Urucum, verschiedene Früchte, Wurzeln, Rinden	Korrosionsschutz Einfärbung (Textilien, Kunststoffe)
Naturgummi	Naturlatex (Kautschuk)	Reifen, Dichtungen, Bindemittel für Polsterungen

3 Kosten und Verfahren der Leistungserstellung

3.1 Kostenverhalten bei Beschäftigungsschwankungen

Kapazität
Beschäftigung
Beschäftigungs-
grad

Das betriebliche Leistungsvermögen wird als **Kapazität** bezeichnet. Unter **Beschäftigung** versteht man die tatsächlich genutzte Kapazität. Der **Beschäftigungsgrad** drückt das prozentuale Verhältnis zwischen der Beschäftigung und der Kapazität aus.

Nach dem Verhalten der Kosten bei Beschäftigungsschwankungen werden fixe und variable Kosten unterschieden.

3.1.1 Fixe Kosten – zeitabhängig

Fixkosten

Fixkosten entstehen zur Aufrechterhaltung der *Betriebsbereitschaft*. Dazu gehören z. B. Gehälter, zeitabhängige Abschreibungen, Raumkosten (Miete), Kapitalzinsen, Grundsteuern.

Bei Veränderungen der Beschäftigung bleiben die gesamten Fixkosten unverändert. Auf eine Leistungseinheit bezogen, sinken die Fixkosten mit zunehmender Beschäftigung, da sie auf eine größere Stückzahl verteilt werden können. Fixkosten beziehen sich immer auf eine bestimmte Zeiteinheit (z. B. Monat). Wird diese Zeiteinheit verändert (z. B. ein Vierteljahr), dann verändern sie sich. Fixkosten sind also zeitabhängig, aber unabhängig von der Beschäftigung.

BEISPIEL
Kostenverhalten der fixen Kosten

	Kosten pro Monat bei einer Produktionsmenge von				Kostenverhalten bei zunehmender Produktionsmenge
Kostenarten	1 Stück	50 Stück	100 Stück	150 Stück	
Gehalt	4 000 EUR	4 000 EUR	4 000 EUR	4 000 EUR	gleich bleibend
Abschreibungen	500 EUR	500 EUR	500 EUR	500 EUR	gleich bleibend
Raumkosten	500 EUR	500 EUR	500 EUR	500 EUR	gleich bleibend
Gesamtkosten	5 000 EUR	5 000 EUR	5 000 EUR	5 000 EUR	gleich bleibend
Stückkosten	5 000 EUR	100 EUR	50 EUR	33 EUR	sinkend

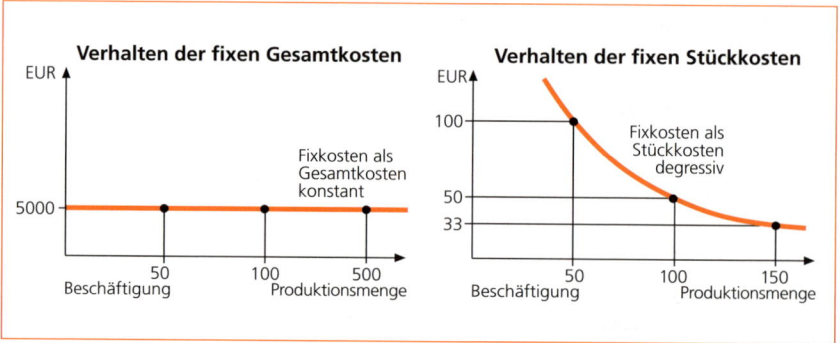

3.1.2 Variable Kosten – leistungsabhängig

Variable Kosten entstehen bei der *Leistungserstellung*. Dazu gehören z. B. Kosten für das Fertigungsmaterial, leistungsabhängige Löhne, leistungsabhängige Abschreibungen.

Variable Kosten *(right margin)*

Variable Kosten sind *abhängig von der Beschäftigung*. Sie verändern sich bei Beschäftigungsschwankungen. Auf eine Leistungseinheit bezogen, sind sie immer gleich hoch.

BEISPIEL

Kostenverhalten der variablen Kosten

	Kosten pro Monat bei einer Produktionsmenge von				Kostenverhalten bei zunehmender Produktionsmenge
Kostenarten	1 Stück	50 Stück	100 Stück	150 Stück	
Fertigungsmaterial Leistungslohn	60 EUR 40 EUR	3 000 EUR 2 000 EUR	6 000 EUR 4 000 EUR	9 000 EUR 6 000 EUR	steigend steigend
Gesamtkosten	100 EUR	5 000 EUR	10 000 EUR	15 000 EUR	steigend
Stückkosten	100 EUR	100 EUR	100 EUR	100 EUR	gleich bleibend

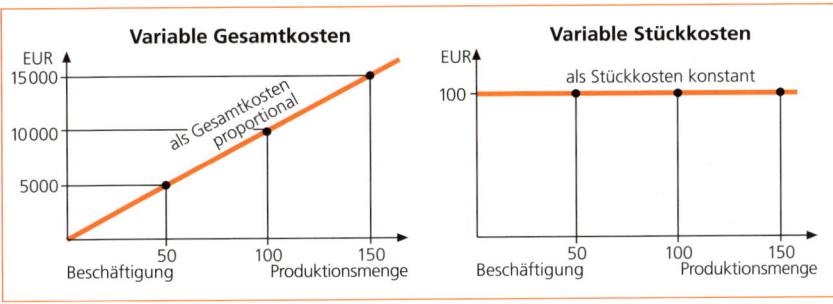

Bei Beschäftigungsschwankungen verändern sich die gesamten variablen Kosten proportional zur Stückzahl. Auf eine Leistungseinheit bezogen, bleiben die variablen Kosten immer gleich, da sie sich im gleichen Verhältnis verändern wie die Stückzahl. Variable Kosten beziehen sich immer auf eine bestimmte Leistungseinheit (z. B. ein Stück, ein kg). Wird diese Leistungseinheit verändert (z. B. 100 Stück, 100 kg), dann verändern sie sich auch. Variable Kosten sind also leistungsabhängig, aber unabhängig von der Zeit.

Steigen die variablen Kosten schneller als die Beschäftigung, dann verhalten sie sich *progressiv* (z. B. Überstundenzuschläge, Löhne für zusätzliche Instandhaltungsarbeiten). Steigen die variablen Kosten langsamer als die Beschäftigung, dann verhalten sie sich *degressiv* (z. B. niedrigere Rohstoffkosten durch Mengenrabatte).

progressive Kosten *(right margin)*

degressive Kosten *(right margin)*

3.1.3 Gesetz der Massenproduktion – sinkende Stückkosten

Bei der Leistungserstellung entstehen Fixkosten und variable Kosten.

Die **Gesamtkosten** (fixe und variable Kosten) steigen mit zunehmender Beschäftigung, weil die variablen Kosten mit steigender Stückzahl zunehmen. Wird überhaupt nicht produziert (Beschäftigung = 0), dann entstehen nur fixe Gesamtkosten.

Gesamtkosten *(right margin)*

Die **Stückkosten** sinken mit zunehmender Beschäftigung, weil sich die Fixkosten auf eine größere Stückzahl verteilen.

Stückkosten *(right margin)*

Gesetz der Massenproduktion

Fixkosten-degression

Das **Gesetz der Massenproduktion** (1910 von Karl Wilhelm Bücher (1847–1930) beschrieben) besagt, dass die Stückkosten sinken, wenn die Produktionsmenge (Beschäftigung) steigt. Die Stückkostensenkung ist ausschließlich auf die Abnahme der anteiligen Fixkosten zurückzuführen (Fixkostendegression). Je höher der Anteil der Fixkosten, desto stärker ist der *Degressionseffekt der Fixkosten*.

	Kosten pro Monat bei einer Produktionsmenge von				Kostenverhalten bei zunehmender Produktionsmenge
Kostenarten	1 Stück	50 Stück	100 Stück	150 Stück	
Fertigungsmaterial	60 EUR	3 000 EUR	6 000 EUR	9 000 EUR	variabel
Leistungslohn	40 EUR	2 000 EUR	4 000 EUR	6 000 EUR	variabel
Gehalt	4 000 EUR	4 000 EUR	4 000 EUR	4 000 EUR	fix
Abschreibungen	500 EUR	500 EUR	500 EUR	500 EUR	fix
Raumkosten	500 EUR	500 EUR	500 EUR	500 EUR	fix
Gesamtkosten	5 100 EUR	10 000 EUR	15 000 EUR	20 000 EUR	steigend
Stückkosten	5 100 EUR	200 EUR	150 EUR	133 EUR	sinkend

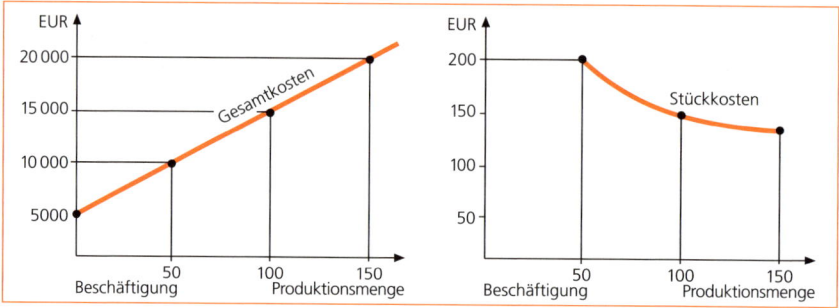

Aus diesen Aussagen lassen sich folgende Kostengleichungen ableiten:

BEISPIEL

Beschäftigung = 100 Stück

Gesamt-betrachtung	**Gesamtkosten** = **Fixkosten** + **variable Gesamtkosten** 15 000 EUR = 5 000 EUR + 100 EUR/Stück. 100 Stück
Stück-betrachtung	$\text{Stückkosten} = \dfrac{\text{Fixkosten}}{\text{Beschäftigung}} + \text{variable Stückkosten}$ $150\ \text{EUR} = \dfrac{5\,000\ \text{EUR}}{100\ \text{Stück}} + 100\ \text{EUR/Stück}$ **Gesetz der Massenproduktion**

Das Gesetz der Massenproduktion wirkt auch, wenn die Beschäftigung rückläufig ist. Je höher der Fixkostenanteil an den Gesamtkosten ist, desto schneller steigen die Stückkosten bei abnehmenden Stückzahlen.

3.2 Kostenverhalten bei Ein- und Mehrproduktunternehmen

3.2.1 Produktfeld und Kostenstruktur

Kostenintensität

Das Produktionsprogramm eines Industriebetriebs bestimmt auch den Anteil der betrieblichen Leistungsfaktoren an den Gesamtkosten. Ist der Anteil der menschlichen Arbeitsleistung sehr hoch, dann spricht man von **arbeits- bzw. lohnintensiver** Fertigung. Bei der **materialintensiven** Fertigung ist der Anteil der Materialkosten an den Gesamtkosten sehr hoch. Von einer **anlagenintensiven** Fertigung spricht man, wenn der Grad der Automatisierung sehr hoch ist.

Kostenintensität	Produktfeld	Kostenstruktur
● **Anlagen-intensität**	Stahl-, Papier-, Druckindustrie	Hoher Anteil der Zinsen und Abschreibungen, hohe Fixkosten, relativ niedrige variable Kosten
● **Arbeits-intensität**	Maschinenbau, Möbel-, Spielwaren-, optische, Musikinstrumenten-, Bekleidungsindustrie	Hoher Lohnkostenanteil; relativ niedrige Fixkosten, relativ hohe variable Kosten (v. a. Leistungslöhne)
● **Material-intensität**	Auto-, Schuh-, Zigaretten-industrie, Textilindustrie, Raffinerien	Hoher Kostenanteil der Roh- und Hilfsstoffe, relativ hohe fixe und variable Kosten
● **Energie-intensität**	Aluminium-, Gummi-, Zement-, Glasindustrie, Gießerei, Hochofen	Hoher Kostenanteil der Betriebsstoffe, relativ hohe fixe und variable Kosten

Unterschiedliche Kostenstruktur bei arbeits- und anlagenintensiver Fertigung

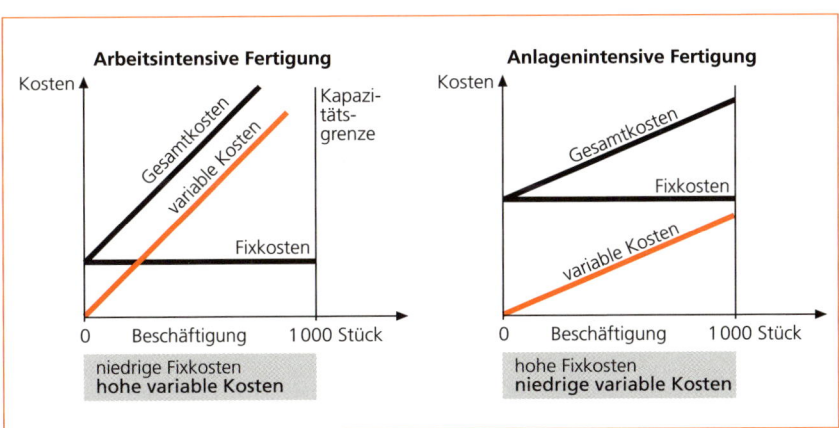

Grundsätzlich ist ein anlagenintensiver Betrieb unflexibler als ein arbeitsintensiver; denn bei rückläufiger Beschäftigung können die Fixkosten (Maschinenpark) nur relativ langsam abgebaut werden, während die variablen Kosten proportional zum Beschäftigungsrückgang sinken. Diese zeitliche Verzögerung bei den Fixkosten nennt man **Kostenremanenz.**

3.2.2 Programmbreite und Kostenstruktur

Das breite Produktionsprogramm eines **Mehrproduktunternehmens** bringt absatzpolitische Vorteile (Absatzrisiko verteilt sich auf viele Produkte), aber meist kostenmäßige Nachteile. Der häufige Produktwechsel in der Fertigung führt zu hohen Rüstzeiten, sodass die Maschinen nicht durchgängig genutzt werden. Das Gesetz der Massenproduktion wirkt daher nicht in vollem Maße.

Randnotizen:

Anlagen-, Arbeits-, Material-, Energie-intensität

Kostenstruktur

Kostenremanenz

Einproduktunternehmen müssen ihre Maschinen relativ selten umstellen. Sie können zudem Spezialmaschinen einsetzen, die schneller und qualitativ besser arbeiten als Universalmaschinen. Dies führt zu niedrigeren Stückkosten gegenüber Mehrproduktunternehmen, da sich das Gesetz der Massenproduktion in vollem Maße auswirkt.

BEISPIEL

Kostenvergleich Einprodukt- und Mehrproduktunternehmen mit gleich hohen fixen und variablen Kosten:

	Mehrproduktunternehmen	Einproduktunternehmen
Produktionsmenge ohne Umstellung	100 Stück (Losgröße)	1 000 Stück
Fixkosten Variable Kosten/Stück	5 000 EUR 100 EUR	5 000 EUR 100 EUR
Gesamtkosten **Stückkosten**	15 000 EUR **150 EUR**	105 000 EUR **105 EUR**
Kostenvorteil pro Stück		**30 %**

Fertigungstiefe

Ein Unternehmen mit hoher **Fertigungstiefe** benötigt nach jeder Fertigungsstufe ein Zwischenlager. Dadurch steigen die Kapitalbindungskosten (v. a. Zinskosten) gegenüber Betrieben mit geringer Fertigungstiefe, die ihre Erzeugnisse ohne Zwischenlager durch die Fertigung laufen lassen können. Am kostengünstigsten arbeitet das einstufige Einproduktunternehmen, das sein Erzeugnis in einem Produktionsablauf ohne Zwischenlager für unfertige Erzeugnisse herstellt und die Fertigerzeugnisse ohne Lagerung fertigungssynchron verkauft.

Kritische Kostenpunkte

3.2.3 Kritische Kostenpunkte bei einem Einproduktunternehmen

Bei gleichbleibenden Verkaufspreisen für das Erzeugnis steigt mit zunehmender Absatzmenge (hier mit Produktionsmenge gleichgesetzt) der Erlös (bzw. Umsatzerlös).

Es ergeben sich folgende Gleichungen:

Stückerlös   = Verkaufspreis

Gesamterlös   = Verkaufspreis · Absatzmenge

BEISPIEL

Kosten und Erlös bei zunehmender Beschäftigung

	Kosten pro Monat bei einer Produktionsmenge von				Entwicklung bei zunehmender Produktionsmenge
	1 Stück	50 Stück	100 Stück	150 Stück	
Gesamterlös Stückerlös	150 EUR 150 EUR	7 500 EUR 150 EUR	15 000 EUR 150 EUR	22 500 EUR 150 EUR	steigend gleich bleibend
Gesamtkosten Stückkosten	5 100 EUR 5 100 EUR	10 000 EUR 200 EUR	15 000 EUR 150 EUR	20 000 EUR 133 EUR	steigend sinkend
Gesamtgewinn Stückergebnis	-4 950 EUR -4 950 EUR	-2 500 EUR - 50 EUR	0 EUR 0 EUR	2 500 EUR 17 EUR	steigend steigend

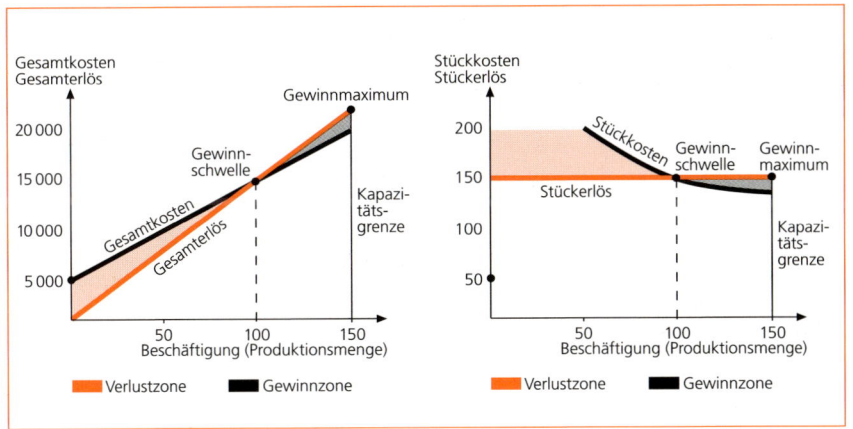

Verlustzone   Gewinnzone   Verlustzone   Gewinnzone

Gewinnschwelle

Die Beschäftigung, bei der der Erlös die Kosten deckt, wird **kritische Beschäftigung** oder **Gewinnschwelle** (Nutzenschwelle, englisch: Break-even-Point) genannt. Die Gewinnschwelle markiert den Beginn der Gewinnzone. Unterhalb der Gewinnschwelle produziert der Betrieb mit Verlust.

Break-even-Point
Gewinnschwelle

Mathematische Ableitung der Gewinnschwelle:

Bedingung: Gesamterlös = Gesamtkosten

MERKE

Preis · Menge = Fixkosten + variable Kosten pro Stück · Menge

Menge · (Preis – variable Kosten) = Fixkosten

$$\text{Gewinnschwellenmenge} = \frac{\text{Fixkosten}}{\text{Preis} - \text{variable Kosten pro Stück}}$$

Gewinnschwellen-
menge

BEISPIEL

150 EUR/Stück · Menge = 5000 EUR + 100 EUR/Stück · Menge

Menge · (150 – 100) = 5000

$$\text{Menge} = \frac{5000}{150 - 100}$$

Gewinnschwellenmenge = 100 Stück

Bei linearem Kosten- und Erlösverlauf wird das **Gewinnmaximum** an der Kapazitätsgrenze erreicht. Deshalb ist jeder Betrieb bestrebt, seine Kapazität voll auszulasten.

Gewinnmaximum

Die Gewinnschwelle verschiebt sich nach hinten (d. h., sie wird erst bei einer höheren Beschäftigung erreicht), wenn die Fixkosten steigen (z. B. wegen Mieterhöhung) oder die variablen Kosten steigen (z. B. wegen Lohnerhöhungen). Die Erhöhung der variablen Stückkosten führt zu einer steileren Gesamtkostenkurve.

Alle Unternehmungen sind bestrebt, die Kosten zu senken, um die Gewinnzone möglichst schnell zu erreichen (d. h. bei einem niedrigen Beschäftigungsgrad) und um die Gewinnschere so weit wie möglich zu öffnen.

3.3 Fertigungsarten – je nach Menge und Organisation

Fertigungsarten im Überblick

Fertigungsarten nach der	Unterscheidungsmerkmal	Fertigungsarten
Menge gleichartiger Produkte	Eine Mengeneinheit Begrenzte Mengen Unbegrenzte Mengen	Einzelfertigung Serienfertigung Massenfertigung
Organisation	Verrichtungsbezogen	Werkstattfertigung
	Objektbezogen	Fließfertigung, Baustellenfertigung, Insel- bzw. Gruppenfertigung

3.3.1 Fertigungsarten nach der Menge gleichartiger Produkte

■ Einzelfertigung – jedes Produkt ist anders

Einzelfertigung liegt vor, wenn von einem Erzeugnis nur **eine Einheit** hergestellt wird. Werden mehrere Erzeugnisse gleichzeitig produziert, dann sind Fertigungsablauf und Erzeugnisse verschieden.

Industriebetriebe mit Einzelfertigung stellen ihre Erzeugnisse auf der Grundlage eines individuellen Kundenauftrags (Bestellung) her. Sie haben kein festes Produktionsprogramm und stellen alles her, was mit den vorhandenen Betriebsmitteln und Arbeitskräften produziert werden kann.

BEISPIEL
Bau-, Großanlagen-, Spezialmaschinenbauindustrie, Werften, Brückenbau

Bei der Einzelfertigung müssen Betriebsmittel und Arbeitskräfte **flexibel** einsetzbar sein. Qualifizierte Mitarbeiter verursachen jedoch hohe Lohnkosten und bei Universalmaschinen ist eine volle Auslastung der Kapazitäten nicht zu erreichen, da der Arbeitsablauf jedes Auftrags unterschiedlich ist. Die Einzelfertigung hat daher gegenüber der Mehrfachfertigung (Serien- und Massenfertigung) erhebliche **Kostennachteile.** Teilweise werden diese Kostennachteile durch Verwendung gleichartiger, meist genormter Teile bzw. Teilefamilien, Anwendung des Baukastenprinzips (für mehrere Aufträge verwendbare Bauteile) und durch die Vorfertigung einzelner Teile (z. B. Kellerdecken beim Hausbau) verringert.

→ Siehe Abschnitt 2.2.5

■ Sortenfertigung – die Produkte ähneln sich

Die Sortenfertigung bringt **nah verwandte Produkte** hervor, die aus gleichartigen Ausgangsmaterialien und mit gleichartigen Bearbeitungsverfahren hergestellt werden.

BEISPIEL
Bekleidungsindustrie (z. B. Herstellung von Herrenanzügen unterschiedlicher Größe), Werkzeug-, Bleistift-, Schuhindustrie, Drahtwerke, Ziegeleien, Walzwerke, chemische Industrie

Da Sortenwechsel relativ selten vorgenommen werden und die Sorten auch fertigungstechnisch verwandt sind, können die vorhandenen Kapazitäten sehr gut genutzt werden, sodass die Stückkosten relativ niedrig liegen. Ein breites Sortenprogramm (z. B. unterschiedliche Konfektionsgrößen in der Bekleidungsindustrie) bringt eine Streuung des Absatzrisikos mit sich, da der Betrieb breitere Abnehmerschichten ansprechen kann.

■ Serienfertigung – begrenzte Menge verschiedener Produkte

Werden **mehrere Produkte**, die sich aus vielen Einzelteilen zusammensetzen und unterschiedliche Bearbeitungsverfahren durchlaufen, in begrenzter Menge hergestellt, dann liegt Serienfertigung vor. Die begrenzte Stückzahl entsteht durch Bündelung gleichartiger Produkte bzw. Aufträge zu einer Serie (Los, Auflage). Nach der Seriengröße werden Kleinserien und Großserien unterschieden.

BEISPIEL

Fahrzeug-, Werkzeugmaschinenbau, Hausgeräte-, Elektrogeräte-, Büromaschinen-, Computerindustrie

■ Massenfertigung – große Zahl gleicher Produkte

Jeder Industriebetrieb strebt nach der Herstellung möglichst großer Mengen gleichartiger Erzeugnisse. Denn die Massenproduktion ermöglicht eine kostengünstige Fertigung.

Die einfache oder *gleich bleibende Massenfertigung* entspricht in etwa den Vorstellungen vom Einproduktunternehmen. Hier wird stets das gleiche Produkt in unbegrenzter Zahl hergestellt. Diese Fertigungsart ist relativ selten.

BEISPIEL

Elektrizitäts-, Wasserwerk, Zement-, Zigaretten-, Halbleiter-, Chip-, Lebensmittelindustrie.

Bei der zeitlich *wechselnden Massenfertigung* werden auf den gleichen Produktionsanlagen zeitlich nacheinander nah verwandte Erzeugnisse massenhaft hergestellt.

BEISPIEL

Pappen- und Papiererzeugung, Walzwerke, Brauereien.

Bei der Massenfertigung kommt das Gesetz der Massenproduktion voll zur Wirkung. Die relativ hohen Fixkosten (wegen der hohen Anlagenintensität) werden auf eine sehr große Stückzahl verteilt. Gegenüber der Einzelfertigung können sich Betriebe mit Massenfertigung nur mit sehr hohem Aufwand an veränderte Marktbedingungen und neue Produkte anpassen – sie sind **unflexibel.**

3.3.2   Fertigungsarten nach der Art der Organisation

■ Werkstattfertigung – flexibel, aber langsam

Werden einzelne *Verrichtungen zentralisiert*, so führt dies zur **Werkstattfertigung.**

Bei der Werkstattfertigung sind Universalmaschinen gleichen Typs (z. B. Fräsmaschinen in der Fräserei für alle Fräsarbeiten) und Handarbeitsplätze mit gleicher Verrichtung örtlich konzentriert.

Die Werkstattfertigung erlaubt ein hohes Maß an **Flexibilität** und ist auf einem Markt, der durch zunehmende Produktvielfalt bei sinkender Lebensdauer der Produkte und kleiner werdenden Stückzahlen geprägt ist, die vorherrschende Organisationsform der Teilefertigung. Sie findet ihre Anwendung in der **Einzel- und Kleinserienfertigung.**

Serienfertigung

Massenfertigung

Fertigungs-
organisation

Werkstattfertigung

Das **Dilemma der Ablaufplanung** wird hier voll wirksam. Die optimale Auslastung der Maschinen führt zu hohen Durchlaufzeiten und langen Transportwegen.

BEISPIEL

Verrichtungsprinzip

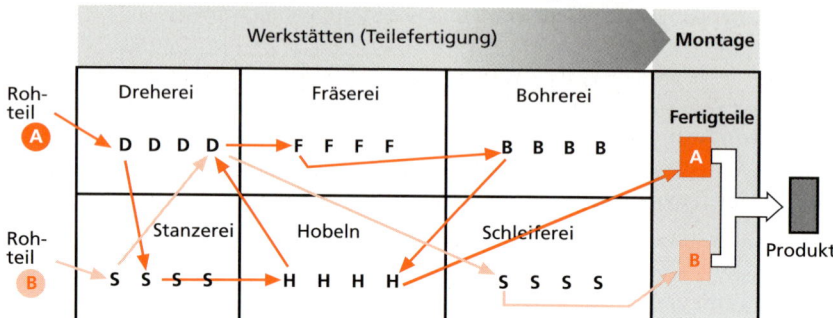

Fertigungsdurchlauf im Verrichtungsprinzip

■ *Fließfertigung – schnell, aber unflexibel*

Fließfertigung

Werden die Fertigungsmaschinen und Arbeitsplätze nach den Arbeitsobjekten ausgerichtet, so spricht man von **Fließfertigung.**

Flussprinzip

Hier werden die *Verrichtungen dezentralisiert* (d.h. es können an verschiedenen Arbeitsplätzen Bohrvorgänge stattfinden). Die einzelnen Arbeitsplätze sind nach dem Produktionsablauf angeordnet **(Flussprinzip).** Im Idealfall erfolgt dabei eine *ununterbrochene Bearbeitung* des Arbeitsobjekts von Arbeitsgang zu Arbeitsgang.

BEISPIEL

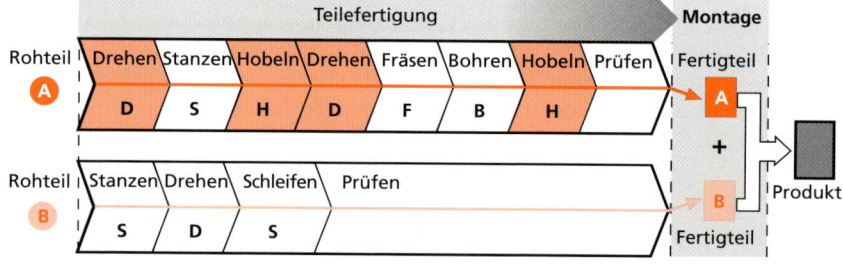

Fertigungsdurchlauf im Flussprinzip

Sollen andere Produkte oder Produktvarianten gefertigt werden, so bedarf es – sofern überhaupt möglich – erheblicher Einrichtungs- und Umstellungsaufwendungen.

Großserienfertigung

Das Fließband ist deshalb in der **Großserienfertigung** von konstruktiv ausgereiften Erzeugnissen (Automobilbau, Elektrogerätebau usw.) wirtschaftlich.

Fließbandfertigung

Werden die Arbeitsobjekte auf festen Fördereinrichtungen, den Fließbändern, von Arbeitsplatz zu Arbeitsplatz transportiert, so liegt **Fließbandfertigung** vor.

Taktfertigung

Wenn die Bearbeitungszeiten an den einzelnen Arbeitsstationen durch die Transportgeschwindigkeit des Bandes vorgegeben sind (Zeitzwang), dann spricht man von **Taktfertigung.** Der Arbeitsablauf ist in viele kleine Schritte zerlegt.

BEISPIEL

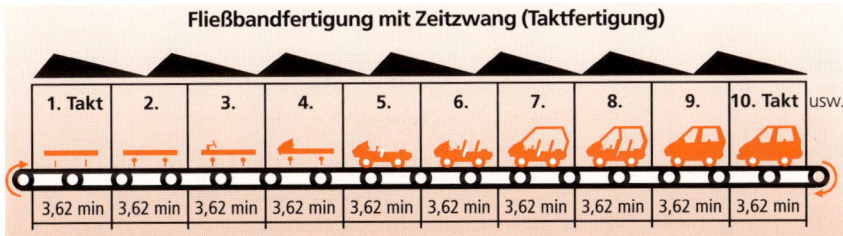

Fließbandfertigung mit Zeitzwang (Taktfertigung)

1. Takt	2.	3.	4.	5.	6.	7.	8.	9.	10. Takt	usw.
3,62 min	3,62 min	3,62 min	3,62 min	3,62 min	3,62 min	3,62 min	3,62 min	3,62 min	3,62 min	

Die Fließbandorganisation unterliegt wegen ihrer *sozialen Problematik* erheblicher Kritik. Dies wird verständlich, weil es Arbeitsplätze am Band gibt, wo Arbeiter u. U. bis zu 800-mal am Tag die gleichen Schrauben festziehen müssen.

Durch das Fließband mit Schleifen, Montageinseln und Gruppenarbeit gingen viele Betriebe dazu über, die *Arbeitsplätze menschlicher* zu gestalten, die *Qualität zu steigern*, den Zeitzwang zu mildern und nicht zuletzt die Fehlzeiten zu vermindern.

BEISPIEL

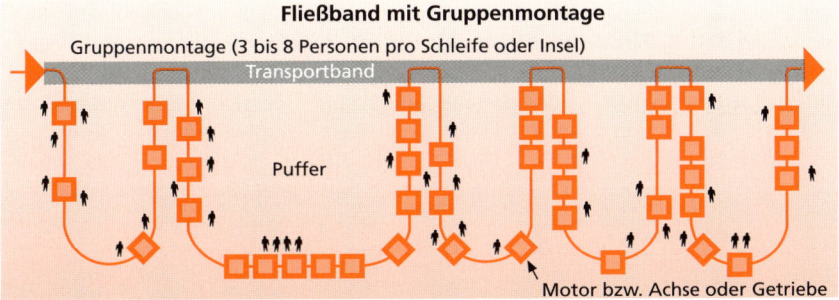

Fließband mit Gruppenmontage

Gruppenmontage (3 bis 8 Personen pro Schleife oder Insel)

Transportband

Puffer

Motor bzw. Achse oder Getriebe

Gruppenmontage

Werden zwischen den Arbeitsplätzen Pufferlager eingerichtet, dann liegt **Reihenfertigung** vor. Die Arbeitskräfte können ihr Arbeitstempo weitgehend selbst bestimmen und gleichzeitig verschiedene Produktvarianten fertigen. Die Reihenfertigung wird angewendet, wenn aufgrund der großen Produktvielfalt eine genaue Zeitvorgabe für jeden Arbeitsgang nicht möglich ist.

Reihenfertigung

■ Baustellenfertigung

Ist der Arbeitsgegenstand ortsgebunden, dann spricht man von **Baustellenfertigung.** Arbeitskräfte, Betriebsmittel und Rohstoffe müssen zum Fertigungsort (Haus, Brücke, Straße usw.) gebracht werden.

Baustellen-fertigung

■ Inselfertigung – reif für die Insel

Werden einzelne Baugruppen, Teilprodukte oder komplette Produkte *an einem Ort* gefertigt und alle benötigten Werkstoffe und Betriebsmittel dorthin gebracht, dann liegt eine **Gruppen- oder Inselfertigung** vor.

Inselfertigung

Gruppenfertigung

Die Inselfertigung nutzt die Vorteile der Werkstatt- und Fließfertigung und ist eine **Kombination** beider Organisationstypen. Alle Maschinen und Arbeitsplätze, die für einen Teil-Fertigungsablauf benötigt werden, sind zu einer Gruppe zusammengefasst. Die einzelnen Gruppen sind nach dem Fließprinzip geordnet.

In der **Fertigungsinsel** werden alle Betriebsmittel, die zur vollständigen Bearbeitung mehrerer Baugruppen oder Teilprodukte notwendig sind, zu einer organisatorischen Einheit zusammengefasst (man spricht von einer „Baustelle im Betrieb").

Fertigungsinsel

BEISPIEL EINER FERTIGUNGSINSEL

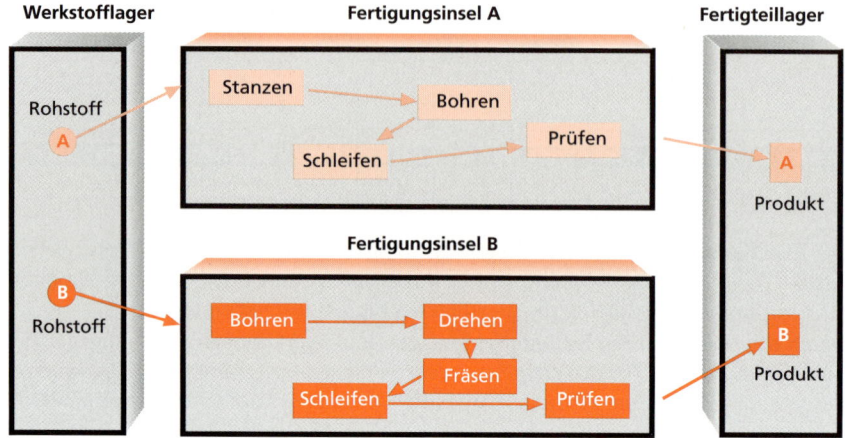

Das Tätigkeitsgebiet der Mitarbeiter wird um die Aufgaben Fertigungsplanung, -steuerung und -kontrolle bereichert. Die Mitarbeiter einer Fertigungsinsel steuern sich damit selbst. Der Vorteil der Inselfertigung liegt darin, dass durch den Verzicht auf eine strenge Arbeitsteilung die Flexibilität und Übersicht verbessert und die Durchlaufzeiten verkürzt werden. Durch die größere Verantwortung und Motivation des einzelnen Gruppenmitglieds ist mit der Inselfertigung eine merkliche Qualitätssteigerung verbunden. Nachteilig ist die ungenügende Auslastung der Betriebsmittel, der hohe Vorbereitungsaufwand zur Gruppierung von Werkstücken und Maschinen und der hohe Bedarf an qualifiziertem Personal.

FALLBEISPIEL

Handlungs- und Entscheidungsspielraum in den Fertigungsinseln der Weller KG

4 Produktionsplanung und -steuerung – computergestützt

FALLBEISPIEL

Am 31. August trifft die Bestellung der Großhandlung Alfred E. Dicken ein.

Alfred E. Dicken – Innenaustattung

...

vielen Dank für Ihr Angebot vom 20. August.
Wir bestellen hiermit

          125 Stahlrohrtische, Modell „Junior".

Bitte liefern Sie uns die Stahlrohrtische bis spätestens
19. November (BKT 223) wie angeboten.

...

Herr Schick, Verkauf Produktbereich Tische, leitet den Kundenauftrag noch am gleichen Tag an die Produktionsabteilung weiter.

4.1 Erfassung des Kundenauftrags

Bevor der Auftrag eines Kunden erfasst wird, ist abzuklären, ob der gewünschte Liefertermin eingehalten werden kann (Verfügbarkeitsprüfung). Danach wird eine **Kundenauftragsnummer** (laufende Nummer) vergeben, um den Auftrag unverwechselbar kenntlich zu machen.

Anschließend wird die **Kundennummer** aus der Kundendatei herausgesucht bzw. neu vergeben. Dann werden die **Auftragsdaten,** z.B. Bestelldatum, Auftragseingangsdatum, Liefertermin, Kundenadresse, Kurzbezeichnung des Erzeugnisses (Sachnummer), Auftragsmenge und -wert erfasst.

BEISPIEL
Computergestützte Auftragserfassung

Kundenaufträge bearbeiten								
Kunden-Auftrags-Nr.: 86				Bestellung-Nr.: 105				
Bestellung vom/Auftragseingang: 08-31				Fabrikkalendertag: 167				
Kundenwunsch: 223 (11-19)				Interner Fertigstellungstermin: 222 (11-18)				
Kunden-Nr.: 701				Kundenname: Alfred E. Dicken				
Rabatt: 15,00	Bonus: 0,00	Skonto: 2,00	Skontotage: 10	Ziel: 30				
Pos.	Teile-Nr.	Auftrags-menge	Mengen-einheit	Einzel-preis	Rabatt %	Auftrags-wert	MWSt[1] %	Termin
10	450000	125	Stück	100,00	15,00	10625,00	16,00	223

4.2 Schaffung der Datenbasis

Im Folgenden soll die **fertigungsbezogene Auftragsabwicklung** am Beispiel eines Stahlrohrtisches nachvollzogen werden. Anhand der Stücklisten kann das Material, anhand der Arbeitspläne kann die Fertigung disponiert werden.

[1] Hinweis: Ab dem 01.01.2007 gibt es voraussichtlich eine Erhöhung der Mehrwertsteuer (Umsatzsteuer) von 16 % auf 19 %.

4.2.1 Erstellung der Stücklisten – Struktur- und Mengenstückliste

■ *Vom Erzeugnisaufbau zur Strukturstückliste*

FALLBEISPIEL

Fertigungs-stufen

Bau- bzw. Fertigungsstufen des Stahlrohrtisches

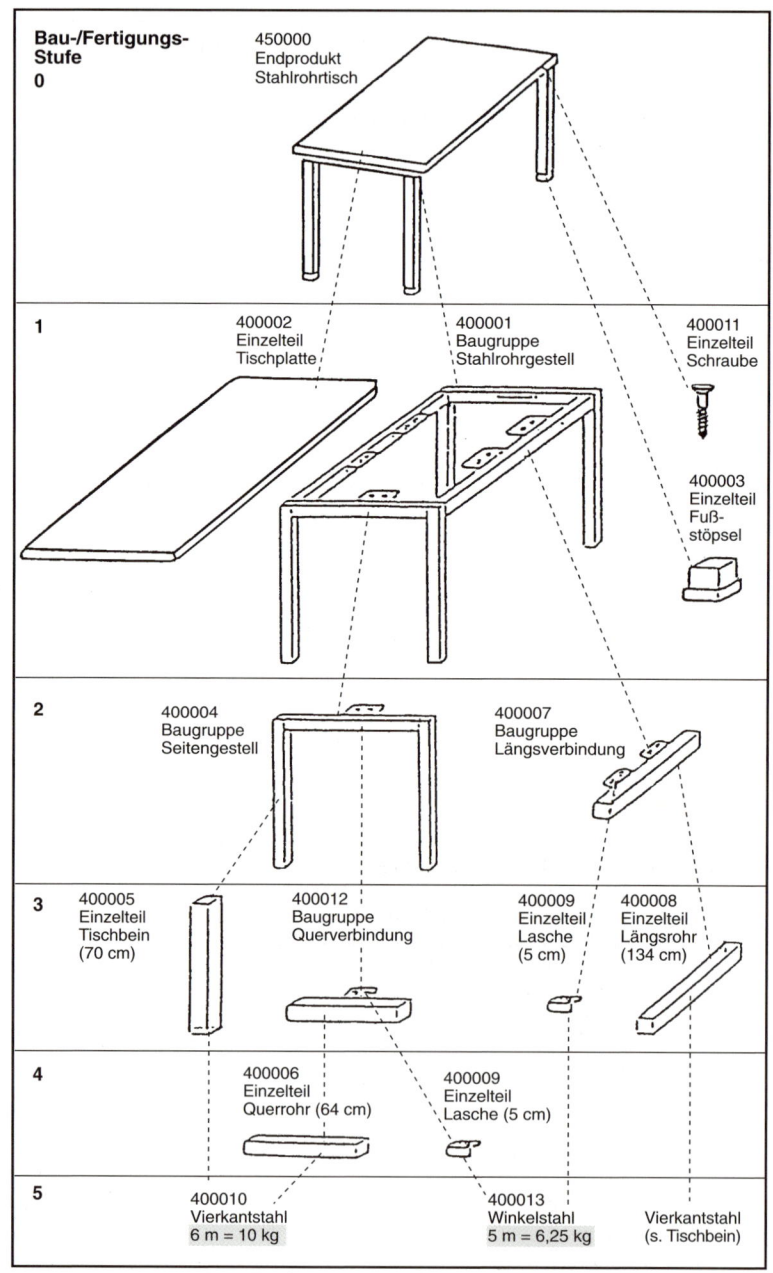

Bau-/Fertigungs-Stufe 0
450000 Endprodukt Stahlrohrtisch

Stufe 1
400002 Einzelteil Tischplatte
400001 Baugruppe Stahlrohrgestell
400011 Einzelteil Schraube
400003 Einzelteil Fußstöpsel

Stufe 2
400004 Baugruppe Seitengestell
400007 Baugruppe Längsverbindung

Stufe 3
400005 Einzelteil Tischbein (70 cm)
400012 Baugruppe Querverbindung
400009 Einzelteil Lasche (5 cm)
400008 Einzelteil Längsrohr (134 cm)

Stufe 4
400006 Einzelteil Querrohr (64 cm)
400009 Einzelteil Lasche (5 cm)

Stufe 5
400010 Vierkantstahl 6 m = 10 kg
400013 Winkelstahl 5 m = 6,25 kg
Vierkantstahl (s. Tischbein)

FALLBEISPIEL

Grafischer Strukturbaum für den Stahlrohrtisch

Hinweis: Die Mengenangaben beziehen sich immer auf eine Mengeneinheit des übergeordneten Bauteils.

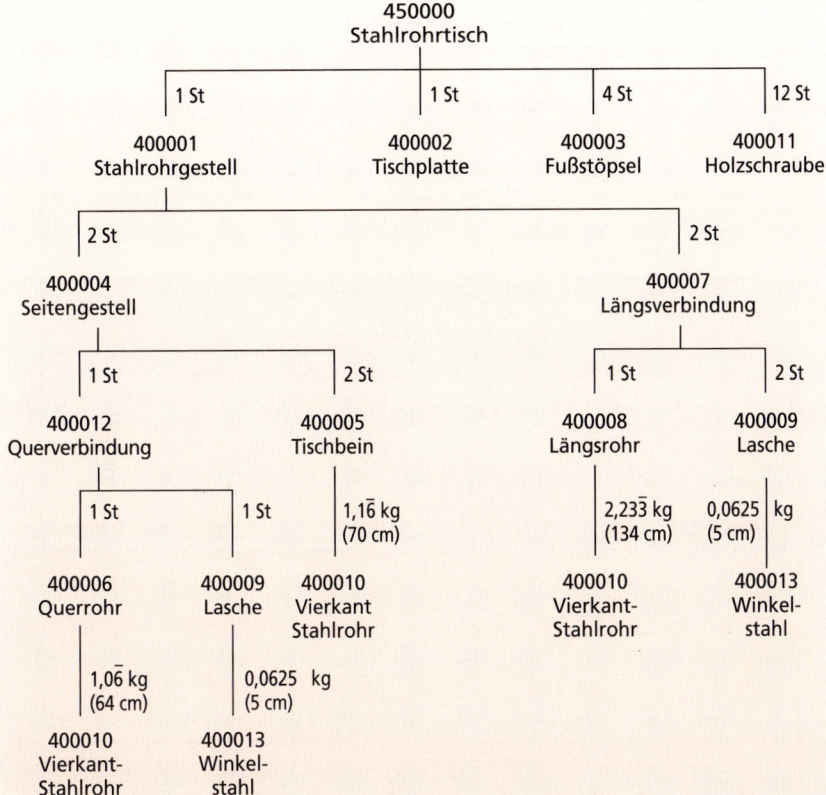

Darstellung des Erzeugnisstrukturbaums im PPS-System

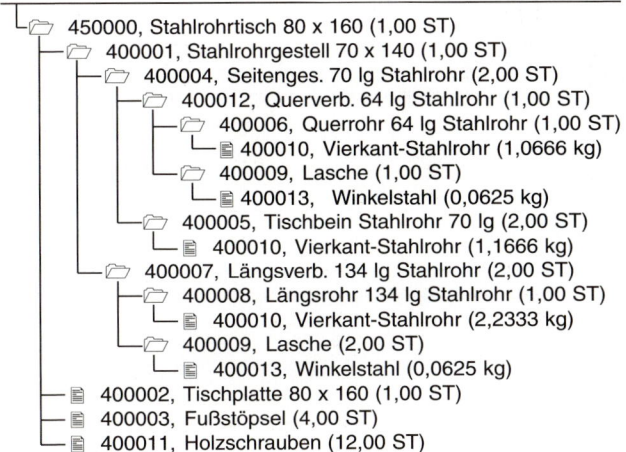

```
450000, Stahlrohrtisch 80 x 160 (1,00 ST)
    400001, Stahlrohrgestell 70 x 140 (1,00 ST)
        400004, Seitenges. 70 lg Stahlrohr (2,00 ST)
            400012, Querverb. 64 lg Stahlrohr (1,00 ST)
                400006, Querrohr 64 lg Stahlrohr (1,00 ST)
                    400010, Vierkant-Stahlrohr (1,0666 kg)
                400009, Lasche (1,00 ST)
                    400013,  Winkelstahl (0,0625 kg)
            400005, Tischbein Stahlrohr 70 lg (2,00 ST)
                400010, Vierkant-Stahlrohr (1,1666 kg)
        400007, Längsverb. 134 lg Stahlrohr (2,00 ST)
            400008, Längsrohr 134 lg Stahlrohr (1,00 ST)
                400010, Vierkant-Stahlrohr (2,2333 kg)
            400009, Lasche (2,00 ST)
                400013, Winkelstahl (0,0625 kg)
    400002, Tischplatte 80 x 160 (1,00 ST)
    400003, Fußstöpsel (4,00 ST)
    400011, Holzschrauben (12,00 ST)
```

Teilestammdaten

Auf der Basis dieses Erzeugnis-Strukturbaums werden in das PPS-System die **Teilestammdaten** erfasst, z. B. Teileart (z. B. G = Baugruppe, T = Einzelteil, R = Rohstoff), Bezugsart (E = Eigenfertigung, F = Fremdbezug), Maßeinheit (z. B. Stück, cm, kg).

Danach müssen die **Baukastenstücklisten** für jede *eigengefertigte* Komponente (Baugruppen, Teile, Rohstoffe) erstellt werden. Aus diesen Baukastenstücklisten generiert das PPS-System die **Struktur- und Mengenstücklisten.**

FALLBEISPIEL

Baukastenstücklisten

Baukastenstücklisten für einen Stahlrohrtisch

Hinweis: Für den Stahlrohrtisch ergeben sich neun Baukastenstücklisten, von diesen werden im Folgenden fünf Baukastenstücklisten exemplarisch dargestellt.

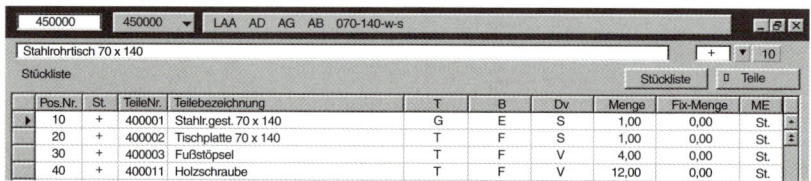

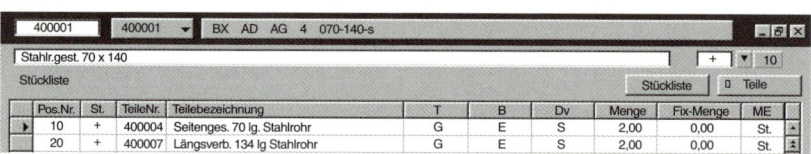

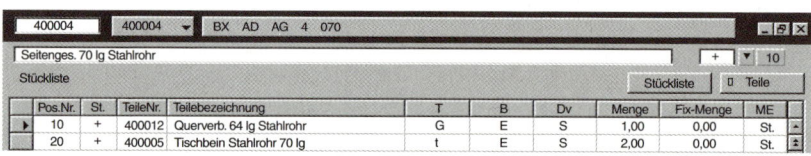

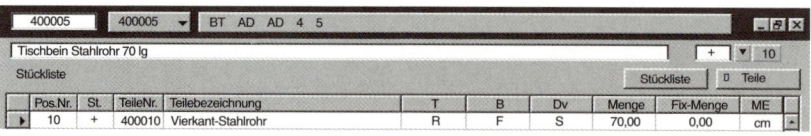

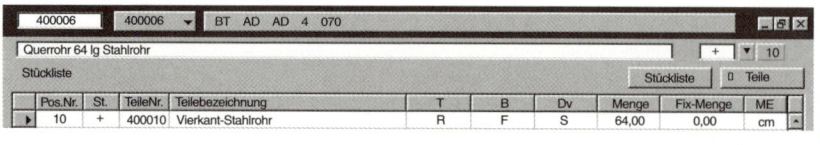

■ *Von der Strukturstückliste zur Mengenübersichtsstückliste*

FALLBEISPIEL

Strukturstückliste für einen Strahlrohrtisch

Strukturstückliste

Darstellungen Strukturstückliste							
450000 Stahlrohrtisch 80 x 160							
Baustufe	PosNr	TeileNr	Benennung	TA	BA	Bedarf	ME
1	10	400001	Stahlr.gest. 70 x 140	G	E	1,00	ST
. 2	10	400004	Seitenges. 70 lg Stahlrohr	G	E	2,00	ST
. . 3	10	400012	Querverb. 64 lg Stahlrohr	G	E	1,00	ST
. . . 4	10	400006	Querrohr 64 lg Stahlrohr	T	E	1,00	ST
. . . . 5	10	400010	Vierkant-Stahlrohr	R	F	1,07	kg.
. . . 4	20	400009	Lasche	T	E	1,00	ST
. . . . 5	10	400013	Winkelstahl	R	F	0,0625	kg.
. . 3	20	400005	Tischbein Stahlrohr 70 lg	T	E	2,00	ST
. . . 4	10	400010	Vierkant-Stahlrohr	R	F	1,1666	kg.
. 2	20	400007	Längsverb. 134 lg Sthalrohr	G	E	2,00	ST
. . 3	10	400008	Längsrohr 134 lg Stahlrohr	T	E	1,00	ST
. . . 4	10	400010	Vierkant-Stahlrohr	R	F	2,2333	kg.
. . 3	20	400009	Lasche	T	E	2,00	ST
. . . 4	10	400013	Winkelstahl	R	F	0,0625	kg.
1	20	400002	Tischplatte 80 x 160	T	F	1,00	ST
1	30	400003	Fußstöpsel	T	F	4,00	ST
1	40	400011	Holzschraube	T	F	12,00	ST

Kürzel: TA = Teileart; G = Baugruppe; T = Einzelteil; R = Rohstoff;
BA = Bezugsart; E = Eigenfertigung; F = Fremdbezug;
ME = Mengeneinheit, ST = Stück

Mengenübersichtsstückliste für einen Stahlrohrtisch

Herleitung der Mengenübersichtsstückliste aus der Strukturstückliste:

Mengenübersichts-
stückliste

Struktur- bzw. Gesamtstückliste
für einen Stahlrohrtisch

Teil 4000...I					Menge			
01					1			
	04					2		
		12					1	
			06					1
				10				1,0666
			09					1
				13				0,0625
	05						2	
			10					1,1666
	07					2		
		08					1	
			10					2,2333
		09					2	
			13					0,0625
02					1			
03					4			
11					12			

Mengenübersichtsstückliste
für einen Stahlrohrtisch

Teil	Menge
400001	1
400002	1
400003	4
400004	2 (2·1)
400005	4 (2·2·1)
400006	2 (1·1·1·2)
400007	2 (2·1)
400008	2 (1·2·1)
400009	6 (1·1·2·1 + 2·2·1)
400010	11,266 kg
400011	12
400012	2 (1·2·1)
400013	0,375 kg

400010: $1,0666 \cdot 1 \cdot 1 \cdot 2 + 1,1666 \cdot 2 \cdot 2 \cdot 1 + 2,2333 \cdot 1 \cdot 2 \cdot 1 = 11,266$ kg
400013: $0,0625 \cdot 1 \cdot 1 \cdot 2 + 0,0625 \cdot 2 \cdot 2 \cdot 1 = 0,375$ kg

```
┌─────────────────────────────────────────────────────────────────────┐
│ Darstellungen Mengenstückliste                          [_][□][X]    │
├─────────────────────────────────────────────────────────────────────┤
│ 450000   TA: E   K1: LAA***AD**AG**AB**-700-140-w-s St: +            │
│ Stahlrohrtisch 80 x 160                                              │
│                                                                       │
│ Verwendete Stückliste aus Plan: 450000, Variante:                    │
│ ───────────────────────────────────────────────────────────────     │
│ LfdNr  TeileNr   Benennung                 TA  BA   Menge   ME       │
│    1   400001    Stahlr.gest. 70 x 140      G   E       1   ST       │
│    2   400002    Tischplatte 80 x 160       T   F       1   ST       │
│    3   400003    Fußstöpsel                 T   F       4   ST       │
│    4   400004    Seitenges. 70 lg Stahlrohr G   E       2   ST       │
│    5   400005    Tischbein Stahlrohr 70 lg  T   E       4   ST       │
│    6   400006    Querrohr 64 lg Stahlrohr   T   E       2   ST       │
│    7   400007    Längsverb. 134 lg Stahlrohr G  E       2   ST       │
│    8   400008    Längsrohr 134 lg Stahlrohr T   E       2   ST       │
│    9   400009    Lasche                     T   E       6   ST       │
│   10   400010    Vierkant-Stahlrohr         R   F  11,266   kg.      │
│   11   400011    Holzschraube               T   F      12   ST       │
│   12   400012    Querverb. 64 lg Stahlrohr  G   E       2   ST       │
│   13   400013    Winkelstahl                R   F   0,375   kg.      │
└─────────────────────────────────────────────────────────────────────┘
```

4.2.2   Erstellung der Arbeitspläne – Basis- und Auftragsarbeitsplan

Arbeitsplanung

Die **Arbeitsplanung** legt im Wesentlichen den zeitlichen und logischen Arbeitsablauf fest. Der Arbeitsplan ist der zentrale Datenträger in der Fertigung und enthält detaillierte Anweisungen an die Fertigung, nach denen der Fertigungsvollzug in fertigungstechnischer Hinsicht sicher und reibungslos vorgenommen werden kann. Auf der Grundlage des Arbeitsplans werden *Arbeitsunterweisungen* für die Mitarbeiter erstellt.

ARTEN VON ARBEITSPLÄNEN

Basis-, Auftragsarbeitsplan

Basisarbeitsplan	Auftragsarbeitsplan
• auftragsunabhängig	• auftragsabhängig
• auf eine Mengeneinheit bezogen	• auf die Auftragsmenge bezogen

Zur Erstellung eines Arbeitsplans sind folgende Informationen erforderlich:

Technische Unterlagen	Arbeitsunterlagen
• Zeichnungsdaten	• Arbeitsgangfolge
• Stücklistendaten	• Maschinenzuordnung/ benötigte Werkzeuge
• Betriebsdaten (Maschinen-/Werkzeug- und Materialverzeichnisse)	• Arbeitszeiten für die Arbeitsgänge
	• Bestimmung der Lohngruppen/ Arbeitswerte

MERKE

Zeichnungen + Stücklisten + Betriebsdaten   **= Basisarbeitsplan**
                               + Auftragsdaten **= Auftragsarbeitsplan**

Im Basisarbeitsplan wird festgelegt (die betreffenden Textteile sind nummeriert):

① was bearbeitet werden soll (**Arbeitsobjekt),**

② welche Arbeiten (**Arbeitsvorgänge**) zu verrichten sind,

③ in welcher **Reihenfolge** die Arbeiten zu verrichten sind,

④ an welchen **Arbeitsplätzen** die Arbeiten vorgenommen werden,

⑤ in welcher **Zeit** (Rüst-, Stück-, Belegungszeit) die Arbeiten verrichtet werden und

⑥ welche **Bauteile** dafür benötigt werden.

BEISPIEL

Basisarbeitsplan für die Fertigung eines Stahlrohrgestells

Basisarbeitsplan

	Basisarbeitsplan bearbeiten									
①	Arbeitsplan:	400 001								
	Arbeitsobjekt:	Stahlrohrgestell 70 x 140								
	Zeichnungs-Nr.:	2-4-91								
	Vor-gang	Platz-Nr.	SP	Übergangs-menge	Lohn-art	Lohn-gruppe	Zeit-einheit	Rüst-zeit	Stück-zeit	Belegungs-zeit	Übergangs-zeit
	1	600 000	1	100	EA	7	Min	10	6	16	240
⑥ ②	2 Seitengestelle und 2 Längsverbindungen zum Gestell zusammenschweißen									
	2	700 000	1	100	EA	7	Min	3	5	8	240
	Gestell sandstrahlen									
	3	700 000	1	100	EA	7	Min	20	8	28	120
	Gestell lackieren									

③   ④   ⑤

Erläuterungen zum Arbeitsplan:

- Kopfteil: Enthält allgemeine Daten (Arbeitsplan-, Zeichnungsnummer, Abmessungen) des herzustellenden Arbeitsobjekts.

- Mittelteil: Enthält Informationen über die Arbeitsvorgänge, deren Reihenfolge, die Arbeitsplätze, Sollzeitvorgaben, Stundensätze und Lohnschlüssel (**Fertigungsteil**).

- Fußteil: Hier sind die benötigten Materialien und Werkzeuge mit Lagernummern aufgeführt (**Materialteil**).

Begriffe:

- Übergangsmenge: Hier wird angegeben, nach welcher gefertigten Menge eine Weitergabe an den folgenden Arbeitsplatz stattfinden soll. Dies ermöglicht die Verkürzung von Durchlaufzeiten *(Überlappung)*.

- Übergangzeit: besteht aus Transportzeit zum nächsten Arbeitsplatz, Liege- und Wartezeiten vor und nach dem Bearbeiten (z.B. Auskühlen).

- Splittungsfaktor (SP):   Splitting bedeutet, dass Teilmengen gleichzeitig an mehreren Arbeitsplätzen gefertigt werden können (SP = 1, es gibt einen Parallelarbeitsplatz).

- Lohnart (LA):   Zeitlohn (ZL), Einzelakkord (EA), Gruppenakkord (GA).

- Belegungszeit: ist der Zeitbedarf für die Abwicklung eines Auftrags an einem Arbeitsplatz. Sie besteht aus der Rüstzeit und der Bearbeitungszeit. Im Basisarbeitsplan bezieht sich die Belegungszeit immer auf ein Stück.

Übergangs-menge
→ s. Abschnitt 4.5.2

Übergangzeit

Splittungsfaktor (SP)
→ s. Abschnitt 4.5.2

Lohnart (LA)

Belegungszeit

Anhand der auftragsunabhängigen Basisarbeitspläne für jede zu fertigende Komponente entstehen die Auftragsarbeitspläne. Letztere sind auf die Auftragsmenge bezogen.

FALLBEISPIEL

Auftragsarbeitsplan für die Fertigung des Stahlrohrgestells 400001

Auftrags-arbeitsplan

Auftragsarbeitsplan bearbeiten									
Fertigungsauftrag-Nr.: 1				Termin: 220					
Auftragsmenge: 95				Auftragswert:					
Teile-Nr.: 400 001				Benennung: Stahlrohrgestell 70 x 140					
Vor-gang	Platz-Nr.	SP	Übergangs-menge	Lohn-art	Lohn-gruppe	Zeit-einheit	Rüst-zeit	Stück-zeit	Belegungs-zeit	Übergangs-zeit
1	600 000	1	100	EA	7	Min	10	6	580	240
2 Seitengestelle und 2 Längsverbindungen zum Gestell zusammenschweißen										
2	700 000	1	100	EA	7	Min	3	5	478	240
Gestell sandstrahlen										
3	700 000	1	100	EA	7	Min	20	8	780	120
Gestell lackieren										

Auftragsarbeitsplan bearbeiten									
Fertigungsauftrag-Nr.: 1				Termin: 215					
Auftragsmenge: 500				Auftragswert:					
Teile-Nr.: 400 004				Benennung: Seitengestell 70 cm lang					
AVO	Typ	Platz-Nr.	SP	Übergangs-menge	Lohn-art	Lohn-gruppe	Zeit-einheit	Rüst-zeit	Stück-zeit	Belegungs-zeit	Übergangs-zeit
10	P	600000 0	100	EA	7	Min	10	4	2010	240	
20	T	Tischbein und Querverbindung zum Seitengestell zusammenschweißen									

→ siehe LF 6

Material-disposition

4.3   Materialdisposition – Mengen- und Zeitplanung

Stücklistenauf-lösung

4.3.1   Ermittlung der Bedarfsmenge – Stücklistenauflösung

■ *Materialdispositionsverfahren – stochastisch oder deterministisch*

Für die Ermittlung der Bedarfsmenge können zwei Verfahren angewandt werden.

Verbrauchs-orientierte Materialdisposition

● *Verbrauchsorientierte Materialdisposition – stochastisch*

Dieses Verfahren stützt sich auf die Verbrauchsmengen der Vergangenheit. Die Fortschreibung der Vergangenheitsdaten in die Zukunft ist mit Unsicherheiten behaftet, deshalb nennt man dieses Verfahren auch stochastisch (= wahrscheinlich). Der Bedarf wird dann festgestellt, wenn der Lagerbestand aufgrund des laufenden Verbrauchs einen bestimmten Bestand (Meldebestand) erreicht hat. Das Lager meldet dann der Einkaufsabteilung, dass neue Ware bestellt werden muss. Da die Bedarfsvorhersage relativ unsicher ist, wird ein Sicherheitsbestand angelegt, der im Normalfall nicht unterschritten werden sollte.

Diese Art der Disposition ist für Güter sinnvoll, deren Lagerhaltung nur geringe Kosten verursacht (so genannte C-Güter) oder deren Verbrauch gleichmäßig verläuft.

● Bedarfsorientierte Materialdisposition – deterministisch

Bei diesem Verfahren wird der Bedarf aufgrund vorliegender Kunden- oder Lageraufträge anhand von Struktur- und Mengenstücklisten bestimmt (= determiniert).

Diese Art der Disposition ist für Güter sinnvoll, deren Lagerhaltung aufgrund ihres hohen Werts sehr hohe Kosten verursacht (so genannte A-Güter). Das können auch besonders sperrige Güter oder Güter sein, die gekühlt gelagert werden müssen. Auch bei diesem stücklistenorientierten Dispositionsverfahren sollte ein Sicherheitsbestand angelegt werden.

■ Grundbegriffe der Bedarfsrechnung

Bedarf ist die Menge, die
- von externen Kunden als Erzeugnisse oder Ersatzteile verlangt wird,
- intern zur Fertigung von Komponenten (Baugruppen, Einzelteile, Rohmaterialien) benötigt wird,
- von externen Lieferern bezogen wird (Rohstoffe, Einzelteile, Halbfabrikate).

Nach dem Ursprung des Bedarfs und der Erzeugnisebene werden drei Bedarfsarten unterschieden.

Primärbedarf	Bedarf an verkaufsfähigen **Enderzeugnissen, Ersatzteilen** oder Handelswaren. Die Bedarfsermittlung geschieht vorwiegend nach dem verbrauchsorientierten Dispositionsverfahren.
Sekundärbedarf	Bedarf an **Baugruppen, Einzelteilen und Rohstoffen** zur Fertigung des Primärbedarfs (Komponentenebene). Die Bedarfsermittlung geschieht vorwiegend nach dem stücklisten- bzw. bedarfsorientierten Dispositionsverfahren.
Tertiärbedarf	Bedarf an **Hilfs- und Betriebsstoffen** sowie Verschleißwerkzeugen. Die Bedarfsermittlung geschieht in der Regel außerhalb des PPS-Systems.

Als **Bruttobedarf** wird der Gesamtbedarf an Enderzeugnissen (Primärbedarf) bzw. Komponenten (Sekundärbedarf) ohne Rücksicht auf die frei disponierbaren Lager- oder Bestellbestände bezeichnet. Unter Bestellbestand sind bestellte, aber noch nicht gelieferte Mengen zu verstehen. Der *Primärbedarf* ergibt sich aus dem Kunden- oder Lagerauftrag für ein Enderzeugnis oder eine Baugruppe. Anhand der Erzeugnisstruktur bzw. der Mengenstückliste kann nun der *Sekundärbedarf* für alle nachfolgenden Komponenten errechnet werden.

FALLBEISPIEL

Bruttobedarfsermittlung

Teile-Nr.	Benennung	Bruttobedarf für 1 Stahlrohrtisch	Bruttobedarf für 20 Stahlrohrtische	Bruttobedarf für 125 Stahlrohrtische
450000	Stahlrohrtisch	1	20	125
400001	Stahlrohrgestell	1	20	125

Marginalien (rechte Spalte):
bedarfsorientierte Materialdisposition

Bedarfsrechnung

Bedarf

Primärbedarf

Sekundärbedarf

Tertiärbedarf

Bruttobedarf

Teile-Nr.	Benennung	Bruttobedarf für 1 Stahlrohrtisch	Bruttobedarf für 20 Stahlrohrtische	Bruttobedarf für 125 Stahlrohrtische
400002	Tischplatte	1	20	125
400003	Fußstöpsel	4	80	500
400004	Seitengestell	2	40	250
400005	Tischbein	4	80	500
400006	Querrohr	2	40	250
400007	Längsverbindung	2	40	250
400008	Längsrohr	2	40	250
400009	Lasche	6	120	750
400010	Vierkantstahlrohr	11,266 kg	225,333 kg	1408,333 kg
400011	Holzschraube	12	240	1500
400012	Querverbindung	2	40	250
400013	Winkelstahl	0,375 kg	7,500 kg	46,875 kg

MERKE

Nettobedarf

Werden vom Bruttobedarf die frei verfügbaren Lager- und Bestellbestände (disponierbare Bestände) bei der Bedarfsrechnung berücksichtigt, dann erhält man den **Nettobedarf**.

MERKE
Nettobedarf = Bruttobedarf - disponierbarer Bestand

	Stahlrohrtisch 450000	Stahlrohrgestell 400001	Seitengestell 400004	Tischbein 400005
Effektiver Lagerbestand – Sicherheitsbestand	50 Stück – 20 Stück	0 Stück – 0 Stück	250 Stück – 200 Stück	60 Stück – 0 Stück
= verfügbarer Bestand + Bestellbestand	30 Stück + 0 Stück	+ 0 Stück + 0 Stück	= 50 Stück + 0 Stück	= 60 Stück + 0 Stück
= disponierbarer Bestand	+ 30 Stück	+ 0 Stück	+ 50 Stück	+ 60 Stück
Bruttobedarf (für Auftrag) – disponierbarer Bestand	**125 Stück** – 30 Stück	·1 **95 Stück** – 0 Stück	·2 **190 Stück** – 50 Stück	·2 **280 Stück** – 60 Stück
= Nettobedarf	**= 95 Stück**	**= 95 Stück**	**= 140 Stück**	**= 220 Stück**

Der Bruttobedarf der nächstniedrigeren Baugruppe ist gleich dem Nettobedarf der übergeordneten Baugruppe multipliziert mit der Menge, in die der die nächstniedrigere Baugruppe in der übergeordneten Baugruppe enthalten ist. Die Baugruppe Seitengestell ist zweimal in der Baugruppe Stahlrohrgestell enthalten. Der Bruttobedarf der Baugruppe Seitengestell ist damit gleich dem Nettobedarf der Baugruppe Stahlrohrgestell multipliziert mit zwei (95 · 2 = 190).

FALLBEISPIEL

Nettobedarfsermittlung für 125 Stahlrohrtische mithilfe der Erzeugnisstruktur

Hinweise:

M = Menge, mit der eine Komponente in die übergeordnete Baugruppe eingeht

B = Bruttobedarf (wird für den Auftrag reserviert)

D = Disponierbarer Bestand ist vorgegeben

N = Nettobedarf

Nettobedarfs-ermittlung

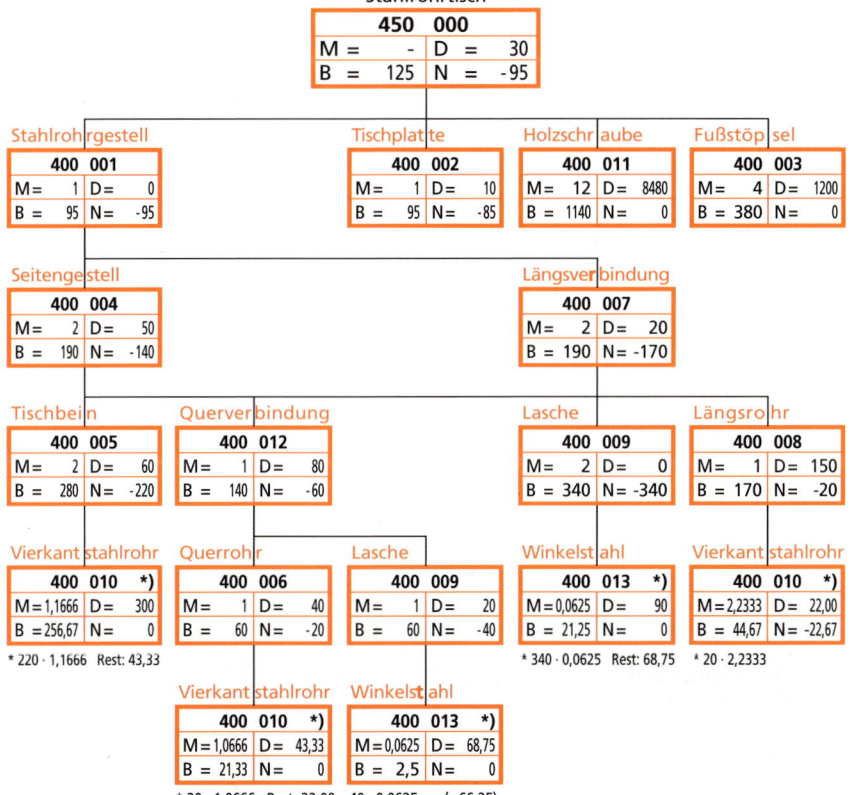

Hinweise zu den Berechnungen:

Rohstoff 400010 (Vierkantstahlrohr): Das Teil kommt in drei verschiedenen Baugruppen vor. Es ist zuerst in 400005 (Tischbein) enthalten. Da von den Tischbeinen nach Abzug des disponierbaren Bestands 220 Stück benötigt werden (60 – 280), errechnet sich für das untergeordnete Vierkantstahlrohr ein Bruttobedarf von 256,67 kg (1,166666 kg · 220). Der vorgegebene disponierbare Bestand beträgt 300 kg, so dass bei diesem Teil kein Nettobedarf entsteht (N = 0). Der restliche Bestand an Vierkantstahlrohr von 43,333 kg steht der nächsten Komponente (hier: 400006 = Querrohr) als disponierbarer Bestand zur Verfügung. Dort wird das Teil 20-mal gebraucht, sodass sich ein Bruttobedarf von 21,33 kg (1,06666 · 20) ergibt. Auch hier reicht der disponierbare Bestand aus, um den Bedarf zu decken (Nettobedarf = 0). Der restliche Bestand in Höhe von 22,00 kg (43,33 – 21,33) steht der nächsten Komponente 400008 (Längsrohr) als disponierbarer Bestand zur Verfügung. Dort wird das Vierkantstahlrohr 20-mal gebraucht, so dass sich ein Bruttobedarf von 44,67 kg (2,2333 · 20) ergibt. Da jetzt nur ein disponierbarer Bestand von 22,000 kg zur Verfügung steht, ergibt sich ein Nettobedarf von 22,67 kg (22,00 – 44,67).

Stahlrohrgestell (400 001): Diese Baugruppe ist im Endprodukt (450 000) einmal enthalten. Da sich beim übergeordneten Stahlrohrtisch ein Nettobedarf von 95 Tischen (D – B = –95) errechnet hat, entsteht für das untergeordnete Stahlrohrgestell ein Bruttobedarf von 1 · 95 = 95 Stück. Da von den Stahlrohrgestellen kein disponierbarer Bestand vorhanden ist, errechnet sich ein Nettobedarf von 0 – 95 = –95 Stück.

Seitengestell (400 004): Diese Baugruppe ist im Vorprodukt (400 001) zweimal enthalten. Da sich beim übergeordneten Stahlrohrgestell ein Nettobedarf von 95 Stahlrohrgestellen (D – B = –95) errechnet hat, entsteht für das untergeordnete Seitengestell ein Bruttobedarf von 2 · 95 = 190 Stück. Da beim Seitengestell ein disponierbarer Bestand in Höhe von 50 Stück vorhanden ist, errechnet sich ein Nettobedarf von 50 – 190 = –140 Stück.

Winkelstahl (400013): Dieser Rohstoff kommt in zwei verschiedene Baugruppen vor. Er ist zuerst in 400009 (Lasche für die Längsverbindung) enthalten. Da von diesen Laschen nach Abzug des disponierbaren Bestands von 0 noch 340 Stück benötigt werden (0–340), errechnet sich für den untergeordneten Winkelstahl ein Bruttobedarf von 21,250 kg (0,0625 kg · 340). Der vorgegebene disponierbare Bestand beträgt 90 kg, so dass bei diesem Rohstoff kein Nettobedarf entsteht (N = 0). Der restliche Bestand in Höhe von 90 – 21,250 = 68,750 kg steht der nächsten Komponente (hier: 400009 = Lasche für Querverbindung) als zusätzlich disponierbarer Bestand zur Verfügung (0 kg + 68,750 kg = 68,750 kg). Dort wird der Winkelstahl 40-mal gebraucht, sodass sich ein Bruttobedarf von 2,500 kg (0,0625 kg · 40) und ein Nettobedarf von 66,250 kg (68,750 – 2,500) errechnet, der für weitere Aufträge zur Verfügung steht.

Ein *negativer Nettobedarf* drückt aus, dass bei dieser Komponente ein Bedarf vorhanden ist. Ist der *Nettobedarf positiv*, dann sind von dieser Komponente noch Mengen für weitere Aufträge vorhanden.

Nettobedarfsermittlung für 125 Stahlrohrtische mit dem PPS-System
Teileübersichten

Teile-Nr.	Benennung	EfflaBest	-ReserBest	-SicheBest	=VerfuBest	+BesteBest	=DispoBest
400001	Stahlr. gest. 70 x 70	0,00	95,00	0,00	–95,00	0,00	–95,00
400002	Tischplatte 80 x 160	110,00	95,00	100,00	–85,00	0,00	–85,00
400003	Fußstöpsel	1.600,00	380,00	400,00	820,00	0,00	820,00
400004	Seitengestell 70 x 70	250,00	190,00	200,00	–140,00	0,00	–140,00
400005	Tischbein Stahlrohr	60,00	280,00	0,00	–220,00	0,00	–220,00
400006	Querrohr 64 lg Stahl	40,00	60,00	0,00	–20,00	0,00	–20,00
400007	Längsverb. 134 lg Sta	220,00	190,00	200,00	–170,00	0,00	–170,00
400008	Längsrohr 134 lg Sta	150,00	170,00	0,00	–20,00	0,00	–20,00
400009	Lasche	620,00	400,00	600,00	–380,00	0,00	–380,00
400010	Vierkant-Stahlrohr	1.500,00	322,67	1.200,00	–22,67	0,00	–22,67
400011	Holzschraube	9.680,00	1.140,00	1.200,00	7.340,00	0,00	7.340,00
400012	Querverb. 64 lg Stahl	80,00	140,00	0,00	–60,00	0,00	–60,00
400013	Winkelstahl	140,00	23,75	50,00	66,25	0,00	66,25
450000	Stahlrohrtisch 70 x	50,00	125,00	20,00	–95,00	0,00	–95,00

Hinweis:
Die *negativen* Dispo-Bestände entsprechen den Nettobedarfen der verschiedenen Komponenten. Die *positiven* Dispo-Bestände stehen für neue Aufträge zur Verfügung.

4.3.2 Ermittlung der Bedarfszeitpunkte – Durchlaufterminierung

■ *Ermittlung der Vorlaufzeiten*

Bei den Vorlaufzeiten geht es darum, die Zeitpunkte zu ermitteln, an denen die verschiedenen Komponenten eines Erzeugnisses oder einer Baugruppe bereitstehen müssen, damit ein Auftrag rechtzeitig fertig gestellt werden kann. Dabei bestimmt die Zeit, die zur Fertigung einer Komponente benötigt wird, zugleich die Zeit für die Beendigung einer Komponente auf der unmittelbar nachfolgenden Produktionsstufe.

PPS-Systeme unterscheiden zwischen der *„Vorlaufzeit"* und der *„gesamten Vorlaufzeit"*. Die **Vorlaufzeit** ist dabei die Fertigungs- und Montagezeit der unmittelbar übergeordneten Komponente, während bei der **gesamten Vorlaufzeit** die Vorlaufzeiten aller übergeordneten Komponenten bis auf Stufe 0 hochaddiert werden.

FALLBEISPIEL

Soll ein Kundenauftrag am 222. BKT (= Betriebskalendertag) fertig gestellt sein und beträgt die Montagezeit für die Stahlrohrtische (Stufe 0) 2 Tage, so müssen die Komponenten der unmittelbar nachfolgenden Produktionsstufe (Stufe 1 = Stahlrohrgestell, Tischplatte, Fußstöpsel, Holzschrauben) 2 Tage vorher bereitstehen. Die *Vorlaufzeit* für diese Komponenten beträgt somit 2 Tage auf Stufe 0. Benötigt man beispielsweise für die Montage des Stahlrohrgestells (Stufe 1) 5 Tage, so müssen dessen Komponenten auf der nächsten Produktionsstufe (Stufe 2 – Seitengestell, Längsverbindung) 5 Tage vor Beginn der Montage der Stahlrohrgestelle bereitstehen. Diese 5 Tage entsprechen der *Vorlaufzeit* der Seitengestelle und Längsverbindungen (Stufe 2) auf die Stahlrohrgestelle (Stufe 1). Die *gesamte Vorlaufzeit* für das Seitengestell und die Längsverbindung beträgt somit 2 + 5 = 7 Tage auf den Montagebeginn für die Stahlrohrtische (Stufe 0).

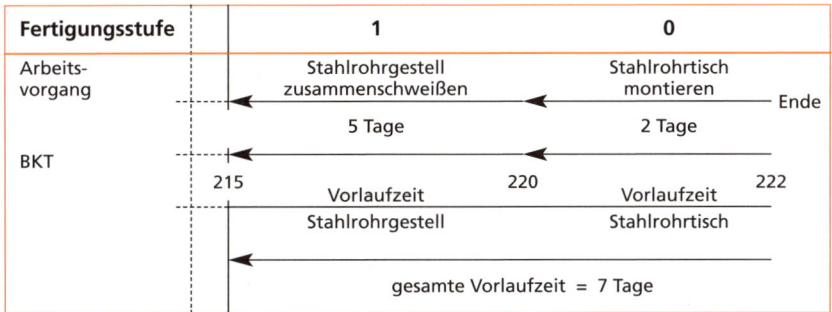

Fertigungsstufe	1	0
Arbeits-vorgang	Stahlrohrgestell zusammenschweißen	Stahlrohrtisch montieren — Ende
	5 Tage	2 Tage
BKT		
215	Vorlaufzeit 220	Vorlaufzeit 222
	Stahlrohrgestell	Stahlrohrtisch
	gesamte Vorlaufzeit = 7 Tage	

Hinweise:

Die im PPS-System angegebenen Zeiten sind Echtzeiten. So bedeuten z. B. 42:18 Stunden 42 Stunden und 18 Minuten. Die Stunde wird mit 60 Minuten gerechnet. Jeder Arbeitstag wird mit 8 Stunden gerechnet. Die Zeiten können in Tagen, Stunden, Minuten (d/h:m = 5/02:18) oder in Tagen mit drei Dezimalstellen (5,288 Tage) angegeben werden.

Das PPS-System verwendet für die Herstellungszeit einer bestimmten Teilmenge eine sinnvolle Losgröße, die für jede Komponente vorgegeben ist. Bei der Berechnung der Vorlaufzeiten wird der Zeitbedarf also nicht für die tatsächliche Menge (z. B. 95 Stahlrohrtische), sondern für die **sinnvolle Losgröße** (z. B. 100 Stahlrohrtische oder ein Vielfaches davon) ermittelt.

Zusammensetzung der Durchlaufzeit

Rüstzeit

Belegzeit

Ausführungszeit

Wiederbeschaffungszeit

DLZ = Durchlaufzeit

Zusammensetzung der Durchlaufzeit

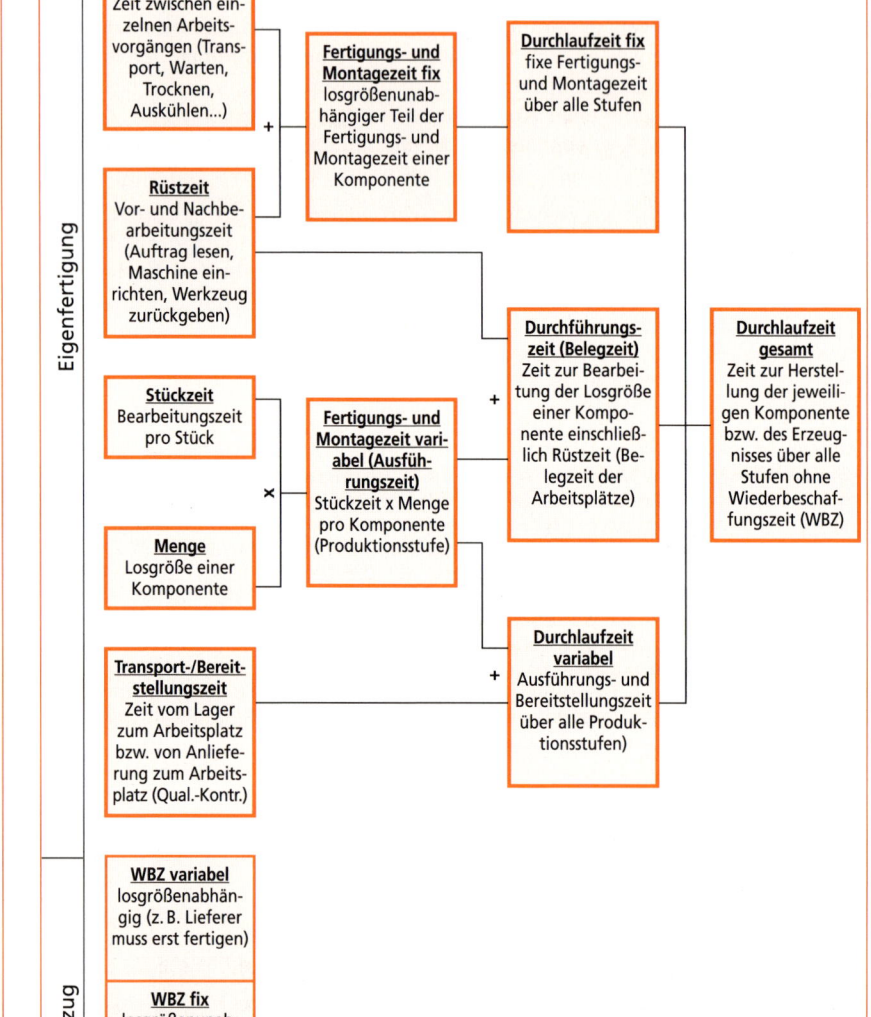

Warte-/Zwischenzeit
Zeit zwischen einzelnen Arbeitsvorgängen (Transport, Warten, Trocknen, Auskühlen...)

Rüstzeit
Vor- und Nachbearbeitungszeit (Auftrag lesen, Maschine einrichten, Werkzeug zurückgeben)

Stückzeit
Bearbeitungszeit pro Stück

Menge
Losgröße einer Komponente

Transport-/Bereitstellungszeit
Zeit vom Lager zum Arbeitsplatz bzw. von Anlieferung zum Arbeitsplatz (Qual.-Kontr.)

WBZ variabel
losgrößenabhängig (z. B. Lieferer muss erst fertigen)

WBZ fix
losgrößenunabhängig (z. B. Lieferer hat Ware auf Lager)

Eigenfertigung

Fremdbezug

+

×

+

Fertigungs- und Montagezeit fix
losgrößenunabhängiger Teil der Fertigungs- und Montagezeit einer Komponente

Fertigungs- und Montagezeit variabel (Ausführungszeit)
Stückzeit x Menge pro Komponente (Produktionsstufe)

Durchlaufzeit fix
fixe Fertigungs- und Montagezeit über alle Stufen

Durchführungszeit (Belegzeit)
Zeit zur Bearbeitung der Losgröße einer Komponente einschließlich Rüstzeit (Belegzeit der Arbeitsplätze)

+

Durchlaufzeit variabel
Ausführungs- und Bereitstellungszeit über alle Produktionsstufen)

Durchlaufzeit gesamt
Zeit zur Herstellung der jeweiligen Komponente bzw. des Erzeugnisses über alle Stufen ohne Wiederbeschaffungszeit (WBZ)

(WBZ = Wiederbeschaffungszeit)

Durchlaufzeit (bzw. Vorlaufzeit)

DLZ (fix)	▶ Ausführungszeit	▶ Transportzeit
Wartezeit	Rüstzeit	(Stückzeit · Stück)	vom Lager zum Arbeitsplatz

Belegungszeit

FALLBEISPIEL

Vorlaufzeiten für eigengefertigte Teile
Sinnvolle Losgröße für das Endprodukt: 100 Stück

Plan-Nr. (Kompo-nente)	Arbeits-platz	Rüstzeit (fix)	Wartezeit (fix)	Ferti-gungszeit (fix)	Stückzeit	Sinnvolle Losgr.	Ferti-gungszeit (variabel) Stückzeit	Fertigungszeit	
	Nr.	h:m	h:m	h:m	h:m	Stück	h:m	Gesamt h:m	gerundet d, ...
400 001	600 000	0:10	4:00	(4:10)	0:06		(10:00)		
	700 000	0:03	4:00	(4:03)	0:05		(8:20)		gerundet
	700 000	0:20	2:00	(2:20)	0:08		(13:20)		5 Tage
		0:33	10:00	10:33	0:19	100,00	31:40	42:13	5,277
400 004	600 000	0:10	4:00	(4:10)	0:04		(13:20)		gerundet
	200 000	0:08	4:00	(4:08)	0:04		(13:20)		4 Tage
		0:18	8:00	8:18	0:08	200,00	26:40	34:58	4,371
400 005	100 000	0:06	0:00	(0:06)	0:01		(6:40)		gerundet
	200 000	0:01	4:00	(4:01)	0:02		(13:20)		3 Tage
		0:07	4:00	4:07	0:03	400,00	20:00	24:07	3,015
400 006	100 000	0:06	0:00	(0:06)	0:01		(3:20)		gerundet
	200 000	0:01	4:00	(4:01)	0:02		(6:40)		2 Tage
		0:07	4:00	4:07	0:03	200,00	10:00	14:07	1,765
									gerundet
									2 Tage
400 007	600 000	0:10	4:00	4:10	0:03	200,00	10:00	14:10	1,771
400 008	100 000	0:06	0:00	(0:06)	0:01		(3:20)		gerundet
	200 000	0:01	4:00	(4:01)	0:02		(6:40)		2 Tage
		0:07	4:00	4:07	0:03	200,00	10:00	14:07	1,765
400 009	100 000	0:03	0:00	(0:03)	0:00		(5:00)		
	200 000	0:01	4:00	(4:01)	0:01		(10:00)		
	400 000	0:02	4:00	(4:02)	0:00		(7:30)		
	400 000	0:01	0:00	(0:01)	0:00		(2:30)		
	500 000	0:01	4:00	(4:01)	0:00		(3:20)		gerundet
	500 000	0:00	0:00	(0:00)	0:00		(1:40)		5 Tage
		0:08	12:00	12:08	0:01	600,00	30:00	42:08	5,267
									gerundet
									1 Tag
400 012	600 000	0:10	4:00	4:10	0:01	200,00	5:00	9:10	1,146
450 000	800 000	0:03	4:00	(4:03)	0:04		(6:40)		gerundet
	800 000	0:03	0:00	(0:03)	0:03		(5:00)		2 Tage
		0:06	4:00	4:06	0:07	100,00	11:40	15:46	1,971

Vorlaufzeiten für Fremdbezugsteile

Teile-Nummer	Sinnvolle Losgröße	Durchlaufzeit fix Stunden	Bereitstellungszeit Stunden	Summe Stunden	= Tage
400 002	250	40:00	8:00	48:00	6
400 003	10 000	120:00	8:00	128:00	16
400 010	3 000	64:00	8:00	72:00	9
400 011	30 000	96:00	8:00	104:00	13
400 013	000	80:00	8:00	88:00	11

FALLBEISPIEL

Berechnung der Vorlaufzeiten für den Endtermin BKT 222

Hinweise:

Angaben in Tagen (gerundet), interner Fertigstellungstermin
M = Fertigungs- und Montagezeit (Eigenfertigung)
W = Wiederbeschaffungs- und Bereitstellungszeit (Fremdbezug)
V = gesamte Vorlaufzeit
B = Beginn der Fertigung / E = Ende der Fertigung

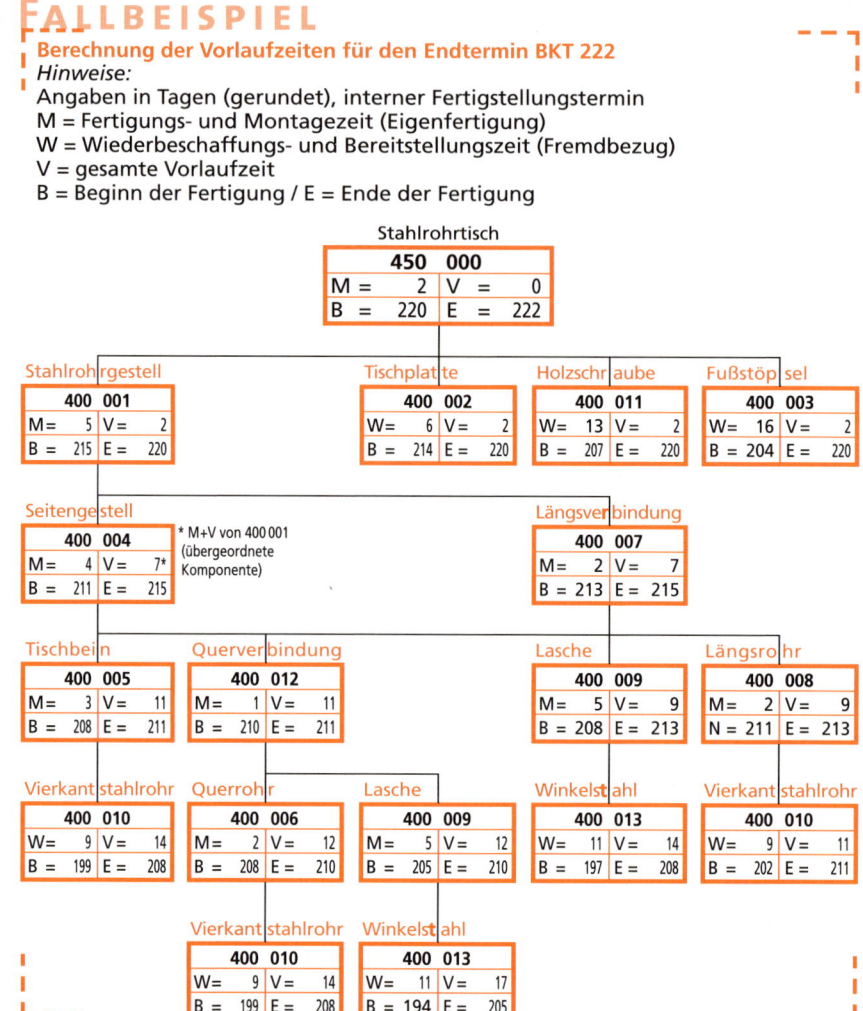

4.3.3 Durchlaufterminierung mithilfe der Netzplantechnik

Für die Darstellung komplizierter Abläufe mit gegenseitigen Abhängigkeiten (z. B. die Terminierung von Großaufträgen bei Einzelfertigung) eignet sich die Netzplantechnik.

Netzplan-technik

Unter **Netzplantechnik** werden alle Verfahren zur Planung und Steuerung von Abläufen auf der Grundlage bildhafter Darstellung verstanden.

Der **Netzplan** dient zur grafischen Darstellung von Abläufen, deren Teilvorgänge voneinander abhängen (Definition nach DIN 69 900).

Im Netzplan sind alle wesentlichen Vorgänge und Ereignisse eines Projekts sowie ihre *logischen und zeitlichen Abhängigkeiten* enthalten. Durch die Kenntnis kritischer Teilaktivitäten wird eine wirksame Projektplanung, -steuerung und -überwachung möglich. Bei Verwendung entsprechender Planungssoftware ist der Änderungs- und Aktualisierungsaufwand relativ gering.

Bei der Planung organisatorischer Abläufe mithilfe der Netzplan-Technik geht man *schrittweise* vor.

■ *Strukturplan für das Projekt erstellen*

Hierzu wird das Projekt in einzelne Aufgaben und Aktivitäten zerlegt.

FALLBEISPIEL

I **Stahlrohrtisch herstellen**

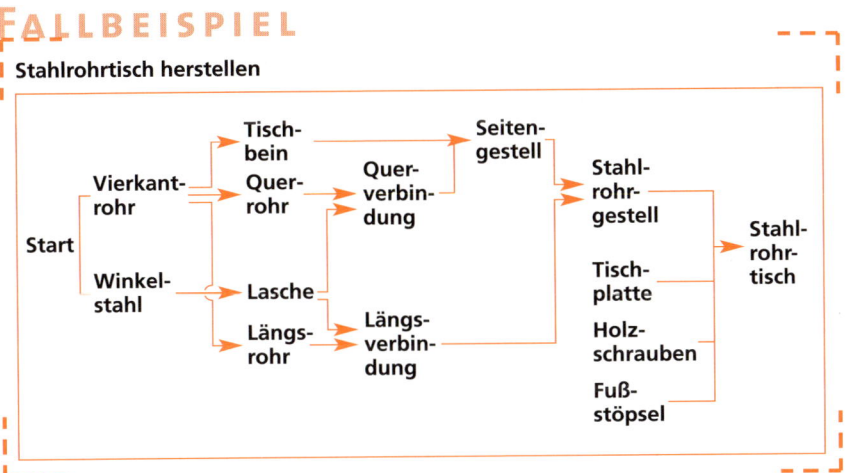

■ *Zeitliche Ordnung der Aktivitäten*

Auf der Grundlage des Strukturplans werden die einzelnen Aktivitäten in einer **Vorgangsliste** chronologisch (zeitlich) geordnet. Für jede Aktivität wird die Beziehung zu den anderen Aktivitäten aufgezeigt, indem die jeweiligen Vorgänger und Nachfolger dieser Aktivität ermittelt werden. Zusätzlich wird die Dauer jeder Tätigkeit (bezogen auf die sinnvolle Losgröße) in die Vorgangsliste eingetragen.

FALLBEISPIEL

I **Vorgangsliste**

Vorgangs-Nr.	Benennung	Dauer (Tage)	Vorgänger	Nachfolger
400010	Vierkantstahlrohr bereitstellen	1	–	400006, 400008
400013	Winkelstahl bereitstellen	1	–	400009
400006	Querrohr fertigen	2	400010	400012
400009	Lasche fertigen	5	400013	400012, 400007
400005	Tischbein fertigen	3	400010	400004
400008	Längsrohr fertigen	2	400010	400007
400012	Querverbindung herstellen	4	400006, 400009	400004
400004	Seitengestell herstellen	4	400005, 400012	400001
400007	Längsverbindung herstellen	2	400008, 400009	400001
400001	Stahlrohrgestell herstellen	5	400004, 400007	450000
400002	Tischplatte bereitstellen	1	400009	450000

400011	Holzschraube bereitstellen	1	–	450000
400003	Fußstöpsel bereitstellen	1	–	450000
450000	Stahlrohrtisch montieren	2	400001, 400002 400011, 400003	–

Hinweis:
Bei den Fremdbezugsteilen wird lediglich die Transportzeit = Bereitstellungszeit (Zeit vom Lager zum Arbeitsplatz) berücksichtigt; die eigentliche Wiederbeschaffungszeit beim Lieferanten geht nicht in die innerbetriebliche Durchlaufzeit ein (siehe auf Seite 135).

**Netzplan-
verfahren**

■ *Erstellung des Netzplans – Regeln beachten*

Zwei Arten der Netzplandarstellung sind in der Praxis üblich:

Netzplan-Standardverfahren	kurze Erläuterung	Darstellungstechnik
MPM Vorgangsknotentechnik z.B. **MPM** (Metra Poten- tial-Method)	MPM wurde 1958 von der französischen Firma Metra entwickelt. Vorgänge werden als Rechtecke (Knoten) dargestellt, die Beziehungen zwischen den Vorgängen als Pfeile (Kanten).	
CPM Vorgangspfeiltechnik z.B. **CPM** (Critical Path Method)	CPM wurde 1957 von den Firmen Du Pont und Sperry Rand entwickelt. Vorgän- ge werden als Pfeile dar- gestellt, zugehörige An- fangs- und Endereignisse durch Kreise.	

Im Netzplan werden die einzelnen Vorgänge eines Projekts in einer netzartigen
Grafik dargestellt. Die gebräuchlichen Netzplantechniken (CPM und MPM) sind
vorgangsorientiert. Daneben gibt es die **ereignisorientierten** Netzpläne, deren
bekanntester Vertreter PERT (Program Evaluation and Review Technique) ist.
Unter einem Ereignis versteht man das Eintreten eines definierten Zustands im
Projektablauf (z.B. Betonarbeiten beendet, Beginn der Maurerarbeiten). **PERT**
wurde im Zusammenhang mit dem Polaris-Raketenprogramm in den USA
entwickelt (von den Firmen Lockheed und Booz, Allen & Hamilton). Durch den
Einsatz dieser Netzplantechnik konnte das Polaris-Projekt um etwa zwei Jahre
verkürzt werden.

PERT

Eine erfolgreiche Anwendung der Netzplantechnik setzt ein projektorientiertes
Management voraus, so dass die Planung und Steuerung eines Projekts in einer
Hand (des Projektmanagers) liegen. Für die Zeichnung, Berechnung und Aktua-
lisierung des Netzplanes wird dem Projektmanager ein Netzplantechnik-Team zur
Seite gestellt.

Regeln des MPM-Verfahrens

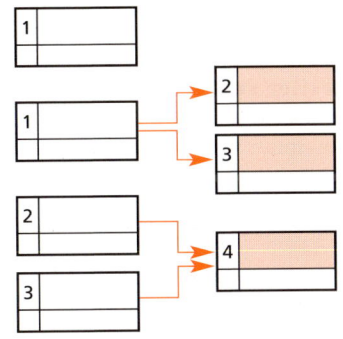

① Jeder Vorgang wird als Knoten (Rechteck) darge-stellt (mit Nr. und Bezeichnung des Vorgangs).

② Hat ein Vorgang mehrere unmittelbare Nachfolger, so verzweigt sich der Plan hinter diesem Vorgang.

③ Hat ein Vorgang mehrere unmittelbare Vorgänger, so werden die Richtungspfeile aller Vorgänger bei diesem Vorgang zusammengeführt.

④ Richtungspfeile dürfen nicht rückwärts verlaufen.

Kritische Vorgänge werden im MPM-Netzplan durch doppelt ausgezogene Kopf-leisten der Knoten hervorgehoben. Der **kritische Pfad (Weg)** ist eine Folge von Vorgängen, bei denen sich eine zeitliche Verschiebung auf den Projekt-Endtermin auswirken würde.

kritischer Pfad

■ *Berechnung der frühesten Zeitpunkte – Vorwärtsterminierung*

Vorwärtsterminierung

Die frühesten Anfangs- und Endzeitpunkte (**FAZ bzw. FEZ**) werden in einer Vor-wärtsrechnung (im Netzplan von links nach rechts, beginnend am Projektanfang) ermittelt und auf den MPM-Knoten an den oberen Eckpunkten eingetragen. Man rechnet also zum Projektende hin.

■ *Berechnung der spätesten Zeitpunkte – Rückwärtsterminierung*

Rückwärtsterminierung

Die spätesten Anfangs- und Endzeitpunkte (**SAZ bzw. SEZ**) werden in einer Rückwärtsrechnung (im Netzplan von rechts nach links, beginnend am Projekten-de) ermittelt und auf den MPM-Knoten an den unteren Eckpunkten eingetragen.

MPM-Knoten mit frühesten und spätesten Anfangs- und Endzeitpunkten

FAZ		FEZ
Vorgangs-Nr.	Vorgangsbezeichnung	
Dauer	Gesamt-puffer	freier Puffer
SAZ		SEZ

z. B.

5		9
5	Arbeits-kräfte einweisen	
4	1	1
6		10

■ *Berechnung der Pufferzeiten – Gesamtpuffer und freier Puffer*

Puffer
Gesamtpuffer

Gesamtpuffer ist der Zeitraum, um den man eine Aktivität maximal verschieben kann, ohne die *spätesten Termine seiner Nachfolger* zu beeinflussen. Rechnerisch ergibt er sich aus der Differenz zwischen dem frühesten Ende der Aktivität und dem Minimum der spätesten Anfangszeitpunkte seiner Nachfolger.

MERKE

Gesamtpuffer eines Vorgangs: GP = SAZ-Minimum (Nachfolger) – FEZ

freier Puffer

Freier Puffer ist der Zeitraum, um den man eine Aktivität maximal verschieben kann, ohne die *frühesten Termine seiner Nachfolger* zu beeinflussen. Rechnerisch ergibt er sich aus der Differenz zwischen dem frühesten Ende der Aktivität und dem Minimum der frühesten Anfangszeitpunkte seiner Nachfolger.

MERKE

Freier Puffer eines Vorgangs: FP = FAZ-Minimum (Nachfolger) – FEZ

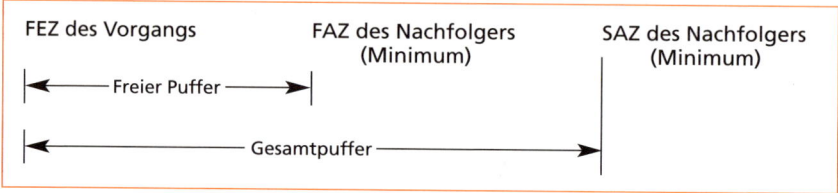

FALLBEISPIEL

Netzplan zur Herstellung des Stahlrohrtisches 450000

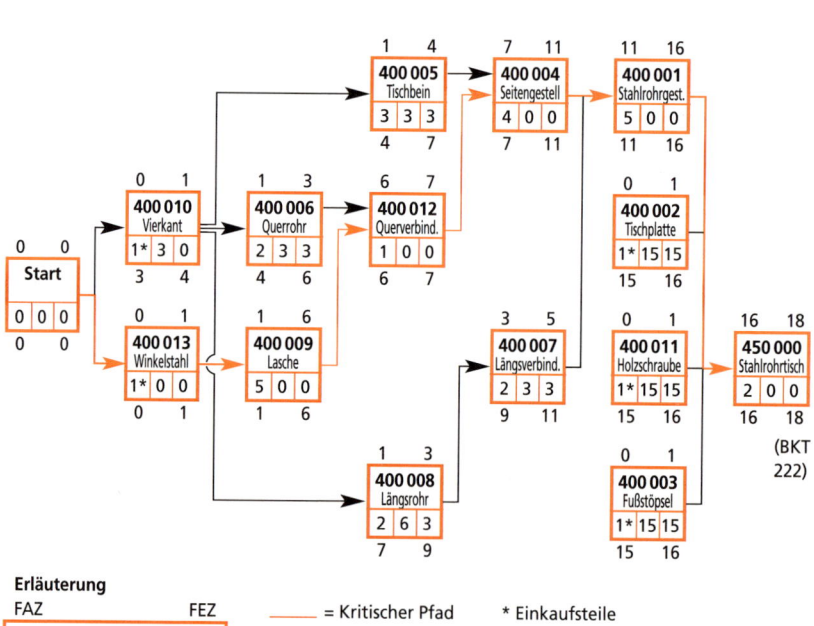

Erläuterung

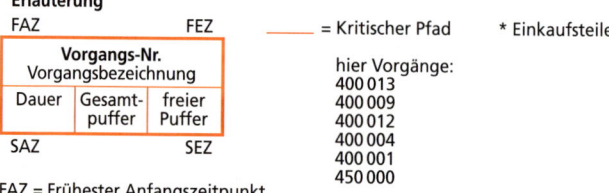

—— = Kritischer Pfad   * Einkaufsteile

hier Vorgänge:
400 013
400 009
400 012
400 004
400 001
450 000

FAZ = Frühester Anfangszeitpunkt
FEZ = Frühester Endzeitpunkt
SAZ = Spätester Anfangszeitpunkt
SEZ = Spätester Endzeitpunkt

Erläuterungen:

Die Aktivitäten 400013, 400009, 400012, 400004, 400001 und 450000 liegen auf dem **kritischen Weg** bzw. kritischen Pfad. Diese Vorgänge dürfen sich nicht verzögern, sonst wirkt sich dies auf den Endtermin des Projekts aus. Bei den kritischen Aktivitäten sind FAZ und SAZ identisch, ebenso FEZ und SEZ; außerdem haben die kritischen Aktivitäten weder einen Gesamtpuffer noch einen freien Puffer. Addiert man die Dauer aller kritischen Aktivitäten, dann erhält man die Projektdauer.

Vorgang 400010 Vierkantstahl bereitstellen: Dieser Vorgang hat einen freien Puffer von 0 und einen Gesamtpuffer von 3 Tagen. Würde dieser Vorgang seine Zeitreserve (Gesamtpuffer) von 3 Tagen beanspruchen (z. B. durch Verzögerungen), dann geht das zulasten der Puffer seiner Nachfolger, deshalb ist sein freier Puffer gleich 0. Verzögert sich der Vorgang 400010 um drei Tage, dann hat z. B. sein Nachfolger 400006 keinen Puffer mehr. Die freien Puffer und Gesamtpuffer des weiteren Nachfolgers 400008 wären um drei Tage niedriger, damit hätte 400008 keine freien Puffer mehr.

Vorgang 400006 Querrohr fertigen: Vorgänge, deren freier Puffer gleich hoch ist wie der Gesamtpuffer können ihren Puffer aufbrauchen, ohne dass die Puffer der Nachfolger beeinflusst werden bzw. der Endtermin gefährdet wäre. Dies ist immer der Fall, sobald ein Vorgang in den kritischen Weg einmündet.

Anhand des Netzplans kann der spätestmögliche und frühestmögliche **Projektstart** berechnet werden. Die **Gesamtdauer** des Projekts ergibt sich aus der Summe der Zeiten aller Vorgänge, die auf dem *kritischen Pfad* liegen.

Je nach Ausgangspunkt werden zwei **Terminierungsmethoden** unterschieden:

Terminierungs-methoden

	Vorwärts-Terminierung	Rückwärts-Terminierung
Ausgangspunkt der Terminplanung	Projektbeginn	Projektende
Endergebnis	Projektendtermin	Projektbeginn

BEISPIEL

Rückwärtsterminierung

Vorgangs-Nr.	400013 – 400009 – 400012 – 400004 – 400001 – 450000
Gesamtdauer	1 + 5 + 1 + 4 + 5 + 2 = 18 Tage

Anhand des Fabrikkalenders kann der späteste Starttermin des Projekts berechnet werden. Vom Auslieferungstermin aus gesehen, BKT 222, werden 18 Betriebskalendertage zurückgerechnet. Die Produktion muss spätestens am BKT 204 begonnen werden (222 – 18 Tage).

Betriebsferien und Urlaubsplanung der Projektbeteiligten sind auf ihre Auswirkungen auf die Projektterminierung zu untersuchen. Gegebenenfalls können sie über Pufferzeiten aufgefangen werden, andernfalls muss der Projektstart entsprechend vorgezogen werden, um den fixen Endtermin nicht zu überschreiten.

4.3.4 Bestellvorschläge für Fremdbezugsteile

→ siehe LF 6

Nach der Erfassung des Kundenauftrags erzeugt das PPS-System auf der Basis der planmäßigen Bedarfsmengen und Bedarfszeitpunkte entsprechende Bestell- bzw. Fertigungsvorschläge.

Für *fremdbezogene Komponenten* (Tischplatte, Fußstöpsel, Holzschrauben, Vierkantstahlrohr, Winkelstahl) werden **Bestellvorschläge** erstellt. Aus diesen Bestellvorschlägen kann der Disponent Bestellungen erzeugen.

Bestellvorschläge

FALLBEISPIEL

Bestellvorschlag für die fremdbezogenen Komponenten (Mengen und Zeitpunkte)

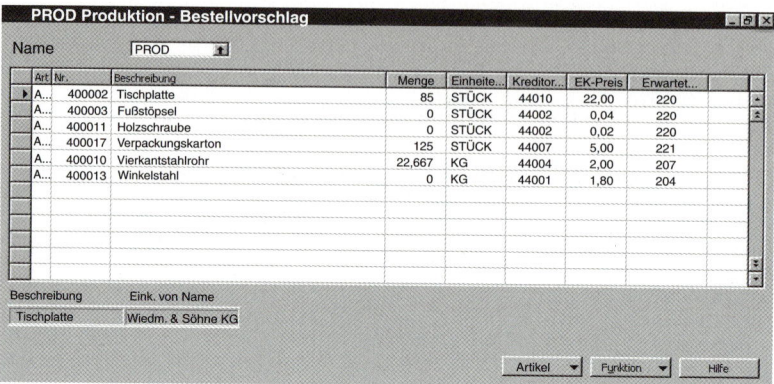

Hinweis:

Der Materialdisponent muss die vorgeschlagenen Bestelltermine um die Wiederbeschaffungszeit (eigentliche Lieferzeit) vorverlegen, da die Bestellvorschläge des PPS-Systems lediglich die innerbetrieblichen Bereitstellungs-/Transportzeiten (hier: jeweils ein BKT) berücksichtigen. Die echten Lieferzeiten sind im Teilestammdatensatz hinterlegt. Hinzu kommt, dass es für ein Endprodukt nicht nur *einen* Auftrag gibt, sondern viele Kundenaufträge mit unterschiedlichen Stückzahlen und Terminwünschen vorliegen. Um sowohl die Lagerkosten als auch die Bestellkosten (z. B. außerbetriebliche Transportkosten, Kosten für Wareneingangsprüfung) zu optimieren, müssen ggf. mehrere Bestellvorschläge zu einer Bestellung zusammengefasst werden.

Wagner-Within-Verfahren

PPS-Systeme ermöglichen die Berechnung der kostenminimalen Bestellmenge in einem gleitenden Verfahren (so genanntes **Wagner-Within-Verfahren**).

BEISPIEL

Berechnung der kostenminimalen Bestellmenge für 400002 Tischplatte

Es liegen 4 Kundenaufträge vor. Einkaufspreis: 22,00 EUR, Bestellkosten: 60,00 EUR pro Bestellung, Lagerkosten pro Stück und Tag: 20 % · 22,00 / 360 = 0,01222 EUR. Es wird mit echten Kalendertagen gerechnet.

Gesamtkosten ohne Zusammenfassung

Auftrag Nr.	Termin	Stück	Lagerkosten	Bestellkosten	Gesamtkosten
1	16. 11.	85	0	60	60
2	16. 12.	100	0	60	60
3	8. 01.	120	0	60	60
Summe			0	180	180

Die ersten zwei Bestellungen werden zusammengefasst

Auftrag Nr.	Termin	Stück	Lagerkosten	Bestellkosten	Gesamtkosten
1 +2	16. 11.	185	0 + 36,67	60	96,67
3	8. 01.	120	0	60	60
Summe			36,67	120	156,67

Erläuterungen:

Durch die Zusammenfassung der Aufträge 1 und 2 entfallen die Bestellkosten für den Auftrag 2. Der Auftrag 2 (100 Stück) ist jedoch 30 Tage zu früh fertig; d. h. er muss bis zum folgenden Bearbeitungsschritt 30 Tage lagern. Dadurch entstehen Lagerkosten in Höhe von 36,67 EUR (= 0,012222 · 30 Tage · 100).

MERKE

Solange die verminderten Bestellkosten die vermehrten Lagerkosten übersteigen, lohnt sich die Zusammenfassung mehrerer Bestellungen.

PPS-Systeme bieten eine Auswahl weiterer Verfahren für die Zusammenfassung von Bestellungen an. Unter anderem auch die Andlersche Bestellmengenformel. Siehe hierzu Berechnung der **optimalen Bestellmenge** ⟶ Lernfeld 6.

→ siehe LF 6

4.4   Fertigungsdisposition – Lager- und Loswechselkosten

Fertigungs-
disposition

4.4.1   Fertigungsvorschläge für eigengefertigte Komponenten

Für die *eigengefertigten Komponenten* (Stahlrohrtisch, Stahlrohrgestell, Seitengestell, Längsverbindung, Querverbindung, Tischbein, Querrohr, Längsrohr, Lasche) werden **Fertigungsvorschläge** erstellt. Diese müssen zum entsprechenden Startdatum freigegeben werden.

Fertigungs-
vorschläge

FALLBEISPIEL

Fertigungsvorschlag für die eigengefertigten Komponenten (Mengen und Zeitpunkte)

4.4.2   Erzeugung von Fertigungsaufträgen

Die Fertigung kann durch Kunden-, Lager- oder Betriebsaufträge angestoßen werden. *Betriebsaufträge* werden eingerichtet, um innerbetriebliche Leistungen (z. B. eingesetzte Maschinen werden selbst gefertigt) zu erstellen und abzurechnen. *Lageraufträge* werden gebildet, um das Fertig- bzw. Halbfabrikatelager aufzufüllen, um freie Kapazitäten zu nutzen oder Ersatzteile zu produzieren.

Betriebs-,
Lageraufträge

Es ist leicht einzusehen, dass es unwirtschaftlich ist, jeden einzelnen Auftrag durch die Fertigung zu schleusen. Aufgabe der Fertigungsdisposition ist es, die Auftragsarten und -mengen so zusammenzustellen, dass ähnliche Aufträge gemeinsam gefertigt werden können, die Produktionskosten gering gehalten und die vorgesehenen Endtermine eingehalten werden. Kunden-, Lager- oder Betriebsaufträge werden in **Fertigungsaufträge** umgewandelt und dabei zu Losen

Fertigungs-
aufträge

**Rüstkosten
(losfixe Kosten)**

(bzw. Auflagen) zusammengefasst. Für jedes Los entstehen, unabhängig von der Größe des Loses, *Rüstkosten* (z. B. Einrichtung, Reinigung der Maschine, Datenerfassung). Rüstkosten sind *losfixe Kosten*. Je größer die Menge eines Loses ist, desto weniger Lose müssen gebildet werden und desto niedriger sind die losfixen Kosten (Rüstkosten, Loswechselkosten, Auflagekosten). Eine steigende Losgröße führt jedoch zu höheren Beständen in den Zwischen- und Fertigerzeugnislagern und damit zu höheren *Lagerhaltungskosten*.

**Zielkonflikt
der Losgröße**

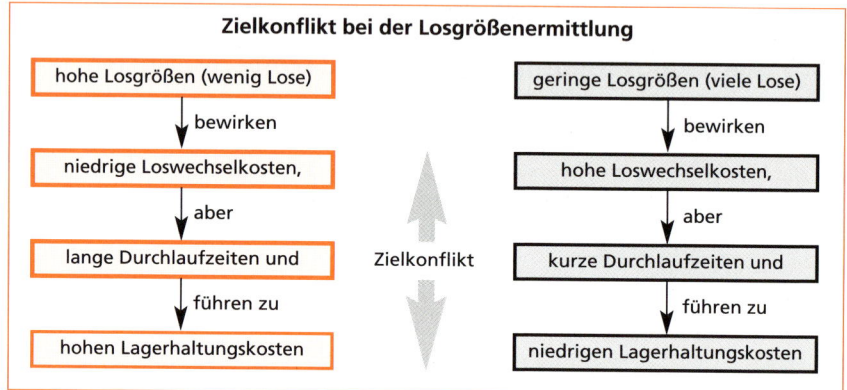

Zielkonflikt bei der Losgrößenermittlung

hohe Losgrößen (wenig Lose)		geringe Losgrößen (viele Lose)
↓ bewirken		↓ bewirken
niedrige Loswechselkosten,		hohe Loswechselkosten,
↓ aber	Zielkonflikt	↓ aber
lange Durchlaufzeiten und		kurze Durchlaufzeiten und
↓ führen zu		↓ führen zu
hohen Lagerhaltungskosten		niedrigen Lagerhaltungskosten

■ **Berechnung der optimalen Losgröße**

BEISPIEL

Bei der Weller KG sollen 3600 Bürostühle jährlich gefertigt werden. Der Lagerhaltungskostensatz beträgt 25 %. Der Lagerbestand wird mit den Herstellkosten von 72,00 EUR pro Stuhl bewertet (damit entstehen im Durchschnitt 72 · 25% = 18,00 EUR Lagerhaltungskosten pro Stuhl). Die Loswechselkosten (losfixen Kosten) betragen 100,00 EUR pro Los.

Tabellarische Berechnung der optimalen Losgröße

**optimale
Losgröße**

Alternative Losgrößen	Anzahl von Losen	Ø Lagerbestand (LB)	Lagerhaltungskosten	Loswechselkosten	Gesamtkosten
	$\dfrac{3600}{\text{Losgröße}}$	$\dfrac{\text{Losgröße}}{2}$	LB · 18 EUR	100 EUR pro Los	Lagerhaltungskosten + Loswechselkosten
50 Stück	72	25 Stück	450 EUR	7200 EUR	7650 EUR
100 Stück	36	50 Stück	900 EUR	3600 EUR	4500 EUR
150 Stück	24	75 Stück	1350 EUR	2400 EUR	3750 EUR
200 Stück	**18**	**100 Stück**	**1800 EUR**	**1800 EUR**	**3600 EUR**
300 Stück	12	150 Stück	2700 EUR	1200 EUR	3900 EUR
400 Stück	9	200 Stück	3600 EUR	900 EUR	4500 EUR

Die **optimale Losgröße** beträgt 200 Stück. Hier sind Lagerhaltungskosten und Loswechselkosten gleich. Die Summe aus beiden Kosten (Gesamtkosten) ist minimal. Der Zielkonflikt ist damit gelöst.

Der Zielkonflikt zwischen losfixen Kosten (Loswechselkosten) und Lagerkosten kann mit der Andlerschen Losgrößenformel rechnerisch gelöst werden.

Losgrößenformel

→ Siehe LF 6
Abschnitt 2.2

MERKE

Losgrößenformel:

$$\text{Optimale Losgröße} = \sqrt{\frac{200 \cdot \text{Herstellmenge} \cdot \text{Loswechselkosten}}{\text{Herstellkosten pro Stück} \cdot \text{Lagerhaltungskostensatz}}}$$

Beispiel:

$$\sqrt{\frac{200 \cdot 3600 \cdot 100}{72 \cdot 25}} = 200 \text{ Stück}$$

Die meisten computergestützten Produktionsplanungs- und -steuerungssysteme (kurz: PPS-Systeme) berechnen eine *gleitende Losgröße*. Bei der Zusammenstellung der Fertigungsaufträge gehen PPS-Systeme von taggenauen Lagerhaltungskostensätzen pro Stück aus und machen auf dieser Basis kostenoptimale Vorschläge.

gleitende Losgröße

MERKE

Taggenauer Lagerhaltungskostensatz pro Stück =
Lagerhaltungskosten pro Stück/360

Lagerhaltungskostensatz

BEISPIEL

Für die Zahlen des obigen Beispiels:
Taggenauer Lagerhaltungskostensatz pro Stück =
18,00 EUR pro Stuhl · 360 Tage = 0,05 EUR pro Tag.

FALLBEISPIEL

Vorschläge für die Zusammenstellung der Fertigungsaufträge für die Seitengestelle des Stahlrohrtisches mit gleitender Losgrößenberechnung.

```
                    Vorschlag Fertigungsauftraege

Teile-    Benennung      Mengen-   Verrechn.  Lager-      Los-
Nr.                      einheit   Preis      haltungs-   wechsel
                                              kosten      kosten
                                              pro Tag
                                              und ME

400 004   Seitengestell  70 Stueck  72,00     0,05        50,00


Start-          End-          Lager-     Menge      Lagerkosten
termin          termin        dauer

211 ( 3.11.)    215 ( 9.11.)    0        200          0,00 EUR

212 ( 4.11.)    218 (12.11.)    3        300         45,00 EUR

218 (12.11.)    226 (24.11.)   12        400        240,00 EUR


Fertigungsauftrag 1:    3.11. -  9.11.   500 Stueck
Fertigungsauftrag 2:   12.11. - 24.11.   400 Stueck
```

Erläuterung: Das erste Los von 200 Stück muss am 3. November mit der Fertigung beginnen, damit es am 9. November fertig ist. Würde das nachfolgende Los (300 Stück) zusammen mit diesem Los gefertigt, dann würden 50,00 EUR Loswechselkosten gespart. Allerdings wäre dieses nachfolgende Los um 3 Tage (9. November bis 12. November) zu früh fertig, d.h., es müsste 3 Tage lagern. Dadurch werden 45,00 EUR (0,05 · 3 · 300) Lagerkosten verursacht. Die Lagerkosten sind um 5,00 EUR niedriger als die eingesparten Loswechselkosten. Eine

Zusammenfassung lohnt sich. Das erste Los von 200 Stück wird zusammen mit dem zweiten Los gefertigt.

Das dritte Los von 400 Stück ist 6 Tage zu früh fertig, wenn es mit dem Los von 300 Stück zusammengefasst würde. Dadurch entstehen 240,00 (0,05 · 12 · 400) EUR Lagerhaltungskosten. Die Lagerhaltungskosten sind höher als die Ersparnis bei den Loswechselkosten. Diese beiden Lose werden also nicht zusammengefasst.

Wenn die Lagerhaltungskosten eines Loses niedriger sind als die eingesparten Loswechselkosten, lohnt es sich, dieses Los mit einem weiteren Los zusammenzufassen.

Der Bearbeiter kann die vorgeschlagenen Fertigungsaufträge (Losgrößen) jederzeit ändern oder unbesehen übernehmen.

Freigabe

Wenn die Fertigungsaufträge erstellt sind, dann müssen sie freigegeben werden; d. h. das verantwortliche Team setzt ein Freigabezeichen. Das Team muss vorher noch prüfen, ob

- einer der Fertigungsaufträge nicht mehr warten kann, weil sein Endtermin innerhalb der **Planungszeit** liegt,
- das zur Fertigung erforderliche **Material** auf Lager liegt oder spätestens mit dem Starttermin zur Verfügung steht,
- das notwendige **Personal** zur Fertigung der Aufträge zur Verfügung steht,
- die **Kapazität der Arbeitsplätze** bzw. Betriebsmittel ausreicht.

4.4.3   Kapazitätsplanung – Einlastung der Fertigungsaufträge

Einlastung

Kapazitäts-planung

Bei der **Einlastung** der Fertigungsaufträge auf die zur Verfügung stehenden Arbeitsplätze entsteht das Problem, dass mehrere Aufträge zur selben Zeit dieselben Kapazitäten belegen müssen. Dieser Konflikt soll durch die **Kapazitätsplanung** gelöst werden. Das Ziel ist, die Fertigungsaufträge den Arbeits-/Maschinenplätzen so zuzuteilen, dass sowohl die Auslastung als auch die Durchlaufzeit optimiert werden. Grundlage sind die Ecktermine (frühester Fertigungsbeginn und spätester Fertigungsendtermin) der Terminplanung und der Arbeitsplan, der die Arbeitsplätze und die Zeiten für die einzelnen Arbeitsgänge enthält.

Prioritätsregeln

PPS-Systeme haben einen kurzfristigen Dispositionszeitraum fest einprogrammiert (z. B. 61 Tage = 488 Stunden) und untersuchen, ob die Anfangstermine der erfassten Fertigungsaufträge in diesen Zeitraum fallen. Wenn ja, dann müssen die Kapazitätsanforderungen (Belegungszeiten) der Fertigungsaufträge mit den freien Arbeitsplatzkapazitäten verglichen werden. Wenn bereits Kapazitäten reserviert sind, können Engpässe entstehen. Um für diesen Fall die wirtschaftlichste Reihenfolge der Aufträge zu garantieren, gehen PPS-Systeme nach bestimmten *Prioritätsregeln vor*.

Prioritätsregel	Welcher Auftrag wird zuerst erledigt?	Entscheidungskriterium
• Kürzeste Fertigungszeit	• Auftrag mit kürzester Fertigungszeit	• Optimale Kapitalbindung
• Fertigungs-restzeit	• Auftrag mit der kürzesten Fertigungszeit auf der nachfolgenden Maschine	• Optimale Kapazitätsauslastung
• Wertregel	• Auftrag mit höchstem Umsatzbeitrag	• Optimale Kapitalbindung
• Schlupfzeit	• Auftrag mit geringster Pufferzeit	• Terminsicherheit
• First Come – First Served	• Auftrag, der zuerst an der Maschine eintrifft	• Optimale Kapazitätsauslastung

FALLBEISPIEL

Aus den Auftragsarbeitsplänen (siehe Auftragsarbeitsplan auf Seite 128) können die Ablieferungstermine und die Belegungszeiten entnommen werden: Für das Zusammenschweißen der 500 Seitengestelle werden 2010 Minuten (33,50 Stunden) benötigt. Für die weiteren Aufträge (siehe „Vorschlag Fertigungsaufträge" auf Seite 145) ergeben sich für Auftrag 2 (400 Seitengestelle) 1610 Minuten (26,83 Stunden). Insgesamt sind also 3620 Minuten (= 60,33 Stunden) für den Arbeitsplatz 600 000 zu belegen („einzulasten"). Da keine Kapazitätsengpässe vorliegen, werden die Aufträge nacheinander eingelastet.

Maschinen-/Arbeitsplatzbelegung

Auftrag 1 = 33,50 Stunden = 4 Tage 1,50 Stunden
Auftrag 2 = 26,83 Stunden = 3 Tage 2,83 Stunden
Kapazitaetseinheit: 8 Stunden   Mitarbeiterzahl: 3

Arbeitsplatz	Auftrag	Fertigungs-beginn	Ablieferungs-termin	Rest
600 000	1	211	215	1,50 Std.
600 000	2	218	221	2,83 Std.
Gestellschweisserei				

Maschinen-/Arbeitsplatzbelegung *(Randnotiz)*

Die Maschinen- bzw. Arbeitsplatzbelegung kann über ein Zusatzmodul als Balkendiagramm (Ganttdiagramm) ausgegeben werden. Dadurch hat der Bearbeiter einen besseren Überblick über freie Kapazitäten und kann ggf. dort Eilaufträge oder Ersatzteilaufträge (Lageraufträge) einschieben, um eine noch bessere Kapazitätsauslastung zu erreichen.

Arbeitsplatzbelegung und Auftragsablauf

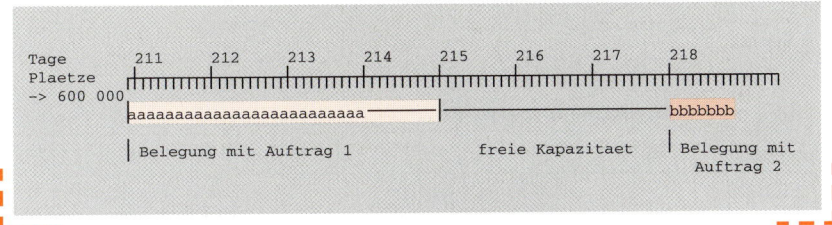

4.5   Werkstattsteuerung und Auftragsüberwachung

(Randnotiz: Werkstattsteuerung)

4.5.1   Aufgaben der Werkstattsteuerung

Die Fertigungsaufträge müssen nun, unter Beachtung aktueller Ereignisse bei den Terminen und der personellen und maschinellen Ausstattung, feindisponiert werden. Dieser Vorgang wird als **Werkstattsteuerung** (bzw. Ablaufplanung, Kapazitätsterminierung, Terminfeinplanung) bezeichnet.

Der Werkstattsteuerung obliegen folgende Aufgaben:

Festlegung der Bearbeitungsreihenfolge	Gesucht ist jene Reihenfolge der Aufträge, die die Ziele minimale Durchlaufzeit der Lose, maximale Kapazitätsauslastung (= minimale Leerkosten), minimale Umrüstkosten und Terminsicherheit erfüllt. Dabei ändern sich die Gewichte je nach Branche, Auftragslage und Unternehmungsstrategie. Mit zunehmender Kundenorientierung hat die Terminsicherheit Vorrang vor der maximalen Kapazitätsauslastung. In Zeiten der Hochkonjunktur ist die Kapazitätsauslastung vorrangig.

Auswahl der Maschinen	Die Fertigungsaufträge werden meist nicht einer einzigen Maschine, sondern einer Maschinengruppe mit gleicher Funktion zugeteilt. Die Maschinen sind unterschiedlich alt und automatisiert. Daraus resultieren unterschiedliche Maschinenstundensätze. Folgende Optimierungsüberlegungen sind denkbar: Soll die teuerste Maschine am stärksten ausgelastet werden oder soll eine gleichmäßige Auslastung aller Maschinen angestrebt werden?
Feinterminierung der Aufträge	Auf der Grundlage der Bearbeitungsreihenfolge und der Maschinenauswahl werden die genauen Anfangs- und Endzeitpunkte der Arbeitsgänge bestimmt. Viele Betriebe verzichten hier auf eine Rechnerunterstützung und terminieren manuell; d. h. sie verlassen sich auf die Erfahrung und das Fingerspitzengefühl des Meisters vor Ort. Geraten Aufträge in Terminnot, dann greift die übergeordnete Instanz (z. B. Werksleiter) ein. Zur Feinsteuerung sind auch elektronische Leitstände und das Kanban-System (vgl. S. 151 ff.) verbreitet.

Feinterminierung *(Randspalte, Zeile zum Abschnitt Feinterminierung der Aufträge)*

4.5.2   Kapazitätsterminierung – Maschinenbelegungsplan

Maschinenbele-gungsplan *(Randspalte)*

Das Ergebnis der Werkstattsteuerung ist ein **Maschinenbelegungsplan.**

FALLBEISPIEL

Einlastung der Fertigungsaufträge (1, 2) für Seitengestelle fertigen (04/1, 04/2). Die Seitengestelle müssen am BKT 215 an die nächste Fertigungsstufe übergeben werden. Der Starttermin ist frühestens BKT 211.

1. Schritt:
Einlastung der Fertigungsaufträge durch Vorwärtsterminierung

Arbeits-platz-Nr.	Betriebskalendertage (BKT)														
	208	209	210	211	212	213	214	215	216	217	218	219	220	221	222
600 000 Schweißerei				04 /1	04 /1	04 /1	04 /1				04 /2	04 /2	04 /2	04 /2	
200 000 Schlosserei								04 /1	04 /1	04 /1					04 /2

Die Vorwärtsterminierung führt zu einer Überschreitung des Ablieferungstermins (BKT 215). Der Starttermin für die Stahlrohrgestelle (01/1) BKT 215 wäre dadurch gefährdet. Der Starttermin des Auftrags 1 kann jedoch nicht vorverlegt werden, da sein Vorgänger (Querverbindung fertigen, 12/1) spätestens am BKT 211 fertiggestellt ist.

Überlappung *(Randspalte)*

2. Schritt:
Einlastung der Fertigungsaufträge durch Rückwärtsterminierung mit Überlappung

Arbeits-platz-Nr.	Betriebskalendertage (BKT)														
	208	209	210	211	212	213	214	215	216	217	218	219	220	221	222
600 000 Schweißerei				04 /1	04 /1	04 /1	04 /1				04 /2	04 /2	04 /2	04 /2	
200 000 Schlosserei						04 /1	04 /1	04 /1							04 /2

Die Rückwärtsterminierung mit Überlappung verkürzt die Durchlaufzeit und ermöglicht die Einhaltung des Ablieferungstermins (BKT 215), wenn die erste Teilmenge, die am BKT 215 bereitsteht, sofort an den folgenden Arbeitsgang bzw. -platz weitergereicht werden kann. Dies ist hier möglich. Da jedoch der Folgevorgang „Stahlrohrgestell zusammenschweißen" (Durchlaufzeit: 5 Tage) auch die Schweißerei durchläuft, kann er pünktlich starten, jedoch entsteht am BKT 218 ein Konflikt mit dem Auftrag 2 (Seitengestelle fertigen).

3. Schritt:
Einlastung der Fertigungsaufträge durch Rückwärtsterminierung mit Überlappung und Splittung (Voraussetzung: Es muss ein Parallelarbeitsplatz vorhanden sein)

Splittung

Betriebskalendertage (BKT)

Arbeits-platz-Nr.	208	209	210	211	212	213	214	215	216	217	218	219	220	221	222
600 000 Schweißerei				04/1	04/1			01/1	01/1	01/1	01/1	01/1	04/2	04/2	
				04/1	04/1								04/2	04/2	
200 000 Schlosserei					04/1	04/1	04/1							04/2	04/2

Die Rückwärtsterminierung mit Überlappung und Splittung verkürzt die Durchlaufzeit und ermöglicht die Einhaltung des Ablieferungstermins (BKT 215). Der Folgevorgang „Stahlrohrgestell zusammenschweißen" (Durchlaufzeit: 5 Tage), der auch die Schweißerei durchläuft, kann pünktlich starten und der Konflikt mit dem Auftrag 2 ist ebenfalls gelöst.

Nach der Kapazitätsterminierung **(Einlastung)** werden die Fertigungsaufträge zunächst eröffnet. Dabei wählt das PPS-System die endgültigen Arbeitspläne und Stücklisten aus, falls mehrere Alternativen, z.B. hinsichtlich der Losgröße oder der Terminierung bestehen. Anschließend können die Fertigungsaufträge für den Produktionsvollzug **freigegeben** und die Auftragspapiere gedruckt werden.

Eröffnung

4.5.3 Erstellung der Auftragspapiere und Betriebsdatenerfassung

■ *Arbeitspapiere*

Sobald ein Fertigungsauftrag freigegeben ist, kann das PPS-System über ein Zusatzmodul für jeden Auftrag die notwendigen Begleitpapiere und Fertigungsbelege ausdrucken. Diese ermöglichen die Verwaltung, Kontrolle und Abrechnung der Fertigungsaufträge. Bei computergestützter **Betriebsdatenerfassung (BDE)** werden die Fertigungspapiere mit Barcodes versehen. Über einen Barcode-Leser werden die Meldungen (z.B. Anfang und Ende des Arbeitsgangs, Störungen) abgesetzt. Wichtige Arbeitspapiere sind:

Betriebsdaten-erfassung (BDE)

Arbeitspapiere

- **Terminbelege (Terminkarten)** in der Werkstattfertigung

  Sie werden für jeden Arbeitsgang, soweit er isoliert an einer einzelnen Maschine bearbeitet wird, erstellt. Ein Durchschlag verbleibt in der Fertigungsleitstelle (Terminbüro). Die Werkstatt gibt nach Ausführung des Auftrags den Terminbeleg an die Leitstelle zurück („feed back").

Terminbelege

- **Materialkarten/-entnahmescheine**

  Sie sind für die Entnahme von Fertigungsmaterialien aus dem Lager von Bedeutung. Das Lager gibt Material nur gegen Beleg aus.

Materialbelege

- **Lohnscheine für die Akkordlöhner**

  Sie werden jedem Arbeitsgang beigegeben und enthalten die Art der auszuführenden Arbeit, die Menge, die Vorgabezeit sowie die Lohngruppe. Manchmal enthalten sie auch Angaben über das qualitative Arbeitsergebnis (Gut- und Ausschussstücke).

- **Sonstige Arbeitsbegleitpapiere**

  Je nach Ablauforganisation, Erzeugnisstruktur und Eigenart des Fertigungsverfahrens können zur Auftragsabwicklung, besonders bei Erstaufträgen, noch weitere Fertigungsunterlagen wie Zeichnungen, Stücklisten, Arbeitsunterweisungen, Betriebsmittellisten, **Werkzeug- und Vorrichtungsscheine**, Prüfanweisungen, Transportscheine, Kontrollkarten u.Ä. erforderlich sein.

Diese Papiere werden während des Arbeitsganges von der Arbeitsperson ausgefüllt. Grundlage für die Erstellung der Fertigungsbelege sind die **Fertigungs-Stückliste** und der **Arbeitsplan.**

■ *Betriebsdatenerfassung*

Erst durch die **Betriebsdatenerfassung (BDE)** kann die Lücke zwischen der Fertigungsplanung, Fertigungssteuerung und dem tatsächlichen Betriebsgeschehen geschlossen werden.

Die Informationsbasis von PPS-Systemen ist die Betriebsdatenerfassung. Die Verwaltung und Pflege der produktionsbezogenen Grunddaten bilden den Kern eines jeden PPS-Systems.

Der BDE obliegt die Aufgabe, alle Daten, die für den Prozess der Produktionsplanung und Steuerung relevant sind, zu sammeln, zu speichern und zu aktualisieren.

Dabei werden folgende Daten erfasst und aufbereitet:

Auftragsbezogene Daten	Start und Ende einer Maschinenbelegung, eines Arbeitsganges, produzierte Menge, Liegezeiten
Maschinenbezogene Daten	Laufzeiten, Produktionsmengen, Stillstandszeiten, Störzeiten nach Dauer und Ursachen, Wartezeiten nach Ursachen wie Störung des Materialflusses oder fehlende Arbeitskräfte
Werkzeugbezogene Daten	Einsatzort und -zeiten, aktuelle Entnahme und Zugang, Standzeiten, Werkzeugbruch nach Ursachen
Lagerbezogene Daten	Zu- und Abgänge, Störzeiten nach Ursachen
Transportbezogene Daten	Transportvorgänge, Störzeiten nach Ursachen
Qualitätsbezogene Daten	Prüf- und Messwerte, Fehlerkennziffern, Ausschussgründe, Qualitätsanalysedaten
Instandhaltungsbezogene Daten	Start und Ende von Instandhaltungsaufträgen, Instandhaltungsdauer
Mitarbeiterbezogene Daten	Anwesenheit (Kommen, Gehen), Leistung (hergestellte Mengen und Qualitäten, Materialverbrauch), Leistungsarten wie Rüsttätigkeiten, Wartungstätigkeiten, Bearbeitungszeiten
Kostenbezogene Daten	Pro generellem Erfassungvorgang: Kostenart, Kostenstelle, Kostenträger, Bezugsgröße

Die BDE bildet somit die Grundlage für die Auftragsfortschrittskontrolle, Artikelkalkulation, Lohnabrechnung und die Einschätzung der betrieblichen Auslastung.

4.5.4 Verfahren der Werkstattsteuerung – Auftragssteuerung

Wie die Werkstattsteuerung ihre Aufgaben erfüllt, hängt in starkem Maße von der Produktionsstruktur (z. B. Fließfertigung oder Werkstattfertigung), der Auftragsstruktur (z. B. Einzel-, Serien-, Massenfertigung) und der Produktstruktur (z. B. chemische Produkte, Zusammenbauprodukte, Dienstleistungen) ab. Entsprechend haben sich verschiedene Grundsätze der Auftragssteuerung entwickelt.

Es können zwei **Grundprinzipien der Auftragssteuerung** unterschieden werden: das Schiebeprinzip (Push, Drucksteuerung, Bringsystem) und das Ziehprinzip (Pull, Zugsteuerung, Holsystem).

Grundprinzipien der Auftragssteuerung

Schiebeprinzip (Push)	Ziehprinzip (Pull)

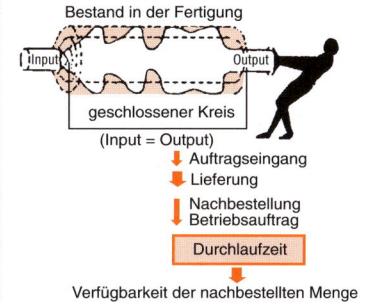

Beim *Schiebeprinzip* – auch *Push-Prinzip* genannt – werden in einer übergeordneten Planungsebene im Rahmen der Disposition Fertigungsmengen und -termine vorgegeben, die dann in der Produktion von der Rohmaterialbereitstellung bis zur Auslieferung an den Kunden durchzusetzen sind. Es werden also Aufträge mit einer Auftragsnummer und einem Endtermin erzeugt und gestartet. Ziel der Fertigungssteuerung ist es, den Auftrag so durch die Fertigung zu steuern (drücken), dass er zum vereinbarten Endtermin fertig ist.	Beim *Ziehprinzip* – auch *Pull-Prinzip* genannt – hingegen löst ein Kundenauftrag einen Bedarf an der im Materialfluss jeweils vorgelagerten Station aus. Die Endmontage bestellt also bei der Vormontage, die Vormontage bestellt bei der Fertigung und die Fertigung bei der Materialbeschaffung. Ziel der Pull-Steuerung ist es demnach, die Verfügbarkeit einer vereinbarten Menge innerhalb einer vereinbarten Zeitspanne sicherzustellen. Die durchlaufenden Aufträge haben daher keine Auftragsnummer und keinen Endtermin.

Schiebeprinzip (Push)

Ziehprinzip (Pull)

■ *Schiebeprinzip am Beispiel des Leitstandsystems*

Leitstandsysteme verbessern die kurzfristige Werkstattsteuerung, d. h. sie unterstützen die Auftragsveranlassung und -überwachung, visualisieren die Kapazitätsbelegung auf der Basis von Gantt-Diagrammen und automatisieren den Kapazitätsabgleich von Kapazitätsangebot und -nachfrage. Sie helfen also bei der Umsetzung und Überwachung der detaillierten Maschinenbelegungs-, Reihenfolge- und Terminpläne.

Elektronische Leitstände ermöglichen die Simulation alternativer Belegungspläne und gehen damit über die reine Informationsfunktion hinaus. Die Arbeitsgänge werden aus dem Arbeitsvorrat mithilfe verschiedener Planungsalgorithmen in die

Leitstandsystem

elektronischer Leitstand

Plantafel eingeplant. Die eingeplanten Arbeitsgänge werden dann für die Produktion freigegeben. Tritt eine Störung auf, dann wird diese vom BDE- oder MDE-(Maschinendatenerfassung) System an den Leitstand gemeldet. Der Planer kann dann die Aufträge umplanen. Ebenso erfolgt die Fertigmeldung an das Leitstandsystem. Die erledigten Fertigungsaufträge werden an das PPS-System zurückgegeben und aus der Plantafel gelöscht.

Zusammenwirken von PPS-System, Leitstand und BDE-System

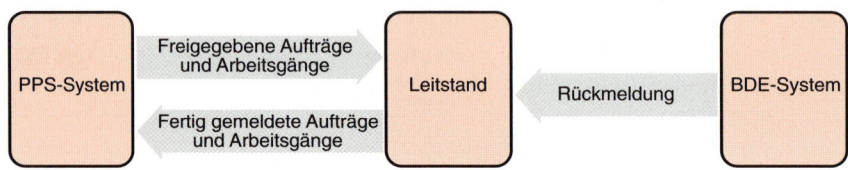

■ *Ziehprinzip am Beispiel des Kanban-Systems*

Kanban-System

Das **Kanban-System** (kanban = Schild, Karte) ist ein japanischer Ansatz, die Abläufe zu entwirren und damit beherrschbar zu machen. Über eine einfache und selbstregelnde Fertigungssteuerung kann die Produktion bestandsarm und schnell bei gleichzeitig hoher Termintreue gestaltet werden. Die kurzfristige Verantwortung für die Fertigungssteuerung wird an die ausführenden Mitarbeiter übertragen.

Material- und Informationsflüsse einer kanban-gesteuerten Produktion

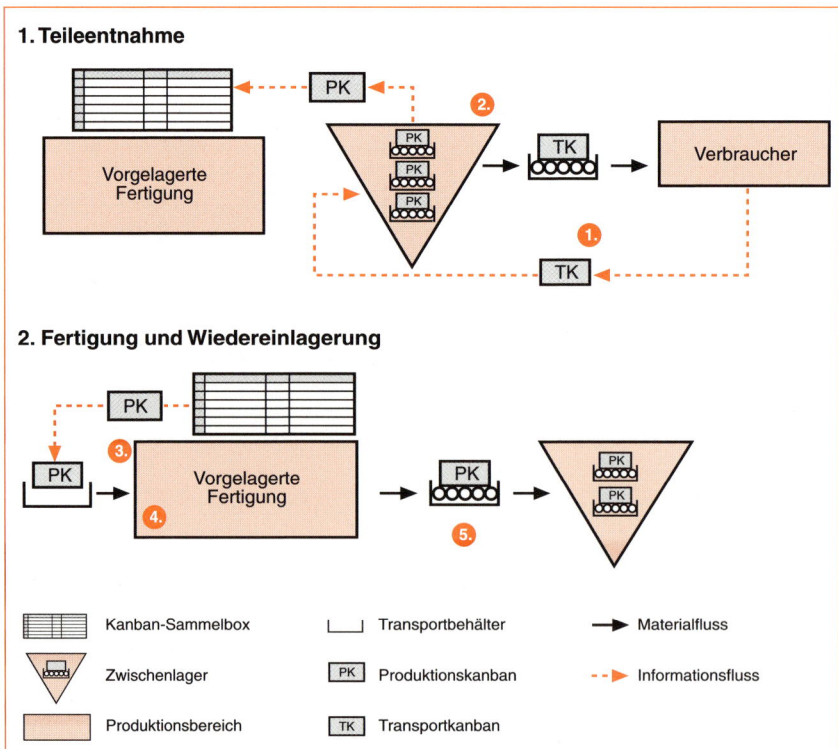

(Quelle: Eversheim, Walter; Schuh, Günther, Betrieb von Produktionssystemen; Springer-Verlag Berlin, 1999, S. 14-86)

Beim Kanban-System ist die vorgelagerte Produktionsstelle der Lieferant (*Quelle*) der nachfolgenden verbrauchenden Produktionsstelle (*Senke*). Entkoppelt werden die beiden Produktionsstellen durch ein Zwischenlager (*Puffer*). Als Informationsträger dienen *Kanbans* (Karten), die einerseits dazu dienen, das Material in den Transportbehältern zu identifizieren, und andererseits Fertigungsaufträge zu erteilen. Dabei werden Transport- und Produktions-Kanbans unterschieden. Während der *Transport-Kanban* den Materialfluss zwischen verbrauchender Stelle (Senke) und dem vorgelagerten Pufferlager steuert, hat der *Produktions-Kanban* die Aufgabe, den Materialfluss zwischen der produzierenden Stelle (Quelle) und dem nachgelagerten Pufferlager zu steuern. Als Objekte der Kanban-Steuerung kommen Materialien, Baugruppen, Enderzeugnisse aber auch Werkzeuge infrage.

Ablaufschritte des Regelkreises der Kanban-Steuerung:

1. **Teileentnahme:** Ein Mitarbeiter der verbrauchenden Produktionsstelle meldet seinen Bedarf mit Hilfe eines *Transportkanbans* beim Lager der vorgelagerten Fertigungsstufe. In diesem Lager wird nun der *Produktionskanban* von einem vollen Transportbehälter des benötigten Teils entnommen und durch den Transportkanban ersetzt. Der Behälter wird der verbrauchenden Stelle bereitgestellt.

2. **Fertigung:** Der entnommene Produktionskanban wird in der Kanban-Sammelstelle der vorgelagerten Produktionsstelle hinterlegt. Alle ein bis vier Stunden werden die Produktionskanbans aus der Kanban-Sammelstelle entnommen und an leere Behälter angehängt. Dies löst Fertigungsaufträge entsprechend der Menge der Produktionskanbans aus. Die zur Herstellung notwendigen Teile fordern die Mitarbeiter der produzierenden Stelle wiederum mithilfe von Transportkanbans vom Lager von ihr vorgelagerten Produktionsstelle an (siehe Teileentnahme).

3. **Wiedereinlagerung:** Die aufgrund des Produktionskanbans fertig gestellten Teile werden zusammen mit den Produktionskanbans in die zugehörigen leeren Behälter gelegt und ins Zwischenlager transportiert. Der Regelkreis schließt sich mit der Wiedereinlagerung des Kanbanloses.

Damit das Kanban-System funktioniert, sind folgende **Regeln** zu beachten:
- eine Stelle darf nur dann produzieren, wenn ein Produktionskanban vorliegt,
- es werden nur Standardbehälter benutzt, die mit einer bestimmten Füllmenge (Kanban-Losgröße) bestückt werden (es gibt für jede Teileart einen Behälter mit einer bestimmten Füllmenge),
- für jeden Behälter gibt es einen Transport- und einen Produktionskanban.

Man erkennt, dass eine zentrale Fertigungssteuerung, die die einzelnen Fertigungsaufträge für einen Kundenauftrag koordiniert, nicht erforderlich ist.

Voraussetzung für den effizienten Einsatz des Kanban-Systems ist zum einen eine möglichst *genaue Bedarfs- und Kapazitätsplanung*, zum anderen ein möglichst *regelmäßiger und konstanter Verbrauch der Komponenten*. Ein stetiger Absatz der einzelnen Produkte vermeidet die ständige Neuplanung von Kanban-Regelkreisen. Wichtig ist die logistikgerechte Produktgestaltung (Standardteile, die eine hohe Mehrfachverwendung ermöglichen) und dass Produktvarianten möglichst erst auf einer kundennahen Fertigungsstufe verwirklicht werden. So entsteht trotz hoher Produktvielfalt ein stetiger Verbrauch auf untergeordneten Fertigungsstufen. Welche Fertigungsbereiche sich für das Kanbanprinzip eignen, hängt auch vom Wert und der Menge der zu fertigenden Teile sowie von den Wiederbeschaffungszeiten ab.

**Produktions-
controlling**

**Regelkreis der
Produktion**

4.6   Produktionscontrolling

4.6.1   Regelkreis der Produktion

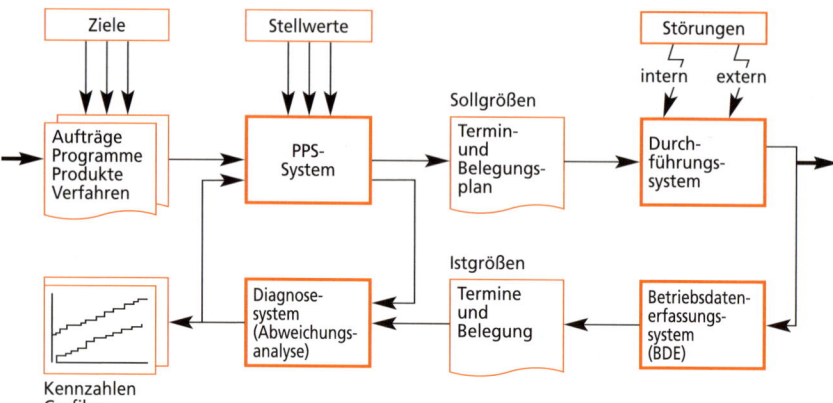

Im Regelkreis der Produktion wirken vier Teilsysteme zusammen: Das *PPS-System* (Regler), in dem Aufträge, Produktionsprogramme, Produkt- und Verfahrensinformationen sowie die Rückmeldungen aus dem Fertigungsvollzug in Solltermin- und Sollbelegungspläne umgesetzt werden. Als Stellgrößen dienen die im PPS-System hinterlegten Durchlaufzeit- und Kapazitätsplanwerte oder Prioritätsregeln. Im *Durchführungssystem* (Produktion) werden diese Planwerte realisiert und die erreichten Istwerte mithilfe des *BDE-Systems* abgebildet. Das *Diagnosesystem* macht Soll-/Istabweichungen sichtbar und erstellt Kennzahlen und Grafiken, mit deren Hilfe statistisch abgesicherte Aussagen über das Erreichen der Teilziele möglich sind.

→ **siehe hierzu
Seite 98 f.**

Der Grad der Zielerreichung wird maßgeblich von der *Art des Produkts* (Produktfunktion, Produkt- bzw. Werkstückgeometrie), dem daraus resultierenden *Fertigungsverfahren* (Technologie, Betriebsmittel) und dem sich aus dem Produktionsprogramm ergebenden *Fertigungsablauf* bestimmt. Das Augenmerk des Produktionscontrollings sollte sich folglich auf die Planung, Realisation und Kontrolle der Produktfunktion, der angewandten Fertigungsverfahren und Fertigungsabläufe richten. In jedem Fall ist ein Denken in Regelkreisen notwendig.

4.6.2   Abweichungsanalyse mithilfe eines Kennzahlensystems

Die Abweichungsanalyse folgt grundsätzlich der Kette Symptome – Ursachen – Maßnahmen.

Symptome
Ursachen
Maßnahmen

Symptome können dabei negative Soll-/Istabweichungen bis hin zu Kosten sein. Die Auslöser für diese Abweichungen bzw. Kosten nennt man **Ursachen**. Ursachen können durch entsprechende betriebliche **Maßnahmen** beseitigt werden. Die Zusammenhänge zwischen Symptomen und Ursachen bzw. zwischen Ursachen und Maßnahmen können durch Regeln erfasst werden, die meist auf Erfahrungswissen gründen.

Im Rahmen eines operativen Produktionscontrollings muss zuerst entschieden werden, auf welche Arbeitsplätze (Arbeitssysteme) die besondere Aufmerksamkeit gerichtet werden soll. Mithilfe eines Kennzahlensystems können diese miteinander verglichen und die Schwachstellen aufgedeckt werden.

BEISPIEL

Zusammenhang zwischen Symptomen, Ursachen und Maßnahmen

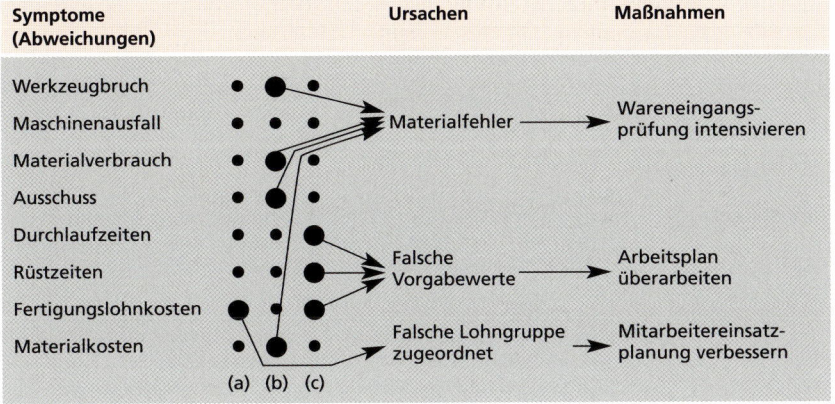

Legende: ● =normales Verhalten ⬤ = ungünstiges Verhalten   a, b, c = Abweichungssituationen

FALLBEISPIEL

Vergleich mehrerer Arbeitsplätze Nr. 1 bis 5 derselben Kostenstelle und Fertigungsstufe (Parallelarbeitsplätze) bezüglich der Kennzahlen Abgang (AB), Durchlaufzeit (ZDg), relative Terminabweichung (TAR) und Bestand (B).

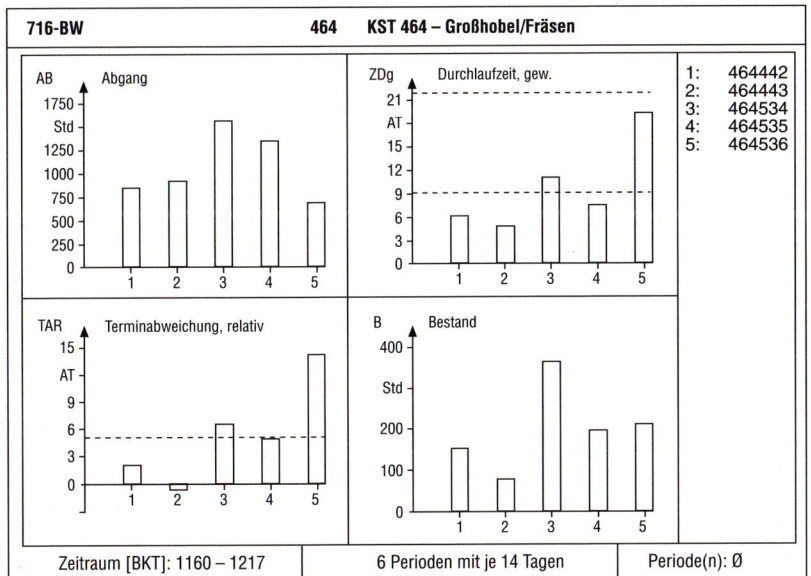

Der Arbeitsplatz Nr. 5 weist die längste Durchlaufzeit und die höchste relative Terminabweichung auf. Der Bestand liegt auf einem hohen Niveau. An diesem Arbeitsplatz müssen über einen längeren Zeitraum Störungen vorgelegen haben, wodurch Aufträge nicht abgearbeitet werden konnten. Auch der Arbeitsplatz Nr. 3 weist Auffälligkeiten auf. Er trägt mit einem überdurchschnittlichen Abgang wesentlich zur Leistung der Kostenstelle bei. Das hohe Bestandsniveau an diesem Arbeitsplatz weist darauf hin, dass es sich um einen Engpass handelt. Dadurch werden die Durchlaufzeit und die Terminabweichung negativ beeinflusst. In diesem Fall empfiehlt sich eine tiefer gehende Analyse.

Unnötig lange Durchlaufzeiten, Terminabweichungen, ungenügende Kapazitäts-auslastung und überhöhte Bestände weisen auf Unregelmäßigkeiten bei den betrieblichen Leistungsfaktoren (ausführende Arbeit; Betriebsmittel, Werkstoffe und dispositiver Faktor Planung, Organisation und Leitung) hin.

Störungskategorie	Ursachen
arbeitsbedingt	unplanmäßige Fehlzeiten, ungünstige Arbeitsbedingungen, Arbeitsunfälle, Arbeitsfehler aufgrund mangelnder Arbeitsbeherrschung, Leistungsgradabweichungen
anlagebedingt	Ausfall von Maschinen und Transporteinrichtungen aufgrund mangelhafter Wartung, unplanmäßige Reparaturen, Programmstörungen bei computergesteuerten Anlagen, Ausschuss und Nacharbeit aufgrund von ungenügender Maschinenqualität und unausgereifter Fertigungstechnologie
materialbedingt	mangelhafte Materialqualität, falsche Materialauswahl, Verwechslungen bei der Materialentnahme
dispositionsbedingt	fehlende oder fehlerhafte Fertigungsunterlagen, Planungsfehler (falsche Termin-, Kapazitäts-, Material- und Personalplanung), mangelhafte Transportlogistik, mangelhafte Rückmeldungen der ausführenden Stellen

Systemlast

Gemäß dem Regelkreis der Produktion gibt es drei Eingriffsmöglichkeiten, um die angestrebten Ziele zu erreichen. Zum einen kann die Zusammensetzung der *Fertigungs- und Kundenaufträge* (so genannte **Systemlast**), die durch das Produktionsprogramm vorgegeben ist, beeinflusst werden. Zum anderen sind es die *Stellgrößen des PPS-Systems* (z. B. Durchlaufzeiten, Losgrößen, Prioritätsregeln), die den Produktionsregelkreis direkt beeinflussen und schließlich die *Kapazität und Qualität der Fertigungsanlagen.*

Arbeitsbedingte Störungen können durch Maßnahmen wie Überstunden, Einsatz von Springern, verbesserte Arbeitsbedingungen oder eine Überprüfung des Führungsstils und der Führungsgrundsätze beseitigt werden. Bei anlagenbedingten Störungen helfen zunächst Maßnahmen wie bessere Wartungs- und Instandhaltungsplanung, Anschaffung robuster Anlagen, Schulung des Bedienpersonals, ausreichende Ersatzteil- und Schmiermittelhaltung, Vorhaltung von Kapazitätsreserven. Gegen materialbedingte Störungen helfen Sicherheitsbestände, sorgfältige Materialeingangs-, Materialentnahmekontrolle und Lieferantenauswahl.

Damit wird deutlich, dass das Produktionscontrolling nicht nur innerhalb des Produktionsbereichs stattfinden darf, sondern in ein umfassendes betriebliches Informations-, Umwelt- und Qualitätsmanagementsystem eingebunden sein muss.

Die mit der Gruppenbildung (z. B. Fertigungsinseln) verbundene Dezentralisierung von Entscheidungen an den Ort der Wertschöpfung erfordert ein prozessorientiertes Controlling. Dabei sollten wichtige Kennzahlen in Form eines Soll-Ist-Vergleichs visualisiert, d. h. bildlich dargestellt werden.

Dies erleichtert die Selbststeuerung und -kontrolle der Gruppen und ermöglicht eine gegenseitige Kontrolle der Ziel- und Kenngrößen von Gruppen untereinander. Die **Visualisierung** macht Soll- und Istwerte öffentlich und ist damit eine Grundlage für die Bewertung der Gruppenleistung. Neben quantitativen Kennzahlen wie Ausschussquote, Ausbringung, Nutzungsgrad, Bestände, Durchlaufzeit, Termintreue informieren qualitative Kenngrößen über Qualifikation, Motivation, Problemlösungsaktivitäten und aktuelle Probleme der Gruppe.

Visualisierung

BEISPIEL
Visualisierungstafel einer Fertigungsgruppe

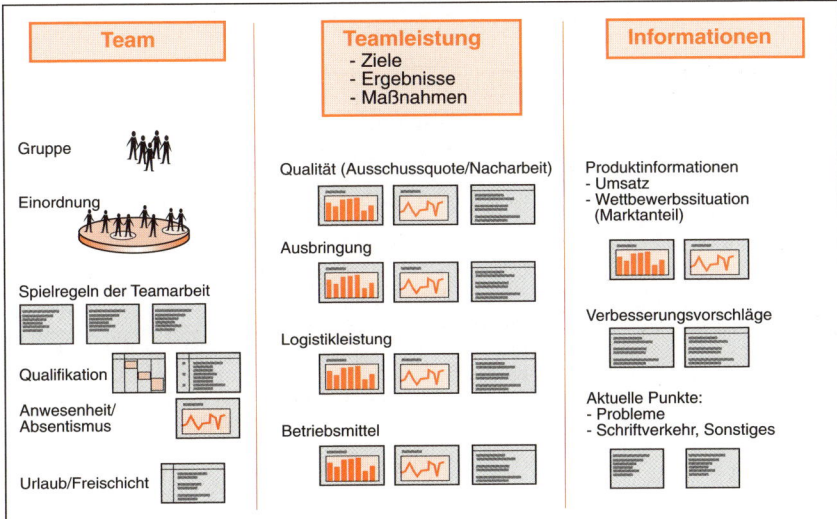

**Produktions-
planungs- und
-steuerungsprozess**

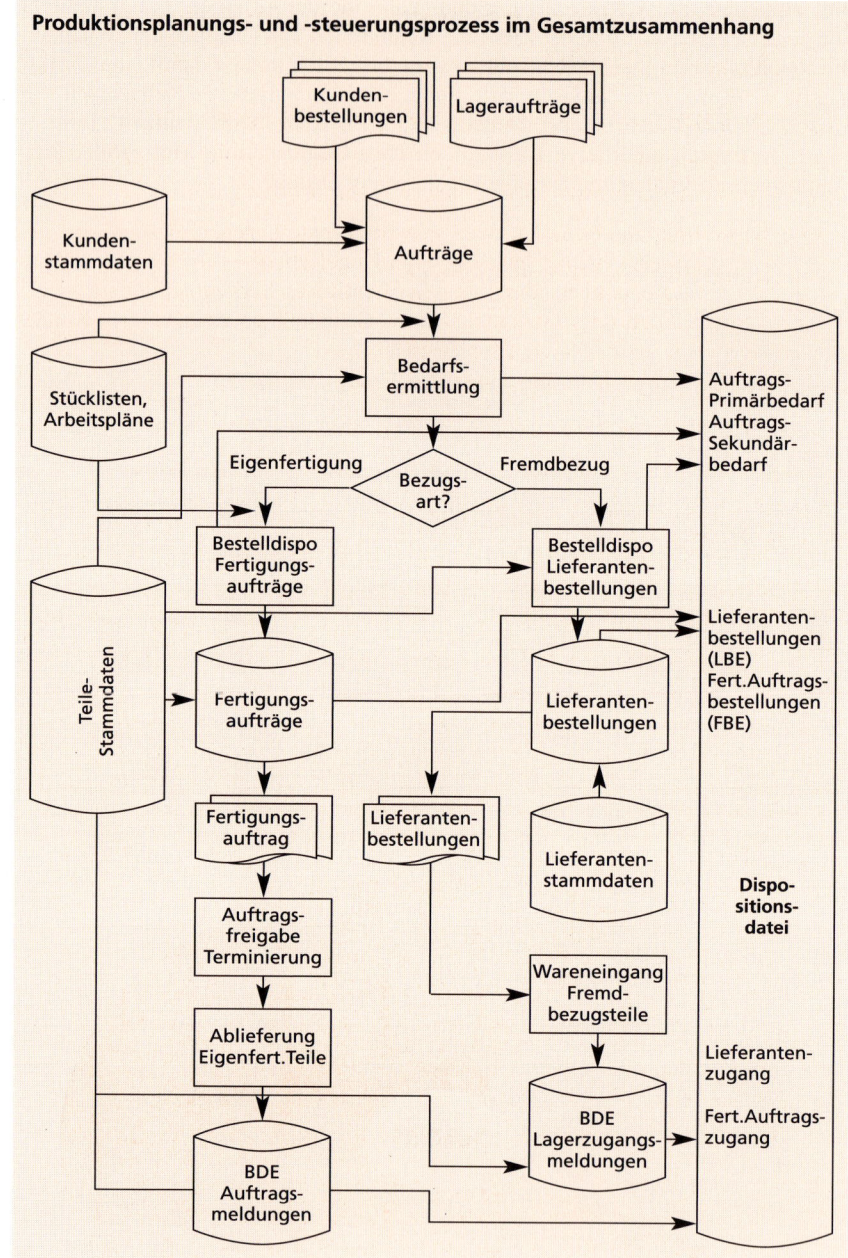

Produktionsplanungs- und -steuerungsprozess im Gesamtzusammenhang

5 Qualitätsmanagement – Auditierung und Zertifizierung

Qualitätsmanagement

5.1 Qualitätskreis – Stationen der Qualitätskette

„Qualität ist, wenn der Kunde zurückkommt und nicht das Produkt!" Diese Weisheit eines Managers bringt die Zielsetzung der Qualitätssicherung auf den Punkt.

Wenn von **Qualität**[1] die Rede ist, dann sind bestimmte Eigenschaften eines Produkts oder einer Dienstleistung gemeint. Vom Kugelschreiber wird erwartet, dass er schreibt, vom Auto, dass es fährt, von den öffentlichen Verkehrsmitteln, dass sie pünktlich sind. Neben dem Gebrauchs- bzw. Grundnutzen erwartet der Kunde noch weitere Leistungsmerkmale (Zusatznutzen).

Qualität

Die *acht Merkmale der Produktqualität:*

- Gebrauchsnutzen
- Ausstattung
- Zuverlässigkeit
- Normgerechtheit
- Haltbarkeit
- Kundendienst
- Ästhetik
- Image

Im gewerblichen Sprachgebrauch hat ein Produkt bzw. eine Dienstleistung die gewünschte Qualität, wenn seine Eigenschaften den Anforderungen des Kunden entsprechen[2]. Die Qualität entsteht aus dem Vergleich von Sollwerten (Anforderungen) mit Istwerten (erfüllten Eigenschaften). Um unnötige Qualitätskosten zu vermeiden, werden die Sollwerte im Dialog mit dem Kunden festgelegt; denn Produkteigenschaften, die vom Kunden nicht gewünscht werden, werden von ihm auch nicht bezahlt.

Die Vielschichtigkeit der Qualitätsanforderungen kommt im **Qualitätskreis** zum Ausdruck. Im Qualitätskreis sind die wichtigsten Stationen der Wertschöpfungs- bzw. Qualitätskette dargestellt. Qualität ist das Ergebnis einer Vielzahl von Abläufen und Tätigkeiten und bezieht auch den Umweltschutzaspekt mit ein.

Qualitätskreis

Qualitätskreis mit Qualitätselementen nach DIN EN ISO 9004

---

[1]   Qualitas (lat.) = Beschaffenheit eines Gegenstandes
[2]   Die Normen Din 55350, Teil 11 und DIN ISO 8402 definieren **Qualität** als „Gesamtheit von Merkmalen einer Einheit bezüglich ihrer Eignung, festgelegte und vorausgesetzte Erfordernisse zu erfüllen".

In nahezu allen Bereichen der Industrie, der Dienstleistungen und Verwaltungen werden zunehmend Qualitätsmanagementsysteme entsprechend der DIN-EN-ISO-Normenreihe 9000 bis 9004 aufgebaut.

ISO 9000 ff.

Was hinter den Normen steckt:

Norm	Inhalt
9000	Leitfaden zur Anwendung der Normenreihe.
9001	Umfasst 20 Elemente, gilt für die Bereiche Design/Entwicklung, Produktion, Montage und Kundendienst und stellt die vergleichsweise höchsten Anforderungen.
9002	Enthält nur die Bereiche Produktion und Montage.
9003	Basiert auf dem Konzept der Qualitätssicherung am Ende des Prozesses. Hier wird lediglich auf die Endprüfung abgestellt.
9004	Gibt Empfehlungen zu den Elementen und zum Aufbau eines Qualitätsmanagementsystems (QMS). Im zweiten Teil werden die Empfehlungen auf Dienstleistungsunternehmen übertragen.

Um das begehrte ISO-Zertifikat zu erhalten, muss ein Unternehmen nachweisen, dass es entsprechend der Normenreihe arbeitet. Eine Zertifizierung ist nur nach DIN EN ISO 9001, 9002 und 9003 möglich. Dabei nehmen die Anforderungen von 9001 bis 9003 ab. Die meisten Unternehmen lassen sich nach dem anspruchsvollen QM-System 9001 zertifizieren.

QM-Elemente

Die 21 QM-Elemente nach DIN ISO 9001:

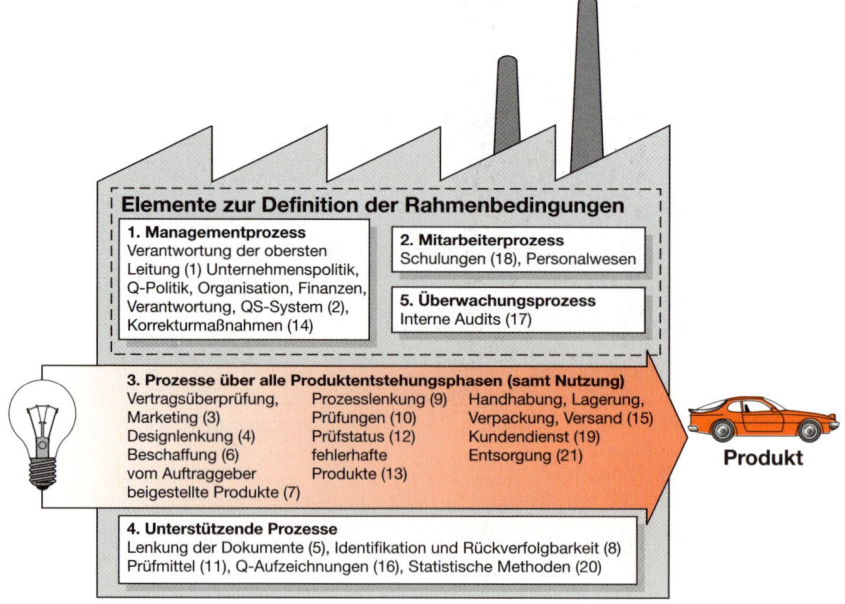

Die ISO-9000 ff. sind Anforderungsnormen, denn sie gelten für alle Branchen, Technologien und Organisationsformen.

5.2 Zertifizierungsprozess – Qualitätsaudit

Ziele und Anforderungen des QM-Systems sollten in einem **QM-Handbuch** dokumentiert werden. Für den *internen* Gebrauch muss dieses QM-Handbuch jedem Mitarbeiter zur Verfügung stehen und ständig aktualisiert werden, insbesondere die Verfahrens-, Arbeits- und Prüfanweisungen. Für *externe* Zwecke ist das QM-Handbuch zur Selbstdarstellung des Unternehmens nach außen, zur Kundeninformation und als Werbung nützlich.

QM-Handbuch

Die **Auditierung** ist eine systematische und unabhängige Untersuchung, um festzustellen, ob die qualitätsbezogenen Tätigkeiten und Ergebnisse den geplanten Anordnungen bzw. Anforderungen entsprechen und ob die Anordnungen bzw. Anforderungen geeignet sind, die Ziele zu erreichen.

Auditierung

Ansatzpunkte für Qualitätsaudits

Qualitätsaudit

Funktionen und Strukturen des Unternehmens (Systemaudit)	Alle Bereiche der Organisation werden daraufhin beurteilt, ob sie Qualitätssicherungsmaßnahmen wirksam anwenden. Auch die Qualitätskenntnisse des Personals werden überprüft.
Verfahren (Verfahrens- bzw. Prozessaudit)	Alle Arbeitsabläufe (z. B. zur Bearbeitung eines Auftrags bzw. Fertigung eines Produktes) werden daraufhin beschrieben und untersucht, ob sie Qualitätssicherungsmaßnahmen wirksam berücksichtigen. Das Audit dient unmittelbar zur Schwachstellenanalyse und -beseitigung.
Produkte (Produktaudit)	Versandfertige Produkte werden auf Erfüllung der Anforderungen überprüft, die in technischen Unterlagen, Zeichnungen, Spezifikationen, Normen und gesetzlichen Vorschriften festgelegt sind.

Nach erfolgreichem Abschluss eines **Systemaudits** erhält das auditierte Unternehmen ein **Zertifikat**, mit dem das Vorhandensein, die Wirksamkeit und die Anwendung des QM-Systems entsprechend der DIN EN ISO 9000 bis 9004 bescheinigt wird. Das Zertifikat kann nur durch akkreditierte Zertifizierungsgesellschaften[1] erteilt werden. Die Akkreditierung (Zulassung) wird in Deutschland von der „Trägergemeinschaft Akkreditierung" (TGA) in Frankfurt am Main durchgeführt. Ausgebildet werden die Auditoren in Lehrgängen bei der DGQ (Deutsche Gesellschaft für Qualität e.V.) in Frankfurt am Main.

Zertifikat

Die Auditoren prüfen, ob die

- Abläufe im Unternehmen dokumentiert sind (Existenz eines QM-Handbuchs),
- dokumentierten Abläufe normenkonform sind,
- beschriebenen Abläufe auch praktiziert werden.

Das Zertifikat wird für drei Jahre erteilt. Jährliche Überprüfungen durch die Zertifizierungsgesellschaft stellen sicher, dass nach Erhalt des Gütesiegels auch weiterhin normengerecht gearbeitet wird.

Die Qualitätsauditierung seiner Zulieferer gewinnt für den Industriebetrieb an Bedeutung, wenn er im Just-in-time-Verbund steht. Um Produktionsstörungen niedrig zu halten, muss er sich auf seine Lieferanten verlassen können, da er selbst keine Eingangsprüfung mehr vornimmt und bei Massenwaren nur noch stichprobenweise prüft.

---

[1] Akkreditierte Zertifizierer sind z. B.: TÜV Cert, DEKRA AG, Landesgewerbeanstalt (LGA) Bayern, VDE-Prüf- und Zertifizierungsinstitut.

Totales Qualitäts-management

5.3 Totales Qualitätsmanagement – TQM

Das Totale Qualitätsmanagement (TQM, Total Quality Management) erweitert die Qualitätsstrategie auf das gesamte Unternehmen.

TQM nach DIN ISO 8402

Das **TQM** ist eine Führungsmethode, die

- die Qualität und die Kundenzufriedenheit in den Mittelpunkt stellt,
- auf die Mitwirkung aller Mitglieder des Unternehmens auf allen Hierarchiestufen setzt,
- auf den langfristigen Geschäftserfolg zielt,
- auf den Nutzen für die Mitglieder des Unternehmens zielt,
- die Forderungen der Gesellschaft erfüllen will.

TQM-Grundsätze

GRUNDSÄTZE DES TOTALEN QUALITÄTSMANAGEMENTS

Qualitäts- und mitarbeiterorientiertes Managementverhalten			
Jeder Mitarbeiter muss am Planungs- und Entscheidungsprozess in seinem Aufgabenbereich teilnehmen.			
Kunden-orientierung	**Prozess-orientierung**	**Vorbeugendes Verhalten**	**Ständige Verbesserung**
Qualitätsanforderungen und -erwartungen der externen Kunden und internen Kunden (Vorgesetzte und Kollegen) müssen unbedingt erfüllt werden (Kunden-Lieferanten-Beziehungen).	Barrieren zwischen den Abteilungen und Gruppen müssen durch mehr bereichsübergreifende Zusammenarbeit überwunden werden. Jeder trägt zur Ergebnisverbesserung bei.	Fehler sollen erst gar nicht gemacht werden (Null-Fehler-Programm), um Qualitätskosten (im Durchschnitt 20% des Umsatzes) zu vermeiden.	Jeder Mitarbeiter beteiligt sich aktiv an der ständigen Verbesserung der Qualität. Die Suche nach Verbesserungen ist nie zu Ende. Es gilt, Verschwendungen aufzudecken und auszuschalten.

Total Quality Management soll das aufwendige Kontrollieren und Nachbessern von Produkten überflüssig machen. Es geht darum, „die richtigen Dinge gleich beim ersten Mal richtig zu tun". Hierbei setzen immer mehr Unternehmen auf innerbetriebliche **Kunden-Lieferanten-Beziehungen** auf allen Ebenen, um das Qualitätsbewusstsein der Mitarbeiter zu schärfen. Der Leitsatz lautet dabei: „Jeder ist für die Qualität seiner Arbeit selbst verantwortlich!"

Kunden-Lieferanten-Beziehungen

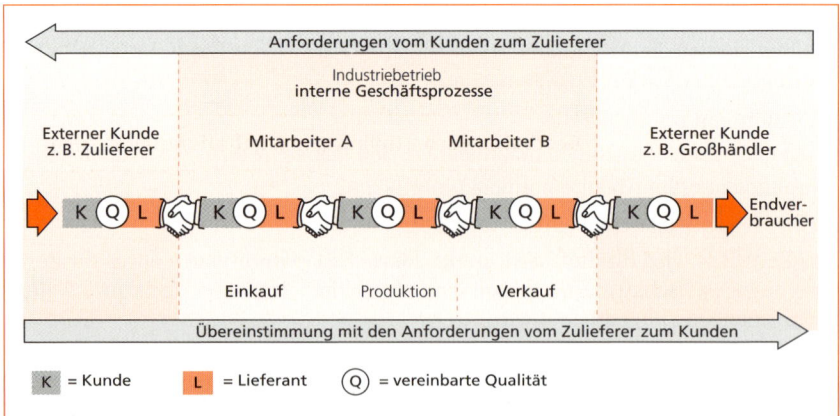

Durch die frühe Einbindung der Lieferanten bei der Produktentwicklung und durch *Lieferantenworkshops* können ebenfalls erhebliche Verbesserungen und Kosteneinsparungen bei Produkten und Abläufen erreicht werden.

Lernfeld 6 Beschaffungsprozesse planen, steuern und kontrollieren

STRUKTURÜBERSICHT

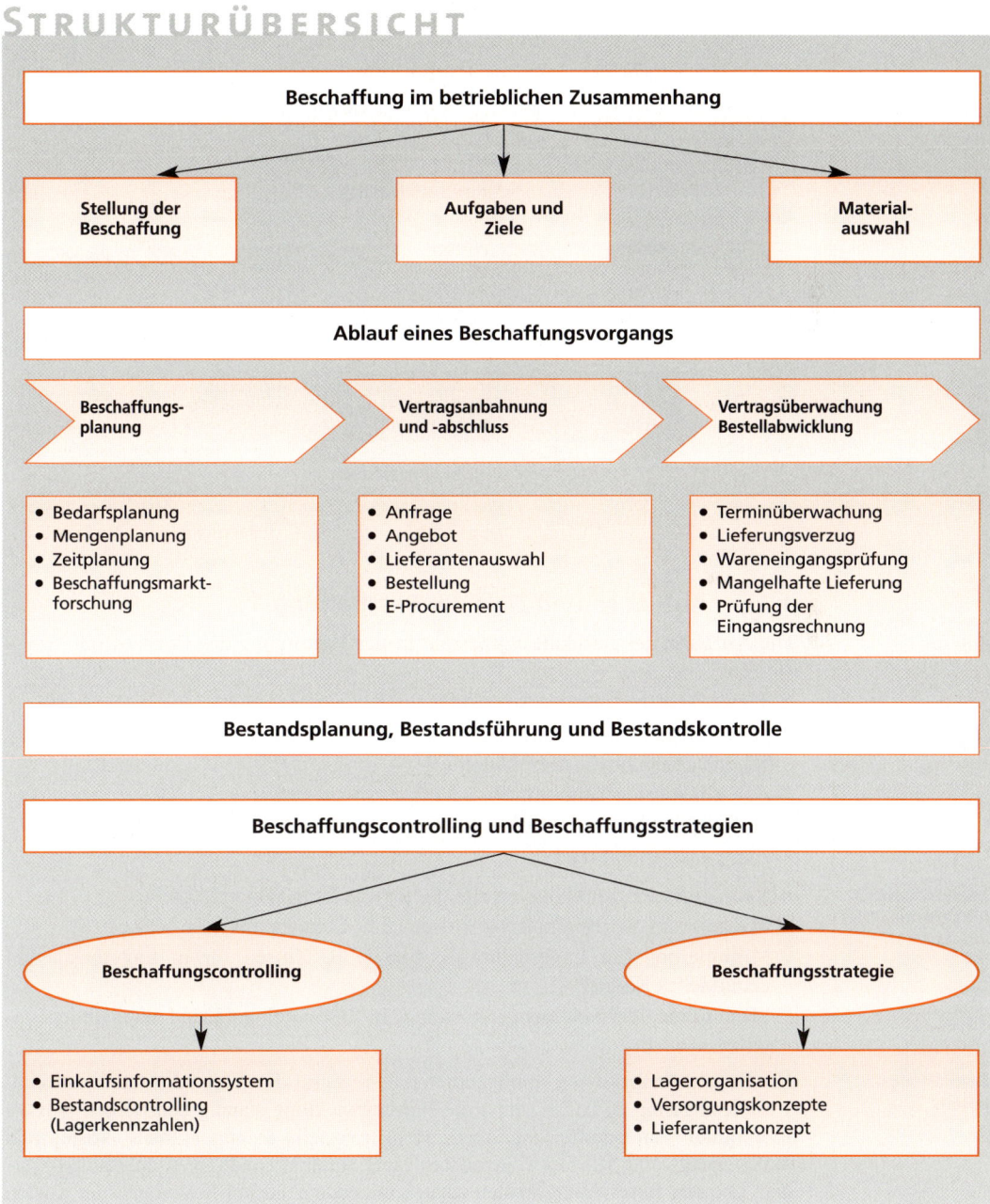

1 Beschaffung im betrieblichen Zusammenhang

1.1 Stellung der Beschaffung im betrieblichen Leistungsprozess

Die Beschaffung innerhalb des betrieblichen Leistungsprozesses

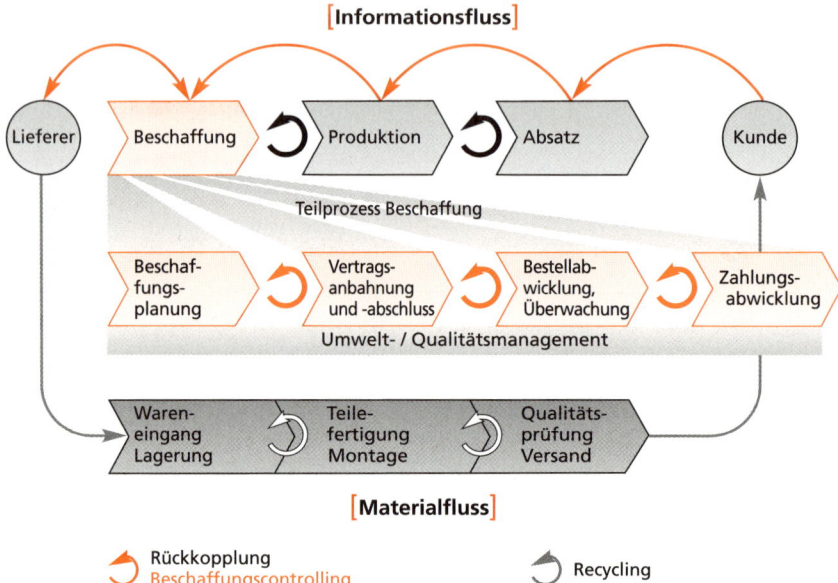

1.2 Aufgaben und Ziele der Beschaffung

Aufgabe

Die **Aufgabe** der Beschaffung besteht in der Versorgung des Betriebs mit Werkstoffen:

- in zweckentsprechender Art und Qualitätt
- in der wirtschaftlichen Menge
- bei den geeignetsten Lieferanten
- zum günstigsten Zeitpunk
- am richtigen Lager- und Einsatzort
- zum günstigsten Preis

Ziele der Beschaffung (Formalziele)

Bei der Aufgabenerfüllung verfolgt die Beschaffung folgende **Ziele:**

- Minimierung der Beschaffungskosten (z.B. Bezugspreise, Bestellkosten)
- Minimierung der Lagerhaltungskosten (z.B. Zinsen für in Lagerbeständen gebundenes Kapital)
- Minimierung der Fehlmengenkosten (z.B. Störungen aufgrund mangelnder Lieferbereitschaft).

Beschaffungskosten

Die **Beschaffungskosten** werden durch die Preise für die gekauften Güter bestimmt. Um diese gering zu halten, muss die Preisentwicklung ständig beobachtet, müssen Lieferanten miteinander verglichen, Mengenvorteile (Mengenrabatte, kostenfreie Anlieferung) und Machtpositionen bei Lieferantenverhandlungen ausgenutzt werden. Die den Beschaffungskosten zuzurechnenden Transportkosten und die Kosten für die Bestellabwicklung lassen sich dadurch vermindern, dass die Zahl der Bestellungen und Lieferungen durch größere Abnahmemengen niedrig gehalten wird.

Zu den **Lagerhaltungskosten** zählen im Wesentlichen die Zinskosten für das in den Beständen gebundene Kapital und die Kosten für das Lagerpersonal, die Lagerräume und -einrichtung. Sie lassen sich minimieren, wenn die Lagerbestände gering gehalten werden.

Fehlmengenkosten treten auf, wenn durch mangelhafte Lieferbereitschaft der Produktionsablauf gestört wird oder kurzfristig Material zu überteuerten Preisen beschafft werden muss. Fehlmengenkosten lassen sich durch eine exakte Beschaffungsplanung, Verbrauchsüberwachung und hohe Lagerbestände minimieren.

Die Ziele stehen zum Teil zueinander in Konkurrenz. Die auftretenden **Zielkonflikte** versucht die Materialwirtschaft mithilfe der *richtigen Bestellmengen* zu bewältigen.

Lagerhaltungskosten

Fehlmengenkosten

Zielkonflikte der Beschaffung

→ siehe LF 5 Abschnitt 1.2

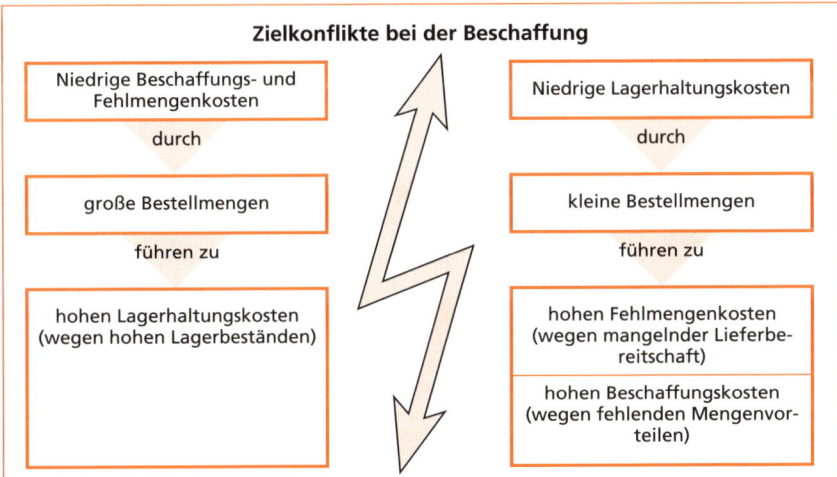

1.3 **Gegenstände der Beschaffung**

Der Materialbegriff umfasst Werkstoffe, Handelswaren und Dienstleistungen. Es ist unerheblich, ob diese fremdbezogen oder selbst erstellt werden. Das bedeutet, dass das Material nicht nur Input eines Produktionsprozesses, sondern auch Output eines vorgelagerten, aber auch des jeweilig betrachteten Produktionsprozesses sein kann. Letzteres geschieht im Rahmen von Recyclingprozessen, bei denen Rückstände wiederum als Sekundärrohstoffe in den Produktionsprozess eingehen.

Gegenstände der Materialwirtschaft

Beschaffungsobjekte (buy)	Selbst erstellte Objekte (make)
Fremdbezugsteile ● Werkstoffe (Rohstoffe, Hilfsstoffe, Betriebsstoffe, Fremdbauteile) ● Verpackungsmaterial ● Handelswaren (solange sie sich noch nicht im Verkaufslager befinden) ● Recyclinggüter ● Verschleißwerkzeuge *fremdbezogene Dienstleistungen*	*Selbst gefertigte Teile* ● Werkstoffe (Rohstoffe, Hilfsstoffe, Betriebsstoffe) ● Werkstücke (Einzelteile, Baugruppen) ● Fertigprodukte (solange sie sich noch nicht im Verkaufslager befinden) ● Recyclinggüter (Sekundärrohstoffe) ● Verschleißwerkzeuge *selbst erbrachte Dienstleistungen*

FALLBEISPIEL

Teile-Nr.	Benennung	Bruttobedarf für 1 Stahlrohrtisch	Eigenfertigung	Fremdbezug
450000	Stahlrohrtisch	1	Fertigprodukt	
400001	Stahlrohrgestell	1	Baugruppe	
400002	Tischplatte	1		Fremdbauteil
400003	Fußtöpsel	4		Hilfsstoff
400004	Seitengestell	2	Baugruppe	
400005	Tischbein	4	Einzelteil	
400006	Querrohr	2	Baugruppe	
400007	Längsverbindung	2	Baugruppe	
400008	Längsrohr	2	Einzelteil	
400009	Lasche	6	Einzelteil	
400010	Vierkantstahlrohr	11,266 kg		Rohstoff
400011	Holzschraube	12		Hilfsstoff
400012	Querverbindung	2	Baugruppe	
400013	Winkelstahl	0,375 kg		Rohstoff

1.4   Materialauswahl – Kosten, Qualität, Umwelt, Markt

■ *Kosten des Materials – im Einkauf liegt der Gewinn*

→ siehe 3.2.2

Die **Beschaffungsfunktion** wird für die Industriebetriebe immer wichtiger. Aufgrund der Tendenz zu geringerer Fertigungstiefe wächst der Anteil fremdbezogener Teile innerhalb des gesamten Teilespektrums. Der Materialeinsatz ist in vielen Betrieben bereits der größte Aufwandsposten. Schon kleine prozentuale Einsparungen bei den Materialkosten führen deshalb zu erheblichen Gewinnsteigerungen.

→ siehe hierzu Lernfeld 5, Abschnitt 2.2.3 Wertanalyse

Die Materialkosten werden wesentlich von den physischen Eigenschaften der Beschaffungsobjekte (z. B. Materialart, Gewicht, Größe, Design, Verderblichkeit) bestimmt. Hier ist zu prüfen, mit welcher Materialart derselbe Produktnutzen zu günstigeren Kosten erzielt werden kann.

■ *Qualität des Materials*

Die Materialqualität wird durch die zunehmende Automatisierung der Fertigung immer wichtiger. Es gibt praktische Beispiele, bei denen kleine Qualitätsmängel von wertmäßig unbedeutenden Materialien (C-Teile) komplexe Fertigungssysteme komplett zum Stillstand gebracht haben. Deshalb gewinnt mit der zeitlichen Verkürzung der Beschaffungsvorgänge die Qualitätssicherung eine hohe Bedeutung. Dabei ist verstärkt auf die Qualitätszertifizierung des Lieferanten zu achten sowie auf dessen Gütezeichen, Garantiezusagen und Kulanzverhalten.

→ siehe hierzu Lernfeld 5, Abschnitt 5 Qualitätsmanagement

■ *Umweltverträglichkeit des Materials*

→ siehe hierzu Lernfeld 5, Abschnitt 2.2.6 Umweltverträgliche Produktgestaltung

Wie bereits gezeigt, wird die Umweltverträglichkeit über alle Lebensphasen des Produkts bereits in der Phase der Produktentwicklung weitgehend festgelegt. Im Pflichtenheft schreibt die Entwicklungsstelle der Beschaffung bestimmte Materialien vor.

Gemäß Kreislaufwirtschafts- und Abfallgesetz (KrW-/AbfG) sind Produktionsprozesse und ihre Einsatzfaktoren und Ergebnisse so zu gestalten, dass umweltgefährdende Rückstände möglichst vermieden werden. Gelingt dies nicht, dann sind Maßnahmen zur Rückstandsverminderung zu treffen. Gelingt dies auch nicht, dann sind Maßnahmen zur Rückstandsverwertung (Recycling) einzuleiten. Eine

Rückstandsbeseitigung ist erst dann zulässig, wenn Vermeidung, Verminderung und Verwertung nicht greifen. Diese *Zielhierarchie* verpflichtet die Betriebe zu einem ressourcen- und umweltschonenden Umgang mit den Einsatz- und Reststoffen des Produktions- und Konsumprozesses.

Die **Verwertung von Rückständen (Recycling)** setzt an bereits entstandenen Rückständen an, führt diese als *Sekundärrohstoffe (Wertstoffe)* wieder in den Stoffkreislauf zurück und erhöht damit den Ausnutzungsgrad knapper *Primärrohstoffe*.

Recycling bedeutet Rückführung stofflicher und energetischer Rückstände in den Produktionsprozess durch Verwendung (Gestalt des Wertstoffs wird weitgehend beibehalten) oder Verwertung (Gestalt des Wertstoffs wird aufgelöst) von Wertstoffen. Vier Recyclingstrategien sind denkbar:

Verwertung von Rückständen

Recycling

Recyclingstrategien

Wiederverwendung (upcycling)	Das gebrauchte Produkt wird für den gleichen Verwendungszweck erneut eingesetzt. **Beispiele:** Ein Altreifen wird nach einer Runderneuerung wieder als Autoreifen verwendet, Gebrauchtwagen, -möbel, Second-Hand-Waren.
Weiterverwendung (downcycling)	Das gebrauchte Produkt wird für einen anderen Verwendungszweck eingesetzt. **Beispiele:** Ein Altreifen wird als Kinderschaukel weiterverwendet, Altkleider werden als Putzlappen weiterverwendet.
Wiederverwertung	Der aufgelöste Wertstoff wird als nahezu gleichwertiger Werkstoff bzw. Hilfs- und Betriebsstoff ohne weitere Verarbeitung erneut in der Produktion eingesetzt. **Beispiele:** Kunststoffabfall und -ausschuss bei der Kunststoffverarbeitung, Glasabfall bzw. -ausschuss bei der Glasherstellung
Weiterverwertung	Aus einem aufgelösten Wertstoff wird nach Durchlauf eines weiteren Produktionsprozesses ein Werkstoff oder Produkt mit anderen Eigenschaften oder anderer Gestalt für einen anderen Verwendungszweck. **Beispiele:** Eisenhaltiger Automobilschrott wird nach dem Einschmelzen und anschließender Formgebung zu Baustahl weiterverarbeitet; nicht sortenreiner Plastikmüll wird granuliert, eingeschmolzen und zu Gartenbänken umgeformt.

■ *Marktentwicklung – Sicherheit hat Vorrang*

Die Zustände auf den Beschaffungsmärkten bestimmen wesentlich die *Sicherheit der Versorgung* mit Rohstoffen. Viele Rohstoffe (z. B. Rohöl, Metalle) werden aus Ländern mit instabilen politischen Verhältnissen importiert. Bei der Auswahl solcher Materialien sollte eine Streuung auf möglichst viele Länder angestrebt werden. Auch ist zu überlegen, ob solche Rohstoffe durch heimische Rohstoffe ersetzt werden können.

Viele Rohstoffe (z. B. land- und forstwirtschaftliche Produkte) sind starken *saisonalen Marktschwankungen* unterworfen. Marktveränderungen können auch durch *technischen Fortschritt*, natürliche *Verknappung der Rohstoffe* oder durch *Machtballungen* (Kooperation, Konzentration) auf den Beschaffungsmärkten verursacht sein. Hinzu kommen *konjunkturelle Schwankungen,* die sich auf die Stabilität von Preisen, Konditionen und Lieferfristen auswirken.

→ Weitere Ausführungen hierzu siehe Abschnitt 2.4 Beschaffungsmarktforschung

2   Beschaffungsplanung

2.1   Bedarfsermittlung – keine Beschaffung ohne Bedarf

Bedarfsermittlung

Bedarf

Die Menge an Material (Werkstoffe, Handelware), die zu einem bestimmten Termin und für eine bestimmte Periode benötigt wird, nennt man **Bedarf.** Bedarf entsteht, um ein vorgegebenes Fertigungsprogramm oder vorliegende Aufträge erfüllen zu können.

Eine möglichst genaue Bedarfsermittlung soll sicherstellen, dass genau die richtige Materialmenge beschafft wird. Würde eine *zu geringe* Menge beschafft, dann wären Störungen im Produktions- und Absatzbereich die Folge. Würde *zu viel* beschafft, dann wären Kapitalbindung und Lagerkosten unnötig hoch. Die Vorgehensweise der Bedarfsermittlung ist verschieden, je nachdem, ob bereits konkrete Daten (Aufträge, Pläne) vorliegen oder nicht.

Liegen noch keine konkreten Kundenaufträge vor, dann ist der Bedarf aus den Absatz- und Produktionsplänen zu entnehmen.

Bedarfsrechnungen

Liegen bereits konkrete Kundenaufträge bzw. Produktionspläne vor, dann kann der Bedarf mittels **Bedarfsrechnungen** festgestellt werden.

→ Siehe hierzu
LF 5 Abschnitt
4.3.1 Ermitt-
lung der Be-
darfsmenge

Für bestimmte Fremdgüter (C-Teile, Handelswaren) mit regelmäßigem Bedarf können Lieferpläne bestehen, in denen die Bestellanforderungen längerfristig festgelegt sind. Die Lieferpläne werden von Fachabteilungen gepflegt und an den Einkauf gerichtet.

2.2   Planung der Bestellmenge – nicht zu viel, nicht zu wenig

> Die Einkaufsleiterin der Weller KG, Frau Spahn, überlegt, ob sie den gesamten Jahresbedarf an Konferenzstühlen (3 600 Stück) auf einmal bestellen soll oder ob sie mehrmals im Jahr eine kleine Menge ordern soll.

Kleine Bedarfsmengen unterschiedlicher Abteilungen können zu größeren Bestellmengen zusammengefasst werden; denn nur so können Einkaufsvorteile genutzt werden.

Bestellkosten

Bei der Bestimmung der richtigen Bestellmenge muss berücksichtigt werden, dass jede Bestellung **Bestellkosten** verursacht (Bearbeitung, Transport, Eingangskontrolle) und dass die bestellte Ware gelagert werden muss. Die Kosten für die Bestellung sind unabhängig von der Bestellmenge, sie sind *bestellfix*. Die **Lagerhaltungskosten** (z. B. Zinsen, Raumkosten, Personal) hängen von der Bestellmenge ab, sie sind *variabel*.

**Lagerhaltungs-
kosten**

→ siehe Seite 165

→ siehe Seite 165

Der gegensätzliche Verlauf der Lagerhaltungs- und Bestellkosten macht den **Zielkonflikt der Beschaffung** anschaulich. Mit zunehmender Bestellmenge steigen die Lagerhaltungskosten und sinken die Bestellkosten.

MERKE

**Optimale Bestell-
menge**

Die Menge, bei der die Summe aus Bestell- und Lagerhaltungskosten am niedrigsten ist, bezeichnet man als **optimale Bestellmenge.** Hier sind auch Bestell- und Lagerhaltungskosten gleich hoch.

Die Lagerhaltungskosten werden mithilfe eines Lagerhaltungskostensatzes berechnet.

**Lagerhaltungs-
kostensatz**

$$\text{Lagerhaltungskostensatz} = \frac{\text{Lagerhaltungskosten}}{\text{durchschnittlicher Lagerbestand}} \cdot 100$$

FALLBEISPIEL

Bei der Weller KG wird mit einem Lagerhaltungskostensatz von 10% gerechnet. Das sind bei einem Einstandspreis von 16,00 EUR pro Konferenzstuhl 1,60 EUR Lagerhaltungskosten pro gelagertem Stuhl im Jahr. Die bestellfixen Kosten belaufen sich auf 80,00 EUR pro bearbeiteter Bestellung.

Tabellarische Ermittlung der optimalen Bestellmenge:

Alternative Bestellmengen	Anzahl Bestellungen pro Jahr	Durchschnittlicher Lagerbestand in Stück	Lagerhaltungskosten 1,60 EUR/ Stück	Bestellkosten 80,00 EUR pro Bestellung	Summe aus Lagerhaltungs- und Bestellkosten (Gesamtkosten)
Jahresbedarf: 3 600 Stück		$\dfrac{\text{Bestellmenge}}{2}$	Ø Lagerbestand · 1,60	Anzahl Bestell. · 80,00	Lagerhaltungs- + Bestellkosten
3 600	1	1 800	2 880,00	80,00	2 960,00
1 800	2	900	1 440,00	160,00	1 600,00
1 200	3	600	960,00	240,00	1 200,00
900	4	450	720,00	320,00	1 040,00
720	5	360	576,00	400,00	976,00
600	6	300	480,00	480,00	960,00
514	7	257	411,43	560,00	971,43
450	8	225	360,00	640,00	1 000,00

Die optimale Bestellmenge beträgt 600 Stück

Grafische Ermittlung der optimalen Bestellmenge

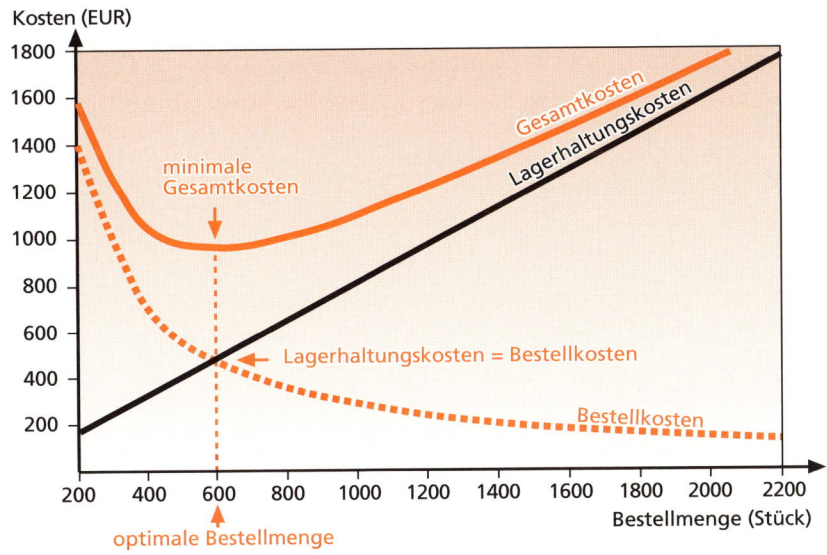

Mathematische Ermittlung der optimalen Bestellmenge

$$\text{Optimale Bestellmenge} \quad \sqrt{\dfrac{200 \cdot \textit{Jahresbedarf} \cdot \textit{fixe Bestellkosten}}{\textit{Einstandspreis} \cdot \textit{Lagerhaltungskostensatz}}} \qquad \underset{\text{BEISPIEL:}}{\sqrt{\dfrac{200 \cdot 3\,600 \cdot 80}{16 \cdot 10}}} = 600 \text{ Stück}$$

→ Siehe hierzu
LF 5, Abschnitt
4.4.1

Die optimale Bestellmenge kann immer nur **Orientierungshilfe** sein. Sie muss nicht „mit allen Mitteln" erreicht werden. Die Annahmen (konstanter Bedarf und Einstandspreis) sind in der betrieblichen Praxis oft nicht erfüllt. Hier sind Bedarfsschwankungen, finanzielle Engpässe und begrenzte Lager- und Transportmöglichkeiten alltäglich.

Zeitplanung

2.3   Planung der Bestellzeit – nicht zu früh, nicht zu spät

Bei lagerfähigem Material muss der Zeitpunkt der Bestellung so gewählt werden, dass mit dem noch am Lager liegenden Vorrat

- die Beschaffungszeit (im Wesentlichen die Lieferzeit) überbrückt werden kann
- ohne den Mindestbestand (Sicherheits-, eiserner Bestand) angreifen zu müssen.

Sicherheits-
bestand

Der **Sicherheitsbestand** wird von der Geschäftsleitung festgelegt und soll drei Unsicherheiten abdecken:

Bedarfsunsicher-
heit

- **Bedarfsunsicherheit** (der ermittelte Bedarf entspricht nicht dem tatsächlichen Bedarf),

Lieferzeit-
unsicherheit

- **Lieferzeitunsicherheit** (der Soll-Liefertermin entspricht nicht dem tatsächlichen Liefertermin),

Bestands-
unsicherheit

- **Bestandsunsicherheit** (der Buchbestand entspricht nicht dem tatsächlichen Lagerbestand).

FALLBEISPIEL

Die Einkaufsleiterin der Weller KG rechnet mit einer Lieferzeit von einem Monat. Bei der ersten Bestellung ordert sie 100 Konferenzstühle mehr, um einen Sicherheitsbestand aufzubauen. Bei wiederholten Bestellungen orientiert sie sich an der optimalen Bestellmenge (600 Stück); d. h., sie muss bei einem Jahresbedarf von 3 600 Stühlen 6-mal im Jahr (also alle zwei Monate) bestellen. Der monatliche Verkauf beträgt 300 Stühle (3 600 : 12 Monate).

Bestandsentwick-
lung

Die Bestandsentwicklung kann in einem Diagramm dargestellt werden:

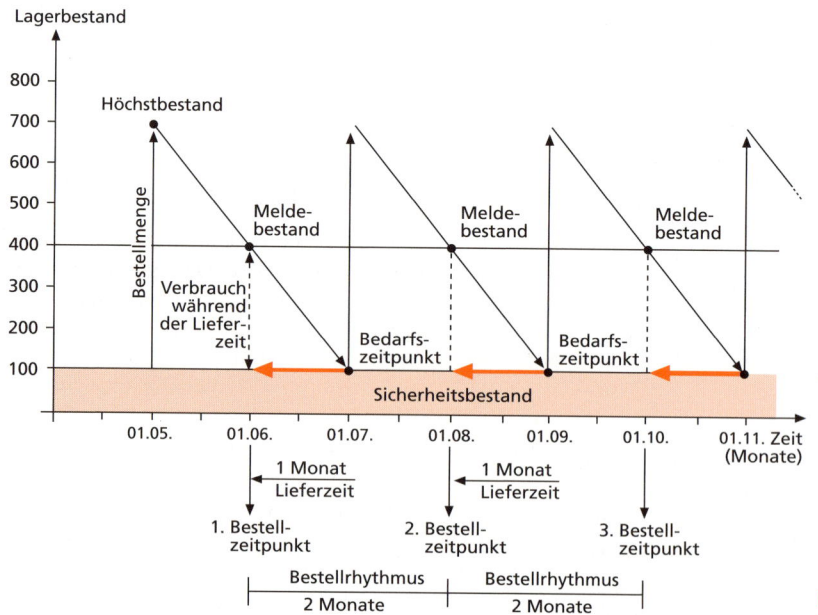

Der Bestand nimmt im Zeitablauf ständig ab und erreicht den Bestellpunkt (Meldebestand), an dem die Bestellung neuen Materials ausgelöst wird. Mit dem Erreichen des Sicherheitsbestands trifft das bestellte Material dann ein.

Der Bestand, bei dessen Erreichen das Lager meldet, dass bestellt werden muss, heißt **Meldebestand** oder **Bestellpunkt**.

Meldebestand

MERKE

Meldebestand = Sicherheitsbestand + Lieferzeit · Verbrauch pro Zeiteinheit

BEISPIEL

Frau Spahn errechnet den Meldebestand für die Konferenzstühle wie folgt:
Meldebestand = 100 Stück + 1 Monat · 300 Stück /Monat = **400 Stück**

Wird die Bestellung bei Erreichen des Meldebestands (Bestellpunkts) ausgelöst, dann spricht man vom **Bestellpunktverfahren**.

Bestellpunkt-verfahren

Wird in bestimmten Zeitabständen (unabhängig vom aktuellen Bestand) bestellt, so handelt es sich um das **Bestellrhythmusverfahren**. Diese Methode führt zu überhöhten Lagerbeständen, wenn der Verbrauch hinter der Bedarfsvorhersage zurückbleibt. Bei erhöhter Nachfrage führt die Bestellung an festen Terminen zu Fehlmengen, sodass es zu Produktions- und Absatzstörungen kommen kann.

Bestellrhythmus-verfahren

Der durchschnittliche Lagerbestand sinkt, wenn

- die Bestellmenge sinkt (also häufiger bestellt wird) und/oder
- der Sicherheitsbestand niedriger angesetzt wird.

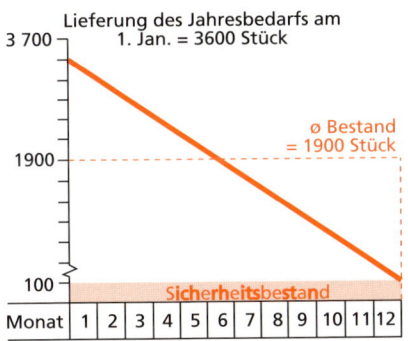

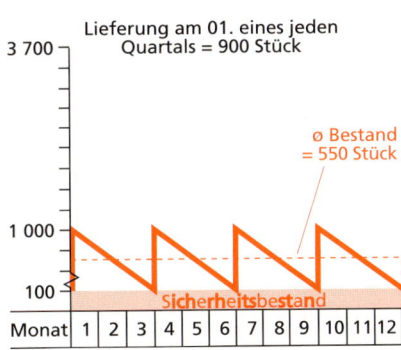

Die integrierte Unternehmenssoftware erleichtert die Bestelltätigkeit und erstellt nach Erreichen der Meldebestände automatische **Bestellvorschläge**, die vom Disponenten in der Regel nur noch bestätigt werden müssen. Der Prozessverantwortliche für den Einkauf kann sich verstärkt um die Bedarfsunsicherheiten (Preisschwankungen, saisonale und konjunkturelle Einflüsse usw.) kümmern, um diese dann in den Bestellvorschlägen zu berücksichtigen.

→ Siehe hierzu LF 5, Abschnitt 4.3.4

2.4 Beschaffungsmarktforschung – ohne Daten keine Taten

2.4.1 Informationen über den Beschaffungsmarkt

Die **Beschaffungsmarktforschung** beschafft Daten über mögliche Lieferanten und deren Umfeld. Dabei interessiert nicht nur der heutige Stand, sondern auch die zukünftige Entwicklung, insbesondere dann, wenn der Industriebetrieb langfristige Beziehungen mit seinen Lieferanten anstrebt.

Beschaffungs-marktforschung

Branchen- und Länderinforma-tionen

■ *Allgemeine Branchen- und Länderinformationen*

Um seine eigenen Beschaffungsrisiken einschätzen zu können, ist es für den Abnehmer wichtig, die Verhältnisse auf den vorgelagerten Beschaffungsmärkten seiner Lieferanten zu kennen. Hier sind vor allem folgende Informationen von Bedeutung:

● Angebots- und Nachfrageverhältnisse (z. B. Preise, Preisentwicklungen, Mengen, Lieferzeiten und -bedingungen) auf den entsprechenden Rohstoffmärkten des Lieferers

● die öffentliche Meinung gegenüber bestimmten Rohstoffen (z. B. kritische Einstellung gegenüber Synthetikfasern in der Textilbranche, PVC, Asbest) und deren Wandel in der Zukunft.

Die allgemeine wirtschaftliche Entwicklung der eigenen Branche ist in Bezug auf die Angebots- und Nachfrageverhältnisse, (z. B. Marktanteile, Preise, Entwicklung neuer Absatzwege wie Franchising und Branchengepflogenheiten usw.) zu analysieren. Ggf. sind die politischen und wirtschaftlichen Verhältnisse bestimmter Importländer abzuklären, z. B. hinsichtlich Staatsform, Bestehen bilateraler Beziehungen, Lohnniveau, Inflationsrate, Streikgefahr.

■ *Lieferanteninformationen*

Lieferanten-informationen

Die Informationen über den Lieferanten lassen sich in vier Bereiche aufteilen:

● **Informationen über die Marketingkonzeption des Lieferanten**

Me-Too-Produkte = Nachahmungs-produkte

Produktpolitik	Betreibt er eine eigene Markenpolitik oder hat er sich auf anonyme Me-Too-Produkte spezialisiert? Welches Marktsegment spricht er an? Passt dieses zu dem des Großhändlers? Welches Image besitzt der Lieferant? Wie innovationsfreudig ist er?
Preis- und Konditionen-politik	Wie ist das Preis-Leistungsverhältnis bzw. das Preisniveau des Lieferers? Welche Rabattstaffelung bietet er? Welche Konditionen bietet er (Zahlungsbedingungen, Kommissionskauf, Lieferzeit usw.)? In welcher Währung fakturiert er (Währungsrisiken bei ausländischer Währung)?
Distributions-politik	Welche Absatzkanäle benutzt der Lieferant? Liefert er auch direkt an den Einzelhandel? Beliefert er auch Konkurrenten oder ist Exklusivbelieferung möglich? Kann das vollständige Produktprogramm abgenommen werden oder gibt es für Teile des Programms Exklusivverträge mit Konkurrenten? Liefert er von einem Zentrallager oder über regionale, kundennahe Läger aus?
Kommunika-tionspolitik	Beratungsintensität und -qualität des Lieferers; Umfang und Wirksamkeit von Verkaufsförderungsmaßnahmen (z. B. Sonderangebotsaktionen); Umfang der Werbung (Sprungwerbung, kooperative Werbung)

● **Informationen über die Service- und Nebenleistungen des Lieferanten:** Von besonderem Interesse sind hier, Garantie- und Kulanzleistungen des Herstellers, Leistungen wie Wartung, Reparatur, Ersatzteilversorgung, Finanzierungs- und Leasingangebote, Werbekostenzuschüsse (WKZ), Bereitschaft eigene Wünsche zu berücksichtigen (z. B. Regalpflege, Spezialausführung) und Marktforschungsergebnisse weiterzugeben (z. B. Kundenadressen).

- **Informationen über das Unternehmen des Lieferanten:** Zu beantworten sind hier folgende Fragen:
  - Wie groß ist das Unternehmen des Lieferers?
  - Ist er von einem oder wenigen Vorlieferanten abhängig?
  - Ist er von bestimmten Rohstoffen abhängig?
  - Lässt er im Ausland produzieren?

  Insbesondere für Preisverhandlungen sind Informationen über die Kostensituation und Kalkulationsverfahren des Lieferanten und über erzielbare Kosteneffekte bei Großbestellungen zu erheben.

2.4.2 Informationsquellen über Lieferanten

■ *Innerbetriebliche Informationen über Bezugsquellen*

Sucht der Einkäufer für einen bestimmten Artikel den Lieferanten, dann greift er zunächst auf die interne **Artikel- bzw. Rohstoffdatei** zurück. Sie ist nach Artikel-/Materialnummern geordnet und enthält alle zugehörigen Lieferanten, mit denen bereits Geschäftsbeziehungen bestehen.

Artikeldatei

Will der Einkäufer sich lediglich vergewissern, ob er den richtigen Lieferanten für ein bestimmtes Beschaffungsgut hat, dann greift er auf die **Lieferantendatei** zurück, die nach Lieferantennummern geordnet ist und neben dem Lieferprogramm zahlreiche weitere Informationen (Lieferungs- und Zahlungsbedingungen, letztes Bestelldatum usw.) enthält. Die Lieferantendatei ist der „Steckbrief" des Lieferanten.

Lieferantendatei

Weitere interne Informationsmöglichkeiten über Bezugsquellen sind Berichte der Handlungsreisenden, Messeberichte der Einkäufer, Preis-, Einkaufs- und – vor allem im Handel – Absatzstatistiken.

BEISPIEL

Auszug aus der Artikeldatei der Kurt Weller KG

```
ARTIKEL-/WARENBEZUGS-/ROHSTOFFDATEI

ARTIKEL-NR./MATERIAL-NR.:    5061
ARTIKELBEZEICHNUNG:          FUSSSTOEPSEL
```

LIE-FERER NR.	FIRMA	LISTEN-PREIS	RABATT %	SKONTO %	BAR-EIN-KAUFS-PREIS	LIEFER-ZEIT TAGE	LETZTE LIEFE-RUNG	BEAN-STAN-DUNGEN
25	KELLER GMBH	3,42	–	2	3,35	7	03-26.	–
52	MELZER KG	4,00	5	1	3,76	3	06-28.	–

■ *Außerbetriebliche Informationen über Bezugsquellen*

Viele Unternehmen legen sich für alle hochwertigen Materialien und Artikel ein **Bezugsquellenverzeichnis** an, in dem sie systematisch Informationen (Prospekte, Zeitungsberichte, Vertreterbesuche) über alle wettbewerbsfähigen Lieferanten sammeln. Im Bedarfsfall können die Einkäufer auf dieses Verzeichnis zurückgreifen, wenn für eingehendere Analysen nicht mehr genügend Zeit ist. Ein guter Einkäufer informiert sich ständig über mögliche neue Lieferanten.

Bezugsquellen-verzeichnis

Wichtige außerbetriebliche Informationsquellen sind Adressbücher und Branchenverzeichnisse („Wer liefert was?", „ABC der deutschen Wirtschaft", „Einkaufs-1×1 der deutschen Industrie", „Gelbe Seiten" usw.), Messebesuche, Vertretergespräche, Berichte und Annoncen in Fachzeitschriften. Bequemer ist die Informationsbeschaffung über das Internet. So bietet z. B. die Hamburger „Wer liefert was?"-GmbH unter **http://www.wlwonline.de,** den Zugriff auf eine Datenbank, in der Namen, Adressen, Produkte und Produktpreise von über 200000 Firmen aus zehn europäischen Ländern enthalten sind.

Über ein Suchformular lässt sich die Datenbank online nach Produkt- oder Firmennamen durchsuchen. Die Suchergebnisse werden in Listenform angezeigt.

Für Detailinformationen lassen sich aus den Kurzlisten mehrere Firmenprofile selektieren und ausdrucken. Per Mausklick können Angebote für ein bestimmtes Produkt angefordert werden.

■ *Informationsquellen im Außenhandel*

Um auf ausländische Bezugsquellen zugreifen zu können, sind oft aufwändige Recherchen im Ausland notwendig. Einen ersten Überblick bieten folgende Informationsquellen:

Informationsquellen über ausländische Lieferanten

Bundesagentur für Außenwirtschaft (bfai)	Servicestelle des Bundeswirtschaftsministeriums in Köln. Die bfai veröffentlicht aktuelle Informationen über den Außenhandel (z.B. Länderberichte, Geschäftswünsche). Kostenpflichtige Informationsdienste: ● schriftliche und telefonische Direktauskunft ● monatlicher CD-ROM-Service ● Datenbank-Recherche über das Internet Homepage: http://www.bfai.com; viele Links (Verweise) zu weiteren Informationsquellen aus dem Außenhandel
Deutsche Auslandshandelskammern	Sitz in allen wichtigen Außenhandelsländern der Bundesrepublik Deutschland. Sie verfügen über Geschäftsadressen und haben besondere „Vor-Ort-Kenntnisse" des jeweiligen Auslandsmarktes (kostenpflichtige Serviceleistungen). Internet-Kontakt z. B. über die IHK-Homepage: http://www.ihk.de, Link „AHK"
Fachverbände, Informationszentren (Trade Center)	Z. B. Außenhandelsverbände, international über Dachverbände organisiert (z. B. Confederation of International Trading Houses Associations – C. I. T. H. A.). Sie helfen ihren Mitgliedsunternehmen bei der Anbahnung internationaler Geschäftskontakte.
	Z. B. japanische Außenhandelszentrale, Düsseldorf; Korea Trade Center, Frankfurt a. M. Sie vermitteln Geschäftskontakte in das vertretene Land.
IHK	Auslandsabteilungen der Industrie- und Handelskammern verfügen über ausländische Geschäftsadressen. In den IHK-Mitteilungsblättern inserieren auch ausländische Anbieter.

2.4.3 Elektronischer Marktplatz auf der Beschaffungsseite

→ **Seite 192**
elektronische Marktplätze

Immer mehr Großunternehmen drehen den Spieß um. Ihre Einkaufsabteilungen richten eigene **elektronische Marktplätze** für die Materialbeschaffung ein, auf denen sich interessierte Lieferanten über die Einkaufsbedingungen, neue Absatzmöglichkeiten informieren und Kontakt aufnehmen können.

3 Vertragsanbahnung und Vertragsabschluss

Teilprozesse der Vertragsanbahnung und des Vertragabschlusses

Beschaffungs-marktforschung → Anfragen an mehrere Lieferanten → Angebote der Lieferanten → Angebotsvergleich Lieferantenauswahl → Bestellung beim günstigsten Lieferant

3.1 Anfrage – immer unverbindlich

Anfrage

> In der Fachzeitschrift „Die Möbelrundschau" sieht die Einkaufleiterin der Büromöbelfabrik Weller KG, Frau Spahn, eine Anzeige über Konferenzstühle, die eventuell zu der geplanten Büromöbelserie passen würden. Was wird Frau Spahn unternehmen?

Durch eine Anfrage verschafft sich der Anfragende Informationen über einen Lieferanten, z. B. über lieferbare Materialien und Waren, Preise, Qualitäten, Lieferungs- und Zahlungsbedingungen. Für den Lieferanten bietet die Kundenanfrage die Chance, seine Leistungsfähigkeit zu beweisen und eine neue Geschäftsbeziehung aufzubauen.

Anfragen sind rechtlich *unverbindlich* und können mündlich, schriftlich, per E-Mail oder telefonisch an mehrere Lieferanten gerichtet werden. Nach ihrem Zweck werden allgemeine und bestimmte Anfragen unterschieden.

Art	Zweck
allgemeine Anfragen	Geschäftsanbahnung durch Einholung von Informationen über das gesamte Lieferprogramm eines Lieferanten
bestimmte Anfragen	Aufforderung zur Abgabe eines Angebots für einen genau bestimmten Artikel, um den günstigsten Lieferanten herauszufinden

Briefentwurf zur Anfrage

FALLBEISPIEL

SITUATION

Unsere Firma: Büromöbelfabrik Kurt Weller KG, Sonnenstraße 12, 89077 Ulm
Vorgangsbeschreibung: Aufgrund häufiger Anfragen von Kunden soll der Produktbereich Stühle um die neue Produktgruppe Konferenz- und Besucherstühle erweitert werden. Diese Stühle sollen zunächst als Handelsware beschafft werden. Frau Spahn, Teamleiterin Einkauf, hat für diese neue Produktgruppe drei Lieferanten ausfindig gemacht: Die Sitzmöbelfabrik Abt KG in Leipzig, die Bernd Cotta GmbH in Wendelstein und die Brauer Büromöbel Systeme AG.

LÖSUNG

1. BETRIEBWIRTSCHAFTLICH-RECHTLICHER SACHVERHALT:

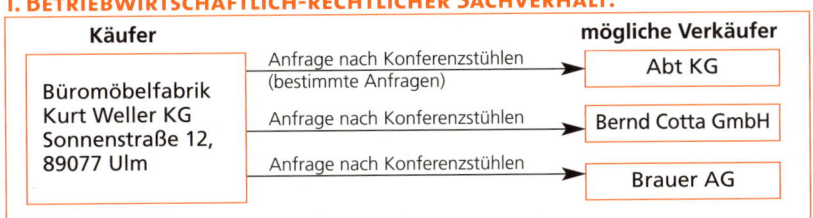

Käufer		mögliche Verkäufer
Büromöbelfabrik Kurt Weller KG Sonnenstraße 12, 89077 Ulm	Anfrage nach Konferenzstühlen (bestimmte Anfragen) →	Abt KG
	Anfrage nach Konferenzstühlen →	Bernd Cotta GmbH
	Anfrage nach Konferenzstühlen →	Brauer AG

2. GLIEDERUNG DES GESCHÄFTSBRIEFS:

Absender:	Büromöbelfabrik Kurt Weller KG, Sonnenstraße 12, 89077 Ulm
Empfänger:	Bernd Cotta GmbH, Industriestraße 33, 90530 Wendelstein
Betreff:	Anfrage nach Konferenzstühlen
Einleitung:	Bezug auf die Anzeige in der Fachzeitschrift „Die Möbelrundschau"
Hauptteil:	Bitte um ein Angebot mit detaillierten Angebotsbedingungen, Lieferung bis Kalenderwoche 10
Schluss:	Aussicht auf eine Bestellung bei einem günstigen Angebot

Gleich lautende Briefe gehen an die anderen Lieferanten.

3. FORMULIERUNG UND NORMGERECHTE GESTALTUNG DES GESCHÄFTSBRIEFS (FORM A):

Kurt Weller KG

Büromöbelfabrik

Kurt Weller KG, Büromöbelfabrik, Sonnenstraße 12, 89077 Ulm

Bernd Cotta GmbH
Sitzmöbelfabrik
Industriestraße 33
90530 Wendelstein

E-Mail
Spahn@weller.de

Ihr Zeichen, Ihre Nachricht vom	Unser Zeichen, unsere Nachricht vom	Telefon, Name 0731 30326-	Datum
	sp - kw	1 32 ...	..-01-12

Anfrage nach Konferenzstühlen

Sehr geehrte Damen und Herren,

durch Ihre Anzeige in der Fachzeitschrift „Die Möbelrundschau" wurden wir auf Ihr Unternehmen aufmerksam.

Sie bieten in Ihrer Anzeige Konferenzstühle an, die zu unserer geplanten Büromöbelserie passen und unser Bürostühlesortiment abrunden könnten.

Bitte unterbreiten Sie ein verbindliches Angebot mit ausführlichen Lieferungs- und Zahlungsbedingungen. Fügen Sie auch weitergehendes Informationsmaterial bei. Die Konferenzsstühle sollten bis Kalenderwoche 10 geliefert werden.

Bei einem günstigen Angebot können Sie mit größeren Aufträgen rechnen.

Mit freundlichen Grüßen

Kurt Weller KG
Büromöbelfabrik

i. V.

Spahn

Geschäftsräume	Telefax	Firma	Kontenverbindungen
Sonnenstraße 12 89077 Ulm	07 31 3 03 26 Internet www.weller.de	Kurt Weller KG Amtsgericht Ulm HRA 1163 Vollhafter: Kurt Weller	Sparkasse Ulm BLZ 630 500 00 95 99 Ulmer Volksbank BLZ 630 901 00 235 600 000

3.2 Angebot – Vertrag geht vor Gesetz

3.2.1 Wesen des Angebots – verbindlich und formlos

Das **Angebot** ist eine *verbindliche* Willenserklärung des Verkäufers an eine **bestimmte** Person, unter bestimmten Bedingungen einen Kaufvertrag abzuschließen.

Angebot

Keine Angebote sind z. B. Schaufensterauslagen, Zeitungsanzeigen, da hier die Willenserklärung an die Allgemeinheit gerichtet ist.

Wenn dieselbe Ware mehreren Kunden angeboten wird, empfiehlt es sich, durch so genannte **Freizeichnungsklauseln** (z. B. „unverbindlich", „ohne Gewähr", „solange Vorrat reicht") die Bindung auszuschließen.

Freizeichnungsklausel

Die Bindung an ein Angebot gilt so lange, wie *„unter regelmäßigen Umständen eine Antwort erwartet werden kann".* Das einem Anwesenden (auch telefonisch) gemachte Angebot kann nur sofort angenommen werden. Die Bindung an ein Angebot erlischt, wenn es zu spät oder mit Abänderungen angenommen wird.

→ **BGB §§ 145 ff.**

BEISPIELE

- Ein *Antrag gegenüber Anwesenden* kann nur *sofort* angenommen werden. Die Parteien müssen unmittelbar von Person zu Person kommunizieren, z. B. Gespräch unter Anwesenden, Telefonat, Videokonferenz.

→ **BGB § 147**

- Ein *Antrag gegenüber Abwesenden* kann nur bis zu dem Zeitpunkt angenommen werden, bis unter regelmäßigen Umständen – Hinsendung, Überlegungsfrist, Rücksendung – eine antwort erwartet werden kann. Eine per E-Mail oder Telefax abgegebene Willenserklärung gilt als Willenserklärung unter Abwesenden.

→ **BGB § 147**

- Ist eine Frist gesetzt, z. B. „... gilt bis 15. März ...", dann ist die Annahme nur *innerhalb der Frist* möglich.

→ **BGB § 148**

Wird ein Antrag *verspätet angenommen* oder *abgeändert*, so gilt die Annahme als *neuer Antrag*, der dann selbst wieder angenommen werden muss (BGB § 150).

Die schriftliche Form kann durch die **elektronische Form** ersetzt werden, wenn der Erklärende

elektronische Form
→ **BGB § 126 (3)**

- seinen Namen hinzufügt und

- das elektronische Dokument mit einer qualifizierten **elektronischen Signatur** nach dem Signaturgesetz versieht.

elektronische Signatur
→ **BGB § 126 a**

digitale Signatur

Die digitale Signatur

Digitale Signaturen werden in Deutschland von Zertifizierungsstellen vergeben, die von der Regulierungsbehörde für Telekommunikation und Post (RegTP) zugelassen sind. Das Zertifikat stellt sicher, dass die digitale Unterschrift mithilfe eines öffentlichen Signaturschlüssels einer bestimmten natürlichen Person zugeordnet werden kann *(Signaturgesetz § 2).* Von privaten oder behördlichen Zertifizierungsstellen anerkannte digitale Unterschriften erlangen damit die gleiche Rechtskraft wie handschriftliche. Der private Signaturschlüssel befindet sich auf einem Datenträger, der vom Nutzer vertraulich zu behandeln ist (vergleichbar einer Scheckkarte mit Chip). Der Nutzer bestätigt schriftlich die Übergabe des privaten Signaturschlüssels durch die Zertifizierungsstelle; gleichzeitig muss die Zertifizierungsstelle den öffentlichen Signaturschlüssel (er dient der Identifikation des Schlüsselinhabers) der RegTP übergeben *(Signaturverordnung § 6).* Der Antragende benötigt einen PC mit Kartenlesegerät und geeigneter Software und die Plastikkarte mit dem Chip (elektronischer Baustein), der die digitale Signatur enthält. Der Empfänger muss in der Lage sein, das elektronische Dokument anzunehmen und den Eingang mit einem elektronischen Zeitstempel zu versehen.

Hinzu kommt, dass die Beteiligten ausdrücklich oder aufgrund bisheriger geschäftlicher Gepflogenheiten, die *Anwendung der elektronischen Form billigen* und deshalb mit dem Zugang einer elektronischen Willenserklärung rechnen müssen. Wenn dem Empfänger die technischen Voraussetzungen fehlen, eine elektronische Erklärung zu lesen, dann mangelt es am Zugang der elektronischen Willenserklärung.

→ BGB § 312 e

Eine elektronische Willenserklärung gilt als abgegeben, wenn der Erklärende die Erklärung nicht nur abgefasst hat, sondern sie auch an den *Empfangsberechtigten abgesandt* hat. Es genügt aber auch, wenn er die Erklärung in anderer Weise derart in den Rechtsverkehr gebracht hat, dass er mit ihrem Zugehen beim Empfangsberechtigten rechnen konnte.

Die elektronische Willenserklärung ist in den Machtbereich des Empfängers gelangt, wenn er sie zur Kenntnis nehmen und konservieren kann (z. B. ausdrucken, auf Diskette speichern). Der Empfänger muss also über eine entsprechende Empfangsvorrichtung verfügen.

Lediglich in den Fällen, in denen die verwendete Kommunikationstechnologie eine Situation schafft, in der die Parteien *unmittelbar „von Person zu Person"* kommunizieren (z. B. Telefon-, Videokonferenz), finden die Regelungen über **Willenserklärungen unter Anwesenden** Anwendung.

Willenserklärung unter Anwesenden

Ging dem Angebot eine Anfrage des Kunden voraus, dann handelt es sich um ein **verlangtes Angebot.**

3.2.2 Inhalt des Angebots – Angebotsbedingungen

In ihren Angeboten nennen die Lieferanten ihre Lieferungs- und Zahlungsbedingungen. Häufig verweist der Anbieter auf seine **„Allgemeinen Geschäftsbedingungen" (AGB).** Individuell vereinbarte Lieferungs- und Zahlungsbedingungen haben immer Vorrang vor gesetzlichen Mindestregelungen. Die gesetzlichen Vorschriften gelten dann, wenn vertraglich nichts geregelt ist.

■ *Menge und Preis*

Menge	• Mengenangaben sollten in gesetzlichen (z. B. m, kg) oder in handelsüblichen Maßeinheiten (z. B. Ballen, Kisten, Sack) angegeben werden.	
Preis	• Bei zweiseitigen Handelskäufen werden **Nettopreise** (Listenpreise, ohne Umsatzsteuer) angegeben. Diese Preise ermäßigen sich häufig durch Nachlässe:	
Rabatt	– **Rabatt:** Mengenrabatt	bei Abnahme einer größeren Menge
	Treuerabatt	für langjährige Kunden (Stammkunden)
	Wiederverkäuferrabatt	für Groß- und Einzelhändler bei Preisempfehlungen und Richtpreisen
	Naturalrabatt	Rabatt in Form von Warenbeigaben
Bonus	– **Bonus:** Umsatzrückvergütung	für gewerbliche Kunden nachträglich am Ende des Jahres
Skonto	– **Skonto:** Preisnachlass	bei Bezahlung innerhalb einer bestimmten Frist.
Gesetzliche Regelung → PAngV §§ 1, 2	Bei Verkäufen an **Endverbraucher** muss die Preisauszeichnung folgende Angaben enthalten: • den **Preis einschließlich Umsatzsteuer;** • die **Verkaufs- bzw. Leistungseinheit** und die **Gütebezeichnung;** • den **Grundpreis** (Preis je Mengeneinheit)	

■ *Art und Güte der Ware*

Art	● Handelsübliche Bezeichnung der Ware
Güte	● Beschreibung der Qualitätsmerkmale (z. B. Gütezeichen, Handelsklassen).
Gesetzliche Regelung	Der Käufer hat Anspruch auf Waren **mittlerer Art und Güte.** Diese Regelung gilt nur für vertretbare Sachen (Gattungssachen).

→ BGB § 91
→ HGB § 360
Gattungssachen

■ *Lieferzeit*

Terminkauf	● Für die Lieferung ist ein Kalendertermin oder Zeitraum vereinbart, z. B. „Lieferung bis 31. März", „Lieferung innerhalb 14 Tagen nach Auftragseingang"
Fixkauf	● Liefertermin ist wesentlicher Bestandteil des Kaufvertrags, z. B. „Lieferung am 15. April, fix", „Lieferung genau am 31. März."
Gesetzliche Regelung	Der Käufer kann sofortige Lieferung verlangen, der Verkäufer sofort liefern.

Terminkauf

Fixkauf
→ BGB § 323
→ HGB § 376
→ BGB § 271

■ *Zahlungsbedingungen*

Zahlung vor der bei der nach der Lieferung	● Vorauszahlung, Anzahlung, Zahlung bei Bestellung (bei neuen oder unzuverlässigen Kunden; Großaufträgen)
	● Barzahlung, „gegen Nachnahme", „netto Kasse" (im Einzelhandel, Versandhandel üblich)
	● „innerhalb zehn Tagen 3 % Skonto oder 30 Tage Ziel"; „zwei Monate Ziel"; „gegen sechs Monatsraten" (bei „guten" Kunden, zur Beschleunigung des Kaufentschlusses)
Gesetzliche Regelung	Nach dem BGB kann der Gläubiger **sofortige Zahlung** verlangen. Die Kosten der Zahlung trägt der Käufer. Bei Verbraucherdarlehensverträgen gelten besondere Vorschriften (die Angabe des effektiven Jahreszinssatzes, Widerrufsbelehrung, das Widerrufsrecht innerhalb zwei Wochen und die Schriftform).

Zahlungsbedingungen

→ BGB
§§ 270, 271
→ BGB § 491 ff.

● *Lieferantenkredit – bequem, aber teuer*

Wenn eine Warenlieferung nicht sofort bezahlt werden muss, sondern erst nach Ablauf einer vereinbarten Zahlungsfrist, dann liegt ein **Lieferantenkredit** vor. Es handelt sich um einen Sachkredit, da der Kunde Waren auf Ziel erhält und den Rechnungsbetrag erst später (z. B. nach 30 oder 60 Tagen) bezahlen muss.

Der Lieferantenkredit ist eine besonders bequeme Form der kurzfristigen Fremdfinanzierung. Er wird ohne jede Formalität, ohne eingehende Kreditwürdigkeitsprüfung, im Regelfall ohne Sicherheiten (außer dem Eigentumsvorbehalt) eingeräumt.

Ganz uneigennützig gewährt der Lieferant das Zahlungsziel jedoch nicht. Er ist weniger am Kreditgeschäft interessiert als am Absatz seiner Produkte. Viele Kunden sind erst durch die Einräumung eines Zahlungsziels in der Lage, Einkäufe zu tätigen. Ein langes Zahlungsziel gibt dem gewerblichen Kunden die Möglichkeit, die beschafften Waren weiterzuverarbeiten und zu verkaufen und aus dem daraus erzielten Erlös den Rechnungsbetrag zu begleichen. Der Kapitalbedarf des Kunden wird dadurch gesenkt.

Lieferantenkredit

Kunden mit starker Marktposition können in der Praxis Zahlungsziele „ungestraft"
überschreiten und den Lieferantenkredit dadurch verbilligen. Der schwächere Lieferant muss im Regelfall diesen erzwungenen Lieferantenkredit dulden, um seinen
„guten" Kunden zu halten.

Durch den Lieferantenkredit entstehen dem Kunden (Schuldner) zwar keine Zinszahlungen, dennoch wird er nicht umsonst gegeben. Die Verzinsung des Lieferantenkredits wird vom Lieferer in den Verkaufspreis (als Kundenskonto) einkalkuliert. Der Lieferant gewährt den Skonto innerhalb einer bestimmten Frist (Skontofrist), um seine Kunden zu einer schnelleren Zahlung zu veranlassen. Dieser Anreiz wird deutlich, wenn man den *mit Bankkrediten vergleichbaren Jahreszinssatz*
aus den Zahlungsbedingungen errechnet.

→ LF 11

BEISPIEL
Umrechnung des Skontos in einen Jahreszinssatz
Die Zahlungsbedingung eines Lieferers lautet: „Zahlbar innerhalb von 14 Tagen
mit 2% Skonto oder Zahlungsziel 30 Tage rein netto."
Welchen Jahreszinssatz nimmt der Kunde in Kauf, wenn er die Skontofrist ver-
streichen lässt und das Zahlungsziel des Lieferanten voll in Anspruch nimmt?

Lösungsweg:

Der Skonto ist ein Preisnachlass, der vom Lieferer deshalb gewährt wird, um seinen Kunden zu einer schnelleren Zahlung (hier: innerhalb von 14 Tagen) zu veranlassen. Nutzt der Kunde sein Zahlungsziel (hier: 30 Tage) voll aus, dann entgeht
ihm der Skontoabzug. Der Skonto ist also der Preis für die Inanspruchnahme des
Lieferantenkredits. Will man die Kosten dieses Lieferantenkredits mit den Kosten
eines Bankkredits vergleichen, dann muss der Skonto in einen „echten" (effekti-
ven) Jahreszinssatz umgerechnet werden.

effektiver Zinssatz

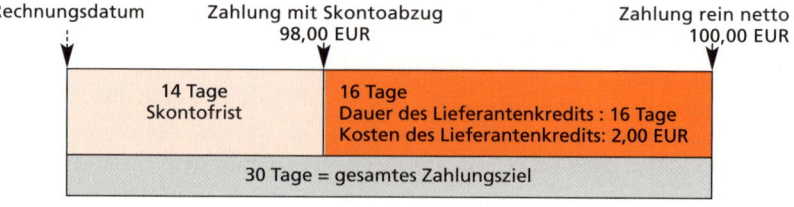

Gegeben: Kapital = Rechnungsbetrag – Skontobetrag
= 100,00 EUR – 2,00 EUR = 98,00 EUR
Zeit = Dauer des Lieferantenkredits = Zahlungsziel – Skontofrist
30 Tage – 14 Tage = 16 Tage
Zinsen = Skontobetrag = 2,00 EUR
Gesucht: Zinssatz?

Allgemeine Zinsformel	umgeformt nach dem Zinssatz
$Zinsen = \dfrac{Zinssatz \cdot Kapital \cdot Zinstage}{100 \cdot 360}$	$Zinssatz = \dfrac{Zinsen \cdot 100 \cdot 360}{Kapitel \cdot Zinstage}$

Effektiver Jahreszinssatz des Skontos:

$$Zinssatz = \frac{Skontobetrag \cdot 100 \cdot 360}{(Rechnungsbetrag - Skontobetrag) \cdot (Zahlungsziel - Skontofrist)}$$

Ergebnis: $Jahreszinssatz = \dfrac{2 \cdot 100 \cdot 360}{98 \cdot 16} = 45,92\%$

Verglichen mit einem Bankkredit ist der Lieferantenkredit erheblich teurer. Er ist der teuerste aller Kredite und wird vom Kunden beansprucht, wenn er mangels Sicherheiten keine andere Möglichkeit mehr sieht, kurzfristig aufgetretene Liquiditätsengpässe zu überbrücken.

■ *Lieferungsbedingungen*

Lieferungs-bedingungen, Verpackungs-kosten

Ver-packungs-kosten	• Preis netto einschließlich Verpackung: Käufer zahlt keine Verpackungskosten • Preis netto ausschließlich Verpackung: Käufer zahlt Verpackungskosten (z.B. 5 EUR) • Preis brutto einschließlich Verpackung: Käufer zahlt das Verpackungsgewicht wie das Warengewicht („brutto für netto"; b/n; bfn); Kiste = 2 kg, Warenpreis = 10 EUR pro kg, die Verpackung kostet 20,00 EUR • Leihverpackung/Rücksendung mit anschließender Gutschrift • Käufer stellt Verpackung selbst (er schickt die Verpackung zu oder holt die Ware selbst ab).
Gesetzliche Regelung	Nach dem BGB fallen die Kosten der Abnahme und der Versendung der Ware nach einem anderen Ort als dem Erfüllungsort dem **Käufer** zur Last.

➜ BGB § 448

Beförderungskosten

Beförderungs-kosten

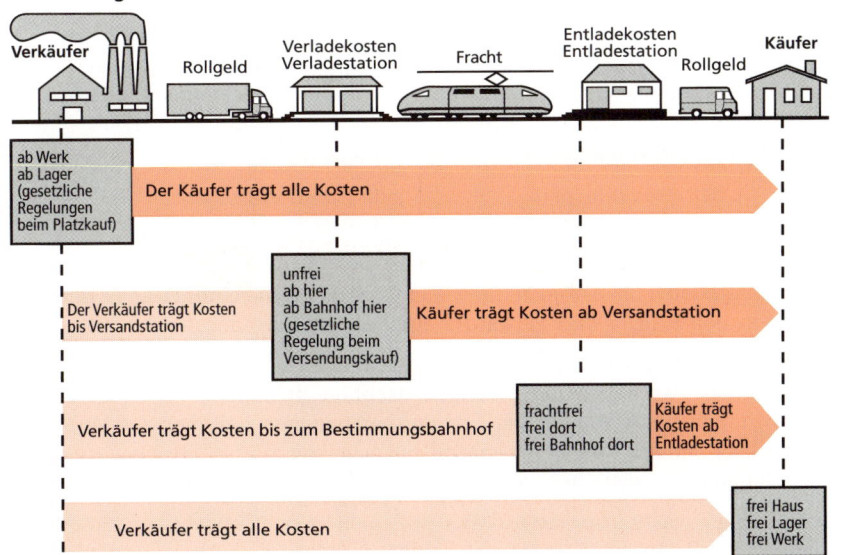

Incoterms

Durch die Aufstellung der **Incoterms** stehen eindeutige Klauseln, insbesondere auch für den zwischenstaatlichen Handelsverkehr, zur Verfügung. Sie regeln auch den Kosten- und Gefahrenübergang.

Gruppeneinteilung der Incoterms		Transportart
Gruppe E (Abholklausel)		
EXW	ex works (ab Werk)	jede Transportart einschließlich multimodaler Transport (.. benannter Ort)
Gruppe F (Haupttransport wird vom Verkäufer nicht bezahlt)		
FCA	free carrier (frei Frachtführer)	jede Transportart (.. benannter Ort)
FAS	free alongside ship (frei Längsseite Schiff)	See- und Binnenschiffstransport (.. benannter Verschiffungshafen)
FOB	free on board (frei an Bord)	See- und Binnenschiffstransport (.. benannter Verschiffungshafen)
Gruppe C (Haupttransport wird vom Verkäufer bezahlt)		
CFR	cost and freight (Kosten und Fracht)	See- und Binnenschiffstransport (.. benannter Bestimmungshafen)
CIF	cost, insurance and freight (Kosten, Versicherung, Fracht)	See- und Binnenschiffstransport (.. benannter Bestimmungshafen)
CPT	carriage paid to (frachtfrei)	jede Transportart (.. benannter Bestimmungsort)
CIP	carriage and insurance paid to (frachtfrei versichert)	jede Transportart (.. benannter Bestimmungsort)
Gruppe D (Ankunftsklauseln)		
DAF	delivered at frontier (geliefert Grenze)	jede Transportart (.. benannter Ort)
DES	delivered ex ship (geliefert ab Schiff)	See- und Binnenschiffstransport (.. benannter Bestimmungshafen)
DEQ	delivered ex quay (geliefert verzollt ab Kai)	See- und Binnenschiffstransport (.. benannter Bestimmungshafen)
DDU	delivered duty unpaid (geliefert unverzollt)	jede Transportart (.. benannter Ort)
DDP	delivered duty paid (geliefert verzollt)	jede Transportart (.. benannter Ort)

Incoterms gelten nicht automatisch: Sie müssen durch **Vereinbarung in den Vertrag zwischen Käufer und Verkäufer** aufgenommen werden.

Viele Anbieter liefern erst ab einer bestimmten **Mindestauftragsgröße** bzw. erheben auf kleine Aufträge **Mindermengenzuschläge.** In anderen Fällen werden die Lieferbedingungen, aber auch die Zahlungsbedingungen zwischen den Verbänden der Anbieter und Nachfrager für ganze Branchen bzw. Wirtschaftszweige generell geregelt und in **Konditionenkartellen** niedergelegt.

Konditionen-kartelle

Bei der Frage was transportiert werden soll, geht es um Gewichte, Volumen, Warenart, Verpackungsart, Kundenvorschriften, Ländervorschriften und Gefahrgutvorschriften. Diese Eigenschaften haben neben der räumlichen Entfernung Einfluss auf die Auswahl des geeigneten Transportmittels. Bei inhomogenen Erzeugnisspektren besteht die Notwendigkeit, verschiedene Transportmittel und -wege zu nutzen. Bei der Auswahl eines Transportmittels spielen Kosten- und Leistungskriterien eine Rolle. Zu den Kostenkriterien gehören die Frachtkosten, Transportnebenkosten, Handlingkosten und sonstige Logistikkosten, Leistungskriterien und Transportzeit, Transportfrequenz, technische Eignung des Transportsystems, Vernetzungsfähigkeit, Flexibilität, Anfangs- und Endpunkte des Transportsystems und dessen Zuverlässigkeit.

Vor- und Nachteile alternativer Verkehrsarten

Beurteilung verschiedener Güterverkehrsträger

Transportsystem	Vorteile	Nachteile
Straßengütertransport	• Zeit- und Kostenersparnis im Nah- und Flächenverkehr • flexible Fahrplangestaltung • Eignung für spezifische Ladegüter • anpassungsfähig bei Annahmezeiten	• keine zeitgenauen Fahrpläne • Witterungsabhängigkeit • Abhängigkeit von Verkehrsstörungen • begrenzte Ladefähigkeit • Ausschluss gewisser Gefahrgüter
Schienenverkehr	• größeres Einzelladegewicht als beim LKW • exakte Fahrpläne • weitgehend störungsfrei • Gefahrgüter zulässig	• privates Schienennetz/ Gleisanschlüsse oder Einsatz sog. Straßenroller erforderlich • Zusatzkosten bei Anmietung von Spezialwagen
Binnenschifffahrtsgütertransport	• große Einzelladegewichte • große Laderäume • Angebot von Spezialschiffen • günstige Beförderungskosten	• eingeschränktes Streckennetz • ohne eigene Anlegestelle erhöhte Kosten durch sog. gebrochenen Verkehr • Abhängigkeit vom Wasserstand sowie von Eisgang und Nebel
Seeschifffahrtsgütertransport	• große Einzelladegewichte • große Laderäume • Angebot von Spezialschiffen	• Abhängigkeit von Sturm, Eisgang und Nebel • im Linienverkehr Abhängigkeit von festen Routen (anders bei Charterung von Schiffen)
Luftfrachttransport	• hohe Transportgeschwindigkeit • Wegfall seemäßiger Verpackung	• hohe Transportkosten • Witterung
Kombinierter Verkehr	• Nutzung der spezifischen Vorzüge der in einer Transportkette beteiligten Verkehrsmittel	• Zeitverbrauch durch die Umschlagvorgänge • Bindung an Fahrpläne • Wartezeiten an den Umschlagbahnhöfen

■ *Erfüllungsort*

Erfüllungsort

Der **Erfüllungsort** regelt den Ort,

● an dem Käufer und Verkäufer ihre Leistung erbringen müssen (**Leistungsort**),

● an dem die Gefahr (**Risiko**) übergeht,

● an dem geklagt wird (**Gerichtsstand**).

Der Erfüllungsort regelt auch die **Beförderungskosten**, wenn sie nicht extra vereinbart werden.

Bis zum Erfüllungsort muss der Verkäufer als Warenschuldner für alle Schäden aufkommen, die beim Transport der Waren entstehen. Er hat auch eventuelle Lieferungsverzögerungen zu verantworten. Entsprechend hat der Käufer als Geldschuldner die Risiken im Zusammenhang mit der Übermittlung des Geldes zu tragen.

Arten des Erfüllungsorts

→ BGB §269

Natürlicher Erfüllungsort	Der Erfüllungsort ergibt sich aus der Natur (Art) des Schuldverhältnisses, z. B. die Ziegel für den Hausbau müssen zur Baustelle geliefert werden.
Vertraglicher Erfüllungsort	Der Erfüllungsort wird vertraglich vereinbart, z. B. „Erfüllungsort für beide Teile ist Ulm".
Gesetzlicher Erfüllungsort	● Die Leistung ist dort zu erbringen, wo der Schuldner seinen Wohnsitz bzw. seine Niederlassung hat. Geld ist an den Wohn- bzw. Geschäftssitz des Gläubigers zu übermitteln. Der Verkäufer (Warenschuldner) muss die Ware an seinem Ort bereitstellen (**Warenschuld ist Holschuld**). Der Käufer (Geldschuldner) muss seine Leistung an den Ort des Gläubigers übermitteln (**Geldschuld ist Schickschuld**). ● Bei einem **Versendungskauf** geht die Gefahr auf den Käufer über, sobald der Verkäufer die Ware dem Transportunternehmen übergeben hat[1]. Transportiert der Verkäufer die Ware **selbst** zum Käufer, dann trägt er die Gefahr bis zur Übergabe an den Käufer (Warenschuld wird zur Bringschuld).

gesetzlicher Erfüllungsort

Versendungskauf
→ BGB §§447, 448

Warenschuld

Der Gefahrenübergang im Rahmen der **Warenschuld** auf den Käufer erfolgt mit der Aushändigung der Ware an den Käufer, wenn dieser die Ware abholt. Liefert der Verkäufer die Ware mit eigenen Transportmitteln an, so hat er für Transportschäden oder Lieferungsverzögerungen aufzukommen. Versendet der Verkäufer die Ware mit fremden Transportunternehmen, so gehen Transport- und Terminrisiko auf den Käufer über, wenn der Verkäufer die Ware an das Transportunternehmen übergeben hat[1].

Geldschuld

Auch wenn der Erfüllungsort für die **Geldschuld** der Wohn- bzw. Geschäftssitz des Käufers ist, trägt der Käufer das Übermittlungsrisiko, bis das Geld beim Vertragspartner eingegangen ist. Der Käufer hat rechtzeitig gezahlt, wenn er das Geld am Fälligkeitstag auf den Weg gebracht hat. Das Terminrisiko des Geldtransports trägt der Vertragspartner.

BEISPIELE

Die Bedeutung des Erfüllungsorts soll an drei Beispielen gezeigt werden:

● Der Lieferer Cotta in Kassel sendet die Konferenzstühle der Weller KG in Ulm per Bahnfracht zu. Die Firma Cotta hat mit der Übergabe der Stühle am Versandbahnhof in Kassel ihre Leistung erbracht.

Verbrauchsgüterkauf

[1] Beim **Verbrauchsgüterkauf** (Käufer ist ein Verbraucher) findet diese Regelung keine Anwendung [BGB § 474 (2)]; hier gilt der Ort der Übergabe an den Käufer als Erfüllungsort (auch im Falle des Versendungskaufs).

- Aufgrund eines übersehenen Haltesignals entgleist der Güterzug. Die Stühle sind nicht mehr zu gebrauchen. Der Käufer (Weller KG) trägt das Transportrisiko und wird von seiner Zahlungspflicht nicht befreit. Würde er die Zahlung ablehnen, dann müsste der Lieferer Cotta am Ort des Geldschuldners (Ulm) klagen.
- Hätte der Lieferer Cotta die Stühle selbst transportiert und es wäre ein Unfall passiert, bei dem die Stühle vernichtet worden wären, dann hätte Cotta keinerlei Ansprüche gegenüber dem Käufer (Weller KG) gehabt. Cotta hätte in diesem Fall die Lieferpflicht erst mit der Übergabe an die Weller KG in Ulm erfüllt.

3.2.3 Angebotsvergleich und Lieferantenauswahl

Stehen für den Bezug eines Artikels mehrere Lieferanten zur Auswahl, dann muss der Einkäufer die einzelnen Lieferanten bezüglich ihrer Leistungsfähigkeit vergleichen.

Um die Lieferungs- und Zahlungsbedingungen der einzelnen Lieferanten vergleichbar zu machen, müssen sie auf einen einheitlichen Nenner gebracht werden. Hierfür ist der **Bezugspreis bzw. Einstandspreis** geeignet.

Angebotsvergleich Lieferantenauswahl

FALLBEISPIEL

Herr Lüder (Einkaufssachbearbeiter) hat die Angebote der drei neuen Lieferanten zusammengestellt. Er geht von einer Bestellmenge von zehn Arbeitsstühlen aus.

Bezugskalkulation quantitativer Vergleich

Lieferant / Bedingungen	Abt	Brauer	Cotta
Listenpreis, netto	450,00 EUR	500,00 EUR	425,00 EUR
Rabattsatz	4 % ab 10 Stück	10 % ab 10 Stück	10 % ab 20 Stück
Zahlungsbedingungen	2 % Skonto innerhalb 14 Tagen	3% Skonto innerhalb 10 Tagen	netto Kasse
Verpackungskosten	10,00 EUR/Stück	keine	15,00 EUR/Stück
Beförderungsbedingungen Versandkosten	ab Werk 20,00 EUR/Stück	frei Haus –	frachtfrei 15,00 EUR/Stück

Aus diesen Angaben berechnet der Einkäufer folgende Bezugspreise:

Lieferant / Preis	Abt		Brauer		Cotta	
Listenpreis – Liefererrabatt	4 %	450,00 EUR 18,00 EUR	10 %	500,00 EUR 50,00 EUR	–	425,00 EUR – EUR
Zieleinkaufspreis – Liefererskonto	2 %	432,00 EUR 8,64 EUR	3 %	450,00 EUR 13,50 EUR	–	425,00 EUR – EUR
Bareinkaufspreis + Bezugskosten Verpackung Fracht/Rollgeld		423,36 EUR 10,00 EUR 20,00 EUR		436,50 EUR – –		425,00 EUR 15,00 EUR 15,00 EUR
Bezugspreis/ Einstandspreis		453,36 EUR		436,50 EUR		455,00 EUR

Aufgrund dieses rechnerischen Angebotsvergleichs müsste Herr Lüder (bei Abnahme von zehn Arbeitsstühlen) den Lieferanten Brauer empfehlen.

Qualitative Vergleichskriterien

Was nützt es einem Unternehmen, wenn es die Ware zwar preisgünstig einkaufen kann, aber nie genau weiß, ob sie pünktlich eintrifft. Höhere Lagerkosten aufgrund höherer Sicherheitsbestände könnten den Preisvorteil wieder zunichte machen.

Der Einkäufer muss also weitere Bestimmungsgründe erfassen, z. B.:

- Allgemeine **Geschäftsbedingungen** (Erfüllungsort, Lieferzeit usw.)
- **Zuverlässigkeit** des Lieferanten und Termintreue
- **Gegengeschäftsmöglichkeiten**
- **Bereitschaft zur Ersatzteillagerung**
- **Kundendienst** (Serviceleistungen) und **Beratungskompetenz.**
- **Entsorgung.** Zu prüfen ist, ob der Lieferant bereit ist, Abfälle, Rücklaufmaterial, Verpackungen usw., die sich aus seiner Lieferung ergeben, zurückzunehmen oder sich an einer ordnungsgemäßen Entsorgung und an Recyclingsystemen finanziell zu beteiligen.

→ **LF 5, Abschnitt 5**

- **Qualität und Umweltverträglichkeit** der Beschaffungsgüter. In manchen Branchen müssen Lieferanten ein Qualitäts- bzw. Umweltmanagementsystem nach ISO-9000 ff. bzw. ISO-14000 ff. nachweisen und dessen Wirksamkeit durch eine akkreditierte Stelle zertifizieren lassen.

FALLBEISPIEL

Lieferantenauswahl mittels Entscheidungsbewertungstabelle

Vergleichstabelle

1. Schritt: Erarbeitung einer Vergleichstabelle

Auswahlkriterien	Abt	Brauer	Cotta
Preis	453,36 EUR	436,50 EUR	455,00 EUR
Qualität	gut	ausreichend	sehr gut
Termin/Lieferzeit	3 Wochen	2 Wochen	1 Woche
Zuverlässigkeit	meist zuverlässig	befriedigend	immer zuverlässig
Kundendienst	befriedigend	befriedigend	großzügig
Ersatzteillagerung	3 Jahre	8 Jahre	5 Jahre

Entscheidungsbewertungstabelle

2. Schritt: Erstellung der Entscheidungsbewertungstabelle

Auswahlkriterien	Gewicht der Faktoren	Brauer		Abt		Cotta	
		Note	Punkte	Note	Punkte	Note	Punkte
Preis	10	6	60	9	90	4	40
Qualität	8	8	64	4	32	10	80
Termin/Lieferzeit	5	7	35	8	40	9	45
Zuverlässigkeit	8	8	64	6	48	9	72
Kundendienst	4	6	24	6	24	8	32
Ersatzteillagerung	2	5	10	8	16	7	14
Summe			257		250		283
Günstigstes Angebot							X

Gewichtungsfaktoren:　0 = unwichtig　　　bis 10 = sehr wichtig
Bewertungspunkte:　　0 = sehr schlecht　bis 10 = sehr gut

Zur Erstellung der **Entscheidungsbewertungstabelle** werden zuerst die in Betracht kommenden Beurteilungskriterien, *z. B. Qualität, Preis,* nach ihrer Bedeutung gewichtet. Die einzelnen Lieferanten werden dann benotet, je nachdem, in welchem Umfang sie den Anforderungen entsprechen. Die Addition der gewichteten Einzelfaktoren ergibt eine Rangfolge der Lieferanten.

3.2.4 Vertragsverhandlungen

Mit den besten Lieferanten werden **Verhandlungen** aufgenommen, in denen die Anforderungen des Beschaffers mit den Leistungsmöglichkeiten der Lieferanten in Einklang gebracht werden. Inwieweit ein Lieferant auf die Ansprüche (Anforderungen) eines Beschaffers eingeht, hängt stark von den Machtverhältnissen auf dem Beschaffungsmarkt ab. Dabei ist es von Vorteil, wenn man folgende Marktanteile kennt:

- Anteil des Lieferanten am gesamten Beschaffungsvolumen des betrachteten Beschaffungsguts
- Anteil des eigenen Beschaffungsvolumens am Gesamtabsatz des Lieferanten
- entsprechende Absatzanteile der Konkurrenten, die ihre Güter auch bei diesem Lieferanten beziehen
- Anteil des eigenen Beschaffungsvolumens für ein bestimmtes Gut am gesamten Beschaffungsmarkt (= Gesamtabsatz aller Lieferanten)

■ *Gesprächsführung*

Bei der Vergabe und Erlangung von Aufträgen spielt die persönliche Beratung und Betreuung des Verhandlungspartners eine wichtige Rolle. Der Verhandlungserfolg stellt sich quasi von selbst ein, wenn Persönlichkeitsmerkmale der Gesprächspartner wie Alter, Familienstand, äußere Erscheinung, Selbstsicherheit und Temperament zusammenpassen und das tatsächliche Verhalten des Verkäufers mit den Erwartungen des Kunden übereinstimmen. Bei der Auswahl und Schulung der Einkaufs- und Verkaufsmitarbeiter müssen deshalb die Eigenschaften und Erwartungen der möglichen Gesprächspartner berücksichtigt werden.

Mündliche Einkaufsverhandlungen verlaufen umso erfolgreicher, je besser der Einkäufer die Verkaufstechniken seines Gegenübers durchschaut.

BEISPIEL

Techniken bei der Nennung des Verkaufspreises

Nennung des Verkaufspreises

Verzögerung	Die Preisnennung wird durch kundenorientierte Argumentation und Präsentation von Nutzungseigenschaften des Produkts so lange zurückgehalten, bis der Verkäufer einen verstärkten Kaufwunsch beim Kunden erkennt. Jetzt wird über den Preis eine Argumentationskette zum Preis-/Leistungsverhältnis aufgebaut.
Sandwich-Methode	Die Preisnennung wird zwischen anderen Verkaufsargumenten (Aufzählung von Nutzeneigenschaften des Produktes) „verpackt".
Vorteil-Nachteil-Methode	Einwände des Kunden gegen den Preis werden dadurch entkräftet, indem aufgezeigt wird, dass mit einem niedrigerem Preis auch die Palette der Nutzungseigenschaften des Produkts geringer wird.
hoher Preis als Verkaufsargument	Je nach Kaufmotiv eines Kunden kann ein hoher Preis auch als Verkaufsargument genutzt werden, indem Exklusivität, Image und Prestige des Produkts herausgestellt werden.

Bestellung

3.3   Bestellung – Abschluss des Kaufvertrags

3.3.1   Rechtliche Wirkung der Bestellung

Die Bestellung ist eine **verbindliche Willenserklärung** des Käufers, durch die er sich verpflichtet, eine bestimmte Ware zu den angegebenen Bedingungen zu kaufen.

Die Bestellung ist **empfangsbedürftig,** d.h., sie wird erst rechtswirksam, wenn sie dem Verkäufer zugegangen ist. Ein **Widerruf** seitens des Käufers muss spätestens gleichzeitig mit der Bestellung beim Verkäufer eingehen. Die Bestellung kann in **beliebiger Form** (schriftlich, per Telefax, telefonisch) abgegeben werden.

➜ BGB §§ 145 ff.

Im Regelfall ist die Bestellung die zweite Willenserklärung zwischen Käufer und Verkäufer. Sie ist, rechtlich gesehen, eine **Annahme.** Ist die Bestellung die erste verbindliche Willenserklärung, dann ist sie, rechtlich gesehen, ein **Antrag.**

Rechtliche Wirkungen einer Bestellung im Überblick:

Die Bestellung kann sein	
eine Annahme	● wenn ein **verbindliches** Angebot vorausging, Angebot und Bestellung **inhaltlich übereinstimmen** und die Bestellung **rechtzeitig** erfolgte;
ein Antrag	● wenn **kein** Angebot vorausging; ● wenn ein **unverbindliches** Angebot vorausging, d.h., wenn das Angebot eine Freizeichnungsklausel enthielt (z.B. „solange Vorrat reicht", „ohne Obligo"; „unverbindlich");
ein neuer Antrag	● wenn sie **zu spät** erfolgte, (d.h., der Antragende konnte die Bestellung nicht mehr erwarten); ● wenn Bestellung und Angebot **inhaltlich nicht übereinstimmen.**

Bestellungs-
annahme

Ist die Bestellung, rechtlich gesehen, ein Antrag, dann muss ihr eine **Bestellungsannahme** (Auftragsbestätigung) folgen, damit ein Kaufvertrag zustande kommt. Ein **Kaufvertrag** kommt nur durch *Antrag* **und** *Annahme* zustande.

BEISPIEL
Entstehung eines Kaufvertrags trotz verspäteter oder inhaltlich abweichender Antwort

Antrag
Annahme

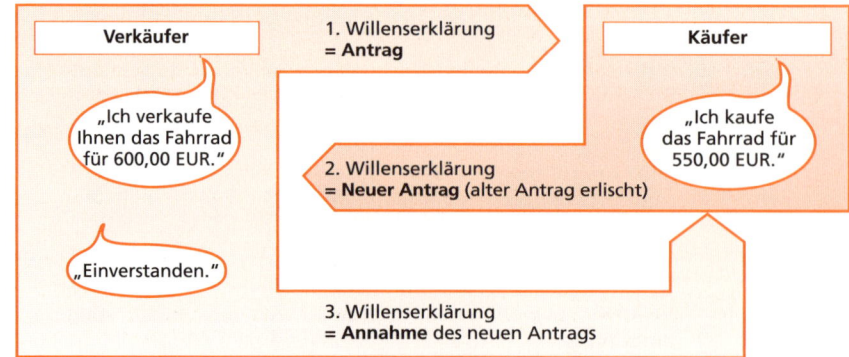

Schweigen als Willenserklärung auf einen Antrag gilt in der Regel als *Ablehnung*. Geht einem Gewerbetreibenden, der *regelmäßig* für einen anderen Gewerbetreibenden *Geschäfte ausführt,* z. B. Handelsvertreter, Handelsmakler, Kommissionär, ein Antrag von diesem zu, so gilt *Schweigen* als *Annahme* des Antrags.

Will ein Gewerbetreibender einen Antrag ablehnen, dann muss er unverzüglich antworten.

Mit der Bestellung werden die Lieferanten automatisch über die gültigen technischen Lieferbedingungen und Qualitätsmanagement-Vereinbarungen in Kenntnis gesetzt sowie gegebenenfalls über die Pflicht, der Warenlieferung ein Zeugnis beizufügen.

Schweigen

→ BGB §§ 146, 147

→ HGB §§ 362

FALLBEISPIEL

SITUATION
Unsere Firma:
Büromöbelfabrik Kurt Weller KG, Sonnenstraße 12, 89077 Ulm
Vorgangsbeschreibung:
Aufgrund der Ergebnisse des quantitativen und qualitativen Angebotsvergleichs bestellt die Leiterin des Einkaufsteams der Weller KG, Frau Spahn, am 20.01. per Brief 700 Konferenzstühle bei dem Lieferanten Bernd Cotta GmbH, 90530 Wendelstein, Industriestraße 33.
Frau Spahn akzeptiert die Lieferungs- und Zahlungsbedingungen der Bernd Cotta GmbH und wiederholt in ihrer Bestellung nochmals den von der Bernd Cotta GmbH bestätigten Liefertermin Kalenderwoche 10.
Außerdem fordert sie den Lieferer auf, die Qualität der Stühle mit einem Qualitätszeugnis zu belegen.

LÖSUNG

1. BETRIEBSWIRTSCHAFTLICH-RECHTLICHER SACHVERHALT:

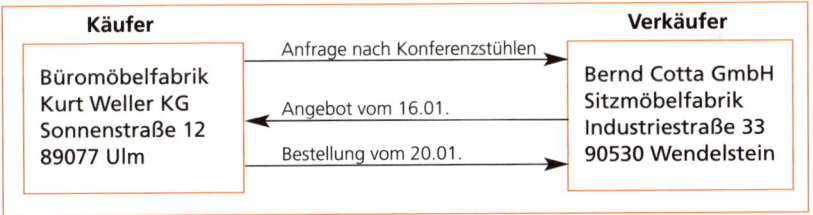

Durch die Bestellung der Kurt Weller KG ist ein Kaufvertrag zustande gekommen. Das verbindliche Angebot der Bernd Cotta GmbH wird durch die Bestellung rechtzeitig angenommen.

2. GLIEDERUNG DES GESCHÄFTSBRIEFS:

Absender: Büromöbelfabrik Kurt Weller KG, Sonnenstraße 12, 89077 Ulm

Empfänger: Bernd Cotta GmbH, Industriestraße 33, 90530 Wendelstein

Betreff: Bestellung von Konferenzstühlen

Einleitung: Bezug auf das Angebot vom 16.01.

Hauptteil: Bestellung von 700 Konferenzstühlen zur 10. Kalenderwoche.

Schluss: Aussicht auf weitere Aufträge bei sorgfältiger Ausführung der Bestellung

3. FORMULIERUNG UND NORMGERECHTE GESTALTUNG DES GESCHÄFTS-BRIEFS (FORM A):

Kurt Weller KG

Büromöbelfabrik

Kurt Weller KG, Büromöbelfabrik, Sonnenstraße 12, 89077 Ulm

Bernd Cotta GmbH
Sitzmöbelfabrik
Industriestraße 33
90530 Wendelstein

E-Mail
Spahn@weller.de

Telefon, Name
0731 30326-

Ihr Zeichen, Ihre Nachricht vom	Unser Zeichen, unsere Nachricht vom		Datum
co-ba, .. 01-16	sp - kw	1 32 ...	..-01-20

Bestellung von Konferenzstühlen

Sehr geehrter Herr Cotta,

vielen Dank für Ihr ausführliches Angebot.

Bitte liefern Sie

700 Konferenzstühle TORA PLUS

zu den im Angebot genannten Bedingungen bis Kalenderwoche 10. Bescheinigen Sie uns bitte die Qualität Ihrer Ware durch ein Qualitätszertifikat.

Bei sorgfältiger Ausführung können Sie mit weiteren Aufträgen rechnen.

Mit freundlichen Grüßen

Kurt Weller KG
Büromöbelfabrik

i. V.

Spahn

Geschäftsräume	Telefax	Firma	Kontenverbindungen
Sonnenstraße 12 89077 Ulm	07 31 3 03 26 Internet www.weller.de	Kurt Weller KG Amtsgericht Ulm HRA 1163 Vollhafter: Kurt Weller	Sparkasse Ulm BLZ 630 500 00 95 99 Ulmer Volksbank BLZ 630 901 00 235 600 000

3.3.2 Kaufvertrag – Verpflichtungen und Verfügungen

■ *Verpflichtungen und Verfügungen*

Während das **Schuldrecht** die Beziehungen zwischen Personen regelt, behandelt das **Sachenrecht** die Beziehungen zwischen Personen und Sachen. Das BGB unterscheidet also scharf zwischen der schuldrechtlichen Verpflichtung (Schuldverhältnis) und der sachenrechtlichen Verfügung (dingliches Recht).

Verpflichtungen (z.B. Kauf, Schenkung) schaffen eine *schuldrechtliche Bindung zwischen Gläubiger und Schuldner*. **Verfügungen** wirken unmittelbar auf die Rechtslage einer Sache. Durch sie wird das Recht an einer Sache geändert oder aufgehoben (z.B. Eigentumsübertragung, Abtretung, Verpfändung).

Schuldrecht
➔ II. Buch BGB,
§§ 241-853
Sachenrecht
➔ III. Buch BGB,
§§ 854-1296

■ *Der Kaufvertrag als Verpflichtungsgeschäft*

Der Kaufvertrag ist ein zweiseitiges Rechtsgeschäft, bei dem beide beteiligten Personen (Käufer und Verkäufer) Verpflichtungen eingehen.

Pflichten der Kaufvertragspartner

Pflichten des Verkäufers	• Übergabe der Kaufsache an den Käufer frei von Sach- und Rechtsmängeln • Übertragung des Eigentums an der Sache auf den Käufer
Pflichten des Käufers	• Zahlung des vereinbarten Kaufpreises an den Verkäufer • Abnahme der gekauften Sache

Das **Verpflichtungsgeschäft** zwischen Käufer und Verkäufer (Kaufvertrag) kommt üblicherweise durch zwei inhaltlich übereinstimmende Willenserklärungen (Antrag und Annahme) zustande. Dabei kann der Antrag bzw. die Annahme sowohl vom Käufer als auch vom Verkäufer abgegeben werden.

Grundsätzlich gilt: Ein Verpflichtungsgeschäft (z.B. Kaufvertrag) legt den Vertragspartnern nur die Pflicht auf, die angestrebte Rechtswirkung durch eine Verfügung herbeizuführen.

Durch den Kaufvertrag (Verpflichtungsgeschäft) erwirbt der Käufer noch *kein dingliches Recht* an der gekauften Sache, sondern *nur einen Anspruch* auf Erfüllung des Kaufvertrags durch Lieferung der Sache durch den Verkäufer.

■ *Der Kaufvertrag als Verfügungsgeschäft*

Erst durch das Verfügungsgeschäft (auch Erfüllungsgeschäft genannt), d.h. mit der Übergabe und Inbesitznahme des Kaufgegenstands, gelangt der Käufer zu einer rechtlichen Beziehung an der Sache. Ebenso gelangt der Verkäufer erst durch das sich dem Verpflichtungsgeschäft anschließende Erfüllungsgeschäft in den rechtmäßigen Besitz des Kaufpreises.

BEISPIEL
Erfüllung des Kaufvertrags durch das Verfügungsgeschäft

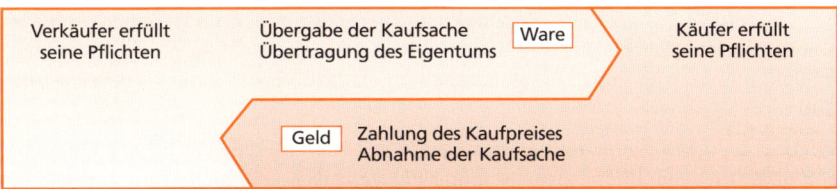

Zu beachten ist, dass mit der Bezahlung der Ware das Eigentum noch nicht übertragen ist.

3.3.3   Elektronische Abwicklung des Einkaufs

Electronic Procurement (kurz E-Procurement, engl. to procure = beschaffen) oder **elektronischer Einkauf** bezeichnet die Beschaffung aller Arten von Material über das Internet. Dies kann über
● geschlossene Netze zwischen Kunden und Lieferanten geschehen oder
● in Form von offenen Versteigerungen (Auktionen) auf Internet-Marktplätzen.

■ *Elektronischer Einkauf über geschlossene Netze*

Waren, die regelmäßig gebraucht werden, lassen sich bei festen Lieferanten bestellen. Im Idealfall sind die Informationssysteme des Käufers und Verkäufers miteinander vernetzt (über das so genannte Extranet).

**Verpflichtungs-
geschäft**

→ **BGB § 433
Kaufvertrag**

**Verfügungs-
geschäft,
Erfüllungsgeschäft**

**elektronischer
Einkauf**

**Electronic Data
Interchange – EDI**

Durch den elektronischen Datenaustausch (**Electronic Data Interchange – EDI**) kann der warenbegleitende Geschäftsverkehr (Bestellungen, Lieferscheine, Rechnungen, Zahlungsbelege usw.) zwischen den Beteiligten vollautomatisch abgewickelt werden. Die Geschäftsdaten werden dabei *ohne Medienbruch* übertragen. Die Daten können unabhängig von der eingesetzten Hard- bzw. Software und den verwendeten Netzen und Übertragungsdiensten ausgetauscht werden. Handel und Industrie profitieren durch die Beschleunigung und Qualitätsverbesserung der Abläufe, durch Kosteneinsparungen, bessere Organisation, besseren Service und Stärkung der Marktposition.

■ Elektronischer Einkauf über das Internet

**Electronic Business
Business to
Business**

**Business to
Consumer**

Immer mehr Unternehmer gehen dazu über, die Internet-Technologie zur papierlosen Abwicklung von Geschäftsprozessen zu nutzen. Der Handel durch und über das Internet, das **Electronic Business,** gliedert sich in die Bereiche **Business to Business** (B2B). dem Geschäftsverkehr zwischen Unternehmen, und **Business to Consumer** (B2C, E-Commerce), dem Geschäftsverkehr zwischen Unternehmen und Endverbrauchern.

Möglichkeiten des E-Business

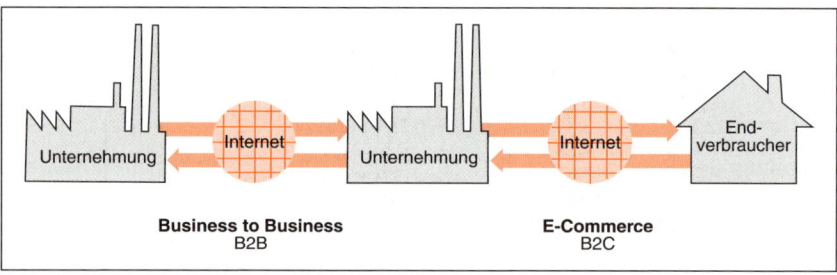

**virtueller Markt-
platz**

reverse auction

Die Betreiber von *virtuellen Marktplätzen* bzw. Internetplattformen stellen Webseiten zur Verfügung, auf denen Unternehmen ihren Bedarf ausschreiben und ausgewählte Lieferanten zur Onlineauktion einladen können. Die Bieter schalten sich dann an einem festgelegten Zeitpunkt im Netz zusammen und können sich von einem gegebenen Preis aus live online abwärts unterbieten. Der günstigste Anbieter bekommt den Zuschlag (so genannte umgekehrte Versteigerung – **reverse auction**).

Wichtig ist dabei eine strenge Vorauswahl der Lieferanten (wegen der Qualität), eine unmissverständliche Beschreibung der auszuschreibenden Ware und die genaue Festlegung der gewünschten Lieferungs- und Zahlungsbedingungen, um später keine bösen Überraschungen zu erleben. Bestellt wird in Sekundenschnelle via E-Mail, ohne dass Geschäfts- bzw. Öffnungszeiten beachtet werden müssen.

Powershopping

Es können virtuelle Einkaufskooperationen geschmiedet werden, mit denen auch kleinere Großhändler in den Genuss von Mengenrabatten kommen können (so genanntes **Powershopping**).

Die Materialbeschaffung per Internet verspricht hohe Kosteneinsparungen und enorme Preisvorteile. Auf virtuellen Beschaffungsmärkten, auf denen eine Vielzahl von Lieferanten ihre Angebote abgeben, können die Angebotsbedingungen leicht miteinander verglichen und die günstigsten Anbieter schnell gefunden werden. Die elektronische Abwicklung der Warenbeschaffung vereinfacht und beschleunigt den Beschaffungsprozess erheblich. Dadurch sinken die Prozesskosten (Transaktionskosten) oft bis zu 50% gegenüber der herkömmlichen Beschaffung.

Prozess „Vertrag anbahnen und abschließen" im Zusammenhang

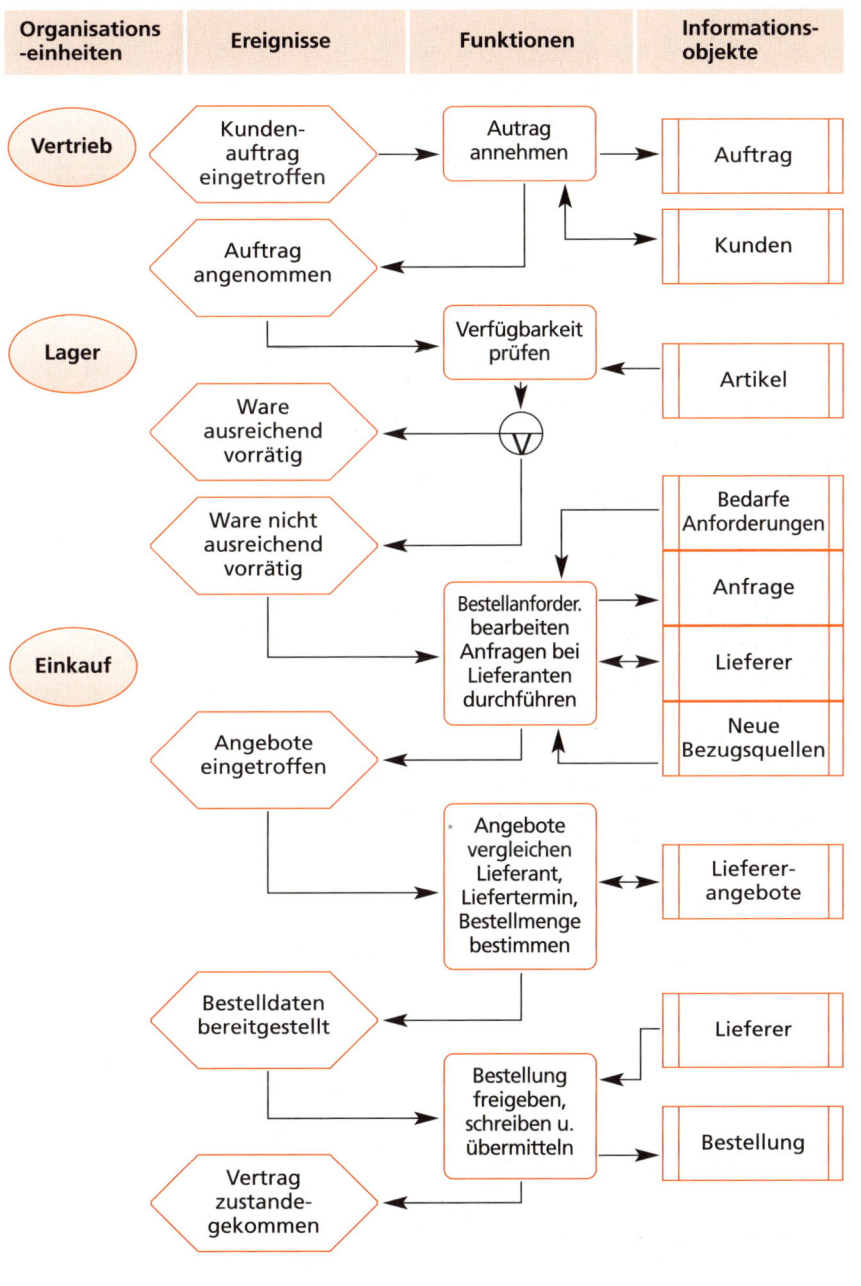

4   Vertragsüberwachung – Bestellabwicklung

Um festzustellen, ob der Lieferer die bestellte Ware in der richtigen Art und Weise (Menge, Qualität), zum richtigen Zeitpunkt an den richtigen Ort zum vereinbarten Preis geliefert hat, müssen Bestelltermine, eingehende Materialien und Rechnungen überprüft werden. Nur so können die Rechte aus einer eventuellen Vertragsverletzung seitens des Lieferers fristgerecht wahrgenommen werden.

In vielen Unternehmen werden die Kontrollen in den Abteilungen Einkauf und Lager durchgeführt. Großbetriebe haben manchmal auch eine zentrale Rechnungsprüfstelle.

4.1   Überwachung der Bestelltermine

4.1.1   Bestellbestandsführung

Bestellbestands-
führung

Bei computergestützter Bestellabwicklung werden alle Bestelldaten unter einer laufenden Bestellnummer in einer Bestell- oder Auftragsdatei gespeichert. Diese ermöglicht die Terminverfolgung und Bestellbestandsführung.

Der in der Bestellung angegebene Liefertermin muss überwacht werden. Es kommt häufig vor, dass zum Liefertermin noch kein Wareneingang vorliegt. Ein computergestütztes Bestellsystem bietet hier folgende Hilfen an:

Bestellrückstands-
liste

- **Bestellrückstandsliste:** Sie enthält eine nach Lieferanten geordnete Übersicht aller Bestellungen, die bis zur aktuellen Kalenderwoche noch nicht eingegangen sind. Sie listet alle wichtigen Bestelldaten, die offene Liefermenge sowie den offenen Rechnungsbetrag auf.
- **Liste aller offenen Bestellungen:** Sie zeigt, nach Artikeln oder Lieferanten geordnet, die Bestellmenge, die noch offene Liefermenge mit Lieferwert an.

Rückstandsmel-
dung

Der Bearbeiter kann sofort veranlassen, dass an die Lieferanten **Rückstandsmeldungen** als Liefererinnerungen ausgedruckt und versandt werden. Dabei können in Sammelrückstandsmeldungen auch Rückstände aus mehreren Bestellungen auf einem Formular ausgedruckt werden.

4.1.2   Leistungsstörung durch Lieferungsverzug (Nicht-Rechtzeitig-Lieferung)

Nicht-Rechtzeitig
Lieferung

■ *Voraussetzungen für den Lieferungsverzug*

Der Lieferungsverzug ist ein Schuldnerverzug des Verkäufers. Damit Lieferungsverzug eintritt, müssen nach § 286 BGB drei Voraussetzungen erfüllt sein.

Fälligkeit	Der Liefertermin muss eingetreten bzw. überschritten sein
Mahnung (der Mahnung steht die Klageerhebung gleich)	Der Käufer muss den Lieferer nach Eintritt der Fälligkeit mahnen, d. h. zur Leistung auffordern. Eine Mahnung ist *nicht erforderlich,* wenn • für die Leistung eine (angemessene) Zeit nach dem Kalender bestimmt ist; hier mahnt sozusagen der Kalender, z. B. „...am 10. Mai", „Lieferung im Mai", „Lieferung Ende Mai", • der Leistung ein Ereignis vorausgeht (z. B. Anzahlung) und die Leistungszeit so bestimmt ist, dass sie sich von dem Ereignis an nach dem Kalender berechnen lässt, z. B. „Lieferung zwei Wochen nach Anzahlung", • der Lieferer die Leistung endgültig verweigert, z. B. der Lieferer erklärt, dass er nicht liefern wird *(Selbstinverzugsetzung),*

Mahnung

noch Mahnung	● aus besonderen Gründen unter Abwägung der Interessen beider Vertragspartner der sofortige Verzug gerechtfertigt ist, z. B. die Weihnachtsdekoration wird bis Weihnachten nicht geliefert, ein Hochzeitskleid wird bis zum Hochzeitstermin nicht fertig, Rohrbruch, Fixkauf.	
Verschulden	Der Schuldner hat Vorsatz und Fahrlässigkeit zu vertreten (BGB § 276). *Fahrlässig* handelt, wer die im Verkehr erforderliche Sorgfalt außer Acht lässt, z. B. der Lieferer übersieht den Liefertermin. Bei einfachen Massenprodukten (Gattungssachen) übernimmt der Schuldner regelmäßig das *Beschaffungsrisiko* aufgrund des Inhalts des Schuldverhältnisses, da er aus der Gattung heraus immer nachliefern kann [BGB § 276 (1)].	Verschulden

Der Verkäufer wird von seiner Leistungspflicht befreit, wenn die Leistung oder die Nacherfüllung für ihn oder für jedermann *unmöglich* geworden ist, z. B. ein zu liefernder Pkw wird kurz vor der Übergabe vom Firmengelände gestohlen. Hat der Verkäufer die Unmöglichkeit zu vertreten (z. B. wegen Missachtung von Sorgfaltspflichten), dann schuldet er statt der Leistung den Ersatz des eingetretenen Schadens. Kann der Verkäufer darlegen, dass er die Nichtleistung wegen Unmöglichkeit nicht zu vertreten hat, dann entfällt der Schadensersatzanspruch und die Gegenleistungspflicht des Käufers.

Unmöglichkeit
→ BGB § 275 § (1)

→ BGB §§ 281 (1), 283
→ BGB §§ 275 (1)
→ BGB §§ 326 (1)

■ *Rechte des Käufers beim Lieferungsverzug*

Wenn die Voraussetzungen des Lieferungsverzugs vorliegen, dann kann der Käufer seine gesetzlichen bzw. vertraglichen Rechte geltend machen.

Rechte des Käufers nach Aufforderung zur Leistung ohne Fristsetzung

Nachlieferung	Der Käufer besteht auf nachträglicher Erfüllung des Kaufvertrags, da die Leistungspflicht des Lieferers weiter besteht	Nachlieferung → BGB § 433
Schadensersatz wegen Pflichtverletzung	Wenn der Verkäufer eine Pflicht aus dem Kaufvertrag verletzt, dann kann der Käufer den Ersatz des hieraus entstandenen Schadens verlangen, wenn der Verkäufer die Pflichtverletzung zu vertreten hat. Ein Verzugsschaden liegt vor, wenn der Schaden aufgrund der verspäteten Lieferung enstanden ist, z. B. Auslagen, entgangener Gewinn.	Schadensersatz → BGB § 280

Rechte des Käufers bei Erfüllung bestimmter Voraussetzungen

Rücktritt vom Vertrag	Der Käufer kann wegen nicht oder nicht vertragsgemäß erbrachter Leistung vom Vertrag zurücktreten, wenn er dem Verkäufer zuvor *eine angemessene Frist* zur Leistung oder Nacherfüllung setzt.	Rücktritt → BGB § 323
Schadensersatz statt Leistung	Hat der Verkäufer die Pflichtverletzung zu vertreten, dann kann der Käufer Schadensersatz statt der Leistung verlangen, wenn er dem Verkäufer vorher *eine angemessene Frist* zur Leistung bestimmt hat und diese Frist erfolglos abgelaufen ist. Anstelle des Schadensersatzes statt der Leistung kann der Käufer **Ersatz der Aufwendungen** verlangen, die er im Vertrauen auf die Leistung gemacht hat.	Schadensersatz → BGB §§ 281, 284

Das Schadensersatzrecht wird durch den Rücktritt nicht ausgeschlossen. Die **Fristsetzung entfällt**, wenn der Verkäufer die Leistung endgültig verweigert oder besondere Umstände die sofortige Geltendmachung des Schadensersatzanspruchs rechtfertigen. Im Falle des Rücktritts entfällt die Fristsetzung zusätzlich, wenn der vereinbarte Liefertermin wesentlicher Bestandteil des Vertrages ist. Bei einem **Fixgeschäft,** bei dem eine fest bestimmte Lieferzeit bzw. Lieferfrist vereinbart ist

→ BGB § 325

→ BGB § 281 (3)
Fixgeschäft

→ HGB § 376,
   BGB § 323 (2)

erweiterte Haftung
→ BGB § 287

(z. B. „„...fix am 10. Mai..“; „genau am 10. Mai..“), besteht das Recht auf Rücktritt und/oder auf Schadensersatz statt der Leistung auch ohne Fristsetzung.

Der Schuldner (Lieferer) hat während des Verzugs jede Fahrlässigkeit zu vertreten. Er ist auch für die während des Verzugs *durch Zufall* eintretende Unmöglichkeit der Leistung verantwortlich, es sei denn, dass der Schaden auch bei rechtzeitiger Lieferung eingetreten wäre.

**Schadens-
berechnung**

■ *Schadensberechnung beim Lieferungsverzug*

Wenn das Gesetz dem durch den Leistungsverzug geschädigten Gläubiger „Schaden-ersatz statt Leistung“ zusichert, so muss der Geschädigte so gestellt werden, als sei der Vertrag ordnungsgemäß erfüllt worden. Kann der mit der Leistung beabsichtigte Zu-stand nicht hergestellt werden, so ist der Schaden in Geld zu ersetzen.

Verlangt der Käufer von seinem Lieferer Schadenersatz statt Leistung, muss er dem Lieferer den Schaden durch eine Schadenersatzberechnung nachweisen.

konkreter Schaden

● **Konkreter Schaden.** Hier hat der Käufer durch den Lieferungsverzug tatsäch-liche Geldausgaben.

BEISPIEL
Der vereinbarte Preis betrug beim ursprünglichen Lieferanten 1000,00 EUR. Nach dessen Lieferungsverzug kauft der Kunde die Ware bei einem anderen Lieferanten für 1200,00 EUR. Der Mehrpreis dieses **Deckungskaufs** (1200–1000 = 200 EUR) ist ein konkreter Schaden.

Deckungskauf

**abstrakter
Schaden**

● **Abstrakter Schaden.** Hier entstehen dem Käufer durch den Lieferungsverzug keine tatsächlichen Geldausgaben. Ihm ist jedoch ein möglicher Gewinn entgangen.

BEISPIEL
Der Käufer kann aufgrund des Verzugs seines Lieferanten einen Auftrag nicht ausführen. Dadurch ist ihm der mögliche Gewinn aus diesem Auftrag entgangen. Auch nachweisliche Kundenverluste durch die damit verbundene Imageschädi-gung (Ruf als ordentlicher Kaufmann ist gefährdet) sind abstrakte Schäden.

**Vertragsstrafe
(Konventional-
strafe)**

● **Vertragsstrafe (Konventionalstrafe).** Im Kaufvertrag wird vereinbart, dass im Falle des Lieferungsverzugs eine bestimmte Geldsumme an den Kunden zu zahlen ist. Die Höhe der Vertragsstrafe muss in einem vernünftigen Rahmen bleiben; das sind laut Rechtsprechung 0,2 bis 0,3 Prozent der Vertragssumme pro Tag (BGH Az: VII ZR 293/79).

BEISPIEL
Der Lieferant muss für jeden Tag, den er in Verzug ist, 150,00 EUR Vertrags-strafe zahlen (Auftragswert: 60000,00 EUR, Vertragsstrafe: 0,25% · 60000,00).

**Wareneingangs-
prüfung**

4.2   Wareneingangsprüfung

Die Wareneingangskontrolle ist aus folgenden Gründen notwendig:

→ HGB §§ 377
   bis 379

● Gesetzliche Untersuchungs- und Rügepflicht;
● Wahrung der Rechte aus einer mangelhaften Lieferung;
● Vermeidung von Reklamationen der eigenen internen und externen Kunden;
● Verantwortung (Haftung) des Betriebs gegenüber seinen Kunden.

Ship to Stock

Bietet eine Lieferbeziehung ausreichende Gewähr für gute Qualität, dann liegt es nahe, ganz *auf Eingangsprüfungen zu verzichten,* insbesondere wenn der Lieferant die Wirksamkeit seines QM-Systems nachweist.

4.2.1   Ablauf der Wareneingangsprüfung

Die Wareneingangsprüfung erfolgt in mehreren Schritten:

● Prüfung der angelieferten Sendung

1. Begleitpapiere prüfen	*Unterlagen:* Lieferschein, Bestelldurchschlag *Prüfpunkte:* Adressen, Zahl der Frachtstücke
↓	*Bei Abweichungen:* → Tatbestandsmeldung vom Überbringer bestätigen lassen
2. Äußere Verpackung prüfen	Sichtkontrolle des äußeren Zustands der Versandverpackung. *Bei Mängeln:* → Tatbestandsmeldung vom Überbringer bestätigen lassen

● Prüfung der angenommenen Sendung

3. Sendungsinhalt unverzüglich prüfen	*Unterlagen:* Begleitpapiere, Bestelldurchschlag *Prüfpunkte:* Warenart, Güte (Qualität), Menge *Bei Abweichungen* → Meldung an die Einkaufsabteilung; diese muss den Lieferer **unverzüglich rügen**
↓	
4. Wareneingang erfassen	Wareneingangsschein erstellen Wareneingang ins Wareneingangsbuch eintragen

Gelegentlich ersetzen **Abnahmeprüfungen** beim Lieferanten eine Eingangsprüfung der Ware.

Abnahmeprüfungen

4.2.2 Leistungsstörung durch mangelhafte Lieferung (Schlechtleistung)

■ *Voraussetzungen der mangelhaften Lieferung*

Durch den Kaufvertrag wird der Verkäufer einer Sache verpflichtet, dem Käufer die Sache **frei von Sach- und Rechtsmängeln** zu verschaffen. Eine Sache ist *frei von Sachmängeln,* wenn sie **bei Gefahrübergang**[1] die *vereinbarte Beschaffenheit* hat. Eine Sache ist *frei von Rechtsmängeln,* wenn Dritte keine Rechte gegen den Käufer geltend machen können.

mangelhafte Lieferung Schlechtleistung
→ **BGB §433**
→ **BGB §434**

→ **BGB §435**

Arten von Sachmängeln

Mangel in der Beschaffenheit	● Die Sache ist für die vereinbarte oder für die zu erwartende *Verwendung ungeeignet* (z.B. Staubsauger saugt nicht, Neuwagen fährt nicht, Lebensmittel sind verdorben, Regenschirm ist nicht wasserdicht). ● Die Sache hat *nicht die Eigenschaften,* die der Kunde aufgrund öffentlicher Äußerungen des Verkäufers, des Herstellers oder seines Gehilfen in der Werbung oder bei der Kennzeichnung der Sache erwarten kann (z.B. der Benzinverbrauch eines Neuwagens ist erheblich höher als in den Verkaufsprospekten angegeben ist; eine Ferienanlage verfügt nicht, wie im Katalog angegeben, über einen Kinderclub).
Mangel bei der Montage	● Die vertraglich vereinbarte *Montage* der Sache durch den Verkäufer oder seinen Gehilfen *ist fehlerhaft* durchgeführt worden (z.B. durch einen Montagefehler funktioniert die Gangschaltung des Rennrades nicht). ● Der Käufer baut die Kaufsache infolge eines *Mangels der Montageanleitung* fehlerhaft zusammen.
Falschlieferung	Der Verkäufer liefert eine andere Sache als vereinbart war (z.B. Waschlappen statt Staubtücher).
Minderlieferung	Der Verkäufer liefert eine zu geringe Menge.

Beschaffenheitsmangel

→ **BGB § 434 (1)**
→ **ProdhaftG § 4**

Montagemangel
→ **BGB §434 (2)**

Falschlieferung
→ **BGB § 434 (3)**

Minderlieferung
→ **BGB § 434 (3)**

[1] Die Gefahr des zufälligen Untergangs und der zufälligen Verschlechterung der Ware geht mit der Übergabe der Kaufsache an den Käufer über (BGB § 446).

Haltbarkeits-
garantie
→ BGB § 443

Übernimmt der Verkäufer oder ein Dritter (z. B. Hersteller) eine **Haltbarkeitsga-rantie**, dann begründet ein Sachmangel, der innerhalb der Geltungsdauer der Haltbarkeitsgarantie auftritt, die Rechte aus dieser Garantie.

■ *Pflichten des Käufers bei mangelhafter Lieferung*

Pflichten des Käufers im Überblick

Pflichten des Käufers	Käufer ist Unternehmer	Käufer ist Verbraucher
Prüf-, Unter-suchungspflicht	Der Käufer muss die Ware **unverzüglich** nach Ablieferung durch den Verkäufer untersuchen.	Entfällt
Rüge-, Anzeige-pflicht	• *Offener Mangel:* Stellt der Käufer bei der Untersuchung der Ware einen Mangel fest, dann muss er diesen dem Verkäufter **unverzüglich** anzeigen. • *Versteckter Mangel:* Der Käufer muss versteckte Mängel unverzüglich nach Entdeckung anzeigen, längstens innerhalb der Gewährleistungsfrist (zwei Jahre).	Der Käufer muss Mangel **innerhalb der Gewährleistungsfrist von zwei Jahren** anzeigen. Zeigt sich innerhalb von *sechs Monaten* ein Sachmangel, dann wird vermutet, dass die Sache bereits bei Gefahrübergang mangelhaft war – Beweislastumkehr.
	• *Arglistig verschwiegene Mängel* müssen innerhalb der regelmäßigen Verjährungsfrist (drei Jahre – BGB § 195) angezeigt werden.	
Einstweilige Aufbewahrung	Der Käufer muss die beanstandete Ware einstweilen aufbewahren. Ausnahme: Notverkauf bei verderblicher Ware.	Entfällt

Prüfpflicht
→ HGB § 377 (1)

Rügepflicht
→ HGB § 377 (1)
→ BGB § 438
Gewährleistungs-frist

→ HGB § 377 (3)
→ BGB § 476

→ BGB § 438 (3)

einstweilige
Aufbewahrung
→ HGB § 379

Unterlässt der Käufer diese Pflichten, dann kann er keine Rechte aus mangelhafter Lieferung geltend machen.

MERKE

Unternehmer
→ BGB §14

Verbraucher
→ BGB §13

Unternehmer ist eine natürliche oder juristische Person oder eine rechtsfähige Personengesellschaft, die bei Abschluss eines Rechtsgeschäfts in Ausübung ihrer gewerblichen oder selbstständigen beruflichen Tätigkeit handelt.

Verbraucher ist jede natürliche Person, die ein Rechtsgeschäft zu einem Zweck abschließt, der weder ihrer gewerblichen noch ihrer selbstständigen beruflichen Tätigkeit zugerechnet werden kann.

■ *Rechte des Käufers bei mangelhafter Lieferung*

→ BGB §437

Ist die Sache mangelhaft, dann kann der Käufer

• Nacherfüllung verlangen (BGB §439),

• den Kaufpreis mindern (Minderung, BGB § 441),

• vom Vertrag zurücktreten (BGB §§ 440, 323, 326 (1) Satz 3),

• Schadensersatz (BGB §§ 440, 280, 281, 283, 311a) oder Ersatz vergeblicher Aufwendungen verlangen (BGB § 284).

Recht des Käufers auf Nacherfüllung

Nachbesse-rung	Die Beseitigung des Mangels durch den Verkäufer ist möglich, wenn die Ware keine erheblichen Mängel aufweist und die Män-gelbeseitigung für den Verkäufer zumutbar ist.
Ersatzliefe-rung	Dieses Recht ist sinnvoll, wenn die mangelhafte Sache nicht *verwendbar* ist und durch eine gleichartige mangelfreie Sache ersetzt werden kann. Dies ist nur bei vertretbaren Sachen (Gat-tungssachen) möglich. Bei der Nachlieferung kann der Verkäufer die mangelhafte Sache vom Käufer zurückverlangen.

Nachbesserung
→ BGB § 439

Ersatzlieferung
→ BGB § 439

Der Käufer kann diese beiden Rechte *nach seiner Wahl* verlangen. Der Verkäufer hat die zum Zweck der Nacherfüllung erforderlichen Aufwendungen, insbesondere Transport-, Wege-, Arbeits- und Materialkosten zu tragen.

Aufwendungen
→ BGB § 439

Erst wenn die Nacherfüllung fehlgeschlagen ist oder verweigert wurde, hat der Käufer weiter gehende Rechte.

Recht des Käufers auf Minderung

Minderung	Wenn die Sache *noch verwendbar* ist, dann kann der Käufer den Kaufpreis durch Erklärung gegenüber dem Verkäufer mindern. Die Minderung soll dem Wertverlust entsprechen, den die Kauf-sache durch den Mangel erlitten hat. Maßgebend ist der Wert zum Zeitpunkt des Vertragsschlusses.

Minderung
→ BGB § 441

Rechte des Käufers bei Erfüllung bestimmter Voraussetzungen

Rücktritt vom Vertrag	Der Käufer kann wegen nicht oder nicht vertragsgemäß erbrach-ter Leistung vom Vertrag zurücktreten, wenn er dem Verkäufer zuvor **eine angemessene Frist** zur Leistung oder Nacherfüllung setzt.
Schadens-ersatz bzw. Ersatz der Aufwen-dungen	Wenn der Verkäufer eine Pflicht aus dem Kaufvertrag verletzt, dann kann der Käufer den Ersatz des hieraus entstandenen Schadens verlangen **(Schadensersatz wegen Pflichtverletzung)**, *wenn der Verkäufer die Pflichtverletzung zu vertreten hat.* Hat der Verkäufer die Pflichtverletzung zu vertreten, dann kann der Käufer **Schadensersatz statt der Leistung** verlangen, wenn er dem Verkäufer vorher *eine angemessene Frist* zur Leistung bestimmt hat und diese Frist erfolglos abgelaufen ist. Anstelle des Schadensersatzes statt der Leistung kann der Käufer **Ersatz der Aufwendungen** verlangen, die er im Vertrauen auf die Leistung gemacht hat.

Rücktritt
→ BGB § 323

→ BGB §§ 280, 281

→ BGB § 281

→ BGB § 281

Die **Fristsetzung entfällt,** wenn der Verkäufer die Leistung oder beide Arten der Nacherfüllung verweigert oder die Nachbesserung fehlgeschlagen bzw. für den Käufer unzumutbar ist. Eine Nachbesserung gilt nach dem erfolglosen zweiten Versuch als fehlgeschlagen.

Fristsetzung

→ BGB § 440 i.V.m. § 281 (2) und § 323 (2)

Die Rechte des Käufers sind ausgeschlossen, wenn er den Mangel bei Vertrags-schluss kennt oder infolge grober Fahrlässigkeit nicht kennt. Mängelansprüche **verjähren in zwei Jahren,** in Zusammenhang mit einem Bauwerk in fünf Jahren. Im Falle des *Verbrauchsgüterkaufs* darf die Verjährungsfrist nicht auf weniger als zwei Jahre, bei gebrauchten Sachen nicht auf weniger als ein Jahr, verkürzt wer-den.

→ BGB § 442
→ BGB § 438
→ BGB § 475

**Rechnungs-
prüfung**

4.3   Prüfung der Eingangsrechnung

Die Eingangsrechnung muss auf ihre *sachliche* und *rechnerische* Richtigkeit überprüft werden.

Sachliche Prüfung	Die vom Lieferer gesandte **Rechnung** wird vom Empfänger mit einem Eingangsstempel und einer Rechnungseingangsnummer versehen. Sodann wird die Rechnung mit der Bestellung verglichen: • Stimmen Menge, Warenart und Lieferbedingungen? • Stimmen Einzelpreise, Rabatt und Skonto? • Sind die Vereinbarungen über Verpackungs- und Bezugskosten eingehalten?
Rechnerische Prüfung	Wenn die sachliche Prüfung keine Beanstandungen ergibt, wird nachgesehen: • Sind die Preise richtig gerechnet und ausgewiesen? • Ist die Umsatzsteuer richtig berechnet, z.B. bei verschiedenen Umsatzsteuersätzen? • Stimmt der endgültige Rechnungs-, Rabatt-, Skontobetrag?

Wenn keine Fehler festgestellt werden, wird die Rechnung zur **Zahlung** angewiesen.

Zahlungssperre

Gehen Rechnungen für Warenlieferungen ein, bevor die Annahmeentscheide über
die Eingangsprüflose getroffen worden sind, kann das System bei der Rechnungsprüfung eine unerwünschte automatische Bezahlung unterbinden.

Um die Abwicklung der Rechnungsprüfung zu vereinfachen, kann mit einem Lieferanten vereinbart werden, dass eine Abrechnung zu den erfolgten Wareneingän-
gen automatisch durchgeführt wird.

**Pro-Forma-
Rechnung**

Dies bedeutet einerseits, dass der Lieferant keine Einzelrechnungen mehr stellen
muss und andererseits, dass eine aufwändige Rechnungsprüfung entfällt, da das
System die Rechnungen zum Bestellwert automatisch erstellt (**„Pro-Forma-
Rechnung"**).

Weist eine Rechnung Abweichungen zur Bestellung bzw. zum Wareneingang auf,
so muss der Benutzer die vom System vorgeschlagenen Mengen und Werte über-
schreiben.

Zu einzelnen Abweichungen lassen sich Toleranzen einstellen. Liegt eine Abweichung innerhalb der Toleranzgrenzen, wird sie vom System akzeptiert; liegt sie
außerhalb, erhält der Benutzer eine Meldung. In jedem Fall lässt sich die Rechnung buchen; wird allerdings in einer Rechnungsposition eine obere Toleranz-
grenze verletzt, wird die gesamte Rechnung zur Zahlung gesperrt und in den Positionen werden entsprechende Sperrgründe gesetzt. Somit kann zunächst geklärt
werden, wie Abweichungen zustande gekommen sind. Die Rechnung kann erst
dann gezahlt werden, wenn sie in einem gesonderten Arbeitsschritt freigegeben
wird.

Prozess „Vertragserfüllung überwachen" im Zusammenhang

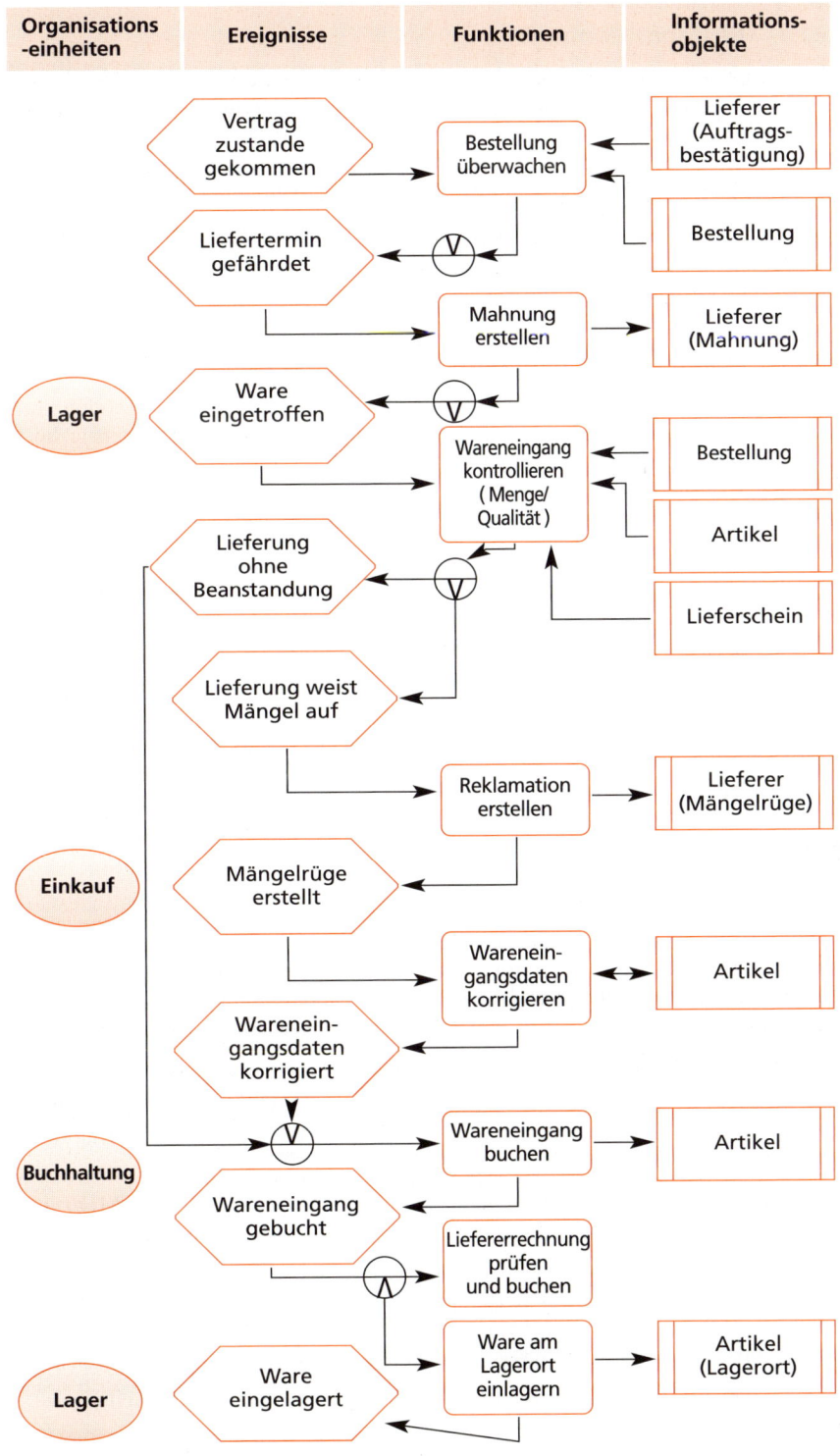

5 Bestandsplanung und -führung

5.1 Bestandsplanung

Bestandsplanung

Bestandsplanung verfolgt das Ziel, die Versorgungssicherheit des Betriebs mit Material nach Art, Menge und Zeit zu gewährleisten. Zu geringe Lagerbestände gefährden die reibungslose Fertigung und Auslieferung, zu hohe Lagerbestände vermindern die Wirtschaftlichkeit des Betriebs. In der Praxis liegen die Bestände (einschließlich Sicherheitsbestände) etwa 25 % über den benötigten Bedarfsmengen.

Zu den Aufgaben der Bestandsplanung gehören zum einen die Bestimmung der verfügbaren und disponierbaren Lagerbestände, zum anderen die Festlegung der Sicherheits-, Melde-, und Höchstbestände für alle Lagergüter.

5.1.1 Planung der verfügbaren und disponierbaren Bestände

→ Siehe hierzu Lernfeld 5, Abschnitt 4.3 Materialdisposition

verfügbarer Bestand
disponierbarer Bestand

Der **verfügbare Bestand** ergibt sich aus der Differenz aus dem tatsächlich vorhandenen Lagerbestand und dem Sicherheitsbestand. Zählt man zum verfügbaren Bestand den Bestellbestand (Menge der laufenden Bestellungen) hinzu, dann erhält man den **disponierbaren Bestand**. Nicht verfügbare Lagerbestände sind für geplante Abgänge für die Produktion bzw. Kundenaufträge reserviert.

5.1.2 Planung der Sicherheits-, Melde- und Höchstbestände

■ *Planung des Sicherheitsbestands*

Sicherheitsbestand
→ siehe Seite 170

Ein Sicherheitsbestand ist als Schutz vor Fehlmengenkosten (Unterdeckungen) notwendig. Er sollte jedoch aus Kostengründen (Lager- und Kapitalbindungskosten) und wegen des damit verbundenen Lagerrisikos (Mode-, Technikwandel, Verderb) nicht zu hoch angesetzt werden.

Viele Betriebe wenden zur Bestimmung des Sicherheitsbestands folgende Faustformeln an:

MERKE

Sicherheits-bestand

> Sicherheitsbestand = 1/3 · Verkauf in der Beschaffungszeit;
> BEISPIEL 1/3 · 300 Stück/Monat · 1 Monat = 100 Stück
> Sicherheitsbestand = Verkauf pro Zeiteinheit · Sicherheitszuschlag (ZE)
> BEISPIEL 300 Stück/Monat · 1/3 Monat = 100 Stück

Sicherheits-zuschlag

Der **Sicherheitszuschlag** entspricht der Reichweite des Sicherheitsbestands und wird vom Einkaufsverantwortlichen aufgrund von Erfahrungen (z. B. Termintreue des Lieferers, Schwund des Materials) festgelegt.

Diese Faustformeln berücksichtigen überschlägig einen möglichen **Mehrverbrauch** (z. B. wegen Nachfragespitzen) während der Beschaffungszeit und eine mögliche **Lieferverzögerung.**

Geht man davon aus, dass der Bestellpunkt (Meldebestand) ein Durchschnittswert ist, dann resultiert daraus, dass beim Eintreffen der Ware in 50% der Fälle noch ein Vorrat und in der anderen Hälfte der Fälle bereits eine Unterdeckung vorhanden ist.

Es liegt daher nahe, den Sicherheitsbestand mithilfe einer Normalverteilung festzulegen.

Servicegrad

Beträgt der **Servicegrad** (Lieferbereitschaftsgrad) eines Lagers z. B. 70%, dann bedeutet das, dass von 100 Positionen 70 sofort ausgeliefert werden können. In der Praxis ist eine 100%ige Lieferbereitschaft aufgrund der Bedarfs-, Liefer- und Bestandsunsicherheit nicht zu erreichen.

Bei unregelmäßigem Verkauf bzw. Verbrauch kann sich die Höhe des Sicherheitsbestands zusätzlich nach der Bestellmenge bzw. der Anzahl von Bestellungen richten. Da eine hohe Bestellmenge (geringe Bestellhäufigkeit) einen gewissen Schutz vor Fehlmengen (Unterdeckungen) bietet, kann in diesem Falle der Sicherheitsbestand gering gehalten werden. Kleine Bestellmengen (häufige Bestellungen) bieten kaum Schutz vor Fehlmengen und erfordern daher einen hohen Sicherheitsbestand.

■ Planung des Meldebestands

Wenn der Meldebestand erreicht ist, wird eine Bestellung ausgelöst. Der Bestellzeitpunkt muss so frühzeitig liegen, dass der Sicherheitsbestand während der Wiederbeschaffungszeit nicht angegriffen wird.

→ siehe hierzu
auf Seite 171

■ Planung des Höchstbestands

Der Höchstbestand gibt an, welche Materialmenge höchstens am Lager vorhanden sein darf. Der Höchstbestand beinhaltet den Sicherheitsbestand und die optimale Bestellmenge.

MERKE

Höchstbestand = Sicherheitsbestand + optimale Bestellmenge
BEISPIEL 100 Stück + 600 Stück = 700 Stück

Höchstbestand

Der Höchstbestand wird von der verfügbaren Lagerkapazität bestimmt.

Die **Lagerkapazität** kann unter zwei Gesichtspunkten betrachtet werden. Die *technische Kapazität* bestimmt die technisch mögliche Höchstleistung der Lager- bzw. Fördereinrichtung. Die *wirtschaftliche Kapazität* bezeichnet die Ausnutzung der technisch möglichen Kapazität.

Lagerkapazität

Die **technische Lagerkapazität** (Lagergröße) wird durch folgende Faktoren beeinflusst:

technische Lager-
kapazität (Einfluss-
grössen)

- Betriebsgröße, Zahl und Varianten der hergestellten Erzeugnisse (Produktprogramm),
- Abmessungen, Lagerfähigkeit und Eigenschaften des Lagerguts (Möbel – Uhren),
- Lagerorganisation (zentrale – dezentrale Lager),
- innerbetriebliche Transportsysteme,
- Lagerumschlagsgeschwindigkeit der Lagergüter,
- Beschaffungszeiten für das Material bzw. Durchlaufzeiten der Produkte,
- Art der Fertigung (auftrags- oder programmbezogene Fertigung),
- Verhältnisse auf dem Beschaffungsmarkt (Rohstoffknappheit, Preiserwartungen, Marktmacht),
- Verhältnisse auf dem Absatzmarkt (stetige oder schwankende Nachfrage, Marktmacht, Preise),
- Kosten für die Lagerfläche und -gebäude (Miete bzw. Abschreibungen, Betriebskosten, Steuern, Versicherungen),
- Lagerart (Block-, Hochregal-, Durchlauflager).

Bestandsführung

5.2 Bestandsführung

5.2.1 Aufgaben der Bestandsführung

Die Bestandsführung hat folgende Aufgaben:

- Erfassung und Protokollierung aller *Materialbewegungen* (Wareneingang, Qualitätskontrolle, Lager),
- mengen- und wertmäßige Fortschreibung der Materialbestände,
- Unterstützung der *Inventur,*
- Fortschreibung der statistischen Daten über die Verbrauchsentwicklung als Ausgangsbasis für statistische Bedarfsvorhersageverfahren.

Das Bestandsführungssystem gibt Auskunft über Materialbelege, Bedarfs- und Bestandssituation, Verfügbarkeit eines Materials und erstellt Bestandsübersichten.

5.2.2 Erfassung und Protokollierung der Materialbewegungen

■ *Wareneingänge zu Bestellungen*

Wird eine Ware aufgrund einer Bestellung geliefert, so wird der Wareneingang mit **Bezug zur Bestellung** erfasst, was folgende Vorteile bietet:

Bezug zur
Bestellung

- Das System schlägt beim Erfassen des Wareneingangs Daten aus der Bestellung (z. B. bestellte Materialien, Mengen) vor, was sowohl die Erfassung als auch die Kontrolle (Über- und Unterlieferungen) beim Wareneingang erleichtert.
- Die Wareneingangsdaten werden in der Bestellentwicklung und in der Lieferantenbeurteilung fortgeschrieben. Somit kann der Einkauf die Bestellentwicklung verfolgen und bei ausbleibender Lieferung ein Mahnverfahren veranlassen. In der Lieferantenbeurteilung können anhand der Wareneingangsdaten die Termintreue und die Mengentreue ermittelt werden.

Wareneingang in
den Verbrauch

Ist die Ware nicht für das Lager, sondern *direkt für den Verbrauch* bestimmt, übernimmt das System die Kontierung (z. B. Kostenstelle, Auftrag) aus der Bestellung.

Reservierung
dynamische
Verfügbarkeits-
prüfung

Mit **Reservierungen** können Warenbewegungen zu einem bestimmten Termin geplant werden. Bei der Erfassung einer Reservierung erfolgt eine *dynamische Verfügbarkeitsprüfung,* d. h., das System prüft, ob das Material nicht für einen anderen Zweck bereits reserviert wurde. Die reservierte Menge vermindert den verfügbaren Bestand in der Disposition und wird im reservierten Bestand des Materials ausgewiesen.

■ *Warenausgänge – Materialentnahmen*

Die Buchungen der Materialentnahmen führen mengen- und wertmäßig zur Minderung des Lagerbestands. Alle Vorgänge können als geplante oder ungeplante Entnahmen behandelt werden. In der Verbrauchsstatistik werden dementsprechend geplante und ungeplante Verbräuche getrennt fortgeschrieben.

geplante/
ungeplante
Entnahmen

Für Warenausgänge, die sich auf Reservierungen beziehen, schlägt das System die Entnahmemengen und die Kontierung aus der Reservierung vor. Um den Empfangsort näher zu bestimmen, kann ein Warenempfänger eingegeben werden, der auf dem Entnahmeschein gedruckt wird.

Verfügbarkeits-
prüfung

Bei jeder Materialentnahme wird automatisch eine **Verfügbarkeitsprüfung** der Bestände durchgeführt. Die Verfügbarkeitsprüfung verhindert, dass der Buchbestand der Bestandskategorien negativ wird. Reicht der Bestand nicht, wird vom System eine Fehlermeldung ausgegeben.

6 Beschaffungscontrolling

Beschaffungs-
controlling

Gegenstände des Beschaffungscontrollings sind Einkäufer, Lieferanten und Materialien. Wesentliche Elemente des Beschaffungscontrollings sind ein ausreichend ausgebautes Einkaufsinformationssystem und das Bestandscontrolling.

6.1 Einkaufsinformationssystem

Einkaufsinforma-
tionssystem (EKS)

Das **Einkaufsinformationssystem** (EKS) ist ein flexibles Werkzeug, um Daten aus der Einkaufsabwicklung zu sammeln, zu verdichten und auszuwerten. Die gewonnenen Daten können für jede erzeugte Liste grafisch aufbereitet werden. Das EKS bietet damit die Basis, um schnell objektive Entscheidungen treffen zu können.

6.1.1 Standardanalysen

Standardanalysen

Die Standardanalysen beruhen auf Statistikdatenbanken (Informationsstrukturen) des EKS, in denen wichtige Kennzahlen direkt aus der operativen Anwendung fortgeschrieben werden. Auf Grundlage dieser Daten ist mit dem EKS eine Planung dieser Kennzahlen möglich. Eine **Informationsstruktur** setzt sich, neben dem Zeitbezug (Periode), aus Merkmalen und Kennzahlen zusammen.

Informations-
struktur

Informationsstruktur

Eine **Drill-Down Funktion** ermöglicht es, den Grad der Informationstiefe zu variieren. Die Reihenfolge, nach der Informationen aufgerissen werden, wird vom Benutzer bestimmt oder folgt einem bereits eingestellten Analysepfad (sog. Standardaufriss).

Drill-Down
Funktion
→ siehe Seite
206

BEISPIEL

Es wird eine Einkäufergruppenanalyse durchgeführt. Man erhält eine Liste der selektierten Einkäufergruppen und der gewünschten Kennzahlen zur Einkäufergruppe. Mit einem Aufriss nach Lieferant werden alle Lieferanten zu einer Einkäufergruppe angezeigt. Ein weiterer Aufriss nach Perioden zeigt für eine bestimmte Einkäufergruppe und einen bestimmten Lieferanten beispielsweise die Verteilung des Bestellwerts auf die einzelnen Perioden.

Für alle **Liststufen** können eine Reihe weiterer Funktionen durchgeführt werden: ABC-Analyse, Segmentierung, Klassifikation, Hitlisten, Plan/Ist-Vergleich. Dabei können auch hier alle Ergebnisse in Form von Grafiken präsentiert werden. Folgende Detailinformationen lassen sich zusätzlich anzeigen: Lieferantenstammsatz, Materialstammsatz und Belege.

Liststufen

Die **ABC-Analyse** dient der Klassifizierung von Merkmalen im Hinblick auf die Wichtigkeit bei bestimmten Kennzahlen. Die ABC-Analyse kann nach vier Strategien durchgeführt werden. Eine mögliche Strategie ist z. B.: A-Lieferanten sollen die Lieferanten sein, die 70% des Bestellwerts auf sich vereinigen; B-Lieferanten sollen alle Lieferanten sein, die 20% des Bestellwerts auf sich vereinigen, alle restlichen Lieferanten sind C-Lieferanten.

ABC-Analyse

BEISPIEL Drill-Down-Funktion

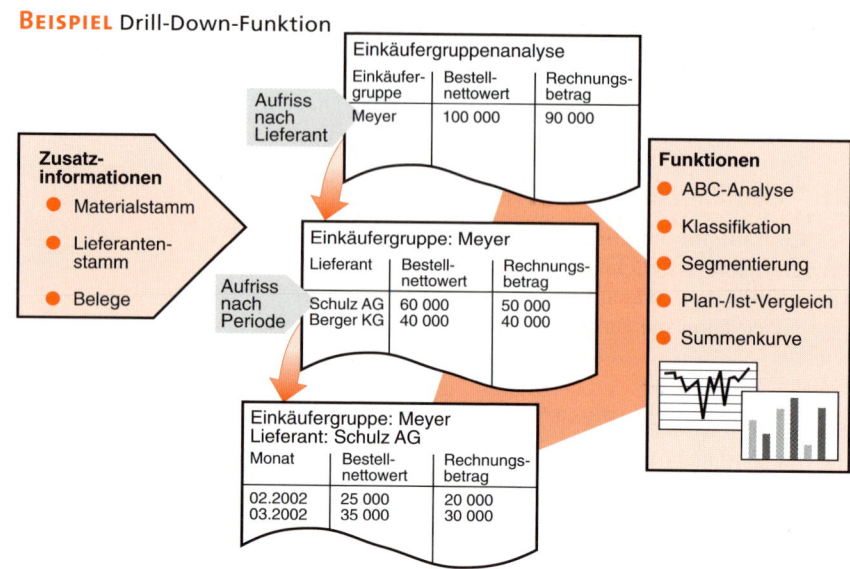

flexible Analysen

6.1.2 Flexible Analysen

Mithilfe der flexiblen Analyse können Daten individuell zusammengestellt und verdichtet werden. So können sowohl detaillierte Informationen für den Sachbearbeiter als auch verdichtete Informationen für das Management ermittelt werden. Das Erstellen der Auswertestruktur ist durch einfaches Markieren der Merkmale und Kennzahlen (**Pick-Up-Technik**) möglich.

Pick-Up-Technik

Bestands-
controlling

6.2 Bestandscontrolling

Mit den Funktionen des Bestandscontrollings ist es möglich, auf einfache und transparente Weise jene Materialien auszufiltern, die beispielsweise eine hohe Kapitalbindung, eine geringe Umschlagshäufigkeit, eine Überreichweite oder eine lange Periode ohne Verbrauch aufweisen und somit einer genaueren Überprüfung bedürfen. Grundlage für die Berechnung von Bestandskennzahlen ist die Lagerbewegung des betrachteten Materials.

BEISPIEL

Lagerbewegung des Artikels Schreibtisch Modell „Seminar"

Artikel: Schreibtisch „Seminar"				Mindestbestand: 5 Stück			
				Meldebestand 10 Stueck			
				Einstandspreis pro Stueck: 250 EUR			
Tag	Eingaenge	Ausgaenge	Bestand	Tag	Eingänge	Ausgaenge	Bestand
01-01			10	08-15		5	6
01-18	5		15	08-29	20		26
03-08		7	8	10-04		6	20
03-22	10		18	11-15		8	12
05-03		4	14	11-29	12		24
06-04		3	11	12-15		9	15
				12-31			15

6.2.1 Lagerbestandsrechnungen

Der **durchschnittliche Lagerbestand** gibt Auskunft darüber, welche Menge bzw. welcher Wert (zu Einstandspreisen) eines Materials oder einer Materialgruppe im Durchschnitt eines Geschäftsjahres auf Lager liegt. Der Wert des durchschnittlichen Lagerbestands gibt den Kapitaleinsatz bzw. die Höhe des im Lager gebundenen Kapitals an.

durchschnittlicher Lagerbestand

■ *Bestandsrechnung anhand der Ergebnisse der Jahresinventur*

M E R K E

Durchschnittlicher Lagerbestand =

$$\frac{\text{Anfangsbestand (1. Jan.)} + \text{Endbestand (31. Dez.)}}{2}$$

BEISPIEL

$$\frac{10 + 15}{2} = 12{,}5 \text{ Stück}$$

■ *Bestandsrechnung bei Verwendung der monatlichen Endbestände der Lagerdatei*

M E R K E

Durchschnittlicher Lagerbestand =

$$\frac{\text{Anfangsbestand (1. Jan.)} + 12 \text{ Monatsendbestände}}{13}$$

Wert d. durchschn. Lagerbestands = Menge · Einstandspreis

BEISPIEL

$$\frac{10 + 213}{13} = 17{,}15 \text{ Stück}$$

$17{,}15 \cdot 250 = 4\,287 \text{ EUR}$

BEISPIEL
- bei Verwendung der Jahreszahlen: $12{,}50 \cdot 250 \text{ EUR} = 3\,125{,}00 \text{ EUR}$
- bei Verwendung der Monatszahlen: $17{,}15 \cdot 250 \text{ EUR} = 4\,287{,}50 \text{ EUR}$

Der durchschnittliche Lagerbestand ist bei der Verwendung von Monatszahlen erheblich genauer, da hier der Saisonverlauf vollständig abgebildet wird.

Die Höhe des durchschnittlichen Lagerbestands ist abhängig von der Bestellmenge, der Höhe des Sicherheitsbestands und dem Einstandspreis der Ware. Bei gleichmäßigen Lagerabgängen ergibt sich folgende Gleichung:

M E R K E

Durchschnittlicher Lagerbestand = Sicherheitsbestand + $\frac{1}{2}$ Bestellmenge

6.2.2 Lagerkennziffern

■ *Lagerumschlagsgeschwindigkeit (LUG)*

Die **Umschlagshäufigkeit** (UH) oder **LUG** gibt an, wie oft der durchschnittliche Lagerbestand während eines Geschäftsjahres verwendet bzw. verkauft wurde.

Umschlagshäufigkeit

M E R K E

$$\text{LUG} = \frac{\text{Waren- bzw. Materialeinsatz}}{\text{durchschnittlicher Lagerbestand}}$$

BEISPIEL $\dfrac{42 \text{ (Summe der Abgänge)}}{17{,}15} = 2{,}4\text{-mal (genau 2,449)}$

Lagerumschlagsgeschwindigkeit (LUG)

■ *Durchschnittliche Lagerdauer*

Die durchschnittliche Lagerdauer gibt Auskunft darüber, wie lange sich ein Lagergut im Lager befindet, bis es weiterverarbeitet bzw. verkauft wird. Je länger ein Lagergut auf Lager liegt, umso länger muss es vorfinanziert werden.

MERKE

durchschnittliche Lagerdauer

$$\text{Durchschnittliche Lagerdauer} = \frac{360 \text{ Tage}}{\text{LUG}} \qquad \textbf{BEISPIEL} \quad \frac{360 \text{ Tage}}{2,4} = 150 \text{ Tage}$$

Die durchschnittliche Lagerdauer hängt also von der LUG ab.

■ *Lagerzinsen*

Lagerzinsen

Lagerzinssatz

Die **Lagerzinsen** geben an, wie viel Zins der Unternehmung **während der Lagerdauer** dadurch entgeht, dass das im Lager gebundene Kapital nicht verzinslich angelegt werden kann. Für die Berechnung der Lagerzinsen wird der Marktzinssatz für kurzfristige Anlagen verwendet. Dieser Marktzinssatz wird auf die durchschnittliche Lagerdauer umgerechnet (angepasster Zinsfuß), um den **Lagerzinssatz** zu ermitteln.

MERKE

$$\text{Lagerzinssatz} = \frac{\text{Marktzinssatz} \cdot \text{durchnittliche Lagerdauer}}{360 \text{ Tage}}$$

$$\textbf{BEISPIEL} \quad \frac{12\% \cdot 150 \text{ Tage}}{360 \text{ Tage}} = 5\% \text{ für } 150 \text{ Tage}$$

$$\text{Lagerzinsen} = \text{Wert des durchschnittlichen Lagerbestands} \cdot \text{Lagerzinssatz}$$

BEISPIEL $4\,287,50 \text{ EUR} \cdot 5\% = 214,38 \text{ EUR für } 150 \text{ Tage}$

Die Lagerzinsen sind also abhängig von der Höhe des Marktzinssatzes, der durchschnittlichen Lagerdauer (bzw. der LUG) und dem Wert des durchschnittlichen Lagerbestands.

■ *Lagerreichweite*

Wie lange der durchschnittliche Lagerbestand bei einem durchschnittlichen Verbrauch ausreicht, wird mit der Lagerreichweite ausgedrückt. Sie kann auch für einen bestimmten Stichtagsbestand (z. B. 20 Stück am 31. Okt.) berechnet werden.

MERKE

Lagerreichweite

$$\text{Lagerreichweite} = \frac{\text{vorhandener bzw. durchschnittlicher Lagerbestand}}{\text{durchschnittlicher Verbrauch pro Tag}}$$

$$\textbf{BEISPIEL} \quad \frac{20}{0,116} = 171 \text{ Tage}$$

$$\text{Ø Verbrauch pro Tag} = \frac{\text{Wareneinsatz}}{360 \text{ Tage}} = \frac{42 \text{ Stück}}{360 \text{ Tage}} = 0,116 \text{ Stück pro Tag}$$

Die Reichweite des Lagers nimmt zu, wenn der Tagesverbrauch sinkt und/oder der Lagerbestand erhöht wird.

6.2.3 Auswertung der Lagerkennziffern

■ *Erhöhung des Lagerumschlags*

Die Erhöhung der Umschlagshäufigkeit (LUG) hat eine Verkürzung der Lagerdauer zur Folge. Dadurch werden Zinskosten gespart, der Kapitalbedarf verringert, die Wirtschaftlichkeit erhöht und die Wettbewerbsposition verbessert.

BEISPIEL

Die LUG der Weller KG liegt erheblich unter dem Branchendurchschnitt von 5. Das
bedeutet, dass die Schreibtische bei der Weller KG länger auf Lager liegen als bei
ihren Konkurrenten. Sie hat damit höhere Lagerzinsen. Außerdem ist, bei gleichen Handlungskosten und gleichen Lagerbeständen, ihr Jahresgewinn niedriger,
da sie den Gewinn pro Stück (z. B. 200 EUR) nur im Durchschnitt 2,4-mal im Jahr
erzielt statt 5-mal.

Die LUG kann durch folgende Maßnahmen erhöht werden:

- Im **Beschaffungsbereich** durch Kauf auf Abruf und Senkung der Bestellmengen und/oder des Sicherheitsbestands, sodass der Meldebestand und damit der
  Lagerbestand sinkt;

- im **Absatzbereich** durch verstärkte Werbung, um den Abverkauf zu steigern
  oder durch gezielte Bereinigung des Sortiments, indem „Penner" (Artikel mit
  geringer LUG) ausgemustert werden. Dadurch kann der Wareneinsatz erhöht
  werden.

Bei allen Maßnahmen muss jedoch beachtet werden, dass die LUG für Sortimentsentscheidungen nicht allein ausschlaggebend ist. Es muss die Kalkulation beachtet
werden. Ein **„Penner"** (Artikel mit niedriger LUG) kann mehr Gewinn erwirt-
schaften, wenn er einen hohen **Rohgewinn** (Umsatz-Wareneinsatz) bringt, als ein
„Renner" (Artikel mit hoher LUG).

Penner

Renner

■ *Einlagerungsstrategien – systematisch oder chaotisch*

Oft sind in einem Lager einige Tausend verschiedene Materialien und Artikel
untergebracht. Wenn ein ganz bestimmtes Teil wieder gefunden werden soll, dann
ist eine Zuordnung von Lagerplatz zu Lagergut, eine Lagerordnung, notwendig.
Viele Unternehmen ordnen jedem Lagergut einen festen Lagerplatz zu (**Festplatz-
system** bzw. **systematische Lagerplatzzuordnung**) und vergeben für jeden
Lagerort eine Nummer (Lageradresse). Die Lageradressen aller Lagerorte sind in
einem **Lagerplan** zusammengestellt.

*Festplatz-
system =
systematische
Lagerplatz-
zuordnung*

Wenn die Einlagerung und Entnahme manuell geschieht, dann müssen, um das
schnelle Auffinden zu ermöglichen, die Lagerorte übersichtlich (Beschriftungen,
Tafeln usw.) ausgeschildert werden. Anhand des Lagerplans kann die Lagerver-
waltung die Ein- und Auslagerung reibungslos abwickeln und jederzeit Auskunft
geben, wo sich welches Material befindet.

Im Gegensatz zur systematischen Lagerplatzordnung weist die so genannte **chaotische Lagerplatzzuordnung (Freiplatzsystem)** den einzulagernden Waren den
nächsten gerade freien Lagerplatz zu. Feste Lagerplätze gibt es bei dieser Lagerorganisation nicht. Die verschiedensten Güter liegen scheinbar ungeordnet neben-
einander. Der Hauptvorteil des chaotischen Lagers liegt in der *optimalen Ausnutzung der Lagerfläche.*

*Freiplatzsystem =
chaotische Lager-
platzzuordnung*

Der genutzte Anteil des Lagerraumes im Verhältnis zum verfügbaren Lagerraum ist hier erheblich höher als bei der systematischen Lagerung. Das Hauptproblem der chaotischen Lagerführung ist die *Abhängigkeit von der Datenverarbeitung*. Ein großes Lager mit Tausenden von Artikeln lässt sich ohne das elektronische Steuersystem nicht betreiben, denn nur der Computer kennt den jeweiligen Lagerort der einzelnen Artikel. Ein manuelles Ein- und Auslagern ist meist nicht mehr möglich, da die Lagerorte nur den vollautomatischen Transportsystemen zugänglich sind. Wegen der automatischen Ein- und Auslagerung werden die Lagergüter in Normbehälter gefüllt. Für sperrige Güter ist diese Lagermethode deshalb nicht geeignet.

Logistikkonzepte Beschaffungsstrategien

7 Logistikkonzepte und Beschaffungsstrategien

Angesichts verschärfter Wettbewerbsbedingungen erlangt die Gestaltung der Material- und Informationsflüsse innerhalb der Unternehmung und zwischen der Unternehmung und ihren Lieferanten eine immer größere Bedeutung.

Wettbewerbssituation und Zielgröße

Wettbewerbssituation und Zielgrößen der Beschaffung

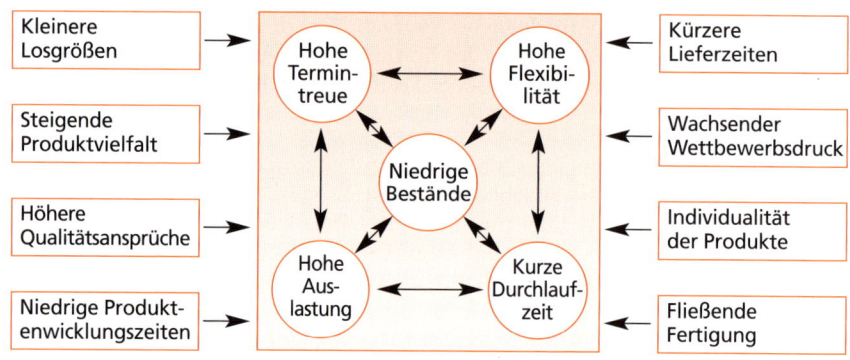

Es gilt, die gesamte unternehmensinterne und unternehmensübergreifende Wertschöpfungskette hinsichtlich der Faktoren Zeit, Qualität und Kosten zu optimieren. Dazu muss die arbeitsteilige Hersteller-Lieferanten-Beziehung neu definiert werden. Folgende Fragen sind neu zu stellen:

- Welche Lagerorganisation? Zentrale oder dezentrale Lagerung?
- Welches Versorgungskonzept? Beschaffung mit oder ohne Vorratshaltung?
- Welches Lieferantenkonzept? Einquellen- oder Mehrquellenbelieferung?
- Welche Hersteller-Zulieferer-Beziehung (Beschaffungsnetzwerk)?

Lagerorganisation

7.1 Lagerorganisation – zentrale oder dezentrale Lagerung?

Die Entscheidung, ob ein zentrales Lager oder dezentrale Lager eingerichtet werden sollen, hängt ab vom Auftragsvolumen, der Programmbreite und der Materialstruktur. Sollen vorwiegend Kleinaufträge bearbeitet werden und an eine große Zahl unterschiedlicher Abnehmer geliefert werden, dann ist ein zentrales Lager vorzuziehen. Bei wenigen Abnehmern mit hohen Abnahmemengen sind dezentrale Lager vorteilhaft. Großvolumige oder hochwertige Kaufteile sind zentral zu lagern, um die Bestands- und Lagerkosten durch die Vermeidung von Mehrfachlagerungen niedrig zu halten.

Das Lager soll räumlich so gegliedert sein, dass

- der Transport der Lagergüter zu den Bedarfsorten mit möglichst *wenig Aufwand an Zeit*, Arbeitskraft und Energiekosten,
- auf möglichst *kurzem Weg*,
- mit möglichst *wenig Entlade- und Umladearbeiten*,
- unter *Beachtung der Gesundheits- und Umweltfaktoren* erfolgen kann.

Bestehende Unternehmen stoßen bei der Verwirklichung dieser Forderungen wegen der gegebenen Standort- und Raumverhältnisse auf oft unüberwindliche Schwierigkeiten.

Wenn alle Waren bzw. bestimmte Materialgruppen (z. B. Rohstoffe, Handelswaren) zusammen an einem Ort untergebracht sind, dann handelt es sich um ein **zentrales Lager.** Werden die Lagergüter an verschiedenen inner- bzw. außerbetrieblichen Orten untergebracht, dann spricht man von **dezentralen Lägern.** Der Begriff **Lagergeographie** umschreibt anschaulich die örtliche Verteilung der Läger (zentral – dezentral) innerhalb eines Unternehmens.

zentrales und dezentrales Lager

7.1.1 Zentrale Lagerorganisation

zentrale Lagerorganisation

BEISPIEL
Geplante zentrale Lageranordnung der Weller KG

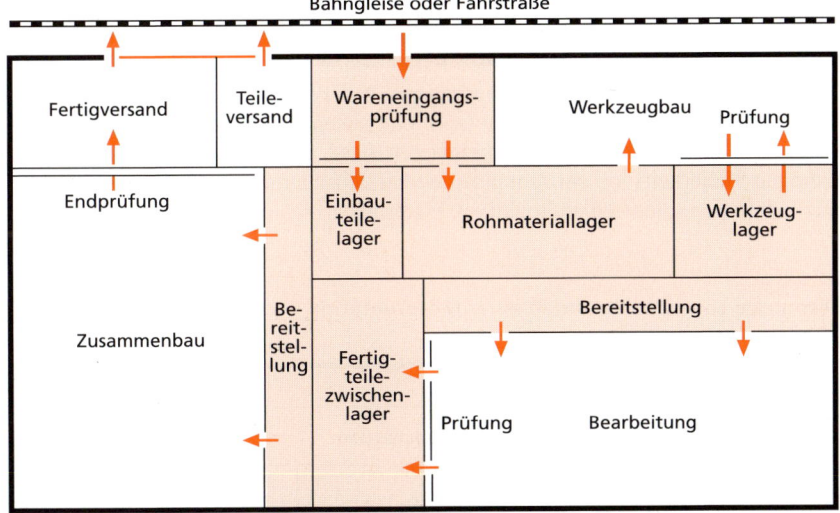

Dass die Zentralisierung keineswegs einen Verlust an Liefer- und Betreuungsqualität bedeutet, sondern im Gegenteil für mehr Verfügungsbereitschaft und kürzere Lieferzeiten sorgt, sei anhand des folgenden Beispiels belegt.

Bei der Weller KG wurden die acht Regionallager komplett aufgelöst. Dies führte zu erheblichen Einsparungen bei den Betriebs-, Unterhalts- und Personalkosten. Gleichzeitig konnten die Lagerbestände mit der Konzentration auf das Zentrallager deutlich reduziert werden, und trotzdem stieg die Lieferverfügbarkeit.

Außerdem gibt es jetzt eine bessere Übersicht bezüglich der Lagerbestände, und dies wirkt sich sehr positiv auf die Waren-Disposition und die Terminierung der Produktionsabläufe aus. Die genannten Maßnahmen führten zu einer beachtenswerten Verringerung der Lagerbestände.

Außerdem sind die Logistikaufwendungen zwischen dem ehemaligen Haupt- und den Regionallagern weggefallen, was zur Entlastung des Verkehrs beiträgt.

Zentrale Lageranordnung

Vor- und Nachteile des zentralen Lagers

Vorteile	Nachteile
• gute Übersicht über alle Lagergüter,	• Anpassung an den Produktionsfluss ist kaum möglich,
• geringes Lagerrisiko (Veralten, Verderben) durch einfache Kontrolle,	• längere Transportwege zu den Abnehmern/Bedarfsorten,
• geringere Lagermengen, da der Mindestbestand nur einmal vorhanden sein muss,	• Abnehmer horten Material (Handlager), um Wege zu sparen,
• gute Ausnutzung der Raum-, Betriebsmittel- und Personalkapazität.	• für spezielle Lagergüter (gefährliche Güter, Chemikalien usw.) ist das „Allround"-Bedienungspersonal ungenügend ausgebildet bzw. fehlen die Spezialeinrichtungen.

dezentrale Lagerorganisation

7.1.2 Dezentrale Lagerorganisation

Dezentrale Lager entstehen bei stofforientierter und verbrauchsorientierter Lagerung.

stofforientierte Lager

In **stofforientierten Lagern** werden nur bestimmte Lagergüter für den gesamten Betrieb bereitgestellt (z. B. Stahl-, Holz-, Treibstoff-, Werkzeuglager). Die Trennung nach Werkstoffarten ist in vielen Fällen schon wegen der Beschaffenheit der Lagergüter erforderlich. Die Lageransprüche reichen hier von der völlig anspruchslosen Lagerung im Freien (z. B. Gusseisen, Bauholz, Kies) bis zu Spezialallagern (z. B. in klimatisierten, belüfteten oder abgedunkelten Räumen). Oft bedingen Sicherheitsvorschriften eine dezentrale Lagerung (z. B. Giftstoffe, leicht entzündbares, explosives, radioaktives Material).

dezentrale Lagerorganisation

BEISPIEL
Dezentrale Lageranordnung in einer Motorenfabrik

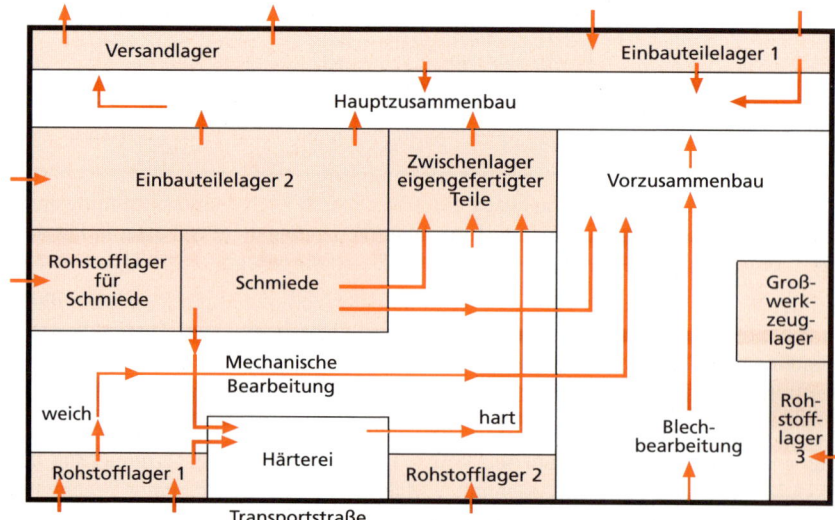

Verbrauchsorientierte Lager sind nach den Bedürfnissen bestimmter Fertigungsbereiche ausgerichtet und räumlich entsprechend dem Fertigungsfluss angeordnet
(z. B. als Handlager für Kleinteile, Nebenlager in der Nähe von den Werkstätten).

verbrauchs-
orientierte Lager

Dezentrale Lageranordnung

Vorteile	Nachteile
• optimale Anpassung an den Produktionsfluss, • schnelle Auslieferung der Lagergüter durch kurze Wege zu den Abnehmern, • Einsatz speziell ausgebildeten Personals und Spezialeinrichtungen möglich (Gesundheits- und Umweltschutz)	• höherer Aufwand für Personal, Lagereinrichtung und Raum, • mangelnde Übersicht erhöht Lagerrisiko und führt zu Mehrbeständen und • erfordert mehr Kontrollaufwand und • eine höhere Kapitalbindung.

Vor- und Nachteile
des dezentralen
Lagers

Separate dezentrale Läger sind immer dann erforderlich, wenn die Produktion an
verschiedenen Orten stattfindet oder die räumliche Nähe zum Abnehmer ein wichtiger Wettbewerbsfaktor ist.

Durch aufwändige Transport- und Fördertechniken (Hängebahnen über Fertigungsstraßen, fahrerlose Transportsysteme u. Ä.) können sowohl die Vorteile der
zentralen als auch der dezentralen Lagerordnung genutzt werden. Der Materialfluss wird damit optimiert.

7.2 Versorgungskonzepte – Materialbereitstellung

Versorgungs-
konzepte
Materialbereit-
stellung

Lagerbestände

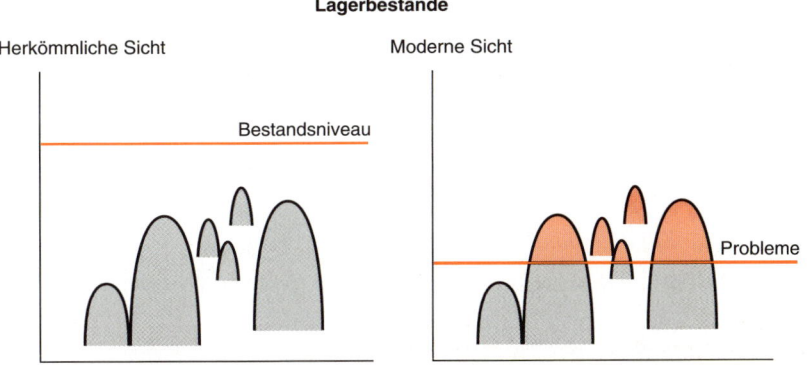

Bestände ermöglichen	Bestände verdecken
• reibungslose Produktion • prompte Lieferung • Überbrückung von Störungen • wirtschaftliche Fertigung • konstante Auslastung	• störanfällige Prozesse • unabgestimmte Kapazitäten • mangelnde Flexibilität • Ausschuss • mangelnde Liefertreue

7.2.1 Bedarfsdeckung mit Vorratshaltung

Die Beschaffung auf Vorrat stellt hohe Anforderungen an Bedarfsplanung, Wahl
des Lagerstandortes (möglichst zentral), Lagerausstattung und Bestandsüberwachung.

Hier wird jedoch der **Zielkonflikt** der Beschaffung deutlich.

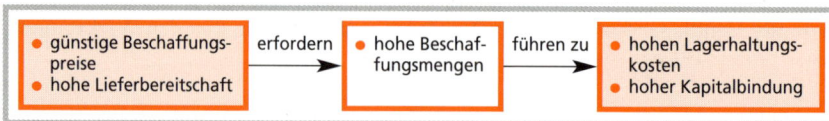

Vorteile der Vorratsbeschaffung sind:

- *Verbesserung der Position* auf dem Beschaffungsmarkt durch große Abnahmemengen und damit Chancen zur aktiven Preispolitik gegenüber den Lieferanten,
- *Nutzung von Preisvorteilen* (Mengenrabatte, Lieferungs- und Zahlungsbedingungen) durch Bezug großer Mengen,
- *Sicherung einer gleichmäßigen Fertigung,* da die Vorräte die Fertigung gegenüber Marktschwankungen abschirmen,
- *ständige Lieferbereitschaft* gegenüber den Bedarfsträgern (Fertigung, Kunden).

Eine Vorratshaltung ist wirtschaftlich nur dann zu rechtfertigen, wenn die erzielten
Preisvorteile die höheren Lagerhaltungskosten zumindest ausgleichen. Die Vor-
ratspolitik eignet sich daher vor allem für Materialen mit hohem Mengen- und niedrigem Wertanteil, also bei **C-Gütern.**

Die Nachteile der Vorratshaltung können vermieden werden, wenn die Materialien
vom Lieferer **auf Abruf** bereitgestellt werden. Hier übernimmt dann der Lieferer
das Lagerrisiko. Bei ausreichender Marktmacht sollten solche Lieferverträge dann
vereinbart werden, wenn der Materialbedarf für einen längeren Zeitraum feststeht,
die Verteilung dieses Bedarfs innerhalb des Zeitraums aber noch offen ist (z. B.
wegen schwankender Auftragslage).

7.2.2   Bedarfsdeckung ohne Vorratshaltung

Wird der Beschaffungsvorgang erst ausgelöst, wenn ein genau beschriebener, mit
einem bestimmten Auftrag verbundener Bedarf vorliegt, dann liegt **Einzelbeschaffung** vor.

Vorteile der Einzelbeschaffung sind

- *ein geringes Lagerrisiko* und *niedrige Lager- und Zinskosten,*
- *eine geringe Kapitalbindung* und Liquiditätsbelastung.

Der **Zielkonflikt** der Beschaffung tritt auch bei der Einzelbeschaffung auf:

Die Einzelbeschaffung ist umso unproblematischer, je stärker die Stellung des Abnehmers gegenüber dem Lieferanten ist. Die Einzelbeschaffung eignet sich vor-
nehmlich für Materialien, bei denen eine spekulative Lagerhaltung wirtschaftlich
nicht vertretbar ist, also bei **A-Gütern.**

7.2.3   Fertigungssynchrone Beschaffung

Teure Lagermieten, immer kürzere Reaktionszeiten auf Kundenwünsche, höhere
Wettbewerbsfähigkeit durch Produktvielfalt, größere Absatzrisiken auf globalen
Märkten usw. zwingen den Industriebetrieb dazu, durch immer kürzere Bestellab-
stände die Lagerflächen gering zu halten. Diese Entwicklung trug zum großen Er-

folg der Just-in-time-Anlieferung (just in time (engl.) = gerade zur rechten Zeit; Abkürzung: JIT) bei. **Just-in-time-Anlieferung** bedeutet, dass das Material so bereitgestellt wird, dass es „gerade noch rechtzeitig", d.h. produktionssynchron, an den Verbrauchsorten zur Verfügung steht und dort ohne weitere Liegezeiten verarbeitet werden kann.

Um den Zeitgewinn nicht durch einen größeren Zeitaufwand bei der Wareneingangsprüfung zu verschenken, erhöhen sich die Ansprüche an die Zuverlässigkeit der Zulieferer. Eine perfekte Terminplanung kann im Extremfall Materialflüsse durch Informationsflüsse ersetzen.

just-in-time (engl. = gerade noch rechtzeitig)

BEISPIEL

Informations- und Materialfluss bei Just-in-time-Belieferung

Termin	ein bis zwei Monate vor SE	ein bis zwei Monate vor SE	neun Tage vor SE	5 Std. 30 Min. vor SE	30 Min. vor SE	vier Min. vor SE	Sitzeinbau	nach SE
Informationsfluss	DC: Lieferabruf Festeinteilung	KR: Lieferabruf an Vorlieferanten	DC: Auftragsteilebedarf	DC: Inneneinbau Impuls	KR: Bestandsführung Lieferschein		Sitzeinbau	KR: Rechnung DC: Zahlungsavis
Materialfluss			KR: Prüfung Materialabdeckung Anlieferung Vormaterial	KR: Sitzmontage	KR: Transport der Sitze zu DB	KR: Übergabe der Sitze an die DB-Förderstrecke	Sitzeinbau	KR: Rücktransport der Gestelle

SE = Sitzeinbau, DC = Daimler Chrysler, KR = Keiper-Recaro (Sitzlieferant)

Für die produktionssynchrone Beschaffung eignen sich insbesondere Teile mit hohem Verbrauchswert (A-Güter) und hoher Vorhersagegenauigkeit. Ihre produktionssynchrone Beschaffung ermöglicht regelmäßig die größten Einsparungen durch Bestandsabbau. Der gleichzeitig stetige Teileverbrauch erleichtert die vorbereitende Planung der Anliefermengen und Abstimmung der Materialflüsse zwischen Abnehmer und Lieferant.

Die eingeschränkte Lagerfähigkeit (z. B. sperrige, variantenreiche Teile wie Autositze oder -radios) ist ein weiterer Grund für diese Beschaffungsweise. Kurze Lieferzeiten, Produktvielfalt und kurze Reaktionszeiten auf geänderte Kundenwünsche werden möglich, ohne hohe Bestände an Fertigwaren und Halbfabrikaten führen zu müssen.

Die wichtigsten Voraussetzungen für Just-in-time-Versorgungskonzepte sind:
- konsequente Planung des Materialflusses nach dem Flussprinzip,
- Abkehr vom Prinzip der maximalen Kapazitätsauslastung, denn höhere Kapazitäten ermöglichen niedrige Bestände,
- kurze Durchlaufzeiten und schnelle Reaktionen durch Vermeidung großer Losgrößen und gut abgestimmte Produktionsabläufe,
- Steigerung der Zuverlässigkeit der Maschinen durch laufende Wartung,
- ständige Qualitätskontrollen nach jedem Arbeitsgang.

Just-in-time-Konzept

Das Just-in-time-Konzept gerät in letzter Zeit zunehmend in die Kritik. Kleinere Sendungsgrößen und die zunehmende Lieferhäufigkeit machen eine ständig rotie-

Verkehrs- und Um-
weltbelastungen

Streiks und
Verspätungen

rende Flotte von Lieferfahrzeugen *(„rollendes Lager")* notwendig. Dies führt zu wachsenden **Verkehrs- und Umweltbelastungen.** Viele Kritiker sprechen bereits vom *„just im Stau".* Hinzu kommt, dass durch immer niedrigere Sicherheitsbestände (durchschnittlich reichen diese nur einige Stunden) kleinere **Streiks und Verspätungen** auf der Lieferantenseite nicht aufgefangen werden können.

Lieferanten-
konzept

7.3   Lieferantenkonzept – Single- oder Insourcing?

Ein umfassendes Beschaffungskonzept beinhaltet auch die zu bestellenden Mengen. Über eine gezielte Mengenpolitik kann der Industriebetrieb Einfluss auf den Lieferanten ausüben und seine eigene Erfolgssituation weiter verbessern.

7.3.1   Mehrquellenbelieferung – Parallel Sourcing

viele Lieferer
(Parallel Sourcing)

Durch die Verteilung der gesamten Beschaffungsmenge auf **viele Lieferer** (Parallel Sourcing) kann bei Massengütern das Ausfallrisiko begrenzt werden (bei Saisonwaren sehr wichtig). Da bei jedem Lieferer jedoch nur eine relativ geringe Menge abgenommen werden kann, werden die Einkaufskonditionen schlechter sein. Hinzu kommt, dass bei kleinen Mengen häufiger bestellt werden muss, was die Bestellkosten erhöht. Die Auswahl der Lieferanten erfolgt in der Regel kurzfristig, häufig mit hoher Dominanz des Preisfaktors, und nur für befristete Zeit. Die Lieferbeziehung ist demgemäß eher durch Misstrauen als Vertrauen, geringen Informationsaustausch und wenig Abstimmung über strategische Planungen gekennzeichnet.

Eine solche kurzfristig orientierte Einkaufspolitik der Hersteller schafft eine ungünstige Ausgangssituation für herstellerspezifische Investitionen, denn je kleiner die Zeitspanne der Zusammenarbeit definiert ist, desto geringer ist die Bereitschaft der Zulieferer, für diesen Hersteller Investitionen zu tätigen.

7.3.2   Einquellenbelieferung – Single Sourcing

wenige Lieferer
(Single sourcing)

Wird die Beschaffungsmenge auf **wenige Lieferer** (Single Sourcing) verteilt, dann können aufgrund der stärkeren Verhandlungsposition des Abnehmers bessere Bedingungen ausgehandelt werden. Verbesserungen der Konditionen durch Mengenpolitik sind jedoch nutzlos, wenn sie mit einer Verstopfung des Lagers erkauft werden. Hier zeigt sich wieder der Zielkonflikt der Beschaffung.

partnerschaftliche
Zusammenarbeit

Anzustreben ist eine auf einen längeren Zeitraum ausgerichtete und vertraglich abgesicherte, **partnerschaftliche Zusammenarbeit** mit know-how-starken Lieferanten. Diese Art der Zusammenarbeit ermöglicht die Ausnutzung synergetischer Vorteile, die beide Partner durch gemeinsames Handeln im Hinblick auf eine verbesserte Koordination und Steuerung von Transaktionen in allen beschaffungsrelevanten Funktionsbereichen erreichen können.

Diese Zielsetzungen münden in den Aufbau von *Einquellenbelieferungen* (Single sourcing). Die Einquellenbelieferung kann als Konzentration auf eine Beschaffungsquelle definiert werden, wobei mit diesem Lieferanten in der Regel eine längerfristige, intensive Zusammenarbeit angestrebt wird. Der Ansatz verzichtet auf kurzfristige Preisvorteile, die der Wettbewerb auf den Beschaffungsmärkten bietet, und versucht diese durch die Potenziale partnerschaftlicher Zusammenarbeit zu übertreffen.

Voraussetzung für die Erfolgswirksamkeit des Konzepts ist eine enge datentechnische Kopplung mit den Lieferanten. Hierzu sind in der Regel spezifische Investitionen erforderlich, die gegenseitige Abhängigkeiten schaffen. Der Kooperationscharakter dieses Konzepts setzt vor allem Vertrauen und Offenheit voraus.

Zulieferpyramide

Herkömmliche Beschaffungsstruktur	Modernes Konzept der Zulieferpyramide
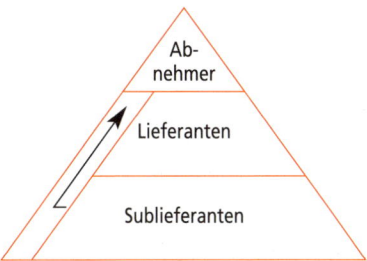	
• Viele Lieferanten	• Wenige Direktlieferanten
• Mehrquellenbelieferung	• Überwiegend Einquellenbelieferung
• Lieferungen auf niedriger Erzeugnisstufe	• Lieferung auf hoher Erzeugnisstufe
• Hohe Fertigungstiefe des Abnehmers	• Niedrige Fertigungstiefe des Abnehmers
• Tendenziell kurzfristigere Zusammenarbeit mit Dominanz des Preisfaktors	• Tendenziell langfristige Zusammenarbeit mit starkem Leistungsbezug
• Kontrolle der Lieferanten	• Schulung, Information und Vertrauen
• Hoher Koordinationsaufwand in der Beschaffung	• Niedriger Koordinationsaufwand in der Beschaffung

7.3.3 Outsourcing und Insourcing

Outsourcing

Viele Industriebetriebe verringern ihre Fertigungstiefe und beziehen ganze Bauteile (Module) und Systeme (z. B. ein Bremssystem) von Fremdlieferanten. Dieses **Outsourcing** von Teilefertigung und Montagearbeiten versucht die sich widersprechenden Ziele der Verringerung der Fertigungstiefe sowie Reduzierung der Lieferantenanzahl und Senkung des Beschaffungsaufwands miteinander zu verknüpfen, um interne und externe Kosten zu minimieren. Das Konzept sieht vor, montage- und somit lohnkostenintensive Bauteile wie komplette Bremssysteme oder Armaturentafeln vom Lieferanten selbst herstellen und montieren zu lassen, so dass der Abnehmer weniger, aber komplexere Teile zu montieren hat. Hierbei besteht ein Unterschied zwischen Modul- und Systemlieferanten.

Modullieferant

Systemlieferant

Beide beliefern den Abnehmer zwar mit komplett einbaufertigen Modulen flexibel und innerhalb kurzer Zeitabstände, der Unterschied liegt in der Wahrnehmung von Entwicklungsaufgaben. Während der **Modullieferant** überwiegend Komponenten anliefert, die zum großen Teil vom Abnehmer entwickelt worden sind, zeichnen sich **Systemlieferanten** durch hohe eigene Entwicklungsleistungen an den Systemen aus. Lieferanten, die für eine Systemlieferung in Frage kommen, müssen weiterreichende Kompetenzen als Modullieferanten aufweisen. So haben sie Entwicklungstätigkeiten am System, die Einbindung der Sublieferanten, die Prüfung und Erprobung des Systems, die Einzelteilfertigung wie auch die Systemmontage verantwortlich durchzuführen. In der Praxis lässt sich die Modulbildung um gemeinsame wertanalytische Untersuchungen ergänzen, die auf eine Reduzierung der Produktkomplexität und Kostensenkung abzielen. Der partnerschaftliche Charakter der Zusammenarbeit kann insbesondere durch die Bildung gemeinsamer Teams zur Produktneuentwicklung nach den Prinzipien des *Simultaneous Engineering* oder durch ein permanentes Abstellen von Entwicklungsingenieuren „vor Ort" beim Abnehmer (**resident engineering**) unterstrichen werden.

→ siehe LF 5 Abschnitt 2.2.3

Insourcing

Vor allem große Industriebetriebe sehen das **Insourcing** als eine weitere Möglichkeit an, ihre Beziehung zu den Lieferanten effizienter zu gestalten und Rationalisierungspotenziale zu erschließen. Dieser Ansatz ist als eigenfertigungsnahes Kooperationskonzept mit leistungsstarken Lieferanten anzusehen. Insourcing-Partner stellen nicht nur Teilkomponenten für komplexe Systeme selbst her und besitzen das Montage-Know-how für das Gesamtsystem, sondern sie montieren diese Systeme auch direkt am Verbauort des Abnehmers. Auf diese Weise wird eine aktive Einbindung der Lieferanten in den Montageprozess der Abnehmer sowie eine Kombination der Vorteile der Eigenfertigung mit den Vorteilen des Fremdbezugs erreicht. Es lassen sich mehrere Insourcing-Varianten unterscheiden:

- *Montage an Abnehmer-Produktionsstätten.* Bei dieser Alternative montieren Mitarbeiter des Lieferanten und des Abnehmers gemeinsam die entsprechenden Baugruppen an den Fertigungs- oder Montagelinien des Abnehmers.

- *Verlagerung von Fertigungs- oder Montageumfängen der Lieferanten in Abnehmer-Produktionsstätten.* In diesem Fall verlagern Lieferanten Teile ihres Maschinenparks auf freie Flächen im Abnehmerunternehmen. Die Montage der Module und der Einbau in das Endprodukt erfolgen gemeinsam mit Mitarbeitern des Abnehmers. Die Anstellung und die Bezahlung der Mitarbeiter erfolgt durch den Lieferanten.

Industriepark

- *Industriepark.* Eine Variante des Insourcing-Gedankens stellt die Gründung eines Industrieparks dar. Hierbei verlagern mehrere Kernlieferanten abnehmerspezifische Fertigungsumfänge auf ein Gebiet in unmittelbarer räumlicher Nähe der Fertigung des Abnehmers.

Joint Venture

- *Joint Venture.* Diese Form der Zusammenarbeit sieht die gemeinschaftliche Gründung eines Montage- oder Teilefertigungsunternehmens durch Abnehmer und Lieferant vor. Die Kosten für Grundstück, Anlagen und Betriebsmittel werden anteilsmäßig übernommen, die Mitarbeiter des Unternehmens stammen sowohl vom Lieferanten als auch vom Abnehmer.

7.4 Hersteller-Zulieferer-Beziehung – SCM

Supply Chain Managements (SCM)

Konzepte des **Supply Chain Managements** (SCM) integrieren die Wertschöpfungsprozesse des Herstellers mit denen des Lieferanten. Dadurch wird die Lieferprozesskette (Supply-Chain) weiter optimiert, da alle Beteiligten einen gleichberechtigten Zugang zu der Unternehmenssoftware des anderen haben.

① **Abwicklungsstrategie → kurzfristige Beziehung**

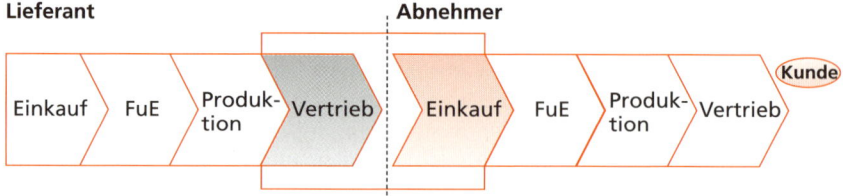

② **Versorgungsstrategie → langfristige Partnerschaft**

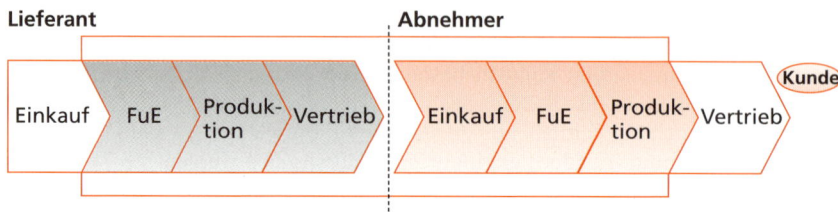

Lernfeld 7 Personalbedarf feststellen, Personal beschaffen, führen und fördern

STRUKTURÜBERSICHT

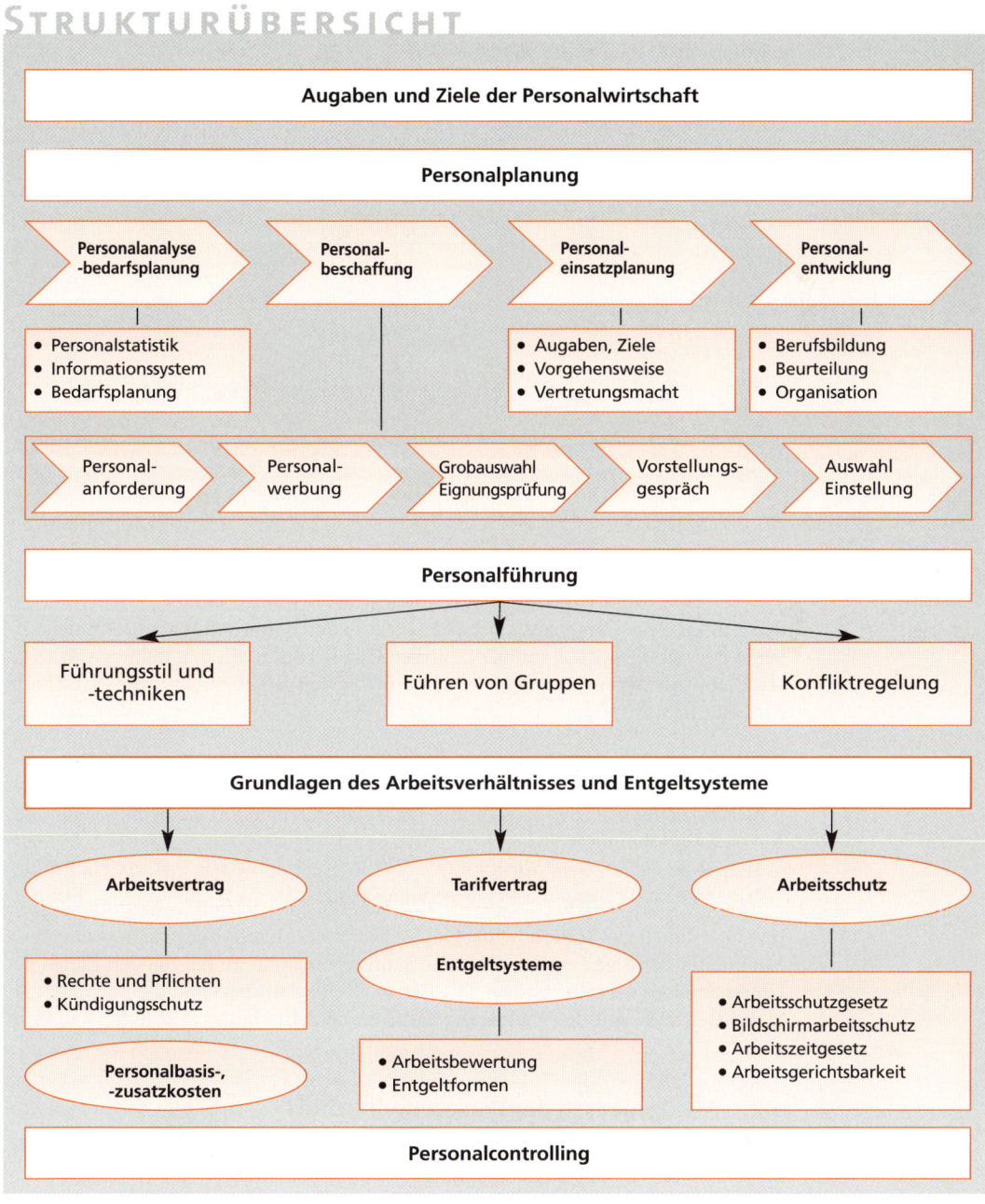

Augaben und Ziele der Personalwirtschaft

Personalplanung

Personalanalyse -bedarfsplanung	Personal- beschaffung	Personal- einsatzplanung	Personal- entwicklung

- Personalstatistik
- Informationssystem
- Bedarfsplanung

- Augaben, Ziele
- Vorgehensweise
- Vertretungsmacht

- Berufsbildung
- Beurteilung
- Organisation

Personal- anforderung	Personal- werbung	Grobauswahl Eignungsprüfung	Vorstellungs- gespräch	Auswahl Einstellung

Personalführung

Führungsstil und -techniken	Führen von Gruppen	Konfliktregelung

Grundlagen des Arbeitsverhältnisses und Entgeltsysteme

Arbeitsvertrag — **Tarifvertrag** — **Arbeitsschutz**

- Rechte und Pflichten
- Kündigungsschutz

Entgeltsysteme

- Arbeitsschutzgesetz
- Bildschirmarbeitsschutz
- Arbeitszeitgesetz
- Arbeitsgerichtsbarkeit

Personalbasis-, -zusatzkosten

- Arbeitsbewertung
- Entgeltformen

Personalcontrolling

1 Stellung der Personalwirtschaft im Betrieb

Das Personal ist die Gesamtheit der Arbeitnehmer einer Unternehmung. Zwischen den Mitarbeitern (Belegschaft) und der Unternehmung gibt es vielfältige Beziehungen:

- Mitarbeiter sind Leistungsfaktoren (ausführende und dispositive Arbeit),
- Mitarbeiter haben eigene Motive und Erwartungen,
- Mitarbeiter vertreten Gruppeninteressen (auch als Koalitionspartner),
- Mitarbeiter sind Entscheidungsträger,
- Mitarbeiter sind Kostenverursacher, weil sie Entgeltansprüche haben.

Da in jeder Abteilung Mitarbeiter beschäftigt werden, hat die Personalwirtschaft eine *abteilungsübergreifende* Führungs- und Servicefunktion für alle betrieblichen Bereiche.

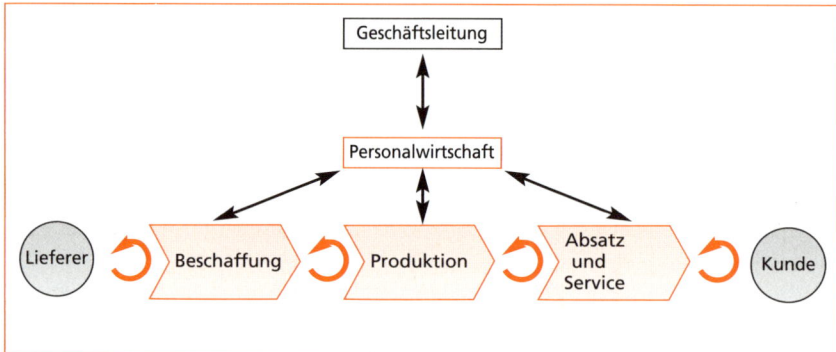

1.1 Aufgaben und Ziele der Personalwirtschaft

Aufgabe

Die **Aufgabe** der Personalwirtschaft besteht in der Bereitstellung von Arbeitskräften in der richtigen Zahl, mit der richtigen Qualifikation, für den richtigen Arbeitsplatz, zum richtigen Zeitpunkt, zu den günstigsten Bedingungen, zur Erreichung der Unternehmensziele.

Ziele

Bei der Aufgabenerfüllung verfolgt die Personalwirtschaft folgende **Ziele:**

- Sicherung der *sozialen Ziele* der Unternehmung wie z.B. möglichst hohe Arbeitszufriedenheit und Motivation, menschengerechte Arbeitsbedingungen, gerechte Entlohnung,
- Sicherung der *wirtschaftlichen Ziele* der Unternehmung wie z.B. möglichst niedrige Personalkosten und Fehlbesetzungskosten.

Im Unterschied zur Materialwirtschaft ist es mit der Beschaffung nicht getan; denn Mitarbeiter verfolgen eigene Ziele und Motive, die nicht immer mit den Zielen der Unternehmung übereinstimmen. Die Personalwirtschaft versucht die Leistungsziele des Betriebes mit den Zielen und Motiven der Mitarbeiter in Einklang zu bringen.

1.2 Teilprozesse der Personalwirtschaft

Die Personalwirtschaft ist mit allen anderen Unternehmensbereichen verknüpft. Im folgenden Vorgangskettendiagramm wird dies deutlich.

Vorgangskettendiagramm der Personalwirtschaft

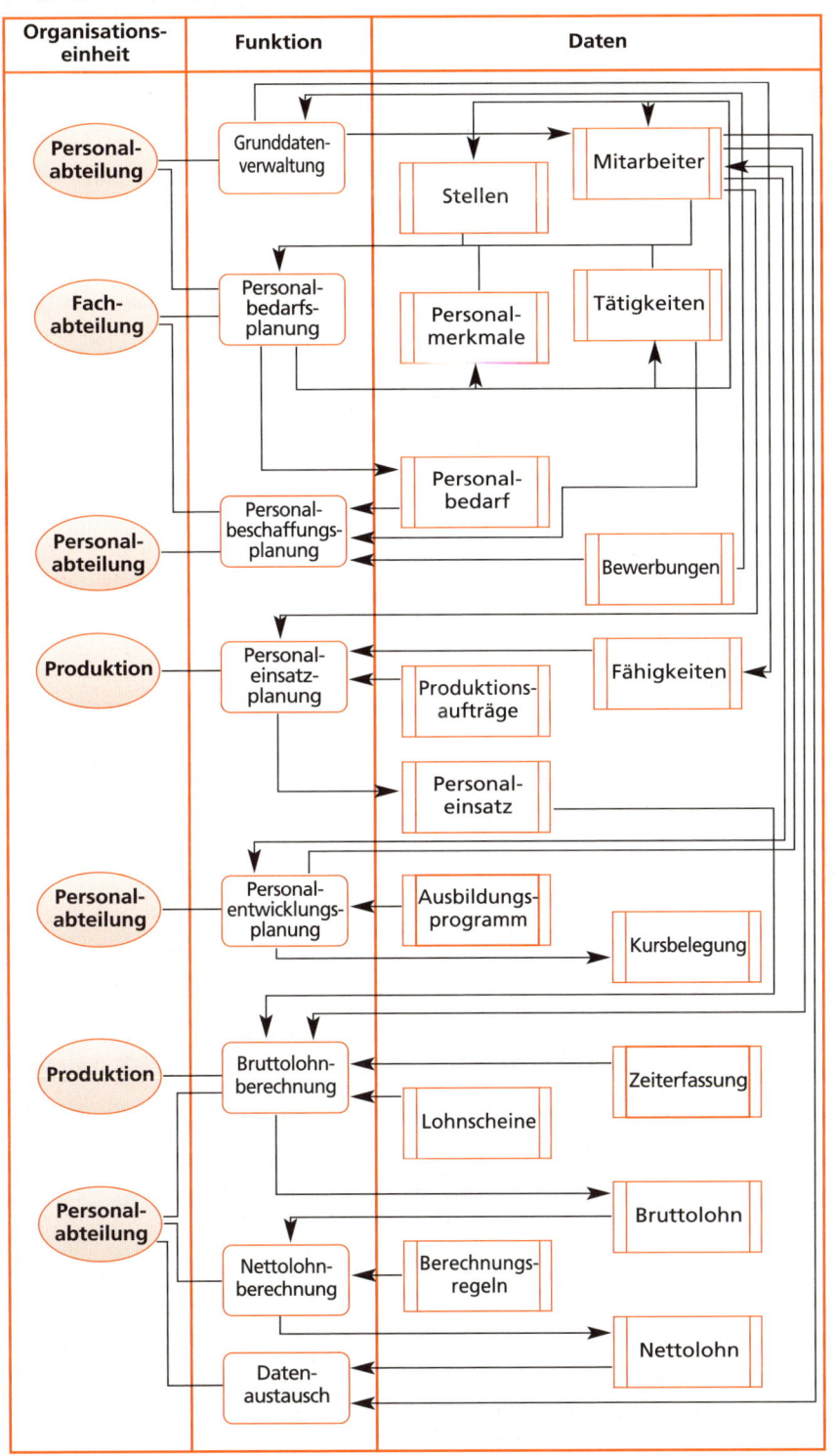

2 Personalplanung – Teil der Unternehmensplanung

2.1 Personalanalyse und -bedarfsplanung

2.1.1 Personalstatistik – Schieflagen sichtbar machen

Die Erfassung, Auswertung und Darstellung von Sachverhalten des Personalbereichs ist Aufgabe der **Personalstatistik.** Die Zahlen beziehen sich dabei immer auf die *gesamte Belegschaft* bzw. einzelne Gruppen der Belegschaft.

Durch Bildung von Kennzahlen und Zeitreihen können die Personaldaten in ihrer zeitlichen Entwicklung und ihren Abhängigkeiten ausgewertet und dargestellt werden. Auf diese Weise werden

- **Veränderungen, Schwachstellen** und **Fehlentwicklungen** festgestellt,
- Personaldaten anhand von **Vergleichszahlen** der Vergangenheit, der Personalplanung, der Branche oder der Gesamtwirtschaft bewertet (Abweichungsanalyse),
- **Maßnahmen** zur Abstellung ungünstiger Entwicklungen angestoßen (z. B. Verbesserung der Arbeitsbedingungen, des Unfallschutzes, Einführung von Betriebsferien, Leistungsanreizsysteme),
- Ausgangswerte für die **Personalplanung** (Personalbedarf, -einsatz und -entwicklung) gefunden,
- **Fehlerquellen** im Personaleinsatz sowie bei der Personalbeschaffung, -entwicklung und -führung aufgedeckt und
- personelle Maßnahmen auf ihre **Wirksamkeit** überprüft.

Personalereignisse	Betriebsunfälle, Fehlzeiten, Krankheitstage, Fluktuation, Jubiläen, Gleitzeitverhalten, Lage der Urlaubstage, Versetzungen, Einstellungen
Personalstruktur	Verhältnis zwischen der Zahl der – Arbeiter und Angestellten – Auszubildenden und der übrigen Belegschaft Alter der Belegschaft Qualifikationen (gelernt, angelernt) Arbeitszeit (Teilzeit/Vollzeit) Tätigkeit (kaufmänn./technische Arbeit) Geschlecht, Staatsangehörigkeit Einsatzorte (Verteilung auf die Zweigwerke)
Personalund Sozialkosten	Gehaltssumme/Lohnsumme, Durchschnittliche Lohn-/Gehaltshöhe Überstunden, Leistungszulagen Arbeitnehmer-, Erfindungsvergütungen, Erfolgsbeteiligungen Arbeitgeberanteile zur Sozialversicherung, Altersruhegelder Kosten der Werkskantine/Betriebsveranstaltungen Kosten für die Personalweiterbildung
Leistungsmerkmale	produktive und unproduktive Stunden Arbeitsproduktivität, Umsatz pro Person Beschäftigte pro Umsatz-Million

Die wichtigsten Personaldaten können übersichtlich in einem **Kennzahlenspiegel** monatlich oder jährlich erfasst werden.

BEISPIEL

Kennzahlenspiegel der Weller KG für das vergangene Jahr

Kennzahl	Berechnungsweise	Istzahl	Planzahl	Branchen-durchschnitt
Arbeits-produk-tivität	$\dfrac{\text{Umsatz}}{\varnothing\text{ Mitarbeiterzahl}}$	150 000 EUR	120 000 EUR	100 000 EUR
Lohn-/Gehalts-quote	$\dfrac{\text{Löhne/Gehälter + Sozialabgaben}\cdot 100}{\text{Gesamtkosten}}$	30 %	30 %	27 %
Ange-stellten-anteil	$\dfrac{\text{Zahl der Angestellten}\cdot 100}{\text{Gesamtbelegschaft}}$	40 %	35 %	40 %
Fehlzeit-quote	$\dfrac{\text{Krankheits- und Fehlstunden}\cdot 100}{\text{bezahlte Arbeitsstunden}}$	10 %	8 %	8 %
Fluk-tuations-quote	$\dfrac{\text{Personalabgänge}\cdot 100}{\text{aktueller Personalbestand}}$	20 %	15 %	15 %

2.1.2 Personalinformationssysteme – gläserne Mitarbeiter?

Personalinformationssysteme befassen sich mit Daten einzelner Mitarbeiter. Diese werden in Personalakten oder in computergestützten Datenbanken verwaltet.

■ Personalakte – Recht auf Einsicht

In der **Personalakte** werden alle Unterlagen aufbewahrt, die mit dem Arbeitsvertrag zusammenhängen.

Personalakten werden in der Regel mittels **herkömmlicher Registraturmittel** (Mappe, Ordner) geführt. Dies gilt auch für Betriebe, die alle übrigen Personaldaten computergestützt be- und verarbeiten. Schutzbedürftige Personaldaten in der Personalakte müssen unter Verschluss gehalten werden und dürfen nur bestimmten Mitarbeitern zugänglich sein.

Personalbelege	Vertragsbelege	Tätigkeitsbelege
● Personalfragebogen ● Zeugnisse ● Ärztliche Untersuchungsberichte ● Polizeiliches Führungszeugnis ● Verwarnungen	● Arbeitsvertrag ● Vertragsänderungen ● Beförderungen ● Entgeltänderungen (Zulagen, Lohn-/Gehaltsgruppenänderung)	● Versetzungsmeldungen ● Beurteilungsergebnisse ● Art der Tätigkeit ● Kursabschlüsse ● Besuchte Seminare und Fortbildungsmaßnahmen

Der Arbeitnehmer hat das Recht, in die über ihn geführte Personalakte **Einsicht** zu nehmen. Er kann die Personalakte um zusätzliche Erklärungen ergänzen lassen und bei der Einsicht ein Mitglied des Betriebsrats hinzuziehen.

Das Bundesdatenschutzgesetz lässt die Übermittlung und Nutzung bestimmter personenbezogener Daten zu, wenn kein schutzwürdiges Interesse besteht.

Marginalien:
Personalinformationssystem

Personalakte

Inhalte der Personalakte

→ BetrVG § 83

→ BDSG § 28

freie Daten	schutzwürdige Daten
• Berufs-, Branchen- oder Geschäftsbezeichnung • Namen • Titel • akademische Grade • Anschrift • Geburtsjahr	• gesundheitliche Verhältnisse • strafbare Handlungen • Ordnungswidrigkeiten • religiöse oder politische Anschauungen • arbeitsrechtliche Verhältnisse (z. B. Lohnhöhe)

freie Daten, schutzwürdige Daten

Rechtsprechung bezüglich sensibler Daten

Der Betriebsrat hat auch mitzubestimmen, wenn in einem Personalinformationssystem auf einzelne Arbeitnehmer bezogene Aussagen über krankheitsbedingte **Fehlzeiten,** attestfreie **Krankheitstage,** unentschuldigte Fehltage, Gleitzeitinanspruchnahme und Überstundenentwicklung erarbeitet werden. Vorschriften des Datenschutzrechtes stehen solchen Auswertungen nicht entgegen. Nicht erlaubt ist es, längere Zeit erkrankte Mitarbeiter/innen auf Namenslisten zu erfassen, da es nicht zu einer „Jagd auf kranke Arbeitnehmer" kommen darf (BAG, 6. Dezember 1983 – 1 ABR 43/81).

Die heimliche Kontrolle der **Computer- und Internet-Nutzung** der Angestellten mit Hilfe spezieller Überwachungs-Software ist dem Chef nach einem Urteil des Landgerichts Braunschweig verboten (Az: 12 S 23/97).

Welche Webseiten ein Mitarbeiter aufruft, bleibt für die Geschäftsführung tabu. Ausnahmen sind nur dann zulässig, wenn etwa der Arbeitsvertrag oder eine Betriebsvereinbarung eine rein geschäftliche Nutzung des Rechners vorschreibt oder der Betriebsrat verdeckten Kontrollen zugestimmt hat. Änliches gilt auch für den **E-Mail-Versand.** Wurden die Beschäftigten vorab über die Überwachung der PC informiert, kann der Chef mitlesen – zwar nicht den Inhalt der elektronischen Briefe, aber die Empfänger-Adresse, um diese auf ihren geschäftlichen Bezug hin zu prüfen.

2.1.3 Personalbedarfsplanung – richtige Zahl und Qualifikation

Personalbedarfsplanung

■ *Aufgabe und Richtgrößen der Personalbedarfsplanung*

Aufgabe der Personalbedarfsplanung ist die Bestimmung des zukünftigen Personalbedarfs nach

quantitativer Personalbedarf, qualitativer Personalbedarf

• der Zahl der Mitarbeiter (quantitativer Personalbedarf),
• der Qualifikation (qualitativer Personalbedarf),
• dem Einsatzort und
• dem Bedarfszeitpunkt (wann wird das Personal benötigt?).

Richtgrößen

Der Personalplan muss mit den anderen Teilplänen des Unternehmens abgestimmt werden. *Richtgrößen* für den quantitativen und qualitativen Personalbedarf sind im Absatz- oder Auftrags-, Investitions- und im Finanzplan enthalten.

■ *Vorgehensweise der Personalbedarfsplanung*

Stellenplanmethode, Arbeitsplatzmethode

Die Personalbedarfsplanung nach der **Stellenplan- oder Arbeitsplatzmethode** geht vom zukünftigen Organisationsplan aus und leitet daraus einen detaillierten Stellenplan ab.

Bruttopersonalbedarf

Durch Fortschreibung des aktuellen Planstellenbestands errechnet sich der zukünftige **Bruttopersonalbedarf** (zukünftiger Planstellenbestand).

Dieser wird mit dem aktuellen Personalbestand abgeglichen. Sind Planstellen unbesetzt, dann liegt eine **Personalunterdeckung** vor. Sind mehr Mitarbeiter vorhanden als Planstellen, dann handelt es sich um eine **Personalüberdeckung**.

Zur Ermittlung des **Nettopersonalbedarfs** muss der Bruttobedarf noch um die schon *feststehenden Zugänge* vermindert (z.B. Rückkehrer aus Mutterschutz, Erziehungsurlaub, Wehr-, Zivildienst) und um die *zu ersetzenden Abgänge* (z.B. wegen Ruhestand, Erziehungsurlaub, Wehrdienst, Krankheit, Fluktuation = Arbeitsplatzwechsel) vermehrt werden.

Personalunterdeckung, Personalüberdeckung, Nettopersonalbedarf

MERKE

> **Fluktuationsquote** = Abgänge · 100/aktueller Personalbestand

Fluktuationsquote

FALLBEISPIEL

Personalbedarfsplanung nach der **Stellenplanmethode** bei der Weller KG

Stellenplanmethode

1. Schritt: Stellenplan einschließlich Auszubildende der Abteilung Verkauf

Planstellenbestand	Aktuelles Jahr	1. Planjahr	2. Planjahr
• Verkaufsleitung	1	1	1
• Gruppenleitung	3	3	3
• Sachbearbeiter	23 (dav. 3 Azubis)	25 (dav. 5 Azubis)	26 (dav. 5 Azubis)
Planstellenbestand	27 (dav. 3 Azubis)	29 (dav. 5 Azubis)	30 (dav. 5 Azubis)

2. Schritt: Ermittlung des Bruttopersonalbedarfs, der Personalüber- bzw. -unterdeckung und des Nettopersonalbedarfs

	Aktuelles Jahr	1. Planjahr	2. Planjahr
Planstellenbestand	27	27	29
+ neue Planstellen/	–	+ 2	+ 1
– abzubauende Planstellen	–	–	–
Bruttopersonalbedarf	**27**	**29**	**30**
– aktueller Personalbestand	27	27	29
Personalüberdeckung (–)/ Personalunterdeckung (+)	–	+ 2	+ 1
+ zu ersetzende Abgänge	–	+ 1	+ 2
– feststehende Zugänge	–	– 1	– 2
Nettopersonalbedarf (+ = Zusatzbedarf; – = Freistellungsbedarf)	–	+ 2	+ 1

Bei der Planung des gegenwärtigen und künftigen Personalbedarfs ist der **Betriebsrat** umfassend zu unterrichten.

→ BetrVG § 92

Nachdem die Anzahl der benötigten (beziehungsweise der zu viel vorhandenen) Mitarbeiter festgestellt wurde, müssen personelle Einzelentscheidungen nach **qualitativen** Gesichtspunkten getroffen werden. Hierfür sind möglichst genaue **Anforderungsprofile** erforderlich, also die für den jeweiligen Arbeitsplatz notwendigen Ausbildungs-, Belastungs- und Verantwortlichkeitskriterien. Diese Angaben sind den **Stellenbeschreibungen** zu entnehmen, die für alle leitenden Stellen, unabhängig vom konkreten Arbeitsplatz, erstellt werden.

BEISPIEL

Stellenbeschreibung für die Stelle „Produktmanagement"

Stellenbeschrei-
bung

Stellenbeschreibung		
Bezeichnung der Stelle	**Sachbearbeiter/in „Produktmanagement"**	
Instanzenbild	**Einordnung der Stelle**	• Übergeordnete Abteilung/en *Marketing* • Untergeordnete Stelle/n – • Zeichnungsvollmacht i.V.
	Vertretungs- regelung	• Der Stelleninhaber wird vertreten durch *den Leiter der Abteilung Marketing* • Der Stelleninhaber vertritt *den Leiter der Abteilung Marketing*
Aufgabenbild	**Aufgaben der Stelle**	• Zielsetzung *Der Stelleninhaber soll die Marktchancen der Produkte ausloten und geeignete Marketingmaßnahmen planen und durchführen* • Der Stelleninhaber führt aus bzw. entscheidet über *Neu- bzw. Weiterentwicklung der Produkte, Vermarktungsmöglichkeiten der Produkte Durchführung von Werbeaktivitäten und Sonderaktionen Erstellung von Werbeunterlagen* • Der Stelleninhaber berät bzw. informiert seinen Vorgesetzten über *Marktforschungsanalysen und deren Ergebnisse Produktpolitische Maßnahmen Kommunikationspolitische Maßnahmen*
Leistungsbild	**Anforderungen an den Stelleninhaber**	• Vorbildung *Kaufmännische Ausbildung oder Studium* • Wesentliche Kenntnisse *Schwerpunkt Marketing und Werbung* • Persönlichkeitsmerkmale *Aufgeschlossen, kontaktfreudig, teamfähig, dynamisch, kreativ, selbstständig*
	Ausstattungsliste	• vernetzter Personalcomputer mit notwendiger Peripherie • betriebsübliche Software • gängige Kommunikationsmittel (z.B. Fax-, Mobilfunkgerät) • Arbeitsraum mit gängiger Möblierung

2.2 Ablauf der Personalbeschaffung – intern vor extern

Personalbeschaffung

■ 1. Schritt: Personalanforderung

Auf der Grundlage des genehmigten Personalbedarfsplans erfolgen die **Personalanforderungen** durch die Führungskräfte. Die erforderliche Qualifikation der angeforderten Mitarbeiter geht aus der entsprechenden Stellenbeschreibung hervor, die die Einordnung, die Aufgaben der zu besetzenden Stelle und die Anforderungen an den Stelleninhaber enthält.

Personalanforderung

■ 2. Schritt: Personalwerbung

Vor der **Personalwerbung** auf dem außerbetrieblichen (externen) Arbeitsmarkt empfiehlt es sich, nicht zuletzt weil es der Betriebsrat verlangen kann, den innerbetrieblichen (internen) Arbeitsmarkt auszuschöpfen. Die Ausschreibung muss geschlechtsneutral erfolgen.

Personalwerbung
→ BetrVG § 93,
→ BGB § 611b

Wege der Personalbeschaffung

Interne Beschaffungswege	Externe Beschaffungswege
• Innerbetriebliche Stellenausschreibung • Innerbetriebliche Versetzungsmaßnahmen • Betriebliche Aufstiegsplanung • Betriebliche Umschulungsmaßnahmen • Übernahme von Auszubildenden	• Stellenanzeigen in der Presse • Auswertung von Stellengesuchen • Einschaltung der Arbeitsverwaltung • Vermittlung durch Betriebsangehörige • Personalberater/Personalleasing • Aushänge/Schilder am Werkstor usw. • Kontakte mit Bildungseinrichtungen • Internet-Jobbörsen

innerbetriebliche, außerbetriebliche Personalbeschaffung

Internet-Jobbörsen gleichen die Eignungsprofile der Interessenten und die Stellenangebote der Unternehmen (Anforderungsprofil) miteinander ab. Liegt ein Angebot vor, das mit dem Profil des Interessenten übereinstimmt, dann wird dieser per E-Mail benachrichtigt. Erst wenn sich der Bewerber einverstanden erklärt, erhält das Unternehmen Zugriff auf die elektronische Akte des Bewerbers.

Internet-Jobbörsen

Die richtig gestaltete **Stellenanzeige** verhindert, dass sich ungeeignete Bewerber melden. Die *offene Stellenanzeige* sollte Aussagen enthalten über:

- die Unternehmung (Name, Firmenlogo, Branche, Standort, Größe),
- das Anforderungsprofil der zu besetzenden Stelle (Aufgabenbeschreibung, Entwicklungschancen),
- das Fähigkeitsprofil des Stelleninhabers (Berufsbezeichnung, Ausbildung, Berufserfahrung, Kenntnisse, persönliche Eigenschaften, Alter),
- Leistungen des Unternehmens (z. B. Vergütung, Sozialleistungen, Arbeitszeit),
- gewünschte Bewerbungsunterlagen (z. B. Lebenslauf, Zeugnisse, Lichtbild, Referenzen).

offene Stellenanzeige

Die **innerbetriebliche Personalbeschaffung** ist sehr kostengünstig und wird von den Mitarbeitern als Anreiz (Aufstiegschancen) empfunden. Das Leistungsvermögen der eigenen Mitarbeiter ist bekannt, wodurch das Auswahlrisiko relativ gering ist. Auch wird das Lohn- und Gehaltsgefüge nicht gestört, was sich positiv auf das Betriebsklima auswirkt. Jedoch können Rivalitäten unter den Mitarbeitern aufkommen und Unzufriedenheit entstehen, wenn Mitarbeiter abgelehnt werden müssen. Unruhe entsteht zusätzlich durch das *Personalkarussell* (Stühlerücken), das

Vor- und Nachteile der Beschaffungswege

ausgelöst wird, weil die Stelle des erfolgreichen Bewerbers auch wieder besetzt werden muss.

Die **außerbetriebliche Personalbeschaffung** bietet eine größere Auswahl. Außerdem bringen neue Mitarbeiter neue Impulse und Ideen mit („neue Besen kehren gut"). Die neuen Mitarbeiter müssen jedoch erst eingeführt werden, da sie die innerbetrieblichen Verhältnisse nicht kennen. Beschaffungskosten (z. B. Inserate, Fahrt-, Übernachtungskosten der Bewerber) und Auswahlrisiko sind relativ hoch. Das Betriebsklima kann sich verschlechtern, wenn sich das Stammpersonal übergangen fühlt.

■ 3. Schritt: Auswertung der Bewerbungsunterlagen

Nach Eingang der Bewerbungen beginnt die **Erfassung und Auswertung der Bewerbungsunterlagen**. Für die Grobauswahl ist der erste Eindruck entscheidend, z. B. äußere Merkmale wie Vollständigkeit oder Sauberkeit der Bewerbungsunterlagen, Gestaltung des Bewerbungsschreibens.

Bewerbungs-unterlagen

übliche Bewerbungsunterlagen	mögliche zusätzliche Unterlagen
● Bewerbungsschreiben	● Referenzen (Auskunftspersonen)
● Bewerbungsfoto (Lichtbild)	● Nachweis über besuchte Kurse
● Lebenslauf	● polizeiliches Führungszeugnis (bei Beamten)
● letztes Schulzeugnis	● Gesundheitszeugnis (bei Beamten)
● letztes Arbeitszeugnis	● Personalfragebogen

Während Bewerber beim Zusammenstellen der Bewerbungsunterlagen kaum nennenswerte Fehler machen, wird der Begleitbrief häufig zur eigentlichen Hürde, an der alles scheitert. Wer seine Chancen bei der Kanditatenkür wahren will, sollte sachlich, unaufdringlich und präzise auf die konkrete Stellenausschreibung eingehen.

Bewerbungs-schreiben

Aussehen, Inhalt und Stil des **Bewerbungsschreibens** geben wertvolle Hinweise für die Eignung eines Bewerbers. Die Fähigkeit, die gestellte Aufgabe (hier: Anforderungen der Stellenanzeige) genau zu befolgen, Fehleinschätzungen und Unsicherheiten sowie übersteigerte Selbstdarstellung werden auf diese Weise aufgedeckt.

Lebenslauf

Der **Lebenslauf** (mit Lichtbild) gibt dem Adressaten einen ersten Überblick über den Werdegang des Bewerbers. Er muss heute nicht mehr *handschriftlich* aufgesetzt werden. Ein *tabellarischer* Lebenslauf ist schnell geschrieben und bietet den besten Überblick. Bei Berufsanfängern gehören folgende Punkte in den Lebenslauf:

● Angaben zur Person: Name, Geburtsdatum, Geburtsort, Anschrift, Staatsangehörigkeit
● Schulbildung, mit Schulabschlüssen
● Ausbildung mit Abschluss
● Fortbildung
● Kurzbeschreibung der bisherigen Arbeitsstellen
● Besondere Kenntnisse und Fähigkeiten, außerschulische Aktivitäten
● Sonstiges (z. B. Wehr- oder Zivildienst, soziales Jahr)
● Unterschrift

Das **Arbeitszeugis** gibt Dritten Auskunft über die Beschäftigung des Beurteilten. Nach ihrem Inhalt lassen sich folgende Zeugnisarten unterscheiden.

einfaches Zeugnis	qualifiziertes Zeugnis
Es enthält Angaben über • **Art** und • **Dauer** der Beschäftigung • auf Wunsch ist der Grund des Ausscheidens anzugeben	Es enthält Angaben über • **Führung** und • **Leistung** des Beurteilten (hierbei ist das Urteil auf das gesamte Verhalten und die Arbeit insgesamt zu beziehen, keine unwichtigen Begebenheiten)

einfaches Zeugnis, qualifiziertes Zeugnis

Jeder Arbeitnehmer, auch der leitende Angestellte, hat mit dem Ausspruch der Kündigung (nicht erst beim tatsächlichen Ausscheiden) auf seinen Antrag hin einen **gesetzlichen Anspruch** auf ein qualifiziertes Zeugnis.

→ HGB § 73, BGB § 630, GewO § 113

In einem guten Zeugnis sollten folgende Angaben nicht fehlen:
• Überschrift „Zeugnis" oder „Arbeitszeugnis",
• Art und Dauer des Arbeitsverhältnisses,
• genaue Beschreibung der Arbeitsaufgaben und Beurteilung der Leistung,
• Beurteilung des Verhaltens gegenüber Vorgesetzten, Kollegen und Untergebenen,
• wer warum gekündigt hat,
• Würdigung wenigstens einer guten Eigenschaft,
• Ausdruck des Bedauerns über das Ausscheiden.

Zeugnisinhalt

Das Bundesarbeitsgericht hat 1963 festgestellt, dass Zeugnisse zwar der **Wahrheit** entsprechen müssen, gleichzeitig aber von verständigem **Wohlwollen** gegenüber dem Arbeitnehmer getragen sein sollen. Dieses Urteil ist Ursache dafür, dass sich im Laufe der Jahre eine verschlüsselte Zeugnissprache (**Zeugniscode**) entwickelt hat.

Zeugniscode

BEISPIEL
Zeugnisaussagen und was dahinter steckt

Zusammenfassende Zufriedenheitsaussage	
1. Stufe: sehr gut	**stets** zu unserer **vollsten** Zufriedenheit **stets außerordentlich** zufrieden
2. Stufe: gut	[ ] zu unserer **vollsten** Zufriedenheit **stets** zu unserer **vollen** Zufriedenheit
3. Stufe: befriedigend	[ ] zu unserer **vollen** Zufriedenheit
4. Stufe: ausreichend	[stets] zu unserer [ ] Zufriedenheit
5. Stufe: mangelhaft	**insgesamt** zu unserer Zufriedenheit war **bemüht**, zu unserer Zufriedenheit mit **Fleiß** und **Interesse** bei der Arbeit

Enthält ein Zeugnis Floskeln wie „Er hat stets zu unserer vollsten Zufriedenheit gearbeitet" oder „Ihr Verhalten zu Vorgesetzten und Mitarbeitern war immer einwandfrei", so liegt trotz dieser sehr guten Einzelaussagen keine sehr gute Bewertung vor *(Knappheitstechnik)*. Eine gute Beurteilung erfordert das Eingehen auf Motivation, Fähigkeiten, Fachwissen, Arbeitsstil und Erfolge. Die Ausführlichkeit, mit der einzelne Punkte angesprochen werden, oder das Weglassen von üblichen Aussagen *(Leerstellentechnik)* geben einem geübten Zeugnisleser eindeutige Hinweise. Für bewusst falsche Angaben im Zeugnis und bei sonstigen Auskünften (z. B. Referenzen) haftet der bisherige Arbeitgeber.

■ 4. Schritt: Eignungsprüfung – Grobauswahl

Fehler bei der Auswahl von neuen Mitarbeitern/innen sind teuer. Die Folgekosten einer Fehlbesetzung (Trennung, erneute Suche, doppelte Einarbeitungszeit) werden auf das 1,5-fache des Jahresgehaltes geschätzt. Es gilt nicht den Besten/die Beste herauszufinden, sondern den Bewerber/die Bewerberin mit den richtigen Voraussetzungen für die zu besetzende Stelle.

psychologische Eignungstests

Wenn für die zu besetzende Stelle schwer messbare Gesichtspunkte wichtig sind, wie Einstellungen, soziales Verhalten, charakterliche Eigenschaften oder Führungs- und Leistungsverhalten, dann sollten **psychologische Eignungstests** eingesetzt werden. Die Bewerber müssen darüber unterrichtet werden und sich einverstanden erklären.

Arbeitsproben

Einen unmittelbaren Einblick in die Qualifikation des Bewerbers vermitteln **Arbeitsproben**. Sie sind nur bei bestimmten Berufsgruppen nutzbar. Arbeitsproben können eingereicht (z. B. Veröffentlichungen, Texte, Reportagen, Bilder) oder unter Aufsicht erstellt werden (z. B. Phonodiktat, Übersetzungen).

■ 5. Schritt: Vorstellungsgespräch – Feinauswahl

Vorstellungs-gespräch

Die Feinauswahl des geeigneten Bewerbers erfolgt aufgrund eines oder mehrerer **Vorstellungsgespräche** mit den Bewerbern, die in die engere Wahl gekommen sind. Die wesentlichen Gesprächsinhalte und der grobe Verlauf des Gesprächs sollten vorgeplant werden. Dies erleichtert die anschließende Auswertung.

Verlauf eines Vorstellungsge-sprächs

Checkliste für den Verlauf eines Vorstellungsgesprächs

1. Phase	**Einleitung des Gesprächs** ● entspannte Gesprächsatmosphäre herstellen (z. B. „Haben Sie eine gute Anreise gehabt?") ● persönliche Situation des Bewerbers
2. Phase	**Prüfung der fachlichen und persönlichen Eignung des Bewerbers** ● Bildungsgang des Bewerbers ● berufliche Entwicklung des Bewerbers ● Interviewer nimmt sich zurück; Bewerber redet
3. Phase	**Darstellung des Unternehmens und der zu besetzenden Stelle** ● wenn 2. Phase positiv verlaufen ist ● Bewerber sollte zuhören und geschickte Fragen stellen ● gegebenenfalls wird der zuständige Abteilungsleiter hinzugezogen ● gegebenenfalls kurze Betriebsbegehung
4. Phase	**Ausloten der Konditionen** ● wenn eine Zusammenarbeit denkbar ist ● Eintrittstermin, Gehaltsvorstellungen
5. Phase	**Gesprächsabschluss** ● Vertragsbedingungen sollten klar sein ● Entscheidung offen halten (spontane Zusage nur in Ausnahmefällen) ● Verabschiedung in „lockerer" Atmosphäre

Dem Vorstellungsgespräch sollte sich umgehend eine **systematische Auswertung** anschließen. Wichtig ist, dass sich der Interviewer zu diesem Zweck während des Gesprächs Notizen macht, z. B. über Verhaltensmerkmale (Sprechweise, Verhandlungsgeschick, Gestik) und Motive des Bewerbers.

Die Fragen sollten arbeitsrechtlich zulässig sein. Bei unwahrer oder unvollständiger Beantwortung kann der Arbeitgeber den Arbeitsvertrag anfechten und gegebenenfalls Schadenersatz verlangen. Arbeitsrechtlich unzulässige Fragen dürfen von den Bewerbern dagegen unwahr oder unvollständig beantwortet werden.

Frage	Arbeitsrechtlich zulässig
Frühere Gehaltshöhe	Wenn es sich bei der neuen Stelle um eine vergleichbare Tätigkeit handelt und das frühere Gehalt damit Bedeutung für das künftige Gehalt hat
Schwerbehinderung	Wenn die Behinderung für die auszuübende Tätigkeit von Bedeutung ist (BAG AZ: 2 AZR 467/93). Es besteht kein „Recht auf Lüge" (BAG AZ: 2 AZR 923/94)
Chronische Krankheiten	Wenn an der Kenntnis der Krankheit ein Interesse besteht • für das Unternehmen (Eignung für die vorgesehene Tätigkeit eingeschränkt), • für die übrigen Arbeitnehmer (Gefährdung von Kollegen und Kunden durch Ansteckung)
Schwangerschaft	Wenn Frauen Arbeiten verrichten sollen, die von Schwangeren nicht ausgeführt werden dürfen. Die Bewerberin kann die Unwahrheit sagen, ohne Nachteile befürchten zu müssen [EU-Gerichtshof (AZ Rs. C-177/88)]
Vermögensverhältnisse	Bei Mitarbeitern der höheren und hohen Hierarchie-Ebene und Mitarbeitern, die in einem besonderen Vertrauensverhältnis zum Arbeitgeber stehen.
Vorstrafen	Wenn sie etwas mit der künftigen Arbeit zu tun haben, d. h. wenn und soweit die zu besetzende Arbeitsstelle oder die zu leistende Arbeit dies erfordert.

Immer häufiger werden zur Absicherung von Einstellungs- und Beförderungsentscheidungen so genannte **Assessmentcenter** (AC, engl. assessment = Einschätzung) durchgeführt. Die Teilnehmer durchlaufen in einem mehrtägigen Seminar eine Reihe von Übungen, in denen sie Aufgaben zu bewältigen haben, die für die angestrebte Position typisch sind. Gegenwärtige und zukünftige Berufsanforderungen werden möglichst praxisnah in Spiel- und Testsituationen unter Laborbedingungen simuliert. Bei der Bearbeitung werden die Kandidaten von mehreren Beobachtern (Assessoren), das sind Führungskräfte des Unternehmens und externe Berater, begutachtet. Zum Abschluss finden Feed-back-Gespräche statt, in denen die Fehler analysiert werden.

Assessmentcenter

■ 6. Schritt: Auswahlentscheidung

Aufgrund der Auswertungen der verschiedenen Auswahlstufen (Bewerbungsunterlagen, Vorstellungsgespräche, Eignungstests usw.) wird über die Einstellung entschieden. Personalleiter und anfordernde Stelle müssen sich auf einen Bewerber verständigen. Die Einstellung unterliegt grundsätzlich der **Mitbestimmung des Betriebsrats**. Danach muss der Betriebsrat vor jeder Einstellung unterrichtet werden. Ebenso ist ihm die vorgesehene Eingruppierung mitzuteilen. In Unternehmen mit mehr als 1000 Arbeitnehmern werden gemeinsam mit dem Betriebsrat **Auswahlrichtlinien** aufgestellt. Bei Verstoß gegen die Auswahlrichtlinien kann der Betriebsrat die Einstellung verweigern.

Personaleinstellung

→ **BetrVG § 99**

→ **BetrVG § 95**

Abgelehnte Bewerber müssen unverzüglich verständigt werden. Der Absagebrief sollte persönlich, höflich und ermunternd abgefasst sein. Die Bewerbungsunterlagen (Lebenslauf, Lichtbild, Zeugnisse) sind zurückzugeben.

→ NachwG § 2
→ BBiG § 4

■ 7. Schritt: Einstellung und Einführungsmaßnahmen

Mit dem künftigen Mitarbeiter wird unverzüglich der **Arbeitsvertrag** geschlossen. Die Inhalte des Arbeitsvertrags sind spätestens einen Monat nach Arbeitsbeginn, die Inhalte des Berufsausbildungsvertrags sind spätestens vor Beginn der Berufsausbildung **schriftlich niederzulegen**.

→ siehe
Abschnitt 4

**Einführungs-
veranstaltung**

Da neue Mitarbeiter meist zu bestimmten Terminen (Quartale) eingestellt werden, kann die Einführung durch eine gemeinsame **Einführungsveranstaltung** kostengünstig durchgeführt werden. Die „Neuen" lernen auf diese Weise „Leidensgenossen" kennen und können erste Kontakte knüpfen.

→ BetrVG § 81

Auf der Einführungsveranstaltung werden die „Neuen" über die Unternehmung, deren Geschichte und Entwicklung, den organisatorischen Aufbau, die Unternehmensziele und das Vertriebs- und Fertigungsprogramm informiert. Nach dem Betriebsverfassungsgesetz hat der Arbeitgeber eine Unterrichtungspflicht.

Um Hektik zu vermeiden, sollte vor dem Eintritt der neuen Mitarbeiter eine **Einführungsmappe** erstellt werden. Diese sollte Folgendes enthalten:
- eine Stellenbeschreibung,
- ein Organisationsschaubild,
- die Namen der engsten Mitarbeiter, des Betriebsrats, des Betriebsarztes,
- Unterschriftenregelung,
- internes Telefonverzeichnis,
- innerbetriebliche Abkürzungen,
- Unfallverhütungsvorschriften,
- Informationen über Schutzräume, Toiletten-/Sanitätsräume, Kantine,
- Parkplatzregelung,
- Rundschreiben der letzten Zeit.

Es hat sich bewährt, den „Neuen" einen erfahrenen Kollegen (**Pate, Mentor**) aus demselben Aufgabengebiet zur Seite zu stellen. Der soll die Wege ebnen und die „Neuen" mit den geschriebenen und ungeschriebenen Regeln im Betrieb bzw. in der Arbeitsgruppe vertraut machen.

■ *Computergestützte Personalbeschaffung*

Der Personalbeschaffungsprozess wird durch die integrierte Unternehmersoftware (ERP-System) wie folgt unterstützt:
- Hinterlegung von Informationen für jeden Bewerber mit genauer Zuordnung der entsprechenden freien Stelle (Vakanz),
- Erstellen einer Bewerbervorauswahl auf Basis der jeweiligen Qualifikation, die wiederum mit den Anforderungen der vakanten Stelle verglichen werden kann,
- Anlegen und Pflegen eines aktuellen Bewerberstatus,
- Unterstützung bei der Bewerberkorrespondenz,
- Übernahme der Bewerberdaten in den Mitarbeiterstamm nach Abschluss des Auswahlprozesses.

Prozess: Bewerberauswahl

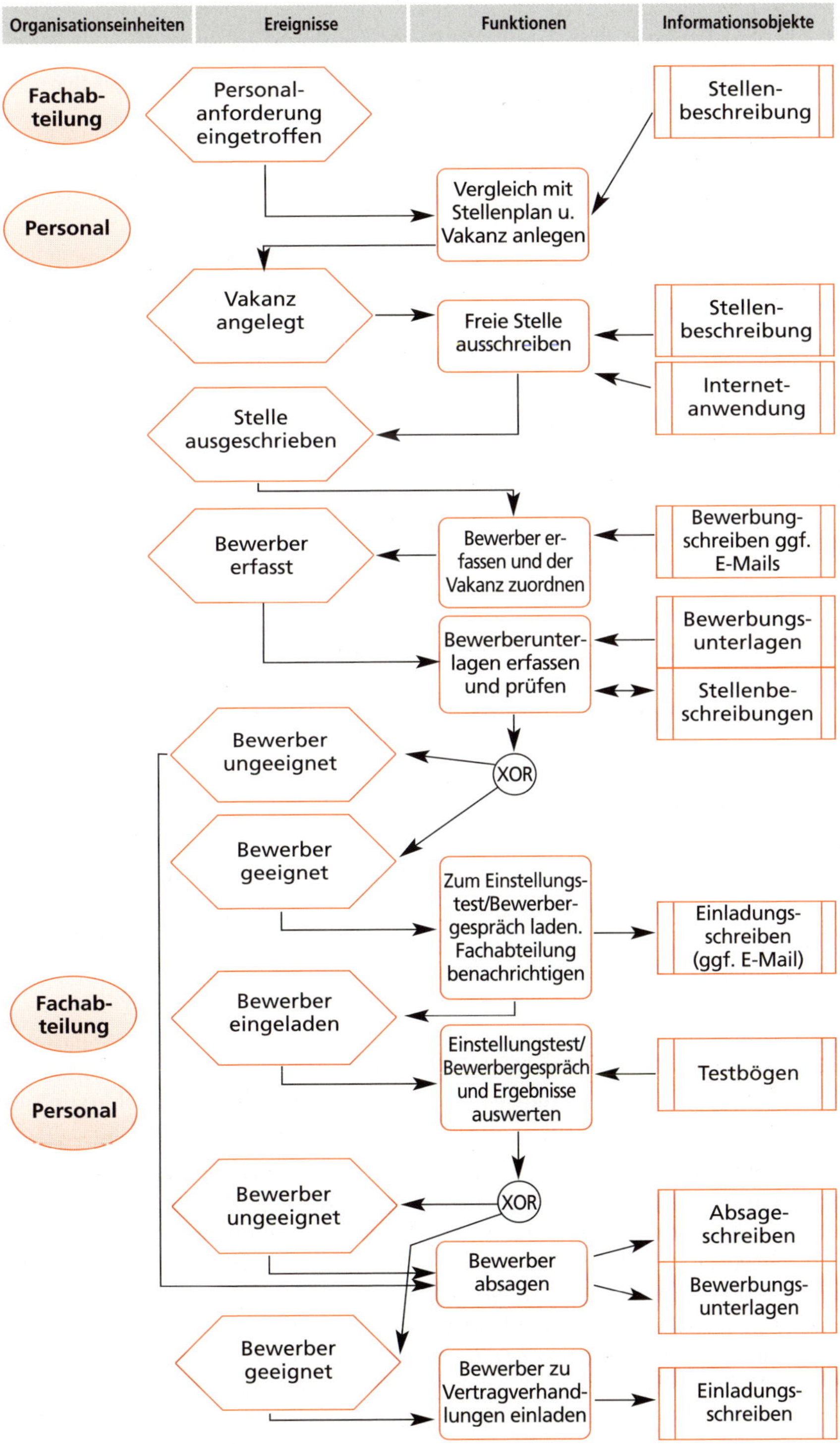

Organisationseinheiten	Ereignisse	Funktionen	Informationsobjekte

Fachab-teilung

Personal-anforderung eingetroffen

Stellen-beschreibung

Vergleich mit Stellenplan u. Vakanz anlegen

Personal

Vakanz angelegt

Freie Stelle ausschreiben

Stellen-beschreibung

Internet-anwendung

Stelle ausgeschrieben

Bewerber erfasst

Bewerber er-fassen und der Vakanz zuordnen

Bewerbung-schreiben ggf. E-Mails

Bewerberunter-lagen erfassen und prüfen

Bewerbungs-unterlagen

Stellenbe-schreibungen

(XOR)

Bewerber ungeeignet

Bewerber geeignet

Zum Einstellungs-test/Bewerber-gespräch laden. Fachabteilung benachrichtigen

Einladungs-schreiben (ggf. E-Mail)

Fachab-teilung

Bewerber eingeladen

Einstellungstest/ Bewerbergespräch und Ergebnisse auswerten

Testbögen

Personal

(XOR)

Bewerber ungeeignet

Bewerber absagen

Absage-schreiben

Bewerbungs-unterlagen

Bewerber geeignet

Bewerber zu Vertragverhand-lungen einladen

Einladungs-schreiben

2.3   Personaleinsatzplanung – Engpässe vermeiden

2.3.1   Aufgaben und Ziele der Personaleinsatzplanung

Aufgabe der Personaleinsatzplanung ist die Verteilung der vorhandenen Mitarbeiter auf die verschiedenen Arbeitsplätze unter Berücksichtigung der

- quantitativen, qualitativen, zeitlichen und örtlichen *Erfordernisse des Betriebes* und der
- Neigungen und *Interessen der Mitarbeiter.*

Davon zu unterscheiden ist die *Personaldisposition* (Personaleinsatzsteuerung), die den kurzfristigen (täglichen oder stündlichen) Ausgleich zwischen Soll- und Ist-Personalbestand herstellen soll.

Die Personaleinsatzplanung verfolgt das **Ziel,** die Mitarbeiter so auf die Arbeitsplätze zu verteilen, dass

- Mitarbeiter und Betriebsmittel optimal ausgelastet und Leerlauf bzw. Hetze vermieden,
- Wartezeiten der Kunden bzw. Bearbeitungszeiten so gering wie möglich gehalten werden.

Ein optimaler Personaleinsatzplan löst den Widerspruch zwischen diesen Zielen auf wirtschaftliche Weise.

2.3.2   Vorgehensweise der Personaleinsatzplanung

■ *Quantitativer Personaleinsatz*

Es genügt nicht, lediglich eine durchschnittliche jährliche Personalbesetzung festzulegen, die dann für alle Arbeitstage gleich bleibt.

Kurzfristige (tägliche, wöchentliche oder monatliche) Über- und Unterbesetzungen wären die Folge. Verkaufsspitzen an einzelnen Tageszeiten, Wochentagen oder Monaten müssen ebenso berücksichtigt werden wie Abwesenheitszeiten von Mitarbeitern wegen Urlaub oder Krankheit. Eine sorgfältige Verkaufs- bzw. Auftragsplanung ist unerlässlich, denn die Lage von Feiertagen, Urlaubszeiten, Betriebs- und Schulferien, Werbemaßnahmen und Sonderaktionen usw. müssen berücksichtigt werden.

Bei Büromöbeln liegen die Umsatzspitzen immer im Frühjahr und vor Weihnachten. Die zugehörigen Bestellungen finden je nach Lieferzeit zwei bis drei Monate vorher statt. Die Verkaufsleitung ist jedoch bemüht, diese Spitzen durch Aktionen zu glätten; auch dies muss im Personaleinsatzplan berücksichtigt werden.

Der optimale tägliche Personaleinsatz erfordert folgende **Vorarbeiten:**

- *Monatsgenaue* Feststellung der Aufträge bzw. Umsätze (mengen- und wertmäßig) und Kundenzahlen (Kundenfrequenzen). Es sollten mindestens zwei zurückliegende Jahre ausgewertet werden, denn nur so werden Auftrags- bzw. Umsatzspitzen zu bestimmten Jahreszeiten sichtbar.
- *Tagesgenaue* Ermittlung der Aufträge bzw. Umsätze und Kundenzahlen, um Umsatz- bzw. Auftragsspitzen während einzelner Wochentage aufzudecken.
- *Stundengenaue* Feststellung der Aufträge bzw. Umsätze und Kundenzahlen während des Tages, um Auftrags- bzw. Umsatzspitzen an bestimmten Tageszeiten festzustellen.

BEISPIEL

Planumsatz (Bereich Arbeitsstühle) für den Monat Juni: 6% des geplanten Jahres-umsatzes: 6% · 40 Mio. EUR = 2,4 Mio. EUR. Insgesamt werden 300 Mitarbeiter eingesetzt; dies entspricht einem Jahresumsatz pro Mitarbeiter von 133 333 EUR.

Monatliche Personaleinsatzplanung

Monat	Jan	Feb	Mär	Apr	Mai	Jun	Jul	Aug	Sep	Okt	Nov	Dez	Summe	Durchsch.
Umsatz in %	7	6,5	9	8,5	7	6	8	9	9,5	10	11	8,5	100	
Umsatz in TEUR*	2800	2600	3600	3400	2800	2400	3200	3600	3800	4000	4400	3400	40000	3333,3
Durchschnittlicher Monatsumsatz pro Mitarbeiter bei 300 Mitarbeitern (in TEUR*)														11,1
Erforderliche Mitarbeiter	252	234	324	306	252	216	288	324	342	360	396	306		300

*TEUR = Tausend EUR

Die Zahlen zeigen, dass die Monate September bis November die umsatzstärksten Mo-nate sind. In diesem Zeitraum werden überdurchschnittlich viele Mitarbeiter eingesetzt.

Tägliche Personaleinsatzplanung

Durchschnittliche Mitarbeiterzahl in Monat Juni: 216

Wochentag	Montag	Dienstag	Mittwoch	Donnerstag	Freitag	Summe	Durchsch.
Umsatz in TEUR	90	108	120	180	102	600	120
Umsatz in %	15	18	20	30	17	100	
Durchschnittlicher Tagesumsatz pro Mitarbeiter in EUR:			120.000 EUR : 216 =				555,6
Erforderliche Mitarbeiter	162	194	216	324	184		216

Die Wochentage Mittwoch und Donnerstag sind die umsatzstärksten Tage. An diesen Wochentagen werden überdurchschnittlich viele Mitarbeiter eingesetzt.

Auszug aus dem stundengenauen Personaleinsatzplan

Wochentag	Montag			Dienstag			...	Summe
Umsatzprognose	Stark	Mittel	Schwach	Stark	Mittel	Schwach	...	...
Geplanter Personaleinsatz	162	120	84	194	154	134		
Arbeitszeit von bis	9:00-11:30	11:30-15:30	15:30-16:30	9:00-11:30	11:30-15:30	15:30-16:30		Gesamte Wochenstunden
Anger, Gerlinde	XXXXXX	XXXXXX		XXXXXX				24,5
Burger, Martin	XXXXXX	XXXXXX	XXXXXX	XXXXXX	XXXXXX	XXXXXX		37,5
Duerr, Yvonne	XXXXXX			XXXXXX				12,5
Verfügbare Stunden	405	320	65	485	410	90	...	4437,5

Die **mengenmäßige (quantitative) Zuordnung** der Mitarbeiter auf die Arbeitsplätze setzt voraus, dass die Qualifikationen der Betroffenen gleichwertig sind.

Es geht darum, den

- **nicht vorhersehbar** wechselnden Arbeitsanfall auszugleichen durch Einsatz von „Springern", kurzfristigen Vertretungen und Mehrarbeitsstunden, Abbummeln von Zeitguthaben,

→ siehe Abschnitt 4.6.3

- **vorhersehbar** wechselnden Arbeitsanfall zu bewältigen durch Arbeitszeitflexibilisierung, Ermittlung der optimalen Schichtbesetzung und Aufstellung eines Schichtwechselplans.

BEISPIEL

Im Zweischichtbetrieb arbeiten drei Schichtarbeitergruppen im Wechsel täglich mehr als acht Stunden (eine Gruppe hat jeweils frei). Der Samstag ist in die Schichtplanregelung einbezogen. Diese Kombination ermöglicht einen Schichtplan, nach dem die Schichtarbeiter jede Woche nur noch an vier Tagen arbeiten und im Verlauf von drei Wochen jeweils zwei Freizeitblöcke haben, einen von zwei Tagen und einen von fünf Tagen (vgl. Schaubild).

Schichtarbeit mit Freizeitblöcken

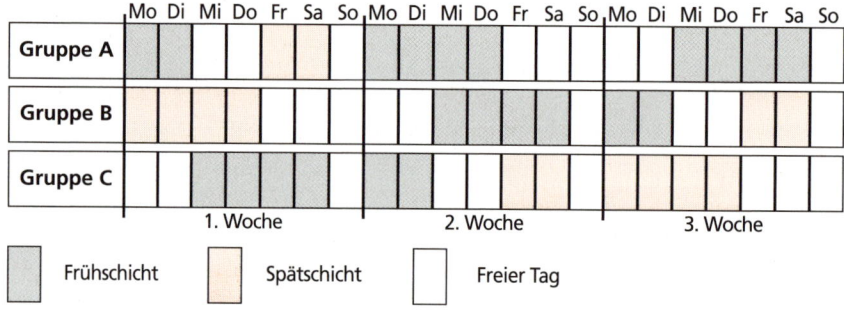

Je mehr Teilzeitkräfte eingesetzt werden und je flexibler die Arbeitszeit des Betriebs geregelt ist (durch Betriebsvereinbarungen), desto genauer und beweglicher lässt sich der Personaleinsatz in den verschiedenen Abteilungen planen. Je mehr Vollzeitkräfte beschäftigt werden, desto mehr Springer (Arbeitskräfte, die mehrere Aufgabengebiete beherrschen) sind erforderlich. Dadurch entsteht ein beträchtlicher organisatorischer Aufwand.

■ *Qualitativer Personaleinsatz*

qualitativer Personaleinsatz

Bei der **qualitativen Zuordnung** der Mitarbeiter auf die Arbeitsplätze geht es um die

- Besetzung der Arbeitsplätze mit den **geeignetsten** Mitarbeitern,
- Zuteilung von Arbeitsplätzen nach der **Neigung** der Mitarbeiter,
- Verteilung nach **Soll- und Ist-Fähigkeitsprofilen** der Mitarbeiter.

Unter der Eignung eines Mitarbeiters ist die Übereinstimmung seiner Fähigkeiten mit den Anforderungen des Arbeitsplatzes zu verstehen. Der Eignungsgrad ist umso höher, je geringer der Unterschied zwischen Fähigkeiten und Anforderungen ist. Die optimale Stellenzuordnung kann z. B. durch einen **Profilvergleich** bestimmt werden.

Profilvergleich

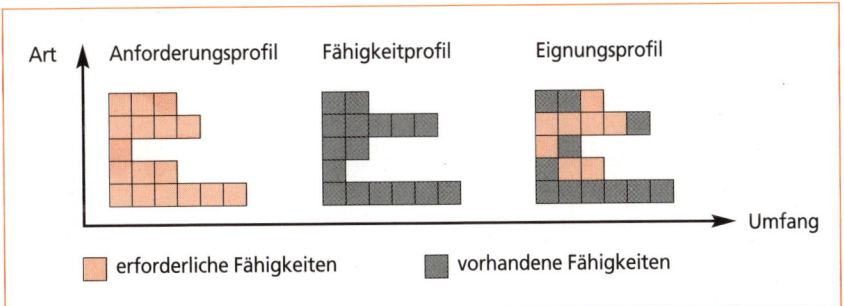

Die besondere Eignung der einzelnen Mitarbeiter für bestimmte Tätigkeiten sind dem unmittelbaren Vorgesetzten meist aufgrund des laufenden persönlichen Kontakts bekannt. Da die Zufriedenheit der Mitarbeiter und letztlich auch das Betriebsklima wesentlich davon abhängen, dass bei der Arbeit die persönlichen Erwartungen des einzelnen Mitarbeiters in angemessenem Umfang berücksichtigt werden, sollte, soweit dies im Rahmen der Gleichbehandlung aller Mitarbeiter und unter Vermeidung einer Bevorzugung anderer Personen, bei der Einsatzplanung in Betracht gezogen werden.

■ Probleme und Schranken des Personaleinsatzes

Bei der Einsatzplanung sind zu berücksichtigen:

- *Urlaubsplanung,* unter Abstimmung der betrieblichen Erfordernisse mit den Interessen des Mitarbeiters,
- *Stellvertretungsregelungen,* um bei Ausfall eines Mitarbeiters einen reibungslosen Arbeitsablauf zu gewährleisten,
- *Beschränkungen* durch vorliegende Laufbahn- und Personalentwicklungsplanungen,
- *Schutzgesetze* und *Tarifverträge,* die nicht nur die Sonderprobleme einzelner Beschäftigtengruppen regeln, sondern auch spezielle Regelungen über Arbeitszeiten, Pausenregelungen, Urlaubszeiten usw. enthalten.
- Allgemeine *betriebsverfassungsrechtliche Regelungen,* z.B. Forderung der *Gleichbehandlung* aller Personen nach Recht und Billigkeit sowie Verpflichtung zur Förderung der freien Entfaltung der Persönlichkeit, Verpflichtung zur Förderung der Eingliederung *Schwerbehinderter* und sonstiger schutzbedürftiger Personengruppen; Verpflichtung, mit dem Arbeitnehmer die *Möglichkeiten seiner beruflichen Entwicklung* zu erörtern, Mitsprache des Betriebsrats bei der Bestimmung der *Arbeitszeiten,* der *Pausenregelungen,* der Aufstellung von *Urlaubsplänen* und der Gestaltung des Arbeitsplatzes usw.

→ Abschnitt 2.4

→ Abschnitte 4.5, 4.6

→ BetrVG § 75

→ BetrVG § 80
→ BetrVG § 82

→ BetrVG § 87

2.3.3 Vertretungsmacht der Mitarbeiter

■ Rechtlicher Rahmen der Vertretungsmacht

Vertretungsmacht

Die betriebliche Arbeitsteilung bringt es mit sich, dass die Eigentümer einer Unternehmung Verantwortung auf ihre Mitarbeiter übertragen müssen. Dadurch entlasten sie sich selbst, motivieren gleichzeitig ihre Mitarbeiter und sorgen für einen wirtschaftlichen und reibungslosen Ablauf des Betriebsgeschehens.

Es werden *Entscheidungs-, Weisungs-, Unterschriften- und allgemeine Vertretungsbefugnisse* unterschieden. Entscheidungsbefugnisse beschleunigen den Ent-

inner- und außerbetriebliche Befugnisse

scheidungsprozess und damit alle betrieblichen Abläufe. Eine klare Regelung von Entscheidungskompetenzen und Weisungsbefugnissen erspart Verzögerungen durch ständige Rückfragen und erleichtert die innerbetriebliche Zusammenarbeit, da Kompetenzkonflikte von vornherein vermieden werden. Eindeutige Unterschrifts- und Vertretungsbefugnisse ermöglichen die Handlungsfähigkeit der Unternehmen und unterstützen das widerspruchsfreie Auftreten gegenüber Außenstehenden der Unternehmung (z. B. Kunden, Lieferanten, Behörden).

Die Vertretungsmacht erlaubt es dem Bevollmächtigten, Willenserklärungen im Namen des Vertretenen abzugeben, die *für und gegen den Vertretenen* wirken können.

→ BGB § 164
gesetzlicher Vertreter
→ AktG § 78
→ BGB § 26
→ GmbHG § 35
→ HGB §§ 116, 125, 164, 170
→ BGB §§ 107, 1626

Bestimmte Personen werden durch Gesetz zur Vertretung bestimmt. Sie heißen daher **gesetzliche Vertreter**. Solche gesetzlichen Vertreter sind z. B. der Vorstand einer Aktiengesellschaft oder eines Vereins, der Geschäftsführer einer GmbH, die Komplementäre in einer KG, Vater und Mutter bei Minderjährigen.

rechtsgeschäftlicher Vertreter
→ HGB §§ 48 ff.

Vom gesetzlichen Vertreter zu unterscheiden sind die Bevollmächtigten, die ihre Vollmacht durch Rechtsgeschäft (z. B. Willenserklärung, Duldung) des Vollmachtgebers erhalten. Für solche **rechtsgeschäftlichen Vertreter** in einem Handelsgewerbe enthält das HGB genaue Regelungen. Je nach Umfang der Vertretungsmacht unterscheidet das Handelsrecht zwischen *Handlungsvollmacht und Prokura*.

Handlungsvollmacht
→ HGB § 54

■ *Handlungsvollmacht – nur für gewöhnliche Rechtsgeschäfte*

Nach dem Umfang werden drei Arten von Handlungsvollmachten unterschieden:

Gesamt-, Art-, Einzelvollmacht

Arten der Handlungsvollmacht

Allgemeine Handlungsvollmacht (Gesamtvollmacht)	Höchste Vollmacht; Vertretungsmacht für **alle gewöhnlichen Geschäfte** eines bestimmten Handelsgewerbes
Artvollmacht	Vollmacht, eine **bestimmte Art von Geschäften** und Rechtshandlungen regelmäßig vorzunehmen (z. B. Einkäufer, Buchhalter)
Einzel- bzw. Sonder- oder Spezialvollmacht	Vollmacht, ein **einzelnes Rechtsgeschäft** vorzunehmen (z. B. Botengang, Quittierung einer Zahlung)

Für die Erteilung von Vollmachten gibt es **keine Formvorschrift**. Die allgemeine Handlungsvollmacht kann nur vom Geschäftsinhaber, seinem gesetzlichen Vertreter (z. B. Gesellschafterversammlung) oder einem Prokuristen erteilt werden. Bevollmächtigte können wiederum **Untervollmachten** erteilen. So kann ein Mitarbeiter mit allgemeiner Handlungsvollmacht innerhalb seines Verantwortungsbereichs Art- und Einzelvollmachten erteilen.

BEISPIEL

Die kaufmännische Leiterin eines Handelsbetriebs kann eine Verkaufskraft einstellen. Der Kassierer kann einen Auszubildenden zur Bank schicken, um Wechselgeld zu holen.

Zur Veräußerung und Belastung von Grundstücken, zur Eingehung von Wechselverbindlichkeiten, zur Aufnahme von Darlehen und zur Prozessführung ist der Handlungsbevollmächtigte nur ermächtigt, wenn ihm eine **besondere Befugnis** erteilt worden ist. Sonstige **Beschränkungen** der Handlungsvollmacht sind Dritten gegenüber nur wirksam, wenn diese sie kannten oder kennen mussten.

Handlungsbevollmächtigte unterzeichnen **Geschäftsbriefe** mit einem Zusatz, der das Vollmachtsverhältnis ausdrückt, z. B. mit „i. A." (im Auftrag) oder „i. V." (in Vollmacht) vor der Unterschrift.

→ HGB § 57

Die Einzelvollmacht erlischt mit der Erledigung des Auftrags. Die Artvollmacht und die allgemeine Handlungsvollmacht erlöschen durch formlosen Widerruf.

■ *Prokura – auch für außergewöhnliche Rechtsgeschäfte*

Prokura

Die Prokura (Procurare (lat.) = besorgen, verwalten) ist die höchste Vertretungsmacht, die einem Mitarbeiter übertragen werden kann. Deshalb ist sie nur besonders vertrauenswürdigen und gewissenhaften Mitarbeitern vorbehalten.

Die Prokura ermächtigt zu allen Arten von gerichtlichen und außergerichtlichen Geschäften und Rechtshandlungen, die der Betrieb eines Handelsgewerbes mit sich bringt.

→ HGB § 48

Arten der Prokura

Einzelprokura	Ein **einzelner Prokurist** hat allein Vertretungsmacht für alle gerichtlichen und außergerichtlichen Geschäfte eines Handelsgewerbes (höchste Prokura).	Einzelprokura → HGB § 49
Filialprokura	Die Prokura beschränkt sich auf **eine von mehreren Niederlassungen** des Geschäftsinhabers. Die Firmen der Zweigniederlassungen müssen sich wenigstens durch einen Zusatz unterscheiden (z. B. Filiale Bergheim).	Filialprokura → HGB § 50
Gesamtprokura	Die Prokura wird an **mehrere Personen gemeinschaftlich** erteilt. Die Prokuristen handeln und unterschreiben Geschäftsbriefe gemeinsam (niedrigste Prokura).	Gesamtprokura → HGB § 48

Die Prokura kann nur vom Geschäftsinhaber oder seinem gesetzlichen Vertreter (z. B. Gesellschafterversammlung) und nur durch **ausdrückliche Erklärung** erteilt werden. Der Geschäftsinhaber muss die Prokura zur **Eintragung ins Handelsregister** anmelden (deklaratorische Wirkung). Die Prokura entsteht jedoch bereits mit der Erklärung des Inhabers.

Prokuristen unterzeichnen **Geschäftsbriefe** mit einem Zusatz, der die Prokura andeutet, z. B. mit **„pp."** oder **„ppa."** (per procura) vor der Unterschrift.

Zur Veräußerung und Belastung von Grundstücken ist der Prokurist nur ermächtigt, wenn ihm diese Befugnis besonders erteilt worden ist. Eine weitere **Beschränkung des Umfangs der Prokura ist Dritten gegenüber** (also im Außenverhältnis) **unwirksam.**

→ HGB § 49
→ HGB § 50

Unterzeichnung bei den verschiedenen Arten der Prokura

Einzelprokura	Gesamtprokura	Filialprokura
... Mit freundlichen Grüßen Weller KG ppa. Gerda Marten	... Mit freundlichen Grüßen Weller KG ppa. ppa. Reber Marten	... Mit freundlichen Grüßen Weller KG Filiale Brandenburg ppa. Boos

BEISPIEL

Die Gesellschafterversammlung der Weller KG erteilt der Einkaufsleiterin Anna Spahn Einzelprokura mit der Einschränkung, dass sie bei allen Geschäften, deren

Umfang 50 000,00 EUR überschreiten, die Erlaubnis der Geschäftsleitung einholen muss. Sie schließt mit dem Firmenkunden Elektro-Maurer GmbH einen Kaufvertrag über Büromöbel im Wert von 100 000,00 EUR ab. Die Finanzierung ist nicht gesichert. Der Vertrag ist gegenüber der Maurer GmbH rechtswirksam, auch wenn Anna Spahn die Geschäftsleitung nicht um Erlaubnis gefragt hat. Die Geschäftsleitung kann gegen die Prokuristin nur im Innenverhältnis vorgehen.

Die Prokura ist nicht übertragbar und erlischt durch Widerruf seitens des Inhabers, durch Ausscheiden des Prokuristen aus der Unternehmung oder durch Auflösung des Unternehmens. Das Erlöschen der Prokura ist zur Eintragung ins Handelsregister anzumelden. Zu beachten ist, dass die Prokura durch den Tod des Inhabers nicht erlischt.

■ *Umfang der Vertretungsmacht*
Vergleich zwischen Handlungsvollmacht und Prokura

Umfang der Vertretungsmacht	Allgemeine Handlungsvollmacht	Prokura
Gewöhnliche Rechtsgeschäfte wie Ein- und Verkauf von Waren innerhalb des Sortiments, Einstellung und Entlassung von (einzelnen) Mitarbeitern	zulässig	zulässig
Außergewöhnliche Rechtsgeschäfte wie Grundstücke erwerben und Bürgschaften eingehen	nicht zulässig	zulässig
Außergewöhnliche Rechtsgeschäfte wie Darlehen aufnehmen, Prozesse für den Betrieb führen, Wechselverbindlichkeiten eingehen	nur mit Sondervollmacht erlaubt (HGB § 54)	zulässig
Außergewöhnliche Rechtsgeschäfte wie Grundstücke veräußern oder belasten	nur mit Sondervollmacht erlaubt (HGB §§ 49, 54)	
Außergewöhnliche Rechtsgeschäfte wie Betrieb veräußern oder auflösen, Firma ändern, Bilanz bzw. Steuererklärung für die Unternehmung unterschreiben, Prokura erteilen	nicht zulässig (dem Eigentümer bzw. der Gesellschafterversammlung vorbehalten)	

Personalentwick-
lungsplanung

2.4 Personalentwicklungsplanung – Zukunftsinvestition

Die Qualität des Personals (Humankapital) ist neben der Technologie und der Finanzkraft ein wesentlicher Wettbewerbsfaktor des Unternehmens. In fast allen Gebieten nimmt die Geschwindigkeit zu, mit der Wissen veraltet. Diese ständigen Veränderungen können nur noch mit flexiblen und breit ausgebildeten Arbeitskräften bewältigt werden. Bildung muss als **Zukunftsinvestition** verstanden werden.

Die Unternehmung hat es selbst in der Hand, dafür zu sorgen, dass die richtigen Leute zur richtigen Zeit am richtigen Platz stehen. Die Zauberformeln heißen Berufsbildung und Personalentwicklung.

→ siehe LF 1
Abschnitt 1.2

2.4.1 Aufgaben der Personalentwicklung – Berufsbildung

Personalentwick-
lung

Personalentwicklung umfasst alle Maßnahmen zur Anpassung der Qualifikation der Mitarbeiter an gegenwärtige und künftige Anforderungen. Dabei sind die persönlichen Interessen der Mitarbeiter zu berücksichtigen, denn Personalentwicklung ist auf die berufliche **Förderung** des Einzelnen gerichtet.

Der berufliche Bildungsbereich gliedert sich in drei Hauptarten: *berufsvorbereitende Berufsausbildung, berufsbegleitende* Fortbildung und *berufsverändernde Berufsbildung* (Umschulung).

→ BBiG § 1

Die **Berufsausbildung** des *dualen Berufsbildungssystems* – praktische Berufsausbildung im Betrieb, ergänzt um den theoretischen Unterricht in der Berufsschule – ist ausgerichtet auf die Erlernung eines *„Lebenszeitberufs"* (Erstausbildung).

duales Berufsausbildungssystem

Da das einmal erworbene berufliche Fachwissen *(Hardskills)* immer schneller veraltet (im EDV-Bereich bereits nach einem Jahr), kommt es bei der Berufsbildung darauf an, längerfristig verwertbares **Basiswissen** und **Schlüsselqualifikationen** sog. *Softskills* (planerisches Denken, selbstständiges Lernen, Verhandlungs- und Teamfähigkeit usw.) zu vermitteln. Ziel der beruflichen Ausbildung ist die Erlangung **beruflicher Handlungskompetenz**.

Handlungskompetenz

Komponenten der Handlungskompetenz

Fachkompetenz	Problemlösungen selbstständig und fachlich richtig zu erarbeiten
Methodenkompetenz	sich neues Wissen und Fertigkeiten selbstständig anzueignen, eigenständige Lern- und Lösungswege zu finden und diese auf andere Aufgaben zu übertragen
Personalkompetenz	sein Umfeld zu erkennen und zu beurteilen, eigene Begabungen zu erkennen und zu entfalten, Initiative zu ergreifen und Aufgaben pflichtbewusst, mit Ausdauer und selbstständig zu erfüllen
Sozialkompetenz	sich mit anderen zu verständigen und zwischenmenschliche Beziehungen (nach innen und nach außen) positiv zu gestalten sowie im Team zu arbeiten und Verantwortung zu übernehmen

Fachkompetenz

Methodenkompetenz

Personalkompetenz

Sozialkompetenz

Die berufsbegleitende **Fortbildung** soll es ermöglichen, die einmal erlangten Kenntnisse und Fertigkeiten zu erhalten, und sie den durch die technische Entwicklung geänderten Bedingungen anzupassen oder zu erweitern. Fortbildungen können einen beruflichen Aufstieg fördern. Es werden unterschieden:

Fortbildung

- *Anpassungsfortbildung* mit der Aufgabe, das einmal erworbene Wissen und Können sowie die Verhaltensweisen zu aktualisieren und zu vertiefen und durch den Erwerb zusätzlicher Kenntnisse, Fertigkeiten und Verhaltensweisen zu erweitern. Ziel ist, die berufliche Mobilität zu sichern und zu gewährleisten, um jederzeit veränderten Anforderungen eines gleichartigen Arbeitsplatzes gewachsen zu sein. Die Anpassungsfortbildung zielt auf die *horizontale Mobilität*.

Anpassungsfortbildung

- *Aufstiegsfortbildung* mit dem Ziel, die *vertikale Mobilität* zu erhöhen und durch die Entwicklung latent vorhandenen Potenzials auf einen beruflichen Aufstieg und die Übernahme qualifizierter Funktionen bzw. einer höherwertigen Berufstätigkeit vorzubereiten.

Aufstiegsfortbildung

Zweck der *berufsverändernden Fortbildung* ist es, durch Maßnahmen der **Umschulung** den Beschäftigten, die ihren einmal erlernten Beruf nicht mehr ausüben können, neues Wissen zu vermitteln.

berufsverändernde Fortbildung

Der Betriebsrat hat zu Fragen der betrieblichen Berufsbildung ein Beratungs- und Vorschlagsrecht. Dieses umfasst neben der Berufsausbildung, der beruflichen Fortbildung und Umschulung auch kurzfristige Bildungsmaßnahmen (Praktika), betriebliche Lehrgänge und Seminare, sofern sie sich (auch) auf die zukünftig erforderliche Qualifikation der Arbeitnehmer beziehen.

BetrVG §§ 96–98
BBiG § 1

2.4.2 Mitarbeiterbeurteilung – Entwicklungsbedarf feststellen

Ausgangsbasis für die Personalentwicklung ist eine **Fähigkeitslücke,** die sich aus dem Vergleich von Anforderungsprofil und Fähigkeitsprofil ergibt. Daneben muss die **Entwicklungsmöglichkeit** des Mitarbeiters ermittelt werden, um festzulegen, welche Fähigkeiten bei welchen Mitarbeitern entwickelt werden sollen. Hier bieten sich die Ergebnisse regelmäßiger Mitarbeiterbeurteilungen an.

■ *Grundsätze und Organisation der Personalbeurteilung*

Sollen Mitarbeiter und Mitarbeiterinnen regelmäßig beurteilt werden, dann sollte das Beurteilungsverfahren folgenden **Grundsätzen** gerecht werden:

- *Einheitlichkeit* der Beurteilung,
- *einfache* Durchführung der Beurteilung,
- *Vergleichbarkeit* der Beurteilungsergebnisse.

Eine Beurteilung läuft in mehreren **Phasen** ab:

Beobachtung	Beobachter und Beobachtete müssen wissen, welche Kriterien gemessen werden sollen, sonst ist die Beurteilung eine reine Willkür, bei welcher diejenigen Mitarbeiter am besten abschneiden, die das besondere Wohlwollen des Chefs genießen. **Problem:** Auswahl und Gewichtung der Kriterien, Beobachtungssituation.
↓	
Beschreibung	Das Wahrgenommene muss protokolliert und in eine begriffliche Form gebracht werden. **Problem:** Beurteilungskriterien umschreiben.
↓	
Bewertung	Das beobachtete und beschriebene Verhalten muss mit einem Gütemaßstab verglichen und eingeordnet werden. **Problem:** Beurteilungsmaßstab, Beurteilungsfehler.
↓	
Beurteilungsgespräch	Nach § 82 Abs. 2 BetrVG kann jeder Beurteilte die Erörterung seiner Beurteilung verlangen. Dabei kann ein Mitglied des Betriebsrats hinzugezogen werden. Der Beurteilte wird auf seine Stärken und Schwächen hingewiesen. Mögliche Fördermaßnahmen werden besprochen. **Problem:** Abweichungen von Eigen- und Fremdurteil.

Für die **Beobachtung** gelten folgende Grundregeln: Den Mitarbeiter

- in Situationen beobachten, die für die geforderte Qualifikation wichtig sind,
- mehrfach in vergleichbaren Situationen beobachten, um seine Verhaltenskonstanz zu beurteilen,
- mehrfach in verschiedenen Situationen beobachten, die in ihrer Gesamtheit das gesamte Anforderungsbündel abdecken (Fach-, Methoden-, Human- und Sozialkompetenz),
- von verschiedenen Personen beobachten lassen, um das eigene Urteil abzusichern.

Viele Unternehmen haben die Schwächen standardisierter Mitarbeiterbeurteilungen erkannt und durch jährliche **Beratungs- und Fördergespräche** ersetzt. Schwierigster, aber auch ergiebigster Teil des Gesprächs ist die Vereinbarung konkreter, messbarer und realistischer Ziele mit möglichst genauen Zeitvorgaben. Das **Jahresgespräch mit Zielvereinbarung** bietet vierfachen Nutzen: Es nutzt

- den *Führungskräften*, weil sie sich in der Vorbereitung des Gesprächs und im Gespräch selbst sehr gründlich mit Stärken und Schwächen des Mitarbeiters, aber auch mit der eigenen Führungsleistung auseinander setzen müssen,
- den *Mitarbeitern*, weil sie eine fundierte Standortbestimmung erhalten und dadurch ihr Selbstbild mit dem Fremdbild des Vorgesetzten abgleichen können,
- beiden *Gesprächspartnern*, weil sie die Qualität ihrer Zusammenarbeit überprüfen können,
- dem *Unternehmen insgesamt*, weil die Gesprächsergebnisse eine gute Grundlage für systematische Entwicklungs- und Fördermaßnahmen sind.

360°-Feedback

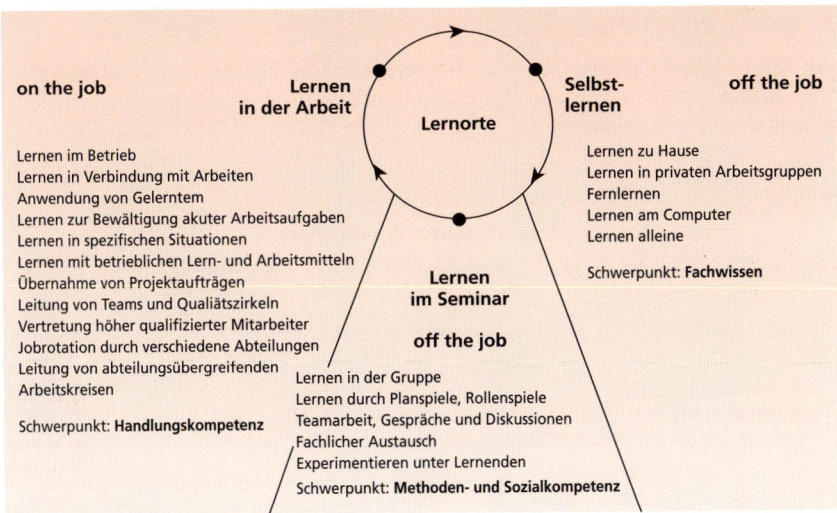

Mitarbeiter, Kollegen, Vorgesetzte, evtl. Kunden und natürlich der Beurteilte selbst füllen gleich lautende Fragebögen zu den wichtigsten Verhaltens- und Führungsdimensionen aus. In einer Computerauswertung werden Selbst- und Fremdeinschätzungen in verschiedenen Diagrammen einander gegenübergestellt.

2.4.3 Maßnahmen der Personalentwicklung

Maßnahmen zur Personalentwicklung können *direkt am Arbeitsplatz* (Training **„on the job"**) oder an *außerbetrieblichen Lernorten* (Training **„off the job"**) stattfinden.

Kombinierte Lernorte

Grundsätzlich gilt es, die Stärken eines jeden Lernorts zu nutzen.

Die Hauptverantwortung liegt dabei beim direkten Vorgesetzten. Er muss dem Mitarbeiter on the job *Aufgaben übertragen*, die Aufschluss über seine Stärken und Schwächen geben und ihn konstruktiv fördernd begleiten. Schulungsmaßnahmen können hier nur unterstützen.

Computer-Based-Training (CBT)

Mit Multimedia-Programmen in Form von **Computer-Based-Training** (CBT) lernen Mitarbeiter mit Hilfe eines PC ohne direkte Unterstützung durch einen Trainer. Meistens findet dieser Lernprozess in der Nähe des Arbeitsplatzes (**„near the job"**) statt, wobei das System immer zur Verfügung steht, wenn der Mitarbeiter ein aktuelles Lernbedürfnis hat.

Die Lernenden sind dabei nicht nur passive Zuschauer, sondern greifen **interaktiv** in das Geschehen ein, indem sie entsprechende Aufgabenstellungen im Dialog mit dem Programm erarbeiten. Die Lernenden überprüfen laufend ihren Wissensstand und Lernerfolg ohne Prüfungsängste und Stress. Die Trainer werden dadurch entlastet und können schwierigere Themen intensiver schulen. Nachdem sich die Lernenden die fachlichen Grundlagen im CBT-Selbststudium angeeignet haben, konzentrieren sich anschließende Seminare und Workshops auf Anwendungsübungen und kommunikative Lernziele.

Electronic Learning

Web-Based-Training (WBT)

Lernportale

Virtuelle Seminare

Weiterentwicklung des Electronic Learnings zum Online-Lernen	
Web-Based-Training (WBT)	Hier stellt der jeweilige Bildungsanbieter die Lernumgebung auf seinem Webserver zur Verfügung
Lernportale	Sie bieten neben CBT- und WBT-Elementen die Kommunikation zwischen den Lernenden und Lehrenden per E-Mail, Chat oder in Foren. Sie unterscheiden sich insbesondere durch persönliche Betreuung der Lernenden vom WBT.
Virtuelle Seminare/Klassenzimmer	Mehrere Teilnehmer lernen synchron (gleichzeitig), unabhängig vom Lernort. Die Informationen werden über eine Webcam übermittelt. Jeder Teilnehmer kann Rückfragen stellen bzw. Rückmeldungen erhalten.

2.4.4   Organisation der Personalentwicklung

■ *Entwicklungsplan*

Entwicklungsplan

Ein Mittel zur Steuerung der Mitarbeiterfortbildung ist der **Entwicklungsplan** oder Bildungsplan. Er enthält die Entwicklungsziele und -maßnahmen mit entsprechender Terminplanung.

BEISPIEL

Auszüge aus einem Standardentwicklungsplan

Standardentwicklungsplan

Standardentwicklungsplan	
Entwicklungsplan für Abteilungsleiteranwärter	
Besuch unseres Führungskräfteseminars in Baden-Baden	2 x 3 Tage
Besuch folgender externer Seminare Managementtechniken	5 Tage
Selbstmanagement	3 Tage
Organisationstechnik für Abteilungsleiter	3 Tage
Mitarbeiterführung	5 Tage
Teilnahme an der Abteilungsleiterkonferenz	monatlich
Gast im „Kreis leitender Mitarbeiter – Alte Gilde"	zweimal jährlich

Entwicklungspläne können für eine Reihe von Mitarbeitern mit gleichen Voraussetzungen (**Standard-Entwicklungsplan**) oder individuell für ein einzelnes Belegschaftsmitglied erstellt werden (**persönlicher Entwicklungsplan**).

■ *Nachwuchsentwicklungsprogramm*

BEISPIEL

Nachwuchsförderung der Weller KG

Mögliche Sonderaufgaben:
- Leitung eines Qualitätszirkels
- Azubi-Beauftragter
- Funktionen im Bereich der Azubi-Rekrutierung

Förderstufen

III

Nach-wuchspool Sonderaufgaben

Führungs-verhalten | Besondere Aufgaben „on- und off- the -job" | Planspiel

Beratungsgespräch II

II

Fachseminare (Fachwissen und ökon.-betriebs-wirtschaftliche Kompetenz) | Führungs-seminare (Führungs-wissen) | Besondere Aufgaben „on the Job"

Führungsqualitäten

Fachkraft

Beratungsgespräch I

Querein-steiger (außen)

I

Beratungsgespräch I Grundlagenseminare (Training „off-the-job")

Jungkaufleute, …
- Unternehmensplanspiel
- Rhetorik/Kommunikation
- Verkaufstraining

Azubis

Betriebe und Vorgesetzte müssen ihre Mitarbeiter fördern, um gleichzeitig die Entwicklung des Unternehmens voranzutreiben. Aus dieser Überlegung heraus konzipieren größere Unternehmen ein Nachwuchsentwicklungsprogramm, das auf Förder- und Beratungsgesprächen aufbaut und selbst wiederum Grundlage für Entwicklungs- und Fördermaßnahmen ist.

geförderter Mitarbeiterkreis

Hinsichtlich des Förderkreises lassen sich vier Möglichkeiten unterscheiden:
- Das gesamte Personal gilt als Objekt von Entwicklungsmaßnahmen (**„Chancengleichheit"**). Hier wird das Prinzip der Gleichbehandlung erfüllt, indem Personen unabhängig von ihrem Leistungspotenzial sowie unabhängig von der Fähigkeitslücke ausgewählt werden.
- Die Personalentwicklung wird auf bestimmte Beschäftigtengruppen wie zum Beispiel auf Führungskäfte beschränkt (**„Privilegierung"**).
- In den Genuss von Personalentwicklungsmaßnahmen kommen primär solche Mitarbeiter, bei denen noch ein hohes Entwicklungspotenzial gesehen wird (**„Begabtenförderung"**). Bei diesem Potenzialansatz entscheidet also die Höhe des individuellen Entwicklungspotenzials.
- Die Mitarbeiter werden in Abhängigkeit davon sortiert, wie groß der zu erwartende Schaden von nicht geschlossenen Fähigkeitslücken für das Unternehmen sein dürfte (**„Engpassregel"**). Zum individuellen Entwicklungspotenzial kommt bei diesem Prinzip der Nutzenmaximierung somit der spezifische Beitrag, den ein Mitarbeiter zu leisten in der Lage sein wird.

3   Personalführung

Führen in Unternehmen heißt, dass das Verhalten einzelner Mitarbeiter durch Vorgesetzte zielgerichtet beeinflusst wird. Führung ist jedoch eine wechselseitige Beziehung, d.h., es kommt auf beide an, auf den Vorgesetzten und auf die unterstellten Mitarbeiter.

Die Notwendigkeit von Führung ergibt sich daraus, dass arbeitsteilige Aufgaben und Prozesse koordiniert werden müssen.

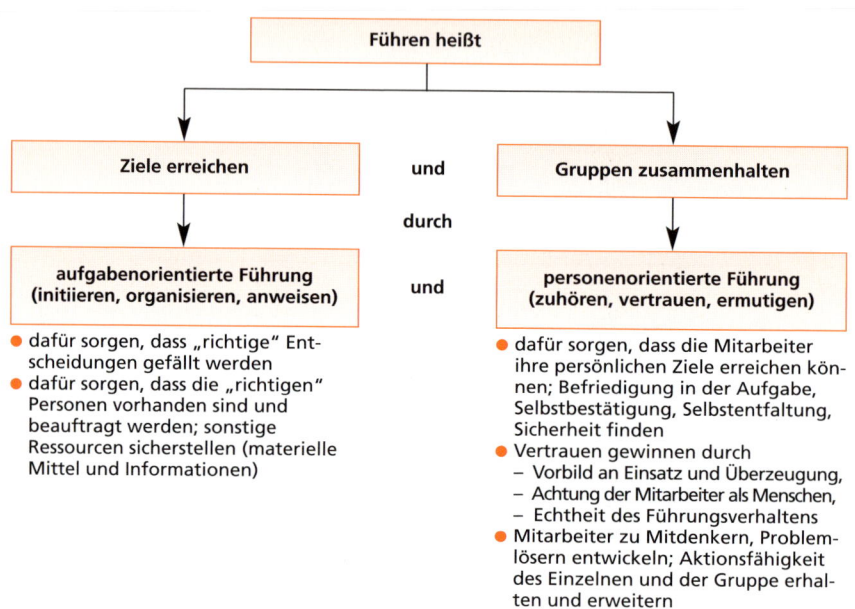

3.1   Führungsstil – wie du mir, so ich dir?

Die Art, wie eine Führungskraft Entscheidungen trifft, Anordnungen übermittelt und kontrolliert, wird als **Führungsstil** bezeichnet.

Die Wahl des richtigen Führungsstils richtet sich nach der Aufgabe, den Rahmenbedingungen (z.B. Unternehmensleitbild, Gruppenarbeit) und den Fähigkeiten der betroffenen Mitarbeiter. Er muss sowohl *aufgaben- als auch personenorientiert* sein.

Die Bandbreite möglicher Führungsstile bewegt sich zwischen den Polen **autoritär** und **laissez-faire** (machen lassen). Der kooperative Führungsstil liegt dazwischen.

Vorgesetzte mit **autoritärem Führungsstil** richten ihr Hauptaugenmerk auf den technischen Ablauf und die geforderte Leistungsmenge. Sie denken **aufgabenbezogen** und sehen ihre Untergebenen als Werkzeuge, die Leistungen zu bringen haben und unter Druck gesetzt werden müssen. Für sie sind Aufgabe und Zielrichtung vorrangig.

Der **kooperative** oder **demokratische Führungsstil** ist **personenbezogen**. Er geht von der Auffassung aus, dass durch die Wertschätzung des arbeitenden Menschen Begeisterung an der Arbeit selbst entsteht. Der Vorgesetzte geht auf die Menschen ein, mit denen er zusammenarbeitet, sorgt für ihre Belange (z.B. Beförderung) und stellt die Leistungsziele nicht fortwährend in den Vordergrund. Indem er seine Mitarbeiter fordert, fördert er sie gleichzeitig.

Merkmale des autoritären und kooperativen Führungsstils

Kriterium	Autoritärer Führungsstil	Kooperativer Führungsstil
Vorgesetzten-verhalten	• entscheidet alles allein unter Berufung auf seine Position (Amtsautorität) • befiehlt (beauftragt) bis in die Einzelheiten • lässt keine Kritik an seinen Entscheidungen zu • informiert die Untergebenen nur über das Notwendigste • erwartet in erster Linie: Pünktlichkeit, Ordnung, Aufrechterhaltung der Disziplin, Anerkennung der gegebenen Zustände	• berät Entscheidungen zusammen mit den Mitarbeitern, zeigt Alternativen auf und stellt sein Fachwissen zur Verfügung (Fachautorität) • empfiehlt und regt zur Selbstentscheidung in den Einzelheiten an • ist dankbar für Kritik und Anregungen • gibt Informationen weiter und berät die Mitarbeiter • erwartet in erster Linie: Zusammenarbeit, Mitdenken, Mitverantwortung
Verhalten der Untergebenen bzw. Mitarbeiter	• Gehorsam, Disziplin, hohe Leistung unter Druck, d.h. bei Anwesenheit des Vorgesetzten; Anpassung, ggf. Opposition • Gefahr einer schlechten Gruppenmoral („Radfahrerei", „Suche nach dem Sündenbock"); Wettbewerbsverhalten, ggf. Cliquenbildung, „Zuträgertum".	• bedingte Entscheidungsfreiheit – eingeengt durch Empfehlung, Anregung und Übereinkunft in der Gruppe • hohe Leistung – insbesondere hinsichtlich der Qualität – ohne ständige „Gängelei" durch den Vorgesetzten • stabile und gute Motivation in der Gruppe
Betriebsklima	• gespannte Atmosphäre • Untergebene sind in der Regel unzufrieden und daher apathisch oder aggressiv	• gelockerte Atmosphäre • Mitarbeiter sind in der Regel zufrieden und arbeiten freundlich und vertrauensvoll zusammen

Vor- und Nachteile des autoritären und kooperativen Führungsstils

	Autoritärer Führungsstil	Kooperativer Führungsstil
Vorteile	• klare, einheitliche und schnelle Entscheidungen • einfache und durchschaubare Trennung von Entscheidung und Ausführung	• höhere Entscheidungsqualität und einfachere Durchsetzung und Umsetzung • Identifikation der Mitarbeiter mit den Zielen, Entscheidungen und Maßnahmen führt zu geringen Fehlzeiten und geringer Fluktuation
Nachteile	• Denkfähigkeit der Untergebenen bleibt unausgenutzt • erzeugt Desinteresse an der Arbeit bei den Untergebenen	• Entscheidungen werden durch lange Diskussionen ggf. verzögert • verlangt von den Mitarbeitern entsprechende Qualifikation und ständiges Engagement

autoritärer und kooperativer Führungsstil

Merkmale

Vor- und Nachteile

situativer
Führungsstil

Ein zeitgemäßer Führungsstil besteht aus einem ganzen Bündel von Verhaltens-weisen und Stilen, mit dem die Führungskraft auf unterschiedliche Situationen angemessen reagieren kann. Dieser **„situative Führungsstil"** erlaubt eine große Bandbreite zwischen den Polen autoritär und laissez-faire.

„Klassischer" Führungsstil
geringe Bandbreite an Führungsstilen,
gleiche Reaktion auf unterschiedliche
Situationen

Autoritärer,
direkter
Führungsstil

Laissez-faire
Führungsstil

hohe Bandbreite an Führungsstilen, angepasste, erfolgreiche Reaktion auf
unterschiedliche Situationen = „Situativer" Führungsstil

3.2   Führungstechniken – Mitarbeiter fördern heißt, sie zu fordern

Führungs-
techniken

Die unterschiedlichen Formen zur Ausgestaltung des *kooperativen Führungsstils* werden als **Führungstechniken** bezeichnet. Im Laufe der Zeit haben sich mehrere Führungstechniken („Management by"-Techniken) entwickelt.

Die drei wichtigsten Führungstechniken

Management by
Exception,
Management by
Delegation,
Management by
Objectives

Führung durch Ausnah-meregelungen (Management by Exception)	Führung durch Aufga-benübertragung (Management by Delegation)	Führung durch Zielver-einbarung (Management by Objectives)
Dem Mitarbeiter wird Verantwortung für alle gewöhnlich auftreten-den Arbeiten übertra-gen. Übersteigt ein Pro-blem seinen festgelegten Entscheidungsspielraum, greift jedesmal der Vor-gesetzte ein.	Dem Mitarbeiter wird für die in seinem Ar-beitsbereich regelmäßig auftretenden Aufgaben Entscheidungsbefugnis erteilt. Der Vorgesetzte greift nur in kritischen Situationen ein.	Zwischen Vorgesetztem und Mitarbeiter werden gemeinsam Ziele festge-legt, die der Einzelne eigenverantwortlich zu erfüllen sucht. Der Vor-gesetzte wird nur bei Zielabweichungen einge-schaltet.
Voraussetzungen		
• Programmierbare Ent-scheidungsprozesse. • Definition der Ausnah-mefälle. • Klare Regelung der Zu-ständigkeiten.	• Delegationsbereit-schaft der Vorgesetz-ten. • Delegationsfähigkeit der Mitarbeiter. • Klare Aufgabendefini-tion. • Ausreichende Informa-tion der Mitarbeiter.	• Delegationsbereitschaft der Vorgesetzten und Mitarbeiter. • Zielorientierte Organi-sation (klar umrissene Ziele). • Ausreichende Informa-tion der Mitarbeiter.
Kritikpunkte		
• Vorgesetzte werden zu spät eingeschaltet (Ma-nagement by Surprise). • Tendenz zur Delegati-on nach oben. • Interessante Aufgaben bleiben den Vorgesetz-ten vorbehalten. • Es werden nur Misser-folge und Pannen nach oben gemeldet.	• Hierarchie wird zementiert. • Vorgesetzte delegie-ren nur Routineauf-gaben. • Horizontale Koopera-tion wird vernach-lässigt. • Statisch, aufgaben-orientiert.	• Gefahr des überhöhten Leistungsdrucks. • Zielbildungsprozess ist sehr aufwendig. • Tendenz zu „mess-baren" Zielen (qualita-tive Aspekte werden vernachlässigt). • Abteilungsübergrei-fende Ziele zu wenig berücksichtigt.

3.3   Führen von Gruppen – Teamgeist stiften

Führen von Gruppen

Erfolgreiche Ansätze der Gruppenarbeit (z. B. KVP-Gruppen, Qualitätszirkel, Fertigungsinseln) und Projektarbeit beweisen, dass Aufgaben auch ohne festgelegten (formalen) Führer erfüllt werden können. Damit stellt sich die Frage, ob auf Vorgesetzte und Führungshierarchien nicht ganz oder zumindest teilweise verzichtet werden kann. Führung erhält nur noch dann einen Sinn, wenn sie nicht festlegt, einengt und kontrolliert, sondern wenn sie initiiert, Handlungs- und Freiräume lässt und Ideen fördert. Wichtig ist dabei, dass die Ziele der Gruppe in einem **demokratischen Prozess** definiert und von den Mitgliedern akzeptiert werden. Wenn diese Ziele für jeden Einzelnen einen Sinn machen, dann können dynamische Gruppenprozesse ablaufen, bei denen jeder Mitarbeiter seine Energie zur Erreichung der gemeinsamen Ziele einsetzt.

Die Führungskraft trägt die Verantwortung für das Gelingen der Gruppenarbeit, d. h., sie

- stellt die Einbindung aller Mitarbeiter in die Gruppen sicher,
- fördert die effektive, zielorientierte Gruppenarbeit,
- unterstützt die Gruppen aktiv,
- sorgt dafür, dass Standards eingeführt und eingehalten werden.

Moderatoren (sie sind oft zugleich Gruppenmitglieder) schulen und betreuen die Gruppen. Sie bereiten die Gruppentreffs vor, vermitteln den Mitgliedern methodische Kenntnisse (z. B. Diskussions-, Visualisierungs-, Präsentationsregeln), unterstützen und motivieren die Gruppen bei Problemlösungen und überwachen die Einhaltung der vereinbarten Ziele und Standards.

Moderatoren

Spezielle **Trainer** sind wiederum für die Auswahl, Ausbildung, Betreuung und Beratung der Moderatoren zuständig und unterstützen auch den Vorgesetzten. Der Trainer gibt den Moderatoren in der Anfangsphase Hilfestellungen und übernimmt die Patenfunktion. Bei Schwierigkeiten sorgt er dafür, dass der Moderator vom Vorgesetzten unterstützt wird.

Trainer

3.4   Konfliktregelung – Stufenplan

Konfliktregelung

Konflikte kosten nicht nur (Arbeits-) Kraft und (Arbeits-) Zeit, sie sind auch deutliches Zeichen mangelnder Unternehmenskultur und bedrohen die Existenz des gesamten Unternehmens. Führungskräfte dürfen Konflikte nicht ignorieren, sie sollten in Konfliktsituationen eingreifen und alles daran setzen, zwischenmenschliche Konflikte aufzulösen oder den Betroffenen zu helfen, mit ihren Konflikten zu leben. Sollen Kommunikationsstörungen erfolgreich bewältigt werden, dann muss man schrittweise vorgehen.

Durch **Gestaltungsmaßnahmen** kann man die Austragung von Konflikten organisatorisch regeln, d. h. in die richtigen Bahnen lenken. Unvermeidliche Konflikte, unterschwellige Spannungen und unkontrollierte Reaktionen werden dadurch offen gelegt und kanalisiert. *Klare Kompetenzregelungen*, z. B. Stellenbeschreibungen mit dem Hinweis auf Zuständigkeiten, oder *verbesserter Informationsaustausch* (Einhaltung von Informationswegen) können helfen, Konflikte abzuschwächen oder aufzuheben. *Teamorientierte Organisationsformen*, z. B. Projektorganisation, verbessern die Kommunikation und damit die Austragung von Konflikten auf der horizontalen Hierarchieebene.

Steuerungsmaßnahmen setzen direkt an der konkreten betrieblichen Konfliktsituation an. Durch die direkte Beeinflussung des Verhaltens der Betroffen soll eine konstruktive Konfliktaustragung erreicht werden.

Stufenplan zur
Konfliktbewälti-
gung

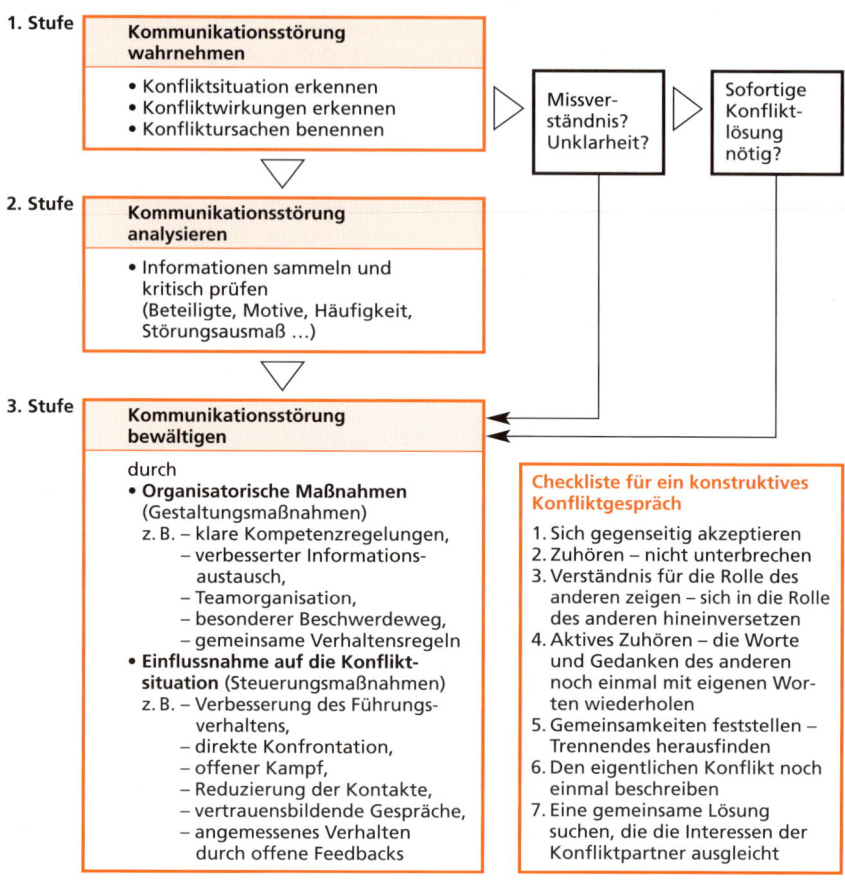

Stufenplan zur Bewältigung von Kommunikationsstörungen

1. Stufe

Kommunikationsstörung wahrnehmen

- Konfliktsituation erkennen
- Konfliktwirkungen erkennen
- Konfliktursachen benennen

Missverständnis? Unklarheit?

Sofortige Konfliktlösung nötig?

2. Stufe

Kommunikationsstörung analysieren

- Informationen sammeln und kritisch prüfen (Beteiligte, Motive, Häufigkeit, Störungsausmaß …)

3. Stufe

Kommunikationsstörung bewältigen

durch
- **Organisatorische Maßnahmen** (Gestaltungsmaßnahmen)
  z. B. – klare Kompetenzregelungen,
       – verbesserter Informationsaustausch,
       – Teamorganisation,
       – besonderer Beschwerdeweg,
       – gemeinsame Verhaltensregeln
- **Einflussnahme auf die Konfliktsituation** (Steuerungsmaßnahmen)
  z. B. – Verbesserung des Führungsverhaltens,
       – direkte Konfrontation,
       – offener Kampf,
       – Reduzierung der Kontakte,
       – vertrauensbildende Gespräche,
       – angemessenes Verhalten durch offene Feedbacks

Checkliste für ein konstruktives Konfliktgespräch

1. Sich gegenseitig akzeptieren
2. Zuhören – nicht unterbrechen
3. Verständnis für die Rolle des anderen zeigen – sich in die Rolle des anderen hineinversetzen
4. Aktives Zuhören – die Worte und Gedanken des anderen noch einmal mit eigenen Worten wiederholen
5. Gemeinsamkeiten feststellen – Trennendes herausfinden
6. Den eigentlichen Konflikt noch einmal beschreiben
7. Eine gemeinsame Lösung suchen, die die Interessen der Konfliktpartner ausgleicht

Vertrauensbildende Gespräche haben das Ziel, einen Ausgleich herbeizuführen. Wesentliche Voraussetzungen sind eine vertrauensvolle Atmosphäre, kooperatives Verhalten und ausreichend Zeit. Interessenausgleich bedeutet, dass beide Konfliktparteien ihr Verhalten ändern; beide müssen am Ende ein Erfolgserlebnis haben (Gewinner-Gewinner-Strategie).

4 Rechtliche Grundlagen des Arbeitsverhältnisses

4.1 Rechtliche Grundlagen im Überblick

Arbeitsvertrag

➔ NachwG § 2

Grundlage jeder arbeitsvertraglichen Beziehung ist in erster Linie der Einzelarbeitsvertrag zwischen Arbeitgeber und dem Arbeitnehmer. Die wesentlichen Vertragsbestimmungen müssen spätestens einen Monat nach Beginn des Arbeitsverhältnisses dem Arbeitnehmer in Schriftform ausgehändigt werden. Diese **Niederschrift** muss vom Arbeitgeber unterzeichnet sein und alle wesentlichen Arbeitsbedingungen enthalten. Das Nachweisgesetz gilt für Arbeitnehmer, die nicht zur Aushilfe beschäftigt werden und deren Beschäftigungsdauer 400 Stunden pro Jahr übersteigt.

In die Niederschrift sind mindestens aufzunehmen:

- Der Name und die Anschrift der Vertragsparteien,
- der Zeitpunkt des Beginns des Arbeitsverhältnisses,
- bei befristeten Arbeitsverhältnissen die vorhersehbare Dauer,
- der Arbeitsort,
- eine Tätigkeitsbeschreibung,
- die Zusammensetzung und die Höhe des Arbeitsentgeltes einschließlich der Zuschläge, Zulagen, Prämien usw.,
- die regelmäßige wöchentliche und tägliche Arbeitszeit,
- die Dauer des jährlichen Erholungsurlaubs,
- die Kündigungsfristen,
- ein Hinweis auf anzuwendende Tarif-, Betriebs- oder Dienstvereinbarungen.

Um Benachteiligungen des Arbeitnehmers zu vermeiden, liegen dem Arbeitsverhältnis zusätzlich kollektivvertragliche und gesetzliche Regelungen zugrunde:

→ **siehe Abschnitte 4.5, 4.4.3, 4.6**

- die **Betriebsordnung** des Unternehmens in Form einer Betriebsvereinbarung,
- der für die Branche geltende **Tarifvertrag**. Die Tarifbestimmungen stellen geltendes Recht dar. Sie sind **unabdingbar**, d.h., den Tarifbestimmungen widersprechende Abmachungen sind nichtig. Die Mindestbedingungen des Tarifvertrags dürfen in ihrem Inhalt nur zugunsten des Arbeitnehmers geändert werden.
- die **gesetzlichen Bestimmungen zum Arbeitsschutz**, z.B. Mutterschutzgesetz, Bundesurlaubsgesetz, Kündigungsschutzgesetz, Arbeitszeitgesetz.

Grundlagen des Arbeitsverhältnisses nach der Rangordnung der Rechtsquellen:

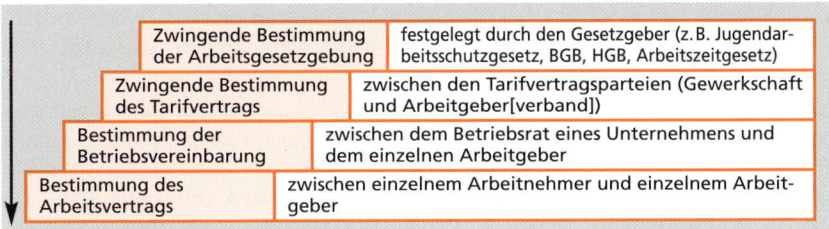

Zwingende Bestimmung der Arbeitsgesetzgebung	festgelegt durch den Gesetzgeber (z.B. Jugendarbeitsschutzgesetz, BGB, HGB, Arbeitszeitgesetz)
Zwingende Bestimmung des Tarifvertrags	zwischen den Tarifvertragsparteien (Gewerkschaft und Arbeitgeber[verband])
Bestimmung der Betriebsvereinbarung	zwischen dem Betriebsrat eines Unternehmens und dem einzelnen Arbeitgeber
Bestimmung des Arbeitsvertrags	zwischen einzelnem Arbeitnehmer und einzelnem Arbeitgeber

Die Rechtsprechung der Arbeitsgerichte füllt Lücken, die der Gesetzgeber bzw. die Tarif- oder Arbeitsvertragsparteien bewusst oder unbewusst offen gelassen haben. Gerade das Arbeitsrecht ist von der arbeitsgerichtlichen Rechtsprechung erheblich weiterentwickelt worden. Das **Richterrecht** stellt jedoch keine Rechtsquelle dar. Rechtsnormen können nur durch Gesetz, Vertrag oder betriebliche Übung (Gewohnheitsrecht) geschaffen werden.

4.2   Dauer des Arbeitsvertrags

Gewöhnlich werden zwischen Arbeitgeber und Arbeitnehmer **unbefristete Arbeitsverträge** abgeschlossen. In Betrieben mit mehr als 15 Mitarbeitern hat der Arbeitgeber den Arbeitnehmern Teilzeitarbeit zu ermöglichen.

unbefristeter Arbeitsvertrag
→ **TzBfG § 6**

Als Brücke zu unbefristeten Arbeitsverhältnissen werden zur Verbesserung der Flexibilität der Beschäftigung Arbeitsverträge zunehmend auf eine bestimmte Zeit geschlossen. **Befristete Arbeitsverträge** bedürfen der *Schriftform*.

befristeter Arbeitsvertrag
→ **TzBfG § 14**

Ein befristeter Arbeitsvertrag liegt vor, wenn seine Dauer

- kalendermäßig bestimmt ist *(kalendermäßige Befristung),* oder
- sich aus Art, Zweck oder Beschaffenheit der Arbeitsleistung ergibt *(Zweckbe-fristung).*

Die Befristung eines Arbeitsvertrags ist nach § 14 TzBfG zulässig, wenn sie durch einen sachlichen Grund gerechtfertigt ist. Ein sachlicher Grund liegt u.a. in folgenden Fällen vor:

- Bedarf an der Arbeitsleistung ist nur vorübergehend (z.B. Erntesaison, Inbetriebnahme einer neuen technischen Anlage);
- Anschlussbeschäftigung von Auszubildenden und Hochschulabsolventen soll erleichtert werden;
- Vertretung eines anderen Arbeitnehmers (z.B. bei Beurlaubung, Wehrdienst, Krankheit);
- Eigenart der Arbeitsleistung (z.B. bei Schauspielern, Sängern, Tänzern);
- Person des Arbeitnehmers (z.B. Nichtverlängerung der Aufenthaltserlaubnis, Überbrückung der Zeit bis zum Beginn einer bereits feststehenden anderen Tätigkeit);

→ KSchG § 1

- Probearbeitsverhältnis zur Feststellung der fachlichen und persönlichen Eignung; die Probezeit darf sechs Monate nicht überschreiten, weil dann der allgemeine Kündigungsschutz greift.

→ TzBfG § 14 (2)

Die kalendermäßige Befristung eines Arbeitsvertrags bedarf keines sachlichen Grundes, wenn der Arbeitsvertrag oder seine höchstens dreimalige Verlängerung die Gesamtdauer von **insgesamt** zwei Jahren nicht überschreitet. Eine Befristung ist nicht zulässig, wenn mit demselben Arbeitgeber bereits zuvor ein befristetes oder unbefristetes Arbeitsverhältnis bestanden hat (Verbot von Kettenverträgen). Die Befristung ist ohne sachlichen Grund möglich, wenn der Arbeitnehmer bei Beginn des befristeten Arbeitsverhältnisses das 58. (bis 31.12.2006: 52.) Lebensjahr vollendet hat.

Existenzgründer können in den ersten vier Jahren des Bestehens ihrer Unternehmung befristete Arbeitsverträge mit Arbeitnehmern bis zur Dauer von vier Jahren ohne Sachgrund abschließen [TzBfG § 14 (2a)]. Innerhalb dieser Gesamtdauer ist auch eine mehrfache Verlängerung des befristeteten Arbeitsvertrags möglich.

4.3   Rechte und Pflichten aus dem Arbeitsvertrag

→ BGB § 611ff.
→ HGB § 59ff.

Die Rechte und Pflichten aus dem Arbeitsvertrag sind im BGB und für den Handlungsgehilfen (kaufmännischen Angestellten) im HGB geregelt. Die Pflichten des Arbeitnehmers sind zugleich die Pflichten des Arbeitgebers und umgekehrt.

Pflichten des Arbeitnehmers

→ BGB § 613

Arbeit	Alle im Rahmen seines Arbeitsvertrags anfallenden Arbeiten muss der Arbeitnehmer sorgfältig, nach bestem Wissen und Können ausführen. Die vereinbarte Arbeit ist persönlich zu leisten.
Treue	Hieraus ergibt sich die Verpflichtung, nach besten Kräften für die Interessen des Unternehmens zu arbeiten. Aufgrund der Treuepflicht kann es dem Arbeitnehmer z.B. zugemutet werden, Überstunden zu leisten.

Gehorsam	Der Arbeitgeber hat Weisungsbefugnis, die sich aber nur auf das Arbeitsverhältnis bezieht. Er kann in einem bestimmten Rahmen auch das Verhalten des Arbeitnehmers bestimmen, z. B. Rauchverbot.	
Verschwiegenheit und Unbestechlichkeit	Geschäftsgeheimnisse wie Bezugsquellen, Löhne, Umsätze, Gewinne, Privatentnahmen dürfen weder leichtfertig ausgeplaudert noch gegen Schmiergelder verraten werden. Wird die Verschwiegenheit verletzt, so hat der Arbeitgeber die Möglichkeit, auf Schadenersatz und Unterlassung zu klagen. Außerdem ist meist eine fristlose Entlassung zu erwarten.	→ UWG § 17 (2)
Einhaltung des gesetzlichen Wettbewerbsverbots (Konkurrenzverbot)	Der Angestellte darf nebenher ohne Einwilligung seines Arbeitgebers kein Handelsgewerbe betreiben oder im Geschäftszweig seines Arbeitgebers Geschäfte für eigene oder fremde Rechnung machen[1].	gesetzliches Wettbewerbsverbot → HGB § 60
Einhaltung des vertraglichen Wettbewerbsverbots (Konkurrenzklausel)	Damit der Angestellte nach Ausscheiden seinem bisherigen Arbeitgeber keine Konkurrenz macht, kann ein Wettbewerbsverbot für längstens zwei Jahre vereinbart werden (Schriftform!). Es darf aber das berufliche Fortkommen und die neue Arbeitsplatzwahl nicht wesentlich erschweren. Außerdem muss eine angemessene Entschädigung für Minderverdienst bezahlt werden. Das **vertragliche Wettbewerbsverbot** wird **unwirksam**, wenn der Angestellte wegen eines wichtigen Grundes kündigt.	vertragliches Wettbewerbsverbot → HGB §§ 74 a, 75
Beschäftigung	Der Arbeitnehmer kann verlangen, entsprechend der vereinbarten Tätigkeit vom Arbeitgeber beschäftigt zu werden. Dazu gehört auch das Recht auf Beschäftigung an einem bestimmten Arbeitsplatz.	Rechte des Arbeitnehmers
Vergütung	Zahlung des **Gehalts** am Ende jedes Monats. Zu festen Beträgen können noch Provisionen, Gewinnbeteiligungen, Weihnachtsgratifikationen und dgl. kommen. Bei Krankheit muss das Gehalt bis zu sechs Wochen weitergezahlt werden (BGB § 611, EntgFG; Überstundenvergütungen und Sonderzahlungen werden nicht berücksichtigt). Frauen und Männer müssen für gleichwertige Arbeit die gleiche Vergütung erhalten.	→ HGB § 64 → BGB § 612
Fürsorge	Der Arbeitsplatz, an dem der Angestellte täglich viele Stunden verbringt, darf nicht gesundheitsgefährdend sein. Helle, saubere Büros werden als ebenso unabdingbar angesehen wie einwandfreie sanitäre Anlagen. Ein gutes Betriebsklima wirkt leistungssteigernd und soll dazu beitragen, dass Anstand und Sitte gewahrt werden. Der Angestellte muss zur Sozialversicherung angemeldet werden.	Fürsorge → HGB § 62
Urlaub	Der nach dem Bundesurlaubsgesetz bzw. dem Jugendarbeitsschutzgesetz zustehende Urlaub ist zu gewähren. Am 1. Januar noch nicht 16 Jahre: 30 Werktage Am 1. Januar noch nicht 17 Jahre: 27 Werktage Am 1. Januar noch nicht 18 Jahre: 25 Werktage Am 1. Januar über 18 Jahre: 24 Werktage	Urlaub → JArbSchG § 19 → BUrlG §§ 5, 7

[1] Nach neuerer Rechtsprechung des BAG ist lediglich die selbstständige Tätigkeit in derselben Branche des Arbeitgebers verboten, d.h. der Arbeitnehmer kann in einer fremden Branche ohne Einwilligung des Arbeitgebers tätig sein.

Arbeitszeugnis
➜ BGB § 630
➜ HGB § 73

Arbeitszeugnis	Bei der Beendigung eines unbefristeten Dienstverhältnisses kann der Arbeitnehmer ein schriftliches Zeugnis über Art und Dauer seiner Tätigkeit **(einfaches Zeugnis)** verlangen. Auf Verlangen ist das Zeugnis auf die Führung und die Leistungen auszudehnen **(qualifiziertes Zeugnis).**
Gleichbehandlung	Mann und Frau dürfen wegen ihres Geschlechts nicht unterschiedlich behandelt werden. Ebenso ist die Benachteiligung wegen Inanspruchnahme von Rechten aus dem Teilzeitarbeitsgesetz unzulässig.

➜ BGB § 611a

➜ TzBfG § 5

4.4   Beendigung des Arbeitsverhältnisses – Personalfreisetzung

Im Regelfall vereinbaren Arbeitgeber und Arbeitnehmer eine **Probezeit.** Der Arbeitgeber kann in dieser Zeit feststellen, ob der Arbeitnehmer den Anforderungen des Arbeitsplatzes gewachsen ist. Der Arbeitnehmer kann sich vergewissern, ob ihm die Verhältnisse im Betrieb und seine Arbeit zusagen. Während der Probezeit kann das Arbeitsverhältnis ohne Angabe eines Grundes wieder aufgelöst werden. Die Probezeit darf sechs Monate nicht überschreiten, weil dann der allgemeine Kündigungsschutz greift.

➜ TzBfG § 15
Ein *kalendermäßig befristeter Arbeitsvertrag* endet mit **Ablauf der vereinbarten Zeit**. Ein *zweckbefristeter Arbeitsvertrag* endet mit **Erreichen des Zwecks**, wenn der Arbeitgeber dem Arbeitnehmer diesen Zeitpunkt mindestens zwei Wochen vorher schriftlich mitgeteilt hat. Wird ein kalender- oder zweckbefristetes Arbeitsverhältnis mit Wissen des Arbeitgebers fortgesetzt, so gilt es als unbefristetes Arbeitsverhältnis, wenn der Arbeitgeber nicht unverzüglich widerspricht. Ein *unbefristeter Arbeitsvertrag* kann „im gegenseitigen Einvernehmen" durch Abschluss eines **Auflösungsvertrags** (Aufhebungsvertrags) oder durch **Kündigung** beendet werden. Auflösungsvertrag und Kündigung bedürfen der *Schriftform*. Die Kündigung ist eine empfangsbedürftige Willenserklärung, die erst zu dem Zeitpunkt wirksam wird, an dem sie dem Gekündigten ausgehändigt worden ist.

Auflösungs-
vertrag,
Aufhebungs-
vertrag,
Kündigung

➜ BGB § 623

4.4.1   Ordentliche Kündigung

Jede ordentliche Kündigung ist an Fristen gebunden, die sich aus dem Gesetz oder aus dem Arbeits- bzw. Tarifvertrag ergeben.

- **Gesetzliche Kündigung:** Sowohl Arbeitnehmer als auch Arbeitgeber müssen die gesetzlichen Kündigungsfristen beachten.

Grundkündi-
gungsfristen
➜ BGB § 622
(1), (3)

Grundkündigungsfristen

während der Probezeit	zwei Wochen (= 14 Tage) zu jedem Termin
nach der Probezeit	vier Wochen (= 28 Tage) zum 15. oder Ende eines Kalendermonats

BEISPIEL

Fall 1: Peter Müller kündigt innerhalb der Probezeit am Montag, den 26. März. Das Arbeitsverhältnis ist am Montag, den 9. April beendet.

Fall 2: Wäre die Probezeit bereits abgelaufen, dann wäre frühestens der 30. April sein letzter Arbeitstag (bis zum 15. April sind es weniger als vier Wochen). Er müsste spätestens am 2. April kündigen (2. April bis 30. April = 28 Tage).

- **Tarifvertragliche Kündigung:** In Tarifverträgen dürfen die Tarifpartner (i. d. R. Arbeitgeberverbände und Gewerkschaften) abweichende Regelungen vereinbaren. Dabei können die Grundkündigungsfristen auch verkürzt werden.
- **Einzelvertragliche Kündigung:** In Arbeitsverträgen dürfen die Grundkündigungsfristen verlängert werden. Allerdings darf für den Arbeitnehmer keine längere Frist vereinbart werden als für den Arbeitgeber.

Eine **Verkürzung** der Grundkündigungsfristen ist nur zugelassen, wenn der

- Arbeitnehmer zur Aushilfe und nicht länger als drei Monate eingestellt ist,
- Arbeitgeber in der Regel *nicht mehr als 20 Arbeitnehmer* (ohne Azubi und Beschäftigte mit einer Arbeitszeit bis zehn Stunden) beschäftigt und die Kündigungsfrist *vier Wochen* nicht unterschreitet.

4.4.2 Außerordentliche Kündigung

Sowohl der Arbeitnehmer als auch der Arbeitgeber können das Arbeitsverhältnis **fristlos** kündigen, wenn ein **wichtiger Grund** vorliegt. Die Einhaltung der Kündigungsfrist muss für einen der Beteiligten unzumutbar sein.

Die fristlose Kündigung muss *innerhalb von zwei Wochen* nach Vorliegen des Kündigungsgrundes ausgesprochen werden. Auf Verlangen ist der Kündigungsgrund schriftlich mitzuteilen.

Wichtige Kündigungsgründe für eine außerordentliche Kündigung

Arbeitnehmer	Grobe Beleidigung, Verweigerung der Gehaltszahlung, grobe Verletzung der Fürsorgepflicht, Tätlichkeiten, Anstiftung zu strafbaren Handlungen usw.
Arbeitgeber	Grobe Beleidigung, Arbeitsverweigerung, grobe Verletzung der Treuepflicht, grobe Verletzung des Wettbewerbsverbots oder der Schweigepflicht, Tätlichkeiten.

4.4.3 Kündigungsschutz – kein Heuern und Feuern

Der Kündigungsschutz gilt in Betrieben mit mehr als zehn Arbeitnehmern, wenn der Betrieb ab dem 1. Januar 2004 neue Arbeitskräfte einstellt (KSchG § 23). Für die vor dem 1. Januar 2004 bereits Beschäftigten greift der Kündigungsschutz bereits ab dem sechsten Arbeitnehmer. Bei der Feststellung der Beschäftigtenzahl zählen Auszubildende nicht mit, Teilbeschäftigte zählen nur mit Bruchteilen.

■ *Allgemeiner Kündigungsschutz*

Den allgemeinen Schutz vor **sozial ungerechtfertigter Kündigung** genießen alle **Arbeitnehmer**, sofern sie *länger als sechs Monate* ohne Unterbrechung in demselben Betrieb beschäftigt sind. Kündigungen sind nach dem KSchG nur zulässig (sozial gerechtfertigt), wenn sie *verhaltens-, personen- oder betriebsbedingt sind* und der Betriebsrat gehört wurde.

- **Verhaltensbedingte Kündigung**

Fehlhandlungen eines Arbeitnehmers können Pflichtverletzungen des Arbeitsvertrags (z. B. beharrliche Arbeitsverweigerung, Verrat von Betriebsgeheimnissen, Verstoß gegen das Wettbewerbsverbot) oder *Verstöße gegen die betriebliche Ordnung* (z. B. Störung des Betriebsfriedens, wiederholte Unpünktlichkeit, Alkoholmissbrauch, strafbare Handlungen) sein.

Bei verhaltensbedingten Kündigungen muss der Arbeitgeber beweisen, dass er sich bemüht hat, das beanstandete Verhalten zu korrigieren. Dies kann durch eine *Abmahnung* geschehen, in der auf das missbilligte Verhalten aufmerksam gemacht

---

Randspalte:

tarifvertragliche Kündigung
→ BGB § 622 (4)

einzelvertragliche Kündigung
→ BGB § 622 (5)

außerordentliche Kündigung
→ BGB § 626

Kündigungsgründe

Kündigungsschutz
→ KSchG § 23

allgemeiner Kündigungsschutz
sozial ungerechtfertigte Kündigung
→ KSchG § 1 (1), (2)

verhaltensbedingte Kündigung

Abmahnung

wird, mit dem Hinweis, dass im Wiederholungsfall die Kündigung folgt. Bevor der Arbeitgeber endgültig kündigt, muss er prüfen, ob eine anderweitige Lösung für den Arbeitnehmer möglich ist.

personen-bedingte Kündigung

● **Personenbedingte Kündigung**

Wenn die Ursachen für die *beschränkte Einsatzmöglichkeit und Leistungsfähigkeit* in der Person des Arbeitnehmers liegen, dann kann dies eine Kündigung rechtfertigen. Solche personenbedingte Gründe sind z.B. häufige Kurzerkrankungen, lange Krankheit, dauernde Arbeitsunfähigkeit durch Verlust des Führerscheins, Leistungsminderung wegen Alkohol- oder Drogenabhängigkeit, Fehlen einer Arbeitserlaubnis, fehlende Eignung, mangelhafte Leistung.

Bevor der Arbeitgeber kündigt, muss er prüfen, ob die Störung des Betriebsablaufs erheblich ist und ob diese nicht durch Überbrückungsmaßnahmen (z.B. Personalreserve, Therapie) oder eine mildere Art der Konfliktlösung verhindert werden kann. Zusätzlich muss durch eine *Prognose* festgestellt werden, dass sich am Zustand des Arbeitnehmers langfristig nichts ändert.

betriebs-bedingte Kündigung
→ **KSchG § 1 (3)**

● **Betriebsbedingte Kündigung**

Voraussetzung einer betriebsbedingten Kündigung ist, dass der konkrete Arbeitsplatz tatsächlich wegfällt. Betriebsbedingte Kündigungen können außerbetriebliche Ursachen (z.B. Auftragsrückgang, Energie-, Rohstoffmangel) oder innerbetriebliche Ursachen (z.B. Rationalisierungsmaßnahmen, organisatorische Veränderungen, Betriebsverlagerung bzw. -stilllegung) haben.

Vor der Kündigung ist zu prüfen, ob eine anderweitige Verwendung möglich ist oder ob die Kündigung durch mildere Maßnahmen wie Versetzung, Umschulung, Arbeitszeitverkürzung, Arbeitsstreckung, Kurzarbeit, Abbau von Überstunden vermeidbar ist. Ist die Kündigung trotzdem unvermeidbar, dann muss unter den zu kündigenden vergleichbaren Mitarbeitern eine „**Sozialauswahl**" vorgenommen

Sozialauswahl
→ **BetrVG §§ 112, 112a**
→ **KSchG § 1 (3)**

werden. Dabei sind Lebensalter, Dauer der Betriebszugehörigkeit, Schwerbehinderung und Unterhaltspflichten des Arbeitnehmers zu berücksichtigen. In die Sozialauswahl sind diejenigen Arbeitnehmer nicht einzubeziehen, deren Weiterbeschäftigung im berechtigten betrieblichen Interesse liegt (z.B. besondere Fähigkeiten, Kenntnisse und Leistungen).

Die Sozialauswahl auf Basis eines Punktesystems ist rechtlich umstritten, da es die konkreten Umstände des Einzelfalls zu wenig berücksichtigt.

besonderer Kündigungsschutz

■ *Besonderer Kündigungsschutz*

Dieser gilt nur, *wenn der Arbeitgeber* kündigt. Kündigt der Arbeitnehmer, so muss er sich lediglich an die ordentlichen Kündigungsfristen halten.

Folgender Personenkreis genießt einen besonderen Kündigungsschutz:

geschützter Personenkreis	Schutzbestimmungen
● **Auszubildende**	Nach Ablauf der Probezeit ist nur noch eine außerordentliche Kündigung möglich.
● **Mitglieder des Betriebsrats und der Jugend- und Auszubildendenvertretung**	Während der Amtszeit und dem darauf folgenden Jahr ist nur eine außerordentliche Kündigung möglich. Der Betrieb muss die Auszubildendenvertreter übernehmen, wenn er ihnen nicht drei Monate vor Abschluss der Ausbildung schriftlich kündigt.

→ **BBiG § 22**

→ **KSchG § 15,**
→ **BetrVG § 78a**

geschützter Personenkreis	Schutzbestimmungen	
● **werdende Mütter bzw. Mütter**	Keine Kündigung während der Schwangerschaft (sofern der Arbeitgeber von ihr Kenntnis hat oder innerhalb zwei Wochen nach der Kündigung davon Kenntnis erlangt), während vier Monaten nach der Entbindung und während des Erziehungsurlaubs (auch nicht aus wichtigem Grund).	→ MuSchG § 9 → BErzGG § 18
● **Schwer-behinderte (50 % Erwerbs-minderung)**	Kündigung nur mit Zustimmung der Fürsorgestelle. Die Kündigungsfrist muss mindestens vier Wochen betragen. Eine außerordentliche Kündigung ist möglich.	→ SchwbG § 15
● **Wehr- und Zivildienst-leistende**	Für die Dauer der Grunddienstzeit und während der Wehrübungen ist keine Kündigung möglich.	→ ArbplSchG § 2
● **langjährig Beschäftigte**	Besondere Kündigungsfristen je nach Beschäftigungsdauer. Die Beschäftigungsdauer rechnet erst ab der Zeit, die nach der Vollendung des 25. Lebensjahres liegt.	→ BGB § 622 (2)

Verlängerte Kündigungsfristen des Arbeitgebers bei langjährig Beschäftigten nach BGB § 622 (2)

verlängerte Kündigungsfristen

Beschäftigungs-zeit ab	2 Jahre	5 Jahre	8 Jahre	10 Jahre	12 Jahre	15 Jahre	20 Jahre
Kündigungsfrist jeweils zum Monatsende	1 Monat	2 Monate	3 Monate	4 Monate	5 Monate	6 Monate	7 Monate

BEISPIEL

Anja Wurz ist 30 Jahre alt und seit zehn Jahren als Buchhalterin im selben Betrieb beschäftigt. Sie erhält am 20. Juni die Kündigung (es liegt kein wichtiger Grund vor).

Ihr Arbeitsverhältnis ist erst am 31. August beendet. Die Beschäftigungszeit zählt erst ab dem 25. Lebensjahr; d.h., es zählen nur fünf Jahre; die entsprechende Kündigungsfrist beträgt zwei Monate.
Frau Wurz kann selbst am 20. Juni zum 31. Juli kündigen (vier Wochen zum Monatsende).

In allen Fällen einer einzelfallbezogenen Freisetzung, die auf eine Umsetzung oder eine Änderungskündigung hinauslaufen, ist eine Anhörung des **Betriebsrats** erforderlich. Dabei sind die ausschlaggebenden Gründe mitzuteilen. Ohne Anhörung des Betriebsrats ausgesprochene Kündigungen sind unwirksam. Der Betriebsrat kann einer ordentlichen Kündigung widersprechen, wenn soziale Gesichtspunkte nicht ausreichend berücksichtigt wurden oder wenn gegen die betriebliche Auswahlrichtlinie verstoßen wurde. Auch wenn der Arbeitnehmer (ggf. nach Umschulung und/oder mit Vertragsänderung) an einem anderen Arbeitsplatz im Unternehmen weiterbeschäftigt wird, ist ein Widerspruch möglich).

Eine Kündigung ist aber trotz Widerspruches des Betriebsrats möglich; dem gekündigten Arbeitnehmer bleibt dann nur die Möglichkeit einer Kündigungsschutzklage vor dem Arbeitsgericht. Hat er diese eingereicht, kann er im Regelfall seine Weiterbeschäftigung bis zum Abschluss des Rechtsstreits verlangen.

Anhörung des Betriebsrats
→ BetrVG § 102
   BetrVG § 99
→ BetrVG § 102 (1)
→ KSchG § 1
→ BetrVG § 95

→ BetrVG § 102 (3)

→ BetrVG § 102 (5)

Kündigungs-
schutzverfahren
➡ KSchG § 3
➡ KSchG § 4

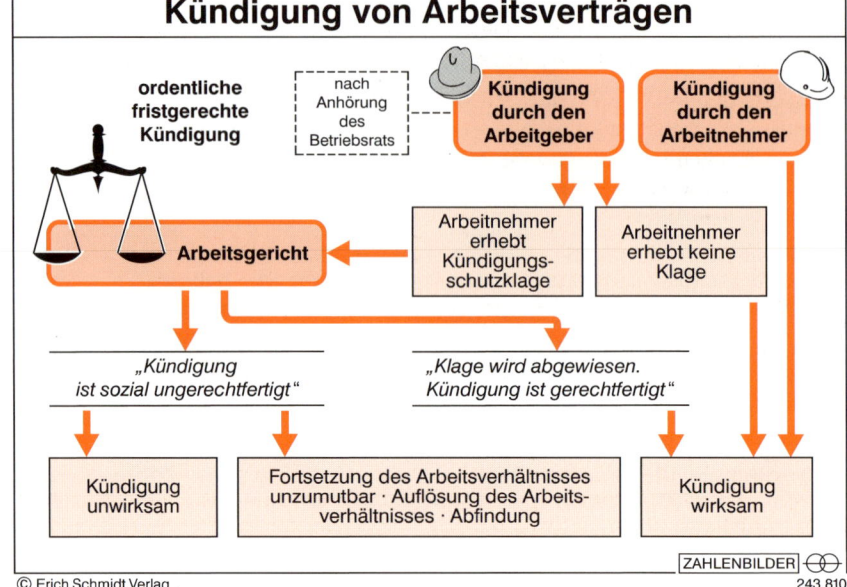

Kündigung von Arbeitsverträgen

ordentliche
fristgerechte
Kündigung

nach
Anhörung
des
Betriebsrats

Kündigung
durch den
Arbeitgeber

Kündigung
durch den
Arbeitnehmer

Arbeitsgericht

Arbeitnehmer
erhebt
Kündigungs-
schutzklage

Arbeitnehmer
erhebt keine
Klage

„Kündigung
ist sozial ungerechtfertigt"

„Klage wird abgewiesen.
Kündigung ist gerechtfertigt"

Kündigung
unwirksam

Fortsetzung des Arbeitsverhältnisses
unzumutbar · Auflösung des Arbeitsverhältnisses · Abfindung

Kündigung
wirksam

ZAHLENBILDER

© Erich Schmidt Verlag

243 810

Tarifvertrag

4.5   Tarifvertragliche Regelungen

4.5.1   Abschluss und Beendigung des Tarifvertrags

Im **Tarifvertrag** vereinbaren die Tarifvertragsparteien ihre Rechte und Pflichten sowie Vorschriften über Inhalt, Abschluss, Beendigung von Arbeitsverhältnissen und über betriebliche und betriebsverfassungsrechtliche Fragen. Im Gegensatz zum Arbeitsvertrag, der mit einem einzelnen Arbeitnehmer abgeschlossen wird (Einzelarbeitsvertrag), gilt der Tarifvertrag für eine ganze Gruppe von Arbeitnehmern **(Kollektivarbeitsvertrag).** Der Tarifvertrag bedarf der *Schriftform* und muss im Betrieb ausgelegt werden.

➡ TVG § 1

Kollektivarbeits-
vertrag

Tarifvertrags-
parteien
Tariffähigkeit

➡ TVG § 2

Tarifvertragsparteien, und damit **tariffähig,** sind Gewerkschaften, einzelne Arbeitgeber sowie Vereinigungen von Arbeitgebern. Zusammenschlüsse von Gewerkschaften und von Vereinigungen von Arbeitgebern, so genannte Spitzenorganisationen, können im Namen der ihnen angeschlossenen Verbände Tarifverträge abschließen, wenn sie eine entsprechende Vollmacht haben. Sie sind aber auch selbst tariffähig, wenn der Abschluss von Tarifverträgen zu ihren satzungsgemäßen Aufgaben gehört. Die Tarifvertragsparteien handeln Tarifverträge in eigener Verantwortung ohne Einmischung des Staates aus **(Tarifautonomie).** Die Tarifautonomie ist durch das Grundrecht der Vereinigungsfreiheit garantiert.

Tarifautonomie
➡ GG Art. 9

Spitzen-
organisationen
der Arbeit-
nehmer- und
Arbeitgeberseite

Arbeitnehmer-organisationen (Gewerkschaften)	• **DGB** (Deutscher Gewerkschaftsbund) besteht aus vielen Einzelgewerkschaften, z. B. Verdi (Vereinte Dienstleistungsgewerkschaft); *IG Metall* (Industriegewerkschaft Metall); *IG Bergbau-Chemie-Energie; IG Bauen-Agrar-Umwelt.* • **DBB** (Deutscher Beamtenbund) • **CGB** (Christlicher Gewerkschaftsbund)
Arbeitgeber-organisationen (Verbände)	**BDA** (Bundesvereinigung der Deutschen Arbeitgeberverbände) mit 15 tariffähigen Landes- und 50 regionalen Fachverbänden, z. B. Bundesverband des Groß- und Außenhandels mit zahlreichen Landes- und Fachverbänden, Gesamtmetall (Gesamtverband der metallindustriellen Arbeitgeberverbände) mit Landes- und Fachverbänden

Die Tarifvertragsparteien (Koalitionen) müssen von der Gegnerseite unabhängig und gegnerfrei organisiert sein. Gewerkschaften müssen laut einem Urteil des BAG eine ausreichende Durchsetzungsfähigkeit (Gegenmächtigkeit) besitzen.

Tarifgebunden sind nur die Mitglieder der Tarifvertragsparteien. Für sie gilt der Tarifvertrag unmittelbar und zwingend (Grundsatz der **Unabdingbarkeit**). Abweichende Abmachungen sind nur zulässig, wenn sie durch den Tarifvertrag gestattet sind (**Öffnungsklausel**) oder wenn sie Regelungen zugunsten der Arbeitnehmer enthalten (**Günstigkeitsprinzip**).

Auf Antrag einer Tarifvertragspartei kann der Bundesminister für Wirtschaft und Arbeit im Einvernehmen mit dem **Tarifausschuss** (je drei Arbeitgeber-, Arbeitnehmervertreter) einen Tarifvertrag für **allgemein verbindlich** erklären, wenn

- die tarifgebundenen Arbeitgeber mindestens 50 % der unter dem Geltungsbereich des Tarifvertrags fallenden Arbeitnehmer beschäftigen und
- die Allgemeinverbindlichkeit im öffentlichen Interesse geboten erscheint.

Mit der **Allgemeinverbindlichkeitserklärung** erfassen die Rechtsnormen des Tarifvertrags in seinem Geltungsbereich auch die bisher nicht tarifgebundenen Arbeitgeber und Arbeitnehmer. Die Erklärung der Allgemeinverbindlichkeit sowie deren Aufhebung müssen öffentlich bekannt gemacht werden. Der Bundesminister kann dieses Recht auf die entsprechenden Landesminister übertragen. Die Allgemeinverbindlichkeit kann sich auf den gesamten Tarifvertrag, aber auch nur auf einzelne Bestimmungen beziehen.

Tarifbindung
→ TVG §§ 3, 4
BetrVG § 77 (3)
Unabdingbarkeit
Öffnungsklausel
Günstigkeitsprinzip
Tarifausschuss

→ TVG § 5

Allgemeinverbindlichkeitserklärung

Tarifverhandlungen mit Kampfmaßnahmen

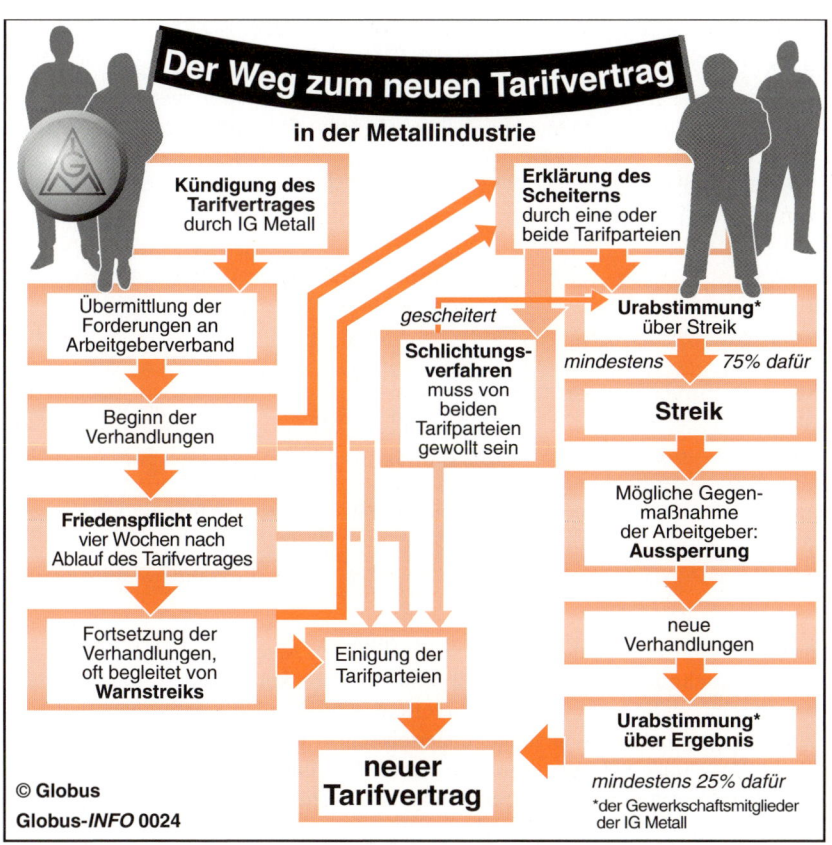

Der Weg zum neuen Tarifvertrag
in der Metallindustrie

Kündigung des Tarifvertrages
durch IG Metall

Erklärung des Scheiterns
durch eine oder beide Tarifparteien

Übermittlung der Forderungen an Arbeitgeberverband

gescheitert

Urabstimmung*
über Streik

Schlichtungsverfahren
muss von beiden Tarifparteien gewollt sein

mindestens *75 % dafür*

Beginn der Verhandlungen

Streik

Friedenspflicht endet vier Wochen nach Ablauf des Tarifvertrages

Mögliche Gegenmaßnahme der Arbeitgeber: **Aussperrung**

Fortsetzung der Verhandlungen, oft begleitet von **Warnstreiks**

Einigung der Tarifparteien

neue Verhandlungen

neuer Tarifvertrag

Urabstimmung*
über Ergebnis

mindestens 25 % dafür
*der Gewerkschaftsmitglieder der IG Metall

© Globus
Globus-*INFO* 0024

Der Tarifvertrag endet mit Ablauf der Zeit, für die er vereinbart war. Ist er auf unbestimmte Zeit abgeschlossen, dann endet er mit einer wirksamen Kündigung. Die maximale Dauer eines unbefristeten Tarifvertrags beträgt nach vorherrschender Auffassung (in Anlehnung an § 39 BGB) nicht länger als zwei Jahre. Nach Ablauf des Tarifvertrags gelten seine Vereinbarungen weiter, bis sie durch eine andere Abmachung ersetzt werden (Grundsatz der **Nachwirkung**).

→ BGB § 39

Nachwirkung

4.5.2 Arten und Funktionen des Tarifvertrags

Tarifvertragsarten

Tarifverträge können nach den beteiligten Tarifvertragsparteien, nach ihrem Inhalt und nach dem Tarifgebiet unterschieden werden.

Tarifverträge gelten in der Regel nur für einen bestimmten Wirtschaftszweig (fachlicher Geltungsbereich) und erfassen dort alle organisierten Arbeitnehmer, auch wenn ihr Tätigkeitsbereich mit dem speziellen Wirtschaftsbereich (z.B. Metall) nicht direkt zu tun hat (z.B. Pförtner, Reinigungspersonal usw.). Im Falle der **Tarifkonkurrenz** (der Arbeitgeber fällt in den Geltungsbereich mehrerer Tarifverträge) wird nach den Grundsätzen der **Tarifeinheit** und **Tarifvertragsspezialität** der sachfernere Tarifvertrag durch den sachnäheren verdrängt. Dabei ist ein Firmentarifvertrag immer spezieller (sachnäher) als ein Flächentarifvertrag.

Tarifkonkurrenz
Tarifeinheit, Tarifvertragsspezialität

Unterscheidungsmerkmal	Tarifvertragsarten
Tarifvertragsparteien	**Firmen- oder Haustarifvertrag:** Tarifvertrag zwischen einer Einzelgewerkschaft und einem einzelnen Arbeitgeber (z.B. VW, IBM) **Verbandstarifvertrag:** Tarifvertrag zwischen einer Einzelgewerkschaft und einem Arbeitgeber-Fachverband (z.B. Verdi mit dem Bundesverband des Deutschen Groß- und Außenhandels)
Vertragsinhalt	**Vergütungstarifvertrag:** regelt die Höhe der Löhne und Gehälter und der Ausbildungsvergütungen (die Laufzeit beträgt meist ein Jahr) **Mantel- und Rahmentarifvertrag:** regelt allgemeine Arbeitsbedingungen wie Wochenarbeitszeit, Urlaubsdauer und Urlaubsgeld, Einteilung der Lohn- und Gehaltsgruppen, Kündigungsfristen usw. (die Laufzeit beträgt meist mehrere Jahre).
Tarifgebiet	**Bundestarifvertrag:** gilt für das gesamte Bundesgebiet (z.B. Bundesangestelltentarifvertrag BAT) **Landestarifvertrag:** gilt für ein bestimmtes Bundesland **Bezirkstarifvertrag:** gilt für einen bestimmten Tarifbezirk (ein Bundesland ist in der Regel in mehrere Tarifbezirke aufgeteilt)

Gleichbehandlung

Für nichtorganisierte gibt es keinen tarifrechtlichen Anspruch aus dem Grundsatz der **Gleichbehandlung**. Im Regelfall besteht jedoch keine beiderseitige Tarifbindung durch Mitgliedschaft in den tarifvertragsschließenden Koalitionen. In diesen Fällen ist es üblich, dass in standardisierten schriftlichen Arbeitsverträgen auf tarifliche Regelungen Bezug genommen wird. Die meisten Arbeitgeber gewähren allen Arbeitnehmern die Tarifbedingungen, unabhängig davon, ob sie gewerkschaftlich organisiert sind oder nicht.

Der einheitliche Tarifvertrag für ganze Branchen und Regionen (**Flächentarifvertrag**) gerät in letzter Zeit zunehmend unter Druck. Die Arbeitgeberverbände fordern die „Flexibilität des Flächentarifs" und wollen den Betrieben bzw. den Betriebsräten mehr Gestaltungsrechte bei den tariflichen Kernfragen, wie Bezahlung und Arbeitszeit, einräumen. Die Gewerkschaften verweisen darauf, dass mit der Abschaffung der Unabdingbarkeit des Tarifvertrags ein Häuserkampf von Betrieb zu Betrieb die Folge wäre und die gesellschaftlichen (sozialen) Funktionen des Flächentarifvertrags infrage gestellt würden.

Flächentarif-
vertrag

Soziale Funktionen des Flächentarifvertrags

Friedensfunktion	Arbeitskämpfe sind während der Geltungsdauer eines Tarifvertrags ausgeschlossen (Wahrung des sozialen Friedens).
Ordnungsfunktion	Die Arbeitsverhältnisse sind für ganze Branchen einheitlich geregelt. Dadurch haben die Arbeitgeber in der gleichen Branche in etwa gleiche Kalkulationsgrundlagen für die Lohnkosten.
Schutzfunktion	Arbeitnehmer sind durch tarifliche Mindestarbeitsbedingungen gegen einseitige Festlegungen durch die Arbeitgeber geschützt. Weibliche und männliche Arbeitnehmer sind gleichgestellt.

Tarifvertrags-
funktionen

4.6 Wichtige Arbeitsschutzbestimmungen

4.6.1 Arbeitsschutzgesetz

Maßnahmen des Arbeitsschutzes sind Maßnahmen zur Verhütung von Unfällen bei der Arbeit und arbeitsbedingten Gesundheitsgefahren einschließlich Maßnahmen der menschengerechten Gestaltung der Arbeit.

→ ArbSchG § 2

Zielsetzung und Anwendungsbereich des Arbeitsschutzgesetzes	Das Arbeitsschutzgesetz • dient dazu, Sicherheit und Gesundheit der Beschäftigten bei der Arbeit durch Maßnahmen des Arbeitsschutzes zu sichern und zu verbessern.
Grundpflichten des Arbeitgebers, allgemeine Grundsätze	Der Arbeitgeber ist verpflichtet, auf eigene Kosten die erforderlichen Maßnahmen des Arbeitsschutzes unter Berücksichtigung der Umstände zu treffen, die die Sicherheit und Gesundheit der Beschäftigten bei der Arbeit beeinflussen. Er hat insbesondere • die Arbeitsschutzmaßnahmen auf ihre Wirksamkeit zu überprüfen und erforderlichenfalls sich ändernden Gegebenheiten anzupassen, • eine Verbesserung von Sicherheit und Gesundheitsschutz der Beschäftigten anzustreben.
Beurteilung der Arbeitsbedingungen	Der Arbeitgeber hat • durch eine Beurteilung der für die Beschäftigten mit ihrer Arbeit verbundenen Gefährdung zu ermitteln, welche Maßnahmen des Arbeitsschutzes erforderlich sind, • die Beurteilung je nach Art der Tätigkeiten vorzunehmen; bei gleichartigen Arbeitsbedingungen ist die Beurteilung eines Arbeitsplatzes oder einer Tätigkeit ausreichend.

Arbeitsschutz-
gesetz (ArbSchG)

→ ArbSchG § 3

→ ArbSchG
§ 5

→ ArbSchG
  § 9

Besondere Gefahren	Der Arbeitgeber hat
	• Maßnahmen zu treffen, damit nur Beschäftigte Zugang zu besonders gefährlichen Arbeitsbereichen haben, die zuvor geeignete Anweisungen erhalten haben.
	• Vorkehrungen zu treffen, dass alle Beschäftigten, die einer unmittelbaren erheblichen Gefahr ausgesetzt sind oder sein können, möglichst frühzeitig über diese Gefahr und die getroffenen oder zu treffenden Schutzmaßnahmen unterrichtet sind.

→ ArbSchG
  §§ 5, 6

Dokumentation	Der Arbeitgeber muss über die je nach Art der Tätigkeiten und der Zahl der Beschäftigten erforderlichen Unterlagen verfügen, aus denen
	• das Ergebnis der Gefährdungsbeurteilung,
	• die von ihm festgelegten Maßnahmen des Arbeitsschutzes und
	• das Ergebnis ihrer Überprüfung
	ersichtlich sind.
	Soweit in sonstigen Rechtsvorschriften nichts anderes bestimmt ist, gilt die vorgeschriebene Dokumentationspflicht nicht für Arbeitgeber mit zehn oder weniger Beschäftigten.

Sicherheitsregeln für Bildschirmarbeitsplätze

4.6.2 Sicherheitsregeln für Bildschirmarbeitsplätze

Bei der Gestaltung von Bildschirmarbeitsplätzen sind zum Schutze der betroffenen Mitarbeiter bestimmte Mindeststandards einzuhalten (BildschArbV).

Betriebe mit mehr als zehn Mitarbeitern müssen alle Bildschirmarbeitsplätze auf ihre Übereinstimmung mit den allgemein anerkannten Regeln und Vorschriften hin überprüfen. Festgestellte Mängel sind zu beseitigen. In den Sicherheitsregeln ZH 1/535 und ZH 1/618 der Verwaltungsberufsgenossenschaft, in der DIN-Norm 66234 (Teil 8) und in der ISO-Normenreihe 9241 sind solche ergonomischen Anforderungen an Arbeitsmitteln und Arbeitsumgebung nachzulesen.

Arbeitsplatzgestaltung nach ArbStättV und BildschArbV

Prüfliste „Arbeitsplatzgestaltung"

Bildschirmtisch

• Ist der **nicht höhenverstellbare** Tisch 720 mm hoch oder verfügt der **höhenverstellbare** Tisch über einen Verstellbereich von **680 – 760 mm**?

• Ist die Tischplatte **halbmatt bis seidenmatt** (geringer Reflexionsgrad)?

Bürodrehstuhl

• Ist die Sitzhöhe von **420 – 530 mm** verstellbar?

• Ist die **Rückenlehne** in einem Bereich von **170 – 230 mm** über der Sitzfläche **stufenlos höhenverstellbar**?

Raumgestaltung

• Stehen in herkömmlichen Büros je **Arbeitsplatz 8 – 10 qm** zur Verfügung?

• Stehen in Großraumbüros je **Arbeitsplatz 12 – 15 qm** zur Verfügung?

• Sind Pflanzen aufgestellt?

Qualität des Bildschirms

- Ist die Oberfläche des Bildschirms **reflexarm**?
- Hat der Bildschirm **Positivdarstellung**?
- Ist der **Bildschirm** im rechten Winkel zum Lichteinfall aufgestellt?
- Beträgt der **Sehabstand** zwischen Bildschirm und Augen **450 – 650 mm**?
- Ist der Bildschirm **drehbar und neigbar**?

Lärm

- Werden Lärm und Geräusche so weit gedämmt, dass die Konzentration bei geistiger Arbeit nicht gestört und die sprachliche Kommunikation möglich ist? **(40 – 55 db (A))**

Raumklima

- Liegt die **Raumtemperatur** in der Regel zwischen **21° – 22° C**, bei **hohen Außentemperaturen** bei **max. 26 ° C**?

Beleuchtung

- Beträgt die Beleuchtungsstärke im Raum 300 – 500 Lux?
- Sind die Leuchten in parallelen Reihen zum Fenster hin angeordnet?
- Werden **Blendungen** durch einfallendes Tageslicht (z. B. durch Sonnenschutzjalousien) **verhindert**?
- Werden im Büroraum einheitlich **warmweiße** Lichtfarben eingesetzt?

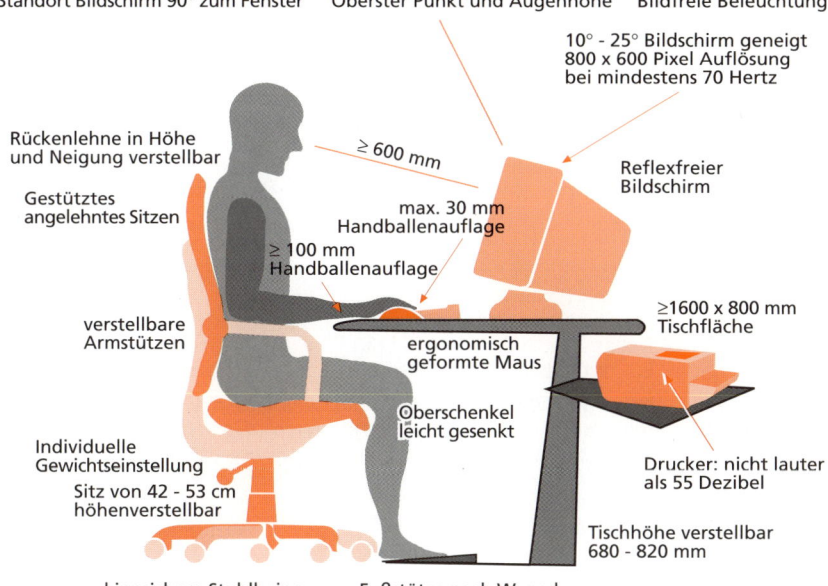

Standort Bildschirm 90° zum Fenster · Oberster Punkt und Augenhöhe · Bildfreie Beleuchtung

10° - 25° Bildschirm geneigt 800 x 600 Pixel Auflösung bei mindestens 70 Hertz

Rückenlehne in Höhe und Neigung verstellbar

Gestütztes angelehntes Sitzen

≥ 600 mm

Reflexfreier Bildschirm

max. 30 mm Handballenauflage

≥ 100 mm Handballenauflage

verstellbare Armstützen

ergonomisch geformte Maus

≥1600 x 800 mm Tischfläche

Oberschenkel leicht gesenkt

Individuelle Gewichtseinstellung

Sitz von 42 - 53 cm höhenverstellbar

Drucker: nicht lauter als 55 Dezibel

Tischhöhe verstellbar 680 - 820 mm

kippsichere Stuhlbeine · Fußstütze nach Wunsch

Der Arbeitgeber ist verpflichtet, eine Analyse der Arbeitsplätze durchzuführen, um die Sicherheits- und Gesundheitsbedingungen zu beurteilen. Er hat dabei insbesondere auf die mögliche Gefährdung des Sehvermögens sowie auf körperliche und psychische Belastungen der Arbeitnehmer zu achten und seine Arbeitnehmer entsprechend zu unterrichten und zu unterweisen. Die Arbeitnehmer haben das

Recht auf eine angemessene Untersuchung der Augen und des Sehvermögens durch eine qualifizierte Person.

→ BildschArbV § 5

Der Arbeitgeber hat die Tätigkeit der Beschäftigten so zu gestalten, dass sie durch andere Tätigkeiten oder durch bezahlte Kurzpausen von angemessener Dauer und in angemessenem Abstand (etwa alle 60 Minuten) unterbrochen wird.

4.6.3 Vorschriften zur Arbeitszeit

■ *Gesetzliche Vorschriften zur Arbeitszeit*

Arbeitszeit
→ ArbZG § 2

Dauer und Lage der Arbeitszeit ist eine Arbeitsbedingung, die die Erträglichkeit einer Arbeit (Entlohnung, Belastung) wesentlich bestimmt. **Arbeitszeit** ist die Zeit vom Beginn bis zum Ende der täglichen Beschäftigung ohne die Ruhepausen. Werden die Ruhepausen zur täglichen Arbeitszeit hinzugezählt, dann erhält man die **Schichtzeit**. Fallen mindestens zwei Stunden der Arbeitszeit in die Zeit zwischen 23:00 und 6:00 Uhr (Nachtzeit), dann liegt **Nachtarbeit** vor.

Schichtarbeit
Nachtarbeit

Tarifvertrag
→ siehe Abschnitt 4.5

Bei der Gestaltung der Arbeitszeit hat der einzelne Betrieb die *gesetzlichen Vorschriften* des Arbeitszeit-, Mutterschutz-, Jugendarbeitsschutz-, Schwerbehinderten-, Ladenschlussgesetz einzuhalten. Günstigere *tarifvertragliche Regelungen* haben vor den gesetzlichen Bestimmungen Vorrang und können durch *Betriebsvereinbarungen* auf den einzelnen Betrieb zugeschnitten werden. Betriebsvereinbarungen werden zwischen Betriebsrat und einzelnem Betrieb abgeschlossen und dürfen für die Arbeitnehmer nicht günstiger sein als der gültige Tarifvertrag.

Betriebsrat
→ siehe LF 1 Abschnitt 1.3.3

Vorschriften
→ JArbSchG siehe LF 1 Abschnitt 1.2.3 ArbZG §§ 3, 6, 9, 10, 11 MuSchG § 8

Überblick über wichtige gesetzliche Vorschriften zur Arbeitszeit

Gesetz ▶ Vergleichs- merkmal ▼	Arbeitszeitgesetz (ArbZG) für alle Arbeitnehmer über 18 Jahre	Mutterschutzgesetz (MuSchG) für werdende Mütter
Arbeitszeit	werktäglich höchstens 8 Stunden; bis 10 Stunden, wenn innerhalb von 6 Kalendermonaten oder innerhalb von 24 Wochen im Durchschnitt 8 Stunden werktäglich nicht überschritten werden	werktäglich höchstens 8 Stunden, Frauen über 18 Jahren: höchstens $8^1/_2$ Stunden täglich oder 90 Stunden in der Doppelwoche
Nacht- und Schichtarbeit	werktäglich höchstens 8 Stunden; bis 10 Stunden, wenn innerhalb von 4 Wochen im Durchschnitt 8 Stunden werktäglich nicht überschritten werden	keine Beschäftigung zwischen 20 und 6 Uhr; Ausnahmen möglich, z. B. in Gastwirtschaften in den ersten 4 Schwangerschaftsmonaten bis 22 Uhr
Sonn- und Feiertagsbeschäftigung	keine Beschäftigung, Ausnahmen: wenn Beschäftigung werktags nicht möglich, z. B. in Krankenhäusern, Verkehrsbetrieben usw., mindestens 15 Sonntage jährlich beschäftigungsfrei	keine Beschäftigung; Ausnahme: wenn wöchentlich eine ununterbrochene Ruhezeit von mindestens 24 Stunden gewährt wird

→ TzBfG § 6

In Betrieben mit mehr als 15 Mitarbeitern haben Beschäftigte einen *Anspruch auf einen Teilzeitarbeitsplatz*.

Ein Arbeitnehmer, dessen Arbeitsverhältnis länger als sechs Monate bestanden hat, kann verlangen, dass seine vertraglich vereinbarte Wochenarbeitszeit verringert wird. Der Arbeitnehmer muss dies spätestens drei Monate vor deren Beginn mitteilen und dabei die gewünschte Verteilung der Arbeitszeit auf die einzelnen Wochen-Arbeitstage angeben.

→ TzBfG § 8

4.6.4 Arbeitsgerichtsbarkeit

Zur Entscheidung über Rechtsstreitigkeiten aus dem Arbeitsleben wurde in der Weimarer Republik im Jahre 1926 die Arbeitsgerichtsbarkeit (Gerichte für Arbeitssachen) geschaffen.

■ Zuständigkeit

● **Sachliche Zuständigkeit der Arbeitsgerichte:**

Urteils-verfahren (die Streitenden bringen Beweise selbst vor)	● Bürgerliche Rechtsstreitigkeiten zwischen Arbeitnehmern und Arbeitgebern, z. B. über Ansprüche, die mit dem Arbeitsverhältnis zusammenhängen, über das Bestehen oder Nichtbestehen eines Arbeitsverhältnisses, über unerlaubte Handlungen, die mit dem Arbeitsverhältnis zusammenhängen, über Arbeitspapiere. ● Bürgerliche Rechtsstreitigkeiten zwischen Tarifvertragsparteien über das Bestehen oder Nichtbestehen von Tarifverträgen, aus unerlaubten Handlungen zum Zwecke des Arbeitskampfes, über Fragen der Vereinigungsfreiheit.
Beschluss-verfahren (Arbeitsgericht klärt Sachverhalt von sich aus)	● Angelegenheiten – aus dem Betriebsverfassungsgesetz (Aufgaben des Betriebsrats usw.) – aus dem Mitbestimmungsgesetz und BetrVG (Wahl des Aufsichtsrats)

● **Örtliche Zuständigkeit der Arbeitsgerichte:**

Arbeitsgericht, in dessen Bezirk der Beklagte seinen Wohnsitz bzw. Geschäftssitz hat.

■ Arbeitsgerichtsverfahren und Instanzen

Das **Arbeitsgericht** ist zunächst für alle Verfahren zuständig. Die streitenden Parteien brauchen keinen Anwalt. Sie können sich selbst vertreten oder sich durch Gewerkschaften oder Arbeitgebervereinigungen vertreten lassen.

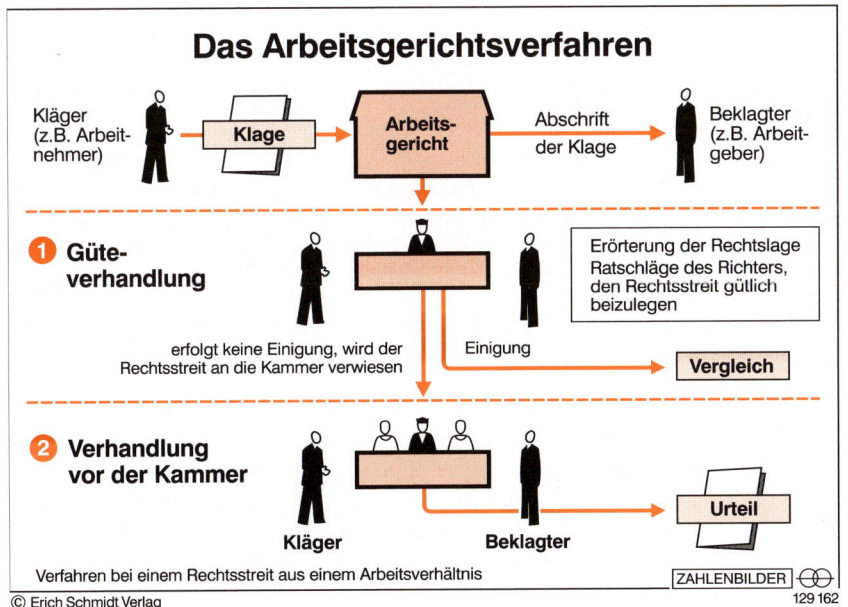

Das Arbeitsgerichtsverfahren

Kläger (z.B. Arbeitnehmer) → Klage → Arbeitsgericht → Abschrift der Klage → Beklagter (z.B. Arbeitgeber)

❶ Güteverhandlung — Erörterung der Rechtslage Ratschläge des Richters, den Rechtsstreit gütlich beizulegen

erfolgt keine Einigung, wird der Rechtsstreit an die Kammer verwiesen — Einigung → **Vergleich**

❷ Verhandlung vor der Kammer — Kläger — Beklagter → **Urteil**

Verfahren bei einem Rechtsstreit aus einem Arbeitsverhältnis

ZAHLENBILDER

129 162

5 Entgeltsysteme und ihre Grundlagen

Arbeits-
bewertung

5.1 Arbeitsbewertung – unabhängig von der Person

Grundlage jeder Entlohnung ist die **Arbeitsbewertung**. Sie umschreibt die Anforderungen einer Stelle an die Mitarbeiter im Vergleich zu den Anforderungen anderer Stellen. Das Ergebnis ist ein **Arbeitswert** für jede Stelle, der *personenunabhängig* ist und zur Festsetzung des Arbeitsentgelts dient.

Arbeitswert

Ziel der **Arbeitsbewertung** ist, sicherzustellen, dass gleich schwierige Arbeiten gleich bezahlt werden, und zwar unabhängig von der persönlichen Leistung der einzelnen Arbeitskraft. Die individuelle Leistung und Eignung des Arbeitsplatzinhabers wird erst bei der **Leistungsbewertung** (Personalbeurteilung) berücksichtigt.

Damit die Arbeitsbewertung in den Betrieben und Branchen einheitlich vorgenommen wird, werden darüber Rahmentarifverträge abgeschlossen.

5.1.1 Analytische Arbeitsbewertung

analytische
Arbeitsbewertung

Grundlage der **analytischen Arbeitsbewertung** ist eine genaue **Analyse** der Arbeit nach Art, Inhalt und Umfang der Teilarbeiten. Hierbei sind auch Arbeitsgeräte, -bedingungen und die Organisation des Arbeitsablaufs zu untersuchen, um ein vollständiges Bild von der Arbeit zu erhalten. Die Ergebnisse der Arbeitsanalyse werden in einer **Arbeitsbeschreibung** zusammengefasst.

Die Anforderungen einer Stelle werden aus der *Arbeitsbeschreibung* abgeleitet. Bei **gewerblichen Arbeiten** geht man von den vier Hauptanforderungsarten aus, wie sie im **„Genfer Schema"** erarbeitet wurden. In Anlehnung an dieses Schema hat der Verband für Arbeitsstudien (REFA) einen eigenen **Anforderungskatalog** mit sechs Anforderungsarten entwickelt, mit deren Hilfe gewerbliche Arbeiten bewertet werden.

Genfer Schema

Vergleich: Anforderungsarten nach Genfer Schema und REFA

Anforderungs-
arten

Hauptanforderungsart nach Genfer Schema	REFA-Anforderungsart	Definition
I. Können	1. Kenntnisse 2. Geschicklichkeit	Ausbildung, Erfahrung, Denkfähigkeit, Handfertigkeit, Körpergewandtheit
II. Belastung	3. Geistige Belastung 4. Muskelmäßige Belastung	Aufmerksamkeit, Denkfähigkeit dynamische Muskelkraft, statische Muskelkraft einseitige Muskelkraft
III. Verantwortung	5. Verantwortung	für die eigene Arbeit für die Arbeit anderer für die Sicherheit anderer
IV. Arbeitsbedingungen	6. Umgebungseinflüsse	Klima, Nässe, Öl, Fett, Schmutz, Staub, Gase, Dämpfe, Lärm, Erschütterung, Blendung, Lichtmangel, Erkältungsgefahr …

Zu beachten ist, dass nur diejenigen Anforderungsarten (z. B. Kenntnisse, Muskelkraft) bewertet werden, die zur Ausübung der Tätigkeit erforderlich sind. Es soll nicht der Mensch bewertet werden, sondern seine Arbeit.

■ Verfahren der analytischen Arbeitsbewertung

Stufenwertzahl-verfahren (Genfer Schema)

Anforderungen nach REFA entsprechend dem Genfer Schema – Stufenwertzahlverfahren

Wert-zahl	I Erforderliche Fachkenntnisse (Berufsausbildung Berufserfahrung)	II Geschicklichkeit (Handfertigkeit)	III Belastung a Körperliche Belastung	III Belastung b Geistige Belastung	IV Verantwortung a für Werkstück und für Betriebsmittel	IV b für die Arbeitsgüte	IV c für Gesundheit	V Umgebungseinflüsse a Temperaturbeeinflussung	V b Öl, Fett, Schmutz, Staub ...	V c Gase ...	V d Unfallgefährdung	V e Lärm, Blendung, Erkältungsgefahr ...
0	Kurze Anweisung	keine		gering	gering	gering	gering	gering		gering	gering	gering
1	Anweisung bis sechs Wochen	gering	gering	zeitweise mittel	mittel	mittel	mittel	mittel	gering	mittel	mittel	mittel
2	Anlernen bis sechs Monate	mittel	zeitweise mittel	dauernd mittel	hoch	hoch	hoch	hoch	mittel	hoch	hoch	hoch
3	Anlernen mindestens sechs Monate und zusätzliche Berufserfahrung	hoch	dauernd mittel	dauernd hoch	sehr hoch	sehr hoch	sehr hoch		hoch			sehr
4	Abgeschlossene Anlernausbildung und zusätzliche Berufserfahrung	höchste	dauernd hoch	dauernd sehr hoch	ganz außergewöhnlich	ganz außergewöhnlich			sehr hoch			
5	Abgeschlossene Facharbeiterausbildung		dauernd sehr hoch	dauernd ganz außergewöhnlich								
6	Abgeschlossene Facharbeiterausbildung mit besonderer Berufserfahrung		dauernd außergewöhnlich									
7	Abgeschlossene Facharbeiterausbildung und höchstes fachliches Können											

Rangreihenverfahren in einem Lohnrahmentarifvertrag

Bestimmungen zum analytischen System

§ 4 Grundlage der Bewertung

Grundlagen für die Einstufung der Arbeits-aufgaben nach dem System der **analytischen Arbeitsbewertung** in eine der 12 Arbeitswert-gruppen sind das für die Ausführung der Arbeit erforderliche **Können**, die **Belastung,** die **Verantwortung** und die **Umgebungsein-flüsse.**

Zur Einstufung einer Arbeit bzw. eines Arbeits-bereichs ist eine **Arbeitsbeschreibung** anzufer-tigen. Aus ihr müssen ersichtlich sein:

Werkstück (Bezeichnung, Gewicht, Werkstoff usw.);

Arbeitsunterlagen (mündliche Unterweisung, Muster, Zeichnungen usw.);

Betriebsmittel (Art und Größe der Maschine, Hand-werkzeug, Vorrichtungen, Meßgeräte usw.);

Arbeitsplatz (Raumgröße, weitere Maschinen, sonstige Einrichtungen, Lärm, Heizung, Beleuch-tung usw.);

Arbeitsvorgang und Arbeitsablauf (Aufzählen der Arbeitsvorgänge in zeitlicher Reihenfolge);

Fertigungsart (Einzelfertigung, Serienfertigung, Massenfertigung);

Fertigungszeit (nicht identisch mit Vorgabe-zeit im Sinne von Akkordarbeit, Fertigungs-menge in einer Zeiteinheit).

§ 5 Rangreihe, Rangstufenzahl

Die Höhe der Arbeitsanforderungen bei den einzelnen Bewertungsmerkmalen wird durch Schätzen und Vergleichen an die tariflichen Rangreihen unter Berücksichtigung des be-trieblichen Beispielkataloges durch die Rang-stufenzahl festgelegt.

Die höchste Rangstufenzahl ist die 100; die übrigen liegen jeweils 5 auseinander (0, 50 10, ... 95, 100).

§ 6 Gewichtung

Da die **Bewertungsmerkmale** in ihrer Wertig-keit untereinander verschieden sind, werden die Rangstufenzahlen mit den nachfolgenden Wich-teschlüsseln in Arbeitswerte umgerechnet.

	Wichte-schlüssel
Können	
1 – Kenntnisse, Ausbildung und Erfahrung	1,0
2 – Geschicklichkeit, Handfertigkeit, Körpergewandheit	0,8
Belastung	
3 – Belastung der Sinne und Nerven	0,9
4 – Zusätzlicher Denkprozess	0,8
5 – Belastung der Muskeln	0,8
Verantwortung	
6 – Verantwortung für die eigene Arbeit	0,8
7 – Verantwortung für die Arbeit anderer	0,6
8 – Verantwortung für die Sicherheit anderer	0,9
Umgebungseinflüsse	
9 – Schmutz	0,3
10 – Staub	0,3
11 – Öl, Fett	0,2
12 – Temperatur	0,3
13 – Nässe, Säure	0,2
14 – Gase, Dämpfe	0,2
15 – Lärm	0,5
16 – Erschütterung	0,1
17 – Blendung, Lichtmangel	0,2
18 – Erkältungsgefahr	0,2
19 – Unfallgefahr	0,3
20 – Hinderliche Schutzkleidung	0,1

Der **Teilarbeitswert** ergibt sich aus der Multi-plikation Rangstufenzahl mit Wichtefaktor.

Die Summe der Teilarbeitswerte dividiert durch 10 ergibt den gesuchten Arbeitswert.

§ 7 Arbeitswerte und Arbeitswertgruppen

Entsprechend der Höhe der Arbeitswerte ergibt sich die Einstufung in eine der folgenden Arbeits-wertgruppen:

Arbeitswerte	Arbeitswert-gruppe Nr.	Arbeitswert-gruppen-schlüssel
0 – 3,5	I	75 %
über 3,5 – 6	II	80 %
über 6 – 8,5	III	85 %
über 8,5 – 11,5	IV	90 %
über 11,5 – 14,5	V	95 %
über 14,5 – 17,5	VI	100 %
über 17,5 – 21	VII	106 %
über 21 – 24,5	VIII	112 %
über 24,5 – 28	IX	118 %
über 28 – 31,5	X	124 %
über 31,5 – 35	XI	130 %
über 35	XII	für jeden
weiterer Arbeitswert einen Betrag in Höhe von 1,7 % des Geldbetrags der AWgruppe VI.		

Analytische Verfahren der Arbeitsbewertung im Überblick

Stufenwertzahl-verfahren	Die Anforderungsarten werden in Stufen unterteilt, denen Punktwerte (Wertzahlen) zugeordnet werden. Die Wertzahlen berücksichtigen bereits die erforderliche Gewichtung der einzelnen Anforderungsarten zueinander. Der Gesamtarbeitswert ergibt sich aus der Addition der Werte für die Anforderungsarten.
Rangreihen-verfahren	Die Tätigkeiten innerhalb jeder Anforderungsart (z. B. Geschicklichkeit) werden in eine Rangreihe eingeordnet (Vergabe von Rangstufenzahlen). Da die Anforderungsarten untereinander nicht gleichwertig sind, werden sie zueinander gewichtet (Gewichtungsfaktoren). Durch Multiplikation der Rangstufenzahlen mit den Gewichtungsfaktoren ergeben sich Arbeitswerte für jede Anforderungsart. Der Gesamtarbeitswert ergibt sich aus der Addition der Werte für die Anforderungsarten.

(Randspalte: Stufenwertzahl-verfahren / Rangreihen-verfahren)

Die Einordnung der einzelnen Arbeitsplätze in die Rangreihen erfolgt durch **paritätische Kommissionen** (diese sind je zur Hälfte mit Arbeitgeber- bzw. Arbeitnehmervertretern besetzt).

(Randspalte: paritätische Kommission)

Betriebliche Ermessens- und Verhandlungsspielräume werden durch die Beschreibung von Richtarbeitsplätzen seitens der Tarifparteien stark eingeengt. Bei der Eingruppierung hat der Betriebsrat ein Mitbestimmungsrecht.

FALLBEISPIEL

Durchführung einer analytischen Arbeitsbewertung

1. Schritt: Arbeitsbeschreibung

(Randspalte: Arbeits-beschreibung)

Arbeitsbeschreibung– Arbeitsplatz 51
Bereich Produktion – Brennen

Mechaniker
Voraussetzung für die Bewältigung der Arbeit ist eine Berufsausbildung mit dem Abschluss des Facharbeiters in einem Industriebetrieb. Außerdem muss eine dreijährige Berufserfahrung nach der Ausbildungszeit vorliegen.

Die zur Verfügung gestellten Werkzeuge und Maschinen setzen eine mittlere Geschicklichkeit voraus.

Die geistige Beanspruchung ist hoch, da die Arbeitsvorgänge genau beobachtet und rechtzeitig abgebrochen werden müssen, weil sonst das Metall reißt. So wird die Aufmerksamkeit in höchstem Maße und ständig gefordert. Auch wird dauernd ein hohes Maß an körperlicher Anstrengung verlangt, weil die zu bearbeitenden Werkstücke aufgrund ihrer Länge in unterschiedlicher Körperhöhe gebrannt werden (und hierzu unterschiedliche Körperstellungen nach sich ziehen). Im Übrigen sind die fertigen Werkstücke schwer. Sie werden von Hand transportiert. Nach dem Brennen müssen sie relativ vorsichtig auf die Paletten gelegt werden, weil das heiße Material leicht brüchig ist. Die Verantwortung für Betriebsmittel und Werkstücke ist normal, da Schäden kaum verursacht werden können. Bei fehlerhafter Durchführung der Arbeit allerdings sind nachfolgende Mitarbeiter gesundheitlich gefährdet, und das geht über den Rahmen des Normalen hinaus.

Das Werkstück muss äußerst vorsichtig behandelt und gebrannt werden, weil Minimalabweichungen von der Norm die Verwendung infrage stellen bzw. bei Verwendung zu erheblichen Schäden führen können. Die vorgegebenen Zeiten müssen mindestens eingehalten werden, weil sonst der Arbeitsablauf gestört wird.

Brennen bedeutet, dass der Arbeitnehmer ständig unter starkem Wärmeeinfluss steht. Der Wechsel von Arbeiten am Werkstück und Aufnehmen bzw. Ablegen des Werkstücks bedingt, dass die Erkältungsgefahr groß ist. Trotz der Absauganlage muss der Arbeitnehmer Dämpfe einatmen, die seine Tätigkeit etwas erschweren. Da bei hohen Temperaturen gebrannt wird und da das verwandte Brenngas eine grelle, blau-gelbe Farbe erzeugt, wird der Arbeitnehmer stark geblendet. Eine Brille mit dunklem Sicherheitsglas ist unumgänglich. So geht auch die Unfallgefährdung über das normale Maß hinaus. Die Staubbelastungen halten sich im Rahmen.

2. Schritt: Arbeitsbewertung

Vergleich des Rangreihen- mit dem Stufenwertzahlverfahren

Ermittlungsbogen für die analytische Arbeitsbewertung

Arbeitsplatz _____ 51 _____   Tätigkeit <u>Mechaniker</u>

Anforderungen	Stufenwertzahlverfahren		Rangreihenverfahren			
	Höchstwert	Istwert	gewichteter Höchstwert	R Rangstufe	G Gewicht	R · G : 10 Arbeitswert
Kenntnisse	7	5	100	60	1,0	6,0
Geschicklichkeit	4	2	80	40	0,8	3,2
1. Können	11	**7**				**9,2**
Geistige Belastung	5	4	80	60	0,8	4,8
Körperl. Belastung	6	2	80	30	0,8	2,4
2. Belastung	11	**6**				**7,2**
Werkstücke	3	1	80	20	0,8	1,6
Arbeitsgüte	4	2	60	30	0,6	1,8
Gesundheit	3	3	90	90	0,9	8,1
3. Verantwortung	10	**6**				**11,5**
Temperaturen	2	2	30	100	0,3	3,0
Schmutz	4	1	30	10	0,3	0,3
Dämpfe	2	1	20	50	0,3	1,0
Unfallgefahr	2	2	30	100	0,3	3,0
Lärm	3	2	50	20	0,5	1,0
4. Umwelteinfluss	13	**8**				8,3
Arbeitswert		27				36,2
Lohngruppe		X				XII

3. Schritt: Ermittlung des Arbeitsentgelts

Ecklohn

Der Arbeitswert von z. B. 27 entspricht der Lohngruppe IX und wird mit 112 % des **Ecklohns** (Lohngruppe VII = 100 %) entgolten. Bei einem Ecklohn von 8,40 EUR pro Stunde beträgt der anforderungsgerechte Lohn des Mechanikers 8,40 · 112 % = 9,40 EUR pro Stunde.

Je nach Verfahren werden Unterschiede in der Eingruppierung deutlich. Deshalb wird das Verfahren in einer Betriebsvereinbarung festgelegt.

Lohngruppe	I	II	III	IV	V	VI	VII	VIII	IX	X	XI	XII
Arbeitswert bis	2,5	3,5	5,0	7,5	8,5	12,5	17,5	22,5	25	30	35	35

Ecklohn
100 %

5.1.2 Summarische Arbeitsbewertung

Wird die Arbeit als Ganzes bewertet, dann liegt eine **summarische Arbeitsbewertung** vor.

Sie verzichtet auf die eingehende Analyse der Arbeitsanforderungen.

Beim einfachsten Verfahren der summarischen Arbeitsbewertung, dem **Rangfolgeverfahren**, werden alle vorkommenden Aufgaben des Betriebes zusammengestellt und ihr jeweiliger „Arbeitswert" bzw. Schwierigkeitsgrad (Summe aller Anforderungen) geschätzt. Durch Vergleich der „Arbeitswerte" untereinander ergibt sich eine Reihenfolge. Die Aufgabe mit den höchsten Anforderungen steht dabei an oberster Stelle.

Das Rangfolgeverfahren ist einfach durchzuführen. Jedoch ist aus der Rangfolge allein nicht ersichtlich, wie groß der Abstand zwischen den Rängen ist, und damit ist auch die Höhe der Lohnsätze für die einzelnen Aufgaben problematisch. Die Abstufungen untereinander sind nicht glaubwürdig.

(Randspalte: Summarische Arbeitsbewertung | Rangfolgeverfahren)

FALLBEISPIEL

Rangfolgeverfahren
Fünf verschiedene Arbeitsplätze von höherer und niedrigerer Qualifikation werden z.B. jeweils paarweise miteinander verglichen. Das Ergebnis weist die richtige Rangfolge auf:

zu bewertender Platz	Vergleichsplatz	1	2	3	4	5	Ergebnis
1. Bilanzbuchhalter/in			+	+	+	+	4
2. Registraturhilfe		−		−	−	−	0
3. Lohnbuchhalter/in		−	+		+	+	3
4. Bote/Botin		−	+			−	1
5. Phonotypistin		−	+	−	+		2

Die aufgeführten Arbeitsplätze erhalten folgenden Rang:
1. Bilanzbuchhalter/in 2. Lohnbuchhalter/in 3. Phonotypistin 4. Bote/Botin
5. Registraturhilfe

Einige Mängel des Rangfolgeverfahrens versucht man durch das **Lohn- bzw. Gehaltsgruppenverfahren** aufzuheben. Die konkreten Stellenanforderungen eines Betriebes werden beschrieben und in eine passende Lohn- bzw. Gehaltsgruppe eingestuft. Der *Lohn- bzw. Gehaltsgruppenkatalog* besteht aus sechs bis vierzehn Lohn-/Gehaltsgruppen und wird durch *Richt- oder Tarifbeispiele* ergänzt.

(Randspalte: Lohn- und Gehaltsgruppenverfahren)

BEISPIEL

Gehaltsgruppenkatalog für kaufmännische Angestellte gemäß Gehaltsrahmentarifvertrag

(Randspalte: Gehaltsgruppenkatalog)

Gehaltsgruppe	Tätigkeitsmerkmale
K1	Einfache Tätigkeiten, die nach entsprechender Einweisung ausgeführt werden können und die in der Regel keine vollendete Berufsausbildung oder entsprechende auf andere Weise erworbene Kenntnisse im Beruf voraussetzen.

Gehalts-gruppe	Tätgkeitsmerkmale
K2	Kaufmännische Tätigkeiten, die in der Regel eine vollendete Berufs-ausbildung oder entsprechende auf andere Weise erworbene Kennt-nisse im Beruf voraussetzen. Die Arbeiten dieser Gruppe erfolgen nach eingehender Anweisung.
K3	Tätigkeiten gemäß K2, die aber mehr Selbstständigkeit und Erfahrung erfordern, jedoch nicht den Merkmalen der Gruppe K4 entsprechen.
K4	Kaufmännische Tätigkeiten, die gegenüber der Gruppe K3 erhöhte Fachkenntnisse und in der Regel Erfahrungen erfordern. Die Angestellten dieser Gruppe arbeiten selbstständig im Rahmen allgemeiner Anweisungen. **BEISPIELE** Erstellen von Lohn- und Gehaltsabrechnungen, Verwalten von Regis-traturen, Führen einer Kasse, Bearbeiten von Angeboten oder Bestel-lungen im Rahmen des Einkaufs oder Verkaufs, einschließlich der Fris-tenüberwachung (Sachbearbeiter im Einkauf oder Verkauf), Verwalten eines Lagers oder vergleichbare Tätigkeiten im Lager- oder Materialwesen. Expeditionsarbeiten, die gründliche Kenntnisse des Speditions- und Tarifwesens erfordern. Fremdsprachliches Übersetzen, Tätigkeit als Sekretär oder Sekretärin.
K5	Tätigkeiten gemäß K4, die aber mehr Selbstständigkeit und Erfahrung erfordern, jedoch nicht den Merkmalen der Gruppe K6 entsprechen.
K6	Kaufmännische Tätigkeiten, die selbstständig und verantwortlich ausgeübt werden und umfangreiche Berufserfahrung und Sachkunde sowie Überblick über die das Aufgabengebiet berührenden betrieb-lichen Zusammenhänge erfordern.
K7	Verantwortliche kaufmännische Tätigkeiten mit Dispositionsbefugnis-sen oder hochwertige Tätigkeiten, zu denen besondere theoretische Fachkenntnisse und längere Erfahrungen erforderlich sind, die über die Merkmale von K6 hinausgehen. Die Angestellten dieser Gruppe arbeiten im Rahmen der Betriebserfordernisse selbstständig.

Das Lohn- bzw. Gehaltsgruppen-Verfahren ist zwar leicht und verständlich, bezieht sich jedoch auf die Verhältnisse eines ganzen Wirtschaftszweigs, wovon die indivi-duellen Gegebenheiten des einzelnen Betriebes wesentlich abweichen können. Dadurch ergeben sich für den Beurteiler manchmal **erhebliche Zuordnungspro-bleme**. Die summarische Bewertung eignet sich daher besonders für Betriebe, in denen die Arbeitsplätze mit ihren Anforderungsarten überschaubar sind.

Entgeltformen

5.2   Entgeltformen – zeit- oder leistungsbezogen?

Je nach Bemessungsgrundlage werden folgende Entgeltformen unterschieden:

Lohnformen

Bemessungsgrundlage	Arbeitszeit	Leistungsmenge	Arbeitsergebnis
Entgeltformen	● Zeitlohn	● Akkordlohn	● Prämienlohn ● Mitarbeiter-beteiligung
		● Leistungslohn	

Zeitlohn

5.2.1 Zeitlohn – mehr Zeit, weniger Ausschuss

Wird die Arbeitszeit (Stunden, Tage, Wochen, Monate) vergütet, die der Beschäftigte im Rahmen seines Arbeitsvertrags dem Betrieb zur Verfügung stellt, so liegt **Zeitlohn** vor. Eine Sonderform des Zeitlohns ist das **Gehalt** der Angestellten, das monatlich ausbezahlt wird.

Der Bruttoverdienst wird beim Zeitlohn wie folgt berechnet:

MERKE

Bruttoverdienst = Lohnsatz pro Zeiteinheit · Anzahl der Zeiteinheiten

BEISPIEL
War die Arbeitskraft 40 Stunden in der Woche anwesend und erhält laut Tarifvertrag einen Stundenlohn von 15,00 EUR, so errechnet sich folgender Wochenlohn:
Bruttoverdienst = 15,00 EUR/Stunde · 40 Stunden/Woche = 600,00 EUR pro Woche

Der Zeitlohn findet dort seine Anwendung, wo das Arbeitsergebnis nicht oder nur schwer messbar ist (Büro-, Kontroll-, Entwicklungsarbeiten, Arbeit der Führungskräfte), die Qualität der Arbeit vorrangig ist (wegen teurem Material, in Labors), das Arbeitstempo aufgrund der angewandten Technik vorgegeben ist (z. B. Fließband) und die Arbeit nach Art und Umfang nicht exakt vorausgeplant werden kann.

Vorteile des Zeitlohns

Sinkende Unfall- und Krankheitszahlen, besseres Betriebsklima aufgrund einheitlicher Bezahlung, Schonung der Betriebsmittel, geringe Ausschussquoten und einfache Lohnberechnung und -verwaltung machen diese Entlohnungsform wirtschaftlich. Der Vorwurf, der Zeitlohn sei nicht leistungsgerecht, ist nicht richtig, da mit der Bezahlung auch eine konkrete Vorstellung von der erwarteten Leistung verbunden ist und die erbrachte Leistung in Form einer **Leistungszulage** (aufgrund der Mitarbeiterbeurteilung) in den Lohn einfließt.

Leistungszulage

BEISPIEL
Bei einem Stundenlohn von 15,00 EUR entstehen folgende **Lohnstückkosten**:

Lohnstückkosten

Lohnkosten pro Std.	15	15	15	15	15	EUR
Arbeitsleistung pro Std.	10	15	20	25	30	Stück
Lohnkosten pro Stück	1,50	1,00	0,75	0,60	0,50	EUR/Stück

Um einen Leistungsanreiz zu schaffen, gehen immer mehr Betriebe dazu über, mit den einzelnen Arbeitnehmern oder den Arbeitsgruppen *Ziele zu vereinbaren*. Entsprechend dem Zielerreichungsgrad, der im Rahmen einer regelmäßigen Leistungsbeurteilung ermittelt wird, werden dann Bewertungspunkte verteilt, die in Leistungszulagen umgerechnet werden.

BEISPIEL
Zeitlohn mit Leistungszulage (LZ)

Zeitlohn mit Leistungszulage

Zielvereinbarung	Grundlohn	10 % LZ
Zielerreichung	Grundlohn	5 % LZ
	gesamter Zeitlohn	

5.2.2 Akkordlohn – mehr Leistung, mehr Lohn

Akkordlohn

Wird die Arbeitskraft entsprechend ihrer geleisteten Arbeitsmenge entlohnt, dann liegt **Akkordlohn** vor. Es besteht ein unmittelbarer Bezug zwischen Leistung und Lohnhöhe.

Arbeitszeitstudien

Basis der Akkordlohnberechnung ist die Ermittlung der Zeitvorgaben (Sollzeiten) für die Akkordarbeit. Dies geschieht mithilfe von **Arbeitszeitstudien.** Diese gehen von optimal gestalteten Arbeitsabläufen aus und messen für die einzelnen Arbeitsvorgänge und Bewegungselemente (z. B. Greifen, Hinlangen, Loslassen) den objektiv richtigen Zeitbedarf. Dabei wird eine Normalleistung zugrundegelegt, die auf Erfahrung beruht. Die **Normalleistung** wird von einer hinreichend befähigten, geübten und erfahrenen Arbeitsperson erreicht. Erreicht eine Arbeitskraft diese Normalleistung, dann beträgt ihr Leistungsgrad 100% bzw. ihr Leistungsfaktor 1,0.

MERKE

Leistungsgrad

Maßeinheit: Mengeneinheiten (ME)

$$\text{Leistungsgrad} = \frac{\text{Istleistung in ME}}{\text{Normalleistung in ME}} \cdot 100$$

Beispiel:

$$\frac{5 \text{ Stück / Stunde}}{4 \text{ Stück / Stunde}} \cdot 100 = 125\%$$

Maßeinheit: Zeiteinheiten (ZE)

$$\text{Leistungsgrad} = \frac{\text{Normalleistung in ZE}}{\text{Istleistung in ZE}} \cdot 100$$

$$\frac{15 \text{ Minuten / Stück}}{12 \text{ Minuten / Stück}} \cdot 100 = 125\%$$

Sollzeit
Sollmenge

| Sollzeit | = Istzeit · Leistungsgrad | 12 Min./Stück · 125 % = 15 Min./Stück |
| Sollmenge | = Istmenge : Leistungsgrad | 5 Stück/Stunde : 125 % = 4 Stück/Stunde |

Auftragszeit
Maschinen-
belegungszeit
REFA-
Grundgleichung

Jeder Fertigungsauftrag besteht aus dem Rüsten des Betriebsmittels und der anschließenden Ausführung des Arbeitsganges. Demnach gliedert sich nach REFA die **Auftragszeit oder Maschinenbelegungszeit** in die Rüstzeit und die Ausführungszeit. Es ergibt sich die **REFA-Grundgleichung:**

Auftragszeit (Vorgabezeit, Sollzeit)	Rüstzeit + Ausführungszeit
Rüstzeit	• Zeit für das *Vorbereiten* (z.B. Einstellen der Maschine, Lesen des Arbeitsplans, Zeichnung, Bereitlegen des Materials) und • Zeit für das *Nachbereiten* (z.B. Reinigen, Nachstellen der Maschine, Wegräumen der Arbeitsunterlagen und Abfälle)
Ausführungszeit	• Zeit für das Ausführen des Auftrags. Sie ergibt sich wie folgt: Vorgabezeit pro Leistungseinheit · Auftragsmenge

Rüstzeit

Ausführungszeit

Rüst- und Ausführungszeiten gliedern sich wiederum in Grundzeiten und Verteilzeiten – bei Menschen kommt noch die Erholungszeit hinzu.

Vor jeder Zeitaufnahme müssen rechtliche Vorschriften beachtet werden, wie Unterrichtung der zu beobachtenden Person, Einschaltung des Betriebsrats, Einhaltung der tarifvertraglichen Regelungen, Urkundencharakter des Zeitaufnahmebogens, Erfassung der Arbeitsbedingungen und besonderer Begleitumstände während der Zeitaufnahme.

Bestandteile der Rüst-/Ausführungszeit

Grundzeit	Zeit für den Arbeitsfortschritt am Arbeitsobjekt. Sie besteht aus Tätigkeitszeiten für Haupt- und Nebentätigkeiten sowie Wartezeiten • Zeit für die planmäßige Ausführung und Überwachung der *Haupttätigkeiten* eines Arbeitsvorgangs, z.B. Drehen, Hobeln, Polieren, Lackieren und der • *Nebentätigkeiten*, z.B. Lesen von Arbeitsanweisungen und Zeichnungen, Zählen der Werkstücke, Ein- und Ausspannen des Arbeitsgegenstandes.	Grundzeit
Verteilzeiten	Sie können nicht in den Arbeitsablauf eingeplant werden, da sie unregelmäßig mit unterschiedlicher Dauer auftreten und werden als prozentualer Zuschlag zur Grundzeit festgelegt. • *Sachliche Verteilzeiten* entstehen durch die Erfüllung der Arbeitsaufgabe, z.B. Pflegearbeiten am Betriebsmittel (Ölen, Schmieren u.Ä.), Ausfall des Werkzeugs, Dienstgespräche, Wartezeiten infolge organisatorischer Störungen • *Persönliche Verteilzeiten* stehen in keinem Zusammenhang mit der Arbeitsaufgabe, z.B. Bedienung der Heizung, Beleuchtung, Lüftung, Gänge zum Betriebsrat, Betriebsarzt oder zur Personalabteilung.	Verteilzeiten sachliche Verteilzeiten persönliche Verteilzeiten
Erholungszeit	Zeit für das Unterbrechen der Tätigkeit, um eine arbeitsbedingt eingetretene Ermüdung abzubauen. Sie wird als prozentualer Zuschlag zur Grundzeit festgelegt. Der Arbeitsperson muss die Erholungszeit bekannt sein, so dass sie ihr Verhalten entsprechend einrichten kann.	Erholungszeit

Die Zeitmessung beim REFA-Verfahren wird meistens mit der Stoppuhr durchgeführt. Das *MTM-Verfahren* (MTM = Methods-Time-Measurement) zählt zu den **Systemen vorbestimmter Zeiten,** die ohne Stoppuhr auskommen. Hier wird die manuelle menschliche Arbeit in ihre elementaren Grundbewegungen zerlegt, denen Normzeitwerte zugeordnet sind. Die Addition der Normzeiten ergibt die Grundzeit des Arbeitsgangs. Ein Leistungsgrad muss nicht geschätzt werden.

MTM-Verfahren

Systeme vorbestimmter Zeiten

Beim **Multimomentverfahren** kontiert der Beobachter bei wiederholten Rundgängen, welche Tätigkeiten von den Arbeitern gerade ausgeführt werden. Aus der Häufigkeit einzelner Verrichtungen schließt man auf den Zeitanteil dieser Verrichtung an der Gesamtaufgabe.

Multimomentverfahren

Der Akkordlohn setzt sich aus einem tariflich garantierten **Mindestlohn** und dem **Akkordzuschlag** (zwischen 15 bis 25% des Mindestlohns) zusammen. Mindestlohn und Akkordzuschlag ergeben den **Grundlohn**, der auch als **Akkordrichtsatz** bezeichnet wird. Er stellt den Stundenlohn einer Arbeitskraft bei *Normalleistung* dar.

Mindestlohn, Akkordzuschlag, Grundlohn

MERKE

Akkordrichtsatz	= Mindestlohn + Akkordzuschlag	Akkordrichtsatz
Zeitakkordsatz (Vorgabezeit)	= 60 Minuten : Normalleistung pro Stunde	Zeitakkordsatz
Minutenfaktor	= Akkordrichtsatz : 60 Minuten	Minutenfaktor
Bruttoverdienst	= Zeitakkordsatz · Leistungsmenge · Minutenfaktor	
Stundenlohn	= Bruttoverdienst : Stundenzahl	

FALLBEISPIEL

→ Siehe LF 5
Seite 166

In der Schweißerei soll gemäß Arbeitsplan aus den zwei Seitengestellen und den zwei Längsverbindungen das Stahlrohrgestell (Teilenummer 400 001) zusammengeschweißt werden.

Die Vorgabezeit für eine Mengeneinheit (= 1 Stahlrohrtisch) wurde wie folgt ermittelt:

Zeitart	Grundzeit	Verteilzeiten 5%	Erholungszeit 5%	Gesamtzeit
Rüstzeit	30,0 Min.	1,5 Min.	1,5 Min.	33,0 Min.
Ausführungszeit	17,0 Min.	1,0 Min.	1,0 Min.	19,0 Min.

Der Schweißer wird nach dem Zeitakkord bezahlt. Der Mindestlohn der Arbeitskraft beträgt laut Tarifvertrag 15,00 EUR pro Stunde. Dazu erhält die Arbeitskraft 20% Akkordzuschlag. Der Schweißer hat in der vergangenen Woche 150 Stahlrohrgestelle zusammengeschweißt. Seine tarifliche Wochenarbeitszeit beträgt 37,5 Stunden (das sind 7,5 Stunden pro Arbeitstag).

Aus diesen Angaben ergeben sich folgende Berechnungsgrundlagen für die Berechnung seines Wochenverdienstes auf Basis des Zeitakkordlohns:

Akkordrichtsatz $= 15,00 + 15,00 \cdot 20\% = 18,00$ EUR
Minutenfaktor $= 18,00$ EUR $: 60$ Min $= 0,30$ EUR pro Min
Zeitakkordsatz $=$

	Rüstzeit = 33,0 : 150	= 0,2 Min pro Stück
+	Ausführungszeit	= 19,0 Min pro Stück
=	Zeitakkordsatz	= 19,2 Min pro Stück

Normalleistung $= 60$ Min/h $: 19,2$ Min/Stück $= 3,125$ Stück/h $= 117,2$ Stück/Woche
Leistungsgrad $= 150$ Stück $\cdot 100 : 117,2$ Stück $= 128,0\%$

Daraus errechnet sich folgender Wochenverdienst und effektive Stundenlohn:

Wochenverdienst $= 19,2$ Min/Stück $\cdot 0,30$ EUR/Min $\cdot 150$ Stück $= 864,00$ EUR
Effekt. Stundenlohn $= 864$ EUR $: 37,5$ Stunden/Woche $= 23,04$ EUR

Der effektive Stundenlohn des Schweißers übersteigt den Akkordrichtsatz, da seine individuelle Leistung oberhalb der Normalleistung liegt.

Akkordschere

Die Gewerkschaften versuchen, vor allem die berüchtigte **„Akkordschere"** zu verhindern. Bei hohen Verdiensten soll nicht mehr ohne weiteres der Zeitakkordsatz heruntergesetzt werden können.

Akkordlohn

Vorteile	Nachteile
● Leistungsanreiz ● Mehrleistung wird bezahlt ● Ausnützung der Maschinenkapazität ● dadurch sinkende Stückkosten, Kostendegression ● genaue Kalkulation, da Lohnkosten je Stück konstant sind, wenn die Arbeitskräfte die Normalleistung erreichen	● Gesundheitsschädigung durch überhöhtes Arbeitstempo ● Überanstrengung ● Verschleiß von Betriebsmitteln ● Qualitätsminderung ● Notwendigkeit zusätzlicher Qualitätskontrollen ● aufwendige Lohnermittlung und Lohnabrechnung ● ständiger Wettbewerb verschlechtert das Betriebsklima

Gruppenakkord

Die Ablösung des **Einzelakkords** durch **Gruppenakkord** (gemeinsame Entlohnung aller Arbeitskräfte einer Gruppe) hat zur Folge, dass die schwächeren Gruppenmitglieder eine Zeit lang von der Gruppe mitgetragen werden, doch dann verstärkt sich der Gruppendruck auf diese Leistungsschwachen.

5.2.3 Prämienlohn – mehr Leistung, mehr Qualität

Wird neben dem Grundlohn (z. B. Zeitlohn) planmäßig ein zusätzliches Entgelt, die Prämie, gewährt, dann handelt es sich um einen **Prämienlohn**. Dabei bietet nur die Prämie Leistungsanreize, der Grundlohn (Fixum) ist tariflich garantiert.

Prämienlohn

MERKE

Bruttoverdienst = Grundlohn + Prämie

Die vielfältigen Einsatzmöglichkeiten machen den Prämienlohn gegenüber dem Akkordlohn vorteilhaft.

Berechnungsgrundlagen für Prämien	
● Mengenprämie, z. B. Unterschreitung der Vorgabezeit ● Terminprämie, z. B. Termineinhaltung eiliger Aufträge ● Sorgfaltsprämie, z. B. sorgsame Werkzeugbehandlung	● Güteprämie, z. B. Verringerung des Ausschusses ● Nutzungsprämie, z. B. günstige Maschinenausnutzung ● Ersparnisprämie, z. B. Rohstoffeinsparung
kombinierte Prämiensysteme z. B. Mengen- + Ersparnisprämie	

Prämien-
berechnung

kombinierte
Prämiensysteme

BEISPIEL

Wird die Vorgabezeit unterschritten, erhält die Arbeitsperson 50 % des ersparten Zeitlohns (Mengenprämie)

tariflicher Stunden- lohn (Zeitlohn) EUR/Std.	Vor- gabe- zeit pro Stück in Min.	benö- tigte Zeit in Min.	Zeit- ersparnis pro Stunde in Min.	Zeiter- sparnis- Prämie pro Std. in EUR	effektiver Stunden- lohn (Prä- mienlohn) EUR/Std.	gefer- tigte Stück- zahl pro Stunde
15,00	10	10	0	0,00	15,00	6,00
15,00	10	9	6	0,75	15,75	6,67
15,00	10	8	12	1,50	16,50	7,50
15,00	10	7	18	2,25	17,25	8,57
15,00	10	6	24	3,00	18,00	10,00

Vergleich Zeit- und Prämienlohn

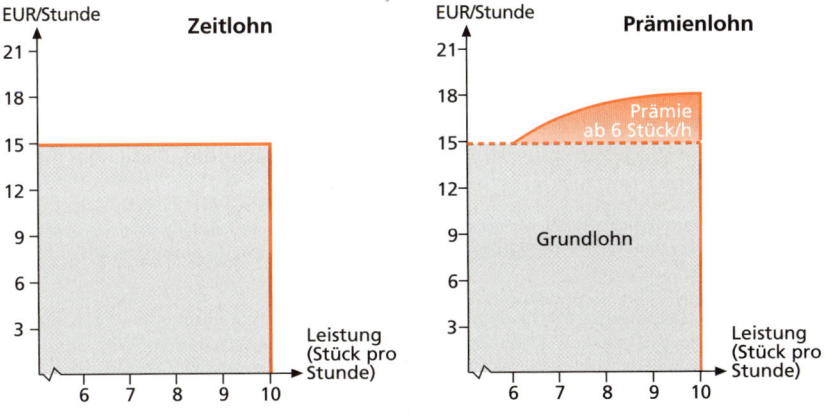

Allgemein gesehen ist der Prämienlohn die geeignete Lohnform für Arbeiten, bei denen das Ergebnis weniger von körperlichen Fähigkeiten und muskelmäßiger Betätigung abhängt, sondern mehr aufgrund von geistigen Vorgängen (durch Aufmerksamkeit und Umsicht, aufgrund von Dispositionsvermögen, Urteilsfähigkeit usw.) des arbeitenden Menschen bestimmt wird. Daher sind Prämiensysteme angebracht, wenn die Beeinflussung der qualitativen Gesichtspunkte und Begleitumstände der Aufgabenerfüllung im Vordergrund stehen und nicht ausschließlich eine mengenmäßige Beziehung zwischen Erzeugungsleistung und Arbeitsentgelt hergestellt werden soll.

Einzelprämien, Gruppenprämien, Gesamtprämie

Der Prämienlohn kann bei Einzel- oder Gruppenarbeit angewandt werden. Das Arbeitsergebnis ist oft das Produkt einer Gemeinschaftsleistung, so dass die Prämie unter mehreren Personen aufgeteilt werden muss. So können in einem Betrieb **Einzelprämien** (z. B. für Mengenprämie) neben **Gruppenprämien** (z. B. für höhere Auslastung einer Produktionsanlage oder Maschinengruppe) und **Gesamtprämien** vorkommen. Gesamtprämien werden für alle Mitarbeiter einer Abteilung oder des gesamten Betriebes häufig als Ersparnisprämien (z. B. für sparsamen Hilfs- und Betriebsstoffverbrauch oder allgemeine Einsparung von Gemeinkosten als sog.

Gemeinschaftsleistungsprämie

"Gemeinschaftsleistungsprämien") gewährt.

Auch Prämienlöhne werden zunehmend in einem *Zielvereinbarungsprozess* mit den einzelnen Mitarbeitern oder Arbeitsgruppen festgelegt.

Mitarbeiterbeteiligung

5.2.4   Mitarbeiterbeteiligung – Mitarbeiter binden

Der Gewinn eines Unternehmens steht rechtlich dem Eigentümer zu. Dagegen ist einzuwenden, dass der Gewinn nicht nur durch die Bereitstellung des Kapitals, sondern auch durch die Arbeitsleistung aller Mitarbeiter/innen erwirtschaftet wird. Somit hätten diese auch einen Anspruch auf einen Anteil am Gewinn. Der Einwand, dass dann jeder Arbeitnehmer auch am Verlust beteiligt sein müsse, wird dadurch entkräftet, dass er ja das Risiko des Arbeitsplatzverlustes trägt. Auch in diesem Bereich ist der immer während gesellschaftliche Konflikt zwischen Arbeit und Kapital sichtbar.

Die Beteiligung der Mitarbeiter an der Unternehmung ist immer nur ein **Zuschlag** zum normalen Lohn und kann verschiedene **Gründe** haben:

- Sozialethische Gründe, z. B. Verständnis für den Wert der geleisteten Arbeit,
- Verbesserung des Betriebsklimas durch Erhöhung der Arbeitszufriedenheit,
- Schaffung von Leistungsanreizen ("man arbeitet für sich selbst"),
- Bindung der Arbeitnehmer an den Betrieb (Partnerschaftsgedanke),
- Aufbringung von Kapital mangels anderer Möglichkeiten.

Die wichtigsten **Arten der Mitarbeiterbeteiligung** sind:

- Umsatzbeteiligung;
- Gewinnbeteiligung (Profitsharing);
- Kapitalbeteiligung (Mitunternehmerschaft), z. B. durch Belegschaftsaktien;
- Arbeitnehmerdarlehen mit Mindestverzinsung, wobei die Darlehenssumme wegen des Insolvenzrisikos zu versichern ist.

Durch Befragungen betroffener Mitarbeiter fand man heraus, dass diese eine Erfolgsbeteiligung in Form direkter **Geldzuwendungen** gegenüber einer Kapitalbeteiligung mit anschließender Verzinsung vorziehen.

Die Mitarbeiterbeteiligung macht es möglich, dass breite Bevölkerungsschichten *Zugang zum Produktivkapital* erhalten. Dadurch sind die Mitarbeiter unmittelbar am Wachstum ihrer Unternehmen beteiligt und können sich so ein weiteres Standbein zur Alterssicherung aufbauen.

5.2.5 Entgeltsysteme für teilautonome Gruppen

Entgeltsysteme
für Gruppenarbeit

Bei der Bezahlung von Gruppenarbeit (teilautonome Gruppen, Fertigungsinseln) müssen die Kernaufgaben der Gruppe beschrieben und bewertet werden. Die veränderten Anforderungen müssen im Arbeitsbewertungssystem berücksichtigt werden.

Bestandteile der Gruppenaufgabe

Gruppenkernaufgaben	die eigentliche Bearbeitungsaufgabe (operativer Gruppeninhalt)
	Aufgaben im Rahmen der Bereicherung der Arbeitsinhalte (Funktionsinhalte wie Logistik, Wartung/Instandhaltung, Qualitätssicherung, Kontinuierlicher Verbesserungsprozess usw.)
Gruppensprecheraufgaben	Optimierung von Abläufen, Koordination des Personaleinsatzes, Erarbeiten von Problemlösungen usw. (zusätzlich muss er die Gruppen- und Funktionsinhalte erfüllen). Die Funktion des Gruppensprechers wird mit einer Entgeltstufe vergütet (etwa 80,00 bis 100,00 EUR).

Gruppenkern-
aufgaben

Gruppensprecher-
aufgaben

Für die Entlohnung teilautonomer Gruppen sind der Zeitlohn wegen seiner geringen Anreizwirkung und der Akkordlohn wegen der damit verbundenen Qualitätskosten ungeeignet. Viele Unternehmen bauen Entgeltsysteme für Gruppenarbeit auf drei Bausteinen auf.

Die drei Bestandteile des Gesamtentgelts (**anforderungsorientierter Grundlohn, individuelle Leistungszulage** und **Gruppenzulage**) beinhalten jeweils unterschiedliche Herausforderungen. Auf dem Gebiet der anforderungsgerechten Entlohnung geht es vor allem um die Differenzierung bzw. Angleichung der Arbeitswerte bzw. Lohngruppen innerhalb des Teams.

Honoriert werden auch Qualifikationspotenziale, die nicht ständig genutzt werden. *Die persönliche Leistungszulage* wirft eher herkömmliche Gestaltungsprobleme auf, die mit der Objektivität der Leistungsbeurteilung (durch den Meister in Zusammenarbeit mit dem Gruppensprecher) und mit einem möglichen Konflikt zwischen individueller Profilierung einerseits und mannschaftsdienlichem Verhalten andererseits zusammenhängen.

Leistungszulage

Als Bezugsgrößen für die Ermittlung von *Gruppenzulagen* kommen u. a. Kennzahlen der Anlagennutzung, Qualität, Termineinhaltung und der Gemeinkostenersparnis zum Einsatz. Die Aufstellung einheitlicher Regeln, nach denen die Gruppenprämie auf die Gruppenmitglieder zu verteilen ist, beinhaltet ein beträchtliches Konfliktpotenzial.

Gruppenzulage

BEISPIEL

Im Rahmen eines Entgeltsystems von Fertigungsinseln werden alle Mitarbeiter in die gleiche Lohngruppe entsprechend der Arbeitsschwierigkeit eingruppiert; lediglich der Gruppensprecher erhält einen Zuschlag. Zusätzlich zum Grundlohn wird ein Leistungslohn gewährt. Er setzt sich aus einem Einzelakkord (basierend auf individuell gefertigten Teilen und Vorgabezeiten) und aus einem gruppenbezogenen Prämienlohn (Gemeinkostenersparnisprämie) zusammen. Man geht beim Prämienlohn davon aus, dass im Zeitverlauf ein konstanter individueller Leistungsgrad vorliegt, so dass sich der Erfolg der Insel nur durch sinkende Gemeinkostentätigkeiten (z.B. Rüsten, Disposition) erhöhen lässt. Insbesondere eine effizientere Organisation der Gruppenarbeit, weniger dagegen ein höherer Leistungsgrad führen zu Entgeltverbesserungen.

Personalkosten

→ Entgeltab-
rechnung
siehe RW
LF 7

Personalbasis-
kosten

Personalzusatz-
kosten

5.3 Personalbasis- und Personalzusatzkosten

Die meisten Arbeitnehmer wissen zwar genau, wie viel sie verdienen – sie wissen aber nur selten, wie viel sie kosten. Mit der einfachen Rechnung „Arbeitszeit · Stundenlohn = Lohnkosten" ist es nicht getan.

Zum Direktentgelt für geleistete Arbeit gehören noch zahlreiche weitere Leistungen:

Grundentgelt	Zeitlohn, Akkordlohn, Gehalt, Ausbildungsvergütung
Entgelt für zusätzliche Leistungen	Provisionen, Prämien, Erfindervergütungen
Zulagen	Erschwernis-, Gefahren-, Funktionszulage
Zuschläge	Mehrarbeits-, Sonntags-, Feiertagszuschlag, Schicht-, Nachtarbeitszuschlag

Neben diesem **Direktentgelt (Personalbasiskosten)** müssen die Unternehmen auch an Feiertagen, bei Krankheit und im Urlaub Lohn bezahlen. Dazu kommen zusätzliche Leistungen wie Weihnachtsgeld, Urlaubsgeld und die Arbeitgeberanteile zur Sozialversicherung. Dieser Teil der Lohnkosten entsteht nicht direkt, d. h. für die geleistete Arbeit, sondern indirekt als **Lohnnebenkosten (Personalzusatzkosten).** Die Lohnnebenkosten werden häufig übersehen. Deshalb bezeichnet man sie oft als „unsichtbaren Lohn" oder **indirekten Lohn.**

Lohnneben- bzw. Personalzusatzkosten im Überblick

Gesetzliche Personal-zusatzkosten etwa 40%	Arbeitgeberanteil zur gesetzlichen Sozialversicherung, Beiträge zur gesetzlichen Unfallversicherung, Bezahlte Feiertage/Lohnfortzahlung im Krankheitsfall, Mutterschutz-/Unfallschutz-Aufwendungen
Tarifliche Personal-zusatzkosten etwa 40%	Urlaubsgeld (einschließlich Entlassungsentschädigung), Vermögensbildung, Gratifikation (13. Monatsgehalt, Weihnachtsgeld), Beihilfe zur Berufsausbildung/Weiterbildung
Betriebliche Personal-zusatzkosten etwa 20%	Zuführung zur Pensions-Rückstellung (Betriebsrente), Zuschüsse zu Lebensversicherungen, Fahrtkosten-/Kantinen-/Reisekostenzuschüsse, Beiträge zum Pensions-Sicherungsverein, Betriebssport/Werkskinderhorte/Jubiläumsgaben

Das soziale Netz der Betriebe wird in letzter Zeit überstrapaziert. Die Personalzusatzkosten verteuern die Arbeitskraft erheblich. Ein westdeutscher unverheirateter Arbeitnehmer, der monatlich netto 1 500,00 EUR nach Hause bringt, schlägt in der Kostenrechnung seiner Firma mit 2 850,00 EUR zu Buche.

Der westdeutsche Durchschnittsarbeitnehmer, der für geleistete Arbeit einen Direktlohn von 25 000,00 EUR im Jahr erhält, kostet seinen Betrieb insgesamt 47 500,00 EUR.

Mit dieser Belastung stehen die deutschen Firmen international weit vorn. In keinem anderen Land der Welt müssen die Firmen so hohe Beiträge für die Personalzusatzkosten aufwenden, die früher problemlos „Personalnebenkosten" genannt werden konnten, jetzt aber schon längst keine „Nebenkosten" mehr sind.

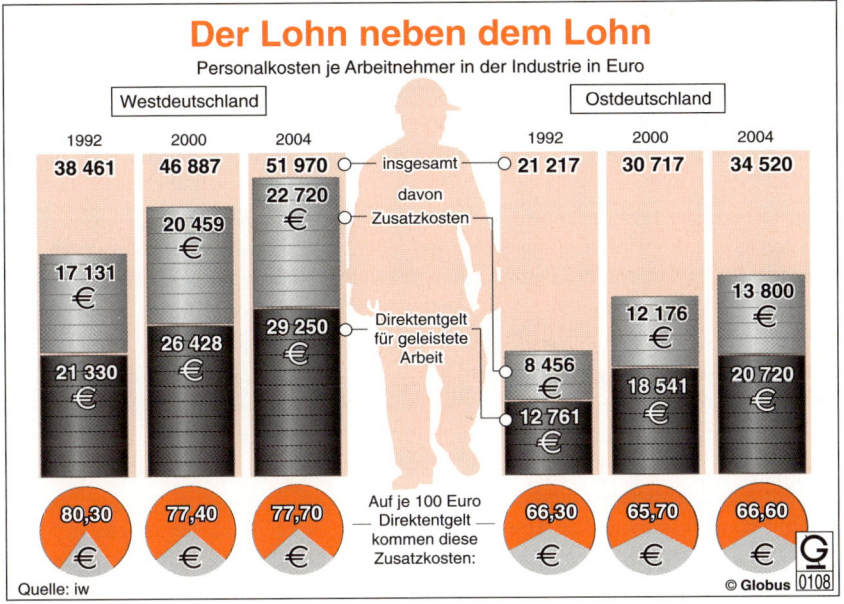

Der Lohn neben dem Lohn
Personalkosten je Arbeitnehmer in der Industrie in Euro

Westdeutschland				Ostdeutschland		
1992	2000	2004		1992	2000	2004
38 461	46 887	51 970	insgesamt	21 217	30 717	34 520
		22 720 €	davon Zusatzkosten			13 800 €
17 131 €	20 459 €				12 176 €	
21 330 €	26 428 €	29 250 €	Direktentgelt für geleistete Arbeit	8 456 €	18 541 €	20 720 €
				12 761		

Auf je 100 Euro Direktentgelt kommen diese Zusatzkosten:

| 80,30 € | 77,40 € | 77,70 € | | 66,30 € | 65,70 € | 66,60 € |

Quelle: iw

© Globus 0108

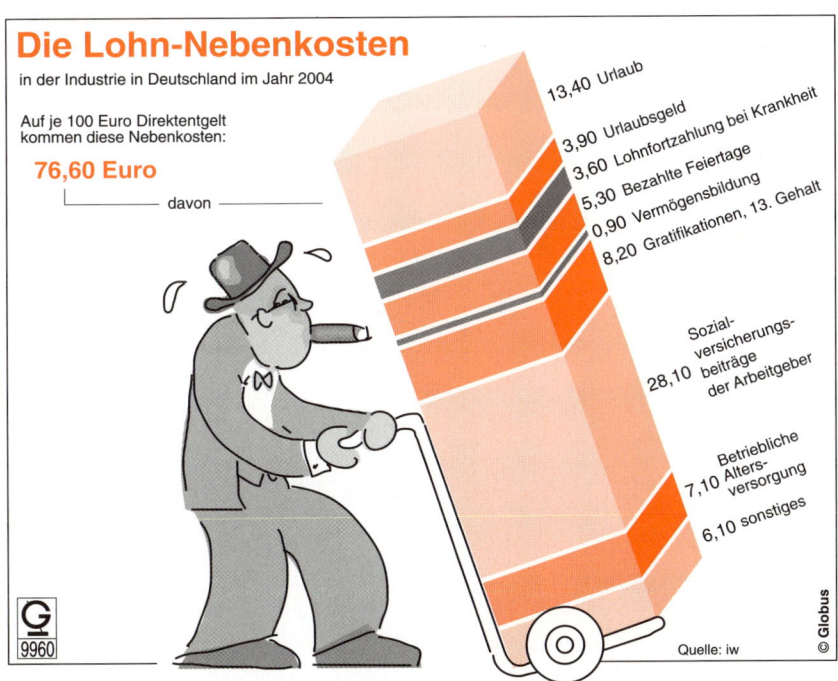

Die Lohn-Nebenkosten
in der Industrie in Deutschland im Jahr 2004

Auf je 100 Euro Direktentgelt kommen diese Nebenkosten:

76,60 Euro

— davon —

- 13,40 Urlaub
- 3,90 Urlaubsgeld
- 3,60 Lohnfortzahlung bei Krankheit
- 5,30 Bezahlte Feiertage
- 0,90 Vermögensbildung
- 8,20 Gratifikationen, 13. Gehalt
- 28,10 Sozialversicherungsbeiträge der Arbeitgeber
- 7,10 Betriebliche Altersversorgung
- 6,10 sonstiges

Quelle: iw

© Globus 9960

Nach den in den USA entwickelten **Cafeteria-Systemen** haben die Mitarbeiter die Möglichkeit, aus bestehenden vorgegebenen Alternativen, die betrieblichen Sozialleistungen auszuwählen, die ihnen den größten Nutzen bringen.

In dieses Auswahlsystem können auch Entgelt- oder Arbeitszeitkomponenten mit einbezogen werden. Das Gesamtbudget ist bei der Verwendung des Cafeteria-Systems konstant. Ziel ist es, im Rahmen einer allgemein angestrebten Anreizwirkung bei dem betroffenen Mitarbeiter, eine optimale Aufteilung dieses Budgets zu erreichen.

Cafeteria-System

**Personalcontrol-
ling**

6   Personalcontrolling

6.1   Aufgaben und Gegenstände des Personalcontrollings

**Personalberichts-
wesen**
→ siehe Seiten
   222 ff.

Das Personalcontrolling baut auf das Personalberichtswesen bzw. Personalinformationssystem auf. Hauptaufgabe des **Personalberichtswesens** ist es, Informationen über das Personal zu erfassen und so zu verdichten und aufzubereiten, dass die Führungskräfte diese Daten für Personalentscheidungen heranziehen können.

Die Aufgaben des **Personalcontrollings** gehen weiter, da hier der Vergleich von Vorgabewerten auf allen Planungsebenen (strategische, taktische und operative Planung) mit den entsprechenden Zustandsgrößen (Istwerten) im Vordergrund steht.

Das Personalcontrolling stellt sicher, dass

- *Vorgabewerte* in den entsprechenden Personalplanungsfeldern (z. B. Bedarfs-, Einsatz-, Beschaffungs- und Entwicklungsplan) erzeugt werden,
- entsprechende *Zustandsgrößen* durch Personalbestands- und -bedarfsanalysen erfasst und aufbereitet werden,
- die Erkenntnisse aus der *Abweichungsanalyse* des Soll-Ist-Vergleichs in *Maßnahmen* im Bereich der Personalveränderung (Beschaffung, sozialverträgliche Freisetzung), des Personaleinsatzes und der Personalentwicklung umgesetzt werden.

Hinzu kommen ständige Überprüfungen und Verbesserungen der angewandten *Führungsprinzipien* und das *Personalkostenmanagement*. Dabei sind Gegenstände des Personalcontrollings neben den Personalkosten auch Leistungsdaten (ökonomische Größen) sowie rein qualitative subjektive Beurteilungen.

Gegenstände des Personalcontrollings auf allen Planungsebenen

→ **Multimo-
mentverfah-
ren siehe Ab-
schnitt 5.2.2**

Planungs-ebene	Personalkosten	Leistungsdaten	qualitative Daten
Operative Planung	Personalkosten bezogen auf einzelne Mitarbeiter	Leistungsstunden	Tätigkeitskontrolle mittels Multimomentstudien
	Kosten und Budgets für die Personalabteilung	Fehlzeiten	
Taktische Planung	Budgetkontrolle für ein Ausbildungsprogramm	Fluktuationsrate	Mitarbeiterbeurteilung durch Assessment-Center
		Bildungskosten pro Mitarbeiter	
	Kosten der betrieblichen Sozialeinrichtungen	Bewerberanzahl pro Ausschreibung	Bildungskontrolle durch Testverfahren
Strategische Planung	Rentabilität von Instrumenten der Personalentwicklung	Personalstruktur im Hinblick auf Ausbildungsniveaus	Potenzialanalysen
	finanzmathematische Analyse von Betriebspensionen	Betriebszugehörigkeit der Mitarbeiter	Personal-Portfolio

Darüber hinaus zielt das Personalcontrolling auf die Verbesserung der Personalplanung und der Kontrollvorgänge selbst. Dabei geht es um die Überprüfung der

Pläne auf ihre Vollständigkeit und innere Logik. Außerdem wird geprüft, ob die vorgesehenen Bestandsanalysen auch tatsächlich durchgeführt, festgelegte Methoden eingesetzt und die vereinbarten Kontrollvorgänge auch angewandt werden.

Wichtige Wirkungsbereiche des Personalcontrollings sind zudem

- die Gleichrichtung der Personalführung durch Formulierung von Führungsgrundsätzen und/oder allgemeinen Führungsanweisungen
- die Abstimmung der Personalpolitik und ihre Einpassung in die übrige Unternehmenspolitik
- die Übereinstimmung konkreter Personalpolitik (wie z. B. der betrieblichen Sozialpolitik und der Personalentwicklung) mit dem personalpolitischen Leitbild des Unternehmens.

6.2 Ansatzpunkte für das Personalcontrolling

Ansatzpunkte für die Erfolgsmessung können die Faktoren Zeit, Leistung, Bestand, Kosten, Bildung und Motivation sein. Bezieht man auch den Kunden mit ein, auf dessen Zufriedenheit der Personaleinsatz unmittelbar oder mittelbar einwirkt, dann ergibt sich die folgende Gesamtübersicht.

Ansatzpunkte für das Personalcontrolling als Planungs- und Steuerungsinstrument

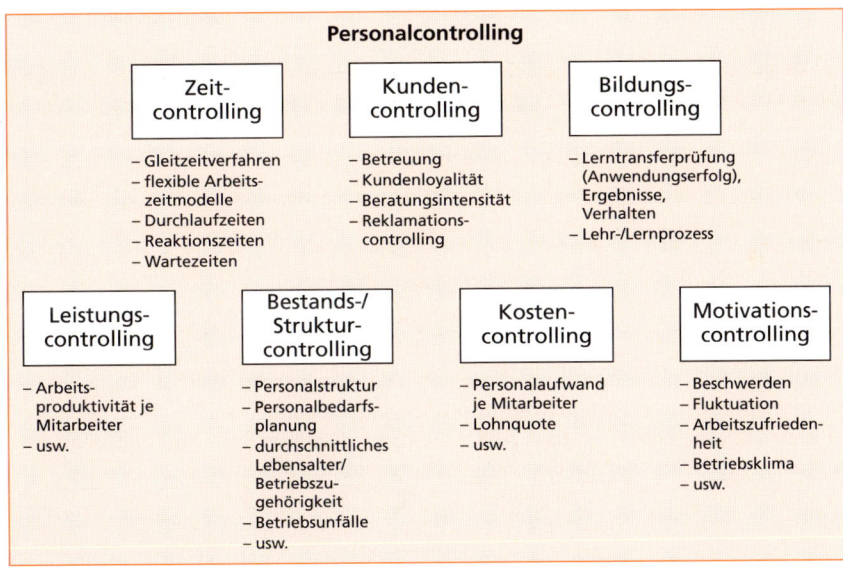

Zur Erfolgskontrolle der betrieblichen Personalpolitik stehen mehrere Methoden zur Verfügung. Unterschieden wird zwischen

- unternehmensinternem Vergleich
  - Soll/Ist-Vergleich,
  - Vergleich mehrerer Abteilungen,
  - Zeitvergleich und
- unternehmensexternem Vergleich
  - Vergleich ähnlicher Unternehmungen (Benchmarking)
  - Kennziffernvergleich

Hauptsächliche Schwierigkeiten der Erfolgsermittlung sind die Messung der gewählten Größen sowie die kausale Erklärung der ermittelten Beziehungen.

6.3   Personalcontrolling als Regelkreis

Das Hauptproblem des Personalcontrollings ist, dass Personalaufgaben nicht einer spezialisierten Abteilung zugeordnet sind, sondern, dass alle Abteilungen der Unternehmung Personalaufgaben wahrnehmen.

Hinzu kommt, dass zwischen den einzelnen Personalplanungsfeldern eine Vielzahl sachlogischer Verknüpfungen bestehen. So liefert die Personalbestandsanalyse Ausgangsdaten für die Personalbedarfsplanung, diese wiederum Informationen für die Personaleinsatzplanung usw. Außerdem erhält die Personalplanung Inputs aus der Produktions- und Absatzplanung und gibt diesen Teilplänen wiederum Outputs in Form von Planrestriktionen (z. B. Plankosten, Planstellen).

Zusammenhang zwischen den Personalplanungsfeldern

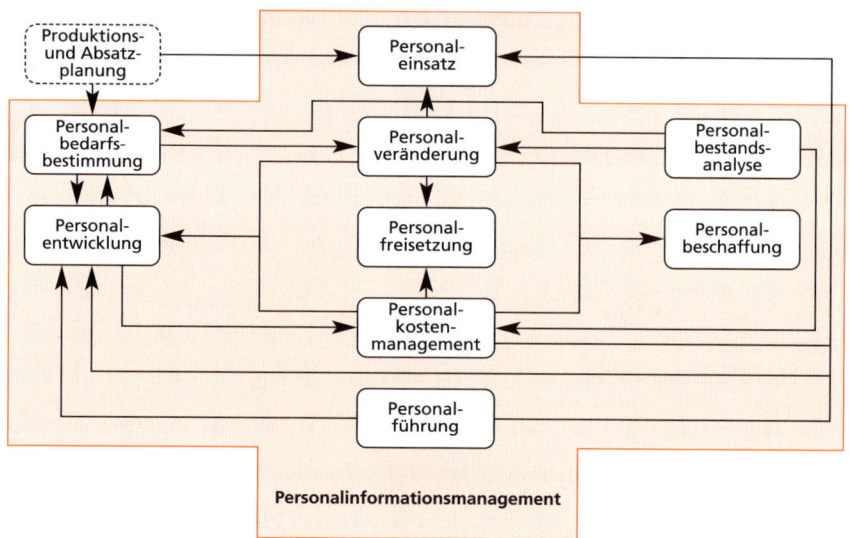

Damit das Personalcontrolling diesen Problemen gerecht werden kann, ist es zweckmäßig, den gesamten Kontrollprozess als einen sich selbst steuernden Regelkreis zu konzipieren, so dass Abweichungen zwischen Soll- und Istgrößen Anpassungsentscheidungen an den verursachenden Stellen erfordern.

Regelkreis des Personalcontrollings

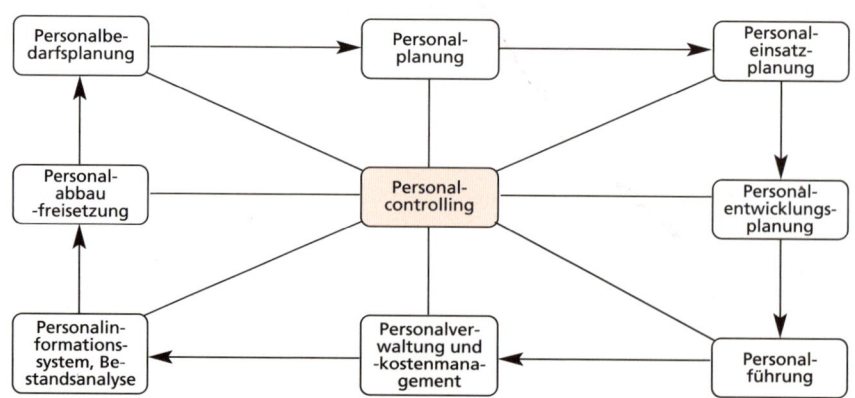

Lernfeld 9 Das Unternehmen in den regionalen Wirtschaftszusammenhang einordnen

STRUKTURÜBERSICHT

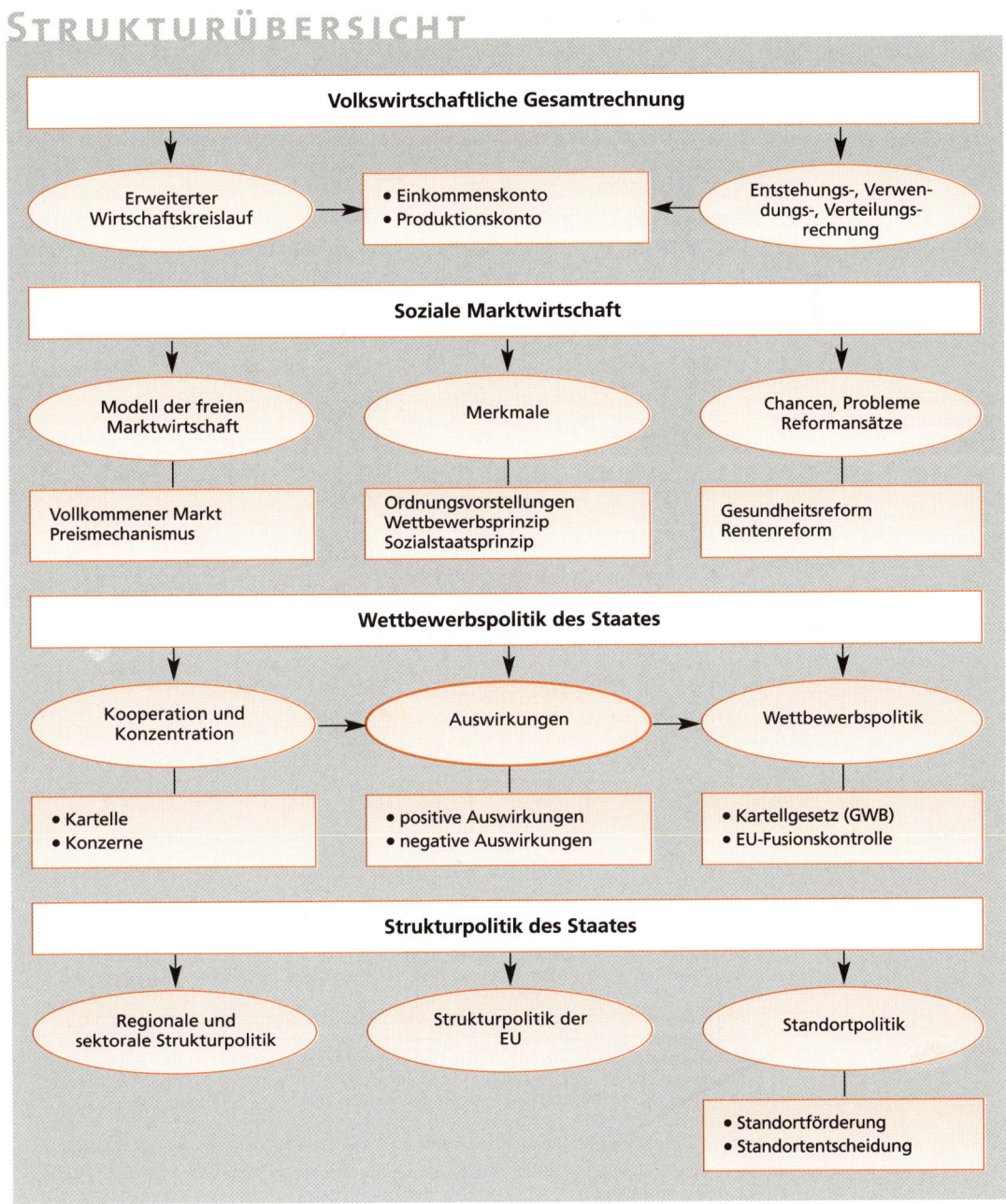

1   Volkswirtschaftliche Gesamtrechnung

Die statistische Erfassung aller wesentlichen Geldströme einer Volkswirtschaft bezogen auf eine bestimmte Periode bezeichnet man als **Volkswirtschaftliche Gesamtrechnung** (VGR). Die VGR wird im Zuge der EU-Harmonisierung seit 1999 nach dem **Europäischen System Volkswirtschaftlicher Gesamtrechnungen (ESVG)** dargestellt. Dabei wird die gesamtwirtschaftliche Einkommensentstehung, -verwendung und -verteilung auf der Grundlage des Modells des erweiterten Wirtschaftskreislaufs abgeleitet.

1.1   Modell des erweiterten Wirtschaftskreislaufs

→ LF 1
   Abschnitt 3.3

Der erweiterte Wirtschaftskreislauf ergänzt den einfachen Wirtschaftskreislauf um die Wirtschaftssubjekte **Staat** (öffentliche Haushalte) und **Ausland**. Dadurch entstehen zusätzliche Güter- bzw. Geldströme. Von ihren Einkommen müssen die privaten Haushalte Steuern (T_H) an den Staat abführen. Auf der anderen Seite erhalten sie Zuschüsse (Z_H) vom Staat. Auch die Unternehmen müssen Steuern abführen (T_U) und erhalten vom Staat Zuschüsse (Z_U). Einen Teil der produzierten Güter führen die Unternehmen ins Ausland aus (Exporte) und erhalten dafür Exporteinnahmen (Ex). Im Gegenzug entstehen den Unternehmen Importausgaben (Im) durch die Einfuhr von Gütern (Importe) aus dem Ausland.

Erweiterter Wirtschafts-kreislauf

Erweiterter Wirtschaftskreislauf mit Staat und Ausland

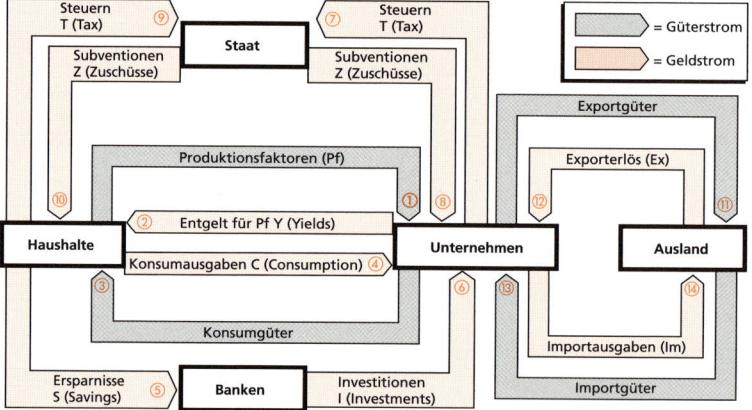

BEISPIEL

① und ② Die privaten Haushalte stellen den Unternehmen Produktionsfaktoren zur Verfügung und erhalten dafür ein Entgelt.
Den Haushalten fließen 20 Geldeinheiten zu (Y = 20).

③ und ④ Die Unternehmen erstellen mithilfe der Produktionsfaktoren Konsumgüter und erhalten dafür Verkaufserlöse.

⑤ Die privaten Haushalte geben ihr Einkommen nicht vollständig für Konsumgüter aus, sondern sparen einen Teil.

⑥ Das Bankensystem gibt die Ersparnisse den Unternhemen als Kredit weiter. Diese beschaffen dafür neue Maschinen, d.h., sie investieren.

⑦ bzw. ⑨ Haushalte und Unternehmen müssen einen Teil ihrer Einnahmen an den Staat abführen.

⑧ bzw. ⑩ Haushalte und Unternehmen erhalten staatliche Subventionen (Zuschüsse).

Von ihrem Einkommen (20 GE) führen die Haushalte Steuern in Höhe von 4 Geldeinheiten ab ($T_H = 4$). Sie erhalten staatliche Zuschüsse (z.B. Kindergeld) in Höhe von 3 Einheiten ($Z_H = 3$)

und bringen 4 Geldeinheiten als Ersparnisse zur Bank (S = 4). Den Rest verwenden die Haushalte für Konsumausgaben (C = 15).

Für die Unternehmen stellen die Konsumausgaben der Haushalte Verkaufserlöse dar. Auch die Unternehmen müssen Steuern an den Staat abführen (T_u = 5). Im Gegenzug erhalten sie staatliche Zuschüsse in Höhe von 4 Geldeinheiten (Z_u = 4).

⑪ und ⑫ Die Unternehmen führen einen Teil der produzierten Konsumgüter ins Ausland aus und erhalten dafür einen Exporterlös.

⑬ und ⑭ Die Unternehmen führen Rohstoffe oder Handelswaren vom Ausland ein und wenden dafür Importausgaben auf.

Die Exporterlöse betragen 6 Geldeinheiten (Ex = 4), die Importausgaben betragen 4 Geldeinheiten (Im = 4).

1.2 Einkommens- und Produktionskonto

Aus den Geldströmen des Wirtschaftskreislaufs lassen sich das **Einkommenskonto** der Haushalte und das **Produktionskonto** der Unternehmen (aus Vereinfachungsgründen werden im Folgenden die Konten des Staates und des Auslands weggelassen) ableiten. Der Kreislauf ist geschlossen, wenn die Einnahmenseite und Ausgabenseite dieser Konten ausgeglichen sind. Dabei muss beachtet werden, dass derselbe Betrag, der für die Haushalte Einkommen darstellt, bei den Unternehmen zu Ausgaben (Entgelt für Produktionsfaktoren) führt und dass den Unternehmen nur so viel Geldmittel für Investitionen zufließen können, wie Ersparnisse der Haushalte gebildet werden.

Einkommenskonto

Ausgaben	Private Haushalte (Einkommenskonto)		Einnahmen
Konsumausgaben C	15 GE	Einkommen Y	20 GE
Sparen S	4 GE	Staatliche Zuschüsse Z_H	3 GE
Steuern T_H	4 GE		
	23 GE		23 GE

Einkommensverwendung

Aus dem *Einkommenskonto* ergibt sich die **Einkommensverwendungsgleichung:**

Ausgaben = Einnahmen
Konsumausgaben + Sparen + Steuern = Einkommen + Zuschüsse
$$C + S + T_H = Y + Z_H$$
Einkommensverwendungsgleichung $\quad Y = C + S + T_H - Z_H$

Beispiel: $\quad 20 = 15 + 4 + 4 - 3$

Produktionskonto

Ausgaben	Unternehmen (Produktionskonto)		Einnahmen
Entgelt für Produktionsfaktoren Y	20 GE	Verkaufserlöse C	15 GE
Steuern T_U	5 GE	Investitionen I	4 GE
Importausgaben Im	4 GE	Staatliche Zuschüsse Z_U	4 GE
		Exporteinnahmen Ex	6 GE
	29 GE		29 GE

Einkommensentstehung

Aus dem *Produktionskonto* ergibt sich die **Einkommensentstehungsgleichung:**

Ausgaben = Einnahmen
Entg. f. Prod.faktoren + Steuern + Importe = Verkaufserl. + Invest. + Zuschüsse + Exporte
$$Y + T_U + Im = C + I + Z_U + Ex$$
Einkommensentstehungsgleichung $\quad Y = C + I + Z_U - T_U + Ex - Im$

Beispiel: $\quad 20 = 15 + 4 + 4 - 5 + 6 - 4$

1.3   Inlandsprodukt – Inlands-/Inländerkonzept

Aus dem Produktionskonto lassen sich das Brutto- und Nettoinlandsprodukt berechnen, wenn man einige Größen saldiert ausweist. So werden die **Steuern** der Unternehmen an den Staat (T) mit den staatlichen Zuschüssen saldiert ausgewiesen (T – Z).

Ebenso werden die Exporteinnahmen mit den Importausgaben saldiert (Ex – Im = **Außenbeitrag**). Die Wertminderungen der Produktionsmittel werden als **Abschreibungen** auf der Ausgabenseite erfasst, dafür werden auf der Einnahmenseite die Investitionen als **Bruttoinvestitionen** [(Netto-) Investitionen + Abschreibungen] ausgewiesen. Im Geldstrom des Wirtschaftskreislaufs sind nur die Nettoinvestitionen berücksichtigt, da die Abschreibungen zu keinen Geldabflüssen führen. Das Einkommen wird im Hinblick auf die Verteilung des Einkommens in Arbeitnehmerentgelte und Unternehmens-/Vermögenseinkommen aufgeteilt.

BEISPIEL
Die Größen und Werte des erweiterten Wirschaftskreislaufs, dargestellt im Nationalen Produktionskonto:

Messgrößen des BIP

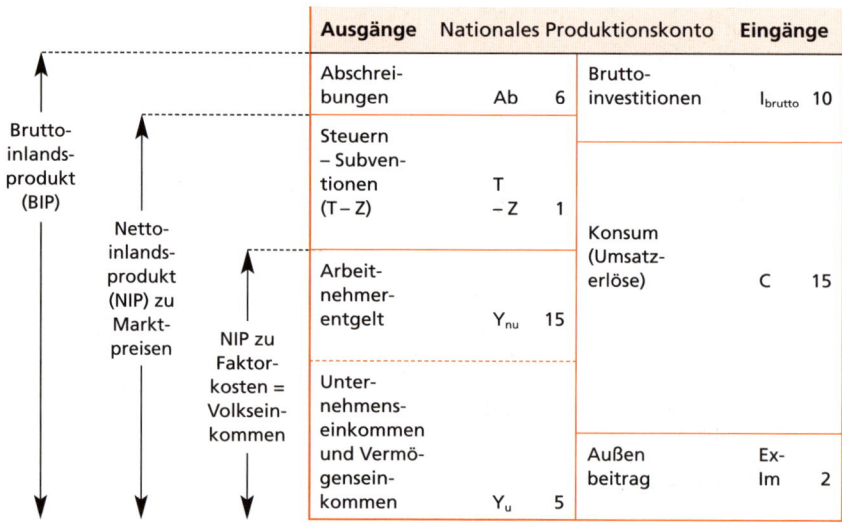

Bruttoinlandsprodukt (BIP)

● **Berechnung des Bruttoinlandsprodukts** mithilfe der

– *Ausgabenseite* des Produktionskontos

> **Bruttoinlandsprodukt = Abschreibungen + (Steuern - Zuschüsse) + Einkommen**
> **BIP = Ab + (T - Z) + Y**
>
> **Beispiel:**   27 = 6 + (5 - 4) + 20

– *Einnahmenseite* des Produktionskontos:

> **Bruttoinlandsprodukt = Bruttoinvestitionen + Umsatzerlöse + Außenbeitrag**
> **BIP = I_{brutto} + C + (Ex-Im)**   **I_{brutto} = I + Ab**
>
> **Beispiel:**   27 = (4 + 6) + 15 + (6 - 4)

● **Berechnung des Nettoinlandsprodukts:**
   – Nettoinlandsprodukt zu Marktpreisen (NIP_{MP}):

> **NIP_{MP} = BIP - Abschreibungen**
>
> **Beispiel:**   21 = 27 - 6

– Nettoinlandsprodukt zu Faktorkosten (NIP_{FK}):

> **NIP_{FK} = Volkseinkommen = BIP – Abschreibungen – (Steuern – Zuschüsse)**
>
> **Beispiel:**   Y = 27 – 6 – (5 – 4)
>   Y = 20

Aus der Sicht der Unternehmen stellt das **Volkseinkommen** die *Summe aller Kosten* der Produktionsfaktoren dar (Arbeitsentgelte, Zinsen, Mieten, Pachten), aus der Sicht der privaten Haushalte stellt es die *Summe aller Einkommen* dar. Aus der Sicht der Gesamtwirtschaft ist das Volkseinkommen mit der **Wertschöpfung** (zusätzlich geschaffener Wert der betrachteten Periode) gleichzusetzen.

Im Bruttoinlandsprodukt sind die **Vorleistungen** nicht enthalten, weil der Materialaufwand des kaufenden Unternehmens zugleich der Umsatzerlös der verkaufenden Unternehmung ist. Die Vorleistungen wären sonst doppelt bzw. mehrfach in der Gesamtleistung enthalten. Die Summe aller Umsatzerlöse über alle Produktionsstufen hinweg ergibt den **Bruttoproduktionswert**.

BEISPIEL
Die Wertschöpfung im Verlauf des Produktionsprozesses

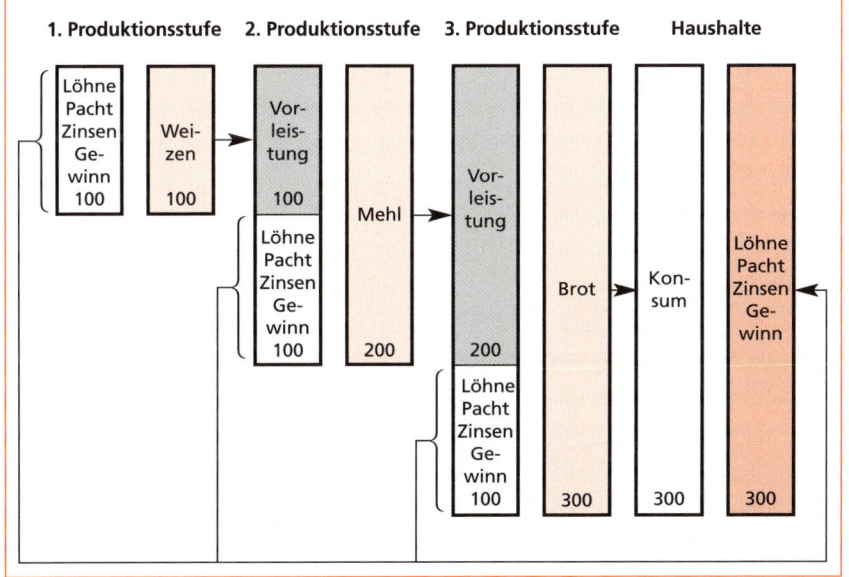

Aus obiger Darstellung ergibt sich folgende Rechnung:

Bruttoproduktionswert	100 (Stufe 1) + 200 (Stufe 2) + 300 (Stufe 3) = 600
- Vorleistungen	- 0 (Stufe 1) - 100 (Stufe 2) - 200 (Stufe 3) = -300
Bruttoinlandsprodukt	100 (Stufe 1) + 100 (Stufe 2) + 100 (Stufe 3) = 300

(Randspalten: Nettoinlandsprodukt — Volkseinkommen — Wertschöpfung — Vorleistungen — Bruttoproduktionswert)

Inlandsprodukt

Das **Inlandsprodukt** gibt die **wirtschaftliche Gesamtleistung** einer Nation an. In Deutschland fasst das Statistische Bundesamt den Wert aller **innerhalb eines Kalenderjahres** produzierten Waren und geleisteten Dienste (abzüglich fremdbezogene Vorleistungen) zusammen. Rechnet man den Preisanstieg (BIP-Deflator) heraus, dann ergibt sich das *reale Inlandsprodukt.*

Inlands- und Inländerkonzept

Beim **Inlandskonzept** (Inlandsprodukt) wird die Gesamtleistung gemessen, die innerhalb der Grenzen eines Landes erwirtschaftet wurde (gleichgültig ob Inländer oder Ausländer zur Leistung beigetragen haben). Beim **Inländerkonzept** (Inländerprodukt) wird die Leistung gemessen, die von Inländern geschaffen wurde (hierzu zählen auch Einkommen, die Inländern aus dem Ausland zufließen).

Grober Zusammenhang zwischen Inlands- und Inländerprodukt

Bruttoinlandsprodukt (im Inland von Inländern oder Ausländern erwirtschaftetes Einkommen)	vom Ausland zugeflossene Einkommen
ins Ausland abgeflossene Einkommen	**Bruttosozialprodukt** (nur von Inländern im Inland und im Ausland erwirtschaftetes Einkommen) = Inländerprodukt

Vereinfachte VGR nach dem Inlandskonzept (Zahlenangaben in Mrd. EUR)

Inlandskonzept

Inlandskonzept	2003	2004
Arbeitnehmerentgelt	1 131,8	1134,3
+ Unternehmens- und Vermögenseinkommen	469,0	501,8
= Nettoinlandsprodukt zu Faktorkosten (Volkseinkommen)	**1 600,8**	**1 636,1**
+ Steuern – Subventionen	214,1	212,4
= Nettoinlandsprodukt zu Marktpreisen	**1 814,9**	**1848,5**
+ Abschreibungen	319,7	320,7
+ Preisabweichung (wegen Kettenindex)	30,2	38,0
= Bruttoinlandsprodukt zu Marktpreisen	**2 164,8**	**2 207,2**

Vereinfachte VGR nach dem Inländerkonzept (Zahlenangaben in Mrd. EUR)

Inländerkonzept

Inländerkonzept	2003	2004
Bruttoinlandsprodukt (nominal)	**2 164,8**	**2 207,2**
+ Saldo der Primäreinkommen aus der übrigen Welt	−14,6	−10,6
= Bruttonationaleinkommen = Bruttosozialprodukt	**2 150,2**	**2 196,6**
– Abschreibungen	319,7	320,7
= Nettonationaleinkommen = Primäreinkommen	**1 830,5**	**1 875,9**
+ von übriger Welt empfangene Transfers (z.B. Subventionen)	9,0	9,8
– an übrige Welt geleistete Transfers (Subventionen, Steuern)	−35,1	−35,8
= Verfügbares Einkommen	**1 804,4**	**1 849,9**

Quelle: Statistisches Bundesamt, Wirtschaft und Statistik 4/2005, Seite 86

Die Berechnung realer Größen wurde im Rahmen der Revision von der Festpreisbasis auf die Vorjahrespreisbasis mit anschließender Verkettung umgestellt. Dabei werden die Mengen mit den Durchschnittspreisen des Vorjahres bewertet und die jeweiligen Veränderungen verkettet (Kettenindex mit Referenzjahr 2000 = 100 %). Die einzelnen Größen der VGR lassen sich daher nicht mehr einfach addieren.

Zusammenhang zwischen Inlands- und Inländerprodukt

		2003	2004
Inlandsprodukt = Bruttoinlandsprodukt (BIP)		2 164,8	2 207,2
+ von übriger Welt empfangene Einkommen – an übrige Welt abgeführte Einkommen	Saldo	–14,6	–10,6
Inländerprodukt = Bruttosozialprodukt (BSP)		2150,2	2196,6

1.4 Entstehungs-, Verwendungs- und Verteilungsrechnung

1.4.1 Entstehung des Inlandprodukts

Nach dem *Europäischen System Volkswirtschaftlicher Gesamtrechnungen* (ESVG 1995) entsteht das Inlandsprodukt in *sechs Wirtschaftszweigen*. In den Werten sind die Kosten für die Produktionsfaktoren (Arbeitnehmerentgelte sowie Unternehmens- und Vermögenseinkommen), die Kostensteuern (z.B. Gewerbesteuer) verrechnet mit den Kostensubventionen (z.B. Lohnsubventionen) und die Abschreibungen enthalten.

Wichtigste Größe der Entstehungsrechnung ist die **Bruttowertschöpfung (BWS),** also die Differenz zwischen Produktionswert und Vorleistungen. Das Bruttoinlandsprodukt zu Marktpreisen (BIP) ergibt sich aus der (unbereinigten) BWS aller Wirtschaftsbereiche und durch Hinzufügen der Gütersteuern (z.B. Mineralöl-, Tabak-, Versicherungsteuer, Importabgaben) abzüglich der Gütersubventionen (z.B. Kohle-, Agrarsubventionen).

Entstehungsrechnung (in jeweiligen Preisen; Angaben in Mrd. EUR):

Wirtschaftszweige	2000	2001	2002	2003	2004
Land- und Forstwirtschaft	22,5	25,9	22,0	21,3	21,7
Produzierendes Gewerbe	463,8	474,4	475,2	478,0	500,3
Baugewerbe	97,2	91,7	88,6	83,3	80,3
Handel, Gastgewerbe, Verkehr	336,3	346,2	353,0	354,1	361,2
Finanzierung, Vermietung und Unternehmensdienstleister	560,7	534,4	554,3	564,7	581,3
Öffentliche und private Dienstleister	404,8	432,3	446,1	449,3	450,0
Bruttowertschöpfung (BWS) + Gütersteuern – Gütersubventionen	**1885,3** 144,8	**1904,9** 208,7	**1939,2** 209,6	**1950,7** 214,1	**1994,8** 212,4
Bruttoinlandsprodukt (nominal)	**2030,1**	**2113,6**	**2148,8**	**2164,8**	**2207,2**
Prozentuale Veränderung	–	4,1	1,7	0,7	2,0

(Quelle: Statistisches Bundesamt, Wirtschaft und Statistik 4/2005, Seite 89)

1.4.2 Verwendung des Inlandsprodukts

Die *Verwendungsrechnung* zeigt, für welche Zwecke das Inlandsprodukt erarbeitet wurde. Das ESVG unterscheidet sieben Verwendungsmöglichkeiten.

Entstehungs-
rechnung

Verwendungs-
rechnung

Verwendungsrechnung (in jeweiligen Preisen; Angaben in Mrd. EUR):

Verwendungszwecke	2000	2001	2002	2003	2004
Private Konsumausgaben	1 196,2	1 257,5	1 266,7	1 286,3	1 304,2
Konsumausgaben des Staates	385,6	400,3	411,8	414,6	412,9
Bruttoinvestitionen					
– Ausrüstungen	176,7	167,4	151,9	146,9	148,4
– Bauten	240,2	230,6	216,5	209,2	206,3
– Sonstige Anlagen	23,2	24,9	24,5	24,5	24,7
– Vorratsveränderungen	0,7	−9,3	−18,8	−3,4	1,7
Exporte – Importe (Außenbeitrag)	7,5	42,2	96,2	86,7	109,0
Bruttoinlandsprodukt (nominal)	**2 030,1**	**2 113,6**	**2 148,8**	**2 164,8**	**2 207,2**
Prozentuale Veränderung	–	4,1	1,7	0,7	2,0

(Quelle: Statistisches Bundesamt, Wirtschaft und Statistik 4/2005, Seite 86)

Die **privaten Konsumausgaben** enthalten den Wert aller Güter und Dienstleistungen, die von den Sektoren Private Haushalte, Kapitalgesellschaften und Private Organisationen ohne Erwerbszweck *für private Zwecke* gekauft bzw. beansprucht werden. Die **staatlichen Konsumausgaben (Staatsverbrauch)** beinhalten alle Aufwendungen, die der Sektor Staat aufwendet und die nicht Investitionszwecken dienen wie Sozialausgaben, Entgeltzahlungen an Beamte und sonstige Beschäftigte, Mietzahlungen, Energie-, Erhaltungsaufwendungen usw.

Der Begriff **Investitionen** umfasst alle Ausgaben, die in das Anlage- und Umlaufvermögen der Unternehmen und des Staates fließen. Dazu gehören die Anlageinvestitionen, die der Erweiterung, dem Ersatz und der Rationalisierung von *Ausrüstungen* (z. B. Maschinen, Vorrichtungen, Fuhrpark), *Bauten* und *sonstigen Anlagen* (z. B. immaterielle Vermögensgegenstände wie Software, Urheberrechte) dienen, und die *Vorratsveränderungen* (z. B. Erhöhung bzw. Verringerung von Vorräten bei Roh-, Hilfs- und Betriebsstoffen, unfertigen und Fertigerzeugnissen).

Zusammensetzung der Investitionen (in Mrd. EUR)	2002	2003	2004
Anlageinvestitionen (Bauten, Ausrüstungen, sonstige)	392,9	380,6	379,4
+ Vorratsinvestitionen (Veränderungen der Vorräte)	−18,8	−3,4	1,7
= Bruttoinvestitionen	**374,1**	**377,2**	**381,1**
+ Ersatzinvestitionen (Abschreibungen)	317,7	319,7	320,7
= Nettoinvestitionen	**56,4**	**57,5**	**60,4**

1.4.3   Verteilung des Volkseinkommens

Die *Verteilungsrechnung* zeigt, welchen sozialen Gruppen das Sozialprodukt (hier gemessen am Volkseinkommen) zugeflossen ist. Das ESVG unterscheidet zwischen Arbeitnehmerentgelt und Unternehmens-/Vermögenseinkommen. Das *Arbeitnehmerentgelt* enthält die Bruttoverdienste einschließlich Sonderzahlungen und gesetzliche Arbeitgeberbeiträge zur Sozialversicherung. Alle übrigen Einkunftsquellen (z. B. Gewinne, Zins-, Pacht-, Mieteinnahmen) werden den *Unternehmens- und Vermögenseinkommen* zugerechnet, so dass diese auch z. B. Mieteinnahmen und Kapitalerträge von Arbeitnehmerhaushalten beinhalten.

Verteilungsrechnung (in jeweiligen Preisen; Angaben in Mrd. EUR):

Einkommensbezieher	2000	2001	2002	2003	2004
Arbeitnehmerentgelte (1)	1 099,1	1 120,8	1 129,3	1 131,8	1 134,3
+ Unternehmens- und Vermögenseinkommen (2)	409,3	438,3	452,0	469,0	501,8
= Volkseinkommen (3)	1 508,4	1 559,1	1 581,3	1 600,8	1 636,1
Lohnquote in % [(1) x 100 / (3)]	72,9	71,9	71,4	70,7	69,3
Gewinnquote [(2) x 100 / (3)]	27,1	28,1	28,6	29,3	30,7

$$\text{Lohnquote} = \frac{\text{Arbeitnehmerentgelte} \cdot 100}{\text{Volkseinkommen}}$$

$$\text{Gewinnquote} = \frac{\text{Unternehmens- und Vermögenseinkommen} \cdot 100}{\text{Volkseinkommen}}$$

Lohnquote

Gewinnquote

Bei der Interpretation der Begriffe **Lohnquote** und **Gewinnquote** ist Vorsicht geboten. Beide Einkommensquellen sagen nichts über die Personen aus, die diese Einkommen erzielen. Denn auch Arbeitnehmerhaushalte beziehen beträchtliche Vermögenseinkommen wie Mieten, Dividenden und Zinsen. So zählen Zinseinkünfte eines Rentners genauso zum Unternehmens- und Vermögenseinkommen wie die Dividenden der Aktionäre oder die Mieteinnahmen einer Rentnerin. Über die Hälfte aller Arbeitnehmerhaushalte besitzt heute Immobilien, deren Erträge den Unternehmen zugerechnet werden. Steigt die Zahl der Unternehmensgründungen, dann steigt automatisch die Gewinnquote, sinkt jedoch aufgrund der Arbeitslosigkeit die Zahl der Beschäftigten, dann sinkt die Lohnquote. Die Lohnquote nimmt auch ab, wenn Arbeitskräfte von einer Vollzeitstelle zu einer Teilzeitbeschäftigung wechseln. Ebenso bremst der Trend zu Arbeitszeitverkürzungen die Lohnzuwächse. Hinzu kommt, dass in der Lohnquote die gesamte **Schattenwirtschaft** und die Arbeitsleistung der Selbstständigen und deren mithelfenden Familienmitglieder nicht erfasst sind.

→ siehe Seite 294

1.5   Aussagegehalt des Sozialprodukts

Kritiker der Sozialproduktsberechnung weisen auf die eingeschränkte Aussagefähigkeit des Sozialprodukts hin. Sie führen folgende Mängel auf:

- Die **Eigenleistungen** der privaten Haushalte, vor allem der gesamte Do-it-yourself-Bereich und die Leistungen der Hausfrauen, werden nicht mit einbezogen, weil sie keine marktmäßig bewerteten Dienstleistungen sind. Sie mehren aber das Sozialprodukt und damit den Wohlstand. Längerfristige und internationale Wohlstandsvergleiche mithilfe der ESVG sind deshalb nicht unproblematisch.

- **Externe Kosten**, die durch den Gebrauch von Gütern und durch deren Produktion entstehen, nicht aber dem Verursacher (Produzent oder Konsument) in Rechnung gestellt, sondern Dritten oder der Gesellschaft angelastet werden, bleiben unberücksichtigt. Dazu gehören die gesamten Umweltschäden, die Verschmutzung des Wassers oder der Luft. Andererseits lassen sich aber auch viele **externe Erträge**, wie etwa die Vorteile der Mobilität durch den Besitz eines Autos, nicht quantifizieren, so dass sie aus der Sozialproduktberechnung herausfallen. Zumindest ist umstritten, ob sich diese Vorteile vollständig in den Marktpreisen beispielsweise für die Autonutzung niederschlagen.

externe Kosten

externe Erträge

- Unberücksichtigt in der Sozialproduktberechnung bleibt auch die verbesserte Aufteilung der dem Einzelnen zur Verfügung stehenden Zeit in Arbeitszeit und Freizeit. Es steht außer Frage, dass **mehr Freizeit** als Wohlstandsgewinn zu werten ist, der sich im traditionellen Sozialprodukt nicht niederschlägt.

- Weil Wohlstand sich nicht nur in der Summe der Einkommen der Güter, sondern auch in der Verteilung dieser Größen auf die einzelnen Wirtschaftssubjekte widerspiegelt, ist jede ungleiche **Einkommensverteilung** wohlstandspolitisch negativ zu werten, ohne dass dies in die Berechnung des Sozialprodukts einbezogen werden könnte.

- **Schattenwirtschaftliche Aktivitäten** (z.B. Nachbarschaftshilfe, Schwarzarbeit) sind im Sozialprodukt nicht enthalten, so dass es regelmäßig zu niedrig ausgewiesen wird.

- Auch die staatlichen Leistungen fließen unter Wohlstandsgesichtspunkten nur unzulänglich in die Sozialproduktberechnung mit ein. Da staatliche Dienstleistungen den Bürgern in der Regel ohne unmittelbare Gegenleistung zur Verfügung stehen, werden sie mit ihren Herstellungskosten bewertet und in die Sozialproduktberechnung aufgenommen. Diese **Bewertung** ist aber unzulänglich. So würde zum Beispiel eine Aufbesserung der Löhne in der städtischen Müllabfuhr gleichgesetzt mit einer Verbesserung der Abfallentsorgung, was nicht unbedingt zutrifft.

- Besonders wichtig sind schließlich die Aufwendungen zur Beseitigung von **Umweltschäden**, die nach der Systematik der Sozialproduktberechnung einen positiven Beitrag zum Sozialprodukt leisten. Bezieht man aber das „natürliche Kapital" in die Betrachtung mit ein und erweitert damit den Kapitalbegriff, so handelt es sich um Aufwendungen zur Erhaltung der natürlichen Lebensgrundlagen, die als Ersatzinvestitionen bei der Sozialproduktberechnung abgezogen werden müssten. Dies geschieht aber nicht.

- Die Sozialproduktberechnung erfasst nicht den Substanzverlust des Naturvermögens und damit die Verminderung der **Lebensqualität** künftiger Generationen.

Die Sozialproduktberechnung und das daraus abgeleitete Bruttoinlandsprodukt sind aus den genannten Gründen nur bedingt geeignet, die Wohlstandsentwicklung in einem umfassenden Sinne darzustellen, weil viele Aspekte unberücksichtigt bleiben.

2 Soziale Marktwirtschaft

Der komplizierte Prozess einer arbeitsteiligen Produktion in einer Volkswirtschaft mit Millionen Produzenten und Konsumenten verlangt, dass alle Wirtschaftssubjekte ihr Verhalten freiwillig oder unfreiwillig an bestimmten Regeln und Grundsätzen orientieren. Die Gesamtheit aller geschriebenen und ungeschriebenen Regeln, die das wirtschaftliche Geschehen in einer Volkswirtschaft bestimmen, wird als **Wirtschaftsordnung** bezeichnet. Die Wirtschaftsordnung ist eingebunden in die Rechtsordnung, Sozialordnung und politische Ordnung des jeweiligen Staates.

Wirtschafts-ordnung

2.1 Modell der freien Marktwirtschaft

Das Modell der freien Marktwirtschaft geht auf die Weltanschauung des **Liberalismus** (lat. liber = frei) im ausgehenden 18. Jahrhundert zurück, die bis heute sowohl unsere Wirtschaftsordnung als auch unsere freiheitlich-demokratische Grundordnung maßgeblich prägt.

Liberalismus

Der eigentliche Begründer der marktwirtschaftlichen Denkschule und damit der modernen Volkswirtschaftslehre ist der schottische Moralphilosoph **Adam Smith** (1723-1790). Sein bekanntestes Werk „The Wealth of Nations" (Wohlstand der Nationen), das 1776 erschien, verhalf dem Wirtschaftsliberalismus zum Durchbruch. Der Wohlstand einer Nation basiert nach Smith auf dem menschlichen Streben nach wirtschaftlichem Nutzen.

Adam Smith

Der Liberalismus setzt voraus, dass der Einzelne bereit ist, volle Verantwortung für sich und auch für diejenigen zu übernehmen, die sich am Wettbewerb der Fähigkeiten und Meinungen nicht oder nur unzureichend beteiligen können. Alle Formen staatlicher Einmischung in das Wirtschaftsgeschehen erregen das Misstrauen der Liberalen, denn staatliche Einmischung bedeutet Gefahr für die individuelle Freiheit und Verantwortung. Staatliche Zuwendungen schaffen Abhängigkeiten, fördern Bequemlichkeit und staatliche Bevormundung, sind nachteilig für den Wettbewerb und gefährden damit die Freiheit des Einzelnen.

EXKURS

Adam Smith in: Wohlstand der Nationen, 1776:
Jeder Einzelne wird sich darum bemühen, sein Kapital so anzulegen, dass es den höchsten Nutzen bringt. Im Allgemeinen wird er weder darauf aus sein, das öffentliche Wohl zu fördern, noch wird er wissen, inwieweit er es fördert. Er interessiert sich nur für sein eigenes Wohlergehen. Dabei wird er von einer unsichtbaren Hand (invisible hand) geleitet, einen Zweck zu fördern, den er keineswegs beabsichtigte. Indem er seine eigenen Interessen verfolgt, fördert er zugleich das Wohl der Allgemeinheit, und dies oft wirksamer als es ein Staatsmann oder Gesetzgeber tun könnte.

Adam Smith war beeinflusst vom tiefen **Harmonieglauben** des Liberalismus, der zurückging auf die Ergebnisse der naturwissenschaftlichen Forschung des 18. Jahrhunderts. So wie sich in der freien Natur ohne Eingriff von außen eine Harmonie einstellt, so glaubte man auch in der menschlichen Gesellschaft zu einem harmonischen Zusammenleben zu kommen, wenn man den Handelnden die notwendigen Freiheiten gibt.

Harmonieglaube

Indem jedes Individuum sein Eigeninteresse verfolgt, wird es durch eine unsichtbare Hand (gemeint ist der *Preismechanismus des Marktes*) dazu gebracht, dass es in Wirklichkeit das Allgemeinwohl fördert.

2.2 Preismechanismus des Marktes

2.2.1 Marktfunktionen und Marktformen

Der **Markt** ist der Ort, wo sich Anbieter und Nachfrager treffen. Die Anbieter wollen möglichst viele Güter zu möglichst hohen Preisen verkaufen. Die angebotene Menge wird im Wesentlichen von den Produktionskosten und den Gewinnerwartungen bestimmt. Die Nachfrager möchten möglichst viele Güter zu möglichst günstigen Preisen erwerben, um ihren Bedarf zu decken.

Markt

Die nachgefragte Menge wird im Wesentlichen vom verfügbaren Einkommen und den Zukunftserwartungen bestimmt.

Die unterschiedlichen Interessen der Marktteilnehmer werden am Markt über den Preis zum Ausgleich gebracht.

Ausgleichsfunktion des Preises

Der **Anbieter** will sein Produkt möglichst teuer verkaufen

Markt
- Ort, wo sich Anbieter und Nachfrager treffen
- Ort, wo sich der Preis bildet

Der **Nachfrager** will das Produkt möglichst günstig einkaufen

Preisfunktionen (Marktfunktionen)

Hohe Preise
- signalisieren den Marktteilnehmern, dass das betreffende Gut relativ knapp ist (**Signalfunktion**)
- reizen die Anbieter an, dieses Gut vermehrt zu produzieren; sie lenken ihre Produktionsfaktoren auf diese lukrativen Märkte (**Lenkungsfunktion**)
- erzwingen den sparsamen Umgang mit diesen knappen Gütern (**Erziehungsfunktion**).

Nach der Zahl der Anbieter werden folgende **Marktformen** unterschieden:

Marktformen

Anbieter / Nachfrager	einer	wenige	viele
viele	Angebots-monopol	Angebotsoligopol	Polypol
Beispiele:	Gas-, Wasser-werke	Mineralöl-, Auto-markt, Markt der Fluggesellschaften, Zigaretten-markt	Waren-, Wert-papierbörsen, Bäckereien

2.2.2   Modell des vollkommenen Marktes

Modell

Modelle haben die Aufgabe, komplizierte Zusammenhänge der Wirklichkeit vereinfacht nachzubilden. Sie sind vereinfachte Ausschnitte der Realität. So ist z. B. der vom Architekten gezeichnete Grundriss eines Gebäudes nur ein vereinfachtes Abbild des tatsächlich vorhandenen Gebäudes.

Modell des vollkommenen Marktes

Das Modell des vollkommenen Marktes geht von folgenden **Annahmen** aus:

Gleichartige (homogene) Güter	Gleiche (einheitliche) Aufmachung und Qualität der Güter; z. B. gleiches Modell einer Automarke, Bücher einer bestimmten Auflage, Kaffee einer bestimmten Marke und Herkunft
Keine Bevorzugungen (keine Präferenzen)	Keine Präferenzen räumlicher Art (z. B. In- und Ausland, Standortunterschiede), zeitlicher Art (z. B. Haupt- oder Nebensaison), persönlicher Art (z. B. Sympathie und Antipathie) oder sachlicher Art (z. B. Mengenrabatte, Serviceunterschiede)
Vollkommene Marktübersicht (Markttransparenz)	Marktteilnehmer kennen ihre Preis- und Mengenvorstellungen; sie sind zur gleichen Zeit am gleichen Ort (Zentral- bzw. Punktmarkt) und können daher schnell auf Preisänderungen reagieren.

Nur wenn die genannten Bedingungen des vollkommenen Marktes erfüllt sind, kann sich ein einheitlicher Marktpreis (Einheitspreis) für ein bestimmtes Gut bilden.

In der Realität kommen alle zentral organisierten Märkte (z.B. Waren-, Wertpapierbörse, Messen) diesem Marktmodell am nächsten. Aber auch hier lassen sich Präferenzen aufgrund unzureichender Informationen der Marktteilnehmer nicht ausschließen.

Sobald eine der Modellannahmen des vollkommenen Marktes fehlt, spricht man von einem **unvollkommenen Markt**. Diese Unvollkommenheit hat zur Folge, dass ein und dasselbe Gut zu unterschiedlichen Preisen angeboten bzw. nachgefragt wird.

unvollkommener Markt

2.2.3   Preisbildung beim Polypol auf dem vollkommenen Markt

Polypol auf dem vollkommenen Markt

Beim **Polypol** steht einer sehr großen Anzahl von Nachfragern eine sehr große Zahl von Anbietern gegenüber.

Die nachgefragte Menge hängt vom Preis ab und ist umso größer, je niedriger der Preis ist.

Umgekehrt wird das Angebot umso größer sein, je höher der erzielbare Preis ist. Ein niedriger Preis regt den Konsum, ein hoher Preis die Produktion an.

FALLBEISPIEL

Preisbildung beim Polypol auf einem vollkommenen Markt

An der Warenbörse liegen dem Makler folgende Aufträge vor:

Nachfrage (Kaufaufträge)			Angebot (Verkaufsaufträge)		
Käufer	Höchstpreis je kg in EUR	nachgefragte Menge in kg	Ver-käufer	Mindest-preis je kg in EUR	angebotene Menge in kg
A	8,50	500	E	7,90	750
B	8,30	500	F	8,10	1000
C	8,10	750	G	8,30	500
D	7,90	1 000	H	8,50	250

Der Makler erstellt aus den Kauf- und Verkaufsaufträgen die folgende Übersicht:

Preis	Nachfrage in kg					Angebot in kg				
	A	B	C	D	insge-samt	E	F	G	H	insge-samt
7,90	500	500	750	1000	2 750	750	–	–	–	750
8,10	500	500	750	–	1 750	750	1 000	–	–	1 750
8,30	500	500	–	–	1 000	750	1 000	500	–	2 250
8,50	500	–	–	–	500	750	1 000	500	250	2 500

Daraus ermittelt der Makler folgende Notierung (= Einheitspreis)

Preis (EUR/kg)	Nachfrage (N) (kg)	Angebot (A) (kg)	Verhältnis zwischen N und A	Preis-tendenz	verkaufte Menge (kg)
7,90	2 750	750	N > A	steigend	750
8,10	1 750	1 750	N = A	konstant	1 750
8,30	1 000	2 250	N < A	fallend	1 000
8,50	500	2 500	N < A	fallend	500

Nachfrage-, Angebotskurve

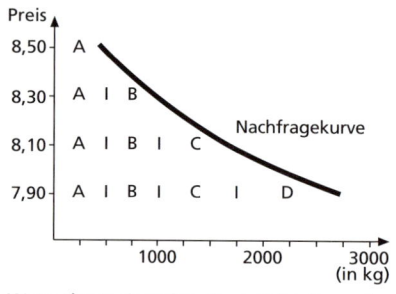

Entwicklung der Nachfrage

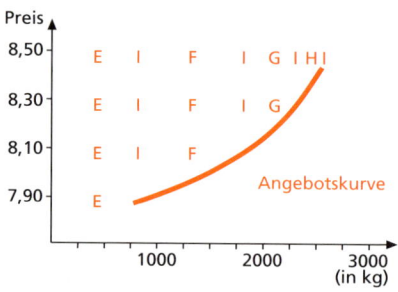

Entwicklung des Angebots

Wenn der Preis **steigt,** dann **sinkt** die nach-gefragte Menge.
Wenn der Preis **sinkt,** dann **steigt** die nach-gefragte Menge.

Wenn der Preis **steigt,** dann **steigt** die ange-botene Menge.
Wenn der Preis **sinkt,** dann **sinkt** die ange-botene Menge.

Entstehung des Gleichgewichts-preises

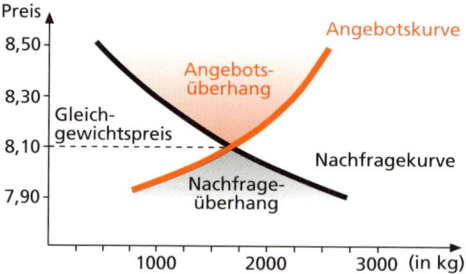

Entstehung des Gleichgewichtspreises

Beim Gleichgewichtspreis sind die geplanten Angebots- und Nachfragemengen gleich.

Es gelten folgende Bedingungen:
(1) angebotene = nachgefragte Menge
(2) verkaufte Menge ist maximal

Alle Kaufaufträge, die mit 8,10 EUR und darüber limitiert sind, werden ausge-führt (die Nachfrager A, B, C kommen zum Zug) und ebenfalls alle Ver-kaufsaufträge, die mit 8,10 EUR und darunter limitiert sind (Anbieter E, F kom-men zum Zug). Außerdem werden alle „billigst" und „bestens" erteilten Aufträge ausgeführt (solche Aufträge lagen in diesem Beispiel nicht vor).

Unterhalb des Gleichgewichtspreises besteht ein **Nachfrageüberhang (Angebotslücke)**, da lediglich der Anbieter E bereit gewesen wäre, die Ware auch unter 8,10 EUR abzugeben, während alle Nachfrager zu diesem Preis gekauft hätten. Oberhalb des Gleichgewichtspreises liegt ein **Angebotsüberhang (Nachfragelücke)** vor, da hier auch die Anbieter G und H konkurrenzfähig wären, jedoch nur die Nachfrager A, B bereit gewesen wären, diesen höheren Preis zu zahlen.

Der Preis, bei dem Angebots- und Nachfragemengen gleich sind und die umgesetzte Menge am größten (maximal) ist, wird als **Gleichgewichtspreis** bezeichnet. Der Gleichgewichtspreis räumt daher den Markt. Im Beispiel würden sich beim Preis von 8,10 EUR Nachfrage und Angebot mit je 1750 kg entsprechen. Die verkaufte Menge ist hier am höchsten (1750 kg).

Nachfrage-
überhang

Angebots-
überhang

Gleichgewichts-
preis

Auf einem vollkommenen Markt bildet sich für das entsprechende Gut ein einheitlicher Preis, den weder ein einzelner Anbieter noch ein einzelner Nachfrager beeinflussen kann, da deren Marktanteile (Marktmacht) aufgrund der großen Zahl der Marktteilnehmer zu gering sind. Der Gleichgewichtspreis ist für alle Marktteilnehmer daher ein Datum (feste Größe). Sie können lediglich ihre Angebots- bzw. Nachfragemenge anpassen.

Setzt z.B. ein Anbieter seinen Preis herauf (über den Gleichgewichtspreis), dann verliert er alle Kunden. Setzt er seinen Preis herab (unter den Gleichgewichtspreis), dann wird er seine relativ kleine Menge reißend los, macht aber weniger Gesamtgewinn. Der Anbieter kann seinen Gewinn daher nur erhöhen, wenn er seine Angebotsmenge erhöht; er ist **Mengenanpasser**.

2.2.4 Veränderungen des Gleichgewichtspreises – Preismechanismus

Preis-
mechanismus

■ *Änderung der Nachfragesituation*

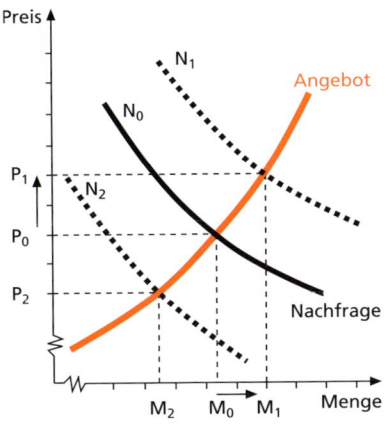

Steigt das Niveau der Nachfrage (z.B. wegen steigender Einkommen oder steigender Zahl der Nachfrager) bei unverändertem Angebot, dann verschiebt sich die Nachfragekurve nach rechts (N_1); der Gleichgewichtspreis steigt (P_1).

Sinkt das Niveau der Nachfrage (z.B. wegen rückläufiger Nettoeinkommen oder sinkender Zahl der Nachfrager) bei unverändertem Angebot, dann verschiebt sich die Nachfragekurve nach links (N_2); der Gleichgewichtspreis sinkt (P_2).

■ *Änderung der Angebotssituation*

Steigt das Niveau des Angebots (z.B. wegen positiver Gewinnaussichten und steigender Zahl der Anbieter) bei unveränderter Nachfrage, dann verschiebt sich die Angebotskurve nach rechts (A_2); der Gleichgewichtspreis sinkt (P_2).

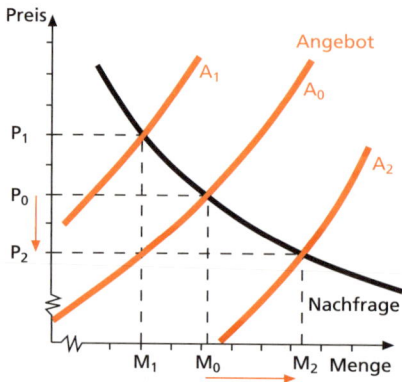

Sinkt das Niveau des Angebots (z. B. wegen negativer Gewinnerwartungen und sinkender Zahl der Anbieter) bei unveränderter Nachfrage, dann verschiebt sich die Angebotskurve nach links (A_1); der Gleichgewichtspreis steigt (P_1).

MERKE

Preisgesetze

Es ergeben sich folgende **„Preisgesetze"**:
Bei gleich bleibendem Angebot führt eine Nachfragesteigerung zu steigenden Preisen, ein Nachfragerückgang zu sinkenden Preisen.
Bei gleich bleibender Nachfrage führt eine Angebotserhöhung zu sinkenden Preisen, ein Angebotsrückgang zu steigenden Preisen.

Soziale Markt-wirtschaft

2.3   Merkmale der sozialen Marktwirtschaft

2.3.1   Gedankengut der sozialen Marktwirtschaft

Walter Eucken

Die theoretischen Grundlagen der sozialen Marktwirtschaft sind geprägt vom Gedankengut der „Freiburger Schule". Die Freiburger Schule wurde von **Walter Eucken** (1891 – 1950) in den 30er Jahren begründet. Sie forderte eine Wirtschaftsordnung, die den funktionsfähigen Wettbewerb sichert (**„Ordoliberalismus"**). Staatliche Eingriffe sollten auf ein Minimum beschränkt bleiben. Ein weiterer bedeutender Vertreter der Freiburger Schule war **Alfred Müller-Armack** (1901 – 1978), der den Begriff „soziale Marktwirtschaft" prägte. Der „politische Vater"der sozialen Marktwirtschaft war **Ludwig Erhard** (1897 – 1977). Er setzte diese Wirtschaftsordnung nach dem Krieg gegen erhebliche Widerstände durch. Erhard war 1949 bis 1963 Bundeswirtschaftsminister und 1963 bis 1966 Bundeskanzler. 1957 erschien sein Buch „Wohlstand für Alle".

Alfred Müller-Armack

Ludwig Erhard

EXKURS

Der sozialen Marktwirtschaft gelingt eine Verschmelzung von Einzel- und Gemeinschaftsinteressen; man kann sie darum als eine Konflikte auflösende und sozialen Frieden anstrebende... Formel bezeichnen. In ihr vereinigen sich das Prinzip der Freiheit auf dem Markt mit dem des sozialen Ausgleichs innerhalb einer vom Staate gegebenen und gesicherten Rahmenordnung.

...So zielt ein „sozial funktionsfähiger Wettbewerb" einerseits darauf hin, einseitige Einkommensbildung, die aus wirtschaftlichen Sonderstellungen herrühren, einzuschränken; andererseits dient aber eben dieser marktwirtschaftliche Prozess als Ausgangspunkt von Einkommenskorrekturen und Einkommensumleitungen seitens des Staates zugunsten schwächerer Bevölkerungsschichten.

(Quelle: Erhard, L. und Müller-Armack, A. [Hrsg.], Soziale Marktwirtschaft – Ordnung der Zukunft, Manifest 1972, Frankfurt am Main)

Alfred Müller-Armack (Nationalökonom und Soziologe, war unter Ludwig Erhard Leiter der Abteilung Wirtschaftspolitik im Bundesministerium für Wirtschaft) versteht unter der

sozialen Marktwirtschaft die Verbindung des Freiheitsprinzips auf dem Markt mit dem Sozialstaatsprinzip. Dies entspricht auch der Zielsetzung des Grundgesetzes.

2.3.2 Ordnungsvorstellungen des Grundgesetzes

Grundgesetz

Das Grundgesetz schreibt keine bestimmte Wirtschaftsordnung vor. Die Wirtschaftsordnung ist nach Auffassung des Bundesverfassungsgerichts eine „vom Willen des Gesetzgebers getragene wirtschafts- und sozialpolitische Entscheidung". Dennoch enthält das Grundgesetz eine Reihe freiheitlicher und sozialer Ordnungsvorstellungen.

Freiheitliche Ordnungs-vorstellungen	Soziale Ordnungsvorstellungen
Artikel 2 (1): Jeder hat das Recht auf die freie Entfaltung seiner Persönlichkeit …	**Artikel 14 (2):** Eigentum verpflichtet. Sein Gebrauch soll zugleich dem Wohle der Allgemeinheit dienen.
Artikel 9 (3): Das Recht zur Wahrung und Förderung der Arbeits- und Wirtschaftsbedingungen Vereinigungen zu bilden, ist für jedermann und für alle Berufe gewährleistet …	**Artikel 15:** Grund und Boden, Naturschätze und Produktionsmittel können zum Zwecke der Vergesellschaftung durch ein Gesetz, das Art und Ausmaß der Entschädigung regelt, in Gemeineigentum … überführt werden.
Artikel 12 (1): Alle Deutschen haben das Recht, Beruf, Arbeitsplatz und Ausbildungsstätte frei zu wählen …	**Artikel 20 (1):** Die Bundesrepublik Deutschland ist ein demokratischer und sozialer Bundesstaat.
Artikel 14 (1): Das Eigentum und das Erbrecht werden gewährleistet …	**Artikel 28 (1):** Die verfassungsmäßige Ordnung in den Ländern muss den Grundsätzen des … sozialen Rechtsstaates im Sinne dieses Grundgesetzes entsprechen.

2.3.3 Bedeutung des Wettbewerbs

In der sozialen Marktwirtschaft nimmt der **Wettbewerb** bei der Steuerung und Koordination der unabhängig voneinander handelnden Wirtschaftssubjekte (Unternehmen und Private Haushalte) eine zentrale Rolle ein. Nur der Wettbewerb stellt sicher, dass die Preisfunktionen (Signal-, Lenkungs-, Ausgleichs- und Erziehungsfunktion) wirken können, also der Markt funktioniert. Beschränkungen des Wettbewerbs beschneiden nicht nur die Freiheitsrechte, sondern gefährden die Marktwirtschaft als Ganzes. Deshalb ist der Staat aufgefordert, für Wettbewerbsregeln und deren Einhaltung zu sorgen.

Preisfunktionen

Funktionen des Wettbewerbs

Wettbewerbs-funktionen

Kostenkontroll-funktion	Der Wettbewerb zwingt im unternehmerischen Einzelinteresse zum sparsamen Einsatz knapper Ressourcen. Das Unternehmen, das billiger anbietet, ist am Markt erfolgreich. Gleichzeitig bleibt dem Konkurrenten keine andere Wahl, als auch seinen Betrieb zu rationalisieren. Dadurch kommt es insgesamt zu einer optimalen Kombination der Produktionsfaktoren und zu Kostensenkungen, die wiederum in Preissenkungen durchschlagen.
Fortschritts-funktion	Jene Unternehmen, die grundlegende Neuerungen bei ihren Produktionsverfahren oder Produkten zuerst einführen, erhalten Pioniergewinne durch ihren Wettbewerbsvorsprung. Dies veranlasst die Konkurrenten, ebenso in die Forschung und Entwicklung zu investieren, um selbst die Nase vorn zu haben oder zumindest gegen die Gefahr eines plötzlichen Wettbewerbsvorsprungs des Konkurrenten gewappnet zu sein.

| Entmachtungs-funktion | Die Entmachtungsfunktion des Wettbewerbs sorgt dafür, dass ein Wettbewerbsvorsprung nicht ewig andauert. Früher oder später werden die Wettbewerber ihrerseits mit Neuerungen nachziehen. Aufgrund der Gewinnchancen werden neue Anbieter auf diese lukrativen Märkte gelockt, sodass sich die Anbietermacht allmählich auflöst und die Nachfrager wieder Auswahlmöglichkeiten vorfinden. |

Sozialstaatsprinzip

2.3.4   Sozialstaatsprinzip – Solidarität und Subsidiarität

Hinter dem **Sozialstaatsprinzip** steckt der Grundgedanke der solidarischen Verbundenheit des Einzelnen mit der Gemeinschaft.

Solidarität

Solidarität meint dabei sowohl die Hilfe des Einzelnen durch die Solidargemeinschaft als auch die Unterstützung der Gemeinschaft durch den Einzelnen. Eine Solidargemeinschaft kann ihre Mitglieder nur so weit unterstützen, als sie von diesen dazu in die Lage versetzt wird.

Subsidiarität

Damit der Sozialstaat kein Selbstbedienungsladen wird, gilt das **Subsidiaritätsprinzip,** wonach die Gemeinschaft nur die Aufgaben übernimmt, die der Einzelne oder bestimmte Gruppen nicht selbst in Eigenverantwortung übernehmen können.

Aufgaben des Sozialstaats im Überblick

Aufgaben des Sozialstaats

Soziale Sicherheit und sozialer Schutz	Die Bürger vor materieller Not schützen und ihnen so ein menschenwürdiges Dasein ermöglichen. Sozial Schwächere (Arbeitnehmer, Mieter, Konsumenten usw.) vor Übervorteilung und Benachteiligung schützen.
Soziale Gerechtigkeit (sozialer Ausgleich)	Soziale und wirtschaftliche Lasten sowie Einkommen und Vermögen annähernd gleichmäßig auf alle Gruppen der Bevölkerung verteilen. Dabei steht die Solidarität mit den sozial Schwächeren im Vordergrund.
Soziale Gleichheit	Allen Bürgern, unabhängig von ihrer Zugehörigkeit zu einer bestimmten gesellschaftlichen Gruppe, möglichst gleiche Lebens-, Berufs-, Bildungs- und Aufstiegschancen gewährleisten.
Sozialer Frieden	Tief greifende gesellschaftliche Konflikte abbauen und so zur sozialen Integration der verschiedenen Bevölkerungsgruppen beitragen.

Sozialversicherung

■ *System der Sozialversicherung – Gefahr in Verzug*

● *Grundprinzipien der Sozialversicherung*

an Beschäftigung gekoppelt

Anders als bei der Individualversicherung kommt die Mitgliedschaft bei einem Sozialversicherungsträger im Regelfall nicht durch Vertrag, sondern durch die *Aufnahme eines Ausbildungs- oder Beschäftigungsverhältnisses* zustande. Der Arbeitgeber ist *gesetzlich verpflichtet*, seine Auszubildenden und Arbeitnehmer bei den Zweigen der gesetzlichen Sozialversicherung anzumelden. Die Beiträge richten sich nach der Höhe des Bruttoentgelts und werden je zur Hälfte von Arbeitgeber und Arbeitnehmer aufgebracht (Ausnahme ist die gesetzliche Unfallversicherung, für die der Arbeitgeber allein aufkommt) – der Besserverdiener zahlt also einen höheren Beitrag als der Geringverdiener. Die gesetzliche Sozialversicherung gewährt allen, bei gleichen Voraussetzungen, gleiche Leistungen. Beiträge und Leistungen orientieren sich also am **Solidaritätsprinzip** (der Einzelne hilft der Gemeinschaft und erhält dafür Hilfe von der Gemeinschaft). Alle Mitglieder der Sozialversicherung bilden daher eine **Solidargemeinschaft,** in der *einer für alle und alle für einen* eintreten.

Die gesetzliche Rentenversicherung setzt sogar auf die Solidarität zwischen den Generationen. In einem ungeschriebenen **Generationenvertrag** finanziert die Generation der Erwerbstätigen mit ihren Rentenversicherungsbeiträgen die Renten der nicht mehr erwerbstätigen Generation. Dadurch erwerben die Jüngeren ihrerseits das Recht, im Alter von der nachfolgenden Generation versorgt zu werden (so genanntes *Umlageverfahren*). Durch jährliche Rentenanpassungsgesetze wird die Rentenhöhe der allgemeinen Nettolohnentwicklung angepasst. Diese **Rentendynamisierung** stellt sicher, dass auch die Rentner an der allgemeinen Steigerung des Lebensstandards teilhaben können.

Aus volkswirtschaftlicher Sicht entlasten Versicherungen den Staat von seiner Unterstützungs- und Fürsorgepflicht. Die Versicherungsprämien bzw. -beiträge können deshalb im Rahmen der Einkommensteuer und der Körperschaftsteuer als Sonderausgaben bzw. als betriebliche Aufwendungen steuermindernd geltend gemacht werden.

● *Versicherungspflichtiger Personenkreis*

Grundsätzlich muss der Arbeitgeber **seine Beschäftigten** in allen Zweigen der Sozialversicherung zwangsversichern.

Als *Beschäftigung* gelten nach SGB IV § 7

- die nichtselbstständige Arbeit, insbesondere in einem Arbeitsverhältnis. Anhaltspunkte für eine Beschäftigung sind eine Tätigkeit nach Weisungen und eine Eingliederung in die Arbeitsorganisation des Weisungsgebers;
- der Erwerb beruflicher Kenntnisse, Fertigkeiten oder Erfahrungen im Rahmen betrieblicher Berufsbildung;
- der Bezug von Krankengeld, Verletztengeld, Versorgungskrankengeld, Übergangsgeld oder Mutterschaftsgeld oder nach gesetzlichen Vorschriften Erziehungsgeld oder die Inanspruchnahme der Elternzeit oder die Leistung des Wehr- oder Zivildienstes während des Bestands eines Arbeitsverhältnisses.

Arbeitslose, die mit einem Existenzgründungszuschuss gefördert werden („Ich-AGs"), gelten für die Dauer des Bezugs dieses Zuschusses (maximal 3 Jahre) als selbstständig Tätige [SGB IV § 7 (4)].

Arbeitnehmer mit **Minijobs** (*geringfügig entlohnte Beschäftigungen* bis höchstens 400,00 EUR Bruttoentgelt monatlich oder *kurzfristige Beschäftigungen* bis höchstens 50 Arbeitstage im Kalenderjahr) können den vollen Anspruch auf die Leistungen der gesetzlichen Rentenversicherung erwerben, wenn sie die Differenz aus dem 12%igen Arbeitgeberanteil zur Rentenversicherung und dem vollen Beitrag als Eigenanteil zahlen.

Ab der **Beitragsbemessungsgrenze (BBG)** bleibt der Beitrag in EUR unverändert (Höchstbeitrag). 2005 beträgt die monatliche BBG in der gesetzlichen *Renten- und Arbeitslosenversicherung* 5 200,00 EUR (alte Bundesländer) bzw. 4 400,00 EUR (neue Bundesländer), in der gesetzlichen *Kranken- und Pflegeversicherung* 3 525,00 EUR (alte und neue Bundesländer). Aus der gesetzlichen Kranken- und Pflegeversicherung kann der Arbeitnehmer austreten, wenn sein Bruttoentgelt die **Versicherungspflichtgrenze** (2005: alte und neue Bundesländer = 3 900,00 EUR) übersteigt.

Solidaritätsprinzip

Solidargemeinschaft

Generationenvertrag

Umlageverfahren
Rentendynamisierung
→ SGB VI, § 65

Beschäftigung

Minijobs

Beitragsbemessungsgrenze

Versicherungspflichtgrenze

BEISPIEL

So wird ein Bruttoentgelt von 10 000,00 EUR nicht höher mit Rentenversicherungsabzügen belastet als ein Bruttoentgelt von 5 200,00 EUR. Dadurch wird verhindert, dass die Solidargemeinschaft durch den Austritt der Besserverdiener aus der gesetzlichen Kranken- und Pflegeversicherung geschwächt wird.

Sozialversiche-
rungsbeiträge,
Sozialversiche-
rungsleistungen

● **Beiträge und wesentliche Leistungen der Sozialversicherung**

Kranken-
versicherung
→ SGB I § 21,
→ SGB V

Versiche-rungszweig	Versicherungs-pflicht	Beiträge[1]	Wesentliche Leistungen (SGB § 19, 21, 21a, 22, 23)
Gesetzliche Krankenver-sicherung (SGB V)	Arbeitnehmer bis zur Ver-sicherungs-pflichtgrenze, Rentner, Auszu-bildende, Wehr-, Zivildienst-leistende	13,6 % (im Durchschnitt) des Brutto-entgelts, Arbeitnehmer und Arbeit-geber je zur Hälfte	Maßnahmen zur Früherken-nung von Krankheiten, Krankenhilfe (ärztliche Behandlung durch Vertrags-ärzte, Arznei-, Verbands-, Heil-, Hilfsmittel), Krankenhausbehandlung, Familienhilfe (für Angehörige des Versicherten ohne eigenes Einkommen), Zahnersatz und Krankengeld[2] muss der Arbeit-nehmer allein versichern (Pau-schalsatz 0,9 %) usw.

Pflege-
versicherung
→ SGB I § 21a,
→ SGB XI

| Gesetzliche Pflegever-sicherung (SGB XI) | Gesetzlich und privat Krankenver-sicherte (5 Jahre Wartezeit) | 1,7 % des Bruttogehalts, Arbeitnehmer und Arbeit-geber je zur Hälfte[3] | **Bei häuslicher Pflege:** Pflegegeld, Pflegesachleistun-gen je nach Pflegeklasse, soziale Sicherung der häus-lichen unentgeltlich tätigen Pflegepersonen **Bei stationärer Pflege:** pflegebedingte Aufwendun-gen bis 1 432 EUR (nicht: Unter-kunft und Verpflegung) |

[1] Stand: 2005.
[2] In den ersten sechs Wochen erhalten Kranke eine Entgeltfortzahlung in voller Höhe vom Arbeit-geber (EntgFG § 4).
[3] Um die Arbeitgeber für ihren 50-prozentigen Beitragsanteil zu entschädigen, wurde in allen Bun-desländern (Ausnahme: Sachsen) der Buß- und Bettag bzw. der Pfingstmontag als Feiertag abge-schafft. In Sachsen zahlen die Arbeitnehmer den vollen Beitrag für die ersten 1 %, an den rest-lichen 0,7 % beteiligen sich die Arbeitgeber zur Hälfte; dafür wurde hier kein Feiertag abge-schafft. Wer keine Kinder hat und mindestens 23 Jahre und noch nicht 65 Jahre alt ist, zahlt statt 0,85 % (Arbeitnehmeranteil) jetzt 1,1 % (Ausnahme Sachsen: 1,95 %)

Unfall-
versicherung
→ SGB I § 22
→ SGB VII

Versiche-rungszweig	Versicherungs-pflicht	Beiträge	Wesentliche Leistungen (SGB § 19, 21, 21a, 22, 23)
Gesetzliche Unfallver-sicherung (SGB VII)	Arbeitgeber muss seine Arbeitnehmer versichern, unentgeltlich Hilfeleistende	je nach Gefah-renklasse des Betriebs, Arbeitgeber bringt Beiträge alleine auf (ca. 1,5 % von der Lohnsumme)	Maßnahmen zur Unfall-verhütung, Heilbehandlung nach Arbeitsunfall (auch Wegeunfall zum Arbeitsplatz) oder bei Berufskrankheiten, Rehabilitationsmaßnahmen (Kur, Umschulung usw.), Verletzten-, Übergangsgeld, Unfallrente

Versiche-rungszweig	Versicherungs-pflicht	Beiträge[1]	Wesentliche Leistungen (SGB § 19, 21, 21a, 22, 23)	
Gesetzliche Rentenver-sicherung (SGB VI)	Arbeitneh-mer, Auszu-bildende, Wehr-, Zivil-dienst-leistende, unentgeltlich tätige häus-liche Pflege-kräfte (5 Jahre Wartezeit)	19,5 % des Bruttoentgelts, Arbeitnehmer und Arbeit-geber je zur Hälfte, Bundes-zuschuss	Regelaltersrente[2] (Männer ab dem 65., Frauen ab dem 60. Lebensjahr); Rehabilita-tionsmaßnahmen zur Erhal-tung der Erwerbsfähigkeit usw.; Erwerbsminderungsrente bei eingeschränkter Arbeits-kraft (Leistungsvermögen pro Tag weniger als 3 Stunden: volle Rente, weniger als 6 Stunden: halbe Rente) zunächst für maximal 3 Jahre	**Renten-versicherung** → SGB I § 23 → SGB VI
Gesetzliche Arbeits-losenver-sicherung (SGB III)	Arbeitneh-mer, Auszu-bildende	6,5 % des Bruttoentgelts, Arbeitnehmer und Arbeit-geber je zur Hälfte	Arbeitsvermittlung, Berufs-beratung, Arbeitsbeschaf-fungsmaßnahmen (ABM), Arbeitslosengeld (ohne Kind: 60 %, mit Kind: 67 % des durchschnittlichen Netto-entgelts der letzten sechs Monate[3]), längstens für ein Jahr, danach Arbeitslosengeld II[4], Insolvenzgeld (rückständiges Nettoentgelt der letzten drei Monate)	**Arbeitslosen-versicherung** → SGB I § 19 → SGB III → LF 12 Abschnitt 3

[1] Stand: 2005

[2] Das Standardrentenniveau von etwa 70 % des durchschnittlichen Nettoentgelts wird nur von Arbeitnehmern erreicht, die 45 Jahre lang Beiträge in die Rentenversicherung gezahlt haben. Die Altersgrenze bei Frauen wird schrittweise auf 65 Jahre erhöht. Wer vor Erreichen der Al-tersgrenze in Rente geht, muss Rentenabschläge von 0,3 % pro Monat des früheren Rentenbe-ginns in Kauf nehmen. Bis 2030 soll das allgemeine Rentenniveau auf 67 % abgesenkt werden.

[3] Zu den Voraussetzungen und der Dauer des Anspruchs auf Arbeitslosengeld schlagen Sie im SGB III §§ 117 ff. nach. Anspruch auf Arbeitslosengeld haben Arbeitnehmer unter 65 Jahren, die arbeitslos sind, sich bei der Agentur für Arbeit arbeitslos gemeldet haben und die Anwart-schaftszeit erfüllt haben. Die Anwartschaft hat erfüllt, wer in den letzten 2 Jahren (Rahmenfrist) mindestens 12 Monate versicherungspflichtig beschäftigt war. Die Dauer des Anspruchs richtet sich nach der Dauer der versicherungspflichtigen Arbeitsverhältnisse und nach dem Lebensalter des Arbeitslosen.

→ siehe LF 12 Abschnitt 3.3

[4] Arbeitslosengeld II wird aus Steuermitteln finanziert und gewährt, wenn der Anspruch auf Arbeitslosengeld abgelaufen ist und Erwerbsfähigkeit und Hilfsbedürftigkeit vorliegt.

Träger der gesetzlichen Krankenversicherung sind die Allgemeinen Ortskranken- und Ersatzkassen, Träger der gesetzlichen Pflegeversicherung sind die Pflegekas-sen der gesetzlichen bzw. privaten Krankenkassen, Träger der gesetzlichen Ren-tenversicherung sind die Landesversicherungsanstalten für Arbeiter und die Bundesversicherungsanstalt für Angestellte, Träger der gesetzlichen Arbeitslosen-versicherung ist die Bundesagentur für Arbeit, Träger der gesetzlichen Unfallversi-cherung sind die Berufsgenossenschaften der verschiedenen Wirtschaftsbranchen.

Träger der Sozial-versicherung

2.3.5 Funktionsweise der sozialen Marktwirtschaft

■ Lösung der Grundfragen des Wirtschaftens

Die Funktionsweise der sozialen Marktwirtschaft wird deutlich, wenn man weiß, wie sie die Grundfragen des Wirtschaftens zu lösen versucht.

soziale Markt-wirtschaft Merkmale

	Grundfragen des Wirtschaftens	Lösungsansatz in der sozialen Marktwirtschaft
Dezentrale Planung	**Wer plant das Wirtschafts-geschehen?**	Unternehmen (Anbieter) und private Haushalte (Nachfra-ger) erstellen dezentral und autonom (d.h. ohne Einmi-schung des Staates) ihre Produktionspläne (Angebot) bzw. Konsumpläne (Nachfrage). Auch die Löhne werden von den Tarifpartnern autonom ausgehandelt. Der Staat kann durch Setzen von Rahmenbedingungen (z.B. Steuer-vergünstigungen für Eigenheime) die Pläne der Wirt-schaftssubjekte beeinflussen (mehr Angebot und Nach-frage nach Eigenheimen). Er kann auch selbst als Anbie-ter von Leistungen (z.B. öffentlicher Nahverkehr) oder als Nachfrager (Auftraggeber für öffentliche Bauten) auf-treten.
Preismecha-nismus Wettbewerbs-schutz → siehe Abschnitt 2.2 **marktkonforme und marktkon-träre Staatsein-griffe**	**Wer steuert und kontrolliert das Wirtschafts-geschehen?**	Angebot und Nachfrage werden am Markt zum Ausgleich gebracht. Hierbei steuert der Preis das Marktgeschehen und entscheidet, inwieweit Anbieter bzw. Nachfrager ihre Pläne durchsetzen können. Ein hoher Marktpreis zeigt die Knapp-heit eines Gutes an und lenkt die Anbieter aufgrund höherer Gewinnchancen auf diesen Markt. Das vermehrte Angebot sorgt für den Ausgleich des Nachfrageüberhangs (**Preisme-chanismus**). Aufgabe des Staates ist es, den **freien Wettbe-werb** aufrechtzuerhalten, indem er private Machtballung auf der Angebots- und Nachfrageseite verhindert. Nur so kann der Wettbewerb seine Kostenkontroll-, Entmachtungs- und Fortschrittsfunktion erfüllen. Der Staat kann durch Set-zen von Rahmenbedingungen (z.B. Steuervergünstigungen für Eigenheime) die Pläne der Wirtschaftssubjekte beeinflus-sen (mehr Angebot und Nachfrage nach Eigenheimen). Er kann auch selbst als Anbieter von Leistungen (z.B. öffent-licher Nahverkehr) oder als Nachfrager (Auftraggeber für öffentliche Bauten) auftreten (**marktkonforme Staatsein-griffe**). Preisfestsetzungen, -bindungen und -kontrollen durch den Staat setzen den Preismechanismus außer Kraft (**marktkonträre Staatseingriffe**) und sind grundsätzlich nur vorübergehend zur Behebung von Not- oder Missständen zulässig.
Privateigentum und Kollektiv-eigentum	**Wem gehören die Produktions-mittel?**	Die Produktionsmittel (zur Leistungserstellung verwendete Güter) sind weitgehend *Privateigentum* der Unternehmen. Es gibt in beschränktem Maße auch *Kollektiveigentum* des Staates (vor allem im Bereich der Infrastruktur, der öffentlichen Sicher-heit und der Grundversorgung). Der Staat garantiert das **sozial verträgliche Privateigentum**, da es zum ökonomischen Umgang mit den knappen Ressourcen beiträgt, die Leistungs- und Risi-kobereitschaft und die persönliche Verantwortung fördert.
Gewinn- und Nutzenmaximie-rung mit sozialem und ökologischem Ausgleich	**Welches Ziel hat das Wirtschaf-ten?**	Die Unternehmen streben nach **Gewinnmaximierung**, die privaten Haushalte nach **Nutzenmaximierung**. Der Eigennutz der Menschen und der Wettbewerb sorgen dafür, dass sich das ökonomische Handeln der Wirtschaftssubjekte zum Nut-zen aller (Gemeinnutz, Gesamtwohl) auswirkt. Um zu verdie-nen, sind sie bereit zu dienen. Ein funktionierender Leis-tungswettbewerb dient den Interessen des einzelnen Ver-brauchers und der Gesellschaft. Aufgabe des Staates ist es, auf die **soziale und ökologische Dimension** des Wirtschaf-tens zu achten (so genannte öko-soziale Marktwirtschaft).

■ Rolle des Staates in der sozialen Marktwirtschaft

Rolle des Staates
in der sozialen
Marktwirtschaft
Funktionsweise
der sozialen
Marktwirtschaft

Funktionsweise der sozialen Marktwirtschaft im Überblick

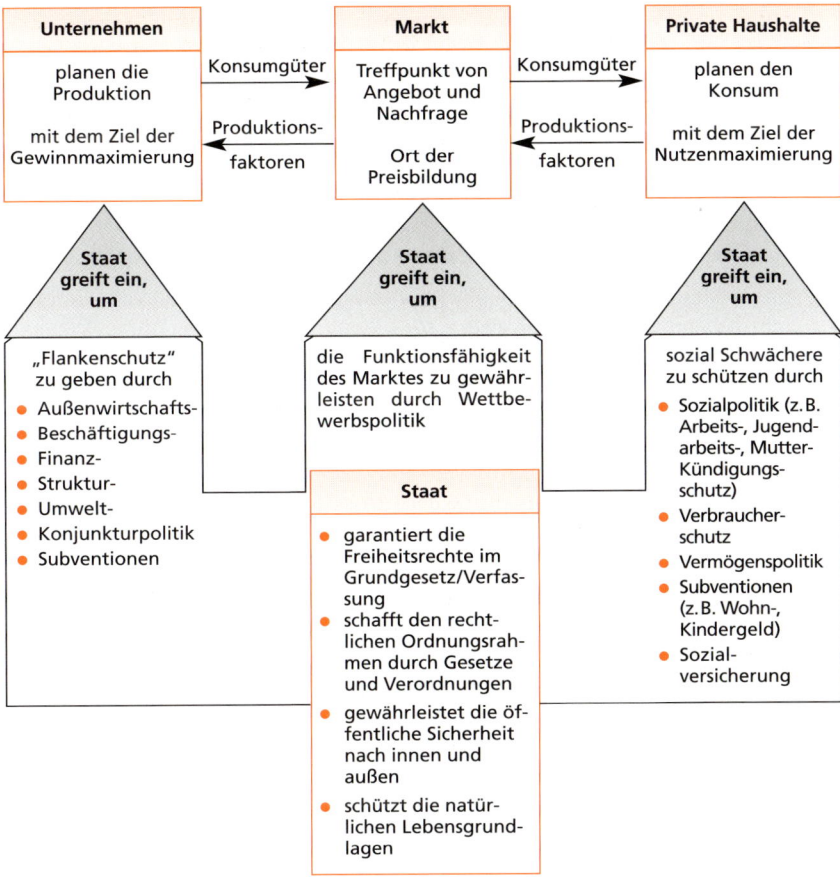

Zu den Hauptaufgaben des Staates in einer öko-sozialen Marktwirtschaft gehören die:

- *Sicherung der Elemente der freien Marktwirtschaft* durch die **Garantie der Freiheitsrechte** wie Eigentums-, Gewerbe- und Vertragsfreiheit (z.B. Konsum- und Berufsfreiheit) und durch den **Schutz des Wettbewerbs** durch Verhinderung von unlauterem Wettbewerb (z.B. UWG, Ladenschlussgesetz), von wettbewerbsbeschränkenden Machtzusammenballungen (GWB, EU-Fusionskontrolle) und Sicherung des Rechtsschutzes der Erzeugnisse (z.B. Patent-, Markenschutz). → siehe Abschnitt 3

- *Sicherung der Grundausrüstung der Wirtschaft* (z.B. **Rechtsordnung, Infrastruktur** wie Geld-, Bildungs- und Verkehrswesen) → siehe Abschnitt 4

- *Sicherung des Sozialstaatsprinzips* durch Korrektur zu großer Ungleichheiten der Einkommens-, Vermögens- und Lebenschancen durch ein Netz von **steuer-, sozial- und strukturpolitischen Maßnahmen** (z.B. progressive Einkommensteuer, vermögenswirksame Leistungen, gesetzliche Sozialversicherungen, Sozialhilfe, staatliche Bildungseinrichtungen, Hilfen für strukturschwache Gebiete und Branchen).

- *Sicherung der natürlichen Lebensgrundlagen* durch **umweltpolitische Maßnahmen** wie das Setzen von Umweltschutzvorschriften (z. B. Haftungsrecht, Ge-, Verbote, Auflagen) und Schaffung von Anreizen zur Verbesserung des Umweltverhaltens der Produzenten und Konsumenten (Umweltschutz durch Eigennutz).

→ siehe
Abschnitt 3
→ LF 12 Ab-
schnitte 1, 3

- *Korrektur von gesamtwirtschaftlichen Fehlentwicklungen* (z. B. Struktur- und Konjunkturkrisen, Arbeitslosigkeit, sinkende Kaufkraft des Geldes) durch **wirtschaftspolitische** Eingriffe (z. B. Finanz-, Arbeitsmarkt-, Strukturpolitik) und staatliche Aufsichtsorgane (z. B. Gesundheitsamt, Aufsichtsamt für das Kreditwesen, Bundesamt für Umweltschutz, Kartellbehörden).

2.3.6 Chancen und Probleme der sozialen Marktwirtschaft

Wohlstand

Die soziale Marktwirtschaft hat in der Bundesrepublik Deutschland zu einem bisher nicht bekannten *Wohlstand weiter Bevölkerungsschichten* geführt. Während sich die Lebenshaltungskosten zwischen 1960 und heute etwa verdreifachten, ist der durchschnittliche Nettoverdienst auf mehr als das Achtfache gestiegen. Das Ergebnis ist ein **erheblicher Zuwachs der Lohnkaufkraft**. Für eine Waschmaschine musste ein Durchschnittsarbeitnehmer 1960 noch 224 Stunden arbeiten, heute ist sie – technisch verbessert – schon in knapp 50 Stunden verdient. Gleichzeitig wurden der **Verbraucherschutz**, der **Umweltschutz** und der **soziale Schutz** der Arbeitnehmer immer weiter verbessert.

Verbraucherschutz, Umweltschutz, sozialer Schutz

Anspruchsmentalität

Staatsverschuldung

Der Staat hat trotz des gestiegenen Wohlstands seine sozialpolitischen Aktivitäten nach und nach ausgeweitet. Die Sozialquote (Anteil der Sozialausgaben am BIP) hat sich von 17 % im Jahre 1950 auf über 30 % heute fast verdoppelt. Dabei wurde der Zusammenhang von Beitragszahlung und Leistungsanspruch immer mehr aufgegeben. Weite Kreise der Bevölkerung entwickelten eine häufig beklagte **Anspruchsmentalität** gegenüber dem Sozialstaat („Welche Sozialleistungen stehen mir zu?") oder sind von staatlicher Unterstützung abhängig. Die Folge war eine **hohe Staatsverschuldung** (60 % des BIP), so dass heute die Sozialausgaben nicht mehr bezahlbar sind. Gleichzeitig ist die **Belastungsgrenze** der Bürger mit Steuern und Sozialabgaben in Höhe von über 50 % des Einkommens erreicht.

Finanzierungskrise

Die **Finanzierungskrise des Sozialsystems** zeigt sich vor allem in der gesetzlichen Sozialversicherung. Das System der Alterssicherung gerät durch Zunahme des Rentneranteils an der Bevölkerung zunehmend unter Druck. Die Zahl der Empfänger von Sozialleistungen und damit die Kosten des Sozialsystems steigen unaufhaltsam. Die fortschreitende **Überalterung der Bevölkerung** wird dieses Problem noch beschleunigen. Gleichzeitig sinkt aufgrund anhaltend hoher Arbeitslosigkeit, Frühverrentung und langen Ausbildungszeiten der Anteil der Steuer und Abgaben zahlenden Bürger. Beitragserhöhungen bei den Sozialversicherungen sind die Folge.

Überalterung

steigende Sozialkosten

Die Leistungs- und Wettbewerbsfähigkeit der Wirtschaft wird durch die **steigenden Sozialkosten** beeinträchtigt. Ein Teufelskreis tut sich auf: Steigende Sozialkosten zwingen die Unternehmen zu Entlassungen oder Frühverrentungen, Arbeitslose und Frührentner zahlen jedoch nur geringe Steuern und Sozialversicherungsbeiträge, dies macht weitere Beitragserhöhungen nötig, die die Sozialkosten weiter ansteigen lassen.

Der Anstieg der Sozialkosten ist zu einem Großteil hausgemacht und auf **Mängel des staatlichen Sozialsystems** zurückzuführen, die bewusstes und unbewusstes Fehlverhalten bei Bürgern und Politikern begünstigen. Fünf zentrale Mängel sind festzustellen:

Unübersichtlichkeit und mangelnde Kontrolle	Die Verwaltung durch zahlreiche Behörden und Versicherungsträger erschwert die Erfolgskontrolle und begünstigt den Missbrauch von Sozialleistungen.	
Großer Einfluss staatlicher Institutionen	Die Zuteilung der Sozialleistungen durch den Staat begünstigt die versicherungsfremde Verwendung der Mittel. Hinzu kommt der mangelnde Wettbewerb zwischen den gesetzlichen Versicherungsträgern und den Leistungsanbietern (z. B. staatliche Krankenhäuser, Kassenärzte).	
Zu viel Umverteilung	Die Sozialleistungen werden von der Solidargemeinschaft aus Arbeitnehmern und Arbeitgebern bezahlt, wobei Leistung und Finanzierungsbeitrag (Gegenleistung) auseinander klaffen. Die hohe Abgabenbelastung führt zu einer Abgaben-Anspruchs-Spirale, die sich immer schneller dreht (wer mehr zahlt, möchte auch mehr Sozialleistungen mitnehmen).	
Mangel an Eigenvorsorge	Angesichts des sozialen Netzes erscheint dem Bürger die Eigenvorsorge als überflüssig. Zum anderen wird sein finanzieller Spielraum für die Eigenvorsorge immer geringer, wenn der Staat ihm immer tiefer in die Tasche greift. Die Abhängigkeit des Bürgers vom Staat ist umso bedenklicher, da der Staat die Sozialleistungen aus laufenden Einnahmen finanziert und ebenfalls keine nennenswerten Rücklagen bildet.	
Enge Kopplung an den Arbeitsvertrag	Die Kosten der sozialen Sicherung werden überwiegend vom Produktionsfaktor Arbeit aufgebracht. Dies führt zu sinkenden Nettolöhnen der Arbeitnehmer und aufgrund der Arbeitgeberanteile an der Sozialversicherung zu hohen Lohnnebenkosten der Arbeitgeber. Kaufkraft und internationale Wettbewerbsfähigkeit leiden darunter.	

Das staatliche Sozialversicherungssystem, von Otto von Bismarck Ende des 19. Jahrhunderts als Maßnahme zur Sicherung des sozialen Friedens eingeführt, wird zunehmend selbst zur Gefahr für den sozialen Frieden.

Zur Rettung des sozialen Sicherungssystems werden folgende **Reformvorschläge** gemacht:

- *Vorrang der Eigenvorsorge* und Eigenverantwortung des Einzelnen, also Rückkehr zum Subsidiaritätsprinzip, z. B. teilweise kapitalgedeckte Rentenversicherung,
- *Stärkung des Versicherungsprinzips* gegenüber dem reinen Versorgungsprinzip, z. B. durch Grundversicherung mit individuellen Wahlleistungen und Selbstbeteiligungen, Finanzierung versicherungsfremder Leistungen (z. B. Kriegsfolgekosten, Familienlastenausgleich, vorzeitige Altersrenten, DDR-Folgelasten, Arbeitsmarktpolitik) aus Steuern.
- *Leistungsbegrenzung auf Grundrisiken*, z. B. gesetzliche Grundrente, Arbeitslosenversicherung soll nur die Arbeitslosigkeit absichern und nicht für die Arbeitsmarktpolitik oder Arbeitsvermittlung aufkommen; die gesetzliche Krankenversicherung sollte Bagatellerkrankungen aus ihrem Leistungskatalog streichen.
- *Beschränkung der Sozialleistungen auf wirklich Bedürftige*, z. B. stärkere Missbrauchskontrolle.
- *Stärkung des Wettbewerbs* zwischen den Leistungsanbietern bei gleichzeitiger Rücknahme staatlicher Vorschriften.

Ludwig Erhard hat schon in den 60er-Jahren davor gewarnt, das soziale Netz ohne Rücksicht auf die Funktionsfähigkeit der marktwirtschaftlichen Ordnung auszuweiten. Dahinter stand die Erkenntnis, dass der Wohlstand eines Staates in erster Linie von der *wirtschaftlichen Leistungsfähigkeit und Leistungsbereitschaft* seiner Bürger abhängt, beides aber mit steigender Abgabenbelastung sinkt. Um die Abgabenbelastung in erträglichen Grenzen zu halten, sollte die Sozialpolitik vorrangig das Ziel verfolgen, die Fähigkeit des Einzelnen zu stärken, selbstverantwortlich und eigenständig für die typischen Lebensrisiken vorzusorgen. Der Staat sollte sich mit steigendem Wohlstand breiter Bevölkerungsschichten allmählich aus seiner sozialen Verantwortung für den Einzelnen zurückziehen.

■ Reform der Sozialversicherung – ein Dauerthema

Gesundheits-reform

● Eckpunkte der Gesundheitsreform 2004

Stärkung der Eigen-verantwor-tung	Grundsätzlich wird eine **Zuzahlung** bei allen Leistungen von 10 % erhoben, mindestens 5 EUR, höchstens 10 EUR. Für die ärztliche und zahnärztliche Behandlung sind 10 EUR pro Quartal und Behandlungsfall zu zahlen. Bei Überweisung vom Hausarzt zu einem Facharzt entfällt die Zuzahlung. Die Zuzahlung im Krankenhaus beträgt 10 EUR pro Tag (maximal für 28 Tage pro Jahr). Insgesamt gilt eine Höchstgrenze von 2 % (bei chronisch Kranken: 1 %) des Bruttoeinkommens (abzüglich Kinderfreibeträge). Kinder und Jugendliche sind von Zuzahlungen befreit. **Zahnersatz** und **Krankengeld** müssen die Patienten allein versichern. **Versandapotheken** (Internet-Apotheken) sind zugelassen.
Einschrän-kung des Leistungs-katalogs	**Versicherungsfremde Leistungen** (z. B. alle Leistungen im Zusammenhang mit Schwanger- und Mutterschaft) werden künftig durch Steuern finanziert (z. B. durch Erhöhung der Tabaksteuer). Nicht verschreibungspflichtige Arzneimittel, Sterbegeld, künstliche Befruchtung und Sterilisation entfallen aus dem Leistungskatalog.
Mehr Trans-parenz und Information	Der **elektronische Patientenausweis** und die elektronische Patientenakte werden bis 2006 eingeführt. Patienten können eine **Patientenquittung** (hier sind Leistungen und Kosten aufgeführt) verlangen. Ein **Patientenbeauftragter** soll die Rechte der Patienten stärken.

Rentenreform

● Eckpunkte der Rentenreform 2001 („Riester-Rente")

Private Alters-vorsorge	Um den Beitragssatz bis 2020 unter 20 % zu halten und gleichzeitig das heutige Rentenniveau zu sichern, sollen Arbeitnehmer freiwillig zusätzlich privat vorsorgen, indem sie ab 2002 1 % (ab 2004 2 %, ab 2006 3 %, 2008 4 %) ihres Bruttoentgelts sparen **(kapitalgedeckter Teil der Altersvorsorge)**. Die Anlagen müssen einen Katalog von Kriterien erfüllen, z. B. dürfen Auszahlungen frühestens mit 60 Jahren nur als lebenslange monatliche Rente erfolgen. Wer ein zu niedriges Einkommen hat, bekommt einen Zuschuss von 38,00 EUR plus 46,00 EUR pro Kind, der bis 2008 auf das Vierfache ansteigt.
Veränderte Renten-anpassung	Die geringere Nettolohnsteigerung durch Erhöhungen des Beitragssatzes zur Rentenversicherung führt auch zu geringeren Rentenanpassungen. Von Steigerungen der Nettolöhne durch Senkung der Einkommensteuer sollen die Rentner nicht mehr profitieren. Wegen des Beitrags zur privaten Altersvorsorge fällt ab 2003 die jährliche Rentenanpassung bis 2010 um jeweils 0,5 Prozentpunkte niedriger aus.

Beitrags-deckelung	Bis zum Jahr 2020 soll der Beitragssatz unter 20% liegen; bis 2030 soll er auf höchstens 22% steigen.
Renten-erhöhungen und Renten-niveau	Ab 2011 wird für alle Rentner die jährliche Rentenerhöhung um 10% gekürzt. Damit wird der steigenden Lebenserwartung Rechnung getragen. Das Rentenniveau des Eckrentners (Durchschnittsverdiener mit 45 Versicherungsjahren) soll bis 2030 nicht unter 67% fallen.
Grund-sicherung	Um verschämte Armut im Alter zu vermeiden, sollen Rentner eine bedarfsorientierte Grundrente im Alter und bei Erwerbsminderung erhalten
Erziehungs-zeiten	Müttern oder Vätern, die während der ersten zehn Lebensjahre eines Kindes Teilzeit arbeiten oder Elternzeit nehmen, wird das erzielte Einkommen für die Rentenberechnung auf 10% des Durchschnittseinkommens angehoben.

3 Wettbewerbspolitik des Staates

Wettbewerbs-politik

3.1 Notwendigkeit der Wettbewerbspolitik

In der sozialen Marktwirtschaft nimmt der Wettbewerb bei der Steuerung und Koordination der unabhängig voneinander handelnden Wirtschaftssubjekte (Unternehmen und private Haushalte) eine zentrale Rolle ein. Nur der Wettbewerb stellt sicher, dass die Preisfunktionen (Signal-, Lenkungs-, Ausgleichs- und Erziehungsfunktion) zum Zuge kommen, also der Markt schlechthin funktioniert. Beschränkungen des Wettbewerbs beschneiden nicht nur die Freiheitsrechte, sondern gefährden das Sozialstaatlichkeitsprinzip und die Marktwirtschaft als Ganzes. Deshalb ist der Staat aufgefordert, für Wettbewerbsregeln und deren Einhaltung zu sorgen. Machtballungen auf der Nachfrage- bzw. Angebotsseite entstehen durch Kooperation und Konzentration.

Unternehmenskonzentration

Anteil der jeweils 6 größten Unternehmensgruppen in Deutschland am Umsatz ihrer Branche in % (1997)

Branche	%
Kohlenbergbau	96
Mineralölverarbeitung u.a.	94
Büromaschinen Datenverarbeitungsgeräte	91
Rundfunk-, Fernseh- und Nachrichtentechnik	88
Herstellung von Kraftwagen	86
Verlags-, Druckgewerbe	85
Chemische Industrie	52
Metallerzeugung und -verarbeitung	40
Ernährungsgewerbe	34
Geräte der Elektrizitätserzeugung u. -verteilung	32
Maschinenbau	24

Quelle: Monopolkommission (2000) – Ausgewählte Wirtschaftsabteilungen nach WZ 1993

ZAHLENBILDER

346 150

© Erich Schmidt Verlag

3.1.1 Kooperationsformen – vertragliche Grundlage

Kooperation

Die Zusammenarbeit mehrerer Unternehmen **auf vertraglicher Basis** heißt **Kooperation.** Die beteiligten Unternehmen bleiben dabei **rechtlich und wirtschaftlich selbstständig**, d.h., sie behalten ihre Firma und ihre unumschränkte Geschäftsführungs- und Vertretungsbefugnis.

Kartell

■ *Kartell*

Unternehmen, die den Wettbewerb untereinander durch vertragliche Absprachen über Preise, Geschäftsbedingungen, Rabattregelungen usw. zu beschränken versuchen, bilden ein **Kartell**. Eine besondere Form des Kartells ist das **Syndikat** (Verkaufskontor), das eine gemeinsame, zentrale Verkaufsorganisation für die ihm angeschlossenen Unternehmen unterhält. Da sich die beteiligten Unternehmen auf der gleichen Wirtschaftsstufe befinden, sind Kartelle eine Form der **horizontalen Kooperation.**

Syndikat

Horizontale Kooperation

Kartellarten

Preiskartelle	Kartellmitglieder legen einheitliche Verkaufspreise fest.
Gebiets-kartelle	Kartellmitglieder teilen das Absatzgebiet untereinander auf, sodass jedes Mitglied in seinem Gebiet eine monopolartige Stellung hat.
Quoten-kartelle	Das Verkaufsvolumen des Marktes wird nach einem vereinbarten Schlüssel auf die Kartellmitglieder verteilt.
Rabatt-kartelle	Kartellmitglieder verabreden, gegenüber ihren Abnehmern gleiche Rabatte zu gewähren.
Ausfuhr-kartelle	Exporteure regeln das gemeinsame Vorgehen auf den Auslandsmärkten bezüglich Preisen und sonstigen Bedingungen, um ihre Verhandlungsmacht gegenüber den ausländischen Abnehmern zu stärken.
Einfuhr-kartelle	Exporteure legen gleichartige Preise oder Bedingungen für den Import fest, um ihre Verhandlungsmacht gegenüber den ausländischen Lieferanten zu stärken.
Normen- und Typen-kartelle	Vereinbarungen und Beschlüsse, die die einheitliche Anwendung von Normen oder Typen zum Gegenstand haben. Die **Normung** hat die Vereinheitlichung von Einzelteilen eines Produkts in Bezug auf Abmessungen, Materialeigenschaften usw. zum Gegenstand, um die Vielfalt von Kleinteilen zu reduzieren. Bei der **Typung** geht es um die Vereinheitlichung ganzer Produkte, um Massenproduktionseffekte zu nutzen.
Spezialisie-rungs-kartelle	Vereinbarungen und Beschlüsse, die die Rationalisierung wirtschaftlicher Vorgänge durch Spezialisierung zum Gegenstand haben. Spezialisierung ist die Beschränkung der Angebotsvielfalt auf einige wenige Produkttypen oder auf ein einziges Erzeugnis. Durch Spezialisierung wird die Wirtschaftlichkeit und Leistungsfähigkeit technischer, wirtschaftlicher oder organisatorischer Abläufe verbessert.
Mittel-stands-kartelle	Sie dienen zur Verbesserung der Wettbewerbsfähigkeit kleiner oder mittlerer Unternehmen, z.B. Vereinbarungen und Beschlüsse über den gemeinsamen Einkauf von Waren. Dabei darf es jedoch zu keinem Bezugszwang für die beteiligten Unternehmen kommen.

Rationalisierungskartelle	Sie sollen die Leistungsfähigkeit oder Wirtschaftlichkeit der beteiligten Unternehmen in technischer, betriebswirtschaftlicher oder organisatorischer Beziehung wesentlich heben und dadurch die Befriedigung des Bedarfs verbessern. Der Rationalisierungserfolg muss in einem angemessenen Verhältnis zu der damit verbundenen Wettbewerbsbeschränkung stehen. Dabei sind Preisabreden oder gemeinsame Vertriebs- oder Beschaffungseinrichtungen zulässig, wenn der Rationalisierungszweck auf andere Weise nicht erreicht werden kann.	Kartellarten
Strukturkrisenkartelle	Sie werden für Hersteller, be- und verarbeitende Unternehmen erlaubt, wenn sie einen Absatzrückgang ausgleichen wollen, der durch eine nachhaltige Veränderung der Nachfrage herrührt. Die Kartellmitglieder müssen eine planmäßige Anpassung der Kapazität an den Bedarf herbeiführen. Die Wettbewerbsbedingungen in den betroffenen Wirtschaftszweigen müssen bei den Vereinbarungen berücksichtigt werden.	

Weitere Kooperationsformen

Weitere verbreitete Kooperationsformen sind

- **Erfahrungsaustauschgruppen** im Einzelhandel, **Einkaufsverbände** und Einkaufsgenossenschaften (mehrere kleinere Unternehmen nutzen Einkaufsvorteile, indem sie gemeinsam bei einem Hersteller einkaufen), Einkaufsverbände
- **Arbeitsgemeinschaften** (mehrere Unternehmen führen gemeinsam ein Großprojekt durch – Generalunternehmerschaft, Konsortium), Arbeitsgemeinschaften
- **Interessengemeinschaften** (mehrere Unternehmen nutzen gemeinsam eine Forschungseinrichtung, um ein Patent auszuwerten, finanzieren gemeinsam eine Werbeanzeige – Werbegemeinschaft – oder beteiligen sich an einem unternehmensübergreifenden Recyclingsystem). Interessengemeinschaften

Eine neue Form der Kooperation ist das **virtuelle Unternehmen**. Dabei arbeiten Teile verschiedener Unternehmen (z. B. Forschungsabteilung der Unternehmung A mit Forschungsabteilung der Unternehmung B), verbunden durch Computernetzwerke, auf der Basis gemeinsam vereinbarter Regeln („Plattform“), auf genau bestimmten Gebieten zeitlich begrenzt zusammen. Ist das Ziel erreicht, dann formiert sich das Netzwerk neu. virtuelles Unternehmen

Die Zusammenarbeit kann von einem losen Erfahrungsaustausch über Verhaltensabsprachen bis hin zu einer gemeinsam gegründeten und geführten Gemeinschaftsunternehmung (**Joint Venture**) gehen. Arbeiten mehrere multinationale Großunternehmen auf bestimmten Gebieten zusammen, dann spricht man von **strategischen Allianzen**. Joint Venture

3.1.2 Konzentrationsformen – kapitalmäßige Verflechtung

Die *kapitalmäßige Verflechtung* mehrerer Unternehmen zu größeren Unternehmensgebilden heißt **Konzentration.** Zumindest eines der beteiligten Unternehmen *verliert die wirtschaftliche Selbstständigkeit,* indem es sich einer einheitlichen Leitung unterstellt. Je nach Ausprägungsgrad der Kapitalverflechtung kann auch die rechtliche Selbstständigkeit verloren gehen. Konzentration

Konzern

Konzern

Ebenen der Konzentration

Schließen sich *rechtlich selbstständig bleibende* Unternehmen unter einer *einheitlichen Leitung* zusammen, dann entsteht ein **Konzern.**

Die beteiligten Unternehmen können sich auf

Horizontalkonzern

Vertikalkonzern

Diagonalkonzern

- der gleichen Wirtschaftsstufe einer Branche befinden (**Horizontalkonzern**), z.B. Lebensmittelgroßhändler A schließt sich mit Lebensmittelgroßhändler B zusammen,
- verschiedenen Wirtschaftsstufen einer Branche befinden (**Vertikalkonzern**), z.B. Lebensmittelgroßhändler schließt sich mit Nahrungsmittelhersteller zusammen,
- gleichen oder verschiedenen Wirtschaftsstufen verschiedener Branchen befinden (**Diagonalkonzern oder anorganischer Konzern**), z.B. Lebensmittelgroßhändler schließt sich mit Elektrogerätehersteller zusammen.

Nach der Abhängigkeit zwischen den beteiligten Unternehmen werden Unter- und Gleichordnungskonzerne unterschieden.

Unterordnungskonzern

Handelt es sich um eine einseitige Beherrschung verschiedener Tochtergesellschaften durch eine Muttergesellschaft, dann liegt ein **Unterordnungskonzern** vor. Die Beherrschung kann auf einem Beherrschungs- oder einem Gewinnabführungsvertrag (Vertragskonzern AktG § 18 i. V. m. § 291) beruhen. Liegt kein Vertrag vor, dann kann die Beherrschung vermutet werden, wenn die Kapitalbeteiligung der Mutter an ihrer Tochter mehr als 50 % beträgt oder wenn die Führung beider Gesellschaften in einer Hand liegt (faktischer Konzern AktG § 17).

BEISPIEL

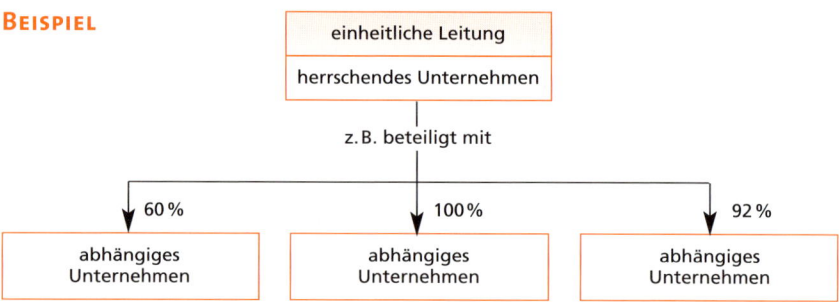

Beteiligen sich Unternehmen gegenseitig am Kapital des anderen Unternehmens (Kapitalverflechtung durch Austausch der Kapitalanteile) und besteht keine gegenseitige Abhängigkeit zwischen den beteiligten Unternehmen, dann liegt ein **Gleichordnungskonzern** vor. Die einheitliche Leitung der Schwestergesellschaften erfolgt durch eine von den beteiligten Unternehmen getragene Gesellschaft (Dach- oder Holdinggesellschaft).

Gleichordnungskonzern

Holdingsgesellschaft

BEISPIEL

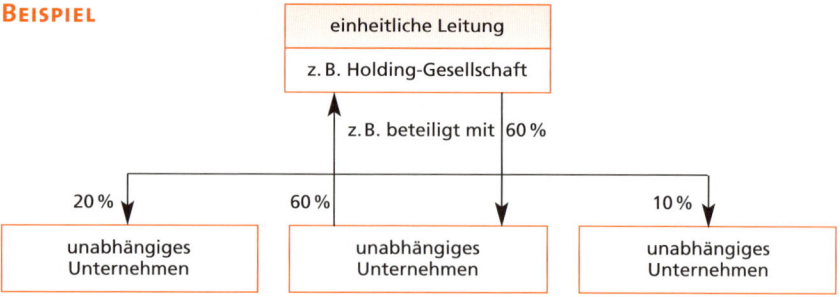

■ Trust – Aufnahme oder Neubildung

Trust

Schließen sich mehrere Unternehmen *zu einem Unternehmen mit einheitlicher Leitung* zusammen (Verschmelzung bzw. Fusion), dann entsteht ein **Trust.** Mindestens eins der beteiligten Unternehmen *gibt seine rechtliche und wirtschaftliche Selbstständigkeit auf.*

Fusionsarten	Merkmale	Darstellung
Fusion durch Aufnahme	Das Vermögen der übertragenden Gesellschaft geht als Ganzes auf die übernehmende Gesellschaft über. Diese muss ihr Grundkapital erhöhen, um den Aktionären der übertragenden Gesellschaft Aktien anbieten zu können.	aus **A** und **B** wird **A** Aufnahme
Fusion durch Neubildung	Es wird eine neue Gesellschaft gegründet, in welche die alten Gesellschaften ihr Vermögen gegen Gewährung von Aktien einbringen.	aus **A** und **B** wird **C** Neubildung

3.1.3 Auswirkungen der Kooperation und Konzentration

■ *Auswirkungen auf die Kostenkontrollfunktion des Wettbewerbs*

Der Wettbewerb zwingt im unternehmerischen Einzelinteresse zum sparsamen Einsatz knapper Ressourcen. Das Unternehmen, das billiger anbietet, ist am Markt erfolgreich. Gleichzeitig bleibt dem Konkurrenten keine andere Wahl, als auch seinen Betrieb zu rationalisieren. Dadurch kommt es insgesamt zu einer optimalen Kombination der Produktionsfaktoren und zu Kostensenkungen, die wiederum in Preissenkungen durchschlagen.

positive Auswirkungen	Kostensenkung durch Größenvorteile bei der Beschaffung (Mengenrabatte, günstige Zahlungs- und Lieferungsbedingungen), Produktion (Automatisierung lohnt sich, dadurch kann der Massenproduktionseffekt genutzt werden), Finanzierung (günstige Konditionen durch hohe Kreditwürdigkeit), Absatz (Kosteneinsparung durch gemeinsame Verkaufseinrichtungen, Kundendienstnetze, gemeinsame Werbung), Verwaltung (gemeinsame Buchhaltung und Computernetzwerke, leichtere Beschaffung qualifizierter Arbeits- und Führungskräfte) und dadurch höhere Konkurrenzfähigkeit im nationalen und globalen Wettbewerb.
negative Auswirkungen	Kostenvorteile werden u.U. nicht in Form von niedrigeren Preisen an den Nachfrager weitergegeben, da dieser aufgrund der geringeren Zahl von Anbietern weniger Ausweichmöglichkeiten (Alternativen) hat. Zudem besteht für große Unternehmenseinheiten mangels Konkurrenz kein Zwang zur Kostensenkung.

■ *Auswirkungen auf die Fortschrittsfunktion des Wettbewerbs*

Jene Unternehmen, die grundlegende Neuerungen bei ihren Produktionsverfahren oder Produkten zuerst einführen, erhalten Pioniergewinne durch ihren Wettbewerbsvorsprung. Dies veranlasst die Konkurrenten, ebenso in die Forschung und Entwicklung zu investieren, um selbst die Nase vorn zu haben oder zumindest gegen die Gefahr eines plötzlichen Wettbewerbsvorsprungs des Konkurrenten gewappnet zu sein.

positive Auswirkungen	Große Forschungs- und Entwicklungsprojekte können leichter finanziert werden oder sind überhaupt erst finanzierbar. Produktionsverfahren und Produkte werden ständig qualitativ weiterentwickelt und verbessert. Das Risiko bei der Einführung neuer Produktionsverfahren bzw. Produkte und das Finanzierungsrisiko werden aufgrund der Risikoverteilung auf mehrere bzw. größere Unternehmen vermindert.
negative Auswirkungen	Der Wettbewerbsvorsprung durch Entwicklung neuer Produktionsverfahren und Produkte wird zur Ausschaltung der Wettbewerber missbraucht. Neue Produkte werden mangels Konkurrenz zu überhöhten Preisen verkauft. Zudem besteht für große Unternehmenseinheiten mangels Konkurrenz kaum Veranlassung, sich um Innovationen zu bemühen.

■ *Auswirkungen auf die Entmachtungsfunktion des Wettbewerbs*

Auswirkungen auf die Entmachtungsfunktion des Wettbewerbs

Die Entmachtungsfunktion des Wettbewerbs sorgt dafür, dass ein Wettbewerbsvorsprung nicht ewig andauert. Früher oder später werden die Wettbewerber ihrerseits mit Neuerungen nachziehen. Aufgrund der Gewinnchancen werden neue Anbieter auf diese lukrativen Märkte gelockt, sodass sich die Anbietermacht allmählich auflöst und die Nachfrager wieder Auswahlmöglichkeiten vorfinden.

positive Auswirkungen

Durch Kooperation können kleine und mittelständische Unternehmen (**KMU**) auf der Nachfrageseite ihre Verhandlungsposition gegenüber Anbietern mit großer Angebotsmacht („Branchenriesen") verbessern. Den Herausforderungen auf globalen Märkten (hoher Ressourcen- und Finanzbedarf, hohe Anforderungen an die fachliche und unternehmerische Kompetenz) mit internationaler Konkurrenz sind kooperierende Unternehmen und große Konzerne besser gewachsen, da sie Knowhow und Ressourcen bündeln, ihre Stärken verstärken bzw. Schwächen kompensieren können. Mit den richtigen Partnern können auch die KMU ihre Schnelligkeit und Flexibilität ausspielen und dem wachsenden Konkurrenz- und Kostendruck durch multinationale Großkonzerne im globalen Wettbewerb begegnen.

negative Auswirkungen

Durch Kooperationen und Bildung von Konzernen entsteht eine starke wirtschaftliche Machtstellung der beteiligten Unternehmen. Die Gefahr einer missbräuchlichen Ausnutzung dieser Machtballung ist nahe liegend. Der Wettbewerb kann sowohl auf der Angebotsseite als auch auf der Nachfrageseite beschränkt oder ganz ausgeschaltet werden. Damit sind die Funktionen des Wettbewerbs (Kostenkontrolle, Fortschrittsfunktion) nicht mehr gewährleistet. Noch vorhandene Konkurrenten werden, z.B. mittels Preiskrieg, Abwerbung qualifizierten Personals oder Fusion durch Aufnahme gezielt aus dem Markt gedrängt. Die Größenvorteile werden nicht mehr an die Verbraucher weitergegeben, überhöhte Preise erlauben es, auch unwirtschaftlich arbeitende Betriebe aufrechtzuerhalten. Hinzu kommt u.U. eine einseitige Begünstigung der Großunternehmen bei politischen und wirtschaftspolitischen Entscheidungen, da Großunternehmen mehr Druck auf die Politiker ausüben können als die KMU.

BEISPIEL

für Missbrauch der Nachfragemacht:

Nachfragemacht

Im Folgenden sind die Einzelheiten des Sündenkatalogs dargestellt, der sich nicht nur auf die Beziehungen Handel zu Produzenten, sondern auch auf die Zuliefererproblematik bezieht:

● **Eintrittsgelder:** Die Lieferanten müssen die Aufnahme ihrer Waren in das Sortiment bezahlen, z. B. mit der Gratislieferung der Erstausstattung und/oder mit Pauschalen von beispielsweise 100 000,00 EUR oder Eintrittsgeldern pro Artikel von z. B. 16 000,00 EUR. Verlangt werden aber auch Einführungsrabatte, kostenlose Werbemittel, Werbedamen. Abnehmer fordern aber auch sog. Listengebühren für die laufende Führung von Artikeln. Lieferaufträge werden ferner von einer Rabattkumulierung und davon abhängig gemacht, dass die Lieferanten auf entsprechend umfangreichen Fragebögen möglichst viele Sonderleistungen zusagen Auch die Einräumung besonders langer Zahlungsziele gehört in diese Kategorie.

● **Regalmieten:** Die Lieferanten müssen Mieten für die Auslage ihrer Produkte zahlen. Die Abnehmer verlangen etwa für 60 Flaschen 240 EUR plus Mehrwertsteuer oder für Regalkopfplätze 10 000 EUR jährlich. Bei größeren Betrieben gibt es bereits feste Preislisten.

● **Werbekosten- und Investitionszuschüsse:** Der Lieferant hat in diesen Fällen seinen Abnehmern Zuschüsse für die Werbung zu leisten, für Kataloge, Anzeigen und sonstige Werbeträger bzw. für Neu- und Erweiterungsinvestitionen. Kostenbeteiligungen an der Geschäftseinrichtung der Abnehmer kommen ebenfalls vor. In diesem Zusammenhang werden auch Darlehen zu Mini-Zinsen gefordert – z. B. 10 000 bis 50 000 EUR zu 2 bis 3 Prozent Zinsen mit einer Laufzeit von 10 Jahren.

● **Sonderleistungen bei Neueröffnungen:** Die Abnehmer kassieren Umstellungsrabatte, längere Zahlungsziele, Sonderangebote, Werbekostenbeteiligung, Einführungsrabatte und andere Sonderkonditionen.

● **Regalpflege:** Die Lieferanten haben hier die Regale nicht nur aufzubauen, sondern die Ware auch regelmäßig einzuräumen, alte Ware umzustapeln und auszuräumen sowie die Regale zu putzen.

● **Preisauszeichnung:** Die Abnehmer wälzen die Auszeichnung jedes einzelnen Artikels mit dem Preis und in ihren Geschäftsräumen auf die Lieferanten ab. U. U. wird genau vorgeschrieben, dass nur das Auszeichnungsgerät X der Firma Y benutzt werden darf und was die Etiketten im Einzelnen zu enthalten haben.

● **Inventurhilfe:** Die Abnehmer beanspruchen unter Androhung von Nachteilen Arbeitskräfte für die Inventur. Sogar auf pünktliches Erscheinen wird z. T. Wert gelegt.

3.2 Maßnahmen der Wettbewerbspolitik am Beispiel des GWB

Nach Art. 74 (1) GG gehört es zu den Aufgaben des Staates, den Missbrauch wirtschaftlicher Machtstellung zu verhüten. Dazu verabschiedete der Bundestag 1957 das **Gesetz gegen Wettbewerbsbeschränkungen** (GWB). Als Wettbewerbshüter wurden die Kartellbehörden eingesetzt. Kartellbehörden sind das **Bundeskartellamt** mit Sitz in Bonn, das Bundesministerium für Wirtschaft und Arbeit und die nach Landesrecht zuständigen obersten Landesbehörden. Für die Mitwirkung an Verfahren der Kommission der Europäischen Gemeinschaft ist ausschließlich das Bundeskartellamt zuständig.

GWB
Bundeskartellamt

→ GWB § 48

→ GWB § 50

**Monopol-
kommission**

Um über die Konzentrationsvorgänge möglichst umfassende Kenntnisse zu gewinnen, setzte der Bundestag 1974 die **Monopolkommission** ein. Diese Kommission ist ein unabhängiges, aus fünf Wissenschaftlern bestehendes Gremium, das von der Bundesregierung für vier Jahre berufen wird. Sie legt alle zwei Jahre ein Gutachten vor, in dem sie Stand und Entwicklung der Unternehmenskonzentration unter wirtschafts- und wettbewerbspolitischen Gesichtspunkten beurteilt.

3.2.1   Verbot wettbewerbsbeschränkender Vereinbarungen

■ *Verbotene Verhaltensweisen*

Alle Vereinbarungen zwischen Unternehmen, Beschlüsse von Unternehmensvereinigungen und aufeinander abgestimmte Verhaltensweisen, die eine Verhinderung, Einschränkung oder Verfälschung des Wettbewerbs bezwecken oder bewirken, sind verboten. Dies gilt auch für Vereinbarungen, die den Wettbewerb innerhalb des Gemeinsamen Marktes einschränken.

→ **GWB § 1**
→ **EGV Art. 81**[1]

**Verbotene
Verhaltensweisen**

Verboten und nichtig sind insbesondere die
- Einschränkung oder Kontrolle der Erzeugung, des Absatzes, der technischen Entwicklung oder der Investitionen;
- Aufteilung der Märkte oder Versorgungsquellen;
- Anwendung unterschiedlicher Bedingungen bei gleichwertigen Leistungen gegenüber Handelspartnern, wodurch diese im Wettbewerb benachteiligt werden;
- an den Abschluss von Verträgen geknüpfte Bedingung, dass die Vertragspartner zusätzliche Leistungen annehmen, die weder sachlich noch nach Handelsbrauch in Beziehung zum Vertragsgegenstand stehen.
- unmittelbare oder mittelbare Festsetzung der An- oder Verkaufspreise oder sonstiger Geschäftsbedingungen;

■ *Grundsatz der Legalausnahme – Freistellung vom Verbot*

→ **GWB § 2**
→ **EGV
   Art. 81 (3)**

**Freistellungs-
voraussetzungen**

Wettbewerbsbeschränkende Vereinbarungen sind nicht verboten, wenn sie
- unter angemessener Beteiligung der Verbraucher an dem entstehenden Gewinn zur *Verbesserung der Warenerzeugung oder -verteilung* oder
- zur *Förderung des technischen oder wirtschaftlichen Fortschritts* beitragen.

**Grundsatz der
Legalausnahme**

Eine Anmeldung oder die vorherige Entscheidung einer Kartellbehörde ist für die Freistellung vom allgemeinen Verbot wettbewerbsbeschränkender Vereinbarungen nicht erforderlich (**Grundsatz der Legalausnahme**). Wer sich auf die Legalausnahme und damit auf eine der o. g. *Freistellungsvoraussetzungen* beruft, der muss im Zweifelsfall beweisen, dass diese auf ihn zutrifft.

**Mittelstands-
kartelle**
→ **GWB § 3**

Die Freistellung gilt nur, wenn der Wettbewerb nicht wesentlich beeinträchtigt wird und die Zusammenarbeit dazu dient, die Wettbewerbsfähigkeit kleiner oder mittlerer Unternehmen zu verbessern (**Mittelstandskartelle**).

---

[1] EGV = Vertrag zur Gründung der Europäischen Gemeinschaft

■ *Gruppenfreistellungsverordnung der EU*

Das allgemeine Verbot wettbewerbsbeschränkender Vereinbarungen greift nicht, wenn diese aufgrund einer *Gruppenfreistellungsverordnung (GVO)* der europäischen Kommission der EU erlaubt sind. Deutsche Kartellbehörden und Gerichte müssen hier das europäische Wettbewerbsrecht anwenden (**Vorrang des europäischen Wettbewerbsrechts**, EG-VO 1/2003 Art. 3). Deshalb sind Wettbewerbsbeschränkungen im Kraftfahrzeugsektor, in der Land-, Kredit- und Versicherungswirtschaft, beim Technologietransfer und im Verlagsbereich zulässig.

Wettbewerbsbeschränkungen, wie exklusiv zugewiesene Absatzgebiete, Alleinbezugs- oder Alleinbelieferungspflichten, können im Rahmen von Vertriebssystemen durchaus wettbewerbsfördernd wirken. Sie sorgen dafür, dass der Wettbewerb nicht nur über den Preis ausgetragen wird und dass die Qualität von Dienstleistungen verbessert wird. Abgestimmte Verhaltensweisen sind daher gerechtfertigt, um das *Trittbrettfahrerproblem* zu lösen, bei dem ein Händler von den Verkaufsförderungsbemühungen eines anderen Händlers profitiert oder wenn ein Hersteller zum Zwecke der Absatzsteigerung seinen Vertriebshändlern bestimmte Standards zur *Sicherung der Produkteinheitlichkeit und -qualität* auferlegt, um sich ein gutes Markenimage zu verschaffen und beim Endverbraucher ein größeres Interesse hervorzurufen (z. B. Franchisingsystem).

Die Anwendbarkeit einer GVO setzt voraus, dass bestimmte Marktanteile auf den betroffenen Märkten nicht überschritten werden.

3.2.2 Missbrauchsaufsicht über marktbeherrschende Unternehmen

Die mißbräuchliche Ausnutzung einer marktbeherrschenden Stellung durch ein oder mehrere Unternehmen ist verboten. Der räumlich relevante Markt im Sinne des GWB kann weiter sein als der inländische Markt oder auch nur lokale oder regionale Gebiete des Inlands umfassen.

Wenn ein Unternehmen als Anbieter oder Nachfrager einer bestimmten Art von Waren oder gewerblichen Leistungen keinen wesentlichen Wettbewerber hat oder gegenüber seinen Wettbewerbern eine überragende Marktstellung besitzt, dann liegt **Marktbeherrschung** vor. Bei einem Marktanteil von mindestens einem Drittel wird vermutet, dass Marktbeherrschung vorliegt.

Eine Gesamtheit von Unternehmen gilt als marktbeherrschend, wenn sie aus höchstens drei Unternehmen besteht, die zusammen einen Marktanteil von 50 % erreichen, oder aus höchstens fünf Unternehmen besteht, die zusammen einen Marktanteil von 66 2/3 % erreichen.

Ein **Missbrauch der Marktbeherrschung** liegt vor, wenn ein marktbeherrschendes Unternehmen

- die Wettbewerbsmöglichkeiten anderer Unternehmen auf dem Markt in erheblicher Weise ohne sachlich gerechtfertigten Grund beeinträchtigt;
- Entgelte oder sonstige Geschäftsbedingungen fordert, die auf vergleichbaren Märkten mit wirksamem Wettbewerb nicht durchsetzbar wären oder die sie auf anderen vergleichbaren Märkten nicht fordert,
- sich weigert, einem anderen Unternehmen gegen angemessenes Entgelt Zugang zu den eigenen Netzen oder anderen Infrastruktureinrichtungen zu gewähren, wenn es dem anderen Unternehmen sonst nicht möglich ist, als Wettbewerber des marktbeherrschenden Unternehmens tätig zu werden.

Randspalten-Notizen:

Gruppenfreistellungsverordnung (GVO)

→ GWB § 28–30

Missbrauchsaufsicht

→ GWB § 19
→ EGV Art. 82

Marktbeherrschung

→ GWB § 19 (2, 3)

Missbrauch der Marktbeherrschung

Verbotene Verhaltensweisen

→ GWB § 20

→ GWB § 20

→ GWB § 21

■ Verbotene Verhaltensweisen marktbeherrschender Unternehmen

Diskriminierungs-verbot	Unterschiedliche Behandlung von Wettbewerbern ohne sachlich gerechtfertigten Grund, insbesondere durch Gewährung von Vorzugsbedingungen
Verbot unbilliger Behinderung	Eine unbillige Behinderung liegt vor, wenn ein Unternehmen Waren oder gewerbliche Leistungen nicht nur gelegentlich unter Einstandspreis anbietet.
Boykottverbot	Aufforderung anderer Unternehmen zu Liefersperren oder Bezugssperren, um bestimmte Unternehmen zu beeinträchtigen.

Maßnahmen der Kartellbehörden

→ GWB § 32

→ GWB § 32a

→ GWB § 32d

→ GWB § 32e
→ GWB § 33

→ GWB §§ 34, 34a

Die Kartellbehörden können gegen den Missbrauch der Marktmacht von marktbeherrschenden Unternehmen folgende Maßnahmen einleiten:

- **Abstellung von Zuwiderhandlungen**
- **Einstweilige Maßnahmen**, wenn die Gefahr eines ernsten, nicht wieder gutzumachenden Schadens für den Wettbewerb besteht.
- **Entzug der Gruppenfreistellung**, wenn das abgestimmte Verhalten mit dem Wettbewerbsrecht unvereinbar ist.
- **Untersuchung** eines bestimmten Wirtschaftszweigs oder eine bestimmte Art von Vereinbarungen.
- **Unterlassung** des wettbewerbswidrigen Verhaltens verlangen.
- **Verpflichtung zum Schadensersatz**
- **Vorteilsabschöpfung**. Die Kartellbehörden sowie Berufsverbände und Verbraucherschutzeinrichtungen können die Herausgabe des wirtschaftlichen Vorteils an den Bundeshaushalt verlangen:

Zusammen-schlusskontrolle

Aufgreifkriterien

→ GWB § 35

→ GWB § 37

Unternehmens-zusammenschluss

3.2.3   Zusammenschlusskontrolle

Die Kartellbehörden kontrollieren Unternehmenszusammenschlüsse, wenn die beteiligten Unternehmen im letzten Geschäftsjahr vor dem Zusammenschluss

- insgesamt weltweit mehr als 500 Mio. EUR umgesetzt haben,
- mindestens ein beteiligtes Unternehmen im Inland mehr als 25 Mio. EUR umgesetzt hat.

Ein **Unternehmenszusammenschluss** liegt in folgenden Fällen vor:

- Erwerb des Vermögens eines anderen Unternehmens ganz oder zu einem wesentlichen Teil.
- Erwerb der Kontrolle über ein anderes Unternehmen. Die Kontrolle kann durch Rechte (z. B. Eigentums- oder Nutzungsrechte), Verträge oder andere Mittel begründet sein.
- Erwerb von Anteilen an einem anderen Unternehmen, wenn diese 50 % oder 25 % des Kapitals oder der Stimmrechte des anderen Unternehmens erreichen.
- Verbindung von Unternehmen, durch die ein oder mehrere Unternehmen einen wettbewerblich erheblichen Einfluss auf ein anderes Unternehmen ausüben können.

→ GWB § 39

→ GWB § 40

Zusammenschlüsse, die die **Aufgreifkriterien** nach GWB §§ 35 und 37 erfüllen, sind vor dem Vollzug beim Bundeskartellamt in Bonn anzumelden. Das Bundeskartellamt entscheidet innerhalb von vier Monaten, ob der Zusammenschluss untersagt oder freigegeben wird.

Ein vom Bundeskartellamt untersagter Zusammenschluss kann vom Bundes-minister für Wirtschaft und Arbeit auf Antrag erlaubt werden, wenn im Einzelfall die Wettbewerbsbeschränkung von gesamtwirtschaftlichen Vorteilen des Zu-sammenschlusses aufgewogen wird oder durch ein überragendes Interesse der Allgemeinheit gerechtfertigt ist (**Ministererlaubnis**). Vor der Entscheidung ist eine Stellungnahme der Monopolkommission einzuholen.

Ministererlaubnis
→ GWG § 42

3.2.4 Fusionskontrolle innerhalb der Europäischen Union

Um einen wirksamen Wettbewerb auf dem Gebiet des Gemeinsamen Marktes zu wahren oder ihn wiederherzustellen, schuf die Kommission der Europäischen Union die Fusionskontrollverordnung (**E-FKVO**)[1]. Die **Fusionskontrollverord-nung** gilt für alle Zusammenschlüsse von gemeinschaftsweiter Bedeutung.

EU-Fusionskon-trollverordnung

Eine **gemeinschaftsweite Bedeutung** liegt vor, wenn folgende Umsätze erzielt werden:

- ein weltweiter Gesamtumsatz aller beteiligten Unternehmen zusammen von mehr als 5 Mrd. EUR und
- ein gemeinschaftsweiter Gesamtumsatz von mindestens zwei beteiligten Unter-nehmen von jeweils mehr als 250 Mio. EUR.

→ E-FKVO Art. 1

Keine gemeinschaftsweite Bedeutung liegt vor, wenn die beteiligten Unterneh-men jeweils mehr als zwei Drittel ihres gemeinschaftsweiten Gesamtumsatzes in ein und demselben Mitgliedstaat erzielen.

Ein Zusammenschluss bewirkt eine dauerhafte Veränderung der Kontrolle über ein Unternehmen dadurch, dass

- zwei oder mehr bisher voneinander unabhängige Unternehmen oder Unterneh-mensteile fusionieren oder dass
- Personen, die bereits ein Unternehmen kontrollieren durch den Erwerb von Anteilsrechten oder Vermögenswerten durch Vertrag oder in sonstiger Weise die Kontrolle über ein anderes Unternehmen erwerben (E-FKVO Art. 3).

Zusammenschlüsse von gemeinschaftsweiter Bedeutung sind *nach Vertragsab-schluss*, nach Veröffentlichung des Übernahmeangebots oder nach Erwerb der Be-teiligung und *vor ihrem Vollug* bei der Kommission anzumelden (**Anmelde-pflicht**). Stellt die Kommission fest, dass ein Zusammenschluss unter die Fusions-kontrollverordnung fällt, so veröffentlicht sie die Anmeldung.

Anmeldepflicht
→ E-FKVO Art. 4

Die Fusionskontrolle kann durch die Kartellbehörde eines Mitgliedslandes erfol-gen, wenn eines der beteiligten Unternehmen dies beantragt oder die Kommission der Auffassung ist, dass Wettbewerbsfolgen nur für den Markt innerhalb eines Mit-gliedstaats (gesonderter Markt) bestehen (**Verweisungsrecht**). Wenn der Zu-sammenschluss keine gemeinschaftsweite Bedeutung hat und nach dem Wettbe-werbsrecht mindestens dreier Mitgliedstaaten geprüft werden müsste, können die Beteiligten beantragen, dass der Zusammenschluss von der Kommission geprüft werden sollte (**3plus-Regel**).

→ E-FKVO Art. 4

Die Kommission kann feststellen, dass der Zusammenschluss mit dem Gemein-samen Markt vereinbar ist oder nicht. In beiden Fällen teilt sie ihre **Entscheidung** den beteiligten Unternehmen und den zuständigen Behörden der Mitgliedstaaten unverzüglich mit.

3plus-Regel
→ E-FKVO Art. 2

---

[1] Verordnung (EG) Nr. 139/2004 des Rates vom 20. Januar 2004 über die Kontrolle von Unter-nehmenszusammenschlüssen (E-FKVO = EG-Fusionskontrollverordnung)

Strukturpolitik

4   Strukturpolitik des Staates

Der Staat versucht mit der Strukturpolitik Einfluss auszuüben auf die relative Bedeutung einzelner Branchen und Regionen innerhalb der Volkswirtschaft und im Verbund mit anderen Volkswirtschaften. Mit unterstützenden Maßnahmen will die Strukturpolitik einerseits das Wachstum bestimmter zukunftsweisender Branchen und Regionen fördern und andererseits Ungleichgewichte zwischen den Branchen und Regionen beseitigen. Über allem steht die Angleichung der Lebens- und Umweltqualität der Bevölkerung in allen Regionen der Volkswirtschaft ungeachtet des sich ständig vollziehenden Strukturwandels innerhalb der Wirtschaft.

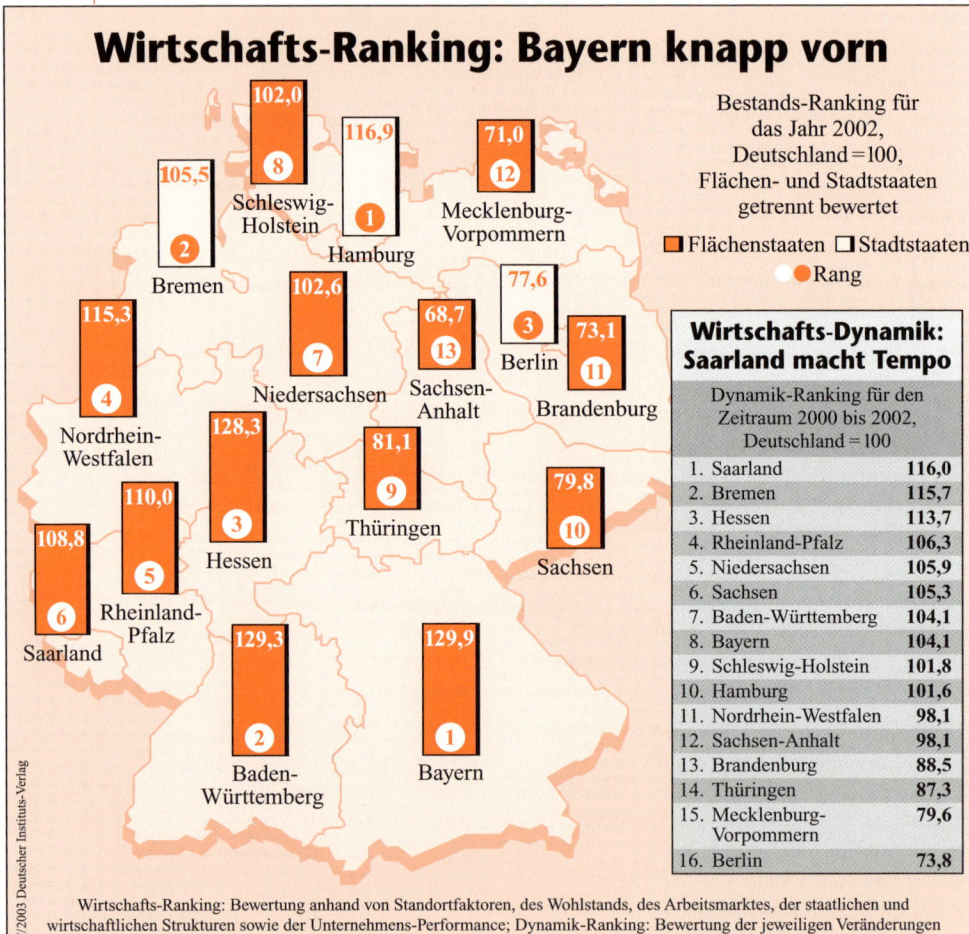

Wirtschafts-Ranking: Bayern knapp vorn

Bestands-Ranking für das Jahr 2002, Deutschland = 100, Flächen- und Stadtstaaten getrennt bewertet

■ Flächenstaaten □ Stadtstaaten
●○ Rang

Schleswig-Holstein	102,0	8
Hamburg	116,9	1
Mecklenburg-Vorpommern	71,0	12
Bremen	105,5	2
Nordrhein-Westfalen	115,3	4
Niedersachsen	102,6	7
Sachsen-Anhalt	68,7	13
Berlin	77,6	3
Brandenburg	73,1	11
Hessen	128,3	3
Thüringen	81,1	9
Sachsen	79,8	10
Rheinland-Pfalz	110,0	5
Saarland	108,8	6
Baden-Württemberg	129,3	2
Bayern	129,9	1

Wirtschafts-Dynamik: Saarland macht Tempo

Dynamik-Ranking für den Zeitraum 2000 bis 2002, Deutschland = 100

1. Saarland	116,0
2. Bremen	115,7
3. Hessen	113,7
4. Rheinland-Pfalz	106,3
5. Niedersachsen	105,9
6. Sachsen	105,3
7. Baden-Württemberg	104,1
8. Bayern	104,1
9. Schleswig-Holstein	101,8
10. Hamburg	101,6
11. Nordrhein-Westfalen	98,1
12. Sachsen-Anhalt	98,1
13. Brandenburg	88,5
14. Thüringen	87,3
15. Mecklenburg-Vorpommern	79,6
16. Berlin	73,8

Wirtschafts-Ranking: Bewertung anhand von Standortfaktoren, des Wohlstands, des Arbeitsmarktes, der staatlichen und wirtschaftlichen Strukturen sowie der Unternehmens-Performance; Dynamik-Ranking: Bewertung der jeweiligen Veränderungen

© 37/2003 Deutscher Instituts-Verlag

Quelle: IW Consult/Gesellschaft für Wirtschaftliche Strukturforschung (GWS)   **Institut der deutschen Wirtschaft Köln**

4.1 Ständiger Wandel der Wirtschaftssektoren

Seit Jahren ist der sich vollziehende Strukturwandel innerhalb der Wirtschaft dadurch gekennzeichnet, dass der Anteil des tertiären Wirtschaftssektors (Dienstleistungen und Handel) ständig wächst, und zwar zulasten des primären (Urproduzenten v. a. Landwirtschaft) und des sekundären Sektors (produzierendes Gewerbe).

→ LF 1
Abschnitt 3.2

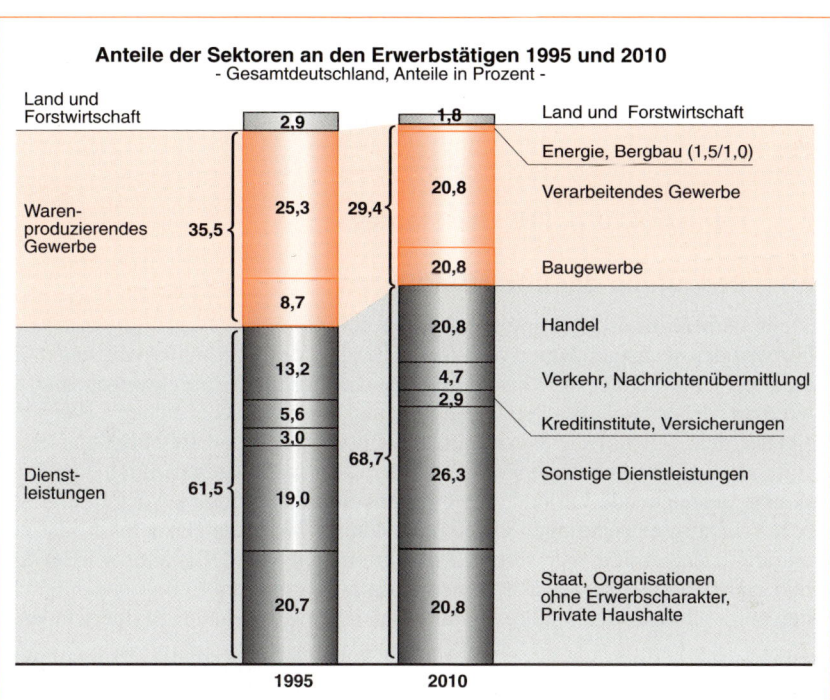

(Quelle: Arbeitsmarktbericht 2000 (www.arbeitsagentur.de))

Angeschoben wird diese Entwicklung durch rasante Fortschritte auf dem Gebiet der Informations- und Kommunikationstechnik (IuK-Technologien). Die IuK-Technologie ermöglichte die Vernetzung innerhalb und zwischen den Unternehmen. Viele industrienahe Dienstleistungen (Beschaffungs- und Vertriebslogistik, Softwarepflege, Ersatzteil-, Wartungs- und Reparaturservice, telefonischer Beratungsservice) wurden im Zuge einer neuen Arbeitsteilung ausgegliedert (Outsourcing) und zählen nun nicht mehr zum sekundären, sondern zum tertiären Wirtschaftssektor.

Zur Bewältigung des Strukturwandels kommen dem Staat zwei *widersprüchliche Aufgaben* zu: Zum einen soll er die Innovationskraft der inländischen Unternehmen stärken, damit Innovationen angesichts zunehmender Globalisierung der Märkte beschleunigt werden. Zum anderen soll er den Niedergang solcher Unternehmen sozial abfedern, die dem technischen Fortschritt zum Opfer fallen. Der österreichische Volkswirtschaftler Joseph Schumpeter bezeichnete den Innovationsprozess als einen *Prozess der schöpferischen Zerstörung*. Der Staat soll den Zerstörungsprozess beschleunigen und gleichzeitig so lange verzögern, bis alle auf den Innovationszug aufgesprungen sind.

Innovationsschübe in der Wirtschaft

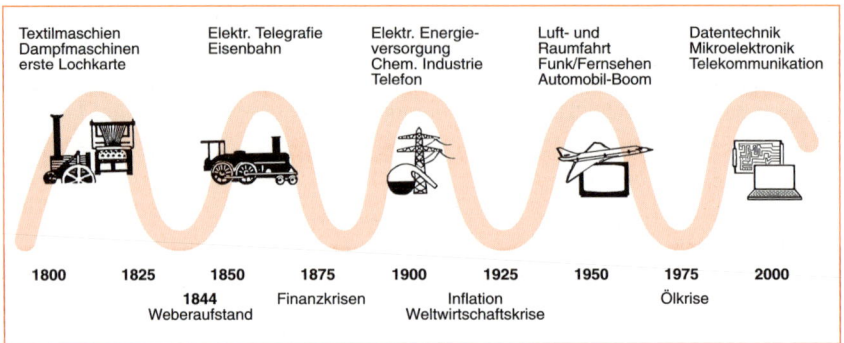

Textilmaschien Dampfmaschinen erste Lochkarte	Elektr. Telegrafie Eisenbahn	Elektr. Energieversorgung Chem. Industrie Telefon	Luft- und Raumfahrt Funk/Fernsehen Automobil-Boom	Datentechnik Mikroelektronik Telekommunikation

1800	1825	1850	1875	1900	1925	1950	1975	2000
		1844 Weberaufstand	Finanzkrisen		Inflation Weltwirtschaftskrise		Ölkrise	

Infrastrukturpolitik

4.2   Infrastrukturpolitik des Staates

4.2.1   Bedeutung der Infrastruktur

Infrastruktur

Der aus dem militärischen Sprachgebrauch übernommene Begriff *Infrastruktur* gehört seit den sechziger Jahren zum festen Bestand des wirtschaftspolitischen Vokabulars. Er bezeichnet die Gesamtheit der Anlagen und Einrichtungen, die als „Unterbau" der wirtschaftlichen Betätigung und des gesellschaftlichen Lebens benötigt werden. Sowohl die wirtschaftliche Entwicklung und Erschließung eines Landes als auch die Lebensqualität seiner Bevölkerung hängen nämlich davon ab, dass eine ausreichende Grundausstattung mit Straßen, Schulen, Versorgungsnetzen, Verwaltungseinrichtungen usw. vorhanden ist. Wo diese Basis fehlt oder nur mangelhaft ausgebildet ist, stoßen Produktion und Handel immer wieder auf Schwierigkeiten, bleiben die Bürger und Verbraucher in ihren Entfaltungsmöglichkeiten eingeschränkt und sind regionale Ungleichgewichte kaum zu überwinden.

Die Infrastruktur eines Landes besteht in der Regel aus Gütern, die einen kollektiven, öffentlichen Bedarf abdecken, einen hohen Kapitalaufwand erfordern, oft zu einem ganzen Netz oder System verkettet sind, eine lange Lebensdauer aufweisen und im Interesse der Allgemeinheit vom Staat finanziert oder unterstützt werden.

Teilbereiche der Infrastruktur

Teilbereiche der Infrastruktur

- **institutionelle Infrastruktur,** d. h. die Summe der in einer Gesellschaft geltenden Gesetze, Regeln und Verfahrensweisen als Rahmen der einzelwirtschaftlichen Produktion und Güterverwendung;
- **personelle Infrastruktur,** d. h. das Wissen und Können der Menschen, die zum Beispiel als Arbeitskräfte am Wirtschaftsprozess teilnehmen oder andere gesellschaftliche Aufgaben erfüllen;
- **materielle Infrastruktur,** die wiederum in die technische und die soziale Infrastruktur aufgeschlüsselt werden kann. Die **technische Infrastruktur** umfasst das Verkehrssystem (einschließlich der Verkehrswege, Umschlagplätze und Fahrzeuge), das Nachrichtenwesen, die Energie- und Wasserversorgung, die Entsorgung- und Umweltschutzeinrichtungen usw. In der öffentlichen Diskussion wird der Begriff Infrastruktur oft auf diesen technischen Aspekt verengt. Dabei ist eine entwickelte Gesellschaft auch auf eine leistungsfähige **soziale Infrastruktur** angewiesen. Dazu gehören zum Beispiel Kindergärten, Schulen und Hochschulen, Sportanlagen und Freizeitstätten, Krankenhäuser und Kultureinrichtungen.

Sollen neue Produktionsanlagen entstehen, so muss zuvor für Verkehrswege, allgemeine Kommunikationswege (z. B. Telefonnetz), Energie- und Wasserversorgung gesorgt werden. Zudem müssen ausgebildete und gesunde Arbeitskräfte vorhanden sein. Begleitend müssen Krankenhäuser, Schulen, Kindergärten und andere öffentliche soziale und kulturelle Einrichtungen gebaut werden.

Die Infrastruktur macht einen wesentlichen Teil der **Standortqualität** einer Region aus. Infrastrukturinvestitionen sind für das Überleben und das Wachstum einer Region von grundlegender Bedeutung und verhindern die Abwanderung (Binnen- und Auswanderung) ganzer Bevölkerungsgruppen (z. B. die Ost-West-Wanderung) und die Entstehung von unterentwickelten, verarmten Gebieten.

Standortqualität
➜ siehe S. 328 ff.

4.2.2 Regionale und sektorale Strukturpolitik

Strukturpolitik

Die Wirtschaftsstruktur der Bundesrepublik Deutschland ist nicht einheitlich. In einigen Regionen ist eine gesunde Mischung von Industrie, Handwerk, Handel und Landwirtschaft zu beobachten, in anderen Regionen herrschen Monostrukturen vor, die von einem historisch gewachsenen Wirtschaftszweig geprägt sind (z. B. Landwirtschaft in weiten Teilen Niedersachsens, Montanindustrie im Ruhrgebiet, Werftindustrie in den Küstenländern und Bremen). Wirtschaftliche Monostrukturen sind sehr krisenanfällig und in strukturschwachen Gebieten gibt es nicht genügend Arbeitsplätze für die dort wohnhafte Bevölkerung.

Die Verbesserung der regionalen Wirtschaftsstruktur und der Agrarstruktur ist eine Gemeinschaftsaufgabe des Bundes und der Länder, die nach Art. 91 a GG gemeinsam zur **Verbesserung der Lebensverhältnisse** beitragen sollen. Ebenso ist sicherzustellen, dass die unterschiedliche Finanzkraft (Steuereinnahmen) der Länder angemessen ausgeglichen wird, wobei auch die Finanzkraft und der Finanzbedarf der Gemeinden zu berücksichtigen sind (GG Art. 107, **Finanzausgleich**). Der Bund soll darüber hinaus aus seinen Mitteln leistungsschwachen Ländern Zuweisungen zur Deckung ihres Finanzbedarfs gewähren (Ergänzungszuweisungen).

➜ GG Art. 91a

Finanzausgleich
➜ GG Art. 107

Im Rahmen der Infrastrukturpolitik versucht der Staat, ungleiche wirtschaftliche Verhältnisse auszugleichen, indem er durch gezielte Subventionen und Investitionen strukturschwache Gebiete fördert (**regionale Strukturpolitik**), schwache, aber aus politischer Sicht notwendige Branchen erhält und den Strukturwandel in bestimmten Branchen unterstützt (**sektorale Strukturpolitik**). Regionale und sektorale Strukturpolitik sind eng miteinander verwoben. Denn zur nachhaltigen Behebung einer regionalen Strukturschwäche (zu wenig Arbeitsplätze) ist die Ansiedlung zukunftsfähiger Branchen notwendig. In einer freiheitlichen Rechtsordnung kann der Staat kein Unternehmen zwingen, sich in einem bestimmten Gebiet anzusiedeln. Er kann nur Anreize und Standortvorteile schaffen, um Investoren dorthin zu locken.

regionale Strukturpolitik

sektorale Strukturpolitik

Ansatzpunkte	Ziele und Bereiche
Wirtschaftssektoren	• **Industriepolitik** durch Förderung von Innovationen/Forschung und Entwicklung/aussichtsreichen Technologien und Einzelbranchen • **Mittelstandspolitik** durch Hilfen für kleine und mittlere Unternehmen (KMU), z. B. Hilfen bei der Eigenkapitalbeschaffung und Existenzgründungen

staatliche Strukturpolitik, Ansatzpunkte und Ziele

Ansatzpunkte	Ziele und Bereiche
Regionen	• **Regionalförderung** der Randzonen, strukturschwachen/mono-strukturierten Gebiete durch Hilfen bei der Unternehmensansiedlung, durch Struktur-, Wohnungsbau- und Umweltschutzmaßnahmen
Ordnungs-rahmen	• Verbesserung der Rahmendaten durch **Sicherung der Ressourcen** (Investitionsförderung, Stärken der Wettbewerbsfähigkeit und der Kapitalmärkte; Aufbau einer effizienten öffentlichen Verwaltung, Schaffung von Rechts- und Investitionssicherheit) • **Sozialpolitik:** Arbeitsmarkt-, Bildungsmaßnahmen, Verbesserung des Sozialsystems, der Einkommensverteilung und Eigentumsbildung

Instrumente staatlicher Strukturpolitik

Einnahmen-politik	Begünstigungen bei den Steuern, Abgaben Stundung, Streckung bei Darlehensrückzahlung und Zinszahlung Erleichterungen bei den Abschreibungen
Ausgaben-politik	Gewährung von Finanzhilfen (Subventionen) Vergabe/Aufstockung öffentlicher Aufträge
Minderung des staat-lichen Ein-flusses	Privatisierung staatlicher Beteiligungen und Unternehmen (z.B. Lufthansa, Telekom) Vereinfachung und Verbesserung der Rahmendaten im rechtlichen, sozialen, politischen und wirtschaftlichen Bereich (Deregulierung) Steigerung der Effizienz staatlicher Organe

Instrumente der Strukturpolitik

Als unmittelbare Folge der **Globalisierung** treten nicht mehr allein die Waren und Dienstleistungen zueinander in Wettbewerb, sondern zunehmend auch die standortgebundenen Produktionsfaktoren – vor allem Arbeit – und die gesamtwirtschaftlichen Rahmenbedingungen (z.B. Sozialstandards). In den Industrieländern wächst daher die Befürchtung, dass Investitionen zunehmend in so genannten *Billiglohnländern* getätigt werden, wodurch Löhne und Lebensstandard in den Industrieländern unter Druck geraten.

4.2.3 Strukturpolitik der Europäischen Union

Strukturpolitik der EU

Zwischen den Regionen der Europäischen Union besteht ein erhebliches Entwicklungs- und Wohlstandsgefälle. So ist das Pro-Kopf-Einkommen in den reichsten Gebieten etwa sechsmal so hoch wie in den wirtschaftlich schwächsten Regionen und auch die Beschäftigungschancen sind sehr ungleich verteilt. Diese Unterschiede abzubauen und den **wirtschaftlichen und sozialen Zusammenhalt** (Kohäsion) zu stärken ist eine der vordringlichsten Aufgaben der Europäischen Union.

Strukturfonds

Kohäsion = Zusammenhalt eines Körpers

Die **Strukturfonds** der EU wirken auf verschiedenen Aufgabenfeldern an der Überwindung der regionalen und strukturellen Ungleichgewichte mit. So stellt der Europäische **Fonds für regionale Entwicklung** hauptsächlich Mittel für die Verbesserung der Infrastruktur zur Verfügung, also z.B. für den Ausbau des Straßennetzes oder der Wasser- und Energieversorgung. Der **Europäische Sozialfonds** unterstützt Maßnahmen zur beruflichen Bildung, zur Umschulung von Arbeitnehmern, zur Wiedereingliederung von Behinderten oder zur Erstbeschäftigung von Jugendlichen. Und der **Agrarstrukturfonds** fördert Verbesserungen in der Produktion und Vermarktung landwirtschaftlicher Erzeugnisse.

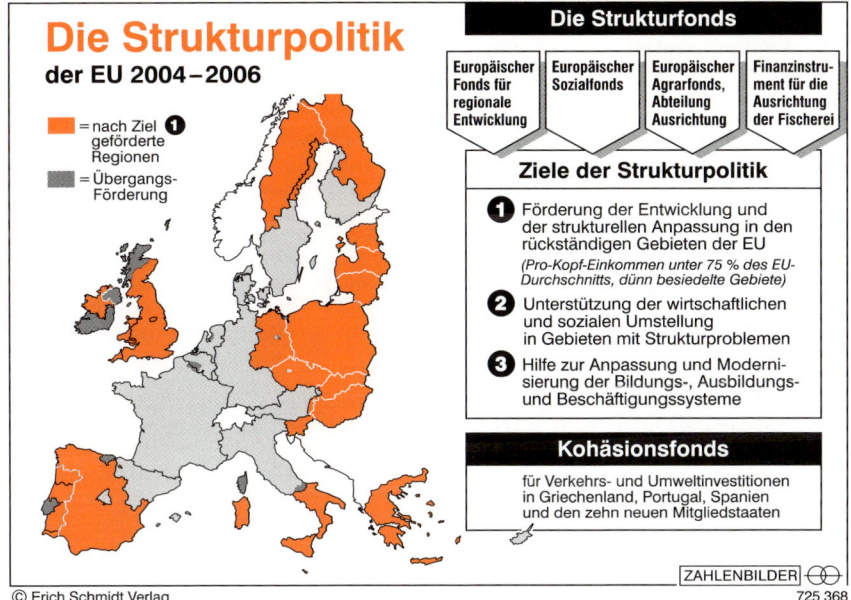

Die Strukturpolitik
der EU 2004–2006

■ = nach Ziel ❶
geförderte
Regionen

■ = Übergangs-
Förderung

Die Strukturfonds

| Europäischer Fonds für regionale Entwicklung | Europäischer Sozialfonds | Europäischer Agrarfonds, Abteilung Ausrichtung | Finanzinstrument für die Ausrichtung der Fischerei |

Ziele der Strukturpolitik

❶ Förderung der Entwicklung und der strukturellen Anpassung in den rückständigen Gebieten der EU
(Pro-Kopf-Einkommen unter 75 % des EU-Durchschnitts, dünn besiedelte Gebiete)

❷ Unterstützung der wirtschaftlichen und sozialen Umstellung in Gebieten mit Strukturproblemen

❸ Hilfe zur Anpassung und Modernisierung der Bildungs-, Ausbildungs- und Beschäftigungssysteme

Kohäsionsfonds

für Verkehrs- und Umweltinvestitionen in Griechenland, Portugal, Spanien und den zehn neuen Mitgliedstaaten

ZAHLENBILDER

© Erich Schmidt Verlag

725 368

4.2.4 Probleme staatlicher Subventionen – Fass ohne Boden

Die Gegner der Strukturpolitik argumentieren, dass damit der Marktmechanismus außer Kraft gesetzt werde. Man solle Standort- und Strukturfragen dem freien Spiel der Marktkräfte überlassen.

staatliche Subventionen

Nach den **Subventionsgrundsätzen** von Bund und Ländern sollen Subventionen zeitlich befristet, degressiv gestaltet und subsidiär (als „Hilfe zur Selbsthilfe") gewährt werden.

Subventionsgrundsätze

MERKE

Subventionen = Finanzhilfen und Steuervergünstigungen an Unternehmen, die von der öffentlichen Hand ohne wirtschaftliche Gegenleistung gewährt werden, um beim Empfänger bestimmte Verhaltensweisen zu bewirken.

Subventionen

Anpassungssubventionen sind mit einer Anschubfinanzierung vergleichbar, da sie dem Empfänger helfen, strukturelle Probleme aus eigener Kraft zu überwinden. Indem sie die Umstellung auf zukunftsfähige Produktionsverfahren und Produkte fördern, federn sie wirtschaftliche und soziale Folgen des Strukturwandels ab. Strukturanpassungshilfen sind vor allem dann gefordert, wenn sich die internationalen Rahmenbedingungen abrupt ändern (z. B. wettbewerbsverzerrende Subventionierungen im Ausland, Energieverteuerung) und daraus soziale Härten entstehen würden.

Anpassungssubventionen

Völlig anders liegt der Sachverhalt bei den **Erhaltungssubventionen.** Sie sind weder an Strukturveränderungen gekoppelt noch ist ihre Gewährung zeitlich befristet. Sie werden aus verteilungspolitischen und versorgungssichernden Gründen an strukturschwache, d. h. nicht mehr wettbewerbsfähige Branchen (z. B. Landwirtschaft, Kohlebergbau) vergeben. Sie tragen zur Konservierung veralteter Produktionsweisen bei und verhindern deren Anpassung an veränderte Bedingungen.

Erhaltungssubventionen

Auch die umgekehrte Zielsetzung staatlicher Strukturpolitik, die Beschleunigung des technischen Fortschritts durch **aktive Industriepolitik**, ist äußerst zweifelhaft. Es setzt einen Staat voraus, der alles besser weiß als die Unternehmer, die für Fehlentscheidungen mit ihrem eigenen Kapital einstehen müssen.

aktive Industriepolitik

Probleme durch Subventionen		
Subventionen verzerren den Leistungswettbewerb	• die Auslesefunktion des Marktes wird verhindert • subventionierte Unternehmen mindern die Wettbewerbschancen der noch rentabel arbeitenden Unternehmen	
Subventionen bremsen das Wirtschaftswachstum	• die Ressourcen zur Lebensverlängerung maroder Unternehmen fehlen für den Aufbau neuer, zukunftsträchtiger Industrien	
Subventionen fördern Mitnahmeeffekte	• die staatliche Förderung von „Zukunftsindustrien" kommt auch jenen zugute, die in diesen Bereichen auch ohne öffentliche Hilfen investiert hätten • ganze Branchen gewöhnen sich an staatliche Hilfen und werden zu permanenten „Kostgängern" des Staates	
Subventionen hemmen den Anpassungs- und Innovationsdruck	• unrentable Unternehmen können im Krisenfall mit staatlicher Hilfe rechnen und sind dadurch nicht mehr gezwungen, sich aus eigener Kraft den Herausforderungen des Wettbewerbs zu stellen (die Krise wird dadurch konserviert, aber nicht beseitigt)	
Subventionen verlagern das unternehmerische Risiko auf die Allgemeinheit	• in Schönwetterzeiten streichen die Unternehmen die Gewinne alleine ein, in Verlustzeiten erwarten sie staatliche Hilfen („Privatisierung der Gewinne, Sozialisierung der Verluste")	

4.3 Standortpolitik und Standortfaktoren

Standort

Standortfaktoren

Der **Standort** eines Unternehmens ist der Ort seiner Niederlassung, also seine geografische Lage. Unterhält eine Unternehmung gleichzeitig mehrere Niederlassungen (z. B. Zweigbetriebe), dann liegt eine *Standortspaltung* vor. **Standortfaktoren** sind Einflussgrößen, die mit den Unternehmenszielen vereinbar und daher für die Standortentscheidung bedeutsam sind.

4.3.1 Aufgaben und Ziele der staatlichen Standortpolitik

Die Standortpolitik gehört zum maßgeblichen Aufgabenbereich der unteren Verwaltungsebenen der Bundesländer (Regierungsbezirke, Landkreise, Gemeinden). Alle Gemeinden bemühen sich durch Werbe- und Wirtschaftsförderungsmaßnahmen Betriebe anzulocken. Mit neuen Betrieben erhoffen sie sich zusätzliche Arbeitsplätze, größere Attraktivität aufgrund des Images bekannter Firmen, ein höheres Steueraufkommen, steigende Lebensqualität (z. B. Vereine, öffentliches Schwimmbad, Gemeindehalle) und Landeszuschüsse und damit die Lösung zahlreicher Zukunftsprobleme.

Raumordnungsverfahren

Mithilfe der Raumordnungs- und Strukturpolitik versucht der Staat ungleiche regionale wirtschaftliche Verhältnisse auszugleichen, indem er die Standortqualität in strukturschwachen Gebieten durch gezielte Fördermaßnahmen und Investitionen verbessert und Ballungsgebiete entflechtet. In einem **Raumordnungsverfahren** werden zum Beispiel die Auswirkungen einer Betriebsansiedlung auf die bestehenden Versorgungsstrukturen, den Verkehr und die Umwelt (z. B. Emissionen und Immissionen, Landschaftsverbrauch) geprüft und beurteilt. Das Ergebnis ist in einem anschließenden Baugenehmigungsverfahren zu berücksichtigen. Durch städtebauliche Verträge kann das Ergebnis verbindlich festgeschrieben werden. Befindet sich ein Ansiedlungsvorhaben in einem Gewerbe- oder Industriegebiet, dann sind die bau- und umweltrechtlichen Bestimmungen kein Problem.

Als Folge der vertikalen Aufgabenteilung zwischen Bund, Ländern und Gemeinden ergibt sich eine Vielzahl von nicht bundeseinheitlichen gewerbe- und bau-, raumordnungs- und umweltrechtlichen Genehmigungsverfahren und Auflagen.

4.3.2 Standortförderungsmaßnahmen des Staates

Standort-
förderung

Ausreichende und durch eine Wirtschaftsentwicklungsplanung gesicherte Gewerbeflächen gelten heute als wichtigster Standortfaktor, weil insbesondere in Ballungsgebieten kaum neue Gewerbeflächen verfügbar sind. Raumordnungspolitik und Umweltschutz stehen berechtigterweise oft einer Ansiedlung von Gewerbe entgegen.

Standort-faktoren	Aktionsfelder der Wirtschaftsförderung
Rahmen- und Markt-bedingungen	Werden bestimmt durch ● natürliche Gegebenheiten ● Verfassung ● Wirtschaftsordnung ● Marktkräfte ● Politik
Abgaben und Fördermittel	Gewerbesteuer; kommunale Tarife / Preise / Gebühren; Kredite; Bürgschaften
Verfügbarkeit/ Kosten von Ressourcen	Gewerbeflächen, wirtschaftsnahe Infrastruktur (Verkehr, Telekommunikation, berufliche Bildung, Forschungseinrichtungen, Technologieparks) und Dienstleistungen
Sozio-kulturelle Faktoren	Kultur-, Bildungs-, Sport- und Freizeiteinrichtungen, haushalts-nahe Infrastruktur (Einkaufszentren, ärztliche Versorgung, Kindergärten), Landschaftspflege, Städtebau, Schulen, Verbesserung der Umwelt- und Lebensbedingungen
Institutionen und Kooperation	Kooperationsbereitschaft, Effizienz und Schnelligkeit; Vereinfachung von Verwaltungsverfahren(insb. Bau- und Bauleitplanung); keine Überbewertung ökologischer Ziele; Abbau interner Flexibilitätsbarrieren; Verringerung der Regelungsdichte; Ausbau und Pflege von Kontakten zu Wissenschaft und regionalen Bildungseinrichtungen
Wirtschafts-klima	Positive Einstellung zur Wirtschaft fördern; Technik- und Industrieakzeptanz erhöhen; Image verbessern; Wirtschaftsförderung als „unternehmerische" Aufgabe begreifen, d.h. Umfeld für Informations-, Beratungs-, Akquisitions- und Serviceleistungen schaffen; also: Standort-Marketing-Strategie entwickeln

4.3.3 Standortentscheidung der Unternehmung

Standort-
entscheidung

Die Entscheidung für einen bestimmten Standort ist besonders wichtig, weil eine Fehlentscheidung kurzfristig überhaupt nicht oder nur mit sehr hohem Aufwand rückgängig gemacht werden kann. Zu beachten ist, dass sich das Problem der Standortwahl nicht nur bei der Gründung einer Unternehmung stellt, sondern im Laufe der Unternehmensentwicklung immer wieder auftreten kann, wenn der bestehende Standort nicht mehr als optimal erachtet wird oder im Zuge des Unternehmenswachstums über eine optimale Standortverteilung bzw. Standortstrategie nachgedacht werden muss.

■ Standortfaktoren – quantitative und qualitative Faktoren

gebundener
Standort

Natürliche bzw. **gebundene Standorte**, wie Nähe zu Rohstoffvorkommen, Energiequellen (v. a. Wasserkraft), naturgegebenen Transportwegen (Flüsse) usw. spielen nur noch eine untergeordnete Rolle, wenn über den Standort entschieden wird. Gebundene Standorte findet man heute fast nur noch bei Urproduktionsbetrieben (Landwirtschaft, Weinbau, Bergbau, Kieswerk, Ziegelei usw.). Dienstleistungs- und Handelsbetriebe sowie die meisten Industrie- und Handwerksbetriebe können

freier Standort

über ihren Standort frei entscheiden (**freier Standort**). Dominiert im Rahmen der Standortentscheidung ein Standortfaktor, dann wird von einer rohstoff-, energie-, arbeits- oder nachfrageorientierten Standortwahl gesprochen.

Bei der Standortentscheidung müssen neben politischen und wirtschaftlichen Gesichtspunkten die Erwartungen und Einstellungen der Kunden und Mitarbeiter beachtet werden. Standortuntersuchungen ergaben, dass die Lebensqualität (Unterhaltungs-, Freizeit-, Kulturangebot, Umweltqualität) in der Werteskala der Mitarbeiter ganz oben steht. Während der Beitrag der **quantitativen Standortfaktoren** zur Zielerreichung in Geld gemessen werden kann, lässt sich der Einfluss der **qualitativen Standortfaktoren** auf den Unternehmenserfolg nur indirekt messen.

Quantitative und qualitative Standortfaktoren

quantitative und
qualitative Stand-
ortfaktoren

quantitative Faktoren	Transportkosten, Grundstückspreise, Personalkosten, Beschaffungskosten für Materialien, Finanzierungskosten, Förderungsmaßnahmen der öffentlichen Hand, Grund- und Gewerbesteuer (Hebesätze), Gewinnsteuern (international), regionaler Produktbedarf, regionale Differenzierung der Absatzpreise, Energiepreise, regionale Kaufkraft, Entsorgungskosten
qualitative Faktoren	● Grundstück (Lage, Form, Bodenbeschaffenheit, Bebauungsvorschriften, Umgebungseinflüsse, Ausdehnungsmöglichkeiten) ● Infrastruktur (Verkehrsnetze, Transportgewerbe, Beratungsdienste, Kunden- und Lieferantenkontakte, Vorkommen und Bezugsmöglichkeiten von Rohstoffen und Energie, Kreditinstitute) ● Personalverfügbarkeit (Bevölkerungsstruktur und -ausbildung, Arbeitskräftereserven, Konkurrenz auf dem Arbeitsmarkt) ● Soziale und politische Faktoren (Wirtschafts- und Rechtsordnung, Regierungssystem, innere Ordnung, soziales Klima) ● Lebensqualität am Ort (Schulen, Krankenhäuser, Geschäfte, Theater, Freizeiteinrichtungen, Bebauung, Komfortniveau, Umgebung, Klima) ● Umwelteinflüsse (Klima) und Umweltbelastungsmöglichkeiten (Abfall, Abwasser, Abluft)

■ Standortentscheidung mittels Entscheidungsbewertungstabelle

Scoringverfahren

Bei der Standortentscheidung mittels Entscheidungsbewertungstabelle (**Scoringverfahren**) können auch qualitative Standortfaktoren einfließen.

Ein wesentlicher Vorteil des Scoringverfahrens ist, dass der Entscheidungsprozess durch die Gewichtungs- und Bewertungsziffern nachvollziehbar und transparent wird und durch das schrittweise Vorgehen unterstützt wird. Problematisch ist die subjektive Vorauswahl der Standorte und -faktoren, die subjektive Gewichtung der Standortfaktoren und die subjektive Bewertung der Standorte.

Vorgehensweise beim Scoringverfahren

1. Standortalternativen und Standortfaktoren auswählen
2. Vergleichstabelle mit den Ausprägungen der Standortfaktoren erstellen
3. Standortfaktoren nach ihrer Bedeutung gewichten (z. B. Gewichtungsziffern)
4. Standorte bezüglich der Standortfaktoren bewerten (z. B. Bewertungsziffern)
5. Punktwerte (Scoringwerte) berechnen (Gewichtungsziffer · Bewertungsziffer)
6. Punktwerte der einzelnen Standorte addieren
7. Standort mit der höchsten Punktsumme auswählen

FALLBEISPIEL

Vergleichstabelle mit Standorten und Ausprägungen der Standortfaktoren

Standortfaktoren	Standort X	Standort Y	Standort Z
Grundstückskosten	5,00 EUR/m^2	15,00 EUR/m^2	40,00 EUR/m^2
Konkurrenzsituation	ungünstig	günstig	ungünstig
Arbeitskräfteangebot	Fachkräfte	kaum Fachkräfte	keine Fachkräfte
Fördermittel	sehr gut	schlecht	gut
Verkehrsanbindung	gut	seht gut	befriedigend
Gewerbesteuer-Hebesatz	400 %	250 %	300 %
Kundennähe	schlecht	sehr gut	ausreichend

Gewichtungs- und Bewertungsziffern

Gewichtsziffern	G	Bewertungsziffern	B
äußerst wichtig	5	sehr gut	3
sehr wichtig	4	gut	2
wichtig	3	befriedigend	1
mäßig wichtig	2	unbefriedigend	0
unwichtig	1		

Entscheidungsbewertungstabelle (Scoring-Modell)

Standortalternativen		Standort X		Standort Y		Standort Z	
Standortfaktoren	G	B	G x B	B	G x B	B	G x B
Grundstückskosten	4	3	12	2	8	0	0
Konkurrenzsituation	2	1	2	2	4	1	2
Arbeitskräfteangebot	3	3	9	1	3	0	0
Fördermittel	4	3	12	0	0	2	8
Verkehrsanbindung	4	2	8	3	12	1	4
Steuerbelastung	2	0	0	3	6	1	2
Kundennähe	5	0	0	3	15	1	5
Summe			43		48		21

Ergebnis: Die Entscheidung fällt zugunsten des Standortes Y.

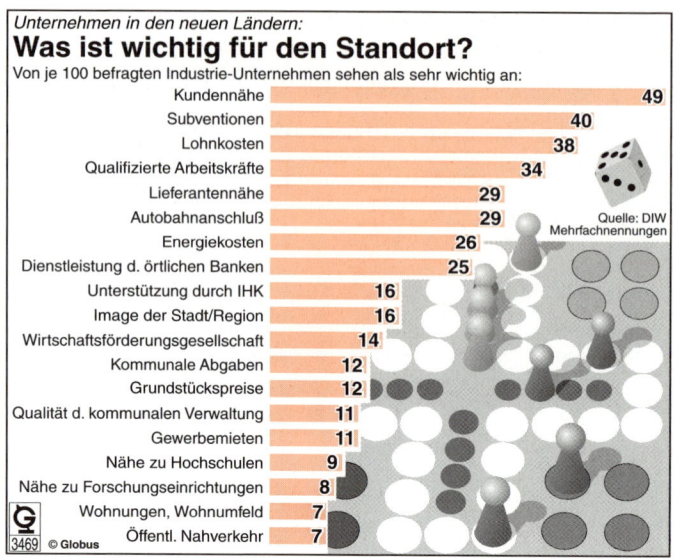

Unternehmen in den neuen Ländern:
Was ist wichtig für den Standort?
Von je 100 befragten Industrie-Unternehmen sehen als sehr wichtig an:

Kundennähe	49
Subventionen	40
Lohnkosten	38
Qualifizierte Arbeitskräfte	34
Lieferantennähe	29
Autobahnanschluß	29
Energiekosten	26
Dienstleistung d. örtlichen Banken	25
Unterstützung durch IHK	16
Image der Stadt/Region	16
Wirtschaftsförderungsgesellschaft	14
Kommunale Abgaben	12
Grundstückspreise	12
Qualität d. kommunalen Verwaltung	11
Gewerbemieten	11
Nähe zu Hochschulen	9
Nähe zu Forschungseinrichtungen	8
Wohnungen, Wohnumfeld	7
Öffentl. Nahverkehr	7

Quelle: DIW
Mehrfachnennungen

3469 © Globus

4.3.4 Regionale Standortstärken und -schwächen

Eine Unternehmensbefragung des Deutschen Industrie- und Handelskammertags (DIHK) zur Standortattraktivität in den 82 Industrie- und Handelskammerbezirken im Frühjahr 2002 kam zu folgenden Ergebnissen:

Dringlichste Maßnahmen zur Verbesserung der Attraktivität des Standorts Deutschland

Wirtschafts-sektor	Sozial-beiträge und Steuern senken/ver-einfachen	Arbeits-und Tarifrecht flexibilisie-ren	Bildungs-system moder-nisieren	moderate Lohn-politik	Angebot an Fach-kräften verbessern	Zugang zu Finan-zierungs-mitteln verbessern
		in % *) Mehrfachnennungen möglich				
Industrie	80,6	68,5	38,9	52,0	31,9	21,1
Baugewerbe	82,9	67,5	34,6	40,5	19,0	28,6
Handel	85,3	59,0	45,9	40,4	27,1	23,6
Dienst-leistungen	81,0	55,1	47,9	31,7	30,8	24,9
Insgesamt	82,1	61,9	43,3	42,0	29,7	23,5

© DIHK

In Deutschland erhält der IHK-Bezirk Frankfurt a.M. von seinen Unternehmen die beste Bewertung als Unternehmensstandort. Aber selbst dieser Primus unter den Standorten ist mit einer Durchschnittsnote von 2,43 kein „Einserkandidat".

Bei der Veränderung der Standortbedingungen während der letzten drei Jahre schneidet der Bezirk der HK Bremen im Urteil seiner Unternehmen am besten ab. Die Einschätzungen der Unternehmen zu dieser Frage machen deutlich, dass im Wettbewerb unter den Standorten in Deutschland Standortbedingungen gestaltbar sind.

Bewertung der regionalen Rahmenbedingungen – Ranking der IHK-Bezirke

Rang	IHK-Bezirk	Note	Rang	IHK-Bezirk	Note
1	Frankfurt/Main	2,43	36/37	Ludwigshafen	3,01
2	Offenbach	2,55	36/37	Weingarten	3,01
3/4	Aschaffenburg	2,62	38/39	Essen	3,02
3/4	Fulda	2,62	38/39	Leipzig	3,02
5/6	Hamburg	2,65	40	Saarbrücken	3,03
5/6	Köln	2,65	41	Bochum	3,04
7	Stuttgart	2,67	42	Lüneburg	3,05
8	München	2,68	43	Braunschweig	3,06
9	Limburg	2,69	44/45/46/47/48	Erfurt	3,08
10	Wiesbaden	2,70			
11	Osnabrück	2,73	44/45/46/47/48	Koblenz	3,08
12	Mannheim – Heidelberg	2,76	44/45/46/47/48	Lübeck	3,08
13/14/15	Darmstadt	2,77	44/45/46/47/48	Siegen	3,08
13/14/15	Karlsruhe	2,77			
13/14/15	Regensburg	2,77	44/45/46/47/48	Dillenburg/Wetzlar	3,08
16	Freiburg-Lahr	2,78			
17/18/19	Heilbronn	2,79	49	Giessen	3,09
17/18/19	Ulm	2,79	50/51/52	Augsburg	3,10
17/18/19	Villingen-Schwenningen	2,79	50/51/52	Emden	3,10
			50/51/52	Hannover	3,10
20/21	Bremen	2,80	53	Münster	3,11
20/21	Mainz	2,80	54	Hagen	3,14
22	Reutlingen	2,82	55	Coburg	3,17
23/24	Dortmund	2,83	56/57	Gera	3,18
23/24	Hanau	2,83	56/57	Trier	3,18
25	Oldenburg	2,86	58	Kassel	3,19
26/27	Pforzheim	2,90	59	Berlin	3,21
26/27	Würzburg	2,90	60	Stade	3,25
28/29/30/31	Bonn	2,92	61	Chemnitz – Plauen – Zwickau	3,29
28/29/30/31	Kiel	2,92	62	Bayreuth	3,30
28/29/30/31	Passau	2,92	63	Dresden	3,31
28/29/30/31	Rostock	2,92	64	Schwerin	3,32
32	Duisburg	2,93	65	Potsdam	3,45
33	Heidenheim	2,97	66	Magdeburg	3,46
34/35	Detmold	2,99	67	Frankfurt/Oder	3,48
34/35	Konstanz – Schopfheim	2,99	68	Suhl	3,48
			69	Cottbus	3,59

Standortstärken und -schwächen in den Regionen

Norden: Rückstand bei Technologietransfer/Hochschulkooperation

Im Norden erhalten die Standortfaktoren „kommunale Steuern, Gebühren und Abgaben" mit einer ausreichenden Note die schlechteste Bewertung. Die Unternehmen erteilen diesem Faktor nur die Note 3,8. An zweitletzter Stelle liegt die Leistungsfähigkeit der kommunalen Behörden, die ebenfalls keine befriedigende Note von den Unternehmen erhält.

Die Verfügbarkeit von Gewerbeflächen ist im Norden im Urteil der Unternehmen ebenso nur befriedigend wie die Standortfaktoren Technologietransfer und Hochschulkooperation. Die Verkehrsinfrastruktur wird im Norden nur wenig besser benotet. Hier gibt es aus Sicht der Unternehmen einen Nachholbedarf. Die Unternehmen fordern mehr Investitionen in die Verkehrsinfrastruktur, damit sie die Erwartungen ihrer Kunden und gewerblichen Abnehmer an Schnelligkeit und Termintreue beim Transport erfüllen können.

Süden: Qualität regionaler Bildungseinrichtungen Hauptstärke!

Die kommunalen Steuern, Gebühren und Abgaben werden von den Unternehmen im Süden mit einer „4 plus" bewertet und sind damit der schlechteste Standortfaktor. Es folgt die Leistungsfähigkeit der kommunalen Behörden mit einer nicht befriedigenden Bewertung. Befriedigend lautet das Urteil der Unernehmen bei der Verfügbarkeit bzw. den Kosten der Gewerbeflächen. Nicht viel besser fällt das Urteil bei der Verkehrsinfrastruktur aus. Auch der Standortfaktor Technologietransfer/Hochschulkooperation wird im Notenvergleich noch nicht als gut eingestuft.

Eine ausgesprochen gute Bewertung erteilen die Unternehmen im Süden der Nähe zu den Kunden, Partnern und Lieferanten. Die beste Note erhält jedoch der Standortfaktor „Qualität der regionalen Bildungseinrichtungen". Diese Einschätzung durch die Unternehmen bestätigt die allgemein hohe Meinung über das Bildungssystem im Süden.

Osten: Verfügbarkeit/Kosten von Gewerbeflächen Standortstärke!

Auch im Osten stellen die Standortfaktoren „Kommunale Steuern, Gebühren und Abgaben" ein zentrales Problem dar.

Ebenfalls schlecht fällt die Beurteilung der Leistungsfähigkeit der kommunalen Behörden aus. Anders als in den anderen Regionen Deutschlands liegt im Urteil der Unternehmen Ostdeutschlands das Thema Gewerbeflächen quasi gleichauf mit der Bewertung der Verkehrsinfrastruktur sowie der Qualität der Bildungseinrichtungen. Diese Einschätzung ist ein Hinweis auf die zumeist expansive Flächenpolitik während der Neunziger Jahre.

Erst mit deutlichem Abstand folgen der Technologietransfer bzw. die Hochschulkooperation. Im Vergleich zu den anderen großen Wirtschaftsregionen Deutschlands besteht hier im Osten ein besonderer Nachholbedarf.

Mit dem Standortfaktor „Nähe zu Lieferanten, Kunden und Partnern" zeigen sich die Unternehmen im Osten weniger zufrieden. Grund dafür ist der immer noch zu geringe Unternehmensbesatz und die im Allgemeinen geringere Kaufkraft.

Westen: Verfügbarkeit/Kosten von Gewerbeflächen problematisch

Die schlechteste Bewertung erhält auch im Westen der Standortfaktor „kommunale Steuern, Gebühren und Abgaben". Wenig besser fällt das Urteil der Unternehmen über die Leistungsfähigkeit der kommunalen Behörden aus. Problematisch sind auch die Verfügbarkeit und die Kosten von Gewerbeflächen, die nicht befriedigend benotet werden. Anscheinend bemühen sich die Kommunen im Westen nicht ausreichend um Gewerbeflächen für ihre ansässigen Unternehmen. Sicher muss man hier dem Umstand Rechnung tragen, dass der Westen insgesamt stark besiedelt ist. Insofern treffen verschiedene Interessen aufeinander – wie z.B. Lärm- und Umweltschutz auf den Wunsch nach Gewerbeflächen.

Die Standortfaktoren „Technologietransfer und Hochschulkooperation" werden im Westen befriedigend benotet. Ein wenig besser fällt die Benotung der regionalen Bildungseinrichtungen aus. Als ausgesprochene Standortstärke ist im Westen die Verkehrsinfrastruktur zu nennen, die in der Rangfolge der Standortfaktoren an zweiter Stelle liegt. Standortfaktor „Nummer 1" ist die Nähe zu Lieferanten, Kunden und Partnern.

Lernfeld 10 Absatzprozesse planen, steuern und kontrollieren

STRUKTURÜBERSICHT

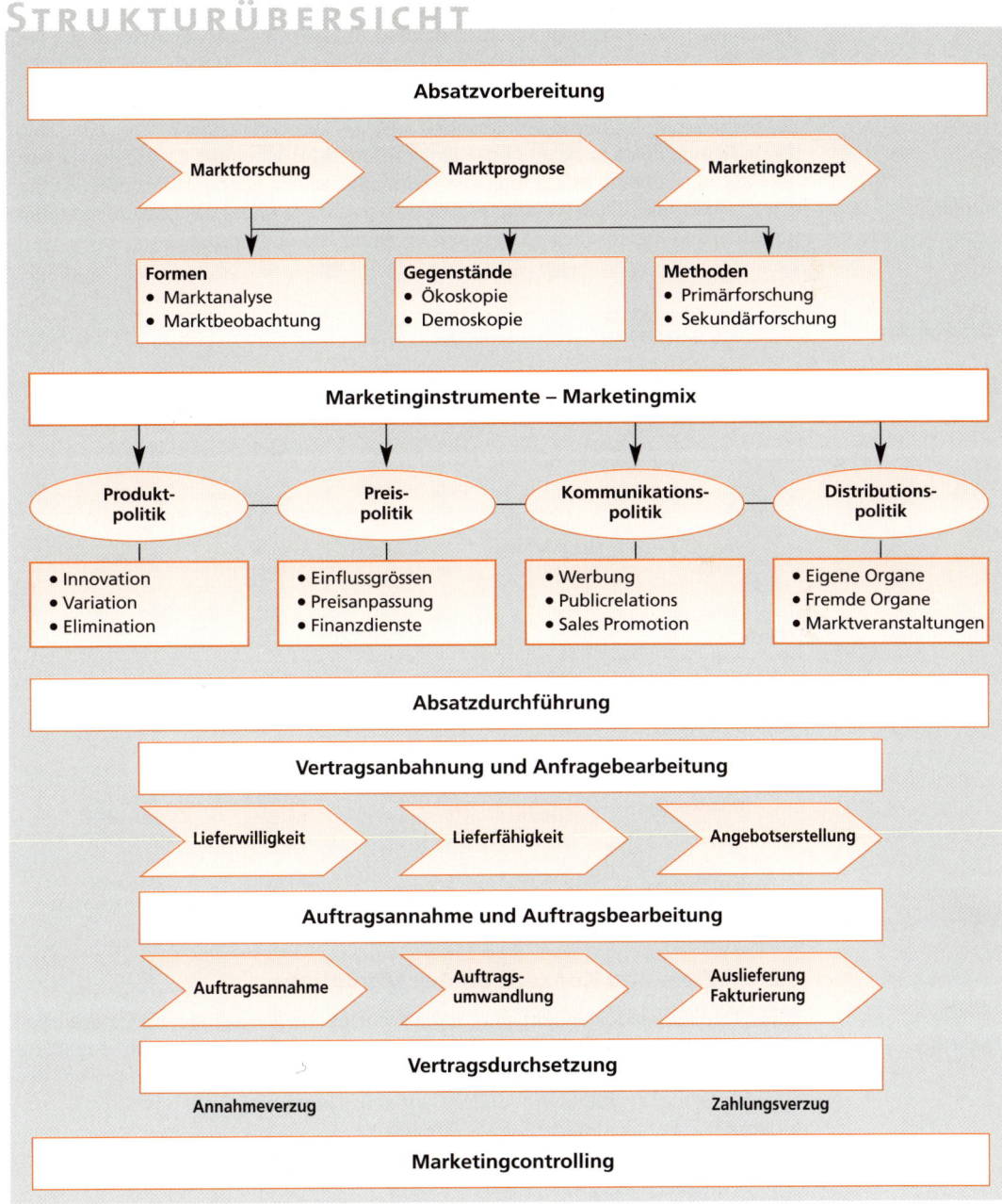

1   Absatzvorbereitung – Absatzmarketing

1.1   Marketing als Führungsprozess

Marketing

Marketing umfasst im weitesten Sinne alle Teilprozesse (Beschaffungs-, PPS- und Absatzprozesse) einer marktorientierten Unternehmung. Damit kann **Marketing** als Führungsprozess verstanden werden, der alle betrieblichen Kernprozesse auf die gegenwärtigen und zukünftigen Erfordernisse des Marktes ausrichtet. Die strategische Ausrichtung der Unternehmung und alle betriebsinternen und -externen Beziehungen und Wertschöpfungsprozesse mit Kunden (Absatzmarketing) und Lieferanten (Beschaffungsmarketing) werden durch das Denken vom Markt her (Marktorientierung) bestimmt.

Die folgenden Ausführungen beziehen sich auf das Absatzmarketing. Hier steht das Verhalten des Kunden und der Konkurrenz im Blickpunkt. In der Praxis wird die Führungsaufgabe Marketing strikt getrennt von den eher ausführenden Aufgaben des Vertriebs. Dem **Vertrieb** (bzw. Absatz und Service)) werden alle akquisitorischen und logistischen Tätigkeiten im Kundenkontakt zuordnet.

Vertrieb

Marketing und Aktivitäten des Vertriebs im Prozessnetzwerk der Unternehmung

Führungsprozesse

Kernprozesse

Serviceprozesse

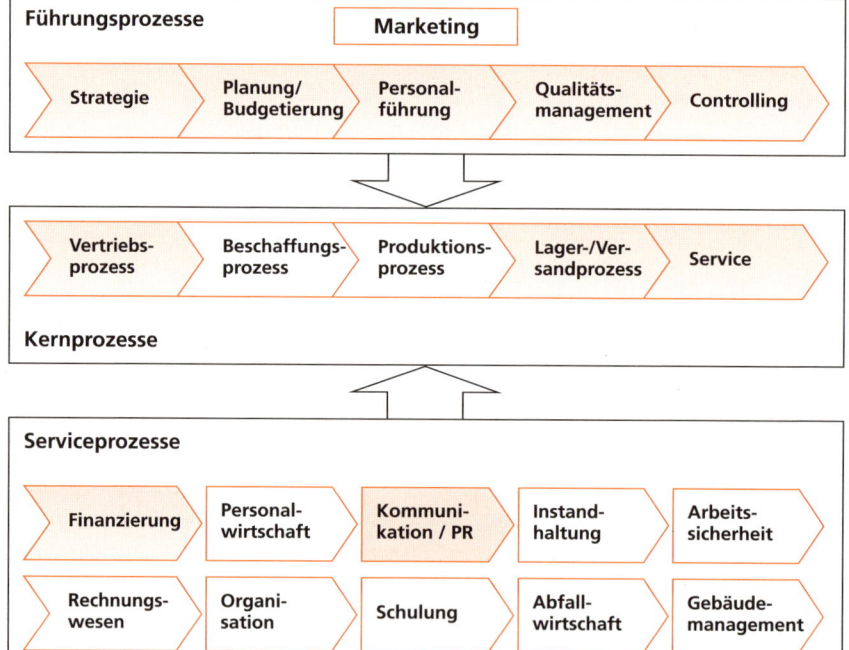

1.2   Ziele und Konzeption des Marketings

Marketing

Alles Denken und Handeln, das darauf abzielt, gegenwärtige und zukünftige Märkte zu beeinflussen, wird unter dem Begriff **Marketing** zusammengefasst. Dabei beschränkt sich das marktorientierte Denken und Handeln nicht nur auf den eigentlichen Absatzbereich, sondern auf alle Unternehmensbereiche (z. B. Beschaffungs-, Personalmarketing).

Die Erarbeitung einer **Marketingkonzeption** setzt grundlegende Entscheidungen auf drei Planungsebenen voraus:

- Festlegung der Marketingziele
- Formulierung der Marketingstrategien
- Planung der absatzpolitischen Maßnahmen.

1.2.1 Marketingziele

Marketingziele müssen wie alle Ziele nach Inhalt, Ausmaß und Zeitbezug formuliert sein (Operationalisierung), denn nur dann sind sie überprüfbar. **Marketingziele** beschreiben festgelegte Endzustände, die durch den Einsatz absatzpolitischer Maßnahmen (Instrumente) erreicht werden sollen. Sie orientieren sich an den obersten Unternehmenszielen, am Unternehmensleitbild und bauen auf der Marktprognose auf.

Marketingziele

BEISPIEL
Marketing-Zielsystem

Marketing-Zielsystem

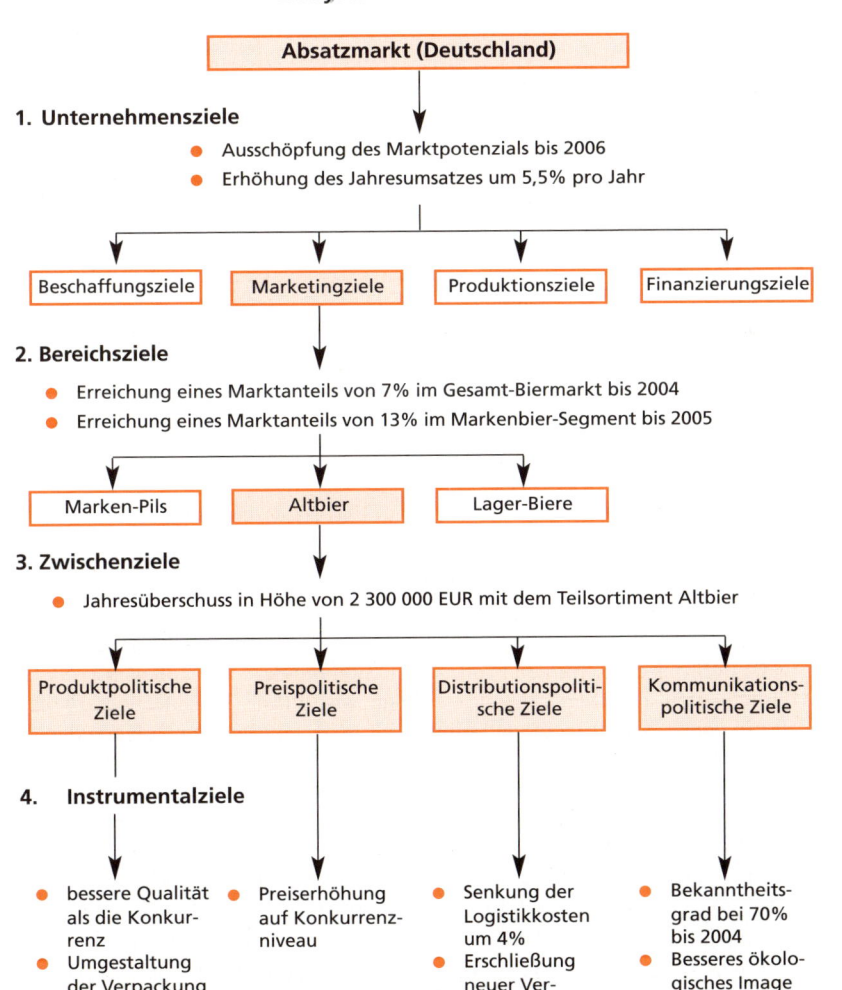

Zielsystem einer Brauerei

Absatzmarkt (Deutschland)

1. Unternehmensziele
- Ausschöpfung des Marktpotenzials bis 2006
- Erhöhung des Jahresumsatzes um 5,5% pro Jahr

Beschaffungsziele | Marketingziele | Produktionsziele | Finanzierungsziele

2. Bereichsziele
- Erreichung eines Marktanteils von 7% im Gesamt-Biermarkt bis 2004
- Erreichung eines Marktanteils von 13% im Markenbier-Segment bis 2005

Marken-Pils | Altbier | Lager-Biere

3. Zwischenziele
- Jahresüberschuss in Höhe von 2 300 000 EUR mit dem Teilsortiment Altbier

Produktpolitische Ziele | Preispolitische Ziele | Distributionspolitische Ziele | Kommunikationspolitische Ziele

4. Instrumentalziele
- bessere Qualität als die Konkurrenz
- Umgestaltung der Verpackung

- Preiserhöhung auf Konkurrenzniveau

- Senkung der Logistikkosten um 4%
- Erschließung neuer Vertriebskanäle

- Bekanntheitsgrad bei 70% bis 2004
- Besseres ökologisches Image

1.2.2   Marketingstrategien

**Marketing-
strategie**

Die **Marketingstrategie** gibt den Weg vor, auf dem durch den Einsatz der absatzpolitischen Maßnahmen die Marketingziele nach und nach erreicht werden sollen.
Damit stellt die Marketingstrategie einen *langfristigen Marketingplan* dar. Dabei
geht es darum, der Unternehmung einen Wettbewerbsvorteil zu verschaffen. Die
am meisten verbreiteten Strategien sind die Produkt-Marktstrategie, Marktsegmen-
tierungsstrategie, Positionierungsstrategie (z. B. sportlich/konservativ, hoher/nie-
driger Preis), Internationalisierungsstrategie (Erschließung ausländischer Märkte)
und die Markteintrittsstrategie (Pionier, Nachfolger, Späteinsteiger).

■ *Produkt-Markt-Strategie*

**Produkt-Markt-
Strategie**

Die Produkt-Markt-Strategie kann am besten anhand der Produkt-Markt-Matrix
beschrieben werden.

Die konsequenteste Ausschöpfung aller Marktfelder wird durch die *„Z-Strategie"*
erreicht. Diese *Zukunftsstrategie* versucht zuerst mit den gegenwärtigen Produkten
den vorhandenen Teilmarkt voll zu durchdringen (z. B. Bohrmaschine für den
Hobbybastler), erst danach werden diese Produkte auf anderen Teilmärkten angeboten (z. B. Bohrmaschine für den Profimarkt). Sind mit dem vorhandenen Produkt
alle Möglichkeiten ausgeschöpft worden, dann wird dieses Produkt überarbeitet
und ggf. ein neues Nachfolgemodell entwickelt (z. B. Bohrhammer). Nach dieser
Innovationsstrategie bleibt nur noch die Diversifikation mit neuen Produkten auf
neuen Märkten (z. B. Kettensäge).

Zukunftsstrategie

■ *Marktsegmentierungstrategie*

**Marktsegmen-
tierung**

Die Aufteilung des Gesamtmarkts in Teilmärkte heißt **Marktsegmentierung** (Seg-
mentieren (lat.) = in Abschnitte gliedern). Die Marktaktivitäten können sich auf
den Gesamtmarkt einer Branche *(Schrotflintenkonzept)*, z. B. Pflegekosmetikmarkt
oder auf einen Teilmarkt *(Scharfschützenkonzept)*, z. B. Markt für preisbewusste
Frauen richten.

Die Marktsegmentierung wird so vorgenommen, dass möglichst gleichartige (homogene) Käuferschichten zusammengefasst werden, z. B. umweltbewusste Käufer von Naturholzmöbeln, preisbewusste Käufer von Billigmöbeln. Die Käuferschichten müssen sich von anderen Käuferschichten klar unterscheiden. Die Käufersegmente müssen jedoch so groß sein, dass sich eine eigene Marktbearbeitung (z. B. spezielle Werbemaßnahmen) lohnt; z. B. wird es unwirtschaftlich sein, für einen Ulmenholzeinbauschrankkäufer einen eigenen Werbespot zu machen. Die Marktsegmentierung muss sich rechnen und möglichst von Dauer sein.

BEISPIEL
Schrotflinten- und Scharfschützenkonzept am Beispiel des Pflegekosmetikmarktes

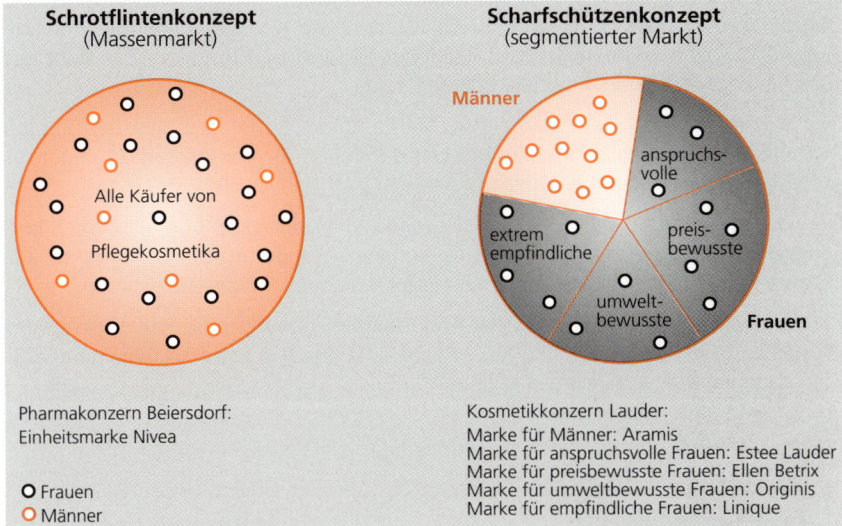

Nach Bettina Schneider, Einführung in das Marketing, 1993, EDE VAU Verlag GmbH, S. 214 f.

1.2.3 Marketingkonzeption

Ein in sich geschlossenes Marketingkonzept beginnt mit der *Marktforschung* (Umwelt- und Unternehmensanalyse), aus deren Ergebnissen eine *Marktprognose* erarbeitet wird. Aus dieser Prognose werden die *Marketingziele* (bzw. das Marketingleitbild) abgeleitet. Aus diesen Zielen wird ein mittel- bis langfristiger Handlungsrahmen *(Marketingstrategie)* entwickelt. Aus dieser Strategie werden kurzfristige *Instrumentalziele* (z. B. produkt-, preispolitische Ziele) abgeleitet, die wiederum durch konkrete absatzpolitische *Maßnahmen* (z. B. Werbemaßnahmen) in die Tat umgesetzt werden. Zusammengehalten wird dieses Marketing-Gebäude (Marketingkonzeption) durch die Kontrolle der Marketingergebnisse und dem anschließenden Feedback (Rückkopplung, *Absatzcontrolling*).

Dabei ist zu beachten, dass Marketingstrategien mittel- bis langfristig angelegt sind und daher nicht ohne weiteres korrigiert werden können. Die Entscheidungen im Marketing-Mix-Bereich (Instrumentalziele) sind dagegen kurzfristig und können laufend an veränderte Bedingungen angepasst werden.

Marketing-
konzeption

Geschlossenes Marketingkonzept

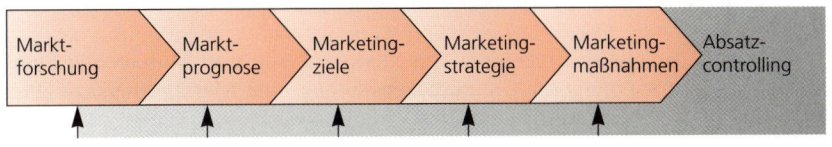

1.3   Marktforschung – ohne Daten keine Taten

1.3.1   Formen der Marktforschung - einmalig oder fortlaufend

Das Marktrisiko jedes Unternehmens besteht darin, dass bereits **heute** bindende Entscheidungen getroffen werden müssen (z. B. Festlegung des Produkts und der Preise), deren Erfolge oder Misserfolge sich erst **morgen** einstellen. Um die Unsicherheit über die zukünftige Entwicklung möglichst gering zu halten, kommt es darauf an, möglichst viele und genaue Informationen über das Marktgeschehen zu sammeln, systematisch aufzubereiten und auszuwerten.

Marktforschung

Marktforschung ist die systematische Untersuchung des Marktgeschehens. Dabei richtet sich das Interesse auf die Kunden, die Konkurrenten, die Produkte und auf die Absatzkanäle (z. B. Einzelhandel). Die Marktforschung besteht aus einer Marktanalyse und einer Marktbeobachtung.

Marktanalyse

Die **Marktanalyse** ist eine einmalige Marktuntersuchung an einem bestimmten Zeitpunkt. Mit ihrer Hilfe können Marktstrukturen (z. B. Marktanteile, Kundenzusammensetzung) erkannt werden.

Marktbeobachtung

Die **Marktbeobachtung** ist eine fortlaufende Marktuntersuchung über einen längeren Zeitraum hinweg. Mit ihrer Hilfe können Veränderungen der Marktverhältnisse (z. B. verändertes Kundenverhalten, neue Trends) festgestellt werden.

Marktprognose

Ziel der Marktforschung ist es, der Unternehmensleitung eine **Marktprognose** (Vorhersage der Marktentwicklung) zu geben, wodurch deren marktwirksame Entscheidungen verbessert werden können.

Marktuntersuchung

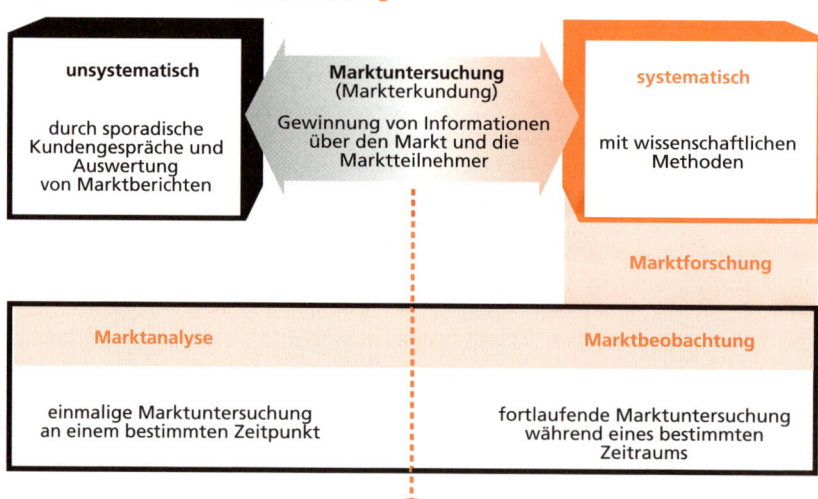

Möglichkeiten der Marktuntersuchung

Erst aufgrund der Gesamtergebnisse von Marktanalysen **und** Marktbeobachtung kann die Marktforschung der Unternehmensleitung eine Marktvorhersage (Prognose) geben, welche Marktstruktur **und** Marktprozess berücksichtigt.

1.3.2 Gegenstände der Marktforschung

Der Marktforscher auf dem Absatzmarkt beschäftigt sich mit der Vorbereitung von Marketingentscheidungen (Produkt-, Preisänderungen usw.). Er versorgt also die Entscheidungsträger mit Informationen über Produkte, Märkte, Verbraucherverhalten und Einstellungen.

■ *Ökoskopische Marktforschung – objektive Daten gewinnen*

Die **ökoskopische Marktforschung** untersucht den Markt, die Marktstruktur und die Produkte. Dieser Zweig der Marktforschung ist also sach- bzw. *objektbezogen* und geht von den tatsächlichen Erfahrungen und Verhältnissen aus. Dabei geht es z. B. um

- die Gewinnung von Informationen über zukünftige *Chancen und Risiken* des Unternehmens und seiner Produkte (Marktwachstum, Sättigungsgrad, Kaufkraft, Wettbewerbsstärke der Konkurrenten, eigene Marktstellung usw.);
- gegenwärtige *Stärken und Schwächen* des Unternehmens, einzelner Abteilungen oder Leistungen (Standort, Kundenorientierung, Kundendienst, Führungsqualität, Qualifikation der Mitarbeiter, Know-how, Stand der Technik usw.).

Ökoskopische Marktforschung

Gewinnung von Informationen über tatsächliche und zukünftige Marktgrößen

Marktgröße	Erläuterung
● Marktpotenzial	maximale Aufnahmefähigkeit eines Marktes
● Marktvolumen	tatsächlicher Gesamtabsatz bzw. -umsatz aller Anbieter
● Absatzpotenzial	maximal möglicher Absatz bzw. Umsatz eines Anbieters
● Absatzvolumen	tatsächlicher Absatz bzw. Umsatz eines Anbieters
● Marktsättigung in %	$\dfrac{\text{Marktvolumen} \cdot 100}{\text{Marktpotenzial}}$
● Marktanteil in %	$\dfrac{\text{Absatzvolumen} \cdot 100}{\text{Marktvolumen}}$
● Relativer Marktanteil in %	$\dfrac{\text{eigenes Absatzvolumen} \cdot 100}{\text{Absatzvolumen des Konkurrenten}}$ Relativer Marktanteil < 100 % = Konkurrent ist stärker Relativer Marktanteil > 100 % = Konkurrent ist schwächer

BEISPIEL

Ergebnisse der ökoskopischen Marktforschung der Weller KG für Arbeitsstühle

Marktanteil	Die Arbeitsstühle haben einen Marktanteil von 5% wertmäßig und 3% mengenmäßig.
Preisniveau	Arbeitsstühle werden vorwiegend im mittelpreisigen Bereich angeboten, innerhalb eines Preisbandes von 200,00 EUR bis 250,00 EUR.
Image	Das Produktimage der Arbeitsstühle ist vorwiegend konservativ.
Bekanntheitsgrad	Die Produktgruppe Arbeitsstühle hat einen Bekanntheitsgrad von 25%.
Distribution	Die Arbeitsstühle werden vorwiegend über Einrichtungshäuser vertrieben.

■ *Demoskopische Marktforschung – subjektive Daten gewinnen*

Demoskopische Marktforschung

Die **demoskopische Marktforschung** untersucht Verhaltensweisen und Einstellungen der Kunden und die Wirkung absatzpolitischer Maßnahmen (z.B. Preiserhöhung, Produktveränderung) auf die Nachfrager. Dieser Zweig der Marktforschung ist *subjektbezogen*, d.h. auf die Person des Nachfragers gerichtet und wendet soziologische und psychologische Methoden an. Dabei geht es z.B. um die Untersuchung

- *demographischer Merkmale* der Kunden wie Geschlecht, Alter, Familienstand bzw. Lebensform, Einkommen, Beruf, sozialer Status, Haushaltsgröße usw. (Wie sieht die Zielgruppe aus?)
- äußerer und individueller *Einflussgrößen des Kundenverhaltens*, z.B. verhaltenspsychologische Merkmale wie Kaufverhalten, Kaufmotive, Einstellungen und Lebensstil der Zielgruppe.

BEISPIEL

Lebensstilgruppen

Die vier Lebensstilgruppen (GfK-Lebensstilforschung)
Musikantenstadl oder Viva? Aldi oder Chiemsee? Modeschmuck oder Diamanten? Heutzutage können zwei Verbraucher im gleichen Alter, mit dem gleichen Einkommen ganz unterschiedliche Lebensstile haben. Laut GfK-Lebensstilforschung (GfK = Gesellschaft für Konsumforschung) lässt sich unsere Gesellschaft in vier Mentalitäts-Hauptgruppen unterteilen, die immer stärker auseinanderdriften.

Surfers	Sie sind gegenwartsorientiert, innovativ, beweglich („Swifters"). Sie sind daran interessiert, all das zu erforschen, zu entdecken, was woanders, unterschiedlich oder zukünftig ist („Free-Thinkers"). Sie sind unberechenbar und kaufen heute bei Aldi, morgen bei Escada.
Uprooted	Sie sind Ich-orientiert, d.h. die eigene Person steht im Mittelpunkt. Vorrang haben emotionale Wahrnehmungen und das materielle Vergnügen. Sie reagieren auf äußere Reize („Easy-Going") und lehnen soziale und kulturelle Zwänge ab („Cocooners") und wollen die alleinige Verantwortung für ihr Leben („Optimists"). Sie genießen das Leben und zeigen ein ausgeprägtes Markenbewusstsein.
Traditionalists	Sie sind konservativ („Upright"), sicherheitsorientiert („Safety-Oriented"). Sie wollen das bisher Erreichte bewahren („Guardians") und ziehen sich auf die familiäre Kleingruppe zurück („Isolated"). Lebensstandard wird über den Preis aufrechterhalten zu Lasten der Qualität.
Rulemakers	Sie sind gesellschaftsorientiert. Vorrang haben Vernunft („Irreproachables"), angemessenes Verhalten („Moderates") und die Verwirklichung von Werten und Ideen („Architects"). Sie streben nach moralischer und intellektueller Strenge („Referees"), Organisation und Disziplin („Formalists"). Freizeit geht vor Erfolg, Wohlstand und Geld.

1.3.3 Methoden der Marktforschung – am Puls der Zeit

Nach der Art der Informationsgewinnung werden Sekundär- und Primärforschung unterschieden.

Da die Sekundärforschung kostengünstiger ist, wird diese Methode am häufigsten angewandt. Die teure Primärforschung liefert genauere Aussagen, da sie exakt auf die Bedürfnisse des eigenen Unternehmens zugeschnitten ist. Es muss im Einzelfall abgewogen werden, ob der Nutzen einer Primärforschung die damit verbundenen Kosten rechtfertigt.

■ Sekundärforschung – Daten aus zweiter Hand

Sekundärforschung liegt vor, wenn Informationen aus bereits einmal erfasstem, vorhandenen Material gewonnen werden (= mittelbare Erhebung der Daten). Sie wird vor allem von den Betrieben selbst durchgeführt, z. B. Auswertung der Kundenstatistik.

Trotz der Vielzahl verfügbarer Sekundärmaterialien reichen diese in vielen Fällen nicht aus, um allein genügend Informationen für die Unternehmensleitung zu verschaffen. Die Gründe liegen vor allem in der häufig fehlenden Aktualität, der Ungenauigkeit und fehlenden Sicherheit, der oft nicht vorhandenen Vergleichbarkeit und fehlenden Detailliertheit der verfügbaren Daten.

Deshalb zieht die Marktforschung, soweit dies Kosten- bzw. Wirtschaftlichkeitsüberlegungen erlauben, vielfach zusätzlich die Primärforschung heran.

Interne Datenquellen	Externe Datenquellen
● Absatz-/Umsatzstatistiken ● Kundenstatistiken/Kundendatei ● Berichte des Außendienstes ● Buchhaltungsunterlagen ● Unterlagen aus der Kosten- und Leistungsrechnung ● Gewinn- und Verlustrechnung ● Deckungsbeitragsrechnung ● eigene bereits vorhandene Primärerhebungen Die internen Daten lassen sich mit dem computergestützten Warenwirtschaftssystem gewinnen.	● Statistiken von amtlichen Stellen (z. B. Statistisches Bundesamt in Wiesbaden, UNO-Informationsdienst, Weltbank, Internationaler Währungsfonds) ● Statistiken und andere Veröffentlichungen von Marktforschungsinstituten ● Veröffentlichungen von Wirtschaftsverbänden (z. B. IHK) ● Veröffentlichungen von wissenschaftlichen Instituten ● Firmenveröffentlichungen (z. B. Jahresbilanzen, PR-Berichte, Prospekte) ● bereits vorhandene Primärerhebungen ● Veröffentlichung in Zeitungen, Zeitschriften und Büchern der Wirtschafts- und Fachpresse ● Messen und Ausstellungen ● elektronische Datenbanken, Datenvermittlungsorganisationen (z. B. Genios)

■ Primärforschung – Daten aus erster Hand

Primärforschung liegt vor, wenn neue bisher nicht erfasste, noch nicht bekannte Marktdaten erhoben werden (= unmittelbare Erhebung der Daten). Sie wird hauptsächlich von Großunternehmen und Marktforschungsinstituten durchgeführt.

Größere Unternehmen, insbesondere die Betriebe der Markenartikelindustrie, greifen bei der Erhebung nicht erfasster, weitgehend unbekannter Marktdaten häufig auf die Primärforschung zurück; denn die qualitativen Daten, z. B. Preisbewusstsein des Käufers, sind nicht durch Sekundärforschung zu ermitteln.

In der Primärforschung, also der unmittelbaren Erhebung vor Ort, werden grundsätzlich drei Methoden angewandt: die Befragung, die Beobachtung, das Experiment.

● Die Befragung

Die **Befragung,** auch Umfrage genannt, ist die wichtigste Methode der Primärerhebung.

Seitenrandnotizen:
Sekundärforschung

Qellen der Sekundärforschung

Primärforschung

Befragung

Sie kann schriftlich, mündlich oder telefonisch durchgeführt werden. Die mündliche Befragung wird als Interview bezeichnet. Die Befragung kann einmalig oder mehrfach, mit standardisierten Fragen (Fragebogen) oder als freies Gespräch, zu einem Problem oder mehreren Themen, als Einzel- oder Gruppeninterview durchgeführt werden. Der Befragtenkreis hängt – wie die Art der Befragung – vom Untersuchungszweck ab.

Die Auswahl der zu befragenden Personen wird heute aus Kosten- und Zeitgründen nicht mithilfe von Vollerhebungen (= Befragung aller infrage kommenden Personen), sondern mithilfe von **Stichprobenerhebungen** (= Teilerhebungen bei dem infrage kommenden Personenkreis) durchgeführt.

Dabei ist darauf zu achten, dass die Stichprobe repräsentativ ist, also die gleichen Merkmale wie die Gesamtheit hat und so genau wie möglich ist, also die enthaltenen Fehler (system- oder zufallsbedingt) so gering wie unter den gegebenen Umständen unumgänglich sind.

Befragungs-formen

Befragungsform	Vorteile	Nachteile
● **Persönliches Interview** Der/die Befragte wird persönlich angesprochen	– Spontane Antworten – Auskunft über Motive, Einstellungen und Gefühle – Angaben sind überprüfbar	– Zeit-/kostenintensiv – Tatsächliches Verhalten kann abweichen – Interviewer-Einfluss
● **Telefonisches Interview** Der/die Befragte wird angerufen	– Schnelle Durchführung – Geringe Kosten – Spontane Antworten – Auskunft über Motive und Einstellungen	– Ggf. nicht repräsentativ, da Personen oft nicht erreichbar sind – Interviewer-Einfluss – Zeitdruck
● **Schriftliche Befragung** (Fragebogen, Online-Befragung)	– Geringe Kosten – Schnelle Durchführung – Kein Interview-Einfluss – Sehr repräsentativ	– Rücklaufquote (etwa 15 %) – Keine Spontaneität – Missverständnisse – Gruppeneinflüsse

Paneltechnik

Wird die gleiche Gruppe von Personen über einen längeren Zeitraum hinweg regelmäßig zum gleichen Thema befragt, dann spricht man von der **Paneltechnik** (Panel: engl. = abgeteiltes Feld). Durch die regelmäßige Wiederholung der gleichen Fragen in gewissen Zeitabständen können Meinungs- und Verhaltensänderungen der Auskunftspersonen festgestellt werden. Dadurch werden neue Marktströmungen und -entwicklungen aufgedeckt.

Beim **Haushaltspanel** werden die Einkäufe der privaten Haushalte, gegliedert nach Warenart, Menge, Qualität und Art der Einkaufsquelle usw., erfasst. Die Panelhaushalte sind mit Handscannern ausgestattet und erfassen die Daten mittels des EAN-Strichcodes (EAN = Europäische Artikelnummer). Per Modem und Telefon werden die Daten zum Nielsen-Zentralrechenzentrum übertragen und ausgewertet. Nielsen hat sich verpflichtet, mehr als 33 000 Haushalte europaweit zu beobachten.

Paneleffekt

Probleme des Panels sind der **Paneleffekt** (befragte Personen ändern ihr Verhalten) und die **Panelsterblichkeit** (durch Ausscheiden und Altern von Panelteilnehmern ist der befragte Personenkreis nicht mehr repräsentativ).

Internet-Befragung

In naher Zukunft wird die klassische Befragung durch **Internet-Befragungen** (Marktforschung Online) ergänzt bzw. vollständig ersetzt werden. Und so läuft die Internet-Befragung ab:

1. Internet-Nutzer, die an Befragungen teilnehmen wollen, lassen sich über die Website der Marktforscher (z. B. www.mediatransfer.de) registrieren. Sie müssen eine Vielzahl von Informationen preisgeben, zum Beispiel Anschrift, Alter, Geschlecht und Bildungsgrad. Außerdem müssen sie mitteilen, wie und in welchem Umfang sie das Medium Internet nutzen.

2. Wird ein neues Projekt gestartet, erhalten jene Panelmitglieder, die aufgrund ihrer persönlichen Angaben für die Befragung geeignet erscheinen, eine E-Mail. Der elektronische Brief informiert über Ablauf und zeitlichen Rahmen des Projektes sowie über die Höhe der Belohnung – wer sich an der Befragung beteiligt, bekommt Punkte gutgeschrieben und kann diese später bei Kooperationspartnern gegen Produkte eintauschen.

3. Wer interessiert ist, übermittelt per Mouseclick seine Teilnahmebereitschaft und nennt seine Kennnum-mer. So kann überprüft werden, dass der interessierte Teilnehmer zur richtigen Zielgruppe gehört.

4. Jetzt kann der elektronische Fragebogen ausgefüllt werden. Beurteilt werden sollen zum Beispiel Produktpackungen, Texte oder Webseiten. Ist etwas unklar, kann der Teilnehmer online Hilfe anfordern.

5. Nun wird die Plausibilität der Angaben überprüft. So muss der Teilnehmer sich eine vorgegebene Mindestzeit mit dem Thema beschäftigen. Vorher ist es nicht möglich, den Fragebogen abzuschicken.

6. Der abgeschickte Fragebogen landet in der Projektdatenbank. Alle personenbezogenen Daten des Teilnehmers werden sofort abgetrennt, so dass der Datenschutz nach den Richtlinien des Bundesverbandes der Markt- und Sozialforscher (BVM) gewährleistet ist.

7. Auswertung der Antworten, Versenden der Incentives (Belohnung).

Die durch Internet-Befragungen gewonnenen Daten unterscheiden sich nicht von den Ergebnissen einer klassischen Befragung. Jedoch ist die Antwortbereitschaft über das Medium Internet deutlich höher. Im Internet kann eine große Zahl von Kunden in kurzer Zeit kostengünstig befragt werden.

● *Die Beobachtung*

Will man das tatsächliche Verhalten von Personen, genau zum Zeitpunkt des Geschehens und nicht erst danach, erfassen, dann eignet sich die **Beobachtung**. Sie ist in der Marktforschung wenig gebräuchlich, bietet aber den wesentlichen Vorteil, dass sie nicht von der Auskunftsbereitschaft eines Befragten abhängig ist. Außerdem kann das Verhalten der beobachteten Personen nicht durch den persönlichen Kontakt eines Interviewers verfälscht werden.

Die Beobachtung allein genügt in den seltensten Fällen, um alle erforderlichen Informationen zu gewinnen, denn mit ihr sind nur die mit den Sinnesorganen zugänglichen objektiven Sachverhalte, z. B. Sehen, Riechen, Hören, erfassbar. Um das Verhalten zu erklären, müssen Beobachtungen durch Befragungen ergänzt werden.

Beobachtung

● *Das Experiment*

Das **Experiment** ist ein methodisches Vorgehen, bei dem ein bestimmter Sachverhalt unter vorher **genau festgelegten Bedingungen** untersucht wird. Dabei wird jeweils nur ein Wesensmerkmal künstlich verändert, um die Auswirkungen studieren zu können, z. B. ein Werbespruch wird einer Versuchsgruppe dreimal vorgespielt, wobei jedes Mal nur ein Wort verändert wird. Am Ende des Versuchs wird festgestellt, welche Variante sich am besten eingeprägt hat.

Experiment

● *Markttest*

Markttest

Unter dem **Markttest** versteht man den *probeweisen Verkauf* von Erzeugnissen unter kontrollierten Bedingungen in einem begrenzten Markt. Es können dazu ausgewählte oder sämtliche Marketing-Instrumente eingesetzt werden. Daraus können allgemeine Erfahrungen bzw. übertragbare Zahlenwerte über die Marktgängigkeit eines neuen Produktes und die Wirksamkeit von einzelnen Marketing-Maßnahmen oder ganzen Marketing-Strategien abgeleitet werden. Die Gesamttestdauer beträgt meist einige Monate, oft aber auch ein Jahr und mehr.

Besonders gerne werden mithilfe des Experiments oder des Markttests Namensgebung von Produkten, Sortimentszusammenstellungen und Gestaltung der Verpackung auf ihre optimale Marktwirksamkeit hin geprüft.

Marktprognose

1.3.4   Marktprognose – Ergebnis der Marktforschung

Die **Marktprognose** ist eine auf Marktuntersuchungen gestützte *Vorhersage des zukünftigen Absatzes* von bestimmten Waren oder Leistungen eines Unternehmens an ausgewählte Abnehmer. Dabei werden ein bestimmter Absatzzeitraum und eine bestimmte Kombination der absatzpolitischen Instrumente unterstellt. Vor allem sollten Trendbrüche und künftige Marktlücken vorausgesagt werden.

FALLBEISPIEL

Trends in der Bürobranche:
- Der Konzentrationsprozess verstärkt sich auf allen Produktions- und Handelsstufen weiter.
- Der Wettbewerbsdruck nimmt weiter zu.
- Der Preisverfall bei ausgereiften Produkten beschleunigt sich.
- Handelsmarken konkurrieren verstärkt mit Herstellermarken.
- Die Segmente Bürobedarf und EDV bzw. EDV-Zubehör verschmelzen.
- Logistik-Dienstleister gewinnen an Bedeutung.
- Großverbraucher entwickeln neue Beschaffungsstrategien.
- Das Internet setzt sich als Wettbewerbsinstrument durch.

Prognose:

Anteil des Internetumsatzes am Gesamtumsatz

	1999	2004	2010
Bürowirtschaft	3%	6-8%	12-15%

Die Strukturveränderungen auf dem Büroartikelmarkt werden zu einer weiteren Stagnation bzw. sogar einem Rückgang der Marktvolumina in den traditionellen Segmenten PBS (Papier, Büro, Schreibwaren) und Bürotechnik führen, während der ICT-Bereich (ICT = Informations- und Communications-Technologie) weiter wachsen wird. Eine positive Entwicklung wird für den Bereich Büromöbel prognostiziert, vor allem in Folge der EU-Bildschirmrichtlinien, die noch nicht überall vollständig umgesetzt wurden, so dass mit weiteren Investitionen in diesem Bereich zu rechnen ist. Auch die zunehmende Zahl der Call-Center-Arbeitsplätze wird sich positiv auswirken. Bremsend wird sich hier auf der anderen Seite die Verlängerung der Abschreibungsfristen von 10 auf 13 Jahre auswirken. Fachmärkte, Versender und Filialketten („kleine Riesen") werden ihre Marktanteile voraussichtlich zu Lasten des traditionellen Fachhandels weiter ausbauen. Die Übernahme- und Fusionswelle internationaler Unternehmen wird sich in abgeschwächter Form fortsetzen. Der Hersteller sollte sich von den großen „Allesanbietern" absetzen, indem er sich auf seine Kernkompetenz konzentriert und diese in großer Auswahl präsentiert, z.B. als Anbieter hochfunktioneller Büromöbel, die den neuen EU-Richtlinien entsprechen.

1.3.5 Besonderheiten der internationalen Marktforschung

Die internationale Marktforschung zielt auf die Erschließung ausländischer Märkte und stützt sich vor allem auf **Länder- und Branchenanalysen** aus erster (eigene Erhebungen) oder aus zweiter Hand (z. B. Internationale Handelskammern, Weltbank, Internationaler Währungsfonds). Es geht darum, Risiken auf ausländischen Märkten frühzeitig zu erkennen (Frühwarnfunktion), neue Chancen und Entwicklungen aufzudecken (Innovationsfunktion) und die Unsicherheit bei Entscheidungen auf ausländischen Märkten zu reduzieren (Unsicherheitsreduktionsfunktion).

Länder- und Branchen-analysen

Untersuchungsgegenstände der ökoskopischen Marktforschung

Rechtliche Umwelt	Rechtsordnung eines Staates (Gesetzes- und Gewohnheitsrecht). So gibt es z. B. in den angelsächsischen Ländern (Großbritannien, USA) das so genannte Fallrechtssystem, das sich auf Präzendenzfälle stützt. In den meisten kontinentaleuropäischen Staaten herrscht ein kodifiziertes Rechtssystem. Es gibt wirtschafts- und unternehmensrelevante Rechtsvorschriften, wie z. B. Gesellschafts-, Arbeits-, Sozial-, Steuer-, Währungs-, Außenwirtschafts- und Wettbewerbsrecht.
Ökonomische Umwelt	Vorhandene Wirtschaftsordnung (eher Markt- oder eher Planwirtschaft?), Größe und Eigenschaften eines Marktes (z. B. Marktpotenzial, -volumen, besondere Branchen, Stärke der einzelnen Branchen bzw. einzelner Unternehmen). Indikatoren hierfür sind z. B. Bevölkerungszahl und -wachstum, Bruttoinlandsprodukt, Pro-Kopf-Einkommen, Verteilung des Volkseinkommens, Wirtschaftsstruktur (Anteile des primären, sekundären und tertiären Wirtschaftssektors), protektionistische Maßnahmen dieses Landes (Exportsubventionen, Importbeschränkungen, Schutzzölle, Antidumpingmaßnahmen), Zugehörigkeit zu einem Wirtschaftsblock (z. B. EU, NAFTA), Ausbau der Infrastruktur (z. B. Verkehrsnetz, Bildungs- und soziale Einrichtungen), Kommunikationsmöglichkeiten, Energieversorgung.
Natürliche Umwelt	Topographische Besonderheiten (z. B. Seen, Flüsse, Küsten, Höhenlage, Wüsten, Fläche, Entfernungen), klimatische Gegebenheiten, Ressourcenausstattung (z. B. Rohstoffvorkommen).

Untersuchungsgegenstände der demoskopischen Marktforschung

Politische Umwelt	Staatsform (eher diktatorisch oder demokratisch?). Wie stark ist die Verankerung dieses politischen Systems? Ist dieses politische System weltweit anerkannt oder wurden internationale Sanktionen oder Auflagen, z. B. des Internationalen Währungsfonds erhoben? Zeigen sich hier gravierende Risiken, wie z. B. ein korruptes politisches System, dann muss von einem Markteintritt abgeraten werden.
Kulturelle Umwelt	Summe der kollektiven Verhaltensweisen/-muster eines Landes, die über Generationen weitergegeben werden. Dazu zählen z. B. Sprache/n, Ausprägung des Nationalbewusstseins, Sozialverhalten (z. B. Rollenverteilung Mann/Frau), Religion/en (z. B. Einfluss der Religion auf das Konsumverhalten) und die Konventionen.

| Kundenverhalten | Inwieweit stimmen Verbraucherverhalten und -bedürfnisse mit denen des Inlands überein? Ist ein einheitliches Marketing (z. B. Produkt-, Preispolitik, Werbung) möglich? Sind Verbraucherverhalten und -bedürfnisse unterschiedlich, dann sind differenzierte Marketingziele und -strategien notwendig. Zu beobachten ist, dass trotz des Zusammenwachsens der europäischen Staaten sich die immense kulturelle Vielfalt der Länder weitgehend bewahrt hat. Trotzdem werden länderübergreifende Konsumententypen gebildet, auf die die Unternehmen ihre Marketingziele und -strategien ausrichten. |

1.4   Produktpolitik

1.4.1   Lebenszyklusanalyse

Produktlebens-zyklus

Mit dem **Produktlebenszykluskonzept** wird versucht, die Lebensdauer eines Produktes in verschiedene charakteristische Phasen zu unterteilen. Lässt sich die Lebensphase für ein Produkt genau festlegen, kann man die marketingpolitischen Instrumente viel effektiver gestalten.

Das Modell des Lebenszykluskonzeptes wird in fünf Phasen eingeteilt. Diese Darstellung im Modell ist aber idealtypisch; empirische Lebenszyklen eines Produktes können ganz anders verlaufen. Je nach Produkt kann der Lebenszyklus unterschiedlich lang sein: bei einem modischen Bekleidungsartikel sehr kurz, bei einem pharmazeutischen Artikel sehr lang.

■ *Phasen des Lebenszyklusses*

Phasen des Produktlebens-zyklus

Bei der Darstellung des Produktlebenszyklusses unterscheidet man fünf Phasen:

1. Einführung
2. Wachstum
3. Reife
4. Sättigung
5. Rückgang

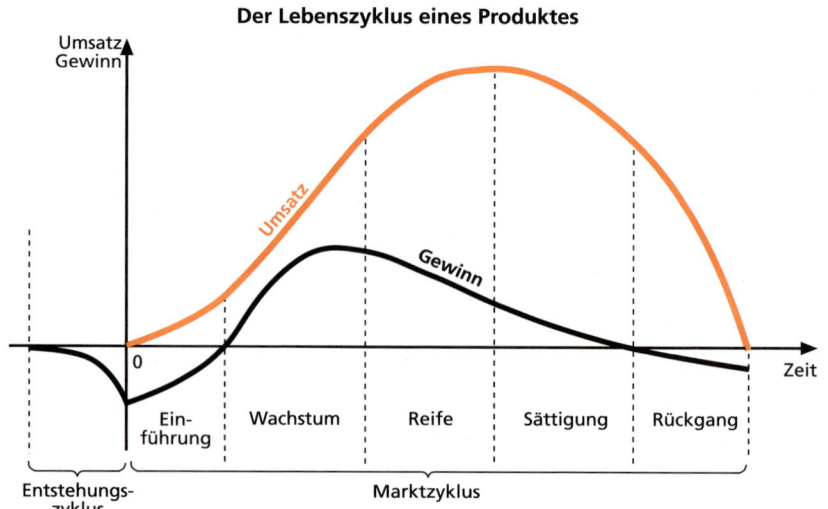

Der Lebenszyklus eines Produktes

● Einführungsphase

In der Phase der Einführung des Produktes auf dem Markt werden zunächst geringe Umsätze verzeichnet. Ursache dafür ist, dass das Produkt dem Käufer zuerst bekannt gemacht werden muss. Erst mit zeitlicher Verzögerung beginnt der Kunde das Produkt zu kaufen. Bei Produkten, die auch schon bei der Markteinführung ein „Verkaufshit" sind, gibt es am Anfang oft fertigungstechnische Probleme, die notwendigen Stückzahlen bereitzustellen.

In der Produkteinführungsphase werden i. d. R. keine Gewinne erzielt, weil am Anfang die Kosten höher sind als der Umsatz. Dies liegt an den relativ niedrigen Stückzahlen und an den hohen Kosten der Markteinführung (Einführungswerbung, Schulung des Verkaufspersonals usw.).

● Wachstumsphase

Ist das Produkt ein Verkaufserfolg, tritt in der Wachstumsphase der Umsatz- und Gewinnboom ein. Fertigungstechnisch treten keine Probleme mehr auf („Kinderkrankheiten"), die hohen Einführungskosten fallen weg; das Produkt erreicht das Gewinnmaximum. In der Phase treten jedoch immer mehr Unternehmen als Nachahmer auf, die ähnliche Produkte anbieten. Bei starker Konkurrenz hat dies Auswirkungen auf das Preisgefüge.

● Reifephase

In der Reifephase erreicht der Umsatz seinen Höhepunkt. Der immer größeren Anzahl an Konkurrenten kann das Unternehmen z. B. durch vermehrte Werbung und Steigerung der Attraktivität des Produkts durch verbesserte Ausstattung, Verpackung und Kundendienstleistungen begegnen. Unternehmern reagieren in ihrer Produktpolitik mit Änderungen der Produktaufmachung („Face-Lifting") oder suchen neue Märkte (z. B. neue Zielgruppen, Ausland). Diese absatzpolitischen Maßnahmen erhöhen die Kosten, sodass der Gewinn sich zwangsläufig rückläufig entwickelt.

● Sättigungsphase

Umsatz und Gewinn gehen in dieser Phase ständig zurück. In dieser Phase des Lebenszyklusses treten Käufer nur noch als Personen auf, die in ihrem Kaufverhalten konservativ, besonders markentreu oder sehr preisbewusst sind. Oft sind die Unternehmen in der Sättigungsphase zu starken Preiszugeständnissen gezwungen.

● Rückgangsphase

In der Rückgangsphase verfällt der Umsatz immer mehr. Verluste stellen sich ein. Das Produkt hat nur noch einen Restmarkt. Das Unternehmen muss jetzt Nachwuchsprodukte bringen, sonst leidet das Image. Viele Kunden sind bereits auf attraktivere Konkurrenzprodukte umgestiegen.

Die Kenntnis der Produktlebenszyklen hilft den Unternehmen bei der

● Planung und Analyse von Umsatz und Gewinn

● Festlegung des Zeitpunkts für die Einführung eines neuen Produkts, für eine Änderung des Produkts und für die Herausnahme eines Produkts aus dem Programm.

Produkt-
innovation

Produkt-
programm
– Breite
– Tiefe

1.4.2   Produktinnovation

Produktinnovation bzw. Produkteinführung bedeutet, dass neue Produkte auf den Markt gebracht bzw. wesentliche technische Neuerungen an dem Produkt vorgenommen werden. Die Produktinnovation kann sowohl die **Breite des Produktprogramms** (Anzahl der unterschiedlichen Produkte) als auch die **Tiefe des Produktprogramms** (Anzahl der Sorten bzw. Varianten je Produkt) verändern.

BEISPIEL
Produktprogramm eines Autoherstellers (Auszug)

Produktbreite Produkttiefe	3-er Serie	5-er Serie	7-er Serie	Roadster
Limousine	X	X	X	
Combi	X	X		
Cabrio	X			X
Coupe	X			

X = jeweils mit verschiedenen Motorvarianten

■ *Ablauf einer Produktinnovation*

Das neue Produkt ist das Ergebnis eines langen Innovationsprozesses; Ausgangspunkt ist die Produktidee.

● *Produktidee*

Ursprung der Produktidee:

Interne Quellen
Beispiel: In der Forschungs- und Entwicklungsabteilung, durch Reisende, im Rahmen des betrieblichen Vorschlagswesens,...

Externe Quellen
Beispiel: Kunden, Messen, Ausstellungen, Konkurrenz,...

Es kommt vor, dass Produktideen sich spontan ergeben, ohne große Überlegung und bewusster Ideensuche; die Regel ist dies nicht. Vielmehr findet in vielen Unternehmen eine systematische Suche nach Produktideen statt.

Das nachfolgend vorgestellte **„Brainstorming"** ist nur ein Beispiel aus einer ganzen Reihe von Verfahren der systematischen Ideensuche, die in der Literatur erwähnt werden.

BEISPIEL
Brainstorming
Brainstorming ist keine systematisch-logische Vorgehensweise, die auf der Grundlage exakter technischer und materieller Vorgaben Lösungen sucht. Vielmehr ist Brainstorming ein intuitiv-kreatives Verfahren, das von der Kreativität der Teilnehmer lebt.
    Grundregeln:
● Begrenzung der Brainstorming-Sitzung auf 10 bis 15 Teilnehmer;
● Sitzungsdauer maximal 30 Minuten;
● freie, ungezwungene Ideenäußerung ohne Hierarchiezwänge;

- Quantität steht vor Qualität;
- die Themen der Sitzung werden längere Zeit vor der Sitzung bekannt gegeben.

● *Ideenauswahl*

Ideenauswahl

Viele der in der Brainstorming-Sitzung gefundenen Ideen fallen schon bei einer ersten Vorauswahl durch.

Auswahlkriterien sind u. a.:
- vorhandene Patente, Lizenzen;
- Realisierbarkeit in der Fertigung;
- Marktvolumen.

Die „überlebenden" Ideen werden anschließend einer Wirtschaftlichkeitsanalyse unterzogen, um die mögliche Rentabilität der Produktion zu berechnen. Die in der Praxis am häufigsten angewandte Methode ist die Break-even-Analyse.

Berechnung der Wirtschaftlichkeit einer Produkteinführung mithilfe der Break-even-Analyse:

Die **Break-even-Analyse** wird eingesetzt, um zu ermitteln, bei welchen Stückpreisen und Absatzmengen die Umsatzerlöse die Kosten decken (Break-even-Point).

Break-even-
Analyse

BEISPIEL

- geplanter Stückpreis für einen neuentwickelten Bohrhammer 280,00 EUR;
- zusätzlicher Investitionsbedarf 10 Mio. EUR;
- Nutzungsdauer der Anlagen fünf Jahre (lineare Abschreibung);
- fixe Kosten für Werbung, Distribution, ..., 400000,00 EUR/Jahr;
- variable Stückkosten 80,00 EUR

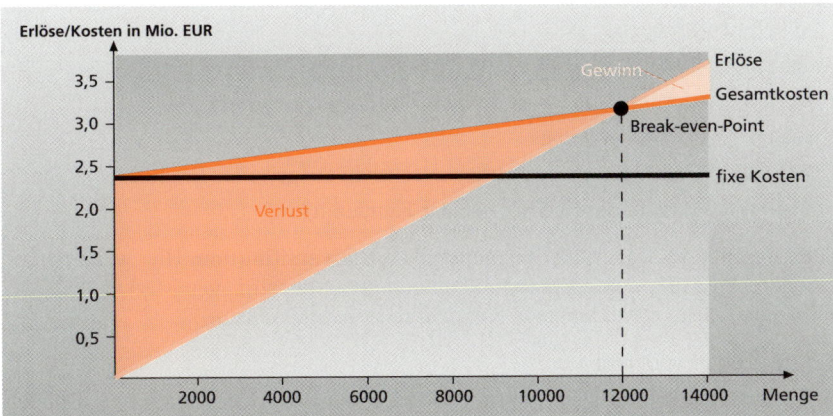

Der Break-even-Point lässt sich wie folgt berechnen:
80,00 EUR • x + 2,4 Mio. EUR = 280,00 EUR • x
x = 12000
Die Gewinnschwelle liegt in diesem Beispiel bei der Menge von 12 000 Stück Schlagbohrmaschinen, die zum Preis von 280,00 EUR am Markt abgesetzt werden müssen. Ist die errechnete Menge aufgrund eigener Erfahrungswerte oder aufgrund der Ergebnisse der Marktforschung zu erreichen, wird das Produkt eingeführt.

Produktent-
wicklung
→ siehe LF 6

● *Produktentwicklung*

Bei der Produktentwicklung muss darauf geachtet werden, dass das Produkt in seiner Entwicklung dem neuesten Stand der Technik entspricht, daneben muss es den Ansprüchen der Kunden bezüglich Funktionalität, Qualität und Preis entsprechen. Gute Qualität und niedriger Preis sind nur dann zu realisieren, wenn in der Produktentwicklung neue Wege eingeschlagen werden.

Markttest

→ siehe
Abschnitt
1.3.3

● *Markttest*

Nach dem Abschluss der Produktentwicklung könnte das serienreife Produkt eigentlich in den Markt eingeführt werden. Wie Erfahrungswerte zeigen, sind aber gerade die Markteinführungskosten der größte Kostenfaktor im Rahmen einer Produktinnovation. Erweist sich das neue Produkt als ein „Flop", werden hohe Kosten verursacht, denen keine entsprechenden Erträge gegenüberstehen.

Um dies zu vermeiden, wird bei manchen Produkten ein Markttest durchgeführt. Dazu wird ein Testgebiet ausgewählt, das dem Gesamtmarkt bezüglich der Wettbewerbsverhältnisse und der Bevölkerungsstruktur sehr ähnlich ist. Das neue Produkt wird dann nur auf diesem Testmarkt eingeführt. Erweist sich das Produkt auf dem Testmarkt als ein Erfolg, wird es auf dem Gesamtmarkt eingeführt. Ist ein Misserfolg absehbar, wird das Produkt auf dem Gesamtmarkt erst gar nicht angeboten.

Produkt-
einführung

● *Produkteinführung*

Sind sämtliche Auswahlverfahren, Wirtschaftsanalysen und Markttests erfolgreich durchgeführt worden, wird das neue Produkt endgültig auf dem Gesamtmarkt eingeführt. Trotz noch so detaillierter Auswahlverfahren und trotz genauester Planung gibt es keine Garantie auf einen Verkaufserfolg. Ursachen für einen „Einführungs-Flop" gibt es genügend:

- falsch gewählter Zeitpunkt der Markteinführung;
- schlechte oder im Umfang zu geringe Einführungswerbung;
- falscher Einführungspreis;
- zu viele „Kinderkrankheiten" (technisch nicht ausgereiftes Produkt);
- Produkt, das nicht die Bedürfnisse der Kunden trifft.

Diversifikation

Eine Sonderform der Produktinnovation ist die **Diversifikation**. Hier werden neue Produkte in das Produktprogramm aufgenommen, die auf neuen Märkten angeboten werden, d.h. es werden neue Kundenkreise angesprochen.

Ziele

Ziele der Diversifikation sind

- **Umsatzsteigerung:** Durch die Aufnahme neuer Produkte werden neue Kunden angesprochen.
- **Risikostreuung:** Das Unternehmen schafft sich ein „zweites Standbein", d.h. mögliche Absatzrückgänge bei einem oder mehreren Produkten können durch Absatzsteigerungen bei den neuen Produkten wieder ausgeglichen werden.

Die Diversifikation kann durch eigenständige Produktdiversifikation, durch den Kauf anderer Unternehmen oder durch den Zusammenschluss mit anderen Unternehmen erfolgen. Besonders in der Großindustrie ist durch die Konzernbildung die Diversifikation ziemlich verbreitet.

Arten der Diversifikation

Arten

Horizontale Diversifikation	Vertikale Diversifikation	Laterale Diversifikation
Das Produktprogramm wird durch neue Produkte erweitert, welche produktionstechnisch oder beschaffungs- und/oder absatzwirtschaftlich mit dem bisherigen Produktprogramm in Zusammenhang stehen. Das neue Produktprogramm richtet sich an den gleichen oder an einen gleichartigen Kundenkreis. **Beispiel** Ein Hersteller von Rasenmähern nimmt Gartenschläuche neu in sein Produktprogramm mit auf.	Hier werden Produkte in das Produktprogramm mit aufgenommen, die im Produktions- und Güterabsatzprogramm vor- oder nachgelagert sind. **Beispiel** Ein Möbelhersteller kauft ein Sägewerk.	Dem Produktprogramm werden neue Produkte hinzugefügt, die mit dem bisherigen Produktprogramm sowohl in produktionstechnischer als auch in beschaffungs- oder absatzwirtschaftlicher Hinsicht in keinerlei Zusammenhang stehen. **Beispiel** Ein Zementhersteller kauft einen Büroartikelhersteller.

1.4.3 Produktvariation

Produktvariation

Im Rahmen einer Produktvariation werden bestimmte Eigenschaften von Produkten, die bereits auf dem Markt eingeführt sind, verändert. Die **Ursachen** einer Produktvariation liegen zum einen in der Notwendigkeit, länger eingeführte Produkte den veränderten Anforderungen bezüglich der Technik, des Designs etc. anzupassen, zum anderen soll durch eine Produktvariation sich verändernden Kundenwünschen (Beispiel: Ausstattung eines Autos) Rechnung getragen werden.

Ursachen

Arten der Produktvariation

Arten

- Veränderung der physikalischen Eigenschaften eines Produkts,
- Veränderung der funktionalen Eigenschaften eines Produkts,
- Veränderung ästhetischer Eigenschaften (Design, Farbe, Stil, Verpackung etc.),
- Veränderung des Namens bzw. der Marke eines Produkts,
- Veränderung des Gesamtnutzens durch die Anbietung von Zusatzleistungen (Kundendienst; Garantieerweiterung etc.).

Mit der Produktvariation wird das Produkt im Großen und Ganzen unverändert gelassen, trotzdem soll der Käufer das Gefühl haben, dass er etwas Vertrautes mit mehr Nutzen erwirbt. Die Produktvariation sollte so umfassend sein, dass das Produkt mit Produkten, die kürzere Zeit auf dem Markt eingeführt sind, unter Nutzengesichtspunkten mithalten kann. Dies ist nicht einfach, da bei der Entwicklung von „jüngeren" Produkten neue technische Entwicklungen bzw. Designeransprüche weitaus besser berücksichtigt werden konnten.

Der **zeitliche Einsatz** einer Produktvariation lässt sich am Beispiel des Lebenszyklus eines Autos zeigen. In der Sättigungsphase geht der Verkauf des Modells stark zurück. Um diesen Umsatzrückgang nicht zu stark werden zu lassen, finden bei Automobilen in diesen Phasen manchmal sogar mehrere Produktvarianten statt: während der Sättigungsphase mit einer leichten Veränderung des Designs und Ausstattungsverbesserungen, in der Rückgangsphase ca. ein Jahr vor der Einführung des neuen Modells kommen, je nach Verkaufzahlen, noch weitere Ausstattungsverbesserungen dazu.

zeitlicher Einsatz

1.4.4　Produkteliminierung

Die **Produkteliminierung** bewirkt die **Bereinigung des Produktionsprogramms**, d.h., die Herstellung veralteter und unrentabler Produkte wird eingestellt, z.B. Aufgabe der Produktion der alten 3-er Serie zugunsten einer neuen 3-er Serie.

Der Entscheidung, ein Produkt nicht mehr herzustellen, gehen genaue Analysen voraus, z.B. Kostenanalysen und Rentabilitätsanalysen.

Quantitative und qualitative **Entscheidungsgesichtspunkte** können für das Herausfinden eliminierungsverdächtiger Produkte von Bedeutung sein:

BEISPIELE für quantitative Kriterien: sinkender Umsatz und/oder Marktanteil, geringerer Umsatzanteil am Gesamtumsatz, sinkender Deckungsbeitrag, sinkender Kapitalumschlag und sinkende Rentabilität.

BEISPIELE für qualitative Kriterien: Störungen im Produktionsablauf, negative Rückschlüsse auf das gesamte Produktionsprogramm bei einem überholten und veralteten Produkt, negativer Einfluss auf das Firmenimage (z.B. Reparaturanfälligkeit), nachlassende Wirkung der Marketingaktivitäten (z.B. Werbung), Änderung der Bedarfsstruktur und Änderung gesetzlicher Vorschriften (z.B. verschärfte Abgasbestimmungen bei Ölbrennern).

Die Grenze, an der ein Produkt eliminiert oder weiterproduziert werden soll, ist oft schwierig zu ziehen. Häufig geht eine Produktelimination einher mit einer Produktinnovation oder Produktvariation.

1.5　Preispolitik

Unter **Preispolitik** versteht man alle Entscheidungen eines Unternehmens, die die Preisstellung auf dem Markt beeinflussen. In erster Linie zählt dazu die Veränderung des Produktpreises. Daneben sind aber auch die verschiedenen Formen der Rabattgewährung, die Vereinbarung bestimmter Lieferungs- und Zahlungsbedingungen sowie die Gewährung von Kundenkrediten Mittel der Preispolitik.

Preispolitische Entscheidungen sind notwendig im Rahmen
- der Produkteinführung (erstmalige Preisfestsetzung),
- von Kostenänderungen (Bsp.: Tariflohnerhöhung),
- von Nachfrageänderungen (Bsp.: Umsatzrückgang),
- von Veränderungen im Konkurrenzverhalten (z.B.: Preiskampf im Lebensmitteleinzelhandel).

1.5.1　Einflussgrößen der Preispolitik

Wie oben bereits erwähnt, umfasst die Preispolitik eines Unternehmens eine Reihe von Maßnahmen. Welche Faktoren sind nun aber dafür verantwortlich, dass z.B. ein Unternehmen billiger anbietet oder größere Rabattsätze gewährt, ein anderes dagegen höhere Preise verlangt bzw. geringere Rabatte gewährt?

Einflussgrößen der Preisbildung sind u.a.,
- die Kosten des Unternehmens,
- die Nachfragesituation,
- die Konkurrenzsituation.

■ Kostenorientierte Preisbildung

Grundlage der kostenorientierten Preisbildung ist der kalkulierte Verkaufspreis, dem die Zahlen der betrieblichen Kostenrechnung zugrunde liegen. Der Verkaufspreis kann dabei mithilfe der Vollkosten- oder der Teilkostenrechnung ermittelt werden.

● Art der Kosten

Betrachtet man die Kosten in einer Geschäftsperiode, stellt man fest, dass es zwei verschiedene Kostenarten gibt, die sich bei einer Änderung des betrieblichen Leistungsumfangs (Beschäftigung) absolut unterschiedlich verhalten.

- **Fixe Kosten:** Darunter versteht man Kosten, die bei einer Änderung der Beschäftigung gleich bleiben.

BEISPIELE

Miete, Gehälter der Angestellten, Zinskosten, Abschreibungen, Versicherungsbeiträge.

Die fixen Kosten fallen an, unabhängig davon, ob und in welchem Umfang Leistungen von dem Unternehmen erbracht werden. Bezieht man die fixen Kosten einer Periode auf eine einzelne Leistungseinheit, so gehen die fixen Kosten je Leistungseinheit in dem Umfang zurück, wie die Leistungsmenge zunimmt. Die Ursache für dieses Verhalten liegt darin begründet, dass sich die fixen Kosten auf eine größere Zahl an Leistungseinheiten verteilen. Bei einem Rückgang der Beschäftigung steigen die fixen Kosten pro Leistungseinheit an.

BEISPIEL

Ein Industrieunternehmen hat im Ausgangsjahr fixe Kosten von 100 000,00 EUR. Die Beschäftigung beträgt 2000 Leistungseinheiten. Die fixen Kosten/Leistungseinheit betragen 50,00 EUR.
Im Folgejahr sinkt die Beschäftigung des Industrieunternehmens auf 1000 Leistungseinheiten. Die gesamten fixen Kosten betragen weiterhin 100 000,00 EUR. Die fixen Kosten/Stück betragen dann 100,00 EUR.

- **Variable Kosten:** Das sind Kosten, die sich bei einer Veränderung der Beschäftigung auch verändern.

BEISPIELE

Rohstoffeinsatz, Energiekosten, Provisionen im Vertrieb, Transport- und Verpackungskosten.

Die variablen Kosten fallen nur dann an, wenn ein Unternehmen Leistungen erbringt. Geht man davon aus, dass sich die variablen Kosten proportional zu einer Beschäftigungsänderung verhalten, ist ihr Stück- und Gesamtkostenverlauf genau umgekehrt wie bei den fixen Kosten.

BEISPIEL

Das Industrieunternehmen hat pro Leistungseinheit 100,00 EUR variable Kosten errechnet. Bei einer Beschäftigung von 2000 Leistungseinheiten betragen die variablen Kosten/Stück 100,00 EUR. Die gesamten variablen Kosten betragen dann 200 000,00 EUR.
Bei einem Rückgang der Beschäftigung auf 1000 Leistungseinheiten bleiben die variablen Kosten/Stück bei 100,00 EUR; die gesamten variablen Kosten gehen auf 100 000,00 EUR zurück.

● Preisbildung auf Vollkostenbasis

Wird ein Verkaufspreis auf Vollkostenbasis kalkuliert, so bedeutet dies, dass durch den Verkaufspreis alle Kosten des Unternehmens gedeckt sein müssen, d.h. nicht nur die variablen Kosten (Kosten, die durch diesen Auftrag verursacht wurden), sondern auch die anteiligen fixen Kosten.

Errechnet wird dieser Preis in der Industrie im Rahmen der Zuschlagskalkulation. Ausgangspunkt sind die gesamten Materialkosten eines Produktes bzw. eines Auftrags. Rechnet man zu diesen Materialkosten die durch diesen Auftrag verursachten Kosten der Fertigung (Bsp.: Fertigungslöhne) und die anteiligen Verwaltungs- und Vertriebskosten (Bsp.: Gehälter, Provisionen, Verpackungskosten) noch dazu, erhält man die Selbstkosten des Auftrags. Anschließend wird noch die gewünschte Gewinnspanne und die Umsatzsteuer verrechnet. Mit diesem errechneten Bruttoverkaufspreis werden alle Produkte verkauft. Eine Preisdifferenzierung ist nicht möglich.

BEISPIEL Kalkulation des Bruttoverkaufspreises für einen Schreibtisch (Vollkostenrechnung):

	Materialeinzelkosten	100,00 EUR
+	Materialgemeinkosten	20,00 EUR
=	Materialkosten	120,00 EUR
+	Fertigungslöhne	70,00 EUR
+	Fertigungsgemeinkosten	90,00 EUR
=	Herstellungskosten	280,00 EUR
+	Verwaltungskosten	40,00 EUR
+	Vertriebskosten	30,00 EUR
=	Selbstkosten	350,00 EUR
+	Gewinn	50,00 EUR
=	Verkaufspreis netto	400,00 EUR
+	16 % Umsatzsteuer	64,00 EUR
=	Bruttoverkaufspreis	464,00 EUR

Produktprogrammpolitik, Vollkostenrechnung

● *Vollkostenrechnung und Produktpolitik*

Ohne eine Aufteilung der Kosten im Unternehmen in fixe und variable Kostenbestandteile kann die Kostenrechnung nur in Form einer Vollkostenrechnung durchgeführt werden, d. h. dass sämtliche Kosten den einzelnen Produkten zugerechnet werden. Dabei wird aber keine Rücksicht darauf genommen, welche Kosten von den einzelnen Produkten direkt verursacht werden (variable Kosten) und wie viele der gesamten fixen Kosten das Produkt durch seine Verkaufserlöse abdeckt. Diese Art der Kalkulation kann zu falschen Entscheidungen in der Politik führen.

FALLBEISPIEL

Ein Unternehmen führt in seinem Produktprogramm die drei Produkte A, B und C. Für die Abrechnungsperiode April haben die Kostenrechner das folgende Zahlenmaterial zusammengestellt.
Bei den fixen Kosten handelt es sich nicht um erzeugnisfixe Kosten, sondern um unternehmensfixe Kosten, die unabhängig von der Produktprogrammstruktur anfallen.

Produkte		Verkaufs- erlöse	Selbst- kosten	davon		Gewinn/ Verlust
Art	Stück			variable Kosten	fixe Kosten	
A	100	320 000,00	270 000,00	216 000,00	54 000,00	+50 000,00
B	200	400 000,00	420 000,00	168 000,00	252 000,00	-20 000,00
C	120	240 000,00	210 000,00	63 000,00	147 000,00	+30 000,00

Die Vollkostenrechnung ergibt, dass der Artikel B 20 000,00 EUR Verlust erbringt. Unter wirtschaftlichen Gesichtspunkten wäre es also dringend erforderlich, den Artikel aus dem Produktprogramm zu streichen. Wird in einem Unternehmen nur die Vollkostenrechnung durchgeführt, ergibt sich für die Produktprogrammgestaltung unter Kostenaspekten folgender Grundsatz: Produkte, die nach Abzug sämtlicher Kosten einen Gewinn erzielen, bleiben im Produktprogramm; Verlustprodukte werden aus dem Produktprogramm gestrichen.

Die Vollkostenrechnung auf der Basis der Zuschlagskalkulation hat u. a. den Vorteil, dass die Berechnung des Verkaufspreises relativ einfach ist. Problematisch ist dieses Verfahren aus kostenrechnerischer Sicht, weil die fixen und variablen Kosten nicht verursachungsgerecht den einzelnen Produkten zugerechnet werden und aus absatzpolitischer Sicht, weil zusätzliche Absatzmengen (z. B. über Preisdifferenzierung) mit dieser Art der Preisbildung nicht möglich sind.

● *Preisbildung auf Teilkostenbasis*

Produktprogrammpolitik Teilkostenrechnung

Bei der Deckungsbeitrags-/Teilkostenrechnung werden nicht alle Kosten auf die einzelnen Produkte verrechnet. Stattdessen werden einem Produkt nur die Kosten zugerechnet, die von ihm direkt verursacht werden (variable Kosten). Auf eine Verrechnung der fixen Kosten wird zunächst verzichtet. Erst bei der Ergebnisermittlung werden die fixen Kosten miteinbezogen.

Bei der Deckungsbeitragsrechnung werden, wie der Begriff schon sagt, Deckungsbeiträge ermittelt. Diese ergeben sich, wenn man von dem Gesamterlös eines Produktes die variablen Kosten abzieht.

MERKE

Deckungsbeitragsrechnung

Grundschema der Deckungsbeitragsrechnung:

=	Umsatzerlöse
–	variable Kosten
=	**Deckungsbeitrag**
–	fixe Kosten
=	Gewinn bzw. Verlust

Wie bereits erwähnt, sind die fixen Kosten noch nicht miteinberechnet. Der Deckungsbeitrag gibt also einen EUR-Betrag an, der zur Deckung der fixen Kosten verwendet wird.

Auf den ersten Blick ergibt sich kein Unterschied zur Vollkostenrechnung; die Verrechnung der Kosten wird nur in zwei Rechenschritten durchgeführt. Tatsächlich gibt es aber einen großen Unterschied. Dieser liegt darin begründet, dass man durch die Aufteilung der Kosten in fixe und variable Bestandteile jetzt weiß, wie viel EUR des Verkaufserlöses bei den einzelnen Produkten im Sortiment nach Abzug der variablen Kosten zur Deckung der fixen Kosten übrig bleiben.

FALLBEISPIEL

Betrachtet man das vorangehende Beispiel aus der Sicht der Deckungsbeitragsrechnung, ergibt sich ein vollkommen anderes Bild als bei der Vollkostenrechnung. Das Produkt B hat einen Deckungsbeitrag von 232 000,00 EUR, d. h. es trägt von den gesamten fixen Kosten den weitaus größten Teil. Würde man das Produkt B aus dem Produktprogramm streichen, wäre das Gesamtergebnis erheblich schlechter.

	Produktprogramm mit Produkt B	Produktprogramm ohne Produkt B
Verkaufserlöse	960 000,00	560 000,00
– variable Kosten	447 000,00	279 000,00
= Deckungsbeitrag	513 000,00	281 000,00
– fixe Kosten	453 000,00	453 000,00
= Gewinn/ Verlust	60 000,00	172 000,00

Das Gesamtergebnis verändert sich gravierend; mit Produkt B entsteht ein Gewinn von 60 000,00 EUR, ohne Produkt B ein Verlust von 172 000,00 EUR.

Neben diesen neuen Erkenntnissen über die Kostenstruktur der Produkte und ihren Auswirkungen auf das Produktprogramm ergeben sich die folgenden weiteren Möglichkeiten auf der Basis der Teilkostenrechnung:

Sonderaktionen

- Durchführung zeitlich befristeter **Sonderaktionen**.

BEISPIEL

Aufnahme eines neuen Produkts in das Produktprogramm. Die Kunden sollen über den günstigen Preis auf das Produkt aufmerksam gemacht werden.

Preisdifferen- zierung

- Möglichkeit einer **Preisdifferenzierung** und damit einer Gewinnsteigerung.

BEISPIEL

Ein Schraubenhersteller verkauft die 200-er Packung Spax-Schrauben (4 x 60 mm), kalkuliert auf Vollkostenbasis, für 10,73 EUR netto. Alle im Unternehmen entstehenden fixen Kosten sind durch die Verkaufserlöse der anderen Produkte gedeckt. Eine große Baumarktkette würde 10 000 Packungen zu einem Preis von 7,00 EUR netto beziehen. Die variablen Kosten der Packung Schrauben betragen 5,50 EUR.

Soll der Schraubenhersteller das Angebot annehmen und die Schrauben zu 7,00 EUR liefern?

Deckungsbeitragsrechnung:

Nettoverkaufserlös/Packung	7,00 EUR
- Variable Kosten/Packung	5,50 EUR
= Deckungsbeitrag/Packung	1,50 EUR

Dadurch, dass die fixen Kosten bereits gedeckt sind, ergibt sich eine Gewinnsteigerung von 15 000,00 EUR über den zusätzlichen Deckungsbeitrag.

Die Vorteile dieser Preispolitik liegen in den Möglichkeiten der Preisdifferenzierung. Durch die Vorgabe von Preisuntergrenzen ist die Preis- und damit die Absatzpolitik flexibler geworden. Der Unternehmer ist in der Lage, auf das Marktgeschehen einzugehen und in hart umkämpften Märkten oder bei einem Neueintritt in einen Markt geringere Preise anzubieten. Diese Preise dürfen allerdings nicht unter den variablen Kosten der Produkte liegen.

Die Hauptgefahr dieser Preispolitik ist, dass ein Unternehmen die Deckungsbeitragsrechnung grundsätzlich für die Preiskalkulation heranzieht und insgesamt zu niedrige Preise auf dem Markt verlangt. Unbedingte Voraussetzung für die Anwendung der Deckungsbeitragsrechnung ist, dass über einen längeren Zeitraum gesehen die fixen Kosten insgesamt gedeckt sein müssen; d.h., es muss eine Preispolitik gewährleistet sein, die eine volle Kostendeckung ermöglicht.

■ *Nachfrageorientierte Preisgestaltung*

Die Preispolitik kann nicht nur die eigenen Kosten beachten, sondern sie muss auch die Preisvorstellungen der Nachfrager im Auge behalten. Die entscheidende Frage ist hier, inwieweit die Nachfrager bereit sind, einen bestimmten Preis für ein Produkt zu bezahlen. Dabei sind u. a. folgende Punkte zu berücksichtigen:

- Struktur der Nachfrager
  Gesamtnachfrage, Art der Nachfrager, Substituierbarkeit des Produktes, Reaktion der Nachfrager auf Preisänderungen.
- Preisvorstellungen der Nachfrager
  Der Nachfrager ist heute durchaus in der Lage, Güter der gleichen Gattung miteinander zu vergleichen und sich eine Meinung zu bilden, was ein Produkt kosten darf. Wesentlich ist für ihn dabei, was für einen Nutzen das Gut für ihn hat.
- Einfluss von Qualität und Image
  Die Ursachen dafür, dass der Nachfrager auch einen eventuell höheren Preis für ein Gut akzeptiert, liegen vor allem in der Qualität eines Produktes und in seinem Image begründet.

Randspalte: nachfrageorientierte Preisgestaltung

■ *Konkurrenzorientierte Preisbildung*

Unter konkurrenzorientierter Preisbildung versteht man, dass sich der Verkaufspreis unter Berücksichtigung der eigenen Kostensituation und der Nachfrage im Wesentlichen an den Preisen der Konkurrenz orientiert. Diese Art der Preispolitik tritt hauptsächlich in zwei Formen auf:

- Das Unternehmen orientiert sich in seiner Preisgestaltung am durchschnittlichen Preis der gesamten Konkurrenz.
- Das Unternehmen orientiert sich an den Preisen des Preisführers auf dem Markt. Der Preisführer ist häufig der Anbieter mit dem überwiegenden Marktanteil.

Beide Formen der konkurrenzorientierten Preisbildung treten vor allem auf oligopolistischen Märkten, z. B. dem Benzinmarkt oder dem Arzneimittelmarkt auf.

Randspalte: konkurrenzorientierte Preisgestaltung

1.5.2   Preisanpassungsstrategien

Unter Preisanpassungsstrategien versteht man die Notwendigkeit, dass ein Unternehmen an einem einmal festgelegten Verkaufspreis nicht unabänderlich festhält, sondern ihn auch unter bestimmten Bedingungen verändern bzw. anpassen kann. Diese Preisanpassung ist heute eher die Regel als die Ausnahme. Grundlage einer variablen Preispolitik sind wiederum die Ergebnisse der Deckungsbeitragsrechnung.

Randspalte: Preisanpassungsstrategien

■ *Preisdifferenzierung*

Preisdifferenzierung heißt, dass ein und derselbe Anbieter für das gleiche Produkt von verschiedenen Nachfragern unterschiedliche Preise verlangt.

Dabei lassen sich folgende Arten der Preisdifferenzierung unterscheiden:

- **Räumliche Preisdifferenzierung:**
  Dabei werden in verschiedenen Regionen (In-, Ausland, Nord-/Süddeutschland) je nach Kunden- und Konkurrenzstruktur für dasselbe Produkt verschiedene Preise verlangt.
  BEISPIELE
  - Auto-, Arzneimittelpreise im In- und Ausland
  - Benzinpreise in verschiedenen Regionen

Randspalte: Preisdifferenzierung

Randspalte: räumliche Preisdifferenzierung

zeitliche Preis-differenzierung

- **Zeitliche Preisdifferenzierung:**
  Diese Preisunterschiede sind hauptsächlich durch das Schwanken der Nachfrage im Zeitablauf begründet.
  BEISPIEL
  - Telefongebühren
  - Strompreise
  - Fremdenverkehr (Übernachtungspreise)

personelle Preis-differenzierung

- **Personelle Preisdifferenzierung:**
  Grundlage dieser Preisdifferenzierung sind hauptsächlich soziale Argumente; teilweise dient die unterschiedliche Preisgestaltung auch der besseren Auslastung.
  BEISPIEL
  - Schülervergünstigungen
  - Seniorenpreise bei der Deutschen Bahn AG
  - Schwerbehindertennachlässe
  - Stromtarife für Unternehmer und Privatkunden

mengenmäßige Preisdifferenzie-rung

- **Mengenmäßige Preisdifferenzierung:**
  Je nach Abnahmemenge (Groß-/Kleinpackung) sind die Preise für dasselbe Produkt unterschiedlich.

  Voraussetzungen für eine Preisdifferenzierung sind u. a.:

  - Der Markt lässt sich in Teilmärkte aufteilen.

  - Die Kunden dürfen nicht oder nur sehr schwer die Möglichkeit haben, auf den billigeren Märkten einzukaufen.

Preisstellungs-systeme

■ *Preisstellungssysteme*

Die Preisstellung (Preisfestsetzung) für eine Ware kann nach dem **Bruttopreissystem** oder dem **Nettopreissystem** erfolgen.

Bruttopreis-system

● *Bruttopreissystem*

Der ursprünglich vom Anbieter festgelegte Listenpreis kann durch die Gewährung von verschiedenen Rabatten modifiziert werden.

Rabatte

Rabatte sind Preisnachlässe, die der Anbieter seinen Abnehmern für bestimmte Leistungen gewährt. Bei der Vorlage dieser Leistungen kann der einmal festgesetzte Preis herabgesetzt werden.

Rabatte sind Möglichkeiten der „preispolitischen Feinsteuerung", mit denen der Anbieter auf die Leistungen und Bedürfnisse der einzelnen Kunden (Abnahmemengen, Umsatzzahlen, Produkteinführung, ...) besser und gezielter eingehen kann.

Mindestabnahme-menge

Mindermengen-zuschläge

Aus Kostengründen kann der Anbieter eine **Mindestabnahmemenge** vorschreiben, unter der er nicht verkauft. Alternativ kann er aus dem gleichen Grund für die Abnahme kleiner Mengen von seinen Kunden **Mindermengenzuschläge** verlangen, d. h. er verlangt einen Preisaufschlag, wenn der Kunde geringe Mengen abnehmen möchte.

Rabattarten im Überblick

Funktionsrabatte	Für die Übernahme bestimmter Leistungen, z.B. Rabatte für Lagern, Abpacken, Abfüllen; Wiederverkäuferrabatt für Einzelhändler (i.V.m. einer unverbindlichen Preisempfehlung)
Mengenrabatte	Für die Abnahme größerer Mengen, z.B. gestaffelter Rabatt je nach Abnahmemenge, Naturalrabatt in Form unentgeltlicher Warenabgaben; Umsatzrückvergütung am Ende des Geschäftsjahres (Bonus) bei Erreichen einer bestimmten Umsatzgröße (z.B. 5% Bonus bei einem Jahresumsatz von 100 000 EUR)
Zeitrabatte	Sie werden eine begrenzte Zeit lang gewährt, z.B. Einführungs-, Saison-, Messe-, Auslaufrabatt

Durch die Rabattpolitik sollen vor allem folgende Wirkungen erzielt werden:

- Umsatz- und Absatzausweitung durch höhere Abnahmemengen der Kunden
- Festigung der Kundenbindung durch in Jahresgesprächen festgelegte Rabatte
- Wahrung des Hochpreisimages des Produkts bei flexibler Preisgestaltung

● *Nettopreissystem*

Auf die vom Anbieter einmal festgelegten Preise werden keine Rabatte mehr gewährt, allerdings sind von der jeweiligen Auftragsgröße abhängige **Staffelpreise** möglich.

Beispiel für Staffelpreise:

Artikel	Abnahmemenge	Preis/Stück
Diamanttrennscheibe (115 mm)	500 Stück 750 Stück 1 000 Stück 1 250 Stück	12,95 12,70 12,50 12,30

1.5.3   Finanzdienstleistungen

Unter Finanzdienstleistungen versteht man Kredite und Leasingangebote (Absatzkredite), die ein Unternehmen seinen potenziellen Kunden anbietet, um sie mit Kaufkraft auszustatten. Diese Absatzkreditpolitik richtet sich vor allem an die Kunden, die zwar einen Kaufwunsch, aber zurzeit keine Kaufkraft haben.

Mit der Absatzkreditpolitik versuchen die Unternehmen neue Kunden zu gewinnen und/oder bei den alten Kunden das Kaufvolumen zu erhöhen. Gewährt ein Hersteller beispielsweise seinen Groß- bzw. Einzelhändlern großzügige Zahlungsziele beim Kauf der Produkte, ist der Händler leichter in der Lage einen größeren Lagerbestand aufzubauen, da der Hersteller diesen zumindest teilweise finanziert. Mit einem größeren Lagerbestand ist er jederzeit lieferbereit und kann somit möglicherweise auch mehr verkaufen.

Die verschiedenen Formen der Finanzdienstleistungen, die ein Unternehmern seinen Kunden anbietet, lassen sich in Absatzgeld- und Absatzgüterkredite einteilen.

Finanzdienstleistungen im Überblick

Absatzgeld-kredite	Die Kreditvergabe ist nicht mit dem Verkauf eines Produkts oder einer Dienstleistung verknüpft. BEISPIEL Einrichtungskredit für einen Existenzgründer. Es wird erwartet, dass die Produkte des kreditgebenden Unternehmens vorzugsweise abgenommen werden.

Absatz-güterkredite	Die Kreditvergabe ist direkt mit dem Verkauf eines Produkts oder einer Dienstleistung verbunden. **BEISPIELE** ● Mit einem Darlehensvertrag **verbundener Vertrag** (z. B. Kauf-, Werkvertrag auf Ratenbasis). Das kreditgebende Unternehmen tritt an die Stelle eines Kreditinstituts und verlangt vertraglich vereinbarte Zins- und Tilgungszahlungen (vor allem im internationalen Investitionsgütergeschäft). ● **Lieferantenkredit**. Gute Kunden erhalten die Ware auf Ziel und zahlen erst ein bis drei Monate nach Erhalt der Ware. ● **Leasing mit Kaufoption.** Der Kunde leistet bei Übergabe des Produkts zunächst eine Sonderzahlung, der dann monatliche Leasingraten folgen. Am Ende der Leasingdauer kann er das Leasinggut kaufen oder zurückgeben.

1.6　Kommunikationspolitik als Mittel zur Kundenakquirierung

Die Kommunikationspolitik der Unternehmen hat sich in den letzten Jahren durch die größere Auswahl und die vielfältigen Gestaltungsmöglichkeiten der einzelnen Instrumente erheblich gewandelt. Sponsoring und Eventmarketing sind mittlerweile feste Bestandteile der Kommunikation der Unternehmen mit ihren potenziellen Kunden geworden. Darüber hinaus gibt es mit den modernen Kommunikationstechnologien, wie beispielsweise dem Internet, zusätzliche Möglichkeiten der Kundenansprache. Selbst traditionelle Kommunikationsformen wie die klassische Werbung und die Öffentlichkeitsarbeit der Unternehmen weisen mittlerweile eine immer stärkere Spezialisierung auf.

1.6.1　Kommunikationsziele

Die Kommunikationziele eines Unternehmens leiten sich aus den übergeordneten Unternehmens- bzw. Marketingzielen ab. Wichtig ist die eindeutige Festlegung von Inhalt, Ausmaß, Zeitbezug und Zielgruppenbezug (Operationalisierung der Ziele).

Kommunikationsziele im Überblick

Ökonomische Ziele	Z. B. Umsatzsteigerung um 10 % für das nächste Planjahr im Marktsegment Bürostühle, Marktanteilssteigerung um 5 % innerhalb der nächsten 3 Jahre im Marktsegment Tische.
Psychologische Ziele	Verbesserung des Unternehmensimages durch Steigerung der Marken-, Produkt- und Unternehmensbekanntheit. Dabei sind zwei Vorgehensweisen denkbar. ● **Positionierung beim Kunden** durch Kommunikation mit 　– *Emotionen* (vor allem auf gesättigten Märkten, z. B. Pkw, Bier, Zigaretten, Süßwaren) oder 　– *Informationen* über das Produkt (bei Produkten, die aktuelle Kundenbedürfnisse ansprechen, z. B. Produkte zur Altersvorsorge) ● **Profilierung gegenüber dem Wettbewerber** durch Erreichen einer *Alleinstellung*. Die Kommunikation zielt hier auf Image- und Präferenzziele (z. B. alle bekannten Markenhersteller)

Unabhängig von der Auswahl und dem Einsatz der einzelnen Kommunikationsinstrumente (Werbung, Public-Relations, etc.) legt das Unternehmen vorher fest, welche Ziele es mit dem Einsatz dieser Kommunikationsinstrumente erreichen will.

1.6.2 Kommunikationsstrategie

Kommunikations-
strategie

Kommunikationsstrategien sind langfristige Pläne für die Durchführung und Ausrichtung von Kommunikation. Im Rahmen eines langfristigen Kommunikationsplans sind zunächst die **Objekte der Kommunikation** festzulegen. Objekte der Kommunikation können das Produkt, die Marke in all ihren Ausprägungen oder das Unternehmen sein. Danach gilt es, die **Zielgruppen/Einsatzbereiche der Kommunikation** in Bezug auf Personen, Zeit und Raum festzulegen. Anschließend werden die **Instrumente der Kommunikation** (Werbung, PR, Sponsoring, etc.), die **mediale Ausrichtung** dieser Instrumente und die **Gestaltungselemente** in Form von Musik, Farbe, etc. definiert.

Inhalte einer Kommunikationsstrategie

Inhalte einer
Kommunikations-
strategie

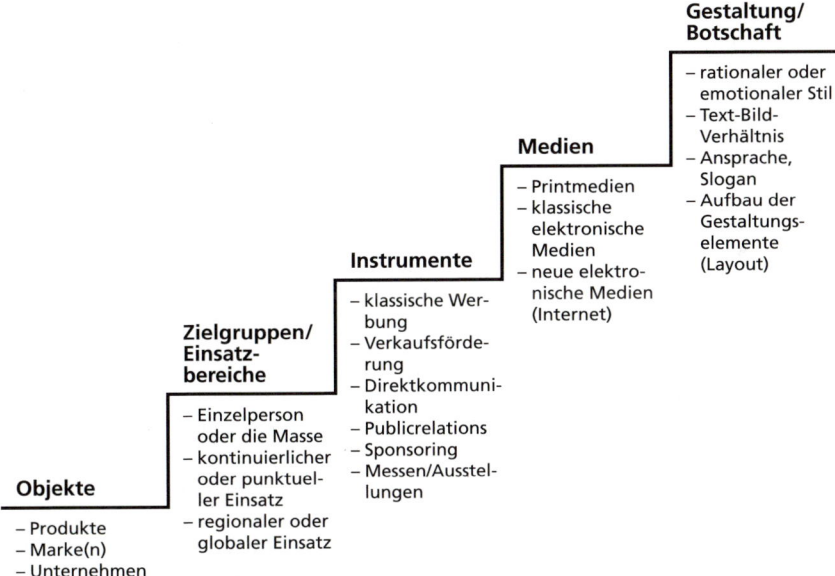

Im Rahmen der strategischen Entscheidungen bei der Kommunikationspolitik spielt zurzeit vor allem der Begriff „**Corporate Identity – CI**" eine ganz wichtige Rolle. Unter CI versteht man ein ganzheitliches Konzept, nach dem alle Kommunikationsziele, -inhalte und -instrumente ein einheitliches Bild von der Unternehmung abgeben. Ein erfolgreiches CI-Konzept verfolgt vor allem den Zweck der Verbesserung des Unternehmensimages und der Darstellung eines einheitlichen Erscheinungsbildes gegenüber der Außenwelt. Auf diese Weise kann die Wiedererkennung des Unternehmens nach außen erhöht werden und intern eine Verbesserung der Mitarbeiteridentifikation und vielleicht auch der Mitarbeitermotivation erreicht werden.

Corporate
Identity (CI)

CI-Konzept

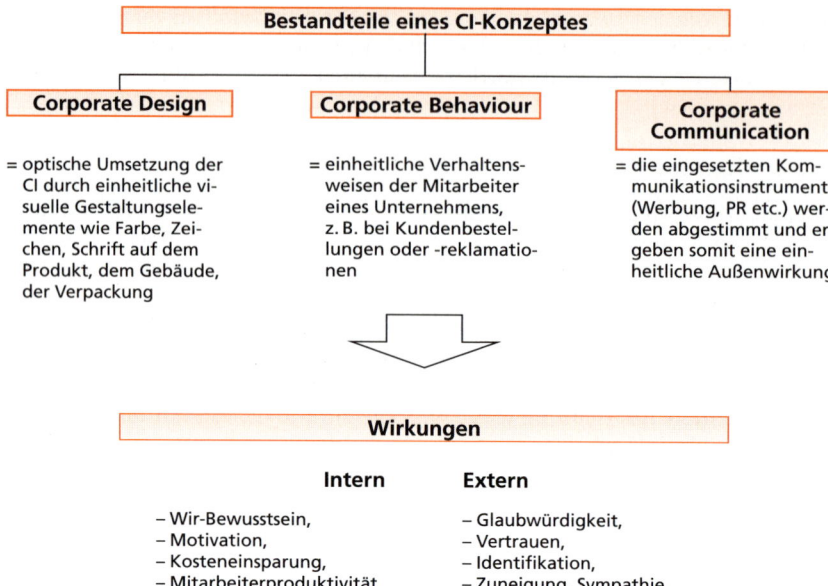

Bestandteile eines CI-Konzeptes

Corporate Design	**Corporate Behaviour**	**Corporate Communication**
= optische Umsetzung der CI durch einheitliche visuelle Gestaltungselemente wie Farbe, Zeichen, Schrift auf dem Produkt, dem Gebäude, der Verpackung	= einheitliche Verhaltensweisen der Mitarbeiter eines Unternehmens, z. B. bei Kundenbestellungen oder -reklamationen	= die eingesetzten Kommunikationsinstrumente (Werbung, PR etc.) werden abgestimmt und ergeben somit eine einheitliche Außenwirkung

Wirkungen eines CI-Konzepts

Wirkungen

Intern	Extern
– Wir-Bewusstsein,	– Glaubwürdigkeit,
– Motivation,	– Vertrauen,
– Kosteneinsparung,	– Identifikation,
– Mitarbeiterproduktivität	– Zuneigung, Sympathie

Vor allem bei Markenprodukten, wie beispielsweise bei Nivea, tesa, Milka, Microsoft oder auch Gardena wird insbesondere in den Bereichen Design und Kommunikation ein sehr konsequentes CI-Konzept verfolgt. Bei diesen Unternehmen hat die starke Unternehmensidentität auch einen erheblichen Beitrag zum Unternehmenserfolg geleistet.

Absatzwerbung

1.6.3 Absatzwerbung

Jede Werbung versucht den Menschen zu einem bestimmten Handeln zu veranlassen. Wirtschaftswerbung im Besonderen hat das Ziel, den Absatz der Produkte zu erhöhen. Der Umworbene soll durch den Einsatz besonderer Kommunikationsmittel vom Kauf der Waren bzw. der Dienstleistungen überzeugt werden.

Verkäufermarkt

Unter den Bedingungen eines **Verkäufermarktes** würde Absatzwerbung nur eine untergeordnete Rolle spielen. Da die Nachfrage nach Produkten das Angebot übertrifft, braucht sich der Verkäufer nicht besonders um den Käufer zu bemühen; stattdessen unternimmt der Käufer alles, um an die Ware zu gelangen.

Käufermarkt

In der Praxis ist aber der **Käufermarkt** der Regelfall. Der Verkäufer muss versuchen, den Käufer vom Kauf seines Produktes zu überzeugen. Neben dem Produkt an sich und dem Preis ist die Werbung für ein bestimmtes Produkt oft der letzte Anstoß zum Kauf.

■ *Aufgaben der Werbung*

Werbung, Aufgaben

Wenn man nach den Aufgaben der Wirtschaftswerbung fragt, erhält man meist die Antwort: Werbung soll verkaufen. Dies ist sicher insofern richtig, als die Wirtschaftswerbung letzten Endes beim Verkauf von Waren und Dienstleistungen mitwirkt. Bevor aber verkauft werden kann, gilt es, die Existenz eines Erzeugnisses samt seiner Eigenarten, Verwendbarkeiten und Nutzen zunächst einmal bekannt zu machen. Dabei wird es in erster Linie wesentlich darauf ankommen, Informationen zu bieten, Aufmerksamkeiten und Interesse zu wecken und Vertrauen zu begründen. Damit sind aber Aufgabenkreis und Ziele der Werbung noch keineswegs voll umschrieben; die Funktionen der Werbung sind weit differenzierter. Sehr häufig wird mit der Werbung der Wunsch nach Produkten erst geschaffen, u. a. durch den Einsatz von Leitbildern, welche die Entscheidungen der Verbraucher beeinflussen sollen. Manchmal kommt es darauf an, einem Erzeugnis durch Werbung „Alleinstellung", zumindest Profilierung gegenüber konkurrierenden Produkten zu geben. Man spricht vom „Markenbewusstsein" der Verbraucher, das durch Werbung geschaffen wird. Zusammengefasst lassen sich die Aufgaben der Werbung mit der **AIDA-Formel** wiedergeben:

AIDA-Formel

A = Attention = Aufmerksamkeit erregen;

I = Interest = Interesse wecken;

D = Desire = Wünsche nach Produkten schaffen;

A = Action = Der Umworbene soll das Produkt kaufen.

■ *Werbemittel und Werbeträger*

Die Aufgaben der Werbung lassen sich nur in die Tat umsetzen, wenn die Werbebotschaft die Umworbenen erreicht. Den werbetreibenden Unternehmen stehen für diesen Zweck eine Fülle an Kommunikationsmöglichkeiten (Fernsehen, Rundfunk, Internet, Zeitungen, Illustrierte, Plakatsäulen, Verkehrsmittel usw.) zur Verfügung. Diese Kommunikationseinrichtungen, die dazu benutzt werden, die Werbung zu verbreiten, nennt man **Werbeträger.**

Werbeträger

Über die Werbeträger gelangt die Werbebotschaft in verschiedenen Ausdrucksformen bzw. Darstellungen (Werbespot, Plakat, Brief, Inserat) an die Umworbenen. Die verschiedenen Ausdrucksformen/Darstellungen der Werbung nennt man **Werbemittel.**

Werbemittel

Werbemittel	Werbeträger
1. Visuelle Werbemittel • Inserate • Plakate • Werbebrief	Zeitungen, Illustrierte, Plakatsäule, Gebäude, Briefzustellung der Post
2. Akustische Werbemittel • Werbetexte • Gespräche	Rundfunk, Sportveranstaltungen, Außendienstmitarbeiter im Rahmen von Messen, Ausstellungen
3. Audiovisuelle Werbemittel • Fernsehspots • Kinospots • Homepage	Fernsehen, Kino, Internet

■ *Werbearten*

Werbearten

Die Absatzwerbung kann in den verschiedensten Erscheinungsformen auf dem Markt auftreten. Unterscheidungskriterien sind dabei u. a.:

Ziele der Werbung	• Einführungswerbung (erstmalige Einführung eines Produkts), • Expansionswerbung (Werbung, die das Ziel hat, den Umsatz, den Marktanteil oder den Bekanntheitsgrad zu steigern).
Zahl der Werbenden	• Einzelwerbung (ein einzelnes Unternehmen wirbt) • Sammelwerbung (Mehrere Unternehmen, die in der Werbung teilweise auch namentlich genannt werden, schließen sich für eine Werbekampagne zusammen. Beispielsweise annoncieren alle Autohäuser eines Herstellers in einer Region). • Gemeinschaftswerbung (Mehrere Unternehmen, in der Regel aus einer Branche, werben gemeinsam: beispielsweise Optiker, Landwirte, Metzger, ...).
Zahl der Umworbenen	• Einzelwerbung bzw. Direktmarketing • Massenwerbung

Werbeplanung

■ *Werbeplanung*

Nach den bisherigen Aussagen könnte der Eindruck entstehen, dass das Kernziel einer Werbekampagne, die Umsatzsteigerung, mit kreativen Werbespots oder bekannten Filmstars, die in den Medien dargeboten werden, problemlos zu erreichen ist. Tatsächlich reicht diese Strategie, so schwierig sie im Einzelfall auch sein mag, noch nicht aus, um eine Umsatzsteigerung und vor allem eine Gewinnsteigerung herbeizuführen.

Es genügt nicht, einen Filmstar in der Werbung zu präsentieren. Der Filmstar muss zielgruppengerecht sein, d. h. die Zielgruppe der Werbung muss sich mit dem Star identifizieren können. Im Übrigen müssen die Kosten der Werbung in einem angemessenen Verhältnis zum Umsatz stehen. Nicht zuletzt ist der zeitliche Einsatz einer Werbung wesentlich für den Erfolg einer Werbung verantwortlich.

Diese Beispiele zeigen, dass vor der Durchführung einer Werbeaktion alle Details exakt geplant werden müssen. Der Werbeplan ist die systematische Vorbereitung der Werbekampagne.

Inhalte, Ziele

Werbeplanung	
Inhalte	**Ziele**
• Zielgruppe der Werbung	• Möglichst exakte Zielgruppenplanung erleichtert die Festlegung des Werbezeitpunkts, der Werbemethode usw.
• Inhalt der Werbung (Werbebotschaft)	• Beispiel: Vermittlung eines Qualitätskriteriums (Dittmeyers-Valensina)
• Zeitpunkt der Werbung	• Tageszeit (Beispiel: Werbung für Kinderspielzeug am Nachmittag)
	• Antizyklischer Einsatz der Werbung (Beispiel: Geringe Nachfrage – hohe Werbeaufwendungen).
• Umsetzung der Werbung (Werbemethode)	• Zielgruppengerechte Werbung in Sprache, Ton und Bild.
• Ort/Region der Werbung	• Festlegung des Werbestreugebiets. Beispiel: Regionalradios gewährleisten eine regionale Streugebietsabdeckung, ohne große Streugebietsverluste
• Mitteleinsatz	• Werbekostenplanung, z. B. in Prozent des Umsatzes.

Entsprechend den Festlegungen im Werbeplan werden die Werbemittel und Werbeträger möglichst zielgruppengerecht eingesetzt. Zusätzlich werden in der Werbeplanung die Art der Werbung (Allein-, Gemeinschafts-, Massen- oder Direktwerbung) oder mögliche Kombinationen von verschiedenen Werbearten festgelegt.

■ *Werbeerfolgskontrolle*

Henry Ford wird folgender Ausspruch zugeschrieben: „Ich weiß genau, dass die Hälfte meiner Werbegelder zum Fenster hinausgeworfen sind, aber ich weiß nicht, welche Hälfte!"

Zur Beurteilung, ob Werbung wirtschaftlich ist, müssen Werbeaufwand und Werbeerfolg zueinander in Beziehung gesetzt werden. Dies ist jedoch nur theoretisch möglich, da am Markt gleichzeitig viele andere Faktoren, z. B. Verhalten der Konkurrenz, Kaufkraftveränderungen, das Käuferverhalten beeinflussen.

Auch ist die Beurteilung zwangsläufig unterschiedlich, je nachdem, ob mit der Werbemaßnahme eine Absatzsteigerung oder eine Preiserhöhung – bei ggf. gleicher Menge – erreicht oder ein Absatzrückgang aufgefangen werden soll.

● *Ökonomischer Werbeerfolg*

Meist wird der Erfolg von Werbemaßnahmen an den dadurch verursachten Absatz-, Umsatz-, Gewinn- und Marktanteilsveränderungen gemessen.

MERKE

$$\text{Werbeerfolg} = \frac{\text{Umsatzzuwachs}}{\text{Werbekosten}} \cdot 100 \qquad \textbf{BEISPIEL} \qquad \frac{100\,000}{50\,000} \cdot 100 = 200\,\%$$

Verschiedene Untersuchungen bekannter Marktforschungsinstitute kamen zu folgenden Ergebnissen:

- Ohne Werbung sinken die Marktanteile innerhalb zwei Monaten um 3 bis 6%. Je bekannter die Marke ist, umso stärker ist der Abfall des Marktanteils.
- Eine Verdoppelung der Werbeausgaben ohne Änderung der Werbequalität erhöht den Marktanteil um lediglich 3,5%. Auch die Halbierung der Werbeaufwendungen zeigt mit einem Marktanteilsverlust von 5,4% nur geringe Wirkung.
- Besonders auffällige Spots bringen nicht unbedingt den erhofften Effekt. Eine Steigerung der Aufmerksamkeitsstärke um 20% lässt den Marktanteil nur um 0,5% steigen.

Bei der Methode der Bestellungen unter Bezugnahme auf Werbemittel (**BuBaW-Verfahren**) wird die Werbebotschaft mit einer Bestellkarte (Coupon, Preisausschreiben) oder Telefonnummer verbunden (bei Inseraten in Zeitungen und Zeitschriften, Werbebriefen). Dadurch lässt sich der Werbeerfolg an den eingehenden Bestellungen messen. Zusätzlich können dabei Daten über die Zielgruppe (Alter, Beruf, Ort) erhoben werden.

FALLBEISPIEL

Die Werbeanzeige kostet 40 000,00 EUR. Es gehen insgesamt 1000 Bestellungen ein. Der Preis des umworbenen Produkts beträgt 300,00 EUR, der kalkulierte Gewinn beträgt 50,00 EUR.

Kosten der Werbeaktion	Zusätzlicher Umsatz	Zusätzlicher Gewinn	Zusätzlicher Gewinn	Mindestzahl von Bestellungen
40 000,00 EUR	1 000 · 300 = 300 000,00 EUR	1 000 · 50 = 50 000,00 EUR	50 000 – 40 000 = 10 000,00 EUR	40 000 : 50 = 800 Bestellungen

Die Werbeaktion war erfolgreich. Sie brachte einen zusätzlichen Gewinn von 10 000,00 EUR. Um die Werbekosten auszugleichen, hätten 800 Bestellungen ausgereicht.

FALLBEISPIEL

Ein neues Waschmittel wird durch eine Anzeigenaktion auf dem Markt eingeführt. Anschließend werden 2000 repräsentativ ausgewählte Personen befragt. Es zeigt sich, dass 400 Personen die Anzeigen gelesen und deswegen das Waschmittel gekauft haben. 800 Personen hatten die Anzeige gelesen, aber nicht gekauft. 100 Personen haben das Waschmittel gekauft, ohne die Anzeige gelesen zu haben.

	Anzeigenleser		Nichtanzeigenleser		Werbeerfolg
Käufer	400	**20 %**	100	**5 %**	**25 − 5 = 20 % des erzielten Umsatzes sind auf die Anzeigenaktion zurückzuführen**
Nichtkäufer	800	40 %	700	35 %	
Insgesamt	1 200	60 %	800	40 %	

Auf ähnliche Weise lassen sich Direktwerbeaktionen (z. B. Werbebriefe) auswerten.

Bei der Methode der **Direktbefragung** werden die Käufer befragt, auf welche Werbemaßnahme ihre Käufe zurückzuführen sind. Problematisch ist hier, dass viele Käufer den Einfluss der Werbung für ihre Kaufentscheidung nicht zugeben.

■ *Außerökonomischer Werbeerfolg*

Außerökonomischer Werbeerfolg

Die Werbeerfolgskontrolle kann auch an der **AIDA-Formel** ansetzen. So lassen sich durch Befragungen die Werbeberührten, die Interessierten, die Überzeugten und die zusätzlichen Käufer feststellen.

Attention: Wie hoch ist der Anteil der Personen aus der Zielgruppe, denen die Werbung aufgefallen ist, die also aufmerksam geworden sind?	$\dfrac{\text{Zahl der Werbeberührten}}{\text{Personenzahl der Zielgruppe}} \dfrac{1\,500}{3\,000}$	**50 %**
Interest: Wie hoch ist der Anteil der Personen aus der Zielgruppe, die sich für das umworbene Produkt interessieren?	$\dfrac{\text{Zahl der Interessierten}}{\text{Personenzahl der Zielgruppe}} \dfrac{300}{3\,000}$	**10 %**
Desire: Wie hoch ist der Anteil der Personen aus der Zielgruppe, die das umworbene Produkt gerne kaufen würden?	$\dfrac{\text{Zahl der Überzeugten}}{\text{Personenzahl der Zielgruppe}} \dfrac{90}{3\,000}$	**3 %**
Action: Wie hoch ist der Anteil der Personen aus der Zielgruppe, die das umworbene Produkt gekauft haben?	$\dfrac{\text{Zahl der zusätzlichen Käufer}}{\text{Personenzahl der Zielgruppe}} \dfrac{30}{3\,000}$	**1 %**

Zu den bekanntesten Methoden in diesem Bereich gehören das Erinnerungsverfahren (Recall-Verfahren) und das Wiedererkennungsverfahren (Recognition-Verfahren).

Erinnerungsverfahren

Beim **Erinnerungsverfahren** sollen repräsentativ ausgewählte Personen Details einer bestimmten Werbebotschaft mit oder ohne Erinnerungshilfen beschreiben. Meist werden sie einen Tag nach dem Kontakt mit dem Werbeträger gefragt, an welche Anzeigen oder Werbespots sie sich noch erinnern können.

Wiedererkennungsverfahren

Beim **Wiedererkennungsverfahren** wird ermittelt, ob die Versuchspersonen Anzeigen ganz oder teilweise wieder erkennen. Sie bekommen dabei nur die Zeitschrift vorgelegt. Manchmal wird die Anzeige ganz oder teilweise abgedeckt und die Person muss sagen, wie die Inhalte der verdeckten Teile lauten.

Aus der unterschiedlichen Beachtung der Werbebotschaften lassen sich Rückschlüsse auf das Interesse und mögliche Kaufabsichten ziehen.

Die Werbepraxis zeigt, dass nicht die Höhe der Werbeausgaben über den Erfolg entscheidet, sondern der Aufmerksamkeitswert und die Nachhaltigkeit der Werbung. Bei der Neueinführung eines Produktes kann nur über eine intensive Werbeaktion sehr schnell ein hoher Bekanntheitsgrad erreicht werden. Dieser Anfangseffekt muss anschließend durch regelmäßige Werbeaktionen gehalten werden.

Mit speziellen **Image- und Einstellungstests** lassen sich Einstellungs- und Verhaltensänderungen feststellen, die durch die Werbung ausgelöst werden. Dabei interessiert vor allem der Vergleich mit der Positionierung des Produkts bzw. der Marke vor und nach der Werbeaktion.

*Image- und Ein-
stellungstests*

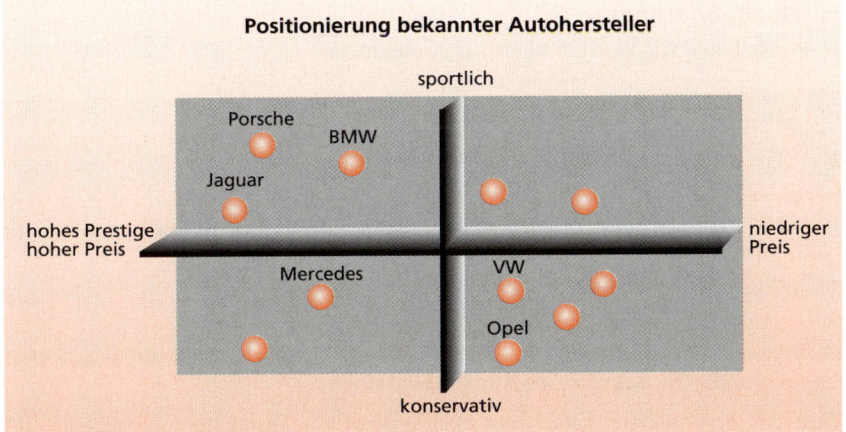

Positionierung bekannter Autohersteller

1.6.4   Verkaufsförderung – Salespromotion

*Verkaufsförderung
(Salespromotion)*

Als Ergänzung der klassischen Marketinginstrumente Werbung und Publicrelations können weitere verkaufsfördernde Maßnahmen, so genannte Promotions, von den Unternehmen eingesetzt werden. Die Zielgruppen der Promotions sind der herstellereigene Vertrieb, die Händler sowie die Verbraucher. Für jede Zielgruppe ist eine Fülle von verkaufsfördernden Maßnahmen denkbar.

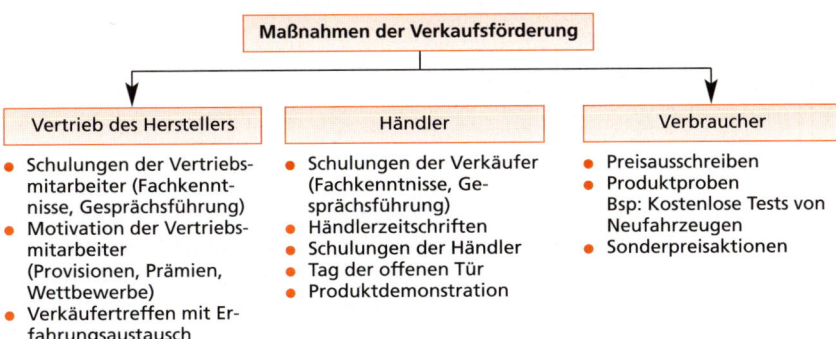

Verkaufsförderung dient wie Werbung und Publicrelations auch als Maßnahme, um den Absatz zu steigern. Darüber hinaus sollen verkaufsfördernde Maßnahmen aber auch die unmittelbar am Absatzprozess beteiligten Personen (Verkäufer und Händler) zusätzlich motivieren und das Interesse der Verbraucher wecken.

Alle verkaufsfördernden Maßnahmen müssen exakt geplant werden, z. B. in Bezug auf:

- Ziel: Welcher Zweck soll mit der Maßnahme erreicht werden (z. B. Vorstellung eines neuen Produkts)?
- Zielgruppe: Wer soll angesprochen werden (z. B. bestehender Kundenstamm)?
- Zeitdauer: Über welchen Zeitraum soll sich die verkaufsfördernde Maßnahme erstrecken (z. B. 2 Tage)?

Publicrelations

1.6.5   Öffentlichkeitsarbeit – Publicrelations

Unter Publicrelations (PR) versteht man die gesamte Palette der Marketingmaßnahmen im Bereich der Öffentlichkeitsarbeit eines Unternehmens. Ziel der Öffentlichkeitsarbeit ist es, das Ansehen bzw. das Image eines Unternehmens in der Öffentlichkeit zu verbessern.

■ *PR-Maßnahmen*
- Maßnahmen zur Vorstellung des Unternehmens

BEISPIELE
Tag der offenen Tür, Betriebsbesichtigungen.
- Darstellung des Unternehmens in den Medien

BEISPIELE
TV-Spots, Zeitungs- und Zeitschriftenanzeigen, Presseberichte über soziales und kulturelles Engagement des Betriebes.
- Sonstige PR-Maßnahmen

BEISPIELE
Geschäftsberichte, Betriebszeitschriften, Förderung von Wissenschaft, Kultur, Umweltprojekten, karitativen Zwecken und Vereinen.

Werbung dient in erster Linie dazu, den Verkauf von Waren zu unterstützen. Ziel der PR-Maßnahmen ist nicht die Darstellung der Vorzüge des eigenen Produkts (Produktwerbung), sondern der Öffentlichkeit ein positives Bild von dem Unternehmen zu vermitteln. Auch ohne den direkten Bezug zum Produkt ist Publicrelations ein ausgezeichnetes Instrument im Rahmen der Absatzanbahnung, denn Produkte eines imageträchtigen Unternehmens lassen sich besser verkaufen. Das positive Image rechtfertigt auch einen höheren Preis; ja es verlangt in vielen Fällen geradezu nach einem höheren Produktpreis. Insofern lassen sich auch teure PR-Kampagnen unter Rentabilitätsgesichtspunkten durchaus rechtfertigen.

1.6.6   Moderne Mittel der Kommunikation

Sponsoring

■ *Sponsoring*

Unter Sponsoring versteht man die systematische Förderung von sportlichen, kulturellen oder sozialen Veranstaltungen oder Vereinen/Organisationen, um damit bestimmte Marketing- bzw. Kommunikationsziele zu erreichen. Die Sympathie, die der potenzielle Kunde für die gesponserte Veranstaltung bzw. den Verein/Organisation hat, soll sich auf das Unternehmen übertragen. Durch die erhöhte Freizeitorientierung der Bevölkerung, insbesondere in den Bereichen Sport und Kultur, hat dieses Kommunikationsinstrument in den letzten Jahren erheblich an Bedeutung zugenommen.

- **Ziele des Sponsorings**
  – Verbesserung des Unternehmensimages,
  – Erhöhung des Bekanntheitsgrades,
  – Verbesserung der Mitarbeitermotivation.

● **Erscheinungsformen des Sponsoring**

– Sportsponsoring (Beispiel: Sponsoring von Fußballvereinen, Tennisturnieren, etc.),

– Kultursponsoring (Beispiel: Sponsoring von klassischen oder modernen Konzerten, Ausstellungen, Museen oder Tourneen),

– Sozio- bzw. Umweltsponsoring (Beispiel: einmalige Unterstützung beim Bau eines Kindergartens oder eines Schwimmbads, laufende Unterstützung z. B. einer Universität),

– Programmsponsoring im Fernsehen (Beispiel: Sponsoring einzelner Sendungen, bei denen dann vor oder nach der Sendung der Name des Sponsors für maximal fünf Sekunden eingeblendet wird),

– Product Placement: Markenprodukte werden gezielt in einer Fernsehsendung oder einem Kinofilm gezeigt, wie z. B. neue Automodelle in James Bond Filmen.

Erscheinungs-formen

Eine Erfolgskontrolle wird im Wesentlichen nur so durchgeführt, dass die Medienresonanz erfasst wird. Eine weiterführende und genauere Erfolgskontrolle kann nur über eine Befragung der Teilnehmer einer Sponsoring-Aktion erreicht werden.

■ *Event-Marketing*

Event-Marketing

Beim Event-Marketing soll ein spezielles Ereignis, ein „Event", die Basis bzw. die Ausgangsform für die Präsentation eines Produkts oder eines Unternehmens sein. Event-Marketing ist also ein Kommunikationsinstrument, bei dem durch die Inszenierung eines Ereignisses die Aufmerksamkeit von anwesenden Konsumenten geweckt wird, um in der Folge ein Produkt, eine Dienstleistung oder das ganze Unternehmen vorzustellen.

Durch die Auswahl der Events kann Event-Marketing als sehr zielgruppengerechte Veranstaltung durchgeführt werden. Je nachdem, welche Zielgruppe mit dem Event angesprochen werden soll, wird der entsprechende Event organisiert. Während für jüngere Zielgruppen eher Multimedia-Shows, Videospots, Rollerblade Nights oder Stuntshows geeignet sind, werden für ältere Zielgruppen eher „ruhigere" Events, wie beispielsweise Talkshows oder Hausmessen arrangiert.

● **Ziele des Event-Marketing**

– Erhöhung des Bekanntheitsgrads,

– Erhöhung des Firmenimages,

– Möglichkeit eines dialogorientierten Marketings,

– Präsentation von Unternehmen und Produkten in einer erlebnisorientierten Form.

Ziele

■ *Direktkommunikation*

Direktkommuni-kation

Im Rahmen der Direktkommunikation wird vom Unternehmen aus versucht einen direkten Kontakt zum Konsumenten herzustellen, um unter Umständen einen Dialog mit ihm einzuleiten. Neben der Gewinnung/Akquisition von Neukunden wird mit Direktkommunikation vor allem eine intensivere Betreuung des bisherigen Kundenstamms als Ziel verfolgt. Eine stärkere Kundennähe und Kundenbindung sind weitere Ziele, die mit dieser direkten Form der Kommunikation erreicht werden sollen.

● **Formen der Direktkommunikation:**

– Direkte Verkaufsförderungsmaßnahmen (zur Unterstützung der Abverkäufe bei speziellen Kunden),

Formen

– direkte Publicrelations-Maßnahmen (individuelle Ansprache bestimmter Zielgruppen),

– Direktwerbung mit direkten Medien (schriftliche Werbesendungen „Direct Mailing", Telefonmarketing, Direktwerbung im Internet),

– Direktwerbung mit Massenmedien (Zeitungs- und Fernsehwerbung mit Antwortmöglichkeiten, beispielsweise mit beiligenden Antwortcoupons oder eingeblendeten Telefonnummern im Rahmen einer Werbesendung, die eine Möglichkeit der Antwort/Response geben).

Online-Kommunikation

■ *Online-Kommunikation*

Die Kundenansprache über das Internet weist einige Besonderheiten auf, die bei anderen Kommunikationsinstrumenten nicht zu finden sind. Mit dem Medium Internet kann die Kommunikation als Massenkommunikation, z.B. über Standardmails oder als Individualkommunikation mit entsprechenden individuellen Mails erfolgen. Darüber hinaus kann der Konsument selbst entscheiden, welche Information er wann und in welchem Umfang abrufen will.

Formen

Electronic-Mailing

● **Formen der Online-Kommunikation**

Electronic Mailing (E-Mail): Durch E-Mail können Nachrichten in Form von Texten und/oder Bilder an einzelne Personen oder ganze Personengruppen im Internet verschickt weden. Das Versenden von E-Mails hat folgende Vorteile gegenüber traditionellen Briefsendungen:

– E-Mails können in kürzester Zeit weltweit verschickt werden.

– Das Versenden von E-Mails ist billiger als das übliche Briefporto.

– Die Zusendung ist jederzeit (auch bei Nacht und an Sonn- und Feiertagen) und von jedem Ort aus möglich.

– E-Mails können direkt weiterverarbeitet werden, ohne dass der Text oder die Bilder noch einmal erfasst werden müssen.

– Durch regelmäßige E-Mails (z.B. mit Informationen über neue Produkte, Preise, etc.) an Stammkunden kann die Kundenzufriedenheit und möglicherweise die Kundenbindung erhöht werden.

Banner Ad

Banner Ad: Hier werden Marken- und Firmennamen auf oft besuchten Internetseiten platziert. Hinter den meisten Banner Ads verbergen sich Hyperlinks zu den Webseiten der jeweiligen Unternehmen, die diese Form der Kommunikation durchführen. Als zentrales Argument für diese Form der Online-Werbung führen Unternehmen vor allem die Erhöhung des Bekanntheitsgrades an.

Erfolgskontrolle

● **Erfolgskontrolle der Online-Kommunikation**

Maßnahmen zur Erfolgskontrolle der Online-Kommunikation

– Genaue Erfassung der Sichtkontakte mit der entsprechenden Internetseite (Pages).

– Messung der Nutzungsintensität und -dauer mit einem Banner oder einer E-Mail (Visits).

– Auch die Zahl der Personen, die ein Internetangebot gesehen haben, kann berechnet werden (User) (Auf die höchste Zahl an Usern in Deutschland kommt die Internetseite von T-Online).

– Zusätzlich ist eine Aufstellung der Präferenzen des Internetnutzers möglich.

– Durch die Protokollierung der Adresse kann festgestellt werden, aus welchem Land die Anfrage kommt.

1.7 Distributionspolitik

Die **Distributionspolitik** zeigt die Möglichkeiten auf, wie ein Produkt vom Hersteller zum Handel bzw. zum Endverwender gelangt. Die Distributionspolitik beinhaltet dabei zum einen die Entscheidung über die **Vertriebswege** bzw. Absatzkanäle, die ein Unternehmen gehen möchte, zum anderen die Konzepte der **physischen Distribution** (Logistik).

Grundvoraussetzung einer funktionierenden Distributionspolitik ist, dass die Produkte/Dienstleistungen zum richtigen Zeitpunkt und in der richtigen Qualität dem Verwender zur Verfügung stehen. Insofern umfasst Distributionspolitik immer auch ein Konzept für die physische Distribution (Logistik).

1.7.1 Art und Umfang der Absatzkanäle

Bei der Festlegung der Absatzkanäle muss ein Unternehmen zuerst eine Entscheidung über die **vertikale Struktur** und die **horizontale Struktur der Absatzkanäle** treffen.

Unter **vertikaler Struktur** versteht man die Länge des Absatzweges, den ein Produkt vom Unternehmen bis zum Kunden durchläuft. Je größer die Zahl der dazwischengeschalteten Absatzmittler, umso länger ist der Absatzweg; unter **horizontaler Struktur** versteht man die Breite und Tiefe der auf der einzelnen Absatzstufe eingeschalteten Absatzmittler. Die Anzahl der Einzelhändler gibt die Breite, die Art der eingeschalteten Einzelhändler gibt die Tiefe an. So wird ein Produkt beispielsweise nur über Fachmärkte, nicht aber über Discounter oder Baumärkte verkauft.

Die Entscheidung über Breite und Tiefe der Absatzkanäle ist wesentlich davon abhängig, welche Distributionsintensität das Unternehmen für seine Produkte wünscht:

1. **Intensive Distribution:** Die Produkte sollen überall erhältlich sein, z. B. Güter des täglichen Bedarfs. Auch bei einer intensiven Distribution kann bereits eine selektive Auswahl erfolgen. Beispielsweise können bei einer Baumarktdichte von 10–15 Märkten in einer Stadt 2–3 für die eigene Distribution ausgewählt werden.

2. **Selektive Distribution:** Die Absatzmittler, die das Produkt verkaufen dürfen, werden nach qualitativen Gesichtspunkten ausgewählt, z. B. Größe des Geschäfts, Geschäftslage, etc.

3. **Exklusive Distribution:** Nur ausgewählte Absatzmittler dürfen das Produkt verkaufen. Den Absatzmittlern werden Exklusivverträge mit Gebietsschutz gewährt. Beispiele hierfür sind Markenbekleidung, Markenparfüm, im Prinzip eigentlich alle guten Markenprodukte.

Distributionspolitik

Vertriebswege

Physische Distributionspolitik

Absatzkanäle

vertikale Struktur

horizontale Struktur

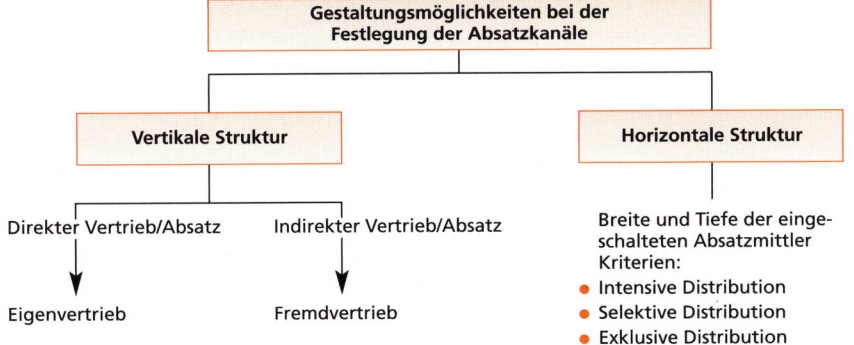

Direkter/Indirekter Absatz

Unter **direktem Absatz** soll im Folgenden der Absatz der Produkte über unternehmenseigene Absatzorgane verstanden werden; unter **indirektem Absatz** der Absatz der Produkte über selbstständige Absatzmittler, wie beispielsweise den Groß- und Einzelhandel oder über Handelsvertreter oder Kommissionäre.

Hinweis: In der Literatur werden die Begriffe direkter und indirekter Vertrieb durchaus unterschiedlich verwendet. So verwendet beispielsweise Meffert („Marketing") den direkten Vertrieb nur in Zusammenhang mit dem Verkauf von Produkten im Rahmen von Haustürgeschäften. Auch eigene Filialen werden dem indirekten Vertrieb zugeordnet. Andere verwenden den Begriff viel umfassender und subsumieren unter den direkten Vertrieb auch den Absatz über Handelsvertreter und Kommissionäre, da diese sich beim Verkauf der Produkte vertraglich sehr stark an den Hersteller binden.

■ Direkter und indirekter Absatz

Direkter Absatz

- **Direkter Absatz:** Der Erzeugungsbetrieb verkauft unmittelbar an den Endverbraucher oder an Weiterverarbeiter. Er verwendet hierzu Reisende, eigene Verkaufsfilialen, Werksniederlassungen und Auslieferungslager.

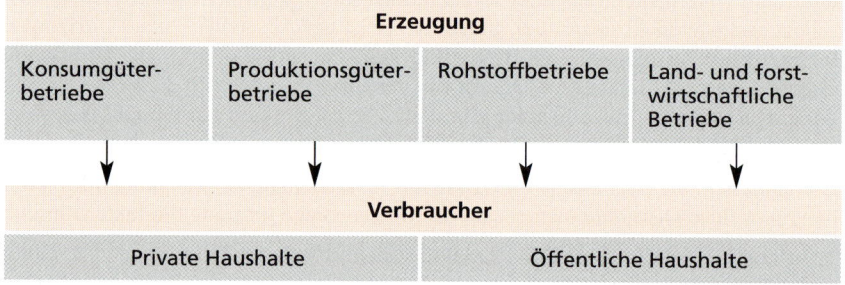

Indirekter Absatz

- **Indirekter Absatz:** Der Erzeugungsbetrieb verkauft seine Produkte an selbstständige Handelsbetriebe, z.B. Groß- und Einzelhändler bzw. an selbstständige Absatzmittler, wie Handelsvertreter und Kommissionäre. Diese verkaufen die Waren an die Verbraucher bzw. an andere Verwender weiter.

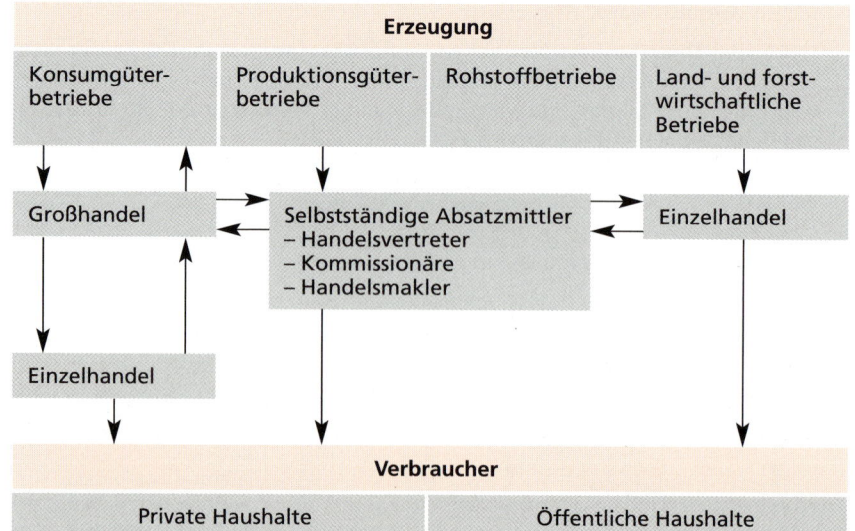

1.7.2 Unternehmenseigene Distributionsorgane

■ *Verkaufsniederlassungen*

Bei den **Verkaufsniederlassungen** handelt es sich um Verkaufsbüros oder Verkaufsfilialen, die das Unternehmen einrichtet, um sein gesamtes Absatzgebiet mit unternehmenseigenen Absatzstellen bedienen zu können. Verkaufsniederlassungen sind deshalb nicht nur auf das Inland beschränkt, sondern müssen auch in ausländischen Absatzmärkten flächendeckend errichtet werden. Die Vorteile dieses direkten Absatzes, d.h. ohne die Einschaltung von selbstständigen Wiederverkäufern, bestehen darin, dass zum einen die Beratung und der Service, insbesondere bei technischen Produkten gewährleistet werden kann, zum anderen der Verkauf von Produkten über eigene Verkaufsstellen für das Markenimage gut ist. Nachteilig ist sicher, dass ein eigenes Vertriebsnetz im Vergleich zu der Einschaltung von selbstständigen Wiederverkäufern weitaus höhere Kosten verursacht.

Verkaufs-
niederlassungen

→ direkter Absatz
vgl. S. 374

■ *Reisende – angestellt und flexibel*

Der **Reisende** ist ein Absatzmittler des direkten Absatzweges. Er hat die gleiche rechtliche Stellung wie die übrigen kaufmännischen Angestellten (Handlungsgehilfen). Darüber hinaus ist er gleichzeitig Handlungsbevollmächtigter. Er kann

- Kaufverträge abschließen (Abschlussvertreter),
- Zahlungen bei entsprechender Vollmacht kassieren,
- Mängelrügen entgegennehmen.

Reisende

→ HGB §§ 54, 55

Dafür erhält er neben einem festen Gehalt (**Fixum**) als zusätzlichen Leistungsanreiz **Provision,** meist vom Umsatz, und **Spesen,** welche verschieden ersetzt werden können: Spesen aufgrund von Belegen, feste Spesen ohne Einzelnachweis oder Vertrauensspesen nach Angaben ohne Einzelnachweis.

Da der angestellte Reisende dem Arbeitgeber ganz zur Verfügung steht, kann er den Markt besser bearbeiten als der Handelsvertreter. Er konzentriert seine Arbeit auf den Absatz der Produkte eines Unternehmens. Er ist auch flexibler einsetzbar, z.B. um kurzfristig in einem Gebiet eine Werbeaktion durchzuführen. Allerdings ist ein ausgedehntes Vertriebssystem mit Reisenden teuer, so dass im Allgemeinen nur kapitalstarke Firmen und solche, die aufgrund ihres Sortiments dazu gezwungen sind, ein Netz von Reisenden zu unterhalten, z.B. bei beratungsintensiven Produkten, wie Maschinen und Lichttechnik.

Der Reisende schreibt in kurzen Abständen oder täglich **Reiseberichte,** in welchen er besonders auf Erfahrungen und Beobachtungen hinweist, wie Erfolg einer Werbekampagne, Vorgehen der Konkurrenz, Kundenwünsche, Mängelrügen usw. Er unterliegt einem gesetzlichen und i.d.R. vertraglichen (maximal zwei Jahre nach dem Ausscheiden gegen Entschädigung) **Wettbewerbsverbot.**

Reiseberichte

Wettbewerbs-
verbot

1.7.3 Unternehmensfremde Distributionsorgane

Vertragliche Regelungen beim Fremdvertrieb werden in den letzten Jahren auf Druck der Hersteller dahingehend geändert oder erneuert, dass die Beeinflussbarkeit und die Steuerungsmöglichkeiten des Vertriebssystems durch die Hersteller immer mehr zunehmen. In fast allen vertraglich geregelten Vertriebssystemen werden Vertriebsbindungen oder Alleinvertriebsrechte vereinbart.

Unternehmens-
fremde Distribu-
tionsorgane

Vertriebsanbindungs- und Alleinvertriebssystem

Bei einer vorliegenden Vertriebsbindung verpflichtet der Hersteller den Absatzmittler vor allem räumliche oder personelle Restriktionen beim Vertrieb zu beachten.

Vertriebsanbin-
dungs- und Allein-
vertriebssystem

Räumliche Restriktionen: Der Absatzmittler darf die Produkte des Herstellers nur in einer abgegrenzten Region verkaufen, was für ihn eine Einschränkung bedeutet.

Personelle Restriktionen: Der Absatz der Produkte darf nur an einen bestimmten Personenkreis erfolgen.

Bei Alleinvertriebssystemen erhält der Absatzmittler das Recht, die Produkte des Herstellers exklusiv zu vertreiben. Dieses exklusive Vertriebsrecht bedeutet in der Praxis, dass der Absatzmittler für eine bestimmte geographisch abgegrenzte Fläche einen Gebietsschutz erhält.

Handelsvertreter

■ *Handelsvertreter – im fremden Namen*

Der **Handelsvertreter** ist als **selbstständiger Gewerbetreibender** ein Glied in der **indirekten** Absatzkette.

→ HGB § 84

→ indirekter Absatz vgl. S. 374

Er ist ständig damit betraut, für einen anderen Unternehmer Geschäfte zu vermitteln oder in dessen Namen abzuschließen. Selbstständig ist, wer im Wesentlichen seine Tätigkeit frei gestalten und seine Arbeitszeit frei bestimmen kann. Wenn nicht ausdrücklich ausgeschlossen, darf der Vertreter gleichzeitig mehrere Firmen vertreten. Dies gilt nicht für Konkurrenzartikel, sondern nur für Komplementärartikel; z.B. der Vertreter einer Likörfabrik vertritt gleichzeitig Likörgläser. Neben dem typischen „1-Mann-Unternehmen" Handelsvertreter gibt es auch größere Handelsvertretungen mit zum Beispiel 20–30 Beschäftigten. Diese größeren Handelsvertretungen bieten dann Industrieunternehmen an, den Vertrieb ihrer Waren vollständig oder teilweise zu übernehmen.

Kündigung

→ HGB § 89

Die **Kündigung** eines Agenturvertrags kann im 1. Jahr mit einer Frist von einem Monat, im 2. Jahr mit einer Frist von zwei Monaten, im 3. bis 5. Jahr mit einer Frist von drei Monaten und danach mit einer Frist von sechs Monaten auf Monatsende erfolgen.

Der Einsatz von Handelsvertretern ermöglicht es, ein Absatzgebiet lückenlos verhältnismäßig billig zu erschließen, da die Handelsvertreter auf Erfolgsbasis arbeiten. Nachteilig kann sich auswirken, dass der Handelsvertreter nicht seine ganze Arbeitskraft für den Absatz der Produkte einer Firma einsetzt, da er meistens noch andere Vertretungen parallel bearbeitet. Unmittelbar konkurrierende Produkte dürfen jedoch nicht vertreten werden. In den letzten Jahren zeigte sich verstärkt, dass die selbstständigen Handelsvertreter ihr Dienstleistungsangebot durch Einrichtung von Musterlagern, Auslieferungslagern, eigener Büros, verstärkte Kundenbesuche und -beratungen entscheidend erweitert haben. Fast zwei Drittel aller Industriebetriebe haben beim Absatz selbstständige Handelsvertreter eingesetzt.

→ HGB § 86

→ HGB § 87

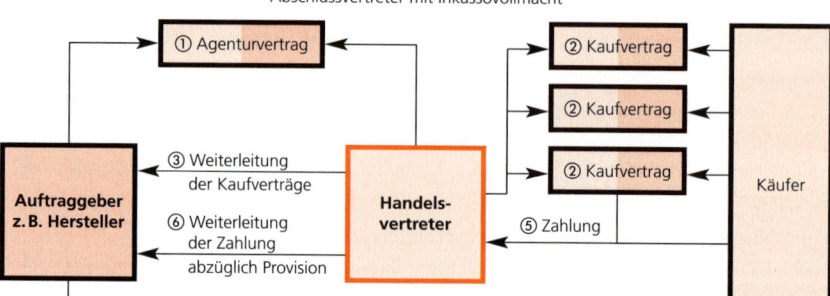

Handelsvertreter
Abschlussvertreter mit Inkassovollmacht

Recht auf Buchauszug	Recht auf Ausgleich
Zur Kontrolle der monatlichen (spätestens nach drei Monaten vorgeschriebenen) Abrechnung kann der Handelsvertreter einen Buchauszug über alle für ihn provisionspflichtigen Geschäfte verlangen. Aufwendungen werden nur ersetzt, wenn dies in der Branche üblich ist.	Nach Beendigung des Vertragverhältnisses kann der Handelsvertreter einen angemessenen finanziellen Ausgleich dafür erhalten, dass sein Auftraggeber weiter mit dem vom Vertreter geworbenen Kunden Geschäfte macht. Der Ausgleich beträgt höchstens eine Jahresprovision aus dem Durchschnitt der letzten fünf Jahre.

Recht auf Buchauszug, Ausgleichsanspruch

→ HGB
§§ 87c, 87d, 89b

■ Reisende oder Handelsvertreter – ein Vergleich lohnt sich

Vergleich: Handelsvertreter, Reisender

Ob **Reisende oder Handelsvertreter** eingesetzt werden sollen, wird entscheidend von der Überlegung beeinflusst, über welchen Absatzweg die gestellte Aufgabe besser und gegebenenfalls auch billiger zu lösen ist.

Neben quantitativen, d.h. kostenbezogenen Überlegungen müssen auch qualitative Entscheidungsgründe betrachtet werden. Aus der Sicht des Herstellers liegen die Vorteile beim Einsatz von Reisenden in der leichten Steuerbarkeit, dem Fachwissen und der dadurch ermöglichten Beratung und der besseren Sortimentskenntnis. Beim Handelsvertreter überwiegen die Vorteile in der Marktnähe, in der besseren Information über den Markt und in der Verkaufsaktivität (starke Provisionsabhängigkeit!).

Jedes Unternehmen, das Reisende und/oder Handelsvertreter einsetzen will, muss unter Abwägung aller quantitativen und qualitativen Faktoren eigenverantwortlich seine Entscheidung treffen, durch wen es fachlich und qualitativ ausreichend am Markt vertreten sein wird.

Es ist jedoch zu beachten, dass ein eingeschlagener Absatzweg nicht beliebig oft und rasch ausgetauscht werden kann, da der Aufbau einer eingespielten Absatzorganisation mit Aufwand an Zeit und Geld und mit viel Erfahrung verbunden ist.

FALLBEISPIEL

Vergleich der Kosten von Reisenden und Handelsvertretern

Kosten der Absatzmittler	monatliche Fixkosten		+ Umsatzprovision	
Handelsvertreter Reisende	Werbematerial: 2 000,00 EUR + 6 % vom Umsatz Grundgehälter: 22 000,00 EUR + 2 % vom Umsatz			

Monats-Umsatz (TEUR)	0	300	500	700	900
● Handelsvertreter					
Fixe Kosten	2	2	2	2	2
Provision 6 %	0	18	30	42	54
Gesamtkosten	2	20	32	44	56
● Reisende					
Grundgehalt (Fixum)	22	22	22	22	22
Provision 2 %	0	6	10	14	18
Gesamtkosten	22	28	32	36	40

Gesamtkosten der Handelsvertreter = Gesamtkosten der Reisenden

$$1\,000 + 0{,}06\,x = 22\,000 + 0{,}02\,x$$

$$0{,}04\,x = 20\,000$$

$$x = 500\,000 \text{ (kritischer Umsatz)}$$

Bei einem monatlichen Umsatz von 500 000,00 EUR sind die Kosten für Handelsvertreter und Reisende gleich hoch. Übersteigt der Umsatz 500 000,00 EUR, dann sind die Reisenden kostengünstiger.

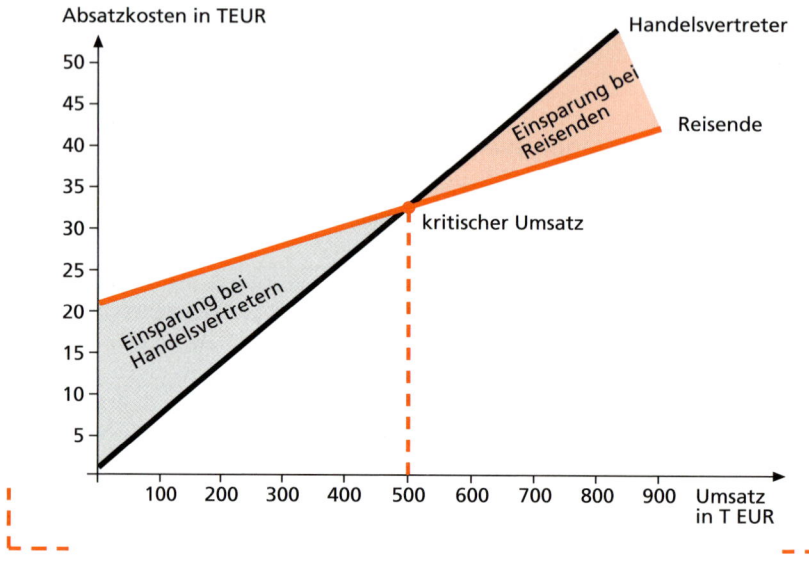

■ Kommissionär – im eigenen Namen

Kommissionär
→ HGB § 383

Kommissionär ist, wer es gewerbsmäßig übernimmt, **Waren oder Wertpapiere auf Rechnung eines anderen im eigenen Namen zu kaufen oder verkaufen**.

Es gibt zwei **Arten** von Kommissionären:

- Einkaufskommissionäre;
- Verkaufskommissionäre.

Für den Absatz ist besonders der Verkaufskommissionär von Bedeutung.

Kommissions-
vertrag
→ HGB § 383

→ HGB § 386

→ HGB § 394

→ HGB § 400

→ HGB § 397

→ HGB
§§ 386, 387

Grundlage ist ein **Kommissionsvertrag** zwischen dem **Kommissionär,** der selbstständiger Kaufmann ist, und dem Auftraggeber, dem **Kommittenten.** Der Kommissionär kann ständig oder von Fall zu Fall eingesetzt werden. Für seine Tätigkeit erhält er eine Provision, wenn das Geschäft ausgeführt ist. Haftet der Kommissionär für die Verbindlichkeiten, so steht ihm zusätzlich Delkredereprovision zu.

Banken und Sparkassen treten oft als Kommissionäre auf, wenn sie Wertpapiere an der Börse im eigenen Namen, aber auf Rechnung ihrer Kunden kaufen und verkaufen. Sie können dabei vom Recht auf Selbsteintritt Gebrauch machen.

Der Kommissionär hat an dem Kommissionsgut ein Pfandrecht wegen aller Forderungen aus laufender Rechnung.
Beim Ein- bzw. Verkauf hat er Preisgrenzen einzuhalten.

Kommissions-
lager

Für Kommissionär und Kommittent ist das Kommissionsgeschäft vorteilhaft. Bei der Einführung neuer Waren, insbesondere bei modischen oder sonst risikoreichen Artikeln, übernimmt der Kommissionär die Ware in sein **Kommissionslager** mit dem Recht, nicht verkaufte Ware nach Ablauf einer gewissen Frist, z. B. einer Saison, zurückzugeben. Damit trägt der Auftraggeber, z. B. der Hersteller, allein das

Absatzrisiko; andererseits übernimmt der Kommissionär die Lagerhaltung und die Abrechnung. Er braucht erst nach Abwicklung des Verkaufs zu bezahlen und kann sein Sortiment risikolos durch Neuheiten ergänzen und verbreitern. Die Kommissionswaren sind äußerlich nicht besonders gekennzeichnet.

Absatzrisiko

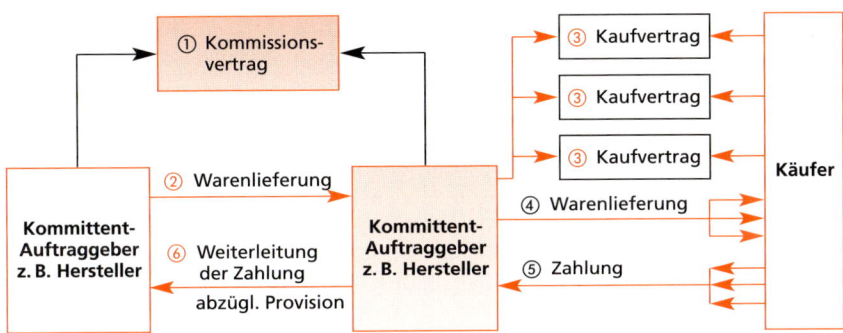

■ *Vertragshändlersystem*

Vertragshändler-
system

Der Vertragshändler wird für den Hersteller in der Weise tätig, dass er die Produkte des Herstellers im eigenen Namen und auf eigene Rechnung verkauft. Der Hersteller verpflichtet den Vertragshändler, eine bestimmte Mindestmenge an Waren ins Lager zu nehmen und jeden Monat eine bestimmte Anzahl an Erzeugnissen abzunehmen.

Zusätzlich verpflichtet sich der Vertragshändler Kunden- bzw. Reparaturdienste durchzuführen. Er verpflichtet sich, die absatzpolitischen Instrumente (Sortimentsgestaltung, Kommunikationspolitik, Preispolitik) im Sinne des Herstellers durchzuführen. Nach außen tritt er unter dem Logo des Herstellers auf; mit seinem systemkonformen Außenbild bringt der Vertragshändler seine Zugehörigkeit zum Vertriebsnetz des Händlers zum Ausdruck. Im Unterschied zu Franchisesystemen, bei denen der Geschäftsinhaber völlig auf die Darstellung der eigenen Firma verzichtet, ist bei Vertragshändlersystemen den Kunden der Inhaber der Firma durchaus bekannt. Auch bei der Innenausstattung des Geschäfts, bei der Kleidung der Mitarbeiter etc. ist der Franchisingvertrag weitaus enger gefasst als der Vertrag mit einem Vertragshändler. Allerdings nähern sich die Vertragshändlersysteme, die in der Automobilbranche besonders häufig anzutreffen sind, immer mehr den Franchisingsystemen an. Insbesondere bei der Außen- und Innendarstellung der Gebäude wird immer mehr auf eine einheitliche Darstellung, Beispiel VW, Wert gelegt.

BEISPIEL
Vertragshändler in der Automobilbranche

1. Möglichkeit: Einstufiger, indirekter Vertriebsweg (Porsche, Jaguar)

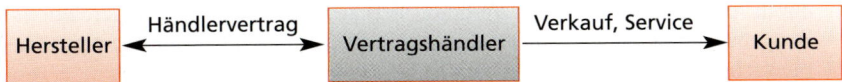

2. Möglichkeit: Mehrstufiger, indirekter Vertriebsweg (VW, Opel)

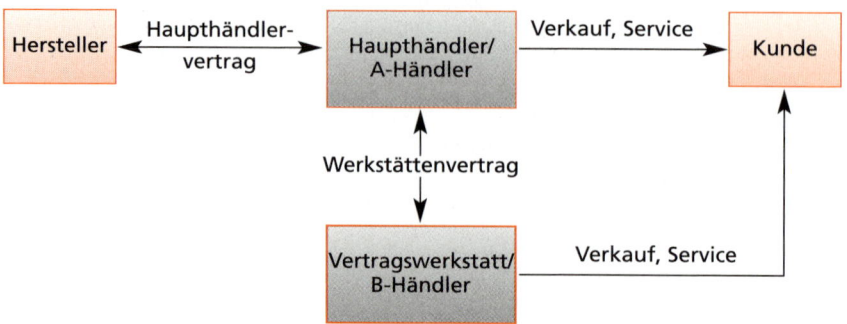

Bestimmte Hersteller wählen den zweistufigen Vertriebsweg, um auch in kleineren Städten für die Kunden präsent zu sein, obwohl die Verkaufszahlen dieser Händler nach den Vorstellungen des Herstellers nicht für einen Händlervertrag ausreichen. Deshalb gibt es neben den eigentlichen Vertragshändlern noch Unterhändler oder Vertragswerkstätten, die die Werkstatt- und Servicefunktion vor Ort vornehmen. Auch Neuwagenkäufe werden von diesen Händlern durchgeführt, allerdings auf Rechnung des Haupthändlers. Gebrauchtwagen, Ersatzteile und Zubehörteile werden auf eigene Rechnung verkauft.

Franchising

■ *Franchising*

Der Begriff Franchising stammt aus dem Französischen („franchise") und bedeutete im Mittelalter, dass weltliche und kirchliche Fürsten anderen bestimmte Privilegien gegen Geld oder finanzielle Entschädigung überließen. Franchising bedeutet heute ein bestimmtes Vertriebsrecht, das dem Lizenzrecht ähnlich ist, in seiner Wirkung aber weit darüber hinaus geht. Der Franchise-Geber stellt dem Franchise-Nehmer ein bestimmtes Produkt, Sortiment oder eine Dienstleistung zur Verfügung; der Franchise-Nehmer bezahlt dafür ein Entgelt. Die Rechte und Pflichten der Kooperationspartner werden im Franchise-Vertrag festgehalten, dessen Abschluss eine langfristige Zusammenarbeit der Partner festlegt.

● **Merkmale des Franchising**:
  – vertikale Kooperation zwischen Franchise-Geber und Franchise-Nehmer
  – die Franchise-Nehmer bleiben rechtlich selbstständig; sie handeln in eigenem Namen und auf eigene Rechnung;
  – der Franchise-Nehmer erhält vertraglich das Recht, das Produkt des Franchise-Gebers zu vertreiben.

Leistungen des Franchise-Gebers

● **Leistungen des Franchise-Gebers:** Zum typischen Angebot des Franchise-Gebers gehören betriebswirtschaftliche Beratung (Standortberatung, Rentabilitätsberechnungen, Sortimentsfestlegung), die Erlaubnis, die Marke oder andere Schutzrechte zu nutzen und die Weitergabe des systemspezifischen Know-hows durch Aus- und Fortbildung, Werbung, Verkaufsförderung und Publicrelations, Betriebsplanung, Betriebseinrichtung, zentraler Einkauf, Gewährung eines Gebietsschutzes, Erfolgskontrolle und Betriebsvergleiche.

● **Leistungen des Franchise-Nehmers:** Zum „Leistungsangebot" des Franchise-Nehmers gehören eine einmalige Einstandsgebühr, laufende Gebühren für die Systemnutzung, eine Bezugsverpflichtung für bestimmte Waren, die Duldung von Kontrollen und die Akzeptanz der Weisungsbefugnis des Franchise-Gebers, die Verpflichtung zu einer festgelegten Geschäftsausstattung, die Teilnahme an Schulungs- und Trainingskursen und das Verbot, Geschäftsgeheimnisse weiterzugeben.

Leistungen des
Franchise-Nehmers

In der Praxis unterscheidet man vier **Grundformen des Franchising:**

Grundformen des
Franchising

– Der Franchise-Geber ist ein Hersteller und arbeitet mit Franchise-Nehmern aus Einzelhandel und Handwerk zusammen.
– Der Franchise-Geber ist ein Hersteller und kooperiert mit Großhandlungen.
– Der Franchise-Geber ist eine Dienstleistungszentrale und kooperiert mit Betrieben aus dem Dienstleistungssektor.
– Der Franchise-Geber ist ein Großhändler. Seine Franchise-Nehmer sind Einzelhändler oder Handwerker.

● **Franchise-Systeme in der Praxis:**
– Herstellerbereich: Coca-Cola, Pepsi-Cola, Sinalco,
– Handelsbereich: Nordsee, Salamander, Obi
– Dienstleistungsbereich: Holiday-Inn, Hilton, McDonalds.

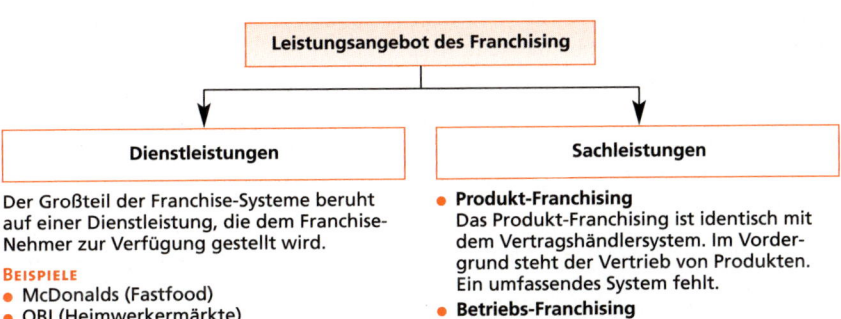

Produkt-
Franchising

Betriebs-
Franchising

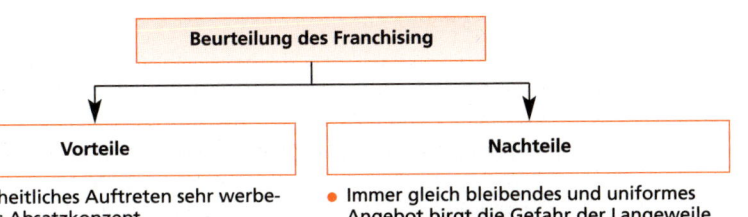

■ *Marktveranstaltungen*

● *Messen*

Messen sind Veranstaltungen, bei denen viele Unternehmen ein umfassendes Angebot aus einem oder mehreren Wirtschaftszweigen darbieten. Zutritt zur Messe haben nur Fachbesucher; dem Konsumenten ist der Zutritt zur Messe in der Regel nicht gestattet. Der Verkauf an Wiederverkäufer oder gewerbliche Verwender findet auf der Grundlage von Mustern statt.

Mit der Teilnahme an Messen streben die Aussteller vor allem folgende **Ziele** an:

- Kontaktaufnahme zu neuen Kunden (Adressen, Telefon-, Faxnummern, ...).
- Einem breiten Publikum das eigene Angebot vorstellen.
- Bekanntheitsgrad erhöhen und Imagesteigerungen erzielen.
- Verkäufe abschließen.

Durch die immer größere Zahl an Produkten und die stetig steigenden Anforderungen an das Fachwissen ist der Trend weg von der Universal- hin zur Einbranchenmesse klar festzustellen. Insbesondere der Fachbesucher schätzt die Spezialisierung auf das Güterangebot einer Branche, wo er sich gezielt auf neue Anbieter bzw. neue Produkte konzentrieren kann.

Beispiele für bekannte Einbranchenmessen sind:

- Die Internationale Spielwarenmesse in Nürnberg.
- Die Internationale Möbelmesse in Köln.
- Die Frankfurter Buchmesse.
- Die Internationale Sportartikelmesse in München.

Die Hannover Messe ist die bekannteste Universalmesse.

● *Ausstellungen*

Ausstellungen sprechen, im Unterschied zu Messen, neben den Fachbesuchern auch die Allgemeinheit an. Zweck dieser Veranstaltungen ist in allererster Linie, dass Unternehmen und Wirtschaftsräume sich aufklärend und werbend an die Allgemeinheit wenden. Damit dienen Ausstellungen hauptsächlich der Repräsentation und der Information, weniger dem Verkauf.

Wichtige Fachausstellungen in Deutschland sind:

- Internationale Automobilausstellung Frankfurt
- Internationale Funkausstellung in Berlin
- DLG-Ausstellung in Frankfurt

1.7.4   Bestimmungsgründe für die Auswahl eines Absatzkanals

Das klassische Auswahlkriterium bei der Entscheidung für einen bestimmten Absatzkanal sind die **Vertriebskosten.** Dazu zählen u.a. die Transportkosten bis zum Kunden, die Kosten für den Vertrieb im eigenen Haus sowie für den Außendienst, die Regalpflege, Maßnahmen der Verkaufsförderung und weitere Maßnahmen am PoS.

Grundsätzlich gilt, dass die Vertriebskosten umso höher sind, je direkter die Verbindung zwischen Unternehmen und Kunde und je breiter und tiefer die horizontale Ebene der Distribution angelegt ist. Entschließt man sich den bisher indirekt durchgeführten Vertrieb in ein direktes Vertriebssystem umzuwandeln, ist dies mit einem sprunghaften Anstieg der Vertriebskosten verbunden. Dies kann nur in Kauf genommen werden, wenn die Gewinnspanne beim Eigenvertrieb erheblich höher ist als beim Fremdvertrieb, und zwar so hoch, dass die höheren eigenen Vertriebskosten durch die größere Gewinnspanne mehr als kompensiert werden.

Allerdings können die Vertriebskosten unter Marketinggesichtspunkten nicht als einziges Kriterium herangezogen werden. Weitere Gesichtspunkte sind z. B. die Art und Weise, wie ein Produkt am Verkaufsort (Platzierung, Art des Handelsgeschäfts, etc.) präsentiert wird sowie die Beeinflussbarkeit und die Kontrolle des Vertriebssystems. Die Beeinflussbarkeit des Vertriebsweges ist bei Eigenvertrieb in aller Regel weitaus größer als bei Fremdvertrieb.

Bestimmungsgründe bei der Auswahl der Absatzkanäle

Bestimmungs-
gründe

Produkt	• Lagerfähigkeit • Gut des täglichen Bedarfs oder Luxusgut • Beratungsintensives Gut
Unternehmen	• Finanzkraft zur Finanzierung eines eigenen Vertriebswegs • Vertriebserfahrung • Produktprogramm
Kunde	• Geographische Verteilung • Anzahl • Einkaufsgewohnheiten
Konkurrenz	• Zahl • Vertriebswege • Wettbewerbsdruck
Absatzmittler	• Art und Anzahl • Standort • Beeinflussbarkeit • Fachliche Kenntnisse
Umwelt	• Konsequenzen bei Vertragskündigung (Handelsvertreter) • Öffentliche Meinung über den Vertriebsweg • Missbrauchsaufsicht bei Vertriebsbindungssystemen

1.7.5 Kundendienst und Kundenpflege

Kundendienst,
-pflege

■ Formen des Kundendienstes

Unter Kundendienst versteht man alle Serviceleistungen, die ein Unternehmen seinen Kunden vor, während und nach dem Kauf anbietet.

Art des Kundendienstes	BEISPIELE
Information und Beratung beim Einkauf bezüglich	• Verwendungszweck, • Leistung, • Qualiät, • Bedienung und Anwendung, • Liefertermine, • Zahlungsbedingungen, • Finanzierungsmöglichkeiten, • Ersatzteilbeschaffung, • Wartungsdienst, • Garantieleistungen.

Art des Kundendienstes	BEISPIELE
Einweisung und Schulung	Bedienung, Wartungshinweise, Unfallverhütung, Reparaturanleitungen
Zustellung und Installation	Transport, Montage von Anlagen, Probeläufe
Reparatur-, Ersatzteil- und Unterhaltsdienst	• BEISPIEL Wartungsabbonnement • BEISPIEL Garantie bestimmter Reparaturfristen • BEISPIEL Jahrelanger Ersatzteilservice, Einrichtung einer „Hotline"

Dabei lassen sich folgende **Kundendienstleistungen** unterscheiden:

- **Verpflichtende Leistungen:** Hierzu zählen Leistungen, die die erstmalige Nutzung eines Produktes erst ermöglichen und ohne die ein Verkauf nicht oder nur schwer möglich wäre, beispielsweise die Lieferung der Produkte zum Kunden, deren Installation bzw. Aufbau beim Kunden sowie gesetzliche Gewährleistungen. Diese Serviceleistungen sind in der Regel im Kaufpreis enthalten.

verpflichtende Leistungen

- **Erwartete Leistungen:** Dies sind Serviceleistungen, die im Kaufpreis in aller Regel nicht enthalten sind, die aber für Kunden ein entscheidendes Kaufargument sind. Beispielsweise werden bei Computern, bei Bau- und Landmaschinen, bei Investitionsgütern, wie Maschinen, keine oder nur geringe Stillstandszeiten durch Störungen vom Kunden akzeptiert. Erwartete Serviceleistungen sind in diesen Fällen u. a. ein 24-Stunden-Service oder extrem kurze Reaktionszeiten beim Kundenservice. Mittlerweile werden in bestimmten Branchen auch Kundendienstverträge angeboten. Kundendienst wird nicht mehr nur dann angeboten, wenn die Produkte defekt sind, sondern es wird eine regelmäßige Betreuung der Produkte durchgeführt. Dadurch entsteht eine Art Vertrauensverhältnis zwischen Kundendienstpersonal und dem Kunden, was sich positiv auf die Kundenbindung auswirkt.

erwartete Leistungen

- **Zusatzleistungen:** Hierunter sind solche Serviceleistungen zu verstehen, die durch spezifische Kundenbedürfnisse entstehen und durch die sich das Unternehmen einen Zusatznutzen beim Kunden und eine Profilierung gegenüber den Wettbewerbern erhofft. So bringt beispielsweise ein Kunde sein Auto in die Werkstatt, braucht aber für die Zeit der Reparatur dringend ein Fahrzeug. Dies wird ihm vom Autohaus kostenlos zur Verfügung gestellt.

Zusatzleistungen

Kundendienst war früher ausschließlich eine Nebenleistung, die notwendigerweise mit dem Verkauf von Produkten anfiel. Heute ist Kundendienst eine eigenständige Absatzleistung (Kundendienstmanagement), die von den Unternehmen aktiv zur Schaffung von Wettbewerbsvorteilen und zur Differenzierung gegenüber Wettbewerbern eingesetzt wird.

■ *Ziele des Kundendienstmanagements*

ökonomische, psychologische Ziele

Ökonomische Ziele	1. Erwirtschaftung von Umsatz und Gewinn durch Kundendienstleistungen u.a. durch zusätzliche Kundendienstverträge. 2. Guter Kundendienst schafft Kundenzufriedenheit; Kundenzufriedenheit erzeugt Kundenbindung; Kundenbindung bringt Umsatz- und Gewinnzuwächse.

| Psychologische Ziele | 1. Kundendienstzufriedenheit: Diese wird dann erreicht, wenn Art und Umfang der Kundendienstleistung, die Pünktlichkeit bei der Ausführung und der in Rechnung gestellte Preis aus der Sicht des Kunden in Ordnung sind. |
| | 2. Ein vorbildlicher Kundendienst ist ein zentraler Einflussfaktor für den Wiederkauf der Produkte durch den Kunden und damit die **Kundenbindung**. Eine stärkere Kundenbindung gilt als das zentrale Marketingziel, das mit Hilfe des Kundendienstes erreicht werden soll. |

Kundenbindung

Kundendienstzufriedenheit lässt sich auf Dauer nur erreichen, wenn Informationen über die Stärken und Schwächen der Kundendienstleistung in ausreichendem Umfang vorhanden sind. Aus diesem Grund und als Grundlage für einen effizienten Einsatz des Kundendienstes müssen regelmäßige Kundenbefragungen durchgeführt werden. Als wesentliche Punkte sind in dieser Befragung folgende Kriterien zu erfassen:

- Reaktionszeit,
- Qualität der Kundendienstarbeit,
- Umgangston der Kundendienstmitarbeiter,
- Qualität der Ersatzteile,
- Preis der Kundendienstleistung.

Idealerweise sind diese Befragungen regelmäßig durchzuführen, da sich die Bedürfnisse der Kunden auch bei den Kundendienstleistungen im Laufe der Zeit verändern. Zusätzlich sind die Erfordernisse spezieller Kundenzielgruppen beim Kundendienst unter Umständen gesondert zu erfassen.

■ *Einsatz der Marketinginstrumente beim Kundendienst*

Einsatz der Marketinginstrumente

- **Preispolitik:**
  Bei der Preispolitik geht es darum, die Preise und Preisnachlässe für den Kundendienst, der über die verpflichtenden Leistungen hinausgeht, festzulegen. Grundlegend sind dabei die Ziele, die man mit dem Kundendienst erreichen will. Wird lediglich eine Kostendeckung angestrebt, ist eine andere Preisgestaltung als bei der Gewinnerzielungsabsicht anzustreben. Ein weiteres Element der Preispolitik ist die Frage, wie Kundendienstverträge ausgestaltet werden. Beispielsweise können Standardleistungen oder ein Full-Service-Vertrag angeboten werden.

- **Distributionspolitik:**
  Hier geht es im Wesentlichen darum, festzulegen, ob der Kundendienst von unternehmenseigenen oder fremden Kundendienstmitarbeitern durchgeführt werden soll. Bei der Einbeziehung von fremden Kundendienstmitarbeitern muss mit Kontroll- und Schulungsmaßnahmen sichergestellt werden, dass das erreichte Kundendienstniveau erhalten bleibt. Zusätzlich ist im Rahmen der Kundendienstlogistik festzulegen, in welchem Umfang Ersatzteile, Werkzeuge und andere Sachmittel an bestimmten Orten bereitzuhalten sind, so dass sie in kurzer Zeit dem Kundendienstmitarbeiter zur Verfügung stehen.

- **Kommunikationspolitik:**
  Hier geht es um die Bekanntmachung der Kundendienstleistungen in Fachzeitschriften und durch persönliche Informationen durch Kundendienstmitarbeiter.

1.7.6   Electronic-Commerce

Für den Begriff „E-Commerce" (Electronic-Commerce) gibt es eine Vielzahl von Definitionen. Sehr weitgefasste Definitionen von „E-Commerce" verstehen darunter jede Art von Datenaustausch auf wirtschaftlicher Basis, z. B. Verkaufsgeschäfte oder Werbekontakte. Dafür kommen alle elektronischen Medien (Fax, Telefon, Fernsehen, Internet, etc.) in Frage. Engere Auslegungen verstehen nur die Anbahnung und die Abwicklung von Geschäften unter dem Begriff „E-Commerce".

→ siehe LF 6

Wirtschafts-subjekte

Wirtschaftssubjekte im E-Commerce sind Privatleute (Consumer), Unternehmen (Business) und der Staat (Administration). Je nachdem, welche der handelnden Personen miteinander in Geschäftsbeziehungen treten, spricht man von Business-to-Consumer, Business-to-Business, Consumer-to-Consumer, Business-to-Administration, etc. Zurzeit erlebt das Business-to-Business Geschäft die mit Abstand größten Steigerungsraten, was die Umsatzentwicklung betrifft. Aus der Sicht des Marketings bietet vor allem die Beziehung Business-to-Consumer das interessanteste Einsatzgebiet, insbesondere für die Marketinginstrumente Kommunikations- und Preispolitik.

Wirtschafts-objekte

Wirtschaftsobjekte können prinzipiell alle Güter und Dienstleistungen sein. Allerdings versprechen nur die Güter eine erfolgreiche E-Commerce-Vermarktung, die folgende Kriterien erfüllen:

- Die Güter dürfen keinen hohen **Beratungsbedarf** haben. Es muss ein selbstständiges Auswählen und Entscheiden durch den Kunden möglich sein.
- Ganz wichtig ist, dass der Kunde nur solche Produkte kauft, bei denen er eine **Arbeitserleichterung** oder einen **Preisvorteil** durch den Kauf über elektronische Medien sieht, sonst kann er das Produkt auch traditionell einkaufen. Beispiele: Reisen, Software, Eintrittskarten, Tickets für die Deutsche Bundesbahn.

■ *Ziele des E-Commerce*

- Für das verkaufende Unternehmen müssen durch diese Art des Verkaufs, wenigstens in einer längerfristigen Betrachtungsweise, Preisvorteile entstehen. Preisvorteile sehen Unternehmen vor allem in der **Senkung von Transaktionskosten** im Vertrieb. Dies sind Kosten, die durch die Anbahnung, die Durchführung und die Kontrolle von Absatzgeschäften entstehen. Diese Kosten können durch direkten Vertrieb oder durch den Einsatz von Absatzmittlern (indirekter Vertrieb) verursacht werden. Sinken diese Kosten durch den Einsatz von E-Commerce, lohnt sich der Einsatz für die Unternehmen. Insbesondere durch die Einrichtung von so genannten **„virtuellen Marktplätzen"** werden Kosteneinsparungen durch das Ausschalten von Handelsstufen möglich. Auf virtuellen Marktplätzen wird die Transaktion (Ausschreibung, Angebote, Verkaufsabschluss, Zahlungsabwicklung und der After Sales Service) zwischen Anbieter und Kunden ausschließlich über das Internet abgewickelt, ohne dass die Geschäftspartner real miteinander in Kontakt treten müssen.
- Ansprache neuer Zielgruppen, Steigerung des Absatzpotenzials und damit Erzielung höherer Umsätze.
- Kontinuierliche Marktpräsenz (24 Stunden am Tag).
- Durch den globalen Einsatz des Mediums Internet ist eine weltweite Erschließung der Absatzmärkte schnell und kostengünstig möglich.
- Steigerung der Kundenzufriedenheit durch den Aufbau einer individuellen Kundenbeziehung.

Transaktions-kosten

Virtuelle Marktplätze

■ Probleme des E-Commerce für die Unternehmen

Probleme

- **Selbstzerstörung** in der Weise, dass das Unternehmen möglicherweise keine neuen Kunden gewinnt, sondern sich die einzelnen Vertriebswege die Kunden gegenseitig wegnehmen (Kannibalisierungseffekte).

- **Interner Preiswettbewerb** entsteht dann, wenn ein Unternehmen bei den traditionellen Vertriebskanälen andere, in der Regel höhere Preise verlangt als beim E-Commerce. Bei Bekanntwerden dieses Sachverhalts verlangen Kunden auch bei den traditionellen Vertriebswegen die günstigeren Preise.

■ E-Commerce und Einsatz der Marketinginstrumente

Einsatz der Marketing-Instrumente

Produktpolitik	Bei der Produktpolitik stellt sich hauptsächlich die Frage, welche Zusatzleistungen mithilfe des E-Commerce dem Kunden angeboten werden können. Dabei kommt vor allem die Fülle an **Informationen**, die dem Kunden zur Verfügung gestellt werden können, in Frage: Informationen nicht nur über das Produkt, sondern beispielsweise auch über den Liefer- oder den Produktionsstatus der Produkte. Eine weitere Möglichkeit des E-Commerce ist das größere **Produktangebot**, das möglich ist, weil das Unternehmen die Produkte nicht in Filialen, sondern nur in Zentrallägern bereithalten muss und diese mit Hilfe von Logistikern direkt dem Kunden zustellen kann.
Preispolitik	Im Rahmen des E-Commerce ist eine weitaus variablere Preispolitik im Vergleich zu traditionellen Absatzkanälen möglich. Beispielsweise kann eine **Preisdifferenzierung** je nach bestellter Menge, Höhe des Umsatzes oder zeitlichen Kriterien durchgeführt und auch sehr schnell wieder veränderten Tatbeständen angepasst werden. Da der Kunde beim Einkauf über das Internet eine Niedrigpreisstrategie verfolgt, akzeptiert er auch mögliche schnelle Wechsel in der Preispolitik. Daneben kann mit Hilfe von **Auktionen** die Preisbereitschaft bestimmter Zielgruppen getestet werden und gleichzeitig möglicherweise die Kapazität durch den kurzfristigen Einsatz von Auktionen besser ausgelastet werden. Letztendlich bieten verschiedene Unternehmen bereits Angebote für den **Sammelkauf** an. Schließen sich mehrere Kunden zusammen und kaufen gemeinsam ein, bieten die Unternehmen Preisstaffelungen in erheblichem Umfang an. Die Ware wird in aller Regel dem Kunden, der das Geschäft durchführt, komplett geliefert.
Kommunikationspolitik	Ein riesiger Vorteil für E-Commerce Unternehmer ist die Tatsache, dass sie individuelle Kundenkontakte weltweit ohne große Kosten aufbauen können. Zudem lassen sich Internetseiten, auf denen Unternehmen mit ihren Angeboten werben, genau kontrollieren bezüglich der Häufigkeit ihrer Nutzung und der Art und regionalen Zuordnung ihrer User.

1.7.7 Marketing-Mix – die richtige Mischung macht's

Unter **Marketing-Mix** versteht man die von einem Unternehmen eingesetzte Kombination der marketingpolitischen Instrumente Produktpolitik, Sortimentspolitik, Preispolitik, Distributionspolitik und Kommunikationspolitik. Jedes Unternehmen steht vor dem Problem, welche marketingpolitischen Instrumente in welcher Kombination und wie lange in einer bestimmten Marktsituation eingesetzt werden sollen. Das Marketing-Mix hat dabei aber nicht nur eine quantitative Komponente (mengenmäßiger Einsatz bestimmter Instrumente), sondern auch eine qualitative Komponente, beispielsweise die Art der Distributionswege, der Produktgestaltung oder der PR-Maßnahmen.

Als **optimales Marketing-Mix** bezeichnet man diejenige Kombination der marketingpolitischen Instrumente, durch die ein bestimmtes Marketing-Ziel am besten erreicht wird. Die Bedeutung der einzelnen Instrumente hängt dabei wesentlich vom jeweiligen Betriebstyp (Groß- oder Einzelhandel, Konsumgüter- oder Investitionsgüterhersteller), vom Produkt und vom Käufer ab.

So spielt bei manchen Produkten der Preis eine wesentliche Rolle (Nahrungsmittel), bei anderen Produkten ist der Preis von untergeordneter Bedeutung (Sportartikel, Kleidung). Bei technischen Produkten (Automobile, Computer, Investitionsgüter) ist der Kundendienst von entscheidender Bedeutung, bei anderen spielt der Kundendienst überhaupt keine Rolle (Waschmittel, Körperpflege). Auch die Bedeutung der Werbung variiert stark in Abhängigkeit vom Produkt (Waschmittel – Brotwaren).

Das Hauptproblem beim Marketing-Mix besteht darin, die Instrumente unter Berücksichtigung ihrer Wechselwirkungen richtig einzusetzen; einerseits hinsichtlich der Intensität, andererseits hinsichtlich des Zeitpunkts ihres Einsatzes. Wegen der sich ständig ändernden Marktgegebenheiten muss jedes Marketing-Mix den Veränderungen des Marktes bzw. der Unternehmensziele angepasst werden. Die Instrumente werden gegebenenfalls modifiziert und zielbezogen neu optimiert. Beispielsweise hat die Waschmittelwerbung im Laufe der Jahre neben dem Aspekt „Reinheit" immer mehr den Aspekt „Umwelt" (biologisch abbaubare Inhalte, kleinere Verpackung) betont.

FALLBEISPIEL

Die Büromöbelfabrik Weller KG ist ein mittelständischer Betrieb mit etwa 1000 Mitarbeitern. Das Unternehmen produziert qualitativ hochwertige Büromöbel (Schreibtische, Schreibtischstühle, Ablageschränke, …). Weller-Produkte sind fast durchweg aus unbehandeltem Vollholz; auch für die Rückseite der Schreibtische und Schränke werden keine Pressspanplatten verwendet. Der Vertrieb erfolgte bisher ausschließlich über den Facheinzelhandel, verbunden mit einem Gebietsschutz für den vertreibenden Einzelhändler, um die Exklusivität zu wahren. Mit Ausnahme der vergangenen zwei Jahre konnte die Weller KG ihren Umsatz von Jahr zu Jahr steigern.

Marktdaten: In den letzten Jahren weisen alle deutschen Büromöbelhersteller teilweise erhebliche Umsatzrückgänge auf. Ursachen dafür sind:

- Die Nachfrager geben für Büromöbel weniger Geld aus; zudem werden die Büromöbel, insbesondere im privaten Bereich, länger benutzt.
- Der deutsche Markt wird überschwemmt von billigen Büromöbeln ausländischer Hersteller.

Berichte der Reisenden:

- Schreibtischstühle mit fünf Rollen werden in Discount- und Mitnahmemärkten schon für 100,00 bis 200,00 EUR angeboten. Der billigste Stuhl der Firma Weller kostet im Einzelhandelsgeschäft 400,00 EUR.
- Der Umsatz des Einzelhandels geht zurück, da viele Verbraucher die Billigprodukte kaufen.

Pressemitteilungen:

- Obwohl die Tarifabschlüsse über der Inflationsrate liegen, ist aufgrund der stark gestiegenen Steuer- und Abgabenerhöhungen mit einem Rückgang der Kaufkraft zu rechnen.
- In den neuen Bundesländern wird sich allerdings die Kaufkraft weiter verbessern, so dass die Verbraucher dort immer mehr zur Nachfrage beitragen. Untersuchungsergebnisse eines Marktforschungsinstitutes:
- Viele Kunden der großen Möbelhäuser, die Büromöbel einkaufen, entscheiden sich bei größeren Preisunterschieden für das billigere Produkt. Dabei wird eine geringere Qualität in Kauf genommen. Fazit: Die meisten Kunden sind nicht bereit, Qualität mit dementsprechend höheren Preisen zu bezahlen.
- Bei den Kunden des Facheinzelhandels ist dieses Kaufverhalten nicht ausgeprägt. Hier dominiert der Kunde, der in das Fachgeschäft geht, weil er dort qualitativ hochwertige Ware und eine gute Beratung bekommt. Den höheren Preis akzeptiert er.

Marketing-Ziele: Aufgrund der vorliegenden Marktdaten fassen die Gesellschafter folgende Beschlüsse:

- Es werden neue Büromöbel produziert, die preislich günstiger, qualitativ aber etwas schlechter sind.
- Durch die zusätzlich verkauften Büromöbel soll die Kapazität der Fertigung besser ausgelastet werden.
- Da die Verkaufserlöse der alten Produkte die gesamten Fixkosten abdecken, werden die neuen Produkte auf Teilkostenbasis kalkuliert. Zusätzlich mit den Kostenersparnissen bei der günstigeren Herstellung soll das Preisniveau der Konkurrenzprodukte erreicht werden.
- Mit diesen Maßnahmen soll in den nächsten Jahren der Umsatz um jeweils etwa 10% gesteigert werden.

Marketing-Mix-Konzept:

- Produktpolitik/Sortimentspolitik

Im Bereich der **Produktpolitik** war es bisher die Strategie der Firma Weller, dass sie im Büromöbelmarkt nur qualitativ hochwertige Ware anbot. Es wurde bewusst nur das obere Marktsegment bedient, weil man sich nicht am Preisgerangel im unteren und mittleren Marktsegment beteiligen wollte. Das jahrzehntelang gepflegte Image der „Weller-Produkte" hat dies möglich gemacht. Gezwungen durch den Umsatzrückgang der letzten zwei Jahre, will man nun in der Produktpolitik zweigleisig fahren. | **Produktpolitik**

Im Mittelpunkt der Produktpolitik soll nach wie vor das hochwertige Produktsortiment an Büromöbeln stehen. Bei der Herstellung der Vollholzmöbel werden dieselben Qualitätskriterien wie bisher zugrunde gelegt, d.h. keine Pressspanteile und die ausschließliche Verwendung von unbehandeltem Holz.

Daneben werden neue Büromöbel hergestellt, die diesen Kriterien nicht mehr gerecht werden. Zum Beispiel werden Rücken- und Seitenteile aus furnierten Pressspanteilen verwendet. Aus Imagegründen werden diese Produkte nicht mehr unter dem Markennamen „Weller" angeboten, sondern unter dem neu konzipierten Namen „Nordland". Für den Verbraucher soll nicht ersichtlich sein, dass es sich um „Weller-Produkte" handelt, da die „Billig-Büromöbel" das Image der Firma Weller zu sehr beeinträchtigen könnten.

- **Preispolitik** | **Preispolitik**

Bei zwei verschiedenen Produktlinien werden auch zwei verschiedene Preise notwendig:

- Das qualitativ hochwertige Sortiment an Büromöbeln wird nach wie vor im oberen Preissegment angeboten. Zwar ist kein Umsatzzuwachs in den nächsten Jahren mehr zu erwarten, aber dafür ist die Umsatzrendite doch recht beachtlich.

– Die geringere Qualität des neuen Büromöbelsortiments erlaubt einen kostengünstigeren Herstellungsprozess. Folglich kann auch der Verkaufspreis niedriger kalkuliert werden. Neben dem geringeren Verkaufspreis wird den Einzelhandelsketten ein Mengenrabatt von 10 bis 20% je nach Umfang der Bestellmenge eingeräumt. Gute Kunden, die regelmäßig bestellen und über das Jahr gesehen eine bestimmte Umsatzhöhe erreichen, erhalten zusätzlich zum Mengenrabatt bei den Einzelbestellungen noch einen Bonus am Jahresende in Höhe von 5%. Mit den zusätzlichen Umsätzen im unteren und mittleren Preissegment lässt sich insgesamt eine Umsatzsteigerung erreichen.

Kommunikations-politik

● **Kommunikationspolitik**

– **Produktwerbung:** Die Produktwerbung der Firma Weller konzentriert sich ausschließlich auf das hochwertige Büromöbelsortiment; der Werbeplan bleibt unverändert.

Beim Inhalt der Werbung wird als Hauptproduktversprechen die hohe Qualität der Produkte betont; Zielgruppen der Werbung sind der Facheinzelhandel, die Firmenkundschaft und der Endverbraucher. Als Werbemittel sind Fernsehspots im öffentlich-rechtlichen Fernsehen, Annoncen in „höherwertigen" Zeitschriften (Focus, Spiegel, Stern, …) und in Fachzeitschriften vorgesehen. Die Werbung soll bundesweit ausgedehnt werden, da auch die Kunden im ganzen Bundesgebiet angesiedelt sind.

– **Verkaufsförderung:** Für den neu hinzu gekommenen Teil des Büromöbelmarktes wird **keine eigene Produktwerbung** betrieben. Der Name der Firma Weller soll mit diesem „Billigprodukt" nach außen hin nicht in Verbindung gebracht werden. Geworben wird für diese Produkte ausschließlich über die Werbeangebote der jeweiligen Einzelhändler bzw. deren Zentralen. Stattdessen werden zur Absatzsteigerung verkaufsfördernde Maßnahmen eingesetzt. In erster Linie sollen in vielen großen Möbelhäusern Prospekte mit darin enthaltenen Preisausschreiben verteilt werden.

Distributionspolitik

● **Distributionspolitik**

Die Vertriebskanäle, die man bearbeiten will, sind aufgrund des zweigeteilten Sortiments ebenfalls zweigeteilt:

– Für den hochwertigen Teil des Büromöbelsortiments kommt nur ein „hochwertiger Vertriebsweg" infrage, d.h., die Ware wird im Wesentlichen über den Facheinzelhandel vertrieben.

– Das neue, billigere Büromöbelsortiment wird ganz gezielt über die großen Einzelhandelsketten vertrieben. Als „Eintrittsgeld" wird, wie bereits erwähnt, den Ketten ein Mengenrabatt von 10 bis 20% bei Großbestellungen, ein umsatzbezogener Bonus am Jahresende und Werbekostenzuschüsse für die Händlerwerbung angeboten.

– Auf den Einsatz von Absatzmittlern wird verzichtet, da die Möbelhäuser und Discountmärkte i.d.R. direkt bestellen und diese Produkte der Firma Weller nicht besonders beratungsintensiv sind.

– Eine ganz wesentliche Möglichkeit der Distributionspolitik ist die Darbietung der Produkte auf Messen und Ausstellungen. Diese Möglichkeit der Produktdarstellung und des Verkaufs wurde von der Firma Weller bisher kaum genutzt.

In diesem Jahr werden regionale Messen und Ausstellungen besucht, daneben werden die Produkte der Firma Weller auf der „Orgatec", der Internationalen Büromesse in Köln und der „Holz + Kunststoff-Messe" in Essen dargeboten.

2 Absatzdurchführung – Verpflichtungs- und Erfüllungsgeschäft

2.1 Vertragsphasen

Sämtliche Verträge lassen sich auf drei Phasen reduzieren: Vertragsanbahnung, Vertragsverhandlung und Vertragserfüllung und ggf. Vertragsdurchsetzung.

Während der **Vertragsanbahnung** trägt sich ein potenzieller Vertragspartner mit dem Gedanken, einen auf seine Bedürfnisbefriedigung ausgerichteten Vertrag abzuschließen. Hierzu sammelt er Informationen zu Produkten, Märkten und Lieferanten. Ist für den potenziellen Vertragspartner erkennbar, dass ein seinen Bedürfnissen entsprechender Vertrag abgeschlossen werden könnte, wird er den Kontakt mit dem möglichen Lieferanten suchen. Dieser Schritt beendet die Vertragsanbahnung. In der folgenden Phase der **Vertragsverhandlung** ist der Kontakt zwischen den möglichen Vertragspartnern hergestellt, und es werden Konditionen eines Vertrages verhandelt. Kommen beide Parteien überein, einen Vertrag wie besprochen zu schließen, endet auch diese Phase. Es schließt sich nun die **Vertragserfüllung** an. Hier kommt es zum Austausch der vertraglich vereinbarten Leistungen. Mit deren Lieferung endet der gesamte Prozess. Wird ein Vertrag nicht richtig erfüllt, folgt ggf. die Phase der **Vertragsdurchsetzung**. | *Vertragsphasen*

Betrachtet man die Absatzdurchführung anhand der verschiedenen Arten von Dokumenten, so lässt sich feststellen, dass die Phase der Vertragsanbahnung geprägt wird von *Informationen*, durch welche sich der potenzielle Käufer einen Marktüberblick verschafft. Die Vertragsverhandlung ist geprägt von Angeboten *(Offerten)* oder Anfragen *(Einladungen zur Offertstellung)*. Letztere sind die unverbindliche Erklärung der Bereitschaft einen Vertrag abzuschließen. Das Angebot stellt eine Willenserklärung dar, die inhaltlich soweit bestimmt ist, dass der Empfänger durch einfache Zustimmung einen Vertrag zustande bringen kann.

2.2 Vertragsanbahnung – Vertragshaftung beachten | *Vertragsphasen*

2.2.1 Rechtliche Gesichtspunkte bei der Vertragsanbahnung

Es wäre ein grober Fehler zu meinen, verhandelnde Parteien könnten vor dem geschlossenen Vertrag tun und lassen, was sie wollen. Sollten im Zusammenhang mit der Leistung, durch die Leistung oder im Stadium der Vertragsanbahnung Rechtsgüter eines Verhandlungspartners verletzt werden, dann gilt das Recht der Vertraghaftung, das sind Schadensersatzansprüche aus | *Vertragshaftung*

- **positiver Vertrags- oder Forderungsverletzung** durch Verletzung sonstiger Verhaltenspflichten, z. B. Verletzung von leistungsbezogenen Nebenpflichten: z. B. fehlende Belehrung, fehlende weitere (gebotene) Information oder Aufklärung (über Risiken u. Ä.) über die Sache und | → **pVV, BGB § 241 (2)**

- **Verschulden bei Vertragsschluss.** Die Vertragsfreiheit garantiert jedem Vertragspartner bis zum Vertragsabschluss das Recht, von dem beabsichtigten Vertragsschluss abzusehen (Abschlussfreiheit). Dies gilt nicht, wenn ein Verhandlungspartner *im begründeten Vertrauen* darauf, dass der Vertrag zustande kommt, Aufwendungen zur Durchführung des Vertrags vor dessen Abschluss gemacht hat, die Verhandlungen aber letztlich fehlschlagen. | → **c.i.c, culpa in contrahendo BGB § 311 (2)**

Gerade im Verhandlungsstadium sind die Parteien auf ihre Verhandlungspartner angewiesen. Jeder Verhandlungspartner muss sich auf den anderen verlassen können und ist auf die Richtigkeit und Vollständigkeit der gegebenen Informationen angewiesen, weil seine Dispositionen und Entscheidungen davon abhängen.

2.2.2 Möglichkeiten der Vertragsanbahnung

→ Siehe hierzu
im Einzelnen
in den Ab-
schnitten 1.6
Kommunika-
tionspolitik
und 1.7 Dis-
tributionspo-
litik.

Alle Formen der Kundenakquise bezwecken letztendlich den Abschluss eines Kaufvertrags.

Die turbulente Marktentwicklung einer weltweit vernetzten Globalwirtschaft führt dazu, dass sich Produkt- und Branchengrenzen zunehmend auflösen. Heute werden vom Kunden nicht mehr einzelne Produkte nachgefragt, sondern ganze Leistungspakete (Produkt einschließlich Produktbetreuung, -finanzierung und Wartungsservice). Im Mittelpunkt steht das Problem des Kunden. Gegenstand des Vertrags mit dem Kunden ist die maßgeschneiderte Problemlösung quer über Branchenspezialisierungen hinweg.

One-to-one-Dialog

Nur wenn der Kunde es erlaubt, kommt es zum **One-to-one-Dialog**. Dass der Kunde den Dialog bestimmt, ist für viele Unternehmen neu. Untersuchungen zeigen, dass der Gewinn um bis zu 85% gesteigert werden kann, wenn die Kundenabwanderung um fünf Prozent sinkt. Um den Kundenstamm zu halten und neue Kunden zu gewinnen, müssen Unternehmen ihre Kunden über viele Kanäle (z. B. Mailings, Direktansprache über Call Center oder Außendienstmitarbeiter) gezielt

Multi-Channel-Strategie

einbinden und sie individuell ansprechen (Multi-Channel-Strategie). Jede Interaktion mit dem Kunden muss genutzt werden, um das Wissen über den Kunden zu vertiefen und mehr über dessen Bedürfnisse und Vorlieben zu erfahren. Dieses Wissen muss über ein zentrales Back-Office-System jedem Mitarbeiter im Vertrieb, Service, Call Center oder Außendienst während des Kundenkontakts zur Verfügung stehen.

2.2.3 Anfragebearbeitung – Angebotserstellung

**Anfragebearbei-
tung**

Angebotserstellung

FALLBEISPIEL

Herr Brand, Sachbearbeiter im Verkauf des Produktbereichs Tische bei der Weller KG, erhält am 16. August eine Anfrage der Großhandlung für Innenausstattung Alfred E. Dicken:

Alfred E. Dicken – Innenausstattung

Büromöbelfabrik Weller KG
Sonnenstraße 12
87077 Ulm

...

Anfrage nach Stahlrohrtischen Modell „Junior"

...

In der Fachzeitschrift „Büro aktuell" fanden wir einen Farbprospekt über o. g. Büro-Schreibtisch. Da wir unser Sortiment erweitern wollen, bitten wir um ein Angebot über zunächst

125 Stahlrohrtische, Modell „Junior".

Bitte nennen Sie uns Preis und Liefertermin. Geben Sie auch Ihre Lieferungs- und Zahlungsbedingungen an.

...

**Lieferwilligkeit,
Kreditwürdigkeit,
Bonität**

■ Prüfung der Lieferwilligkeit

Bei größeren Lieferwerten ist zunächst die Kreditwürdigkeit (Bonität) des Kunden zu prüfen. Bestehen bereits Geschäftsbeziehungen, dann können alle wichtigen Informationen hierfür (insbesondere Anmerkungen zur Zahlungsmoral) aus der Kundendatei bzw. Kundenliste entnommen werden.

Ab einem bestimmten Auftragswert (z. B. 10 000 EUR) ist es empfehlenswert, weitere Auskünfte über den Kunden einzuholen. Auskunfteien und Kreditschutzorganisationen bieten hierfür ihre Dienste an. Eine Absicherung der Forderungen ist bei Kunden mit schlechter Zahlungsmoral und neuen unbekannten Kunden notwendig.

Bei größeren Aufträgen wird eine Angebotskalkulation (Vorkalkulation) erstellt, um ein angemessenes Preis-Kosten-Verhältnis sicherzustellen. Hierbei sind auch Mindestabnahmemengen zu beachten.

Stellung des Kunden gemäß ABC-Analyse

ABC-Analyse
(Kundenanalyse)

Key-account
Kunden

A-Kunden, Key-account Kunden	Auf sie entfällt ein sehr großer Teil des Gesamtumsatzes (z.B. 75 %–80 %). Sie sind für den Unternehmenserfolg enorm wichtig, weil der Verlust eines A-Kunden sofort zu erheblichen Umsatz- und Gewinneinbußen führt.
B-Kunden	Auf diese Kunden entfallen ca. 20 % des Umsatzes.
C-Kunden	Mit dieser Kundengruppe werden max. 5 % des Umsatzes erwirtschaftet.

Die jeweiligen Kundensegmente (A, B, C) tragen unterschiedlich zum Erfolg des Unternehmens bei, daher sind unterschiedliche Marketingmaßnahmen, z. B. günstige Gestaltung der Liefer- und Zahlungsbedingungen für A-Kunden gerechtfertigt.

Schlüsselkunden bzw. Key-account-Kunden bedürfen einer sensiblen Behandlung, da von ihnen die Existenz des Unternehmens abhängen kann. Hier sollte auf ein partnerschaftliches Verhältnis geachtet werden.

■ *Prüfung der Lieferfähigkeit*

Lieferfähigkeit

Ist die Lieferwilligkeit positiv beantwortet, dann sind noch folgende Fragen zu klären:
● Passt der mögliche Auftrag in das **Erzeugnisprogramm** des Unternehmens?

Beschaffungsprogramm (Fremdbezug)	← Erzeugnisprogramm →	Fertigungsprogramm (Eigenherstellung)

● Welcher **Bedarf** an Fertigerzeugnissen, Baugruppen, Teilen und Materialien entsteht durch die Abwicklung des Auftrags?

→ siehe LF 5
Abschnitt 4

  – Wie hoch ist der verfügbare Lagerbestand bei den Fertigerzeugnissen?
  – Wie hoch ist der Lagerbestand bei den benötigten Bauteilen und Baugruppen?
  – Wie hoch sind die verfügbaren Bestellbestände?

Nettobedarf	= Bruttobedarf – verfügbarer Lagerbestand
verfügbarer Lagerbestand	= tatsächlicher Bestand – Reservierungen – Sicherheitsbestand
disponierbarer Bestand	= verfügbarer Bestand + Reservierungen – Sicherheitsbestand

● Welcher **Fertigstellungstermin** kann verbindlich zugesagt werden?

● Welche **weiteren Abteilungen** müssen eingeschaltet werden?
  – Rechtsabteilung zur juristischen Prüfung der Vertragsgestaltung
  – Einkaufsabteilung zur Beschaffung von Kaufteilen.

■ *Angebotserstellung*

BEISPIEL

Herr Brand kommt zu dem Ergebnis, dass der Großhandlung Alfred E. Dicken das gewünschte Angebot unterbreitet werden kann. Er lässt die entsprechenden Mengen reservieren und schickt noch am 20. August das Angebot an den Kunden.

Abgegebene Angebote werden in der *Angebotsdatei* solange als *offene Posten* geführt und überwacht, bis ein Auftrag dazu erteilt oder das Angebot gelöscht wurde.

→ siehe LF 6 Ab-
schnitt 3.2.2

● *Inhalte des Angebots*

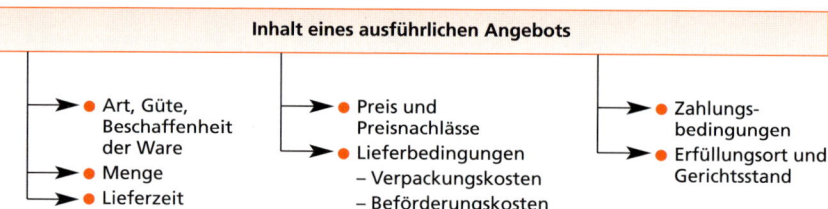

Vorteilhaft ist es, wenn der Lieferer alle Einzelheiten im Angebot festlegt, so dass der Kunde nur noch „ja" zu sagen braucht. Werden vorgedruckte *„Allgemeine Geschäftsbedingungen"* zugrunde gelegt, so muss der Kunde sich ausdrücklich damit einverstanden erklären. Wird in einem Angebot nicht jede Einzelheit geregelt, z.B. wer die Verpackungskosten zu tragen hat, so gilt jeweils die *gesetzliche Regelung*.

■ Lieferbedingungen im Außenhandel (Incoterms)

Im Vergleich zu Inlandsgeschäften entstehen im Auslandsgeschäft höhere Kosten und Risiken.

Internationaler Handelsbrauch

International einheitliche Lieferbedingungen haben zwar keinen Gesetzescharakter in den einzelnen Ländern, sondern sind nur internationaler Handelsbrauch, trotzdem sind sie rechtsgültig und vor Gericht einklagbar, wenn sie durch die Vereinbarung von Käufer und Verkäufer in den Kaufvertrag ausdrücklich mit aufgenommen wurden.

Incoterms

Die Incoterms (**International Commercial Terms**) regeln:
● den Ort des Kostenübergangs (Transportkosten) vom Verkäufer auf den Käufer,
● den Ort des Gefahrenübergangs (Transportrisiko) vom Verkäufer auf den Käufer,
● die sonstigen Pflichten der beiden Vertragspartner (Ein- und Ausfuhrdokumente, Frachtpapiere, Beschaffung des Laderaums, …)

	FCA = Free carrier/ Frei Frachtführer	FOB = Free on Board/ Frei an Bord	CIF = Cost, Insurance, Freight/Kosten, Versicherung, Fracht	CIP = Carriage and Insurance paid/Frachtfrei versichert	DDP = Delivered Dury paid/Geliefert verzollt
Beispiel	FCA Lufthansa Köln	FOB Bremen	CIF Boston	CIP Aspen	DDP Aspen
Kostenübergang	Verkäufer trägt alle Frachtkosten bis zur Übergabe an die Lufthansa in Köln. Findet die Verladung beim Verkäufer statt, ist er für die Verladung verantwortlich. An allen anderen Orten endet seine Verpflichtung mit der Verladebereitschaft.	Verkäufer trägt alle Transportkosten, bis die Ware an Bord des Schiffes in Bremen ist.	Verkäufer trägt alle Transportkosten, Seefracht und die Transportversicherung bis zum Bestimmungshafen Boston.	Verkäufer trägt alle Transportkosten einschließlich der Versicherungskosten bis zum Bestimmungsort Aspen.	Verkäufer trägt alle Kosten bis zum Bestimmungsort Aspen.
Gefahrenübergang	Mit Übergabe der Ware an die Lufthansa in Köln geht die Gefahr auf den Käufer über.	Gefahr geht mit Überschreiten der Reling auf den Käufer über.	vgl. FOB	Gefahr geht mit Übergabe an den ersten Frachtführer auf den Käufer über.	Gefahr geht mit Übergabe am Bestimmungsort auf den Käufer über.
Sorgfaltspflicht	• Verkäufer beschafft Ausfuhr-/Zolldokumente. • Verkäufer benachrichtigt Käufer nach Übergabe der Ware an den Frachtführer. • Verkäufer muss am vereinbarten Ort und zur vereinbarten Zeit verpackte Ware liefern.	zusätzlich zur FCA: Verkäufer beschafft Konnossemente (Käufer beschafft den Schiffsraum).	zusätzlich zu FOB: • Verkäufer beschafft alle Transportdokumente bis zum Bestimmungshafen. • Verkäufer schließt eine Transportversicherung bis Boston ab.	zusätzlich zu CIF: Verkäufer versichert die Ware bis zum Bestimmungsort.	zusätzlich zu CIP: Verkäufer übernimmt alle Einfuhr- und Steuerformalitäten (Zoll) im Bestimmungsland → Maximalverpflichtung des Verkäufers
Verkehrsmittel	ohne Bezug auf ein bestimmtes Verkehrsmittel	reine Schifffahrtsklausel	reine Schifffahrtsklausel	ohne Bezug auf ein bestimmtes Verkehrsmittel	ohne Bezug auf ein bestimmtes Verkehrsmittel

Ausgewählte Lieferungsbedingungen im Überblick
→ siehe LF 6, Seite 182

Marktbezogene Auftragsbearbeitung

2.3 Marktbezogene Auftragsbearbeitung

FALLBEISPIEL

Am 31. August trifft die Bestellung der Großhandlung Alfred E. Dicken ein

Alfred E. Dicken – Innenausstattung

...

vielen Dank für Ihr Angebot vom 20. August. Wir bestellen hiermit

125 Stahlrohrtische, Modell „Junior".

Bitte liefern Sie uns die Schreibtische bis spätestens 19. November (BKT 223), wie angeboten.

...

Die **marktbezogene** Abwicklung eines Kundenauftrags vollzieht sich in Teilschritten:
- Vergleich des Auftrags mit dem Angebot,
- Erfassung des Auftrags und Auftragsbestätigung,
- Bearbeitung des Auftrags und Fertigung,
- Erstellung der Versandpapiere und Versand der Ware bzw. Bereitstellung zur Abholung,
- Erstellung der Rechnung (Fakturierung) und Versand der Rechnung.

Auftragsannahme

2.3.1 Auftragsannahme

■ *Vergleich des Kundenauftrags mit dem Angebot*

Nach Eingang des Kundenauftrags wird dieser mit dem eigenen Angebot abgeglichen. Dazu greift der Verkaufssachbearbeiter auf das auf Termin gelegte Angebot in der Angebotsdatei zurück. Sollte der Kunde zu abweichenden Konditionen bestellt haben, dann liegt, rechtlich gesehen, ein neuer Antrag vor, der erst wieder mit einer Auftragsbestätigung angenommen werden müsste.

Erfassung der Kundendaten

■ *Erfassung der Kundendaten*

Handelt es sich um einen neuen Kunden, dann müssen vor der Erfassung des Kundenauftrags die neuen **Kundendaten** in die Kundenstammdatei aufgenommen werden.

→ LF 5
Abschnitt 4.1

BEISPIEL
Erfassung der Kundendaten

Auftragserfassung			Seite 1
Auftrags-Nr.:	86	Vorgang:	Kundendatei
Datum:	..-80-31		
Kunden-Nr.:	701	Kurzbezeichung:	Dicken
Name 1:	Alfred E. Dicken	Verteter:	04
Name 2:	Innenausstattung	Tour/Gebiet:	35
Strasse:	Wagnerstrasse 34	Preisgruppe:	2
PLZ Ort:	80802 Muenchen	Rabattsatz:	0%
Versandart:	Per Lkw	Skontosatz:	2%
Sprachcode:	Deutsch	Währung:	EUR
USt[1]:	16%	Länder-Kfz:	D

[1] Hinweis: Ab dem 01.01.2007 gibt es voraussichtlich eine Erhöhung der Mehrwertsteuer (Umsatzsteuer) von 16 % auf 19 %.

■ Erfassung der Auftragsdaten

Bevor der Auftrag eines Kunden erfasst wird, ist abzuklären, ob der gewünschte Liefertermin eingehalten werden kann (Verfügbarkeitsprüfung). Danach wird eine **Kundenauftragsnummer** (laufende Nummer) vergeben, um den Auftrag unverwechselbar kenntlich zu machen.

Anschließend wird die **Kundennummer** aus der Kundendatei herausgesucht beziehungsweise neu vergeben. Dann werden die **Auftragsdaten**, z.B. Bestelldatum, Auftragseingangsdatum, Liefertermin, Kundenadresse, Kurzbezeichnung des Erzeugnisses (Sachnummer), Auftragsmenge und -wert erfasst.

Selbstverständlich können diese Auftragsdaten (Menge, Artikel-Nr. usw.) nach der Übernahme verändert beziehungsweise ergänzt (Lieferdatum) werden.

In der Regel wird jeder Vorgang getrennt als *Einzelauftrag* erfasst. Bestellt ein Kunde jedoch öfters in kurzer Folge, dann ist die Einrichtung eines *Sammelauftrags* (Rahmenauftrags) sinnvoll, denn dadurch wird die Dispositionssicherheit des Herstellers verbessert. Er kann dem Kunden dadurch günstigere Konditionen einräumen.

Wenn dem Kundenauftrag (Bestellung) ein Angebot vorausging, dann müssen die Angebotsdaten (diese sind in der *Angebotsdatei* enthalten) nur noch in die Auftragsdatei übernommen werden. Das zugrunde liegende Angebot (bisher noch als offener Posten in der Angebotsdatei) muss danach gelöscht werden. Bei manueller Bearbeitung wird es in die Vorgangsmappe gelegt. Die eigentliche Auftragserfassung besteht dann nur noch in der Eingabe der bestellten Menge (wenn sie von der angebotenen Menge abweicht) und des zugesagten Liefertermins (Kalenderwoche).

Die einwandfreie Erfassung aller Daten wird durch Plausibilitäts- und Gültigkeitsprüfungen gesichert. Nach der Ermittlung des Auftragswerts veranlasst das Datenbankprogramm von sich aus

- im *Kundenbereich* eine *Kreditlimitprüfung* (Saldo des Debitors + offene Aufträge – Kreditlimit) und
- im *Erzeugnisbereich* eine *Verfügbarkeitsprüfung* (Lagerbestand + Bestellbestand – Reservierungen).

Alle erfassten Aufträge werden automatisch in der **Auftragseingangsdatei** protokolliert. Damit könnten jederzeit die aktuellen Auftragseingänge nach Menge und Wert abgerufen werden. Auch die Namen der entsprechenden Vertreter können mit ausgedruckt werden.

Im Regelfall wird dem Kunden eine schriftliche **Auftragsbestätigung** übermittelt, die alle wesentlichen Auftragsdaten und die Terminbestätigung enthält.

2.3.2 Ausführung des Kundenauftrags

Der noch offene Kundenauftrag wird sodann ausgeführt. Hier gehören die Auftragsumwandlung, die Vorbereitung zum Versand, die Auslieferung, die Fakturierung und der Rechnungsversand zu den wichtigsten Tätigkeiten.

■ Auftragsumwandlung

➜ LF 5
Abschnitt 4.4

Der Kundenauftrag wird in

- einen *Lagerversandauftrag* umgewandelt, wenn das gewünschte Erzeugnis vorrätig ist,
- in *Fertigungsaufträge* umgewandelt, wenn die Ware erst gefertigt werden muss,
- in *Einkaufsaufträge*, wenn Werkstoffe zur Herstellung der Ware beziehungsweise Handelswaren erst beschafft werden müssen.

→ LF 6

■ Vorbereitung zum Versand und Auslieferung

Die gefertigten Erzeugnisse beziehungsweise die beschafften Handelswaren müssen versandbereit gemacht und ausgeliefert beziehungsweise zur Abholung bereitgestellt werden. Hier fallen folgende Tätigkeiten an:

- Erstellung des **Lieferscheins** in mehrfacher Ausfertigung,

Kommissio-nierung

- Zusammenstellung des Auftrags (**Kommissionierung**) im Lager anhand des Lieferscheins,

Versandauftrag

- Erstellung eines **Versandauftrags** an die Versandabteilung entsprechend der vereinbarten Versandart (Lkw, Bahn, usw.). Die Versandabteilung erstellt die **Versandpapiere** und übernimmt die

Auslieferung

- **Auslieferung** des Auftrags entsprechend der Tourenplanung des Werkverkehrs beziehungsweise **Bereitstellung** der Ware zur Selbstabholung durch den Kunden. Nach erfolgter Auslieferung beziehungsweise Abholung wird der noch offene Kundenauftrag als erledigt vermerkt.

Fakturierung

■ Fakturierung und Rechnungsversand

Die Erstellung der Ausgangsrechnung, **Fakturierung** genannt, erfolgt anhand des Lieferscheins.

Der Rechnungsausgang wird im *Rechnungsausgangsbuch* registriert und in der Finanzbuchhaltung (Debitoren- beziehungsweise Kundendatei) als offener Posten geführt.

Hier zeigt sich die Flexibilität der computergestützten Auftragsbearbeitung. Jeder Vorgang kann immer wieder aufgerufen und verändert (editiert) werden, bis er durch Übergabe der Rechnung an das „Rechnungsausgangsbuch" abgeschlossen wurde. Mit dem Druck des Rechnungsausgangsbuchs werden die sich ergebenden *Offenen Posten* an das Modul „Finanzbuchhaltung" übergeben.

Direktrechnung

Die Ausgangsrechnung wird an den Kunden übermittelt (für Barverkäufe im Verkaufsbüro wird eine *Direktrechnung* beziehungsweise ein Kassenbeleg erstellt) und der Lagerabgang sofort aus der Lagerbestandsdatei ausgebucht.

Die meisten Fakturierungsprogramme sehen drei Varianten vor:

Sofort-, Vor-, Nachfakturierung

- **Sofortfakturierung:** Unmittelbar nach der Auftragsbearbeitung werden Lieferschein und Rechnung ausgedruckt.
- **Vorfakturierung:** In einem Druckvorgang werden vor dem Kommissionieren Packzettel, Lieferschein und Rechnung erstellt.
- **Nachfakturierung:** Vor der Warenauslieferung werden Packzettel und Lieferschein gedruckt, die Rechnung wird erst nach dem Lieferscheinrücklauf abgerufen.

Der Anwender kann zwischen dem Abruf einer einzelnen Rechnung, der Erstellung von Sammelrechnungen und Barverkaufsrechnungen (Direktrechnungen), Rechnungen mit oder ohne zugehörigen Zahlungsträger (z.B. Überweisungsformular) unterscheiden. Eine nachträgliche Korrektur der Rechnungspositionen kann über das Modul „Gutschriften/Storni" erfolgen. Bei Retouren wird der Lagerbestand des Artikels um die zurückgelieferte Menge erhöht. Leergutretouren werden über die Artikelnummer registriert und gutgeschrieben.

Offene-Posten-Liste

Der Zahlungseingang wird anhand der **Offene-Posten-Liste** überwacht. Bei Terminüberschreitungen druckt das System sofort Mahnschreiben aus.

Alle Auftragsbearbeitungsprogramme enthalten Schnittstellen zur Übergabe der bei der Auftragsabwicklung und Fakturierung anfallenden Daten an die Finanzbuchhaltung (Rechnungsausgang/Debitoren, Erlösbuchung, Umsatzsteuer), die Lagerbestandsführung (Warenausgang), das Bestellwesen oder die Betriebsstatistik.

■ Computergestützte Belegerstellung

Belegerstellung

Bei computergestützter Auftragsbearbeitung können ohne zusätzlichen Eingabeaufwand alle notwendigen Belege ausgedruckt werden, z. B. Auftragsbestätigung, Sammellisten für die Kommissionierung (Richtscheine), Lieferscheine und Warenbegleitpapiere, Lagerbelege, Ausgangsrechnung.

Im Allgemeinen werden für die Auftragsbestätigung, Lieferscheine, Ausgangsrechnung und Gutschriften Formulare mit gleichem Aufbau verwendet.

2.3.3 Absatzlogistik

Absatzlogistik

Während früher unter dem Begriff „Absatzlogistik" nur der Transport der verkauften Güter vom jeweils verkaufenden Unternehmen zum Kunden verstanden wurde, gehört mittlerweile auch die Lagerung der Güter sowie die Weitergabe der mit der Auslieferung der Güter anfallenden Informationen (Zeitpunkt der Fertigstellung, Zeitpunkt der Anlieferung, Ort, an dem sich das Gut während der Auslieferungsphase gerade befindet, etc.) zu den logistischen Tätigkeiten.

Im Einzelnen strebt die Absatzlogistik folgende **Ziele** an:

Ziele

- Möglichst kurze Lieferzeiten (= Zeitspanne von der Auftragserteilung bis zur Anlieferung der Güter beim Kunden),
- möglichst exakte Einhaltung des Liefertermins (= Lieferzuverlässigkeit),
- Ware sollte exakt in der vom Kunden in Auftrag gegebenen Menge und in der vom Kunden gewünschten Beschaffenheit geliefert werden (= Lieferbeschaffenheit),
- Absatzlogistik sollte in der Lage sein, auf eventuelle Sonderwünsche des Kunden einzugehen: beispielsweise eine andere Art der Verpackung, eine Lieferung auf Abruf, eine gegenüber der Auftragserteilung zeitlich gestreckte Lieferung, etc.

Werden diese Aufgaben der Absatzlogistik erfüllt, wirkt sich der Lieferservice auch auf den Absatz der Produkte aus. Der Kunde honoriert diese Leistung des Unternehmens durch eine höhere Nachfrage nach Gütern. Gleichzeitig entstehen Wettbewerbsvorteile gegenüber den Wettbewerbern. Unerheblich ist, ob diese Absatzlogistik vom eigenen Unternehmen oder auf dafür spezialisierte Unternehmen (Logistiker) übertragen wird. Im Bereich Logistik ist die Übertragung von Funktionen **(Outsourcing)** auf spezielle Logistiker mittlerweile eher die Regel als die Ausnahme.

Outsourcing

Der Stellenwert des Lieferservice ist aber selbstverständlich von der Art der Produkte abhängig. Bei Gütern des täglichen Bedarfs und bei modischen Artikeln wird ein entsprechender Lieferservice ein Wettbewerbsvorteil.

Genau wie bei anderen unternehmerischen Entscheidungen müssen auch bei der Entscheidung über die Art und Weise der Absatzlogistik Kosten-Nutzen-Überlegungen angestellt werden. Das Verhältnis von Lieferkosten und Liefernutzen muss in einem sinnvollen Verhältnis stehen. Ein besserer Lieferservice als der der Konkurrenz, durch den weit höhere Kosten entstehen, ist nicht von Vorteil. Vielmehr muss dieser Lieferservice mit den gleichen oder geringfügig höheren Kosten erreicht werden.

Entsprechend der Zielvorgabe eines hohen Lieferservice müssen nun Entscheidungen über die Art und den Umfang der Lagerhaltung und die Absatzwege bzw. -mittel getroffen werden.

Lagerhaltung

■ *Lagerhaltung*

Ein ganz entscheidender Faktor bei der Optimierung der logistischen Leistungen beim Absatz der Güter sind Entscheidungen, die die Lagerhaltung (Auslieferungsläger) betreffen. Einerseits verkürzen Auslieferungsläger die Lieferzeiten, andererseits sind die Lagerhaltungskosten zu beachten. Dazu gehören u. a. die Zinsen auf das eingelagerte Kapital, die Abschreibung der Gebäude und der Lagereinrichtung, die Reparaturkosten, die Transportkosten im Lager, Steuern, Versicherungen etc.

Unter Beachtung dieser Faktoren sind folgende Entscheidungen zu treffen:

- Festlegung der Art und Anzahl der Zwischenläger, die auf dem Weg bis hin zum Kunden einzurichten sind. Je mehr Läger in der Nähe der jeweiligen Kunden eingerichtet werden, umso leichter ist das Ziel eines hohen Lieferservicegrades zu erreichen.

- Welche Lagereinrichtung soll gewählt werden? Je aufwendiger die Lagereinrichtung, desto höhere Lagerkosten entstehen. Umgekehrt ist die Lagereinrichtung auch wichtig für die Schnelligkeit des Lagerumschlags.

- Erfolgt die Lagerung in eigenen oder in fremden Lägern? Diese Entscheidung ist von Kostenüberlegungen, von Flexibilitätsüberlegungen und dem Umfang der zur Verfügung stehenden Mittel abhängig.

- Wie hoch sind die Lagerbestände in den einzelnen Lägern? Diese Entscheidung ist abhängig von folgenden Faktoren:
  - Wie hoch ist der vom Unternehmen gewünschte Servicegrad/Lieferbereitschaft?
  - Wie ist das Bestellverhalten der Kunden (Bestellzyklus, -mengen)?
  - Wie lange dauert die Wiederbeschaffungszeit zur Beschaffung der sich nicht im Lager befindlichen Waren?

Transportmittel und -wege

→ siehe LF 6

■ *Transportmittel und Transportwege*

Durch die Festlegung der Transportmittel (Lkw, Flugzeug, Bahn, Schiff) wird auch der Transportweg zumindest weitgehend festgelegt. Bei der Entscheidung, welches Transportmittel zum Einsatz kommt, ist in erster Linie die Kostenfrage zu beachten.

Das kostengünstigste Transportmittel ist sicherlich der Transport mit dem Schiff, allerdings ist es nur begrenzt auf den Schifffahrtsrouten einsetzbar. Zusätzlich ist das Schiff ein sehr langsames Verkehrsmittel. Das Flugzeug ist, trotz gegenteiliger Meinung, ein sehr günstiges und sehr schnelles Transportmittel, wenn die Versandmenge nicht allzu hoch und die Entfernung entsprechend groß ist. Bei Transporten im Inland (unter ca. 500 km) ist, wenn man als Kriterien Transportkosten und Flexibilität zugrunde legt, der Lkw nicht zu schlagen. Die Bahn kommt zum Einsatz, wenn der Transport über größere Strecken geht und Güter in größeren Mengen transportiert werden. Auch die Kriterien Umweltverträglichkeit und Transportsicherheit erfüllt die Bahn im hohen Maße.

Eine ganz wichtige Voraussetzung für einen zufrieden stellenden Lieferservice ist die Gewährleistung eines ununterbrochenen **Informationsflusses** vom absetzenden Unternehmen zum Kunden und umgekehrt: Es sollte daher ein Austausch von Daten über moderne Kommunikationsmittel, wie das Internet stattfinden.

Informationsfluss

Voraussetzung hierfür ist, dass **computergestützte Warenwirtschaftssysteme** den Warenfluss mengen- und wertmäßig genau erfassen. Erfasst werden von Warenwirtschaftssystemen die Daten beim Warenein- und -ausgang, bei der Disposition und beim Bestellwesen mittels Scanning-Systemen. Damit lassen sich Informationen über Art und Ausmaß der Veränderung von Kundenwünschen sehr schnell erfassen, und es kann dementsprechend sehr schnell darauf reagiert werden.

Warenwirt-schaftssysteme

Mit artikelgenauen Informationen über das Bestandsmanagement kann der Industriebetrieb seine Bestände sehr stark verringern, auf der anderen Seite erfordert dieses Vorgehen eine fast verbrauchssynchrone Belieferung der Verkaufsstätten mit den Gütern. Dies ist fast nur möglich mit der Einrichtung von Zentrallägern, in denen die Ware eigentlich nicht mehr gelagert, sondern nur noch kommissioniert wird.

Vorgangskette „Auftragsabwicklung"

→ siehe LF 2, Seite 79

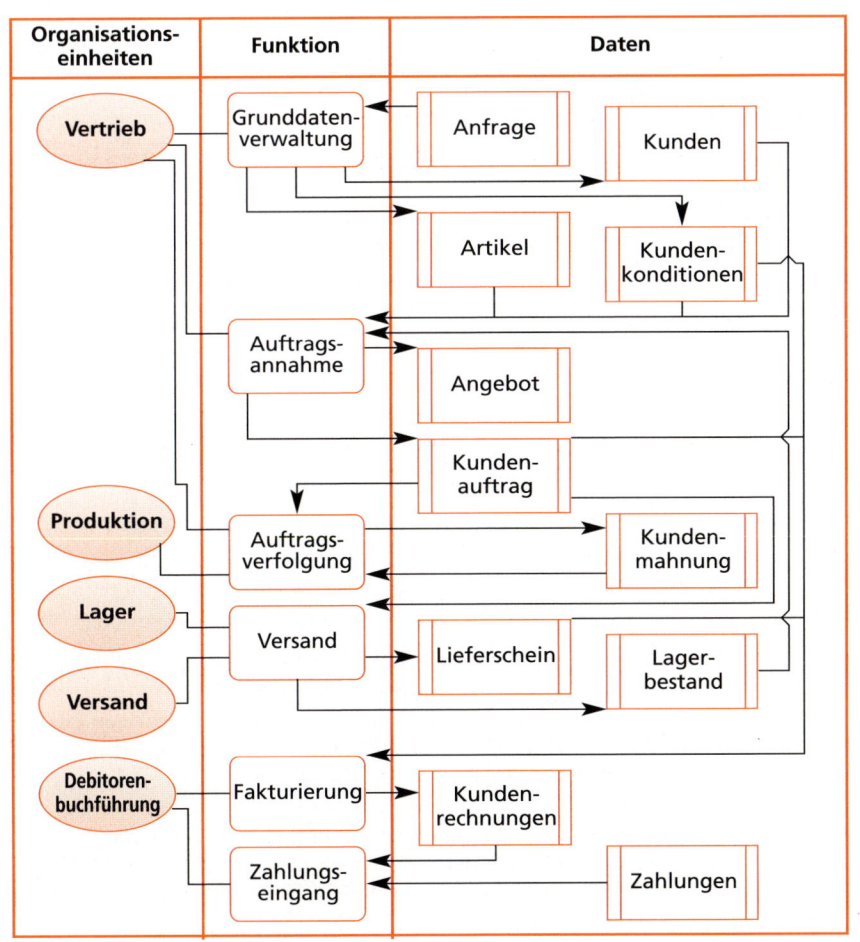

2.4   Störungen bei der Vertragserfüllung –
         Vertragsdurchsetzung

2.4.1   Annahmeverzug des Käufers

Der Käufer hat aus dem Kaufvertrag die Pflicht, die gekaufte Sache abzunehmen.
Wenn der Käufer (Gläubiger der Ware) die ihm angebotene Leistung nicht
annimmt, dann kommt er in **Annahmeverzug**. Rechtlich ist der Annahmeverzug
ein Gläubigerverzug.

■ *Voraussetzungen des Annahmeverzugs*

Damit Annahmeverzug eintritt, müssen drei Voraussetzungen erfüllt sein.

Fälligkeit der Leistung gemäß Kaufvertrag	Die Lieferung muss in der vereinbarten Zeit bewirkt werden. Ist kein kalendermäßig bestimmter Liefertermin vereinbart, dann kann der Käufer sofortige Lieferung verlangen und der Lieferer sofort liefern. Die Lieferung muss im letzteren Fall jedoch eine angemessene Zeit vorher angekündigt werden.
Ordnungs- gemäßes Angebot der Leistung durch den Verkäufer	Die Ware muss ordnungsgemäß angeboten werden, also zur vereinbarten Zeit, am richtigen Ort (Erfüllungsort) und in der richtigen Art und Weise (richtige Ware, Qualität, Menge). Der Lieferer muss dem Käufer die Leistung tatsächlich, so wie sie zu bewirken ist, anbieten. Ein *wörtliches Angebot* des Lieferers reicht, wenn zur Leistungsbewirkung eine Handlung des Käufers erforderlich ist, wenn z. B. der Käufer die Sache abzuholen hat.
Verweigerung der Annahme durch den Käufer	Annahmeverzug liegt dann vor, wenn der Käufer die vertragsgemäß angebotene Leistung ablehnt. Ein Annahmeverzug liegt auch dann vor, wenn der Käufer die Leistung des Verkäufers annimmt, aber seine Gegenleistung nicht erbringt (z. B. Ablehnung der Zahlung des Kaufpreises bei der Warenübergabe in einem Zug-um-Zug-Geschäft).

Ein Verschulden des Käufers muss nicht nachgewiesen werden.

■ *Rechte des Verkäufers beim Annahmeverzug*

Der Verkäufer kann wahlweise folgende Rechte geltend machen:

Rücknahme der Ware	Der Verkäufer verzichtet auf ordnungsgemäße Erfüllung des Kaufvertrags und einigt sich mit dem Käufer, den Kaufvertrag rückgängig zu machen (Wandelung). Dieses Recht empfiehlt sich, wenn der Verkäufer die Ware anderweitig zu besseren Konditionen absetzen kann oder bei einer guten Geschäftsbeziehung zum Käufer.
Einlagerung der Ware und Klage auf Abnahme	Bei Annahmeverzug des Käufers wird der Lieferer nicht automatisch von seiner Leistungspflicht entbunden; er muss vielmehr auch danach *zur Leistung bereit* sein. Ist der Käufer ein **Kaufmann,** dann kann der Lieferer die Ware auch in seinem eigenen Lager verwahren. Wenn der Käufer **Nichtkaufmann** ist, dann muss die Ware in einer *öffentlichen Hinterlegungsstelle* am Erfüllungsort hinterlegt werden. Hinterlegungsfähig sind nur Wertsachen wie Geld, Wertpapiere und Schmuck. Die Hinterlegungsstelle muss dem Käufer angezeigt werden. In jedem Fall trägt der Käufer die Kosten der Einlagerung bzw. Hinterlegung; der Verkäufer muss diese Aufwendungen sowie die Gerichtskosten jedoch vorstrecken.

Selbsthilfe-verkauf	Ist die gelieferte Sache beweglich und nicht hinterlegungsfähig (bei einem Handelskauf auch jede andere Ware), dann kann der Lieferer sie im Falle des Annahmeverzugs am Leistungsort, wenn dort kein angemessener Erfolg zu erwarten ist, auch an einem anderen Ort, **öffentlich versteigern** lassen und den Erlös hinterlegen. Zeit und Ort der Versteigerung sind öffentlich bekannt zu machen. Die Versteigerung ist erst zulässig, wenn sie dem Käufer angedroht worden ist (Ausnahme: *Notverkauf,* wenn die Sache dem Verderb ausgesetzt ist) und der Käufer unverzüglich *benachrichtigt* worden ist. Die Kosten des Selbsthilfeverkaufs trägt der Käufer, ebenso einen Mindererlös zwischen Rechnungspreis und Versteigerungserlös. Einen Mehrerlös muss der Verkäufer an den Käufer herausgeben. Hat die Ware einen Börsen- oder Marktpreis, dann kann der Verkäufer die gelieferte Sache durch eine öffentlich befugte Person auch **freihändig verkaufen.** Hier gelten dieselben Androhungs- und Benachrichtigungspflichten.	**Selbsthilfe-verkauf** ➜ **BGB §383 (1)** ➜ **HGB §372** **Notverkauf** ➜ **BGB §384** ➜ **HGB §373**

Geht die Ware während des Annahmeverzugs zufällig unter (Diebstahl, Brand usw.), dann muss der Käufer den Kaufpreis dennnoch bezahlen, da der Verkäufer seinen Anspruch auf Gegenleistung auch im Falle einer vom Käufer zu vertretenden Unmöglichkeit behält. Der Verkäufer haftet während des Annahmeverzugs nur noch für Vorsatz und grobe Fahrlässigkeit.

erweiterte Haftung

➜ **BGB §324**
➜ **BGB §300**

2.4.2 Zahlungsverzug – Nicht-Rechtzeitig-Zahlung

■ *Voraussetzungen des Zahlungsverzugs*

Der Zahlungsverzug ist ein Schuldnerverzug des Käufers. Damit Zahlungsverzug eintritt, müssen folgende Voraussetzungen erfüllt sein.

Zahlungsverzug

➜ **BGB §286**

Fälligkeit	Der Zahlungstermin muss eingetreten bzw. überschritten sein.	**Fälligkeit**
Mahnung (der Mahnung stehen die Klageerhebung oder die Zustellung eines Mahnbescheids gleich)	Der Verkäufer muss den Schuldner (Käufer) nach Eintritt der Fälligkeit mahnen, d.h. zur Leistung auffordern. **Keine Mahnung** ist erforderlich, wenn ● für die Leistung eine angemessene Zeit nach dem Kalender bestimmt ist; hier mahnt sozusagen der Kalender, z. B. „…am 10. Mai", „Zahlung im Mai", „Zahlung Ende Mai", ● der Leistung ein Ereignis vorausgeht (z. B. Abnahme) und die Leistungszeit so bestimmt ist, dass sie sich von dem Ereignis an nach dem Kalender berechnen lässt, z. B. „Zahlung zwei Wochen nach Abnahme der Leistung". ● der Käufer die Zahlung endgültig verweigert, z. B. er erklärt, dass er nicht zahlen wird *(Selbstmahnung),* ● aus besonderen Gründen unter Abwägung der Interessen beider Vertragspartner der sofortige Verzug gerechtfertigt ist.	**Mahnung**
Verschulden	Der Schuldner hat Vorsatz und Fahrlässigkeit zu vertreten. Er muss für seine finanzielle Leistungsfähigkeit einstehen. Daher trägt er regelmäßig das *Geldbeschaffungsrisiko* aufgrund des Inhalts des Schuldverhältnisses.	**Verschulden** ➜ **BGB §276 (1)**

30-Tage-Frist ➔ BGB § 286 (3)	**Ggf. Ablauf der 30-Tage-Frist**	Der Schuldner einer Entgeltforderung (Käufer) kommt **spätestens** in Verzug, wenn er nicht *innerhalb von 30 Tagen* nach Fälligkeit und Zugang einer Rechnung oder gleichwertigen Zahlungsaufstellung (z. B. Mahnung) leistet. Verbraucher müssen auf diese Folgen in der Rechnung besonders hingewiesen werden. Ist der Zeitpunkt des Rechnungszugangs unsicher, dann kommt der Käufer (wenn er Unternehmer ist) spätestens 30 Tage nach Fälligkeit oder Empfang der Gegenleistung in Verzug.

■ *Rechte des Verkäufers beim Zahlungsverzug*

Wenn die Voraussetzungen des Zahlungsverzugs vorliegen, dann kann der Verkäufer seine gesetzlichen bzw. vertraglichen Rechte geltend machen.

Rechte des Verkäufers nach Aufforderung zur Leistung ohne Fristsetzung

Nachzahlung ➔ BGB § 433	**Nachzahlung**	Der Verkäufer besteht auf nachträglicher Erfüllung des Kaufvertrags, da die Leistungspflicht des Käufers weiter besteht.
Schadensersatz ➔ BGB § 280 (2)	**Schadensersatz wegen Pflichtverletzung**	Der Käufer muss dem Verkäufer den durch seine Pflichtverletzung entstandenen Schaden ersetzen. Ein Verzugsschaden liegt vor, wenn der Schaden aufgrund der verspäteten Zahlung entstanden ist, z. B. Auslagen, Zinszahlungen.

Rechte des Verkäufers nach erfolglosem Ablauf einer gesetzten Frist

Rücktritt vom Vertrag ➔ BGB § 323	**Rücktritt vom Vertrag**	Der Verkäufer kann wegen nicht oder nicht vertragsgemäß erbrachter Leistung vom Vertrag zurücktreten, wenn er dem Käufer zuvor *eine angemessene Frist* zur Leistung oder Nacherfüllung setzt.
Schadensersatz statt Zahlung ➔ BGB § 281	**Schadensersatz statt Zahlung**	Der Verkäufer kann Schadensersatz statt der Zahlung verlangen, wenn er dem Käufer vorher *eine angemessene Frist* zur Zahlung gesetzt hat und diese Frist erfolglos abgelaufen ist.

➔ BGB §§ 326, 346

➔ BGB § 325

➔ BGB §§ 281 (3)

Diese Rechte beansprucht der Verkäufer dann, wenn er die Ware anderweitig zu günstigeren Konditionen weiterverkaufen kann. Bereits empfangene Leistungen (z. B. gelieferte Sache) muss der Käufer zurückgewähren. Das Schadensersatzrecht wird durch den Rücktritt nicht ausgeschlossen. Die **Fristsetzung entfällt,** wenn der Käufer die Leistung endgültig verweigert.

Gesetzlicher Verzugszinssatz
➔ BGB § 288

Eine Geldschuld ist während des Verzugs zu verzinsen. Der **gesetzliche Verzugszinssatz** beträgt für das Jahr *fünf Prozentpunkte über dem Basiszinssatz*[1]. Bei Rechtsgeschäften, an denen ein Verbraucher nicht beteiligt ist, beträgt der Zinssatz acht Prozentpunkte über dem Basiszinssatz. Kann der Gläubiger aus einem anderen Rechtsgrund höhere Zinsen verlangen, so sind diese anzusetzen.

Basiszinssatz
➔ BGB § 247

[1] Der Basiszinssatz beträgt 3,62 % p. a. (BGB § 247). Er verändert sich zum 1. Januar und 1. Juli. Maßgeblich für die Veränderung ist die Differenz des Zinssatzes für Hauptrefinanzierungsgeschäfte zu Beginn und zum Ende des Halbjahres (01.07.2005: 2,05 - 2,09 = -0,04 %). Um diese Differenz wird der zuletzt gültige Basiszinssatz (bis 30.06.2005: 1,21 %) jeweils angepasst. Der neue Basiszinssatz wird von der Deutschen Bundesbank bekannt gegeben und beträgt seit 01.07.2005: 1,17 % (1,21 % – 0,04 %).

BEISPIEL

Berechnung der Verzugszinsen

Am 2. Oktober d.J. lieferte die Kurt Weller KG einen Sonderposten Arbeitsstühle für insgesamt 20 000,00 EUR an die Frauke Arber e.K. Im Kaufvertrag wurde als Zahlungstermin der 15. Oktober d.J. vereinbart. Die Rechnung ging der Frauke Arber e.K. zusammen mit der Lieferung am 2. Oktober zu. Bis heute (30. November) konnte die Kurt Weller KG keinen Zahlungseingang feststellen. Sie möchte nun den Zahlungsbetrag zuzüglich Verzugszinsen eintreiben. Erstellen Sie eine Zinsabrechnung. Die Kurt Weller KG wird selbst mit 9 % Zins auf ihrem Kontokorrentkonto belastet.

Verzugszinsen

LÖSUNG

Der Rechnungsbetrag ist seit 15. Oktober fällig. Eine Mahnung war nicht erforderlich, da der Zahlungstermin nach dem Kalender bestimmt ist. Die 30-Tage-Frist ist unerheblich, da die Rechnung schon vorher fällig war (15. 10.). Da ein Verbraucher nicht beteiligt ist, beträgt der Verzugszinssatz 8 % über dem Basiszinssatz von 1,17 %, also 9,17 % für das Jahr.

→ BGB § 288
→ BGB § 247

Nach der *Eurozinsmethode* wird jeder Monat kalendergenau, das Jahr mit 360 Zinstagen gerechnet (Methode „aktuell/360"). Der erste Kalendertag des Zinszeitraums wird nicht mitgezählt, der letzte Kalendertag mitgezählt. Beispiele: 20.02 – 20.03. = 28 Tage; 28.02. – 31.03. = 31 Tage

→ BGB §§ 187, 188

Rechnungszugang 2. Okt.	Zahlungstermin (Fälligkeit) 15. Okt.	heute 30. Nov.
	Verzugszeit = 46 Zinstage	

Berechnung des Verzugsschadens:		
Rechnungsbetrag	fällig seit 15. 10.	20 000,00 EUR
+ Verzugszinsen	9,17 % · 46 · 20000/360/100	234,34 EUR
+ nachweisbare Auslagen	Telefonate, Porto, Zeitaufwand	20,00 EUR
Forderungsbetrag am 30. 11.		20 254,34 EUR

2.4.3 Sicherung und Durchsetzung von Ansprüchen

Wenn der Schuldner seinen vertraglichen Pflichten nicht rechtzeitig nachkommt, dann muss der Gläubiger rechtzeitig reagieren, um seine Rechte zu sichern und durchzusetzen. Dabei können

- *vertragliche Vereinbarungen* (z.B. Eigentumsvorbehalt),
- *organisatorische Maßnahmen* (z.B. Überwachung der Zahlungstermine und -eingänge) und
- *verfahrensmäßige Maßnahmen* (z.B. Mahnverfahren) unterschieden werden.

■ *Eigentumsvorbehalt – auch nach Verjährung*

Der Verkäufer kann sich das Eigentum an einer beweglichen Sache bis zur Zahlung des vollständigen Kaufpreises vorbehalten. Dadurch wird das Eigentum an der Kaufsache erst nach vollständiger Bezahlung auf den Käufer übertragen. Zu beachten ist, dass der Verkäufer die Sache aufgrund des Eigentumsvorbehalts nur herausverlangen kann, wenn er vom Vertrag zurückgetreten ist. Die Herausgabe der Sache kann auch verlangt werden, wenn der gesicherte Anspruch (Forderung) bereits verjährt ist.

Eigentumsvorbehalt

→ BGB § 449

→ BGB § 216 (2)

Der Eigentumsvorbehalt erlischt, wenn die gelieferte bewegliche Sache

→ BGB § 932
- an einen gutgläubigen Dritten weiterveräußert worden ist;

→ BGB § 950
- weiterverarbeitet, verbraucht oder zerstört worden ist;

→ BGB § 946
- mit einem Grundstück fest verbunden wurde (z. B. Beton).

Dieses Risiko kann der Verkäufer abmildern, wenn er mit dem Käufer einen

verlängerter Eigen-
tumsvorbehalt
- **verlängerten Eigentumsvorbehalt** (der Käufer tritt seine Forderungen aus einem Weiterverkauf der Sache an den Verkäufer ab);

erweiterter Eigen-
tumsvorbehalt
- **erweiterten Eigentumsvorbehalt** (dieser bezieht sich auf Forderungen, die sich aus der Geschäftsverbindung mit dem Kunden ergeben) vereinbart.

Außergerichtliches
Mahnverfahren

■ *Außergerichtliches Mahnverfahren – Vorsicht ist besser als Nachsicht*

Bezahlt der Käufer bei Fälligkeit nicht, dann mahnt der Verkäufer die fällige Forderung meistens zunächst *ohne Einschaltung des Gerichts an,*
- um die guten Geschäftsbeziehungen nicht zu gefährden,
- weil der Kunde den Zahlungstermin aus Versehen versäumt haben könnte.

Das außergerichtliche Mahnverfahren verläuft meist in mehreren Mahnstufen.

Mahnstufen

Mahnstufen und Maßnahmen des Verkäufers

Mahnstufe 1 **(nach 3 Tagen)**	Zusendung einer höflichen **Zahlungserinnerung** spätestens drei Tage nach Fälligkeit
Mahnstufe 2 **(nach 7 Tagen)**	**Erste Mahnung** in Form eines höflichen Briefes. Der Käufer wird ausdrücklich zur Zahlung aufgefordert. Damit wird der Kunde in Verzug gesetzt, wenn kein Zahlungstermin besteht.
Mahnstufe 3 **(nach 7 Tagen)**	**Zweite Mahnung** mit Zusendung einer Rechnungsdurchschrift mit Zahlungsträger (z.B. Überweisungsformular)
Mahnstufe 4 **(nach 7 Tagen)**	**Dritte Mahnung** mit dem Angebot eines *Finanzgesprächs.* Neulieferungen erfolgen nur unter *Eigentumsvorbehalt* oder gegen *Vorauskasse* oder *Barzahlung*
Mahnstufe 5 **(nach 7 Tagen)**	**Letzte Mahnung (Terminbrief)** mit Androhung des gerichtlichen Mahnverfahrens oder der Klage

Mahnt der Verkäufer regelmäßig unverzüglich nach Eintritt der Forderung, dann erzieht er seine Kunden zur pünktlichen Zahlung.

Gerichtliches
Mahnverfahren

■ *Gerichtliches Mahnverfahren – Fristen beachten*

War das außergerichtliche Mahnverfahren erfolglos, dann bleibt dem Verkäufer das gerichtliche Mahnverfahren oder das gerichtliche Klageverfahren, um den Käufer zur Erfüllung seiner Zahlungspflicht zu bewegen. Das gerichtliche Mahnverfahren kann unter bestimmten Umständen in das Klageverfahren übergehen.

→ ZPO § 688
Das gerichtliche Mahnverfahren wird auf **Antrag des Gläubigers** *(Antragstellers)* durch **Erlass eines Mahnbescheids** eingeleitet. Bei maschineller Bearbeitung wird der Mahnbescheid spätestens einen Arbeitstag nach Eingang bearbeitet und

→ ZPO §§ 689, 693
dem Schuldner *(Antragsgegner)* zugestellt. Sachlich und örtlich ist das **Amtsgericht** zuständig, bei dem der Antragsteller seinen Gerichtsstand hat. Das Amtsge-

→ ZPO § 692
richt prüft nicht, ob dem Antragsteller der geltend gemachte Anspruch zusteht.

Ablauf des gerichtlichen Mahnverfahrens

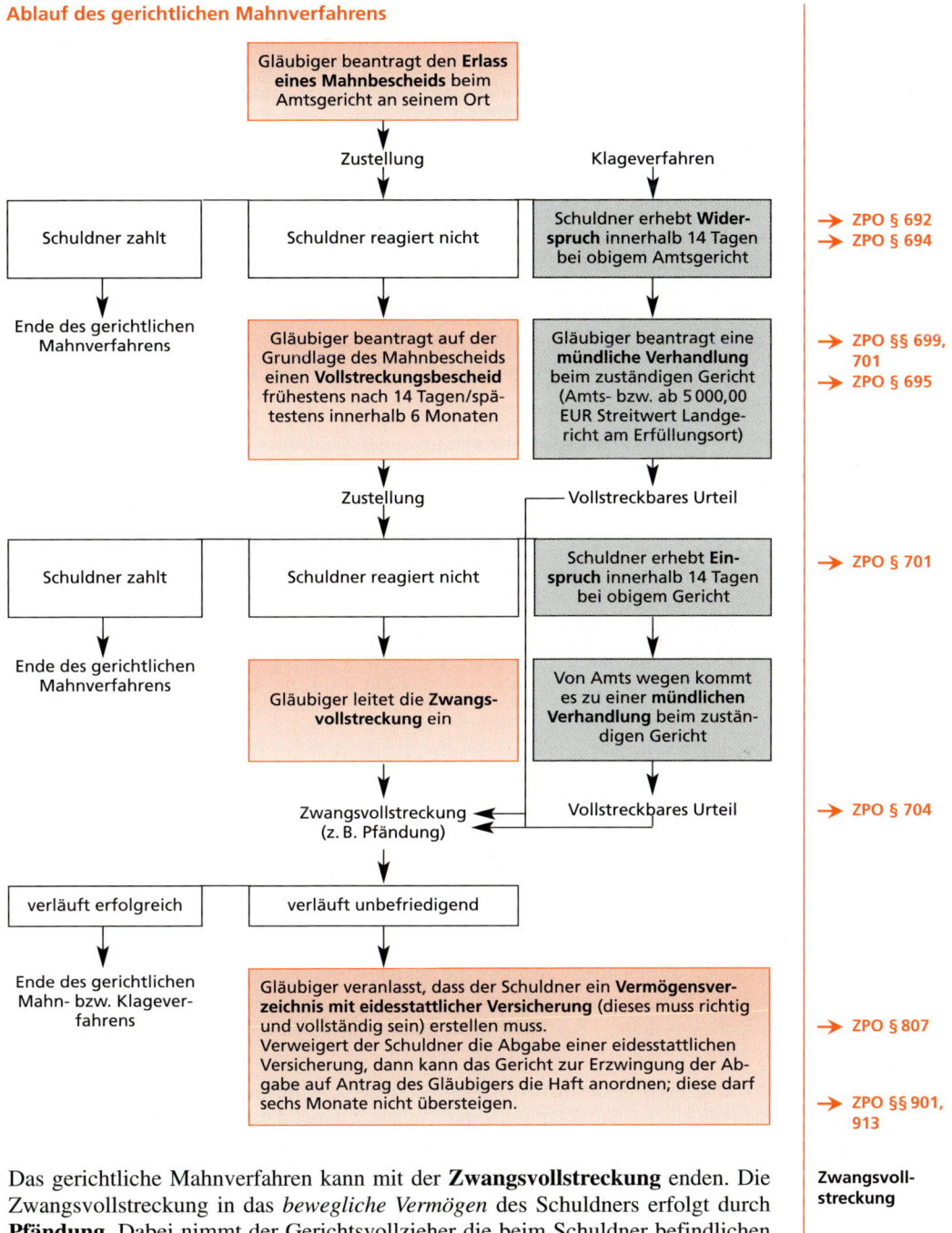

			→ ZPO § 692
			→ ZPO § 694
			→ ZPO §§ 699, 701
			→ ZPO § 695
			→ ZPO § 701
			→ ZPO § 704
			→ ZPO § 807
			→ ZPO §§ 901, 913

Gläubiger beantragt den **Erlass eines Mahnbescheids** beim Amtsgericht an seinem Ort

Zustellung — Klageverfahren

Schuldner zahlt — Schuldner reagiert nicht — Schuldner erhebt **Widerspruch** innerhalb 14 Tagen bei obigem Amtsgericht

Ende des gerichtlichen Mahnverfahrens

Gläubiger beantragt auf der Grundlage des Mahnbescheids einen **Vollstreckungsbescheid** frühestens nach 14 Tagen/spätestens innerhalb 6 Monaten

Gläubiger beantragt eine **mündliche Verhandlung** beim zuständigen Gericht (Amts- bzw. ab 5 000,00 EUR Streitwert Landgericht am Erfüllungsort)

Zustellung — Vollstreckbares Urteil

Schuldner zahlt — Schuldner reagiert nicht — Schuldner erhebt **Einspruch** innerhalb 14 Tagen bei obigem Gericht

Ende des gerichtlichen Mahnverfahrens

Gläubiger leitet die **Zwangsvollstreckung** ein

Von Amts wegen kommt es zu einer **mündlichen Verhandlung** beim zuständigen Gericht

Zwangsvollstreckung (z. B. Pfändung) ← Vollstreckbares Urteil

verläuft erfolgreich — verläuft unbefriedigend

Ende des gerichtlichen Mahn- bzw. Klageverfahrens

Gläubiger veranlasst, dass der Schuldner ein **Vermögensverzeichnis mit eidesstattlicher Versicherung** (dieses muss richtig und vollständig sein) erstellen muss. Verweigert der Schuldner die Abgabe einer eidesstattlichen Versicherung, dann kann das Gericht zur Erzwingung der Abgabe auf Antrag des Gläubigers die Haft anordnen; diese darf sechs Monate nicht übersteigen.

Das gerichtliche Mahnverfahren kann mit der **Zwangsvollstreckung** enden. Die Zwangsvollstreckung in das *bewegliche Vermögen* des Schuldners erfolgt durch **Pfändung.** Dabei nimmt der Gerichtsvollzieher die beim Schuldner befindlichen körperlichen Sachen (z.B. Geld, Wertpapiere, Schmuck) *in Besitz*. Schwer zu transportierende Sachen bleiben beim Schuldner und werden mit einem Siegel („Kuckuck") versehen. **Unpfändbar** sind Gegenstände, die dem persönlichen Gebrauch dienen (z.B. Kleidungsstücke, Wäsche, Betten, Haus- und Küchengeräte) und die für den Schuldner und seine Familie auf vier Wochen notwendigen Nah-

Zwangsvollstreckung

→ ZPO § 808

→ ZPO § 811

→ ZPO § 811a
→ ZPO §§ 815, 821

→ ZPO § 816

→ ZPO §§ 850 ff.

→ ZPO §§ 866 ff.

rungs-, Feuerungs- und Beleuchtungsmittel. Die Pfändung einer unpfändbaren Sache kann zugelassen werden, wenn der Gläubiger dem Schuldner vor der Wegnahme der Sache ein Ersatzstück, das dem geschützten Verwendungszweck genügt, oder den zur Beschaffung eines solchen Ersatzstückes erforderlichen Geldbetrag überlässt (**Austauschpfändung**). Gepfändetes Geld ist dem Gläubiger abzuliefern, gepfändete Wertpapiere sind zum Tageskurs zu verkaufen, sonstige gepfän-dete Sachen werden frühestens eine Woche nach der Pfändung öffentlich versteigert.

Bei der *Verwertung von Forderungen* und anderen Vermögensrechten (z.B. Arbeitseinkommen) gelten besondere Vorschriften (z.B. Pfändungsschutz, -freigrenzen). Bei Lohn- und Gehaltspfändungen führt der Betrieb die gepfändete Summe nicht an das Amtsgericht, sondern direkt an den Gläubiger ab. Haben mehrere Gläubiger Ansprüche, dann ist der ältere Anspruch vorrangig. Hiervon zu unterscheiden ist die Zwangsvollstreckung in das *unbewegliche Vermögen*.

Zwangsvollstreckung wegen Geldforderungen in

bewegliche Sachen durch	Forderungen und andere Rechte durch	das unbewegliche Vermögen durch
Pfändung durch Wegnahme und Versteigerung	**Pfändungs- und Überweisungs-beschluss**	**Zwangs-versteigerung** / **Zwangs-verwaltung** / **Zwangs-hypothek**
durch	durch	durch
Gerichtsvollzieher	das Amtsgericht (Vollstreckungsgericht)	das Grundbuchamt

UN-Kaufrecht

2.5 Besonderheiten im Außenhandel – UN-Kaufrecht

Vergleicht man beispielsweise das amerikanische und das deutsche Kaufvertragsrecht, insbesondere in dem Bereich Vertragsstörungen und daraus resultierende Ansprüche, zeigen sich gravierende Unterschiede zwischen diesen beiden Rechtssystemen. Einigen sich nun aber die beiden Vertragspartner auf ein bestimmtes nationales Rechtssystem, das einem Kaufvertrag zugrunde liegt, so sind Rechtsansprüche aus diesem Kaufvertragsrecht auch nur in diesem Land gerichtlich durchsetzbar.

Um eine Lösung für diese Rechtsproblematik zu finden, wurde im Jahr 1980 im Rahmen einer UNO-Konferenz das „Wiener Übereinkommen der Vereinigten Nationen über Verträge über den Internationalen Warenkauf – UN-Kaufrecht" abgeschlossen. Wird dieses internationale Vertragsrecht einem Kaufvertrag zugrunde gelegt, gehen diese Vereinbarungen dem jeweiligen nationalen Recht vor. Die Gerichte der Vertragsstaaten, u.a. Deutschland, viele weitere EU-Länder, die Schweiz, die USA, Kanada usw. erkennen folglich dieses Vertragswerk an.

2.5.1 Anwendungsbereich des UN-Kaufrechts

Erfasste Kaufverträge:	
Sachlicher Anwendungsbereich	**Räumlich/persönlicher Anwendungsbereich**
Das UN-Kaufrecht gilt nur für die Lieferung/den Bezug von Waren gegen Bezahlung (Art. 1 Abs. 1, Art. 3 Abs. 1) Nicht erfasst werden: • **Tauschgeschäfte** (keine Kaufverträge), • **Anlagengeschäfte,** bei denen der Verkäufer zusätzliche Dienstleistungen zu erbringen hat und diese kauffremden Verpflichtungen überwiegen (Art. 3 Abs.2), • **Rechte** (Computersoftware ist eine Ware i. S. des UN-Kaufrechts), • **Immobilien**	**Voraussetzungen für die Anwendung des UN-Kaufrechts:** 1. Verkäufer und Käufer haben ihren Sitz bzw. ihre Niederlassung in verschiedenen Vertragsstaaten (Art. 1 Abs. 1 lit a). **Folgen:** Das UN-Kaufrecht liegt dem Kaufvertrag automatisch zugrunde; das internationale Kaufrecht geht dem nationalen Recht vor. 2. Käufer **oder** Verkäufer haben ihren Sitz in einem Vertragsstaat. **Regelungen in diesem Fall:** a) Das UN-Kaufrecht gilt für alle deutschen Exporte, unabhängig, ob der Importeur in einem Vertragsstaat seinen Sitz hat oder nicht. **Ausnahme:** Das UN-Kaufrecht wird von beiden Vertragspartnern wirksam ausgeschlossen (Art. 1 Abs.1 lit b). Beim vertraglichen Ausschluss muss dies in den AGB folgendermaßen ausgeschlossen worden sein: „Die Anwendung des UN-Kaufrechts vom ... wird ausgeschlossen. Für diesen Vertrag gilt das deutsche Recht des BGB/HGB" Im Übrigen müssen die AGB von beiden Partnern rechtswirksam als Vertragsbestandteil vereinbart worden sein. Ein bloßer Hinweis auf die AGB reicht nicht aus. b) Alle Importe aus einem Vertragsstaat nach Deutschland. c) Für Kaufverträge, bei denen das UN-Kaufrecht ausdrücklich vereinbart wurde. d) Für Importe nach Deutschland aus einem Nicht-Vertragsstaat gilt das UN-Kaufrecht, nicht, sofern es nicht ausdrücklich vereinbart wurde. Hier gilt das Recht des Exportlandes.

2.5.2 Inhalte des UN-Kaufrechts

■ *Zustandekommen von Kaufverträgen*

Grundsätzlich kommt ein Kaufvertrag durch Angebot und Annahme zustande (Art.14).

■ *Unterschiede zum deutschen Recht*

• Ein Widerruf des Angebots ist auch nach Eingang der Willenserklärung noch möglich, sofern sich der Käufer noch nicht geäußert hat (Art.16). (Die aus dem deutschen Recht bekannten Grundsätze des Schweigens sind nicht anwendbar).

- Nur eine wesentliche Abweichung der Annahme gilt als ein neues Angebot. Bei geringfügigen Abweichungen, beispielsweise bei der Menge oder der Qualität der zu liefernden Waren, kommt ein Kaufvertrag trotz abweichender Annahme zustande (Art. 19).

- Eine verspätete Annahme ist kein neuer Antrag, sondern eine rechtsgültige zweite Willenserklärung, aufgrund derer ein Kaufvertrag zustande gekommen ist. Wenn der Verkäufer dieser Willenserklärung nicht einverstanden ist, muss er dies beim Käufer reklamieren (Art. 21,2,1)

■ Pflichten des Verkäufers

● Allgemeine Pflichten

1. Lieferung der Ware und Verschaffung des Eigentums an der Ware (Art. 30).

2. Die Ware muss dem Käufer zur Verfügung gestellt werden (Art. 31 lit b,c).

● Erfüllungsort

Wurden im Kaufvertrag keine speziellen Vereinbarungen getroffen, liegt der Erfüllungsort dort, wo der Verkäufer dem Beförderer die Ware übergibt (Art. 31 lit a). Der Verkäufer hat die zur Beförderung der Ware notwendigen Verträge abzuschließen (Anmerkung: Er muss aber nicht die Kosten dafür tragen) und dem Käufer die Versendung anzuzeigen (Art. 32,1,2). Der Verkäufer ist aber nicht verpflichtet, den Transport der Ware zu versichern.

Im Regelfall werden in der Praxis aber dafür spezielle Lieferbedingungen (Incoterms) vereinbart. Die Übergabe der Ware, die Art der vom Verkäufer zu beschaffenden Dokumente und die Versicherungspflicht richten sich dann nach den Regelungen der vereinbarten Lieferbedingung.

● Lieferzeit

Auch bei der Lieferzeit wird in aller Regel vertraglich eine Lieferzeit bestimmt. Wurde vertraglich keine Lieferzeit vereinbart, hat der Verkäufer „innerhalb angemessener Frist nach Vertragsabschluss" zu liefern (Art. 33). Der Verkäufer darf allerdings, im Unterschied zum deutschen Recht, nicht vor dem vereinbarten Termin liefern (Art. 52,1); eine Lieferung nach dem vereinbarten Liefertermin ist aber unter Umständen noch möglich (Recht der zweiten Andienung – Art. 48,1). Durch diese zweite Andienung soll dem Verkäufer die Möglichkeit gewährt werden, eventuelle Falschlieferungen, Qualitätsmängel oder Rechtsmängel zu korrigieren und mögliche Schadensersatzansprüche des Käufers abzuwehren.

■ Pflichten des Käufers

● Allgemeine Pflichten

1. Bezahlung des Kaufpreises und

2. Abnahme der Ware (Art. 53).

Der Kaufpreis ist fällig, sobald der Käufer über die Ware bzw. die Dokumente verfügt (Art. 58,1,1,). Allerdings gibt es im UN-Kaufrecht keine Festlegungen darüber, in welcher Währung der Kaufpreis zu bezahlen ist. In der Regel ist die Währung vertraglich geregelt, im Zweifelsfall ist die Währung des Exporteurs die maßgebliche Währung.

● *Erfüllungsort*

Erfüllungsort für die Bezahlung des Kaufpreises ist der Ort des Verkäufers und nicht, wie im BGB geregelt, der Ort des Käufers. Diese Bestimmung kommt dem deutschen Exporteur zugute, da bei einer gerichtlichen Verfolgung seiner Zahlungsansprüche die deutschen Gerichte zuständig sind, auch wenn keine gesonderte Gerichtsstandsvereinbarung getroffen wurde (§ 29 ZPO, Art. 5 Nr. 1 EuGVÜ):

■ *Gemeinsamkeiten des deutschen und des UN-Kaufrechts*

● Käufer und Verkäufer haben ein Zurückbehaltungsrecht von vertraglich geschuldeten Leistungen, wenn der jeweils andere Vertragspartner wesentliche Pflichten aus dem Kaufvertrag nicht erfüllt (Art. 71).

● Bei staatlichen Eingriffen, Naturkatastrophen, Krieg etc. ist die betroffene Vertragspartei von ihren Pflichten befreit (Art. 79 f).

2.5.3 Leistungsstörungen nach UN-Recht

Die Leistungsstörungen sind grundsätzlich anders geregelt als im deutschen BGB bzw. HGB. Während das deutsche Recht verschiedene Formen von Leistungsstörungen vorsieht, kennt das UN-Kaufrecht nur den Tatbestand der **Vertragsverletzung.** Dieser Tatbestand ist erfüllt, wenn ein Vertragspartner eine ihm obliegende Pflicht verletzt (Art.45, Art.61).

■ *Vertragswidriges Verhalten des Verkäufers*

● *Vertragswidrigkeit der Ware*

Eine vertragswidrige Ware im Sinne des UN-Kaufrechts liegt dann vor, wenn die gelieferte Ware nicht den vertraglichen Absprachen entspricht (Art. 35,1). Vertragswidrigkeiten sind sowohl Qualitäts- als auch Quantitätsabweichungen. Wurden keine besonderen Absprachen über die Eigenschaften der zu liefernden Ware vertraglich vereinbart, gilt, dass die Ware dann vertragsgemäß ist, wenn sie sich für die Zwecke eignet, für die gewöhnlich eine Ware dieser Art zu gebrauchen ist (Art. 35,2). Die Eignung für gewöhnliche Zwecke definiert sich nach dem Standard im Land des Verkäufers.

Für die Praxis bedeutet dies, dass ein Käufer bestimmte, von ihm verlangte Eigenschaften einer Ware im Kaufvertrag unbedingt exakt vorgeben muss. Wie diese in Kaufverträgen formuliert werden kann, zeigt der folgende Kontrakt über den Import von chilenischen Walnusskernen.

FALLBEISPIEL

Kontrakt	
Contract No	15278/31
Verkäufer	INTERNACIONAL AGRICOLA LTDA, LUIS THAYER
Seller	OJEDA 0130, OF 902, PROVIDENCIA, SANTIAGO / CHILE
Käufer	WELLER KG, SONNENSTR. 12, 89079 ULM
Buyer	
Menge	1 (ONE) 20f CONTAINER = ABT. 500 CARTONS OF 5x4 KG NET
Quantity	POLYBAGS NITROGEN FLUSHED
Ware	20.. CROP CHILE WALNUT KERNELS
Commodity	EXTRA LIGHT HALVES, 100-% HALVES
	FIRST CLASS QUALITY, SPECIALLY SELECTED AND SIZED
	MOISTURE CONTENT OF THE KERNELS SHALL NOT BE HIGHER THAN 6-%

Preis Price	US-$ 1.000,— (ONETHOUSAND) PER 100 KGS NET ORIGINAL-WEIGHTS, **COSTFREIGHT HAMBURG**
Abladung Shipment	END OF AUGUST 20.. FROM ORIGIN TO HAMBURG PREFERABLY WITH HAPAG LLOYD B/L. <u>CONTAINER SHOULD BE STOWED BELOW THE WATERLINE</u>
Lieferung Delivery	
Bestimmungsort Destination	HAMBURG
Zahlung Payment	BY IREEVOCABLE AND CONFIRMED LETTER OF CREDIT PAY- ABLE AT SIGHT, TO BE OPENED TILL JUNE 5, 20.. IN FAVOUR OF THE SHIPPER
Franchise	
Sonst. Vereinbarung Other Conditions	PRODUCT CRACKED FROM SIZES INSHELL – 28/30MM, 30/32MM, 32/34MM AND 34/36MM. **KERNELS FROM SIZE 36/+ ARE NOT ALLO- WED.** <u>ALL SIZES HAVE TO BE PACKED SEPARATELY</u> CERTIFICATE OF ORIGIN FORM A HAS TO BE ATTACHED TO THE DOCUMENTS THIS CONTRACT HAS BEEN CONCLUDED IN ACCORDANCE WITH THE RULES AND CONDITIONS OF THE WAREN-VEREIN DER HAMBURGER BÖRSE E.V., WHOSE ARBITRATORS, BOTH TECHNICAL AND AS TO QUALITY, SHALL BE COMPETENT FOR FINAL SETTLEMENT OF ALL AND ANY DISPUTE ARISING HERE- FROM.
Datum Date	MARCH 31, 20...

Zu beachten ist, dass die Eigenschaften der Ware exakt festgelegt werden. Nicht nur die Qualität der Ware, sondern auch der Feuchtigkeitsgehalt und sogar die Größentoleranz der Kerne werden im vorliegenden Fall vorgeschrieben.

● Untersuchungs- und Reklamationsfristen

Untersuchungs- und Reklamationsfristen

Der Käufer hat die Ware innerhalb kurzer Zeit (in der Regel 3-4 Arbeitstage) zu untersuchen (Art. 38). Die Frist für die Untersuchung der Ware beginnt mit dem Eintreffen der Ware am vorgesehenen Bestimmungsort. Bei versteckten Mängeln beträgt die Frist maximal zwei Jahre.

Die Reklamation der Vertragswidrigkeit muss innerhalb einer angemessenen Frist – ca. 4-7 Arbeitstage – erfolgen (Art. 39). Die Frist beginnt mit dem Zeitpunkt, in dem der Käufer die Vertragswidrigkeit festgestellt hat oder hätte feststellen müssen. Nach einer verspäteten Untersuchung steht die Anzeigefrist nicht oder nicht mehr in dem Umfang zur Verfügung.

Nach Art. 39,1 ist der Käufer zusätzlich verpflichtet, bei der Reklamation die Art der Vertragswidrigkeit genau zu beschreiben, denn allgemein gehaltene Rügen sind nicht ordnungsgemäß.

■ Rechte des Käufers

Rechte des Käufers

● Ersatzlieferung

Ersatzlieferung

Grundsätzlich besteht für den Käufer das Recht auf Ersatzlieferung (Art. 46,1).

Allerdings sind für dieses Recht bestimmte Voraussetzungen notwendig:

- Eine Ersatzlieferung kann nur verlangt werden, wenn es sich um eine wesentliche Vertragsverletzung handelt. Wesentlich ist eine Vertragsverletzung dann, wenn die Vertragswidrigkeit nicht oder nicht angemessen behoben werden kann (Art. 46,2).
- Der Käufer muss dem Verkäufer eine Erklärung über seinen Wunsch nach Ersatzlieferung zukommen lassen. Diese kann mit einer Fristsetzung verbunden sein (Art. 47,1).
- Die Ersatzlieferung kann nur innerhalb einer angemessenen Frist nach Anzeige der Vertragswidrigkeit geltend gemacht werden.

● *Nachbesserung*

Nachbesserung

Grundsätzlich besteht für den Käufer ein Recht auf Nachbesserung (Art. 46,3).

Voraussetzung:

- Eine Reparatur oder eine Lieferung von Ersatzteilen muss für den Verkäufer noch zumutbar sein.
- Eine Nachbesserung kann wie die Ersatzlieferung auch nur innerhalb einer bestimmten Frist nach Anzeige der Vertragswidrigkeit geltend gemacht werden.

Da der Tatbestand Erfüllung der anglo-amerikanischen Rechtspraxis widerspricht, kann es sein, dass Richter aus diesem Raum einen Anspruch auf Erfüllung nur in Ausnahmefällen gewähren.

● *Aufhebung des Vertrags*

Vertragsaufhebung

Der Käufer kann grundsätzlich eine Aufhebung des Vertrags verlangen (Art. 49).

Voraussetzungen:

- Der Verkäufer liefert trotz Nachfristsetzung nicht. Dann kann der Käufer einseitig den Vertrag auflösen (Art. 49,1 lit b).
- Eine Aufhebung des Vertrags ist grundsätzlich nur dann möglich, wenn es sich bei der Vertragsverletzung um eine wesentliche Pflichtverletzung durch den Verkäufer handelt (Art. 49,1 lit a).
- Die Erklärung des Käufers, dass er eine Vertragsaufhebung wünscht, muss innerhalb einer angemessenen Frist abgegeben werden (Art. 49,2).

Im Unterschied zum deutschen Recht, bei dem grundsätzlich der Anspruch auf Nacherfüllung auch bei geringfügigen Mängeln besteht, verlangt das UN-Kaufrecht, dass der Käufer ein gewisses Maß an Qualität- oder Quantitätsmängeln akzeptieren muss.

● *Herabsetzung des Kaufpreises*

Herabsetzung des Kaufpreises

Grundsätzlich hat der Käufer das Recht, den Kaufpreis herabzusetzen (Art. 50). Dieses Recht ist an keine weiteren Voraussetzungen geknüpft; auch die Einhaltung einer Frist ist nicht notwendig.

● *Schadensersatz*

Schadensersatz

Der Anspruch auf Schadensersatz ist ein grundsätzliches Recht des Käufers (Art. 45,2). Einzige Voraussetzung ist, dass der Verkäufer nicht vertragsgemäß geliefert hat.

Höhe des Schadensersatzes: Ausgleich aller Nachteile (Totalreparation), beispielsweise können die Untersuchungen der Ware, der Nutzungsausfall und die Schädigung des guten Rufs der Firma als Schaden angesetzt werden.

Höhe

■ *Vertragswidriges Verhalten des Käufers*

- Käufer bezahlt den Kaufpreis nicht.
- Käufer nimmt die Ware trotz pünktlicher Lieferung und vertragsgemäßer Ware nicht ab.

Rechte des Verkäufers

● *Rechte des Verkäufers*

Erfüllung

● *Erfüllung*

Dieser Anspruch besteht grundsätzlich; der Verkäufer kann ihn mit einer Fristsetzung verknüpfen (Art. 62, Art. 63,1).

Vertragsaufhebung

● *Aufhebung des Vertrags*

Der Verkäufer ist grundsätzlich zur Aufhebung des Vertrags berechtigt.

Voraussetzungen:

- Käufer nimmt trotz einer Nachfristsetzung die Ware nicht ab, bzw. er bezahlt den Kaufpreis nicht (Art. 64,1 lit b).
- Der Verkäufer teilt dem Käufer die Aufhebung des Vertrages innerhalb einer angemessenen Frist mit (Art. 64,2).

Zinsen

● *Anspruch auf Zinsen*

Das Recht auf Zinsen besteht grundsätzlich ab dem Zeitpunkt, in dem die Schuld fällig gewesen wäre (Art. 78). Im UN-Kaufrecht gibt es allerdings keine Festlegungen über die Höhe des Zinssatzes.

Schadenersatz

● *Schadensersatz*

Auch der Anspruch auf Schadensersatz besteht grundsätzlich neben der Erfüllung, der Vertragsaufhebung und dem Recht auf Verzugszinsen (Art. 61).

Höhe

Höhe des Schadensersatzes: Ausgleich aller Nachteile (Totalreparation), dies umfasst u. a. auch die Kosten einer Rechtsverfolgung.

Durchsetzung von Ansprüchen

■ *Durchsetzung von Ansprüchen aus internationalen Verträgen*

Inländische Firmen, die Verträge mit ausländischen Firmen abgeschlossen haben, stehen bei Vertragsverletzungen vor der Frage, ob und in welcher Weise sie gegen den ausländischen Partner gerichtlich vorgehen können, um ihre Rechte durchzusetzen. Dabei ist zunächst einmal der Gerichtsstand zu klären. Wird der Gerichtsstand nicht vertraglich geregelt, gelten die gesetzlichen Regelungen des UN-Kaufrechts über den Erfüllungsort und den Gerichtsstand. Soll gegen den Vertragspartner vor einem inländischen Gericht geklagt werden oder ist eine Prozessführung im Ausland vorzuziehen?

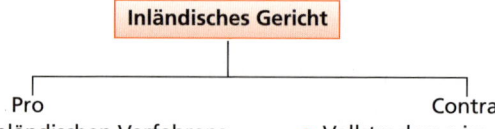

Inländisches Gericht	
Pro	Contra
- Kenntnis des inländischen Verfahrens - Anwaltsgebühren sind in ihrer Höhe festgelegt - Die unterliegende Partei zahlt die Rechtskosten	- Vollstreckung im Ausland ist in der Regel nur mit einem Gerichtsurteil des jeweiligen Landes möglich

Ausländisches Gericht	
Pro	**Contra**
• Vollstreckung im Ausland ist in vielen Länder nur mit einem Urteil der Gerichte des jeweiligen Landes möglich	• Keine Kenntnis des ausländischen Rechts • Die siegreiche Partei zahlt ihre Anwaltskosten in der Regel selbst. Diese gehen in einigen Ländern bis zur Grenze der Sittenwidrigkeit

● *Gerichtsstandsvereinbarung*

Kommt es zu Vertragsverletzungen bei einem internationalen Vertrag, ist der erste Streitpunkt in aller Regel die Frage, vor welchem Gericht diese Auseinandersetzung geklärt werden soll. Diese Auseinandersetzung erübrigt sich, wenn sich die Partner bereits im Vertrag auf eine Gerichtsstandsvereinbarung geeinigt haben, d.h. im Vertrag ist beispielsweise die Zuständigkeit der Gerichte im Land des Exporteurs vereinbart worden. Folglich wird die Rechtsstreitigkeit auch nach diesem nationalen Recht anschließend beurteilt. Fehlt eine Gerichtsstandsvereinbarung, ist die beklagte Partei in ihrem Land, d.h. am Erfüllungsort, zu verklagen.

Liegt dem Vertrag das UN-Kaufrecht zugrunde, erübrigt sich eine vertragliche Gerichtsstandsvereinbarung, da das UN-Kaufrecht festlegt, dass der Erfüllungsort grundsätzlich am Ort des Exporteurs liegt. Damit ist auch der Gerichtsstand am Ort des Exporteurs (Art. 57,1b).

Gerichtsstandsvereinbarung

● *Durchsetzung von gerichtlichen Ansprüchen*

Anerkennung von inländischen Urteilen im Ausland:

Urteile eines Gerichts wirken rechtsverbindlich nur in dem Land, in dem sie erlassen wurden. Im Ausland wirken sie nur dann, wenn sie von den Behörden/Gerichten des jeweiligen Landes anerkannt wurden. Will ein inländisches Unternehmen ein Urteil gegen einen im Ausland befindlichen Schuldner oder dessen ausländisches Vermögen durchsetzen, muss es folglich ein Anerkennungsverfahren im Ausland durchführen. Erst nach der Anerkennung dieses Urteils kann im Ausland vollstreckt werden.

In Deutschland sind folgende Voraussetzungen zu erfüllen, damit ein ausländisches Urteil in Deutschland vollstreckt werden kann:
- Das ausländische Gericht ist nach deutschem Recht zuständig.
- Das verfahrenseinleitende Schriftstück wurde dem deutschen Beklagten rechtzeitig zugesandt.
- Das Urteil ist mit einem in Deutschland erlassenen früheren Urteil vereinbar.
- Das ausländische Urteil ist mit den wesentlichen Grundsätzen des deutschen Rechts vereinbar.

Durchsetzung gerichtlicher Ansprüche

3   Marketingcontrolling

Im Marketingbereich überwiegt oft noch ein reines Umsatzdenken. Besonders Verkäufer (Front Officer) vertreten die Meinung, dass Marktorientierung und Kundenservice und Kosten- und Leistungsdenken sich nicht vertragen. Wer Kunden akquirieren und neue Märkte erobern will, darf sich nicht von den damit verbundenen Kosten bremsen lassen.

Auf dieser Grundlage ist jedoch ein wirksames Marketingcontrolling nicht möglich.

3.1 Strategisches Marketingcontrolling

Das Wettbewerbsumfeld der Unternehmung ändert sich heute schneller denn je. Produktlebenszyklen werden immer kürzer, gesicherte Marktpositionen immer vergänglicher, der vermeintliche Know-how-Vorsprung schmilzt immer schneller dahin, der Innovationsdruck wird immer stärker. Gleichzeitig wird die Zeit für Entscheidungs- und Anpassungsprozesse immer knapper, das Risiko immer größer. Im Blick auf diesen Zeitwettbewerb werden z. B. neue Modelle auf dem Markt eingeführt, bevor sie genügend ausgetestet sind, um sie prompt einige Monate später wieder zurückzurufen und nachzubessern.

In diesem Sinne muss Marketingcontrolling als ein Frühwarnsystem verstanden werden, das die Unternehmung braucht, um die Signale des Marktes möglichst früh wahrzunehmen, auszuwerten und entsprechende Plananpassungen vorzunehmen. Information wird zu einem strategischen Erfolgsfaktor.

Hier setzen die Aufgaben des strategischen Marketingcontrollings an. Es gilt, die Veränderung der *unternehmensbezogenen* (z. B. Marktposition, Wertschöpfungsprozesse) und *umweltbezogenen Erfolgsfaktoren* (Wettbewerb, Absatzmarkt, Gesamtwirtschaft und Gesellschaft) frühzeitig festzustellen und daraus möglichst schnell Konsequenzen für das Produkt-Markt-Potenzial der Unternehmung zu ziehen. Zur richtigen Strategieauswahl bietet sich in diesem Zusammenhang die Produkt-Markt-Matrix und die so genannte **SWOT-Matrix** an.

BEISPIEL
SWOT-Matrix zur Strategieauswahl

Unternehmensanalyse / Umweltanalyse	Stärken (**S** = Strenghts) 1. Starke Forschung/ Entwicklung 2. hoher Automations- grad	Schwächen (**W** = Weaknesses) 1. steigende Personal- kosten 2. Abhängigkeit von einem Produkt
Chancen (**O** = Opportunities) 1. Wachstumsmarkt 2. Investitionsförderung	SO 1. Neue Produktvarianten entwickeln 2. Neue Fertigungsstätte bauen	WO 1. Fertigungsstätte im Ausland bauen 2. Neue Produktlinien aufbauen
Risiken (**T** = Threats) 1. Konkurrenz aus Billiglohnländern 2. Steigende Energiekosten ...	ST 1. Modernes Produktde- sign und neueste Tech- nologien anwenden 2. Regenerative Energie einsetzen ...	WT 1. Automationsgrad erhöhen 2. Produkte aufnehmen, deren Produktionsver- fahren wenig Energie verbraucht ...

Die Schwierigkeit besteht darin, dass die strategischen Ziele der Unternehmung, an denen sich der Erfolg der Unternehmensstrategie messen lassen könnte, nicht genügend genau und quantifiziert (in Zahlen ausgedrückt) sind. Die Daten stützen sich auf Ergebnisse der Marktforschung vor allem auf Kundenbefragungen. So gibt es z. B. für den Erfolgsfaktor Kundenzufriedenheit keine eindeutige Messgröße. Hinzu kommt, dass die so genannten weichen Marketingziele (z. B. Erhöhung der Kundenzufriedenheit, des Firmenimages, Bekanntheitsgrads) sowohl schwer messbar als auch mit anderen Zielen und Einflussfaktoren vernetzt sind.

BEISPIEL
Vernetzung des Unternehmenszieles Kundenzufriedenheit

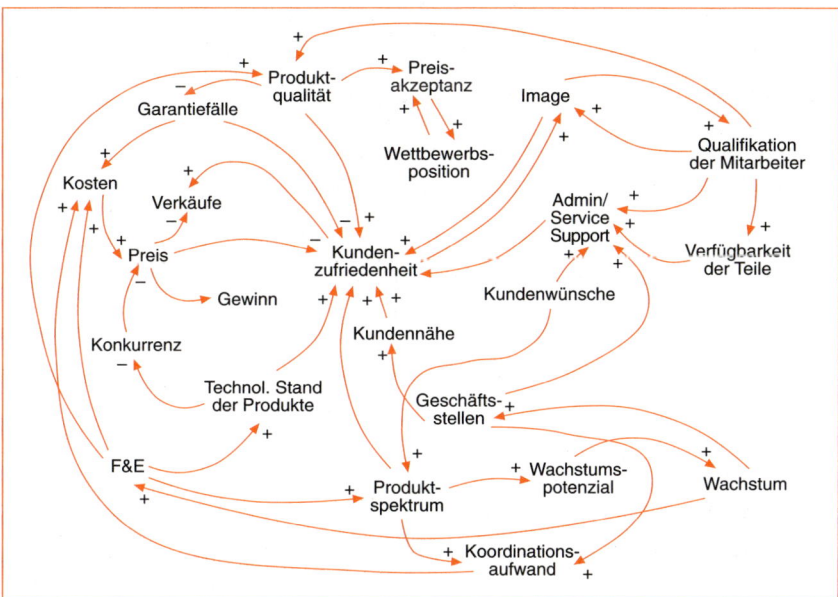

3.2 Operatives Marketingcontrolling

Die Probleme des strategischen Marketingcontrollings führte in größeren Betrieben zur Einrichtung eines speziellen Vertriebscontrollings (Absatzcontrolling), das die Erreichung der operativen Unternehmensziele messen und unterstützen soll.

Das **Vertriebscontrolling** soll das Management bei allen Entscheidungen, die eine optimale Kundenbetreuung und -pflege betreffen, unterstützen, indem es hierfür relevante Informationen bereitstellt. Die Erfassung, Aufbereitung und Präsentation solcher Informationen stützen sich auf das Datenmaterial aller Unternehmensbereiche, vor allem aus der Finanzbuchhaltung und der Kosten- und Leistungsrechnung.

operatives Marketingcontrolling

Vertriebscontrolling

Betrachtungsebenen und Aufgabenbereiche des Vertriebscontrollings

Betrachtungsebenen	• *Leistungsangebot* (einzelne Produkte und Dienstleistungen, Produktgruppen), • *Leistungsempfänger* (einzelne Kunden, Kundengruppen), • *Leistungsregionen* (bestimmte Städte, Bezirke, Regionen, Länder)
Aufgabenbereiche	• Unterstützung der *Absatzplanung,* • *Überwachung* der Vertriebsbudgets, • Durchführung von *Vertriebserfolgsrechnungen,* • Erfassung und Auswertung von Außendienstberichten, • *Kontrolle* des Produktabsatzes, der Marketingorganisation und -maßnahmen

Kontrollbereiche des Vertriebscontrollings

Kontrolle des Produktabsatzes	Kontrolle der Marketingorganisation	Kontrolle der Maßnahmen
● Produkte ● Kunden ● Aufträge ● Distributionswege ● Verkaufsregionen	● Produktmanagement ● Key Account-Management (Verkaufsmanagement für so genannte Schlüsselkunden) ● Kundendienst	● Bestimmte Kommunikationsmaßnahmen ● Bestimmte Preisaktionen ● Änderung der Verpackung ● Veränderung der Distribution

Jede Unternehmung hat im Laufe der Zeit ein Kennzahlensystem entwickelt, mit dem es sich einen Überblick über die Absatz-, Kunden-, Markt- und Wettbewerbssituation verschafft. So wird eine Struktur-, Wirtschaftlichkeits- und Lageanalyse möglich. Kennzahlen dienen einem schnellen Überblick, neuartige Marktchancen und -risiken können damit aber nicht aufgespürt werden.

FALLBEISPIEL

Der Vertriebsleiter der Weller KG, Herr Röhr, gibt seinen Außendienstmitarbeitern produktgenaue Umsatz- und Strukturziele vor, die er dann anhand der Außendienstberichte misst. Dadurch haben die Mitarbeiter eindeutige Orientierungsgrößen und der Vertriebsleiter hat ein Beurteilungs- und Kontrollinstrument zur Hand.

Kennzahlen zur Messung der Mitarbeiterleistung im Vertrieb:

Vertriebskennzahlen	– Anzahl Kundenbesuche/Tag – Anzahl Aufträge/Tag – Kosten je Kundenbesuch – Kosten/Außendienstmitarbeiter – Anteile der Neukunden/Monat, – Anzahl der Reklamationen.
Angebotserfolge	$\dfrac{\text{Erteilte Aufträge}}{\text{Gemachte Angebote}} \cdot 100$
Durchschnittlicher Auftragswert	$\dfrac{\text{Auftragswert}}{\text{Anzahl der Aufträge}} \cdot 100$
Umsatzanteil Produkt X	$\dfrac{\text{Umsätze Produkt X}}{\text{Umsätze aller Produkte}} \cdot 100$
Mahnquote	$\dfrac{\text{Anzahl gemahnter Kunden}}{\text{Gesamtkunden}} \cdot 100$
Reklamationsquote	$\dfrac{\text{Anzahl reklamierter Kunden}}{\text{Gesamtkunden}} \cdot 100$
Kleinaufträgeanteil	$\dfrac{\text{Anzahl der Aufträge} < 100 \text{ EUR}}{\text{Gesamtaufträge}}$

Lernfeld 11 Finanzierungs- und Investitionsprozesse planen

STRUKTURÜBERSICHT

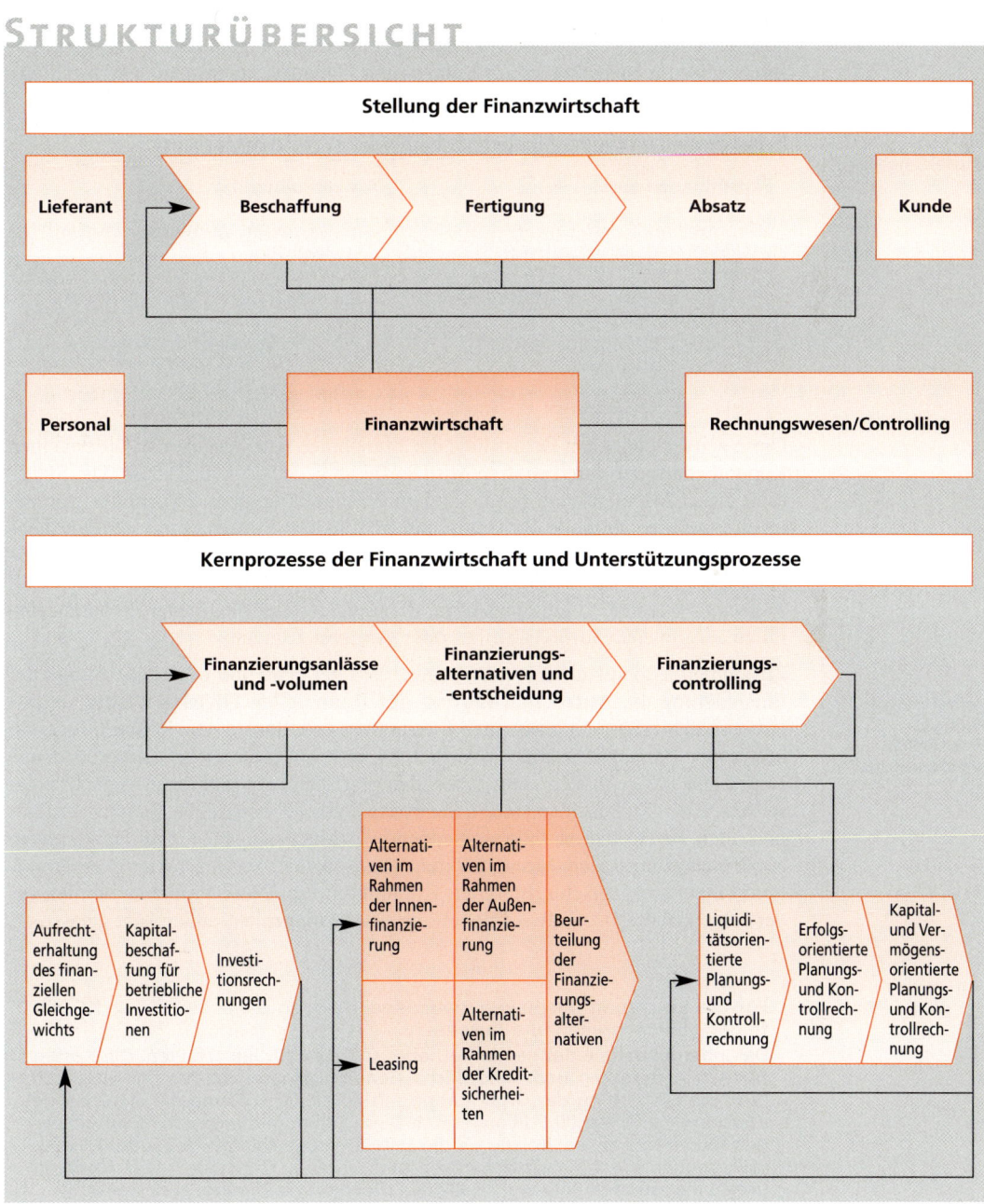

1 Finanzierungsanlässe und -volumen

1.1 Aufrechterhaltung des finanziellen Gleichgewichts

Der betriebliche Leistungsprozess umfasst die Beschaffung, die Fertigung und den Absatz von Gütern und Dienstleistungen. Am Ende dieses unter Umständen sehr langen Leistungsprozesses fallen für das Unternehmen Einnahmen an. Problematisch an diesem Prozess ist die Tatsache, dass die Einnahmen frühestens am Ende des Prozesses, möglicherweise auch erst nach einem langen Kundenziel im Unternehmen eingehen. Vor diesem Zeitpunkt fallen aber regelmäßig Ausgaben, beispielsweise für Investitionen im Anlage- und Umlaufvermögen, für die Bezahlung der Arbeitskräfte, für Versicherungen und Steuern etc. an.

Einzahlungen und Auszahlungen im betrieblichen Leistungsprozess

Einzahlungen aus:	Auszahlungen für:
● Produktverkäufen (Umsatzerlöse) ● Dienstleistungsverkäufen (Lizenzen, Fracht, ...) ● Kredittilgungen und Zinszahlungen von Schuldnern ● Einlagen von alten und neuen Eigentümern/Gesellschaftern	● Investitionen im Anlage- und Umlaufvermögen ● Auszahlungen für den Faktor Arbeit ● die Inanspruchnahme von Rechten und Diensten ● Versicherungen und Steuern ● Dividenden an Eigentümer ● Zinsen und Tilgungen an Gläubiger

Diese zeitverschobenen Geldströme der Einnahmen und Ausgaben erfordern einen Kapitalbedarf, der durch weitere Mittelzuflüsse gedeckt werden muss. Die Sicherung dieser Mittelzuflüsse genau zu dem Zeitpunkt, an dem sie benötigt werden, ist eine zentrale Aufgabe der Unternehmensfunktion Finanzierung. Verfehlt diese ihr Ziel, ist die Existenz des Unternehmens zumindest sehr stark gefährdet. Diese Aufgabe gilt es zu erfüllen, auch unter den Bedingungen einer zunehmend schlechter werdenden Zahlungsmoral der Kunden oder möglichen Einnahmeausfällen aufgrund der Insolvenz eines oder mehrerer Kunden.

Zusammenfassend kann man also sagen, dass der erste und wichtigste Anlass der Finanzierung die **Aufrechterhaltung des finanziellen Gleichgewichts** ist. Als Hilfsmittel hierfür kann man einen **Finanzplan** erstellen, in dem in Staffelform für bestimmte Planungszeiträume (Wochen, Monate, ein Quartal, ...) die vorhandenen Mittel und die geplanten Einnahmen den geplanten Auszahlungen gegenübergestellt werden. Zu beachten sind in der Praxis in dieser Liquiditätsübersicht zusätzlich noch Forderungsausfälle, schleppende Zahlungseingänge, Preissteigerungen auf Beschaffungs- und Absatzmärkten, abzusehende Absatzschwierigkeiten aufgrund einer sich verschlechternden Konjunktur, etc. Diese Probleme werden bei der folgenden beispielhaften Darstellung eines Finanzplans außer Acht gelassen.

FALLBEISPIEL

Für die Errichtung der neuen Zweigniederlassung plant die Weller KG mit folgenden Einnahmen und Ausgaben:

Die Inbetriebnahme des neuen Betriebes soll zum 10. Juli erfolgen. Die Kosten für den Architekten und behördliche Genehmigungen werden mit 50 000,00 EUR, die Einrichtung der Organisation mit 40 000,00 EUR und die einführende Werbung mit 70 000,00 EUR angesetzt. Diese Zahlungen fallen im vorausgehenden Monat Juni an; die Kosten für die Erstellung der Anlagen/Gebäude, 1,5 Mio. EUR, werden über einen Zeitraum von fünf Jahren in Form einer gleich bleibend hohen monatlichen Rate von 35 000,00 EUR (Zins und Tilgung) zurückgezahlt.

Die erste Rate ist am 1. Juli dieses Jahres fällig.

Zusätzlich kommen auf das Unternehmen noch die Kosten des laufenden Geschäftsbetriebes zu: Fuhrpark und Lagerkosten 2 000,00 EUR pro Tag (Monat = 30 Tage); RHB-Einkauf/Tag 10 000,00 EUR (ab 8. Juli); Zahlungsziel 30 Tage (verbleibende Werktage im Juli 16; in den folgenden Monaten jeweils 22). Die Fertigungslöhne belaufen sich auf 100 000,00 EUR/Monat. Die Fertigungsgemeinkosten (Basis: Fertigungslöhne) betragen 100 % (ab 1. Oktober tritt eine 5%ige Lohnerhöhung in Kraft). Im Monat Juli wird mit 900 000,00 EUR Umsatz gerechnet, im August mit 1,2 Mio. EUR, im September mit 1,1 Mio. EUR und im Oktober mit 1 Mio. EUR (Kundenziel 30 Tage).

Finanzplan für die Monate Juni bis Oktober

Monate	Juni	Juli	August	September	Oktober
Anfangsbestand					
– Bankkonto	–	– 160 000	– 455 000	– 10 000	675 000
Einnahmen	–	–	900 000	1 200 000	1 100 000
Ausgaben					
Architekt	50 000				
Organisation	40 000				
Werbung	70 000				
Kreditraten	–	35 000	35 000	35 000	35 000
Lagerkosten	–	60 000	60 000	60 000	60 000
RHB-Einkauf			160 000	220 000	220 000
Fertigungslöhne		100 000	100 000	100 000	105 000
Fertigungsgemeinkosten		100 000	100 000	100 000	105 000
Summe Ausgaben	160 000	295 000	455 000	515 000	520 000
Defizit	160 000	455 000	10 000		
Überschuss				675 000	1 255 000

Der Finanzplan zeigt, dass in den ersten beiden Monaten ein erheblicher Finanzierungs- bzw. Kapitalbedarf herrscht, da die Ausgaben die Einnahmen bei weitem übertreffen. Ziel der Finanzplanung ist die Aufrechterhaltung des finanziellen Gleichgewichts; das bedeutet in diesem Fall, dass die Finanzierungslücken entweder mit eigenem Kapital oder mit fremden Mitteln (Kredite) gedeckt werden müssen. Die Überschüsse in den folgenden Monaten können dann zur Rückzahlung eventuell notwendiger Kredite verwendet werden.

Anforderungen an einen Finanzplan:

Finanzplananforderungen

1. Finanzpläne sind zukunftsbezogene Rechnungen, die für eine zu **definierende Periode**, beispielsweise Woche, Monat, Quartal oder Jahr, die Ein- und Auszahlungen des Unternehmens einander gegenüberstellen.

Periode

2. Für die Erstellung des Finanzplans gilt das so genannte **Bruttoprinzip**, d. h. dass sämtliche Ein- und Auszahlungen zu den relevanten Zeitpunkten ausgewiesen werden. Saldierungen von Ein- und Auszahlungen, beispielsweise eines Kunden, der gleichzeitig Lieferant ist, sind zu unterlassen.

Bruttoprinzip

3. Finanzpläne müssen **vollständig** sein, d. h. sämtliche Ein- und Auszahlungen müssen erfasst werden. Dies gilt u. a. auch für die Ein- und Auszahlungen aus dem nicht betrieblichen, dem so genannten neutralen Bereich.

Vollständigkeit

4. Schließlich müssen Finanzpläne **termingenau** sein, d. h. Ein- und Auszahlungen sind in der Periode zu erfassen, in der sie anfallen. Optimal ist die tagegenaue Erfassung. Wegen des hohen Rechenaufwandes wird die taggenaue Verrechnung nur für kurze Fristen (maximal ein Monat) durchzuführen sein.

Termingenauigkeit

1.2 Kapitalbeschaffung für betriebliche Investitionen

Investition

Werden in einem Unternehmen Geldmittel zur Anschaffung von Anlagevermögen (Maschinen, Gebäude, Fuhrpark, usw.) und Umlaufvermögen (RHB-Stoffe) eingesetzt, spricht man von **Investition**. Vereinfacht ausgedrückt, ist Investition folglich die Umwandlung von Kapital in Vermögen.

Finanzierung

Voraussetzung dafür, dass Kapital in Vermögen umgewandelt werden kann, ist, dass das Kapital in ausreichendem Umfang dem Unternehmen zur Verfügung steht. Diese **Bereitstellung bzw. Beschaffung von Kapital (Geld- oder Sachkapital) für Investitionen** ist eine weitere Aufgabe der **Finanzierung**. Finanzierung ist daher immer die Voraussetzung für die Durchführung einer Investition.

1.2.1 Kapitalbedarfsermittlung

Der Kapitalbedarf eines Unternehmens wird im Regelfall durch die Beschaffung von Vermögensgegenständen ausgelöst. Sind Investitionen im Anlage- und Umlaufvermögen geplant, ist als Voraussetzung dafür die Finanzierung des hierfür notwendigen Kapitalbedarfs zu klären. Dabei ist als erster Schritt die Höhe des benötigten Kapitals zu ermitteln (Kapitalbedarfsermittlung).

Der Kapitalbedarf eines Unternehmens konzentriert sich auf zwei Hauptursachen:

- **Ordentlicher Kapitalbedarf:** Darunter versteht man den Kapitalbedarf für die Gründung bzw. Errichtung eines Unternehmens (Anlagen, Planung, …) sowie das notwendige Kapital für die laufende Betriebstätigkeit (Materialbeschaffung, Fertigungskosten, Lagerhaltung, sonstige Verwaltungs- und Vertriebskosten).

- **Außerordentlicher Kapitalbedarf:** In diesem Fall wird Kapital für betriebliche Vorgänge gebraucht, die außerhalb der regulären Betriebstätigkeit anfallen, z. B. bei Beteiligungen, Fusionen, Vergleich, Sanierung.

BEISPIEL

für eine Kapitalbedarfsrechnung

Für die Gründung der Zweigniederlassung der Weller KG hat man folgende Ausgaben ermittelt:

Anlagen/Gebäude 1,5 Mio. EUR; Behörden- und Architektenaufwendungen 50 000,00 EUR. Für die Errichtung der Organisation fallen Kosten in Höhe von 40 000,00 EUR an; die Zeitungsannoncen zur Eröffnung des Betriebes kosten 70 000,00 EUR. Bei den Materialvorräten wird ein eiserner Bestand für einen Zeitraum von 10 Tagen gehalten. Der tägliche Materialeinsatz wird mit 5 000,00 EUR, die Materialgemeinkosten mit 20 % beziffert.

Die Verwaltungs- und Vertriebsgemeinkosten werden mit 4 000,00 EUR/Tag; die Fertigungslöhne mit 6 000,00 EUR/Tag und Fertigungsgemeinkosten mit 40 % kalkuliert. Die zeitliche Bindung des Umlaufvermögens wird folgendermaßen geplant: Lagerdauer des Materials 40 Tage; Produktionsdauer 50 Tage; Lagerdauer der Fertigerzeugnisse 50 Tage; Kunden- und Lieferantenziel jeweils 30 Tage.

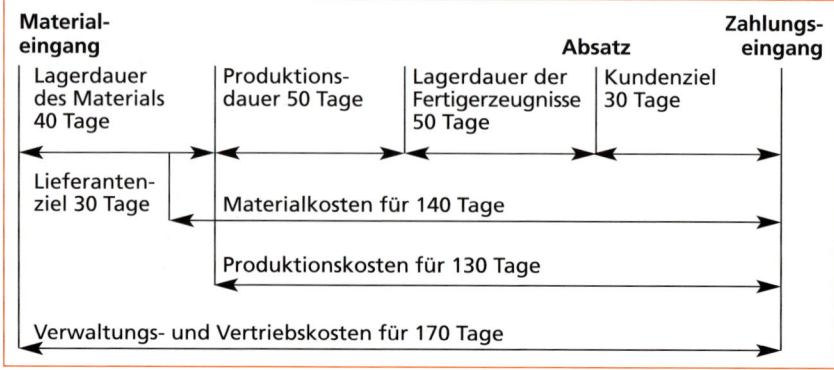

- Kapitalbedarf für Anlagevermögen, Vorbereitung und Organisation:

Architekt, Genehmigungen	50 000,00 EUR
Anlagen	1 500 000,00 EUR
Organisation	40 000,00 EUR
Eiserner Bestand 10 x 5 000,00 EUR	50 000,00 EUR
Einführungswerbung	70 000,00 EUR
	1 710 000,00 EUR

- Kapitalbedarf für den laufenden Geschäftsbetrieb:

Materialeinzelkosten 140 x 5 000,00 EUR	700 000,00 EUR
Materialgemeinkosten 20 %	140 000,00 EUR
Fertigungslöhne 130 x 6 000,00 EUR	780 000,00 EUR
Fertigungsgemeinkosten 40 %	312 000,00 EUR
Verwaltungs- und Vertriebsgemeinkosten 170 x 4000,00 EUR	680 000,00 EUR
	2 612 000,00 EUR
Summe 1 810 000,00 + 2 572 000,00 =	4 322 000,00 EUR

Mit dem Abschluss einer Kapitalbedarfsrechnung ist der Umfang des benötigten Kapitals festgelegt. Es ist nun die Aufgabe der Finanzierung, diesen Kapitalbedarf in der entsprechenden Höhe und zum richtigen Zeitpunkt dem Unternehmen zur Verfügung zu stellen. Problematisch ist die Kapitalbedarfsrechnung, weil sie eine reine Zeitpunktbetrachtung ist und den zukünftigen Kapitalbedarf sowie zukünftige Einnahmen außer Acht lässt. Außerdem werden Preisveränderungen, wie beispielsweise ein plötzlicher Preisanstieg beim Materialeinkauf nicht berücksichtigt.

1.2.2 Investitionsarten und -anlässe

Je nach Art der Investition entsteht für das Unternehmen ein enormer Kapitalbedarf. Es stellt sich nun die Frage, welche innneren und äußeren Einflüsse gegeben sein müssen, damit ein Unternehmen eine Investition durchführt und welche verschiedenen Arten von Investitionen es gibt.

Einflussgrößen für betriebliche Investitionen:

- die aktuellen Gewinnsituation des Unternehmens;
- die Auftragslage des Unternehmens;
- das konjunkturelle Umfeld;
- die Höhe der Kapitalmarktzinsen;
- steuerliche Aspekte.

Betriebliche Investitionen, Einflussgrößen

Kommt ein Unternehmen bei der Beurteilung dieser Einflussgrößen zu einem positiven Ergebnis, ist die Bereitschaft zum Investieren gegeben. Neben dieser grundlegenden Investitionsbereitschaft des Unternehmens ist für die Durchführung einer Investition der konkrete Anlass im Unternehmen zu untersuchen.

Der Anlass für eine Investition kann die Erstausstattung eines Unternehmens mit Anlage- und Umlaufvermögen sein, z.B. die Erstellung eines bisher nicht vorhandenen Lagergebäudes. Hier spricht man von einer **Neuinvestition.**

Neuinvestitionen

Ursache einer Investition kann aber auch sein, dass die vorhandenen Vermögensgegenstände nicht ausreichen und weitere dazugekauft werden müssen, z.B. es wird der Fuhrpark um drei neue Lkw erweitert (**Erweiterungsinvestition**). Neuinvestitionen und Erweiterungsinvestitionen ergeben zusammen den Umfang der Nettoinvestitionen in einem Unternehmen.

Erweiterungsinvestitionen

**Ersatz-
investitionen**

Werden bei der Leistungserstellung Vermögensteile verbraucht, z.B. Maschinen, müssen diese durch neue Maschinen ersetzt werden. Handelt es sich bei diesen Maschinen um neue, aber gleichwertige Maschinen, spricht man von **Ersatzinvestitionen.**

**Rationalisierungs-
investitionen**

Den Ersatz eines wirtschaftlich verbrauchten Anlagegutes durch ein neues, technisch verbessertes Anlagegut, bezeichnet man als **Rationalisierungsinvestition.** Durch Rationalisierungsinvestitionen gelingt es dem Unternehmen, kostengünstiger zu produzieren, eine angesichts des weltweiten Wettbewerbs der Unternehmen unabdingbare Voraussetzung für das weitere Überleben eines Unternehmens.

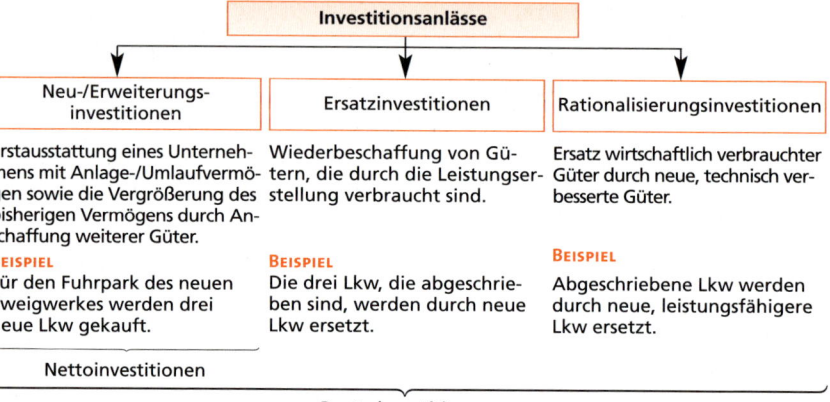

**Netto-
investitionen;
Brutto-
investitionen**

**Investition und
Finanzierung**

1.2.3 Bilanzieller Zusammenhang zwischen Finanzierung und Investition

Im Rahmen einer Investition werden Geldmittel in betriebliche Vermögensgegenstände umgewandelt.

Das bedeutet, dass die Voraussetzung für im Unternehmen geplante Investitionen immer die Beschaffung von Kapital (Finanzierung) ist. Investitionen sind also ohne Finanzierung nicht denkbar. Beide Vorgänge sind unmittelbar voneinander abhängig. Dies lässt sich am besten mithilfe einer Bilanz darstellen.

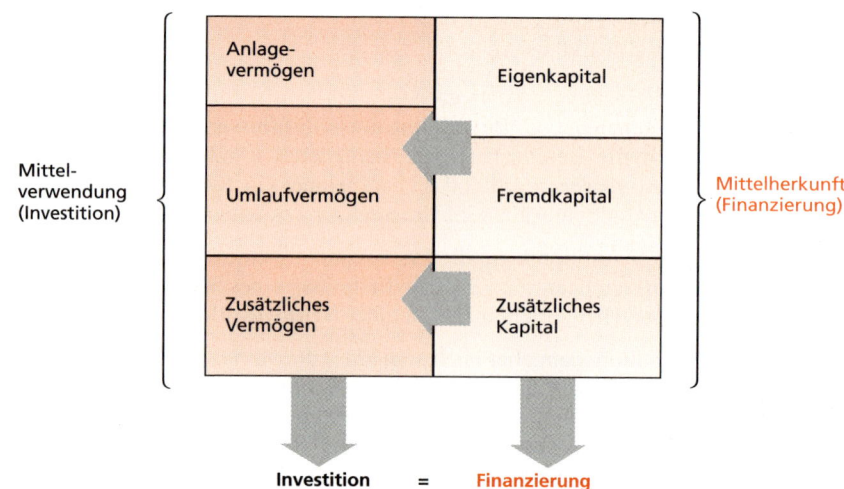

Nach dieser Gleichung ist die Höhe der Investitionen immer gleich der Höhe der Finanzierung und umgekehrt. Finanzierungsvorgänge sind also ohne spätere Investitionen, Investitionen ohne vorherige Finanzierung nicht denkbar. Tatsächlich lässt sich diese Gleichung, was die Finanzierungsseite betrifft, nicht ganz aufrechterhalten, das heißt, nicht alle Finanzierungsvorgänge sind unmittelbar auf eine Investition ausgerichtet. Beispielsweise gibt es Finanzierungsvorgänge, bei denen die beschafften Mittel zur Schuldentilgung oder zur Umschuldung (Umwandlung kurzfristiger in langfristige Schulden) verwendet werden.

Trotz dieser Einschränkung besteht zwischen diesen beiden Begriffen ein sehr enger Zusammenhang, der folgendermaßen zusammengefasst werden kann: Die Anlässe für Finanzierungsvorgänge sind im Wesentlichen durch Investitionen begründet; Investitionen sind ohne die Bereitstellung finanzieller Mittel nicht durchführbar.

Zwar ist die Finanzierung einer Investition die Voraussetzung dafür, dass die Investition überhaupt durchgeführt werden kann; die eigentliche Ursache der Investition ist sie aber nicht. Vielmehr hängt die Investitionsentscheidung eines Unternehmens von einer Reihe von Faktoren ab, die in unterschiedlicher Weise die Investitionsneigung des Unternehmens beeinflussen.

1.2.4 Investitions- und Finanzpläne in ihrer Interdependenz mit anderen betrieblichen Teilplänen

Ein vernünftig handelndes Unternehmen erstellt auf der Grundlage eines Gesamtplanes Vorschaurechnungen. Diese Planungen werden zumindest für die Grundfunktionen eines Unternehmens getroffen. Das heißt, ein Industrieunternehmen muss für das Materialwesen, die Produktion, das Personal, die Investitionen, die Finanzierung und den Vertrieb Planungsrechnungen erstellen. Diese Planungs-rechnungen können nicht isoliert erstellt werden, sondern müssen analog dem betrieblichen Leistungsprozess in einem engen Funktionszusammenhang gesehen werden.

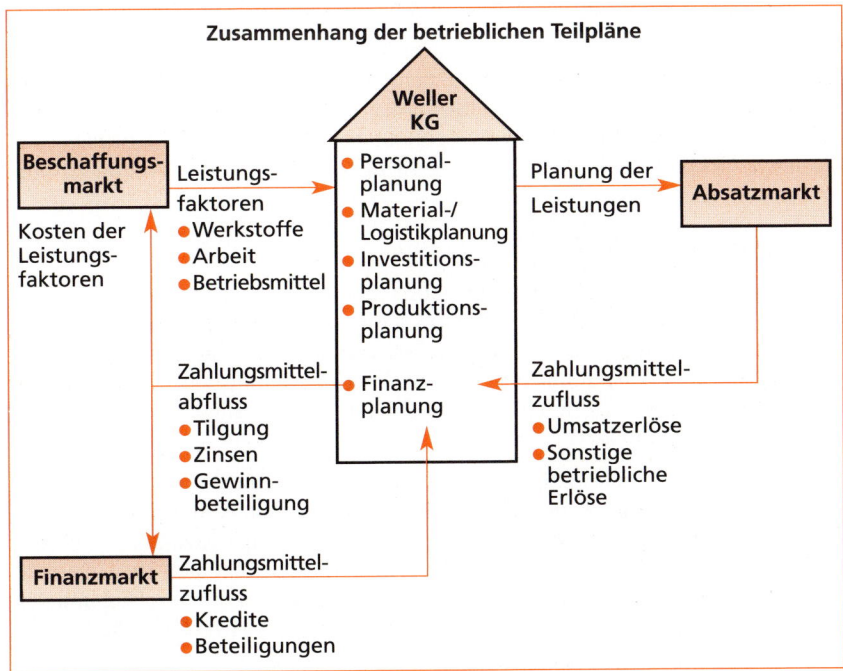

Zusammenhang betrieblicher Teilpläne

Ausgangspunkt aller Planungen sind in der Regel die Zielvorgaben des Vertriebs. Je nachdem, welche Umsatz- bzw. Stückzahlen hier angestrebt werden, müssen bestimmte Materialmengen, Arbeits- und Betriebsmittel beschafft werden. Zusätzlich muss das Investitionsvolumen (Gebäude, Maschinen, …) und der finanzielle Rahmen (Eigen-, Fremdfinanzierung) auf diese Absatzplanungen abgestimmt werden.

Investitions- und Finanzpläne sind deshalb nur Teilaspekte der betrieblichen Gesamtplanung. Auch wenn in diesem Kapitel „Finanzierung" ausschließlich von Investitions- und Finanzplänen die Rede ist, muss der Zusammenhang dieser Pläne mit den anderen betrieblichen Teilplänen stets beachtet werden.

1.3   Investitionsrechnungen

Wird in einem Unternehmen die Realisierbarkeit einer Anlageinvestition diskutiert, ist der finanzielle Aufwand ein Aspekt, der beachtet werden muss. Ein weiterer Aspekt ist die Beurteilung dieser Investition unter Rentabilitätsgesichtspunkten, d.h., ist der aufzuwendende Kapitalbedarf für diese Anlageinvestition gerechtfertigt oder wäre die alte Anlage unter Kostengesichtspunkten die günstigere Alternative.

Aus diesem Grund muss man zunächst den Kapitalbedarf für eine bestimmte Investition ermitteln und anschließend mögliche Investitionsalternativen mithilfe einer Investitionsrechnung kostenrechnerisch vergleichen.

Statische Investitionsrechnungen

■ *Statische Investitionsrechnung*

Aufgabe von Investitionsrechnungen ist es, Investitionsalternativen unter Kosten- und Gewinnaspekten zu vergleichen. Ergibt sich beispielsweise im Vergleich einer bestehenden Anlage und einer geplanten neuen Anlage ein Kosten- oder ein Gewinnvorteil der neuen Anlage, wird die Anlageinvestition durchgeführt.

Statische Investitionsrechnungen gehen von gleichbleibend hohen Kosten und Erträgen im Laufe der Jahre aus; dynamische Investitionsrechnungen versuchen, über die gesamte Nutzungsdauer des Investitionsobjekts zuverlässige Prognosen der Ertrags- und Kostenentwicklung zu berechnen. Trotz unbestreitbarer Vorzüge der dynamischen Investitionsrechnung werden im Folgenden nur zwei Verfahren der statischen Investitionsrechnung vorgestellt, u.a. deshalb, weil die Ertrags- und Kostenentwicklung, vor allem über längere Zeiträume, relativ schwierig zu prognostizieren ist.

Kostenvergleichsrechnung

● *Kostenvergleichsrechnung*

Zweck und Aufgabe der Kostenvergleichsrechnung ist die Beurteilung von verschiedenen Investitionsalternativen. Dabei wird nur die reine Kostenersparnis beurteilt; Erträge bleiben außer Acht. Der Vergleich kann sich z.B. auf die Kosten einer bestehenden Anlage mit denen einer neuen Anlage beziehen. In die Rechnung müssen alle Kosten miteingehen, die durch die verschiedenen Investitionsobjekte verursacht werden.

Obwohl die Erträge beim Kostenvergleich keine Rolle spielen, ist von einer bestimmten Leistungsmenge auszugehen. Dies ist notwendig, da die Anlagen i.d.R. nicht die gleiche Leistungsmenge produzieren und damit die Kosten einer produzierten Leistungseinheit verglichen werden müssen. Überlegt sich ein Unternehmer die Durchführung einer Rationalisierungsinvestition, ist der Vergleich mit den Kosten der bestehenden Anlage notwendig. In diesem Fall wird häufig die Kostenvergleichsrechnung angewandt.

Der Anschaffungswert einer Maschine Typ 1 beträgt 180 000,00 EUR; eine Maschine Typ 2 kostet 100 000,00 EUR. Die Nutzungsdauer beträgt jeweils zehn Jahre. Hergestellt werden mit der Maschine Typ 2 pro Jahr 6 000 Einheiten, mit der Maschine Typ 1 8 000 Einheiten. Die Zinsen belaufen sich auf 10 %/Jahr; die sonstigen fixen Kosten bei der Maschine Typ 2 auf 1 000,00 EUR bzw. 1 500,00 EUR bei der Maschine Typ 1. Die Personalkosten betragen 2,50 EUR pro Einheit (Maschine Typ 2) und 0,70 EUR (Maschine Typ 1). Die Kosten des Fertigungsmaterials pro Einheit betragen jeweils 0,20 EUR/Einheit. Sonstige variable Kosten/Einheit fallen bei der Maschine Typ 2 in Höhe von 0,30 EUR; bei der Maschine Typ 1 in Höhe von 0,10 EUR an.

Kostenvergleich

	Maschine Typ 1	Maschine Typ 2
Anschaffungswert	180 000,00	100 000,00
Nutzungsdauer (Jahre)	10	10
Leistungsmenge/Jahr	8 000	6 000
Jährliche Kosten		
Fixe Kosten:		
Abschreibung	18 000,00	10 000,00
Zinsen		
(10 % vom halben Anschaffungswert)	9 000,00	5 000,00
Sonstige fixe Kosten	1 500,00	1 000,00
Summe der fixen Kosten	28 500,00	16 000,00
Variable Kosten		
Personalkosten/Einheit	0,70	2,50
Fertigungsmaterial/Einheit	0,20	0,20
Sonstige variable Kosten/Einheit	0,10	0,30
Summe der variablen Kosten	1,00	3,00

Bei der Maschine Typ 1 entstehen höhere fixe Kosten, die variablen Kosten/Einheit dagegen sind geringer. Für die Entscheidungsfindung spielt also die jeweilige Auslastung der Maschine eine entscheidende Rolle. Unter Kostengesichtspunkten lässt sich eine „kritische Menge" bzw. „Grenzmenge" herausfinden, bei der die Kosten der beiden Maschinen gleich sind. Die Einschätzung der künftigen Erzeugungsmenge gibt dann den Ausschlag für eine der beiden Maschinen.

Auf das vorangegangene Beispiel bezogen, lässt sich die kritische Menge folgendermaßen berechnen:

$$\text{Kritische Menge} = \frac{28\,500 - 16\,000}{3 - 1} = 6\,250$$

Kritische Menge

Die Kostenvergleichsrechnung wurde unter der Annahme durchgeführt, dass die Maschine Typ 2 kalkulatorisch ganz abgeschrieben war. Ist dies nicht der Fall, muss der kalkulatorische Restwert der Maschine Typ 2 als weiterer Kostenfaktor hinzugerechnet werden. Je größer dieser kalkulatorische Restwert der Maschine Typ 2 ist, umso eher wirkt dieser kalkulatorische Restwert als Rationalisierungsbremse. Letztendlich muss auch dieser Restwert über die Kostenvorteile der Maschine Typ 1 abgedeckt werden.

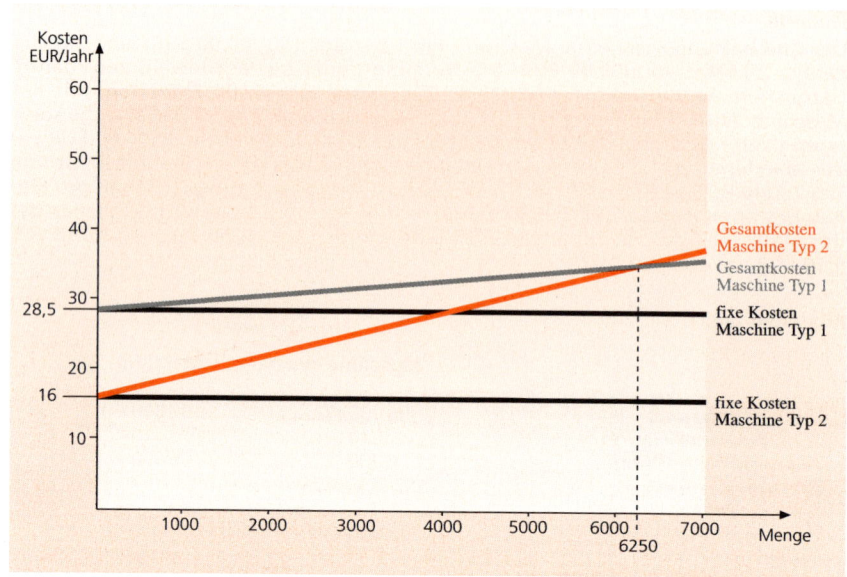

● *Amortisationsrechnung*

Aufgabe der Amortisationsrechnung (Kapitalrückflussrechnung oder Pay-back-Methode) ist es, die Zeitspanne zu ermitteln, innerhalb welcher der Kapitaleinsatz einer Investition über die Verkaufserlöse wieder ins Unternehmen zurückfließt. Unter dem Kapitaleinsatz versteht man das ganze investierte Kapital einschließlich notwendiger Nebenkosten (z. B. Montagearbeiten) abzüglich eines eventuellen Schrott- bzw. Restwertes, der am Ende der Nutzungszeit erzielt wird.

Stehen Investitionsalternativen zur Debatte, wird nach der Amortisationsrechnung diejenige Anlage bevorzugt, welche die kürzeste Wiedergewinnungszeit aufweist.

Als Kapitalrückfluss wird bei Erweiterungsinvestitionen die Summe aus Gewinnzuwachs und Abschreibungsrückfluss durch die zusätzliche Anlage verstanden.

Erweiterungsinvestitionen

MERKE

Wiedergewinnung in Jahren = $\dfrac{\text{Kapitaleinsatz}}{\text{Gewinnzuwachs} + \text{Abschreibung auf zusätzliche Anlagen}}$

Bei Rationalisierungsinvestition gilt als Kapitalrückfluss die Summe aus jährlicher Kostenersparnis und Abschreibungsrückfluss durch die neue Anlage.

Rationalisierungsinvestitionen

MERKE

Wiedergewinnung in Jahren = $\dfrac{\text{Kapitaleinsatz}}{\text{Kostenersparnis} + \text{Abschreibung auf Ersatzanlage}}$

BEISPIEL
Erweiterungsinvestition

	Anlage 1	Anlage 2
Kapitaleinsatz	400 000,00	240 000,00
Lebensdauer	8	6
Abschreibung	50 000,00	40 000,00
Durchschnittlicher Gewinnzuwachs pro Jahr	30 000,00	10 000,00
Amortisationszeit	400 000,00 : 80 000,00 = 5 Jahre	240 000,00 : 50 000,00 = 4,8 Jahre

Nach den Maßstäben der Amortisationsrechnung müsste Anlage 2 im Rahmen einer Erweiterungsinvestition angeschafft werden. Durch die Einfachheit des Verfahrens und die Betonung des Sicherheitsdenkens (Dauer der Wiedergewinnungszeit) findet die Amortisationsrechnung eine breite Anwendung.

Nachteilig ist bei dieser Methode, dass keine Aussagen über die weitere Kosten-/ Gewinnentwicklung der Anlage nach der Amortisationszeit getroffen werden sowie – wie bei allen statischen Verfahren – die Tatsache, dass von Durchschnittszahlen (Beispiel: Gewinnzuwachs) ausgegangen wird und die zeitlichen Unterschiede im Anfall der Rückflüsse nicht einfließen.

2 Finanzierungsalternativen und -entscheidung

Finanzierungs-alternativen und -entscheidung

Nachdem nun die Höhe und der zeitliche Rahmen der Liquiditätsengpässe bzw. Kapitalbedarfs für eine Investition geklärt ist, geht es nun um die Frage, woher das Kapital kommt (Kapitalherkunft) und wem es gehört (Rechtsstellung des Kapitalgebers). Bei der Frage nach der Kapitalherkunft muss das Unternehmen ermitteln, ob es selbst in der Lage ist, das Kapital aufzubringen, z.B. mittels erwirtschafteter Gewinne **(Innenfinanzierung),** oder ob es auf Kapital von außerhalb des Unternehmens, z.B. Bankkredite, zurückgreifen muss **(Außenfinanzierung).** Entscheidet sich das Unternehmen für einen Bankkredit, gehört dieses Kapital einem Kreditinstitut, das, nach Ablauf einer bestimmten Frist, eine Rückzahlung dieses Kredits einschließlich Zinsen verlangt. Die Aufnahme dieses Kredits schlägt sich buchhalterisch auf der Passivseite der Bilanz in Form einer Vergrößerung des Fremdkapitals nieder **(Fremdfinanzierung).**

Innenfinanzierung, Außenfinanzierung

Hätte sich das Unternehmen für eine Gewinnfinanzierung entschieden, würde das Kapital unbefristet zur Verfügung stehen, da es dem Unternehmen selbst gehört und nicht zurückgezahlt zu werden braucht. Bilanziell hat die Gewinnfinanzierung eine Vergrößerung des Eigenkapitals zur Folge **(Eigenfinanzierung).**

Fremdfinanzierung

Eigenfinanzierung

Kapitalfristen

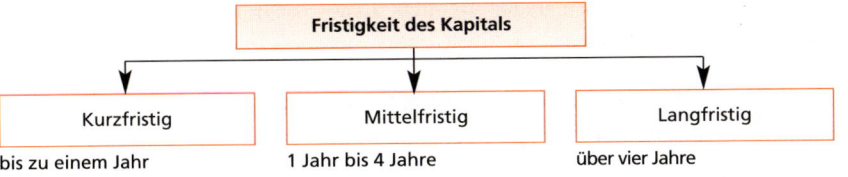

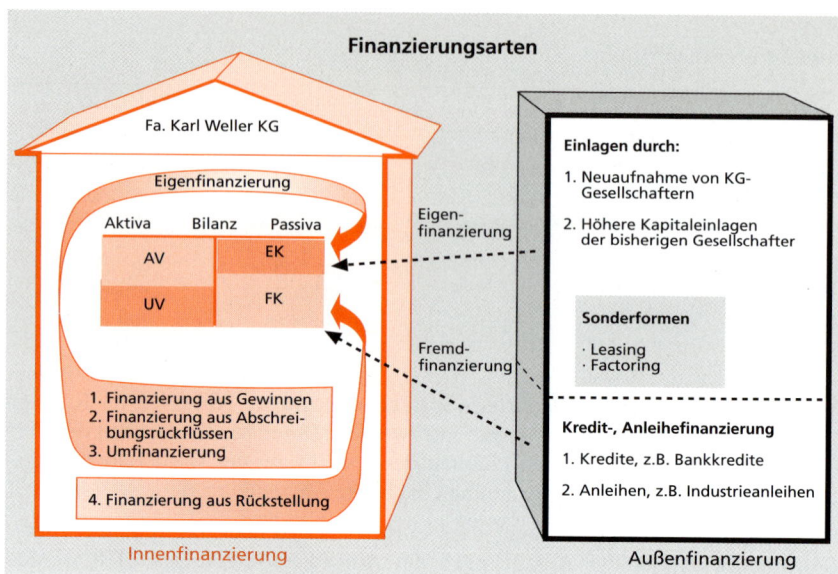

Neben den Kriterien „Kapitalherkunft" und „Rechtsstellung des Kapitalgebers" ist für die Beurteilung der Finanzierungsart noch die zeitliche Dauer des zur Verfügung gestellten Kapitals von Bedeutung (Fristigkeit des Kapitals).

2.1 Innenfinanzierung

**Innenfinan-
zierung**

Von Innenfinanzierung spricht man, wenn das Unternehmen aus eigener Kraft finanzielle Mittel erwirtschaftet, ohne dass dritte Personen zu Hilfe genommen werden. Die im Rahmen der Innenfinanzierung erwirtschafteten Mittel können sowohl Eigen- als auch Fremdmittel darstellen.

2.1.1 Selbstfinanzierung

Bei der Selbstfinanzierung werden im Unternehmen erwirtschaftete Mittel nicht ausgeschüttet, sondern zur Finanzierung von notwendigen Investitionen im Unternehmen belassen.

■ *Zurückbehaltung von Gewinnen*

Die Art der Selbstfinanzierung kann erfolgen als
– offene Selbstfinanzierung
– verdeckte (stille) Selbstfinanzierung

**Offene Selbst-
finanzierung**

● *Offene Selbstfinanzierung*

Die offene Selbstfinanzierung geschieht im Unternehmen z. B. dadurch, dass Teile des Jahresüberschusses einbehalten werden (**Gewinnthesaurierung**). Dadurch wird verhindert, dass der ganze Gewinn an die Anteilseigner ausgeschüttet wird. Der Finanzierungseffekt entsteht folglich daraus, dass ein Abfließen flüssiger Mittel verhindert wird.

**→ HGB
§§120, 121,
167, 168**

● *Offene Selbstfinanzierung am Beispiel einer KG*

Nach der Regelung im HGB steht bei der Gewinnverteilung der KG jedem Gesellschafter ein Anteil von vier Prozent seines Kapitalanteils zu, wobei Einlagen während des Jahres zeitanteilig zu berücksichtigen sind. Dasselbe gilt für Entnahmen; das HGB sieht auch für sie eine Verzinsung von vier Prozent vor. Die durch die Verzinsung der Kapitalanteile entstandenen Gewinnanteile werden auch als **Vordividende** bezeichnet. Privatentnahmen von Gesellschaftern verringern deshalb die Vordividende in Höhe des zeitanteiligen Zinsbetrages. Reicht der Jahresgewinn nicht aus, um die gesetzliche Verzinsung zu gewährleisten, ist ein niedrigerer Satz anzuwenden.

Vordividende

Kommanditisten sind zur Privatentnahme laut HGB nicht berechtigt. Bei der Verzinsung des Restgewinns ist der Kommanditist in „angemessenem Verhältnis" zu berücksichtigen. Als Maßstab wird hierfür oft die unterschiedliche Arbeitsleistung der Gesellschaft und/oder die unterschiedliche Risikoverteilung herangezogen.

Wurden von den Gesellschaftern vertragliche Regelungen der Gewinnausschüttung vereinbart (z.B.: 6% Verzinsung der Kapitaleinlagen und der Entnahmen), werden diese vertraglichen Bestimmungen herangezogen.

FALLBEISPIEL

Die KG-Komplementäre Frech und Schmid waren zu Beginn des abgelaufenen Geschäftsjahres mit 400 000,00 EUR bzw. 300 000,00 EUR an der Frech KG beteiligt. Der Kapitalanteil des Kommandisten Elger betrug am Anfang des Geschäftsjahres 100 000,00 EUR. Frech hatte am 12. März ein Gebäude im Wert von 150 000,00 EUR in die Gesellschaft eingebracht. Schmid hatte am 24. Februar und am 21. September jeweils 20 000,00 EUR für private Zwecke entnommen. Der Jahresgewinn der KG beläuft sich auf 245 900,00 EUR. Der Restgewinn ist im Verhältnis 3 : 3 : 1 (Frech : Schmid : Elger) zu verteilen. Gewinnverteilung entsprechend HGB.

Gewinnverteilung bei der KG

→ HGB §120

Gesell-schaf-ter	Eigen-kapital	Kapital-ein-lagen	Privat-entnah-men	Vor-divi-dende	Kopf-anteil	Gesamt-gewinn	Neues Eigen-kapital
Frech	400 000	150 000 (12. 03.)	–	20 800	90 000	110 800	660 800
Schmid	300 000	–	20 000 (24. 02.) 20 000 (21. 09.)	11 100	90 000	101 100	361 100
Elger	100 000	–	–	4 000	30 000	34 000	100 000 Sonstige Verb. der KG 34 000
Summe	800 000	150 000	40 000	35 900	210 000	245 900	1 155 900

Vordividende Frech:
4 % von 400 000,00 = 16 000,00 EUR
+ 4 % von 150 000,00 = 4 800,00 EUR
(für 288 Tage)
_____
20 800,00 EUR

Vordividende Schmid:
4 % von 300 000,00 = 12 000,00 EUR
– 4 % von 20 000,00 = 680,00 EUR
(für 306 Tage)
– 4 % von 20 000,00 = 220,00 EUR
(für 99 Tage)
_____
11 100,00 EUR

Kopfanteil:
245 900,00 EUR
– 20 800,00 EUR
– 11 100,00 EUR
– 4 000,00 EUR
_____
210 000,00 : 7 = 30 000,00 EUR

Frech: 30 000,00 · 3 = 90 000,00 EUR
Schmid: 30 000,00 · 3 = 90 000,00 EUR
Elger: 20 000,00 · 1 = 30 000,00 EUR
Reingewinn 210 000,00 EUR

Die im Unternehmen belassenen Gewinnanteile der Gesellschafter werden ihrem Kapitalkonto (Ausnahme: Kommanditist) gutgeschrieben und stellen den Umfang der offenen Selbstfinanzierung dar.

● *Verdeckte Selbstfinanzierung*

Verdeckte Selbst-
finanzierung

Verdeckte Selbstfinanzierung im Unternehmen liegt vor, wenn bestimmte Bestandteile des Vermögens unterbewertet und bestimmte Bestandteile des Fremdkapitals überbewertet werden. Die Unterbewertung des Vermögens entsteht i. d. R. durch überhöhte bilanzielle Abschreibungen des Anlagevermögens; die Überwertung des Fremdkapitals im Wesentlichen durch zu hoch angesetzte Rückstellungen.

Die Auswirkungen auf die GuV-Rechnung sind in beiden Fällen gleich: Die ausgewiesenen Aufwendungen sind höher als sie in Wirklichkeit sind; damit wird ein geringerer Gewinn ausgewiesen. In Höhe des nicht ausgewiesenen Gewinns entstehen stille Rücklagen, die von ihrem Charakter her zusätzliches Eigenkapital darstellen.

Unterbewertung
der Aktiva

Unterbewertung der Aktiva

Aktiva	Bilanz	Passiva
Bilanziertes Vermögen	Eigenkapital	
	Eigenkapital	
Tatsächliches Vermögen	Stille Rücklagen	

Überbewertung
der Passiva

Überbewertung der Passiva

Aktiva	Bilanz	Passiva
Vermögen	Eigenkapital	
	Tatsächliches Fremdkapital	} Bilanziertes Fremdkapital
	Stille Rücklagen	

Auflösung der
stillen Rücklagen

Auflösung der stillen Rücklagen: Beim Verkauf unterbewerteter Vermögensbestandteile bzw. bei der Zahlung überbewerteter Rückstellungen werden stille Rücklagen sichtbar. Ist beispielsweise beim Verkauf einer gebrauchten Maschine der Verkaufserlös höher als der Buchwert, entsteht ein Veräußerungsgewinn, der zu versteuern ist. Die verdeckte Selbstfinanzierung hat gegenüber der offenen Selbstfinanzierung den Vorteil der **Steuerstundung**. Eine Versteuerung der stillen Rücklagen erfolgt erst in dem Zeitpunkt, in dem die stillen Rücklagen aufgelöst werden. Die Steuerstundung führt zu einem Zinsgewinn und zu einem Liquiditätsvorteil. Ein weiterer Vorteil der verdeckten Selbstfinanzierung ist die Bildung von zusätzlichem Eigenkapital.

Steuerstundung

Abschreibungs-
finanzierung

2.1.2   Abschreibungsfinanzierung

Durch die ständige Nutzung des Anlagevermögens (Maschinen, Gebäude, Fuhrpark, usw.) tritt eine Wertminderung des im Anlagevermögen gebundenen Kapitals auf. Diese Wertminderung, buchhalterisch ein Aufwand, wird als Abschreibung bezeichnet. Werden nun die Abschreibungsaufwendungen in die Verkaufspreise der Produkte einkalkuliert, fließen über den Absatz der Produkte stets Geldmittel in Höhe der Abschreibungen in das Unternehmen zurück. Diese finanziellen Mittel werden dazu benutzt, wieder neue Anlagegegenstände zu kaufen.

Sieht man von den Preissteigerungen einmal ab, können die Anlagegüter mit diesen Abschreibungserlösen gekauft werden. Die Abschreibungsfinanzierung ist wie die Gewinnfinanzierung eine Form der Eigenfinanzierung.

FALLBEISPIEL

Ein Industrieunternehmen kauft für seine Außendienstmitarbeiter zu Beginn des Geschäftsjahres fünf Pkw im Wert von jeweils 60 000,00 EUR. Die Nutzungsdauer beträgt jeweils sechs Jahre; sie werden linear abgeschrieben.
Wie hoch sind die Abschreibungserlöse in den einzelnen Jahren der Nutzung und wie viele Ersatzinvestitionen können aus diesen Erlösen getätigt werden? (Der Kauf der Pkw erfolgt jeweils zu Beginn des neuen Geschäftsjahres.)

Lösung:

Jahr	Pkw-Bestand Stück	Buchwerte	Abschrei-bungen	Ersatz-investitionen	Liquide Mittel
01. 01. 01	5	300 000	–	–	–
31. 12. 01	5	250 000	50 000	–	50 000
01. 01. 02	5	250 000	–	–	50 000
31. 12. 02	5	200 000	50 000	–	100 000
01. 01. 03	6	260 000	–	1	40 000
31. 12. 03	6	200 000	60 000	–	100 000
01. 01. 04	7	260 000	–	1	40 000
31. 12. 04	7	190 000	70 000	–	110 000
01. 01. 05	8	250 000	–	1	50 000
31. 12. 05	8	170 000	80 000	–	130 000
01. 01. 06	10	290 000	–	2	10 000
31. 12. 06	5	190 000	100 000	–	110 000
01. 01. 07	6	250 000	–	1	50 000
31. 12. 07	6	190 000	60 000	–	110 000

2.1.3 Finanzierung über Rückstellungen

Rückstellungen haben ihre Ursache in Verpflichtungen des Unternehmens gegenüber Gläubigern. Bei ihnen ist weder die genaue Höhe noch der genaue Zeitpunkt der Fälligkeit bekannt. Es handelt sich also um Fremdkapital, das irgendwann einmal zurückgezahlt werden muss. Werden nun diese Rückstellungsaufwendungen, vergleichbar dem Abschreibungsaufwand, in die Verkaufspreise einkalkuliert, fließen dem Unternehmen finanzielle Mittel aus dem Umsatzprozess zu. Da gleichzeitig auch ein ständiger Abfluss durch das Begleichen von Verpflichtungen (z.B. Pensionszahlungen) stattfindet, ist ein Finanzierungseffekt nur dann gegeben, wenn der Zufluss durch Bildung von Rückstellungen größer ist als der Abfluss durch deren Auflösung. Dies ist bei Pensionsrückstellungen zum Beipiel bei einer steigenden Belegschaftszahl der Fall. Die Finanzierung über Rückstellungen ist eine Form der Fremdfinanzierung.

Das Unternehmen hat auch im Bereich der Innenfinanzierung eine Reihe von Möglichkeiten Kapital zu bilden. Fasst man die Summe aller Mittel, die dem Unternehmen über den Umsatzprozess zugeflossen sind, zusammen, ergibt sich der so genannte „**Cashflow**" dieses Unternehmens.

Finanzierung über Rückstellungen

Cashflow

2.1.4 Umfinanzierung

Unter Umfinanzierung versteht man den Vorgang der Kapitalfreisetzung durch eine Veränderung der Vermögensstruktur sowie die Umschichtung im Kapitalaufbau. Kennzeichnend für alle Vorgänge im Rahmen der Umfinanzierung ist, dass das dem Unternehmen zur Verfügung stehende Vermögen bzw. Kapital nicht verändert wird.

■ Änderung der Vermögensstruktur

Möglichkeiten die Vermögensstruktur zu ändern, bieten sich dem Unternehmen sowohl beim Anlagevermögen als auch beim Umlaufvermögen. Beim Anlagevermögen können nicht notwendige Maschinen, Fahrzeuge, Grundstücke, Beteiligungen etc. verkauft und in liquide Mittel umgewandelt werden. Im Umlaufvermögen können Warenvorräte abgebaut, Kundenforderungen schneller eingefordert und der Lagerumschlag beschleunigt werden.

FALLBEISPIEL

Ein Unternehmen möchte folgende Umfinanzierungsvorgänge durchführen:
a) Die durchschnittliche Verweildauer der Rohstoffvorräte soll von 16 auf 12 Tage gesenkt werden. Der durchschnittliche Rohstoffwert beträgt 400 000 EUR.
b) Verkauf eines Betriebsgrundstücks:
Die Anschaffungskosten betragen 100 000 EUR, der letzte Bilanzansatz war 80 000,00 EUR, der Verkehrswert 180 000 EUR.
Wie viel Kapital wird freigesetzt?

Lösung:

① Rohstoffvorräte $= \dfrac{400\,000 \text{ EUR} \cdot 4}{16} = 100\,000$ EUR

② Grundstücke =   180 000 EUR

  Gesamte Kapitalfreisetzung   280 000 EUR

■ Änderung der Kapitalstruktur

Die Änderung der Kapitalstruktur wird bei Personengesellschaften im Wesentlichen durch Umschichtungen beim Fremdkapital vorgenommen.

BEISPIEL

Kurzfristige Bankschulden, z. B. Kontokorrentkredite, werden in mittel-/langfristige Darlehen umgewandelt.
Voraussetzung ist natürlich, dass entsprechende Kreditsicherheiten zur Verfügung stehen.

2.2 Außenfinanzierung

Bei der Außenfinanzierung wird der Unternehmung Kapital von außerhalb, d.h. aus dem nicht betrieblichen Bereich, zugeführt. Handelt es sich um Kapitaleinlagen bisheriger oder neuer Gesellschafter, spricht man von **Einlagenfinanzierung.**

Werden die Eigentümerrechte nach der Verbriefung des Eigenkapitals in Beteiligungspapieren festgehalten, z. B. bei der GmbH in Form von Geschäftsanteilen, spricht man von **Beteiligungsfinanzierung.** Beide Finanzierungsarten sind Formen der Eigenfinanzierung, bei denen dem Unternehmen Kapital von außen zugeführt wird.

Fremdfinanzierung liegt vor, wenn das Unternehmen Geld- oder Sachkredite aufnimmt. Unternehmensfremde Personen, die sich nicht an das Schicksal der

Unternehmung binden wollen, stellen dem Unternehmen Geld- oder Sachmittel gegen die Verpflichtung späterer Rückzahlung zur Verfügung.

2.2.1 Beteiligungs-/Einlagenfinanzierung

Bei der Eigenfinanzierung steht das Kapital dem Unternehmen normalerweise unbefristet zur Verfügung. Es bietet den Gläubigern die Gewähr für die Einlösung ihrer Forderungen. Sind mehrere Personen am Unternehmen beteiligt, so besitzen sie einen quotenmäßigen Anteil am tatsächlichen Betriebsvermögen, nehmen am Gewinn, aber auch am Verlust teil und riskieren zumindest ihre Einlage. Andererseits können sie die Geschicke der Unternehmung bestimmen oder zumindest mitgestalten. In welcher Weise die Eigenfinanzierung erfolgt, hängt von der Rechtsform der Unternehmung ab. Zum anderen ist gerade die Kapitalbeschaffung ausschlaggebend für die Wahl der Rechtsform.

■ *Die Beteiligungs-/Einlagenfinanzierung bei der Kommandit-gesellschaft*

Vollhafter (Komplementär) und Teilhafter (Kommanditist) bringen das Eigenkapital dadurch auf, dass sie die **vereinbarten Einlagen** leisten.

Der Kommanditist als Teilhaber ist Miteigentümer der Unternehmung und daher am tatsächlichen Betriebsvermögen beteiligt. Auch am **Gewinn oder Verlust** nimmt er teil. Da aber die **Geschäftsführungs- und Vertretungsbefugnis** ausschließlich dem Komplementär zusteht und die **Haftung des Kommanditisten** auf die vertraglich zu leistende Einlage beschränkt ist, kann er wirtschaftlich gesehen kaum noch als Unternehmer bezeichnet werden. Tatsächlich wird die Rechtsform der Kommanditgesellschaft vor allem gewählt, wenn das Eigenkapital durch Einlagen vergrößert werden soll, ohne den Kapitalgebern (Kommanditisten) einen erheblichen Einfluss auf die Unternehmungsführung zu gewähren.

→ HGB § 111
→ HGB §§ 167, 168
→ HGB §§ 164, 170, 171

Die Beteiligungs-/Einlagenfinanzierung bei der KG

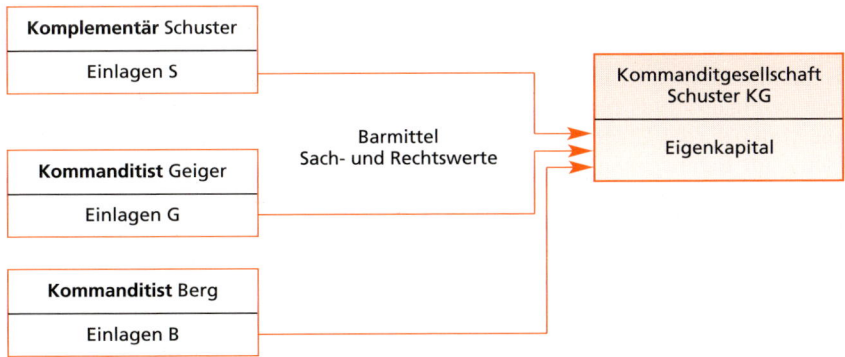

Deshalb entsteht die Kommanditgesellschaft auch häufig bei größerem Kapitalbedarf aus der Umwandlung einer Einzelunternehmung (Einzelunternehmer wird Komplementär) oder einer offenen Handelsgesellschaft (OHG-Gesellschafter werden Komplementäre). Insoweit ist die Kommanditgesellschaft ihrem Wesen nach geeignet, noch mehr Eigenkapitalquellen als die offene Handelsgesellschaft zu erschließen.

■ *Beteiligungsfinanzierung bei der AG*

Die AG ist eine Kapitalgesellschaft. Damit die Gesellschaft in der Gründungsphase Kapital hat, müssen die bzw. der **Gründer** der AG **Bar- und oder Sacheinlagen** zur Verfügung stellen. Die Gründer werden damit zu Teilhabern der AG (Aktionäre). Als

→ AktG §§ 1, 6, 7, 8, 27, 28, 29

**Gründer, Bar-/
Sacheinlagen,
Aktie, Nennwert,
Grundkapital**

Nachweis ihrer Beteiligung erhalten sie eine Urkunde, die so genannte **Aktie.** Der **Mindestnennwert** der Aktie beträgt bei Nennbetragsaktien ein Euro. Die Summe aller Aktiennennwerte der AG stellt das **Grundkapital** einer AG dar und muss mindestens 50 000 EUR betragen. Werden die Aktien über die Börse ausgegeben und gehandelt, entsteht je nach Höhe der Nachfrage ein Kurswert, der i. d. R. über dem Nennwert liegt. Den Differenzbetrag nennt man Agio; eine Ausgabe von Stückaktien ist ebenfalls möglich. Stückaktien lauten auf keinen Nennwert. Bei Stückaktien wird der prozentuale Anteil am Grundkapital ermittelt. Entsteht für die AG zusätzlicher Kapitalbedarf, können die bisherigen oder neue Aktionäre im Rahmen von Kapitalerhöhungen zusätzliche, neu herausgegeben Aktien erwerben.

Bareinlagen	Sacheinlagen
• Jeder Aktionär bringt mindestens 1,00 EUR Barmittel in die AG ein. • Das Mindestkapital beträgt 50 000,00 EUR, wobei Bareinlagen zu mindestens 25 % und mit dem vollen Agio zu leisten sind. **BEISPIEL** Fünf Personen gründen eine AG. In der Satzung haben sie ein Grundkapital von 50 000,00 EUR vereinbart, wovon jeder 10 000,00 EUR als Einlage erbringen muss. Werden die Aktien zum Mindestnennwert herausgegeben, muss jeder Aktionär mindestens 10 000 Aktien zu je 1,00 EUR Nennwert erwerben.	• Die Einlage eines Aktionärs beträgt auch bei Sacheinlagen mindestens 1,00 EUR. Die Sacheinlagen (Grundstücke, Gebäude, Maschinen, …) müssen auf die Gesellschaft übertragen werden, z. B. die Grundstücke durch Auflassung und Eintragung im Grundbuch. • Das Grundkapital beträgt ebenfalls 50 000,00 EUR. **BEISPIEL** Die fünf Personen vereinbaren eine reine Sachgründung. Das Grundkapital wird in Form von Sacheinlagen der AG zur Verfügung gestellt.

2.2.2 Fremdfinanzierung

**Fremd-
finanzierung**

Fremdfinanzierung ist im Wesentlichen eine Form der Außenfinanzierung. (Ausnahme: Finanzierung über Rückstellungen – vgl. Strukturschema Finanzierung). Die Mittel, die das Unternehmen benötigt, werden von Kreditinstituten oder Lieferanten im Rahmen von Geld- oder Sachkrediten zur Verfügung gestellt. Eine Fremdfinanzierung über den Kapitalmarkt (Industrieanleihen, …) kommt nur für sehr große Aktiengesellschaften in Frage. Vom Fremdfinanzierung spricht man also, wenn unternehmungsfremde Personen, die sich an das Schicksal der Unternehmung nicht binden wollen, Geld oder Sachmittel gegen die Verpflichtung späterer (Rück-)Zahlung zur Verfügung stellen. Die Kapitalgeber werden zu Gläubigern der Unternehmung. Sie können neben der Tilgung der Schulden in der Regel auch Zinsen fordern. Fremdkapital ist stets befristet. Häufig verlangen die Gläubiger Sicherheiten für ihre Ansprüche. Fremdfinanzierung ist also nichts anderes als die entgeltliche Überlassung von Geld- oder Sachmitteln gegen spätere Rückzahlung. Sachkredite kommen sehr häufig vor, insbesondere durch die Lieferung von Waren und Einrichtungsgegenständen auf Ziel.

Im Gegensatz zu den Eigentümern nehmen die Gläubiger am Wachstum der Unternehmung, d. h. auch an den stillen Rücklagen, nicht teil, andererseits können sie ihre Forderungen unabhängig vom Erfolg der Unternehmung geltend machen und erreichen selbst im Insolvenzfall häufig eine Befriedigung ihrer Ansprüche; sie gehen also ein wesentlich geringeres Risiko ein.

■ *Kreditfinanzierung als wichtigste Form der Fremdfinanzierung*

● *Wesen des Kredits*

Unter Kredit wird im Folgenden der Kreditbegriff aus dem Kreditwesengesetz verstanden, wonach der Kreditgeber einem Kreditnehmer für einen bestimmten Zeitraum Kapital überlässt und für die Überlassung des Kapitals Zinsen verlangt. Der Kreditnehmer ist nach Ablauf der vereinbarten Zeit verpflichtet, das Kapital zurückzuzahlen.

Kredit

→ **KWG §19**

| Kreditgeber | ←── Kreditvertrag ──→ | Kreditnehmer |

Pflicht:
Überlässt dem Kreditnehmer einen bestimmten Geldbetrag auf Zeit

Inhalt:
- Bezeichnung von Kreditgeber und Kreditnehmer
- Kredithöhe/-grenze
- Auszahlungsbetrag
- Zeitpunkt und Art der Bereitstellung
- Laufzeit des Kredits
- Zinsbindung
- Höhe des Zinssatzes
- Art der Sicherung

Pflicht:
- Zinszahlung
- Tilgung bzw. Ausgleich des Sollsaldos

Inhalt des KV

Kreditversorgung über den Kreditmarkt

| Kreditanbieter (Kreditinstitute) | Angebot an ──→ kurz, mittel- und langfristigen Krediten (höherer Zins) | **Kreditmarkt** | ←── Nachfrage nach kurz-, mittel- und langfristigen Krediten | Kreditnachfrager (Unternehmer, private und öffentliche Haushalte) |

Kreditmarkt

↑ **Kapitalbeschaffung**

| Kreditnachfrager (Kreditinstitute) | Angebot an ──→ kurz, mittel- und langfristigen Geldanlagen (niedriger Zins) | **Kreditmarkt** | ←── Nachfrage nach kurz-, mittel- und langfristigen Geldanlagen | Sparer/Kapitalanleger |

Kreditmarkt: ● Geldmarkt = Markt für kurzfristige und mittelfristige Kredite und Geldanlagen

● Kapitalmarkt = Markt für langfristige Kredite und Geldanlagen

Geldmarkt

Kapitalmarkt

■ *Lieferantenkredit*

Lieferantenkredit

● *Wesen des Lieferantenkredits*

Der Lieferantenkredit entsteht dadurch, dass der Lieferer seinem Kunden ein Zahlungsziel einräumt. Das bedeutet, dass der Kunde seine Schuld aus der Warenlieferung erst einige Zeit (Bsp.: 30 oder 60 Tage) nach der Lieferung begleichen muss. Bezahlt der Kunde innerhalb einer vereinbarten (kurzen) Frist nach der Lieferung (Bsp.: 8 Tage), erhält er einen Skontonachlass von seinem Lieferanten. Für die Gewährung des Lieferantenkredits werden keine Sicherheiten verlangt, allerdings erfolgt die Lieferung in der Regel unter Eigentumsvorbehalt.

● *Funktionen des Lieferantenkredits*

Finanzierungs-
funktion

● **Finanzierungsfunktion:** Der Lieferer stellt dem Kunden Waren zur Verfügung, die er nicht sofort bezahlen muss. Für die verspätete Bezahlung verlangt der Lieferer Zinsen. Diese bestehen in der Nichtgewährung des Skontovorteils. Der Lieferantenkredit erfüllt damit die typischen Bedingungen eines Warenkredits.

Absatzförderung

● **Mittel zur Absatzförderung:** Der Lieferer ermöglicht dem Kunden den Kauf der Ware, den dieser ohne den Kredit möglicherweise nicht hätte vornehmen können. Insofern ist der Lieferantenkredit ein hervorragendes Mittel zur Absatzförderung.

● *Merkmale des Lieferantenkredits*

Merkmale
des Lieferanten-
kredits

Der Lieferantenkredit ist ein kurzfristiger Kredit. Er wird in der Regel ohne besondere Formalitäten, ohne übertrieben große Prüfung der Kreditwürdigkeit und, mit Ausnahme des häufig vereinbarten Eigentumsvorbehalts, ohne Sicherheiten gewährt. Lieferantenkredite in Anspruch zu nehmen ist deshalb bequem, aber teuer. Ihr Preis ist der Betrag des nicht ausgenutzten Skontos. Da beim Barkauf Skonto abgezogen werden kann, dieser Abzug aber beim Zielkauf entfällt, ergibt sich, dass der Zins für die Zielgewährung bereits im Warenpreis enthalten ist.

Lieferantenkredite, also nicht ausgenutzte Skonti, gehören zu den teuersten Krediten. Um Skonto abziehen zu können, ist es zumeist rentabel, einen Bankkredit aufzunehmen.

FALLBEISPIEL

Eine Lieferantenrechnung über 3 000,00 EUR, die die Weller KG am 1. Juni erhalten hat, ist spätestens am 1. Juli fällig. Bei Bezahlung innerhalb von zehn Tagen können 3 % Skonto abgezogen werden.

1. Juni	10 Tage	11. Juni	20 Tage	1. Juli

Rechnungsdatum   maximale Frist zur   Fälligkeit der Rechnung
                        Skontoausnutzung

Skontoabzug:

Rechnungsbetrag	3 000,00 EUR
– 3 % Skonto	90,00 EUR
Überweisung an den Lieferanten	2 910,00 EUR

Umrechnung des Skontos in einen Jahreszinssatz:

$$\text{Zinssatz} = \frac{\text{Zinsen} \cdot 100 \cdot 360}{\text{Kapital} \cdot \text{Zinstage}} = \frac{90,00 \cdot 100 \cdot 360}{2\,910,00\text{ EUR} \cdot 20} = \underline{55,67\,\%}$$

Bei einem Zinsfuß von 13 % für einen kurzfristigen Bankkredit würde es sich durchaus lohnen, einen Bankkredit aufzunehmen, um bereits nach zehn Tagen die Lieferantenrechnung bezahlen zu können.

$$\text{Zinsen} = \frac{\text{Kapital} \cdot \text{Zinssatz} \cdot \text{Zinstage}}{100 \cdot 360} = \frac{2\,910,00\text{ EUR} \cdot 13 \cdot 20}{100 \cdot 360} = \underline{21,02\text{ EUR}}$$

Der Vorteil, trotz 21,02 EUR Zinskosten für den Bankkredit, würde noch 68,98 EUR betragen.

■ *Kontokorrentkredit*

● *Wesen des Kontokorrentkredits*

Der Kontokorrentkredit ist ein Kredit, bei dem der Kreditnehmer über sein Giro-konto bis zur festgesetzten Kreditgrenze mittels Überweisungen, Schecks, Last-schriften, …, verfügen kann. Während der Laufzeit kann der Kontokorrentkredit entsprechend den Wünschen des Kreditnehmers in beliebiger Höhe beansprucht und wieder abgedeckt werden. Zwischenzeitliche Gutschriften auf dem Kontokor-rentkonto gelten nicht als Tilgungen. In der Regel wird der Kontokorrentkredit von den Kreditinstituten für ein Jahr zugesagt; eine Verlängerung wird allerdings bei ordnungsgemäßer Kontenführung ohne weiteres gewährt.

Kontokorrent-kredit

BEISPIEL
Verlauf eines Kontokorrentkredits

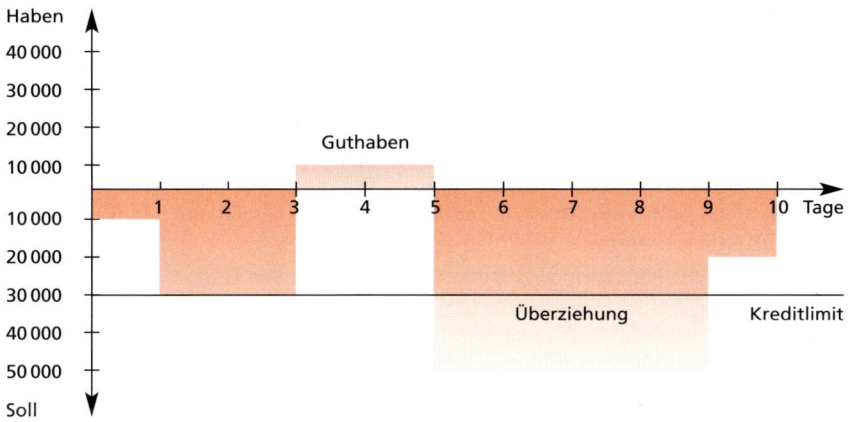

Rechtsgrundlagen des Kontokorrentkredits:

Rechtsgrundlagen

– Der Kreditvertrag zwischen dem Kreditnehmer und dem Kreditgeber (Kredit-institut);

– der Kontovertrag zwischen dem Kreditnehmer und seinem Kreditinstitut;

– die Allgemeinen Geschäftsbedingungen des Kreditinstituts;

– das HGB.

➜ HGB
§§ 355ff.,
607ff.

● *Bedeutung des Kontokorrentkredits*

Bedeutung

1. Der Kontokorrentkredit erhöht die finanziellen Dispositionsmöglichkeiten des Kreditnehmers (Der Kredit wird nur entsprechend dem jeweiligen Kreditbedarf in Anspruch genommen.).

2. Kosten fallen für den Kreditnehmer nur in Höhe des tatsächlich in Anspruch ge-nommenen Kredits an.

3. Ist der bereitgestellte Kontokorrentkredit entsprechend hoch, hat der Kreditneh-mer eine entsprechende finanzielle Reserve.

● *Arten des Kontokorrentkredits*

Für Unternehmen	Für Privatpersonen
● **Betriebsmittelkredit:** Der Kontokorrentkredit dient zur Finanzierung von Wareneinkäufen, eventuell unter Ausnutzung von Skonto. Die Rückzahlung erfolgt aus den Umsatzerlösen. **Zweck:** Er erhöht die liquiden Mittel und damit die Dispositionsfreiheit des Unternehmens. ● **Saisonkredit:** Hier wird der Kontokorrentkredit eingesetzt, um Unternehmen, die einen saisonbedingt unterschiedlich hohen Bedarf an liquiden Mitteln haben, einen Liquiditätsengpass zu ersparen. **Zweck:** Verhindert Liquiditätsengpässe bei Saisonbetrieben. ● **Zwischenkredit:** Der Kontokorrentkredit wird genutzt als Zwischenfinanzierung von langfristigen Darlehen. **Zweck:** Schließt die finanzielle Lücke zwischen zwei Darlehen.	**Dispositionskredit:** Kredit wird Privatpersonen zur Verfügung gestellt. Er dient zur Finanzierung von Konsumausgaben (Konsumkredit). **Ergebnis:** Erhöht die liquiden Mittel und damit die Dispositionsfreiheit von Privatpersonen.

● *Kosten des Kontokorrentkredits*

- Sollzinsen: für den Kontokorrentkredit bis zur eingeräumten Kreditgrenze.
- Überziehungszinsen/-provision: für die geduldete Überziehung des Girokontos ohne Kreditvereinbarung.
- Kontoführungsgebühren: Kosten der Kontoauszüge und Buchungen.
- Portoauslagen

Zinsberechnung für ein betriebliches Girokonto (Kredithöhe: 100 000,00 EUR)

Wertstellung	Soll/ Haben	EUR	Tage	11 % Sollzins (EUR)	15 % Überziehungszins (EUR)
04.12.	S	50 000	6	91,67	
10.12.	S	10 000	5	15,27	
15.12.	S	115 000	6	183,33	37,50
21.12.	S	75 000	8	183,33	
29.12.	S	40 000	2	24,44	
31.12.					
				498,07	37,50

■ *Diskontkredit*

● *Wesen des Diskontkredits*

Beim Diskontwechsel verkauft der Kreditnehmer einen noch nicht fälligen Wechsel an ein Kreditinstitut. Der Verkäufer erhält den Wert des Wechsels am Ankaufstag (**Barwert**) gutgeschrieben. Am Verfalltag löst das Kreditinstitut den Wechsel beim Bezogenen zum Nennwert des Wechsels ein; die Differenz zwischen Barwert und Nennwert ist der Zins (Diskont), den das Kreditinstitut für den Diskontkredit verlangt.

Beim Diskontkredit handelt es sich in der Regel um einen kurzfristigen Kredit. Eingesetzt wird der Diskontwechsel zum Kauf von Betriebsmitteln, es liegt also ein Güterumsatz zugrunde (Handelswechsel).

Ablauf der Wechseldiskontierung

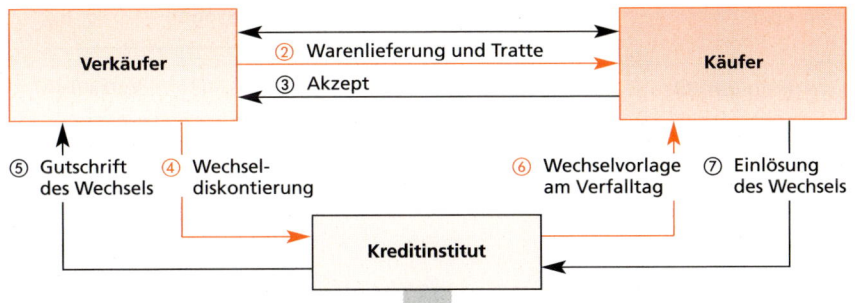

• Das Kreditinstitut kann diskontierte Wechsel bis zum Verfalltag verwahren und dann einziehen.

Der Diskontsatz (lat. disconto = Zinsen abziehen) der Kreditinstitute liegt einige Prozentpunkte über dem **Basiszinssatz**. Der **BGB-Basiszinssatz** beträgt 3,62 % p.a. (BGB § 247). Er wird von der Deutschen Bundesbank halbjährlich an die Marktlage angepasst und beträgt zz. 1,17 % p. a. (Stand: 01.07.2005). Die Anpassung des zuletzt gültigen Basiszinssatzes erfolgt zum 1. Januar und zum 1. Juli entsprechend der Veränderung der marginalen Zinssätze für die Hauptrefinanzierungsgeschäfte der Europäischen Zentralbank.

→ siehe
Seite 404

BEISPIEL
Zum 30.06.2005 betrug der marginale Zinssatz 2,05 %, zum 01.01.2005 betrug er 2,09 %. Um diese Differenz (2,05 – 2,09 = –0,4 %) wurde der bis 30.06.2005 gültige Basiszinssatz in Höhe von 1,21 % angepasst, so dass der neue Basiszinssatz seit 01.07.2005 auf 1,17 % fiel (1,21 % – 0,4 %).

● **Kosten des Diskontkredits**

Kosten

• Zinsen (Diskontsatz)
• Provisionen (z.B. Inkassoprovision)
• Auslagen

Ferner sind zu berücksichtigen:
• die Höhe der Wechselbeträge;
• die Qualität der Wechsel;
• die Bedeutung des Unternehmens für das Kreditinstitut.

● **Bedeutung des Diskontkredits**

Bedeutung

• Der Kreditnehmer kann eine Wechselforderung, die erst später fällig ist, in liquide Mittel umwandeln.
• Die Kosten des Diskontkredits sind niedriger als beim Kontokorrent- oder beim Lieferantenkredit.
• Zusätzliche Sicherheiten sind beim Diskontkredit nicht notwendig.

● **Diskontrechnung**

Diskontrechnung

FALLBEISPIEL

Der Prokurist der Weller KG reicht am 11. Mai einen Wechsel über 2 230,00 EUR seiner Hausbank zum Diskont ein. Der Ausstellungstag des Wechsels war der 29. April; der Verfalltag ist der 29. Juli. Die Bank kauft den Wechsel an und schreibt den Barwert am 11. Mai gut, d.h. sie zieht von der Wechselsumme den vereinbarten Diskontsatz (8 % + 2,5 %) ab. Den Diskont zieht die Bank deshalb ab, weil sie den Wechselbetrag erst am Verfalltag beim Bezogenen einlösen kann und dem Einreicher bis dahin Kredit gewährt.

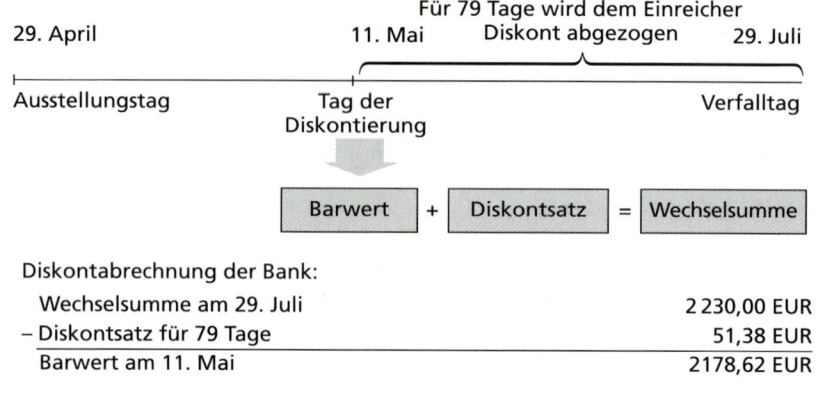

Diskontabrechnung der Bank:

Wechselsumme am 29. Juli	2 230,00 EUR
– Diskontsatz für 79 Tage	51,38 EUR
Barwert am 11. Mai	2178,62 EUR

Rechenweg:

→ siehe
Seite 405

① Tage: 11. Mai bis 29. Juli = 79 Tage (Eurozinsmethode bei der

② Diskontsatz = $\dfrac{2\,230,00\ \text{EUR} \cdot 79 \cdot 10,5}{100 \cdot 360}$ = 51,38 EUR   Wechselabrechnung)

③ Vom Barwert gehen in der Praxis noch Auslagen und Spesen ab.

Darlehen

■ *Darlehen*

● *Wesen des Darlehens*

Darlehen sind mittel- und langfristige Kredite, die von Unternehmen zur Finanzierung von Investitionen (Investitionskredite), von privaten Haushalten zur Beschaffung von langlebigen Konsumgütern (Baufinanzierungskredite, Konsumkredite) benutzt werden. Im Unterschied zum Kontokorrentkredit wird der Darlehensbetrag in einer Summe oder in Teilbeträgen dem Kreditnehmer an einem vereinbarten Termin zur Verfügung gestellt.

**Darlehens-
bedingungen,
Auszahlungskurs**

● *Darlehensbedingungen:*

1. Auszahlungskurs/-betrag

Der Auszahlungskurs bestimmt die Höhe des Kreditbetrags, der dem Kreditnehmer tatsächlich zur Verfügung steht. Ein einmaliger Abschlag vom Nennbetrag des Kredits wird als **Disagio** bzw. als **Damnum** bezeichnet.

**Disagio,
Damnum,
Zinssatz**

2. Höhe des Zinssatzes:

Der Zinssatz bestimmt die Höhe der laufenden Kosten für die Inanspruchnahme des Darlehens.

Nominalzinssatz

Nominalzinssatz: Der Nominalzinssatz ist der Zins (Preis) für die Nutzung eines bestimmten Kapitalbetrags; die sonstigen Kosten der Kapitalnutzung (Disagio, Spesen, Kontoführungsgebühren, Provisionen, …) werden bei der Nominalzinsberechnung nicht eingerechnet. Die Höhe des Nominalzinssatzes wird bei Abschluss des Kreditvertrages festgelegt und ist u. a. abhängig von der Laufzeit des Darlehens, der Dauer der Zinsbindung, den Refinanzierungskosten der Kreditinstitute und der Stellung des Kreditnehmers gegenüber dem Kreditgeber.

Effektivzinssatz

Effektivzinssatz: Bei der Berechnung des Effektivzinssatzes sind alle Kosten zu berücksichtigen, die sich auf den Kredit und seine Vermittlung beziehen. Dazu zählen insbesondere der Nominalzinssatz, ein Disagio, Bearbeitungsgebühren, Kreditvermittlungskosten u. Ä.

BEISPIEL

Nominal- und Effektivzinssatz bei einem Darlehen mit 10-jähriger Laufzeit (Tilgung am Ende der Laufzeit)

	Variante 1	**Variante 2**
	Darlehensbetrag: 100 000,00 EUR Zinssatz: 8 % Auszahlungskurs: 100 % (Keine weiteren Kreditkosten)	Darlehensbetrag: 100 000,00 EUR Zinssatz: 7,5 % Auszahlungskurs: 95 % (Sonstige Kosten 500,00 EUR)
Auszahlung:	100 %	100 %
Nominaler Zinssatz:	8 %	7,5 %
Laufzeit:	10 Jahre	10 Jahre
Effektiver Zinssatz:	8 %	8,47 %

3. Zinsbindungsfrist:

Erwartet ein Kreditnehmer in der nächsten Zeit fallende Zinsen am Kapitalmarkt, wird er mit seinem Kreditinstitut eine kurze Zinsbindungsphase oder einen variablen Zins vereinbaren.

In einer Niedrigzinsphase wird ein Kreditnehmer versuchen, sich die günstigen Zinsen so lange wie möglich zu sichern. Er wird mit seiner Bank eine langjährige Zinsbindung zu den aktuellen Konditionen vereinbaren.

Zinsbindung

4. Tilgung und Tilgungsverrechnung:

- Beim **Abzahlungsdarlehen** zahlt der Kreditnehmer einen festen Zinssatz und einen festen Tilgungsprozentsatz. Der Gesamtbetrag aus Zins und Tilgung nimmt folglich jährlich ab. Abzahlungsdarlehen kommen in der Praxis selten vor, da die Belastung aus Zins und Tilgung während der Laufzeit des Kredits nicht gleichmäßig, sondern zu Beginn und am Ende höchst unterschiedlich ist.

Abzahlungsdarlehen

BEISPIEL

Darlehensbetrag: 100 000,00 EUR
Zinssatz: 8 %/Jahr
Tilgung: 1 %/Jahr
Zinsbindung: 5 Jahre

Jahr	Zinsen	Tilgung	Gesamtleistung
1	8 000,00	1 000,00	9 000,00
2	7 920,00	1 000,00	8 920,00
3	7 840,00	1 000,00	8 840,00
4	7 760,00	1 000,00	8 760,00
5	7 680,00	1 000,00	8 680,00

- Beim **Fälligkeitsdarlehen** zahlt der Kreditnehmer das Darlehen am Ende der Darlehenslaufzeit in einer Summe zurück. Im privaten Bereich wird zur Rückzahlung oft eine zu diesem Zeitpunkt fällige Lebensversicherung verwendet. Beim Festdarlehen bleibt der zu zahlende Zinsbetrag bis zum Ende der Laufzeit gleich hoch, da erst am Ende des letzten Jahres der Betrag in einer Summe getilgt wird.

Fälligkeitsdarlehen

BEISPIEL

Darlehensbetrag: 100 000,00 EUR
Zinssatz: 8 %/Jahr
Tilgung: Am Ende der Laufzeit
Laufzeit: 5 Jahre

Jahr	Zinsen	Tilgung	Gesamtleistung
1	8 000,00		8 000,00
2	8 000,00		8 000,00
3	8 000,00		8 000,00
4	8 000,00		8 000,00
5	8 000,00	100 000,00	108 000,00

Annuitäten-darlehen

- Beim **Annuitätendarlehen** ist die Summe aus Zins und Tilgung, die der Kreditnehmer zu zahlen hat, immer gleich groß. Üblich sind vierteljährliche oder monatliche Leistungen des Kreditnehmers. Die Tilgungsleistungen werden in der Regel sofort verrechnet. Das Annuitätendarlehen ist die in der Praxis am häufigsten vorkommende Form der Darlehensgewährung. Die Vorteile liegen in der monatlich stets gleich bleibenden hohen Belastung für den Kreditnehmer und der ständig steigenden Tilgungsleistung.

BEISPIEL

Darlehenssumme: 100 000,00 EUR
Zinssatz: 8 %
Annuität: 833,33 EUR/Monat
Zinsbindung: 5 Jahre

Monat	Zinsen	Tilgung	Annuität
01	666,66	166,67	833,33
02	665,55	167,78	833,33
03	664,44	168,89	833,33
04	663,31	170,02	833,33
05	662,17	171,15	833,33

Leasing

2.3 Leasing

■ *Wesen des Leasings*

Durch Leasing werden vertraglich die Nutzungsrechte an beweglichen und unbeweglichen Gütern für eine bestimmte Zeit und gegen Entgelt auf den Mieter bzw. Pächter übertragen. Leasing ist deshalb eine Sonderform der Finanzierung, weil an die Stelle eines Kaufs mit Eigen- oder Fremdkapital ein spezieller Miet- bzw. Pachtvertrag tritt. Der Vermieter wird dabei Leasing-Geber, der Mieter Leasing-Nehmer genannt.

Leasing-Vertrag

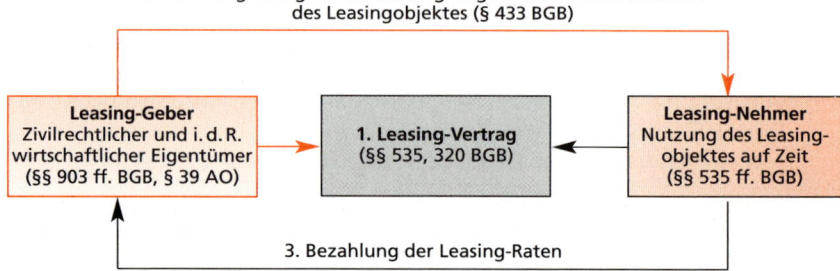

Abwicklung eines Leasing-Geschäftes

2. Lieferung/Übergabe des Leasing-Gegenstandes und Abnahme des Leasingobjektes (§ 433 BGB)

| Leasing-Geber Zivilrechtlicher und i.d.R. wirtschaftlicher Eigentümer (§§ 903 ff. BGB, § 39 AO) | 1. Leasing-Vertrag (§§ 535, 320 BGB) | Leasing-Nehmer Nutzung des Leasing-objektes auf Zeit (§§ 535 ff. BGB) |

3. Bezahlung der Leasing-Raten

Optionen nach Vertragsablauf: Mietverlängerung, Kaufoption, Rückgabe

■ Formen des Leasings

Stellung des Leasing-Gebers	Dauer und Kündbarkeit des Leasing-Vertrages	Art des Leasing-Gegenstandes
● **Direktes Leasing (Hersteller-Leasing):** Der Hersteller vermietet seine selbst erstellten Güter mittels einer eigenen Leasing-Gesellschaft. Zentrale Aufgabe dieser Leasing-Gesellschaft ist die Absatzförderung.	● **Financial-Leasing:** Längerfristige Vermietung des Leasing-Gegenstandes mit einer unkündbaren Grundmietzeit. Die Leasing-Dauer ist so lange und die daraus resultierenden Raten sind so hoch, dass ein Großteil der Kosten des Leasing-Gutes gedeckt sind. Oft hat der Leasing-Nehmer am Ende des Leasing-Vertrages ein Kaufrecht an dem Gegenstand.	● **Mobilien-Leasing:** Darunter versteht man die Vermietung von Kraftfahrzeugen, EDV-Anlagen, Maschinen usw.; Gegenstände, die einzeln wirtschaftlich genutzt werden können.
● **Indirektes Leasing:** Herstellerunabhängige Gesellschaften vermieten Güter, die sie vom Hersteller erworben haben. Aufgabe dieser Leasing-Gesellschaften ist ausschließlich die Vermietung von irgendwelchen Leasing-Gütern zum Zweck der Gewinnerzielung.	● **Operate-Leasing:** Kurzfristige Vermietung des Leasing-Gegenstandes mit der Möglichkeit, den Leasing-Vertrag jederzeit zu kündigen. Die Leasing-Raten decken nur einen geringen Teil der Kosten des Leasing-Gebers. Deshalb ist Operate-Leasing nur möglich bei Gegenständen, bei denen eine wiederkehrende Nachfrage vorhanden ist.	● **Immobilien-Leasing:** Beim Immobilien-Leasing geht es um die Vermietung von Gebäuden und ganzen Betriebsanlagen.

Direktes Leasing
Indirektes Leasing
Financial Leasing
Operate Leasing
Mobilien-Leasing
Immobilien-Leasing

■ Ausgestaltung des Leasing-Vertrages

● **Vollamortisationsverträge:** Die Leasing-Zahlungen während der unkündbaren Grundmietzeit decken die gesamten Investitionskosten des Leasing-Gebers.

● **Teilamortisationsverträge:** Die Leasing-Zahlungen decken nur einen Teil der Kosten des Leasing-Gebers. Ein Verkauf des gebrauchten Gegenstandes oder eine Weitervermietung durch den Leasing-Geber ist also notwendig.

Vollamortisationsleasing

Teilamortisationsleasing

■ Kosten und steuerliche Aspekte des Leasings

Während der Laufzeit des Leasing-Vertrages kalkuliert der Leasing-Geber alle seine Kosten (Abschreibung, Zins, Risikoprämie) und den Gewinnzuschlag in die Leasing-Raten ein. Vergleicht man nun Leasing mit der Kreditfinanzierung, muss man zwei Aspekte betrachten:

● Geldmittelabfluss

Beim Leasing ist dies die monatliche Leasingrate, bei der Kreditfinanzierung die Summe aus Zins und Tilgung für den Kredit. Allerdings erwirbt man bei der Kreditfinanzierung Eigentum, beim Leasing nur dann, wenn eine Kaufoption mit einer Restzahlung geleistet wird.

● *Steuerliche Aspekte*

Bei der Kreditfinanzierung kann der Kreditnehmer als steuerlichen Aufwand den Zins- und Abschreibungsaufwand ansetzen. Leasing-Verträge werden im Regelfall so gestaltet, dass der Leasing-Geber der Eigentümer des Gegenstandes ist. Folglich kann der Leasing-Nehmer das Leasing-Gut steuerlich nicht abschreiben; nur die Leasing-Raten sind steuerlich absetzbar.

FALLBEISPIEL

Die Weller KG, die einen neuen Firmen-Pkw benötigt, Preis 28 555,00 EUR, wählt zwischen folgenden Finanzierungsalternativen:

a) Finanzierung durch Bankkredit: 13,5 % Zins und jährlich gleich bleibende Tilgung, Laufzeit sechs Jahre. Die betriebsgewöhnliche Nutzungsdauer des Pkw beträgt sechs Jahre.

b) Leasing: Der Leasing-Vertrag wird mit der Leasing-Gesellschaft des Pkw-Herstellers abgeschlossen. Die monatliche Leasingrate beträgt 545,00 EUR. Es wird eine unkündbare Grundmietzeit von 36 Monaten vereinbart.

Fragen:

① Beschreiben Sie die in diesem Text vorliegenden Formen des Leasing anhand folgender Kriterien.
- Stellung des Leasing-Gebers
- Dauer und Kündbarkeit des Leasing-Vertrages
- Art des Leasing-Gegenstandes

② Berechnen Sie den gesamten Zahlungsmittelabfluss in den drei Jahren bei Kreditfinanzierung und bei Leasing.

③ Vergleichen Sie den steuerlichen Aufwand.

Lösung:

① • Nach der Stellung des Leasing-Gebers: Direktes Leasing
- Nach der Dauer und Kündbarkeit des Leasing-Vertrages: Financial-Leasing
- Nach der Art des Leasing-Gegenstandes: Mobilien-Leasing

Kreditfinanzierung					Leasing	
Jahr	Zinsaufwand	Tilgung	Lineare Abschreibung	Steuerlicher Aufwand	Leasing-Rate	Steuerlicher Aufwand
1	3 854,93 EUR	4 759,17 EUR	4 759,17 EUR	8 614,10 EUR	6 540,00 EUR	6 540,00 EUR
2	3 212,44 EUR	4 759,17 EUR	4 759,17 EUR	7 971,61 EUR	6 540,00 EUR	6 540,00 EUR
3	2 900,83 EUR	4 759,17 EUR	4 759,17 EUR	7 660,00 EUR	6 540,00 EUR	6 540,00 EUR
Σ	9 968,20 EUR	14 277,51 EUR	14 277,51 EUR	24 245,71 EUR	19 620,00 EUR	19 620,00 EUR

Rechenweg:

- Kreditfinanzierung: Steuerlicher Aufwand ist die Summe aus Zinsaufwand und Abschreibung.
- Leasing: Nur die Leasing-Rate ist steuerlich ansetzbar.

■ *Vor- und Nachteile des Leasings*

Vorteile	Nachteile
• Finanzierung ausschließlich mit Fremdmitteln; keine langfristige Bindung von Eigenkapital. • Verbesserung der Liquidität. • Stellung von Kreditsicherheiten nicht erforderlich. • Keine Aktivierung der Güter in der Bilanz des Leasingnehmers, sondern Abzugsfähigkeit der Leasingraten als Betriebsausgaben; dadurch Minderung der Gewerbe-, Einkommen- bzw. Körperschaftsteuer (Voraussetzung: entsprechende Vertragsgestaltung, d.h. die Grundmietzeit muss mindestens 40 % und darf höchstens 90 % der betriebsgewöhnlichen Nutzungsdauer des Leasinggutes betragen). • Möglichkeit der Anpassung der Mietzeit an die betrieblichen Bedürfnisse. • Bezahlung der Mieten aus den laufend erwirtschafteten Erträgen des Mietobjekts (Parallellauf von Aufwand und Ertrag). • Verbesserung der Kennzahlen bei einer Bilanzanalyse. • Klare Kostengrundlage für Auftragskalkulationen und Risikoeingrenzung durch Verwertung des Gutes nach Vertragsablauf durch den Leasinggeber. • Möglichkeit der Austauschbarkeit des Leasingobjekts vor Vertragsablauf gegen ein neueres Modell. • Erhöhung der Beweglichkeit des Unternehmens.	• Teurer als Eigen- oder Fremdkapital. • Erfüllung bestimmter Bonitätsbedingungen notwendig, z.B. Kreditwürdigkeit des Leasingnehmers, stabile Bilanzverhältnisse, günstige Wachstums- und Ertragsaussichten des Unternehmens, positive Bank- und Handelsauskünfte. • Bilanzierung des Leasinggutes beim Leasingnehmer, wenn die Grundmietzeit weniger als 40 % oder mehr als 90 % der betriebsgewöhnlichen Nutzungsdauer des Gegenstandes beträgt. • Laufende Mietzahlung unabhängig von der Liquiditäts- und Rentabilitätslage. • Vertragliche Bindung auf mehrere Jahre. • Anfall sonstiger zusätzlicher Kosten, z.B. für Transport, Montage, Personaleinarbeitung oder Instandhaltung.

Leasing, Vor- und Nachteile

2.4 Kreditsicherungsmöglichkeiten

Grundlage jedes Kreditvertrages ist für die Kreditinstitute die **Kreditwürdigkeit** des Kreditnehmers. Unter Kreditwürdigkeit versteht man, dass ein Kreditnehmer seine Kreditverpflichtung vertragsgemäß erfüllen kann.

Kreditwürdigkeit

Dabei unterscheidet man zwischen
• persönlicher Kreditwürdigkeit und
• materieller Kreditwürdigkeit.

Die **persönliche Kreditwürdigkeit** gilt dann als gegeben, wenn der Kreditsuchende aufgrund seiner Zuverlässigkeit, seiner beruflichen Qualifikation bzw. seiner unternehmerischen Fähigkeiten Gewähr für die Rückzahlung der Kreditverbindlichkeiten bietet.

Persönliche Kreditwürdigkeit

Unter **materieller Kreditwürdigkeit** versteht man die wirtschaftliche Lage des Kreditsuchenden. Bei Unternehmungen werden die Ertrags- und Liquiditätslage sowie die Vermögens- und Kapitalstruktur als Maßstab herangezogen; bei Privatleuten die Einkommens- und Vermögensverhältnisse.

Materielle Kreditwürdigkeit

Grundlage für die Beurteilung der materiellen Kreditwürdigkeit sind bei Unternehmen u.a. folgende Hilfsmittel:

- die Prüfung und Auswertung von Jahresabschlüssen;
- externe Auskünfte von Auskunfteien, anderen Kreditinstituten, Kammern, Verbänden oder der Kreditschutz-Vereinigung für gewerbliche Kredite;
- Handelsregister- und Grundbuchauszüge;
- Gesellschafterverträge.

Blankokredite

Werden Kredite ausschließlich aufgrund der Kreditwürdigkeit der Kreditsuchenden gewährt, spricht man von **Blankokrediten**. Der Kreditnehmer haftet dem Kreditinstitut mit seinem ganzen Vermögen; er muss aber keine zusätzlichen Sicherheiten dem Kreditinstitut zur Verfügung stellen. Bei Zahlungsunfähigkeit des Schuldners hat das Kreditinstitut gegenüber dem Gläubiger keinen bevorrechtigten Zugriff auf das Vermögen.

Gesicherte Kredite

Bei **gesicherten Krediten** wird neben der Kreditwürdigkeit von den Kreditinstituten noch die Bereitstellung spezieller Kreditsicherheiten verlangt. Bei Zahlungsunfähigkeit des Schuldners hat das Kreditinstitut einen bevorrechtigten Zugriff auf die Kreditsicherheiten. Daneben bleibt der nicht bevorrechtigte Zugriff auf das restliche Vermögen erhalten.

Nach dem Gegenstand der Kreditsicherheit unterscheidet man in:

Personalkredite

- **Personalkredite** (Bürgschaft, Diskontkredit);

Realkredite

- **Realkredite** (Sicherungsübereignung, Lombardkredit, Grundpfandrechte).

2.4.1 Bürgschaft (Personalkredit)

Bürgschaft

→ BGB § 765

■ *Wesen der Bürgschaft*

Die Bürgschaft ist ein Vertrag, in dem sich der Bürge verpflichtet, dem Gläubiger für die Erfüllung der Verbindlichkeiten des Schuldners einzustehen.

Der Bürgschaftsvertrag

Merkmale

■ *Merkmale der Bürgschaft*

- Der Bürgschaftsvertrag verpflichtet nur den Bürgen (einseitiger Vertrag)

Akzessorietät

- Die Bürgschaft setzt das Bestehen einer Hauptschuld, in der Regel eine Kreditschuld durch den Hauptschuldner, voraus (**Akzessorietät der Bürgschaft**).

Folgen der Akzessorietät:
– Ohne Hauptschuld ist die Bürgschaft wirkungslos.

→ BGB § 767

– Die Höhe der Bürgschaftsverpflichtung ist von der Höhe der Hauptschuld abhängig.

– Der Bürge kann alle Einwendungen aus dem Grundgeschäft geltend machen.

– Die Bürgschaft erlischt automatisch mit der Rückzahlung der Hauptschuld.

→ BGB § 777

● Bezahlt der Bürge die Verbindlichkeiten des Hauptschuldners, geht die Forderung gegen den Hauptschuldner auf ihn über.

→ BGB § 774

● Die Bürgschaftserklärung ist schriftlich abzugeben.

→ BGB § 766

Ausnahme: Ein Kaufmann kann sich auch mündlich verbürgen.

→ HGB § 350

■ *Arten der Bürgschaft*

Ausfallbürgschaft	Selbstschuldnerische Bürgschaft
Bei der Ausfallbürgschaft muss der Gläubiger beweisen, dass er den Hauptschuldner erfolglos in Anspruch genommen hat. Dazu muss er eine erfolglose Zwangsvollstreckung in das Vermögen des Hauptschuldners nachweisen. Der Bürge hat also das Recht, von dem Gläubiger die Vorausklage gegen den Hauptschuldner zu verlangen **(Einrede der Vorausklage)**. Die Ausfallbürgschaft spielt in der Praxis der Kreditinstitute keine Rolle, da der Aufwand bis zu einer erfolglosen Zwangsvollstreckung zu groß ist.	Der Bürge hat nicht das Recht, die Vorausklage gegen den Hauptschuldner zu verlangen. Der Bürge muss sofort bezahlen, wenn der Hauptschuldner die Verbindlichkeit nach der Zahlungsaufforderung nicht bezahlt. In der Praxis der Banken spielt deshalb nur die selbstschuldnerische Bürgschaft eine Rolle.

Ausfall-, selbstschuldnerische Bürgschaft
→ BGB § 773

Einrede der Vorausklage
→ BGB § 771

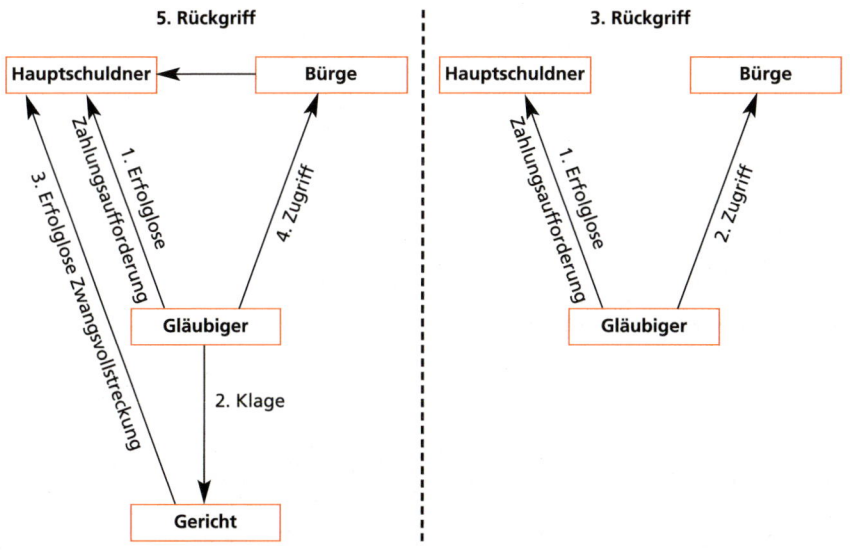

2.4.2   Realkredite an beweglichen Sachen

Realkredite

Bei Realkrediten wird der Kredit nicht aufgrund der persönlichen Kreditwürdigkeit des Schuldners, sondern aufgrund von Gegenständen, wie beispielsweise Fahrzeugen, Maschinen, Wertpapieren usw., die dem Kreditgeber als zusätzliche Sicherheit angeboten werden, gewährt. Sobald es sich um mittel-/langfristige Kredite handelt, stellt der Realkredit den Regelfall in der Praxis der Kreditinstitute dar.

Lombardkredit

■ Der Lombardkredit (Pfandrecht)

● Wesen des Lombardkredits

→ **BGB §§ 1204, 1273**

→ **BGB § 1210**
→ **BGB § 1205**

Das Pfandrecht ist ein dingliches Recht an beweglichen Sachen, das den Gläubiger berechtigt, sich durch Verwertung des verpfändeten Gegenstandes zu befriedigen.

Das Pfandrecht ist ebenfalls akzessorisch, das heißt, es setzt das Bestehen einer Forderung voraus. Nach Abschluss des Pfandvertrages muss der Gegenstand dem Gläubiger übergeben werden; der Gläubiger wird unmittelbarer Besitzer. Eigentümer des verpfändeten Gegenstandes bleibt aber nach wie vor der Schuldner. Da das Pfandrecht voraussetzt, dass der Gläubiger in den Besitz der Sache gelangt, kommen dafür nur solche Vermögensgegenstände infrage, die der Schuldner zur Fortführung seines Betriebes nicht benötigt und die der Gläubiger leicht verwahren kann. Maschinen und Einrichtungsgegenstände kommen deshalb für eine Verpfändung in der Praxis nicht infrage.

**Rechts-
beziehungen**

● Die Rechtsbeziehungen bei der Verpfändung

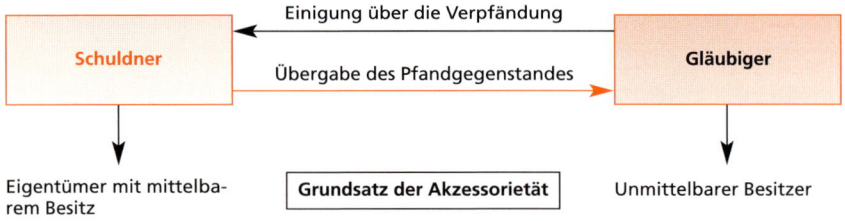

BEISPIELE
Wertpapiere, Münzen, Edelmetalle, Schmuck, Gemälde usw.

Verwertung

● Verwertung des Pfandrechtes

Voraussetzungen:

1. Die Forderung des Gläubigers muss fällig sein (Pfandreife).

2. Die Verwertung des Pfandes muss angedroht werden.

→ **BGB § 1234**

3. Die Verwertung darf erst nach Ablauf einer Wartefrist erfolgen.

→ **BGB § 1293, 1295**

● **Wertpapiere:** Verkauf an der Börse;

● **Waren:** Verkauf zum Marktpreis;

● **Gegenstände ohne Marktpreis:** Öffentliche Versteigerung.

Reicht der Erlös aus dem Pfand zur Befriedigung der Forderung nicht aus, so bleibt die Forderung teilweise bestehen (Einleiten der Zwangsvollstreckung).

Beurteilung

● Beurteilung des Lombardkredites

Vorteile	Nachteile
● Die Kreditdauer lässt sich den jeweiligen Erfordernissen am besten anpassen. ● Im Insolvenzfall besteht ein Aussonderungsrecht.	● Verpfändete Gegenstände können wirtschaftlich nicht mehr genutzt werden. ● Bei Nichterfüllen des Kreditvertrages ist der Wert des Pfandes erheblich höher als der des Kredits.

■ *Sicherungsübereignungskredit*

● **Wesen des Sicherungsübereignungskredits**

Die Sicherungsübereignung ist im Gesetz nicht ausdrücklich geregelt, sondern wird durch die Rechtsprechung als Gewohnheitsrecht anerkannt. Bei der Sicherungsübereignung überträgt der Schuldner Eigentum an beweglichen Gegenständen auf den Gläubiger zur Sicherung einer Forderung. Bei beweglichen Sachen findet eine Eigentumsübertragung durch Einigung und Übergabe der Sache statt. Bei der Sicherungsübereignung erfolgt die Einigung beim Abschluss eines Sicherungsübereignungsvertrages zwischen Gläubiger und Schuldner. Eine Übergabe findet nicht statt. Stattdessen einigt man sich, dass die Sache beim Schuldner bleibt und von diesem benutzt werden darf. Sie ist deshalb die geeignete Sicherungsform für die Fälle, in denen der Schuldner Sicherheiten anbieten möchte, die er zur Fortführung seines Unternehmens benötigt. Rechtlich gesehen ist nach der Sicherungsübereignung der Schuldner unmittelbarer Besitzer, der Gläubiger Eigentümer und mittelbarer Besitzer der Sache.

● **Rechtsbeziehungen bei der Sicherungsübereignung**

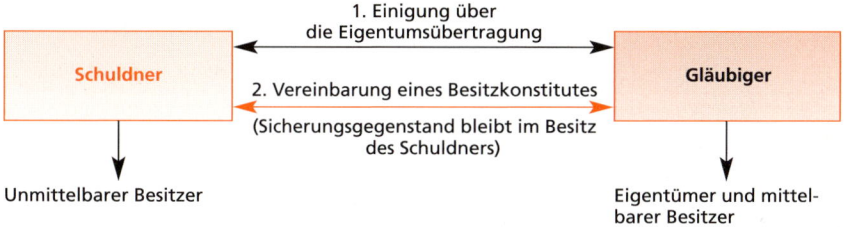

● **Inhalte des Sicherungsübereignungsvertrages**

● Genaue Beschreibung des Sicherungsgegenstandes;
● Zweckbestimmung des Gegenstandes (Sicherungsabrede);
● Pflicht des Schuldners die Sache zu pflegen;
● Pflicht des Schuldners die Sache ausreichend zu versichern;
● Versicherung des Schuldners, dass er über die Sache frei verfügen kann.

BEISPIELE
Maschinen, Fuhrpark, Geschäftsausstattung, Rohstoffe, Waren usw.

● **Verwertung der sicherungsübereigneten Sachen**

Voraussetzungen: Der Gläubiger darf nicht willkürlich von seinem Eigentumsrecht Gebrauch machen, sondern Herausgabe nur dann beanspruchen, wenn der Schuldner seinen Verpflichtungen aus dem Kreditvertrag nicht mehr ordnungsgemäß nachkommt (**Sicherungsabrede**).

Verwertung: Die Verwertung wird, im Unterschied zum Pfandrecht, durch freihändigen Verkauf durchgeführt. Der Gläubiger muss sich aber bemühen, einen möglichst hohen Preis über den Verkauf zu erzielen.

Sicherungsüber-eignungsvertrag

Sicherungs-übereignung ▶	Bezeichnung des Sicherungsgutes (Bei Kfz mit Fabrikmarke (kW/ccm), Erstzulassung, Fahrgestell-Nr., Brief-Nr. und amtl. Kennzeichen
	1 Pkw Ford Focus 1,6 l, 63 KW, WH-KK 27

Standort des Sicherungsgutes	EUR Kaufpreis	EUR Anzahlung
Obere Allee 73, 92339 Wiesenhausen	20 000,00	5 950,00

(Nur in Verbindung mit einer vollständig ausge-füllten Sicherungsübereignung auf der Vorder-seite gültig.)

Bedingungen zur Sicherungsübereignung

1. Darlehensnehmer und Sparkasse sind sich einig, dass das Eigentum an den umseitig näher bezeichneten Sachen einschließlich Bestandteilen und Zubehör (auch soweit diese später ausgetauscht werden) zur Sicherung des Darlehens auf die Sparkasse übergeht.
...

2. Die Übergabe der Sachen wird dadurch ersetzt, dass die Sparkasse dem Dar-lehensnehmer die Sachen teilweise überlässt und ihm die Weiterbenutzung gestattet.
...

8. Handelt es sich bei dem Sicherungsgut um ein Kraftfahrzeug, übergibt der Darlehensnehmer der Sparkasse

8.1 den über das Fahrzeug ausgestellten Brief für die Dauer ihres Eigentums an dem Fahrzeug;

8.2 zum Zwecke der Weiterleitung an die Straßenverkehrsbehörde eine Anzeige über die erfolgte Sicherungsübereignung des Fahrzeuges

9. Sobald die Sparkasse wegen aller ihrer Ansprüche gegen den Darlehensneh-mer befriedigt ist, ist sie verpflichtet, ihre Rechte an dem Sicherungsgut auf den Darlehensnehmer zurückzuübertragen.

Beurteilung

● *Beurteilung der Sicherungsübereignung*

Vorteile (Schuldner)	Nachteile (Schuldner)
● Kann die Sache weiter wirtschaftlich nutzen. ● Übereignung nach außen nicht sichtbar.	● Keine freie Verfügung über die Sache. ● Versicherung gegen alle Gefahren auf seine Kosten.
Vorteile (Gläubiger)	**Nachteile (Gläubiger)**
● Sofort verwertbares Eigentum (kein vollstreckbarer Titel notwendig). ● Im Insolvenzfall: Absonderung	● Schuldner kann die Sache gutgläubig weiterveräußern. ● Sache könnte bereits übereignet sein.

Grundpfand-rechte

2.4.3   Realkredite an unbeweglichen Sachen (Grundpfandrechte)

Grundstücksrecht

■ *Grundstücksrecht*

Das Grundstücksrecht befasst sich mit den Rechtsverhältnissen an Grund und Boden. Darunter versteht man im Wesentlichen den Erwerb, die Veräußerung und die Belastung von Grundstücken.

● *Umfang des Grundstücksbegriffs*

- Das Grundstück (Flurstück) als vermessungstechnisches Teil der Erdoberfläche;
- Wesentliche Bestandteile eines Grundstücks;
  - Sachen, die mit dem Grund fest verbunden sind (Gebäude);
  - Erzeugnisse des Grundstücks (Pflanzen, Kies);
  - Zubehör eines Grundstücks;

BEISPIELE

Maschinen in einer Fabrik; Vieh, Geräte eines Bauernhofes.

● *Das Grundbuch*

Das Grundbuch ist ein beim Amtsgericht geführtes beschränkt öffentliches Register, in dem Rechtsgeschäfte mit Grundstücken eingetragen werden. Das heißt, dass jeder Erwerb, jede Veräußerung und jede Belastung eines Grundstücks im Grundbuch enthalten ist. Jedes im Grundbuch erfasste Grundstück erhält ein Grundbuchblatt. **Grundbuch**

Für Grundbucheintragungen gelten bestimmte Formvorschriften. In der Praxis wird die Bewilligung einer Grundbucheintragung durch eine notarielle Urkunde nachgewiesen.

Inhalt eines Grundbuchblattes: **Grundbuchblatt**

- Aufschrift (Amtsgericht, Grundbuchbezirk)
- Bestandsverzeichnis (Kennzeichnung des Flurstücks und Rechte, die mit dem Grundstück verbunden sind, z.B. ein Wegerecht).
- Abteilungen

Abteilung 1: Eigentümer

 – Eigentumsverhältnisse an Grundstücken

BEISPIELE

Alleineigentum, Gemeinschaftliches Eigentum

– Grundlage des Eigentumerwerbs

BEISPIELE

Auflassung, Erbschein

Abteilung 2: – Lasten und Beschränkungen

BEISPIELE

Wohnungsrecht, Nießbrauch, Vorkaufsrecht, Erbbaurecht, Auflassungsvormerkung

Abteilung 3: Grundpfandrechte

BEISPIELE

Hypothek und Grundschuld

BEISPIEL
Grundbuchauszug

Amtsgericht			Einlegebogen
Grundbuch von Berghausen Band 24 Blatt 987 Dritte Abteilung			1

Lfd. Nr. der Eintragungen	Lfd. Nr. der belasteten Grundstücke im Bestandsverzeichnis	Betrag	Hypotheken, Grundschulden, Rentenschulden
1	2	3	4
1	1	46 800 EUR	Grundschuld zu sechsundvierzigtausend-achthundert Deutsche Mark; ohne Brief; für BAYERISCHE LANDESBAUSPARKASSE AN-STALT DER BAYERISCHEN LANDESBANK GIRO-ZENTRALE, München; bis 10% Zinsen; vollstreckbar nach § 800 ZPO; gem. Bew. vom 14. Februar 20..; Rang vor Abt. II/1, 2, 3; Gleichrang mit Abt. III/2;
2	1	17 700 EUR	Grundschuld zu siebzehntausendsieben-hundert Deutsche Mark; für BAUSPARKAS-SE SCHWÄBISCH HALL AG, Schwäbisch Hall; 10% Zinsen; gem. Bew. vom 23. Februar 20..; Rang vor Abt. II/1,2,3; Gleichrang mit Abt. III/1; Nr. 1, 2 je eingetragen am 7. April 20..

■ *Grundpfandrechte*

Grundpfandrechte sind Belastungen von Grundstücken, die in Abteilung 3 des Grundbuches eingetragen sind. An den Gläubiger des Grundpfandrechtes ist eine bestimmte Geldsumme aus dem Grundstück zu zahlen. Zu diesem Zweck muss der Grundstückseigentümer auch eine Zwangsvollstreckung in sein Grundstück akzeptieren (Dingliches Verwertungsrecht).

Dingliches Verwertungsrecht

Dieses dingliche Recht wirkt gegen jedermann. Verkauft der Grundstückseigentümer zum Beispiel das mit einem Grundpfandrecht belastete Grundstück, so bleibt das Grundpfandrecht erhalten.

● *Grundschuld*

● **Wesen der Grundschuld:** Die Grundschuld ist eine Belastung eines Grundstücks, bei der an den Grundstücksgläubiger eine bestimmte Geldsumme aus dem Grundstück zu zahlen ist. Die Grundschuld ist nicht akzessorisch, das heißt, sie ist nicht vom Bestand einer Forderung abhängig.

→ **BGB §1191**

Grundschuld

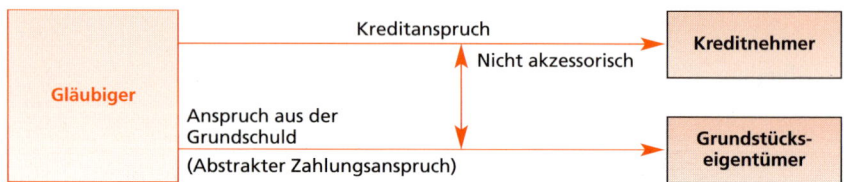

● **Entstehung der Grundschuld:**

→ BGB § 873

　－ Eintragung über die Belastung des Grundstücks.

　－ Eintragung im Grundbuch

● **Haftung des Grundstückeigentümers:** Nur dingliche Haftung mit dem Grundstück. Es gibt laut Gesetz keine persönliche Haftung des Grundstückeigentümers.

● *Arten der Grundschuld*

Grundschuld-
brief

Gruppe 02　　　　　　　　　　　　　　　　　№ 0051861

Deutscher
Grundschuldbrief

über

70 000 Euro

eingetragen im Grundbuch von Berghausen (Amtsgericht Berghausen)
Band 24 Blatt 987 Abteilung III Nr. 2 (zwei).

Inhalt der Eintragung:

Nr. 2: Grundschuld zu siebzigtausend Euro;
　　　für BAUSPARKASSE SCHWÄBISCH HALL, Schwäbisch Hall; 10 % Zinsen;
　　　gem. Bew. vom 13. Februar ..; Rang vor Abt. II/1, 2, 3,
　　　Gleichrang mit Abt. III/1; eingetragen am 7. April ..

Belastetes Grundstück:

Das im Bestandsverzeichnis unter Nr. 1 verzeichnete Grundstück.

Berghausen, 7. April ..　　　　　　　Das Amtsgericht:

(Wall)　　　　(Wegehaupt)
Rechtspflegerin

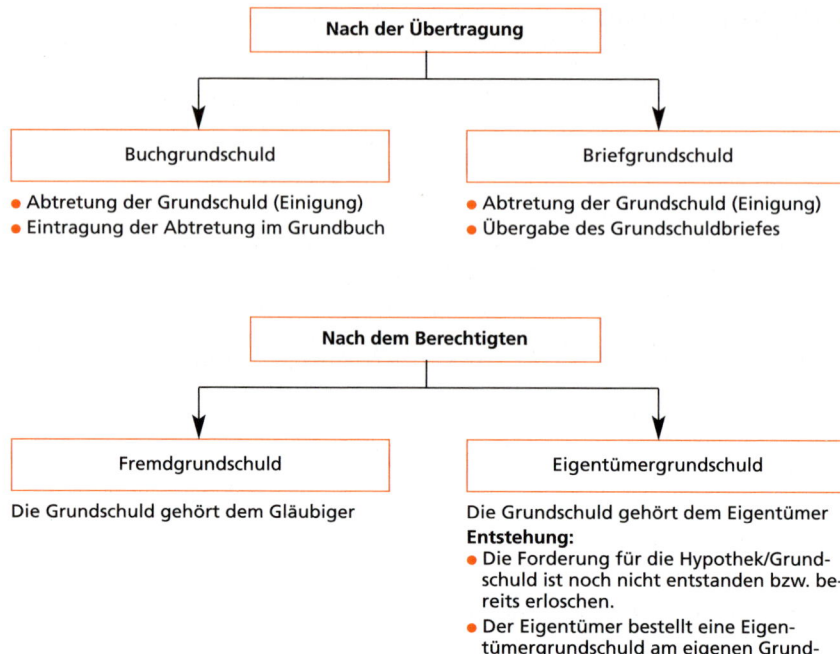

→ BGB
§§ 1192,
1154, 873

● *Hypothek*

Hypothek

- **Wesen der Hypothek:** Die Hypothek ist eine Belastung eines Grundstücks, bei der der Hypothekengläubiger die Geldsumme aus dem Grundstück nur in Verbindung mit einer Forderung verlangen kann. Die Hypothek ist somit akzessorisch, das heißt vom Bestand einer Forderung abhängig.

→ BGB §1133

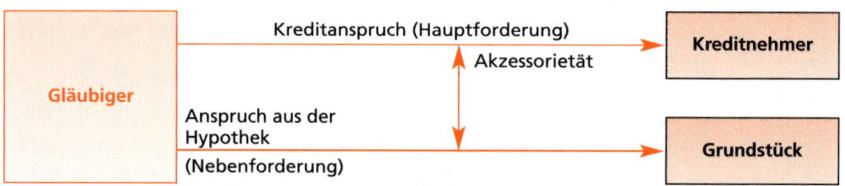

→ BGB §873

- **Entstehung der Hypothek:**
  - Einigung über die Belastung des Grundstücks.
  - Eintragung im Grundbuch.

- **Erwerb durch den Hypothekengläubiger:**
  - Mit dem Bestehen einer Forderung gegen den Kreditnehmer.
  - Übergabe des Hypothekenbriefes (Briefhypothek).

Briefhypothek

- **Haftung des Hypothekenschuldners:**
  - Dingliche Haftung mit dem Grundstück. Dabei unterwirft sich der Hypothekenschuldner einer Zwangsvollstreckung in das Grundstück.
  - Persönliche Haftung mit seinem ganzen Vermögen.

- **Die Rangordnung der Grundpfandrechte:** Sind in der Abteilung 3 des Grundbuches mehrere Grundpfandrechte eingetragen, so gilt eine Rangordnung in der Reihenfolge der Eintragung. Bei einer eventuellen Zwangsversteigerung muss das Recht im höheren Rang vor dem Recht im niederen Rang voll befriedigt werden.

→ BGB § 879

BEISPIEL

Eintragung in Abteilung 3:

1. Grundschuld	100 000,00 EUR vom 14. März 20…
2. Grundschuld	100 000,00 EUR vom 17. Juni 20…
3. Hypothek	50 000,00 EUR vom 18. Oktober 20…

Die Zwangsversteigerung des Grundstücks bringt einen Erlös von 180 000,00 EUR. Die eingetragenen Grundpfandrechte werden folgendermaßen befriedigt:

1. Rang: Grundschuld	100 000,00 EUR
2. Rang: Grundschuld	80 000,00 EUR
3. Rang: Hypothek	

- **Beurteilung der Grundpfandrechte als Kreditsicherungsmittel:** In der Praxis werden zur Kreditsicherung fast nur Grundschulden eingesetzt. Dies hat folgende Ursachen:

  – Gegen die Grundschuld sind Einwendungen aus dem Grundgeschäft nicht möglich.

  – Eine Änderung der Kredithöhe berührt den Bestand der Grundschuld nicht. Eine Grundschuld kann deshalb auch zur Sicherung von Krediten mit schwankender Forderungshöhe verwendet werden.

  – Mit der Grundschuld können mehrere, auch zukünftige Kredite, abgesichert werden.

  – Die Eintragung einer Eigentümergrundschuld ist möglich.

  – Bei Kreditbedarf kann eine bestehende Grundschuld einfach abgetreten werden.

2.5 Beurteilung der Finanzierungsalternativen

Bei der Vielzahl der Finanzierungsalternativen ist es wichtig, dass das Unternehmen für seine spezifischen Finanzierungsbedürfnisse die richtige Entscheidung bezüglich der Art der Finanzierung trifft. Hierfür sind aus der Sicht der Unternehmung bestimmte Kriterien als Grundlage der Beurteilung festzulegen. Beurteilungskriterien sind u. a.

Beurteilung der Finanzierungs-alternativen

- die Kosten der Finanzierung
- steuerliche Aspekte
- Fristigkeit von Kapital und Vermögen (Finanzierungsgrundsätze)
- die Flexibilität der Finanzierung
- die Abhängigkeit vom Kapitalgeber
- Art, Umfang und Kosten der Besicherung.

2.5.1 Kosten der Finanzierung

Kosten der Finanzierung

Die Beschaffung von Kapital verursacht sowohl bei der Beschaffung von Eigen- als auch bei der Beschaffung von Fremdkapital Kosten. Art und Umfang der Kosten sind bei diesen beiden Finanzierungsformen allerdings völlig unterschiedlich.

Kosten der Eigenfinanzierung

■ *Kosten der Eigenfinanzierung*

Bei der Kapitalerhöhung bei einer AG fallen folgende Eigenfinanzierungskosten an:

Einmalige Kosten

Einmalige Kosten fallen bei der Eigenfinanzierung der AG im Rahmen einer Kapitalerhöhung an. Dies sind u.a. folgende Kosten:

– Provision für die Dienstleistungen der an der Kapitalerhöhung beteiligten Banken (z. B. für die Börseneinführung, Platzierung an Privatanleger und institutionelle Anleger).

– Notariats- und Gerichtskosten (z. B. für den Hauptversammlungsbeschluss, die Eintragung ins Handelsregister)

– Druck- und Insertionskosten (z. B. für den Druck des Börseneinführungsprospekts, die Bezugsaufforderung an die Altaktionäre, den Druck der Aktien und Dividendenscheine)

– Kosten der Hauptversammlung, Zulassung an der Börse, Presseerklärungen

Die Höhe dieser einmaligen Kosten beträgt ca. 5-9 % der Kapitalerhöhung.

Fortlaufende Kosten

Als **fortlaufende Kosten**, die bei der Eigenfinanzierung der AG anfallen, sind folgende Kosten zu beachten:

Laut Aktiengesetz haben die Aktionäre grundsätzlich einen Anspruch auf einen Teil des Jahresüberschusses in Form einer Dividende (§ 58,4 AktG). Dieser Dividendenanspruch besteht aber nur dann, wenn ein Jahresüberschuss erwirtschaftet wurde. Gibt es keinen Jahresüberschuss, besteht auch kein Dividendenanspruch der Aktionäre. Die Höhe der Dividende ist somit nicht gesetzlich geregelt, sondern wird in der Höhe durch die Hauptversammlung der wirtschaftlichen Lage der Unternehmung angepasst, ganz im Unterschied zur Fremdfinanzierung, bei der über die ganze Laufzeit der Finanzierung ein Zinsanspruch besteht.

Die Kosten der Eigenfinanzierung sind stark rechtsformabhängig. Bei den laufenden Kosten sind die Eigenkapitalverzinsung und die steuerlichen Aspekte bei Personengesellschaften anders geregelt als bei Kapitalgesellschaften. Auch bei den einmaligen Kosten fallen bei einer Personengesellschaft im Prinzip nur die Notariats- und Gerichtskosten für die Eintragungen im Handelsregister an.

Kosten der Fremdfinanzierung

■ *Kosten der Fremdfinanzierung*

Bei einer Kreditfinanzierung fallen rechtsformunabhängig folgende Kosten an:

Einmalige Kosten

Einmalige Kosten fallen beim Kontokorrentkredit in der Regel keine an; beim Darlehen kann ein Abschlag vom Nennwert des Darlehens (Damnum oder Disagio) bei der Auszahlung vereinbart werden, der als Kostenfaktor auf die Laufzeit des Darlehens verrechnet und in die Effektivverzinsung des Darlehens eingerechnet werden muss.

Laufende Kosten

Laufende Kosten beim Kontokorrentkredit sind

– die Sollzinsen,

– die Überziehungsprovision,

– die Kontoführungsgebühren (pauschale Gebühr als Grundpreis oder einzelne Buchungsgebühren und Kontoauszugsgebühren),

– die Portoauslagen.

Beim Darlehen fallen an laufenden Kosten nur die vereinbarten Zinsen an.

2.5.2 Steuerliche Aspekte

Unter steuerlichen Aspekten (Körperschaftssteuer) fallen im Rahmen der **Eigenfinanzierung** bei der AG unterschiedliche steuerliche Belastungen an:

- Je nachdem, ob die AG den entstandenen Jahresüberschuss an die Aktionäre ausschüttet oder ob sie ihn im Unternehmen einbehält und in die Rücklagen einstellt („thesauriert"). Bei der Ausschüttung an die Aktionäre werden die ausgeschütteten Gewinne bei der AG mit 25 % Körperschaftssteuersatz belastet. Wird der Jahresüberschuss im Unternehmen einbehalten, beträgt die Steuerbelastung des Unternehmens ebenfalls 25 %.
- Dividendenzahlungen sind im Übrigen kein steuerlicher Aufwand und wirken deshalb nicht gewinn- und steuermindernd.

Bei der **Fremdfinanzierung** sind die Zinszahlungen an die Gläubiger, die das Unternehmen an die Gläubiger leistet, Aufwendungen, die den steuerpflichtigen Gewinn mindern. Je höher der Zinsaufwand, desto niedriger sind folglich die gewinnabhängigen Steuern. Dieser steuerliche Aspekt der Fremdkapitalzinsen macht die Fremdfinanzierung bei einer entsprechenden Gewinnsituation beim Unternehmen zu einer interessanten Alternative zur Eigenfinanzierung. Die Gewinnabhängigen Steuern können durch die Alternatie Fremdfinanzierung reduziert werden.

FALLBEISPIEL

Vergleich der Eigen- und Fremdfinanzierung einer Investition am Beispiel einer Aktiengesellschaft.

Situation: Ein Pkw-Hersteller in der Rechtsform einer AG möchte die Kapitalmehrheit an einem Zulieferbetrieb übernehmen. Die Finanzierungsaufwendungen dafür belaufen sich auf 100 Mio. EUR. Im Vorstand der AG überlegt man sich, ob diese Mittel durch eine Kapitalerhöhung oder durch die Aufnahme von Fremdkapital (Industrieanleihe) aufgebracht werden sollen. Die Emissionskosten, die sowohl bei der Ausgabe neuer Aktien als auch bei der Ausgabe der Industrieanleihe entstehen, werden aus Vereinfachungsgründen gleich hoch angesetzt. Bei der Anleihe wird ein Marktzins von 7% angesetzt; bei der Dividende eine Verzinsung von 2%.

	Eigenfinanzierung (Ausgabe von Aktien)	Fremdfinanzierung (Industrieanleihe)
Betrag	100 000 000,00	100 000 000,00
Verzinsung		
Dividende 2 %	2 000 000,00	
Anleihezins 7 %		7 000 000,00
Steuerlicher Aufwand	–	7 000 000,00
Steuerersparnis		
Dividende	–	
Fremdkapitalzins (25 % Körperschaftsteuerbelastung)		1 750 000,00
Emissionskosten	200 000,00	200 000,00
Tatsächliche Belastung		
Eigenfinanzierung	2 200 000,00	
Fremdfinanzierung		5 050 000,00

Bei der Emission von Aktien wird i.d.R. der Ausgabebetrag weit über dem Nennwert der Aktien angesetzt. Die Differenz zwischen Nennwert und Ausgabekurs (Agio) ist nicht dividendenpflichtig, so dass die durchschnittliche Verzinsung der deutschen Aktien nur bei etwa 2 % liegt.

In diesem Beispiel ist die Eigenfinanzierung, trotz steuerlicher Vorteile der Fremdfinanzierung, günstiger.

2.5.3 Fristigkeit von Kapital und Vermögen (Finanzierungsgrundsätze)

Grundstücke sind auf unabsehbare Zeit an die Unternehmung gebunden. Werkshallen, Einrichtungen, Maschinen usw. werden im Laufe der Zeit durch die in den Verkaufserlösen enthaltenen kalkulierten Abschreibungen (Desinvestitionen) nach und nach wieder zu Geld. Diese flüssigen Mittel sollten aber für Ersatzbeschaffungen verwendet werden, da die Anlagegüter im Laufe der Jahre abgenutzt und unmodern werden und deshalb durch neue Güter ersetzt werden müssen.

Das **Anlagevermögen** sollte daher möglichst durch Kapital finanziert werden, das der Unternehmung unbefristet überlassen wird, also durch **Eigenkapital (Goldene Bilanzregel** im engeren Sinn) oder langfristig zur Verfügung stehendes **Fremdkapital (= Goldene Bilanzregel** im weiteren Sinne).

Bei Rohstoffen, unfertigen und fertigen Erzeugnissen, Forderungen usw., also bei den Gütern des **Umlaufvermögens,** ist es dagegen wahrscheinlich, dass sie im Verlaufe eines Jahres zu Geld werden. Sie sind die Gewinnträger des Unternehmens. Hierfür kann kurzfristiges **Fremdkapital** aufgenommen werden, das aus den eingehenden Verkaufserlösen zurückgezahlt werden kann. Normalerweise müssen aber zur Fortführung des Betriebes die aus dem Verkauf hereinkommenden flüssigen Mittel für neue Rohstoffbeschaffungen, Lohn- und Gehaltszahlungen usw. verwendet werden. Deshalb sollte auch ein erheblicher Teil des Umlaufvermögens **lang-** oder **mittelfristig** und nur der Rest **kurzfristig** fremdfinanziert sein. Neben dem Anlagevermögen sollten mindestens die dauernd gebundenen Teile des Umlaufvermögens, z.B. der eiserne Bestand, mit langfristigem Kapital finanziert werden (**Goldene Bilanzregel** im weitesten Sinn).

Diese Finanzierungsgrundsätze, die nur eine grobe Faustregel darstellen, sollten nicht nur bei einzelnen Anschaffungen, sondern auch für den Betrieb als Ganzes beachtet werden. Bei sehr anlageintensiven Betrieben, z.B. Kfz-Herstellern, wird in der Regel auch ein Teil des Anlagevermögens durch langfristiges Fremdkapital finanziert sein, während es bei Unternehmungen mit niedrigem Anlagevermögen, z.B. bei bestimmten Handelsbetrieben, zweckmäßig ist, auch einen Teil des Umlaufvermögens mit Eigenkapital zu finanzieren, weil im Interesse der Sicherheit und der Unabhängigkeit der Unternehmung ein Mindestmaß an Eigenkapital vorhanden sein muss.

Die **Goldene Finanzierungsregel** (= Fristenentsprechung) besagt, dass die jederzeitige Zahlungsfähigkeit des Betriebes sichergestellt sein muss und verlangt deshalb das Übereinstimmen der Fristigkeit der finanziellen Mittel mit der Fristigkeit ihrer Verwendung. Die Goldene Bilanzregel geht weiter und fordert zusätzlich noch eine bestimmte Art der Finanzierung, z.B. Anlagevermögen mit Eigenkapital.

2.5.4 Flexibilität der Finanzierung

Unter Flexibilität bei der Finanzierung versteht man die Möglichkeit, im Rahmen einer beschlossenen Finanzierungsmaßnahme Kapitalvolumen und/oder Zinszahlungen bzw. Dividendenzahlungen an geänderte Bedingungen anzupassen.

Bei der **Eigenfinanzierung** besteht diese Möglichkeit der Flexibilisierung im Prinzip nur durch die Möglichkeit einer variablen Dividendenzahlung. Da die Dividendenzahlung keine gesetzliche Verpflichtung ist, kann die Höhe der Dividende der Gewinnsituation angepasst werden.

Bei der **Fremdfinanzierung** besteht die Möglichkeit einer variablen Verzinsung auch und vor allem bei längerfristigen Fremdfinanzierungsmöglichkeiten wie dem Darlehen oder bei Anleihen. Die Flexibilität bei der Kapitalhöhe ist in hervorragender Weise beim Kontokorrentkredit gegeben. Nur der tatsächlich in Anspruch genommene Kontokorrentkredit wird abgerechnet, unabhängig davon, wie viel Kreditspielraum eingeräumt wurde.

2.5.5 Abhängigkeit vom Kapitalgeber

Abhängigkeit vom Kapitalgeber
Eigen-
finanzierung

Sämtliche Formen der **Eigenfinanzierung** sind an Mitspracherechte der Kapitalgeber gekoppelt. Mitspracherechte sind der notwendige Ausgleich dafür, dass die Eigentümer Risiken übernehmen müssen. Diese Haftungspflicht gilt uneingeschränkt für die Vollhafter bei Personengesellschaften und eingeschränkt (Risikohaftung) für die Eigentümer bei Kapitalgesellschaften. Entsprechend der Haftungsübernahme sind auch unterschiedliche Einflussmöglichkeiten der Kapitalgeber zu beachten. Während bei Personengesellschaften keine Trennung zwischen Kapitalgeber und Geschäftsführung vorgenommen wird, wird bei Kapitalgesellschaften zwischen Kapitalgeber und Geschäftsführung strikt getrennt. Insofern können beispielsweise die Aktionäre im Rahmen der Hauptversammlung nicht über das Alltagsgeschäft bestimmen. Dies ist Aufgabe des gewählten Vorstands.

Eine weitere, rein finanzielle Form der Abhängigkeit bei der Eigenfinanzierung ist dann gegeben, wenn beispielsweise eine AG einen Großaktionär hat, der bei der Hauptversammlung entweder mangels Bereitschaft oder mangels eigenem Kapital jede Kapitalerhöhung ablehnen kann und damit jede größere Finanzierungsmaßnahme verhindern kann.

Fremd-
finanzierung

Bei der **Fremdfinanzierung** muss die Frage der Abhängigkeiten vom Kapitalgeber differenziert gesehen werden. Normalerweise hat der Fremdkapitalgeber keinen Einfluss auf die Geschäftsführung. Ist der Kreditbedarf eines Unternehmens aber sehr groß (hoher Fremdkapitalanteil), werden die Einflüsse der Fremdkapitalgeber auf die Geschäftsleitung u. U. sehr groß.

2.5.6 Art, Umfang und Kosten der Besicherung

Besicherung

Als letztes Kriterium bei der Beurteilung, welche Finanzierungsalternative für das Unternehmen für das spezielle Finanzierungsvorhaben die günstigste darstellt, ist die Frage der geforderten Besicherung zu klären. Neben der Art der Besicherung (Bürgschaft, Grundschuld, etc.), die verlangt wird und den daraus entstehenden Kosten ist vor allem der Umfang der Besicherung zu beachten.

Wird beispielsweise für einen Kredit in Höhe von 1 Mio. EUR eine Grundschuld im Umfang von 2 Mio. EUR auf betriebliche Grundstücke und Gebäude aufgenommen, muss im Falle der Nichtzurückzahlung des Kredits mit einer Zwangsversteigerung gerechnet werden. Da im Rahmen einer Zwangsversteigerung keine realen Werte bezahlt werden, geht durch die Zwangsversteigerung ein weitaus höherer Wert im Vergleich zur in Anspruch genommenen Kreditsumme verloren.

3 Finanzierungscontrolling

Finanzierungs-
controlling

Ein ganz wichtiges Glied in der Kette des Finanzierungsprozesses ist das Finanzierungscontrolling, d. h., dass bei jeder Finanzierungsmaßnahme während der Finanzierungsphase und zum Abschluss der Maßnahme ein Soll-Ist-Vergleich durchgeführt wird, ob die Finanzierungsziele erreicht wurden. Nach Feststellung der Ergebnisse fließen diese als Informationsgrundlage in die nächsten Finanzierungsmaßnahmen ein. Davon werden dann sowohl die Investitionsprojekte, das Investitionsvolumen und vor allem die Finanzierungsalternativen beeinflusst.

Die **Informationsquellen**, aus denen das Finanzierungscontrolling seine Daten erhält, sind im Wesentlichen:

– die Buchhaltung,

– die Kostenrechnung

– der Finanzplan sowie

– wirtschaftliche Rahmenbedingungen, wie beispielsweise die konjunkturelle Lage, die Zins- und Währungsentwicklung etc.

Ziele des Finanzcontrollings sind:

– die Überprüfung des finanziellen Gleichgewichts im Unternehmen (Liquiditätscontrolling),

– die Kostenkontrolle (bezüglich der Finanzierungsalternativen, Investitionsrechnungen, etc.),

– die Überprüfung der Rentabilität, insbesondere des eingesetzten Kapitals und

– die Kontrolle, inwieweit mit den eingeleiteten Finanzierungsmaßnahmen die Einhaltung der Finanzierungsgrundsätze möglich ist.

3.1 Liquiditätskennzahlen

Liquiditäts-
kennziffern

Jede Beschaffung von Fremdkapital ist auf die Dauer nur sinnvoll, wenn das Unternehmen die zusätzlichen Belastungen tragen kann, ohne dass die Zahlungsfähigkeit davon beeinträchtigt wird. Tragbar sind die Belastungen, wenn alle Geldausgaben des Unternehmens in voller Höhe und zu den vereinbarten Terminen geleistet werden können.

Liquidität

Die Fähigkeit des Unternehmens, seinen fälligen Verpflichtungen fristgerecht nachzukommen, bezeichnet man als **Liquidität.**

Um die Liquidität zu erhalten und einen reibungslosen finanziellen betrieblichen Ablauf zu sichern, andererseits aber die Kapitalkosten (Zinsen) möglichst niedrig zu halten, muss der Betrieb seine Einnahmen und Ausgaben so steuern, dass sie übereinstimmen. Sein finanzielles Gleichgewicht muss gewahrt bleiben.

Im finanziellen Gleichgewicht hat der Betrieb zugleich seine optimale Liquidität erreicht.

Überliquidität
Unterliquidität
Illiquidität

Sind die Finanzmittelbestände (Kasse, Postgiro- und Bankguthaben) zu hoch, so liegt **Überliquidität** (Gewinnbeeinträchtigung) vor, sind sie zu niedrig (bei Zahlungsverzögerungen), so besteht **Unterliquidität** (Beeinträchtigung der Betriebstätigkeit). Diese führt, falls sie anhält, zur **Illiquidität** (Zahlungsunfähigkeit) und kann die Auflösung des Betriebes nach sich ziehen.

Werden Anlagegüter in erheblichem Umfang mit kurzfristigem Fremdkapital finanziert, besteht die Gefahr der Zahlungsunfähigkeit (Illiquidität), z.B. bei plötzlicher Kündigung der Kredite aufgrund einer Verschlechterung der allgemeinen Wirtschaftslage oder eines rückläufigen Geschäftsganges des Betriebs. Eine anderweitige Kreditaufnahme ist gerade in dieser Situation meist nicht möglich. Deshalb sollte rechtzeitig eine Konsolidierung, d.h. die Umwandlung kurzfristiger Schulden in langfristiges Fremdkapital oder Rückzahlung der kurzfristigen Kredite mittels Eigen- oder Selbstfinanzierung, erfolgen.

Zahlungs-
unfähigkeit

Einblick in die **Liquiditätsverhältnisse des Betriebes, also die Zahlungsfähigkeit,** gewinnt man durch Gegenüberstellung der verfügbaren Zahlungsmittel und der Zahlungsverpflichtungen.

Im engsten Sinne werden die Barbestände des Unternehmens – Kassenbestand, Postgiroguthaben, Giroeinlagen bei Geldinstituten, Schecks und diskontfähige Kundenwechsel (= Kassenliquidität) – den kurzfristigen Verbindlichkeiten gegenübergestellt (= **Liquiditätsgrad I**). Die Liquidität I gilt dann als positiv, wenn die Barbestände mindestens 20 % ($^1/_5$) der kurzfristigen Verbindlichkeiten ausmachen.

Im weiteren Sinne sollten die flüssigen Mittel einschließlich der kurzfristigen Forderungen (Warenlieferungen und Leistungen, nicht diskontfähige Wechsel, Aktien, Obligationen) zu den kurzfristigen Verbindlichkeiten mindestens im Verhältnis 1 : 1 stehen (= Liquiditätsgrad II).

Im weitesten Sinne gilt für das angestrebte Deckungsverhältnis die 2 : 1 Regel, d. h., das gesamte Umlaufvermögen sollte zu den kurzfristigen Verbindlichkeiten mindestens das Verhältnis 2 : 1 aufweisen. Damit ist sichergestellt, dass das Unternehmen seinen Verbindlichkeiten fristgemäß nachkommen kann.

BEISPIEL

Flüssige Mittel (Kassenbestand, Bank-, Postbankguthaben, diskontfähige Besitzwechsel) = 50 000 EUR	Kurzfristige Forderungen (z.B. Forderungen aus Lieferungen und Leistungen, nicht diskontfähige Besitzwechsel) = 100 000 EUR

Liquide Mittel 1. Ordnung = 50 000 EUR

Liquide Mittel 2. Ordnung = 50 000 EUR + 100 000 EUR = 150 000 EUR

Liquide Mittel 3. Ordnung = 50 000 EUR + 100 000 EUR + 120 000 EUR = 270 000 EUR

Kurzfristige Verbindlichkeiten: 140 000 EUR

Liquidität I $= \dfrac{50\,000}{140\,000} = 0{,}36$ **Liquidität II** $= \dfrac{150\,000}{140\,000} = 1{,}07$ **Liquidität III** $= \dfrac{270\,000}{140\,000} = 1{,}93$

3.2 Rentabilitätskennzahlen

Eine Unternehmung arbeitet „rentabel", wenn sich der Einsatz von Arbeit und Kapital „gelohnt" hat, d. h. ein möglichst hoher Jahresüberschuss erzielt worden ist. Die Rentabilität wird daher berechnet, indem man den Betriebserfolg (Jahresüberschuss oder Jahresfehlbetrag) mit einer Bezugsgröße, z. B. dem eingesetzten Kapital vergleicht:

Kapital   = 100 %

Jahresüberschuss = x % = Prozentsatz der Rentabilität.

MERKE

oder $\text{Rentabiliät} = \dfrac{\text{Jahresüberschuss} \cdot 100}{\text{Kapital}}$

■ Die Kapitalrentabilität

Je nachdem, ob man nur vom *Eigenkapital* ausgeht oder das *Fremdkapital* dazunimmt, wird unterschieden:

Rentabilität des Eigenkapitals

MERKE

$$\text{Rentabilität des Eigenkapitals (Unternehmerrentabilität)} = \frac{\text{Jahresüberschuss} \cdot 100}{\text{Eigenkapital}}$$

Rentabilität des Gesamtkapitals

$$\text{Rentabilität des Gesamtkapitals (Unternehmungsrentabilität)} = \frac{(\text{Jahresüberschuss} + \text{Fremdkapitalzinsen}) \cdot 100\,\%}{\text{Gesamtkapital}}$$

Übersteigt die Gesamtrentabilität den Zinssatz des Fremdkapitals, so ist die Rentabilität des Eigenkapitals größer als die des Gesamtkapitals. Es kann zur Aufnahme von Fremdkapital geraten werden.

Umgekehrt ist es, wenn die Rentabilität des Eigenkapitals diejenige des Fremdkapitals unterschreitet. Hohe Inanspruchnahme von Fremdkapital ist jetzt mit Risiken verbunden.

Umsatz-rentabilität

■ Die Umsatzrentabilität (Gewinnquote)

Wird der Jahresüberschuss auf den **Jahresumsatz** (Verkauf von eigenen Erzeugnissen) zu Netto-Verkaufspreisen (ohne Umsatzsteuer) bezogen, ergibt sich die Rentabilität des Umsatzes. Sie wird auch als **Gewinnquote** bezeichnet und zeigt, wie viel Cent Gewinn mit jedem EUR Umsatz erzielt wird.

Umsatz $\qquad = 100\,\%$

Jahresüberschuss $= x\,\% = $ Prozentsatz der Umsatzrentabilität

MERKE

Gewinnquote

oder $\qquad$ $$\text{Umsatzrentabilität (Gewinnquote)} = \frac{\text{Jahresüberschuss} \cdot 100\,\%}{\text{Umsatzerlöse}}$$

Häufig ist der *Bruttoumsatz* von der in ihm enthaltenen Umsatzsteuer zu bereinigen, um den für die Rentabilitätsrechnung erforderlichen *Nettoumsatz* zu erhalten. Hierbei muss die Auf-Hundert-Rechnung angewendet werden (Bruttoumsatz = 116%; Nettoumsatz = 100%).

Kosten-rentabilität

■ Die Kostenrentabilität

Sie gibt an, wie viel Cent je EUR aufgewendeter Kosten entstehen, also z.B.:

Gesamtkosten $\qquad = 100\,\%$

Jahresüberschuss $= x\,\% = $ Prozentsatz der Kostenrentabilität

MERKE

oder $\qquad$ $$\text{Kostenrentabiliät} = \frac{\text{Jahresüberschuss} \cdot 100\,\%}{\text{Gesamtkosten}}$$

RECHENBEISPIEL:

Aufgabe:

Aktiva   Bilanz zu Beginn des Geschäftsjahres einer Einzelunternehmung   Passiva

A. Anlagevermögen		A. Eigenkapital	
I. Sachanlagen		I. Gezeichnetes Kapital	200.000,00
1. Grundstücke u. Banken	200.000,00	II. Rücklagen	106.000,00
2. Technische Anlagen		III. Jahrsüberschuss	54.000,00
und Maschinen	60.000,00	B. Umlaufvermögen	
II. Finanzanlagen	20.000,00	1. gegenüber Kreditinstituten	80.000,00
B. Verbindlichkeiten		2. Verbindlichkeiten o. L.	40.000,00
I. Vorräte			
1. Roh-, Hilfs- und			
Betriebsstoffe	70.000,00		
2. Unfertige Erzeugnisse	40.000,00		
3. Fertige Erzeugnisse	30.000,00		
II. Forderungen und sonstige			
Vermögengegenstände	40.000,00		
III. Flüssige Mittel	20.000,00		
	480.000,00		**480.000,00**

Lösung:

Rentabilität des Eigenkapitals (Unternehmerrentabilität):

$$R^{EK} = \frac{54\,000 \cdot 100\,\%}{360\,000} = 15\,\%$$

Rentabilität des Gesamtkapitals (Unternehmungsrentabilität):

$$R^{GK} = \frac{(54\,000 + 6\,000) \cdot 100\,\%}{480\,000} = 12,5\,\%$$

Rentabilität des Umsatzes:

$$R^{U} = \frac{54\,000 \cdot 100\,\%}{3\,600\,000} = 1,5\,\%$$

Rentabilität der Kosten:

$$R^{K} = \frac{54\,000 \cdot 100\,\%}{3\,546\,000} = 1,522\,\%$$

■ *Cashflow*

Eine der wichtigsten Größen, die den Finanzmittelüberschuss der Periode anzeigt, ist der **Cashflow.** Der Cashflow (in der wörtlichen Übersetzung: Kassenfluss) wird im Allgemeinen als **Kapitalzufluss aus Umsatz** umschrieben. Er zeigt den **Finanzmittelüberschuss,** der der Unternehmung aus den Umsatzerlösen nach dem Abzug aller Ausgaben, z. B. für Roh-, Hilfs- und Betriebsstoffe, Löhne und Gehälter, Zinsen und Abgaben u. a., für Investitionsausgaben, Tilgungszahlungen und Gewinnausschüttungen zur Verfügung steht. Er spiegelt die Innenfinanzierungskraft des Unternehmens wider und wird auch zur Analyse und Voraussage der Ertragskraft der Unternehmung herangezogen.

Cashflow

Kapitalzufluss aus
Umsatz

Die heute am häufigsten verwendete Berechnungsform lautet:

Cashflow-Ermittlung	Mio. EUR
Bilanzgewinn	1,5
− Gewinnvortrag	–
+ Verlustvortrag	–
+ Erhöhung der Gewinnrücklagen	+ 0,3
− Auflösung der Gewinnrücklagen	–
= Jahresüberschuss	**= 1,8**
+ Abschreibungen	+ 7,2
− Zuschreibungen	–
= Cashflow im engeren Sinn	**= 9,0**
+ Erhöhung langfristiger Rückstellungen	+ 1,2
− Auflösung langfristiger Rückstellungen	–
= Cashflow im weiteren Sinn	**= 10,2**

Der Cashflow erfasst nach obigem Schema nicht nur die aus der Selbstfinanzierung stammenden Mittel, sondern auch jene Finanzmittel, die fremdfinanziert sind, aber bis zum Zeitpunkt der Inanspruchnahme frei verfügbar im Unternehmen verbleiben. Damit werden alle Liquiditätszuflüsse ermittelt, um festzustellen, in welchem Umfang das Unternehmen in der Lage ist, die für Investitionen, Schuldentilgung und Dividendenzahlungen erforderlichen Finanzmittel aus eigener Kraft dauerhaft aufzubringen. Der Cashflow ist damit eine finanzwirtschaftliche Kennzahl, die betriebsintern zusätzlich zu den statistischen Liquiditätsgrößen frühzeitig die Beurteilung der finanzwirtschaftlichen Lage und der Ertragssituation des Unternehmens zulässt und damit nicht nur Aussagen über die Kreditfähigkeit, sondern auch die Kreditwürdigkeit erlaubt.

Kapitalkennzahlen

3.3　Kapitalkennzahlen

Die Kapitalkennziffern sind Kennziffern zur Ermittlung der Kapitalstruktur, d. h., man nimmt die einzelnen Kapitalbestandteile Eigenkapital, Fremdkapital und Gesamtkapital, setzt sie zueinander ins Verhältnis und ermittelt die prozentualen Anteile.

MERKE

Eigenkapitalquote

$$\text{Eigenkapitalquote} = \frac{\text{Eigenkapital} \cdot 100}{\text{Gesamtkapital}}$$

Ein optimales Verhältnis von Eigen- zu Gesamtkapital lässt sich – wie bei allen anderen Kapitalkennziffern auch – nicht generell vorgeben. Der prozentuale Anteil des Eigenkapitals zum Gesamtkapital muss vor allem im Hinblick auf die Werte der Branche gesehen werden. Auch die Rechtsform der Unternehmung spielt für die Beurteilung der Kapitalstruktur eine Rolle. Zusätzlich ist es gerade bei Industrieunternehmen wichtig, ob es sich um einen anlageintensiven Betrieb handelt oder nicht.

Grundsätzlich lässt sich nur Folgendes über den Eigenfinanzierungsgrad aussagen:

● Je geringer der Eigenkapitalanteil am Gesamtkapital, desto risikobehafteter ist das Unternehmen.

● Maßgeblich für die Beurteilung des Eigenkapitalanteils sind die Vergleichszahlen der Branche.

MERKE

$$\text{Fremdkapitalquote} = \frac{\text{Fremdkapital} \cdot 100}{\text{Gesamtkapital}}$$

Fremdkapitalquote

Die Fremdkapitalquote ist nur ein Spiegelbild des Eigenfinanzierungsgrades; insofern gelten die getroffenen Feststellungen über das Eigenkapital spiegelbildlich für das Fremdkapital.

MERKE

$$\text{Verschuldungsgrad} = \frac{\text{Fremdkapital} \cdot 100}{\text{Eigenkapital}}$$

Verschuldungsgrad

BEISPIEL

I. Eigenkapital	2 000 000,00 EUR	II. Eigenkapital	2 000 000,00 EUR
Fremdkapital	1 600 000,00 EUR	Fremdkapital	3 000 000,00 EUR

$$\text{Verschuldungsgrad} = \frac{1\,600\,000 \cdot 100}{2\,000\,000} = 80\,\% \qquad \text{Verschuldungsgrad} = \frac{3\,000\,000 \cdot 100}{2\,000\,000} = 150\,\%$$

Ist der Verschuldungsgrad kleiner (größer) als 1 (bzw. 100 %), so ist das Eigenkapital größer (kleiner) als das Fremdkapital.

Das Verhältnis von Eigen- und Fremdkapital sollte vom Standpunkt der Sicherheit aus 1 : 1 betragen (**optimaler Verschuldungsgrad** nach der sogenannten 1 : 1-Regel) oder nicht allzu weit davon abweichen. Branchen- und betriebsbedingte Unterschiede bleiben dabei genau so unberücksichtigt wie die Rechtsform.

optimaler Verschuldungsgrad

Auch hier trifft zu, dass der Verschuldungsgrad nur dann beurteilt werden kann, wenn Branche, Rechtsform, ..., beachtet werden.

Grundsätzlich gilt beim Verschuldungsgrad:

- Je größer der Fremdkapitalanteil, desto geringer ist die Kreditwürdigkeit.
- Je größer der Fremdkapitalanteil, desto größer ist das finanzwirtschaftliche Risiko (Beispiel: geringere finanzwirtschaftliche Flexibilität).
- Je größer der Fremdkapitalanteil, desto größer ist der Zinsaufwand.
- Je größer der Fremdkapitalanteil, desto geringer ist das Haftungspotenzial.

3.4 Vermögenskennzahlen

Vermögenskennzahlen

Mithilfe der Vermögenskennziffern wird die Struktur des betrieblichen Vermögens untersucht. Es werden analog zur Kapitalseite die prozentualen Anteile von Anlage-, Umlauf- und Gesamtvermögen ermittelt.

MERKE

$$\text{Anlageintensität} = \frac{\text{Anlagevermögen} \cdot 100}{\text{Gesamtvermögen}}$$

Anlageintensität

$$\text{Umlaufintensität} = \frac{\text{Umlaufvermögen} \cdot 100}{\text{Gesamtvermögen}}$$

Umlaufintensität

$$\text{Konstitution} = \frac{\text{Anlagevermögen} \cdot 100}{\text{Umlaufvermögen}}$$

Konstitution

Diese Kennziffern können nur unter Beachtung von Branche, Rechtsform und Art des Unternehmens exakt beurteilt werden. Allgemein lässt sich jedoch Folgendes feststellen:

- Je höher das Anlagevermögen, umso bessere Kreditsicherheiten sind vorhanden.
- Je höher das Anlagevermögen, desto größer ist der voraussichtliche Automatisierungsgrad im Unternehmen.
- Je höher das Anlagevermögen, desto höher ist aber auch die Fixkostenbelastung des Unternehmens.
- Je höher das Anlagevermögen, desto geringer ist die Flexibilität bezüglich eventueller Marktveränderungen.

Lernfeld 12 Wirtschaftspolitische Steuerungsmöglich- keiten aufzeigen

STRUKTURÜBERSICHT

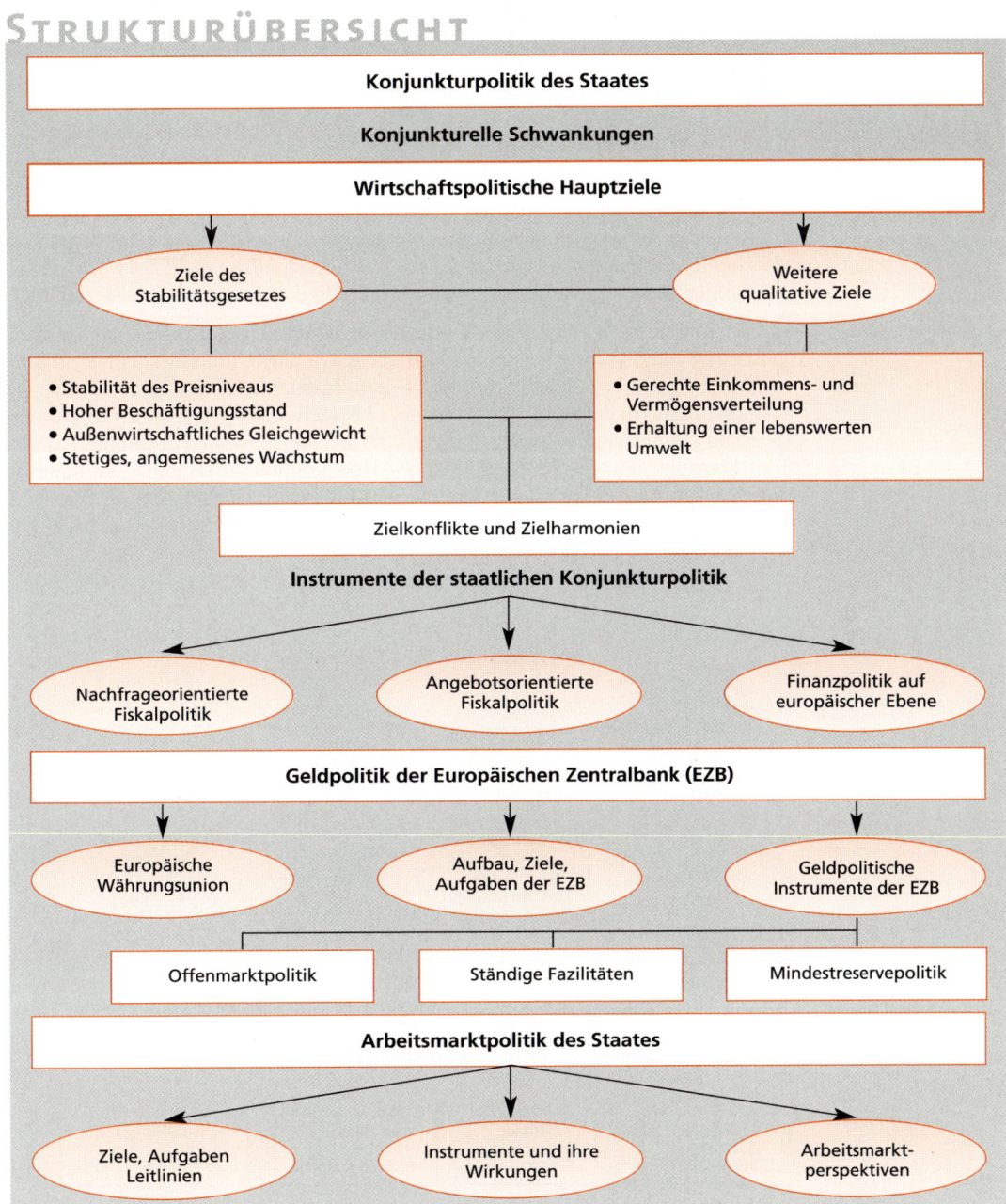

Konjunktur-phasen

1   Konjunkturpolitik des Staates

Der Staat versucht mit der Konjunkturpolitik auf die gesamtwirtschaftliche Entwicklung Einfluss auszuüben. Mit ausgleichenden Maßnahmen will er dabei stärkere konjunkturelle Schwankungen (Überhitzung bzw. Abkühlung) abfedern. Das Hauptziel der staatlichen Konjunkturpolitik ist die **Förderung der Stabilität und des Wachstums** der Wirtschaft. Dabei sind diese Maßnahmen so zu treffen, dass sie im Rahmen der marktwirtschaftlichen Ordnung gleichzeitig zur Stabilität des Preisniveaus, zu einem hohen Beschäftigungsstand und außenwirtschaftlichem Gleichgewicht bei stetigem und angemessenem Wirtschaftswachstum beitragen.

→ **StWG § 1**

1.1   Konjunkturelle Schwankungen

1.1.1   Konjunkturphasen – mal auf, mal ab

Konjunktur-phasen

Konjunktur

Mit dem Begriff **Konjunktur** (lat. **coniunctio** = Verbindung, Zusammentreffen mehrerer Ereignisse) wird die Lage der Gesamtwirtschaft anhand einer bestimmten Konstellation von so genannten Konjunkturindikatoren umschrieben. Der wichtigste Maßstab für die Konjunkturlage ist das *reale Bruttoinlandsprodukt*. Zur Feststellung von Konjunkturschwankungen werden also die Preissteigerungen herausgerechnet.

Konjunkturzyklus

Mit Konjunkturschwankung oder **Konjunkturzyklus** ist der regelmäßige Wechsel von Zeiten guter und schlechter Wirtschaftslage in einem mittelfristigen Zeitraum *von vier bis zu zwölf Jahren* gemeint. Der Konjunkturzyklus wird meist in vier Konjunkturphasen eingeteilt, die ineinander übergehen. So geht der wirtschaftliche Tiefstand (Depression, Talsohle) langsam in den Aufschwung (Erholung, Expansion) über und mündet schließlich in der Hochkonjunktur (Boom), um dann in einen Abschwung (Rezession, Niedergang, Kontraktion, Krise) überzugehen und schließlich wieder im Tiefstand zu enden. Dabei ist die langfristige Grundrichtung der Wirtschaft, der **Trend**, stets aufwärts gerichtet.

Trend

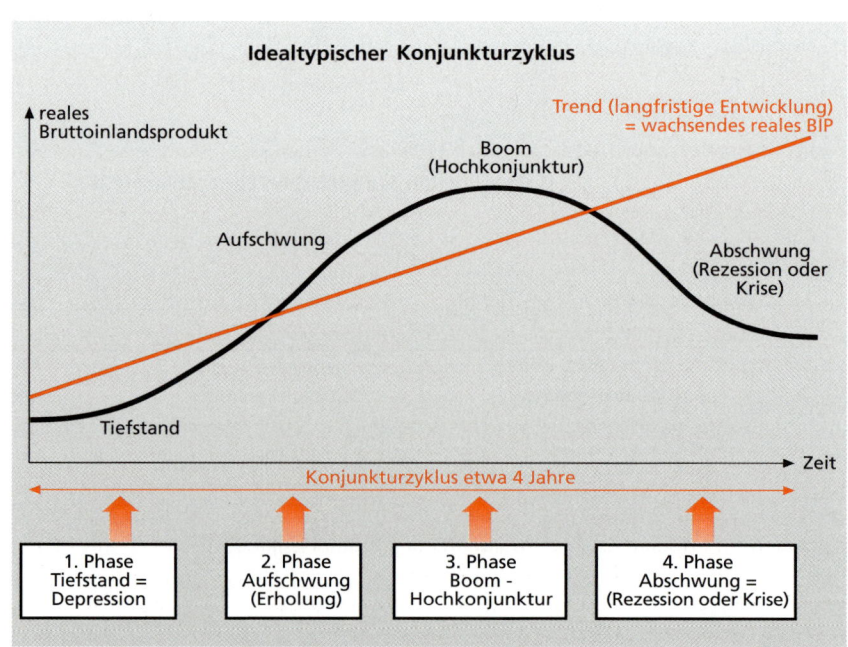

1.1.2 Konjunkturindikatoren – Barometer der Wirtschaft

Mithilfe von **Konjunkturindikatoren** können Wirtschaftsforschungsinstitute die aktuelle Konjunkturlage feststellen (Konjunkturdiagnose) und die zukünftige Richtung der Konjunkturlage voraussagen (Konjunkturprognose). *Frühindikatoren* kündigen schon sehr früh die künftige Wirtschaftslage an („Wettervorhersage"), Gegenwartsindikatoren zeigen die aktuelle Wirtschaftslage an („tatsächliche Wetterlage") und *Spätindikatoren* bestätigen die Wirtschaftslage des vorangegangenen Zeitabschnitts („Wetterfolgen", z. B. Trockenheit). Die Einteilung der Indikatoren ist nicht eindeutig. So kann z. B. die Wachstumsrate des realen Bruttoinlandsprodukts sowohl Gegenwarts- als auch Spätindikator sein, je nachdem, ob Monats- oder Jahreszahlen herangezogen werden.

Beschreibung der Konjunkturphasen anhand der Konjunkturindikatoren

Konjunkturphase → Konjunkturindikator ↓	Tiefstand (Depression)	Aufschwung (Expansion)	Hochkonjunktur (Boom)	Abschwung (Rezession)
● **Frühindikatoren**				
– Auftragsein- gänge	auf niedrigem Niveau verharrend	zunehmend	auf hohem Niveau verharrend	abnehmend
– Geschäftsklima	pessimistisch	optimistisch	optimistisch	pessimistisch
– Investitions- neigung	abwartend	zunehmend	nachgebend	abnehmend
– Zinserwartungen	fallende Zinssätze	gleich bleibend	steigende Zinsen	nachgebend
– Wachstums- prognose	abnehmend	zunehmend	gleich bleibend	abnehmend
– Aktienkurse	fallend	steigend	gleich bleibend	nachgebend
– Rohstoffpreise	fallend	anziehend	steigend	nachgebend
● **Gegenwarts- indikatoren**				
– Kapazitätsaus- lastung	gering	zunehmend	Engpässe	abnehmend
– Lagerbestände	hoch	abnehmend	niedrig	zunehmend
– Nachfrage (Ex- port, Konsum)	niedriges Niveau	anziehend	hohes Niveau	nachgebend
– Staatsaus- gaben	hoch (antizyklisch)	abnehmend	niedrig (antizykl.)	zunehmend
– Lohnentwick- lung	niedrige Zuwächse	hohe Zuwächse	hohe Zuwächse	niedrige Zuwächse
● **Spätindikatoren**				
– Inflationsrate	relativ niedrig	anziehend	relativ hoch	nachgebend
– Arbeitslosen- quote (kon- junkturbedingt)	relativ hoch	nachgebend	relativ niedrig	zunehmend
– Wachstumsrate des BIP	niedrig	zunehmend	hoch	abnehmend
– Staatshaushalte	Defizite	Defizitabbau	Überschuss	Defizitaufbau

Von den gesamtwirtschaftlichen Konjunkturschwankungen sind branchenabhängige Saisonschwankungen und die so genannten langen Wellen zu unterscheiden.

Zu **Saisonschwankungen** kommt es während des Jahres aufgrund von jahreszeitlichen oder kalenderbedingten Besonderheiten.

Als übliche jahreszeitliche Saisonausschläge werden die Jahr für Jahr zur gleichen Jahreszeit mit ähnlicher Intensität wiederkehrenden Bewegungen verstanden, die aufgrund von Bewegungen in der Vergangenheit unter normalen Umständen zu erwarten sind. Beispiele sind die geringe Bautätigkeit im Winter – Belebung der Bauwirtschaft im Frühjahr, Sommerflaute in der Automobilindustrie – Anstieg der Kfz-Neuzulassungen im Frühjahr, Weihnachtsgeschäft in der Spielzeugindustrie. Zu den kalenderbedingten Unregelmäßigkeiten gehören die Jahr für Jahr unterschiedliche Zahl von Arbeitstagen oder Lage bestimmter Feiertage.

Zur Messung der Konjunkturschwankungen müssen die jahreszeitlichen Saisonausschläge und die kalenderbedingten Unregelmäßigkeiten herausgefiltert werden,
die Messdaten werden **saisonbereinigt.**

**Lange Wellen
Kondratieff-
Zyklen**
➔ **LF 9, Ab-
schnitt 3.1**

Die **langen Wellen (Kondratieff-Zyklen)** erfassen Wirtschaftsschwankungen in
Zeitabständen von 40 bis 60 Jahren. Auslöser solcher Langzeitzyklen sind so genannte Basisinnovationen.

**Wirtschaftspoliti-
sche Ziele**

1.2   Hauptziele der Wirtschaftspolitik

1.2.1   Ziele der staatlichen Wirtschaftspolitik im Überblick

➔ **StWG § 1**

Das „**Oberziel**" der staatlichen Wirtschaftspolitik ist im Gesetz zur Förderung der
Stabilität und des Wachstums der Wirtschaft formuliert. Dort heißt es: „Bund und
Länder haben bei ihren wirtschafts- und finanzpolitischen Maßnahmen die Erfor-
nisse des gesamtwirtschaftlichen Gleichgewichts zu beachten."

**gesamtwirt-
schaftliches
Gleichgewicht**

Gesamtwirtschaftliches Gleichgewicht liegt vor, wenn alle verfügbaren Produktionsfaktoren eingesetzt sind und die Märkte (z. B. Arbeits-, Kredit-, Gütermärkte)
weder einen Nachfrage- noch einen Angebotsüberhang aufweisen, also ausgeglichen sind.

quantitative Ziele

Aus dem Oberziel leitet das Stabilitätsgesetz **vier Unterziele** ab:

- Stabilität des Preisniveaus,
- hoher Beschäftigungsstand,
- außenwirtschaftliches Gleichgewicht,
- stetiges und angemessenes Wirtschaftswachstum.

Bund und Länder haben ihre Maßnahmen so zu treffen, dass sie im Rahmen der
marktwirtschaftlichen Ordnung zur gleichzeitigen Erreichung o. g. Ziele beitragen.
Der **Sachverständigenrat** („Fünf Weise") begutachtet die gesamtwirtschaftliche
Entwicklung und leitet seine Einschätzung jeweils zum 15. November der Bundesregierung zu. Die Regierung muss dazu Stellung nehmen.

qualitative Ziele

Die vier Hauptziele sind stark quantitativ ausgerichtet, weil sie sich als Zahl aus-
drücken lassen. Da sie manche Sachverhalte nur ungenügend berücksichtigen,
wurden sie in letzter Zeit durch weitere, **qualitative Ziele** erweitert. Dies sind z. B.

- gerechte Einkommens- und Vermögensverteilung,
- Erhaltung einer lebenswerten Umwelt,

Der Marktmechanismus kann die Erreichung dieser Hauptziele der Wirtschaftspolitik nicht gewährleisten. Es bedarf vielmehr einer gesamtwirtschaftlichen Steuerung des Gesamtangebots bzw. der Gesamtnachfrage. Da diese Steuerung nicht in
die marktwirtschaftliche Ordnung (also in die Entscheidungen der einzelnen Unternehmen und Haushalte) eingreifen darf, sondern nur die globalen Rahmenbedin-

Globalsteuerung

gungen der Wirtschaft beeinflussen soll, wird sie „**Globalsteuerung**" genannt.

Preisstabilität

1.2.2   Stabilität des Preisniveaus

■ *Maßstab – nicht mehr als 2 %*

Unter Preisniveau ist der Durchschnitt aller Preise für Güter und Dienstleistungen
zu verstehen. *Absolute Stabilität des Preisniveaus* liegt vor, wenn sich die Durch-
schnittspreise aller Güter nicht verändern. Dabei können sich die Preise einzelner

Güter durchaus verändern, wenn sich im Durchschnitt die Preiserhöhungen einzelner Güter durch Preissenkungen anderer Güter ausgleichen.

Da eine absolute Preisstabilität kaum erreichbar ist, wird heute nur noch eine *relative Stabilität des Preisniveaus* gefordert. Dabei gelten jährliche Preissteigerungsraten bis 2 % als wirtschaftspolitischer Erfolg.

Wenn die Zunahme des allgemeinen Preisniveaus gegenüber den jeweiligen Vorjahresmonaten die 2-%-Grenze über mehrere Monate hinweg übersteigt, dann spricht man von einer **Inflation** (lat. inflatio = sich aufblähen). Umgekehrt bezeichnet man einen anhaltenden Rückgang des allgemeinen Preisniveaus als **Deflation**.

■ *Messung der Veränderungen des Preisniveaus*

Preisveränderungen werden mithilfe des **Verbraucherpreisindex (VPI)** vom Statistischen Bundesamt in Wiesbaden und seinen Landesämtern monatlich gemessen. Dabei wird eine repräsentative Auswahl von Waren und Dienstleistungen zugrundegelegt – der **Warenkorb**. Im Warenkorb befinden sich Verbrauchsgüter, aber auch Wohnungen (Mieten) und kommunale Leistungen (Gebühren). Um eine Totalerhebung der Preisveränderungen aller Verbrauchsgüter zu vermeiden, müssen die für den Warenkorb ausgewählten Güter eine Reihe von Kriterien erfüllen: Den Gütern muss eine hohe Bedeutung für den Konsum zukommen, sie müssen statistisch erfassbar sein und sie sollten Repräsentanten von Preisentwicklungen für nicht im Warenkorb enthaltene Güter sein.

Die Güter werden nach ihrer Bedeutung für die Ausgaben privater Haushalte gewichtet. Diese **Wägung** bildet die Verbrauchsgewohnheiten der Haushalte ab. Die Erhebung erfolgt mithilfe der Einkommens- und Verbrauchsstichprobe und der Statistik der laufenden Wirtschaftsrechnungen. Die Wägung der Güter bezieht sich auf die durchschnittlichen Ausgaben der privaten Haushalte.

Bevor der Index berechnet werden kann, müssen die Preise der Güter erhoben werden. Die Statistischen Landesämter erfassen in 190 repräsentativ ausgewählten Gemeinden (118 im alten Bundesgebiet und 72 in den neuen Ländern) über 400 000 Einzelpreise für rund 750 Waren und Dienstleistungen. Die Preisveränderung wird auf ein **Basisjahr** (zzt. 2000) bezogen, dessen mit der Verbrauchsmenge gewogene Preise gleich 100 gesetzt werden. Damit gibt der Indexwert an, wie sich die Preise im Vergleich zum Basisjahr verändert haben.

Die **Inflationsrate** ergibt sich, indem die prozentuale Veränderung eines Indexwertes gegenüber dem Indexwert des Vorjahres bzw. Vorjahresmonats errechnet wird.

Randnotizen: Inflation, Deflation · Preisniveau · Verbraucherpreisindex · Warenkorb · Wägung · Basisjahr · Inflationsrate

BEISPIEL
Entwicklung der Inflationsrate in Deutschland (Basisjahr: 2000)

Jahr	1999	2000	2001	2002	2003	2004
Verbraucherpreisindex 2000	98,6	100,0	102,0	103,4	104,5	106,2
Preisniveau	100,6	101,4	102,0	101,4	101,1	101,6
Inflationsrate	0,6 %	1,4 %	2,0 %	1,4 %	1,1 %	1,6 %

Mit der Zeit veralten durch die Veränderung der Verbrauchsgewohnheiten Warenkorb und Wägungsschema. Nach der Empfehlung des Statistischen Amtes der Europäischen Union (Eurostat) soll die Umbasierung von Indizes regelmäßig für alle durch fünf teilbaren Jahre vorgenommen werden.

HVPI

Die Europäische Zentralbank (EZB) erfasst zur Überwachung des Preisanstiegs den **Harmonisierten Verbraucherpreisindex (HVPI)**, der sich aus den Verbraucherpreisindizes der Mitgliedsländer der Europäischen Währungsunion (EWU) ableitet.

■ Ursachen und Folgen von Veränderungen des Preisniveaus

Wenn Gütermenge (Angebot) und Geldmenge (Nachfrage) in einer Volkswirtschaft über längere Zeit hinweg aus dem Gleichgewicht geraten, entstehen Inflation und Deflation.

Inflation,
Preisstabilität,
Deflation

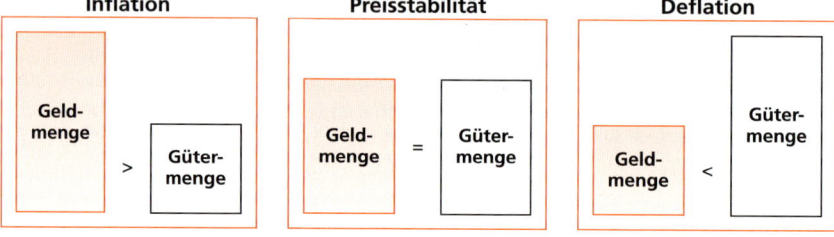

Inflationsursachen,
Deflationsursachen

Ursache	Inflation	Deflation
Inlandsnachfrage	Überhöhte Nachfrage (Nachfrageüberhang) aufgrund positiver Einschätzung der Wirtschaftsentwicklung	Rückläufige Nachfrage (Nachfragelücke) wegen pessimistischer Einschätzung der Wirtschaftsentwicklung
Auslandsnachfrage	Überhöhte Auslandsnachfrage (Exporte) durch relative Wettbewerbsvorteile, wenn das Preisniveau im Ausland stärker steigt als im Inland	Überhöhte Güterimporte durch relative Wettbewerbsnachteile, wenn das Preisniveau im Ausland weniger steigt als im Inland
Angebot	Sinkendes Angebot (Angebotslücke) aufgrund erwarteter Steuererhöhungen und Kostensteigerungen (z. B. Rohstoffpreise, Löhne) und pessimistischer Einschätzung der Wirtschaftsentwicklung	Überhöhtes Angebot (Angebotsüberhang) aufgrund erwarteter Steuer- und Kostensenkungen und positiver Einschätzung der Wirtschaftsentwicklung
Marktmacht	Kartelle und marktbeherrschende Unternehmen auf der Angebotsseite steigern ihre Gewinne, indem sie Preissteigerungen durchsetzen	Kartelle und marktbeherrschende Unternehmen auf der Nachfrageseite steigern ihre Gewinne, indem sie Preissenkungen bei ihren Lieferanten durchsetzen, zunehmende Globalisierung der Märkte stärkt die Nachfrageseite

Inflation und Deflation haben für die Wirtschaftssubjekte jeweils unterschiedliche Auswirkungen. Die Verlierer bei einer Inflation (Verbraucher, Sparer, Gläubiger) sind die Gewinner bei einer Deflation. Umgekehrt sind die Gewinner bei einer Inflation (Schuldner) die Verlierer bei einer Deflation.

Wirtschaftliche Folgen von Inflation und Deflation

Auswirkungen	einer Inflation	einer Deflation	
auf die Gesamtwirtschaft	Anhaltende Preissteigerungen bedeuten zunächst steigende Gewinne, wenn die Kosten nicht in gleicher Höhe steigen. Dies führt im ungünstigsten Fall zu überhöhten Lohnnachschlägen **(Lohn-Preis-Spirale),** die auf globalen Märkten nicht voll auf die Preise übergewälzt werden können. Die Wettbewerbsnachteile führen zu sinkenden Absätzen und steigender Arbeitslosigkeit.	Anhaltende Preisrückgänge führen zu sinkenden Gewinnen, wenn die Kosten nicht entsprechend gesenkt werden können. Dies führt zu Unternehmenspleiten, rückläufiger Investitionsbereitschaft und damit zu steigender Arbeitslosigkeit.	**Inflationsfolgen, Deflationsfolgen** **Lohn-Preis-Spirale**
auf Verbraucher und Arbeitnehmer	Die Kaufkraft des Geldes und der Löhne bzw. der Wohlstand sinkt, wenn die Inflationsrate höher ist als die prozentuale Steigerung der Löhne und Gehälter (sinkende Reallöhne); im ungünstigsten Fall kommt es zu **„Hamsterkäufen"** aus Furcht vor weiteren Preissteigerungen (galoppierende Inflation).	Die Kaufkraft des Geldes und der Löhne bzw. der Wohlstand steigt, wenn die Preissenkungen höher sind als die Lohnkürzungen (steigende Reallöhne); im ungünstigsten Fall kommt es zu Nachfrageverzögerungen in Erwartung weiterer Preissenkungen.	
auf Sparer und Gläubiger	Der Wert der Ersparnisse sinkt, wenn die Inflationsrate höher ist als die effektiven Zinssätze für Kapitalanlagen; im ungünstigsten Fall kommt es zu einer **Flucht in Sachwerte** (z. B. Gold, Immobilien), da deren Wert parallel zur Preisentwicklung steigt, was die Inflation jedoch weiter anheizt. Die Gläubiger geben heute Geld mit hoher Kaufkraft („gutes Geld") und erhalten später Geld mit niedrigerer Kaufkraft („schlechtes Geld") zurück.	Der Wert der Ersparnisse steigt, wenn die Preissenkungen bei den Sachwerten höher sind als die Zinssenkungen bei Kapitalanlagen; im ungünstigsten Fall kommt es zu einer **Flucht in Finanzanlagen** (z. B. Wertpapiere), was die Deflation weiter verschärft. Die Gläubiger geben heute Geld mit niedriger Kaufkraft („schlechtes Geld") und erhalten später Geld mit höherer Kaufkraft („gutes Geld") zurück.	
auf Schuldner	Der Wert der Schulden (und damit der Rückzahlungen) sinkt. Die Schuldner erhalten heute Geld mit hoher Kaufkraft („gutes Geld") und zahlen später Geld mit niedrigerer Kaufkraft („schlechtes Geld") zurück.	Der Wert der Schulden (und damit der Rückzahlungen) steigt. Die Schuldner erhalten heute Geld mit niedriger Kaufkraft („schlechtes Geld") und zahlen später Geld mit höherer Kaufkraft („gutes Geld") zurück.	
auf den Staat	Die Steuereinnahmen des Staates steigen mit steigenden Gewinnen, Löhnen und Preisen. Auf der anderen Seite führen die Preissteigerungen auch zu steigenden Staatsausgaben. Als Schuldner steht der Staat jedoch auf der Gewinnerseite.	Die Steuereinnahmen des Staates sinken mit sinkenden Gewinnen, Löhnen und Preisen. Auf der anderen Seite führen die Preissenkungen auch zu sinkenden Staatsausgaben. Als Schuldner steht der Staat jedoch auf der Verliererseite.	

Schwerwiegender als die wirtschaftlichen Folgen einer Inflation bzw. Deflation können die **sozialen Folgen** sein. Durch die radikale Umverteilung des Vermögens während Inflations- bzw. Deflationszeiten zwischen Gläubigern und Schuldnern entstehen zwangsläufig **soziale Spannungen** zwischen Gewinnern und Verlierern. Insbesondere neigen die Verlierer dazu, für ihre Wohlstandseinbußen den Staat verantwortlich zu machen. Sie suchen Sündenböcke und laufen den links- und rechtsradikalen Parteien zu, die meist schnelle Besserung versprechen. Nicht zuletzt ist die Weimarer Republik (1919 bis 1933) an den sozialen Spannungen in den Zeiten der Inflation 1923 und der Deflation 1929 bis 1933 gescheitert.

1.2.3 Hoher Beschäftigungsstand

**Beschäftigungs-
stand**

Vollbeschäftigung

Unter **Beschäftigung** ist der Ausnutzungsgrad der Produktionsfaktoren zu verstehen. Wird die Kapazität der verfügbaren Arbeitskräfte und Produktionsmittel voll genutzt, dann liegt **Vollbeschäftigung** vor.

■ *Maßstab – nicht mehr als 2 % Arbeitslose*

Die Beschäftigungslage wird an der *Arbeitslosenquote* und den *offenen Stellen* gemessen.

MERKE

**Arbeitslosen-
quote**

Erwerbspersonen

$$\text{Arbeitslosenquote} = \frac{\text{Registrierte Arbeitslose} \cdot 100}{\text{Zivile Erwerbspersonen}}$$

Erwerbspersonen = Zivile Arbeitnehmer (Arbeitslose, Beschäftigte) und Selbstständige

Arbeitslose

Zu den **Arbeitslosen** im Rahmen der Statistik der **Bundesagentur für Arbeit** zählen alle Personen, die das 15., aber noch nicht das 65. Lebensjahr vollendet haben, die beschäftigungslos sind oder nur eine kurzzeitige Beschäftigung (gegenwärtig: unter 15 Stunden pro Woche) ausüben und ein versicherungspflichtiges, mindestens 15 Stunden wöchentlich umfassendes Beschäftigungsverhältnis mit einer Dauer von mehr als 7 Kalendertagen suchen. Sie müssen sich persönlich beim zuständigen Arbeitsamt gemeldet haben sowie der Arbeitsvermittlung zur Verfügung stehen und dürfen nicht arbeitsunfähig erkrankt sein.

**Voll-, Unter-,
Überbeschäfti-
gung**

Ein hoher Beschäftigungsstand (**Vollbeschäftigung**) liegt dann vor, wenn die Arbeitslosenquote nicht mehr als 2 % beträgt. *Unterbeschäftigung* ist dann gegeben, wenn die Arbeitslosenquote über 2 % liegt und die Zahl der Arbeitslosen die Zahl der offenen Stellen übersteigt. Von *Überbeschäftigung* spricht man, wenn die Zahl der offenen Stellen die Arbeitslosenzahl übersteigt.

BEISPIEL
Entwicklung der Arbeitslosigkeit

	1999	2000	2001	2002	2003	2004
Arbeitslosenzahl in Mio.	4,1	3,9	3,9	4,1	4,4	4,4
Zivile Erwerbspersonen in Mio.	39,0	40,5	41,0	41,8	41,8	41,8
Arbeitslosenquote in Prozent	10,5	9,6	9,4	9,8	10,5	10,5

■ *Folgen von Ungleichgewichten auf dem Arbeitsmarkt*

Sowohl Über- als auch Unterbeschäftigung bringen Nachteile für die Wirtschaft und den Einzelnen.

**Überbeschäfti-
gung**

- Bei **Überbeschäftigung** werben sich die Unternehmen gegenseitig die Arbeitskräfte ab. Die Lohnkosten steigen, die Konkurrenzfähigkeit gegenüber dem Ausland sinkt. Ebenso sinkt die Arbeitsmoral (hohe Fehlzeiten).

**Unterbeschäfti-
gung**

- **Unterbeschäftigung** bedeutet Arbeitslosigkeit. Dies hat für die Betroffenen gesellschaftliche und ökonomische Nachteile (weniger Ansehen, „Sinn durch Arbeit" entfällt, weniger Einkommen). Arbeitslose leisten keinen Beitrag zum Sozialprodukt, verursachen Staatsausgaben (durch Arbeitslosengeld, Arbeitsfördermaßnahmen) und vermindern die Staatseinnahmen (durch Steuerausfälle).

◼ Erscheinungsformen und Ursachen der Arbeitslosigkeit

Man unterscheidet:

- **Friktionelle Arbeitslosigkeit** durch den ständig sich vollziehenden Arbeitsplatzwechsel. Sie ist immer kurzfristig und zu einem geringen Prozentsatz stets vorhanden.

friktionelle Arbeitslosigkeit

- **Saisonale Arbeitslosigkeit** durch jahreszeitlich bedingte Entlassung von Arbeitskräften, z. B. nach der Ernte oder im Baugewerbe im Winter.

saisonale Arbeitslosigkeit

- **Konjunkturelle Arbeitslosigkeit** aufgrund der Schwankungen des Wirtschaftsablaufs. Durch Rückgang der Produktion wird vielen Arbeitnehmern gekündigt. Es entsteht Arbeitslosigkeit. In Deutschland sind nur rund 20% der Arbeitslosigkeit konjunkturell bedingt.

konjunkturelle Arbeitslosigkeit

- **Strukturelle Arbeitslosigkeit** aufgrund des technischen Fortschritts und der damit verbundenen Produktivitätssteigerungen (z. B. Automatisierung, Computerisierung) und des *Strukturwandels* in der Wirtschaft. Strukturelle Arbeitslosigkeit umfasst die
  - *regional- und branchenspezifische Arbeitslosigkeit* aufgrund des ungleichmäßigen Wachstums in den einzelnen Wirtschaftsregionen bzw.
  - *berufs- bzw. qualifikationsspezifische Arbeitslosigkeit* aufgrund von Missverhältnissen *bei den nachgefragten und angebotenen Qualifikationen*,
  - *geschlechts- und altersspezifische Arbeitslosigkeit*, z. B. erhöhte Frauen- und Jugendarbeitslosigkeit und Arbeitslosigkeit älterer Menschen.

strukturelle Arbeitslosigkeit

Maßnahmen zur Bekämpfung der Arbeitslosigkeit

Ansatzpunkte	Maßnahmen
Beseitigung des Angebotsüberhangs auf dem Arbeitsmarkt	● Förderung der Mobilität der Arbeitskräfte (z. B. Fahrtkosten-, Umzugserstattung, Trennungsgelder) ● Höherqualifizierung (z. B. Übernahme der Umschulungs- und Weiterbildungskosten, Lohnzuschüsse bei Einstellung von Arbeitslosen) ● Strukturpolitik (z. B. staatliche Förderung zukunftsweisender Technologien, Förderung der Industrieansiedlung und der Existenzgründung, Ausbau der Infrastruktur, Beschränkungen des Imports) ● Deregulierung des Arbeitsmarktes (z. B. Lockerung des Kündigungsschutzes, Öffnungsklauseln in Tarifverträgen, Reduzierung der Lohnfortzahlung, Flexibilisierung des Arbeitszeitrechts, Lockerung der Vorschriften über befristete Arbeitsverträge) ● Senkung der Arbeitskosten, vor allem der gesetzlichen, tariflichen und freiwilligen Lohnnebenkosten (z. B. „Lohnpausen", Senkung des Arbeitgeberanteils zu den Sozialversicherungen, des Urlaubs-, Weihnachtsgelds, der Lohnfortzahlung) ● Erhöhung der Güternachfrage durch Erhöhung der Massenkaufkraft (z. B. durch Steuersenkungen und niedrige Sozialversicherungsbeiträge, höhere Lohnforderungen der Gewerkschaften)
Bessere Verteilung der vorhandenen und Schaffung neuer Arbeitsplätze	● Maßnahmen zur Verkürzung und Flexibilisierung der Arbeitszeit (z. B. 35-Stunden-Wochen, Arbeitszeitkonten, Teilzeitarbeit, befristete Arbeitsverträge) ● Staatliche Beschäftigungsprogramme (z. B. Arbeitsbeschaffungsmaßnahmen – ABM, höhere Staatsaufträge) ● Schaffung von Investitionsanreizen (z. B. Investitionszulagen, steuerliche Abschreibungsmöglichkeiten, zügige Abwicklung der Genehmigungsverfahren, Hilfe bei der Existenzgründung)

Arbeitslosigkeitsbekämpfung
➔ siehe Abschnitt 3

1.2.4   Außenwirtschaftliches Gleichgewicht

■ Maßstab – nicht mehr als 1,5 % Außenbeitragsquote

Unter **Außenwirtschaft** versteht man die Gesamtheit der wirtschaftlichen Beziehungen zwischen verschiedenen Staaten. Dazu zählen vor allem der Warenverkehr (Außenhandel), Dienstleistungsverkehr (z.B. Reise- und Transportverkehr) und der Kapitalverkehr (Kredite, Wertpapierhandel).

Außenwirtschaftliches Gleichgewicht liegt dann vor, wenn der Zahlungsmittelzufluss aus dem Ausland dem Zahlungsmittelabfluss ins Ausland entspricht. Vereinfacht ausgedrückt ist der **Außenbeitrag** im außenwirtschaftlichen Gleichgewicht gleich Null; die Importe von Gütern und Dienstleistungen entsprechen in ihrer Höhe genau den Exporten. Das Statistische Bundesamt setzt den Außenbeitrag ins Verhältnis zum Bruttoinlandsprodukt und vergleicht diese Prozentzahl (**Außenbeitragsquote**).

MERKE

Außenbeitrag = Ausfuhren – Einfuhren
(von Waren und
Dienstleistungen)

$$\text{Außenbeitragsquote} = \frac{\text{Außenbeitrag} \cdot 100}{\text{Bruttoinlandsprodukt}}$$

Da die deutsche Wirtschaft sehr exportorientiert ist, gilt das Ziel bereits als erreicht, wenn die Außenbeitragsquote nicht mehr als 1,5 % beträgt. Ein solcher Anteil ist notwendig, damit die Bundesrepublik ihre Ausgaben im Ausland durch Rohstoffkäufe oder Auslandsreisen ausgleichen kann.

Entwicklung der Maßgrößen des außenwirtschaftlichen Gleichgewichts

Jahr	2000	2001	2002	2003	2004
Exporte in Mrd. EUR	686,1	735,3	767,3	768,8	838,6
– Importe in Mrd. EUR	678,6	693,1	671,1	682,1	729,6
Außenbeitrag in Mrd. EUR	7,5	42,2	96,2	86,7	109,0
Bruttoinlandsprodukt in Mrd. EUR	2030,1	2113,6	2148,8	2164,8	2207,2
Außenbeitragsquote in %	0,4	2,0	4,5	4,0	4,9

Außenwirtschaftliche Ungleichgewichte entstehen, wenn

- Teilbilanzen der Zahlungsbilanz passiv oder aktiv sind, wenn sich also Geldzuflüsse und Geldabflüsse vom bzw. aus dem Ausland nicht entsprechen.
- der Außenwert der inländischen Währung zunimmt (Aufwertung) oder abnimmt (Abwertung).

Teilbilanzen der Zahlungsbilanz (Wertangaben in Mrd. EUR)

Teilbilanzen	Aufgliederung der Teilbilanzen	2004
Leistungsbilanz	● **Handelsbilanz** (Warenimporte und -exporte) ● **Dienstleistungsbilanz** (z.B. grenzüberschreitender Reise- und Transportverkehr, Forschung und Entwicklung, Patente, Lizenzen) ● **Bilanz der Erwerbs- und Vermögenseinkommen** (Zu- bzw. Abfluss von Kapitalerträgen und Lohneinkommen)	+ 144,3 – 32,0 + 0,1

Teilbilanzen	Aufgliederung der Teilbilanzen	2004	
noch Leistungsbilanz	● **Bilanz der laufenden Übertragungen** (Geld- und Sachleistungen ohne direkte Gegenleistung, z.B. Überweisungen ausländischer Arbeitnehmer in ihre Heimatländer; EU- und UNO-Beiträge)	– 28,4	
	Saldo der Leistungsbilanz	**+ 84,0**	
Bilanz der Vermögensübertragungen	Einmalige Übertragungen, z.B. Schuldenerlasse, Erbschaften, Schenkungen, Zahlungen der EU, Vermögensmitnahmen von Auswanderern bzw. Einwanderern	+ 0,4	Bilanz der Vermögensübertragung
Kapitalbilanz	● **Direktinvestitionen,** z.B. grenzüberschreitende Beteiligungen, langfristige Darlehen, Immobiliengeschäfte	– 25,2	Kapitalbilanz
	● **Wertpapieranlagen** in Form von Zahlungen im Zusammenhang mit Lebensversicherungen, Sparkonten und sonstigen Finanzanlagen (nicht Kapitalerträge → siehe Leistungsbilanz)	+ 16,5	
	● **Kreditverkehr:** Kurz- und mittelfristige Finanzbeziehungen mit dem Ausland	– 91,5	
	Saldo der Kapitalbilanz	**– 99,8**	
Nicht aufgliederbare Transaktionen	Beträge, die durch statistische Erhebungsfehler und nicht erfassbare Geschäfte (z.B. organisierte Kriminalität, „Koffergeschäfte", Schmuggel) entstehen	**+ 12,4**	Bilanz der nicht aufgliederbaren Transaktionen
Devisenbilanz	Veränderung der Währungsreserven (–) = Zunahme (+) = Abnahme	– 3,0	Devisenbilanz

(*Quelle: Deutsche Bundesbank, Monatsbericht Statistisches Beiheft 3, Juni 2005, S. 6 f.*)

Die Devisenbilanz ergibt sich aus der Summe aller Salden der Teilbilanzen:

Leistungsbilanz		Bilanz der Vermögensübertragungen		Kapitalbilanz		Nicht aufgliederbare Transaktionen		Devisenbilanz
+ 84,0	+	+ 0,4	+	– 99,8	+	+ 12,4	=	– 3,0

Die Begriffe aktive bzw. passive Zahlungsbilanz beziehen sich auf den Saldo der Devisenbilanz. Eine **passive Zahlungsbilanz** ergibt sich, wenn der Saldo der Devisenbilanz negativ ist, d.h., wenn die Zahlungseingänge aus dem Ausland (= Devisenzuflüsse) kleiner waren als die Zahlungsausgänge (= Devisenabflüsse). Bei einer **aktiven Zahlungsbilanz** ist der Saldo der Devisenbilanz positiv (Zahlungseingänge > Zahlungsausgänge).

passive Zahlungsbilanz

aktive Zahlungsbilanz

■ *Folgen von außenwirtschaftlichen Ungleichgewichten*

Export- und Importüberschüsse sind nachteilig für die Wirtschaft und letztendlich auch für den Einzelnen:

Exportüberschüsse, Importüberschüsse

● **Exportüberschüsse** führen zu Überschüssen an Zahlungsmitteln aus dem Ausland. Zahlungsmittel in fremder Währung (z.B. USD) tauschen die Exporteure in der Regel bei den Banken in inländisches Geld um. Dadurch steigt die inländische Geldmenge. Bei gleichem Güterangebot steigt das Preisniveau im Inland („*importierte Inflation*").

importierte Inflation

- **Importüberschüsse** haben die gegenteilige Wirkung. Die Importeure zahlen die Importe entweder in inländischer oder in ausländischer Währung. Wird in inländischer Währung gezahlt, tauschen die ausländischen Exporteure ihre Erlöse in ihre eigene Währung um. Wird in ausländischer Währung gezahlt, müssen die Importeure die benötigten ausländischen Zahlungsmittel im Inland kaufen. In beiden Fällen nimmt die inländische Geldmenge ab. Die abnehmende Geldmenge bremst zwar den Preisauftrieb, gefährdet aber die Arbeitsplätze.

Außenhandelsüberschüsse von einem Teil der Handelspartner bedeuten Defizite des anderen Teils. Auf die Dauer werden sich also die Defizitländer wehren müssen, indem sie ihre Währungen abwerten oder Importbeschränkungen einführen. Daraus folgt, dass es im Interesse eines störungsfreien Außenhandels notwendig ist, außenwirtschaftliches Gleichgewicht herbeizuführen.

außenwirt-schaftliches Gleichgewicht

Außenwirtschaftliches Gleichgewicht wird einmal angestrebt, um international zahlungsfähig zu bleiben, zum anderen sollen negative außenwirtschaftliche Einflüsse (z.B. importierte Inflation oder importierte Arbeitslosigkeit) verhindert werden. In der Bundesrepublik wird ein leichter Überschuss im Warenverkehr mit dem Ausland angestrebt, weil andere Teilbilanzen der Zahlungsbilanz (Dienstleistungen, laufende Übertragungen, Wertpapieranlagen) defizitär sind.

Wirtschafts-wachstum

1.2.5   Stetiges und angemessenes Wirtschaftswachstum

■ *Maßstab – nicht weniger als 3 %*

Unter Wirtschaftswachstum ist das fortwährende Ansteigen des realen Bruttoinlandsprodukts zu verstehen. Das **reale Bruttoinlandsprodukt (BIP)** ist um die Preissteigerungsrate niedriger als das Inlandsprodukt zu jeweiligen Preisen (*nominelles Inlandsprodukt*). In der Wachstumsrate des realen Inlandsprodukts kommt das *echte Mengenwachstum* zum Ausdruck, Verzerrungen durch Preissteigerungen sind herausgerechnet.

reales Brutto-inlandsprodukt

→ **LF 9 Abschnitt 1**

Das Wachstumsziel gilt dann als erreicht, wenn das reale Wachstum nicht weniger als 3 % beträgt.

Nach traditioneller Auffassung bedeutet Wachstum (Steigerung des realen BIP) zugleich *Wohlstandsmehrung*. Dies wird zunehmend kritisch gesehen, da die gesellschaftlichen Nachteile immer deutlicher werden, wie Umweltbelastungen und abnehmende Lebensqualität. Wachstum ist andererseits Voraussetzung, um Umweltschutzmaßnahmen, steigende Sozialleistungen und Forschungs- und Entwicklungsausgaben finanzieren zu können.

Entwicklung des Wirtschaftswachstums

	2000	2001	2002	2003	2004
BIP preisbereinigt (2000 = 100 %) Reales Wachstum	100 2,9 %	101,2 1,2 %	101,4 0,2 %	101,4 0,0 %	102,9 1,6 %

Bestimmungs-größen des Wachstums

■ *Bestimmungsgrößen des Wachstums*

Produktions-potenzial und Produktivität	Die Ausstattung einer Volkswirtschaft mit *Produktionsfaktoren* Natur (vor allem Boden), Arbeit (z.B. Know-how) und Kapital (Sach- und Finanzanlagen) wird als **Produktionspotenzial** bezeichnet. Wegen der steigenden Kosten sind die Unternehmen bemüht, die Qualifikation der Arbeitskräfte und den Ausnutzungsgrad der Arbeitskräfte (z.B. Arbeitszeitflexibilisierung) und der Sach- und Finanzanlagen ständig zu erhöhen und so eine größere Ausbringungsmenge je Beschäftigten bzw. je eingesetzte Geldeinheit zu erreichen; d.h. die **Produktivität** zu erhöhen.

Produktivität

Gewinnerwartungen und Investitionen	Die längerfristigen Gewinnerwartungen sind maßgebliche Entscheidungsgrundlage für Investitionen der Unternehmen. Wachstumsträger sind vor allem *Erweiterungsinvestitionen* (z.B. eine neue Fabrikhalle, neue Maschine). Rationalisierungsinvestitionen (z.B. Ersatz einer technisch veralteten durch eine moderne Produktionsanlage) erhöhen die Produktivität und damit das Produktionspotenzial.
Zinsniveau und Kapitalbildung	Niedrige Zinssätze fördern die Aufnahme von Krediten, um damit Investitionen oder Konsumgüter zu finanzieren. Ein niedriges Zinsniveau ist deshalb wachstumsfördernd. Voraussetzung für die Vergabe von Krediten sind jedoch private Ersparnisse (Kapitalbildung).
Privater Konsum	Die Bereitschaft der Verbraucher, mehr Konsumgüter nachzufragen, hängt vor allem von zu erwartenden Einkommenssteigerungen ab.
Rahmendaten	Wichtige Voraussetzungen für das Wachstum sind verlässliche politische Rahmendaten (z.B. Bildungswesen, Wirtschafts-, Sozial-, Umweltrecht, **„sozialer Friede"**), eine funktionierende öffentliche Verwaltung, funktionierende Kapitalmärkte und eine geeignete Infrastruktur.

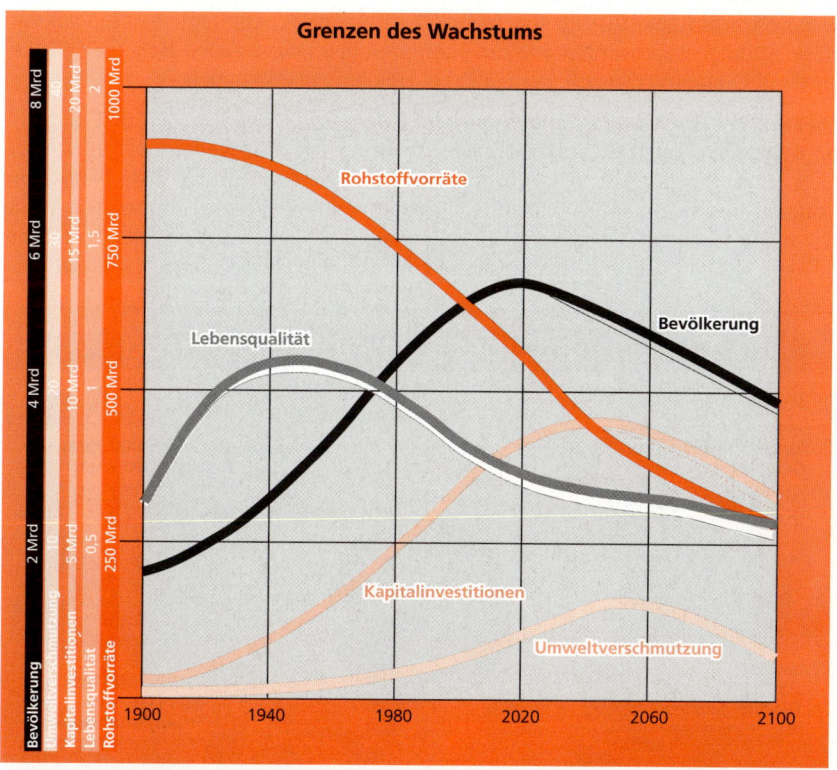

Nach den Berechnungen des Club of Rome hätte der materielle Lebensstandard um das Jahr 2000 seinen Höchststand erreicht– und würde dann mit der Erschöpfung der Rohstoffreserven auf das Niveau von 1900 abfallen. Das Schaubild zeigt: Zunehmende Bevölkerungszahl und Kapitalinvestitionen führen zu raschem Rohstoffabbau und wachsender Umweltverschmutzung.

■ Grenzen des Wachstums

Großes Aufsehen erregte ein Bericht des „Club of Rome" zur Lage der Menschheit im Jahre 1972. Zum ersten Male wurde Politikern und Wirtschaftswissenschaftlern klar, dass das Wachstum nicht unbegrenzt weitergehen kann, sondern in absehbarer Zeit an Grenzen stößt. Im Mittelpunkt der Prognose des „Club of Rome" steht die Entwicklung von fünf Zeitreihen siehe Abbildung auf Seite 481.

qualitatives Wachstum

■ Qualitatives Wachstum

Wäre es nach den Modellrechnungen des „Club of Rome" gegangen, dann hätten wir heute keine Rohstoffe mehr, die Weltbevölkerung wäre durch die Umweltbelastung und die Hungerkrisen stark dezimiert und die Energieträger Öl und Gas wären längst erschöpft. Die Realität sieht anders aus: Die Rohstoffpreise geben nach, es herrscht ein Überangebot auf dem Rohölmarkt und die Weltbevölkerung ist bei allem Elend nicht durch Hungersnöte und Umweltgifte dahin gerafft worden.

Das lässt sich leicht erklären: Der „Club of Rome" hatte die Faktoren technischer Fortschritt, Informations- und Kommunikationstechniken, Anpassungsfähigkeit der Gesellschaft und Flexibilität der Märkte zu wenig berücksichtigt. An die Stelle des rein quantitativen Wachstums ist ein **qualitatives Wachstum** getreten. Es ist dadurch gekennzeichnet, dass das reale Bruttoinlandsprodukt weiter ansteigt, obwohl der Rohstoff- und Energieverbrauch – z. B. durch sparsameren Einsatz – so wie die Umweltbelastungen abnehmen. Die Belange der Ökologie werden auf dieselbe Stufe gestellt werden wie die ökonomischen und sozialen Belange. Wachstum und Umweltverbrauch werden dabei zunehmend entkoppelt.

Qualitatives Wachstum ist allerdings kein Patentrezept, das weltweit und langfristig trägt. Denn auch dieses Wachstum ist weder frei von Nebenwirkungen noch kann es die Endlichkeit der Rohstoff- und Energiereserven der Erde beseitigen. Zudem ist es nicht auf die schnell wachsende Weltbevölkerung übertragbar. Wenn alle heute lebenden Menschen den Lebensstandard in den Industrieländern übernehmen wollten, käme es zwangsläufig zum ökologischen Kollaps.

Umwelt-zerstörung

Tagesbilanz der Umweltzerstörung

Jeden Tag (weltweit)

belasten **60 Millionen Tonnen Kohlendioxid (CO₂)** *die Atmosphäre*

werden **55 000 Hektar Tropenwald** *vernichtet*

werden **220 000 Tonnen Fische** *gefangen*

sterben **100 bis 200 Tier- und Pflanzenarten** *aus*

nimmt das verfügbare **Ackerland** um **20 000 Hektar** *ab*

5016 © Globus   Quelle: UBA, OECD

1.2.6   Erhaltung einer lebenswerten Umwelt

Dieses Ziel beruht auf dem Artikel 20a GG: Der Staat schützt auch in Verantwortung für die künftigen Generationen die natürlichen Lebensgrundlagen im Rahmen der verfassungsmäßigen Ordnung durch die Gesetzgebung und nach Maßgabe von Gesetz und Recht durch die vollziehende Gewalt und die Rechtsprechung.

Angesichts der ökologischen Gegenwartsprobleme mit ihren dramatischen Folgen für das globale ökologische Gleichgewicht (Wald-, Artensterben, Klimaveränderungen usw.) sind alle Staaten aufgerufen, für ein möglichst umweltverträgliches Wirtschaften zu sorgen.

■ Problem der Messung von Umweltzielen

Die Umweltziele an der Höhe der **Umweltschutzausgaben** zu messen ist problematisch, da solche Ausgaben nur schwer von anderen Ausgaben zu trennen sind; ebenso sind die Märkte für Umweltschutzgüter nicht eindeutig von anderen Gütermärkten abgrenzbar. Daher können Umweltschutzausgaben und -investitionen nur vage geschätzt werden. Es fehlt außerdem eine einheitliche „ökologische Währung", mit deren Hilfe alle Umweltschäden, seien es Gewässerschäden oder Luftverunreinigungen, gemessen werden können.

Hinzu kommt, dass hinter dem Umweltschutzziel nur ein allgemeines, unscharf definiertes Leitbild von einer „nachhaltigen Entwicklung" (**sustainable development**) steht. Eine dauerhaft umweltgerechte Entwicklung verlangt, dass *soziale, ökonomische und ökologische Ziele gleichrangig* verfolgt werden.

→ LF 2
Abschnitt 1.2.2

■ Prinzipien und Instrumente des Umweltschutzes

Das **Vorsorgeprinzip** beschreibt das Ziel, Umweltgefahren möglichst von vornherein zu vermeiden und nicht erst nachträglich zu versuchen, eingetretene Schäden zu reparieren. Nach dem Vorsorgeprinzip kann eine Verhaltensweise, die möglicherweise die Umwelt belastet, schon dann unterbunden werden, wenn ihre Umweltschädlichkeit nicht erwiesen, sondern bloß denkbar ist. Das Vorsorgeprinzip leitet sich damit aus dem allgemeinen Vorsichtsprinzip ab und soll Emissionen möglichst gering halten und die Umwelt vor möglichen, belastenden Verhaltensweisen schützen. Nach dem **Verursacherprinzip** werden die Kosten für die Vermeidung, Verringerung und Kontrolle der Umweltverschmutzung dem Verursacher belastet.

Die wichtigsten Instrumente zur Durchsetzung des Verursacherprinzips

Umweltauflagen	Umweltabgaben	Haftungsvorschriften
Verbote zur unmittelbaren Gefahrenabwehr (siehe Vorsorgeprinzip). Gebote und Auflagen für das Ausmaß einer zeitlich begrenzten zulässigen Umweltbelastung (z.B. in Form von Emissionsgrenzwerten)	Führen als Lenkungs- und Anreizinstrumente zu einer veränderten Nutzung der Umwelt und dienen zur Finanzierung von Umweltausgaben (z.B. Abwasserabgabe, Ökosteuer)	Die Verursacher von Umweltschäden und -risiken werden für die Folgen ihrer Handlungsweise haftbar gemacht (z.B. Umwelthaftungsgesetz)

Nur in Fällen, wo die Verursacher nicht ermittelt und haftbar gemacht werden können (z.B. bei Altlasten), soll das **Gemeinlastprinzip** zur Anwendung kommen, das die Kosten über den Staatshaushalt der Gemeinschaft auferlegt.

Ein anderer Ansatz ist das **Kooperationsprinzip**, das auf eine möglichst weitgehende Beteiligung aller gesellschaftlichen Gruppen bei der Planung und Durchsetzung umweltpolitischer Maßnahmen zielt.

Wichtige Kooperationsinstrumente sind:

Emissionsglocken-konzept

- Das *Emissionsglockenkonzept,* bei dem den Anlagenbetreibern freigestellt wird, bei welcher Anlage sie mit welchem Aufwand die schädlichen Emissionen einschränken, solange nur der Gesamtausstoß aller erfassten Anlagen innerhalb der vereinbarten Höchstmenge („Glocke") bleibt.

Emissionszertifi-kation

- Die Ausgabe von *handelbaren Emissionszertifikaten* (Anteilsscheine), mit deren Gesamtzahl eine Höchstmenge an Schadstoffausstoß festgelegt ist. Umweltbelastende Unternehmen können solche Zertifikate gegen Zahlung eines Preises erwerben und erhalten damit das Recht, eine bestimmte Schadstoffmenge auszustoßen. Unterschreitet das Unternehmen – etwa durch Umweltschutzmaßnahmen – seine Gesamtschadstoffmenge, dann kann es seine „übrigen" Zertifikate auf besonderen Umweltbörsen meistbietend verkaufen.

1.2.7   Sozial verträgliche Einkommens- und Vermögensverteilung

gerechte Einkom-mensverteilung

Die **Einkommensverteilung** beinhaltet die Verteilung des Gesamteinkommens, das in einer Periode in einer Volkswirtschaft erwirtschaftet wird, auf die verschiedenen Bevölkerungsgruppen (z. B. Selbstständige, Arbeitnehmer, nicht Erwerbstätige).

gerechte Vermö-gensverteilung

Die **Vermögensverteilung** ist die anteilige Zurechnung des Vermögens einer Volkswirtschaft auf die Bevölkerungsgruppen. Dazu zählt das Geldvermögen, das Gebrauchsvermögen der privaten Haushalte und das Vermögen der Unternehmen.

Die Vermögensverteilung ist eng mit der Einkommensverteilung verknüpft, denn einerseits stellt angelegtes Vermögen eine Einkommensquelle dar, und andererseits wird durch gespartes Einkommen Vermögen gebildet.

■ *Maßstäbe – Lohnquote nur bedingt geeignet*

Bei der gerechten Einkommens- und Vermögensverteilung geht es darum, das Volkseinkommen und das Vermögen möglichst entsprechend den Anteilen an der Gesamtzahl der Einkommensbezieher bzw. Vermögensbesitzer zu verteilen. So sollten z. B. *50 % des Volkseinkommens auf 50 % der Einkommensbezieher* entfallen.

Dadurch wird eine zu starke soziale Polarisierung der Bevölkerungsgruppen in Arme und Reiche verhindert und der soziale Frieden gesichert.

Üblicherweise wird die gerechte Einkommensverteilung an der Entwicklung der Lohnquote gemessen. (Lohnquote = Arbeitnehmerentgelte · 100/Gesamteinkommen einer Volkswirtschaft).

Lohnquote

➡ LF 9, Ab-
schnitt 1.4.3

Entwicklung der Lohn- und Gewinnquote

	1999	2000	2001	2002	2003	2004
Lohnquote in Prozent	72,0	72,9	71,4	71,4	70,7	69,3
Gewinnquote in Prozent	28,0	27,1	28,6	28,6	29,3	30,7

(Quelle: Deutsche Bundesbank, Monatsbericht September 2005, S. 60)

funktionelle und personelle Einkommens-verteilung

Die Lohnquote beschreibt jedoch weder die **funktionelle Einkommensverteilung** (Aufteilung der Einkommen auf die Produktionsfaktoren Arbeit und Kapital) noch die **personelle Einkommensverteilung** (Aufteilung nach Selbstständigen, Arbeitern, Angestellten usw.) richtig. Von daher lassen sich aus dem Rückgang der Lohnquote auch keine eindeutigen Rückschlüsse auf den Wohlstand der Arbeitnehmer ziehen.

Die prozentuale **Verteilung der Nettoeinkommen und des Vermögens** auf die verschiedenen Bevölkerungsgruppen ist als Maßstab für die Verteilungsgerechtigkeit schon eher geeignet. Beide Größen weisen jedoch eine Schieflage auf. So sind die Zuwächse bei den Realeinkommen in letzter Zeit sehr bescheiden. Von einer gleichmäßigen Verteilung des Volkseinkommens auf die Haushalte kann auch keine Rede sein. Während das ärmste Fünftel der Haushalte nur 7,4 % des Einkommens besitzt, bekommt das reichste Fünftel fast 40 % des Volkseinkommens.

Eine gerechte Verteilung des Volkseinkommens ist objektiv nicht möglich. Aus Gründen der Motivation und der sozialen Gerechtigkeit muss es unterschiedliche Einkommen geben. Der Staat versucht die leistungsgerechte Verteilung des Volkseinkommens durch den Markt – **primäre Einkommensverteilung** – nachträglich nach sozialen Gesichtspunkten zu korrigieren.

primäre Einkommensverteilung

Durch Sozialleistungen entsteht eine **sekundäre Einkommensverteilung** – die so genannte Umverteilung. Weniger Leistungsfähige, die nach dem Leistungsprinzip kein bedarfsgerechtes Einkommen beziehen, erhalten vom Staat Transferzahlungen (z.B. Sozialhilfe, Kindergeld, Wohngeld, Ausbildungsförderung).

sekundäre Einkommensverteilung

Da alle Verteilungsgrundsätze Vor- und Nachteile haben, versucht der Staat bei seiner Verteilungspolitik eine Mischung aus Leistungs-, Bedarfs- und Gleichheitsprinzip.

Verteilungsprinzipien

Leistungsprinzip, Bedarfsprinzip, Gleichheitsprinzip

Verteilungsprinzipien

Leistungsprinzip	Bedarfsprinzip	Gleichheitsprinzip
Höhe des Einkommens soll der jeweiligen persönlichen Leistung entsprechen	Höhe des Einkommens soll dem Bedarf entsprechen und soziale Gesichtspunkte berücksichtigen	Jeder soll ein gleich hohes Einkommen beziehen (Nivellierungsprinzip)

Vor- und Nachteile

Leistung wird belohnt Leistungsanreiz	Rücksichtsloses Verhalten wird nicht belohnt	Weniger Neid, Zufriedenheit bei Leistungsschwachen
Rücksichtslosigkeit wird gefördert, Gefahr einer Ellbogengesellschaft	Kein Anreiz zur Mehrleistung, Bedarf ist keine objektive Größe	Fehlende Motivation zur Leistung, Problem der Trittbrettfahrer

■ *Vermögenspolitik des Staates*

Vermögenspolitik

Die **Vermögenspolitik** des Staates zielt darauf ab, die Vermögensbildung der Arbeitnehmer zu fördern, um damit eine gleichmäßigere Verteilung des gesellschaftlichen Vermögens zu erreichen. Zugleich soll die Investitionskraft der Unternehmen gestärkt werden.

	5. VermBG	WoPG (Wohnungsbau-Prämiengesetz)
Geförderter Personenkreis	Arbeitnehmer	ESt-pflichtige Personen (über 16 Jahre alt)
Einkommensgrenze (zu versteuerndes Einkommen)	Ledige: 17 900 EUR Verheiratete: 35 800 EUR	Ledige: 25 600 EUR Verheiratete: 51 200 EUR
Höhe der Forderung, **geförderte Anlageformen** **geförderter jährlicher Höchst-Anlagebetrag**	Arbeitnehmer-Sparzulage: ● 18 % (neue Bundesländer: 22 %) von höchstens 400 EUR bei einer Anlage in Unternehmensbeteiligungen (z. B. Aktien, Investmentfonds, Stammeinlagen, Schuldverschreibungen, Genussscheine usw.) ● 9 % von höchstens 470 EUR bei einer Anlage gemäß WoPG oder in Kapitalversicherungs- oder sparverträgen	Wohnungsbau-Prämie: ● 8,8 % von höchstens 512 EUR bei einer Anlage in Bausparverträgen (wenn die Bausparsumme nicht vor Ablauf von 7 Jahren ausgezahlt wird, kann der Sparer frei darüber verfügen) oder in Anteilen an Wohnungsbaugenossenschaften, oder in Sparverträgen mit einer Laufzeit von 3 bis 6 Jahren (wenn diese dem Erwerb von Wohneigentum dienen) Die Aufwendungen dürfen nicht vermögenswirksame Leistungen mit Anspruch auf Arbeitnehmer-Sparzulage darstellen

Nach dem **Fünften Vermögensbildungsgesetz** erhalten Arbeitnehmer vom Staat eine Arbeitnehmer-Sparzulage für vermögenswirksame Leistungen, die die Arbeitgeber für sie in bestimmten geförderten Beteiligungsformen anlegen.

1.2.8 Zielkonflikte der Wirtschaftspolitik

Die Wirtschaftspolitik soll **kurzfristig** für Vollbeschäftigung, Preisstabilität und außenwirtschaftliches Gleichgewicht sorgen und **langfristig** ein stetiges und nachhaltiges Wachstum bei Schonung der Umwelt und gerechter Einkommens- und Vermögensverteilung anstreben. Für diese vier bzw. sechs wirtschaftspolitischen Hauptziele hat sich die Bezeichnung *„magisches" Viereck bzw. Sechseck* durchgesetzt.

Magisch deshalb, weil wirtschaftspolitische Zauberei (Magie) notwendig wäre, um diese Ziele gleichzeitig zu erreichen.

magisches Viereck magisches Sechseck

Das magische Viereck bzw. Sechseck

Die sechs wirtschaftspolitischen Hauptziele sind grundsätzlich gleichrangig. Es soll aber immer jenen Zielen die größte Aufmerksamkeit gewidmet werden, die in der jeweiligen wirtschaftlichen Lage am wenigsten verwirklicht sind. Das Ziel, das am stärksten gefährdet ist, soll also Vorrang haben.

■ *Wachstum und lebenswerte Umwelt – auch Harmonie möglich*

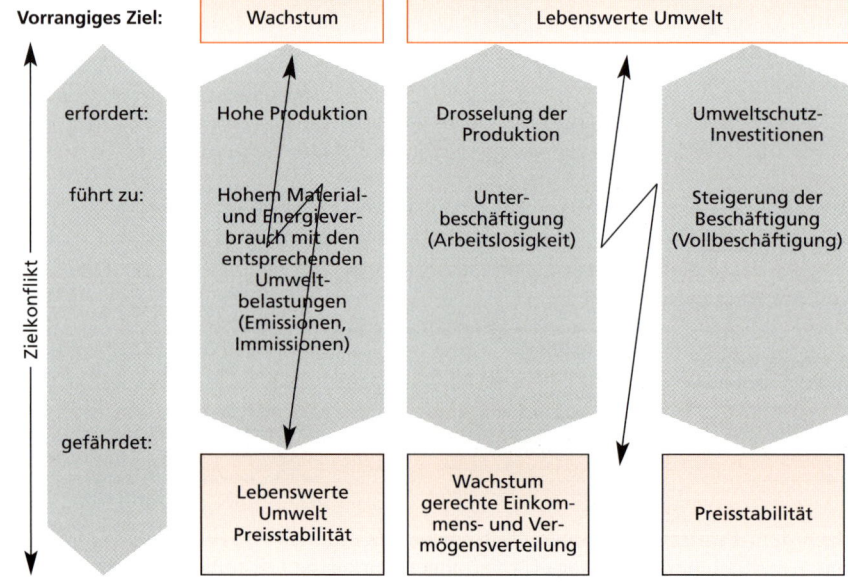

■ Vollbeschäftigung und Preisstabilität

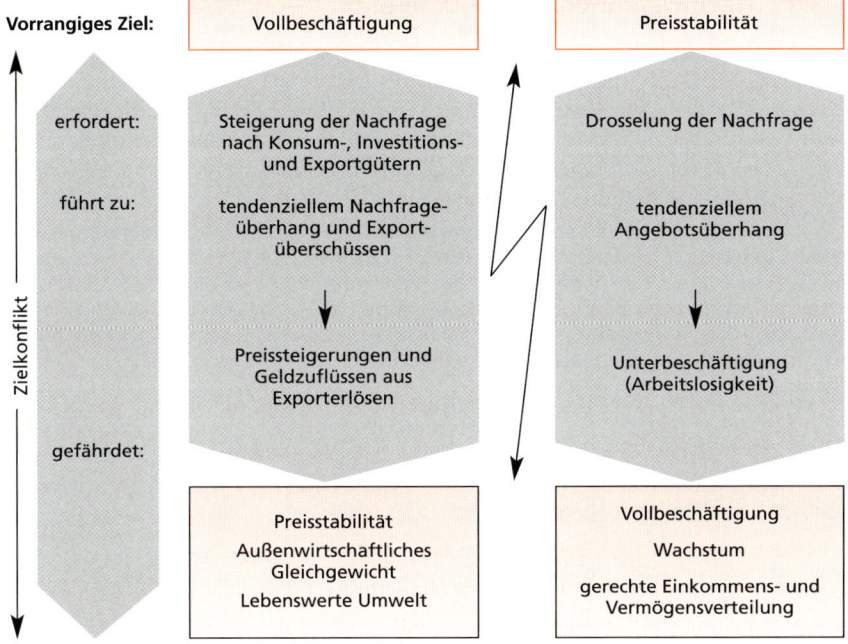

Vorrangiges Ziel:

Vollbeschäftigung

Preisstabilität

Zielkonflikt

erfordert:

Steigerung der Nachfrage nach Konsum-, Investitions- und Exportgütern

Drosselung der Nachfrage

führt zu:

tendenziellem Nachfrage-überhang und Export-überschüssen

tendenziellem Angebotsüberhang

Preissteigerungen und Geldzuflüssen aus Exporterlösen

Unterbeschäftigung (Arbeitslosigkeit)

gefährdet:

Preisstabilität

Außenwirtschaftliches Gleichgewicht

Lebenswerte Umwelt

Vollbeschäftigung

Wachstum

gerechte Einkommens- und Vermögensverteilung

■ Außenwirtschaftliches Gleichgewicht und übrige Ziele

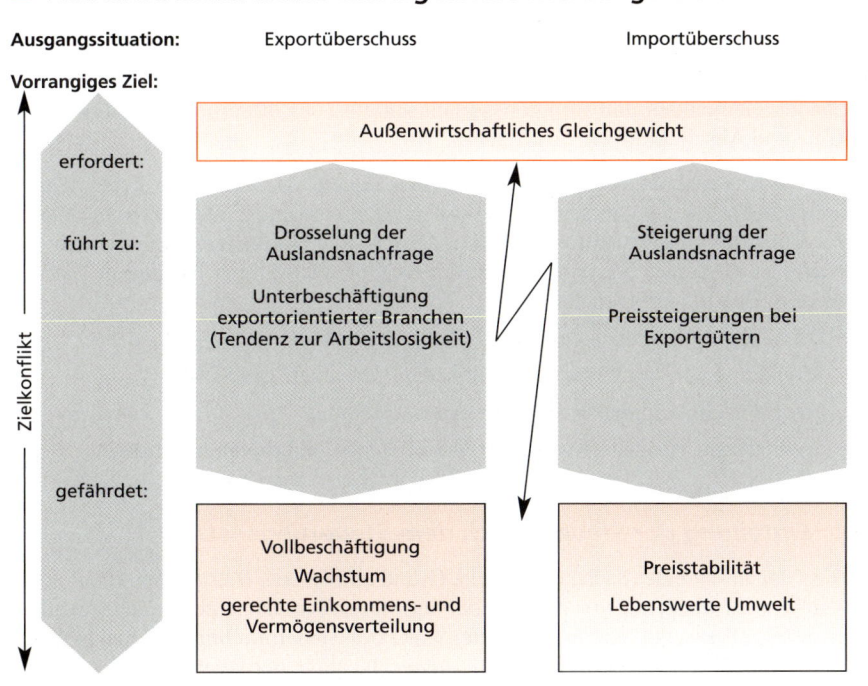

Ausgangssituation:

Exportüberschuss

Importüberschuss

Vorrangiges Ziel:

Zielkonflikt

Außenwirtschaftliches Gleichgewicht

erfordert:

führt zu:

Drosselung der Auslandsnachfrage

Unterbeschäftigung exportorientierter Branchen (Tendenz zur Arbeitslosigkeit)

Steigerung der Auslandsnachfrage

Preissteigerungen bei Exportgütern

gefährdet:

Vollbeschäftigung

Wachstum

gerechte Einkommens- und Vermögensverteilung

Preisstabilität

Lebenswerte Umwelt

1.3   Instrumente der staatlichen Konjunkturpolitik

1.3.1   Nachfrageorientierte Fiskalpolitik

Unter **Fiskalpolitik** (Fiskus = Staatskasse. Das Wort wurde im 16. Jh. aus lat. fiscus = Korb bzw. Geldkorb entlehnt) versteht man alle *steuer- und ausgabewirksamen Maßnahmen* des Staates zur Beeinflussung der Wirtschaftsentwicklung. Die im Stabilitätsgesetz vorgesehenen Maßnahmen der Fiskalpolitik (auch als **Finanzpolitik** bezeichnet) setzen auf der Nachfrageseite an. Die **Steuern** beeinflussen die Nachfrage der privaten Haushalte (Konsum) und der Unternehmen (Investitionen) auf *indirekte* Weise.

Ursprünglich waren Steuern nur **Einnahmequellen** für den Staat. Ein **modernes Steuersystem** soll dagegen vielschichtige Anforderungen erfüllen: Es soll die Ausgaben der öffentlichen Haushalte decken; mithelfen, die vier wirtschaftspolitischen Ziele des Stabilitätsgesetzes zu erreichen; zu einer gerechten Einkommens- und Vermögensverteilung führen; zu einer nachhaltigen (umweltverträglichen) Wirtschaftsentwicklung beitragen; helfen, regionale und sektorale Strukturunterschiede auszugleichen.

■ *Steuern – Begriff und Aufgaben*

Der Begriff Steuer geht zurück auf das althochdeutsche Wort „stiura", das so viel wie Stütze, Unterstützung, Hilfe, Beistand, Gabe bedeutete. Die Abgabenordnung (AO § 3) versteht unter **Steuern**

● Geldleistungen, denen keine direkte Gegenleistung gegenübersteht,

● die von einem öffentlich-rechtlichen Gemeinwesen

● zur Erzielung von Einnahmen

● allen auferlegt werden, bei denen die gesetzliche Leistungspflicht zutrifft.

Steuern dürfen also nicht in Naturalien (wie früher im Mittelalter der Zehnt) geleistet werden und dürfen nicht Entgelt für eine Leistung (z. B. Stromlieferung) darstellen. Die Gegenleistung erfolgt an die *Allgemeinheit* und nicht an den einzelnen Steuerzahler. Der Grundsatz „je höher meine Steuern, desto mehr kann ich vom Staat erwarten" gilt nicht. Öffentlich-rechtliche Gemeinwesen sind Bund, Länder, Gemeinden und Religionsgemeinschaften des öffentlichen Rechts. Auch Zölle und Abschöpfungen sind Steuern.

Steuern sind einerseits die wichtigste Einnahmequelle des Staates zur Finanzierung seiner Aufgaben, andererseits beeinflussen sie Preise und Einkommen und damit das Konsum- und Investitionsverhalten der privaten Haushalte und der Unternehmen. Ein modernes Steuersystem sollte deshalb vielfältigen **Aufgaben** gerecht werden. Es soll beitragen zur

● Deckung der Ausgaben der öffentlichen Haushalte,

● Erreichung der vier wirtschaftspolitischen Hauptziele des StWG,

● gerechten Einkommens- und Vermögensverteilung,

● nachhaltigen Wirtschaftsweise der Unternehmen und privaten Haushalte,

● Einebnung regionaler und sektoraler Unterschiede der Wirtschaftsstruktur.

● *Einteilung der Steuern nach dem Steuergegenstand*

Wird der Besitz einer Sache (z. B. Geld, Grund und Boden, Betrieb) besteuert, dann liegt eine **Besitzsteuer** vor. Werden bei der Steuerfestsetzung persönliche Verhältnisse (Familienstand, Kinderzahl, Alter usw.) des Steuerpflichtigen berücksichtigt, dann ist die Besitzsteuer eine *Personensteuer*. Ist allein der Besitz einer Sache ausschlaggebend für die Höhe der Steuer, dann ist die Besitzsteuer eine *Realsteuer*.

Besitzsteuer als *Personensteuer*: Einkommensteuer (ESt), Körperschaftsteuer (KSt), Besitzsteuer als *Realsteuer:* Gewerbe-, Grundsteuer

Werden wirtschaftliche und rechtliche Vorgänge besteuert, dann handelt es sich um **Verkehrsteuern**. Solche wirtschaftlich-rechtlichen Verkehrsvorgänge sind z. B. die Erbringung einer Leistung gegen Entgelt (umsatzsteuerpflichtig), der Verkauf eines Grundstücks (grunderwerbsteuerpflichtig), das in Verkehrbringen eines Kraftfahrzeugs durch Anmeldung (Kraftfahrzeugsteuer). | **Verkehrsteuer**

Umsatzsteuer (USt), Grunderwerb-, Kraftfahrzeug-, Versicherungsteuer

Die **Verbrauchsteuern** knüpfen am Verbrauch eines Gutes an. | **Verbrauchsteuer**

Mineralöl-, Tabak-, Kaffee-, Schaumwein-, Einfuhrumsatz- bzw. Erwerbsteuer (Bei der Einfuhr aus Drittländern, das sind Länder außerhalb des EU-Binnenmarktes, muss der Importeur Einfuhrumsatzsteuern abführen. Bei der Einfuhr aus Mitgliedstaaten der EU spricht man vom innergemeinschaftlichen Erwerb und somit von der Erwerbsteuer.)

● Einteilung nach der Art der Erhebung – direkt oder indirekt

Muss die Person, bei der die gesetzliche Leistungspflicht zutrifft, die Steuer selbst abführen und selbst wirtschaftlich tragen, dann handelt es sich um eine **direkte Steuer**. Steuerschuldner, Steuerzahler (er führt die Steuer ab) und Steuerträger (er muss die Steuer wirtschaftlich tragen) sind dieselbe Person. | **direkte Steuer**

Einkommen-, private Kraftfahrzeugsteuer

Ist die Person, die die Steuer an die Finanzbehörde entrichtet (Steuerzahler), nicht identisch mit der Person, die die Steuer wirtschaftlich trägt (Steuerträger), dann liegt eine **indirekte Steuer** vor. Hier kann der Steuerschuldner die Steuer auf einen Dritten (meist den Endverbraucher) abwälzen. | **indirekte Steuer**

Umsatzsteuer, alle Verbrauchsteuern (Mineralöl-, Öko-, Tabak-, Kaffeesteuer usw.) und Zölle

● Einteilung nach dem Steuerempfänger

Steuerempfänger

→ **GG Art. 106**

Die Verteilung des Steueraufkommens auf Bund, Länder und Gemeinden ist im Art. 106 GG geregelt. Die Übertragung von Aufgaben an die *Europäische Union* (EU) hat dazu geführt, dass ihr die Einnahmen aus Zöllen und Agrarabschöpfungen zufließen und ein bestimmter Anteil der Umsatzsteuer (Mehrwertsteuereigenmittel). *Bundessteuern* sind alle Verbrauchsteuern (außer der Biersteuer). Vermögen-, Erbschaft-, Kraftfahrzeug-, Grunderwerb- und Biersteuer sind typische *Ländersteuern*. *Gemeindesteuern* sind die Realsteuern, die Vergnügungs-, Hunde- und Getränkesteuer.

■ Ausgaben- und Einnahmenpolitik

Die **Staatsausgaben** wirken *direkt* auf die Marktnachfrage. Das Gesamtvolumen aller öffentlichen Haushalte beträgt in der Bundesrepublik etwa 50 % des Bruttoinlandsprodukts. Der Staat kann also in erheblichem Umfang die gesamtwirtschaftliche Nachfrage direkt beeinflussen, indem er die eigenen Ausgaben verändert. | **Ausgabenpolitik**

Außerdem kann der Staat indirekt auf die Gesamtnachfrage einwirken, indem er die private Nachfrage der Haushalte und Unternehmen durch öffentliche Einnahmen (Steuern) und durch Transferzahlungen (z. B. Subventionen, Renten) dämpft oder belebt.

Die **antizyklische Finanzpolitik** verfolgt das Ziel, die Ausschläge des Konjunkturzyklus zu glätten. Der Staat verhält sich dabei wie ein vorsichtiger Familienvater, der in guten Zeiten Rücklagen bildet, um in schlechten Zeiten den Lebensstandard zu sichern.

antizyklische
Finanzpolitik

Wirkungsweise der antizyklischen Finanzpolitik

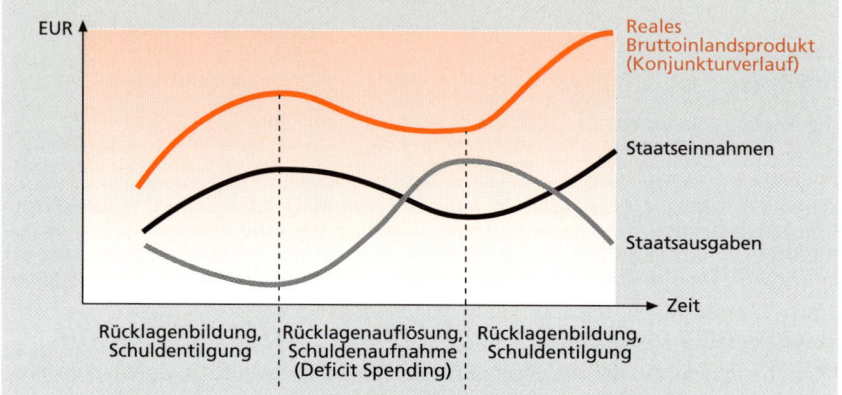

■ *Wirkungsweise der nachfrageorientierten Fiskalpolitik*

Rezession	← Konjunkturlage →	Boom/Inflation
Expansive Fiskalpolitik „Erhöhung der Nachfrage" ↓	**Fiskalpolitische Strategie** (antizyklische Finanzpolitik) ↓	Restriktive Fiskalpolitik „Dämpfung der Nachfrage" ↓
Senkung der Steuersätze um bis zu 10 % für längstens ein Jahr	**Einnahmenpolitik** (StWG § 26)	**Erhöhung der Steuersätze** um bis zu 10 % für längstens ein Jahr
Erhöhung der Staatsausgaben durch Auflösung einer Konjunkturausgleichsrücklage, Aufnahme von Krediten **(Deficit Spending)**	**Ausgabenpolitik** (StWG §§ 5, 6, 15, 19)	**Kürzung der Staatsausgaben** durch Bildung einer Konjunkturausgleichsrücklage, Rückzahlung von Krediten
Verbesserung der Abschreibungsmöglichkeiten bzw. **Zahlung von Investitionsprämien** (bis zu 7,5 % der Investitionsausgaben der privaten Wirtschaft) oder **Investitionszulagen**	**Investitionspolitik** (StWG § 26)	**Verschlechterung der Abschreibungsmöglichkeiten** bzw. **Rücknahme von Investitionsprämien** oder Investitionszulagen
Erhöhung der Kreditaufnahme, um Staatsausgaben vorzuziehen oder zu beschleunigen	**Haushaltspolitik** (StWG § 6, 19)	**Senkung der Kreditaufnahme** und Verschiebung der Staatsausgaben auf späteren Zeitpunkt
↓	↓	↓
Investitionsnachfrage steigt Konsumnachfrage steigt	**Wirkung am Gütermarkt**	Investitionsnachfrage sinkt Konsumnachfrage sinkt
↓	↓	↓
Wachstum Hoher Beschäftigungsstand	**Ergebnis**	**Preisniveau sinkt „Abkühlung" des Booms**

■ *Grenzen der nachfrageorientierten Fiskalpolitik*

- Fiskalpolitische Maßnahmen greifen oftmals zu spät oder zu früh (*Timing-Problem*).
- Fehleinschätzungen führen zu einer Über- oder Untersteuerung (*Dosierungsproblem*).
- Der Handlungsspielraum wird durch die immense Verschuldung (*Haushaltsdefizite*) der öffentlichen Haushalte beschränkt.
- Die Politiker wählen häufig den Weg des geringsten Widerstands und sind nicht bereit, *unpopuläre Maßnahmen* zu verantworten.
- Die *Koordinierung* der fiskalpolitischen Interessen von Bund, Ländern und Gemeinden ist oft sehr schwierig.
- Der Staat kann mit seinen fiskalpolitischen Mitteln die *Auslandsnachfrage* nur unzureichend beeinflussen.

1.3.2 Angebotsorientierte Fiskalpolitik

angebotsorientierte Fiskalpolitik

Aus den genannten Gründen wird die nachfrageorientierte Fiskalpolitik zunehmend durch eine **angebotsorientierte Wirtschaftspolitik** abgelöst. Sie zielt auf eine Verstetigung der Wirtschaftspolitik (Abkehr vom „Stop and Go") durch mehr Markt und weniger Staat.

Merkmale einer angebotsorientierten staatlichen Wirtschaftspolitik

Finanzpolitik	<ul><li>Konsolidierung (Ausgleich) der Haushaltsdefizite (Konsolidierung = Sicherung, Festigung; man spricht von konsolidierten Finanzen, wenn die Ausgaben nicht höher sind als die Einnahmen).</li><li>Erhöhung der Investitionsausgaben zulasten der Personalausgaben und Subventionen</li><li>Reform des Steuersystems (Steuervereinfachung)</li><li>Privatisierung der öffentlichen Unternehmen (z.B. Bahn, Post, Lufthansa)</li></ul>
Sozialpolitik	<ul><li>Stärkere Betonung der Eigenverantwortung des Einzelnen („Subsidiarität")</li><li>Beschränkung leistungshemmender Regelungen (z.B. Lohnabstandsgebot zur Sozialhilfe)</li></ul>
Wettbewerbspolitik	<ul><li>Förderung des Wettbewerbs durch Abbau von Handelshemmnissen</li><li>Förderung der Forschungs- und Entwicklungstätigkeit zur Zukunftssicherung</li><li>Erleichterung von Existenzgründungen</li><li>Abbau behördlicher Hemmnisse durch vereinfachte Bau-, Verfahrensgenehmigungen und Deregulierung der Märkte (z.B. Gas-, Strom-, Telekommunikations-, Arbeitsmarkt, Kapital- und Güterverkehr)</li></ul>

Es scheint sich zunehmend die Erkenntnis durchzusetzen, dass eine hohe Staatsverschuldung den finanzpolitischen Spielraum in den öffentlichen Haushalten beschränkt und den nachfolgenden Generationen zusätzlich Lasten (Zinszahlungen, Tilgung) aufbürdet. Die angebotsorientierte Fiskalpolitik erfordert einen langen Atem, Unbeirrbarkeit und eine hohe Widerstandskraft gegenüber populistischen Forderungen (**Populismus** = Politik, die die Gunst der Massen gewinnen will). Widerstände gegen die Angebotspolitik erwachsen insbesondere aus der unterschiedlichen Betroffenheit und dem unterschiedlichen politischen Gewicht der gesellschaftlichen Gruppen. Viele Maßnahmen zur Verbesserung der Rahmenbedingungen werden seitens einzelner Bevölkerungsgruppen als sozialpolitisch „ungerecht" und verteilungspolitisch schädlich empfunden *(„Verteilung von unten nach oben")*. Gerade im Subventionsbereich zeigt sich, dass Angebotspolitik in der Realität schwer durchsetzbar ist.

1.3.3 Finanzpolitik auf europäischer Ebene

Stabilitäts- und Wachstumspakt

Die Staaten der Europäischen Union brauchen gesunde öffentliche Finanzen als Vorbedingung für Preisstabilität, Wachstum und einen hohen Beschäftigungsstand. Die Reduzierung der Staatsdefizite führt in aller Regel zu Zinssenkungen und somit zu einer Belebung der Investitionstätigkeit. Ein Anstieg der öffentlichen Kreditaufnahme würde die Zinsen hochtreiben und eine Inflationsspirale in Gang setzen.

→ siehe Abschnitt 2.4

→ EGV Art. 104c

Neben den haushaltspolitischen **Konvergenzkriterien** für den Eintritt in die Europäische Wirtschafts- und Währungsunion (EWWU) legt der Maastrichter Vertrag fest, dass auch nach Beginn der EWWU die öffentlichen Defizite den Maximalwert von 3 % des Bruttoinlandsproduktes nicht überschreiten sollen (EGV Art. 104c). Diese finanzpolitische Vorschrift wurde im April 1997 durch den **Stabilitäts- und Wachstumspakt** ergänzt, der die Teilnehmer an der EWWU mittelfristig zu ausgeglichenen Staatshaushalten verpflichtet.

In der 3. Stufe der Europäischen Wirtschafts- und Währungsunion:

● **Verstärkte Überwachung der Haushaltsdisziplin**

● **Pflicht der Mitgliedstaaten, übermäßige Defizite zu vermeiden**

● **Die Euro-Teilnehmer legen mittelfristige Stabilitätsprogramme vor**

● **Die übrigen EU-Mitglieder arbeiten Konvergenzprogramme aus**

Stabilitätspakt

für den Euro

Grundsatzbeschlüsse des EU-Gipfels von Dublin im Dezember 1996

● **Frühwarnsystem: Empfehlungen des Rats an Staaten, denen ein übermäßiges Defizit (mehr als 3 % des BIP) droht**

● **Höhere Defizite sind nur bei einem Rückgang der Wirtschaft um mehr als 2 % erlaubt**

● **Sanktionen: Folgt ein Staat den Empfehlungen des Rats zur Reduzierung seines Defizits nicht, muss er eine unverzinsliche Einlage leisten, die nach 2 Jahren in eine Geldbuße umgewandelt wird**

ZAHLENBILDER

715 540

© Erich Schmidt Verlag

Stabilitätserklärung

Die EU-Finanzminister haben sich auf eine zusätzliche **Stabilitätserklärung** verständigt. Unter anderem wurde vereinbart:

● Die Mitgliedstaaten müssen dauerhaft alle erforderlichen Maßnahmen unternehmen, um die gesetzten Haushaltsziele zu erreichen.

● Wenn sich die wirtschaftlichen Bedingungen günstiger entwickeln als erwartet, sollen die Mitgliedstaaten die Gelegenheit nutzen, um die Haushaltskonsolidierung zu verstärken. Dies kann etwa bei einem günstigeren Wachstumsverlauf der Fall sein.

Subsidiaritätsprinzip

Nach dem Maastrichter Vertrag verbleibt die Finanz- und Wirtschaftspolitik der EU-Staaten entsprechend dem **Subsidiaritätsprinzip** weitgehend in nationaler Verantwortung. Die nationalen Wirtschaftspolitiken aller EU-Staaten (einschließlich der nicht zum Euroraum gehörenden EU-Staaten) sollen jedoch koordiniert werden (EGV Art. 103). Das zentrale Gremium hierfür ist der Rat der Wirtschafts- und Finanzminister – der **Ecofin-Rat**. Er formuliert und verabschiedet die wirtschaftspolitischen Grundzüge, überwacht die öffentlichen Finanzen aller EU-Länder und stellt sicher, dass zwischen den zwölf Euroländern und den noch nicht zum Euroraum gehörenden Ländern der Zusammenhalt gewahrt bleibt.

→ EGV Art. 103

Ecofin-Rat

2   Geldpolitik der Europäischen Zentralbank

2.1   Europäische Währungsunion – EWU

Elf Staaten der Europäischen Union (EU) gründeten am 1. Januar 1999 die Europäische Währungsunion, **Euroland** genannt. Zu den Gründerstaaten Deutschland, Frankreich, Italien, Spanien, Portugal, Österreich, Belgien, Niederlande, Luxemburg, Irland und Finnland stieß am 1. Januar 2001 Griechenland hinzu. Damit vereinigen die zwölf Euroländer einen Wirtschaftsraum mit rund 300 Millionen Einwohnern und fast einem Fünftel des Welthandels auf sich.

Der Weg zum Euro:

Seit 1. Januar 1999

- Im Euroland gilt die gemeinsame Währung Euro
- Zahlungen in Euro bargeldlos möglich

1. Januar 2002

- Euro-Banknoten und -Münzen wurden ausgegeben
- Übergangszeit mit DM und Euro bis Ende Februar 2002

1. März 2002

- Euro alleiniges gesetzliches Zahlungsmittel

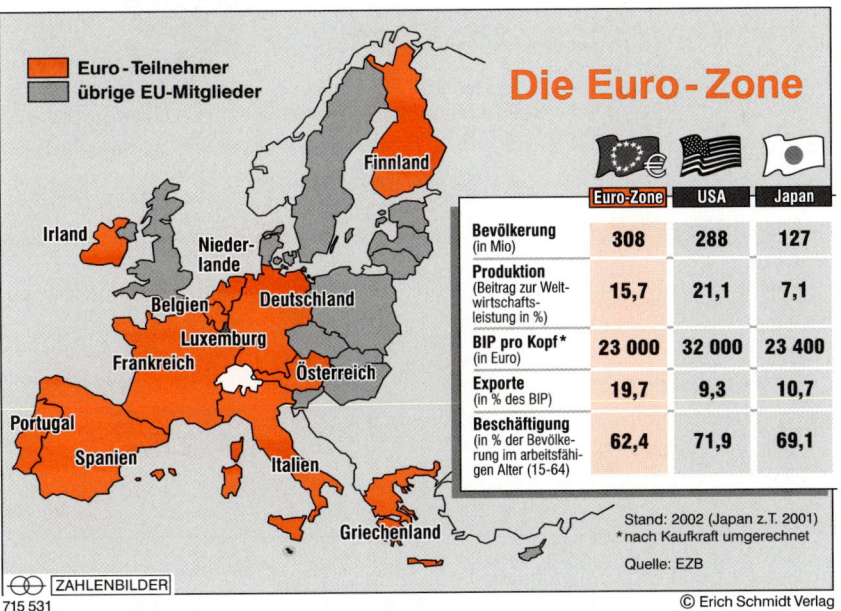

	Euro-Zone	USA	Japan
Bevölkerung (in Mio)	308	288	127
Produktion (Beitrag zur Weltwirtschaftsleistung in %)	15,7	21,1	7,1
BIP pro Kopf * (in Euro)	23 000	32 000	23 400
Exporte (in % des BIP)	19,7	9,3	10,7
Beschäftigung (in % der Bevölkerung im arbeitsfähigen Alter (15-64)	62,4	71,9	69,1

Stand: 2002 (Japan z.T. 2001)
*nach Kaufkraft umgerechnet
Quelle: EZB

ZAHLENBILDER
715 531

© Erich Schmidt Verlag

Mit der Währungsunion vollzieht sich der Schritt zu einem echten Binnenmarkt: In ihr entfallen die bisherigen Wechselkursrisiken für die teilnehmenden Staaten; es verringern sich die Transaktionskosten bei grenzüberschreitenden Bankgeschäften, es entsteht ein größerer und effizienterer Finanzmarkt und es gibt mehr Preistransparenz und Wettbewerb – Gesichtspunkte, die vor allem für die exportorientierte Wirtschaft, aber auch für die einzelnen Bürger von Bedeutung sind.

2.2 Aufbau der Europäischen Zentralbank

Die Europäische Zentralbank (EZB, Sitz: Frankfurt am Main) und die zwölf rechtlich selbstständigen nationalen Zentralbanken (NZBen) der Teilnehmerstaaten der Europäischen Währungsunion (EWU) bilden zusammen das **Eurosystem**. Oberstes Leitungs- und Entscheidungsorgan des Eurosystems ist der **EZB-Rat**. Ihm gehören die sechs Mitglieder des Direktoriums der EZB und die zwölf Präsidenten der nationalen Zentralbanken der Mitgliedstaaten an. Der EZB-Rat legt insbesondere die Geldpolitik innerhalb der Eurozone fest und erlässt hierfür die notwendigen Leitlinien und Entscheidungen. Das **Direktorium** besteht aus dem EZB-Präsidenten, dem Vizepräsidenten und vier weiteren von den Staats- und Regierungschefs der Mitgliedstaaten ernannten Mitgliedern. Das Direktorium ist ermächtigt, die Geldpolitik gemäß den Leitlinien und Entscheidungen des EZB-Rates auszuführen.

Davon zu unterscheiden ist das **Europäische System der Zentralbanken** (ESZB). Dieses umfasst die EZB und die Nationalbanken (NZBen) *aller 25 Mitgliedstaaten* der Europäischen Union (EU). Das ESZB wird vom EZB-Rat, dem Direktorium der EZB und dem **Erweiterten Rat** als drittem Beschlussorgan geleitet. Der Erweiterte Rat setzt sich aus dem Präsidenten, dem Vizepräsidenten und den Zentralbankpräsidenten aller 25 NZBen zusammen.

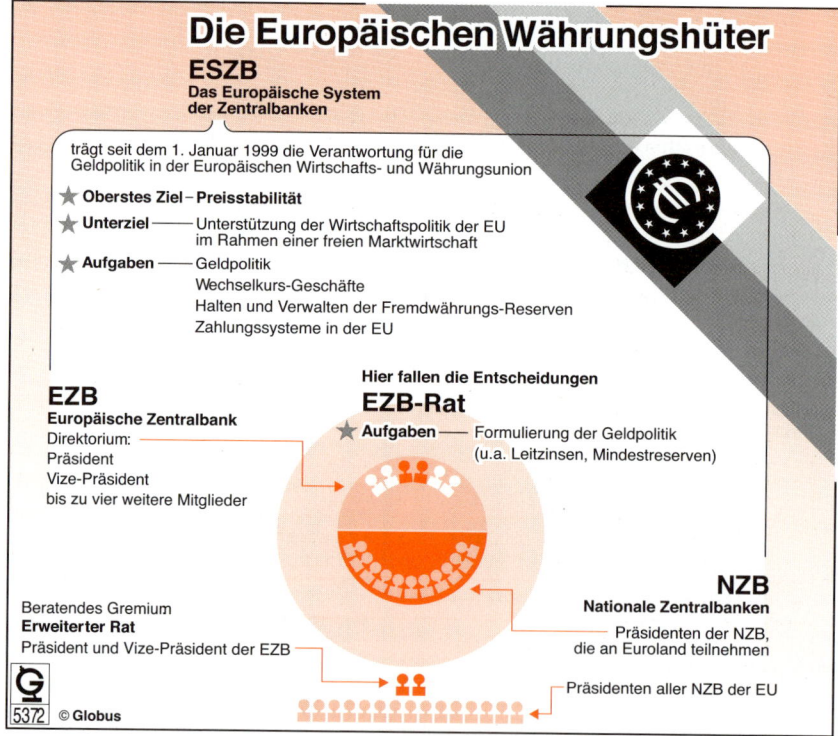

Eurosystem und ESZB nehmen ihre Tätigkeit nach Maßgabe des Vertrages zur Gründung der Europäischen Gemeinschaft (**EGV**) und der Satzung des Europäischen Systems der Zentralbanken und der Europäischen Zentralbank (ESZB/EZB-Satzung) wahr.

2.3 Stellung und geldpolitische Strategie der EZB

Das Europäische System der Zentralbanken ist von den Regierungen der Mitgliedsländer oder von zentralen Instanzen vollkommen unabhängig.

Die **Unabhängigkeit** erstreckt sich auf vier Bereiche:

Institutionelle Unabhängigkeit	Die EZB und die nationalen Zentralbanken dürfen keine Weisungen von nationalen oder gemeinschaftlichen politischen Instanzen entgegennehmen. Ebenso darf die EZB Haushaltsdefizite der Gemeinschaft oder der Teilnehmerländer nicht finanzieren. Soweit dies ohne Beeinträchtigung des Zieles der Preisstabilität möglich ist, unterstützt die Europäische Zentralbank die allgemeine Wirtschaftspolitik in der Union.
Funktionelle Unabhängigkeit	Oberstes Ziel der EZB ist die Geldwertstabilität. Erst nachrangig darf die allgemeine Wirtschaftspolitik in der Gemeinschaft unterstützt werden. Die Geldwertstabilität darf dadurch nicht gefährdet sein.
Finanzielle Unabhängigkeit	Die EZB ist von den Notenbanken der Teilnehmerländer mit Kapital und Währungsreserven ausgestattet, über die sie uneingeschränkt verfügen kann.
Personelle Unabhängigkeit	Ein Mitglied des EZB-Rates kann nur bei sehr schweren Verfehlungen seines Amtes enthoben werden. Die Enthebung erfolgt auf Antrag des EZB-Rates oder des Direktoriums durch den Europäischen Gerichtshof. Da die Mitglieder des EZB-Rates nur für eine Amtszeit eingesetzt werden, besteht kaum Gefahr, dass sie sich gegenüber politischen Instanzen gefällig verhalten.

Die geldpolitische Strategie der EZB orientiert sich an folgenden Größen:

- **Quantitative Festlegung des Preisstabilitätsziels.** Danach ist Preisstabilität definiert als Anstieg des Harmonisierten Verbraucherpreisindex (HVPI) für das Euro-Währungsgebiet von unter 2% gegenüber dem Vorjahr.

→ Abschnitt 1.2.2

- **Stabilitätsbewusste Geldmengenorientierung.** Die EZB verkündet jährlich ein quantitatives Geldmengenziel (zz. + 4,5% p. a.), das die Ausweitung der Geldmenge im Rahmen hält, das Preisstabilitätsziel absichert und zugleich am erwarteten Wachstum der Wirtschaft ausgerichtet ist. Das Geldmengenziel ist für die EZB eine Kontrollmöglichkeit für den Erfolg ihrer Geldpolitik und dient den Wirtschaftssubjekten als Orientierungshilfe.

Zusammensetzung der Geldmenge M3 (Angaben in Mrd. EUR) Dezember 2004

Geldmenge M3

Bargeldumlauf der Nichtbanken (Münzen und Banknoten)	453
+ Täglich fällige Einlagen der Nichtbanken (Buchgeld auf Girokonten)	2 439
= Geldmenge M1 („eng gefasste Geldmenge")	**2 892**
+ Einlagen mit vereinbarter Laufzeit bis zu zwei Jahren	1 037
+ Einlagen mit vereinbarter Kündigungsfrist bis zu drei Monaten	1 636
= Geldmenge M2 („mittlere Geldmenge")	**5 565**
+ Erhaltene Beträge aus Repogeschäften	243
+ Geldmarktfondsanteile	619
+ Schuldverschreibungen mit einer Laufzeit bis zu zwei Jahren	101
= Geldmenge M3 („weit abgegrenzte Geldmenge") der Eurozone	**6 528**

Im Bargeldumlauf sind die Kassenbestände der monetären Finanzinstitute (**MFIs**, Geldinstitute, z. B. Banken) nicht enthalten.

- **Beurteilung der künftigen Preisentwicklung** auf der Grundlage möglichst vieler wirtschaftlicher und finanzieller Größen und Indikatoren. Neue Entwicklungen oder Störungen in der Wirtschaft können auf diese Weise angemessen berücksichtigt werden. Außerdem wird vermieden, dass die Geldpolitik „mechanistisch" auf die Änderung einer einzigen wirtschaftlichen Größe reagiert.

2.4 Ziele und Aufgaben der EZB

EZB-Ziele
→ Art. 105 EGV

Oberstes Ziel des EZB ist die Sicherung der **Stabilität des Preisniveaus** im Euro-raum. Dabei soll die EZB die **allgemeine Wirtschaftspolitik der Mitgliedstaaten unterstützen**, soweit dies möglich ist, ohne die Preisstabilität zu beeinträchtigen.

EZB-Aufgaben

Zu den *Aufgaben der EZB* gehören vor allem die Festlegung und das Ausführen der gemeinsamen Geldpolitik, die Durchführung von Devisengeschäften, das Halten und Verwalten der offiziellen Währungsreserven der Mitgliedstaaten und das Fördern des reibungslosen Funktionierens der Zahlungssysteme.

MERKE

Devisen sind bargeldlose Zahlungsmittel (z. B. Verrechnungsschecks), die auf ausländische Währung lauten und im Ausland fällig sind und täglich fällige Guthaben bei ausländischen Kreditinstituten.

→ Art. 104 EGV
Stabilitätserklä-
rung
→ Abschnitt
1.3.3

Die EZB bzw. NZBen dürfen für Organe oder Einrichtungen der Europäischen Union oder für Regierungen der Mitgliedstaaten **keine Mittel zur Haushaltsfinanzierung** bereitstellen oder von diesen Schuldpapiere erwerben. Die EU-Finanzminister verpflichten sich, die **Stabilitätserklärung** (vom 1. Mai 1998) einzuhalten. Dabei soll die wirtschaftliche Konvergenz weiterhin in allen Mitgliedstaaten die Basis für ein beständiges, nicht inflationäres Wachstum sein. Mitglieder mit besonders hoher Staatsverschuldung müssen verstärkte Anstrengungen unternehmen.

Konvergenz-
kriterien

Die Einhaltung der so genannten Konvergenzkriterien war Voraussetzung für die Aufnahme in die Währungsunion. Die **Konvergenzkriterien** im Einzelnen:

Stabiles Preisniveau	Gesunde Staatsfinanzen	Stabile Wechselkurse	Wirtschaftliche Konvergenz
Inflationsrate liegt höchstens 1,5 Prozentpunkte über dem Durchschnitt der drei „stabilsten" EU-Mitgliedstaaten	Das jährliche Defizit beträgt höchstens 3 %, die gesamte Staatsschuld höchstens 60 % des Bruttoinlandsprodukts	Teilnahme am EWS-Wechselkursverbund seit mindestens zwei Jahren ohne große Kursschwankungen	Langfristige Zinsen liegen höchstens 2 Prozentpunkte über dem Durchschnitt der drei „stabilsten" EU-Mitgliedstaaten

Die zwölf nationalen Zentralbanken beschränken ihre Tätigkeit weitgehend darauf, die Beschlüsse des EZB-Rates in ihren Ländern durchzuführen. Da sich die Verantwortung des EZB-Rates auf den gesamten Währungsraum konzentriert, dürfen die nationalen Notenbankpräsidenten im EZB-Rat auch keine Anwälte nationaler Interessen sein.

„Pre-ins"

Anzumerken ist, dass die nationalen Zentralbanken der EU-Mitgliedstaaten, die den Euro nicht eingeführt haben (so genannte **„Pre-ins"**), ihre währungspolitischen Befugnisse nach innerstaatlichem Recht behalten und damit in die gemeinsame Geldpolitik nicht einbezogen sind.

2.5 Geldpolitische Instrumente der EZB

2.5.1 Grundbegriffe der Geldpolitik

Kreditmarkt
Geldmarkt

- **Kreditmarkt:** Er gliedert sich in Geldmarkt und Kapitalmarkt.

Geld-markt	Markt für kurzfristige Kredite und Geldanlagen
	• Handel mit Tages- und ein- bis dreimonatlichen Termingeldern (Zentralbankguthaben)
	• Handel mit Geldmarktpapieren (zentralbankfähige Wertpapiere mit kurzer Laufzeit)

Kapital-markt	Markt für langfristige Kredite und Geldanlagen • Effektenmarkt: Handel mit festverzinslichen Wertpapieren (Rentenmarkt) und Aktien • Hypothekenmarkt: Markt für langfristige, durch Grundpfandrechte gesicherte Kredite

Kapitalmarkt

• **Geschäftspartner:** Zum Kreis der Geschäftspartner der EZB gehören alle mindestreservepflichtigen Institute. Daraus folgt, dass alle Geschäftspartner ihren Sitz im Euro-Währungsraum haben müssen. Für die Teilnahme an Feinsteuerungsgeschäften kann die EZB eine begrenzte Anzahl von Geschäftspartnern auswählen. Die NZBen stellen bei der Auswahl ihrer Partner auf besondere Geldmarktaktivitäten ab.

Geschäftspartner

• **Refinanzierungsfähige Sicherheiten:** Wenn die Geschäftspartner Geld benötigen, dann wenden sie sich an die EZB, d.h. sie **refinanzieren** sich, um wiederum ihren eigenen Kunden Kredite geben zu können. Auf diese Weise kann die EZB die Liquidität und die Zinssätze auf dem Geldmarkt beeinflussen. Die Geschäftspartner müssen für alle Kreditgeschäfte mit der EZB ausreichende Sicherheiten stellen. Dabei werden zwei Gruppen (Kategorien) von refinanzierungsfähigen Sicherheiten unterschieden.

refinanzierungsfähige Sicherheiten

Merkmale der refinanzierungsfähigen Sicherheiten im Überblick

Kriterien	Sicherheiten der Kategorie 1	Sicherheiten der Kategorie 2
Art der Sicherheit	Schuldverschreibungen und sonstige **marktfähige** Schuldtitel des ESZB, der öffentlichen Hand, des privaten Sektors und internationaler Institutionen mit erstklassiger Einstufung (Rating AAA)	**Marktfähige** Schuldtitel (z. B. Schuldverschreibungen mit niedrigerer Einstufung) und **nicht marktfähige** Schuldtitel (z. B. Handelswechsel, Kreditforderungen) der öffentlichen Hand oder des privaten Sektors und an einem geregelten Markt gehandelte Aktien
Bonitäts-anforderung	Der Emittent/Garant muss von der EZB als einwandfrei eingestuft sein	Der Emittent/Schuldner/Garant muss von der NZB als einwandfrei eingestuft sein; dabei sind EZB-Mindeststandards einzuhalten

Verzeichnisse aller refinanzierungsfähigen Sicherheiten sind im Internet unter www.ecb.int abrufbar.

2.5.2 Offenmarktpolitik – Leitzinssatz festlegen

Offenmarktpolitik

Offenmarktgeschäfte spielen die wichtigste Rolle in der Geldpolitik der EZB. Bei Offenmarktgeschäften geht die Initiative immer von der EZB aus. Diese entscheidet auch über das einzusetzende Instrument und die Bedingungen für die Durchführung der Geschäfte.

Befristete Transaktionen (Transaktion = größeres finanzielles Geschäft)	• **Hauptrefinanzierungsgeschäfte:** Die EZB kauft refinanzierungsfähige Wertpapiere von den Geschäftspartnern mit der Maßgabe, dass diese die Wertpapiere nach Ablauf von *zwei Wochen* wieder zurückkaufen. Die Wertpapiere werden bei der EZB sozusagen in Pension gegeben. Pensionsgeschäfte werden im **Tenderverfahren** abgewickelt (Tender = Ausschreibungsverfahren, bei dem EZB-Geld versteigert wird). • **Längerfristige Refinanzierungsgeschäfte:** Die EZB erhält ein Pfandrecht an den als Sicherheit hinterlegten Wertpapieren. Die Kreditinstitute lösen die verpfändeten Wertpapiere in der Regel nach *drei Monaten* wieder ein.

Hauptrefinanzierungsgeschäfte (Pensionsgeschäfte)

Tenderverfahren

definitive Käufe/ Verkäufe

Definitive Käufe bzw. Verkäufe	Das ESZB kauft oder verkauft marktfähige Sicherheiten endgütig am Markt. Das Eigentum geht dabei vollständig auf den Käufer über, ohne dass gleichzeitig eine Rückübertragung des Eigentums vereinbart wird.

Tenderverfahren

● **Abwicklung von Hauptrefinanzierungsgeschäften im Tenderverfahren**

Hauptrefinanzierungsgeschäfte der EZB werden von den NZBen im Tenderverfahren als Mengentender oder Zinstender durchgeführt. Bei beiden Verfahren kann die EZB Bietungshöchstbeträge als betragsmäßige Obergrenze für Gebote von einzelnen Geschäftspartnern festsetzen. Der Hauptrefinanzierungssatz (**Refi-Satz**), zu dem zugeteilt wird, ist der entscheidende **Leitzinssatz** der EZB.

Refi-Satz
Leitzins
Mengentender (Festsatz-Tender)

Beim **Mengentender** (Festsatz-Tender) gibt die EZB den Zinssatz vor. Die Geschäftspartner geben Gebote über den Betrag ab, den sie zu diesem vorgegebenen Zinssatz zugeteilt haben wollen. Die Zuteilung erfolgt mit einer einheitlichen Zuteilungsquote zum vorgegebenen Einheitszinssatz.

FALLBEISPIEL

Liquiditätszuführende befristete Transaktion mittels Mengentender
Annahme: Die EZB will 105 Mio. EUR zuteilen.

Gebote der Geschäftspartner		Zuteilungsergebnis	
Geschäftspartner	Gebot (Mio. EUR)	Zuteilungsquote	Gebot (Mio. EUR)
Bank A	30	75 %	22,5
Bank B	40	75 %	30,0
Bank C	70	75 %	52,5
Insgesamt	140	75 %	105,0

Zuteilungsquote: $105 \cdot 100/140 = 75\%$

Zinstender (Tender mit variablem Zinssatz), holländisches und amerikanisches Verfahren

Beim **Zinstender** (Tender mit variablem Zinssatz) geben die Geschäftspartner Gebote über die Beträge und die Zinssätze ab. Beim *holländischen Verfahren* werden alle Gebote einheitlich zum marginalen Zinssatz zugeteilt. Beim *amerikanischen Verfahren* werden die Gebote zu den individuellen Bietungssätzen zugeteilt. Bei beiden Verfahren werden nur die Gebote quotiert, die mit dem marginalen Zinssatz übereinstimmen, alle darüber liegenden Gebote werden voll zugeteilt.

FALLBEISPIEL

Liquiditätszuführende befristete Transaktion mittels Zinstender (Angaben in Mio. EUR)
Annahme: Die EZB will 100 Mio. EUR zuteilen

Zinssatz	Bank A	Bank B	Bank C	Insgesamt	Kumuliert
3,25 %	–	10	10	20	20
3,20 %	10	20	15	45	65
3,15 %	20	30	20	70	**100**
3,10 %	30	40	35	105	–
Gebote	60	100	80	240	–
Zuteilungs- ergebnis	20	45	35	100	–

Zuteilung nach dem holländischen Verfahren: Alle Gebote mit einem Zinssatz über 3,15 % werden voll zugeteilt; d. h. 65 Mio. EUR werden voll zugeteilt. Beim marginalen Zinssatz von 3,15 % ergibt sich folgende prozentuale Zuteilungsquote: (100 − 65) · 100/70 = 50 %; damit erhält Bank A: 10 + 20 · 50 % = 20 Mio. EUR, Bank B: 10 + 20 + 30 · 50 % = 45 Mio. EUR, Bank C: 10 + 15 + 20 · 50 % = 35 Mio. EUR.

Beim holländischen Zuteilungsverfahren beträgt der Zinssatz für alle den Geschäftspartnern zugeteilten Beträge einheitlich 3,15 %.

Nach dem **amerikanischen Zuteilungsverfahren** wird kein einheitlicher Zinssatz angewandt: Bank B erhielte z. B. 10 Mill. EUR zu 3,25 %, 20 Mill. EUR zu 3,20 % und 15 Mill. EUR zu 3,15 %.

2.5.3 Ständige Fazilitäten – Zinsunter- und Zinsobergrenze

Die ständigen Fazilitäten dienen dazu, über Nacht Geld anzulegen oder aufzunehmen (Fazilität = Möglichkeit). Sie setzen Signale des allgemeinen Kurses der Geldpolitik und stecken Ober- und Untergrenze der Geldmarktsätze für Tagesgelder ab. Die zugelassenen Geschäftspartner können die ständigen Fazilitäten auf eigene Initiative in Anspruch nehmen:

Einlagefazilität	Sie wird von den Geschäftspartnern genutzt, um bei den nationalen Zentralbanken Guthaben bis zum nächsten Geschäftstag anzulegen. In der Regel gibt es keine Betragsbegrenzungen für die entsprechenden Einlagekonten. Der Zinssatz für die Einlagefazilität bildet im Allgemeinen die *Untergrenze des Tagesgeldsatzes*.
Spitzenrefinanzierungsfazilität	Sie wird von den Geschäftspartnern genutzt, um einen vorübergehenden Liquiditätsbedarf (Spitzenbedarf) zu decken. Die nationalen Zentralbanken stellen die Übernachtliquidität (Laufzeit von einem Geschäftstag) zu einem vorgegebenen Zinssatz gegen refinanzierungsfähige Sicherheiten zur Verfügung. In der Regel gibt es keine Kredithöchstgrenzen. Der Zinssatz für die Spitzenrefinanzierungsfazilität bildet im Allgemeinen die *Obergrenze des Tagesgeldsatzes*.

Ständige Fazilitäten (Randnotiz)

Einlagefazilität (Randnotiz)

Spitzenfinanzierungsfazilität (Randnotiz)

Zinssatz

Die Leitzinsen der EZB

Spitzenrefinanzierungs-Zinssatz

Obergrenze des Tagesgeldsatzes des Interbankengeldmarktes

3,00 %

Hauptrefinanzierungssatz

entscheidender **Leitzinssatz**   Zinskanal

2,00 %

Einlagefazilitäts-Zinssatz

Untergrenze des Tagesgeldsatzes des Interbankengeldmarktes

1,00 %

Zinskanal (Randnotiz)

Geldpolitische Zinsbeschlüsse des EZB-Rats

Geldpolitische Zinsbeschlüsse der EZB (Randnotiz)

Zinssatz für	11.5.2001	8.11.2001	6.12.2002	7.3.2003	6.6.2003
Spitzenrefinanzierungsgeschäfte	5,5 %	4,25 %	3,75 %	3,5 %	3,0 %
Hauptrefinanzierungsgeschäfte	4,5 %	3,25 %	2,75 %	2,5 %	2,0 %
Einlagefazilität	3,5 %	2,25 %	1,75 %	1,5 %	1,0 %

2.5.4 Mindestreservepolitik – Leitzinsen stabilisieren

Die EZB verlangt, dass die in den Mitgliedstaaten niedergelassenen Kreditinstitute Mindestreserven auf Konten der nationalen Zentralbanken unterhalten (Artikel 19.1 ESZB/EZB-Satzung).

Der **Mindestreservesatz** des ESZB beträgt 2 % der *reservepflichtigen Verbindlichkeiten*. Darunter fallen täglich fällige Einlagen, Einlagen mit einer vereinbarten Kündigungsfrist von bis zu zwei Jahren, Schuldverschreibungen mit einer Laufzeit von bis zu zwei Jahren und Geldmarktpapiere.

Die EZB verzinst die Mindestreserveguthaben mit dem Hauptrefinanzierungssatz.

Das Mindestreservesystem des ESZB dient in erster Linie dazu, die Geldmarktzinssätze zu stabilisieren und eine strukturelle Liquiditätsknappheit herbeizuführen oder zu verringern.

2.5.5 Wirkungsweisen der geldpolitischen Instrumente

Rezession	← Konjunkturlage →	Boom/Inflation
Expansive Geldpolitik „Politik des billigen Geldes" ↓	Geldpolitisches Instrument	Restriktive Geldpolitik „Politik des knappen Geldes" ↓
EZB erhöht die betragsmäßige Obergrenze für befristete Transaktionen und senkt den Refi-Satz. EZB erhöht definitive Käufe von Wertpapieren	Offenmarktpolitik	EZB senkt die betragsmäßige Obergrenze für befristete Transaktionen und erhöht den Refi-Satz. EZB erhöht definitive Verkäufe von Wertpapieren
EZB **senkt** die Zinssätze für ständige Fazilitäten	Ständige Fazilitäten	EZB **erhöht** die Zinssätze für ständige Fazilitäten
EZB senkt Mindest-reservesatz	Mindestreserven-politik	**EZB erhöht Mindest-reservesatz**
↓	↓	↓
Liquidität der Banken steigt Allgemeines Zinsniveau sinkt ↓ Kreditnachfrage steigt	Wirkung am Geld-markt	Liquidität der Banken sinkt Allgemeines Zinsniveau steigt ↓ Kreditnachfrage sinkt
↓	↓	↓
Investitionsnachfrage steigt Konsumnachfrage steigt	Wirkung am Güter-markt	Investitionsnachfrage sinkt Konsumnachfrage sinkt
↓	↓	↓
Wachstum Hoher Beschäftigungsgrad	Ergebnis	**Preisniveau sinkt „Abkühlung" des Booms**

2.6 Deutsche Bundesbank im Eurosystem

Die Deutsche Bundesbank ist als Zentralbank der Bundesrepublik Deutschland integraler Bestandteil des Europäischen Systems der Zentralbanken. Bei der Erfüllung der Aufgaben des ESZB handelt der Vorstand der Deutschen Bundesbank im Rahmen der Leitlinien und Weisungen der Europäischen Zentralbank.

2.6.1 Aufgaben der Deutschen Bundesbank

Die EZB nimmt die nationalen Zentralbanken zur Durchführung von Geschäften, die zu den Aufgaben des ESZB gehören, in Anspruch, soweit dies möglich und sachgerecht erscheint. Die zwölf nationalen Zentralbanken beschränken ihre Tätigkeit weitgehend darauf, die Beschlüsse des EZB-Rates in ihren Ländern durchzuführen. Dies geschieht in allen Mitgliedstaaten zu einheitlichen Bedingungen. Somit besteht die *Hauptaufgabe* der Deutschen Bundesbank in der **Umsetzung der Geldpolitik der EZB**.

Da die währungspolitischen Entscheidungen des EZB-Rates möglichst dezentral durch die nationalen Zentralbanken umgesetzt werden sollen, erfolgt die **Refinanzierung der Kreditinstitute** in Deutschland durch die Hauptverwaltungen der Bundesbank. Obgleich die Instrumente und ihr Einsatz grundsätzlich vom EZB-Rat für alle nationalen Zentralbanken verbindlich beschlossen werden, hat die Bundesbank einen begrenzten Ermessensspielraum, um bei der Übernahme der Vorgaben des EZB-Rates vorhandene nationale Regelungen und Besonderheiten zu berücksichtigen. Allerdings darf hierdurch nicht die Einheitlichkeit der Geldpolitik beeinträchtigt werden.

Weitere Aufgaben der Bundesbank sind gemäß BBankG die

→ **BBankG § 3**

- bankmäßige **Abwicklung des Zahlungsverkehrs** im Inland und mit dem Ausland,
- **Verwaltung der nationalen Währungsreserven**, die nicht an die EZB übertragen wurden,
- Sicherung der Stabilität der Zahlungs- und Verrechnungssysteme.

Soweit es mit den Zielen und Aufgaben im ESZB vereinbar ist, können die nationalen Zentralbanken auch andere als in der ESZB/EZB-Satzung bezeichnete Aufgaben wahrnehmen. Entsprechend ist die Bundesbank in den Bereichen der **Bankenaufsicht** *und der Außenwirtschaft* tätig, *wirkt bei der Kreditaufnahme des Bundes und der Länder am Finanzmarkt mit* und tritt für die meisten der vom Bund begebenen Schuldtitel als Vermittler (**„fiscal agent"**) auf.

→ **KWG § 7**

„fiscal agent"

2.6.2 Aufbau und Stellung der Deutschen Bundesbank

Der Vorstand der Deutschen Bundesbank kann seinen Präsidenten zwar beraten, für seine Stimmabgabe im EZB-Rat darf er jedoch keine bindenden Vorgaben machen, denn die Unabhängigkeit der Mitglieder des EZB-Rates gilt auch gegenüber den Gremien ihrer eigenen Zentralbanken.

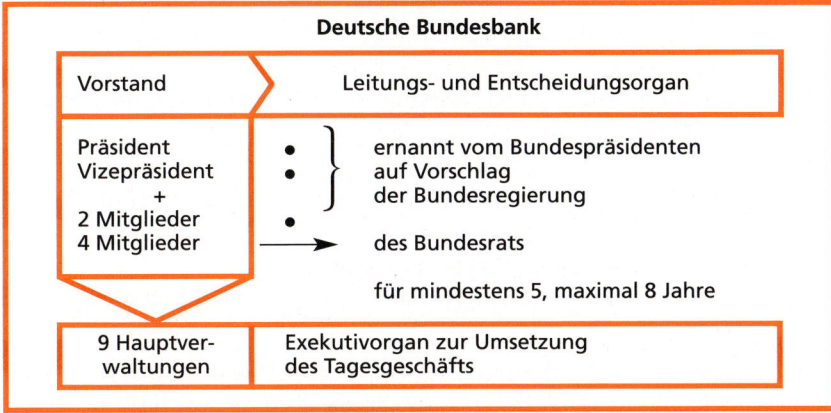

Deutsche Bundesbank

| Vorstand | Leitungs- und Entscheidungsorgan |

| Präsident Vizepräsident + 2 Mitglieder 4 Mitglieder | • • } ernannt vom Bundespräsidenten auf Vorschlag der Bundesregierung • → des Bundesrats für mindestens 5, maximal 8 Jahre |

| 9 Hauptverwaltungen | Exekutivorgan zur Umsetzung des Tagesgeschäfts |

3 Arbeitsmarktpolitik – fördern und fordern

3.1 Ziele, Aufgaben und Leitlinien der Arbeitsmarktpolitik

Die Erwerbsarbeit nimmt im Leben des modernen Menschen einen zentralen Platz ein, da sie nicht nur der Sicherung des Lebensunterhalts dient, sondern auch Einfluss auf die Entwicklung und Entfaltung der Persönlichkeit hat. Angesichts der andauernden Massenarbeitslosigkeit hat die Bundesregierung den Abbau der Erwerbslosigkeit zum obersten Ziel ihrer Wirtschaftspolitik erklärt.

Beschäftigungs-politik

Als **Beschäftigungspolitik** werden alle wirtschaftspolitischen Aktivitäten zusammengefasst, die dazu beitragen, die Beschäftigungslage zu beeinflussen. Dazu zählen die Arbeitsmarktpolitik, Teilbereiche der Struktur- und Konjunkturpolitik und weite Teile der Lohnpolitik der Tarifvertragspartner. Darüber hinaus besteht ein enger Zusammenhang zur Sozial- und Bildungspolitik. Die Bekämpfung einer ausschließlich *konjunkturell bedingten Arbeitslosigkeit* gehört zu den Aufgaben der Konjunkturpolitik mit ihren *geld- und fiskalpolitischen Instrumenten.* Die regional- und branchenspezifische Arbeitslosigkeit als Teilbereich der strukturellen Arbeitslosigkeit kann nur durch die *staatliche Strukturpolitik* beseitigt bzw. abgefedert werden.

→ Abschnitte 1.3, 2

Die Bekämpfung der anderen Teilbereiche der strukturellen Arbeitslosigkeit, nämlich der berufs-, qualifikations-, geschlechts- und altersspezifischen Arbeitslosigkeit, gehört zu den Aufgaben der **Arbeitsmarktpolitik.** Zur Arbeitsmarktpolitik *(= Arbeitsförderung)* als Teilbereich der Beschäftigungspolitik zählen alle Maßnahmen, die auf den Abstimmungsprozess zwischen Arbeitsangebot (durch Arbeitskräfte) und Arbeitsnachfrage (durch Unternehmen) auf dem Arbeitsmarkt einwirken (so genanntes *Matching*) und die Beschäftigungsstruktur verbessern. *Mismatch* bezeichnet die Tatsache, dass die Qualifikation der Arbeitssuchenden nicht mit den Anforderungen der angebotenen Stellen übereinstimmt. Dieses Phänomen der strukturellen Arbeitslosigkeit ist – aus wirtschaftlicher Sicht – gemeinsam mit der viel zu hohen absoluten Zahl das eigentliche Problem des Arbeitsmarktes in Deutschland. Anzeichen für Mismatching sind z. B. zunehmende Überstunden und Fachkräftemangel bei gleichzeitig hoher Arbeitslosigkeit.

Arbeitsmarkt-politik

Mismatch

Arbeitsförderung

Nach § 1 SGB III sind die Leistungen der **Arbeitsförderung** insbesondere darauf auszurichten, das Entstehen von Arbeitslosigkeit zu vermeiden und die Dauer unvermeidbarer Arbeitslosigkeit zu verkürzen. Dabei ist die Gleichstellung von Frauen und Männern als durchgängiges Prinzip zu verfolgen. Die Leistungen sind so einzusetzen, dass sie den beschäftigungspolitischen Zielen der Sozial-, Wirtschafts- und Finanzpolitik entsprechen. Die Leistungen der Arbeitsförderung sollen insbesondere

- den Ausgleich von Angebot und Nachfrage auf dem Ausbildungs- und Arbeitsmarkt unterstützen,
- die zügige Besetzung offener Stellen ermöglichen,
- die individuelle Beschäftigungsfähigkeit durch Erhalt und Ausbau von Kenntnissen, Fertigkeiten sowie Fähigkeiten fördern,
- unterwertiger Beschäftigung entgegenwirken und
- zu einer Weiterentwicklung der regionalen Beschäftigungs- und Infrastruktur beitragen.

Leitlinien der EU

Dabei soll ein koordiniertes Vorgehen mit den anderen Mitgliedstaaten der EU angestrebt werden, damit das Ziel der beschäftigungspolitischen **Leitlinien der EU** erreicht werden kann – die Vollbeschäftigung. Die europäische Wirtschaft soll dadurch zur wettbewerbsfähigsten und dynamischsten Wirtschaft in der Welt werden.

Leitlinien der europäischen Beschäftigungspolitik

Beschäftigungs-fähigkeit (erster Pfeiler)	Bekämpfung der Jugendarbeitslosigkeit und Verhütung von Langzeitarbeitslosigkeit, Konzipierung eines beschäftigungsfreundlicheren Ansatzes durch Schaffung von Sozialleistungs-, Steuer- und Ausbildungssystemen, die die Rückkehr der Arbeitslosen ins Erwerbsleben fördern; Förderung des aktiven Alterns, indem älteren Arbeitskräften der Verbleib im Erwerbsleben erleichtert wird, insbesondere durch leistungsfähige Weiterbildungssysteme; Qualifizierung für den neuen Arbeitsmarkt durch lebenslanges Lernen; Bekämpfung von Diskriminierungen beim Zugang zur Beschäftigung.
Unternehmer-geist (zweiter Pfeiler)	Ausgehend von der Feststellung, dass Gründung und Wachstum kleiner und mittlerer Unternehmen für eine Wirtschaft von vitaler Bedeutung sind, werden die Mitgliedstaaten aufgefordert, dafür Sorge zu tragen, dass Gemeinkosten und Verwaltungsaufwand der Unternehmen weitestgehend reduziert werden. Außerdem sollen die Mitgliedstaaten alle Möglichkeiten für die Schaffung von Arbeitsplätzen im Bereich der neuen Technologien nutzen. Im Übrigen wird eine beschäftigungsfreundlichere Ausgestaltung der nationalen Steuersysteme gefordert.
Anpassungs-fähigkeit (dritter Pfeiler)	Eine wissensbasierte Wirtschaft muss sich auf ein leistungsfähiges System lebenslanger Weiterbildung stützen können. Die Unternehmen müssen ermutigt werden, ihren Beitrag dazu zu leisten. Mit Blick auf die Förderung der Anpassungsfähigkeit der Beschäftigten wie auch der Arbeitgeber bedarf es außerdem einer Modernisierung der Arbeitsorganisation.
Chancengleich-heit (vierter Pfeiler)	Zur Verwirklichung des Ziels der Chancengleichheit und zur Anhebung der Beschäftigungsquote der Frauen ist es wichtig, dass diesem Aspekt im Rahmen jedes einzelnen der vier Aktionsschwerpunkte Rechnung getragen wird. Die Gleichstellung von Männern und Frauen muss unter anderem gefördert werden durch eine stärkere Vertretung der Frauen in allen Wirtschaftsbereichen und Berufen sowie durch Gewährleistung eines gleichen Entgelts für Frauen und Männer bei gleicher Arbeit. Die Wiedereingliederung von Frauen und Männern in den Arbeitsmarkt nach einer Berufspause, wie beispielsweise nach einem Elternurlaub, muss erleichtert werden.
Querschnitts-ziele	Mit den Querschnittszielen erhalten die Leitlinien ein strategisches Konzept. Querschnittsziele sind z. B., bis zum Jahr 2010 eine Gesamtbeschäftigungsquote von 70 % zu erreichen, Verbesserung der Arbeitsplatzqualität, die Forderung nach lebenslangem Lernen.

3.2 Angebots- und Nachfrageseite am Arbeitsmarkt

Die **Angebotsseite des Arbeitsmarkts** stellt das *Erwerbspersonenpotenzial* dar. Das ist der Teil der Wohnbevölkerung im erwerbsfähigen Alter (vollendetes 15. bis noch nicht vollendetes 65. Lebensjahr), der eine Erwerbsneigung zeigt. Das sind die abhängig und selbstständig Erwerbstätigen einschließlich mithelfenden Familienangehörigen, die bei der Agentur für Arbeit registrierten Arbeitslosen und die so genannte stille Reserve. Die *Erwerbstätigen* werden unterteilt in nicht subventio-

Angebotsseite des Arbeitsmarkts

Erwerbsneigung

Erwerbstätige

stille Reserve

nierte (erster Arbeitsmarkt) und subventionierte Beschäftigungsverhältnisse (zweiter Arbeitsmarkt). Zur *stillen Reserve* zählen Personen, die aufgrund von Arbeitsförderungsmaßnahmen (z. B. Vollzeitweiterbildung) nicht am Arbeitsmarkt auftauchen und nicht beschäftigte Personen die sich nicht als arbeitssuchend gemeldet haben, aber bei entsprechenden Angeboten arbeiten würden (z. B. Hausfrauen, die eine Arbeit aufnehmen wollen).

Nachfrageseite des Arbeitsmarkts

gemeldete Stellen

Stellenreservoir

Die **Nachfrageseite des Arbeitsmarkts** bildet das *Arbeitsplatzpotenzial*. Dieses setzt sich aus der Zahl der Erwerbstätigen (= besetzte Arbeitsplätze) und den gemeldeten und nicht gemeldeten offenen Stellen zusammen. Als gemeldete Stellen gelten registrierte offene Arbeitsplätze mit einer vorgesehenen Beschäftigungsdauer von mehr als sieben Kalendertagen. Den Arbeitsämtern werden nur etwa 36 % des gesamten Stellenangebots gemeldet. Der Rest ist das so genannte Stellenreservoir. Von den besetzten Arbeitsplätzen gibt es einige, die ohne finanzielle staatliche Unterstützung nicht existieren würden (subventionierte Beschäftigung bzw. zweiter Stellenmarkt).

Angebot und Nachfrage am Arbeitsmarkt (Zahlen in Mio.)

An-gebot	Erwerbspersonenpotenzial		42,7
	Erwerbstätige 36,1	Arbeitslose 4,1	Stille Reserve Verdeckte Arbeitslose 1,0 ⋮ Sonstige 1,5
Nach-frage	Besetzte Arbeitsplätze 36,1	Offene Stellen / Stellen-reservoir	Arbeitsplatzlücke 6,6
	Arbeitsplatzpotenzial		

Arbeitsplatzlücke

Die **Arbeitsplatzlücke** gibt die Zahl an Arbeitsplätzen an, die zusätzlich geschaffen werden müssten, um die gesamte *offene und verdeckte Arbeitslosigkeit* abzubauen. Das Institut für Arbeitsmarkt- und Berufsforschung (IAB) schätzt die Arbeitsplatzlücke zz. auf etwa 12 Mio. Arbeitsplätze.

Verdeckte Arbeitslosigkeit

Nach der Arbeitslosenstatistik der BA zählen folgende Personenkreise nicht zu den Arbeitslosen: Bezieher von Vorruhestands-, Altersteilzeit-, Kurzarbeitergeld, Teilnehmer an Arbeitsbeschaffungsmaßnahmen (ABM) und an beruflichen Weiterbildungsmaßnahmen. Man spricht in diesem Zusammenhang von der **verdeckten Arbeitslosigkeit**. *Kurzarbeiter* sind Erwerbstätige, die Anspruch auf Kurzarbeitergeld haben. Ein Anspruch besteht, wenn in einem Betrieb ein unvermeidbarer vorübergehender Arbeitsausfall eingetreten ist, der beim Arbeitsamt angezeigt wurde.

Nach § 119 SGB III liegt **Arbeitslosigkeit** vor, wenn ein Arbeitnehmer

➜ **SGB III § 16, 118 ff.**

Arbeitslosigkeit (Definition)

- nicht in einem Beschäftigungsverhältnis steht (**Beschäftigungslosigkeit**); das kann auch eine Person sein, deren Arbeits- oder Tätigkeitszeit (Arbeitszeit) insgesamt weniger als 15 Stunden wöchentlich umfasst.
- sich bemüht, seine Beschäftigungslosigkeit zu beenden (**Eigenbemühungen**); also alle Möglichkeiten zur beruflichen Eingliederung nutzt. Hierzu gehören die Wahrnehmung der Verpflichtungen aus der Eingliederungsvereinbarung, die Mitwirkung bei der Vermittlung durch Dritte und die Inanspruchnahme der Selbstinfomationseinrichtungen der Agentur für Arbeit.
- den Vermittlungsbemühungen der Agentur für Arbeit zur Verfügung steht (**Verfügbarkeit**); d.h. 1. eine versicherungspflichtige, mindestens 15 Stunden wöchentlich umfassende zumutbare Beschäftigung unter den üblichen Bedin-

gungen des für ihn in Betracht kommenden Arbeitsmarktes ausüben kann und darf, 2. Vorschlägen der Agentur für Arbeit zur beruflichen Eingliederung zeit- und ortsnah Folge leisten kann, 3. bereit ist, jede Beschäftigung im Sinne der Nummer 1 anzunehmen und auszuüben und 4. bereit ist, an Maßnahmen zur beruflichen Eingliederung in das Erwerbsleben teilzunehmen.

Teilarbeitslos ist, wer eine versicherungspflichtige Beschäftigung verloren hat, die er neben einer weiteren versicherungspflichtigen Beschäftigung ausgeübt hat, und eine versicherungspflichtige Beschäftigung sucht. Dies ist bei Teilzeitkräften mit mehreren „Jobs" der Fall.

Das *Statistische Amt der Europäischen Union* (EUROSTAT) legt in seiner **EU-standardisierten Erwerbslosenquote** die niedrigste und höchste Altersgrenze mit 15 bzw. 74 Jahren fest und betrachtet alle Personen als arbeitslos, die weniger als eine Stunde pro Woche arbeiten. Zur aktiven Form der Arbeitssuche gehören danach die Kontaktaufnahme mit einer Agentur für Arbeit oder einer privaten Arbeitsvermittlungsstelle und die direkte Bewerbung bei Arbeitgebern.

EU-standardisierte Erwerbslosenquote

3.3 Instrumente der Arbeitsmarktpolitik – aktiv und passiv

Im Verlauf der 90er-Jahre des vorigen Jahrhunderts stieg die Arbeitslosigkeit in Deutschland von 1,8 Mio. (1990) auf heute rund 4,6 Mio. Personen.

Mit der *passiven und aktiven Arbeitsmarktpolitik* versucht die Bundesregierung mithilfe der Bundesagentur für Arbeit (BA) das Beschäftigungsproblem mehr oder weniger erfolgreich in den Griff zu bekommen. Dabei hat die Vermittlung in Ausbildung und Arbeit Vorrang vor allen anderen Maßnahmen der Arbeitsmarktpolitik (**Vermittlungsvorrang,** SGB III § 4). Die Leistungen der aktiven Arbeitsförderung haben wiederum Vorrang vor der passiven Arbeitsmarktpolitik und sind entsprechend den Ergebnissen der Beratungs- und Vermittlungsgespräche einzusetzen, um sonst erforderliche Lohnersatzleistungen bei Arbeitslosigkeit nicht nur vorübergehend zu vermeiden und dem Entstehen von Langzeitarbeitslosigkeit vorzubeugen (**Vorrang der aktiven Arbeitsförderung,** SGB III § 5).

Vermittlungsvorrang

Vorrang der aktiven Arbeitsförderung

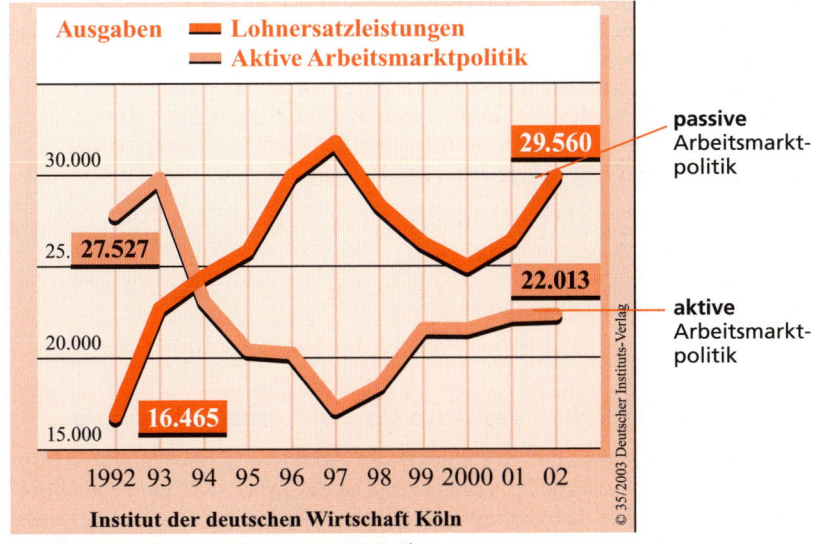

Etat der Bundesagentur für Arbeit in Mio. EUR

(Quelle: iwd Nr. 35, vom 28. August 2003, S. 2)

3.3.1   Passive Arbeitsmarktpolitik – wenn nicht vermeidbar

Die passive Arbeitsmarktpolitik soll die von Arbeitslosigkeit betroffenen Menschen finanziell absichern. Die wesentlichen Instrumente sind hierbei das **Arbeitslosengeld** und die **Grundsicherung für Arbeitssuchende**. Im Jahr 2002 zahlten die Agenturen für Arbeit über 50 Mrd. EUR aus.

Arbeitslosengeld

■ *Arbeitslosengeld als Entgeltersatzleistung*

● *Voraussetzungen für den Bezug von Arbeitslosengeld*

Anspruch auf Arbeitslosengeld haben Arbeitnehmer, die sich beruflich weiterbilden oder arbeitslos sind, sich bei der Agentur für Arbeit persönlich arbeitslos gemeldet und die Anwartschaftszeit erfüllt haben. Arbeitnehmer, die das 65. Lebensjahr vollendet haben, haben vom Beginn des folgenden Monats an keinen Anspruch auf Arbeitslosengeld. Die *Anwartschaftszeit* hat erfüllt, wer in der Rahmenfrist mindestens zwölf Monate in einem Versicherungspflichtverhältnis gestanden hat. Die *Rahmenfrist* beträgt zwei Jahre (SGB III § 124).

→ SGB III § 117

→ SGB III § 123

● *Höhe und Bezugsdauer des Arbeitslosengelds*

→ SGB III § 129

Die **Höhe** des Arbeitslosengelds beträgt nach § 129 SGB III für Arbeitslose, die mindestens ein Kind im Sinne des § 32 EStG haben, sowie für Arbeitslose, deren Ehegatte oder Lebenspartner mindestens ein Kind hat, wenn beide Ehegatten oder Lebenspartner unbeschränkt einkommensteuerpflichtig sind und nicht dauernd getrennt leben, 67 Prozent *(erhöhter Leistungssatz),* für die übrigen Arbeitslosen 60 Prozent *(allgemeiner Leistungssatz)* des pauschalierten Nettoentgelts (Leistungsentgelt), das sich aus dem Bruttoentgelt ergibt, das der Arbeitslose im Bemessungszeitraum erzielt hat (Bemessungsentgelt). Der *Bemessungszeitraum* umfasst die beim Ausscheiden des Arbeitslosen aus dem Beschäftigungsverhältnis abgerechneten Entgeltabrechnungszeiträume der versicherungspflichtigen Beschäftigungen im Bemessungsrahmen (dieser beträgt ein Jahr). *Bemessungsentgelt* ist das im Bemessungszeitraum durchschnittlich auf den Tag entfallende Entgelt. Entgelt, von dem Pflichtversicherungsbeiträge nicht zu erheben sind, bleibt außer Betracht.

→ SGB III § 130

→ SGB III § 131

Dauer

Die **Dauer** des Anspruchs auf Arbeitslosengeld richtet sich nach der Dauer der Versicherungspflichtverhältnisse innerhalb der um ein Jahr (bis 2005: 4 Jahre) erweiterten Rahmenfrist und dem Lebensalter, das der Arbeitslose bei der Entstehung des Anspruchs vollendet hat.

→ SGB III § 127

bis 2006:
Höchstdauer:
– unter 45 Jahre:
   12 Monate
– über 57 Jahre:
   bis 32 Monate

Dauer des Anspruchs auf Arbeitslosengeld (in Monaten) nach § 434 j; SGB III

6	8	10	12	15	18

Dauer der Versicherungspflichtverhältnisse von insgesamt mindestens (... Monaten)

12	16	20	24	30	36

Nach Vollendung des ... Lebensjahres

–	–	–	–	55.	55.

● *Gründe für das Ruhen des Anspruchs auf Arbeitslosengeld*

Abfindung

Hat der Arbeitslose wegen der Beendigung des Arbeitsverhältnisses eine **Abfindung** (Entlassungsentschädigung) erhalten und ist das Arbeitsverhältnis ohne Einhaltung der ordentlichen Kündigungsfrist beendet worden, so ruht der Anspruch auf Arbeitslosengeld von dem Ende des Arbeitsverhältnisses an bis zu dem Tage, an dem das Arbeitsverhältnis bei Einhaltung dieser Frist geendet hätte, längstens ein Jahr.

→ SGB III § 143a

Ist der Arbeitnehmer durch Beteiligung an einem inländischen **Arbeitskampf** arbeitslos geworden, dann ruht der Anspruch auf Arbeitslosengeld bis zur Beendigung des Arbeitskampfes. Ist der Arbeitnehmer durch einen inländischen Arbeitskampf, an dem er nicht beteiligt ist, arbeitslos geworden („kalte Aussperrung"), dann ruht der Anspruch auf Arbeitslosengeld bis zur Beendigung des Arbeitskampfes nur, wenn der Betrieb, in dem der Arbeitslose zuletzt beschäftigt war, dem räumlichen und/oder fachlichen Geltungsbereich des umkämpften Tarifvertrages zuzuordnen ist.

→ SGB III § 146

Während der **Sperrzeit** ruht der Anspruch auf Arbeitslosengeld. Die Sperrzeit von drei bis zwölf Wochen tritt ein, wenn der Arbeitslose ohne Angabe eines wichtigen Grundes das Beschäftigungsverhältnis gelöst oder durch ein arbeitsvertragswidriges Verhalten Anlass für die Lösung gegeben hat *(Sperrzeit bei Arbeitsaufgabe)*, eine vermittelte Beschäftigung nicht angenommen oder nicht angetreten oder die Anbahnung eines solchen Beschäftigungsverhältnisses, insbesondere das Zustandekommen eines Vorstellungsgespräches, durch sein Verhalten verhindert *(Sperrzeit bei Arbeitsablehnung)*, die geforderten Eigenbemühungen nicht nachweist, sich weigert, an einer Maßnahme der Eignungsfeststellung, einer Trainingsmaßnahme oder einer Maßnahme zur beruflichen Aus- oder Weiterbildung teilzunehmen oder diese abbricht *(Sperrzeit wegen Ablehnung bzw. Abbruchs einer beruflichen Eingliederungsmaßnahme)*, sich trotz Aufforderung durch die Agentur für Arbeit nicht meldet.

Sperrzeit
→ SGB III § 144

● *Zumutbarkeit einer Beschäftigung*

→ SGB III § 121

Einem Arbeitslosen sind alle seiner Arbeitsfähigkeit entsprechenden Beschäftigungen zumutbar, soweit nicht allgemeine oder personenbezogene Gründe entgegenstehen. Eine Beschäftigung ist aus **allgemeinen Gründen** nicht zumutbar, wenn sie gegen gesetzliche, tarifliche oder in Betriebsvereinbarungen festgelegte Bestimmungen über Arbeitsbedingungen oder gegen Bestimmungen des Arbeitsschutzes verstößt.

Zumutbarkeit

Allgemeine
Gründe

Aus **personenbezogenen Gründen** ist eine Beschäftigung nicht zumutbar, wenn das daraus erzielbare *Arbeitsentgelt* erheblich niedriger ist als das der Bemessung des Arbeitslosengeldes zugrunde liegende Arbeitsentgelt. In den ersten drei Monaten der Arbeitslosigkeit ist eine Minderung um mehr als 20 % und in den folgenden drei Monaten um mehr als 30 % dieses Arbeitsentgelts nicht zumutbar. Vom siebten Monat der Arbeitslosigkeit an ist eine Beschäftigung nur dann nicht zumutbar, wenn das daraus erzielbare Nettoeinkommen unter Berücksichtigung der mit der Beschäftigung zusammenhängenden Aufwendungen niedriger ist als das Arbeitslosengeld. Des Weiteren ist eine Beschäftigung nicht zumutbar, wenn die *täglichen Pendelzeiten* zwischen Wohnung und Arbeitsstätte im Vergleich zur Arbeitszeit unverhältnismäßig lang sind (d. h. mehr als 2,5 Stunden bei einer Arbeitszeit von mehr als sechs Stunden und Pendelzeiten von mehr als zwei Stunden bei einer Arbeitszeit von sechs Stunden und weniger).

Personenbezogene
Gründe

Eine Beschäftigung ist nicht schon deshalb unzumutbar, weil sie befristet ist, vorübergehend eine getrennte Haushaltsführung erfordert oder nicht zum Kreis der Beschäftigungen gehört, für die der Arbeitnehmer ausgebildet ist oder die er bisher ausgeübt hat.

● Erlöschen des Anspruchs auf Arbeitslosengeld

Der Anspruch auf Arbeitslosengeld *erlischt* mit der Entstehung eines neuen Anspruchs oder wenn der Arbeitslose nach der Entstehung des Anspruchs Anlass für den Eintritt von Sperrzeiten mit einer Dauer von insgesamt mindestens 21 Wochen gegeben hat.

→ SGB III § 147

■ Grundsicherung für Arbeitssuchende

● Ziele und Leistungsgrundsätze

**Leistungsgrund-
sätze**

Die Grundsicherung für Arbeitssuchende geht davon aus, dass erwerbstätige Hilfebedürftige in erster Linie selbst für die Sicherung ihres Unterhalts und des Unterhalts ihrer Angehörigen verantwortlich sind. Von ihnen wird erwartet, dass sie alle Möglichkeiten ausschöpfen, bevor sie die Hilfe der Allgemeinheit in Anspruch nehmen (**Grundsatz des Forderns**). Wenn die eigenen Möglichkeiten ausgeschöpft sind, erhalten erwerbsfähige Hilfebedürftige im Rahmen der Grundsicherung für Arbeitssuchende als staatlicher Fürsorge umfassende Unterstützung mit dem Ziel der Eingliederung in Arbeit (**Grundsatz des Förderns**). Die Unterstützung erfolgt allerdings nur, soweit sie den Grundsätzen der Wirtschaftlichkeit und Sparsamkeit entspricht.

Die Grundsicherung für Arbeitssuchende umfasst Leistungen zur Beendigung oder Verringerung der Hilfebedürftigkeit insbesondere durch **Eingliederung in Arbeit** (aktive Leistungen) und zur **Sicherung des Lebensunterhalts** (passive Leistungen). Ziel ist es, die Eigenverantwortung der erwerbsfähigen Hilfebedürftigen zu stärke und Hilfe zur Selbsthilfe zu geben, damit die Erwerbsfähigen ihren Unterhalt und denjenigen ihrer Angehörigen aus einer eigenen Erwerbstätigkeit bestreiten können (SGB II §§ 1,2). Anlaufstelle für alle erwerbslosen Personen ist das **Job-Center** bei der Agentur für Arbeit. Die Job-Center sollen flächendeckend eingerichtet werden und mit den örtlichen Sozialbehörden eng zusammenarbeiten.

→ SGB II §§ 1, 2

Leistungen zur Eingliederung in Arbeit werden eingesetzt, um die Aufrechterhaltung einer Erwerbstätigkeit zu unterstützen. Dabei sind die Eignung, die individuelle Lebenssituation, insbesondere die familiäre Situation, die voraussichtliche Dauer der Hilfebedürftigkeit und die Dauerhaftigkeit der Eingliederung der erwerbsfähigen Hilfebedürftigen zu berücksichtigen. Vorrangig sollen Maßnahmen eingesetzt werden, die die unmittelbare Aufnahme einer Erwerbstätigkeit ermöglichen (SGB II § 3).

→ SGB II § 3

Die Leistungen der Grundsicherung für Arbeitssuchende werden in Form von

- **Dienstleistungen**, insbesondere durch umfassende Betreuung durch einen persönlichen Berater mit dem Ziel der Eingliederung in Arbeit,
- **Geldleistungen**, insbesondere zur Eingliederung der erwerbsfähigen Hilfebedürftigen in Arbeit und zur Sicherung des Lebensunterhalts der erwerbsfähigen Hilfebedürftigen und der mit ihnen in einer Bedarfsgemeinschaft lebenden Personen, und
- **Sachleistungen** erbracht (SGB II § 4)

→ SGB II § 4

**Leistungs-
berechtigte**

Zu den **Leistungsberechtigten** zählen Personen, die mindestens 15 Jahre alt sind und das 65. Lebensjahr noch nicht vollendet haben, erwerbsfähig sind, hilfebedürftig sind und ihren gewöhnlichen Aufenthalt in der Bundesrepublik Deutschland haben (erwerbsfähige Hilfebedürftige) und Personen, die mit erwerbsfähigen Hilfebedürftigen in einer Bedarfsgemeinschaft leben. Zur Bedarfsgemeinschaft gehören die Erwerbsfähigen, der nicht dauernd getrennt lebende Ehegatte, die Person, die mit dem Erwerbsfähigen in eheähnlicher Gemeinschaft lebt, der nicht dauernd getrennt lebende Lebenspartner, die dem Haushalt angehörenden minderjährigen, unverheirateten Kinder des Erwerbsfähigen oder seines Partners, soweit sie nicht aus eigenem Einkommen und Vermögen die Leistungen zur Sicherung ihres Lebensunterhalts beschaffen können (SGB II § 7).

Die Agentur für Arbeit stellt fest, ob Hilfebedürftige erwerbsfähig sind. **Erwerbsfähig** ist, wer gegenwärtig oder voraussichtlich innerhalb von sechs Monaten unter den üblichen Bedingungen des allgemeinen Arbeitsmarktes mindestens drei Stunden täglich erwerbstätig sein kann (SGB II § 8). **Hilfebedürftig** ist, wer seinen Lebensunterhalt, seine Eingliederung in Arbeit und den Lebensunterhalt der mit ihm in einer Bedarfsgemeinschaft lebenden Person nicht oder nicht ausreichend aus eigenen Kräften und Mitteln, vor allem nicht durch Aufnahme einer zumutbaren Arbeit und aus dem zu berücksichtigenden Einkommen und Vermögen sichern kann und die erforderliche Hilfe nicht von anderen, insbesondere von Angehörigen oder von Trägern anderer Sozialleistungen erhält. Bei Personen, die in einer Bedarfsgemeinschaft leben, sind auch das Einkommen und Vermögen des Partners zu berücksichtigen (SGB II § 9).

Erwerbsfähigkeit

Hilfsbedürftigkeit

● *Leistungen zur Eingliederung in Arbeit*

Zusätzlich zu den Leistungen nach SGB II § 4 kann die Agentur für Arbeit **weitere Leistungen** erbringen oder erbringen lassen, die für die Eingliederung des erwerbsfähigen Hilfebedürftigen in das Erwerbsleben erforderlich sind. Dazu gehören z. B. die Betreuung minderjähriger oder behinderter Kinder oder die häusliche Pflege von Angehörigen, die Schuldnerberatung, die psychosoziale Betreuung, die Suchtberatung (SGB II § 16).

Die Agentur für Arbeit soll mit jedem erwerbsfähigen Hilfebedürftigen die für seine Eingliederung erforderlichen Leistungen in einer **Eingliederungsvereinbarung** festlegen. Diese wird für sechs Monate geschlossen und bestimmt, welche Leistungen der Erwerbsfähige zur Eingliederung in Arbeit erhält, welche Bemühungen der erwerbsfähige Hilfebedürftige in welcher Häufigkeit zur Eingliederung in Arbeit mindestens unternehmen muss und in welcher Form er die Bemühungen nachzuweisen hat (SGB II § 15).

Eingliederung in Arbeit

● *Leistungen zur Sicherung des Lebensunterhalts*

Erwerbsfähige Hilfebedürftige erhalten als **Arbeitslosengeld II** Leistungen zur Sicherung des Lebensunterhalts einschließlich der tatsächlichen Aufwendungen für Unterkunft und Heizung. Die Regelleistung zur Sicherung des Lebensunterhalts umfasst insbesondere Ernährung, Kleidung, Körperpflege, Hausrat, Bedarfe des täglichen Lebens sowie in vertretbarem Umfang auch Beziehungen zur Umwelt und eine Teilnahme am kulturellen Leben.

Die *monatliche Regelleistung* beträgt für Personen, die alleinstehend oder alleinerziehend sind, in den alten Bundesländern einschließlich Berlin (Ost) 345 Euro, in den neuen Bundesländern 331 Euro (SGB II § 20). Das Arbeitslosengeld II mindert sich um das zu berücksichtigende Einkommen und Vermögen (SGB II § 19). In den ersten zwei Jahren erhält der erwerbsfähige Hilfebedürftige einen monatlichen Zuschlag (höchstens 160 Euro, bei Partnern höchstens 320 Euro), wenn er vorher Arbeitslosengeld bezogen hat. Nach Ablauf des ersten Jahres wird der Zuschlag um 50 % vermindert (SGB II § 24). In besonderen Fällen wird ein prozentualer Zuschlag auf die Regelleistung gewährt, wenn erwerbsfähige Hilfsbedürfige einen Mehrbedarf haben, z. B. werdende Mütter nach der 12. Schwangerschaftswoche, Hilfebedürftige mit einem Kind unter sieben Jahren, behinderte Hilfebedürftige (SGB II § 21).

Sicherung des Lebensunterhalts

Reformpaket: Das Arbeitslosengeld II
Langzeit-Arbeitslose und erwerbsfähige Sozialhilfeempfänger erhalten ab 2004
das neue **Arbeitslosengeld II** (Gesetzentwurf der Bundesregierung)

Nicht erwerbsfähige Angehörige, die mit erwerbsfähigen Hilfebedürftigen in Bedarfsgemeinschaft leben, erhalten, soweit sie keinen Anspruch auf Leistungen nach dem Gesetz über eine bedarfsorientierte Grundsicherung im Alter und bei Erwerbsminderung haben oder diese Leistungen zur Sicherung des Le-

Sozialgeld

bensunterhalts nicht ausreichen, ein **Sozialgeld**. Dieses beträgt bis zur Vollendung des 14. Lebensjahres 60 % im 15. Lebensjahr 80 % der nach SGB II § 20 maßgebenden Regelleistung (SGB II § 28). Das Sozialgeld mindert sich um das zu berücksichtigende Einkommen und Vermögen.

Die Leistungen zur Sicherung des Lebensunterhalts werden jeweils für sechs Monate bewilligt (SGB II § 41).

Für Empfänger von Leistungen für Arbeitssuchende ist **jede Arbeit zumutbar** zu der sie geistig, seelich und körperlich in der Lage sind und soweit keine der Ausnahmetatbestände (z.B. die Erziehung eines unter 3-jährigen Kindes oder die Pflege eines Angehörigen) vorliegen. Eine Entlohnung unterhalb des Tariflohns oder des ortsüblichen Entgelts steht der Zumutbarkeit der Arbeitsaufnahme grundsätzlich nicht entgegen (SGB II § 10). Lehnen erwerbsfähige Hilfebedürftige unter 25 Jahren eine zumutbare Erwerbstätigkeit oder Eingliederungsmaßnahmen ab oder bemühen sie sich nicht ausreichend um einen Arbeitsplatz, so erhalten sie für die Dauer von drei Monaten keine Geldleistung oder Grundsicherung für Arbeitssuchende oder aus nachrangigen Sicherungssystemen.

Das Arbeitslosengeld II bzw. das Sozialgeld wird in einer ersten Stufe für die Dauer von drei Monaten um 30 % der nach SGB II § 20 maßgebenden Regelleistung **gekürzt**, wenn der erwerbsfähige Hilfebedürftige sich trotz Belehrung über die Rechtsfolgen weigert, eine ihm angebotene Eingliederungsvereinbarung abzuschließen, die dort festgelegten Pflichten zu erfüllen (z. B. Nachweis von Eigenbemühungen) oder eine zumutbare Arbeit, Ausbildung oder Arbeitsgelegenheit aufzunehmen, aus- bzw. fortzuführen. Dies gilt auch, wenn der erwerbsfähige Hilfebedürftige eine zumutbare Maßnahme zur Eingliederung in Arbeit ohne wichtigen Grund abgebrochen oder Anlass für den Abbruch gegeben hat. Bei wiederholter Pflichtverletzung erfolgen weitere Kürzungen.

**aktive Arbeits-
marktpolitik**

3.3.2   Aktive Arbeitsmarktpolitik – Arbeit statt Arbeitslosigkeit finanzieren

Die Maßnahmen der aktiven Arbeitsmarktpolitik lassen sich einteilen in Leistungen, die an Arbeitnehmer, an Arbeitgeber und an die Träger von Arbeitsförderungsmaßnahmen gerichtet sind. In den folgenden Ausführungen ist das **Job-AQTIV-Gesetz** (**A**ktivieren, **Q**ualifizieren, **T**rainieren, **I**nvestieren, **V**ermitteln) berücksichtigt.

→ SGB III § 3

**Job-AQTIV-
Gesetz**

■ *Angebotsseitige Maßnahmen – Leistungen an Arbeitnehmer*

Von Arbeitslosigkeit Bedrohte haben die Pflicht, sich unverzüglich nach Kenntnis des Beendigungszeitpunkts persönlich bei der Agentur für Arbeit arbeitssuchend zu melden (**frühzeitige Arbeitssuche**).

→ SGB III § 37b

Berufsberatung	Erteilung von **Auskunft und Rat** zur Berufswahl, beruflichen Entwicklung und zum Berufswechsel, zur Lage und Entwicklung des Arbeitsmarktes und der jeweiligen Berufe, zu den Möglichkeiten der beruflichen Bildung, zur Ausbildungs- und Arbeitsplatzsuche und zu Leistungen der Arbeitsförderung.
Ausbildungs- und Arbeitsver-mittlung	Die **Vermittlung** umfasst alle Tätigkeiten, um Ausbildungsu-chende mit Arbeitgebern zur Begründung eines Ausbildungs-verhältnisses und Arbeitsuchende mit Arbeitgebern zur Begrün-dung eines Beschäftigungsverhältnisses zusammenzuführen. Die Agentur für Arbeit soll Ausbildung- und Arbeitsuchenden in geeigneter Weise Gelegenheit geben, sich über freie Ausbil-dungs- bzw. Arbeitsplätze zu unterrichten (z. B. Ausbildungs-stelleninformationsservice **ASIS**, Stelleninformationsservice **SIS**). Die Agentur für Arbeit kann zu ihrer Unterstützung *Dritte beauftragen* und hat die Einrichtung mindestens einer **Perso-nal-Service-Agentur** sicherzustellen. Aufgabe der Personal-Service-Agentur ist insbesondere, eine Arbeitnehmerüberlas-sung zur Vermittlung von Arbeitslosen in Arbeit durchzu-führen sowie ihre Beschäftigten in verleihfreien Zeiten zu qualifizieren und weiterzubilden. Die Agentur für Arbeit kann für die Tätigkeit der Personal-Service-Agenturen ein Honorar vereinbaren. Arbeitnehmer, die Anspruch auf Arbeitslosengeld haben und nach einer Arbeitslosigkeit von drei Monaten noch nicht ver-mittelt sind, haben Anspruch auf einen **Vermittlungsgutschein** (je nach Dauer der Arbeitslosigkeit 1500,00 bis 2500,00 EUR). Mit dem Vermittlungsgutschein verpflichtet sich die Agentur für Arbeit, den Vergütungsanspruch eines vom Arbeitnehmer eingeschalteten Vermittlers zu erfüllen. Auf Antrag kann die Agentur für Arbeit **Bewerbungskosten** für die Erstellung und Versendung von Bewerbungsunterla-gen (bis zu 260,00 EUR jährlich) und ggf. Teile der Reise-kosten für Fahrt und Übernachtung übernehmen.
Verbesserung der Eingliede-rungsaussichten	Gefördert werden Maßnahmen zur **Eignungsfeststellung,** in denen die Kenntnisse und Fähigkeiten, das Leistungsvermö-gen und die beruflichen Entwicklungsmöglichkeiten des Ar-beitslosen oder von Arbeitslosigkeit bedrohten Arbeitsuchen-den ermittelt werden. Des Weiteren werden **Trainingsmaßnahmen,** die die Selbstsu-che des Arbeitslosen fördern (z. B. Bewerbungstraining, Mög-lichkeiten der Arbeitsplatzsuche).
Förderung der Aufnahme einer Beschäftigung	**Mobilitätshilfen** bei Aufnahme einer Beschäftigung umfassen Leistungen für den Lebensunterhalt bis zur ersten Arbeitsent-geltzahlung (Übergangsbeihilfe), Leistungen für Arbeitsklei-dung und Arbeitsgerät (Ausrüstungsbeihilfe). Bei auswärtiger Arbeitsaufnahme die Übernahme der Kosten für die Fahrt zum Antritt einer Arbeitsstelle (Reisekostenbeihilfe), für tägliche Fahrten zwischen Wohnung und Arbeitsstelle (Fahrkostenbei-hilfe), Kosten für eine getrennte Haushaltsführung (Trennungs-kostenbeihilfe) und für einen Umzug (Umzugskostenbeihilfe).

→ SGB III §§ 29 ff.

→ SGB III §§ 35 ff., 421g – Job-AQTIV-Gesetz

ASIS, SIS

Vermittlungs-gutschein

→ SGB III §§ 48 ff.

Mobilitätshilfen

→ SGB III §§ 48 ff.

Überbrückungs-geld → SGB III §§ 57 ff. **Existenzgrün-dungszuschuss** → SGB III § 421l	**Förderung der Existenzgrün-dung**	Arbeitnehmer, die sich aus der vorhandenen oder drohender Arbeitslosigkeit heraus selbstständig machen wollen, können entweder Überbrückungsgeld *oder* einen Existenzgründerzu-schuss erhalten. **Überbrückungsgeld** wird in den ersten sechs Monaten in Höhe des zu erwartenden oder bisher bezogenen Arbeitslosengeldes gewährt. Einen **Existenzgründerzuschuss** erhalten sog. **Ich-AGs** bzw. Familien-AGs, (Existenzgründer, die keinen Arbeitnehmer bzw. nur Familienangehörige beschäfti-gen), um damit vor allem ihre Beitragszahlungen für die gesetz-liche Renten-, Kranken- und Pflegeversicherung zu finanzieren.
Berufsausbil-dungsbeihilfe → SGB III §§ 59 ff.	**Förderung der Berufsausbil-dung**	Auszubildende haben Anspruch auf **Berufsausbildungsbeihil-fe** während einer beruflichen Ausbildung oder einer berufs-vorbereitenden Bildungsmaßnahme, wenn ihnen die erfor-derlichen Mittel zur Deckung des Bedarfs für den Lebensun-terhalt, die Fahrkosten, die sonstigen Aufwendungen und die Lehrgangskosten nicht anderweitig zur Verfügung stehen. Eine **berufliche Ausbildung** ist förderungsfähig, wenn sie in einem staatlich anerkannten Ausbildungsberuf betrieblich oder außerbetrieblich durchgeführt wird und der dafür vor-geschriebene Berufsausbildungsvertrag abgeschlossen wor-den ist. Förderungsfähig ist die erstmalige Ausbildung. Eine **berufsvorbereitende Bildungsmaßnahme** ist förderungs-fähig, wenn sie auf die Aufnahme einer Ausbildung vorberei-tet oder der beruflichen Eingliederung dient.
Anschlussunter-haltsgeld → SGB III §§ 77 ff.	**Förderung der beruflichen Weiterbildung** (Bildungsgut-schein)	Übernahme von **Weiterbildungskosten** und Unterhaltsgeld während der Teilnahme an einer beruflichen Weiterbildung sowie **Anschlussunterhaltsgeld** (höchstens drei Monate) während Arbeitslosigkeit im Anschluss an eine abgeschlosse-ne berufliche Weiterbildung. Die Weiterbildung muss not-wendig sein, um Arbeitslose beruflich einzugliedern bzw., eine drohende Arbeitslosigkeit abzuwenden. Vor Beginn der Weiterbildungsmaßnahme muss eine Beratung durch die Agentur für Arbeit erfolgt sein. Folgende Weiterbildungskosten können übernommen wer-den: unmittelbar entstehende Lehrgangskosten, Fahrkosten, Kosten für auswärtige Unterbringung und Verpflegung und Kosten für die Betreuung von Kindern. Die Agentur für Arbeit hat die Durchführung der Maßnahme zu überwachen sowie den Erfolg zu beobachten.
Behinderte → SGB III §§ 160 ff. i. V. m. SGB IX **Übergangsgeld** **Ausbildungsgeld**	**Leistungen zur Teilhabe am Ar-beitsleben** (berufliche Re-habilitation)	Menschen sind **behindert,** wenn ihre körperliche Funktion, geistige Fähigkeit oder seelische Gesundheit mit hoher Wahr-scheinlichkeit länger als sechs Monate im Jahr von dem für das Lebensalter typischen Zustand abweichen und daher ihre Teil-habe am Leben in der Gesellschaft beeinträchtigt ist (SGB IX § 2). Die Aussichten, beruflich eingegliedert zu werden oder zu bleiben, sind wegen der Behinderung nicht nur vorüber-gehend wesentlich gemindert. Behinderte Menschen benöti-gen deshalb besondere Hilfen zur beruflichen Eingliederung. Während der Teilnahme an einer behindertenspezifischen Bildungsmaßnahme hat der behinderte Mensch Anspruch auf Leistungen zum Lebensunterhalt **(Übergangsgeld)** und Über-nahme der Teilnahmekosten **(Ausbildungsgeld).** Bei einer Vorbeschäftigung beträgt das Übergangsgeld 80 % des erzielten regelmäßigen versicherungspflichtigen Arbeit-sentgelts (Regelentgelt, nicht mehr als das Nettoarbeitsent-gelt).

■ Nachfrageseitige Maßnahmen – Leistungen an Arbeitgeber

● Arbeitsmarktberatung sowie Ausbildungs- und Arbeitsvermittlung

Arbeitsmarktberatung umfasst die Erteilung von Auskunft und Rat zur Lage und Entwicklung des Arbeitsmarktes und der Berufe, zur Besetzung von Ausbildungs- und Arbeitsplätzen, zur Gestaltung von Arbeitsplätzen, Arbeitsbedingungen und der Arbeitszeit, zur betrieblichen Aus- und Weiterbildung, zur Eingliederung förderungsbedürftiger Auszubildender und Arbeitnehmer und zu Leistungen der Arbeitsförderung. Weiter soll die Agentur für Arbeit Arbeitgebern in geeigneter Weise Gelegenheit geben, sich über Ausbildung- und Arbeitsuchende zu unterrichten (z. B. über den Arbeitgeberinformationsservice AIS) und dem Arbeitgeber eine Arbeitsmarktberatung anbieten, wenn erkennbar wird, dass ein gemeldeter freier Ausbildungs- oder Arbeitsplatz nicht spätestens nach drei Monaten besetzt werden kann.

→ SGB III §§ 34 ff.
Arbeitsmarktberatung

AIS

● Zuschuss für Eingliederung von Arbeitnehmern

Arbeitgeber können zur Eingliederung von Arbeitnehmern mit Vermittlungshemmnissen Zuschüsse zu den Arbeitsentgelten erhalten, wenn deren Vermittlung wegen in ihrer Person liegender Umstände erschwert ist. Die Förderhöhe und die Förderdauer richtet sich nach den jeweiligen Eingliederungserfordernissen. Der **Eingliederungszuschuss** darf 50 % des berücksichtigungsfähigen Arbeitsentgelts nicht übersteigen und längstens für eine Förderdauer von zwölf Monaten erbracht werden. Für schwerbehinderte oder sonstige behinderte Menschen gelten großzügigere Regelungen.

→ SGB III §§ 217 ff.

Eingliederungszuschüsse

Nach Ablauf von zwölf Monaten ist der Eingliederungszuschuss entsprechend der zu erwartenden Zunahme der Leistungsfähigkeit des Arbeitnehmers und den abnehmenden Eingliederungserfordernissen gegenüber der bisherigen Förderhöhe, mindestens aber um zehn Prozentpunkte jährlich, zu vermindern. Er darf 30 Prozent nicht unterschreiten. Der Eingliederungszuschuss für besonders betroffene ältere schwerbehinderte Menschen ist erst nach Ablauf von 24 Monaten zu vermindern.

● Einstellungszuschuss bei Neugründungen

Arbeitgeber, die vor nicht mehr als zwei Jahren eine selbstständige Tätigkeit aufgenommen haben, können für die unbefristete Beschäftigung eines zuvor arbeitslosen förderungsbedürftigen Arbeitnehmers auf einem neu geschaffenen Arbeitsplatz einen Zuschuss zum Arbeitsentgelt erhalten. Der Arbeitgeber darf nicht mehr als fünf Arbeitnehmer beschäftigen. Der **Einstellungszuschuss** bei Neugründungen kann für höchstens zwei Arbeitnehmer für maximal zwölf Monate in Höhe von 50 % des Arbeitsentgelts geleistet werden.

→ SGB III §§ 225 ff.

Einstellungszuschuss

● Förderung der beruflichen Weiterbildung durch Vertretung

Arbeitgeber (auch Zeitarbeitsfirmen), die einem Arbeitnehmer die Teilnahme an einer beruflichen Weiterbildung ermöglichen und dafür einen Arbeitslosen einstellen, können einen Zuschuss zum Arbeitsentgelt des Vertreters erhalten. Der Einstellungszuschuss wird für die Dauer der Beschäftigung des Vertreters in Höhe von mindestens 50 % und höchstens 100 % des Arbeitsentgelts für höchstens zwölf Monate gewährt.

→ SGB III §§ 229 ff.

Diese **Jobrotation** erleichtert es Arbeitnehmern, sich während ihrer Arbeitszeit beruflich weiterzubilden und bietet Arbeitslosen die Chance, sich an einem neuen Arbeitsplatz zu bewähren. Damit erwerben Arbeitslose Berufspraxis und haben die Chance, in ein reguläres Arbeitsverhältnis übernommen zu werden.

Jobrotation

→ SGB III
   §§ 235 ff.

● **Förderung der Berufsausbildung und Weiterbildung**

Arbeitgeber können für die **berufliche Ausbildung** durch Zuschüsse zur Ausbildungsvergütung der Auszubildenden gefördert werden, soweit von der Agentur für Arbeit geförderte *ausbildungsbegleitende Hilfen* während der betrieblichen Ausbildungszeit durchgeführt werden und die Ausbildungsvergütung weitergezahlt wird.

Ebenso fördert die Agentur für Arbeit die betriebliche *Aus- oder Weiterbildung von behinderten und schwerbehinderten Menschen* durch Zuschüsse zur Ausbildungsvergütung, wenn die Aus- oder Weiterbildung sonst nicht zu erreichen ist. Die Zuschüsse sollen 80 % bzw. 60 % der monatlichen Ausbildungsvergütung für das letzte Ausbildungsjahr nicht übersteigen. Zusätzlich können Zuschüsse für eine behindertengerechte Ausgestaltung von Ausbildungs- oder Arbeitsplätzen gewährt werden, soweit dies erforderlich ist, um die dauerhafte Teilhabe am Arbeitsleben zu erreichen und eine entsprechende Verpflichtung des Arbeitgebers nach SGB IX nicht besteht.

Wenn Arbeitgeber Auszubildenden im Rahmen eines Praktikums Grundkenntnisse und -fertigkeiten vermitteln, die für eine Berufsausbildung förderlich sind, und das Praktikum mit einer berufsvorbereitenden Bildungsmaßnahme in Teilzeit verbunden ist, dann können sie durch eine **Erstattung der Praktikumsvergütung** bis zu 192,00 Euro zuzüglich des Gesamtsozialversicherungsbeitrags gefördert werden.

Für die **berufliche Weiterbildung** von Arbeitnehmern, bei denen die Notwendigkeit der Weiterbildung wegen eines fehlenden Berufsabschlusses anerkannt ist, kann der Arbeitgeber durch Zuschüsse zum Arbeitsentgelt gefördert werden, soweit die Weiterbildung im Rahmen eines bestehenden Arbeitsverhältnisses durchgeführt wird.

**Altersteilzeit-
arbeit**

● **Förderung der Altersteilzeitarbeit (Altersteilzeitgesetz)**

Älteren Arbeitnehmern soll ein gleitender Übergang vom Erwerbsleben in die Altersrente ermöglicht werden. Das Arbeitsamt erstattet dem Arbeitgeber für längstens sechs Jahre den Aufstockungsbetrag in Höhe von 20 % des für die Altersteilzeitarbeit gezahlten Arbeitsentgelts, jedoch mindestens den Betrag zwischen dem für die Altersteilzeitarbeit gezahlten Arbeitsentgelt und dem Mindestnettobetrag.

Leistungen erhalten Arbeitnehmer, die das *55. Lebensjahr* vollendet und aufgrund einer Vereinbarung mit ihrem Arbeitgeber ihre Arbeitszeit bis zum *Rentenalter auf die Hälfte der bisherigen wöchentlichen Arbeitszeit* vermindert haben. Sie müssen innerhalb der letzten fünf Jahre vor Beginn der Altersteilzeitarbeit mindestens 1080 Kalendertage (3 Jahre) in einer versicherungspflichtigen Beschäftigung gestanden haben.

Mit einer verjüngten Belegschaft können Unternehmen ihre Wettbewerbsfähigkeit und ihre Wachstumschancen verbessern.

● **Programm „Kapital für Arbeit"**

Das Programm „Kapital für Arbeit" soll helfen, dass die Einstellung von Arbeitslosen oder die Schaffung von Ausbildungsplätzen nicht an Kapitalmangel scheitern.

„Kapital für Arbeit" steht **mittelständischen Unternehmen** mit einem Jahresumsatz von höchstens 500 Mio EUR und Freiberuflern offen. Sie können einen Antrag auf ein Finanzierungspaket über die jeweilige Hausbank bei der KfW (Kreditanstalt für Wiederaufbau) stellen, wenn Sie Arbeitslose, von Arbeitslosigkeit Bedrohte oder geringfügig Beschäftigte dauerhaft (Vertragslaufzeit mindestens zwölf Monate) in ein sozialversicherungspflichtiges Beschäftigungsverhältnis einstellen. Dies gilt auch für die Einstellung von Auszubildenden. Die Unternehmen müssen insgesamt kreditwürdig sein und positive Zukunftsaussichten haben. Finanziert werden z. B. Investitionen in die Ausstattung der neuen Arbeitsplätze, Warenlager, Betriebsmittel, Schulungskosten für die neuen Beschäftigten bis zu 100 % der förderfähigen Kosten des Vorhabens, **maximal 100.000,00 EUR** je neu geschlossenem Arbeitsverhältnis. Für Teilzeitbeschäftigte gibt es bis zu 50.000,00 EUR. Eine Förderhöchstgrenze pro Unternehmen besteht nicht. Der Umfang der geplanten Einstellungen muss jedoch im Einklang mit den Zukunftsaussichten des Unternehmens stehen. Die Laufzeit des Förderdarlehens beträgt 10 Jahre.

■ *Leistungen an Träger von Arbeitsförderungsmaßnahmen*

Träger von Arbeitsförderungsmaßnahmen sind natürliche oder juristische Personen oder Personengesellschaften, die Maßnahmen der Arbeitsförderung selbst durchführen oder durch Dritte durchführen lassen (SGB § 21). Sie erhalten nach § 3 SGB III folgende Leistungen:

- Zuschüsse zu zusätzlichen Maßnahmen der betrieblichen Ausbildung,
- Übernahme der Kosten für die Ausbildung in einer außerbetrieblichen Einrichtung,
- Darlehen und Zuschüsse für Einrichtungen der beruflichen Aus- oder Weiterbildung oder der beruflichen Rehabilitation sowie für Jugendwohnheime,
- Zuschüsse zu Transfermaßnahmen,
- Darlehen und Zuschüsse zu Arbeitsbeschaffungsmaßnahmen,
- Zuschüsse zu Maßnahmen im Rahmen der Förderung der beruflichen Weiterbildung durch Vertretung,
- Zuschüsse zu Arbeiten zur Verbesserung der Infrastruktur.

Leistungsschwerpunkte sind hier die Förderung von Arbeitsbeschaffungsmaßnahmen (**ABM**) sowie von Beschäftigung schaffenden Infrastrukturmaßnahmen (**BSI**).

● *Förderung von Arbeitsbeschaffungsmaßnahmen*

Träger von **Arbeitsbeschaffungsmaßnahmen** können für die Beschäftigung von zugewiesenen Arbeitnehmern durch Zuschüsse gefördert werden, wenn

- die Maßnahmen dazu dienen, insbesondere bei hoher Arbeitslosigkeit entsprechend den Problemschwerpunkten der regionalen und beruflichen Teilarbeitsmärkte *Arbeitslosigkeit abzubauen und arbeitslosen Arbeitnehmern zur Erhaltung oder Wiedererlangung der Beschäftigungsfähigkeit*, die für eine Eingliederung in den Arbeitsmarkt erforderlich ist, zumindest vorübergehend eine Beschäftigung zu ermöglichen,
- in den Maßnahmen *zusätzliche und im öffentlichen Interesse liegende Arbeiten* durchgeführt werden,
- eine *Beeinträchtigung der Wirtschaft* als Folge der Förderung *nicht zu befürchten* ist und
- mit den von der Agentur für Arbeit zugewiesenen Arbeitnehmern *Arbeitsverhältnisse begründet* werden.

Arbeiten sind **zusätzlich,** wenn sie ohne die Förderung nicht, nicht in diesem Umfang oder erst zu einem späteren Zeitpunkt durchgeführt werden. **Öffentliches Interesse** liegt vor, wenn das Arbeitsergebnis der Allgemeinheit dient. Arbeiten,

→ SGB III
§§ 240 ff.

Arbeitsförderungsmaßnahmen

ABM
BSI

→ SGB III
§§ 260 ff.

Arbeitsbeschaffungsmaßnahmen

öffentliches
Interesse

deren Ergebnis überwiegend erwerbswirtschaftlichen Interessen oder den Interessen eines begrenzten Personenkreises dient, liegen nicht im öffentlichen Interesse. Arbeitnehmer sind **förderungsbedürftig,** wenn sie arbeitslos sind und allein durch eine Förderung in einer Arbeitsbeschaffungsmaßnahme eine Beschäftigung aufnehmen können. Sie müssen allerdings die Voraussetzungen erfüllen, um Entgeltersatzleistungen bei Arbeitslosigkeit oder bei Leistungen zur Teilhabe am Arbeitsleben zu erhalten.

Die Träger oder durchführenden Unternehmen haben spätestens bei Beendigung der Beschäftigung des geförderten Arbeitnehmers eine **Teilnehmerbeurteilung** für die Agentur für Arbeit auszustellen, die auch Aussagen zur Beurteilung der weiteren beruflichen Entwicklungsmöglichkeiten des Arbeitnehmers enthält.

Die Agentur für Arbeit soll einen zugewiesenen Arbeitnehmer abberufen, wenn sie ihm einen zumutbaren Ausbildungs- oder Arbeitsplatz vermitteln oder ihn durch eine zumutbare Berufsausbildung oder Maßnahme der beruflichen Weiterbildung fördern kann. Das Arbeitsverhältnis kann vom Arbeitnehmer ohne Einhaltung einer Frist gekündigt werden, wenn er eine Ausbildung oder Arbeit aufnehmen kann.

→ SGB III
§§ 279a ff.
**Infrastruktur-
maßnahmen**

● *Förderung von Infrastrukturmaßnahmen*

Öffentlich-rechtliche Träger können *bis zum 31. Dezember 2007* durch einen angemessenen Zuschuss zu den Kosten für Infrastrukturmaßnahmen zur Erhaltung und Verbesserung der Umwelt gefördert werden, wenn

● der Träger ein Wirtschaftsunternehmen beauftragt, das sich verpflichtet, für eine zwischen der Agentur für Arbeit und dem Träger festgelegte Zeit eine bestimmte Zahl von Arbeitslosen zu beschäftigen, die von der Agentur für Arbeit zugewiesen werden,

● die Arbeitslosen die Voraussetzungen für Entgeltersatzleistungen bei Arbeitslosigkeit, bei beruflicher Weiterbildung oder bei Leistungen zur Teilhabe am Arbeitsleben erfüllen,

● das Wirtschaftsunternehmen die Arbeitnehmer weit überwiegend bei der Erledigung der geförderten Arbeiten einsetzt und der Anteil der zugewiesenen Arbeitslosen 35 Prozent der voraussichtlich beschäftigten Arbeitnehmer nicht übersteigt,

Die Förderung darf 25 % der voraussichtlichen Gesamtkosten der Arbeiten nicht überschreiten. Bei der Finanzierung sind im Unterschied zu ABM auch die Bundesländer, die Gemeinden, der Europäische Sozialfonds und die Bundesanstalt für vereinigungsbedingte Sonderaufgaben (BvS) beteiligt.

3.4   Arbeitsmarktpolitik in der Kritik – was machen andere Länder?

3.4.1   Wirkungen aktiver Arbeitsmarktpolitik

Angesichts der vorwiegend beitragsfinanzierten Milliardenbeträge, die in die Arbeitsmarktpolitik fließen, stellt sich die Frage nach den Wirkungen und dem Erfolg.

■ Beeinflussung des Matchingprozesses

Da Arbeitskräfte über unterschiedliche Qualifikationen verfügen, müssen diese im Rahmen der Personalbeschaffung der Unternehmen geprüft werden. Diese Eignungsprüfung erhöht die Suchkosten für die Unternehmen, weshalb vorübergehend Stellen unbesetzt bleiben oder weniger ausgeschrieben werden.

Durch die Ausbildungs- und Arbeitsvermittlung und -beratung des Arbeitsamtes kann dieser Suchprozess erheblich beschleunigt werden, da der Arbeitsmarkt transparenter (da Informationen über Arbeitssuchende und potenzielle Arbeitgeber bereitgestellt werden) wird. Auf diese Weise werden die Suchkosten auf der Angebots- und Nachfrageseite gesenkt.

■ Wirkung auf die Zahl der Erwerbspersonen

Mit zunehmender Dauer der Arbeitslosigkeit lassen sich in vielen Fällen Gewöhnungs-, Demoralisierungs- und Dequalifizierungsprozesse beobachten. Diese können die Arbeitsplatzsuche erheblich verlängern und dazu führen, dass sich das effektive gesamtwirtschaftliche Arbeitskräfteangebot verringert. Künftiges Wirtschaftswachstum kann auf diese Weise erschwert werden.

Aktive Arbeitsmarktpolitik trägt dazu bei, die Erwerbspersonenzahl zu stabilisieren, indem sie ihre Maßnahmen auf die Problemgruppen (Langzeitarbeitslose, ältere Arbeitnehmer, wenig qualifizierte Arbeitnehmer, Behinderte) konzentriert, z. B. durch Verbesserung der Eingliederungsaussichten, Förderung der Aufnahme einer Beschäftigung, Förderung der beruflichen Weiterbildung, Leistungen zur Teilhabe am Arbeitsleben.

■ Wirkung auf die Wettbewerbssituation am Arbeitsmarkt

Zwischen Arbeitsplatzinhabern (**Insidern**) und Arbeitssuchenden (**Outsidern**) besteht ein Interessengegensatz. Im gleichem Maße wie das Lohnniveau der Insider durch Lohnsteigerungen im Zuge von Tarifverhandlungen angehoben wird, verschlechtern sich die Chancen der Outsider, eine Beschäftigung zu finden.

Insider und Outsider

Dem wirkt die aktive Arbeitsmarktpolitik durch Leistungen an die Arbeitgeber (z. B. Einstellungs- und Eingliederungszuschüsse zu den Arbeitsentgelten, Altersteilzeitarbeit) und Trägern (ABM, BSI) entgegen. Durch solche Leistungen werden vor allem die Problemgruppen unter den Arbeitslosen vermittelbar gemacht und die Insider gezwungen, sich bei den Lohnverhandlungen zurückzuhalten.

■ Mitnahme- und Substitutionswirkungen

Eine aktive Arbeitsmarktpolitik soll dazu beitragen, dass Unternehmen zusätzliche Arbeitsplätze schaffen. Von **Mitnahmeeffekten** spricht man, wenn Unternehmen Arbeitsplätze mit Lohnzuschüssen schaffen, obwohl sie diese, aufgrund der guten Auftragslage, auch ohne diese Lohnzuschüsse eingerichtet hätten. Die Fördergelder wären in diesem Fall also verschwendet worden. **Substitutionseffekte** treten auf, wenn eine Personengruppe zulasten einer anderen gefördert wird und damit der Gesamteffekt der Beschäftigung gleich null ist. Werden z. B. mithilfe von Lohnsubventionen anstelle von Kurzzeitarbeitslosen Langzeitarbeitslose vermittelt, dann wird auf diese Weise eine Umverteilung des Arbeitslosigkeitsrisikos bewirkt. Substitutionseffekte sind somit auch erwünscht.

Mitnahmeeffekte

Substitutionseffekte

■ Wohlfahrts- und Verdrängungseffekte

Durch die Wiedereingliederung von Arbeitssuchenden in den ersten Arbeitsmarkt und die Teilnahme an Trainings-, Bildungs- und Arbeitsbeschaffungsmaßnahmen steigt das Wohlbefinden des Arbeitssuchenden. Sein Arbeitsentgelt ist höher als das Arbeitslosengeld und sein Risiko, wieder arbeitslos zu werden, ist aufgrund der Bildungsmaßnahmen geringer geworden. Die Einstellung „fit gemachter" Arbeitsloser kann auf der anderen Seite dazu führen, dass bisherige Insider mit geringer Qualifikation und geringerer Produktivität entlassen und damit verdrängt werden (*crowding-out*).

crowding-out

Hinzu kommt ein grundsätzlicher Zielkonflikt im Zusammenhang mit ABM. Sind die ABM-Stellen praxisnah und vermitteln somit den Geförderten tatsächlich beruflich verwertbare Erfahrungen, Qualifikationen und Kontakte, dann ist die Gefahr groß, dass die staatlich subventionierte Beschäftigung entsprechende Arbeitsplätze im regulären Arbeitsmarkt verdrängt.

3.4.2   Vergleich mit der Arbeitsmarktpolitik in anderen Ländern

Die erheblich erfolgreicheren Konzepte aktiver Arbeitsmarktpolitik in anderen vergleichbaren europäischen Ländern (z. B. Großbritannien, Dänemark) und in den USA machen deutlich, dass die Effizienz der Arbeitsmarktpolitik in Deutschland dringend verbessert werden muss.

■ Angebotsseitige Maßnahmen

Die praktische Hilfe bei der Jobsuche der Arbeitslosen ist in den genannten Ländern sehr viel stärker mit **Sanktionen** für denjenigen verbunden, der keine ausreichende Eigeninitiative zeigt. Nicht nur die Zumutbarkeitskriterien sind straffer, sondern auch die Bezugsdauer von Arbeitslosengeld ist deutlich kürzer als in Deutschland. Anders als bei uns werden dort *Maßnahmenkarrieren* konsequent verhindert. Die umstrittenen ABM-Maßnahmen spielen im internationalen Umfeld keine nennenswerte Rolle, stattdessen wird fast die Hälfte der Ausgaben der aktiven Arbeitsmarktpolitik für die Beratung und Vermittlung von Arbeitslosen verwendet. Tatsächlich belegen zahlreiche internationale Untersuchungen, dass dieses Instrument nicht nur sehr erfolgreich, sondern darüber hinaus auch noch vergleichsweise preiswert ist.

Maßnahmen-karrieren

Es kommt allerdings auch sehr darauf an, die Arbeitslosen zur **aktiven Mitarbeit** bei der Suche nach einem neuen Arbeitsplatz anzuhalten. Darauf legt man sowohl in Großbritannien, aber auch in Ländern wie Dänemark und der Schweiz, besonderes Gewicht. In Großbritannien müssen Arbeitslose zwei Anstrengungen zur Findung eines neuen Arbeitsplatzes pro Woche (!) nachweisen, wenn sie ihren Anspruch auf Arbeitslosenunterstützung nicht verlieren wollen. Darüber hinaus muss jeder Arbeitslose einen Arbeitsuche-Vertrag mit dem Arbeitsamt abschließen, in dem alle zukünftigen Bemühungen um einen neuen Job festgehalten werden.

Die britischen Arbeitslosen erhalten auf der anderen Seite aber auch zahlreiche Hilfen und Angebote, um den Sprung zurück in den regulären Arbeitsmarkt zu tun. Basis dafür ist eine Reihe von **obligatorischen Gesprächsterminen** beim Arbeitsamt, beginnend mit dem „New Jobseekers Interview" gleich zu Beginn der Arbeitslosigkeit, dem bereits nach 13 Wochen der nächste Erörterungstermin folgt. In diesen Gesprächen wird ein **individueller Handlungsplan** für jeden einzelnen Arbeitslosen erarbeitet, der auf seine speziellen Fähigkeiten, Defizite und Beschränkungen eingeht.

Mit fortschreitender Dauer der Arbeitslosigkeit werden schrittweise weitere Hilfen angeboten, gleichzeitig aber auch die Bedingungen des weiteren Leistungsbezugs verschärft. Schon nach Ablauf von sechs Monaten ist **jede Arbeit zumutbar,** unabhängig von ihrer Art und Entlohnung. Zum gleichen Zeitpunkt geht auch das bis dahin einkommensbezogene Arbeitslosengeld in eine Pauschale über, die beispielsweise für einen Alleinstehenden über 25 Jahre nur etwa 75,00 EUR pro Woche beträgt.

Auf der anderen Seite haben Langzeitarbeitslose Zugang zu einer ganzen Reihe von **Beratungs- und Vermittlungsleistungen** in Form von Jobclubs, Restart-Courses, des so genannten „garantierten Bewerbergesprächs" sowie der für beide Seiten form- und risikolosen „Einstellung auf Probe" bei einem privaten Unternehmen. Zusätzlich gibt es eine Art Kombilohn („in work benefit") für diejenigen, die wenigstens 16 Stunden pro Woche einer regulären Beschäftigung nachgehen, und zusätzlich eine einmalige Prämie für die Wiederaufnahme einer Beschäftigung („Jobfinders Grant").

Das ganze System arbeitet also eindeutig nach dem Prinzip „Zuckerbrot und Peitsche" („Carrots and Sticks"): Positive Anreize und Hilfsangebote gehen Hand in Hand mit dem Abbau der Transferzahlungen bei zunehmender Dauer der Arbeitslosigkeit oder mangelnder Kooperation des Arbeitslosen. Passive und aktive Arbeitsmarktpolitik werden miteinander verknüpft: Nur wer aktiv nach Arbeit sucht, erhält Arbeitslosenunterstützung.

Auch in Deutschland gibt es im Prinzip eine Staffelung der Transferzahlungen und der Zumutbarkeitskriterien nach der Dauer der Arbeitslosigkeit. Im internationalen Vergleich sind die entsprechenden Vorschriften außerordentlich großzügig. So ist die maximale Bezugsdauer von Arbeitslosengeld schon für einen normalen Arbeitslosen mit einem Jahr doppelt so lang wie in Großbritannien, für ältere Arbeitslose kann sie bis zu 18 Monaten betragen (USA: max. 26 Wochen).

■ *Nachfrageseitige Maßnahmen*

Alle Formen von Lohnzuschüssen sind in Großbritannien von untergeordneter Bedeutung, da im Rahmen des „New Deal" nur Problemgruppen (Jugendliche bis 25 Jahren, Langzeitarbeitslose) Zugang zu Lohnsubventionen und ABM erhalten. So sind subventionierte Arbeitsplätze im Umweltschutzbereich und in gemeinnützigen Einrichtungen ausschließlich arbeitslosen Jugendlichen vorbehalten.

Sowohl in Dänemark als auch in Großbritannien erhalten Teilnehmer an Maßnahmen der aktiven Arbeitsmarktpolitik überwiegend keine Marktlöhne, sondern lediglich eine Entlohnung in Höhe ihres Arbeitslosengeldanspruches. Dies hält nicht nur die Kosten in Grenzen, sondern es schafft auch Anreize, weiterhin nach einer regulären Stelle mit besserer Bezahlung zu suchen. Dagegen werden hierzulande ABM-Stellen auf gewerkschaftlichen Druck hin meist nach Tariflöhnen und damit mitunter besser bezahlt als reguläre Stellen im ersten Arbeitsmarkt. Der Gesetzgeber unterstützt diese Tendenz noch dadurch, dass auch die Zuschüsse der Bundesanstalt für Arbeit an die Tariflöhne gekoppelt sind; im Regelfall decken sie nicht weniger als 90 Prozent der Kosten ab.

Die Dänen haben im Zuge einer umfassenden Reform ihrer Arbeitsmarktpolitik auch die Möglichkeit beseitigt, durch Teilnahme an Arbeitsbeschaffungs- oder Qualifizierungsmaßnahmen wieder neue Ansprüche auf Arbeitslosengeld erwerben zu können.

■ Wirtschaftliche Rahmenbedingungen

Deutschland hat nicht zufällig eine gegenüber vergleichbaren Ländern relativ hohe Quote von Langzeitarbeitslosen sowie auch eine überdurchschnittlich hohe Altersarbeitslosigkeit. Und dies, obwohl ein großer Teil der Betroffenen bereits in Frühverrentungs- und Arbeitsbeschaffungsmaßnahmen untergebracht wurde.

An dieser Entwicklung ist allerdings nicht allein die Arbeitsmarktpolitik schuld. Das Senioritätsprinzip bei der Entlohnung und der **besondere Kündigungsschutz älterer Arbeitnehmer** tun ein Übriges, um deren Beschäftigung möglichst unattraktiv zu machen. Darüber hinaus besteht in Deutschland für ältere Arbeitslose die Möglichkeit, ohne nennenswerte Abschläge frühzeitig in Rente zu gehen, so dass sie oft gar kein Interesse mehr an der Aufnahme einer neuen Beschäftigung haben. Frühverrentungsprogramme haben auch in anderen Ländern früher eine bedeutende Rolle gespielt, sind aber wegen der hohen Kosten inzwischen stark zurückgefahren worden, so beispielsweise in Dänemark.

In der Bundesrepublik Deutschland fehlt es sowohl auf Seiten der Arbeitgeber als auch bei den älteren Arbeitnehmern an Anreizen, frei werdende Arbeitsplätze zu besetzen. Dass dies kein Naturgesetz ist, sondern letztlich allein auf die falsch gesetzten Rahmenbedingungen zurückgeht, zeigt wiederum das Beispiel anderer Länder. So stellen ältere Arbeitnehmer beispielsweise in den USA und in der Schweiz keineswegs eine besondere Problemgruppe des Arbeitsmarktes dar – ganz abgesehen davon, dass in diesen Ländern auch das Niveau der Arbeitslosigkeit insgesamt weitaus geringer ist als in Deutschland.

Sozialstaatsfalle

Für Empfänger von Arbeitslosengeld II bestehen oft keine Anreize zur Arbeitsaufnahme, da ihr zusätzliches Erwerbseinkommen auf die Hilfeleistungen angerechnet wird. Als Geringqualifizierte im Niedriglohnbereich erhalten sie durch Arbeit oft nicht mehr Einkommen als durch den Verbleib im Tranferbezug (**Sozialstaatsfalle**). Für sie ist es wirtschaftlicher, das Einkommen durch Schwarzarbeit aufzustocken, anstatt eine reguläre Arbeit aufzunehmen. Der von den Erwerbstätigen als fair empfundene Abstand zwischen Erwerbseinkommen und Transfereinkommen muss stimmen, sonst besteht kein Arbeitsanreiz (**Lohnabstandsgebot**).

Lohnabstands-
gebot

■ Deregulierung des Arbeitsmarkts

Unter der Regulierung des Arbeitsmarkts wird vor allem der Kündigungsschutz, die gesetzlichen Regeln für die Arbeitnehmerüberlassung (Zeitarbeit), die befristeten Beschäftigungsverhältnisse, das Arbeitsschutzrecht und die Entgeltfortzahlung verstanden.

Bestandsschutz

Ein Zusammenhang zwischen der Regulierungsdichte im **Kündigungsschutz** und der Arbeitslosigkeit ist empirisch nicht belegt. In wirtschaftlich unsicheren Zeiten ist der Kündigungsschutz nicht nur ein psychologisches Einstellungs-, sondern auch ein Entlassungshindernis, das den Verlust von Humankapital vermeiden hilft. Tatsächlich ist davon auszugehen, dass die mit dem **Bestandschutz** des Arbeitsverhältnisses Dispositionsbeschränkungen und Entlassungskosten verbunden sind, die in eine Einstellungsentscheidung einfließen und daher zu einer insgesamt geringeren Arbeitskräftenachfrage und zu verzögerten Neueinstellungen bei einem konjunkturellen Aufschwung (mit Blick auf die erschwerten Entlassungen in der Rezession) führen. Die gleichen Überlegungen gelten auch bezüglich der Entgeltfortzahlung. Das *Schutzanliegen schlägt in der Praxis um in eine „Beschäftigungsdiskriminierung"* der durch besondere Rechte geschützten Gruppe (vor allem ältere Arbeitnehmer).

Wirtschaftliche Überlegungen sprechen durchaus für einen Bestandsschutz von Arbeitsverhältnissen, denn dadurch lohnen sich Investitionen in die Personalentwicklung. Außerdem würde ein rational denkender Arbeitnehmer Weiterbildungsmaßnahmen unterlassen oder einschränken, wenn er nur kurzzeitig eingestellt oder jederzeit kündbar wäre. Abfindungen können in diesem Sinne als nachträgliche Entlohnung für das nicht mehr verwertbare betriebsspezifische Wissen angesehen werden.

Die Arbeitnehmerüberlassung **(Zeitarbeit)** kann eine funktionierende Brücke in den Arbeitsmarkt sein. Vorbild sind hier die Niederlande, wo die Zeitarbeit weitgehend dereguliert ist. Der Anteil der Arbeitskräfte in Deutschland, die von Zeitarbeitsfirmen beschäftigt werden, liegt mit unter 1,0 % noch deutlich unterhalb den Niederlanden mit 4,6 %. Mit dem *Job-Aqtiv-Gesetz* wurde die Überlassungsdauer eines Leiharbeitnehmers an den Entleiher von 12 auf 24 aufeinander folgende Monate verlängert. Seit dem *1. Gesetz für moderne Dienstleistungen am Arbeitsmarkt* ist die Arbeitnehmerüberlassung unbefristet möglich. Dem Leiharbeitnehmer sind vom Entleiher für die Zeit der Überlassung die gleichen Arbeitsbedingungen (einschließlich Arbeitsentgelt) zu gewähren wie sie für vergleichbare Arbeitnehmer gelten.

Zeitarbeit

→ **AÜG § 3**

Zeitarbeit ist für viele Arbeitslose auch eine Möglichkeit, Berufspraxis zu gewinnen und einen Dauerarbeitsplatz bei einem Entleih-Unternehmen zu finden. In den letzten fünf Jahren ist die Zahl der Verleihbetriebe um mehr als 50 Prozent auf über 12.000 gestiegen; die Zahl der Leiharbeitnehmer hat sich verdoppelt.

FALLBEISPIEL

Deregulierung des Arbeitsmarkts in der Schweiz

Unweit der deutschen Grenze wird demonstriert, dass es auch anders geht: In der Schweiz lag die Arbeitslosenquote im Jahr 2001 trotz konjektureller Schwäche bei nur zwei Prozent. Dies sollte Anreiz genug sein, die Ursachen für diese unterschiedliche Situation zu suchen.

Die Gründe für die günstige Situation in der Schweiz wurden schnell deutlich. Das Erfolgsmodell der Eidgenossen lässt sich mit folgenden Schlagworten charakterisieren:

• Dezentralität (der Tarifverträge),
• Flexibilität (der Arbeitsverhältnisse),
• Subsidiarität (der staatlichen Sicherungssysteme).

Während im deutschen Arbeitsrecht eine Regulierungsdichte besteht, die sich wie Beton über den Arbeitsmarkt legt und die Insider schützt – den arbeitslosen Outsidern aber die Chance raubt, einen Arbeitsplatz zu finden – herrscht in der Schweiz Flexibilität. Dies wird besonders im Kündigungsschutzrecht deutlich: Während in Deutschland grundsätzlich jede ordentliche Kündigung sozial gerechtfertigt werden muss und im Gesetz zusätzlich Kündigungsfristen von bis zu sieben Monaten verankert sind, kann in der Schweiz ein Arbeitsverhältnis mit einer Frist von ein bis maximal drei Monaten gekündigt werden, ohne dass es eines Grundes bedarf.

Als Ergebnis dieser flexiblen Rahmenbedingungen genügen 0,5 Prozent Wirtschaftswachstum, um neue Arbeitsplätze zu generieren. In Deutschland müssen wir auf ein Wachstum von zwei Prozent warten, bis der erste neue Arbeitsplatz entsteht.

Weiterhin ist die soziale Sicherung in der Schweiz weitgehend von den Arbeitsverhältnissen gelöst, dies führt zu niedrigeren Lohnnebenkosten. Die Sicherheit der Schweizer Arbeitnehmer gegen die Risiken des Lebens wie Alter, Krankheit, Invalidität oder Unfälle wird durch ein System privater Pflichtversicherungen gewährleistet.

Durch die niedrigen Lohnnebenkosten wird das Lohnabstandsgebot zu den Leistungen der Wohlfahrtseinrichtungen gesichert – Arbeit lohnt sich deshalb. Neben den niedrigeren Lohnnebenkosten sind in der Schweiz gleichzeitig längere wöchentliche Arbeitszeiten von deutlich über 40 Stunden üblich, die Lohnnebenkosten sind dort im Ergebnis selbst im Vergleich zum Tarifgebiet Brandenburg pro Stunde um 14 Prozent niedriger.

Flächentarifverträge sind in der Schweiz unbekannt. Haustarifverträge geben den vertragsschließenden Parteien die Möglichkeit, die spezifische Situation des Unternehmens – zum Beispiel hinsichtlich Umsatz und Gewinn – bei der Entwicklung der Personalkosten ausreichend zu berücksichtigen. Selbst innerhalb eines Unternehmens können sich die Löhne in den einzelnen Betrieben unterscheiden. Dieses Tarifsystem wird ergänzt durch eine seit 1937 bestehende unbedingte Friedenspflicht der Tarifvertragsparteien, durch die Streiks ausgeschlossen werden.

In Deutschland könnte mit Öffnungsklauseln in den Flächentarifverträgen die Möglichkeit geschaffen werden, die betriebsspezifischen Verhältnisse genauso wie in der Schweiz ausreichend zu berücksichtigen.

Da bleibt zum Schluss die von einem ehemaligen Schweizer Gewerkschaftsfunktionär aufgeworfene Frage, wann „für das fleißigste Volk das Recht auf Arbeit wieder hergestellt wird".

(Quelle: Peter Schröder, Das fleißigste Volk hat zu wenig Arbeit, in: Handelsmagazin, BAG 1/2, 2002)

3.4.3 Vorschläge zur Weiterentwicklung der Arbeitsmarktpolitik

Reform der Arbeitsmarktpolitik

■ *Reform der Arbeitsmarktpolitik und Arbeitslosenversicherung*

Erfahrungen aus anderen Ländern legen grundlegende Reformen nahe, welche über die bereits angesprochenen Maßnahmen hinausgehen. ABM sind in anderen Ländern stark zurückgefahren worden zugunsten von **Zuschüssen zum Arbeitsentgelt** und der **Förderung der beruflichen Aus- und Weiterbildung.** Diese beiden Maßnahmen setzen an den Hauptursachen des Beschäftigungsproblems an, den hohen Lohnkosten und dem qualifikatorischen Mismatch. *Mismatch* liegt vor, wenn Angebot und Nachfrage nicht zusammenpassen, weil die Stellenbewerber für den Job nicht die passende Ausbildung haben. Zuschüsse zum Arbeitsentgelt vermindern das Einstellungshemmnis Lohnkosten, die Förderung der beruflichen Aus- und Weiterbildung bekämpft die Ursache der Mismatch-Arbeitslosigkeit.

Mismatch bekämpfen

Ein anderer Ansatzpunkt wäre die **Freiwilligkeit der Arbeitslosenversicherung,** die den Beitritt der Selbstständigen (z. B. Existenzgründer) ermöglichen würde. Vorbild könnte hier das skandinavische Modell sein. Entgeltersatzansprüche aus der freiwilligen Arbeitslosenversicherung hat hier nur, wer lange genug Beiträge bezahlt hat, unabhängig davon ob er abhängig oder selbstständig beschäftigt ist. Teilzeitbeschäftigte zahlen entsprechend verringerte Beiträge und können ein Teilarbeitslosengeld erhalten. Alle Nichtversicherten haben Fürsorgeansprüche, die steuerfinanziert sind, deutlich niedriger liegen und an die Bedürftigkeit geknüpft sind. Ein solches streng nach Versicherungs- und Fürsorgeleistungen getrenntes System verspricht mehrere Vorteile:

Freiwilligkeit der Arbeitslosenversicherung

● Der bisherige *Lohnnebenkostencharakter der Beiträge* zur Bundesagentur für Arbeit *würde entfallen.* Es würde sich bei diesen Beiträgen ja um keine steuerähnliche Zwangsabgabe mehr handeln, sondern um eine freiwillige Versicherung mit entsprechendem Anspruch auf Versicherungsschutz. Wer diesen Anspruch geringer schätzt als die damit verbundene Beitragslast, könnte dem System fernbleiben. Das dürfte vor allem für Geringverdiener interessant sein, die in vielen Fällen durch ihre Beiträge keine höheren Ansprüche erwerben können, als ihnen ohnehin als Grundsicherung zusteht. Ihre Arbeitsplatzchancen würden sich mithin verbessern, ohne dass ihre soziale Absicherung darunter litte. Zweckmäßigerweise sollten die bisherigen Arbeitgeberbeiträge in eine einmalige Bruttolohnerhöhung umgewandelt werden. Fortan wären die Arbeitnehmer dann selbst für die Entrichtung ihrer Beiträge für die Arbeitslosenversicherung verantwortlich, sofern sie dieser beitreten wollen. Sie würden damit zwar das Risiko künftiger Beitragserhöhungen allein tragen, aber auch künftige Beitragssenkungen kämen ihnen in vollem Ausmaß zugute. Geht man davon aus, dass die Arbeitslosigkeit mittelfristig gesenkt werden kann, so ist dies im Endeffekt sogar zu ihrem Vorteil.

- Die *Öffnung der Arbeitslosenversicherung für Selbstständige* dürfte neue Existenzgründer ermutigen, insbesondere soweit sie aus dem Kreis der Arbeitnehmer oder der Arbeitslosen kommen. Dies wäre eine konsequente und einfache Ergänzung der Bemühungen, Erwerbslosen die Gründung einer selbstständigen Existenz zu ermöglichen.

- Die Bundesagentur für Arbeit könnte sich weitgehend auf die rasche Wiedereingliederung von Kurzzeitarbeitslosen in den Arbeitsmarkt konzentrieren, während die Verantwortung für die Langzeitarbeitslosen den Kommunen zufiele. Dies ist erwünscht im Sinne einer *problemnahen, dezentralisierten Arbeitsmarktpolitik*. Bereits heute gibt es zahlreiche kommunale Modelle zur Reintegration von Langzeitarbeitslosen in den regulären Arbeitsmarkt, z. B. in Form von kommunalen Beschäftigungsgesellschaften. Sie bieten den Arbeitslosen allerdings überwiegend sozialversicherungspflichtige Arbeitsplätze auf Zeit an, um sie danach wieder in die Verantwortung der Bundesagentur für Arbeit überführen zu können. Solche „Karusselleffekte" sind weder im Interesse der Arbeitslosen noch im Interesse der Allgemeinheit. Da eine freiwillige Arbeitslosenversicherung mit entsprechenden Warte- und Mindestbeitragspflichten verbunden wäre, würde dieses Verhalten der Kommunen dadurch automatisch unterbunden, zumindest aber sehr erschwert.

Der weiter gehende Vorschlag einer vollständigen Abschaffung der Arbeitslosenversicherung zugunsten einer *Lohnfortzahlungspflicht des jeweiligen Arbeitgebers* würde das Risiko der Arbeitslosigkeit dem einzelnen Unternehmen aufbürden und damit gerade diejenigen Branchen zusätzlich belasten, die ohnehin unter Anpassungsdruck stehen. Zudem können Entlassungen keineswegs nur auf Fehlleistungen des betreffenden Unternehmens zurückgeführt werden, sondern sie haben in großem Ausmaß strukturelle und gesamtwirtschaftliche Gründe.

■ *Vorschläge der nachfrageorientierten Wirtschaftspolitik*

Nachfrageorientierte Wirtschaftspolitiker wollen Wachstum und damit Arbeitsplätze durch mehr Massenkaufkraft (sprich: Konsum durch Lohnerhöhungen), also durch Impulse auf der Nachfrageseite erreichen.

Beispiel

DGB / Rezepte für mehr Jobs

Der Deutscher Gewerkschaftsbund (DGB) fordert ein „Politikbündel" zur Bekämpfung der Arbeitslosigkeit, um auf absehbare Zeit die Schallmauer von drei Millionen Arbeitslosen nach unten zu durchbrechen. Dabei setzt der DGB auf folgende Punkte:

- Tarifabschlüsse, die zu höheren Reallöhnen führen und damit die Kaufkraft stärken. Die jährlichen Lohnsteigerungen müssten dem Anstieg der Produktivität von 2,5 % und eines von der EZB tolerierten Preispfades von 1,5 % folgen.
- Außerdem muss im Rahmen einer „innovativen arbeitnehmergerechten Arbeitszeitpolitik" die durchschnittliche tarifliche Jahresarbeitszeit um 0,8 % jährlich gesenkt werden, so dass die Arbeit auf mehr Arbeitskräfte verteilt werden kann. Ideal wären 30 Wochenstunden mit allen möglichen Variationen der Arbeitszeitflexibilisierung.
- Darüber hinaus fordert der DGB eine schrittweise Anhebung öffentlicher Investitionen (insbesondere in Schulen und Hochschulen) von 1,6 % auf 2,4 % des Bruttoinlandsproduktes. Da ergäbe 2,3 Millionen Beschäftigte mehr und 1,1 Millionen Arbeitslose weniger.
- Weiter müsse die Arbeitsförderung ausgebaut und verstetigt werden und jeder Jugendliche einen Ausbildungsplatz garantiert bekommen.

(Quellen: Verschiedene Pressemitteilungen des DGB)

■ *Vorschläge der angebotsorientierten Wirtschaftspolitik*

Im Gegensatz dazu sehen die angebotsorientierten Wirtschaftspolitiker die Ursache der strukturellen Arbeitslosigkeit in gestörten Angebotsbedingungen: Zu hohe Steuerbelastung der Unternehmen, überhöhte Löhne/Lohnnebenkosten und Sozialabgaben, wachstumsfeindliche Umweltgesetze, bürokratische Genehmigungsverfahren usw. verhindern private Aktivitäten, insbesondere die unternehmerischen Investitionen, die als der eigentliche Motor des wirtschaftlichen Wachstums angesehen werden.

Beispiel

BDA / Arbeitsmarkt entfesseln

Die Bundesvereinigung der Arbeitgeber (BDA) hat ein Konzept für eine neue Arbeitsmarktsteuerung vorgelegt. Ziel ist es, das Übermaß beschäftigungsfeindlicher Regulierungen im Arbeitsrecht und Fehlanreize der sozialen Sicherung zu beseitigen, um den Arbeitsmarkt zu entfesseln.

- Kern des Arbeitgeberkonzepts ist die Lockerung des Kündigungsschutzes. Der allgemeine Kündigungsschutz soll nur noch in Betrieben mit mehr als 20 Arbeitnehmern und bei Arbeitsverhältnissen gelten, die länger als zwei Jahre bestanden haben. Der Arbeitgeber solle das Arbeitsverhältnis gegen Zahlung einer Abfindung in Höhe von $1/4$ Monatsgehalt pro Beschäftigungsjahr durch das Arbeitsgericht auflösen können.
- Dem Wachstumsmotor Zeitarbeit solle mehr Spielraum gegeben werden.
- Bessere Möglichkeiten, Mehrarbeitsstunden anzusparen, um sie später für Qualifizierung, Kinderbetreuung oder für einen gleitenden Übergang in den Ruhestand zu nutzen. Dabei sollten Arbeitgeber und Betriebsrat das Recht haben, von tariflichen Vorgaben abzuweichen, wenn dadurch Arbeitsplätze gesichert werden könnnen.
- Arbeitslosen müsse mehr Anreiz zur Aufnahme einer Arbeit gegeben werden. Dazu müsse die Bezugsdauer des Arbeitslosengelds auf zwölf Monate begrenzt und die Unterstützung ab dem sechsten Monat degressiv gestaltet werden.
- Arbeitslosen- und Sozialhilfe sollen zu einer einheitlichen Erwerbshilfe zusammengefasst werden. Die Höhe solle sich an der Sozialhilfe orientieren. Eigenes Einkommen solle dabei aber weniger stark angerechnet werden als heute. Die Hilfe soll gekürzt werden, wenn sich der Arbeitslose nicht selbst aktiv um eine neue Stelle bemüht.
- Der BDA plädiert dafür, Arbeitsbeschaffungsmaßnahmen im Westen sofort und im Osten schrittweise abzuschaffen.

(Quelle: sm, Arbeitgeber wollen Arbeitsmarkt entfesseln, in: Handelsblatt vom 24. Mai 2002, S. 5)

Arbeitmarktprogramm der CDU/Der letzte Schliff fehlt noch

Die CDU/CSU-Bundestagsfraktion hat einen Gesetzesentwurf zur Modernisierung des Arbeitsrechts vorgelegt. Sie möchte damit dem Arbeitsmarkt neue Impulse geben.

Kernpunkte des Arbeitsmarktprogramms der CDU

Tarifvertrags-recht (Günstigkeits-prinzip)	Die CDU möchte **betriebliche Bündnisse für Arbeit** erleichtern. Bisher darf nach dem Günstigkeitsprinzip vom Tarifvertrag aber nur dann abgewichen werden, wenn dies zugunsten des Arbeitnehmers geschieht. Diese Formel war jedoch so wachsweich, dass Arbeitsgerichte immer wieder geurteilt haben, günstiger sei es für den Arbeitnehmer nur, wenn der Lohn höher oder die Arbeitszeit kürzer ist. Hier will die Fraktion Abhilfe schaffen: Als günstiger für den Arbeitnehmer sind künftig alle Regelungen zu werten, die von der Belegschaft eines Betriebs mit Zweidrittelmehrheit befürwortet werden. Ein Betrieb könnte dann mit den Mitarbeitern einen zeitlich begrenzten Lohnabschlag vereinbaren um Arbeitsplätze zu sichern.
Betriebsver-fassungs-recht	Hier sollen wieder die alten, von Rot-Grün geänderten Regelungen gelten, wonach Unternehmen erst **ab 300 Arbeitnehmern** (jetzt 200) **einen Betriebsrat** von der Arbeit freistellen müssen. Wobei – das wäre ein Novum – Teilzeitbeschäftigte nur noch anteilig und Auszubildende gar nicht berücksichtigt werden sollen. Dies könnte die Unternehmen um Kosten in Höhe von mindestens 250 Mio. Euro pro Jahr entlasten. Weitere 500 Mio. Euro könnten durch die Verkleinerung der Betriebsräte gespart werden.
Kündigungs-schutzrecht	Der allgemeine Kündigungsschutz soll künftig in Unternehmen mit **weniger als 20 Arbeitnehmern** bei Neueinstellungen nicht mehr gelten. Der Begriff „Neueinstellung" ist so schwammig, dass aus dem gut gemeinten Vorsatz, dem Mittelstand Kündigungsschutzklagen zu ersparen, nichts werden könnte. Im Extremfall – dafür dürften die in solchen Fragen nicht zimperlichen Arbeitsgerichte sorgen – gilt ein neuer Arbeitnehmer, der als Student schon einmal in dem Betrieb gejobbt hat, nicht mehr als Neueinstellung.
Arbeitsförde-rungsrecht	Die Möglichkeiten, per Altersteilzeit oder bei Arbeitslosigkeit früher in den Ruhestand zu gehen, ohne entsprechende Abschläge bei der Rente hinnehmen zu müssen, sollen blockiert werden. Bislang wird Arbeitslosigkeit allzu häufig als Vehikel zum vorzeitigen Ausscheiden aus dem Erwerbsleben genutzt. Immerhin ein halber Schritt nach vorn ist die **Begrenzung der Bezugsdauer** von Arbeitslosengeld auf maximal 18 Monate. Wie lange bezahlt wird, soll nicht mehr vom Lebensalter, sondern nur noch von der Versicherungsdauer abhängig sein. Der ganze Schritt wäre indes erst getan, wenn man die Bezugszeiten auf einheitlich zwölf Monate beschränken würde. Nur so besteht ein Anreiz, sich rasch eine neue Stelle zu suchen. Die anivisierte **Senkung des Beitrags zur Arbeitslosenversicherung** von gegenwärtig 6,5 % auf 5 % ist nur möglich, wenn über die Reformen hinaus die aktive Arbeitsmarktpolitik stark beschnitten wird.

(Quelle: iwd vom 28. August 2003, Seite 2)

Nach der gültigen Handwerksordnung ist der Meisterbrief die Voraussetzung für die Gründung oder Übernahme eines Handwerksbetriebes. Diese Regelung gilt zukünftig nur noch für gefahrgeneigte Bereiche, wenn bei den auszuführenden Tätigkeiten Gefahren für die Gesundheit oder das Leben Dritter bestehen (z. B. Elektrotechniker). Damit werden 65 der 94 Handwerksgewerbe vom **Meisterzwang** befreit (z. B. Maler, Friseure). Das **Inhaberprinzip** (der Besitzer eines Handwerksbetriebes muss Meister sein) soll wegfallen. Dadurch werden Nachfolgeprobleme entschärft, Gründungen von Ich-AGs erleichtert, Schwarzarbeit eingedämmt und die Ausbildung im Handwerk attraktiver.

Arbeitsmarktper-
spektiven

3.5 Arbeitsmarktperspektiven und -entwicklungen[1]

demographische
Entwicklung

3.5.1 Entlastung des Arbeitsmarktes durch demographische Entwicklung

Schon seit 1998 wird das Ungleichgewicht am Arbeitsmarkt durch eine *Abnahme des Erwerbspersonenpotenzials* entlastet.

Projektion des
Erwerbspersonen-
potenzials

Projektion des Erwerbspersonenpotenzials in Deutschland 1995 bis 2040
(Wohnortkonzept, in Mio. Erwerbspersonen)

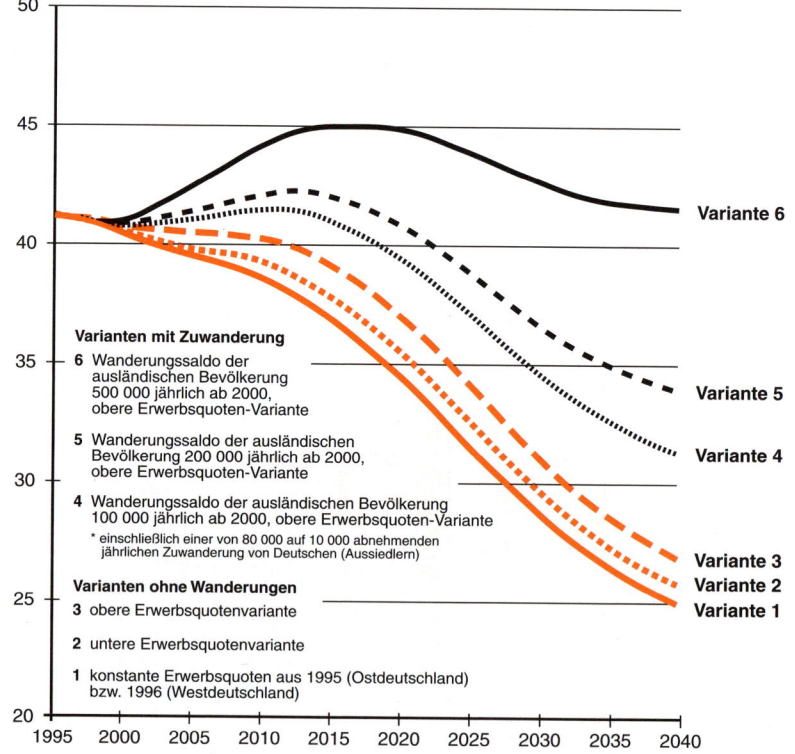

(Quelle: IAB – (Arbeitbereich V/1) (3/99))

[1] Gutachten „Zur Bedeutung arbeits- und sozialrechtlicher Regelungen bei der Bekämpfung der Arbeitslosigkeit" für die arbeitsrechtliche Abteilung des Deutschen Juristentages im September 2000 von Prof. Dr. Gerhard Kleinhenz, Direktor des Instituts für Arbeitmarkt- und Berufsforschung der Bundesanstalt für Arbeit, Nürnberg.

Die aus dem Erwerbsleben ausscheidenden Altersjahrgänge sind zahlenmäßig stärker als die neu ins Erwerbsleben eintretenden Jahrgänge. Bisher hatte ein höherer positiver Zuwanderungssaldo diese Entlastungseffekte kompensiert. Sollte nicht erneut eine stärkere Zuwanderung ausländischer Arbeitskräfte einsetzen, wird bis 2010 mit einer leichten, danach mit einer stärkeren jährlichen Entlastung des Arbeitsmarktes gerechnet werden können.

Eine Politik zur Überwindung der Arbeitslosigkeit würde also in ihrem Erfolg durch die **demographische Entlastung** begünstigt. Auf lange Sicht würden selbst größere Zuwanderungen diese Entlastung aus der Entwicklung des inländischen Erwerbspersonenpotenzials nur hinausschieben, nicht verhindern können. Ohne höhere Zuwanderung ist ab 2010 mit einer zunehmenden Verknappung von Arbeitskraft zu rechnen. Gleichzeitig muss aber wegen der Alterung der Erwerbspersonen der Einsatz neuen Wissens verstärkt durch die Weiterbildung der Erwerbstätigen gewährleistet werden (siehe Abbildung auf Seite 526).

3.5.2 Entwicklungstendenzen der Erwerbsarbeit

Schreibt man die technologischen, ökonomischen und sozialen Entwicklungstrends („Megatrends") fort, dann kommt man zu folgenden Szenarien:

- Wie schon in der Vergangenheit wird sich der Beschäftigungsanteil im primären Sektor (Land- und Forstwirtschaft, Fischerei) und im sekundären Sektor (warenproduzierendes Gewerbe) zugunsten des Dienstleistungssektors weiter verringern (**„Tertiarisierung"**). Dabei erwächst die Beschäftigungszunahme bei den Dienstleistungsbranchen und von Dienstleistungstätigkeiten teilweise durch Outsourcing aus dem warenproduzierenden Gewerbe.

Tertiarisierung
→ LF 9, Abschnitt 4.1
→ LF 1, Abschnitt 3.2

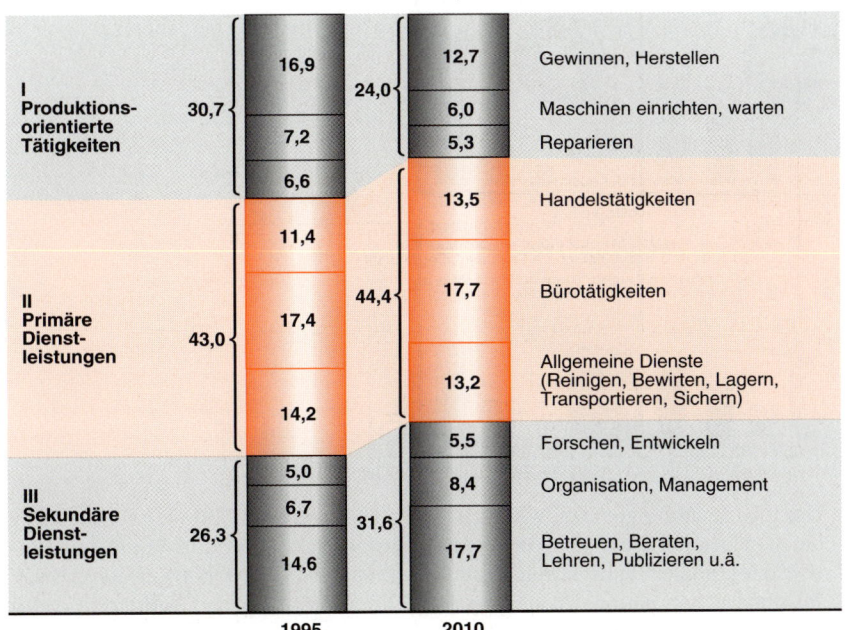

Erwerbstätige (ohne Auszubildende) nach Tätigkeitsgruppen
- Gesamtdeutschland 1995 und 2010, Anteile in Prozent -

Qualifizierung

- Das unterschiedliche Arbeitslosigkeitsrisiko nach **Qualifikation** wird auch die zukünftige Beschäftigungsentwicklung prägen. Der Anteil von Arbeitsplätzen ohne berufliche Qualifikation wird sich noch weiter verringern, bei der dualen Ausbildung wird die schulische Vorbildung bedeutender und der Anteil für höher Qualifizierte, insbesondere Fachhochschul- und Hochschulabsolventen wird zunehmen.

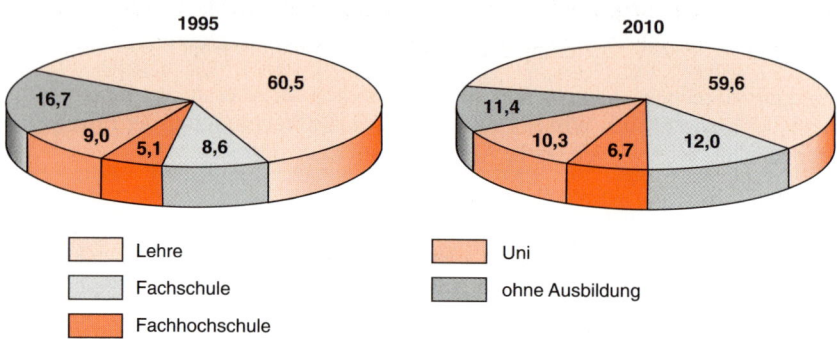

Erwerbstätige (ohne Auszubildende) nach Qualifikationsebenen
- Gesamtdeutschland 1995 und 2010, Anteile in Prozent -

1995
60,5
16,7
9,0
5,1
8,6

2010
59,6
11,4
10,3
6,7
12,0

- Lehre
- Fachschule
- Fachhochschule
- Uni
- ohne Ausbildung

Informatisierung

- Die Informations- und Kommunikationstechnologie (IuK) durchdringt als Basistechnologie zunehmend alle Produktions- und Kommunikationsprozesse (**„Informatisierung"**).

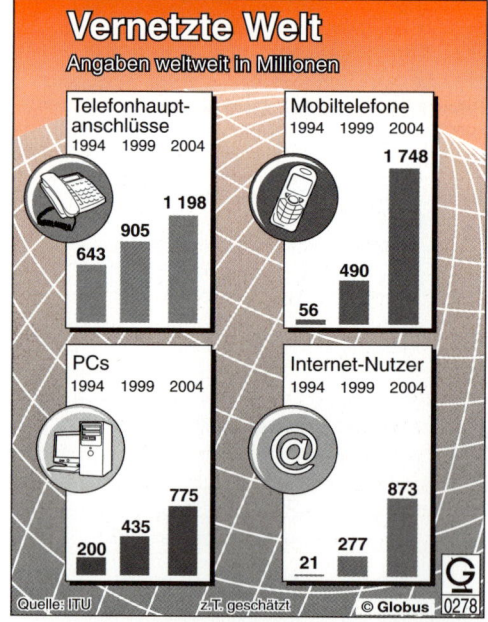

Vernetzte Welt
Angaben weltweit in Millionen

Telefonhaupt-anschlüsse
1994 1999 2004
643 905 1 198

Mobiltelefone
1994 1999 2004
56 490 1 748

PCs
1994 1999 2004
200 435 775

Internet-Nutzer
1994 1999 2004
21 277 873

Quelle: ITU   z.T. geschätzt   © Globus   0278

Globalisierung

- Die IuK-Technologie ermöglicht auch den über weltweite Handelsverflechtung hinausgehenden Trend der **„Internationalisierung"** („Globalisierung") als Prozess der globalen Optimierung von Innovations- und Wertschöpfungsprozessen. Insofern stehen nationale oder regionale Wertschöpfungsnetzwerke und damit auch Arbeitsmärkte in einem weltweiten Wettbewerb.

- Aus dem gesellschaftlichen Wertewandel ergibt sich für die Erwerbsarbeit der Trend zur **„Individualisierung"**, der sich zum einen in der Ablösung des traditionellen Leitbildes des Familienhaushalts mit dem männlichen Alleinverdiener und der zunehmenden Frauenerwerbstätigkeit zum zweiten in einer wachsenden Differenzierung der Einzelarbeitsverhältnisse und Erwerbslebensverläufe niederschlägt.

Individualisierung

Gegenwärtig kann in Deutschland vor allem die **steigende Frauenerwerbsbeteiligung** im Westen beobachtet werden. In Ostdeutschland ist die grundsätzlich gleiche Erwerbsbeteiligung von Frauen und Männern gesellschaftliche Normalität.

steigende Frauenerwerbs-beteiligung

Die individuelle Differenzierung der Einzelarbeitsverhältnisse hat bisher vor allem in der **Ausbreitung von Teilzeitarbeit** und flexibler Arbeitszeitgestaltung Bedeutung erlangt. Obwohl der Trend zu mehr Teilzeitbeschäftigung ungebrochen erscheint, wird an dieser von zahlreichen gesellschaftlichen und politischen Bestrebungen geförderten Individualisierung der Erwerbsarbeit auch die Langsamkeit des Wandels in der Arbeitswelt deutlich.

Ausbreitung von Teilzeitarbeit

Vielfältige „neue" Erscheinungsformen von Erwerbsarbeit zwischen geringfügiger Beschäftigung, dem Normalarbeitsverhältnis und selbstständiger Erwerbstätigkeit haben die These von der Erosion des Normalarbeitsverhältnisses begründet. Tatsächlich kann zwar in der jüngeren Vergangenheit in Deutschland eine Abnahme des Anteils der „Normalarbeitsverhältnisse", also der abhängigen Beschäftigung mit voller tariflicher Arbeitszeit festgestellt werden, diese ist aber bisher keineswegs dramatisch und vor allem auf die politisch gewollte Zunahme der Teilzeitbeschäftigung zurückzuführen. Die in Deutschland eher zögerliche Entwicklung **neuer Erwerbsformen** (z. B. Zeitarbeit, Telearbeit, fließende Übergänge von Arbeit und Qualifikation, Abhängigkeit und Selbstständigkeit) ist vor allem auch unter dem Gesichtspunkt des „sozialen Schutzes" dieser Beschäftigten von Interesse. Unter diesem Aspekt ist vor allem die zunehmende Ausbreitung geringfügiger Beschäftigung (der so genannten Niedriglohnjobs) zu sehen.

neue Erwerbsformen

Symptomatisch für die Frage nach der Bedeutung von Arbeits- und Sozialrecht für die Entwicklung der Beschäftigung sind diese neuen Erwerbsformen zum einen, weil sie auch eine Verschiebung zu **mehr Selbstständigkeit** vermuten lassen. Außerdem signalisieren sie die Reaktionen von Arbeitgebern und Arbeitnehmern auf die hohe Abgabenbelastung der regulären sozialversicherungspflichtig abhängigen Beschäftigung. Noch deutlicher wird dies am Ausweichen von Erwerbsarbeit in die Schattenwirtschaft („Schwarzarbeit"), deren Umfang gegenwärtig für Deutschland auf über 300 Mrd. EUR geschätzt wird.

mehr Selbst-ständigkeit

Im internationalen Vergleich ist ein besonderer Nachteil Deutschlands erkennbar: die niedrige Anzahl der Erwerbstätigen (**Erwerbstätigenquote),** die den nicht erwerbstätigen Teil der Bevölkerung über eine wachstumsdämpfend hohe Abgabenquote mittragen muss. Bisher hat vor allem die EU auf dieses Problem in Europa aufmerksam gemacht und in ihren beschäftigungspolitischen Leitlinien auf die Bedeutung einer Anhebung der Erwerbstätigenquote hingewiesen.

Erwerbstätigen-quote

■ Neue Arbeitsgesellschaft und „Dritter Sektor"

neue Arbeits-gesellschaft

Die krisenhafte Entwicklung auf dem Arbeitsmarkt sowie die Zunahme der mit der Erwerbsarbeit verbundenen Entfremdungsphänomene haben in jüngerer Zeit allerdings vermehrt die Forderung nach einer *Erweiterung des Arbeitsbegriffes* laut werden lassen. Ernst F. *Schumacher*, ein prominenter Vertreter des *dualwirtschaftlichen Modells*, schreibt der Arbeit drei grundlegende Aufgaben zu: „Sie gibt dem

Menschen die Möglichkeit, seine Fähigkeiten zu nutzen und zu entwickeln. Sie hilft ihm, aus seiner Ichbezogenheit herauszutreten, indem sie ihn mit anderen Menschen in einer gemeinsamen Aufgabe verbindet, und sie erzeugt die Güter und Dienstleistungen, die für ein menschenwürdiges Dasein erforderlich sind." Der Erwerbszweck der Arbeit taucht in diesem Zitat schon nicht mehr auf. So wird im dualwirtschaftlichen Ansatz folgerichtig die Rolle der so genannten *Eigenarbeit* stark betont, während der erwerbswirtschaftliche Charakter der Arbeit in diesem Ansatz in den Hintergrund tritt. In der neueren Diskussion wird zusätzlich auf die Bedeutung ehrenamtlicher Arbeit für die Gestaltung und Erhaltung zivilgesellschaftlicher Strukturen hingewiesen, so dass man quasi von einer *Triade der Arbeit* in einer Neuen Arbeitsgesellschaft sprechen könnte. Die verschiedenen Begriffsbestimmungen sind insofern von Interesse, als sie die Antwort auf die Frage nach der Zukunft der Arbeit beeinflussen können.

Triade der Arbeit

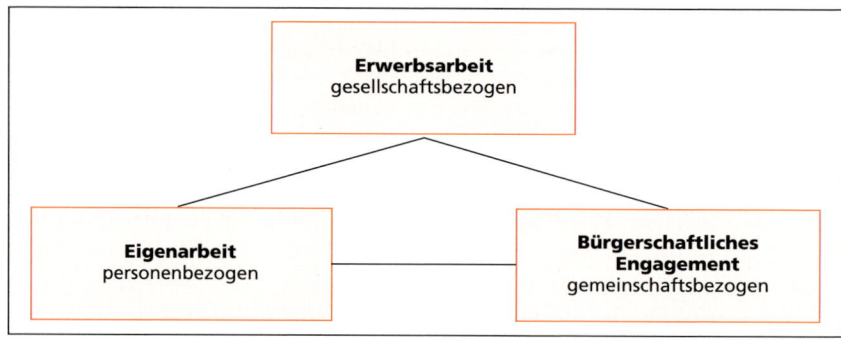

Triade der Arbeit

Dritter Sektor

Vertreter des „Dritten Sektors" (z.B. Jeremy Rifkin) plädieren für eine Lösung jenseits von Markt und Staat, d.h. für den weltweiten Ausbau eines gemeinwohlorientierten „Dritten Sektors". Angesichts der derzeitigen Beschäftigungssituation hält Rifkin den „Übergang von einer Gesellschaft, deren Basis die Massenbeschäftigung in der Privatwirtschaft ist, zu einer Gesellschaft, deren Strukturen nicht um den Markt zentriert sind", für zwingend erforderlich. Der gemeinwohlorientierte „Dritte Sektor" soll gewissermaßen als „Zufluchtsort für die Opfer der Dritten Industriellen Revolution", als „Auffangbecken für all die vom Marktbereich freigesetzten Menschen" bzw. als „Puffer gegen die unpersönlichen Kräfte des Weltmarkts und gegen das Unvermögen des Regierungsapparates" dienen.

Anhang

AUFGABEN

LERNFELD 1

1 Bilden Sie vier **Expertengruppen** A, B, C und D mit je sechs Mitgliedern. Die Gruppe A befasst sich mit den Fragen a) bis d), die Gruppe B mit e) bis h), die Gruppe C mit i) bis l), die Gruppe D mit m) bis p). Tauschen Sie anschließend Ihre Informationen in sechs Puzzle-Gruppen aus. Die **Puzzle-Gruppen** bestehen aus je einem Mitglied jeder Expertengruppe A, B, C und D; dieses berichtet jeweils über die Ergebnisse seiner Expertengruppe. Anschließend beantworten zwei Puzzle-Gruppen im Wechsel die Fragen vor der Klasse und stellen sich der Kritik.

a) Erklären Sie den Begriff duales System im Zusammenhang mit der Berufsausbildung.

b) Erläutern Sie die Aufgabenverteilung zwischen den Ausbildungsträgern im dualen System.

c) Nennen Sie wesentliche Inhalte der Ausbildungsordnung.

d) Welche Aufgaben haben die zuständigen Stellen bei der Berufsausbildung?

e) Welche Form muss beim Abschluss eines Berufsausbildungsvertrags eingehalten werden?

f) Welche Mindestangaben muss ein Berufsausbildungsvertrag enthalten?

g) Was versteht man unter der Unabdingbarkeit des BBiG?

h) Nennen Sie einige Rechte (keine Erläuterung) des Auszubildenden nach dem BBiG.

i) Nennen Sie einige Pflichten (keine Erläuterung) des Auszubildenden nach dem BBiG.

j) In welchen Rechtsvorschriften ist der Urlaub des Auszubildenden geregelt?

k) Welchen Zweck hat die Probezeit und wie lange dauert diese nach dem BBiG?

l) Aus welchen Gründen kann der Auszubildende nach Ende der Probezeit kündigen?

m) Aus welchen Gründen kann der Ausbildende nach Ende der Probezeit kündigen?

n) Wann endet das Ausbildungsverhältnis?

o) Worin unterscheiden sich Kinder und Jugendliche nach dem JArbSchG?

p) Erklären Sie die Begriffe Arbeitszeit, Schichtzeit und Ruhepause.

Duales System

Berufsausbildungsvertrag

Jugendarbeitsschutz

2 In welchen der folgenden Fälle wird gegen das Jugendarbeitsschutzgesetz verstoßen?

Begründen Sie Ihre Meinung anhand des JArbSchG §§ 8 ff.

a) Der 16-jährige Sven ist in einer freien Vertragswerkstatt als Auszubildender tätig. Er muss samstags arbeiten.

b) Ein 16-jähriger, der in Ausbildung steht, arbeitet täglich neun Stunden.

c) Die Auszubildende Nadine hat am Vormittag sechs Stunden Unterricht zu je 45 Minuten. Am selben Nachmittag muss Nadine im Betrieb arbeiten.

d) Ein Auszubildender will mit seinen Eltern in Urlaub fahren. Er ist seit zwei Monaten in Ausbildung. Das Urlaubsgesuch wird abgelehnt.

e) Jens, 15 Jahre alt, tritt am 1. Juli in ein Autohaus zur Ausbildung ein. Im laufenden Jahr werden ihm 14 Tage Urlaub gewährt.

f) Die Auszubildenden eines Autohauses müssen an ihrem Berufsschultag von 07:30 bis 8:30 Uhr arbeiten. Der Berufsschulunterricht beginnt um 09:00 Uhr.

g) Die 18-jährige Auszubildende Nancy arbeitet (einschließlich Berufsschulbesuch) montags bis freitags täglich sieben Stunden und samstags sechs Stunden.

h) Ein 17-jähriger Auszubildender hat bis 20:00 Uhr gearbeitet. Am nächsten Tag muss er um 07:30 Uhr wieder mit der Arbeit beginnen.

i) Um sich ein Moped kaufen zu können, arbeitet der 16-jährige Auszubildende Otto an seinem freien Samstag mit Zustimmung seiner Eltern als Handlanger auf dem Bau.

Betriebsrat
Mitbestimmung

3 Bilden Sie mehrere Arbeitsgruppen. Schreiben Sie die Fragen a) bis j) auf Kärt-
chen (eine Frage pro Kärtchen). Beantworten Sie in den Gruppen die Fragen
und schreiben Sie die Lösungen auf das jeweilige Kärtchen. Veranstalten Sie in
Ihrer Gruppe ein Frage-Antwort-Spiel (wer die meisten Kärtchen gewinnt, ist
Gruppensieger). Die Gruppensieger können anschließend den Klassensieger des
Gruppenturniers unter sich ausspielen.

a) Unterscheiden Sie die drei Ebenen der Mitbestimmung.

b) In welchen Betrieben kann ein Betriebsrat gewählt werden?

c) Welche Arbeitnehmer besitzen das aktive bzw. passive Wahlrecht bei der
Betriebsratswahl?

d) Unter welchen Voraussetzungen kann eine Jugend- und Auszubildendenvertretung (JAV) gewählt werden?

e) Welcher Personenkreis besitzt für die JAV das aktive bzw. passive Wahlrecht?

f) Erläutern Sie einige Aufgaben des Betriebsrats und der JAV.

g) Unterscheiden Sie zwischen sozialen, personellen und wirtschaftlichen Angelegenheiten.

h) Erläutern Sie die abgestuften Rechte des Betriebsrats. Unterscheiden Sie
dabei zwischen Mitbestimmung (im engeren Sinne) und Mitwirkung.

i) Unter welchen Voraussetzungen muss ein Europäischer Betriebsrat gewählt
werden?

j) Welche Rechte hat der Europäische Betriebsrat?

Mitbestimmungs-
recht,
Mitwirkungsrecht

4 Bei welchen der Vorfälle a) bis n) hat der Betriebsrat ein
(1) Mitbestimmungsrecht (im engeren Sinne), (2) Mitwirkungsrecht?

a) Änderung der Pausenzeiten,

b) Beschaffung neuer Schreibtische zur Verbesserung der Arbeit an Bildschirmarbeitsplätzen,

c) Kauf eines Nachbargrundstücks zwecks Vergrößerung der Lagerfläche,

d) Einführung von Arbeitszeitkonten für die gesamte Belegschaft,

e) Anordnung eines verkaufsoffenen Sonntags anlässlich eines Firmenjubiläums,

f) Einstellung eines neuen Mitarbeiters,

g) Entlassung eines Mitarbeiters wegen häufiger Fehlzeiten,

h) Anordnung von Überstunden wegen Inventurarbeiten,

i) Verhängung eines Rauchverbots am Arbeitsplatz,

j) Auflösung des zentralen Schreibbüros und Entlassung der betroffenen Mitarbeiter,

k) Einführung des Prämienlohns für alle Mitarbeiter in der Werkstatt,

l) Gründung eines Zweigbetriebs,

m)Aufstellung des Personalbedarfsplans für das nächste Jahr,

n) Einführung eines betrieblichen Vorschlagswesens.

5 Welche/r der o.g. Vorfälle (siehe Aufgabe 4) könnte/n zum Gegenstand einer
Betriebsvereinbarung gemacht werden?

Kaufmann, Firma,
Handelsregister

6 Bilden Sie mehrere Arbeitsgruppen. Schreiben Sie die Fragen a) bis m) auf Kärt-
chen (eine Frage pro Kärtchen). Beantworten Sie in den Gruppen die Fragen
und schreiben Sie die Lösungen auf das jeweilige Kärtchen. Veranstalten Sie in
Ihrer Gruppe ein Frage-Antwort-Spiel (wer die meisten Kärtchen gewinnt, ist
Gruppensieger). Die Gruppensieger können anschließend den Klassensieger des
Gruppenturniers unter sich ausspielen.

a) Was versteht man unter den Begriffen Kaufmann, Firma, Handelsregister?

b) Welche Vorschriften sind bei der Wahl einer Firma gemäß HGB zu beachten?

c) Unterscheiden Sie mögliche Arten der Firma.

d) Führen Sie einige Tatsachen auf, die im Handelsregister eingetragen werden.

e) Die Eintragungen im Handelsregister genießen „öffentlichen Glauben". Was
heißt das?

f) Erläutern Sie einige Vor- und Nachteile einer Einzelunternehmung.

Einzelunterneh-
mung

g) Unterscheiden Sie die Begriffe Geschäftsführung und Vertretung.

h) Worin unterscheiden sich Einzel- und Gesamtgeschäftsführung?

i) Erklären Sie die Begriffe unbeschränkte, gesamtschuldnerische und unmittelbare Haftung.

j) Wer hat in einer GmbH das Sagen?

k) Welche Aufgaben hat die Gesellschafterversammlung einer GmbH?

l) Was versteht man unter einer GmbH & Co. KG?

m) Worin unterscheiden sich Personen- und Kapitalgesellschaften?

GmbH, GmbH & Co. KG

7
a) Finden Sie Gründe, weshalb die Einzelunternehmung die bevorzugte Rechtsform von kleinen Unternehmen ist. Weshalb haben die meisten Unternehmen die Rechtsform der GmbH?

b) Stellen Sie in einer **Tabelle** die Rechtsformen der KG, GmbH und AG einander gegenüber. Unterscheiden Sie dabei folgende Merkmale: Begriff, Kapitalaufbringung, Haftung, gesetzliche Geschäftsführung, gesetzliche Vertretung, gesetzliche Ergebnisverteilung.

KG, GmbH, AG

8

Gesellschaftsvertrag

...

Einlagen der Gesellschafter

Die Gesellschafter verpflichten sich, folgende Einlagen zu leisten:

Thomas Czech:	200 000,00 EUR (Vollhafter)
Jens Fleig:	200 000,00 EUR (Kommanditist)
Ute Frisch:	200 000,00 EUR (Kommanditistin)

...

Ergebnisverteilung

Für die Geschäftsführung erhält jeder Komplementär vom erzielten Reingewinn vorweg eine Vergütung von 60 000,00 EUR. Überschreitet der Gesamtgewinn die Mindestverzinsung von 10 %, so ist der Rest im Verhältnis 3:2:2 zu verteilen.

Kommanditgesellschaft

a) Im abgelaufenen Geschäftsjahr betrug der Reingewinn 400 000,00 EUR. Führen Sie die Gewinnverteilung durch.

b) Warum beansprucht der Vollhafter Thomas Czech einen Großteil des Reingewinns für sich?

c) Ein Lieferant fordert Thomas Czech auf, eine Verbindlichkeit von 100 000,00 EUR zu begleichen. Herr Czech verweist den Gläubiger auf seine Mitgesellschafter mit dem Hinweis, er müsse nur ein Drittel der Schuld bezahlen, da er ja auch nur mit einem Drittel an der Gesellschaft beteiligt sei. Nehmen Sie zu dieser Ansicht Stellung.

d) Thomas Czech bestellt eine Maschine für 100 000,00 EUR. Darf er dieses Geschäft ohne Mitwirkung der Kommanditisten abschließen? Begründen Sie Ihre Antwort. Ist die Bestellung rechtswirksam?

e) Angenommen, die Maschine wäre trotzdem geliefert worden. Der Hersteller der Maschine verlangt vom Kommanditisten Jens Fleig die Zahlung der Rechnung. Erläutern Sie die Rechtslage.

9 Silke Abel, Uwe Behrend und Anja Friese wollen eine GmbH gründen. Sie sind bereit, sich mit 50 000,00, 30 000,00 und 20 000,00 EUR am Stammkapital zu beteiligen.

GmbH

a) Wie entsteht eine GmbH?

b) Entwerfen Sie einen Gesellschaftsvertrag, der alle wichtigen Regelungen enthält. Nehmen Sie dazu das GmbH-Gesetz zu Hilfe.

c) Silke Abel und Uwe Behrend möchten die Geschäftsführung der GmbH übernehmen. Was ist zu tun? Wägen Sie Vor- und Nachteile einer Gesamtgeschäftsführung gegeneinander ab.

d) Beurteilen Sie folgende Vorfälle kurz nach der Gründung:

1. Geschäftsführerin Abel ernennt den Angestellten Sven Mader zum Prokuristen.

2. Geschäftsführer Behrend will die Firma ändern.

3. Geschäftsführerin Abel beschafft ohne Rücksprache mit ihren Mitgesellschaftern ein Lagerverwaltungssystem für 100 000,00 EUR.

4. Der Lieferant Knoll KG fordert von der Gesellschafterin Friese (sie ist nicht Mitglied der Geschäftsführung) die Zahlung einer Verbindlichkeit in Höhe von 40 000,00 EUR.

e) Im ersten Geschäftsjahr erwirtschaftet die GmbH einen Gewinn in Höhe von 300 000,00 EUR. Nehmen Sie die Gewinnverteilung gemäß GmbHG vor.

f) Die meisten Konkurrenzbetriebe firmieren als GmbH & Co. KG. Deshalb überlegen Silke Abel, Uwe Behrend und Anja Friese, die GmbH in eine typische GmbH & Co. KG umzuwandeln.

GmbH & Co. KG

1. Erklären Sie die Rechtsform der GmbH & Co. KG.
2. Welche Gründe könnten für eine GmbH & Co. KG sprechen?

Aktien-gesellschaft

10

Autowerke Union AG - Hamburg

Einladung zur Hauptversammlung

Wir laden hiermit die **Aktionäre** unserer Gesellschaft zu der am 30. Juni.., 10:00 Uhr im Congress Centrum, Hamburg, Saal 4, Marseiller Straße 1, 20355 Hamburg stattfindenden ordentlichen Hauptversammlung ein.

Tagesordnung

1. Vorlage des festgestellten Jahresabschlusses, des Lageberichts des Vorstandes sowie des Berichts des Aufsichtsrats für das Geschäftsjahr.
2. Beschlussfassung über die Verwendung des Bilanzgewinns. Vorstand und Aufsichtsrat schlagen vor, den für das Jahr ausgewiesenen Jahresüberschuss in Höhe von

25 010 356,00 EUR

wie folgt zu verwenden:

Zahlung einer Dividende von 5,00 EUR je <u>Stammaktie</u> insgesamt	10 000 000,00 EUR
Zahlung einer Dividende von 6,00 EUR je <u>Vorzugsaktie</u> insgesamt	10 000 000,00 EUR
Einstellung in weitere Gewinnrücklagen insgesamt	5 000 000,00 EUR
Gewinnvortrag auf neue Rechnung	10 356,00 EUR

Das Grundkapital (34 Mio. EUR) der Autowerke Union AG ist in 34000000 Stückaktien (davon 16000000 nennbetragslose Vorzugsaktien ohne Stimmrechte) eingeteilt.

a) Die Aktiengesellschaft handelt durch ihre Organe Hauptversammlung, Vorstand und Aufsichtsrat. Beschreiben Sie mithilfe des Aktiengesetzes die Aufgaben dieser Organe.

b) Erklären Sie die unterstrichenen Begriffe in der obigen Einladung zur Hauptversammlung.

c) Maria Campioni besitzt 100 Vorzugsaktien der Autowerke Union AG. Berechnen Sie ihre Dividende, wenn sie einen Freistellungsauftrag bei ihrer Depotbank eingereicht hat.

Mitbestimmung

d) Erläutern Sie die Mitbestimmung der Arbeitnehmer im Aufsichtsrat einer AG.

LERNFELD 2

1 Die Grundausrichtung betrieblichen Handelns wird durch die **Unternehmenspolitik** festgelegt und in einem **Unternehmensleitbild** schriftlich fixiert. Die Unternehmungspolitik macht Aussagen über den **Grundzweck der Unternehmung** und über die **Verhaltensgrundsätze** gegenüber den Anspruchs- und Interessensgruppen der Unternehmung. Das Leitbild dient als verbindliche Grundlage für die strategischen und operativen Ziele der Unternehmung.

Unternehmensleitbild

   a) erläutern Sie die fett hervorgehobenen Begriffe und bringen Sie diese in eine sinnvolle Beziehung zueinander (z. B. Rangordnung).

   b) Welche inner- und außerbetrieblichen Aufgaben hat ein Unternehmensleitbild?

   c) Stellen Sie das Leitbild Ihres Ausbildungsbetriebs vor.

   d) Wodurch wird die Glaubwürdigkeit eines Unternehmensleitbilds bestimmt?

   e) Gehen Sie auf die Ansprüche der verschiedenen Interessensgruppen der Unternehmung ein.

2 Zur Erzielung eines langfristigen Erfolgs muss sich eine Unternehmung Erfolgspotenziale schaffen und sichern. Solche **Erfolgspotenziale** können durch eine Reihe von inner- und außerbetrieblichen **Erfolgsfaktoren** näher beschrieben werden.

Erfolgspotenziale Erfolgsfaktoren

   a) Nennen Sie die Erfolgspotenziale der Unternehmung.

   b) Welche unternehmens- und umweltbezogenen Erfolgsfaktoren bestimmen diese Erfolgspotenziale der Unternehmung?

   c) Geben Sie die wichtigsten Erfolgsfaktoren Ihres Ausbildungsbetriebs an.

3

Unternehmensziele

Umweltschutz und Unternehmensziele

Von je 100 Unternehmern meinen, dass Umweltschutz folgende Unternehmensziele fördert:

Ansehen in der Öffentlichkeit 87
Mitarbeitermotivation 72
Kunden- und Marktorientierung 63
Existenz 60
Angebotsqualität 58
Wettbewerbsfähigkeit 52
Konkurrenzsituation 51
Unternehmenswachstum 46
Marktanteil 44
Umsatz 44
Gewinn 28

Mehrfachnennungen

© Globus

   a) Umweltschutz kann andere Unternehmensziele fördern. Begründen Sie diese Aussage anhand obiger Grafik.

   b) Ordnen Sie die dargestellten Unternehmensziele ökonomischen und außerökonomischen Zielen zu.

   c) Welche der dargestellten Ziele verhalten sich konkurrierend, welche komplementär zum Oberziel der Gewinnmaximierung?

4 a) Unterscheiden Sie erwerbswirtschaftliche, gemeinwirtschaftliche, gemeinnützige und genossenschaftliche Unternehmen hinsichtlich ihrer jeweiligen Zielsetzung.

b) Begründen Sie, weshalb viele Unternehmungen sich auch außerökonomische Ziele setzen.

5 Die Unternehmungsziele werden in **Unternehmungsplänen** konkretisiert, in denen die Handlungsalternativen aller Aufgabenbereiche (Funktionen) der Unternehmung aus der sachlichen und zeitlichen Sichtweise beschrieben werden.

a) Zeigen Sie an Beispielen den Planzusammenhang zwischen den Teilplänen der Unternehmung.

b) Erläutern Sie den Zusammenhang zwischen strategischen, taktischen und operativen Unternehmensplänen.

c) Beschreiben Sie den Prozess der strategischen Planung.

6 Durch einen Kundenauftrag werden betriebliche Informations-, Material- und Werteflüsse ausgelöst.

a) Der Prozess der betrieblichen Leistungserstellung vollzieht sich mithilfe der betrieblichen Leistungsfaktoren. Erläutern Sie diese.

b) Wie lässt sich der Leistungsfaktor Werkstoff beschreiben? Geben Sie an, welche Werkstoffe in Ihrem Ausbildungsbetrieb eingesetzt werden.

c) Verfolgen Sie den Leistungsprozess in Ihrem Ausbildungsbetrieb und erläutern Sie die zugehörigen Informations-, Material- und Werteflüsse anhand der Abwicklung eines konkreten Kundenauftrags.

7

Faktorkombination	I	II	III	IV
Arbeitskräfte	12 Std.	6 Std.	4 Std.	2 Std.
Maschinen	2 Std.	4 Std.	6 Std.	12 Std.

Preis der Faktoren in EUR je Std.: Arbeit = 5,00 EUR; Kapital = 20,00 EUR

a) Ermitteln Sie die Minimalkostenkombination der Produktionsfaktoren Arbeit und Kapital.

b) Ändern Sie die Arbeitskosten auf 30,00 EUR pro Stunde und ermitteln Sie die Minimalkostenkombination. Vergleichen Sie die Ergebnisse mit a).

8 a) Erklären Sie den Begriff Organisation.

b) Wann ist eine Organisation im Gleichgewicht?

9 Besorgen Sie sich das Organigramm Ihres Ausbildungsbetriebes und stellen Sie fest, nach welchem Prinzip (Objekt-, Prozess- oder Verrichtungsprinzip) dieses aufgebaut ist. Vergleichen Sie mehrere Organigramme und finden Sie Gemeinsamkeiten.

10 In einer Fachzeitschrift liest Herr Block (Abteilungsleitung Organisation der Weller KG) einen Artikel, in dem über die Forschungsergebnisse einer bekannten Unternehmensberatungsgesellschaft berichtet wird. Danach sind erfolgreiche Unternehmen überwiegend nach dem Objektprinzip, weniger erfolgreiche Unternehmen häufiger nach dem Verrichtungsprinzip organisiert. Gestalten Sie die Aufbauorganisation der Büromöbelfabrik Kurt Weller KG (siehe Seite 67) nach dem Objektprinzip um (ggf. mit Stäben). Erläutern Sie die Vor- und Nachteile.

11 a) Die Matrixorganisation ist eine Kombination des Verrichtungs- und Objektprinzips. Begründen Sie diese Aussage.

b) Erläutern Sie die Vor- und Nachteile dieser Organisationsstruktur.

12 a) Vergleichen Sie die wichtigsten herkömmlichen Leitungs- beziehungsweise Weisungssysteme mithilfe einer Tabelle, in der Sie die wesentlichen Merkmale und die Vor- und Nachteile einander gegenüberstellen.

   b) Zeigen Sie, wie die Unzulänglichkeiten herkömmlicher Leitungssysteme korrigiert werden können. Bilden Sie themengleiche Gruppen und stellen Sie Ihre Ergebnisse auf einer Pinnwand dar. Setzen Sie dabei Formen und Farben der Kärtchen sinnvoll ein.

13 a) Beschreiben Sie die Merkmale einer prozessorientierten Organisation.

   b) Erläutern Sie, was man unter einem Geschäftsprozess versteht.

   c) Unterscheiden Sie zwischen Kern- und Unterstützungsprozessen. Geben Sie jeweils einige Beispiele an.

   d) Unterscheiden Sie die Sichtweisen eines Geschäftsprozesses.

   e) Vollziehen Sie die grafische Darstellung des Geschäftsprozesses „Kundenauftrag bearbeiten" auf Seite 79 nach. Erläutern Sie dabei die Darstellungstechnik der ereignisgesteuerten Prozesskette (EPK), indem Sie die Knoten, Datenträger und Verbindungslinien erklären.

14 Durch Controlling soll ein möglichst durchgängiges Verhalten aller Funktions- und Entscheidungsträger im Sinne des Unternehmensleitbilds und der Unternehmensziele erreicht werden.

   a) Welche Hauptaufgabe kommt dem Controlling zu?

   b) Unterscheiden Sie strategisches und operatives Controlling.

   c) Erläutern Sie die allgemeinen Aufgaben des Controllings.

   d) Begründen Sie, warum Controlling ein ständiger Lernprozess ist und weshalb Controlling als Regelkreis zu verstehen ist.

   e) Erklären Sie die Aufgaben der Prozesskontrolle. Erläutern Sie insbesondere die Hauptaufgabe der Prozessoptimierung.

   f) Analysieren Sie den Leitfaden zur Prozessoptimierung auf Seite 84.

15 a) Welche Schwachstellen erkennen Sie im Arbeitsablauf „Bearbeitung einer Eingangsrechnung", wie er im Ablaufdiagramm auf Seite 80 dargestellt ist?

   b) Machen Sie Verbesserungsvorschläge.

   c) Erstellen Sie ein Ablaufdiagramm für diesen Vorgang, wie er in Ihrem Ausbildungsbetrieb durchgeführt wird. Vergleichen Sie die Arbeitsabläufe mit anderen Ausbildungsbetrieben und diskutieren Sie über Schwachstellen und Abhilfemaßnahmen. (Der Vergleich mit anderen Betrieben, die bestimmte Arbeitsabläufe besonders effektiv gestaltet haben, wird in der Fachsprache als **„Benchmarking"** bezeichnet.)

Leitungssysteme Weisungssysteme

Geschäftsprozess

Controlling

LERNFELD 5

Produktionswirt-schaft

1 a) Beschreiben Sie die Stellung der Produktionswirtschaft innerhalb des betrieblichen Leistungsprozesses.

b) Erläutern Sie die (1) Hauptaufgabe, (2) Teilaufgaben der Produktionswirtschaft.

c) Nennen Sie die Ziele der Produktionswirtschaft.

d) Beschreiben Sie den Zielkonflikt bei der Produktion.

e) Beschreiben Sie die Vorteile der computerintegrierten Fertigung (CIM).

Produkt-, Produktionsprogramm

2 a) Beschreiben Sie das Produkt- und das Produktionsprogramm Ihres Ausbildungsbetriebes.

b) Erläutern Sie einige Bestimmungsfaktoren des Produktionsprogramms und gehen Sie besonders auf das Kriterium „Umweltverträglichkeit" ein.

c) Unterscheiden Sie an Beispielen aus Ihrer Branche zwischen Programmbreite und -tiefe.

d) Erklären Sie den Begriff Fertigungstiefe.

e) Der Trend zur Verringerung der Fertigungstiefe birgt Chancen und Risiken. Nehmen Sie zu dieser Aussage Stellung.

Forschung und Entwicklung

3 a) Erklären Sie die Teilprozesse Forschung, Entwicklung und Konstruktion.

b) Auf welche Anforderungen hin sollten die Produktkonzepte in der Entwicklungsphase überprüft werden?

c) Erläutern Sie den Beitrag der Entwicklungsabteilung zum Umweltschutz.

d) Die FuE und Konstruktion haben eine große Kostenverantwortung. Belegen Sie diese Behauptung.

e) Beschreiben Sie einige Ergebnisse der Entwicklungsarbeit.

Stückliste

f) Erläutern Sie den Zweck einer Stückliste.

g) Unterscheiden Sie die drei Standardformen der Stückliste.

4 Das Erzeugnis „A" besitzt nachstehende Erzeugnisstruktur:

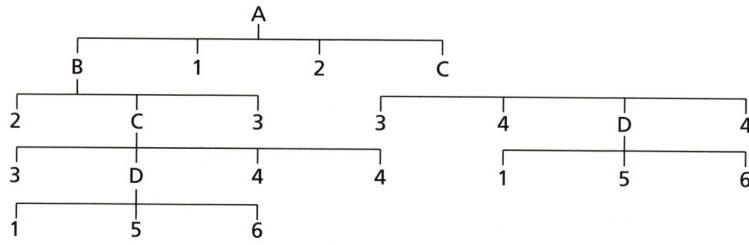

a) Erstellen Sie alle erforderlichen Baukastenstücklisten.

b) Erstellen Sie die zugehörige Mengenübersichtsstückliste.

c) Erstellen Sie die zugehörige Strukturstückliste.

Wertanalyse

5 Sie sind Mitglied des Einkaufsteams des Elektrogeräteherstellers Mürdel KG. Ihre Teamleiterin bittet Sie, bis zur nächsten Teamsitzung ein Kurzreferat mit dem Thema „Wertanalyse" zu verfassen. Nach eingehenden Recherchen in der Fachliteratur haben Sie folgende Grobgliederung erstellt:

a) Begriff und Zielsetzung der Wertanalyse,

b) Wesentliche Merkmale der Wertanalyse,

c) Value Engineering und Value Analysis,

d) Vorbereitung einer Wertanalyse,

e) Ablaufschritte der Wertanalyse.

6 Ihnen liegen folgende Daten vor:

Artikelgruppe	W 1	W 2	W 3	W 4	W 5	W 6	W 7	W 8	W 9	W 10
Jahresbedarf	850	6 300	5 000	15 000	1 000	750	27 500	150	40 000	200
Einzelpreis	7,90	0,30	1,30	0,12	6,20	45,00	0,10	400,00	0,50	15,00

a) Wie gehen Sie allgemein vor, wenn Sie eine ABC-Analyse erstellen wollen?
b) Führen Sie die ABC-Analyse durch. (Verwenden Sie hierzu ein Tabellenkalkulationsprogramm.)
c) Welche Erkenntnisse können Sie aus den Ergebnissen Ihrer ABC-Analyse gewinnen?

7 Die Uhrenfabrik Plata GmbH stellt unter den Namen „Luck" eine neuartige Kunststoffuhr her, die nur noch 30 Bestandteile einer herkömmlichen Uhr aufweist. Das Nieten und Schweißen geschieht mit Ultraschall, so dass die Uhr bei einem hohen Grad an Automation ohne jede Schraube montiert wird. Die Fertigungsanlagen sind darauf angelegt, dass je Monat 45 000 Uhren hergestellt werden können (= Kapazitätsgrenze). Die fixen Gesamtkosten betragen monatlich 900 000,00 EUR; die variablen Kosten belaufen sich auf 5,00 EUR je Stück und der beim Handel je Uhr erzielbare Wiederverkaufspreis beträgt 50,00 EUR. Alle produzierten Uhren können verkauft werden.

a) Im 1. Quartal der Produktionsaufnahme wurden nur 20 000 Uhren, im 2. Quartal bereits 30 000, im 3. Quartal 43 000 und seit dem 4. Quartal werden 45 000 Uhren monatlich gefertigt und verkauft. Ermitteln Sie den Beschäftigungsgrad für die einzelnen Quartale.
b) Stellen Sie für die Monate Januar, April, Juli und Oktober eine Kostentabelle mit folgenden Spalten auf (Annahme: gleichmäßige Monatsverteilung der jeweiligen Quartalsausbringung, vgl. a):

Aus-bringungs-menge/ Stück	fixe Kosten EUR		variable Kosten EUR		Gesamt-kosten EUR	Stück-kosten EUR	Gesamt-erlöse EUR
	ge-samt	pro Stck.	ge-samt	pro Stck.			

c) Stellen Sie für jeden der vier Monate den Verlauf der Gesamtkosten (K) und der Gesamterlöse (E) grafisch dar, und beurteilen Sie die Situation.
d) 1. Bei welcher Monatsausbringungsmenge erreicht das Unternehmen die Nutzenschwelle?
   2. Was bedeutet das Erreichen der Nutzenschwelle für das Unternehmen?
   3. Welchem Beschäftigungsgrad entspricht die Nutzenschwelle?
   4. Welche Auswirkung hätte eine Erhöhung der proportional variablen Kosten um 1,00 EUR bei unveränderten Fixkosten und unveränderten Erlösen auf die Nutzenschwelle?
   5. Zeichnen Sie die neue Situation. Begründen Sie Ihre Aussagen.

e) Welches sind typische Beispiele für Kosten,
   1. die bei einer Änderung des Beschäftigungsgrades unverändert bleiben,
   2. die sich bei einer Änderung des Beschäftigungsgrades im gleichen Verhältnis wie diese ändern,
   3. die bei einer Produktionszunahme schneller ansteigen als es der Zunahme des Beschäftigungsgrades entspricht?
f) Wie würde es sich auf die Ertragssituation der Plata GmbH bei sonst unveränderten Bedingungen auswirken, wenn
   1. das Unternehmen den Verkaufspreis an die Händler um 5,00 EUR erhöhen könnte?
   2. der Wettbewerb ein Absenken des Wiederverkaufspreises von 50,00 EUR auf 40,00 EUR erzwingen würde?

kritische Kostenpunkte

3. Ermitteln Sie zeichnerisch die neuen kritischen Kostenpunkte, und erläutern Sie die Situation.

4. Welche Schlussfolgerungen lassen sich für die weitere Unternehmensstrategie in Bezug auf Ausdehnung der Unternehmenskapazität und Stärkung der Absatzanstrengungen ableiten? Begründen Sie Ihre Entscheidungen.

g) Aufgrund einer Weiterentwicklung des Fertigungsverfahrens gelingt es der Unternehmungsleitung der Plata GmbH, den Rationalisierungsgrad weiter zu steigern und die monatlichen fixen Gesamtkosten auf 800000,00 EUR zu senken, wobei alle übrigen Größen unverändert bleiben.

1. Stellen Sie die neue Situation dar.

2. Erläutern Sie die Konsequenzen, die die Veränderung des Rationalisierungsgrades auf die Ertragslage des Unternehmens nach sich zieht.

3. Zeigen Sie auf, wo die neue Preisuntergrenze liegt und wie hoch das Gewinnmaximum an der Kapazitätsgrenze von 45000 Stück ist.

Fertigungsarten

8 Unterscheiden Sie die Fertigungsverfahren (Fertigungsarten) nach der
a) Menge gleichartiger Produkte,
b) Organisation des Ablaufs.

9 Erläutern Sie Vor- und Nachteile der
a) Werkstättenfertigung,
b) Fließfertigung,
c) Inselfertigung.

10 Vom Sachbearbeiter Menzel erhalten Sie den Auftrag, den Sekundärbedarf für die Herstellung von 100 Stahlrohrtischen als Bruttobedarf und als Nettobedarf zu ermitteln.

Material-disposition Bedarfsrechnung

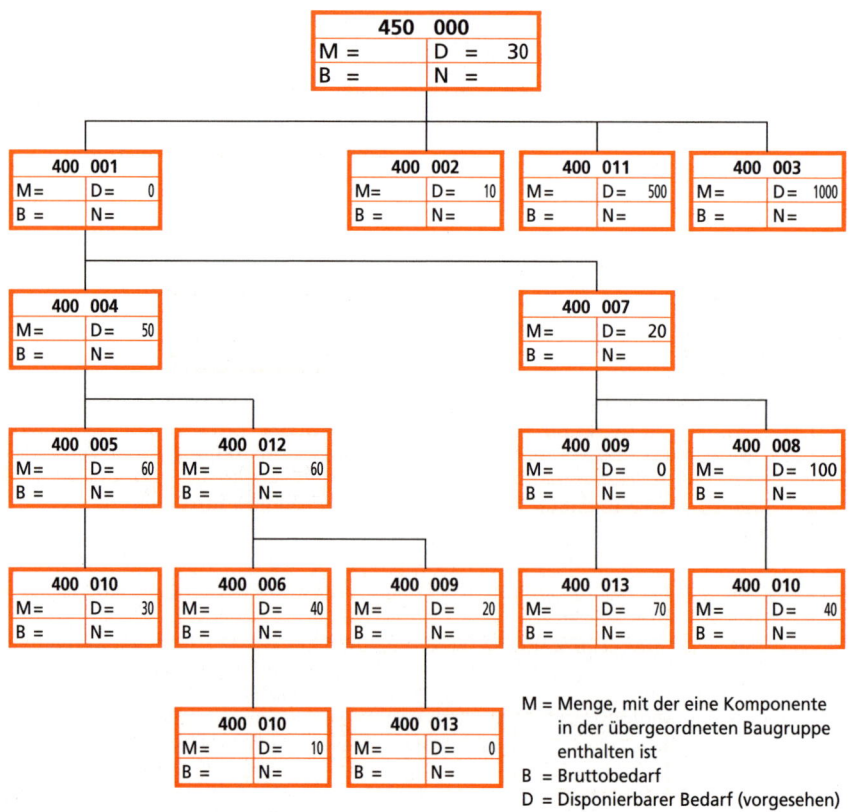

M = Menge, mit der eine Komponente in der übergeordneten Baugruppe enthalten ist
B = Bruttobedarf
D = Disponierbarer Bedarf (vorgesehen)
N = Nettobedarf

Tipps:
- Vollziehen Sie zuerst die Berechnungen in der Strukturgrafik auf Seite 131 nach.
- Legen Sie eine Strukturgrafik nach dem Muster auf Seite 540 an und rechnen Sie mit allen Dezimalstellen.
- Legen Sie die Stückliste auf Seite 123 zugrunde.

11 Sie sind Auszubildende/r bei der Weller KG, Büromöbelfabrik. Zurzeit befinden Sie sich in der Abteilung Produktionswirtschaft und beschäftigen sich mit der Bedarfsermittlung. Verfassen Sie für Ihren Ausbildungsnachweis einen Bericht mit folgender Gliederung:
a) Begriff Bedarf
b) Verfahren der Bedarfsermittlung
c) Unterscheidung der Begriffe
1. Primärbedarf, Sekundärbedarf und Tertiärbedarf
2. Bruttobedarf und Nettobedarf

12 a) Weshalb werden für die Komponenten die jeweiligen Vorlaufzeiten berechnet?
b) Unterscheiden Sie zwischen „Vorlaufzeit" und „gesamter Vorlaufzeit".
c) Aus welchen Zeiten setzt sich die Durchlaufzeit (Vorlaufzeit) für einen Auftrag zusammen?
d) Berechnen Sie die Vorlaufzeiten für alle Komponenten für den Endtermin BKT 100 (Rechnen Sie in Tagen).
Tipps:
- Vollziehen Sie vorher die Berechnungen auf Seite 136 nach.
- Übernehmen Sie die Zeitangaben von Seite 135 in das unten stehende Schema.

M = Fertigungs/Montagezeit (bei Eigenfertigung)
W = Durchlaufzeit/Wiederbeschaffungszeit + Bereitstellungszeit (bei Fremdbezug)
V = Gesamte Vorlaufzeit
B = Beginn der Fertigstellung/Liefertermin
E = Fertigungsende

Bedarfsrechnung

Bedarfsermittlung

Vorlaufzeiten

Bedarfszeitpunkte Durchlaufterminierung

Arbeitsplanung

13 Unterscheiden Sie Basis- und Auftragsarbeitsplan. Geben Sie auch deren Inhalte an.

optimale Losgröße

14 Bei der Metallwarenfabrik Menzel KG sollen im Jahr 1000 Drehteile gefertigt werden. Der Lagerhaltungskostensatz beträgt 20%. Der Lagerbestand wird mit den Herstellkosten (Verrechnungspreis) von 10,00 EUR pro Drehteil bewertet. Die Loswechselkosten (losfixen Kosten) betragen 160,00 EUR pro Los. Als alternative Losgrößen kommen 100, 200, 300, 400, 500 Stück in Betracht. Durchschnittlicher Lagerbestand = $1/2$ Losgröße.

a) Berechnen Sie die optimale Losgröße

   1. mithilfe einer Tabelle nach folgendem Muster:

Alternative Losgrößen	Anzahl von Losen	Ø Lagerbe- stand (LB)	Lagerhal- tungskosten	Loswechsel- kosten	Gesamt- kosten

   2. mithilfe der Losgrößenformel.

b) Welche zwei Bedingungen, sind bei der optimalen Losgröße erfüllt?

c) Nennen Sie Beispiele für Loswechselkosten (Auflagekosten).

d) Beschreiben Sie den Zielkonflikt bei der Losgrößenermittlung.

gleitende Losgröße

15

Fertigungsauftrag	Liefertermin	Tage	Menge	Lagerhaltungskosten
Auftrag 1	1. März	–	1 000	–
Auftrag 2	15. März	14	3 000	?
Auftrag 3	22. März	7	4 000	?

Prüfen Sie, welche Fertigungsaufträge zu Losen zusammengefasst werden sollen (auflagefixe Kosten = 2000,00 EUR; Lagerkosten pro Tag/Stück = 0,05 EUR)

Kapazitäts- planung

16 Wenn bereits Kapazitäten reserviert sind, können Engpässe entstehen. Um für diesen Fall die wirtschaftlichste Reihenfolge der Aufträge zu garantieren, gehen PPS-Systeme nach bestimmten Prioritätsregeln vor.
Beschreiben Sie einige Prioritätsregeln für die Arbeitsplatzbelegung.

Netzplan

17 Verfassen Sie einen Bericht zum Thema Netzplan mit folgenden Gliederungspunkten:

a) Wesen des Netzplans,

b) Vorgehensweise der Netzplantechnik nach MPM,

c) Vorteile der Netzplantechnik,

d) Vorwärts- und Rückwärtsterminierung,

e) Puffer und kritischer Pfad.

f) Worin unterscheiden sich Vorwärts- und Rückwärtsterminierung?

18 Die Magno GmbH, Spezialrohrhersteller für alle Einsatzgebiete, will eine CNC-Rohrbiegemaschine für 1000 Biegungen je Stunde beschaffen, die die inzwischen unrentabel arbeitende alte Maschine ersetzen soll. Das Projekt wird exakt geplant:
Für Angebotseinholung, Lieferantenauswahl und Auftragserteilung (= A Beschaffung) werden 10 Tage benötigt. Der Abbau der bisherigen Anlage nimmt 5 Tage in Anspruch (= B Demontage). Die Arbeiten am neuen Fundament dauern 10 Tage (= C Fundamentierung). Lieferzeit 30 Tage (= D Lieferzeit), Aufstellen der neuen Anlage 5 Tage (= E Montage), Einweisung eines Bedieners an der aufgestellten Anlage 10 Tage (= F Einweisung). Der Bediener betätigt die halbautomatische Ladevorrichtung, überwacht, beseitigt Störungen und wartet die Maschine. Testlaufzeit der Maschine vor Beginn der eigentlichen Produktion 5 Tage (= G Testlauf).

a) Erstellen Sie für das Projekt die Vorgangsliste.

b) Zeichnen Sie den Netzplan als Vorgangsknotenplan und kennzeichnen Sie die kritischen Vorgänge entsprechend.

c) Entscheiden Sie, wann die Netzplantechnik zur Terminplanung vorrangig heranzuziehen ist und wann einfachere Verfahren genügen.

d) Terminieren Sie obiges Objekt in einem Gantt-Diagramm.

19 a) Unterscheiden Sie die zwei Grundprinzipien der Auftragssteuerung, das Schiebe- und das Ziehprinzip.

b) Erläutern Sie das Kanban-Prinzip. Gehen Sie dabei auf den Ablauf, die Regeln und die Voraussetzungen ein.

Auftrags-steuerung

Kanban

20 a) Beschreiben Sie den Regelkreis der Produktion.

b) Erläutern Sie die Entwicklung der Kennzahlen für die Produktionsarbeits-plätze 1 bis 5 anhand der Darstellung auf Seite 155.

c) Beschreiben Sie einige Störungskategorien und gehen Sie auf deren Ursa-chen ein.

Produktions-controlling

21 Beschreiben Sie die Teilschritte der fertigungsbezogenen Auftragsabwicklung in Stichworten. Beachten Sie auch das Ablaufdiagramm auf Seite 158.

fertigungsbezo-gene Auftragsbe-arbeitung

22 a) Unterscheiden Sie die Begriffe Qualitätsmanagement, Qualitätsmanage-mentsystem und Totales Qualitätsmanagement.

b) Erläutern Sie die Ansatzpunkte eines Qualitätsaudits.

c) Welchen Nutzen versprechen sich Unternehmen von Qualitätsaudits?

d) Weshalb müssen Zertifizierungsgesellschaften unabhängig und akkreditiert sein?

e) Erklären Sie die Begriffe Qualitätszirkel und KVP.

f) Nennen Sie einige KVP-Regeln.

g) Was bedeutet offenes, vernetztes und dynamisches Denken?

LERNFELD 6

Ziele der Beschaffung

1 a) Beschreiben Sie den Zielkonflikt bei der Beschaffung.
b) Erläutern Sie die Gesundheits- und Umweltschutzfunktion der Beschaffung.
c) Begründen Sie die Notwendigkeit der Materialwirtschaft für den betrieblichen Leistungsprozess.

Werkstoffe

2 Zählen Sie typische Werkstoffe auf, die in Ihrem Ausbildungsbetrieb eingesetzt werden. Unterscheiden Sie dabei zwischen Roh-, Hilfs-, Betriebsstoffen und Fremdbauteilen.

3 a) Informieren Sie sich über das Entsorgungs- und Abfallwirtschaftskonzept Ihres Ausbildungsbetriebes und präsentieren Sie Ihre Ergebnisse im Klassenverband.

Recycling

b) Erläutern Sie den Begriff „Recycling" und erklären Sie in diesem Zusammenhang die Begriffe „Verwendung" und „Verwertung".
c) Beschreiben Sie die vier Recyclingstrategien am Beispiel der Entsorgung von Personenkraftwagen.

Mengenplanung, Zielkonflikt der Beschaffung

4 a) Ermitteln Sie die optimale Bestellmenge mithilfe eines Tabellenkalkulationsprogramms und folgenden Daten: Lagerhaltungskostensatz: 10%; Einstandspreis: 20,00 EUR pro Stück; Jahresbedarf: 1 000 Mengeneinheiten; Bestellkosten: 40,00 EUR pro Bestellung.
Der Ø Lagerbestand entspricht der halben Bestellmenge.
b) Überprüfen Sie das Ergebnis anhand einer grafischen Darstellung. Verwenden Sie dazu Ihr Tabellenkalkulationsprogramm.
c) Erläutern Sie den Zielkonflikt der Beschaffung.

Zeitplanung

5 In einem Unternehmen werden täglich 20 Keilriemen verkauft. Die Beschaffungszeit beträgt 14 Tage. Als Sicherheitsbestand soll ein 5-Tagesverbrauch vorgehalten werden. Die Bestellmenge beträgt 400 Stück.
a) Berechnen Sie den Sicherheits- und den Meldebestand.
b) Stellen Sie die Bestandsentwicklung grafisch dar. Beginnen Sie bei einem Lagerbestand von 300 Stück am 2. März.
c) Bestimmen Sie den Bestellrhythmus anhand der Grafik.
d) Unterscheiden Sie Bestellpunkt- und Bestellrhythmusverfahren.

Beschaffungs-marktforschung

6 Sie sind Mitglied des Einkaufsteams der Elektrogroßhandlung Mürdel KG. Ihre Teamleiterin beauftragt Sie, den Beschaffungsmarkt für Videogeräte zu analysieren. Sie gibt Ihnen folgenden Hinweis: „Sammeln Sie Hinweise über die Branche, über die Lieferländer, über das Produkt selbst, über die Lieferanten und über die Beschaffungspolitik unserer Konkurrenten."
Tipp: Themengleiche Gruppenarbeit – Kurzprojekt/Recherche im Internet.

Angebots-bedingungen

7 a) Welche acht Bestandteile sollte ein Angebot enthalten?
b) Geben Sie für jeden Angebotsbestandteil die entsprechende gesetzliche Regelung an, wenn dazu im Angebot nichts steht.

Angebotsvergleich (quantitativ und qualitativ) mithilfe einer Entscheidungsbewertungs-tabelle

8 Die Möbelfabrik Weller KG, Sonnenstraße 12, 89077 Ulm, benötigt zur Herstellung der neuen Produktgruppe Kunststoffmöbel eine Spritzgussmaschine. Die Maschine muss in spätestens acht Wochen installiert werden, damit die Fertigung pünktlich anlaufen kann.
Die Maschine soll möglichst wenig Energie verbrauchen und einen niedrigen Lärmwert haben. Sie soll mindestens zwei Kunststoffarten mit mindestens 2 kg Gewicht verarbeiten können.
Der Einkaufsleiterin, Frau Spahn, liegen drei Angebote vor. Sie erstellt folgende Vergleichstabelle:

Lieferanten Vergleichskriterien	Maschi OHG	Hanser KG	Maschinenbau AG
Konditionen			
● Listenpreis, netto	197 500,00 EUR	188 000,00 EUR	192 500,00 EUR
● Rabatt	5 % Sonderrabatt	–	–
● Zahlungs- bedingungen	2 % Skonto inner- halb 10 Tagen, 30 Tage netto Kasse	rein netto	3 % Skonto inner- halb 14 Tagen, zwei Monate Ziel
● Fracht	frei Haus	345,00 EUR	600,00 EUR pausch.
● Transport- versicherung	0,2 % vom Zieleinkaufspreis	0,05 % vom Listenpreis	
Technik			
● Anzahl Kunststoff- arten	2	4	3
● max. Gewicht der Kunststoffteile	2 kg	5 kg	3 kg
● Energieverbrauch	200 kWh	100 kWh	150 kWh
● Lärmemission	80 dB	70 dB	75 dB
Eigenschaften			
● Lieferzeit	2 Wochen	7 Wochen	6 Wochen
● Garantie	3 Jahre	4 Jahre	3 Jahre
● Service	gute Beratung, schleppende Abwicklung	24-h-Hotline Teleservice	Reparaturen wer- den durch Fremd- firmen durchgeführt
● Zuverlässigkeit	absolut termintreu	zuverlässig	bedingt zuverlässig

a) Führen Sie einen rechnerischen Angebotsvergleich (Berechnung des Ein-
standspreises beziehungsweise Bezugspreises) durch.

b) Bei der endgültigen Lieferantenauswahl sollen neben den rechnerischen
(quantitativen) Kriterien auch qualitative Gesichtspunkte berücksichtigt werden. Tragen Sie hierzu in die nachfolgende Entscheidungsbewertungstabelle
alle Entscheidungskriterien ein, die Sie im vorliegenden Fall für wesentlich
halten. Gewichten Sie die Auswahlkriterien (Summe der Kriterien soll 100 %
ergeben). Bewerten Sie anschließend auf der Grundlage der vorliegenden
Informationen die drei Lieferanten (Punktbewertung von 1 bis 5). Begründen
Sie Ihre Entscheidung.

Tipp: Themengleiche Gruppenarbeit

Entscheidungsbewertungstabelle zur Lieferantenauswahl

Lieferanten		Maschi OHG		Hanser KG		Maschinenbau AG	
Auswahl- kriterien	Gewich- tung	Bewer- tung	Punkte	Bewer- tung	Punkte	Bewer- tung	Punkte

9 Untersuchen Sie, ob es sich bei folgenden Bestellungen um Antrag oder Annahme handelt:

  a) Bestellung von 20 Kisten Wein am 20. November .. auf ein Angebot vom 15.
November ..

  b) Bestellung auf ein Zeitungsinserat hin.

  c) Bestellung von 10 Stühlen aufgrund eines Sonderangebots.

  d) Bestellung von 150 Dosen Schinken; die 400 angebotenen Dosen sind uns zu
viel!

Bestellung

e) Bestellung von 500 Jeans-Hosen am 25. März .. auf ein Angebot aus den USA vom 1. März ..

f) Bestellung einer Klimaanlage für ein Bürohochhaus, Auftragswert 650 000 EUR, am 25. März .. auf ein Angebot aus Hannover vom 1. März ..

Bestellungs-annahme

10 In welchen Fällen ist bei Aufgabe 9 eine Bestellungsannahme
a) notwendig?
b) angebracht?
c) nicht notwendig?

Wareneingangs-kontrolle

11 a) Begründen Sie die Notwendigkeit der Wareneingangskontrolle.
b) Beschreiben Sie den Ablauf der Wareneingangskontrolle (Achten Sie auf die richtige Reihenfolge!).
c) Nach welchen Gesichtspunkten wird die Eingangsrechnung geprüft?

Rechnungs-prüfung

d) Welche Abteilungen sind bei der Wareneingangs- und Rechnungsprüfung beteiligt?
e) Weshalb müssen die Liefertermine überwacht werden?

Beschaffungs-prozess

12 a) Vollziehen Sie die Geschäftsprozesse (dargestellt als ereignisgesteuerte Prozessketten) auf den Seiten 193 und 201 nach.
b) Vergleichen Sie diese Referenzprozesse mit den Abläufen in Ihrem Ausbildungsbetrieb.

zentrales, dezen-trales Lager

13 a) Geben Sie Vor- und Nachteile der zentralen Lagerung an.
b) Welche Gesichtspunkte sprechen für ein dezentrales Lager?
c) Skizzieren Sie einen Lageplan des Lagers in Ihrem Ausbildungsbetrieb.

Lagerplatz-zuordnung

d) Vergleichen Sie systematische und chaotische Lagerplatzzuordnung.

Lagerkennzahlen

14 a) Begründen Sie die Notwendigkeit der Ermittlung von Lagerkennziffern.
b) Beweisen Sie die Aussage: „Je höher die UH, desto niedriger ist der Kapitaleinsatz zur Erreichung einer bestimmten Gewinnhöhe."

15 Die Max Reinstein GmbH, Schmuckhersteller in Pforzheim, hat in den letzten fünf Jahren ihr Sortiment unkontrolliert ausgedehnt. Dies führte insgesamt zu einer unübersichtlichen und schwerfälligen Bearbeitung von Aufträgen im Lager.
a) Beschreiben Sie zwei Probleme, die sich aus dieser Lagersituation ergeben können.
b) Wie könnten die genannten Probleme gelöst werden?
c) Für den Artikel „Damenarmband, echt Gold 585" ergeben sich aus der Lagerdatei für das abgelaufene Jahr folgende Bestände in Stück:

Datum	Eingang	Ausgang	Bestand	Datum	Eingang	Ausgang	Bestand
01-01			10	08-17		5	
01-14	7			09-04		4	
01-18		3		09-19	7		
01-28	7			10-01		2	
02-07		2		10-12		4	
02-16		5		11-03	7		
03-11	7			11-15		10	
04-19		4		12-04	14		
05-04		5		12-11		12	
05-25	7			12-14	14		
06-03		3		12-16		12	
07-02		4		12-18	3		
08-03	7						

Berechnen Sie aus den Zahlen dieser Lagerdatei die folgenden Lagerkennziffern:
1. durchschnittlicher Lagerbestand,
2. durchschnittliche Lagerdauer,
3. Lagerzinssatz bei einem banküblichen Zinsfuß von 7,5%,

4. Lagerreichweite am 30. November,

5. Welcher Kapitalbedarf muss zur Finanzierung des durchschnittlichen Lagerbestands aufgebracht werden, wenn der Einstandspreis pro Stück 1000,00 EUR beträgt?

d) Die IHK ermittelte für die Branche der Max Reinstein GmbH eine durchschnittliche Umschlagshäufigkeit von 6,0.

1. Welche Gründe kann die Abweichung der durchschnittlichen Lagerdauer der Max Reinstein GmbH vom Branchendurchschnitt haben? Erläutern Sie drei Gründe.

2. Welcher Zinsgewinn oder Zinsverlust ergibt sich für den oben errechneten Kapitalbedarf durch die Abweichung vom Branchendurchschnitt?

e) Durch welche Maßnahmen kann eine unterdurchschnittliche LUG erhöht werden?

f) Warum kann die Höhe der LUG für Sortimentsentscheidungen nicht allein ausschlaggebend sein?

16 Die hohen Lagerkosten im Teilelager der Villinger Motorenwerke GmbH wurden beanstandet. Nun soll geprüft werden, ob sich diese Kosten senken lassen.

a) Schlagen Sie eine Maßnahme zur Verkürzung der Lagerdauer vor und nennen Sie Voraussetzungen, die erfüllt sein müssen, damit die Maßnahme getroffen werden kann.

b) Erläutern Sie, auf welche Kosten sich die vorgeschlagene Maßnahme auswirken würde.

17 a) Beschreiben Sie den Ablauf der fertigungssynchronen Beschaffung (just-in-time). **just-in-time**

b) Begründen Sie die Behauptung, dass das JIT-Prinzip den Zielkonflikt der Beschaffung am ehesten löst.

c) Nennen Sie Forderungen des Absatzmarktes, die zur Entwicklung der fertigungssynchronen Beschaffung führten.

d) Diskutieren Sie das „Just-in-Time-Prinzip" auch unter Berücksichtigung der damit verbundenen Umweltbelastung.

18 Die Glashütte Bayern, Nürnberg, liefert an die Haushaltswarengroßhandlung Binder KG, Mannheim, eine Kiste mit Vasen. Die Vasen gehen auf dem Transport zu Bruch. Wer hätte in folgenden Fällen den Schaden zu tragen? **Erfüllungsort**

a) Die Kiste wird mit einem werkseigenen Fahrzeug der Glashütte geliefert.

b) Die Kiste wird ordnungsgemäß in Nürnberg einem Spediteur übergeben. Dieser liefert mit eigenem Lkw.

c) Beim Umladen auf dem Werksgelände des Spediteurs kippt die Kiste von der Laderampe.

d) Auf dem Transport vom Güterbahnhof Mannheim zur Firma Binder rutscht die Kiste vom Lastwagen des Rollfuhrunternehmers.

e) Die Binder KG holt die Kiste vom Güterbahnhof Mannheim mit eigenem Lkw ab. Der Lkw verunglückt, die Vasen zerbrechen.

Begründen Sie jeweils Ihre Meinung.

19 Stefanie Schäfer e. K., Spielwarengeschäft, Wiesbachstraße 15, 75181 Pforzheim, erhält von der Spielwarengroßhandlung Adam & Schreiber KG, 08062 Zwickau, Nürnberger Straße 24, eine Sendung (mehrere Pakete) Spielwaren per Bahn. Die Ware wird der Firma Schäfer e. K. durch einen Rollfuhrunternehmer im Auftrag der Bahn zugestellt. **mangelhafte Lieferung (Schlechtleistung)**

a) Worauf erstreckt sich die Prüfung, die Stefanie Schäfer noch in Anwesenheit des Überbringers vornimmt?

b) Die Prüfung zeigt, dass zwei Pakete stark beschädigt sind. Der Inhalt, 20 elfteilige Kinderporzellanservices, ist z. T. zu Bruch gegangen. Der Schaden muss, da die Ware einwandfrei verpackt war (kein Vermerk auf Frachtbrief), durch unsachgemäße Behandlung während des Bahntransports entstanden sein. Was wird Stefanie Schäfer tun, um ihre Rechte gegenüber der Deutschen Bahn AG zu wahren?

c) Stefanie Schäfer packt sodann die übrige Ware aus, um sie gründlich zu überprüfen. In welcher Frist muss sie prüfen?

d) Drei Pakete enthalten Holztraktoren. Es zeigt sich, dass ein Teil der Traktoren Lackschäden aufweist. Außer einer optischen Beeinträchtigung besitzen sie vollen Spielwert.
   1. Welches Recht wird Stefanie Schäfer in diesem Fall gegenüber dem Lieferer geltend machen? Kurze Begründung!
   2. Welche weiteren Rechte stehen dem Käufer zu, wenn der Verkäufer eine mit Qualitätsmängeln behaftete Ware liefert?

e) Die Firma Schäfer e. K. verkauft und liefert am 1. Dezember eine Rennbahn mit Trafo und vier Rennwagen. Innerhalb welcher Zeit kann der Kunde Mängel an der Ware geltend machen?

Nicht-Rechtzeitig-Lieferung (Lieferungsverzug)

20 Die Büroartikelgroßhandlung Brüker KG hat Anfang September bei der Firma Weber & Co. KG für 2 000,00 EUR Dekorations- und Scherzartikel für die Jubiläumsveranstaltung des Schützenvereins am 3. Oktober bestellt. Als Liefertermin sagte die Weber & Co. KG „Ende September" zu. Weber weiß, dass die Artikel für die Jubiläumsveranstaltung bestimmt sind. Am 1. Oktober ist die Ware noch nicht eingetroffen. Auf Rückfrage stellt sich heraus, dass Weber den Termin übersehen hat.

a) Entscheiden Sie, ob Lieferungsverzug vorliegt (Prüfen Sie alle Voraussetzungen).

b) Angenommen, es läge Lieferungsverzug vor, welche Rechte könnte die Brüker KG geltend machen?

c) Die Einkaufsabteilung der Brüker KG macht am Ort ein Ladengeschäft ausfindig, das die Dekorations- und Scherzartikel noch am 1. Oktober liefern könnte. Der Preis beträgt jedoch 2 500,00 EUR.
   1. Wie soll die Einkaufsabteilung der Brüker KG vorgehen?
   2. Um welche Art der Schadensberechnung handelt es sich?
   3. Nennen Sie zwei weitere Arten der Schadensberechnung.

d) Entwerfen Sie ein Schreiben an die Weber & Co. KG, in dem Sie Ihre Rechte [gemäß Antwort zu c)] geltend machen.

LERNFELD 7

1 Bilden Sie mehrere **Expertengruppen** A, B, C usw. mit je sechs Mitgliedern. Die Gruppe A befasst sich mit den Fragen a) bis e), die Gruppe B mit f) bis j), usw. Tauschen Sie anschließend Ihre Informationen in sechs Puzzle-Gruppen aus. Die **Puzzle-Gruppen** bestehen aus je einem Mitglied jeder Expertengruppe A, B, C usw., dieses berichtet jeweils über die Ergebnisse seiner Expertengruppe. Anschließend beantworten zwei Puzzle-Gruppen im Wechsel die Fragen vor der Klasse und stellen sich der Kritik.

a) Erläutern Sie die Aufgaben bzw. Teilprozesse der Personalwirtschaft.

b) Beschreiben Sie die Ziele der Personalwirtschaft.

c) Für welche Zwecke werden die Personaldaten statistisch erfasst und ausgewertet.

d) Nennen Sie beispielhaft einige Personaldaten, die statistisch erfasst werden. Unterscheiden Sie dabei freie und schutzwürdige Daten.

e) Welche Aufgaben erfüllen Datenverwaltungssysteme?

f) Erläutern Sie die Aufgaben des Datenschutzbeauftragten.

g) Erläutern Sie die Aufgaben und Ziele der Personalbedarfsplanung.

h) Welche Richtgrößen muss die Personalbedarfsplanung beachten?

i) Wodurch können Veränderungen von Planstellen verursacht werden?

j) Unterscheiden Sie die Begriffe Brutto- und Nettopersonalbedarf.

k) Zählen Sie Möglichkeiten auf, wie ein Unternehmen Personal beschaffen kann.

l) Welche Vor- und Nachteile hat die Stellenbesetzung mit eigenen Mitarbeitern?

m) Erläutern Sie Vor- und Nachteile der externen Personalbeschaffung.

n) Welche möglichen Kosten entstehen bei der externen Personalbeschaffung?

o) Beschreiben Sie die Grundregeln der Personalbeurteilung.

p) Zählen Sie einige Beurteilungskriterien auf.

q) Erläutern Sie die Phasen der Personalbeurteilung.

r) Erläutern Sie die wesentliche Aufgabe der Personalentwicklungsplanung.

s) Unterscheiden Sie die Begriffe Ausbildung, Fortbildung, Weiterbildung, Umschulung.

t) Beschreiben Sie die drei Lernorte, an denen Weiterbildungsmaßnahmen stattfinden.

> Personalwirtschaft
> Personalstatistik
> Datenschutz
> Personalbedarfsplanung
> Personalbeschaffung
> Personalbeurteilung
> Personalentwicklung

2 Die Geschäftsführerin Silvia Mohn bittet ihren Personalleiter, einen Personalbedarfsplan für das nächste Jahr zu erstellen. Dem Personalleiter liegen folgende Daten vor: Planstellenbestand zurzeit: 200; aktueller Personalbestand: 180 Arbeitskräfte.

Nach Rücksprache mit den Abteilungsleitern können 15 Planstellen abgebaut werden. Für eine Filiale in Leipzig sind 20 zusätzliche Planstellen notwendig. Außerdem sind folgende Vorgaben zu beachten: vier Mitarbeiter/innen kehren aus dem Erziehungsurlaub zurück, zwei Mitarbeiter aus dem Wehr- beziehungsweise Zivildienst. Zehn Arbeitskräfte werden in den Ruhestand treten; durchschnittlich ist mit vier Kündigungen pro Jahr zu rechnen.

Ermitteln Sie den **Nettopersonalbedarf** für das nächste Jahr (Planjahr) mithilfe einer Tabelle, in der auch der Bruttopersonalbedarf und die Personalüber- beziehungsweise -unterdeckung sichtbar sind.

> Personalbedarfsplanung

3 Schildern Sie den Ablauf der externen Personalbeschaffung.

> Personalbeschaffung (Ablauf)

4 Entscheiden Sie, welcher Führungsstil beziehungsweise welche Führungstechnik jeweils vorliegt.

a) Der Abteilungsleiter berät gemeinsam mit seinen Mitarbeitern, wie die Schreibtische im Verkaufsraum präsentiert werden sollen.

b) Die Abteilungsleiterin ruft ihre Mitarbeiter zusammen und gibt jedem genaue Anweisungen, wie das neue Möbelprogramm „Green Office" im Schauraum präsentiert werden soll. Auf Einwände ihrer Untergebenen reagiert sie barsch mit: „Hier wird gemacht, was ich sage!"

> Führungsstil, Führungstechniken

c) Die Verkäufer des Produktbereichs „Tische" sind berechtigt, gebrauchte Schreibtische der Kunden bis in Höhe von 100,00 EUR in Zahlung zu nehmen, wenn der Kunde einen neuen Schreibtisch kauft. Darüber hinaus ist der Vorgesetzte einzuschalten.

d) Der Küchenchef der Betriebskantine führt die Beschaffung der Zutaten, die Essenszubereitung und -ausgabe selbstständig durch. Er muss seiner Vorgesetzten, Frau Marten (Personalleitung), jeden Monat eine Abrechnung vorlegen.

e) Die Verkaufsleiterin will die Kundenreklamationen um 50 % senken. Sie vereinbart mit ihren Produktbereichsleitern bestimmte Maßnahmen. Diese wiederum besprechen mit ihren Mitarbeitern die Maßnahmen und formulieren einzelne Teilziele. Jeder einzelne Mitarbeiter führt nun die ihm übertragenen Aufgaben eigenverantwortlich durch.

5 Die Weller KG verzeichnet in letzter Zeit aufgrund ihres neuen Möbelprogramms „Green Office" und einer konsequenten Kundenorientierung enorme Wachstumsraten. Der zurzeit praktizierte Führungsstil ist weitgehend autoritär und erweist sich mehr als Hemmschuh für die weitere Aufwärtsentwicklung. Eine Konkurrenzanalyse ergab, dass vergleichbare Konkurrenzunternehmen ihre Mitarbeiter überwiegend demokratisch und teamorientiert führen. Herr Weller (Geschäftsleitung) zur Personalleiterin, Frau Marten:

a) „Vergleichen Sie den autoritären Führungsstil mit dem demokratischen Führungsstil."

b) „Welcher Zusammenhang besteht zwischen Führungsstil und Arbeitsleistung?"

c) „Machen Sie Vorschläge, wie man den demokratischen Führungsstil ausgestalten könnte und gehen Sie dabei auch auf Kritikpunkte der Führungstechniken ein."

teamorientierte Führung Zielvereinbarungsgespräch

d) „Überlegen Sie auch, wie die teamorientierte Führung, also die Führung von Gruppen, aussehen könnte. Was machen die Vorgesetzen, was machen Moderator und Trainer?"

e) „Wie könnte ein Zielvereinbarungsgespräch ablaufen?"
   Tipp: Thementeilige Gruppenarbeit

Personalentwicklungsinstrumente

6 a) Begründen Sie die Notwendigkeit lebenslangen Lernens.

b) Welchen Nutzen haben regelmäßige Beratungs- und Fördergespräche mit Zielvereinbarungen in diesem Zusammenhang?

c) Unterscheiden Sie an Beispielen On-the-Job- und Off-the-Job-Entwicklungsmaßnahmen.

d) Erläutern Sie den Ablauf eines Assessmentcenters.

e) Diskutieren Sie über Vor- und Nachteile computergestützter Lernprogramme.

Handlungsvollmacht und Prokura

7 Unterscheiden Sie die Begriffe

a) Einzelvollmacht und Einzelprokura,

b) Gesamtvollmacht (allgemeine Handlungsvollmacht) und Gesamtprokura.

8 a) Vergleichen Sie Handlungsvollmacht und Prokura mithilfe einer Tabelle, in der Sie die wesentlichen Unterscheidungsmerkmale einander gegenüberstellen.

b) Erstellen Sie eine Tabelle, in der Sie die Rechtshandlungen einander gegenüberstellen, die einem Handlungsbevollmächtigten mit allgemeiner Handlungsvollmacht beziehungsweise einem Prokuristen mit Einzelprokura erlaubt oder verboten sind.

c) Zählen Sie Rechtshandlungen auf, die nur dem Geschäftsinhaber vorbehalten sind.

9 Entscheiden Sie, welche Vertretungsmacht notwendig ist, um

a) ein Grundstück für den Betrieb zu erwerben,

b) vier Arbeiter zu entlassen und einen Arbeiter einzustellen,

c) ein Darlehen für den Betrieb aufzunehmen,

d) einer bewährten Mitarbeiterin allgemeine Handlungsvollmacht zu erteilen,

e) einer bewährten Mitarbeiterin Kassenvollmacht zu erteilen.

10 Das Arbeitsverhältnis basiert auf unterschiedlichen rechtlichen Grundlagen.
   a) Erläutern Sie die rechtlichen Grundlaben des Arbeitsverhältnisses und bringen Sie die Rechtsquellen in eine Rangordnung.
   b) Unter welchen Voraussetzungen kann ein Einzelarbeitsvertrag vom Tarifvertrag abweichen?
   c) Beschreiben Sie die Pflichten des Arbeitnehmers und Arbeitgebers aus dem Arbeitsvertrag und unterscheiden Sie dabei zwischen Haupt- und Nebenpflichten.

Arbeitsvertrag

11 (1) Die Chefin bittet ihre Sekretärin, für sie einige private Einkäufe zu tätigen und Kaffee zu kochen, was diese aber ablehnt.
   (2) Der Geselle Wenzel gibt einem Kunden den Tipp, dass er billiger bedient werde, wenn er die Reparatur in seiner „Heimwerkstatt" durchführen lässt.
   (3) Eine kaufmännische Angestellte hat über das Wochenende kräftig gefeiert und fühlt sich deshalb am Montag äußerst unwohl. Sie setzt in vielen Kaufverträgen falsche Beträge ein. Bei der Ablage der Ausgangsrechnungen gerät mancherlei durcheinander. Eine Flut von Rückfragen und tagelange Suchaktionen sind die Folge. Die Geschäftsleitung kürzt der kaufmännischen Angestellten darauf das Gehalt um 500,00 EUR.
   (4) Die Verkaufsberaterin Kissling ist seit vier Wochen krank. Die Geschäftsleitung stellt daraufhin die Gehaltszahlung ein.
   (5) Der Verkaufsberater Meinrad besorgt sich 20 Autokindersitze zu 9,95 EUR und verkauft diese im Zubehörshop seines Arbeitgebers für 14,85 EUR. Die Geschäftsleitung bemerkt dies und verlangt die Herausgabe des Gewinns.
   (6) Schildern Sie eigene Erlebnisse aus Ihrer Berufspraxis.
   Beurteilen Sie diese Situation, indem Sie folgende Fragen beantworten
   a) Welches Recht bzw. welche Pflicht aus dem Arbeitsvertrag ist betroffen?
   b) Liegt eine Rechts- bzw. Pflichtverletzung vor?
   c) Welche rechtlich einwandfreie Reaktion ist zu empfehlen?

12 Bilden Sie mehrere Arbeitsgruppen. Schreiben Sie die Fragen a) bis j) auf Kärtchen (eine Frage pro Kärtchen). Beantworten Sie in den Gruppen die Fragen und schreiben Sie die Lösungen auf das jeweilige Kärtchen. Veranstalten Sie in Ihrer Gruppe ein Frage-Antwort-Spiel (wer die meisten Kärtchen gewinnt, ist Gruppensieger). Die Gruppensieger können anschließend den Klassensieger des Gruppenturniers unter sich ausspielen.
   a) Nennen Sie drei Möglichkeiten, wie ein Arbeitsverhältnis aufgelöst werden kann.
   b) Erläutern Sie die gesetzlichen Grundkündigungsfristen.
   c) Weshalb darf der Arbeitnehmer bei einer vertraglichen Kündigung besser, aber nicht schlechter gestellt werden als der Arbeitgeber?
   d) Wodurch unterscheidet sich die ordentliche von der außerordentlichen Kündigung?
   e) Erläutern Sie einige Kündigungsgründe für eine ordentliche Kündigung.
   f) Nennen Sie einige Kündigungsgründe für eine außerordentliche Kündigung.
   g) Welcher Personenkreis unterliegt dem allgemeinen Kündigungsschutz?
   h) Welcher Personenkreis unterliegt dem besonderen Kündigungsschutz?
   i) Wann ist eine Kündigung sozial gerechtfertigt?
   j) Wie kann sich ein Arbeitnehmer gegen eine sozial ungerechtfertigte Kündigung wehren?

Kündigung

Kündigungsschutz

13 Die folgenden Personen erhielten am 30. September eine ordentliche Kündigung. Ist die Kündigung rechtens? Welche Kündigungsfristen sind einzuhalten und wann scheiden die genannten Personen frühestens aus?
   a) Verkaufsberaterin Lisa Münch, 35 Jahre alt, seit über acht Jahren im Betrieb.
   b) Lukas Wegerer, Geselle in der Werkstatt, 26 Jahre alt, seit vier Jahren im Betrieb.
   c) Auszubildende Eva Berger befindet sich im 2. Ausbildungsjahr.
   d) Buchhalterin Gerda Schober, 29 Jahre alt, seit sieben Jahren im Betrieb, ver-

heiratet, ist seit etwa zwei Monaten schwanger. Voraussichtlicher Geburtstermin ist der 5. Mai des nächsten Jahres. Den Erziehungsurlaub wird ihr Ehemann in Anspruch nehmen.

e) Verkaufsberater Andreas Hofer, 43 Jahre alt, seit 20 Jahren im Betrieb.

f) Verkaufsberaterin Anna Erb, 33 Jahre alt, seit fünf Jahren im Betrieb, ist Mitglied im Betriebsrat. Die nächste Betriebsratswahl findet im Mai des nächsten Jahres statt.

Arbeitsgesetz

14 Beschreiben Sie anhand des ArbZG die Bestimmungen zur

a) Höchstarbeitszeit,
b) Ruhezeit und Ruhepausen,
c) Nacht- und Schichtarbeit,
d) Sonn- und Feiertagsarbeit.

Arbeitsschutz

15 a) Nennen Sie einige „Sicherheitsregeln für Bildschirmarbeitsplätze im Bürobereich".

b) Versuchen Sie diese Regeln aus gesundheitlicher Sicht zu begründen.

c) Beurteilen Sie Ihren Arbeitsplatz anhand der Prüfliste auf Seiten 262 f.

Tarifvertrag

16 a) Worin unterscheiden sich Individual- und Kollektivarbeitsvertrag?

b) Erklären Sie die Begriffe Tarifvertragspartner, Tarifautonomie, Tariffähigkeit.

c) Was versteht man unter Allgemeinverbindlichkeitserklärung?

d) Unterscheiden Sie die Tarifvertragsarten nach den beteiligten Tarifvertragsparteien.

e) Unterscheiden Sie die Tarifvertragsarten nach dem Inhalt.

f) Unterscheiden Sie die Tarifvertragsarten nach dem Geltungsbereich.

g) Diskutieren Sie über Vor- und Nachteile des Flächentarifvertrags.

17 Schildern Sie den Ablauf von

a) friedlichen Tarifverhandlungen,
b) Tarifverhandlungen mit Kampfmaßnahmen.

Stellen Sie Ihre Ergebnisse auf einer Pinnwand dar. Setzen Sie dabei Formen und Farben der Kärtchen sinnvoll ein.

Arbeitswertstudie

18 a) Welche Hauptaufgabe hat die Arbeitsbewertung?

b) Erläutern Sie die vier Hauptanforderungsmerkmale des Genfer Schemas.

c) Schildern Sie den Ablauf der analytischen Arbeitsbewertung in groben Zügen.

d) Erläutern Sie wesentliche Inhalte der Arbeitsbeschreibung.

e) Beschreiben Sie die summarische Arbeitsbewertung nach dem Lohn- beziehungsweise Gehaltsgruppenverfahren.

f) Welche wesentlichen Mängel haben die Verfahren der summarischen Arbeitsbewertung?

g) Unterscheiden Sie grundsätzlich die analytische und summarische Arbeitsbewertung?

Arbeitszeitstudie

19 Ein Arbeitnehmer hat folgenden Auftrag auszuführen: Drehen von 50 Fassungen auf einer nummerisch gesteuerten Drehmaschine, Rüstgrundzeit: 10 Min., Rüstverteilzeit: 20%, Ausführungsgrundzeit je Stück: 8 Min., Ausführungsverteilzeit: 5%.

a) Erklären Sie die genannten Teilzeiten.

b) Bestimmen Sie die Auftragszeit nach REFA.

20 Errechnen Sie die Vorgabezeit für einen Auftrag von 4 000 Stück, wenn die Ist-Zeit eines Arbeiters drei Minuten je Stück beträgt und der Leistungsgrad auf 110% geschätzt wird. Die Wartezeit je Stück beträgt 0,2 Minuten, die Ausführungs-Erholungszeit 10%, die Rüstzeit 20 Minuten und die Verteilzeit auf Ausführungs- und Rüstzeit jeweils 5%.

21 Bisher wurde in der Abteilung Dreherei nach Akkord entlohnt. Die Zeitaufnahme für das Drehen von Motorwellen brachte bei Normalleistung folgende Ergebnisse:

Tätigkeit	Minuten
Auftrag lesen	10
Material bereitstellen	25
Maschine einrichten	40
Welle drehen	7
Arbeitsplatz aufräumen	25

a) Ordnen Sie die aufgeführten Tätigkeiten der Rüstzeit (auftragsfixe Zeit) beziehungsweise der Ausführungszeit (hängt von der zu produzierenden Stückzahl ab) richtig zu.

b) Berechnen Sie die Vorgabezeit (Rüstzeit und Ausführungszeit) für das Drehen von 200 Motorwellen.

c) Berechnen Sie die Normalleistung in Stück je Stunde.

d) Ein Dreher erhält einen Grundlohn von 15,00 EUR/Stunde und einen Akkordzuschlag von 20 %. Berechnen Sie den Bruttolohn eines Drehers für die Fertigung von 400 Motorwellen.

e) Nennen Sie wichtige Voraussetzungen für die Akkordentlohnung.

f) Erstellen Sie eine Tabelle, in der Sie Vor- und Nachteile der Akkordentlohnung einander gegenüberstellen.

g) Entscheiden Sie über die Eignung des Zeit- oder Akkordlohns für folgende Tätigkeiten: Sekretärin, Pförtner, Bote, Dreher, Maurer, Verkäufer, Meister, Packer, Phonotypistin in einem zentralen Schreibbüro, Programmierer, Fernfahrer.

h) Schlagen Sie für die Entlohnung der Dreher nach der Einführung der computergesteuerten Drehbänke eine andere Lohnform als den Akkordlohn vor. Begründen Sie Ihren Vorschlag ausführlich.

22 a) Diskutieren Sie über Vor- und Nachteile der Mitarbeiterbeteiligung.

b) Welche Möglichkeiten der Mitarbeiterbeteiligung kennen Sie?

23 a) Beschreiben Sie die Bestandteile eines Entgeltsystems für Gruppenarbeit.

b) Erörtern Sie mögliche Probleme eines Entgeltsystems für Gruppenarbeit.

LERNFELD 9

1

Ausgaben		Nationales Produktionskonto	Einnahmen	
Abschreibungen	700 GE	Bruttoinvestitionen		1 300 GE
Steuern – Subventionen	300 GE	Konsumausgaben		3 000 GE
Arbeitnehmerentgelte	? GE	Außenbeitrag		100 GE
+ Unternehmens- und				
Vermögenseinkommen				

a) Berechnen Sie das Nettoinlandsprodukt zu Faktorkosten, das Nettoinlandsprodukt zu Marktpreisen, das Bruttoinlandsprodukt zu Marktpreisen, die
Nettoinvestitionen (GE = Geldeinheiten).

b) Erklären Sie den Begriff Außenbeitrag.

c) Unterscheiden Sie zwischen Inländer- und Inlandsprodukt.

2 Erläutern Sie kurz die Entstehungsrechnung, Verwendungsrechnung, Verteilungsrechnung des Inlands- bzw. Sozialprodukts.

3 a) Vergleichen Sie anhand der Statistik auf Seite 293 die Entwicklung der Arbeitnehmerentgelte und der Unternehmens- und Vermögenseinkommen.

b) Gehen Sie auf die Zusammensetzung dieser Größen ein.

4 a) Vergleichen Sie das Modell der freien Marktwirtschaft mit dem Modell der
Zentralverwaltungswirtschaft.

b) Gehen Sie stichwortartig auf Chancen und Risiken der beiden Wirtschafts-
ordnungsmodelle ein.

5 a) Erläutern Sie die Merkmale der sozialen Marktwirtschaft.

b) Gehen Sie auf die Bedeutung des Wettbewerbs und das Sozialstaatsprinzip ein.

c) Erläutern Sie die Rolle des Staates in der sozialen Marktwirtschaft.

d) Nennen Sie stichwortartig einige Chancen und Probleme der sozialen Marktwirtschaft.

6 a) Erläutern Sie einige Grundprinzipien der Sozialversicherung.

b) Erstellen Sie eine Tabelle, in der Sie für die fünf Zweige der Sozialversicherung den jeweiligen versicherungspflichtigen Personenkreis, die Aufbringung der Beiträge und die wesentlichen Leistungen darstellen.

Stellen Sie Ihre Ergebnisse auf einer Pinnwand dar. Setzen Sie dabei Formen
und Farben der Kärtchen sinnvoll ein.

c) Welche Reformvorschläge werden zur Rettung des sozialen Sicherungssystems
gemacht?

d) Wodurch gerät der Generationenvertrag zunehmend in Gefahr? Welche
Lösungsvorschläge werden diskutiert?

e) Sammeln Sie aktuelle Zeitungsartikel zum Thema „Rentenproblem" und stellen
Sie Lösungsvorschläge zusammen.

7 Bilden Sie drei **Expertengruppen** A, B und C mit je sechs Mitgliedern. Die Gruppe A
befasst sich mit den Fragen a) bis d), die Gruppe B mit e) bis h), die Gruppe C
mit i) bis l). Tauschen Sie anschließend Ihre Informationen in sechs Puzzle-Gruppen
aus. Die **Puzzle-Gruppen** bestehen aus je einem Mitglied jeder Expertengruppe
A, B und C; dieses berichtet jeweils über die Ergebnisse seiner Expertengruppe.
Anschließend beantworten zwei Puzzle-Gruppen im Wechsel die Fragen vor der
Klasse und stellen sich der Kritik.

a) Erklären Sie den Begriff Markt.

b) Erläutern Sie die Funktionen des Marktes.

c) Beschreiben Sie die Modellannahmen des vollkommenen Marktes.

d) Unterscheiden Sie Marktformen nach der Zahl der Anbieter.

e) Erklären Sie die Begriffe Nachfrageüberhang und Angebotsüberhang.

f) Von welchen Einflussgrößen hängt die Nachfrage ab?

g) Nennen Sie einige Bestimmungsgründe des Angebots.

h) Welcher Zusammenhang besteht zwischen dem Preis eines Gutes und seiner
Nachfragemenge?

i) Welcher Zusammenhang besteht zwischen dem Preis eines Gutes und seiner Angebotsmenge?

j) Was versteht man unter dem Gleichgewichtspreis?

k) Beschreiben Sie die Preisgesetze beim vollkommenen Polypol.

l) Begründen Sie die Aussage „Polypolisten auf einem vollkommenen Markt sind Mengenanpasser; der Preis ist für sie ein Datum!"

8 a) Welche Folgen hat (1) die Erhöhung der Nachfrage, (2) die Erhöhung des Angebots für den Gleichgewichtspreis?

b) Weisen Sie die Veränderungen anhand einer Grafik nach.

c) Wie wirken sich folgende Zeitungsmeldungen auf den Gleichgewichtspreis auf den entsprechenden Märkten aus?

(1) Missernte bei Kaffee erwartet: Unwetter in Brasilien.

(2) Verbraucherschützer warnen vor Energiegetränken: Kraftbrausen sind teuer und ungesund.

(3) Japanische Stereoanlagen überschwemmen den deutschen Markt.

(4) Skihersteller setzen auf Snowboards: hohe Gewinne zu erwarten.

Preismechanismus

9 Einem Makler an der einzigen Warenbörse einer Volkswirtschaft liegen von verschiedenen Auftraggebern folgende Kauf- und Verkaufsaufträge für ein Produkt vor:

Preisbildung beim Polypol

Kaufaufträge			Verkaufsaufträge		
Käufer	**Menge in Tonnen (t)**	**höchstens zu EUR/t**	**Ver-käufer**	**Mengen in t**	**mindestens zu EUR/t**
A	50 t	80,00 EUR	W	30 t	80,00 EUR
B	20 t	96,00 EUR	X	45 t	96,00 EUR
C	30 t	108,00 EUR	Y	30 t	108,00 EUR
D	25 t	120,00 EUR	Z	50 t	120,00 EUR

a) Berechnen Sie bei den oben genannten Preisen die Angebots- und Nachfragemengen und den jeweils maximal erzielbaren Umsatz (Absatz in t und Umsatz in EUR).

b) Begründen Sie, welchen Preis der Makler festlegen wird.

c) Welche Aufträge können bei dem vom Makler festgesetzten Preis berücksichtigt werden?

d) Wie viel EUR beträgt die Konsumentenrente des Käufers D insgesamt?

e) Welche Anbieter erhalten im Allgemeinen eine Produzentenrente?

f) Bei welchen Preisen liegt ein Angebotsüberhang vor?

g) Bei welchen Preisen besteht ein Nachfrageüberhang?

10 Wettbewerbsbeschränkende Vereinbarungen sind verboten.

a) Führen Sie Beispiele für wettbewerbsbeschränkendes Verhalten an.

b) Erläutern Sie die Freistellungsvoraussetzungen (Legalausnahmen) vom Verbot wettbewerbsbeschränkender Vereinbarungen.

c) Erklären Sie den Grundsatz der Legalausnahme. Unter welchen Bedingungen gilt dieser Grundsatz?

d) Unter welchen Voraussetzungen gilt die Legalausnahme für miteinander in Wettbewerb stehende Unternehmen und für Preisempfehlungen?

Wettbewerbs-beschränkendes Verhalten

Grundsatz der Legalausnahme

11 Marktbeherrschung und Unternehmenszusammenschlüsse

a) Wann liegt eine marktbeherrschende Stellung vor?

b) Wann liegt ein Missbrauch der Marktbeherrschung vor?

c) Wie können Kartellbehörden Wettbewerbsbeschränkungen entgegenwirken?

d) Erläutern Sie die Aufgreifkriterien für die Zusammenschlusskontrolle.

e) Erklären Sie das Instrument der Ministererlaubnis.

f) Wann ist die Fusionskontrollverordnung der Kommission anzuwenden?

Missbrauch der Marktbeherrschung

Zusammen-schlusskontrolle

EU-Fusions-kontrolle

Kooperation und Konzentration

12 a) Zeigen Sie an Beispielen der Wirtschaftspraxis, wie Unternehmen
1. zusammenarbeiten,
2. sich zusammenschließen.
Suchen Sie, ggf. mithilfe des Wirtschaftsteils der Tageszeitungen, mindestens fünf Beispiele.
b) Beurteilen Sie die ermittelten Fälle unter dem Gesichtspunkt der betriebs- und volkswirtschaftlichen Vor- und Nachteile.
c) Welche politischen – vor allem wirtschafts- und sozialpolitischen – Probleme kann eine zu starke Machtzusammenballung von Unternehmen bringen?

Staatliche Strukturpolitik

13 a) Begründen Sie die Notwendigkeit der staatlichen Strukturpolitik.
b) Unterscheiden Sie
1. regionale und sektorale Strukturpolitik,
2. Anpassungs- und Erhaltungssubventionen.

14 a) Unterscheiden Sie an Beispielen zwischen quantitativen Standortfaktoren und qualitativen Standortfaktoren.
b) Erläutern Sie die Vorgehensweise bei der Standortentscheidung mittels Scoringverfahren.

15 Ein Chiphersteller steht vor einer Standortentscheidung.

Aufgrund einer Standortvorauswahl kommen nur noch die Städte/Gemeinden A, B, C und D infrage. Die zu berücksichtigenden Standortkriterien sind: Vorhandensein eines oder mehrerer Großunternehmen der Elektronikbranche als potenzielle Produktabnehmer, ein großes Fachkräftereservoir, eine gut ausgebaute Infrastruktur, die Nähe von Fachmessen, hoher Freizeitwert von Stadt und Umland, günstige staatliche Wirtschaftsförderung, Hochschulkontaktmöglichkeit, erschwingliche Grundstücke zur Ansiedlung, günstige allgemeine Verkehrsanbindung zu Lande und in der Luft.

Eine Standortanalyse durch ein Beratungsunternehmen erbrachte folgende Ergebnisse:

	Standort A	Standort B	Standort C	Standort D
Ansässige Elektronikunternehmen (Potenzielle Abnehmer)	5 Kleinbetriebe (bis 2 Mitarbeiter); 1 Großbetrieb mit rund 1 000 Mitarbeitern	7 Kleinbetriebe (bis 20 Mitarbeiter); 5 Mittelbetriebe (bis 500 Mitarbeiter) und 2 Großbetriebe mit zusammen 2 000 Mitarbeitern	14 Kleinbetriebe (bis 20 Mitarbeiter); 7 Mittelbetriebe (bis 500 Mitarbeiter); 1 Großbetrieb mit 1 000 Mitarbeitern); 1 multinationaler Konzern (über 30 000 Mitarbeiter)	16 Kleinbetriebe (bis 20 Mitarbeiter); 5 Mittelbetriebe (bis 500 Mitarbeiter); 1 multinationaler Konzern (über 20 000 Mitarbeiter)
Fachkräfteangebot	etwa 1 500 bis 1 700	etwa 4 200 bis 4 600	etwa 49 000 bis 52 000 in der Region	etwa 30 000 bis 35 000 in der Region
Infrastruktur	vorzüglich ausgebaut	gut ausgebaut	sehr gut ausgebaut	gut bis sehr gut ausgebaut
Fachmessennähe	1 (jährlich)	2 (jährlich)	5 (jährlich)	2 (jährlich)

	Standort A	Standort B	Standort C	Standort D
Wohn- und Freizeitwert	gut (liebliche Landschaft; ländlich strukturiert; kleine Flüsse und Seen; keine Berge)	sehr hoch (Berge; reizvolle Seen in schnell erreichbarer Nähe; unmittelbares Umland weniger attraktiv)	außergewöhnlich hoch (hohe Berge; große und kleine Seen in unmittelbarer Nähe, sehr attraktives Umland)	durchschnittlich (Hügelland mit wechselndem Reiz; raues Klima; keine Seen; weite Entfernungen zu den Bergen und zu großen Seen; übliches städtisches Freizeitangebot)
Gewerbeflächenangebot	sehr günstig (5,00 bis 25,00 EUR/m²)	günstig (20,00 bis 40,00 EUR/m²)	sehr teuer (90,00 bis 190,00 EUR/m²)	teuer (60,00 bis 125,00 EUR/m²)
Verkehrsanbindung	sehr gute Straßen-, Schienen-, Schiffsverkehrsanbindungen; weite Entfernung zum nächsten Großflughafen (150 km)	sehr gute Straßen- und Schienenanbindungen; weite Entfernung zum nächsten Großflughafen (100 km)	sehr gute Straßen- und Schienenanbindungen sowie ausgezeichnete Flugverbindungen; Großflughafenverbindung 10 km	sehr gute Straßen- und Schienenanbindung; gute Flugverbindungen; Großflughafen 30 km entfernt
Wirtschaftsförderung	sehr hoch (60 % der Investitionssumme)	hoch (40 % der Investitionssumme)	mäßig (15 % der Investitionssumme)	hoch (35 % der Investitionssumme)
Hochschulkontaktmöglichkeiten	1 Technische Universität, 2 Fachhochschulen, 2 Forschungsinstitute in der Region	2 Fachhochschulen, 3 Forschungsinstitute in der Region	2 Technische Universitäten, 4 Fachhochschulen, 6 Forschungsinstitute in der Region	1 Technische Universität, 2 Fachhochschulen, 5 Forschungsinstitute

a) Erstellen Sie eine Entscheidungsbewertungstabelle und ermitteln Sie den optimalen Standort.
   Beachten Sie folgende Gewichtungs-/Bewertungsziffern:

Gewichtsziffern	G	Bewertungsziffern	B
äußerst wichtig	5	sehr gut	3
sehr wichtig	4	gut	2
wichtig	3	befriedigend	1
mäßig wichtig	2	unbefriedigend	0
unwichtig	1		

b) Begründen Sie Ihre Entscheidung in einem Abschlussbericht, der die Vor- und Nachteile des vorgeschlagenen Standortes kurz zusammenfasst und die Gründe für die Empfehlung eben dieses Standortes erläutert.
c) Erweitern Sie die Tabelle, um den Standort Ihres Ausbildungsbetriebes. Ermitteln Sie anhand der aufgeführten Kriterien die Standortvoraussetzungen für einen Chiphersteller an diesem Ort. An welcher Stelle wäre der von Ihnen gewählte Standort einzuordnen?

Tipp:
Suchen Sie für Ihren Standort alle notwendigen Angaben im Standort-Informations-System der IHK (Internet).

LERNFELD 10

Marketingkonzept

1 Erklären Sie die Begriffe
   a) Marketingziel (mit Beispielen),
   b) Marketingstrategie (mit Beispielen),
   c) Marketingkonzeption.

Marktforschung

2 Sie sind Mitglied des Marktforschungsteams des Elektrogeräteherstellers Mürdel KG. Das Team überprüft, ob die Marketingstrategie der vergangenen Jahre erfolgreich war und wie sie an zu erwartende neue Trends angepasst werden kann. Ihnen liegen folgende Umsatzzahlen (in Mio. EUR) zur Auswertung vor:

Produktgruppe	Vorjahr Gesamt	Berichtsjahr					Planjahr
		1. Quartal	2. Quartal	3. Quartal	4. Quartal (Plan)	Gesamt	1. Quartal
1	158	41	39	37	46	163	42
2	38	10	8	8	13	39	10
3	132	33	31	23	21	108	19
4	184	40	50	38	70	198	49
Gesamt	**512**	124	128	106	150	**508**	120

1 = Waschmaschinen, 2 = Wäschetrockner, 3 = Geschirrspüler, 4 = Kühlgeräte.

   a) Analysieren Sie die Umsatzentwicklung jeder einzelnen Produktgruppe.
   b) Finden Sie mögliche Erklärungen für die unterschiedliche Entwicklung der einzelnen Produktgruppen.
   c) Machen Sie Vorschläge, wie die Umsatzsituation der schlechtesten Produktgruppe verbessert werden könnte.
   d) Um welche Art der Marktforschung handelt es sich im vorliegenden Fall? 1. Nach der Zeit,   2. Nach dem Gegenstand,   3. Nach der Methode?
      Begründen Sie jeweils Ihre Antwort.
   e) In Deutschland sind in Zukunft drei Trends zu erwarten. Überalterung der Bevölkerung; Zunahme des Single-Haushalte und des Umweltbewusstseins.
      1. Mit welchen Arten der Marktforschung (nach Zeit, Gegenstand, Methode) wurden diese drei Trends festgestellt?
      2. Welche absatzpolitischen Konsequenzen haben diese Trends für die Mürdel KG im Sortimentsbereich Geschirrspüler?

Anfrage-bearbeitung

3 a) Erläutern Sie die einzelnen Schritte bei der Anfragebearbeitung.
   b) Welche Fragen müssen bei der Überprüfung der Lieferfähigkeit beantwortet werden?

Marktbezogene Auftragsbearbeitung

4 Erläutern Sie die wesentlichen Teilprozesse der marktbezogenen Auftragsbearbeitung.

Annahmeverzug

5 Die Lebensmittelgroßhandlung Groß e. K., Mannheim, bestellte bei der Lebensmittelfabrik Frischeis GmbH, Stuttgart, hundert Packungen des neu eingeführten Speiseeises „Socker". Die Lieferung erfolgt ordnungsgemäß zum vereinbarten Termin am 23. Juni. Groß verweigerte jedoch die Annahme mit der Begründung, dass er zurzeit keinen Kühlraum frei habe.
   a) Was versteht man unter einer ordnungsgemäßen Lieferung?
   b) Welche rechtlichen Möglichkeiten stehen der Frischeis GmbH zur Verfügung?
   c) Wie würden Sie das Problem sinnvoll lösen?
   d) Entwerfen Sie ein Schreiben an die Lebensmittelgroßhandlung Groß e. K., in dem Sie Ihre Rechte [gemäß Antwort c)] geltend machen.

6 Die Kleiderfabrik Meinrad KG verkaufte am 1. Dezember zehn Wintermäntel an das Modehaus Weinmann GmbH im Gesamtwert von 5 000,00 EUR. Die Rechnung ging der Weinmann GmbH am 3. Dezember zu. Bis heute (22. Januar) sind keine Zahlungen eingegangen. Die Meinrad KG möchte nun endlich zu ihrem Geld kommen.

a) Prüfen Sie alle Voraussetzungen des Zahlungsverzugs für diesen Fall.

b) Machen Sie einen Vorschlag, wie die Meinrad KG weiter vorgehen soll.

c) Berechnen Sie die Verzugszinsen für diesen Fall.

7 Bei den Lieferungsbedingungen spricht man von Einpunkt- und Zweipunktklauseln. Bei Einpunktklauseln fallen Kosten- und Gefahrenübergang an einem Ort zusammen; bei Zweipunktklauseln sind Kosten- und Gefahrenübergang örtlich getrennt. Welche der geschilderten Lieferungsbedingungen sind folglich Einpunkt- und welche Zweipunktklauseln?

8 Die Firma Käßbohrer Pistenbully GmbH in Ulm verkauft einen Pistenbully nach Aspen (USA). Die Firma Käßbohrer entscheidet sich aus Kostengründen für den Seetransport (Lieferbedingungen „DDP Aspen"). Folgende Daten stehen zur Verfügung (Beträge in EUR):

• Ab-Werk-Preis für das Inlandsgeschäft	300 000,00
• Sonderwünsche der Amerikaner: 200 Watt Stereoanlage mit zehn Lautsprechern; zusätzliche Fertigungskosten	5 000,00
• Verladekosten auf Rollfuhr-Lkw + Rollgeld zum Bahnhof Ulm	200,00
• Verladekosten auf einen Güterwaggon der Deutschen Bahn AG im Bahnhof Ulm	150,00
• Frachtkosten der Bahn bis Kaianlegestelle Hamburg Hafen	1 500,00
• Kosten der Ausfuhr- und Zolldokumente in Deutschland	100,00
• Hafengebühren	200,00
• Verladekosten auf das Schiff im Hafen Hamburg	300,00
• Seefracht bis Bestimmungshafen	4 000,00
• Entladekosten im Hafen New York	250,00
• Seetransportversicherungskosten	3 000,00
• Zölle und sonstige Einfuhrkosten	5 600,00
• Frachtkosten mit der Eisenbahn bis Aspen	1 500,00
• Transportversicherung bis Aspen	300,00

Ermitteln Sie die folgenden Preise: FCA Güterbahnhof Ulm, FOB Hamburg, CIF New York, CIP Aspen, DDP Aspen. Nehmen Sie das Schema S. 395 zu Hilfe.

9 Ein Unternehmen aus dem Fast-Food-Bereich beabsichtigt weitere Filialen zu eröffnen. Die Verkaufsleitung schätzt, dass in der zur Debatte stehenden Kleinstadt ein Umsatz von ca. 600 000,00 EUR/Jahr zu erzielen wäre.

Grundlage ihrer Vermutung sind folgende Informationen:

Geografische Lage des Ortes:

Der Ort liegt ca. 25 Kilometer von der Landeshauptstadt entfernt, in der es eine ganze Reihe dieser Fast-Food-Geschäfte gibt. Zur Landeshauptstadt gibt es eine sehr gute Straßen- und Bahnverbindung.

Bevölkerungsstatistische Informationen:

Entwicklung der Wohnbevölkerung, der Erwerbstätigen und des Fremdenverkehrs vgl. die unten stehenden Grafiken.

Die sinkende Zahl der Erwerbstätigen ist auf die hohe Geburtenrate in dieser Gemeinde zurückzuführen. Im Übrigen werden in diesem Ort zahlreiche Grundstücke für Neubauwohnungen erschlossen, was auf die starke Zuwanderung aus der Landeshauptstadt zurückzuführen ist.

Sonstiges:

Im Ort befinden sich bereits zahlreiche Metzgereien mit teilweise sehr gut gehenden Imbissecken.

Marginalien (rechte Randspalte):

Nicht-Rechtzeitig-Zahlung (Zahlungsverzug)

incoterms

incoterms

Marktforschung

Fragen:
a) Welche Informationen dienen der Analyse der Nachfrage?
b) Welche Informationen dienen der Analyse der Konkurrenz?
c) Welche weiteren Informationen könnten vor einer endgültigen Entscheidung für oder gegen den Standort noch hinzugezogen werden?

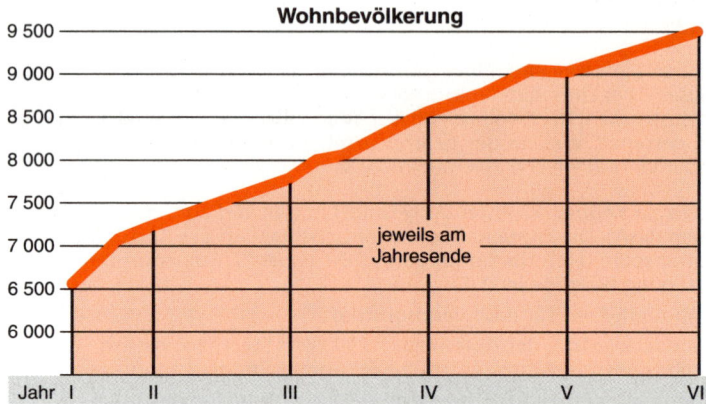

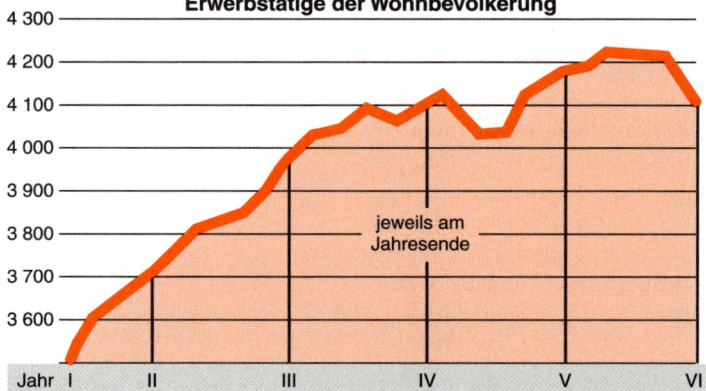

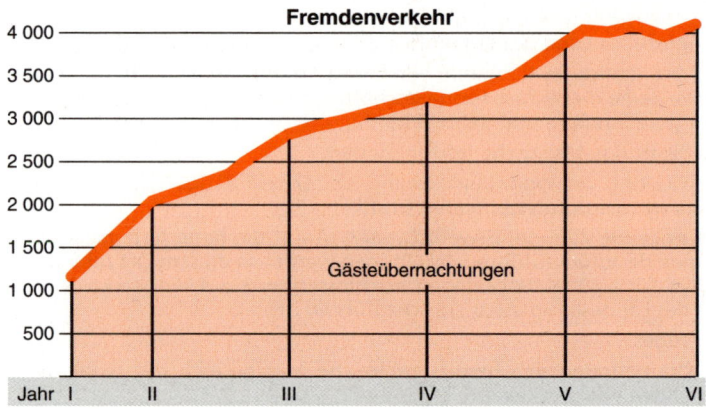

10 Sie sind Mitglied des Marketingteams bei den Chemiewerken Petersen GmbH. Ihnen liegen folgende Informationen vor:

Produktpolitik

Produkte DB-Rechnung	Wash-pulver	Seife	Zahnpa-sta	Creme	Summe 1	Summe 2	Summe 3	Summe 6
Umsatz	6000	2000	1500	550	?	?	?	?
– variable Kosten (z. B. Waren-/Materialeinsatz)	5000	1800	1400	500	?	?	?	?
Deckungsbeitrag 1 – produktbezogene Fixkosten (z. B. Lizenzkosten)	900	130	80	100	?	?	?	?
Deckungsbeitrag 2 – unternehmensbez. Fixkosten (z. B. Miete für das Bürogebäude)	–	–	–	–	100	100	100	100
Gewinn / Verlust	–	–	–	–	?	?	?	?

Arbeitsvorschläge:

a) Stellen Sie fest, welche Produktgruppe unrentabel ist.

b) Berechnen Sie die Veränderung des Gewinns in EUR und in % nach Eliminierung der unrentablen Produktgruppe (Summe 2).

c) Berechnen Sie die Veränderung des Gewinns bei Eliminierung einer weiteren Produktgruppe (Summe 3). Begründen Sie diese Entwicklung.

d) Welche weiteren Überlegungen sind zu berücksichtigen, bevor man ein Produkt vom Markt nimmt?

e) Aufgliederung der Produktgruppe „Creme".

Produkte DB-Rechnung	Sonnen-creme	Kinder-creme	Körper-creme	Summe 4	Summe 5
Umsatz	100	200	250	550	
– variable Kosten	150	150	200	500	
Deckungsbeitrag 1 – produktbezogene Fixkosten	30	40	30	100	
Deckungsbeitrag 2					

1. Welche Warenart der Produktgruppe „Creme" sollte eliminiert werden? Berechnen Sie die Ergebnisveränderung dieser Produktgruppe (Summe 5).

2. Berechnen Sie die Veränderung des Gesamtgewinns aller Produktgruppen in EUR und in % nach Eliminierung des unrentablen Produkts (Summe 6).

3. Durch welche Marketingmaßnahmen könnte man die Elimination vermeiden?

11 Der Spielwarenhersteller Klos KG, Heilbronn, fertigt folgende Produkte für den bundesdeutschen Markt:

Produktpolitik

- 150 verschiedene Puzzles aus Schichtkarton; Zielgruppe: Erwachsene,
- 12 verschiedene Kartenspiele; Zielgruppe: Erwachsene und Jugendliche,
- 6 verschiedene Holzbrettspiele; Zielgruppe: Erwachsene.

Im laufenden Geschäftsjahr stagniert der Umsatz bei den Produktgruppen Puzzles und Kartenspielen und ist leicht rückläufig bei den Brettspielen. Um einen weiteren Umsatzrückgang zu verhindern, erwägt die Geschäftsleitung Veränderungen der Produktpolitik und der Werbung.

a) Geben Sie je ein Beispiel dafür, wie sich die Produktpalette der Klos KG ändern könnte bei

1. Produktdiversifikation,

2. Produktvariation,

3. Produktelimination.

b) Begründen Sie, wie sich eine Produktinnovation auf den Umsatz auswirken kann.

c) Die Produktmärkte werden wie folgt beschrieben:

● Bei dem japanischen Brettspiel „GO-HAH" – durch Lizenzkauf erworben – ist Klos KG alleiniger Anbieter. Andere japanische Brettspiele dieser Art und Qualität sind nicht auf dem Markt.

● Bei den sonstigen Brettspielen sind drei weitere Anbieter auf dem Markt. Alle vier Anbieter haben jeweils einen relativ hohen Marktanteil.

● Bei den Puzzles und Kartenspielen ist eine Vielzahl von Anbietern auf dem Markt, die alle einen geringen Marktanteil haben.

1. Erläutern Sie, wie die Käufer auf eine Preisreduzierung für das japanische Brettspiel „GO-HAH" reagieren werden.

2. Mit welchen Reaktionen vonseiten der Mitbewerber muss die Klos KG rechnen, wenn sie durch eine Preissenkung bei den Brettspielen den Umsatzrückgang auszugleichen versucht?

Preispolitik

12 Bei Büroausstatter Köhler, Karlsruhe, ist der Absatz des bisher so erfolgreichen Schreibtisches „Senator" rückläufig. So konnten im vergangenen Quartal nur 160 Schreibtische dieses Modells zum empfohlenen Richtpreis von 950,00 EUR verkauft werden, was einen Absatzrückgang von 10% bedeutet. Bei einem Einstandspreis von 600,00 EUR und anteiligen Fixkosten von 48 000,00 EUR fiel deshalb der Gewinn recht bescheiden aus.

Der Verkaufsleiter führt diesen Umsatzrückgang auf den verschärften Wettbewerb zurück. So seien beispielsweise die Verkaufsverhandlungen mit dem langjährigen Kunden Meier wegen 40 Schreibtischen, Modell „Senator" gescheitert, weil auf die Forderung nach einer 20%igen Preissenkung nicht eingegangen werden konnte. Er schlägt deshalb vor, in Zukunft Preisdifferenzierung zu betreiben. In Einzelfällen sollte das Prinzip der Vollkostendeckung aufgegeben werden. Stattdessen sollte man sich mehr am Deckungsbeitrag orientieren.

a) Erläutern Sie den Begriff „Preisdifferenzierung", und geben Sie an, unter welchen Voraussetzungen Preisdifferenzierung möglich ist.

b) Erläutern Sie die Bedeutung des Deckungsbeitrags bei der Preispolitik

c) Nehmen Sie an, Köhler wäre auf die Forderung Meiers nach einer 20%igen Preissenkung eingegangen und hätte den zusätzlichen Auftrag über 40 Schreibtische des Modells „Senator" erhalten.

1. Weisen Sie rechnerisch nach, wie sich der Gewinn verändert hätte.

2. Nehmen Sie zu dem Ergebnis Stellung.

13 Unterscheiden Sie zwischen Brutto- und Nettopreissystemen.

14 Welche Einflussgrößen müssen bei der Preisgestaltung berücksichtigt werden?

Preispolitik

15 Die Wenz KG möchte zahlreiche Kunden im süddeutschen Raum mit einer neuen 500-g-Trockenfrüchtemischung beliefern. Die zusätzlichen fixen Kosten (zusätzliche Abschreibungs- und Verwaltungskosten) betragen 50 000,00 EUR, die variablen Kosten (Wareneinsatz, Verpackung, Vertriebsprovisionen) betragen 2,00 EUR je 500-g-Beutel. Eine Erforschung des Marktes ergab, dass die Kunden, je nach Höhe des Verkaufspreises, unterschiedliche Mengen nachfragen würden. Die nachfolgende Tabelle gibt die Ergebnisse der Marktforschung wieder.

Nachgefragte Menge	Verkaufspreise	Variable Kosten / Stück
10 000	8,00 EUR	2,00 EUR
20 000	6,00 EUR	2,00 EUR
30 000	5,00 EUR	2,00 EUR
40 000	4,00 EUR	2,00 EUR
50 000	3,50 EUR	2,00 EUR

a) Ermitteln Sie die fixen Kosten/Stück, die Gesamtkosten/Stück, den Gesamtumsatz und den Gesamtgewinn.
b) Welchen Preis wird die Wenz KG unter Berücksichtigung dieser Daten aus der Marktforschung wahrscheinlich verlangen?
c) Können Sie sich auch andere preispolitische Ziele vorstellen?

16 Der Pharmahersteller Feldmann AG plant eine Erweiterung seines Produktprogramms. Nach erfolgreichem Abschluss der Produktentwicklung soll im Frühjahr eine neue revolutionäre Sonnencreme („Öko-Sun") mit Lichtschutzfaktor 6 (200 ml Tube) auf den Markt kommen. Die Creme zeichnet sich durch folgende Merkmale aus:

Preispolitik

• neuartiger UV-Filter, der die Hautkrebsgefahr erheblich reduziert,
• umweltfreundliche Fertigung,
• besonders hautverträglich,
• Produktentwicklung ohne Tierversuche.

Für die Preisfindung stehen folgende, für **dieses Produkt** ermittelte, Informationen zur Verfügung (Angaben jeweils pro Monat):

• geplante Produktion   100 000 Tuben
• Fertigungsmaterial   75 000,00 EUR
• Fertigungslöhne   70 000,00 EUR
• Verpackungsmaterial   5 000,00 EUR
• Abschreibung auf Sachanlagen   50 000,00 EUR
• Instandhaltung   10 000,00 EUR
• Energiekosten   45 000,00 EUR
• Gehälter   35 000,00 EUR
• Versicherungen   5 000,00 EUR

Handelspreise bereits am Markt eingeführter Produkte (der Aufschlag des Handels auf den Herstellerpreis beträgt im Schnitt 30%):

Produkte	Hersteller	Marktanteil	Inhalt	UV-Schutz	Preis in EUR
Nivea Sun	Beiersdorf	7 %	200 ml	6	4,50
Nivea Sun	Beiersdorf	8 %	200 ml	8	5,50
Delial Sonnenmilch	Sara Lee	3 %	200 ml	4	3,50
Delial Sonnenmilch	Sara Lee	14 %	200 ml	6	4,00
Delial Sonnenmilch	Sara Lee	8 %	200 ml	12	5,50
PIZ BUIN	Johnson & Johnson	4 %	200 ml	6	4,50
PIZ BUIN	Johnson & Johnson	6 %	200 ml	10	5,25
Ambre Solaire	Laboratoires Garnier	3 %	200 ml	6	4,50
Ambre Solaire	Laboratoires Garnier	2 %	200 ml	10	7,00

a) Berechnen Sie fixe, variable und Gesamtkosten/Stück, die durch diese Produktinnovation entstehen.
b) Diskutieren Sie auf der Basis aller zur Verfügung stehenden Daten mögliche Preisstellungen und finden Sie Pro- und Kontra-Argumente.

17 Worin unterscheiden sich direkter und indirekter Absatz?

18 Suchen Sie Beispiele
a) für direkten, zentralisierten Absatz,
b) für direkten, dezentralisierten Absatz.

19 Stellen Sie fest, wie der Absatz in Ihrem Ausbildungsbetrieb organisiert ist.

20 a) Weshalb ist ein Reisender immer gleichzeitig Handlungsbevollmächtigter?
b) Warum erhält der Reisende neben dem Fixum Provision?
c) Welches besondere Recht steht dem Bezirksvertreter zu? Versuchen Sie, eine logische Begründung für die Bestimmung des § 87 (2) HGB zu geben.

21 Die Textilveredelungs-GmbH hat am 20. April ihren Handelsvertretern Haug und Schlüter gekündigt. Wann endet jeweils der Agenturvertrag, wenn Haug $2^1/_2$ Jahre, Schlüter 7 Jahre lang die Waren der Textilveredelungs-GmbH verkaufte (vgl. HGB § 89)?

22 a) Schlüter macht einen Ausgleichsanspruch nach HGB § 89b geltend. Wie hoch wäre dieser höchstens, wenn alle Voraussetzungen erfüllt sind? Provision der 7 Jahre: 26 500,00 EUR, 34 000,00 EUR, 38 000,00 EUR, 32 000,00 EUR, 39 500,00 EUR, 46 000,00 EUR, 42 500,00 EUR.
b) Suchen Sie nach Begründungen, die den Ausgleichsanspruch des Handelsvertreters rechtfertigen.

23 a) Zeitungskioske erhalten Zeitschriften und Tageszeitungen in Kommission. Weshalb ist in diesem Fall das Kommissionsgeschäft sinnvoll?
b) Nennen Sie die Unterschiede zwischen Kommissionär und Handelsmakler.
c) Welche Vorteile bietet das Kommissionsgeschäft für den Kommissionär?

24 In einer Tageszeitung erscheint folgende Anzeige:

Reisender-/Handelsvertreter

Wir sind ein wachsendes, mittelständisches Unternehmen zur Herstellung von gesunden Nahrungsmitteln wie Natursauerteig, Brotmischungen und Müsli.
Für unser Absatzteam suchen wir

Mitarbeiter/innen im Außendienst

mit fundierten Kenntnissen im Nahrungsmittelbereich sowie Erfahrung im Verkauf.
Wir bieten angemessenes Gehalt + Provision zuzüglich Spesen. Ein Firmenwagen steht zur Verfügung.
Wenn Sie sich angesprochen fühlen, richten Sie Ihre Bewerbung mit den üblichen Unterlagen an
Nahrungsmittelfabrik
Werner & Franz GmbH

a) Werden in der Anzeige Handelsvertreter oder Reisende gesucht? Begründen Sie Ihre Antwort.
b) Bevor diese Anzeige in der Tageszeitung erschien, wurde in dem Unternehmen diskutiert, ob Vertreter oder Reisende eingesetzt werden sollten.
Folgende Daten lagen vor:
Handelsvertreter:
Provision 8 % vom Umsatz.
Reisender:
Festes Gehalt einschließlich Sozialleistungen und Spesen monatlich 2600,00 EUR, Provision 2% vom Umsatz, Kfz-Kosten monatlich 1 000,00 EUR. Es wurde mit einem Jahresumsatz von 800 000,00 EUR je Außendienstmitarbeiter/in gerechnet.

Neben diesen kostenmäßigen Überlegungen spielten auch qualitative Gesichtspunkte eine wesentliche Rolle.

1. Bei welchem Jahresumsatz decken sich die Kosten des Handelsvertreters und des Reisenden?
   Berechnen **und** zeichnen Sie den kritischen Umsatz!
   (Kosten: 1 cm ≙ 1 000,00 EUR; Umsatz: 1 cm ≙ 100 000,00 EUR)
2. Bewerten Sie die qualitativen Kriterien von Handelsvertretern und Reisenden mit Punkten (Entscheidungstabelle). Ausprägung der Gesichtspunkte: 1 = sehr schlecht, 6 = sehr gut

Entscheidungsbewertungstabelle

Gesichtspunkt	Gewichtung	Vertreter	Reisender
Steuerbarkeit (Beeinflussbarkeit)	30	–	–
Fachwissen	30	–	–
Marktnähe	25	–	–
Verkaufsaktivität	15	–	–
Summe	100	–	–

3. Entscheiden Sie sich für Handelsvertreter oder Reisende, wenn Sie als Entscheidungsgrundlage sowohl die Kosten als auch die qualitativen Gesichtspunkte berücksichtigen.

25 Die Rauch GmbH, Rottweil, ist ein Unternehmen im Heizungs- und Sanitärbereich und beliefert fast ausschließlich Fachbetriebe.

a) Die Geschäftsleitung prüft, ob in Zukunft neuartige Wasserrohre aus Kunststoff hergestellt werden sollen. Die neuen Rohre sind teurer als die bisher verwendeten Rohre, dafür aber langlebiger und ohne Korrosionsprobleme.
   1. Wie wird diese Maßnahme der Produktpolitik bezeichnet?
   2. Was erwartet die Geschäftsleitung von dieser Maßnahme? Nennen Sie zwei Argumente.
   3. Woher könnte das Unternehmen Informationen über den vorhandenen Bedarf erhalten? Nennen Sie drei Informationsquellen.
   4. Prüfen Sie, welche Art der Marktuntersuchung zur Gewinnung weiterer Informationen herangezogen werden sollte.

b) Die Geschäftsleitung beauftragt Sie, zu prüfen, ob Reisende oder Handelsvertreter eingesetzt werden sollen. Folgende Punkte sind mit entsprechender Gewichtung bei der Beurteilung zu verwenden:
   - Weisungsgebundenheit 10 %
   - Eigeninteresse am Umsatz 40 %
   - Marktübersicht 20 %
   - Betreung von Kunden 30 %
   1. Übernehmen Sie auf Ihr Lösungsblatt eine Entscheidungstabelle nach folgendem Muster:

Gesichtspunkte	Gewichtung	der Handelsvertreter	der Handlungsreisende

Bewerten Sie die Gesichtspunkte durch Vergabe von jeweils 0 bis höchstens drei Punkten.

2. Erläutern Sie Ihre Punktvergabe für die Merkmale „Weisungsgebundenheit" und „Betreuung von Kunden".

Produktpolitik

Marktforschung

Handelsvertreter/Reisender

3. Für welchen Absatzmittler würden Sie sich aufgrund der Kostensituation entscheiden (rechnerische Begründung)? Der erwartete Umsatz beträgt 2,4 Mio. EUR/Jahr.

Kosten Reisender:
Fixum/Monat	1 250 EUR
Weitere Kosten	1 000 EUR
Provision	1 % vom Umsatz

Kosten Handelsvertreter:
Provision	2 % vom Umsatz
Auslagenersatz	100,00 EUR/Monat pauschal

4. Bei welcher Umsatzhöhe sind die Kosten für den Handelsvertreter und den Reisenden gleich hoch?

5. Für welchen Absatzmittler würden Sie sich unter Berücksichtigung Ihrer Ergebnisse entscheiden?

26 Worin unterscheiden sich Sammelwerbung und Gemeinschaftswerbung?

27 a) Erläutern Sie ökonomische und außerökonomische Methoden der Werbeerfolgskontrolle.

b) Für eine Werbebriefaktion (Mailing) werden 20 000 Briefe versandt. Ein Brief verusacht 5,00 EUR Bearbeitungs- und Portokosten. Auf diese Werbemaßnahmen gingen 2 000 Bestellungen ein. Eine Bestellung bringt einen kalkulierten Gewinn von 60,00 EUR. Berechnen Sie den Werbeerfolg.

Kommunikationspolitik

28 Die Großhandlung Belz AG, Pforzheim, beabsichtigt, als Eigenmarke das neuartige Flüssigwaschmittel „Sunflex" auf den Markt zu bringen. Das Waschmittel soll bundesweit angeboten werden. In der Werbeabteilung der Belz AG werden verschiedene Möglichkeiten des Einsatzes von Werbeträgern und Werbemitteln diskutiert.

Werbeträger	Werbemittel
Programmzeitschriften (z.B. Hörzu, Gong)	ganzseitige Anzeige
Fernsehen (ZDF)	Fernsehspot
Fachzeitschrift für den Einzelhandel	ganzseitige Anzeige
Rundfunk	Rundfunkspot

a) Beurteilen Sie die Eignung der oben genannten Werbeträger. Berücksichtigen Sie bei Ihrer Beurteilung insbesondere die Kriterien Streugebiet und Eignung des Werbemittels im Hinblick auf die Vermittlung der erwünschten Werbebotschaft.

b) Entscheiden Sie sich für einen Werbeträger unter Berücksichtigung beider Gesichtspunkte. Begründen Sie Ihre Entscheidung.

Werbeerfolg

29 **Spreu und Weizen** – Viele klotzen, wenige kleckern – mit wie viel Aufwand und welchem Effekt die westdeutschen Premiummarken ihr Publikum erreichen.

Rang	Marke	Werbeetat (in Mio. EUR)	Werbeerinnerung (in Prozent)	Werbeeffizienz
1	Jever	10,7	30,5	0,35
2	Beck's	16,9	38,5	0,44
3	Veltins	12,5	22,0	0,57
4	Krombacher	26,9	37,5	0,70
5	Holsten	16,4	20,0	0,80
6	Warsteiner	21,8	26,0	0,82
7	König	27,7	23,0	0,92
8	Bitburger	26,5	28,0	0,93

(Effizienz: Werbeerinnerung je 1000 EUR Etat. Quelle: Nielsen S + P, Capital-Recherchen.)

a) Erklären Sie die Begriffe „Werbeerinnerung" und „Werbeeffizienz".

b) Beschreiben Sie am vorliegenden Beispiel, inwieweit ein Zusammenhang zwischen Werbeetat, Werbeerinnerung und Werbeeffizienz besteht.

30 Die Bayernmilch AG ist ein Hersteller von Qualitätsprodukten, der auf der gesamten Produktpalette vertreten ist. Da der Umsatz seit einigen Jahren stagniert – im letzten Jahr mussten sogar erhebliche Umsatzeinbußen in Kauf genommen werden – entschließt sich die Bayernmilch AG, nicht zuletzt aufgrund der Ergebnisse der Marktforschung, die Produktpalette um „Frozen Joghurt" zu erweitern.

Marketing-Mix

Bei Frozen Joghurt handelt es sich um eine in Amerika sehr verbreitete Art von Speiseeis auf Joghurtbasis. Infrage kommen dabei sämtliche Geschmacksrichtungen, die bereits beim normalen Joghurt angeboten werden. Zusätzlich besteht die Möglichkeit, Frozen Joghurt mit Streuseln (z. B. Schokostreusel) und Soße (z. B. Erdbeersoße) in jeder nur denkbaren Form anzubieten.

Die Bayernmilch AG hofft, mit diesem Produkt ein Standbein im Speiseeissegment zu bekommen. Die Preise der Konkurrenz im Speiseeisbereich bewegen sich im Bereich von 0,25 EUR bis 0,40 EUR für Eis auf Wasserbasis bzw. 0,80 EUR bis 1,75 EUR für Speiseeis auf Milchbasis, wobei Frozen Joghurt in vergleichbarer 200 g Größe angeboten werden soll. Zugleich sind auch die Preise der eigenen Joghurtprodukte zu beachten, die je nach Region im Einzelhandel zwischen 0,35 EUR und 0,55 EUR schwanken.

Schwierigkeiten bereitet der Bayernmilch AG auch die Darbietungsform des Produkts. Aufgrund der Geschmacksvielfalt und der Vielfalt an Kompositionsmöglichkeiten der verschiedenen Streusel und Soßen ist eine Verpackung vonnöten, die sowohl den Ansprüchen des Produkts als auch den Anforderungen der Kunden entgegenkommt.

Aufgrund der relativen Neuheit des Produkts erfordert die Planung der Werbung besondere Sorgfalt. Bisher hat das Unternehmen 5 % des Umsatzes für Werbezwecke ausgegeben. Als Zielgruppe für Frozen Joghurt sollen vor allem die 15- bis 35-Jährigen angesprochen werden. Die Werbung der Speiseeishersteller beschränkt sich im Wesentlichen auf die Printmedien sowie das Fernsehen.

Auf der Vertriebsseite besteht bereits eine umfangreiche Zusammenarbeit mit Großhändlern in ganz Deutschland, so dass man davon ausgehen kann, dass eine flächendeckende Versorgung über den Einzelhandel sichergestellt ist.

a) Wie soll das Produkt gestaltet werden? Welche Alternativen bieten sich an?

b) Welchen Verkaufspreis (Endverbraucher) empfehlen Sie unter Berücksichtigung der alternativen Produktgestaltungsmaßnahmen?

c) Erarbeiten Sie einen Werbeplan für Frozen Joghurt.

d) Bestehen Alternativen im Distributionsbereich? Wenn ja, welche?

LERNFELD 11

1 Nehmen Sie am Finanzplan auf S. 421 folgende Änderungen vor:
- Aufgrund steigender Kreditzinsen fallen monatliche Zahlungen in Höhe von 50 000,00 EUR an.
- Der RHB-Einkauf wird ab August um 10 % teurer.
- Der Werbeaufwand (Einführungswerbung) wird um 20 000,00 EUR erhöht.
- Ein Kunde, der im August Waren im Wert von 150 000,00 EUR erhalten hat, geht Anfang September in Insolvenz.

2 a) Nennen Sie Beispiele für den ordentlichen und den außerordentlichen Kapitalbedarf.
b) Welche Probleme sind bei der Kapitalbedarfsrechnung zu beachten?
c) Berechnen und erläutern Sie die Auswirkungen folgender Maßnahmen auf die Kapitalbedarfsrechnung von S. 422 f.
- Erhöhung des Lieferantenziels auf 50 Tage,
- Senkung der Fertigungslöhne um 10 %.

Abschreibungs-, Kreditfinanzierung, Investitionsraten

3 In einer AG werden am 1. Januar 1998 zehn Lkw, Marke Eurostar 360, gekauft. Die Anschaffungskosten für die Lkw betragen insgesamt 3 600 000,00 EUR.

Aktiva	Bilanz der Burger AG zum 31. Dezember 1998 (in TEUR)		Passiva
A. Anlagevermögen		A. Eigenkapital	
I. Sachanlagen		I. Gezeichnetes Kapital	37 500
1. Grundstücke und Bauten	30 000	II. Rücklagen	18 500
2. Technische Anlagen und		III. Jahresüberschuss	9 000
Maschinen	27 000	B. Verbindlichkeiten	
II. Finanzanlagen	10 100	1. gegenüber Kreditinstituten	10 500
B. Umlaufvermögen		2. Verbindlichkeiten a. L.	11 350
I. Vorräte			
1. Roh-, Hilfs- und			
Betriebsstoffe	5 500		
2. Unfertige Erzeugnisse	1 500		
3- Fertige Erzeugnisse	500		
II. Forderungen und sonstige			
Vermögensgegenstände	2 500		
III. Flüssige Mittel	9 750		
	86 850		

Hinweis: Geplante Dividendenausschüttung 10,00 EUR/Aktie; Anzahl der Aktien = 750 000.
Eine Einstellung von Teilen des Jahresüberschusses in die Rücklagen ist nicht vorgesehen.

Auszug aus dem Anlagespiegel:

Bilanz-posten	Jahr	Anfangs-bestand zu Anschaffungs-kosten	Abgang im Ge-schäftsjahr zu Anschaffungs-kosten	Buchwert des Geschäfts-jahres	Abschreibun-gen des Geschäfts-jahres
Sachanlagen (Lkw)	Ende 1998	3 600 000		3 200 000	400 000
	Ende 1999	3 600 000		2 800 000	400 000
	Ende 2000	3 600 000		2 400 000	400 000
	Ende 2000	3 600 000	1 800 000	2 000 000	400 000

a) Beschreiben Sie mithilfe des Anlagespiegels die Art der Abschreibung, die bei diesem Lkw vorgenommen wurde.

b) Welche Auswirkung hat diese Abschreibung im Jahr 2000 auf die Bilanz und die GuV? (Im entsprechenden Bilanzposten wurden seit 1998 keine weiteren Investitionen getätigt).

c) Zu Beginn des Jahres 2002 sollen zehn neue Lkw vom Typ Eurostar 360 gekauft werden. Die Preissteigerung beträgt 15 % gegenüber den ursprünglichen Anschaffungskosten. Die Hausbank bietet eine Kreditfinanzierung mit folgenden Konditionen an:
  ● Laufzeit des Kredits: 9 Jahre,
  ● Tilgung: am Ende der Laufzeit,
  ● Zins: 9 %/Jahr.
  1. Um welche Art von Investition handelt es sich in diesem Fall (Begründung)?
  2. Berechnen Sie die Höhe der gesamten Finanzierungskosten für die ersten 4 Jahre.

d) Aufgrund der guten Umsatzentwicklung soll Mitte des Jahres 2002 ein weiterer, größerer Lkw, Marke Eurostar 400, zum Preis von 400 000 EUR beschafft werden.
  1. Um welche Art der Investition handelt es sich in diesem Fall?
  2. Ist eine Finanzierung mit eigenen Mitteln möglich? Begründen Sie Ihre Aussage.

4 a) Beschreiben Sie die grundsätzliche Vorgehensweise bei statistischen Investitionsrechnungen.

b) Wie unterscheiden sie sich von dynamischen Investitionsrechnungen?

5 Berechnen Sie mithilfe der Kostenvergleichsrechnung, ob sich im Rahmen einer Ersatzinvestition der Kauf eines neuen Maschinentyps gegenüber dem Kauf des bisherigen, alten Maschinentyps unter kostenrechnerischen Gesichtspunkten lohnt.

Anschaffungskosten:	Maschine alt 500 000,00 EUR
	Maschine neu 800 000,00 EUR
Nutzungsdauer:	jeweils acht Jahre
Leistungsmenge	Maschine alt 20 000 Einheiten/Jahr
	Maschine neu 35 000 Einheiten/Jahr
Zinsen:	12 % Jahr
Sonstige fixe Kosten:	Maschine alt 5 000,00 EUR
	Maschine neu 3 000,00 EUR
Personalkosten:	Maschine alt 7,50 EUR/Einheit
	Maschine neu 6,10 EUR/Einheit
Kosten des Fertigungsmaterials/Einheit:	1,10 EUR
Sonstige variable Kosten:	Maschine alt 0,70 EUR
	Maschine neu 0,55 EUR

Kostenvergleichsrechnung

6 Ein Hersteller von Präzisionswerkzeugen muss eine abgeschriebene Drehmaschine ersetzen. Zur Debatte stehen:
  ● Ein Ersatz durch eine gleichartige Maschine; Anschaffungskosten 400 000,00 EUR; Nutzungsdauer fünf Jahre; lineare Abschreibung. Die Maschine kann nach fünf Jahren für etwa 40 000,00 EUR verkauft werden. Der Gewinnzuwachs gegenüber der alten Maschine beträgt 10 000,00 EUR/Jahr.
  ● Eine CNC-Drehmaschine würde 600 000,00 EUR kosten, bei einer Nutzungsdauer von sechs Jahren. Die Maschine kann nach sechs Jahren für etwa 60 000,00 EUR verkauft werden. Die Kostenersparnis gegenüber der alten Anlage beträgt pro Jahr 80 000,00 EUR.

a) Berechnen Sie mithilfe der Amortisationsrechnung, innerhalb welcher Zeitspanne sich die beiden Maschinen amortisieren.

b) Für welche der beiden Maschinen würden Sie sich nach den Kriterien der Amortisationsrechnung entscheiden?

Amortisationsrechnung

7 Eine KG hat drei Gesellschafter A, B und C (Kommanditist). Die Kapitalanteile der Gesellschafter zu Beginn des Geschäftsjahres betrugen 1,5 Mio. EUR, 800 000,00 EUR und 600 000,00 EUR. A hatte am 12. Juli ein Grundstück im Wert von 400 000,00 EUR eingebracht und am 31. März, 30. Juni, 30. September und 31. Dezember jeweils 20 000,00 EUR für private Zwecke entnommen.

Selbstfinanzierung (KG)

B hatte am 3. März 30 000,00 EUR und am 7. April 25 000,00 EUR entnommen. Der Jahresgewinn beträgt 300 000,00 EUR. Die Verteilung des Restgewinns wird im Verhältnis 5 : 5 : 2 durchgeführt.

a) Nehmen Sie die Gewinnverteilung anhand der Bestimmungen des HGB vor.

b) Welche Art der Selbstfinanzierung liegt hier vor (Begründung)?

c) Geben Sie die Höhe der Selbstfinanzierung in diesem Beispiel an.

Abschreibungs-finanzierung

8 Eine Maschine, Nutzungsdauer acht Jahre, wird im ersten Jahr degressiv mit dem Höchstsatz abgeschrieben.

a) Welcher Bilanzansatz ergibt sich am Ende des ersten Jahres?

b) Liegt hier eine Selbstfinanzierung vor und wenn ja, in welchem Umfang?

Selbst-finanzierung

9 Die durchschnittlichen Außenstände an Kundenforderungen betragen 5 Mio. EUR. Durch eine Verbesserung des Mahnwesens gelingt es, die Zeitspanne vom Verkauf bis zum Zahlungseingang von 60 Tage auf 40 Tage zu verkürzen. Der Umsatz pro Jahr beträgt 30 Mio. EUR.

a) Wie viele Mittel könnten durch diese Maßnahmen jährlich freigesetzt werden?

b) Welche Finanzierungsart liegt hier vor (Begründung)?

Abschreibungs-finanzierung

10 Bei der Neugründung eines Unternehmens werden für den betrieblichen Fuhrpark fünf Pkw gekauft. Die Anschaffungskosten betragen jeweils 60 000,00 EUR; die betriebsgewöhnliche Nutzungsdauer sechs Jahre. Die erzielten Abschreibungserlöse sollen sofort in vollem Umfang in neue Pkw reinvestiert werden.

Jahr	PKW-Bestand	Buchwerte	Abschreibungen	Ersatz-/Erweiterungs-investitionen	Liquide Mittel	Rest-mittel
Anfang 1. Jahr	?	?	?	?	?	?
Ende 1. Jahr	?	?	?	?	?	?
Anfang 4. Jahr	?	?	?	?	?	?
Ende 4. Jahr	?	?	?	?	?	?

Wie hoch sind die Abschreibungserlöse in den einzelnen Jahren und wie viele Ersatzinvestitionen können aus diesen Erlösen getätigt werden?

11 Welche Rechtsstellung haben die Kapitalgeber

a) bei der Fremdfinanzierung,

b) bei der Beteiligungsfinanzierung?

12 Weshalb eignet sich die GmbH im Allgemeinen nicht zur Aufbringung großer Kapitalsummen?

13 Welche Vereinbarungen sollten im Kreditvertrag ausdrücklich festgehalten werden?

14 Welche Kosten fallen bei einem Kontokorrentkredit an und wie werden sie berechnet?

15 Aus welchem Grund ist der Sollzinsfuß für Kontokorrentkredite höher als der Darlehenszinsfuß?

16 Häufig wird behauptet, ein Kontokorrentkredit sei dadurch gekennzeichnet, dass das Konto „überzogen" werden dürfe. Nehmen Sie dazu Stellung.

17 Wodurch unterscheiden sich Kontokorrent- und Darlehenskredit?

18 Die Adam Kolb OHG, Hersteller von Kunststoffteilen für den Haushaltsgeräte-
bau, plant folgende Investitionen:

- Umbau einer Lagerhalle, die dann eine Lagerung der Fertigerzeugnisse auf
  Paletten ermöglicht. Kapitalbedarf: 320 000,00 EUR.
- Kauf zweier Gabelstapler, deren Anschaffung durch die neue Art der Lager-
  haltung erforderlich wird. Kapitalbedarf: 125 000,00 EUR.

Die Gesellschafter Adam und Walter Kolb erörtern folgende Finanzierungs-
möglichkeiten:

1. Umbau Lagerhalle:
- Die Gewinnanteile für beide Gesellschafter werden am Ende des laufenden
  Geschäftsjahres nach Abzug der Privatentnahmen voraussichtlich 29 000,00
  EUR betragen.

  Dieser Betrag soll nicht ausgeschüttet, sondern zur Finanzierung der bauli-
  chen Veränderungsmaßnahmen verwendet werden.
- Der Bruder Wilhelm Kolb, der sich eventuell mit 300 000,00 EUR als weiterer
  Komplementär an dem Unternehmen beteiligen will, soll zum Eintritt aufgefordert werden. Mit der Einlage soll die restliche Bausumme finanziert werden.

2. Gabelstapler
- Aus Abschreibungsrückflüssen stehen zur Finanzierung der Gabelstapler
  45 000,00 EUR bereit.
- Die Restsumme soll durch ein Bankdarlehen finanziert werden.

Die Hausbank der Adam Kolb OHG nennt für ein Darlehen bis zu 80 000,00 EUR
folgende Konditionen:

Laufzeit: 48 Monate, Auszahlung: 100 %, Zinssatz 7 % der ursprünglichen Darlehenssumme, Bearbeitungsgebühr: 2 %, Beleihungssatz der Gabelstapler: 70 %
des Anschaffungswertes. Die Hausbank stellt gleichzeitig die Erhöhung des Kreditlimits des Kontokorrentkredits von bisher 50 000,00 EUR auf 80 000,00 EUR in
Aussicht.

a) Erläutern Sie kurz die im Sachverhalt erwähnten Finanzierungsarten.
b) Welche Vorteile hat die Finanzierung durch Nichtausschüttung der Gewinne
   für die Adam Kolb OHG? (drei Vorteile)
c) Welche Nachteile können sich für die bisherigen Gesellschafter durch die
   Aufnahme eines neuen Gesellschafters ergeben? (zwei Nachteile)
d) Worauf kann die Kreditwürdigkeit (Bonität) der Adam Kolb OHG beruhen?
e) Würden Sie es für sinnvoll halten, wenn die Kolb OHG die Gabelstapler unter
   Ausnutzung des erhöhten Kreditlimits mit dem Kontokorrentkredit finanzieren würde? (Begründung)
f) Ermitteln Sie den Betrag, den die Adam Kolb OHG für die Gabelstapler bei
   der Darlehensfinanzierung insgesamt aufbringen müsste. Berücksichtigen Sie
   dabei die Konditionen der Hausbank.
g) Berechnen Sie die effektive Verzinsung des Bankdarlehens bei einer Laufzeit
   von acht Jahren.
h) Als alternative Darlehensbedingungen bietet die Hausbank an: 97% Auszahlung; 6,5% Zins. Berechnen Sie die effektive Zinsbelastung.

19 Die Weller KG ist ein mittelständisches Unternehmen, das Büromöbel fertigt.
Während die Nachfrage auf dem inländischen Markt in den letzten Jahren eher
stagniert, entwickelt sich die Nachfrage auf den ausländischen Märkten stür-
misch. Probleme ergeben sich allerdings im europäischen Ausland durch die
mangelhafte Durchdringung der Märkte mit Außendienstmitarbeitern und
gewissen Engpässen bei der Fertigung.

Deshalb bemüht sich die Weller KG um den weiteren Ausbau der Außendienst-
organisation im europäischen Ausland und den Bau einer neuen Lagerhalle.
Der Kapitalbedarf dafür beträgt 2,5 Mio. EUR. Bei der einberufenen Gesellschafterversammlung vertreten die anwesenden Gesellschafter einhellig folgende Meinung: „Der Kapitalbedarf soll vorrangig mit Mitteln der Innenfinanzierung beschafft werden. Auf Mittel von außen werden wir so weit wie

*Finanzierungs-
arten, Fremd-
finanzierung*

*Finanzierungs-
arten, Finanzie-
rungsgrundsätze,
Darlehensfinan-
zierung*

möglich verzichten. Diese seit langem bewährten Finanzierungsregeln in unserem Unternehmen stellen auch die Grundlage für unsere derzeitigen Investitionsvorhaben dar."

a) Wie unterscheiden sich grundsätzlich
  - Innen- und Außenfinanzierung,
  - Eigen- und Fremdfinanzierung?

b) Welche Zielsetzungen bei der Finanzierung lassen sich aus den Äußerungen der Gesellschafter erkennen?

c) Für das Investitionsvorhaben stehen folgende Finanzierungsquellen zur Verfügung:
  - Der Jahresüberschuss des vergangenen Jahres beträgt 2,1 Mio. EUR. 30 % davon werden in die Gewinnrücklagen eingestellt. Eine Berücksichtigung der Steuerbelastung ist nicht notwendig.
  - Zu Beginn des vergangenen Jahres angeschaffte Fahrzeuge, Anschaffungskosten 500 000,00 EUR, Nutzungsdauer sechs Jahre, werden bilanziell degressiv mit dem höchstmöglichen Satz, kalkulatorisch linear abgeschrieben. Die Wiederbeschaffungskosten liegen 20 % über den Anschaffungskosten.
  - Die Gesellschafter Maier und Weller jun. sind bereit, ihre Stammeinlagen um jeweils 500 000,00 EUR zu erhöhen.
  - Die Hausbank bietet der Gesellschaft ein Darlehen in Höhe von 1 Million EUR an. Die Konditionen sind wahlweise:
    - Auszahlungskurs 98 %, Nominalzins 8 %, Laufzeit 8 Jahre, Tilgung am Ende der Laufzeit.
    - Auszahlungskurs 98 %, Nominalzins 8 %, Laufzeit 8 Jahre, Tilgung in jährlich gleich bleibend hohen Raten am Ende des Jahres.
  1. Ordnen Sie den Finanzierungsquellen die Begriffe Innen-/Außenfinanzierung bzw. Eigen-/Fremdfinanzierung zu.
  2 Kann die Finanzierung der Investitionen nach den Finanzierungsgrundsätzen der Gesellschafter durchgeführt werden? (Rechnerischer Nachweis)
  3. Berechnen Sie die Kosten der beiden Alternativen bei der Darlehensgewährung. Erstellen Sie dazu für jede Alternative folgende Tabelle:

Jahr	Kredithöhe	Tilgung	Zinsen	Belastung
?	?	?	?	?

Kreditsicherung, Effektivverzinsung

20 Die Weller KG beabsichtigt folgende Investitionen durchzuführen:
- Bau einer Halle für 315 000,00 EUR.
- Kauf von Maschinen für 822 000,00 EUR.

Die Bilanz weist folgende Werte aus (Kurzübersicht):

Aktiva	Bilanz (in EUR)		Passiva
Grundstücke und Gebäude	1 550 000,00	Eigenkapital	2 130 000,00
Maschinen	628 000,00	Darlehen	623 000,00
Geschäftsausstattung	356 000,00	(grundpfandrechtlich	
Fuhrpark	52 000,00	gesichert)	
Vorräte	522 000,00	Bankverbindlichkeiten	674 000,00
Forderungen aus Lieferungen	391 500,00	(über vier Jahre Laufzeit)	
Wertpapiere des UV	325 000,00	Verbindlichkeiten a. L.	412 500,00
Wechsel	51 000,00	kurzfristige Bankverbindlich-	
Kasse	7 750,00	keiten	90 000,00
Bankguthaben	88 250,00	Schuldwechsel	42 500,00
	3 972 000,00		3 972 000,00

Die Maschinen sollen zum Teil durch einen Bankkredit über 650 000,00 EUR auf fünf Jahre finanziert werden.
Bedingungen der Hausbank: 8,2 % Verzinsung ohne Nebenkosten, ein Disagio von 2,5 % (Auszahlung 97,5 %), Tilgung am Ende der Laufzeit.

a) Welche Bilanzposten sind zur Sicherung dieses Kredites ungeeignet oder nur bedingt geeignet? Begründen Sie Ihre Aussage.

b) Begründen Sie, welche Sicherheiten die Bank für langfristige Darlehen aufgrund der vorliegenden Bilanz bevorzugt verlangen wird.

c) Berechnen Sie die effektive Verzinsung.

d) Ist Ihrer Meinung nach die Laufzeit des Kredites angemessen Nehmen Sie hierzu Stellung.

21 Der Prüfgerätehersteller Schneider beabsichtigt, eine neue Maschine zur Stahlverformung anzuschaffen. Die Anschaffungskosten betragen 115 000,00 EUR, die voraussichtliche Nutzungsdauer beträgt zehn Jahre. Schneider ist nicht in der Lage, diesen Betrag selbst aufzubringen. Die Hausbank will die Finanzierung gegen entsprechende Sicherheiten übernehmen. Schneider legt dem Kreditsachbearbeiter folgende Unterlagen vor:

Auszug aus der Bilanz: Gebäude   150 000,00 EUR
Grundstücke 120 000,00 EUR
Waren   30 000,00 EUR (unter Eigentumsvorbehalt)
Forderungen 42 300,00 EUR

Auszug aus dem Grundbuch (Abteilung III): Gebäude: Grundschuld für die Deutsche Bank AG über hundertfünfunddreißigtausend Euro, verzinslich zu 6 % jährlich. Grundstücke: Hypothek für die Deutsche Genossenschaftsbank über zwanzigtausend Euro, verzinslich zu 7 % jährlich.

Bedingungen der Hausbank

- Dispositions-/Kontokorrentkredit: Limit 10 000,00 EUR, Zins 10 % Jahr,
- Grundschuldkredit: Laufzeit zehn Jahre, 7 % Zins/Jahr, 98 % Auszahlung, Beleihungssatz 90 %,
- Sicherungsübereignungskredit; Laufzeit zwei Jahre, 9 % Zins/Jahr, 100 % Auszahlung, Beleihungssatz 50 %.

a) Erläutern Sie zwei wesentliche Unterschiede zwischen der Grundschuld und der Hypothek.

b) Die Hausbank wird als nachrangige Gläubigerin eingetragen. Warum wird die Hausbank nach der Rückzahlung des Hypothekarkredits an die Deutsche Genossenschaftsbank einen Antrag auf Löschung der Hypothek stellen und welche Auswirkung hat dies?

c) Prüfen Sie, ob die Hausbank unter diesen Bedingungen (Sicherheiten) den gewünschten Bankkredit gewährt (rechnerischer Nachweis).

22 Der Halbzeughersteller Hansen GmbH in Bremen erhält am 20. August .. von einem russischen Schrotthändler ein Angebot über einen Container Kupferschrott. Der russische Exporteur verlangt darin die Überweisung des Gesamtbetrags in Höhe von 20 000,00 EUR bis spätestens 10. September .. Das Angebot ist nach Auskunft unseres Einkäufers äußerst günstig. Zur Finanzierung soll zunächst ein am 25 August .. ausgestellter Kundenwechsel herangezogen werden, der der Hausbank zum Diskont weitergegeben wird.

Kreditsicherung

Diskontkredit, Kontokorrent, Darlehen, Abschreibungsfinanzierung, Leasing

Finanzplan:

Auszug Finanzplan	September	Oktober	November	Dezember	Januar
Anfangsbestand Bank	3 000,00	– 4 500,00	– 5 700,00	5 340,00	32 140,00
Einnahmen					
Umsätze	60 000,00	65 000,00	70 000,00	85 000,00	95 000,00
Sonstige Einnahmen	8 000,00	8 000,00	7 000,00	6 000,00	6 500,00
Summe der verfügbaren Mittel	71 000,00	73 000,00	77 000,00	96 340,00	133 640,00
Ausgaben					
Metallwaren	40 000,00	35 000,00	32 000,00	28 000,00	23 000,00
Betriebsmittel	2 300,00	12 000,00	3 000,00	1 000,00	2 000,00
Personal	19 000,00	20 000,00	24 000,00	24 500,00	23 000,00
Steuern	10 000,00	4 020,00	3 800,00	9 560,00	4 580,00
Zinsen, Tilgung	4 200,00	3 180,00	3 160,00	1 140,00	2 120,00
Summe der Ausgaben	75 500,00	74 200,00	65 960,00	64 200,00	54 700,00
Überschuss			5 340,00	32 140,00	78 940,00
Fehlbetrag	4 500,00	5 700,00			

a) Berechnen Sie die Auswirkungen der Wechseldiskontierung (Diskontierungs-tag: 10. September) und der Begleichung der Kupferschrottrechnung auf den bestehenden Finanzplan. Diskontbedingungen der Bank:

Diskontsatz (Basiszinssatz)	Höhe des Wechselbetrages
7,5 %	bis unter 1 000,00 EUR
5,25 %	von 1 000,00 EUR bis unter 10 000,00 EUR

b) Eine möglicherweise auftretende Finanzierungslücke im Finanzplan soll mit einem Bankkredit ausgeglichen werden. Kreditbedingungen der Bank: Bis 9. September sind keine Einnahmen und Ausgaben vorhanden.
- Kontokorrentkredit: Limit 21 000,00 EUR; Sollzins 10,25 %; Überziehungs-zins 14,25 %. Annahme: Der Kontokorrentkredit kann in seiner Höhe nur monatsweise verändert werden.
- Darlehen: Laufzeit vier Monate; Zins 9,5 %, Kredithöhe 25 000,00 EUR (maximale Kredithöhe aufgrund der bestehenden Sicherheiten).

c) Aktiva   Bilanz der Hansa GmbH zum 31. Dezember 2004 (in TEUR)   Passiva

A. Anlagevermögen		A. Eigenkapital		
Grundstücke und Gebäude	4 100 000,00	Gezeichnetes Kapital		900 000,00
Maschinen	705 000	Kapitalrücklagen		100 000,00
Geschäftsausstattung	216 000,00	Gewinnrücklagen		300 000,00
Fuhrpark	65 000,00	Jahresüberschuss		105 000,00
B. Umlaufvermögen		B. Fremdkapital		
Vorräte	386 000,00	Darlehen		2 700 000,00
Forderungen aus Lief./		Kurzfristige Bankverbind-		
Leistungen	815 000,00	lichkeiten		1 300 000,00
Wertpapiere des UV	146 000,00	Verbindlichkeiten aus		
Besitzwechsel	35 000,00	Lief./Leistungen		807 100,00
Kasse	7 500,00	Wechselverbindlichkeiten		347 500,00
Bankguthaben	74 100,00			
	6 559 600,00			6 559 600,00

Welche Möglichkeiten hat die Hansen GmbH, durch Factoring ihr „Bilanz-bild" zu verbessern?

d) Der Fuhrpark besteht bisher aus zwei Lkw. Die Nutzungsdauer der Lkw beträgt neun Jahre. Die Wertminderung wird mittels linearer Abschreibung ermittelt.

1. Wie hoch waren die ursprünglichen Anschaffungskosten der beiden Lkw am 1. Januar 01 ?
2. Erklären Sie an diesem Beispiel den Finanzierungseffekt der Abschreibung.
3. Die Anschaffung neuer Lkw soll vollständig mit Mitteln der Innenfinanzierung erreicht werden, da der Fremdkapitalanteil schon sehr hoch ist. Erläutern Sie, unter Berücksichtigung der Bilanz unter c), Möglichkeiten der Innenfinanzierung.

e) Der Fuhrpark der Hansen GmbH ist weitgehend abgeschrieben. Der Kauf von zwei neuen Lastkraftwagen ist dringend erforderlich. Die Kosten betragen 585 000,00 EUR. Der Unternehmung liegt folgendes Leasingangebot eines Lkw-Herstellers vor:

Monatliche Leasingrate: 10 000,00 EUR
Laufzeit des Leasingvertrages: vier Jahre
Restzahlung bei Kauf der Lkw am Ende der Laufzeit: 150 000,00 EUR

1. Welche Formen des Leasing treten in diesem Fall auf?
2. Wie hoch sind die Gesamtkosten in diesem Leasinggeschäft?
3. Ein Fälligkeitsdarlehen der Bank mit fünf Jahren Laufzeit bei 98 %iger Auszahlung könnte mit 5 % Zins in Anspruch genommen werden. Welche der Finanzierungsalternativen ist günstiger?

23 Weshalb sollte auch der „eiserne Bestand" an Rohstoffen oder Waren durch Eigenkapital finanziert werden?

24 a) Welche Gefahr droht einem Betrieb, der größere Neuanschaffungen von Maschinen mit einem kurzfristigen Bankkredit finanziert hat?
b) Wodurch könnte dieser Gefahr begegnet werden?

25 Wie gewinnt man Einblick in die Liquiditätsverhältnisse des Betriebs?

26 a) Wie heißt die „Goldene Bilanzregel"?
b) Wie unterscheidet sie sich von der „Goldenen Finanzregel"?

27 Was versteht man unter Liquidität I., II., III. Grades?

28 a) Welche Aussagen kann man mit der Kennziffer Verschuldungsgrad gewinnen?
b) Was versteht man unter dem optimalen Verschuldungsgrad?

29 Was sagt die Kennziffer Anlagendeckung aus?

30 a) Erläutern Sie optimale Liquidität, Über- und Unterliquidität.
b) Stellen Sie in diesem Zusammenhang die Bedeutung der Finanzplanung für die Liquiditätsicherung dar.

31 Beurteilen Sie folgende vereinfachte Bilanz einer AG mithilfe der Kennziffern Anlagenintensität und Liquidität.

Finanzierungs-kennziffern

Aktiva	Bilanz einer AG (in EUR)		Passiva
Grundstücke und Bauten	800 000,00	Gezeichnetes Kapital	1 200 000,00
Maschinen	600 000,00	Gewinnrücklagen	
Betriebs- und Geschäfts-		1. gesetzliche Rücklage	12 000,00
ausstattung	400 000,00	2. andere Gewinnrücklagen	480 000,00
Beteiligungen	100 000,00	Jahresüberschuss	150 000,00
Rohstoffe	300 000,00	Rückstellungen	200 000,00
Unfertige Erzeugnisse	50 000,00	Hypothekenverbindlichkeiten	150 000,00
Fertige Erzeugnisse	150 000,00	Verbindlichkeiten aus	
Forderungen aus		Lieferungen	120 000,00
Lieferungen	200 000,00	Kurzfristige Bankverbindlich-	
Wechsel	40 000,00	keiten	280 000,00
Kassenbestand	30 000,00		
Guthaben bei Kreditinstituten	30 000,00		
	2 700 000,00		2 700 000,00

32

Aktiva			Bilanzen (in TEUR)	Passiva	
	Berichtsjahr	Vorjahr		Berichtsjahr	Vorjahr
Anlagevermögen			Eigenkapital		
Sachanlagen	102 000	90 000	Gezeichnetes		
Finanzanlagen	10 000	8 000	Kapital	55 000	45 000
Umlaufvermögen	48 000	43 000	Rücklagen	20 000	15 000
			Jahresüberschuss	5 000	3 000
			Fremdkapital		
			Rückstellungen		
			langfristig	5 000	2 000
			kurzfristig	4 000	1 000
			Verbindlichkeiten	71 000	75 000
	160 000	141 000		160 000	141 000

Auszug aus dem Anlagespiegel:

	Stand 01. 01.	Zugänge	Abgänge	Abschreibungen
Sachanlagen	120 000 (BJ)	20 000 (BJ)	38 000 (BJ)	15 000 (BJ)

Ermitteln Sie den Cashflow des Berichtsjahrs.

33 Der Jahresüberschuss eines Unternehmens beträgt 256 000,00 EUR, die Gesamt-kosten 8 000 000,00 EUR, das Eigenkapital 1,6 Mio. EUR. Berechnen Sie die Eigenkapitalrentabilität sowie die Umsatz- und Kostenrentabilität. Nettoum-satz 4,4 Mio. EUR.

34 Der Jahresüberschuss eines Industriebetriebs beträgt 112 000,00 EUR, das Eigen-kapital beträgt 1,6 Mio. EUR, das Fremdkapital 0,4 Mio. EUR (Jahreszinssatz für Fremdkapital 8 %), Gesamtkosten 10 000 000,00 EUR.
Berechnen Sie die Eigenkapital-, die Gesamtkapital- und Kostenrentabilität.

LERNFELD 12

1 a) Beschreiben Sie den idealtypischen Konjunkturzyklus anhand von Früh-, Gegenwarts- und Spätindikatoren.

b) In welcher Konjunkturphase befindet sich die Wirtschaft derzeit?

Konjunkturzyklus

2 **Gruppenturnier:** Bilden Sie mehrere Arbeitsgruppen. Schreiben Sie die Fragen a) bis w) auf Kärtchen (eine Frage pro Kärtchen). Beantworten Sie in den Gruppen die Fragen und schreiben Sie die Lösungen auf das jeweilige Kärtchen. Veranstalten Sie in Ihrer Gruppe ein Frage-Antwort-Spiel (wer die meisten Kärtchen gewinnt, ist Gruppensieger). Die Gruppensieger können anschließend den Klassensieger unter sich ausspielen.

a) Erläutern Sie die Ziele der Wirtschaftspolitik nach § 1 StabG.

b) Begründen Sie die Ziele der Wirtschaftspolitik nach § 1 StabG.

Wirtschafts-politische Ziele

c) Erklären Sie den Begriff Globalsteuerung.

d) Was versteht man unter dem gesamtwirtschaftlichen Gleichgewicht?

e) Erklären Sie die Bedeutung des Begriffs magisches Viereck bzw. Sechseck.

f) Wie wird der Preisindex für die Lebenshaltung ermittelt?

Preisindex

g) Was versteht man unter dem „Harmonisierten Verbraucherpreisindex" (HVPI)?

h) Erläutern Sie vier Ursachen der Inflation.

Inflation

i) Welche Auswirkungen hat die Inflation auf die Gesamtwirtschaft?

j) Welche Bevölkerungsgruppen gehören zu den Gewinnern der Inflation? Begründung!

k) Erläutern Sie einige Ursachen (Erscheinungsformen) der Arbeitslosigkeit.

l) Welche Hauptursachen hat die strukturelle Arbeitslosigkeit?

Arbeitslosigkeit

m) Nennen Sie einige Maßnahmen zur Bekämpfung der Arbeitslosigkeit.

n) Erläutern Sie die Bestimmungsgrößen des Wachstums.

o) Was versteht man unter qualitativem Wachstum?

Wachstum

p) Welche drei Verhaltensweisen kennzeichnen die nachhaltige Entwicklung?

q) Erläutern Sie drei Instrumente der Umweltpolitik.

Umweltpolitik

r) Beschreiben Sie die Rangfolge der Pflichten nach dem KrW-/AbfG.

s) Unterscheiden Sie die Begriffe primäre und sekundäre Einkommensverteilung.

t) Beschreiben Sie die drei Verteilungsprinzipien bei der staatlichen Umverteilung.

Besteuerung

u) Erläutern Sie den Grundsatz der Steuergerechtigkeit allgemein.

v) Nennen Sie wichtige Besteuerungsprinzipien.

Sie können auch ein **Gruppenpuzzle** veranstalten, bei dem jede Gruppe nur einen Teil der Fragen beantwortet (Expertengruppe). Der Austausch der Lösungen findet in Puzzlegruppen statt. In jeder Puzzlegruppe muss sich je ein Mitglied jeder Expertengruppe befinden.

3 a) Beschreiben Sie die Zielkonflikte zwischen 1. Wachstum und lebenswerter Umwelt, 2. Vollbeschäftigung und Preisstabilität, 3. Außenwirtschaftliches Gleichgewicht und Preisstabilität.

Zielkonflikte

b) Unter welchen Bedingungen gelten die vier Hauptziele der Wirtschaftspolitik heute als erreicht?

4 Unterscheiden Sie

a) Personen- und Realsteuer,

b) Direkte und indirekte Steuer.

5 a) Welches Gesetz enthält die Zielvorstellungen der Wirtschaftspolitik und ist damit auch Richtschnur der Fiskalpolitik?

Fiskalpolitik

b) Erklären Sie die Begriffe Fiskalpolitik, antizyklische Finanzpolitik und Deficit Spending.

c) Wo liegen die Grenzen der nachfrageorientierten Fiskalpolitik?

d) Unterscheiden Sie zwischen nachfrage- und angebotsorientierter Fiskalpolitik.

6 Gruppenturnier: Bilden Sie mehrere Arbeitsgruppen. Schreiben Sie die Begriffe a) bis m) auf Kärtchen (ein Begriff pro Kärtchen). Erklären Sie die Begriffe in den Gruppen und schreiben Sie die Lösungen auf das jeweilige Kärtchen. Veranstalten Sie in Ihrer Gruppe ein Frage-Antwort-Spiel (wer die meisten Kärtchen gewinnt, ist Gruppensieger). Die Gruppensieger können anschließend den Klassensieger unter sich ausspielen.

Begriffe:

a) Eurosystem,

b) ESZB,

c) ESZB-Rat,

d) „Pre-ins",

e) Unabhängigkeit der EZB,

f) Geldmenge M3,

g) Geldmarkt,

h) Geschäftspartner des ESZB,

i) Refinanzierung,

j) Mindestreserve,

k) Fazilität,

l) Pensionsgeschäft,

m) Tenderverfahren,

7 Bilden Sie drei **Expertengruppen** A, B und C mit je sechs Mitgliedern. Die Gruppe A befasst sich mit den Fragen a) bis e), die Gruppe B mit f) bis j), die Gruppe C mit k) bis n). Tauschen Sie anschließend Ihre Informationen in sechs **Puzzle-Gruppen** aus. Die Puzzle-Gruppen bestehen aus je einem Mitglied jeder Expertengruppe A, B und C; dieses berichtet jeweils über die Ergebnisse seiner Expertengruppe. Anschließend beantworten zwei Puzzle-Gruppen im Wechsel die Fragen vor der Klasse und stellen sich der Kritik.

a) Worin unterscheiden sich Eurosystem und ESZB?

b) Nennen Sie die Ziele der EZB.

c) Beschreiben Sie einige Aufgaben der EZB.

d) Wie wird die Unabhängigkeit der EZB sicher gestellt?

e) Beschreiben Sie die Orientierungsgrößen für die Geldpolitik der EZB.

f) Unterscheiden Sie zwischen Kategorie-1 und Kategorie-2-Sicherheiten.

g) Nennen Sie die geldpolitischen Instrumente der EZB.

h) Zählen Sie die Instrumente der Offenmarktpolitik auf.

i) Unterscheiden Sie befristete Transaktionen und definitive Käufe/Verkäufe.

j) Unterscheiden Sie zwischen Mengentender und Zinstender.

k) Skizzieren Sie die Wirkungsweise der Offenmarktpolitik.

l) Erläutern Sie die Wirkungsweise der Mindestreservepolitik.

m) Unterscheiden Sie zwischen Einlagefazilität und Spitzenrefinanzierungsfazilität.

n) Erläutern Sie die Aufgaben der Deutschen Bundesbank.

8 Die EZB beabsichtigt, den Wirtschaftssubjekten im Euroraum über einen Mengentender Liquidität in Höhe von 150 Mill. EUR zuzuführen. Nehmen Sie die Zuteilung vor, wenn von den Geschäftspartnern folgende Gebote vorliegen:

Gebote der Geschäftspartner		Zuteilungsergebnis	
Geschäfts-partner	Gebot (in Mio. EUR)	Zuteilungs-quote	Zuteilung (in Mio. EUR)
Bank A	70	?	?
Bank B	80	?	?
Bank C	50	?	?
Insgesamt	?	?	?

9

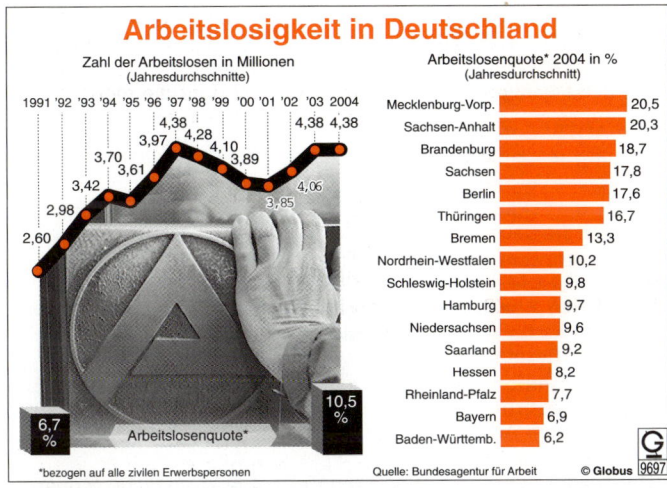

Arbeitslosigkeit in Deutschland

Zahl der Arbeitslosen in Millionen
(Jahresdurchschnitte)

1991 '92 '93 '94 '95 '96 '97 '98 '99 '00 '01 '02 '03 2004

4,38
3,97   4,28
4,10   4,38 4,38
3,70
3,61   3,89
3,42   4,06
2,98   3,85
2,60

6,7
%   Arbeitslosenquote*   10,5
%

*bezogen auf alle zivilen Erwerbspersonen

Arbeitslosenquote* 2004 in %
(Jahresdurchschnitt)

Mecklenburg-Vorp.	20,5
Sachsen-Anhalt	20,3
Brandenburg	18,7
Sachsen	17,8
Berlin	17,6
Thüringen	16,7
Bremen	13,3
Nordrhein-Westfalen	10,2
Schleswig-Holstein	9,8
Hamburg	9,7
Niedersachsen	9,6
Saarland	9,2
Hessen	8,2
Rheinland-Pfalz	7,7
Bayern	6,9
Baden-Württemb.	6,2

Quelle: Bundesagentur für Arbeit   © Globus 9697

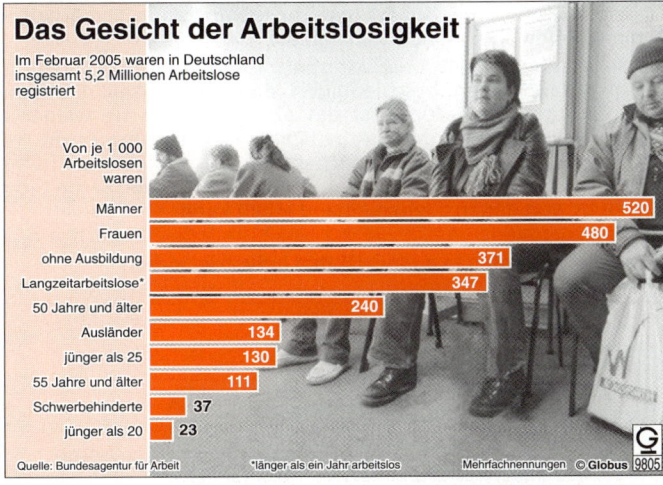

Das Gesicht der Arbeitslosigkeit

Im Februar 2005 waren in Deutschland
insgesamt 5,2 Millionen Arbeitslose
registriert

Von je 1 000
Arbeitslosen
waren

Männer	520
Frauen	480
ohne Ausbildung	371
Langzeitarbeitslose*	347
50 Jahre und älter	240
Ausländer	134
jünger als 25	130
55 Jahre und älter	111
Schwerbehinderte	37
jünger als 20	23

Quelle: Bundesagentur für Arbeit   *länger als ein Jahr arbeitslos   Mehrfachnennungen © Globus 9805

a) Die Bekämpfung der Massenarbeitslosigkeit ist heute das oberste Ziel der Wirtschaftspolitik. Nennen Sie hierfür einige Gründe aus der Sicht des Einzelnen sowie aus gesamtwirtschaftlicher und aus politischer Sicht.

b) Betrachten Sie die obigen Statistiken und beantworten Sie folgenden Fragen:

  1. Wo befinden sich die regionalen „Hochburgen" der Arbeitslosigkeit?

  2. Finden Sie hierfür mögliche Gründe.

  3. Welche Bevölkerungsgruppen sind besonders von Arbeitslosigkeit betroffen?

  4. Wie kann sich der Einzelne gegen die Gefahr der Arbeitslosigkeit am besten wappnen?

c) Wie hoch ist die Arbeitslosenquote in Ihrer Region? Ergründen Sie mögliche regionale und sektorale Ursachen.

10 a) Unterscheiden Sie zwischen Beschäftigungs- und Arbeitsmarktpolitik. Welche Teilbereiche der Arbeitslosigkeit können durch die genannten Bereiche der Wirtschaftspolitik bekämpft werden?

b) Erklären Sie die Begriffe Matching, Mismatching, Arbeitslosenquote und erläutern Sie die Zusammensetzung der Angebots- und der Nachfrageseite des Arbeitsmarkts?

c) Welche Ziele verfolgt der Staat mit den Leistungen zur Arbeitsförderung?

Arbeitsmarktpolitik

d) Erläutern und begründen Sie die vier Leitlinien der europäischen Beschäftigungspolitik. Welche Wirkung ist mit der Erhöhung der Gesamtbeschäftigungsquote beabsichtigt?

e) Unterscheiden Sie allgemein passive und aktive Arbeitsmarktpolitik.

11 Mit dem Job-AQTIV-Gesetz hat die Bundesregierung das System der aktiven Arbeitsförderung reformiert. AQTIV bedeutet „Aktivieren, Qualifizieren, Trainieren, Investieren, Vermitteln".

a) Erläutern Sie die Eckpunkte der gegenwärtigen aktiven Arbeitsmarktpolitik. Unterscheiden Sie dabei angebots- und nachfrageseitige Maßnahmen.

b) Nach der Arbeitslosenstatistik kommen auf eine offene Stelle zz. etwa sieben Erwerbslose, in Ostdeutschland sogar 18 Erwerbslose. Diskutieren Sie vor diesem Hintergrund über folgende Stellungnahmen des Koordinierungsausschusses gewerkschaftlicher Arbeitslosengruppen (Erwerbsloseninitiative) zum Job-AQTIV-Gesetz.

1. Eingliederungshilfen zur Beendigung der Arbeitslosigkeit für alle Erwerbslosen sind angesichts von ca. 1,5 Millionen geschätzten zu besetzenden Stellen bei einem Arbeitsplatzdefizit von ca. 7 Millionen unrealistisch und unsinnig.

2. Die „Klarstellungen" bei Sperrzeiten bedeuten zusätzliche Möglichkeiten zur Disziplinierung Erwerbsloser und zur Manipulation der Arbeitslosenstatistik, schaffen aber keine Arbeitsplätze.

3. Die Ausweitung von Leih- und Zeitarbeit, Jobrotation und andere unterstützende Maßnahmen beschleunigen das Jobkarussell: Für einzelne Erwerbslose und Beschäftigte ist das ein Vorteil, da sie wieder einen Arbeitsplatz finden bzw. ihren Arbeitsplatz erhalten, insgesamt werden jedoch keine zusätzlichen existenzsichernden Arbeitsplätze geschaffen. So besteht z. B. der Hauptanteil der neu registrierten Erwerbsarbeit in Niedriglohn-Jobs, von denen allein niemand leben kann.

**Arbeitsmarkt-
politik in anderen
Ländern**

12 **Arbeitslosenquoten in ausgewählten Industrieländern**

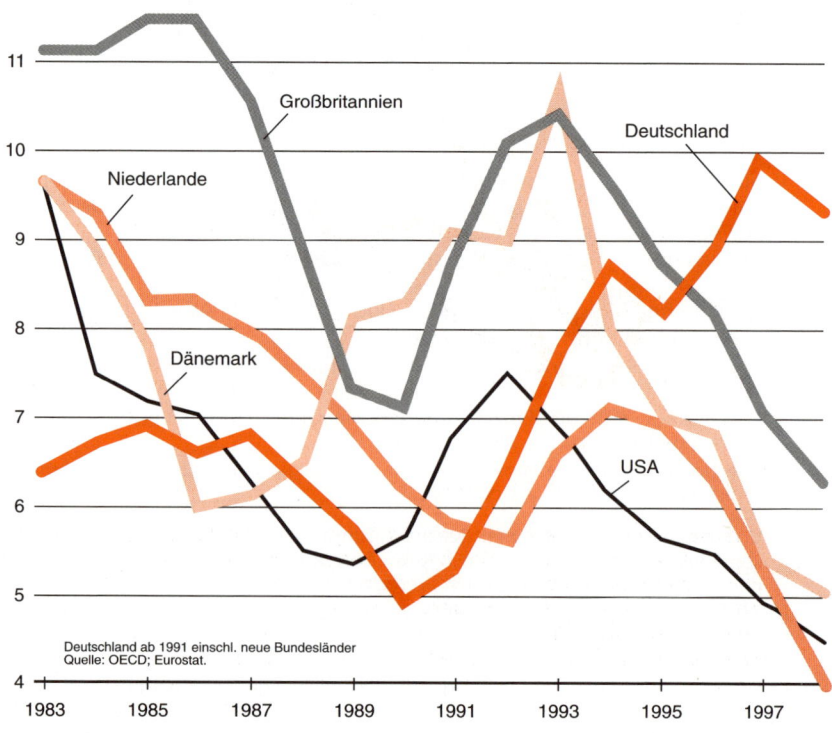

Deutschland ab 1991 einschl. neue Bundesländer
Quelle: OECD; Eurostat.

In anderen Industrieländern hat die Arbeitsmarktpolitik offenbar mehr Erfolg.

a) Vergleichen Sie die Arbeitsmarktpolitik in Großbritannien mit der in Deutschland und nehmen Sie zu den Unterschieden Stellung.

Bilden Sie ggf. mehrere Gruppen, um weitere Länder mit relativ niedrigen Arbeitslosenquoten zu vergleichen (z. B. USA, Dänemark, Niederlande).

b) Diskutieren Sie über die Deregulierung des Arbeitsmarktes in der Schweiz (siehe auf Seiten 521 f.).

c) Vergleichen Sie die Vorschläge der nachfrageorientierten mit den Vorschlägen der angebotsorientierten Wirtschaftspolitik.

d) Viele Politiker hoffen, dass sich das Arbeitslosenproblem von selbst löst. Sie vertrauen auf die demografische Entwicklung. Nehmen Sie dazu Stellung und zeigen Sie weitere Entwicklungstendenzen der Erwerbsarbeit auf.

Vergleich der 21 OECD-Staaten

Viele Arbeitslose
Arbeitslosenquote indexiert*

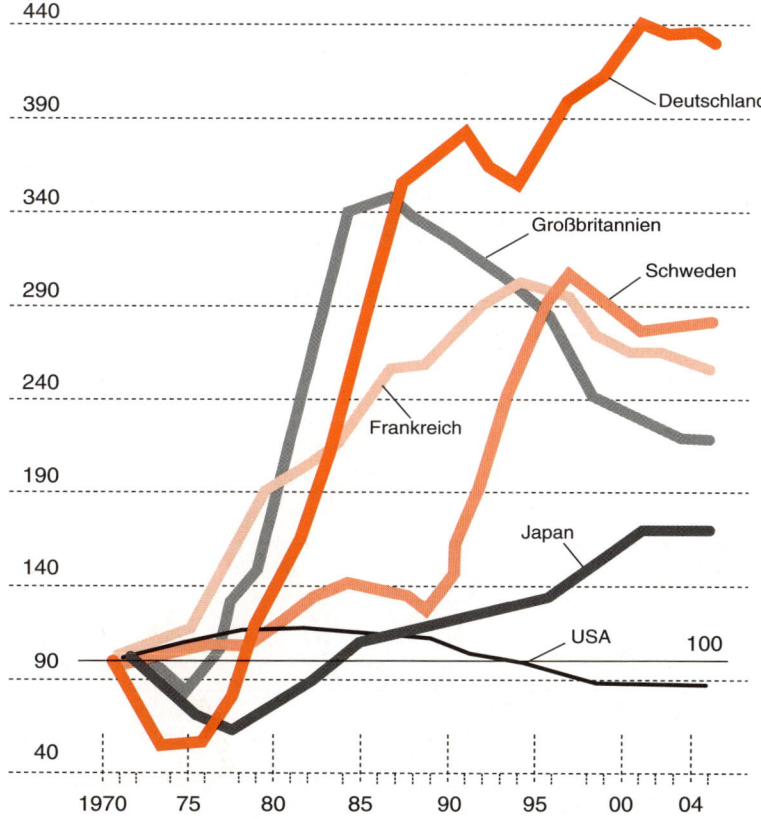

* „Natürliche" Arbeitslosenquote 1970 = 100; Quellen: Deka-Bank, IW, OECD

Wie weit Deutschland hinterherhinkt, zeigt auch der Vergleich der „natürlichen" Arbeitslosenquote. Der heimische Standort liegt auf dem vorletzten Platz. Die Rate zeigt an, welche Arbeitslosenquote bei den gegebenen Arbeitsmarktstrukturen nicht unterschritten werden kann, ohne dass sich die Inflation beschleunigt.

Quelle: pbp, Die Deutschen arbeiten zu wenig, Handelsblatt, 26.09.2005, S. 10

Sachwortverzeichnis